免疫学原理

（第四版）

周光炎　主编

科学出版社
北　京

内 容 简 介

本书为教育部研究生办公室推荐的研究生教学用书，也是一本水平相当的参考书即免疫学高级教程。全书三部分（免疫系统、免疫应答、免疫病理）共20章，包括免疫学概述、免疫细胞（适应性免疫、固有免疫细胞）、免疫原与免疫球蛋白、主要组织相容性复合体、细胞因子、白细胞分化抗原和黏附分子、固有免疫、黏膜免疫与皮肤免疫、T细胞对抗原的识别、T细胞激活、B细胞激活、免疫应答的效应机制、免疫调节、超敏反应、抗感染免疫、免疫耐受与自身免疫、肿瘤免疫、移植免疫、免疫缺陷病等。内容仍保持基础与进展并重，在介绍基本概念的同时，注重新知识的引入，使该书具有系统性、完整性的同时，又不失其科学性和前沿性。

本书可供大专院校师生、医务人员、科研人员以及生物学、畜牧兽医学工作者查阅和参考。

图书在版编目(CIP)数据

免疫学原理/周光炎主编．—4版．—北京：科学出版社，2018.1（2024.12重印）
ISBN 978-7-03-053131-5

Ⅰ.①免… Ⅱ.①周… Ⅲ.①医学－免疫学－研究生－教材 Ⅳ.①R392

中国版本图书馆CIP数据核字(2017)第125541号

责任编辑：潘志坚
责任印制：黄晓鸣 封面设计：殷 靓

科学出版社 出版
北京东黄城根北街16号
邮政编码：100717
http://www.sciencep.com

南京展望文化发展有限公司排版
上海时友数码图文设计制作有限公司印刷
科学出版社发行 各地新华书店经销

*

2018年1月第 四 版 开本：889×1194 1/16
2024年12月第十次印刷 印张：26 1/4
字数：945 000

定价：90.00元

（如有印装质量问题，我社负责调换）

《免疫学原理》(第四版)编委会

主编: **周光炎**

编委: (以汉语拼音排序)

陈　刚　教授、博士生导师　华中科技大学同济医学院
陈同辛　教授、博士生导师　上海儿童医学中心
范丽安　教授、博士生导师　上海交通大学医学院
高晓明　教授、博士生导师　苏州大学
葛海良　教授、博士生导师　上海交通大学医学院
龚非力　教授、博士生导师　华中科技大学同济医学院
何　睿　教授、博士生导师　复旦大学上海医学院
蒋黎华　副教授　上海交通大学医学院
金伯泉　教授、博士生导师　空军军医大学
李立新　教授、博士生导师　中国科学院上海生命科学研究院健康科学研究所
李宁丽　教授、博士生导师　上海交通大学医学院
李伟毅　教授、硕士生导师　上海交通大学医学院
路丽明　教授、博士生导师　上海交通大学医学院
田志刚　教授、博士生导师　中国科技大学
魏海明　教授、博士生导师　中国科技大学
熊思东　教授、博士生导师　苏州大学
徐　薇　教授、博士生导师　苏州大学
张雁云　教授、博士生导师　中国科学院上海生命科学研究院健康科学研究所
张　赟　副教授　空军军医大学
周保罗　教授、博士生导师　中国科学院上海巴斯德研究所
周光炎　教授、博士生导师　上海交通大学医学院

参加《免疫学原理》定稿会的部分作者和编者

左起：潘志坚、熊思东、臧敬五、魏海明、高小明、葛海良、金伯泉、龚非力、周光炎

第四版序言

在第三版基础上，新版的修订着重于增强基础训练包括思维的逻辑性和创新性，以及深入反映新领域和新进展两个方面。

教育界流行一句口号：授人以渔。对于professional性质的教育，这是对的，例如学开车要的是驾驶技术而非请代驾。对于academic学科，也是对的。传授的应该不仅仅是技术，以及对现象、术语和发展史的罗列和排比，重要的是了解学科发展的实质性内涵和运行规律，促使认知的深化，在此基础上掌控学科的发展方向。唯有此，才能最有效地结合各种技术，实践知识的转化和应用，造福人类。

每门学科有自身的经典。提及经典不是为了点缀和反衬今日的先进，而是将其列为学科发展的组成部分。经典应该令人敬畏。设想在当初条件十分简陋和知识积累尚在起步之时，要凭借缜密的实验设计而展示创新成果，需要何等的智慧、艰辛和奉献。其构思的新颖、立意的巧妙，以及对学科发展的启示，至今仍葆其生命力。鉴于此，本书在注重原理推介的同时，尝试列举一些由诺奖学者设计的经典免疫学实验，作为辅助性范本，例证创新思维的价值。

在另一方面，第四版力求体现学科的重要进展。短短几年，新的发现和概念的更新几乎遍及免疫学各个领域。本版新增的主要内容有：

—固有淋巴样细胞（ILC）的确认及其与T细胞亚群在分化和效应上的协调和同步，展示固有免疫和适应性免疫可以构筑相似的应答类型和调变格局。

—组织定居性记忆T细胞的发现和对多种记忆性亚群及其功能的了解，深化了对免疫记忆的认识。与此同时，首次确认固有免疫中存在训练性记忆，包括二次刺激后炎症反应出现增强性应答，及其与表观遗传学修饰和固有类细胞功能性重编程的关系。

—对不同层次免疫调节的认识趋于全面。较为系统地评估了伴随整个免疫应答进程的基因转录和转录后修饰，以及泛素化和去泛素化等参与的正负反馈调节。

—关于程序性细胞死亡，除了胱天蛋白酶介导的凋亡，尚存在坏死性凋亡和炎症小体参与的细胞焦亡，其引发的胞膜损伤直接诱致DAMP等分子破膜外溢，构成炎症性应答的新内涵。同时，对Bcl-2家族“单一BH3”促凋亡分子在启动细胞受体“饥饿性”凋亡中的作用，有了进一步的解析。

—自噬和自噬体在免疫应答和免疫调节中的意义。

—对肿瘤微环境在恶变细胞的生长和侵袭，以及发展新的免疫干预手段中的意义，有了深入的了解。同时，嵌合性抗原受体T细胞（CAR-T）的构建和用于控制血液肿瘤的成功尝试，为采用免疫学手段治愈人类疾病展示了诱人的前景。

此外，本版在自身免疫病一章还增添了免疫耐受的系统介绍，在黏膜免疫部分增补了皮肤免疫的内容。

对于教材建设，我等一向不在意是否冠有“精品”“重点”“规划”等头衔，也不主张一味扩展参编单位。这并非如鲁迅所说要“躲进小楼成一统”，免沾急功近利和应试教育的膻味，而是希望脚踏实地地提高教材质量，关注水平，关注深度，融入更多的真材实料和学术发展的精髓。在此基础上也注意版面的活泼包括彩图的设计和配置。希望有助于激发阅读的愉悦和思维的活跃，在学有所获的同时，也学得生动，学有趣味。

本书愿为此尽力。

周光炎

2017年8月

如何使用本书

【本书特点】

本书已被教育部审定和推荐为全国研究生教学用书，本书同时也是一本与研究生水平相当的参考书，即免疫学高级教程。正如本书第一版序言中所说，作为研究生教材，内容应该比大学本科生学的免疫学更深、更新和重点更为突出。因为本书充分注意概念的更新，引入新的认知和反映新的领域。然而作为免疫学高级教程，又需有利于不同领域的读者进行查阅和参考，应注意内容安排上的系统性。这样，同为教材和参考书，各自使用的侧重点可以不同。

【本书教学建议】

为了与本科免疫学教学相衔接，对本书的概述和第一部分（免疫系统），可以根据教学时数的多寡，以及研究生入学时的知识结构和已有的免疫学基础，或作系统讲述或以系统复习或专题介绍的形式，使学生重新熟悉和掌握构成免疫系统的各个要素。然后把学习的重点放在第二部分（免疫应答），要求掌握其中的重要概念，进一步从结构与功能的关系上熟悉第一部分遇到的各种要素，了解新的进展，启迪哲理性思维。对于医学领域的学生，第三部分（免疫病理）也是重要的，是换一个角度从疾病相关的方面领会免疫学原理，以强化基本概念并与临床医学相衔接，但可根据需要和教学时数控制讲解的深度并做出恰当的内容选择。

根据我们已有的教学经验，面对第一部分所给出的各种免疫细胞和大量免疫分子，同学们往往感到十分枯燥和难以掌握，只有学过了第二甚至第三部分，即通过动态的免疫应答和与疾病相结合的学习之后，才能真正找到感觉，并对免疫学产生浓厚的兴趣。这时，回过去审阅概述中列举的免疫系统的几项功能，也才会有真正的体会。

【关于专业词汇的统一性】

本书所涉及的免疫学词汇参照2007年国家自然科学名词审定委员会公布的科学名词。因为如此，除了此处列举的少量常见缩略语，本书将不再全面罗列免疫学名词的中英文对照表。

【本书所涉及的缩略语】

以下73个免疫学相关的缩略语在本书中会反复应用，也是免疫学中常用的词汇，希望读者能熟记和掌握。在本书中，除了初次出现，以及在标题中需保留中文译名外，余皆直接用英语缩略语替代。

Ab	antibody	抗体
ADCC	antibody-dependent cell-mediated cytotoxicity	抗体依赖细胞介导的细胞毒性
Ag	antigen	抗原
AICD	activation-induced cell death	激活诱导的细胞死亡
AIRE	autoimmune regulator	自身免疫调节因子
APC	antigen-presenting cell	抗原提呈细胞
BCR	B cell receptor	B细胞受体
CAR-T	CAR (chimeric antigen receptor)- T cell	嵌合抗原受体T细胞
CDC	complement-dependent cytotoxicity	补体依赖的细胞毒性
cDC	conventional dendritic cell	常规/传统树突状细胞
CDR	complementarity determining region	互补决定区
Ck	cytokine	细胞因子
CLIP	class Ⅱ- associated invariant chain peptide	Ⅱ类相关恒定链肽段
Con A	Concanavalin A	刀豆素A
CTL	cytotoxic T lymphocyte	细胞毒性T淋巴细胞
DAMP	damage-associated molecular pattern	损伤相关分子模式
DC	dendritic cell	树突状细胞

EAE	experimental allergic encephalomyelitis	实验变态反应性脑脊髓炎
FDC	follicular dendritic cell	滤泡树突状细胞
GC	germinal center	生发中心
GVHR	graft versus host reaction	移植物抗宿主反应
HEV	high endothelial venule	高内皮小静脉
HLA	human leukocyte antigen	人类白细胞抗原
HMGB1	high-mobility group box 1	高迁移率族蛋白 1
HSP	heat shock protein	热休克蛋白
IDDM	insulin dependent diabetes mellitus	胰岛素依赖型糖尿病,1 型糖尿病
Id	idiotype	独特型
IEL	intraepithelial lymphocyte	上皮内淋巴细胞
IFN	interferon	干扰素
Ig	immunoglobulin	免疫球蛋白
IgSF	immunoglobulin superfamily	免疫球蛋白超家族
ILC	innate lymphoid cell	固有淋巴样细胞
ITAM	immunoreceptor tyrosine-based activation motif	免疫受体酪氨酸激活基序
ITIM	immunoreceptor tyrosine-based inhibitory motif	免疫受体酪氨酸抑制基序
LPS	lipopolysachride	脂多糖
mAb	monoclonal antibody	单克隆抗体
MAPK	mitogen-activated protein kinase	丝裂原激活的蛋白激酶,MAP 激酶
MBL	mannose-binding lectin	甘露糖结合凝集素
MHC	major histocompatibility complex	主要组织相容性复合体
Mφ	macrophage	巨噬细胞
NK	NK cell	自然杀伤细胞
NKT	NK T cell	自然杀伤性 T 细胞
NLR	NOD-like receptor	NOD 样受体
PAMP	pathogen-associated molecular pattern	病原体相关分子模式
PBMC	peripheral blood mononuclear cell	外周血单个核细胞
pDC	plasmacytoid dendritic cell	浆细胞样树突状细胞
PHA	phytohemagglutinin	植物血凝素
PI3K	phosphotylinosital 3 kinase	磷酸肌醇 3 激酶
PKC	protein kinase C	蛋白激酶 C
pMHC	peptide-MHC complex	肽-MHC 复合物
PRR	pattern-recognition receptor	模式识别受体
PTK	protein tyrosine kinase	蛋白酪氨酸激酶
PTP	protein tyrosine phosphatase	蛋白酪氨酸磷酸酶
RAG	recombination activation gene	重组激活基因
RLR	RIG-like receptor	RIG 样受体
SAg	superantigen	超抗原
SHM	somatic hypermutation	体细胞高频突变
SLE	systemic lupus erythematosus	系统性红斑狼疮
TAA	tumor-associated antigen	肿瘤相关抗原
TAM	tumor-associated macrophage	肿瘤相关巨噬细胞
TAP	transporter associated with antigen processing	抗原加工相关转运蛋白
T_{CM}	central memory T cell	中枢记忆 T 细胞
TCR	T cell receptor	T 细胞受体
TD-Ag	T-dependent antigen	T 细胞依赖性抗原

T_{EM}	effective memory T cell	效应记忆 T 细胞
Tfh	follicular helper T cell	滤泡协助性 T 细胞
Th	helper T cell	辅助性 T 细胞
TI-Ag	T-independent Ag	T 细胞非依赖性抗原
TLR	Toll-like receptor	Toll 样受体
TNF	tumor necrosis factor	肿瘤坏死因子
Treg	regulatory T cell	调节性 T 细胞
T_{RM}	resident memory cell	组织定居记忆 T 细胞
TSA	tumor-specific antigen	肿瘤特异抗原

【出版社的警告与建议】

目　录

引言　免疫学概述

第一章　免疫学概述

第一部分　免疫系统

第二章　适应性免疫细胞：淋巴细胞

第三章 固有免疫细胞

第四章 免疫原与免疫球蛋白

第五章 主要组织相容性复合体

第六章　细 胞 因 子

第七章　白细胞分化抗原和黏附分子

第二部分　免 疫 应 答

第八章　固 有 免 疫

第九章 黏膜免疫与皮肤免疫

第十章 T 细胞对抗原的识别

第十一章 T 细胞激活

第十二章 B细胞激活

第十三章 免疫应答的效应机制

第十四章 免疫调节

第三部分 免 疫 病 理

第十五章 超 敏 反 应

第十六章 抗感染免疫

第十七章 免疫耐受和自身免疫

第十八章　肿瘤免疫

第十九章　移植免疫

第二十章　免疫缺陷病

上篇　原发性免疫缺陷病

下篇　继发性免疫缺陷病

索　　引

引言

免疫学概述

论述免疫学在人类与传染病斗争中产生，并以诺奖获得者及其业绩展示免疫学发展简况。在此基础上，列举各章节不再提及的免疫系统组成和免疫学学科涉及的主要内容和覆盖范畴，然后介绍免疫系统的四项功能：免疫识别、免疫反应、免疫调节和免疫记忆，着重概念的论述和认知的更新。

早期获得诺贝尔生理学或医学奖的免疫学家还有：Richeter CR（1850–1935）因变态反应研究1913年获奖；Bordet J（1870–1961）因补体结合试验和溶菌现象1919年获奖；Dale HH（1875–1968）因发现组胺1935年获奖；Tiselius AW（1902–1971）因球蛋白和电泳技术1948年获奖；Theiler M（1899–1972）因黄热病疫苗研究1951年获奖。Bovet D（1907–1992）因发现组胺在变态反应中的作用1957年获奖

免疫学发展先驱者

（姓氏,生卒年份,国籍,获诺贝尔奖年份；主要贡献）

第一章　免疫学概述

按传统定义，免疫(immunity)指免除传染病，免疫学(immunology)则是研究免疫系统结构和功能的学科。免疫学的兴起、发展和人类与传染病的斗争密切相关。

第一节　传染病的防治实践与免疫学的兴起

历史上，人类长期受各种传染病的困扰，其中的烈性传染病，如黄热病、鼠疫、霍乱、天花及流感等，以大面积的迅速传播和很高的病死率直接威胁到人类的生存。例如，16～18世纪，每年因罹患天花而死亡的人数欧洲为50万，亚洲为80万。18世纪欧洲的一场天花大流行，造成了6 000万人罹难。

千百年来，可怕的瘟疫迫使人类与之做不倦的斗争。天花的防治是一个典型的例子(图1-1)。200多年前，英国医生Edward Jenner从牛痘中制备活疫苗用于防治天花获得成功，1798年其以论文形式公之于世。此后全球推行牛痘接种，逐步控制了天花的流行。接种效果可以从1870年的普法战争中得到体现。当时欧洲正值天花流行，法国军队未种牛痘，23 400人死于天花；但普鲁士军队进行了预防接种，仅死亡278人。实施预防免疫的重要性由此可见。经过人类百余年的努力，最后一例天花患者于1976年在索马里被治愈，其后几年不再有新病例报告，世界卫生组织(WHO)遂于1980年正式宣布全世界消灭天花。

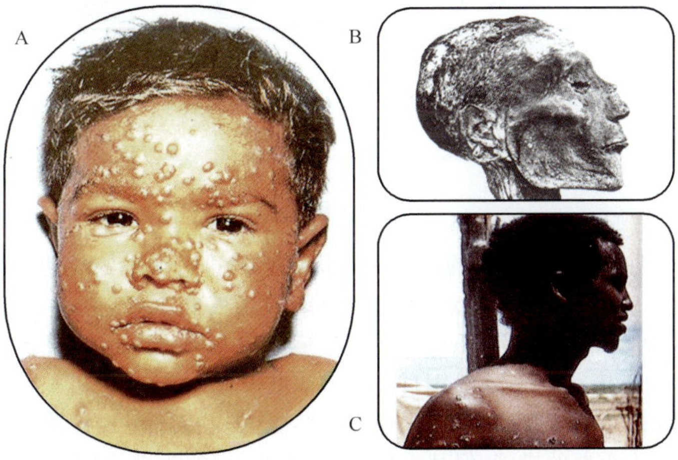

图1-1　天花的流行及其控制

A. 天花患儿；B. 埃及法老Ramses V木乃伊，面部留有天花瘢痕，表明人类罹患天花至少有3 000年历史；C. 全球性牛痘接种后，最后一名天花患者AM Maalin在索马里被治愈(1976年)

这是运用免疫干预手段控制烈性传染病获得成功的典范，是现代医学的辉煌成就之一。应用疫苗防治天花，亦构成了真正意义上的"免疫"。免疫学由此而诞生。

一、中国古代关于预防接种的实践

其实，早在明朝隆庆年间(1567～1572)，中国人采用"鼻苗法"预防天花已有确凿的记载。当时的种痘师以天花痊愈者皮肤的痘痂制备干粉，将干粉用银管吹入健康人鼻腔(旱苗法)(图1-2)，或将干粉用水调和后塞入鼻孔(浆苗法)，造成预防性轻度感染，达到免疫的效果。以下是清朝张海鹏《海藏瘢论萃英》一书收入关于采用浆苗法做人痘接种(variolation)的描述："下苗时选入钵，用杵研细。加水再研，入和苗丹少许，以微有红色为度，不可太多。再研极和。干湿所得，大约苗新宜润，苗久宜干；天寒用温水，天热用凉水。随取木棉絮一丸如豆大，泡透仍挹干，先展钵底苗浆，再收杵上苗浆……然后令孩子向明，左手拈起苗丸，塞入鼻孔，男左女右……"

所用的“苗”来自天花患者的痘痂，带有减毒的天花病毒；与之混合的苗丹可能为朱砂。将这种沾有苗丹的“带毒棉球”通过鼻腔黏膜直接对健康人实施预防接种，大概是人类烈性传染病防治史上尝试人工免疫的最早记录。据考证，清帝顺治（福临）因罹患天花于24岁早逝，为使自身发生的悲剧在后代不致重演，病重辞世前遴选皇三子康熙（玄烨）继位，原因之一是康熙两岁时曾感染天花而无恙。

可见，无论是顺治还是康熙，都深知人痘接种的重要性。以下是康熙继位后在1689年临朝时有关实施种痘的一段《庭训格言》：“国初，人多畏种痘、至朕得种痘方，诸子女皆以种痘得无恙。今四十九旗……，俱命种痘，凡所种者皆得善愈。尝记，初种痘时，年老人尚以为怪。朕坚意为之，遂全此千万人之生者，岂偶然耶？”

这种由国家元首号令全国（四十九旗）种痘之举，使得“千万人为之生”，在人类抗病史上大概不多见。其影响之大，很快使人痘接种不仅遍及中国，并传入周边国家，直至欧美。据称，1777年华盛顿就曾下令美国全军将士实施人痘接种。

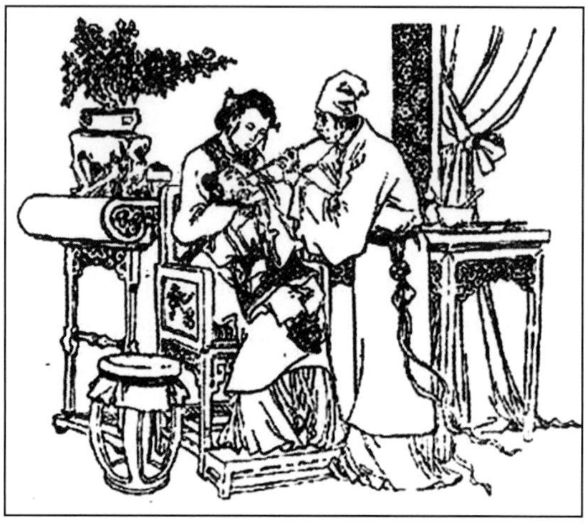

A

B

图 1-2 中国古代的人痘接种和欧洲早期实施的牛痘接种

A. 中国古代种痘师采用旱苗法为一儿童做人痘接种；B. 欧洲医师早期直接从牛身上取得痘苗，实施现场牛痘接种

然而，采用带有天花病毒的痘痂直接进行免疫，效果和安全性并不稳定，“苗顺者十无一死，苗凶者十只八存”（张琰《种痘新书》1741年）。尽管我国明清时期有经验的医人采用优质人痘进行接种的成功率可高达97%，然而大规模应用难免会在一些个体中出现严重反应。正因为这一点，天花的预防最终被更为安全的牛痘接种所取代，但这已是19世纪的事了。现认为，我国的人痘接种法推动了其后Jenner研制牛痘苗和Louice Pasteur研制炭疽减毒疫苗。据考证，Jenner在提出牛痘接种之前就是一位人痘接种师，他本人因种过人痘而获天花免疫力，深知人痘接种的意义和利弊。

应该说，疫苗所包含的病原微生物类型的改变（如从人痘痘苗发展成为牛痘痘苗），或是对微生物做减毒处理，可提高接种效果和减低毒性，是极为重要的措施，但其本质属于“工艺上”的改进，因为原理不变，都是基于引入致病的病原微生物或相关的成分，使机体被致敏而获得特异性抗病能力。显然，重要的是预防接种的思想及其后付诸的实践，而最早提出“以毒防毒”思想的可能是中国人，并首先在中国成功地大规模地实施预防接种。18世纪法国著名思想家Francois Voltare（1694～1778）在他著名《哲学通信》一书中曾论及人痘接种（此时牛痘尚未出现）：“我听说一百年来中国人一直有此习惯（指种痘），这是被认为全世界最聪明、最讲礼貌的一个民族作出的伟大先例和榜样。……倘若我们在法国曾施行种痘，也许会挽救千千万万人的生命。”

Voltare去世后12年，Jenner提出牛痘接种。有人认为免疫学起源于此，看来是不确切的。如果把有计划地大规模预防接种和进行免疫干预（并有确切的文字记载）作为免疫学产生的一个经验性阶段或标志，则应当首推16世纪中国人施行的人痘接种（variolation）。

二、免疫学——生命科学的前沿

人痘和牛痘的发明及其在天花防治中的成功应用，推动了Pasteur研制炭疽减毒疫苗和狂犬病疫苗、Paul Ehrlich研制白喉疫苗、Emil von Behring研制白喉抗毒素、Calmette和Guerin研制卡介苗等，在人类与疾病斗争中开启了新的篇章。其中，作为基础研究，必然涉及病原微生物的搜寻，也激发了对疫苗抗病机制的研究，催生了免疫学。

下面将要提到，由于学科矛盾运动的特殊性，20世纪中期，免疫学开始从微生物学中独立出来，并迅速发展。现今，随着细胞生物学、分子生物学、遗传学等学科的渗透，免疫学已成为生命科学的前沿领域和现代医学的支撑学科之一。表 1-1 和插页 1（第 2 页）列举了因从事免疫学及相关学科研究而获得诺贝尔生理学或医学奖的科学家。统计了一下，自 20 世纪 70 年代起，整个生命科学的获奖项目中，免疫学占 11 项共 19 人。其比例之高，给人以深刻印象。这表明在现代生命科学和医学的发展中，免疫学居于前沿。

表 1-1　20 世纪 70 年代后获得诺贝尔生理学或医学奖的免疫学家

年　份	获　奖　者	主　要　成　就
1972	Porter RR，Edelman GM	抗体的化学结构
1977	Yalow RR	放射免疫测定技术
1980	Snell S，Dausset J，Benacceraf B	主要组织相容性复合体的结构和功能
1984	Milstein C，Kohler GE	单克隆抗体
1984	Jerne NK	免疫网络和免疫调节理论
1987	Tonegawa S	抗体多样性及其产生机制
1991	Thomas ED，Murray J	移植免疫学
1996	Doherty PC，Zinkernagel RM	T 细胞免疫中的 MHC 限制性
2008	Barre-Sinoussi F，Montagnier L	发现人类免疫缺陷病毒（HIV）
2011	Beutler BA，Hoffmann JA	Toll 和 Toll 样受体及其抗感染作用
2011	Steinmer RH	DC 及其在适应性免疫中的作用

牛痘疫苗在 1804 年进入中国，而近代免疫学在中国的发展则始于 20 世纪 40 年代，和几位前辈的努力密不可分，特别是谢少文教授（1903～1995）和余濱教授（1903～1988）（图 1-3）。在他们和其他老一辈免疫学家的带领下，我国免疫学事业已呈现兴旺发达的局面，教学和研究单位遍布全国，人才辈出，不断以新的成就和姿态迎接新的挑战。

谢少文（1903～1995）

分离鉴定多种病原体并制备疫苗；倡导和开展中医中药的免疫学研究

余濱（1903～1988）

研制霍乱、伤寒、噬菌体和麻疹活疫苗，开创我国风湿热变态反应研究

图 1-3　我国免疫学发展的两位奠基人

第二节　免疫系统与免疫学

近代免疫学已超越了单纯抗感染的范畴，表现之一是将免疫一词定义为对抗原性异物的识别和清除。免疫学学科矛盾运动的主要形式亦被抽象为“分辨自身和非己”（self-nonself discrimination）（详见后），免疫学成了一门机体识别和清除非己成分的科学。

一、免疫系统

免疫系统包括免疫器官、免疫细胞和免疫分子。在本书中，免疫细胞和免疫分子将在后面做专章详述，此处仅做概念性简介，着重免疫器官（图 1-4）。

（一）免疫器官

1. 中枢免疫器官：淋巴细胞等免疫细胞发生和分化的场所

（1）胸腺　位于心脏和大血管之上，为双叶状结构。各叶由小梁分隔成小叶，小叶皮质中未成熟胸腺细胞向

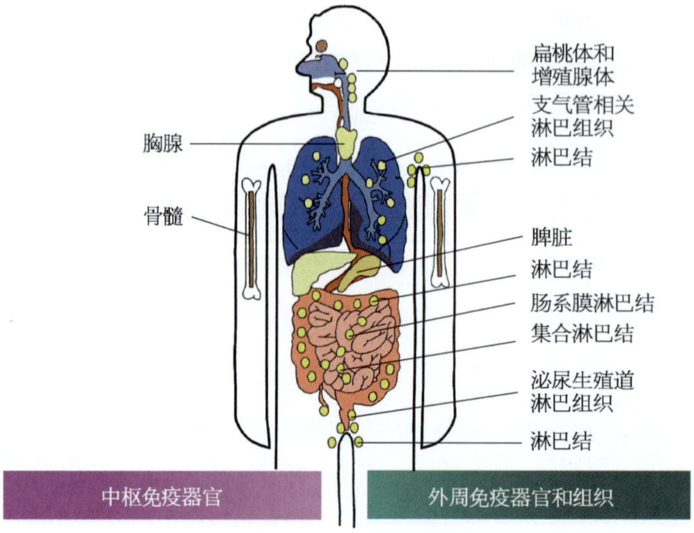

图 1-4 免 疫 器 官

中枢免疫器官为胸腺和骨髓。外周免疫器官和组织主要由脾脏、淋巴结和黏膜免疫系统组成，后者包括呼吸道、胃肠道及泌尿生殖道淋巴组织，以及扁桃体、小肠集合淋巴结及阑尾等

髓质迁移，逐渐分化成熟为 T 细胞并形成梯度。人类和哺乳动物胸腺从青春期开始萎缩，随年龄增长而逐渐退化。萎缩始于皮质，皮质消失后可保留髓质。而且，胸腺内 T 细胞的产生和发育持续终生。胸腺小叶结构参见第二章图 2-15B。

（2）骨髓　常规意义上，骨髓是造血干细胞向各种血液细胞分化的造血器官。在人类和哺乳动物中，骨髓又是中枢免疫器官，为部分淋巴祖细胞向 B 细胞分化提供条件。B 细胞的发育始于骨髓中邻近骨板的骨内膜，然后迁移至骨海绵腔中央，达静脉窦状隙。不仅如此，骨髓还具有外周淋巴器官的功能。这是因为，经抗原刺激过的 B 细胞在外周淋巴组织启动二次应答后，记忆性 B 细胞和长寿浆细胞会进入骨髓，借助血液循环，启动全身性体液免疫应答。

2. 外周免疫器官和组织：淋巴细胞等定居和发生免疫应答的场所　外周免疫器官（图 1-5）主要行使三项功能：从感染部位捕获抗原；将抗原提交给淋巴细胞而启动适应性免疫应答；在抗原清除后为抗原特异性淋巴细胞的生存和免疫记忆的维持提供必要的信号。

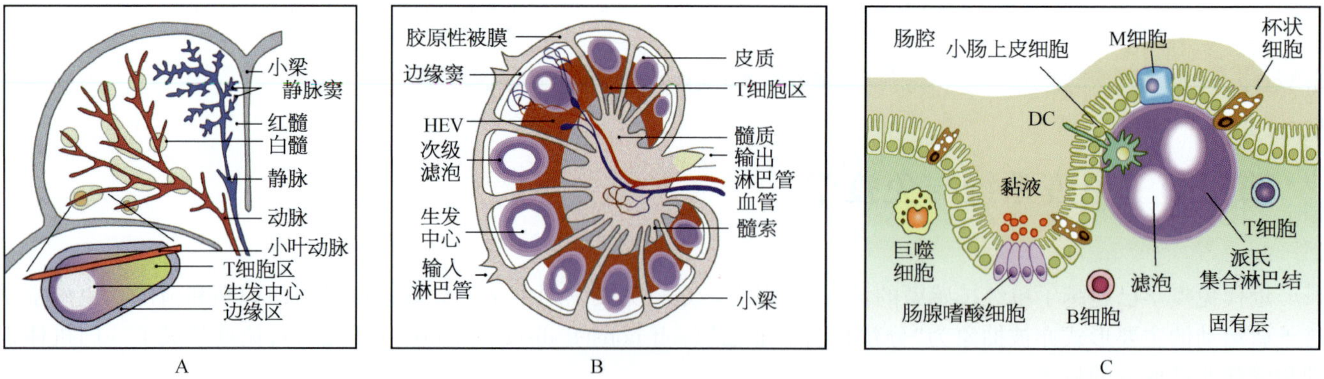

图 1-5　外周免疫器官和组织

A. 脾脏及其中的白髓放大图（下方）；B. 淋巴结；C. 肠道相关淋巴组织

（1）脾脏　由充满血供的红髓及富含淋巴细胞的白髓组成。白髓可分成 T 细胞聚集的动脉周围淋巴鞘（PALS）即 T 细胞区和 B 细胞区。后者亦称初级淋巴滤泡，抗原激发后成为次级淋巴滤泡，特点为中部出现生发中心（germinal center，GC）。脾脏是 T、B 细胞的定居地，是初次应答产生抗体的主要场所。脾细胞中 B 细胞约占 60%，其中的边缘区 B 细胞属固有类淋巴细胞的一个亚群，主要产生 IgM 而参与对 T 细胞非依赖抗原的抗体应答。

(2) 淋巴结　属高度器官化的淋巴组织，具有输入淋巴管和输出淋巴管，并有富含B细胞的淋巴滤泡和弥散于副皮质区的T细胞区。B细胞识别抗原并与T细胞发生相互作用后出现增殖，在淋巴滤泡中形成生发中心，构成次级淋巴滤泡(图1-5B)。淋巴系统通过淋巴管收集从血管滤出的组织外液(淋巴液)并使其回归血流。因而淋巴液可将抗原或捕获抗原的免疫细胞从感染部位携带至淋巴结。

(3) 黏膜免疫系统　又称黏膜相关淋巴组织(MALT)，包括呼吸道、胃肠道及泌尿生殖道黏膜表皮层、固有层和一些器官化的淋巴组织，如扁桃体、小肠集合淋巴结(即派氏集合淋巴结)以及阑尾。图1-5C以肠相关淋巴组织的主要结构为代表，显示此类淋巴组织的中央部分包括B细胞充斥的滤泡，滤泡中也可出现生发中心，周围分布有T细胞区。肠相关淋巴组织靠近肠腔一侧，有一种特化的抗原转运细胞，称为微皱褶细胞(M细胞)。该细胞可将肠腔中的病原体转运至基底膜一侧。据称，人体小肠和大肠黏膜(包括黏膜绒毛)总面积超过200 m^2，足见这是一个防止病原体入侵的重要外周免疫器官，并大量启用各种固有免疫的防御机制。关于MALT参见第九章。

(二) 免疫细胞

各种免疫细胞在骨髓中由多能干细胞(HSC)及共同淋巴样祖细胞(CLP)和共同髓样祖细胞(CMP)分化而来。

1. 分类

(1) 按分化谱系分类　① 淋巴细胞谱系：T细胞、B细胞、NK细胞，以及新近确认的固有淋巴样细胞(ILC)；② 髓样细胞谱系：单核细胞、Mφ、粒细胞和DC(限于cDC，pDC属淋巴细胞谱系，参见第三章)。

(2) 按参与固有免疫还是适应性免疫分类　① 固有免疫：Mφ、NK细胞、DC、粒细胞、肥大细胞，及属于固有类淋巴细胞的ILC细胞、NKT细胞、γδ T细胞、B1细胞和边缘区B细胞；② 适应性免疫：T细胞和B细胞。

(3) 按抗原受体是否因重组激活基因(*RAG*)表达并诱导基因重排而显示多样性分类　① 因重排而产生TCR/BCR受体库的细胞：αβ T细胞和B细胞；② 抗原受体主要由胚系基因编码而缺少多样性的细胞：单核/巨噬细胞、NK细胞、粒细胞、DC和固有类淋巴细胞。

(4) 按适应性免疫中的功能分类　① 淋巴细胞；② 辅佐细胞(accessory cell)：包括抗原提呈细胞(APC)，如DC、巨噬细胞等。

显然，上述分类往往相互交叉。例如，B细胞既是淋巴细胞，又属APC；DC既参与固有免疫，又作为APC介导适应性免疫。另外，还有一类非专职抗原提呈细胞，其成员往往介于免疫细胞和非免疫细胞之间，如血管内皮细胞、皮肤角质形成细胞等。

本书第二章和第三章启用上面第三种分类系统，分别详述各种免疫细胞。

2. 免疫细胞的再循环　离开胸腺和骨髓的成熟T、B细胞进入外周淋巴器官后定居在特定的T细胞区和B细胞区，这是因为淋巴细胞可表达一类称为归巢受体(homing receptor)的黏附分子，而接待其定居的“巢穴”内会有微血管，血管内皮细胞表面表达相应的配体称为血管地址素(addressin)。再加上多种趋化因子及其受体的表达和参与，T细胞、B细胞和其他免疫细胞得以区分性地进入外周淋巴组织的不同区域。

需要指出的是，定居在外周淋巴器官中的淋巴细胞，需要在体内进行广泛地迁移和流动，实施再循环。此举不仅可使局部淋巴组织不断补充新的淋巴细胞，更重要的是，只有通过再循环，淋巴细胞和各种辅佐细胞才能有效地接触抗原，在外周免疫器官中启动免疫应答，再将应答产物输送到全身，发挥效应功能。

血液循环和淋巴液循环参与了这一免疫细胞的再循环。血液系统和淋巴系统之间的沟通，有赖于两个关键性结构。一是分布在外周淋巴器官中T细胞区的高内皮小静脉(HEV)。其血管内皮细胞不仅表达地址素有利于成熟淋巴细胞逗留，还可供淋巴细胞穿越。如此，血流中的淋巴细胞等可通过HEV进入外周淋巴组织，再从淋巴组织汇集成输出淋巴液，进入淋巴系统循环。二是胸导管。通过该结构淋巴液进入左侧锁骨下静脉，使淋巴细胞回到血循环。

这是淋巴细胞再循环的主要途径，还有淋巴细胞通过毛细血管进入组织间隙后随淋巴液进入淋巴循环，以及通过脾静脉进入血流等其他途径。

(三) 免疫分子

1. 以结构和类别区分　包括：细胞因子、趋化因子及其受体；补体及其调节分子；分化抗原(CD分子)；黏附分子；TCR、BCR和抗体分子；MHC基因产物。

2. 以功能区分　包括：参与免疫细胞发育和分化的分子；参与炎症反应和固有免疫应答的分子；参与抗原识别及发挥协同刺激和抑制作用的分子；参与免疫细胞的激活性和抑制性信号转导的分子；参与免疫细胞凋亡和引起细胞裂解的分子。

各种免疫分子将在第四章到第七章中分别介绍。

二、免疫系统的进化

免疫系统的个体发生和系统发生皆遵循从固有免疫到适应性免疫的发展规律。机体出生后即启动固有免疫，适应性免疫须待出生后接触抗原才能产生。进化过程中，最早出现的也是固有免疫，而淋巴细胞参与的适应性免疫，属系统发育中后续出现的高级形式。图 1-6 表明，吞噬细胞参与的固有免疫，在无脊椎动物的原虫和海绵中已经出现，NK 细胞和淋巴细胞发挥作用则在脊椎动物出现之后。MHC 再要晚一点。免疫球蛋白(Ig)在脊椎动物中的进化，则先有 IgM，后有其他类别。同时注意到，淋巴结的发生和区室化淋巴细胞的形成最迟，虽始于鸟类，但到哺乳动物才算完备。显然，没有淋巴结就难以大量形成生发中心，没有生发中心也就没有免疫球蛋白的亲和力成熟和类别转换，因而谈不上不同类别抗体的形成。

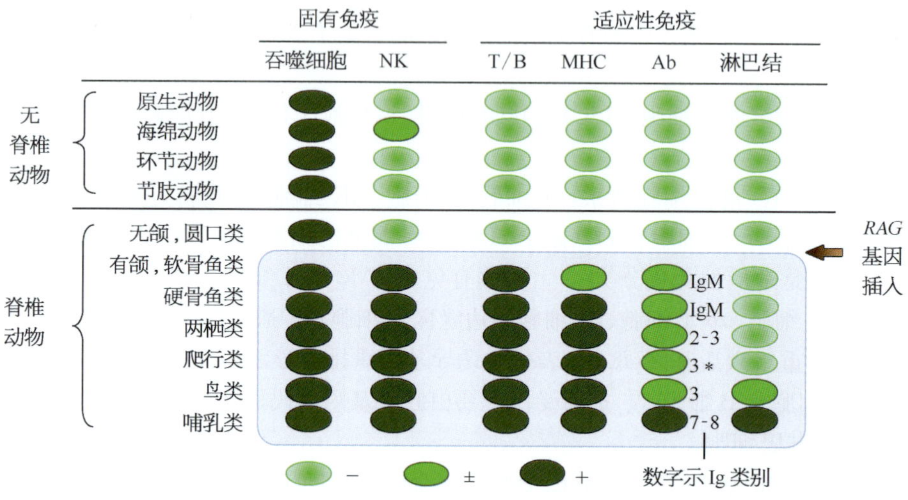

图 1-6 固有免疫和适应性免疫的进化

重组激活基因(RAG)插入有颌类脊椎动物基因组之后出现适应性免疫

进化过程中，从固有免疫向适应性免疫转换的一些关键性事件，出现在脊椎动物的无颌类(如圆口类的八目鳗)和有颌类(如软骨鱼类的鲨鱼)之间，时间大约在四亿五千万年前。其间发生了两件事，一是出现基因组的两次大范围重复(尚有待最终确认)；二是携带有重组激活基因(*RAG*)的转座子(transposon)插入到早期有颌类脊椎动物的基因组(图 1-6，图 1-7)。后面将会提到，固有免疫与适应性免疫的一个重要不同点，是前者受体分子直接由胚系基因编码，多样性受限；后者受体分子因基因重排和体细胞高频突变而产生极具多样性的 TCR 库和 BCR 库(repertoire)。因为 *RAG* 基因编码的重组酶，可以切割 DNA 的重组信号序列(RSS)，引起受体各种 VJ 和 VDJ 基因片段的衔接而导致重排。因而进化进程中 *RAG* 基因的插入，区分了固有免疫与适应性免疫。从图 1-7 还可以看出，Toll 受体最早检出于昆

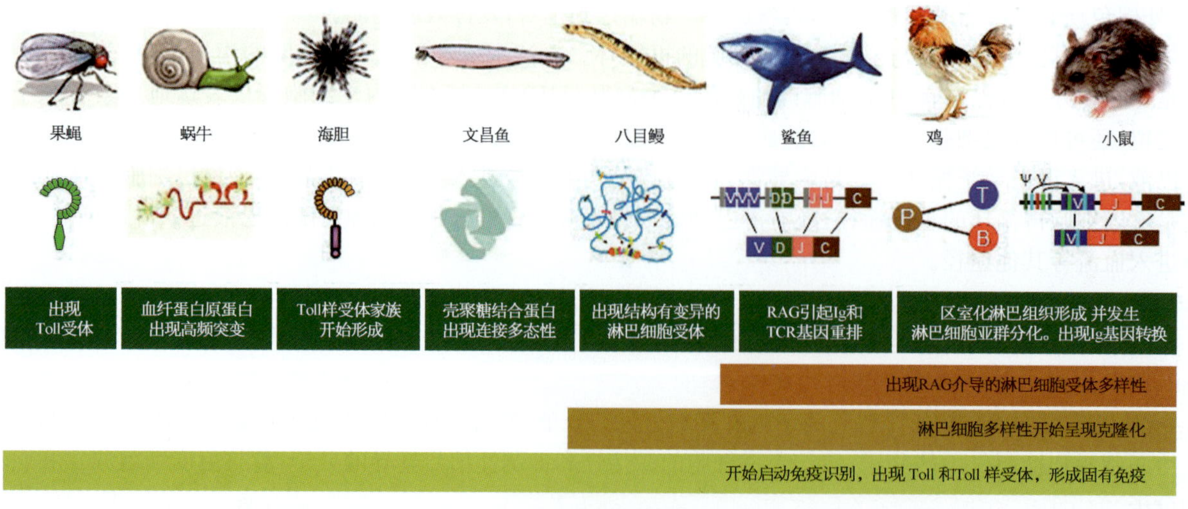

图 1-7 免疫系统的进化

虫(果蝇),相关的 Toll 样受体自海胆开始出现,直至人类。这表明此类与抗感染有关的模式识别受体,在进化中已有很长的历史了。

三、免疫学

(一) 定义

可以从三个方面来定义免疫学。

(1) 免疫学是研究免疫系统结构和功能的学科。一条侧重于与机体其他系统相区分的一般性定义。

(2) 免疫学是阐述机体抗病并免除其不良后果相关机制的学科。一条强调免疫系统抗感染并维持机体内环境稳定的定义。

(3) 免疫学是分辨自身和非己,并清除非己成分的学科。一条具有一定哲理性和高度抽象的定义。

三条定义从不同的角度和范畴规范免疫学。其中的第三条,较好地显示了免疫学学科的特点,即概括了免疫学特有的矛盾运动形式,也将免疫学和以抗感染为主的医学微生物学区分开来。

(二) 自身和非己的分辨

1. 什么是“自身” 生物学中的定义是:机体胚系基因(germ-line gene)的编码产物。免疫学中还要加上一条:免疫系统发育早期遭遇过的物质。

根据后一定义,外来成分一旦接触未成熟的免疫系统,有可能被视为“自身”。例如,向尚未完成免疫系统发育的新生小鼠输入同种异型细胞,受者免疫系统会将该细胞表面的非己抗原视为自身。小鼠长大后,可接受该同种异型细胞供者的移植物而不予排斥(图 1-8)。这里,非己转化为自身,关键是动物在胚胎期或新生期遭遇了非己。

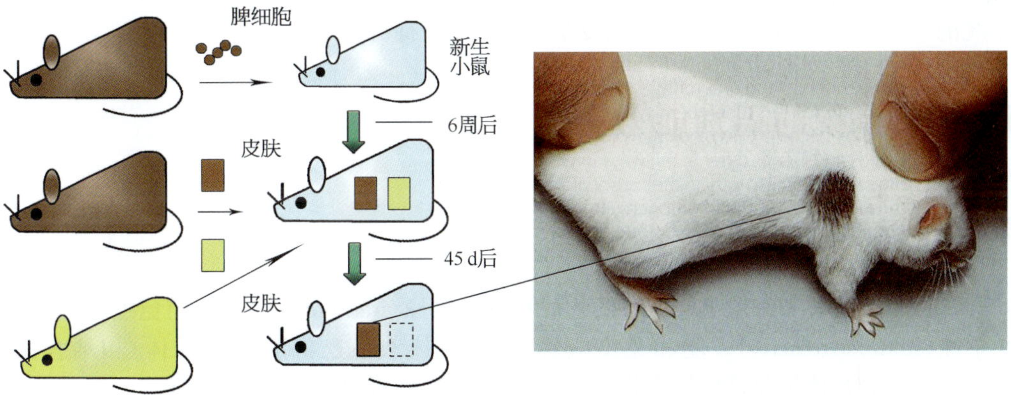

图 1-8 新生动物皮肤移植实验

通过脾细胞注射,在新生期获得对棕色品系小鼠免疫耐受的白色品系小鼠,成年后可接受该棕色鼠的皮肤移植物,但排斥另一黄色小鼠的皮肤移植物。右侧照片所示为实际实验的结果,可见带有棕色毛的皮肤移植物生长良好

2. 自身—非己分辨的差错和失衡引发疾病 有两种极端的情况:一是将非己视为自身,造成免疫系统对非己清除不力。典型例子是肿瘤的发生和持续感染。细胞癌变如果因病毒感染或基因突变所致,产生的抗原并非由胚系基因编码,是为“非己”,恶变细胞能逃脱免疫监视而成为肿瘤,说明机体无力识别清除此类肿瘤抗原,在识别“非己”上出了毛病。病原体更是常用各种策略(包括频繁突变和对抗原的遮蔽),诱导免疫系统对该非己成分的分辨出错,使病原体不能被有效地清除。第二种情况是,机体一旦将自身成分视为非己而着力进行攻击,“自己和自己过不去”(body against itself),将演变成自身免疫病。

图 1-9 以天平的倾斜对此做了一个趋于简单化却十分形象的表述。说简单化,是因为无论肿瘤还是自身免疫病的发生和发展都是由多因素所决定的。但该图却令人信服地揭示,免疫系统的功能已远远超越了抗感染。本书第三部分(免疫病理)各章节主要论及与免疫学有关的多种临床疾病,其中的超敏反应、自身免疫病、免疫缺陷病、肿瘤免疫和移植免疫,皆非直接由感染引起,进一步说明了这一点。

(三) 免疫系统的功能

1. 免疫防御(immune defense) 主要指抗感染,这仍是免疫系统应该担负的最重要的功能。不仅因为入侵机体的病原体种类繁多,包括细菌、病毒、真菌、支原体、寄生虫等,还因为新的病原体会不时地出现,并攻击机体,造成危害。

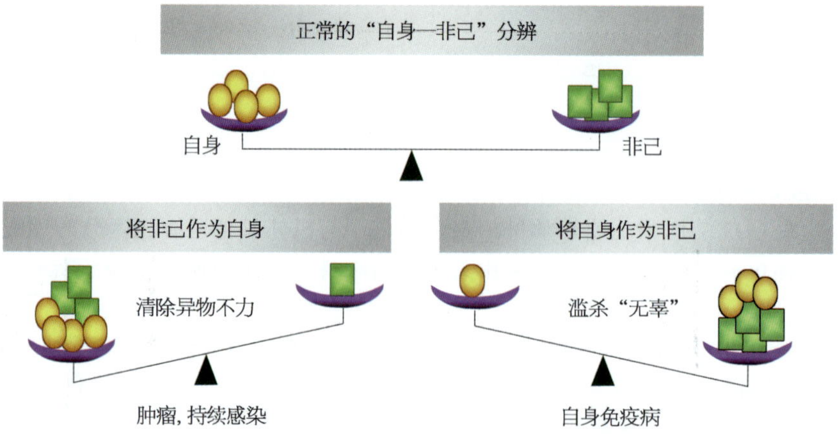

图 1-9 自身和非己分辨的失衡和疾病的发生

2. 免疫监视(immune surveillance) 主要针对体内出现的非己成分，包括肿瘤和衰变凋亡的细胞。对它们，免疫系统需要及时地识别和清除。应该说，基因突变可能致癌，这一威胁在机体内是一直存在的，但绝大多数个体并不罹患肿瘤，也就是说，免疫系统有能力在细胞一旦发生癌变时，就把它消灭在萌芽状态。

3. 内环境稳定(homeostasis) 涉及机体对自身应答的耐受和调节。调节失控，引发自身免疫病和过敏性疾病。同时，免疫系统还可以与神经内分泌系统共处在相互平衡的网络之中，共同营造机体内环境的稳定。

认识免疫系统的三项功能，有助于全面了解免疫学学科的涵盖面和发展特点。

第三节 免疫系统的识别能力

一、免疫原、抗原和抗原表位

(一) 免疫原和抗原

能使机体产生体液免疫应答和细胞免疫应答的物质称为免疫原(immunogen)。因而免疫原可以诱发特异性免疫反应，显示免疫原性(immunogenicity)。能和免疫应答产物(抗体和淋巴细胞抗原受体)相结合的物质称为抗原(antigen)。抗原分子能够和抗体等免疫应答产物起反应的特性称为抗原性(antigenicity)。

出于习惯，对免疫原和抗原这两个名词，使用中通常不加以区分。应该说，这一点仅适用于适应性免疫。对于固有免疫，因为应答过程中不存在抗原和抗体间一对一的特异性因果关系，即诱导固有免疫应答的免疫原不显示通常意义上的抗原性，传统的抗原概念难以适用。因而本书在论及固有免疫时，强调免疫原的概念。

决定一种物质是否具有免疫原性以及免疫原性的强弱，有多种因素，将在第四章中展开。

(二) 免疫原的免疫活性区——表位和分子模式

在一定的时空条件下，免疫系统对免疫原的识别仅限于其中的一个部分。对适应性免疫，该部分属于免疫原大分子上的免疫活性区，称为表位(epitope)。表位负责和淋巴细胞表面的抗原受体或抗体分子相结合。图 1-10 关于抗原-抗体相互作用的立体构象图，生动地说明了整个抗原分子和抗体分子，如何以结构互补方式完成抗原表位的识别。严格说来，淋巴细胞和抗体在免疫识别中的抗原特异性，是针对表位而不是针对完整的免疫原分子。而且，T 细胞、B 细胞往往识别免疫原分子上的不同表位。

同样，固有免疫应答中免疫系统也不识别完整的病原体，而是识别其胞壁(对细菌和真菌)或胞核(对病毒)中的特定结构，称为病原体相关分子模式(pathogen-associated molecular pattern，PAMP)。

二、固有免疫和适应性免疫对免疫原的识别

病原体进入机体后，最早出现的免疫识别和应答发生在 0～4 h。在该时相中，参与识别非己成分的是一些现存的效应分子，如溶菌酶、C 反应蛋白、甘露糖结合凝集素、血清淀粉样蛋白、血纤蛋白原等，甚至包括一些可与病原体起反应的预存抗体。然后，进入早期诱导性应答时相(4～96 h)，在病原体的动员和激发下，各种参与固有免疫的效应细胞如巨噬细胞和 NK 细胞被激活，行使对感染物的清除。如果病原体未被清除而进入外周淋巴器官和组织，将被淋巴细

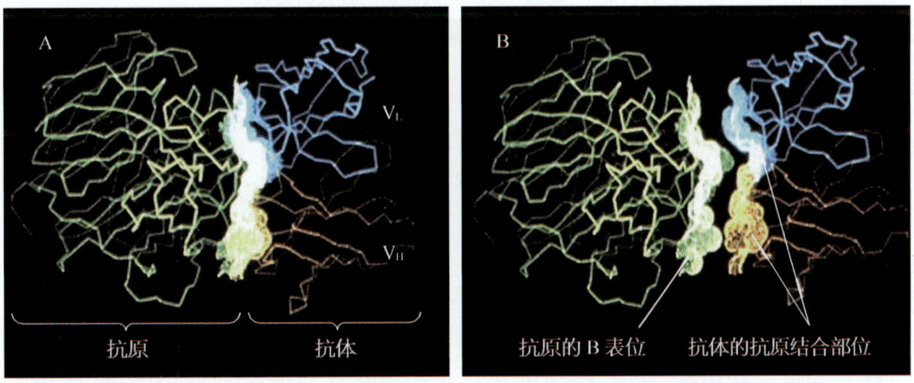

图 1-10 抗原分子以其B细胞表位与抗体分子的抗原结合部位发生互补性结合

A. 抗原—抗体复合物的立体构象；B. 采用电脑技术将抗原和抗体分子分开，可见抗原和抗体分子的相互作用仅发生在抗原分子的B细胞表位和抗体分子的抗原结合部位之间，两者呈现结构互补

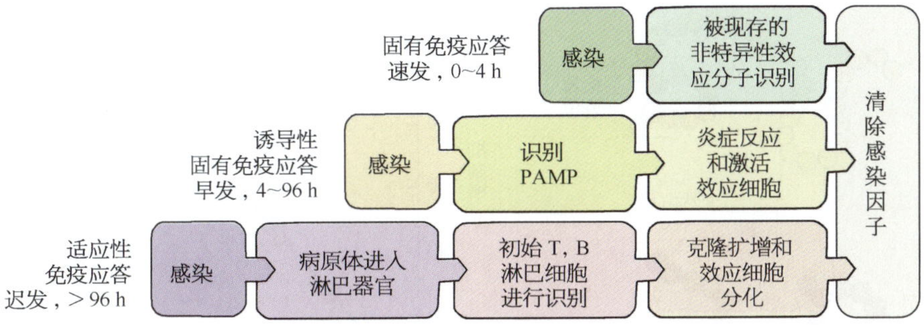

图 1-11 免疫系统对入侵病原体发生应答类型的时相区分

现存效应物的作用和早期诱导性应答属于固有免疫；病原体进入体内96 h以后由淋巴细胞参与的免疫应答，属适应性免疫

胞识别，通过免疫细胞相互作用和抗原特异性克隆扩增，发生效应性淋巴细胞的分化，最终高效并特异性地清除感染物（图 1-11），时间大约在病原体入侵96 h之后。

前两个时相属于固有免疫；第三个时相属于适应性免疫。这仅仅指初次免疫应答，接下来还有二次增强性应答即记忆性应答，将在后面讨论。

（一）固有免疫主要通过模式识别受体识别病原体相关模式成分

病原体相关分子模式（PAMP）属于诱导固有免疫的固有分子模式（innate molecular pattern，IMP）。其主要包括以下成分。

（1）以糖类和脂类为主的细菌胞壁成分，如脂多糖、类脂、肽聚糖、脂磷壁酸、脂阿拉伯甘露聚糖、脂蛋白和鞭毛素等。

（2）细菌胞核成分及病毒产物，如非甲基化寡核苷酸CpG DNA、单链RNA、双链RNA。

（3）应激状态和病理条件下机体死亡细胞和损伤组织产生的另一类固有分子模式，称为损伤相关分子模式（DAMP）。免疫系统除了识别属于非己成分的入侵病原体，也能以固有免疫的应答形式鉴别和识别机体这些发生变异的自身成分，并即时予以清除，以维持内环境的稳定。

识别固有分子模式即PAMP和DAMP的专一性受体，称为模式识别受体（PRR），包括Toll样受体（TLR）、NOD样受体（NLR）、RIG样受体（RLR）和C型凝集素受体（CLR），以及甘露糖受体、清道夫受体等。此类受体主要从两个方面发挥功能：或参与吞噬，或参与激活免疫细胞，使之分泌多种促炎症因子，诱导炎症反应。有关内容将在第八章详述。

（二）适应性免疫主要通过淋巴细胞受体特异性地识别蛋白质抗原

淋巴细胞通过表面抗原受体TCR和BCR以不同的方式进行识别。B细胞借助BCR直接识别完整的抗原分子，该分子可以处于游离状态，也可以表达在细胞表面。而T细胞只能凭借TCR识别APC表面由MHC分子提交的蛋白质抗原片段，称为肽-MHC复合物，简称pMHC。再者，T细胞和B细胞通常识别同一抗原分子上的不同表位，分别称为该抗原的T细胞表位和B细胞表位（表1-2）。

表 1-2 T 细胞、B 细胞抗原识别特性的比较

	B 细 胞	T 细 胞
和抗原相互作用的结构	抗原-BCR 二元体	抗原肽-MHC-TCR 三元体
可否直接结合可溶性抗原	可	否
对 MHC 分子的依赖性	不依赖	依赖 MHC 分子提呈抗原肽
抗原的化学特性	蛋白质、多糖、脂类	主要为蛋白质
表位特性	具易近性，亲水性，可变性；组成肽段的氨基酸可连续也可不连续	属胞内加工过的线性肽段，能与 MHC 分子结合

1. B 细胞表位

1）由抗原表面的亲水性氨基酸残基组成，易于接近 BCR 和游离的抗体分子。

2）由连续的或不连续的氨基酸残基组成。后者系抗原分子折叠后形成，因而不连续性表位又称构象表位。蛋白质的变性和抗原分子的分解将破坏构象，此时，能识别天然蛋白质的抗体即不再起作用（见第四章）。另外，组成不连续表位的肽链间如果由二硫键相连，则此键一旦被打断，表位即被破坏（图 1-12）。

3）表位通常位于抗原分子的柔性区，具有可动性。这一特点有利于表位和抗体结合部位呈现最佳的结构互补状态。互补性提高，亲和力增强。

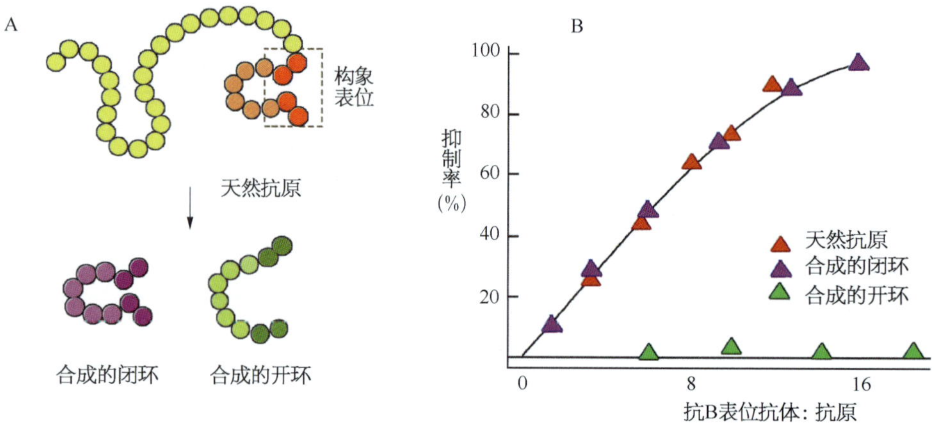

图 1-12 构象表位的形成和抗体对构象表位的识别

A. 天然抗原中红色标出的氨基酸残基可形成构象表位（方框框出）。B. 在该天然抗原诱导的抗体应答中，加入针对该构型表位的抗体，可以以剂量依赖的方式抑制抗体应答（红色）。对合成抗原肽诱导的抗体应答，抑制只发生在构象表位得以保存（紫色）的免疫应答中。对构型表位打开的合成肽段（绿色）诱导的抗体应答，抗构象表位抗体无抑制作用

2. T 细胞表位　前已叙及，表达 T 细胞表位的抗原必须有可提呈性，因而表位的形成涉及 APC 和靶细胞对抗原的加工处理（见第十章）。此时，原有抗原分子是否保持其构型并不重要，亦不会影响 T 细胞表位的特性。

经抗原加工产生的抗原肽，参与构成 T 细胞识别中的“MHC-抗原肽-TCR”三分子复合物即 TCR-pMHC。pMHC 中的抗原肽带有 T 细胞表位。通常，T 表位隐藏于蛋白质抗原分子之内，只有在抗原加工过程中被酶解为能够与 MHC 分子结合的肽段之后，才能被 T 细胞识别。

（三）固有免疫和适应性免疫对免疫原识别方式的差异

前面提到，识别免疫原的受体，在固有免疫和适应性免疫中分别为 PRR 和 TCR/BCR，其多样性幅度差别很大。PRR 由少数胚系基因编码；而 TCR/BCR 能够在少量胚系基因参与的基础上，通过基因片段重组等机制，产生多样性极为丰富的受体储备库。如果 PRR 对 PAMP/DAMP 的识别，属类别相对单一的反应，则 TCR/BCR 对抗原的识别，是抗原表位对受体储备库中带有特定 TCR/BCR 淋巴细胞克隆的一种选择。由于克隆的多样性可达 10^7～10^{11}（见第二章），意味着被选择出来的淋巴细胞受体对抗原的识别有很高的特异性和分辨力，而且相应的淋巴细胞克隆可以长期存在。由此形成适应性免疫的三个基本特性：受体结构的多样性、抗原识别的特异性和免疫应答的记忆性（详下）。

三、免疫受体及其主要类型

免疫系统对抗原的识别通过受体实现。受体属于免疫系统的感知元件（sensor），除了感知免疫原，尚需识别多种免疫分子和微环境中的因素。受体的生物学作用包括与配体分子配接和传递信号（或进行吞噬）两个主要的方面，以此介导免疫细胞的激活并启动免疫应答。

1. 识别免疫原的受体　所有的非己成分原则上都可以作为免疫原被识别。前面提到，识别受体主要分为固有免疫中识别 PAMP 和 DAMP 的模式识别受体(PRR)，以及适应性免疫中识别蛋白质抗原的淋巴细胞受体 TCR 和 BCR(表 1-3)。

表 1-3　免疫系统识别免疫原的两类受体

	固有免疫	适应性免疫
免疫原类别	PAMP、DAMP	蛋白质抗原
受体类型	PRR	TCR、BCR
表达受体的主要免疫细胞	Mφ、NK 细胞、DC	淋巴细胞
受体编码基因	胚系基因直接编码	基因重排和体细胞突变
结构的多样性	有限	丰富(10^7～10^{11})
重组酶和抗体库的构成	无	有

两类受体的主要区别在于：PRR 全部由胚系基因编码；而淋巴细胞受体基因虽然也由胚系基因编码，但多样性的产生主要来自受体基因片段的重排和体细胞高频突变等机制。前面提到，在进化过程中，两类受体产生的分界线(因而也是固有免疫和适应性免疫的分界线)是编码重组酶的重组激活基因(RAG)的出现。

2. 共信号受体　不具有抗原特异性，通常以辅佐分子的形式分布在 TCR 和 BCR 附近。当淋巴细胞与其他免疫细胞发生相互作用时，该辅佐分子向 TCR 或 BCR 附近聚集，形成免疫突触，并与相应配体结合，为免疫细胞输送激活或抑制信号。说明供信号受体实际上分两类，一类启动激活信号的转导，称协同刺激受体(为 T、B 细胞激活提供第二信号)；另一类启动抑制信号的转导，是为抑制性受体，两者相互对抗。其机制在于受体分子胞内段分别带有免疫受体酪氨酸激活基序(ITAM)和抑制基序(ITIM)(见第十四章)。因而共信号受体的配体应该是共信号分子(cosignal molecule)，主要包括两个超家族：TNF-TNFR 超家族和免疫球蛋白超家族(表 1-4)。

表 1-4　共信号分子的两个超家族及其主要成员

TNF-TNFR 超家族		免疫球蛋白超家族	
受体	配体	受体	配体
CD40	CD40L	CD28	B7-1/B7-2
OX40	OX40L	CTLA-4	B7-1/B7-2
4-1BB	4-1BBL	ICOS	GL50
CD30	CD30L	PD-1/?	B7-H1/B7-DC
RANK	RANKL	BTLA	HVEM
CD95	CD95L	CD2	LFA-3
TNFR	TNF	LFA-1	ICAM-1/-2/-3
HVEM	LIGHT	Tim1	Tim4
CD27	CD70	Tim3	Galectin-9

3. 细胞因子和趋化因子受体　严格说来，趋化因子受体是细胞因子受体超家族的一种类型。其中各种受体和相应配体的结合皆显示高度的专一性，但与抗原特异性无关，因而两类受体既活跃在固有免疫中，也积极参与适应性免疫应答，是免疫细胞之间，以及免疫细胞和其他细胞之间发生相互作用的重要媒介，在免疫细胞的成熟、激活、分化和行使效应功能中发挥重要作用。第六章将详述有关内容。

4. Fc 受体　不同类别的免疫球蛋白(IgG、IgE、IgA)重链的 Fc 段可以和相应的 Fc 受体(FcR)跨膜分子结合，借助后者传递各种信号，参与多种细胞介导的效应作用或参与免疫调节(表 1-5)。其中 FcγRⅡ-B、FcγRⅢ和 FcεRⅠ分别参与对 B 细胞的负向调节、ADCC 介导的杀伤和参与变态反应。有关内容将在后续章节中详细介绍。

表 1-5　表达于辅佐细胞表面的 Fc 受体

受体	命名	结合的 Ig	亲和力	表达细胞*	抑制基序	功能
FcγRⅠ	CD64	IgG1	10^8 M^{-1}	Mφ、N、Eo、DC	/	激活、呼吸爆发、杀伤
FcγRⅡ-A	CD32	IgG1	2×10^6 M^{-1}	Mφ、N、Eo、Lh	/	脱颗粒(Eo)
FcγRⅡ-B	CD32	IgG1	2×10^6 M^{-1}	B、Ma、Mφ、N、Eo	ITIM	免疫抑制
FcγRⅢ	CD16	IgG1	5×10^5 M^{-1}	NK、Eo、Mφ、N、Ma	/	杀伤(NK)
FcεRⅠ		IgE	10^{10} M^{-1}	Ma、Eo、Ba	/	脱颗粒
FcαRⅠ	CD89	IgA	10^7 M^{-1}	Mφ、N、Eo	/	杀伤

* Mφ、N、Eo、Ba、DC、Ma、B、NK 分别指巨噬细胞、中性粒细胞、嗜酸粒细胞、嗜碱粒细胞、树突状细胞、肥大细胞、B 细胞和 NK 细胞。

5. 其他免疫受体或免疫应答相关受体

(1) 补体受体　包括 CR1、CR2、CR3、CR4、CR5 等，分别表达于红细胞、B 细胞、单核/巨噬细胞、嗜酸粒细胞和中性粒细胞。补体受体与相应补体活性片段结合后，介导各种生物学效应(见第八章)。

(2) 归巢受体　使淋巴细胞在外周淋巴器官和组织中能停留于特定部位的受体，能和某些小血管内皮细胞表面的血管地址素相结合。前已提及，这一结合对血流中淋巴细胞穿越高内皮小静脉(HEV)十分重要。

(3) 凋亡受体　包括识别 FasL 的 Fas、识别 TNF 的 TNFR、识别 DR4/DR5 的 TRAIL 等(见第十三章)。

(4) 胞内受体　包括表达于内体表面的 TLR 和识别进入胞质 PAMP 成分的 NLR 和 RLR 等(见第八章)。

第四节　免疫系统的反应能力

一、受体分子启动的信号转导和基因的转录激活

受体分子和配体(免疫原)相互配接后启动信号转导，舍此，免疫细胞不能激活，免疫应答也难以有效地进行。通过信号转导，细胞外信号被转换成胞内生化事件，引起基因的转录激活和产物表达。

1. 蛋白磷酸化、蛋白激酶和蛋白磷酸酶　蛋白质肽链某些氨基酸残基上的氢原子可以被 ATP 释放的磷酸根取代而发生磷酸化。如果因磷酸化而被修饰的蛋白质属于酶，可使其处于激活状态；如果被修饰的是信号转导中的衔接蛋白和信使分子，可使之参与启动后续的信号转导级联反应。

磷酸化和脱磷酸化是一个可以相互转化的过程，分别由蛋白激酶(kinase)和蛋白磷酸酶(phosphatase)促成。蛋白激酶主要包括酪氨酸激酶和丝氨酸/苏氨酸激酶。

(1) 蛋白酪氨酸激酶(protein-tyrosine kinase，PTK)　可专一性地使蛋白质上的酪氨酸残基发生磷酸化，在信号转导的启动中起关键作用。免疫细胞激活一般涉及非受体型 PTK，需要激酶分子与受体分子(或其相关跨膜分子)的胞内段相连。

图 1-13A 给出参与免疫细胞信号转导的一些重要蛋白酪氨酸激酶家族及其基本结构：① Src 家族：成员如 Lck 蛋白($P56^{lck}$)和 Fyn 蛋白($P59^{fyn}$)；② Csk 家族：Csk 指 Src 分子 C 端激酶(*C*-terminal *src* *k*inase)；③ Syk 家族：为游离于胞质中的 PTK，其中的 ZAP-70 和 Syk 分别参与 T、B 细胞激活；④ Tec 家族：N 端带有特定的 PH 及 Tec 同源结构域(TH)，其中的 Btk 活跃于淋巴细胞等的激活。⑤ 参与细胞因子受体信号转导的 Jak 家族：不同的细胞因子受体启用该家族的不同成员如 Jak1、Jak2 和 Jak3。

图 1-13B 以 Src PTK 家族成员为例，展示构成蛋白酪氨酸激酶的三种主要结构域：SH1、SH2 和 SH3。SH1 为激酶活性中心，又称催化结构域，因其中 271 位赖氨酸结合的 ATP，可使底物上的酪氨酸残基发生磷酸化。如果两个 Src PTK 分子靠近，其 SH1 结构中 394 位的酪氨酸(Y394)可从另一分子 ATP 得到磷酸根而激活。图 1-13A 表明，Csk、

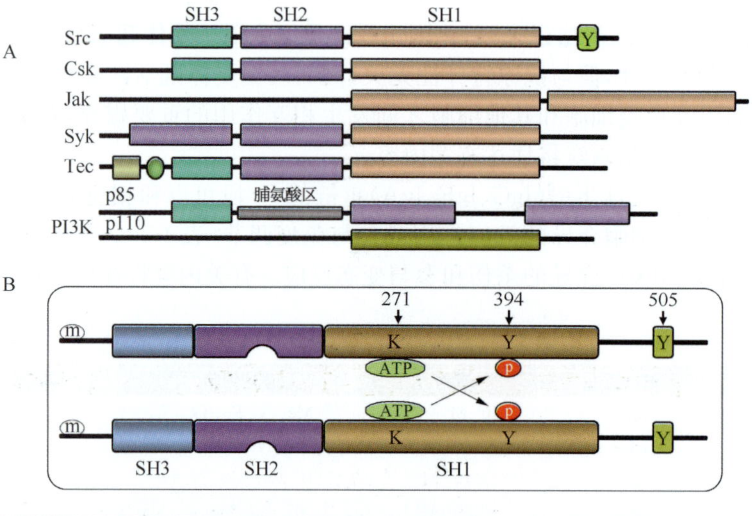

图 1-13　免疫细胞激活信号转导中常见的蛋白酪氨酸激酶

A. PTK 家族及其结构，其中 Tec 家族 N 端(左侧)黄色和绿色的两个结构域分别为 PH 及 TH，下方的 PI3K 属于丝苏氨酸激酶；B. Src PTK 家族分子活性中心(SH1)的结构及相互磷酸化示意图

Syk 和 Jak 家族皆带有 SH1 结构域，这是蛋白酪氨酸激酶的共同特征。但是 SH2 和 SH3 结构域在各种 PTK 中可以缺失或重复，例如 Syk 带有两个 SH2 结构域；而 Jak 没有 SH2 和 SH3 结构域。

（2）蛋白质丝氨酸/苏氨酸激酶　功能是使蛋白质上的丝氨酸和苏氨酸残基发生磷酸化。除了参与共刺激信号的启动之外，这类激酶一般在信号转导的中下游发挥作用。由于胞内信号转导途径具有相互“串流”（cross-talk）的特点，处于下游的蛋白质丝氨酸/苏氨酸激酶往往为各种免疫细胞和不同受体介导的信号途径所共用。

和免疫细胞活化有关的丝氨酸/苏氨酸激酶主要有：① 蛋白激酶 C（PKC）：参与淋巴细胞激活信号转导的磷脂酰肌醇途径，激活转录因子 NF-κB。② 丝裂原活化蛋白激酶：或称 MAP 激酶（MAPK），是信号转导途径中由小 G 蛋白 Ras 等启动的 MAP 激酶相关信号途径（后述）中的下游成分，直接激活 c-Fos、c-Jun 和 p38，前两者为原癌基因产物，共同构成转录因子 AP-1。③ 磷酸肌醇 3 激酶（PI3K）：同时兼有丝氨酸/苏氨酸激酶和类脂激酶的活性。由双链组成，其中的 p85 链 C 端带有 SH2 结构域，并带有富含脯氨酸的片段；另一条链（p110）虽含催化结构域 SH1，但它作用的靶目标不是酪氨酸而是丝氨酸/苏氨酸（图 1-13A）。PI3K 直接参与 T 细胞共刺激信号的转导（见第十一章）。

（3）参与免疫细胞激活信号转导的蛋白磷酸酶　蛋白磷酸酶催化脱磷酸化，作用与激酶相反。根据脱磷酸氨基酸残基的不同，磷酸酶也分成蛋白酪氨酸磷酸酶（PTP，PTPase）和丝氨酸/苏氨酸磷酸酶。参与淋巴细胞激活的蛋白磷酸酶主要有：① 跨膜分子 CD45：该分子胞内段的两个结构域发挥 PTP 的作用，因而 CD45 属于受体型蛋白酪氨酸磷酸酶，在解除对 Src PTK 的抑制和启动淋巴细胞信号转导中发挥重要作用（见第十一章）。② 钙调磷酸酶（calcineurin）：属丝氨酸/苏氨酸磷酸酶，其底物是转录因子 NF-AT 分子已发生磷酸化的丝氨酸和苏氨酸残基。在钙调磷酸酶的作用下，NF-ATp 因脱去磷酸根（p）而激活，成为转录因子 NF-AT 并发生转位。

2. 转录因子和衔接蛋白　转录因子又称核因子或反式作用蛋白，通常以未激活形式游离于胞质，一旦激活即进入细胞核，称为转位或入核，和相应基因启动子区特定的 DNA 序列（DNA box）即顺式作用元件相结合，最终激发通用转录复合体（GTC），启动基因转录。转录因子的激活，是发生信号转导级联反应的结果，和上述 PTK 和 PTP 对转录因子的磷酸化和脱磷酸化有关。不同的免疫细胞，以及同一细胞中不同基因的转录激活，要求参与的转录因子往往不同。

衔接蛋白（adaptor）以胞膜整合蛋白和胞质溶胶蛋白两种形式参与信号转导中蛋白与蛋白间的反应，可带有酪氨酸残基并被 PTK 活化，但不具有酶活性。其功能是为大分子复合物的形成提供支架，参与细胞活化中胞内信号的整合与传递。如 T、B 淋巴细胞受体信号转导中以胞膜整合形式出现的衔接蛋白 LAT 和 BLNK、TLR 信号转导中的 MyD88，以及 Fas 相关死亡信号转导中的 FADD。它们在免疫学中已成为普遍关注的一类衔接蛋白。

图 1-14 是免疫细胞信号转导的一个通用流程。所展示的受体和配体结合后启动的信号传递，包括胞质和胞核两个前后衔接的时相。然而，对于不同的免疫细胞和同一细胞不同受体的信号转导，参与的 PTK、下游激酶（主要是丝氨酸/苏氨酸激酶）、衔接蛋白及转录因子往往不同，种类也不止一种，将在后续的章节中展开。前面提到，多种信号途径到了下游往往会相互“串流”而共用一些信号转导下游事件。

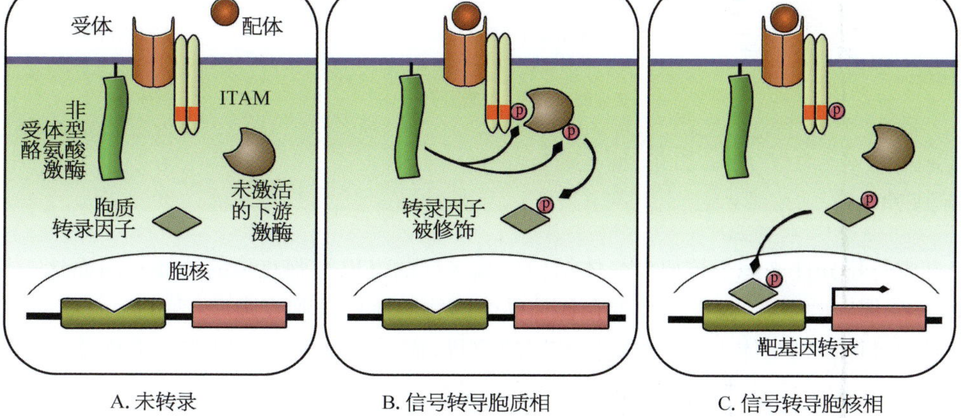

图 1-14　胞膜受体启动的信号转导简要过程

免疫细胞的受体与配体结合后，激活非受体型酪氨酸激酶 PTK，启动信号转导的胞质相（B）。PTK 使受体分子或与其相连的跨膜分子胞质部分 ITAM 中的酪氨酸残基发生磷酸化，引起下游激酶被招募至受体附近并从该 PTK 得到磷酸根。因磷酸化而激活的下游激酶进而对胞质中特定的转录因子进行修饰（如使之也发生磷酸化）。得到修饰的转录因子转为活化状态后入核，开始信号转导的胞核相，通过与基因启动子区特定顺式作用元件结合，启动靶基因的转录激活（C）。这是以单一酶事件为例对信号转导主要步骤所做的一个综合

图 1-15 展示了两条最为常见的免疫细胞信号转导的下游途径。其中转录因子 NF-κB 的激活见于 TLR、NLR、TCR、BCR 相关的信号转导，并参与细胞凋亡中肿瘤坏死因子受体介导的死亡信号途径。而 MAP 激酶途径也十分常见，包括 TLR、TCR、BCR、FcεR1 等引起的细胞活化，特点是有 Ras 等小 G 蛋白的参与，最终激活转录因子 AP-1。其中提到泛素连接酶的作用，将在后面免疫调节一章中展开。

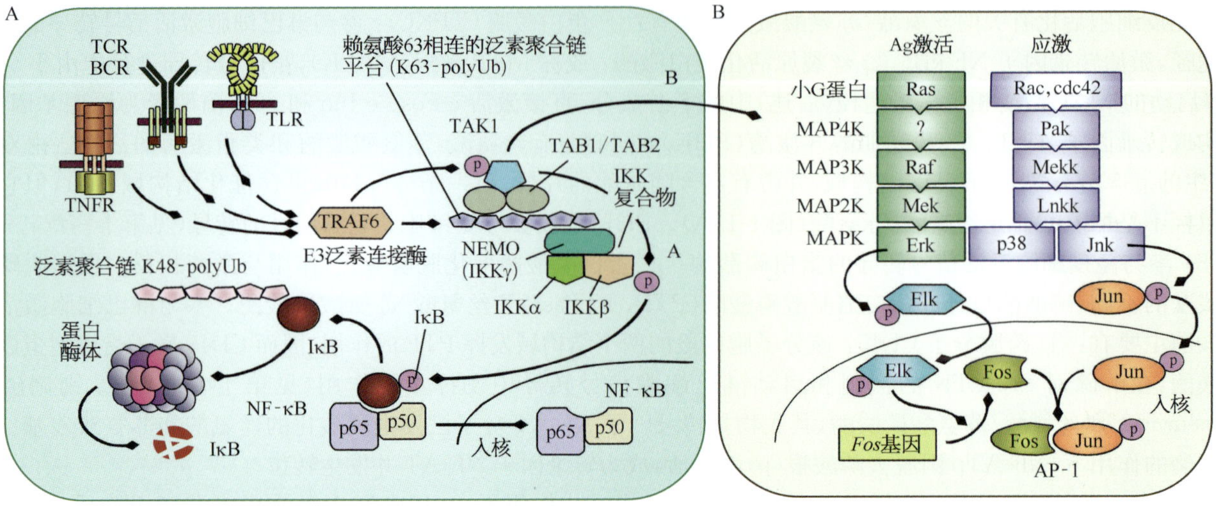

图 1-15 免疫细胞信号转导中常见的两条下游途径

A. 在各种免疫细胞受体启动的信号作用下，E3 泛素连接酶（如 TRAF6）激活后促成一条 63 位赖氨酸泛素聚合链(K63-polyUb)的形成，招募由 TGF-β 激活激酶 1(TAK1)组成的复合物及 IκB 激酶复合物(IKK)。后者包括 NEMO(IKKγ)、IKKα 和 IKKβ 三个亚单位。NEMO 与泛素聚合链相接，IKKβ 则从 TAK1 获取磷酸根而激活，使结合于 NF-κB 的 IκB 发生磷酸化。IκB 借助另一条泛素聚合链(K48-polyUb)进入蛋白酶体被降解，使得受其抑制的转录因子 NF-κB（由 p50 及 p65 亚单位组成）激活，转位后参与基因转录。B. 丝裂原活化蛋白激酶(MAPK)相关途径：在抗原信号作用下，鸟苷酸置换因子(GRF)使小 G 蛋白 Ras 及 Rac 等激活（第一横行），通过激酶级联反应，MAPK 家族中的 Erk、Jnk 及 p38 因磷酸化而激活。激酶 Erk 使得转录因子 Elk 发生磷酸化并转位至胞核，促使原癌基因 *Fos* 激活产生 c-Fos 蛋白。同时激酶 Jnk 使另一原癌基因产物 c-Jun 发生磷酸化，入核后与 c-Fos 共同构成转录因子 AP-1，参与基因转录

二、固有免疫应答和适应性免疫应答

固有免疫(innate immunity)和适应性免疫(adaptive/acquired immunity)又称非特异性免疫和特异性免疫。两类应答各有特点（表 1-6），就应答的启动而言有无抗原诱导和应答是否显示抗原特异性，是区分两种类型免疫反应的重要标志。

表 1-6 固有免疫和适应性免疫主要特点的比较

	固 有 免 疫	适 应 性 免 疫
应答发生的特点	先天获得，出现早，速度快	个体出生后产生，速度较慢
特定免疫原的激发	非必要条件	必要条件
免疫原主要类型	病原体相关分子模式	非己蛋白质抗原
免疫细胞	Mφ、NK 细胞、中性粒细胞等	T 细胞、B 细胞
免疫分子	炎症因子、补体、细胞因子	抗体
抗原受体库的发育	无	有，显示抗原受体高度异质性
二次应答和免疫记忆	无	有
抗原特异性细胞克隆扩增	无	有

前面提到，免疫应答特异性来源于抗原对受体结构极端多样的淋巴细胞克隆的选择。因而这一区分的本质在于，是否有 TCR 和 BCR 受体库的发育，以及出现带有各种受体结构的淋巴细胞克隆库（表 1-3）。前面提到适应性免疫中数量巨大、结构各异的抗原识别受体主要来自受体基因的重排，而受体基因之所以能够重排并产生受体库，缘于重组酶及其编码基因的出现。

（一）固有免疫涉及的一些概念

1. 两个应答时相

（1）速发时相　由现成的效应成分清除病原体（图 1-11）。

（2）诱导时相　通过模式识别受体激活固有免疫细胞，实施对病原体的吞噬和启动信号转导，激活各种促炎症基因的转录，通过炎症反应清除病原体。

2. 两类主要的免疫原

（1）PAMP　包括：① 细菌、真菌、寄生虫相关的模式分子，主要由体液中游离的模式识别分子和细胞表面PRR所识别；② 病毒和细菌胞核成分相关的模式分子，由游离于胞质溶胶中的PRR和胞内区室膜表面PRR识别。

（2）DAMP　包括：① 胞内产生的DAMP：应激状态下损伤和死亡细胞产生并分泌的模式分子；② 胞外产生的DAMP：在坏死细胞释放蛋白水解酶作用下，胞外基质的解离片段和受损成分。

3. 两种炎症反应

（1）经典炎症反应　PRR识别PAMP后由各种吞噬细胞分泌的促炎症介质诱导，分为局部炎症反应、全身急性相反应和慢性炎症反应。

（2）无菌性炎症（sterile inflammation）　主要由DAMP诱导PRR产生，其中有NOD样受体等构建的炎症小体积极参与。

（二）适应性免疫涉及的一些概念

1. 三个特点

（1）特异性　二次应答时能精细地区分致敏的抗原和其他无关的抗原；因而免疫应答的特异性指的是抗原特异性。

（2）多样性　参与获得性免疫应答的淋巴细胞，其识别结构和相应分子（如抗体）显示高度的异质性，赋予机体具有识别数量极大的抗原并与之起反应的能力。多样性是特异性产生的基础。

（3）记忆性　再次遇到同一抗原时，出现增强性应答。免疫记忆主要由记忆性淋巴细胞承担。

2. 应答类型

（1）体液免疫和细胞免疫　由可溶性抗体分子介导的免疫应答称为体液免疫；由免疫细胞主要是T细胞介导的免疫应答称为细胞免疫。

（2）初次应答和二次应答　免疫系统两次接触同一抗原，呈现不同的应答特点。初次应答潜伏期长，应答强度低；二次应答潜伏期短，应答强度大（图1-16）。这一特点对体液免疫（如抗体产生）和细胞免疫（如移植物排斥反应）都是适用的。如果第二次用抗原进行攻击时，同时包含初次致敏的抗原和另一个新的抗原，可以看出，二次增强应答仅针对初次致敏过的抗原，对另一个抗原仍显示初次应答的特点。这说明，抗原特异性只有在二次应答中才能显示。同样，适应性免疫的特异性和记忆性，也只有通过二次应答才能得到体现。

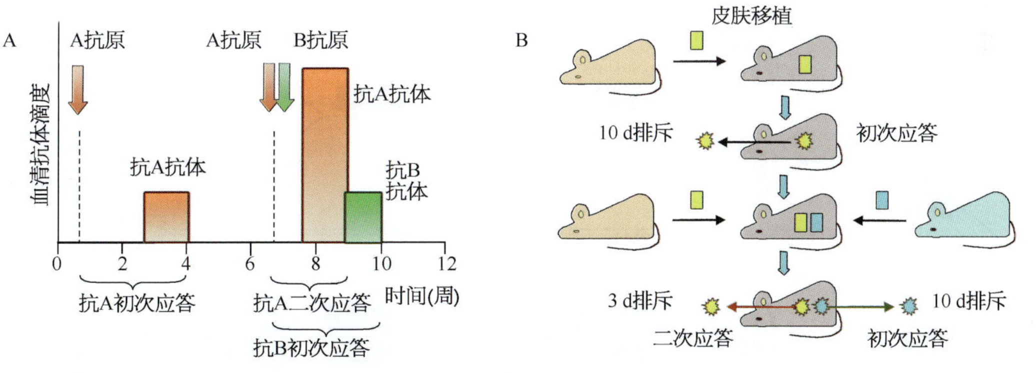

图1-16　体液免疫和细胞免疫中的初次应答和二次应答

A. 抗体产生的二次增强应答仅限于初次免疫的抗原。注意二次应答不仅抗体滴度升高，诱导潜伏期也明显缩短。B. 同种异型皮肤二次移植诱导加速排斥，加速排斥仅针对初次致敏的同种异体抗原。其表明体液免疫和细胞免疫二次应答皆显示抗原特异性

（3）主动免疫和被动免疫　输入免疫原使机体产生特异性应答，称为主动免疫。机体被抗原致敏之后，将其免疫细胞或血清过继性地转移到另一个未接触过相同抗原的个体，使之产生对该抗原的特异性应答能力，称为被动免疫。被动免疫可使受者十分迅速地获得免疫力，但持续时间较短。

3. 应答时相

（1）识别相　T、B细胞通过受体TCR和BCR识别抗原。

（2）激活相　识别抗原的淋巴细胞发生增殖分化，产生效应细胞、效应分子和记忆细胞。

（3）效应相　效应细胞和效应分子清除抗原。

（三）固有免疫和适应性免疫应答的相互联系

没有固有免疫细胞和分子的介入，不会出现有效的特异性免疫应答。固有免疫和适应性免疫是体现免疫系统反应能力不可分割的两个方面。

1. 固有免疫和适应性免疫的细胞和分子在结构和功能上的关联性和相似性

（1）免疫细胞　存在兼有固有免疫和适应性免疫特性的一些中间类型，如固有淋巴样细胞（ILC）、iNKT、γδ T、B1 和黏膜相关恒定链 T（MAIT）细胞。

（2）免疫受体和免疫分子　有提呈抗原肽供 T 细胞识别的 MHC Ⅰ、Ⅱ类经典分子，也有提呈其他免疫原供 NK、NK T 细胞识别的非经典 MHC Ⅰ类分子如 MICA、CD1 和 MHC 相关Ⅰ类分子（MR1）。这些分子的立体构型十分相似，都有一个由 β 片层和 α 螺旋构筑的抗原结合槽，有的还同时结合有 β_2 微球蛋白。

（3）固有免疫和适应性免疫以相似的原理和途径实施信号转导（表 1-6），其下游转录因子的激活和转位方式相似或者相同（图 1-15）。

2. 固有免疫中的细胞和分子参与适应性免疫应答

（1）参与淋巴细胞的激活　如 DC 和 Mφ 属专职抗原提呈细胞（APC），为 T 细胞激活提呈抗原和提供共刺激信号。

（2）参与 T 细胞亚群的分化　如 DC 及其分泌的 IL-12 对 T 细胞功能性分化（Th0 向 Th1 分化）提供指令性信息；嗜碱粒细胞等分泌的 IL-4 有利于 Th2 的分化。

（3）共同发挥免疫效应功能　固有免疫的细胞和分子与适应性免疫的淋巴细胞亚群组合成不同类别的免疫应答，在同类型应答中行使相似的效应功能（下文介绍）。

三、固有免疫和适应性免疫共同构建三种应答类型

现有的进展揭示，由 NK 细胞和固有淋巴样细胞（ILC）介导的应答类型与适应性免疫中 CD8 CTL 及效应性 CD4 T 亚群参与的应答类型高度相关（ILC 的分化及特性见第三章）。由此，提出免疫反应实质上可以分为由淋巴细胞、ILC 和细胞因子共同介导的三个效应物组件（effector module）或三种应答类型。

图 1-17 表明，在特定细胞因子参与下完成分化的淋巴细胞亚群和固有淋巴样细胞亚群形成的三类应答，各自激活相似的效应细胞，应对三组以不同途径入侵的病原体。各组中不仅淋巴细胞亚群和 ILC 亚群的分化由同一类转录

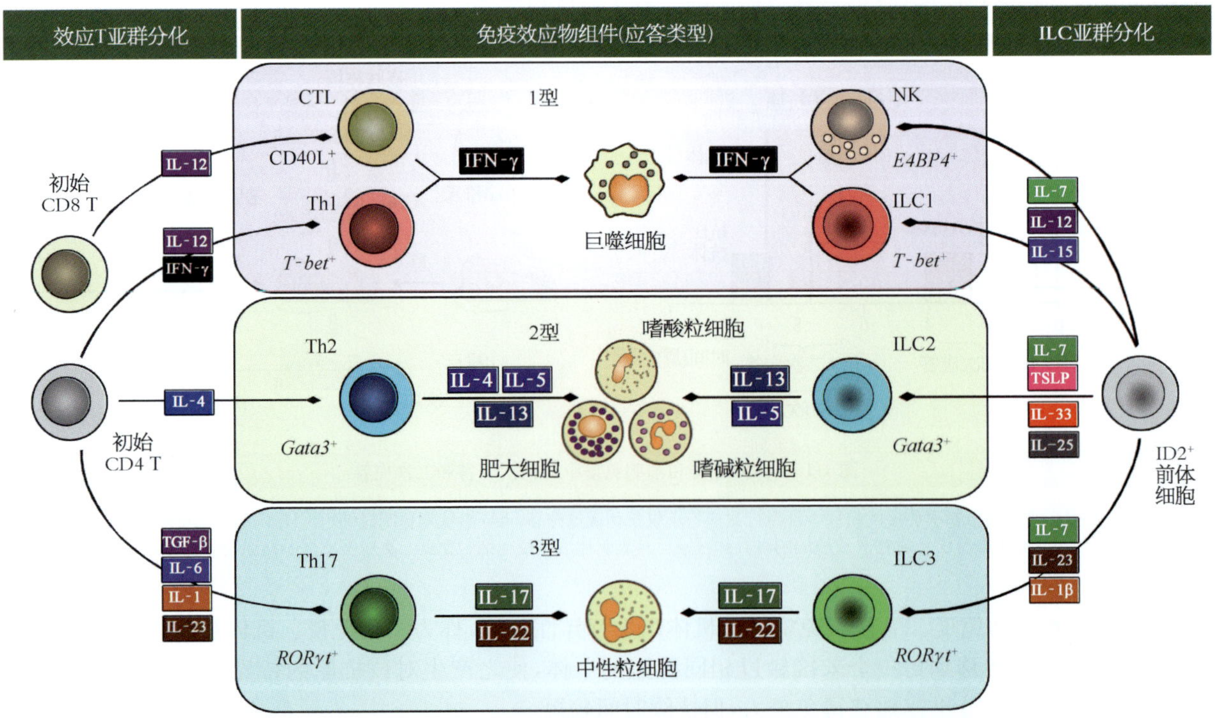

图 1-17 淋巴细胞和固有淋巴样细胞共同构建三种不同的免疫应答类型

1 型应答	由 Th1、ILC1、IgG1/IgG2 和巨噬细胞等参与，针对胞内病原体（胞内菌、病毒）感染。
2 型应答	由 Th2、ILC2、IgE 和嗜酸粒细胞、嗜碱粒细胞和肥大细胞参与，针对多细胞寄生虫和蠕虫感染。
3 型应答	由 Th17、ILC3、IgG 和中性粒细胞参与，针对胞外菌和霉菌感染

ID2：DNA 结合抑制蛋白 2；TSLP：胸腺基质淋巴生成素

因子(T-bet、Gata3 和 RORγt)操控,而且履行效应时启用的细胞因子也相同或相似,甚至涉及类别相同的抗体。提示三种应答类型的区分有其客观性。

1 型应答:由 Th1、ILC1、IgG1/IgG2 以及 CTL、NK 细胞等参与,在 IFN－γ 作用下,通过巨噬细胞等启动抗胞内病原体(如胞内菌、病毒)感染,构成移植物排斥及抗肿瘤应答的主要方面。

2 型应答:由 Th2、ILC2、IgE 等参与,在 IL-4、IL-5 和 IL-13 等作用下,通过嗜酸粒细胞、嗜碱粒细胞和肥大细胞等参与抗多细胞寄生虫和蠕虫感染,启动部分超敏反应。

3 型应答:由 Th17、ILC3、IgG 等参与,在 IL-17 和 IL-22 等作用下,通过中性粒细胞等启动抗胞外菌和霉菌感染。

这种区分对探究疾病发生的免疫学基础和寻觅有效的防治手段十分重要。以哮喘为例,以往只知道这是一类由 IgE 主宰的呼吸道过敏性疾病。深入研究后发现,哮喘实际上分为不同的免疫学类型,既包括由 Th2 借助 IgE 嗜酸粒细胞和 ILC2 借助嗜碱粒细胞参与的气道高反应型(BHR),也包括由 Th17 借助中性粒细胞介导的非变态反应型。它们在图 1-17 中各自隶属于 2 型和 3 型应答。区分哮喘发病机制的差异,可针对不同型别的患者进行治疗,其效果往往好于"打统仗"。此举回应了疾病分类、诊断和治疗所要求的科学性和精准性。如果三种调变特型的确定有其实践依据,则说明概念的更新对临床疾病的防控有重要价值。

图 1-18 从另一个角度论及免疫反应的类型及其中固有应答和适应性应答的共同参与和相互作用。这是一个关于双层次免疫应答的表述,也许还属于一种工作假设。该处将三个调变类型合并为两个(1 型和 3 型合并),阐述不同类别的免疫细胞即感知细胞、组织定居淋巴(样)细胞和效应细胞如何在细胞因子的两个"浪潮"中激活、分化和行使功能。对于不同的应答类型,参与的细胞和细胞因子各不相同。这里,提出了从整体上把握固有免疫和适应性免疫如何相互作用和相互制约,强调的是免疫应答类型(因而也就是与临床疾病关系)的差别,而不是固有免疫-适应性免疫间的不同。

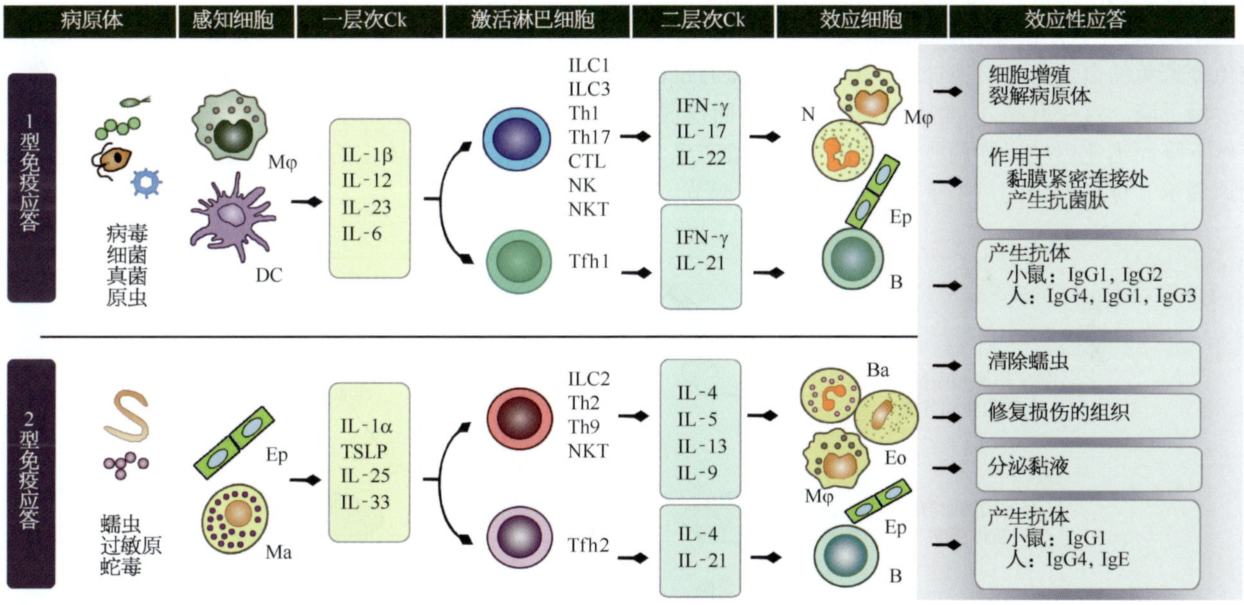

B:B 细胞;Ba:嗜碱粒细胞;DC:树突状细胞;Eo:嗜酸粒细胞;Ep:上皮细胞;N:中性粒细胞;Ma:肥大细胞;Mφ:巨噬细胞

图 1-18 同时涉及固有免疫和适应性免疫的双层次应答

作为一种应答模式,提出免疫反应由三种类别的功能性免疫细胞担当。1. 感知细胞:感知病原体并产生第一层次的细胞因子。DC、Mφ、肥大细胞和上皮细胞分别在 1 型和 2 型应答中发挥感知作用。2. 组织定居淋巴细胞:包括 T 细胞亚群、固有淋巴样细胞(ILC)亚群、Tfh、组织定居记忆 T 细胞(T_{RM})等,能对出现的第一层次细胞因子做出应答,并分泌第二层次的细胞因子。3. 效应细胞:包括 Mφ、中性粒细胞、嗜酸粒细胞和嗜碱粒细胞、B 细胞,以及感觉神经元、内皮细胞和平滑肌细胞等。其职责是回应第二层次的细胞因子的作用而激活,履行效应功能,包括实施屏障性防御、杀伤和清除病原体、产生抗体和修复损伤组织等

第五节 免疫系统的调节能力

就强度而言,免疫应答的总体格局有一个由弱到强再由强到弱的过程(图 1-19)。完成"抗原识别—淋巴细胞克隆扩增—免疫效应(清除抗原)"应答程序之后,紧接着会出现一个收缩时相。这一收缩,主要指淋巴细胞克隆容积的迅速削减,以及效应细胞的凋亡、效应分子(抗体、细胞因子、炎症介质)浓度和活性的下降,否则机体的正常组织将因

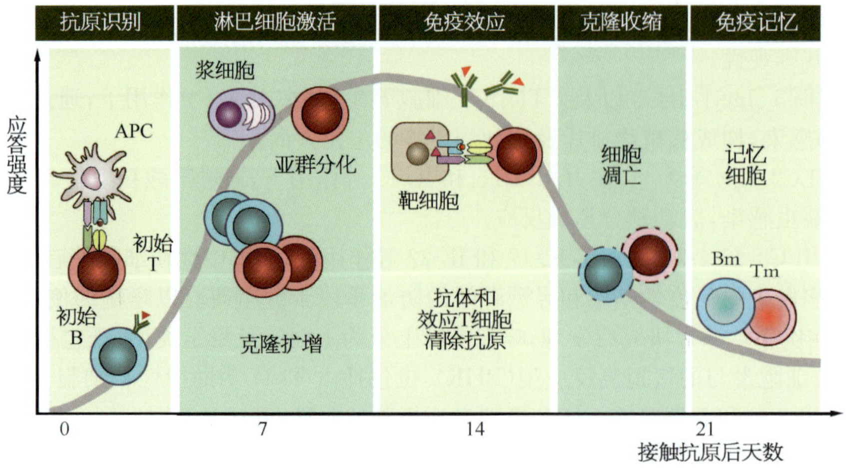

图 1-19 适应性免疫应答的时相区分

前三个时相(左侧)涉及抗原启动的识别相、中枢相和效应相;然后抗原激发的淋巴细胞发生凋亡,使克隆容积收缩,反应下降;最后抗原特异性淋巴细胞分化成记忆细胞,形成记忆时相。各时相的持续时间因应答类型不同而异

强烈应答诱致的病理改变而蒙受损伤。

这说明,对于免疫应答的不足和过于强势,免疫系统皆需实施反馈性调节。这是免疫系统不同于其他系统的又一个重要特征。调节的前提,是免疫系统能够即时感知自身应答的强度变化及其产生的效应。

图 1-20 是一个有意义的动物血清交换实验。家兔经抗原免疫后,血清中出现高滴度的特异性抗体。如果用一只未经免疫家兔的血清与之交换,即人为降低原家兔的抗体浓度,随后体内会出现一个抗体浓度突然升高的现象,然后重新缓慢下降。这一升高,不是因为加注了抗原,而仅仅因为,该家兔有效地感知到血清中免疫应答产物(抗体)含量的突然下降而迅速启动反馈调节,使抗体重新大量产生。这里,机体对自身抗体应答实施的是一种主动性逆向反馈,生动地展示了免疫系统的一个重要功能——自我调节。

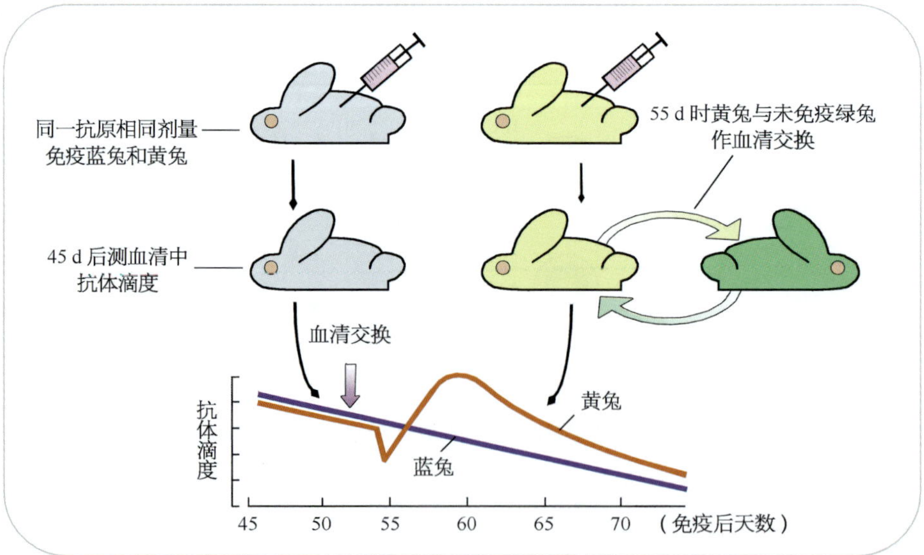

图 1-20 机体对抗体浓度变化的感知和对抗体产生的自我调节

家兔经抗原免疫后产生特异性抗体,用血清交换人为降低抗体浓度后,可引起抗体产生量的反馈性升高,并在到达一定强度后逐渐下降。说明机体可感知自身抗体浓度的变化,并自行启动调节机制

一、感知网络和感知元件

(一)抗原诱导的增殖信号及其感知网络

早在 20 世纪初,Paul Ehrlich 在有关抗体产生的“侧链理论”中就提出,抗体形成细胞可表达结构各异的多种受

体，一旦抗原出现，结构与之互补的受体分子可与该抗原结合，而使相应细胞产生并大量分泌同样类型的抗体分子。在 Ehrlich 提供的一张示意图中，生动地展示了抗体生成细胞如何"感知"某些受体已经与抗原结合，并迅速做出应答（图 1-21A）。图中见到，参与结合抗原的受体分子越多，细胞受感应而分泌的抗体分子就越多（图 1-21A 右下方的细胞看起来像正在"号啕大哭"而喷洒"泪水"）。生动地设想了免疫系统可以从量上感知抗原并启动相应的特异性应答。

Ehrlich 实验的精髓在于首次提出了"抗原选择"的概念，在当时（1900 年）是一个超前的创新性思维。因为在 20 世纪初期和中期，生物学界关于细菌和昆虫产生抗药性是源于适应还是选择的论战方兴未艾，免疫学界关于抗体多样性的产生是来自选择还是适应的争论同样激烈。其中的"抗原选择说（如侧链理论）"和"机体适应说"针锋相对。后者以化学家 Pauling L 提出的指令学说（Instruction Theory）为代表，认为进入胞质的抗原分子可以作为模板，细胞能合成互补性的特异抗体并分泌于胞外，因而有多少抗原就可以产生多少抗体。而生物体及其细胞具有适应性变异能力的见解以 20 世纪中期苏联李森科推行的"定向培育"之说达到顶峰。作为科学的论战，重要的是拿出令人信服的实验。1952 年遗传学家 Lederburg J（诺贝尔生理学或医学奖获得者）及其夫人（免疫学家）共同采用微生物影印培养技术所完成的一项著名实验（参见 30 页插页 2）即为其中之一，他们证明细菌抗药性的产生是因为剂量日益增大的药物选择出了抗药基因。

在此基础上，澳大利亚免疫学家 MacFarlane Burnet 沿用了 Ehrlich 的抗原选择理论，但做了重大修改，把被选择的受体分子改为表达受体的淋巴细胞克隆，由此形成克隆选择学说（图 1-21B）。抗原能够从淋巴细胞克隆库中选择出高度特异性的 T、B 细胞克隆，是基于存在数量极大的受体库或淋巴细胞克隆库，而受体库的发育，依赖于基因重排和体细胞突变。在此基础上，Jerne N 提出独特型网络学说。该学说的新颖之处，不仅设想并确认了抗体分子间（或淋巴细胞抗原受体间）可因抗独特型抗体的出现而启动负向调节，更提出了机体内存在着一个现成的相互制约的独特型网络。

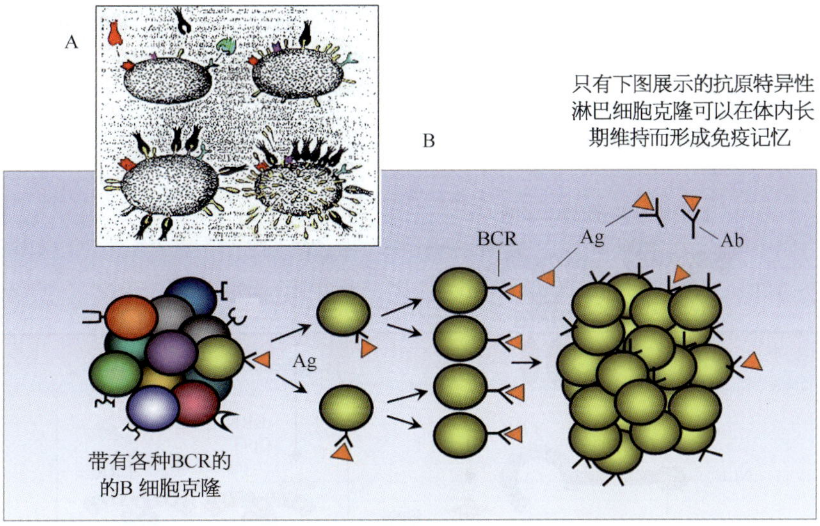

图 1-21　抗体形成的侧链理论和克隆选择学说

A. Ehrlich 提出的侧链理论（Ehrlich 原图，颜色后人加上），抗原选择的是受体（抗体）分子。B. Burnet 提出的克隆选择学说。左侧为一群带有不同 BCR 的 B 细胞，抗原从中选择出带有特定受体的 B 细胞后，通过克隆扩增，出现一群 BCR 受体结构均一的 B 淋巴细胞群，分泌的抗体能与原有的抗原发生特异性结合。此处抗原选择的是淋巴细胞克隆

根据 Jerne 的见解，该网络在体内无所不包地把带有各种抗原受体的细胞克隆收罗其中，但每一个克隆容积（指同一克隆的细胞数量或抗原受体数量）没有达到机体能够感知而对该受体产生独特型抗体（即抗抗体）的阈值，因而不能被免疫系统识别。抗原一旦出现，相关克隆被挑选出来发生扩增，意味着该克隆细胞数超越阈值，原有平衡被打破，抗该抗原受体的抗体即被诱导（图 1-22）。在这个意义上，阈值之下的各种显示受体特异性的淋巴细胞克隆（图中以不同结构的受体分子示意），就是由数量极大的"感知原件"汇总起来的一个能够洞察抗原刺激并引发特异性应答的潜在网络。机体可借此实施正向调节（诱导产生抗原特异性克隆扩增）或负向调节（诱导抗独特型抗体抑制抗原特异性克隆扩增）（见第十四章）。

Ehrlich、Lederberg、Burnet 和 Jerne 都是诺贝尔生理学或医学奖获得者，可以看出，从他们的思想接力中，展示了免疫系统的另一个重要属性——自我感知能力和调节能力。

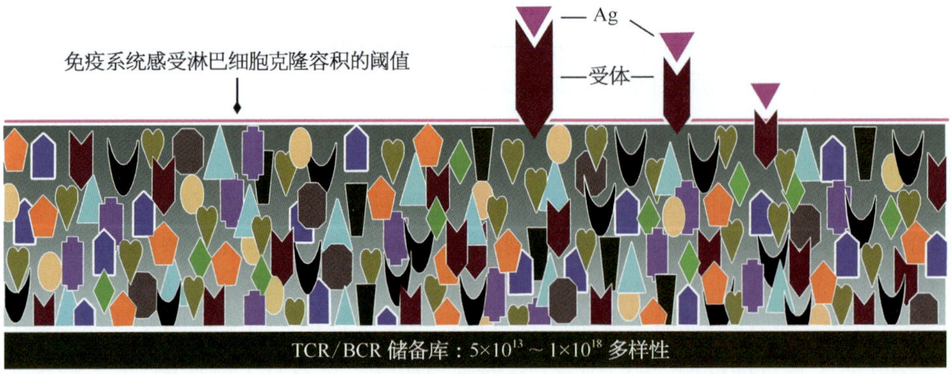

图 1-22 淋巴细胞抗原受体多样性的体内储备及其对抗原激发的感知和应答

（二）固有免疫的感知途径

1. 对危险因素的感知与清除　近代免疫学家如 Charls Jenaway 和 Polly Matzinger 等，就固有免疫中可能存在的感知途径和相应机制提出了新的见解和理论，包括 PAMP-PRR 系统的作用和危险模式学说，认为启动固有免疫应答的不仅有病原微生物所展示的非己抗原，也有体内存在的危险信号包括 DAMP。因而免疫系统能够感知并予清除的，除了以 PAMP 为代表的感染因素（非己成分），也包括其他非感染性的自身成分和非己成分。其中涉及不同的层面、不同的感知方式和感知元件。

2. TLR、NLR 和 RLR　Toll 样受体（TLR）、NOD 样受体（NLR）及 RIG 样受体（RLR）代表了从不同层面对病原体、非己成分，以及“改变了的自身”（altered self）（如衰老和凋亡的自身细胞及其成分）的感知和识别。图 1-23 显示，TLR 分成两类，分别感知细胞表面和进入内体中的 PAMP，而 NLR 与 RLR 则直接识别进入胞质溶胶的各种非己和自身成分。既然是都是受体，识别配体之后往往启动信号转导，因而这里有三种不同方向的信号途径：胞外→胞内；内体内→内体外；胞质溶胶→胞质溶胶。TLR、NLR 和 RLR 已被称为“三位一体”式的感知元件（见第八章）。

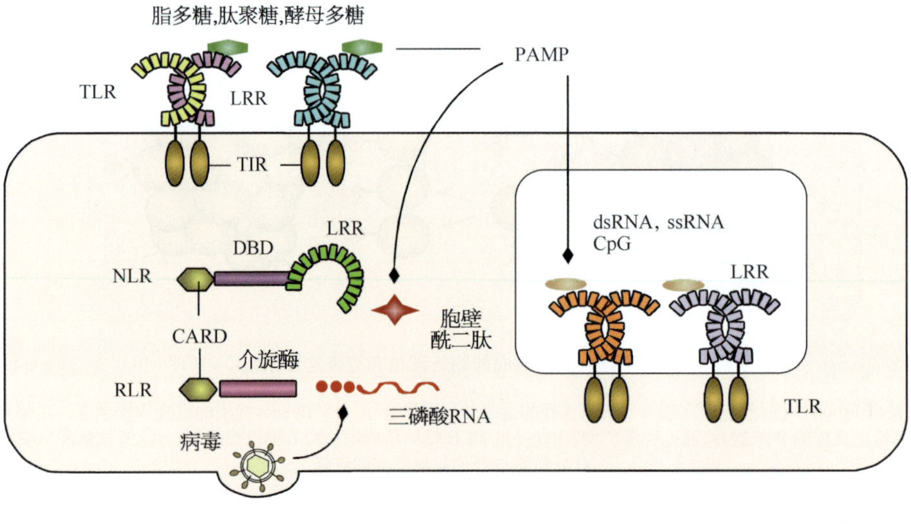

图 1-23 在不同层次感知非己 PAMP 成分的 TLR、NLR 及 RLR

Toll 样受体（TLR）、NOD 样受体（NLR）与 RIG 样受体（RLR）分别在细胞膜外、内体腔中及胞质溶胶内感知 PAMP 的不同成分。LRR：亮氨酸重复序列结构域；TIR：Toll/IL-1 受体结构域；NBD：核苷酸结合结构域，也称 NACHT 结构域；CARD：胱天蛋白酶招募结构域

3. NK 细胞对自身 MHC 分子的感知　NK 细胞的研究揭示，该类细胞的激活性和抑制性受体皆主要以经典和非经典的 MHC 分子为识别目标。MHC 分子的高度多态性、自身与外来 MHC 分子的抗原性差异，以及 MHC 表达的异常，直接左右 NK 细胞的活性，表明此类免疫细胞不仅活跃在抗感染和抗肿瘤第一线，也是感知自身成分特别是改变了的 MHC 分子的重要元件。NK 细胞这样一种特性，已超越受体仅识别病原体等非己成分的传统概念，具有更深层次的调控意义，因为自身及自身相关成分的变化（如恶变细胞 MHC 表达异常）往往是局部和全身性病理性改变的信号。

（三）抗原数量和浓度的变化是免疫系统感知的重要方面

有效的抗体应答很大程度上取决于抗原的剂量，过高或过低的抗原浓度不会诱导相应抗体的产生，称为低区耐受和高区耐受（图 1-24），其机制之一是免疫系统对抗原的感知具有量上的敏感性。

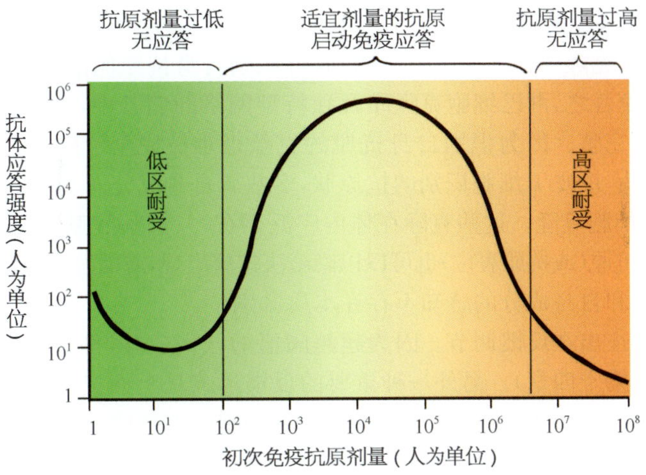

图 1-24　抗体应答的产生依赖于初次免疫抗原的剂量

过低和过高剂量引起不应答状态，分别称为低区耐受和高区耐受

剂量大小直接决定应答性质的例子很多。例如，① 抗原抗体复合物的产生依赖两者的浓度及适当的比例。② 抗抗体（Ab2）的产生只有当抗体（Ab1）数量积累到一定的水平后才能出现。③ 单个的 TCR-pMHC 复合物难以激活 T 细胞，当免疫突触造成诸多复合物发生聚合，使单一的亲和力演变成为功能性亲和力（functional avidity），激活才能有效地产生（见第十一章）。④ 亲和力强弱直接制约胸腺选择。胸腺细胞 TCR 与基质细胞自身 MHC（或 pMHC）结合的亲和力过强或过弱，都将引起胸腺细胞凋亡。⑤ 记忆细胞的产生依赖于适当浓度抗原的激发（见第十一章），抗原刺激过弱或过强，皆诱导不出抗原特异性免疫记忆。

以上例子表明，对量的精确感知，是免疫系统履行反馈调节的重要因素。前文列举的家兔血清交换实验（图 1-20），说明抗体本身可调控抗体的产生，更是体现了免疫系统对血清抗体浓度改变的敏感性。

二、针对感知信息的反馈调控途径

1. 激活性受体和抑制性受体　几乎所有的免疫细胞都表达抑制性受体。激活性受体是抑制性受体能够显示反馈活性的前提。因为，没有激活和增殖，也就无所谓抑制和调节。而且抑制性受体启动的负向信号转导，依赖于激活性受体信号转导活化的蛋白激酶。两种受体如何互为对立面并调控图 1-20 中抗体浓度的涨落，可参见第十四章。

2. 行使正向和负向作用的可溶性介质　细胞因子网络中各成员间可协同作用，也可相互对抗。其中 IL-10 和 TGF-β 可对 Th1 和 Th2 型免疫应答行使负向调节作用已成共识。调控以具有不同细胞因子分泌格局的免疫细胞及其亚群在不同时空点进行差异性激活为特点，并有各种细胞因子受体、信号途径、转录因子，以及表观遗传学机制参与。

3. 效应细胞和调节细胞　各种调节细胞特别是调节性 T 细胞的发现及其对病理性效应细胞的阻抑作用，成了免疫学研究的前沿，因为几乎所有重大临床疾病（自身免疫病、移植、肿瘤）发病的免疫学机制中，都伴随着调节细胞数量、类别和功能的改变。大多数情况下，调节细胞对内环境稳定所发挥的作用并不为人们所察觉，表明这是一种由免疫系统自行实施的调控。

4. 效应分子和调节分子基因表达的调控及转录后修饰　补体活性有补体调节蛋白与之抗衡；PRR 介导的信号途径受控于一系列胞内抑制性分子；共信号分子有激发性和抑制性之别，这些都提示，免疫系统有多种形式的调控途径。

而且，这一调控还包括相关蛋白编码基因在转录、翻译、表达等一系列事件中的有序交替和相互制约，包括转录前的表观遗传学调控和免疫分子的转录后修饰：糖基化、磷酸化、泛素化和乙酰化。例如，微小 RNA（miRNA）属进化上高度保守的单链非编码核酸成分，通过直接结合特定 mRNA 靶分子的 3′端非翻译区（UTR）而使其降解，进而抑制蛋白质合成。在免疫细胞分化的节点、免疫分子基因的激活、调控分子的活性展示，以及诸多临床疾病相关基因的表达方面，皆检出 miRNA 发挥负调作用。而且泛素化和去泛素化调节涉及免疫细胞分化激活和死亡降解的各个环节。第十四章免疫调节部分将对此作进一步介绍。

三、对自身抗原的感知与自身免疫病

20 世纪 50 年代 Burnet 提出克隆选择学说之时已明确，可识别自身抗原的淋巴细胞克隆被清除是免疫系统不再对自身成分发生应答的原因。换言之，淋巴细胞克隆库及独特型网络的储备中，对自身抗原的感知元件已不复存在。现认为这一见解没有错，只是不完整。因为识别自身抗原的克隆很难被完全清除，免疫系统仍可以和自身抗原起反应。例如，发现由 MHC 分子提呈并被 T 细胞识别的抗原肽，多数属自身成分而非外来抗原，而且，也存在着大量识别此类自身肽-MHC 复合物的 T 细胞克隆。这些克隆在体内广泛存在，只是其数量通常不能达到免疫系统识别的阈值而难以被清除。而且，新的自身抗原（或抗原表位）也可以以隐蔽决定簇出现，或因发生表位扩展（epitope spreading）而产生。在这个意义上，免疫系统对非己和自身成分的感知不存在本质区别。

如果问题不出在感知，则往往出在反馈调节。因为超越阈值的任何应答，都会引发与之相对应的负向调节，包括独特型网络实施的反馈调节（见第十四章）。另外一种重要的反馈形式是上面提到的调节性 T 细胞。例如，在胸腺中产生的 $CD4^+CD25^+Foxp3^+$ Treg，已证明是制约自身反应性 T 细胞的重要成分。

第六节 免疫系统的记忆能力

免疫系统的记忆能力（免疫记忆）指机体再次遇到初次致敏抗原后出现二次增强性应答（图 1-16）。免疫记忆有利于防止持续性感染，也是实施预防接种并取得成效的生物学基础。例如，通过牛痘接种最终消灭天花，是因为免疫系统通过接触牛痘疫苗中的病原体，以交叉反应获得并维持了抗天花病毒的特异性记忆能力。据统计，针对烈性传染病的保护性免疫，包括特异性抗体和特异性记忆淋巴细胞的存留时间，可维持六七十年。

这属于抗感染效应和特异性应答的再次展现。适应性免疫和固有免疫都能显示增强性二次应答即免疫记忆，但特点不同。适应性免疫记忆由淋巴细胞承担，由于抗原激活淋巴细胞的过程涉及克隆选择和克隆扩增，因而相应的免疫记忆长期存在，显示高度的抗原特异性，并有记忆性细胞免疫和记忆性体液免疫之分。固有免疫记忆主要包括 NK 细胞参与的记忆样应答和新近确认的训练性免疫（trained immunity）所引发的效应。后者指免疫原或疫苗诱导后，机体可形成促炎因子加速分泌和炎症反应快速增强的能力。但此类记忆，不具有抗原和免疫原特异性。

一、T 细胞介导的免疫记忆

1. 记忆 T 细胞来自抗原选择下发生扩增的淋巴细胞克隆 图 1-25 上半部分图解记忆 T 细胞产生的简要过程，包括抗原激活、抗原特异性 T 细胞扩增、克隆收缩和记忆细胞亚群分化几个步骤，是图 1-19 换一种形式的展示。T 细胞在蛋白质抗原激发下首先产生效应 T 细胞（T_{EF}），该过程依赖 APC 提交的抗原识别信号和共刺激信号。前者来自 TCR 识别 APC 提呈 pMHC 分子，后者由 CD28 共受体识别 B7 分子（见第十章）。图顶端绿底横栏标明的扩增和收缩，主要指 T_{EF} 杀伤和清除抗原和靶细胞前后自身克隆容积的动态变化。可见履行功能之后的效应细胞绝大多数发生程序性细胞死亡，称为 AICD（见第十四章），仅小部分分化成记忆细胞（T_M）或记忆细胞前体（T_{MP}）。T_M 分化的另一条途径可能直接来自抗原致敏的初始 T 细胞。

图 1-25 右侧展示了记忆性 T 细胞有三个亚群：中枢记忆 T 细胞（central memory T cell，T_{CM}）、效应记忆 T 细胞（effective memory T cell，T_{EM}）和组织定居记忆 T 细胞（tissue-resident memory T cell，T_{RM}）。它们表达不同的表面标志，显示不同的迁移、定居和功能特性。如果仔细分辨图中三个细胞亚群右侧标示的各种标志物表达格局，包括趋化因子受体 CCR7、分化抗原 CD69 和 CD103，以及分化抗原配体 CD62L，可见各亚群皆属于可以用免疫学技术加以区分和进行制备的细胞实体。值得注意的是，对于每一个成年个体，其 T 细胞群中的大多数，是具有不同抗原特异性的记忆细胞，数量更以 T_{RM} 居多。其意义将在第十一章中详述。

比较一下前面图 1-21A 和 1-21B 以抗体多样性形成所展示的两种抗原选择理论，发现只有克隆选择学说而非侧链理论才可以解释免疫记忆现象。这是因为只有发生克隆扩增的淋巴细胞可以长期存在，而细胞表面表达和分泌的受体和抗体分子寿命很短。可见经历抗原选择而留下的记忆细胞克隆有能力持续地显示抗原特异性，这是牛痘疫苗可以预防天花却不能保护人体免受其他疾病侵扰的原因。

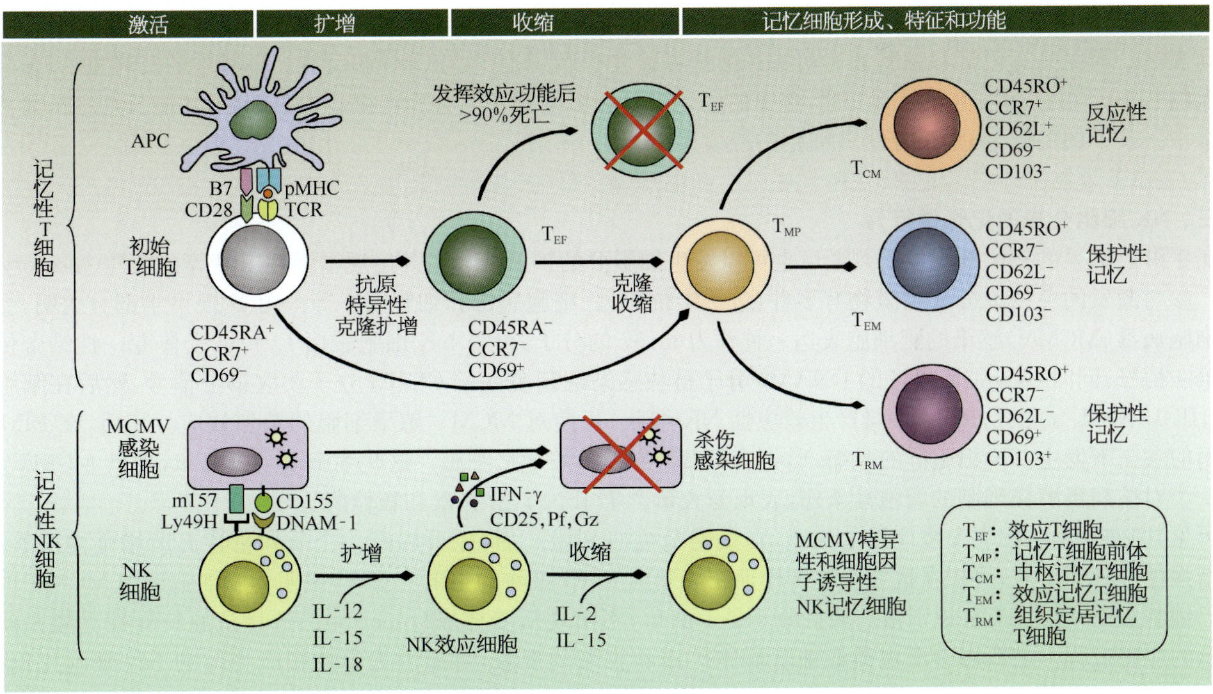

图 1-25　T 细胞和 NK 细胞介导免疫记忆的产生及其特点

2. *保护性记忆与反应性记忆*　对 T 细胞应答，保护性记忆（protective memory）由迁移至外周炎症组织的 T_{EM} 和 T_{RM} 承担，显示速发性效应功能；反应性记忆（reactive memory）则由 T_{CM} 介导，该细胞定居在外周淋巴器官的 T 细胞区，不直接行使效应功能，当抗原再次刺激时重新分化为效应细胞。对抗体介导的体液免疫应答，保护性记忆也称组成性记忆，直接由留存的抗体或浆细胞介导，后者可迅速分泌抗体；反应性记忆由记忆性 B 细胞介导，二次遭遇抗原时，会重新快速增殖和分化为浆细胞并产生抗体（表 1-7）。

表 1-7　两种记忆性应答：特点和参与成分

	保护性记忆	反应性记忆
体液免疫	留存抗体和浆细胞介导	记忆性 B 细胞介导，浆细胞重新分化
细胞免疫	T_{EM} 和 T_{RM} 介导，快速应答	T_{CM} 介导，重新分化为效应细胞

二、记忆性 B 细胞介导的抗体应答

1. *留存抗体和浆细胞*　记忆性体液免疫留存的抗体可识别再次出现的病毒颗粒、细菌和寄生虫，对后者实施中和作用和调理功能，构成记忆性抗感染的第一道防线。

抗体由浆细胞产生。浆细胞的寿命通常只有几天，称为短寿性浆细胞。短寿性浆细胞系初始 B 细胞由抗原直接诱导产生，多停留在外周淋巴器官和组织。长寿性浆细胞则由记忆性 B 细胞产生。近年来的研究揭示，此类浆细胞可长期存活。

2. *记忆性 B 细胞*　初始 B 细胞遭遇 TD 抗原后，在 Th2 细胞的协助下激活，在脾脏和淋巴结的 T 细胞区及动脉周围淋巴鞘边缘处增殖。随后遵循两条途径分化。一是停留在 T 细胞区和边缘区，以形成原发灶（primary focus）的方式分化成短寿性浆细胞；二是迁移至滤泡，在滤泡协助性 T 细胞（Tfh）协助下由 B 细胞启动生发中心反应，通过体细胞高频突变、亲和力成熟和抗原选择，产生高亲和力的记忆性 B 细胞、长寿性浆细胞或其前体细胞，并从脾脏和淋巴结迁移至骨髓（见第十二章）。这里骨髓是作为二级免疫器官参与记忆性二次应答。

近来发现，胸腺微环境可提供浆细胞长期存活的信号，因为一旦把相同的浆细胞转移至非胸腺环境中，这些细胞只能生存数天。该微环境中起关键作用的成分包括基质细胞、IL-6、迟现抗原 VLA-4，另外还有 IL-5、TNF-α、SDF-1、CD44 和 BCMA，以及转录因子 Aiolos 等。在胸腺微环境中，骨髓浆细胞高表达抗凋亡分子 Bcl-2、A20 和 IAP-2，助其长期存活。

记忆性 B 细胞以抗原非特异性方式使浆细胞持续分化，主要有两种机制。一是 CD4 T 细胞可以以旁观者身份（bystander）提供抗原非特异信号如 CD40 和 B7；二是抗原激发后的 B 细胞可通过固有免疫信号途径从识别 LPS 和

CpG 的 Toll 样受体获得刺激而进一步增殖和分化。例如，识别非甲基化 CpG DNA 的 TLR9 在记忆性 B 细胞中为组成性高表达。因而只有记忆 B 细胞而非初始 B 细胞可独立于 BCR 信号与 CpG 起反应。小鼠中的资料显示，长寿性浆细胞大约有 10%可存活一生。尽管如此，重要的还是需要有 B 细胞不断补充产生新的浆细胞，才能长期维持血清中的抗体水平。其中的关键，仍是长寿性 B 细胞的持续存在。

三、NK 细胞介导的记忆样行为

属于淋巴谱系的 NK 细胞接受刺激后也可以发生细胞群的扩展、收缩，并出现增强性应答等记忆样(memory-like)行为。参与激发的免疫成分或刺激物有多种，包括半抗原、巨细胞病毒和细胞因子等。图 1-25 下半部分表明，受到小鼠巨细胞病毒(MCMV)感染的靶细胞表达一种称为 m157 的分子，可与 NK 细胞表面 Ly49H 受体专一性结合传递激活的第一信号，同时，NK 细胞表达的 DNAM1 分子可从感染细胞表面的 CD155 分子获取第二信号，然后在细胞因子 IL-12、IL-18 和 IL-33 的协助下，大量产生效应性 NK 细胞，行使对 MCMV 感染细胞的杀伤效应。随后，在 BIM 和自噬作用的参与下发生 NK 细胞群的收缩，形成该病毒特异性 NK 记忆细胞。这些细胞可全身分布，一旦 MCMV 再现，会有一个对该病毒感染细胞的增强性杀伤，表现为大量产生 IFN-γ、穿孔素和颗粒酶。

可见，即使是参与固有免疫应答的细胞，在接受免疫原刺激之后，也可以有一个质和量皆有所增强的应答过程。这些增强性“回忆”反应，可以在抗原受体多样性相关基因 RAG 敲除的小鼠中重现，说明 NK 细胞识别 MCMV 的受体和淋巴细胞借助 TCR/BCR 识别蛋白质抗原不是一回事，不出现从受体库(repertoire)选择抗原特异性克隆并使之发生增殖的应答过程。之所以会出现类似细胞群体扩增和收缩的现象，可能因为表达相应受体的 NK 细胞比例很高。例如，此处识别 m157 的 Ly49H 受体阳性 NK 细胞的比例可高达 50%，有利于就效应相构成一种细胞水平的“群体事件”。其本质，可能与超抗原对高比例 T 细胞的激活，以及随后出现大量细胞因子分泌的情况相似。在这个意义上，将 NK 介导的免疫记忆归于记忆样行为可能比较确切，但这并不妨碍针对这一类增强性应答，发展出有应用意义的免疫干预手段。

四、固有免疫中的训练性记忆

机体受到感染或接种疫苗包括非特异性疫苗如 BCG 之后，参与固有免疫的各种细胞(如单核细胞、巨噬细胞)可形成并维持一种较长时期的功能变化，特点是二次病原体攻击之后，其炎症介质的产生增加，清除感染的能力增强。这是一类独立于淋巴细胞，为固有免疫所特有的记忆现象，称为训练性免疫(trained immunity)。这说明机体在接触病原体及其产物之后，其固有免疫系统能把接收到的刺激和做出的应答“记录”并保留下来。显然，如果把免疫记忆仅仅定义为出现增强性二次应答，则能够展示免疫记忆的不仅有脊椎动物，也存在于不具有适应性免疫的植物和非脊椎动物，因为后两者也可诱导训练性免疫。需要指出的是，在训练性记忆中实施二次攻击的病原体可以与初次相同，也可以不同，因而此类记忆不具有抗原(免疫原)特异性。

近年来的研究揭示，训练性免疫的出现涉及各种抗感染因子基因的表观遗传学修饰和固有类细胞的功能性重编程(functional reprogram)。该类细胞的模式识别受体特别是其中的 TLR 和 NLR 一旦识别 PAMP 和 DAMP(见第八章)，可通过各种与跨膜和胞内信号传递相关的生化事件，引起细胞的代谢性改变，使胞核中 DNA 或组蛋白特定位置上的成分发生甲基化、乙酰化、磷酸化和泛素化等。一旦这些表观遗传学修饰影响基因产物的表达，而且可随体细胞的增殖逐代传递，则可观察到相应的反应特性及其变化格局在细胞世代间的延续甚至增强。其中一类称为“潜伏性增强子”(latent enhancer，LE)或“待发”(poised)基因的结构，可保证表观遗传学标符(epigenetic signature)保持和延续。

图 1-26 以单核巨噬细胞为例解析有关机制。借助 TLR 和 NLR 得到病原体等各种免疫原的刺激信号后，胞核中由 DNA 分子缠绕的组蛋白四个组分中，H3 长链第 4 位置和第 27 位置的赖氨酸(K)可分别发生三重甲基化和单一乙酰化(各自记为 H3K4me3 和 H3K27ac，me 和 ac 分别代表甲基化和乙酰化)，引起多个基因的激活和分泌促炎症因子。然后这一反应进入“训练阶段”。此时细胞回到非激活的静止状态，但有一个潜伏性增强子(LE)以第 4 位赖氨酸出现单一甲基化(H3K4me1)的形式被保留下来。一旦二次刺激再现(可来自相同或不同 PAMP/DAMP 的激发)，在此增强子的参与下，原先 H3K4me3＋H3K27ac 的修饰格局可以迅速恢复并得到加强。结果是，细胞大量产生与初次应答相似的促炎细胞因子，并诱导其他参与固有类应答的细胞(如 NK 细胞、ILC 细胞和 γδT 细胞)进入活化状态，于是各种抗炎因子(IFN-γ、IL-17、IL-13)再次产生(图 1-26 右侧)，炎症性应答得到强化。

有两点需要注意：第一，这种因接受“训练”而得以维持和增强的记忆性应答，与淋巴细胞参与的经典性免疫记忆有质的区别：① 不具有抗原和免疫原特异性；② 没有淋巴细胞受体库的参与，不涉及克隆选择、克隆扩增和克隆维持；③ 持续时间比较短。然而，换一个角度说，训练性免疫造就的免疫记忆可能是一类存在得更为普遍而易于诱导的

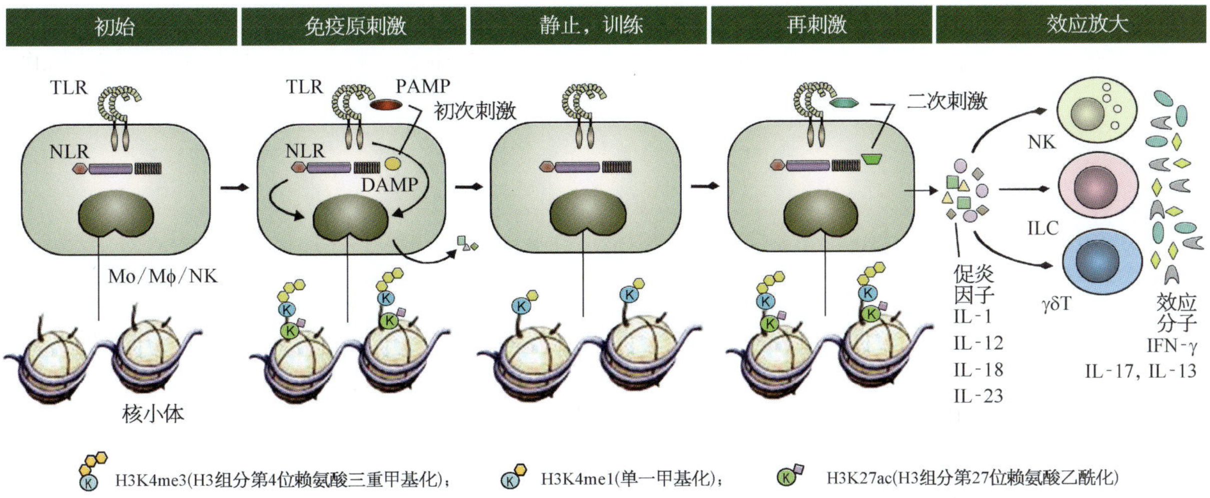

图 1-26　固有免疫细胞经刺激后的部分组蛋白表现遗传学修饰格局

单核巨噬细胞 PRR 接受 PAMP/DAMP 刺激后通过组蛋白修饰使得促炎因子基因的转录和多种固有免疫细胞介导的炎症反应在二次刺激后呈现增强性应答

免疫生物学现象，因而，也更易于发展出相应的免疫干预手段。第二，模式受体信号诱致的炎症基因等因修饰而出现的二次回忆反应，不一定取正向效应，也可以为负向，即显示并维持其抑制作用，包括诱导细胞耐受和使细胞因子的产生受挫。由于炎症反应本身是一把双刃剑，正可以借助训练性免疫的正反效应，对炎症反应的强度做时空上的调控。而且，此类记忆性应答已经过自然选择的长期历练而且无需抗原的专门诱导，可谓俯拾即是。如何深入探讨其机制及发展有效的正反调控手段为疾病防治服务，是一个新兴的探索领域。

本 章 提 要

免疫学从人类与传染病的斗争中产生。免疫系统因具有区分自身和非己的能力而成为一门独立的学科。

免疫系统由免疫器官、免疫细胞和免疫分子组成。免疫器官包括中枢免疫器官和外周免疫器官及组织。

免疫系统借助其识别能力、反应能力、调节能力和记忆能力，履行三项功能：免疫防御、免疫监视和维持内环境稳定。免疫系统参与和启动的免疫反应分为固有免疫和适应性免疫，两者相互协调，介导各类与疾病密切相关的免疫应答。

（周光炎）

参 考 文 献

甄志亚. 1991. 中国医学史. 北京：人民卫生出版社：309-312.

张海鹏. 海藏瘢论萃英(清嘉庆戊辰年版本影印). 北京：中华书局：1-26.

熊思东，周光炎，金伯泉，等. 2007. 道亦道，非故道：试论固有免疫中抗原和免疫原的定义. 现代免疫学，27：441-443.

Cerwanka A，Lanier LL. 2016. Naturall killar cell memory in infection，inflammation and cancer. Nat Rev Immunol，16：112-125.

Crisan TO，Netea MG，Joosten LAB. Innate immune memory：Implications for host responses to damage-associated molecular patterns. Eur J Immunol，46：817-828.

Farber D，Netea MG，Radbruch A，et al. 2016. Immunological memory：lessons from the past and look to the future. Nat Rev Immunol，16：124-128.

Iwasaki A，Medzhitov R. 2015. Control of adaptive immunity by the innate immune system. Nat Immunol，16：343-353.

Lambrecht BN，Hammad H. 2015. The immunology of asthma. Nat Immunol，16：45-56.

Mahler H. 1987. Smallpox：never again. World Health，a news bulletin of WHO，Aug/Sept：3.

Matzinger P. 2002. The danger model：a renewed sense of self. Science，296：301-305.

Murphy K，Weaver C. 2017. Janeway's Immunobiology. 9th ed. Garland Science，New York.

O'Connell RM，Rao DS，Baltimoe D. 2010. Physiological and pathological roles for microRNA in the immune system. Nat Rev Immunol，10：111-122.

Zediak VP，Wherry EJ，Berger SL. 2011. The contribution of epigenetic memory to immunologic memory. Curr Opin Genet Devel，21：154-159.

第一部分

免疫系统

免疫器官已在第一章介绍。本部分详述组成免疫系统的细胞和分子。

参与适应性免疫的细胞为 T 细胞和 B 细胞;相应分子包括免疫球蛋白、TCR、BCR,以及主要组织相容性复合体的编码产物。

介导固有免疫的细胞,包括单核/巨噬细胞、NK 细胞、DC、粒细胞、肥大细胞,以及一类称为固有类淋巴细胞的成分:ILC 细胞、NKT 细胞、γδT 细胞、B1 细胞和边缘区 B 细胞。相应分子为细胞因子和趋化因子、白细胞分化抗原和黏附分子、补体分子及炎症介质等。

参与固有免疫的细胞和分子出现在个体发育和系统发育的早期,并为随之出现的适应性免疫细胞的分化发育创造条件。两类细胞和分子相互合作,共同参与免疫应答。

从诺奖获得者设计的实验体验创新性思维

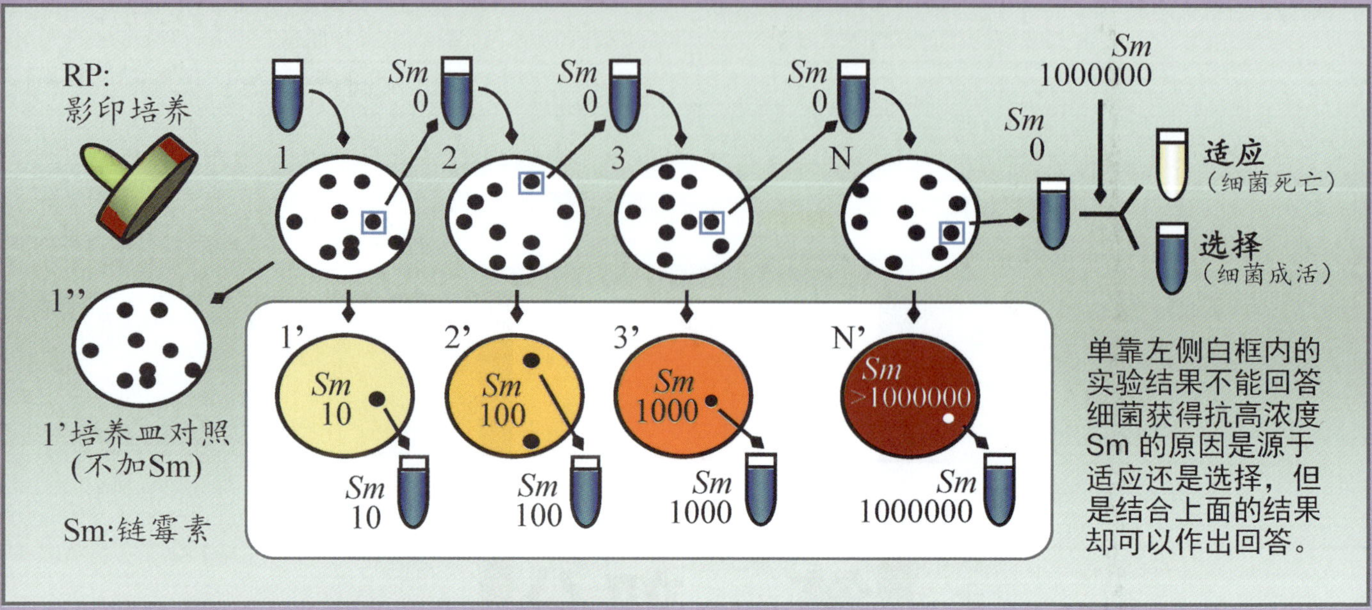

为探索抗药性产生是细菌主动性适应的结果还是药物筛选出抗药基因，诺奖获得者 Lederberg J (遗传学家)及其夫人(免疫学家) 1952年设计了著名的影印培养实验(replica plating)。在软琼脂培养皿接种细菌，待菌落出现后(左上1 号圆圈)，用灭菌丝绒图章轻敲培养基，将所有菌落转移到左下方 (1''号) 和白色方框中左侧培养皿 (1'号)，可见长出的菌斑和1号原培养皿完全一样(影印培养)。然后在1' 培养皿中加入低剂量链霉素 (Sm)。如果用浅黄色标记这个培养皿，可见大部分菌落被Sm杀死。把成活的菌落跳出，加入带10单位Sm的培养管，菌落成活证明该菌落有抗10单位Sm的能力。然后从其上方原1号培养皿(未加Sm) 挑出相应的菌落，培养管中增殖后再浇一块2号软琼脂培养皿，新菌落群出现后，换一个灭菌丝绒图章获取另一个影印培养2'培养皿，皿中Sm含量加至100单位。培养后仍有少量抗Sm菌落成活，用右下试管证明其抗100单位Sm的能力。再从上方2号培养皿中跳出相应菌落，增殖后浇注3号培养皿并以相同的影印培养步骤得到3'号培养皿，此时Sm剂量增至1000单位……。如此反复，直到培养皿中的Sm加到一百万单位（标为深红色）。白色方框右下角为加有百万单位抗菌素的试管，其中细菌成活表明挑出的菌落 (以白色圆点标示) 已具有抗药性。问题是，能否从中确认此抗药性的产生是适应还是选择的结果?

抗体多样性产生 (Generation of Diversity, GOD)的机制一直是免疫学界的争论问题。Pauling L 的适应性指令学说 (下图) 与Ehrlich P的选择性侧链学说相互对立。Lederburg J则用巧妙的细菌抗药性实验作出决断。其设计之慎密、思维之新颖令人叹服。不仅为生物学界的‘世纪之争’做出贡献，也为免疫学中的抗体亲和力成熟以及激活诱导胞苷脱氨酶引发体细胞高频突变 (为抗原选择提供多样性) 等研究奠定了基础。

回答是: 不能, 因为所有微生物历经了逐渐加大Sm 的梯级训练。然而上方所有白底色培养皿皆未加入过 Sm。实验的妙处在于从最右上侧培养皿 (编号N) 蓝框标示菌落挑出的菌体 (与右下深红色N'培养皿中粉红色菌落为同一克隆),使其存活于不含Sm的试管。然后向此管中从未接触过Sm的细菌一次性加入一百万单位的Sm, 如果细菌全部死了，说明管中微生物并无抗药性。既然从未接触过Sm的细菌耐受不了高剂量抗菌素，说明右下深红色培养皿中粉红菌落的抗药性是逐渐增大的Sm训练出来的；反之，如果细菌全部成活，说明它们的抗药能力由基因决定, 与是否接受Sm训练无关，因为其与右下粉红菌落属同一克隆，如果带有抗药基因，两者相同。实验结果是: 细菌全部成活。说明此处细菌对抗高浓度Sm的能力，是选择而非适应的结果。换言之，Pauling的指令学说错了。

适应还是选择?

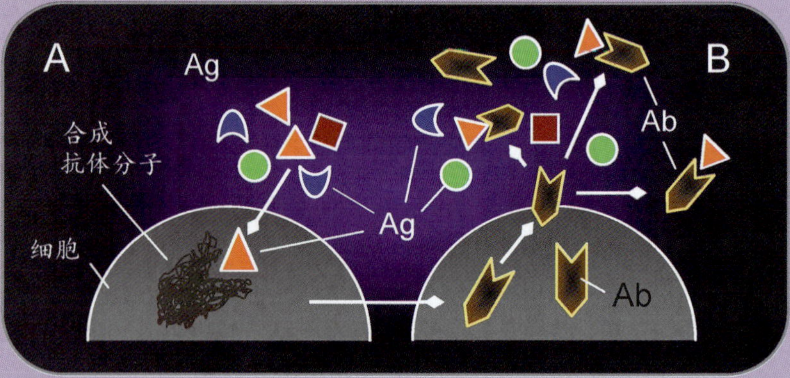

抗体产生的指令学说 (Pauling L,1940s)

A. 任一Ag可进入胞质作为模板供抗体合成；B. 产生的特异性Ab可表达于胞膜并分泌于胞外与进行诱导的Ag结合。有多少种类Ag就可产生多少种Ab。Ab多样性是机体适应多种Ag的结果。Ehrlich实验见p21

第二章 适应性免疫细胞：淋巴细胞

参与免疫应答或与免疫应答有关的细胞统称为免疫细胞(immunocyte)，包括淋巴细胞(T、B 细胞)、NK 细胞、单核/巨噬细胞、树突状细胞、粒细胞(中性粒细胞、嗜酸粒细胞、嗜碱粒细胞)、固有淋巴样细胞(ILC)及其他细胞(如肥大细胞)。免疫细胞是免疫系统的重要组分，参与固有免疫及适应性免疫应答。

免疫细胞由骨髓中的多能干细胞(HSC)分化而来。图 2-1 表明，HSC 首先分化成共同淋巴样祖细胞(CLP)和共同髓样祖细胞(CMP)，再循淋巴样和髓样两个谱系(lineage)，分别向 T、B 细胞、NK 细胞，以及 DC、粒细胞、单核/巨噬细胞和肥大细胞方向分化。分化中，不同细胞因子起着重要的作用。而且，各类免疫细胞在不同分化阶段可表达不同种类和数量的表面膜蛋白或分化抗原，它们与免疫细胞的分化、成熟、活化和功能发挥密切相关。

严格说来，属于淋巴细胞分化谱系的，除了 T、B 细胞，还包括 NK 细胞、NKT 细胞及 ILC 细胞，而且 T、B 细胞中也包括 γδ T 细胞和 B1 细胞亚群，因为这些细胞主要参与固有免疫应答，将作为固有免疫细胞在第三章介绍。本章着重论述参与适应性免疫应答的淋巴细胞，即 αβ T 细胞和 B 细胞。

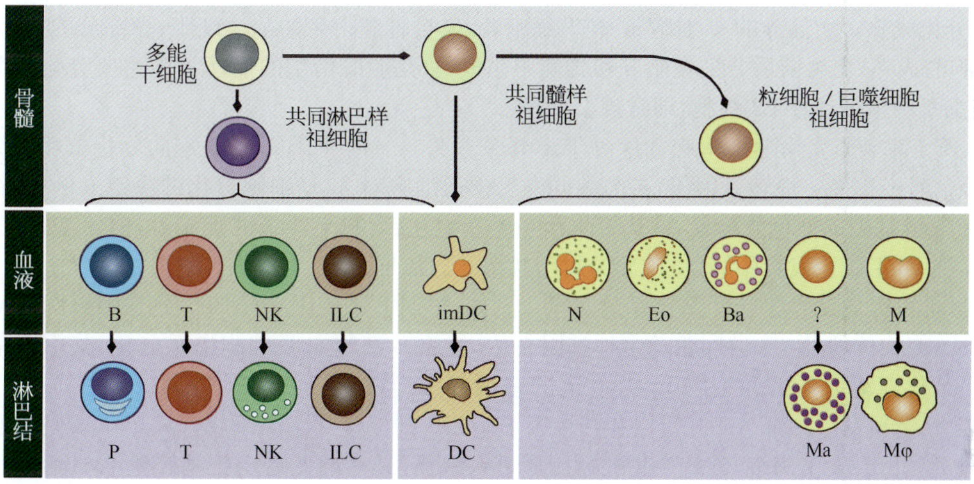

图 2-1 免疫细胞的分化图谱

NK：NK 细胞；imDC：未成熟 DC；N：中性粒细胞；Eo：嗜酸粒细胞；Ba：嗜碱粒细胞；M：单核细胞；P：浆细胞；DC：树突状细胞；Ma：肥大细胞；Mφ：巨噬细胞；ILC：固有淋巴样细胞

第一节 淋巴细胞发育概述

参与免疫应答的 T、B 淋巴细胞表达多样性极为丰富的抗原受体，能够识别数量很大的抗原物质。这一特性是淋巴细胞从骨髓和胸腺中的淋巴样祖细胞分化为成熟淋巴细胞过程中所获得的特性，称为淋巴细胞发育或淋巴细胞成熟。其中伴有抗原受体基因重排，以及淋巴细胞受体库形成等一系列重要事件(图 2-2)。

这些事件主要包括：

1) 淋巴样祖细胞向 B 细胞和 T 细胞谱系做定向分化(commitment)。

2) 祖细胞和未成熟免疫细胞发生增殖。

3) 顺序出现抗原受体基因的重排和抗原受体分子的表达；淋巴细胞抗原受体库发育。

4) 通过选择和发育节点(checkpoint)的调控，表达功能性受体的淋巴细胞开始成熟，进入外周免疫器官。

5) T、B 细胞分化成为功能和表型各异的淋巴细胞亚群。

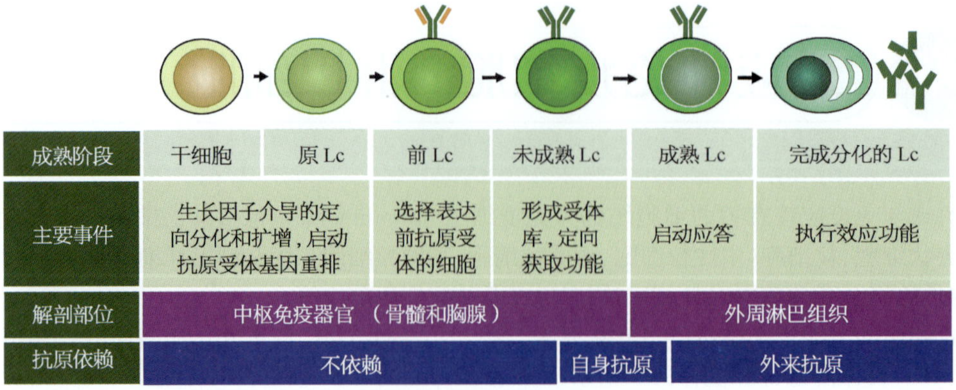

图 2-2 淋巴细胞成熟的主要阶段

图上方以 B 细胞分化成浆细胞的过程作图示，T 细胞成熟的阶段基本相同

一、T、B 细胞谱系的定向分化

1. 多能干细胞向淋巴细胞的分化　T 细胞前体（干细胞）在出生前离开胎肝，其后一直在骨髓中产生，然后通过循环进入胸腺并分化成熟。大部分的 T 细胞属 αβ T 细胞，皆来自骨髓衍生的前体细胞；少部分的 γδ T 细胞来自胎肝前体细胞。B 细胞的成熟，出生前后分别在胎肝和骨髓中完成，只是胎肝衍生的前体细胞主要分化成 B1 亚群，而来自骨髓的前体细胞主要产生循环性 B2 细胞，即常规 B 细胞。

2. 多种转录因子驱动未定向淋巴细胞前体向 T、B 谱系分化　向 T、B 谱系的定向分化依赖于细胞表面受体分子传递的信号，该信号产生专一性转录因子，参与共同淋巴样祖细胞对 T、B 细胞分化的决定。例如，在转录因子的作用下，B 细胞中 Ig 重链基因的染色质构象，可从关闭状态而变为开启，利于转录因子靠近，促使基因发生重排和表达。TCR β 基因亦然，在 αβ T 细胞发育中，其染色质的封闭状态开启最早。

图 2-3 显示不同的转录因子参与 T、B 谱系的发育。例如，早期 B 细胞因子（FBF）及其拼接体 E2A，以及属于 B 细胞激活蛋白（BASP）变构体的 Pax5，共同驱动多种基因表达，使原 B 细胞向 B 细胞谱系分化，其中有编码 Rag 蛋白的基因（详下）、编码替代轻链的基因和编码 Igα/Igβ 链的基因等参与，最终促使滤泡性 B 细胞（Fo-B）、边缘区 B 细胞（Mz-B）和 B1 细胞分化和发育。而 Notch 蛋白和转录因子 Gata3 则促使 T 谱系的发育。Notch 是细胞表面的一个受体家族，接受配体刺激后会发生酶解，酶解产物通过胞质进入胞核，具有调变特定靶基因激活的能力。图中的Notch-1 为该蛋白家族的一个成员，主要表达于淋巴样祖细胞，能与转录因子 Gata3 合作，使发育中的淋巴细胞向 T 谱系分化。

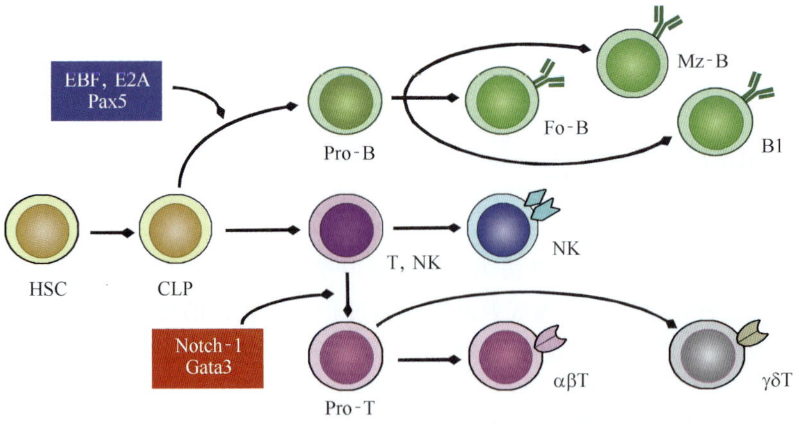

图 2-3 转录因子参与淋巴样祖细胞向不同谱系的 T、B 细胞分化

HSC：多能干细胞；CLP：共同淋巴样祖细胞；Pro-B：原 B 细胞；Fo-B：滤泡 B 细胞（常规 B 细胞）；Mz-B：边缘区 B 细胞；Pro-T：原 T 细胞；Notch-1：Notch 蛋白家族成员；EBF：早期 B 细胞因子；E2A：EBF 拼接体；Pax5：B 细胞激活蛋白（BASP）变构体；Gata3：转录因子

3. 细胞因子信号促进 T、B 细胞的早期发育　T、B 细胞的早期发育涉及已定向的祖细胞发生有效的增殖，这对于形成高度多样性的淋巴细胞储备库是十分必要的。其中 IL-7 发挥重要作用。不同的是，小鼠中 IL-7 同时参与 T、B 祖

细胞的增殖，而人体中 IL-7 只对 T 祖细胞的增殖施加影响。IL-7 受体带有共用 γ 链（γc），γc 一旦突变，IL-7 即无法行使功能，产生 X 连锁的重症免疫缺陷病（X-SCID）（见第二十章），表现为 T 细胞和 NK 细胞发育受阻，但 B 细胞发育正常。

IL-7 驱动的早期淋巴细胞增殖，至抗原受体第一条链的编码基因完成重排后即告停止。随后，增殖只发生于其抗原受体第一条链编码基因已成功地实施重排和表达的一类 T、B 细胞。然后开始启动 T 细胞前受体即前 TCR（pre-TCR）和 B 细胞前受体即前 BCR（pre-BCR）的发育，尽管这些受体此时并不具有抗原识别能力。这里，抗原受体双链分子之一的多肽链能否借助基因重排成功地产生至为重要，这是发育中的第一个节点（check point），下一个节点是完整受体分子的装配，如此受体才能显示功能。可见，能不能有效地表达抗原受体的第一个组成成分，成了淋巴细胞能否成活，并随后进入扩增与成熟阶段的一个关键。

在淋巴细胞的发育过程中，微小 RNA 的调控起着重要的作用（见第一章）。

二、抗原受体基因的重排和表达

抗原受体基因重排是淋巴细胞发育中的重要事件，直接涉及多样性受体库的产生、发育，以及淋巴细胞是选择成活还是死亡。

下面将会提到，受体库是体内各种携带特定抗原受体结构的淋巴细胞克隆的总称。其极端多样的淋巴细胞抗原识别结构的产生，并不需要相等数量的胚系基因直接编码，而只是未成熟 T、B 细胞通过数量不多的胚系基因片段重排和组合等机制而产生。后面会提到，在免疫系统的进化过程中，这是一个飞跃。

对任何一个完成发育的淋巴细胞，其可变区基因片段是被随机地选择出来的，然后通过与其他受体基因片段的重排而构成能够转录的 DNA 片段。需要指出的是，由此产生的淋巴细胞抗原受体并不依赖抗原的参与，换言之，在接触抗原之前，多样性的抗原受体已经产生。抗原的作用只是选择，把那些淋巴细胞受体结构与抗原表位结构互补的细胞克隆挑选出来。

抗原受体基因重排的机制，将在第二节详述。

三、克隆选择和克隆清除造就 T、B 细胞受体库发生偏移

有功能的受体基因是不同基因片段排列和组合的结果。这一组合不仅具有随机性，而且在相结合的基因片段之间，还存在碱基的随机插入和删除，形成受体基因在结构上的高度变异性。由此构成多样性幅度很大的淋巴细胞抗原受体库（repertoire）。

1. 淋巴细胞前抗原受体的出现　淋巴细胞中最早完成重排的基因，对 B 细胞，是免疫球蛋白重链基因（IgH）；对 αβ T 细胞，是 TCR β 链基因。此时，B 细胞开始表达免疫球蛋白重链，装配出一类称为前抗原受体（pre-antigen receptor）的结构，即上面提及的前 BCR（pre-BCR）；同样，完成 β 链基因重排的 T 细胞也表达 TCR β 链分子，装配出前抗原受体 pre-TCR。完成前抗原受体装配的 T、B 细胞将获得成活和增殖信号，并展示后面将会提到的等位相斥现象。不能形成前抗原受体的淋巴细胞，过不了这一重要的发育节点，得不到成活信号而发生凋亡（图 2-4）。

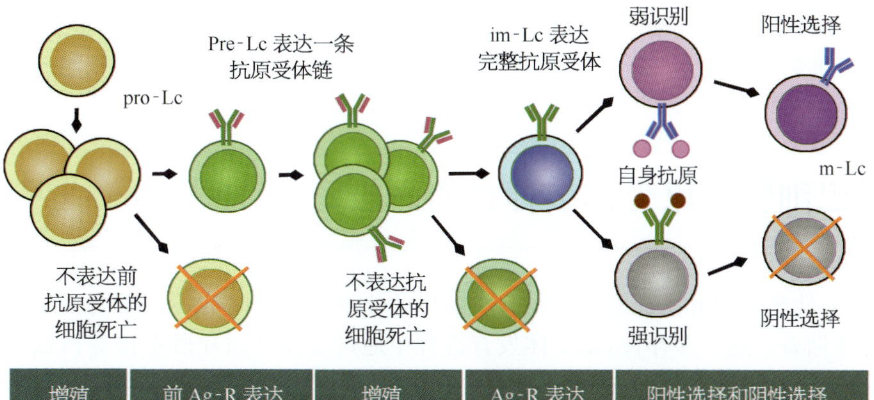

图 2-4　淋巴细胞发育和成熟过程中的节点

本图以 BCR 代表淋巴细胞受体表达的变化及其与阳性和阴性选择的关系，对 T 细胞也适用。Lc：淋巴细胞；pro-LC：原淋巴细胞；pre-Lc：前淋巴细胞；im-Lc：未成熟淋巴细胞；m-Lc：成熟淋巴细胞；Ag-R：抗原受体

2. 阳性选择和阴性选择　越过前抗原受体装配节点的淋巴细胞将在中枢淋巴器官中继续发育，形成和表达完整的抗原受体，初步完成淋巴细胞抗原受体库的发育。但此时的淋巴细胞仍处于未成熟状态(im-LC)(图 2-2)。未成熟淋巴细胞发育阶段中会出现一些重要的事件，即通过清除那些能以其受体高亲和力识别自身抗原的“有害”克隆，和保留那些携带“有用”抗原受体的克隆(图 2-4)，使抗原受体库(即表达各种受体的淋巴细胞克隆库)在组成结构上发生改变。图 2-5 表明，阳性和阴性选择主要取决于 TCR 与胸腺上皮细胞表达的“自身抗原肽-自身 MHC 复合物”(自身 pMHC)间的亲和力：无亲和力或不表达 TCR 的细胞全部死亡；低到中等亲和力的细胞成活(阳性选择)；亲和力过强的细胞也发生凋亡(阴性选择)。结果是，得以成熟的 T 细胞不具备识别自身抗原的能力而显示自身耐受性。

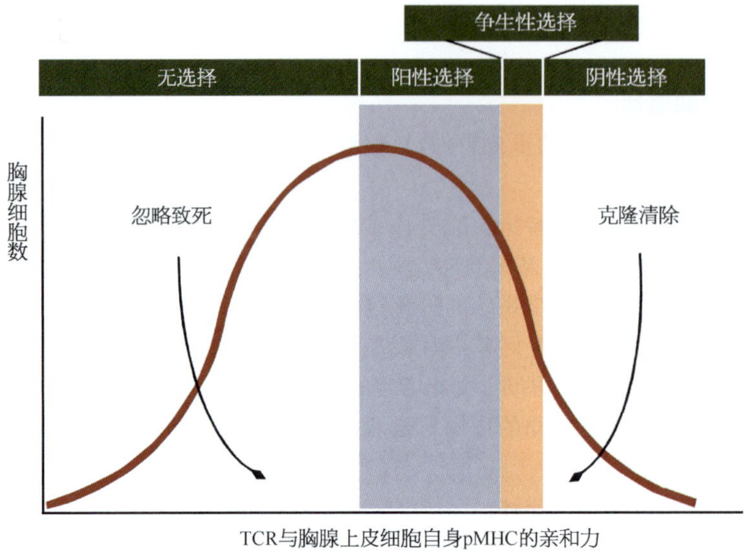

图 2-5　胸腺中 T 细胞阳性选择和阴性选择的亲和力模式

当 TCR 与胸腺上皮细胞表达的自身肽-自身 MHC 复合体(自身 pMHC)缺少足够强的亲和力时(图左侧)，因无法得到存活信号而出现忽略性死亡(death by neclect)。当此信号足够强时，携带相应 TCR 的未成熟胸腺细胞可得到存活信号而生存(阳性选择)。然而此信号过强时(图左侧)，相应胸腺细胞也会发生克隆清除(阴性选择)。小部分经阳性选择存活下来的 T 细胞如获得的信号略弱于引发阴性选择的阈值时，可分化成调节性 T 细胞(Treg)，称之为“争生性”选择(agonist selection)。注意：亲和力的高低不是看曲线的上下涨落，而是看横坐标的方向，越向右，亲和力越强

3. 亚群分化　阳性选择事件同时关系到淋巴细胞亚群的产生，这是因为被选择出来的淋巴细胞，其抗原受体须同时识别 MHC Ⅰ类或Ⅱ类分子，而区分性地激活两种不同亚群，即 MHCⅡ类分子限制性 CD4 T 细胞(CD4 Th)和 MHCⅠ类分子限制性 CD8 T 细胞(CD8 CTL)。

4. 受体编辑(receptor editing)　阴性选择包括清除的淋巴细胞克隆，其受体能与中枢淋巴器官中出现的自身抗原高亲和力结合，这些面临克隆删除(clonal deletion)并与自身抗原处于高反应状态的克隆却可借助受体编辑(receptor editing)而免除凋亡。这指的是未成熟 B 细胞以其表面 IgM 分子识别自身抗原后可借助与抗原的多价交联，使重组激活基因(*RAG*)编码的重组酶(详下)继续启动轻链基因重排，让结构不同的轻链重新表达并与原有重链可形成新的抗原受体。如果新受体仍显示自身反应性，将发生凋亡；如果新受体不与自身抗原起反应，意味着该 B 细胞克隆“获救”，可继续发育，进入外周。

第二节　淋巴细胞抗原受体多样性的产生

前面提到，参与适应性免疫的淋巴细胞与参与固有免疫的非淋巴细胞间的一个重要区别是，淋巴细胞具有结构极为多样性的抗原受体储备。这一多样性，是个体发育进程中通过受体基因片段重排等机制，从有限数量的胚系基因变化而来，并由此形成带有不同受体的淋巴细胞克隆库。这是适应性免疫显示应答特应性和记忆性的免疫生物学基础。

一、淋巴细胞抗原受体基因重排和多样性的产生

1. 人体 TCR 和 BCR 胚系基因的组成　本节仅涉及 αβ TCR 链编码基因和 BCR 基因，后者又称为免疫球蛋白

基因。

图 2-6 第一行展示了人体四种受体链（TCRα 链、TCRβ 链、BCR 轻链和 BCR 重链）胚系基因的简要结构。TCRα 链和 BCR 轻链由 V（可变）、J（连接）和 C（恒定）区基因组成，5′端还加有前导序列（L）；TCR β 链和 BCR 重链，由 V、J、D、C 区基因组成，中间加入了一个 D（多样）区基因，前方也有 L 序列。L 序列编码 N 端 20～30 氨基酸残基，称为信号肽，中度疏水，有利于肽段的转录和跨膜转运。

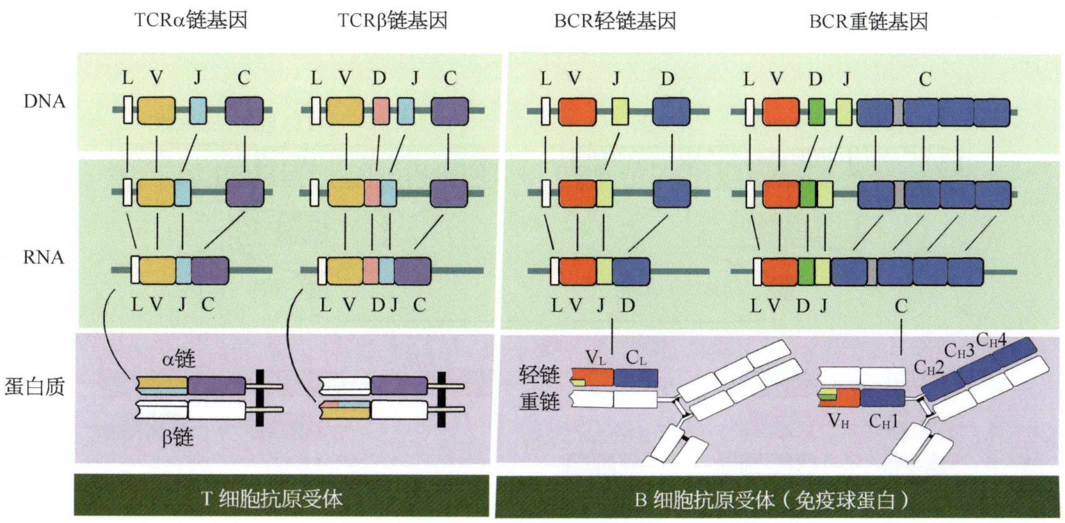

图 2-6　TCR α β 链基因和 BCR 轻重链基因的重排和表达

L、V、D、J、C 分别代表前导序列、可变区、多样区、连接区和恒定区基因。除了 C、L 基因，余皆包括多个片段，基因重排时仅取其中一个片段形成两种受体四条肽链结构的多样性

2. *胚系基因的特点和基因转录*

1）四种人体受体链编码基因分属不同染色体上五个不同的基因座位。

2）除了 C 区，多数 V、D、J 区由多个片段组成。例如，人的 Ig 重链大约有 100 个 V 区基因片段，κ 和 λ 轻链也分别有 35 和 30 个 V 区片段。各片段包含约 300 个 bp。这样，每一个座位的 V 区基因的长度可多至数万碱基对。

3）在 DNA 水平，不同的基因区段会相互组合，首先是 D-J 基因组合，然后是 V-J 和 V-DJ 的组合，最后加上 C 区基因，在蛋白质水平分别形成 TCR 的 α 和 β 链，以及 BCR 的轻链（κ 或 λ）和重链（图 2-7）。

TCR 和 BCR 胚系基因的详细结构，将在下面 T、B 细胞发育部分分别介绍。

3. *V-D-J 基因片段重组构成淋巴细胞受体结构的多样性*　上述不同基因片段间的组合，仅随机取用同一区段基因中的一个片段，由此可借助不同区段中不同片段的排列组合构成结构各异（片段组成不同）的 mRNA（图 2-7），并由此产生大量结构不同的受体分子。该过程称为基因重组或基因重排（rearrangement）。

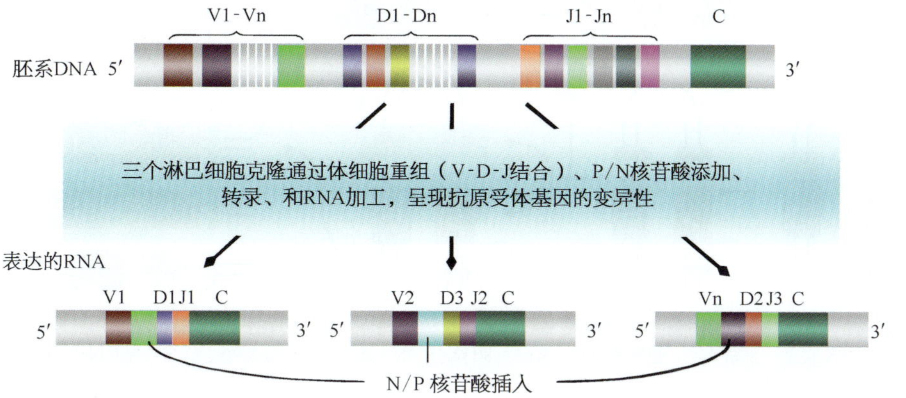

图 2-7　淋巴细胞抗原受体基因的重排和多样性产生

相同的胚系 DNA 可以通过不同 V-D-J 基因片段的重组和增添因连接而产生的核苷酸（N/P 核苷酸插入），在三个淋巴细胞克隆中产生不同的重组 mRNA

4. 重组激活基因与受体基因片段连接的23-12法则　问题在于，TCR/BCR胚系基因分布广泛，为何只在发育中的淋巴细胞中实施基因重排而产生结构相异的各种受体？答案是，只有发育中的淋巴细胞，可选择性表达重组激活基因(recombination activation gene，RAG)，其产物为重组酶(recombinase)。

重组酶之所以能够把分属于不同区段的基因片段连接起来，因为V、J、D基因片段外显子两侧存在一种特定的结构，称为重组信号序列(RSS)。RSS包括结构保守的七聚体(CACAGTG)和九聚体(ACAAAAACC)，中间一定要带上非保守性的两种间隔序列。图2-8上方显示其核苷酸组成或者为23 bp，或者为12 bp；而且七聚体和九聚体从5′端向3′端的排列位置相对固定。如此，形成两种RSS："七聚体-23bp间隔-九聚体"和"九聚体-12bp间隔-七聚体"，简称为"7-23-9"和"9-12-7"。

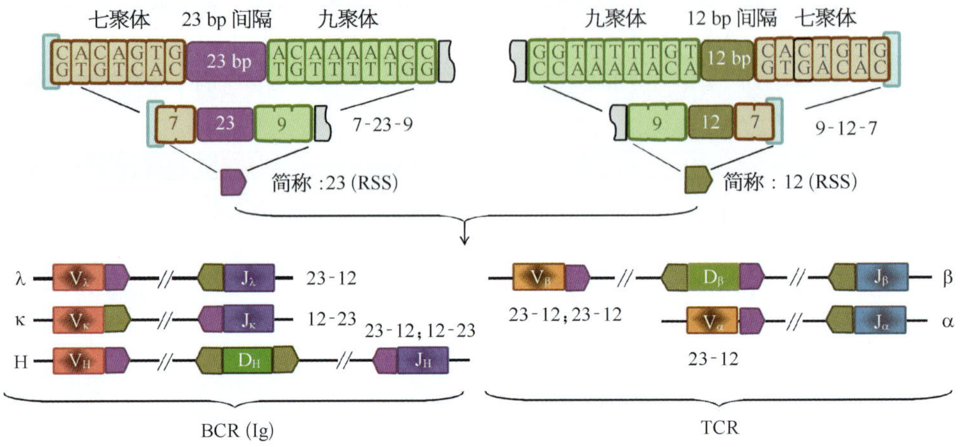

图2-8　参与BCR/TCR基因V-J和V-D-J片段连接的重组信号序列及其发挥作用的23-12法则

上方为两种重组信号序列(RSS)的组成及其简称。下方以该简称显示两种RSS与V-J和V-D-J基因片段的结合，和进一步借助23-12法则完成基因片段间的连接

再者，不同RSS间的连接只发生在带有不同间隔的七聚体之间和带有不同间隔的九聚体之间，称为23-12法则。图2-8给出了借助23-12法则，V-J基因片段(针对BCR κ链或λ链，以及TCR α链)和V-D-J基因片段(针对BCR重链和TCR β链)的连接格局。

5. 重组酶和末端脱氧核苷酸转移酶的作用机制　在RAG-1和RAG-2编码的重组酶作用下，两个待连接的基因片段(图2-9以V、J基因的两个片段连接为例)，先通过与之结合的RSS联会而相互靠拢，然后在转酯酶的作用下

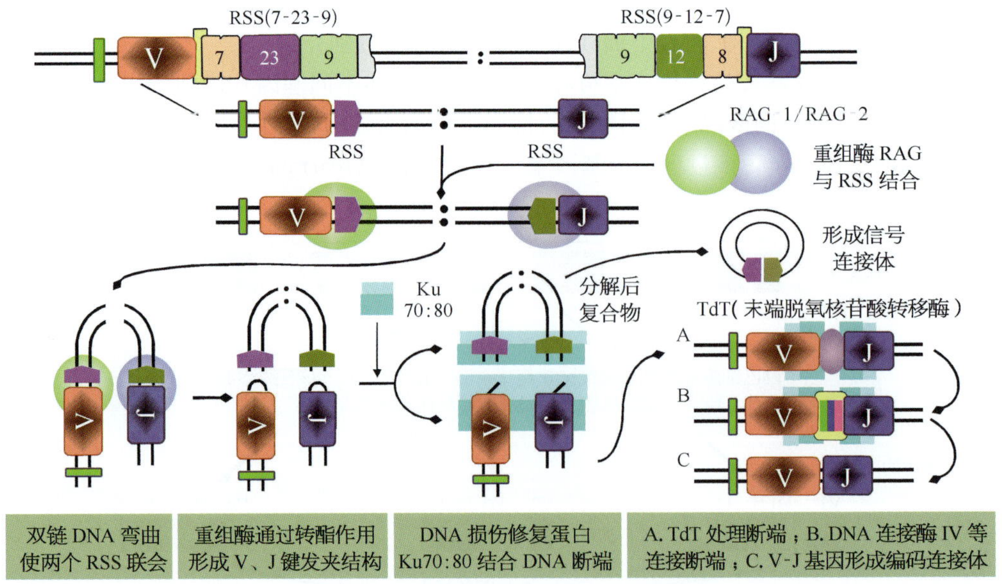

图2-9　V-J基因片段连接中重组酶参与的酶解步骤

重组酶(RAG-1/RAG-2)与重组信号序列(RSS)结合后启动酶解步骤，最终形成信号连接体和编码连接体，使V-J基因片段以编码连接体的形式结合在一起。上方第一行和第二行分别代表RSS与V-J基因片段结合的完整形式和简要表达形式

DNA 磷酸二酯键发生断裂，V、J 双链间各自形成发夹结构并与相应的 RSS 分离。发夹打开后，通过 DNA 损伤修复蛋白 Ku70∶80、末端脱氧核苷酸转移酶（TdT）、DNA 连接酶 IV 和 XRCC4 等的作用，对 DNA 断端实施修复，最终完成 V-J 基因片段的连接（图 2-9）。相同的机制也适用于V-D-J 基因片段。

很显然，图 2-9 表明，没有重组酶一开始与重组信号序列相结合，并切开双链 DNA 分子使之形成发夹结构，其后一系列修复酶和连接酶的作用不会启动，亦无 BCR/TCR 不同基因片段的组合和受体库多样性的形成。因而重组激活基因的出现，在免疫系统进化过程中被认为是一个重要事件，造就了淋巴细胞受体结构的极端多样性，使得固有免疫向适应性免疫的跳跃式进化成为可能（见第一章）。

6. 连接多样性　　不同基因片段连接过程中核苷酸的加入和丢失可形成连接多样性。

（1）P/N 核苷酸的插入　　图 2-10 表明，受体基因片段（该图以 V-J 连接为例）通过重组酶进行连接并形成发夹结构时，在 Artemis 核酸酶和 DNA 依赖性蛋白激酶复合体（Artemis-DNA-PK）作用下，发夹单链的不同部位可被切开，形成所谓的单链回文结构（palindrome）。因而，就存留的单链而言，会出现新增添的核苷酸，而且它们来自双链中原先互补的 DNA，特称之为 P 核苷酸。显然，这些回文结构将成为 V 区基因新的编码序列。然后，在末端脱氧核苷酸转移酶 TdT 的作用下，还会接上其他的核苷酸，它们属于非模板编码序列（non-template encoded）而被称为 N 核苷酸，其数量可多至 20 个核苷酸，最后经过配对，形成包含有插入 P 核苷酸和 N 核苷酸的编码性连接序列，构成连接多样性。

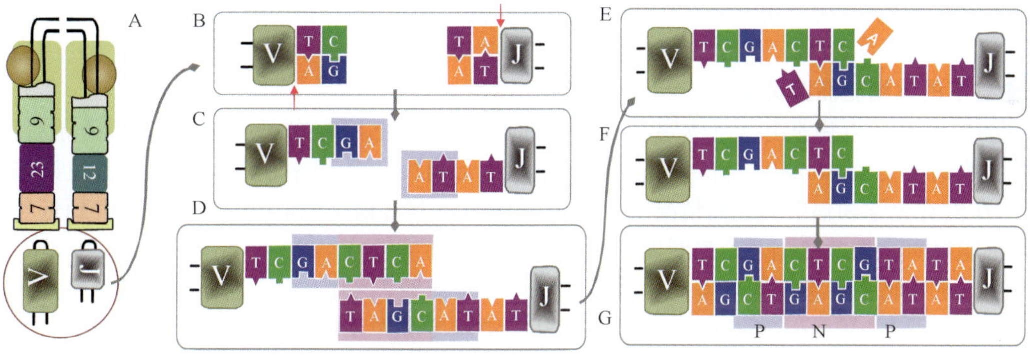

图 2-10　免疫球蛋白基因重排过程中 P/N 核苷酸的插入增加基因片段连接的多样性

A. V-J 基因片段 7-23-9 与 9-12-7 重组信号序列的连接体中，因重组酶 RAG 作用而出现 DNA 键断裂，形成 V-J 键发夹结构（圆圈圈出，自图 2-10）。B. V-J 键发夹结构密码端。在 Artemis-DNA-PK 复合体作用下，从红色箭头处把发夹打开。C. 产生回文结构相关的 P-核苷酸（以蓝灰底色表示）。D. 在 TdT 作用下接上 N-核苷酸（以粉红底色表示）。E. 双链配对时无法匹配的核苷酸被外切酶去除。F. 配对成功。G. 通过 DNA 合成，完成有 P-核苷酸和 N-核苷酸插入的密码连接。Artemis：有核酸酶活性的蛋白；BNA-PK：DNA 依赖性蛋白激酶；TdT：末端脱氧核苷酸转移酶。本图以 V_L-J_L 重排为例，相同机制也适用于 D_H-J_H 和 V_H-D_H 间的重排

（2）核苷酸缺失形成的连接机动性　　另一连接多样性产生于核苷酸缺失，导致三个核苷酸组成的密码子发生变异，通过翻译，形成不同的氨基酸组成。图 2-11 以 TCRα 链 V-J 胚系基因片段连接为例，说明其产生机制。已知此类多样性较多地产生于 TCR 和 BCR 的 V、D、J 等基因片段的连接过程中。

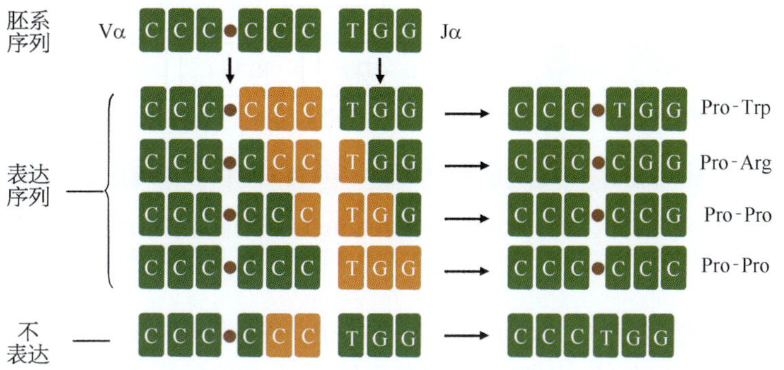

图 2-11　核苷酸缺失组成连接机动性

图中橙色方块表示连接时缺失的核苷酸。注意不同连接方式可导致氨基酸残基的变化，而当连接超出了读码框而无法表达时，该克隆遭到清除。Pro：脯氨酸；Trp：色氨酸；Arg：精氨酸

7. *淋巴细胞受体结构多样性的总体估算* 表 2-1 表明，构成人体 B 细胞和 T 细胞抗原受体多样性的机制，包括 V-J、V-D-J 片段重排、双链组合多样性和连接多样性，产生的片段数量都在百万（10^6）以上。两者相加，使得人体淋巴细胞抗原受体编码基因的总体多样性，BCR（即免疫球蛋白）约为 5×10^{13}，αβ TCR 约为 10^{18}。

表 2-1 人类 BCR 和 αβTCR 基因片段数量及多样性幅度的评估

	BCR(Ig)		αβTCR	
	H	κ+λ	β	α
V 区片段数量	40	70	52	~70
D 区片段数量	25	0	2	0
J 区片段数量	6	5(κ)4(λ)	13	61
插入 N/P 核苷酸的连接区数量	2	50%连接区	2	1
重组产生的多样性	1.9×10^6		5.8×10^6	
连接产生的多样性	~3×10^7		~2×10^{11}	
总的多样性	~5×10^{13}		~10^{18}	

表 2-1 中有两点值得注意。第一，就多样性产生的幅度而言，连接多样性的贡献似乎更大，尤其是对于 αβ TCR。第二，表中数据仅为理论推算值，实际产生的多样性没有那么多。其主要原因是，并非所有基因片段的重组皆以相同的概率发生，也非所有 TCR 的 α、β 链和 BCR 的轻、重链之间皆能通过随机配对，有效地形成功能性受体。而且，在连接多样性的产生中，随机插入的核苷酸有可能破坏原有编码序列的阅读框而引起无效重排。其概率之高，可使大约 2/3的重排无法产生。为此，淋巴细胞受体多样性产生的实际值比理论推算值要小得多，估计为 10^7～10^{11}。

二、抗原参与下的体细胞高频突变

表 2-1 所列多样性的产生并非由抗原诱导，亦即在抗原出现之前已经存在了。其实，抗原诱导后，还可产生新的多样性，称为体细胞高频突变（somatic hypermutation, SHM），而且发生的频率很高。这一点曾让许多免疫生物学家深感疑惑。因为在没有化学和辐射诱变的情况下自然突变率通常非常低，不到十万分之一。直到近年来发现了胞苷脱氨酶之后，体细胞高频突变的机制才渐趋明朗。

1. *激活诱导的胞苷脱氨酶基因启动体细胞高频突变* 激活的 B 细胞在发生增殖的过程中经历基因的活化和复制，通过定域转录（localized transcription）会出现一个从双链转变为单链的短暂时相。其中松解开来的 DNA 单链，在激活诱导的胞苷脱氨酶（activation-induced cytidine deaminase, AID）作用下，能专一性地与松解开来 DNA 单链中的胞嘧啶基团结合，催化嘧啶环的脱氨基作用，使胞苷（C）转变为尿苷（U）（图 2-12）。*BCR* 基因 DNA 链中的胞苷一旦被尿苷替代，即引起不同类别的 DNA 修复，最终因 DNA 序列改变而产生突变。

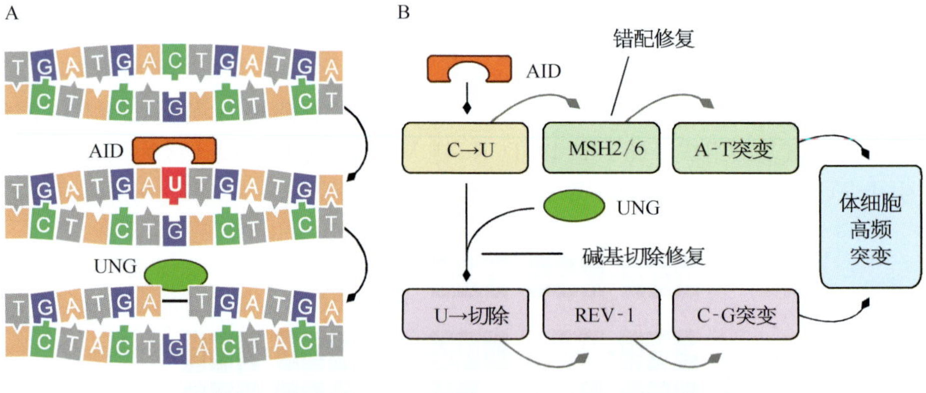

图 2-12 表达于激活 B 细胞的 AID 通过单链 DNA 的 C→U 置换和不同的修复途径启动体细胞高频突变

A. 在 AID 作用下，DNA 单链中的胞苷（C）被置换成尿苷（U），并由 UNG 切除尿苷；B. C→U 置换后通过错配修复和碱基切除修复并核苷酸的随机插入，引起高频突变。AID：激活诱导的胞苷脱氨酶；UNG：尿嘧啶 DNA 糖基化酶；C：胞苷；U：尿苷，A：胸苷；G：鸟苷；MSH：错配修复蛋白；REV-1：DNA 修复酶

图 2-12 表明，有两种修复方式：错配修复（mismatch repair）和碱基切除修复（base-excision repair）。前者指新出现的尿苷被错配修复蛋白 MSH2 和 MSH6 识别后，通过募集核酸酶，切除尿苷及其附近的核苷酸，并借助多聚酶做切补修复（patch and cut repair），可将合成的片段连接到受损的 DNA 链中。因为此过程极易产生错误，甚至易将修复处转换成胸苷（T），从而引起 A-T 碱基对发生突变。

碱基切除修复涉及尿苷被尿嘧啶 DNA 糖基化酶（uracil-DNA-glycosylase, UNG）切除，形成脱嘧啶核糖残基，再由 DNA 修复酶 REV1 在受损 DNA 的脱碱基部位形成缺口，通过易错修复（error prone repair）程序，以各种类型的碱基进行替代，实施核苷酸的随机性插入，导致突变。

2. 体细胞高频突变增加 BCR 的多样性　BCR V 区基因胞苷被取代而出现突变的概率很高，直接影响 BCR（以及抗体）分子以其抗原结合部位与抗原起反应。在抗原作用下，V 区基因 CDR1～CDR3 中发生的有利突变（指与指抗原结合亲和力增高者），会被选择出来参与抗体的亲和力成熟。此说明体细胞高频突变为抗原选择提供了基础。因为多样性越丰富，选择出带有高亲和力克隆的机会越多。详情参见第十二章。

有意义的是，*AID* 仅激活于发生增殖亦即活化的 B 细胞。因而此类因抗原诱导而产生的突变就不同于遗传学和生物学中常规出现的自发突变，属于个体发育过程中免疫系统与抗原相互作用而出现的特定现象。

3. 基因转换和类别转化重组　基因转换（gene conversion）在经典遗传学中指同源序列复制或错配复制现象。即一条 DNA 链上一些核苷酸移去后，可被以另一条链为模板而复制出的产物所取代。基因转换是抗原诱导下 BCR/Ig 多样性产生的另一机制。其中提供基因转换的核苷酸，源于 V 区上游的一些假基因序列，其复制产物片段可插入已发生重组的 VJ 或 VDJ 外显子中，构成新的序列。由于此类异位复制可以反复发生，也可产生大量的多样性。基因转换主要发生在鸟类法氏囊中迅速增殖的 B 细胞，也见于大家畜中的免疫球蛋白基因，其中有 *AID* 的参与，因而认为与体细胞高频突变有关。

免疫球蛋白的类别转换（class switch）又称类别转换重组，指发生重排的 V(D)J 片段与不同的重链 C 基因结合而产生多种类别的免疫球蛋白和抗体分子。由于类别转换也受控于 *AID*，认为其也有助于丰富 BCR/Ig 基因的多样性。相关内容和发生机制将在第十二章介绍。

三、淋巴细胞抗原受体库的发育

1. 淋巴细胞受体库（TCR/BCR repertoire）的概念　TCR 和 BCR 基因多样性的理论值可分别达到 10^{18} 和 5×10^{13}（表 2-1），即使按实际值 10^7～10^{11} 的估计，仍是一个很大的数字。如果取其下限，以 TCR、BCR 的多样性各为一千万（10^7）计，是否表明每一个淋巴细胞表面，可以出现一千万种结构不同的受体？当然不是。多样性指的是，共有一千万种抗原受体结构不同的 T、B 细胞存在于体内。这一千万种，应该不是指单一的细胞，而是克隆。这意味着，体内存在着至少 10^7 种带有能识别各种抗原受体的 T、B 淋巴细胞克隆，属于同一克隆的淋巴细胞皆表达结构相同的受体。

这就是淋巴细胞多样性的储备，称为淋巴细胞库，或 TCR/BCR 库。因为 *BCR* 基因等于抗体基因，所以 BCR 库也称抗体库。这里的“库”，原文为 repertoire，意指“保留剧目”。因而淋巴细胞库（又称淋巴细胞谱）强调的是一种机体潜在的反应能力：某一抗原来了，可以从中选择出受体结构与之互补的淋巴细胞克隆；另一抗原来了，则挑选出结构与之互补的另一克隆。所以克隆库的库容越大，受体多样性越丰富，能够与各种抗原起反应的潜在能力就越强。

如此，适应性免疫中淋巴细胞介导的抗原特异性应答是淋巴细胞群中被抗原选择出的一个或数个克隆所介导的反应。而且克隆库的发育与淋巴细胞受体多样性的产生是并行的，发生于中枢免疫器官。对 T 细胞，在 DN 和 DP 细胞期；对 B 细胞，在前 B 细胞期，一般与抗原是否出现无关。而因体细胞高频突变造成 BCR 库容的扩展，出现于接触抗原之后，与基因重排等构成的多样性一样是不遗传的。这与固有免疫中识别 PAMP 的各种受体直接由胚系基因编码不同（那是可遗传的），代表了固有免疫和适应性免疫一个在生物学上的基本差异点。

2. 抗原驱动下淋巴细胞受体库的偏移　图 2-13 是三个结构不同的抗原 A、B、C 作用于一个个体的淋巴细胞克

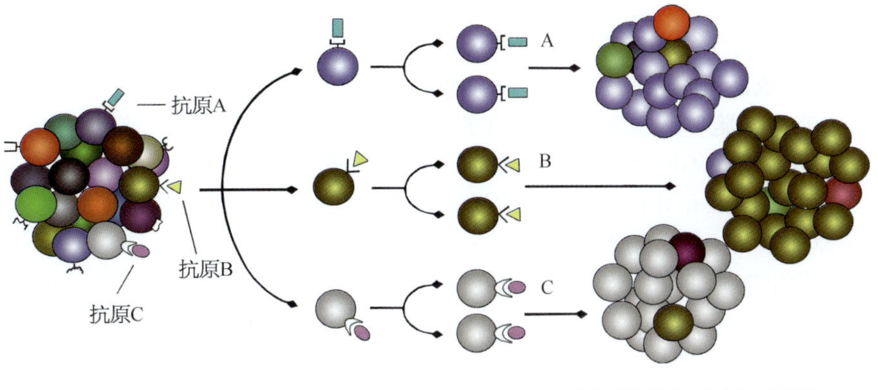

图 2-13　抗原驱动下 BCR/TCR 受体库的偏移

三种不同的抗原 A、B、C 对同一群显示高度异质性的淋巴细胞克隆进行选择后，分别扩增出三群抗原受体（TCR 或 BCR）结构相对均一的细胞群，各自介导特异性不同的二次增强性应答和免疫记忆

隆库后，分别选择出三个受体结构各异的克隆示意图。当抗原持续存在时，相应克隆涵盖的淋巴细胞数可不断增加，造成其中能够识别该抗原的淋巴细胞比例，较之在原先淋巴细胞群中的比例明显上升。这一现象称为抗原驱动的淋巴细胞受体库偏移(clonel skewing)或抗原对受体库的限制性取用(restricted usage)。由于抗原分子往往有多个表位，而且不同淋巴细胞克隆受体因结构相似，诱导出的反应也呈现交叉性，因而一种抗原只诱导一个激发发生扩增的情况是很少的。换言之，对受体基因片段的限制性取用不是绝对的。

3. 淋巴细胞克隆库在体内的动态变化　机体是一个与内外环境相互沟通的生命体，不时会有各种抗原因素在局部和整体诱导机体产生免疫反应。可以想见，机体的淋巴细胞克隆库，此一时会偏移到A抗原的方向，彼一时，又会依据B抗原的出现，向另一方向偏移。这实际上是抗原驱动下适应性免疫应答的特点。采用光谱分型(spectratyping)和克隆测序等分子生物学技术研究TCR/BCR中变异性最大的CDR3结构，可直接观察淋巴细胞受体库的构成和变化。图2-14是对一名健康个体相隔1周后两次取样分析其外周血中一百万个淋巴细胞克隆的TCR β链mRNA序列，并根据其变化格局进行集群，直接观察淋巴细胞克隆型的构成和变化。可见两次测得的克隆型在结构上虽有部分交叉，即两个椭圆形有重叠部分，但偏移方向并不相同。这也许可以看作是两次采血之间，该个体受到某种病原体或抗原攻击后，留下的一种T细胞克隆增殖的印记。

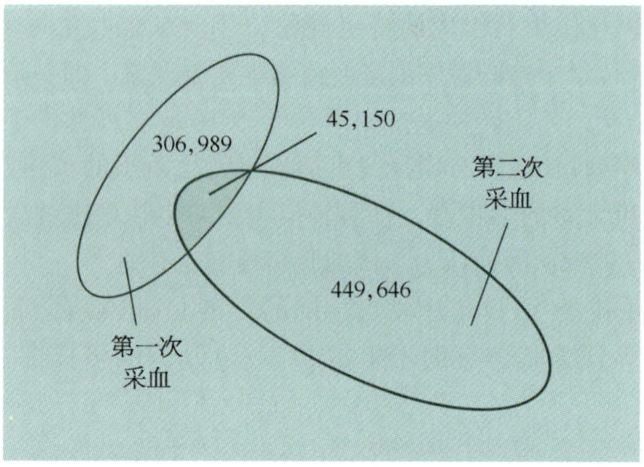

图2-14　抗原驱动下体内TCR受体库偏移的动态变化

测定人体外周血一百万个T细胞克隆型(clonotype)序列，了解两次采血血样中不同抗原选择下受体库克隆组成的变化(克隆数及其分布特征)，可见受体库发生不同方向的偏移(引自文献6)

显然，针对特定抗原而产生的克隆偏移，是免疫应答的需要，有助于高效快速地清除病原体，但一旦病原体被清除，如何压缩偏移的克隆容积，实施克隆收缩而回归常态(见第一章图1-19)，是免疫调节面临的任务(后述)。

第三节　T细胞发育

T细胞因成熟于胸腺而得名，主要功能是介导细胞免疫和调节机体的免疫应答。T细胞来源于骨髓干细胞(胚胎期来源于卵黄囊和胚肝)，在胸腺中发育和分化(图2-15A，B)，成熟后进入外周免疫器官的胸腺依赖区定居，并循血液→组织→淋巴→血液进行淋巴细胞再循环而分布全身。外周血中T细胞占淋巴细胞总数的65%～70%。

一、T细胞的分化成熟和胸腺选择

1. T细胞的分化成熟　骨髓中的多能祖细胞表达受体酪氨酸激酶FLT3，识别骨髓基质细胞上相应配体(FLT3L)后，启动淋巴细胞的早期发育(图2-15C)。其中表达于共同淋巴样前体细胞上的IL-7受体，被基质细胞分泌的IL-7激发后，一方面，推动原B细胞和前B细胞相继分化；另一方面，能表达Notch1受体的前体细胞进入胸腺，识别胸腺基质细胞表达的Notch1配体(Notch1-L)后，开始启动双阴性(DN)和双阳性(DP)T细胞的发育进程(图2-15C右侧分两行图示)。

到达胸腺的骨髓干细胞称前T细胞或胸腺细胞(thymocyte，Thc)。胸腺中的基质细胞(如胸腺上皮细胞)、DC和Mφ等可分泌胸腺素、胸腺生成素、胸腺激素和IL-7等细胞因子，并表达高水平的MHC Ⅰ类、Ⅱ类分子，构成胸腺特定的微环境(图2-15B)。前T细胞在这些激素、细胞因子的作用下以及DC和MHC分子的介导下，依赖胸腺微环境逐步分化成熟。T细胞在分化成熟不同时期，细胞表面可表达各种膜蛋白，如CD4分子、CD8分子、T细胞抗原受体和CD3分子等，并开始具有识别抗原、介导特异性免疫应答和免疫调节的功能。T细胞的分化成熟过程分为三个时期，分别在胸腺和外周以抗原依赖和抗原不依赖的方式进行(图2-16上半部分)。

(1) 双阴性期　分化早期的T细胞经历原T细胞(pro-T cell)和前T细胞(pre-T cell)两个阶段，其既不表达CD4分子也不表达CD8分子，称为双阴性T细胞DN-T。因不表达TCR和CD3分子而不能识别抗原，也不具有任何功能。

(2) 双阳性期　随后双阴性T细胞开始表达TCR β链(β链D-J和V-DJ基因首先重排)，尔后借助α链基因的重排表达TCR α链前体(pre-Tα链，或pTα)，pTα和β链共同构成前TCR(pre-TCR或pTCR)。pTα及pTCR的表达可促进T细胞的进一步分化，并诱导CD8分子和CD4分子基因的活化。T细胞先表达CD8分子，然后是CD4分子形

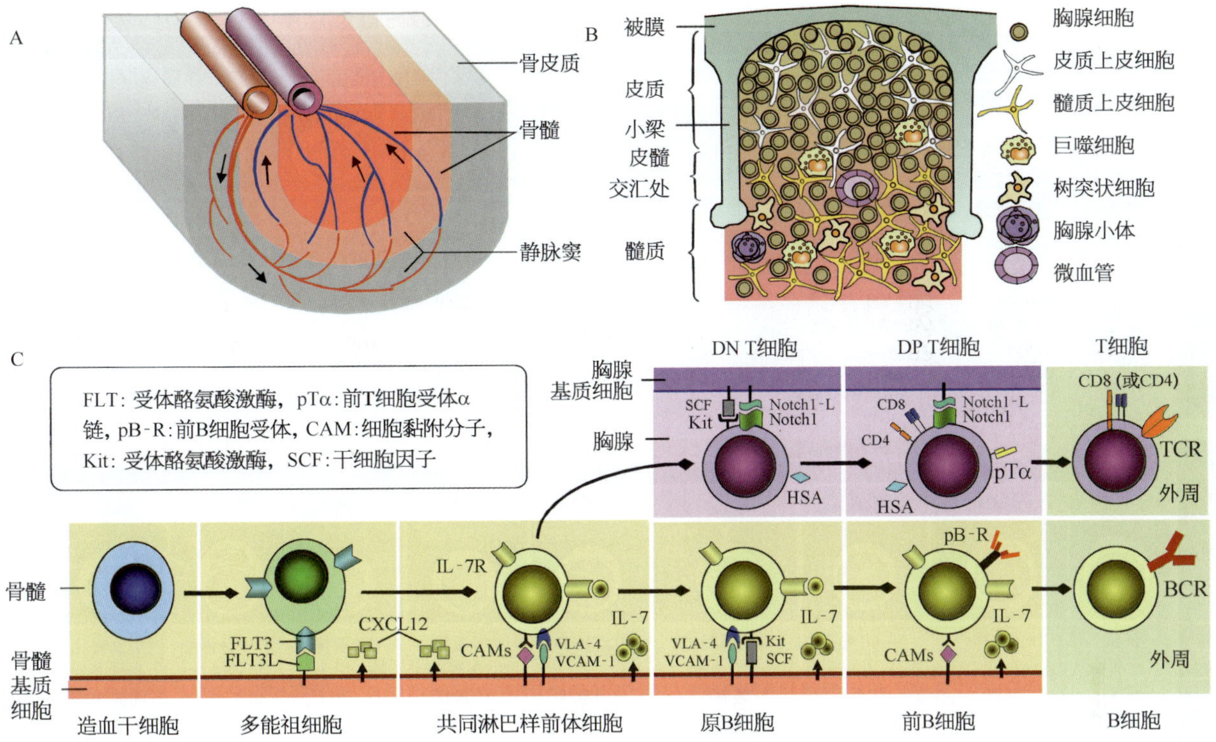

图 2-15　中枢免疫器官及其中淋巴细胞的早期发育分化

A. 骨髓剖面及其血供；B. 胸腺小叶结构及其中的细胞分布；C. 淋巴细胞的早期发育及其表型特征示意图。骨髓中的多能祖细胞（左下）通过 FLT3 分子识别骨髓基质细胞上相应配体后启动淋巴细胞的早期发育。其中表达于共同淋巴样前体细胞上的 IL-7 受体（IL-7R）被基质细胞分泌的 IL-7 激发后，原 B 细胞和前 B 细胞相继发生分化；而能表达 Notch1 受体的前体细胞进入胸腺（淡紫色），识别胸腺基质细胞表达的相应配体后，开始双阴性（DN）和双阳性（DP）T 细胞的发育。注意其中标示出 pTα、pB-R、各种黏附分子，以及激酶在不同分化阶段 T、B 细胞上的表达格局

成双阳性 T 细胞（图 2-16）。双阳性 T 细胞仍不能识别抗原，也不具有任何功能。

其中 β 链的表达与否是一个决定 T 细胞命运的重大事件，一旦 β 链得到表达，就能诱导和促进 α 链的表达，从而组成功能性 TCR，否则分化停止，最终导致 $TCR\beta^-$ T 细胞死亡。因而有人称此现象为 TCR 的 β 选择。同样，pTα 在促进 TCR 基因表达及 T 细胞的分化成熟中起重要作用。T 细胞如不能表达 pTα 及 pTCR，则 T 细胞发生凋亡并遭受克隆清除。

（3）单阳性期　　随后，胸腺中双阳性 T 细胞经历了二次选择过程，依两个方向，分别分化为单阳性的 $CD4^+$T 细胞或 $CD8^+$T 细胞（下文简称 CD4 T 与 CD8 T；图 2-16 中上部以一短一长两个白色箭头表示）。这是一类成熟 T 细胞，同时表达 TCR 和 CD3 分子，能识别抗原，介导免疫应答并参与免疫调节。T 细胞一旦成熟，就随血流离开胸腺进入外周免疫器官或外周血。

2. 胸腺中 T 细胞的选择　　胸腺内双阳性 T 细胞分化为单阳性 T 细胞，涉及阳性选择和阴性选择，其要点前面已有介绍，下面进一步突出胸腺微环境中 DC 及其表达的 MHC Ⅰ类、Ⅱ类分子所起的作用。

（1）阳性选择　　双阳性 T 细胞（$CD4^+CD8^+$T，DP-T）在胸腺皮质、髓质交界处与胸腺基质细胞、DC、Mφ 等细胞表面的 MHC Ⅰ类、Ⅱ类分子及其他因子相互作用，凡其 TCR 能识别Ⅰ类、Ⅱ类分子，并能以中低亲和力与之结合的 T 细胞克隆被挑选出来（阳性选择），分化为单阳性 T 细胞（SP-T）。在这一阳性选择的过程中，DP-T 如与Ⅰ类分子作用，其 CD4 分子表达下调和抑制，而 CD8 分子表达上调，分化为单阳性 CD8 T 细胞；如与Ⅱ类分子作用，其 CD8 分子表达下调和抑制，而 CD4 分子的表达上调，成为单阳性 CD4 T 细胞（图 2-17）。

阳性选择的生物学意义在于：赋予成熟的 T 细胞具有识别、结合 MHC 的能力，使 T 细胞在识别抗原时显示 MHC 限制性（MHC restriction）。这是成熟 T 细胞的一个重要生物学特性。T 细胞识别 MHC 分子提呈抗原肽的机制将在第十一章中介绍。

（2）阴性选择　　凡能以其 TCR 识别自身抗原肽-自身 MHC 分子并显示高亲和力的 T 细胞克隆，皆因凋亡而导致克隆清除，此称为阴性选择。剩下来的是那些与自身 pMHC 呈现低或中等亲和力，以及那些不能识别自身抗原肽的 T 细胞克隆，继续按阳性选择的途径分化为成熟的 T 细胞（图 2-17）。

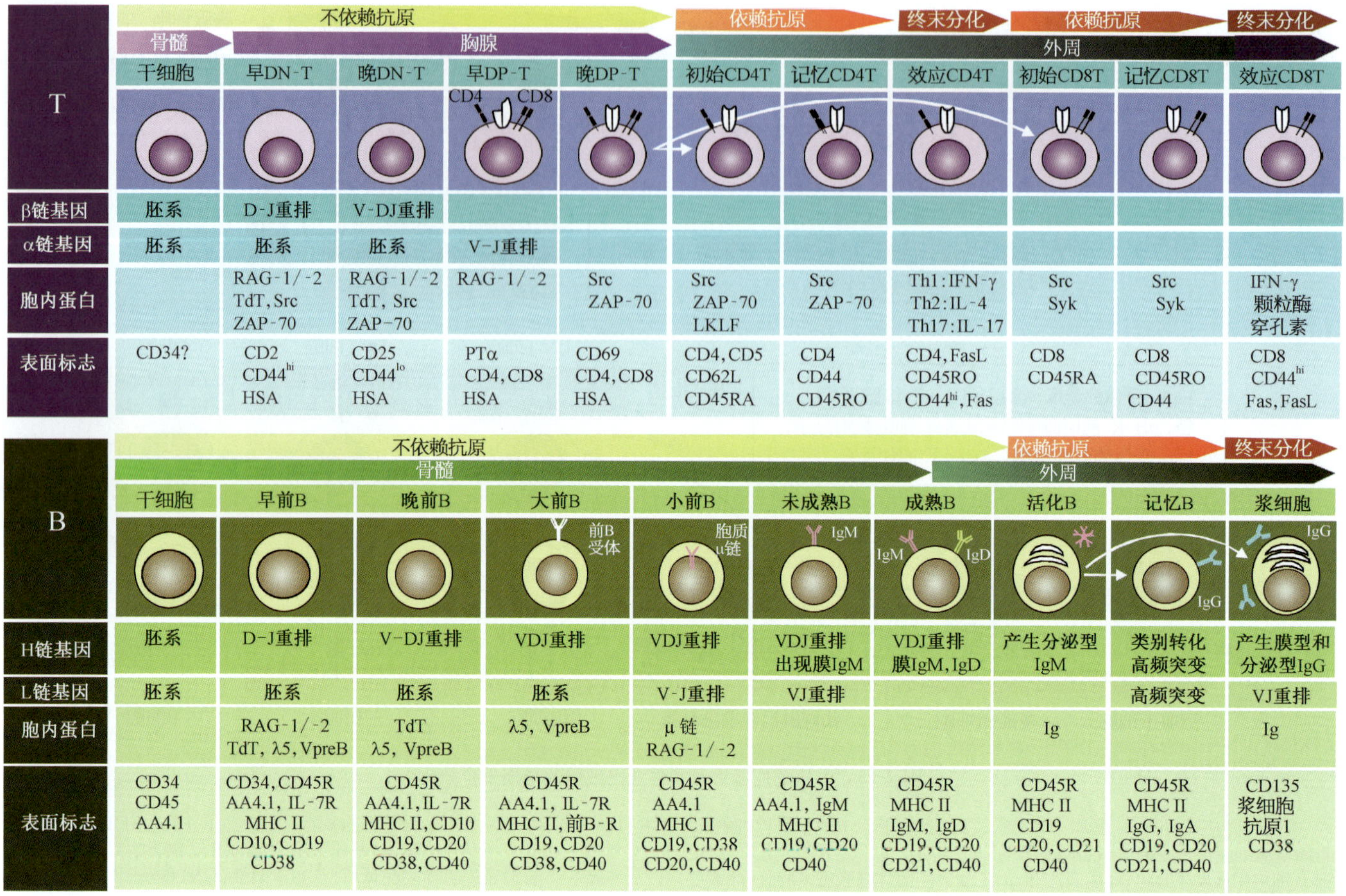

图 2-16 人体 αβT 细胞和 B 细胞发育示意图

RAG：重组激活基因，TdT：末端脱氧核苷酸转移酶，src：蛋白激酶家族，ZAP-70/Syk：蛋白酪氨酸激酶，LKLF：肺 krupple 样因子（转录因子），Thc：胸腺细胞，pTα：前 T 细胞受体 α 链，λ5/VpreB：替代轻链成分

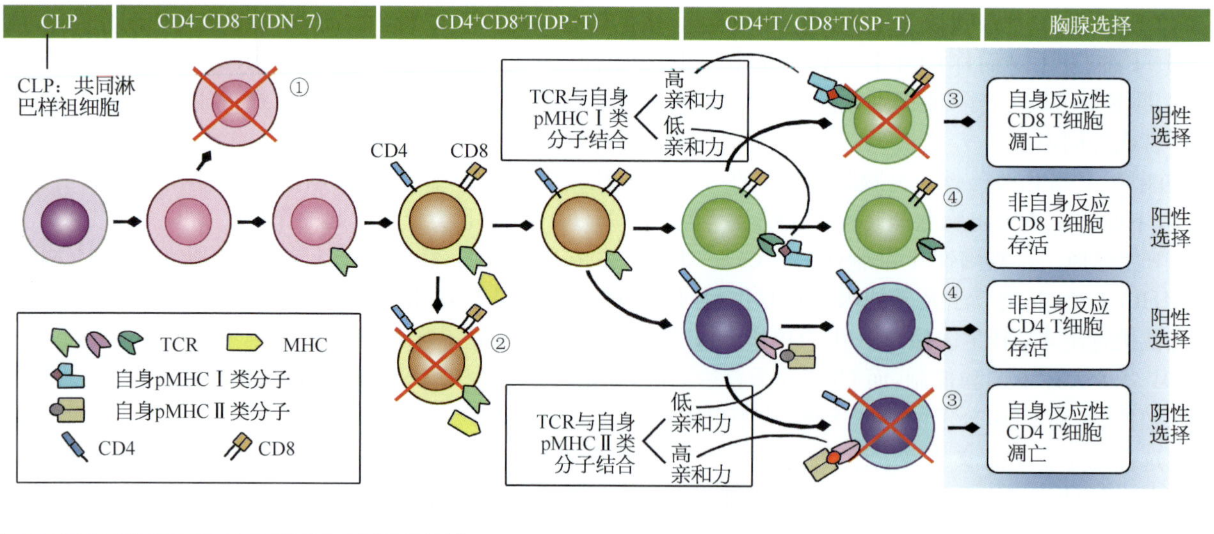

图 2-17 αβT 细胞在胸腺中的分化成熟和阴性/阳性选择

图中显示 αβT 细胞在胸腺中循 DN-T→DP-T→SP-T 顺序分化。① 不能表达 TCR 的 DN-T 细胞被清除；② 不能以 TCR 识别 MHC 分子的 DP-T 细胞被清除；③ TCR以高亲和力识别和结合自身抗原肽-自身 MHC（自身 pMHC）复合物的 SP-T 克隆被清除（阴性选择）。④ TCR 以中低亲和力识别和结合自身 pMHC 的 SP-T 克隆被挑选出来继续发育（阳性选择），进入外周后成为识别 MHC Ⅰ、Ⅱ类分子的非自身反应性 CD4 T 和 CD8 T 细胞，具有识别外来抗原的能力

问题在于，各种自身抗原如何会出现在胸腺中而即时地通过阴性选择去除能够与之起反应的自身反应性T细胞？现知有一类编码自身免疫调节因子（autoimmune regulator，AIRE）的基因，可选择性地在髓质胸腺上皮细胞（mTEC）中表达，其产物行使转录因子活性，促使各种属于外周组织抗原（PTA）的自身成分基因在髓质上皮细胞表面异位性表达。这些PTA（又称组织限制性抗原TRA）一旦与MHC结合而被mTEC作为非专职APC提呈给单阳性T细胞，即发生阴性选择而被清除（图2-18）。

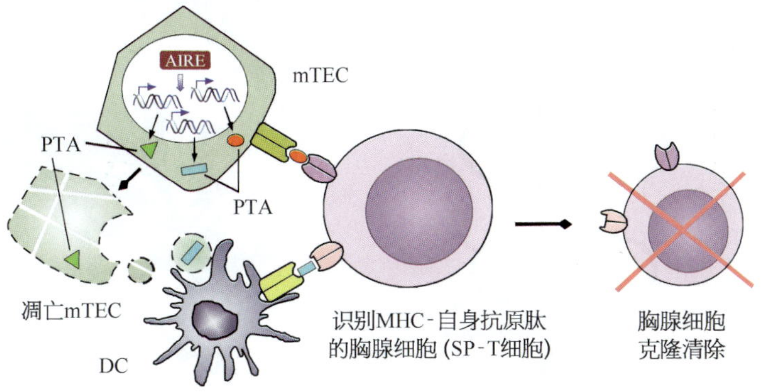

图2-18 AIRE在清除自身反应性胸腺细胞中的作用

高表达于髓质胸腺上皮细胞（mTEC）的自身免疫调节因子（AIRE），通过发挥转录因子作用使各种自身外周组织抗原（PTA）在mTEC中呈现异位表达。PTA或者由mTEC表面MHC分子提呈给胸腺细胞，或由DC吞噬携带有PTA的凋亡mTEC，间接地将PTA提呈给胸腺细胞，最终造成识别自身抗原PTA的胸腺细胞即SP-T细胞遭受阴性选择而被清除

胸腺中这一清除自身反应性T细胞克隆的过程称为中枢耐受（central tolerance）诱导，此部分内容将在自身免疫一章中详述。

二、T细胞抗原受体和T细胞抗原受体基因

T细胞以T细胞抗原受体（TCR）识别抗原和介导免疫应答。同一克隆T细胞具有结构相同的TCR分子，识别同一类抗原或同一类抗原T细胞表位。前面提到，TCR在体内组成多样性极为丰富的TCR库，赋予个体对环境中数量众多病原体（抗原）进行识别和应答的巨大潜力。

TCR分子分成两类，一类称TCR1，由γ、δ两条肽链组成，在T细胞分化成熟中首先表达。外周血中5%～10%的T细胞表达TCR1；另一类称TCR2，由α、β两条肽链组成，表达稍晚。外周血中90%～95%的T细胞表达TCR2。本章涉及的TCR皆为TCR2，即常规T细胞表达的抗原受体。

1. *T细胞抗原受体*

（1）分子结构　由α链（45～60 kDa）和β链（40～50 kDa）组成异二聚体。每条链可分为可变区（Vα、Vβ）、恒定区（Cα、Cβ）、跨膜区和胞质区。其胞质区很短，氨基酸残基数仅分别为5个（α链）和4个（β链）。在α链和β链的跨膜区中分别含有两个（Lys，Arg）和一个（Lys）带正电荷的氨基酸，可与CD3分子的跨膜区中带负电荷的氨基酸（γ链的Glu或δ、ε链的Asp）非共价结合，稳定TCR-CD3复合体结构（图2-19）。

TCR V区的氨基酸序列分析表明，Vα、Vβ各有三个高变区，也称互补决定区（CDR），即CDR1、CDR2和CDR3。以CDR3变异最大，直接决定了TCR的抗原特异性。TCR在识别抗原肽-MHC复合物时，CDR1和CDR2识别MHC分子抗原结合槽中由α螺旋组成的侧壁，而CDR3则直接与抗原肽发生相互作用（见第十章图10-5）。此外，TCR Vβ链上还存在CDR4结构，是TCR识别超抗原的部位。

（2）CD3分子　由γε、δε和ζζ（少数为ζη）六条肽链组成。每条肽链可分为膜外区、跨膜区和胞质区三部分（图2-19A）。CD3分子的跨膜区带有负电荷，便于和TCR跨膜区（带正电荷）非共价结合，形成TCR-CD3复合体。CD3分子的结构特点为胞质区特别长，尤其是ζ和η链的氨基酸残基数分别为113个和155个。CD3分子的每条肽链含有1或3个免疫受体酪氨酸激活基序（ITAM）（图2-19A），其中ζ链分子ITAM的磷酸化对T细胞活化信号的转导十分重要（见第十一章）。

2. *人类TCR基因*

（1）胚系基因　前面已经提到（图2-6），TCR胚系基因由多个处于分隔状态的基因区组成，其中Vα基因包括V、J区；Vβ基因包括V、D和J区。各区又包括数量不等的片段（表2-1）。

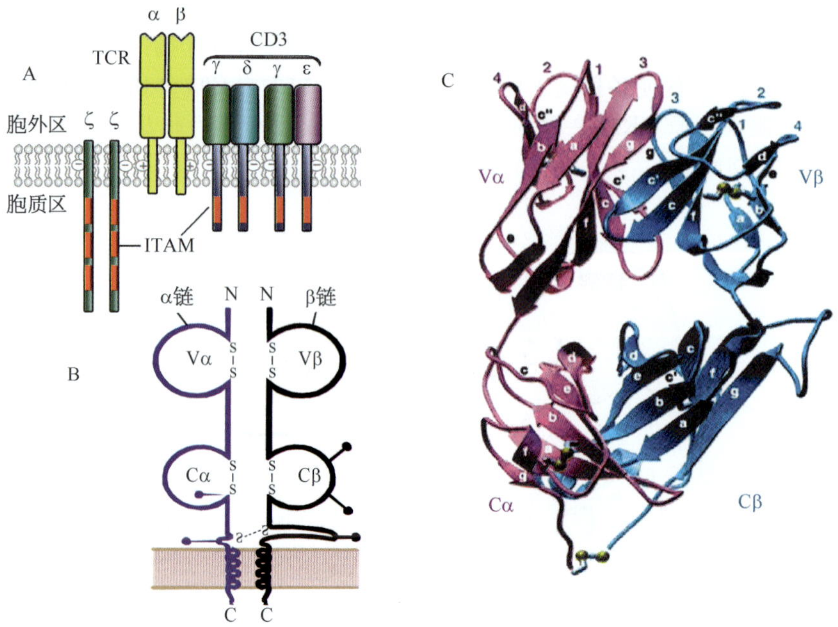

图 2-19　TCR 分子结构

A. T 细胞膜表面跨膜分子 TCR-CD3 复合结构，其中 TCR 识别抗原，胞内段带有 ITAM 的 CD3 分子负责信号转导；B. 组成 TCR 分子的 α 和 β 链及其结构域组成；C. TCR 双链的立体构象

（2）基因重排　　相关的原理和作用机制上一节已介绍。此处仅将 TCRαβ 链基因重排的细节列于图 2-20，并一并将 BCR 轻重链基因重排的格局置于右侧，以利于比较。注意该图第一横行提供了 αβ TCR 和 BCR 轻重链共四条肽链胚系基因结构的细节，可与图 2-6 的简要示意图相比较。

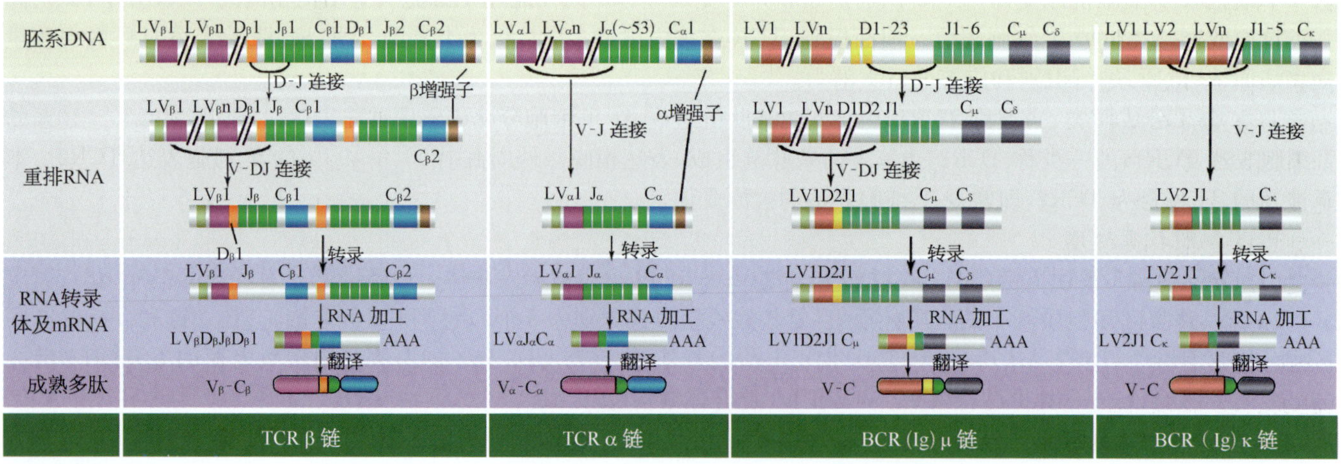

图 2-20　人体 αβTCR 和 BCR(Ig)重链和 κ 轻链基因重排

基因重排一旦完成，*TCR* 基因即开始转录和表达，T 细胞继续其分化成熟进程。如果 *TCR* 基因重排不能成功，无法表达 TCR，细胞即发生凋亡而被清除。

TCR 的 V 区基因重排发生在 T 细胞分化的早期，因为启动重排的专一性重组酶 RAG-1 和 RAG-2 只存在于淋巴细胞发育早期（图 2-16 上方“胞内蛋白”一栏），其活性具有严格的时限性和组织特异性。故 T 细胞在分化成熟过程中只能进行一次有效的基因重排，保证了一个 T 细胞克隆只表达一群结构相同的 TCR 分子，显示单一的抗原识别特异性。

（3）等位排斥　　与免疫球蛋白基因一样（详下），TCR 的 Vβ 和 Vα 基因重排过程中也存在着等位相斥（allelic exclusion）现象。一条染色体上的 *TCR* 基因重排时，另一条同源染色体上的 *TCR* 基因重排受抑。只有当第一条染色体 *TCR* 基因重排出错即无法有效重排时，第二条染色体上的基因方可进行重排。等位排斥的生物学意义在于：保证了一个 T 细胞克隆只能产生一种类型的 *TCR* 基因，表达一种特异性 TCR。如两条染色体上的 *TCR* 基因均不能有效重排，则该 T 细胞发生凋亡而被清除。

(4) TCR α 链前体(pTα)在 *TCR* 基因表达中的作用　　前面提到，T 细胞分化的双阳性期中，随着 TCR β 链的表达，首先出现 pTα(见图 2-16 上方中标注在早 DP-T 部分)。pTα 的表达，可刺激前 T 细胞的进一步分化和成熟。同时促进 TCR α 链基因的重排，并促进 CD4 和 CD8 分子的表达。

第四节　B 细胞发育

B 细胞因来源于鸟类法氏囊(bursa of Fabricius)和哺乳动物骨髓(bone marrow)而得名，主要介导体液免疫。同时，作为专职抗原提呈细胞(APC)，B 细胞能诱导性表达参与提呈抗原的 MHC Ⅱ类分子和共刺激分子，具有摄取、加工和提呈抗原，协助启动 T 细胞应答的功能。B 细胞同时还能分泌细胞因子(如 IL-2、IL-4、IL-5、IL-6、IL-10、IFN、TGF-β、TNF、LT 等)调节免疫应答。

哺乳动物 B 细胞一旦在骨髓中成熟，就离开骨髓到外周免疫器官的非胸腺依赖区定居。B 细胞占外周血淋巴细胞总数的 20%～25%，参与淋巴细胞的再循环。

一、B 细胞的分化成熟

1. *B 细胞在骨髓中分化成熟*　　骨髓是 B 细胞的发源地，同时也是哺乳动物 B 细胞分化成熟的中枢免疫器官。图 2-15C 表明，骨髓中多能祖细胞通过识别骨髓基质细胞上 FLT3 的配体分子后，激活共同淋巴样前体细胞，后者被基质细胞分泌的 IL-7 激发后，推动原 B 细胞进一步遵循前 B 细胞→未成熟 B 细胞→成熟 B 细胞途径分化。其中经历了免疫球蛋白基因重排、基因活化、转录表达等过程，最终出现特有的表面标志即 B 细胞抗原受体(BCR)。BCR 也称表面膜免疫球蛋白(mIg)，包括 mIgM 和 mIgD。

(1) 前 B 细胞(pre-B)　图 2-15 下半绿色背景部分表明，在分化早期，免疫球蛋白(Ig)重链(μ 链)的 V 区基因首先重排，在小前 B 细胞阶段胞质中出现 μ 链，但还不能合成完整的免疫球蛋白分子，不表达 BCR，亦不具有任何功能。μ 链 V 区基因的成功重排，可诱导 Ig 轻链(κ 链或 λ 链)的 V 区基因重排，并促进 B 细胞的进一步分化成熟。

(2) 未成熟 B 细胞(im-B)　　在大 pre-B 细胞阶段首先合成替代性 L 链(surrogate L chain, SL)，促使细胞表面表达前 BCR(pre-BCR，由 μH 和 SL 组成)。同 pTα 一样(见前)，SL 链的表达可抑制另一条重链基因的重排(等位相斥)，但刺激 κ 链基因的重排，促进 B 细胞的进一步分化和成熟。随后，im-B 细胞合成成熟的轻链，连同已在小前 B 细胞阶段出现的 μ 链，胞质中出现完整的免疫球蛋白分子 IgM，并在细胞表面表达 mIgM。mIgM 是 B 细胞分化成熟中首先出现的 BCR，并成为im-B细胞的表面标志。im-B 细胞尽管已表达 BCR，具有识别抗原的能力，但还不能介导免疫应答。相反，此类未成熟 B 细胞如受抗原刺激，非但不能活化和增殖，反而会引发凋亡而导致克隆流产。可见骨髓中出现的自身抗原，可去除对抗原“易感”的自身反应性 B 细胞克隆，这是 B 细胞中枢耐受产生的重要机制之一。

(3) 成熟 B 细胞(m-B)　　随着进一步分化，μ 链以外的其他 Ig 重链的 V 区基因也开始重排、转录和表达。此时 B 细胞胞质中可同时出现 IgM 和 IgD，表面也表达两类 BCR 即 mIgM 和 mIgD。成熟 B 细胞能识别抗原，介导特异性免疫应答。至此，完成分化的 B 细胞离开骨髓，到达外周免疫器官非胸腺依赖区定居。

(4) 活化的 B 细胞　　如无抗原刺激，成熟 B 细胞在外周免疫器官中寿命一般仅 7～10 d。随着骨髓中成熟 B 细胞源源不断进入外周，多样性丰富的 B 细胞库得以维持。同时，在抗原刺激下，B 细胞 Ig 基因(V 区)发生体细胞高频突变(上述)，进一步丰富了 BCR 的多样性。同时，B 细胞被抗原激活后，Ig 基因的转录速率加快，细胞表面 BCR 的表达下调，向浆细胞分化。

(5) 浆细胞　　浆细胞(plasma cell)又称抗体形成细胞，是 B 细胞分化的终末细胞。此类细胞胞质中出现大量糙面内质网，能合成和分泌特异性抗体，介导体液免疫。

从骨髓干细胞、pre-B、im-B 到 m-B，B 细胞在骨髓内环境中，按既定的程序分化，不受抗原影响，称为 B 细胞分化的非抗原依赖期(图 2-16 下半部)。而在外周，成熟的 B 细胞只有在抗原刺激下才能进一步分化为浆细胞，分泌抗体，进入抗原依赖阶段。

2. *B 细胞成熟过程中的阴性和阳性选择*　　同 T 细胞一样，B 细胞在成熟过程中也须经历选择。不同的是，B 细胞先在骨髓中进行阴性选择，成熟后在外周进行阳性选择。

Pre-B 细胞在骨髓中分化为 im-B 后，表达 mIgM，此时能识别自身抗原的 B 克隆以其 BCR(mIgM)与骨髓基质细胞表达的自身抗原发生相互作用，产生负信号，诱使未成熟B细胞发生凋亡。其生物学意义类似于T细胞的阴性选择，产生自身耐受。随后，在外周免疫器官的生发中心，在抗原刺激下，*Ig*基因发生体细胞高频突变，在抗原的选择下，保留表达高亲和力BCR的细胞克隆。此现象称为亲和力成熟（见第十二章），亦称为B细胞的阳性选择。

二、B细胞抗原受体

B细胞抗原受体（BCR）具有抗原结合特异性，在同一个体内，其多样性高达5×10^{13}（表2-1），构成容量巨大的BCR库，赋予个体识别各种抗原和产生特异性抗体的巨大潜能。

在成熟B细胞表面Igα、Igβ和BCR共同表达，形成BCR-Igα/Igβ复合结构，前者识别抗原，后者转导BCR接受的抗原刺激信号。

1. BCR-Igα/Igβ复合结构　BCR由二条重链和二条轻链连接而成。重链分为可变区（V区，约110个氨基酸残基）、恒定区（C区，约330个氨基酸残基）、跨膜区（26个氨基酸残基）及胞质区（3个氨基酸残基）（图2-21）；而轻链则只有V区和C区。V区由V_H和V_L两个结构域组成，各有三个互补决定区即CDR1、CDR2和CDR3。BCR可直接识别完整的天然蛋白质抗原、多糖或脂类抗原，三个CDR均参与对抗原的识别，共同决定BCR的抗原特异性。

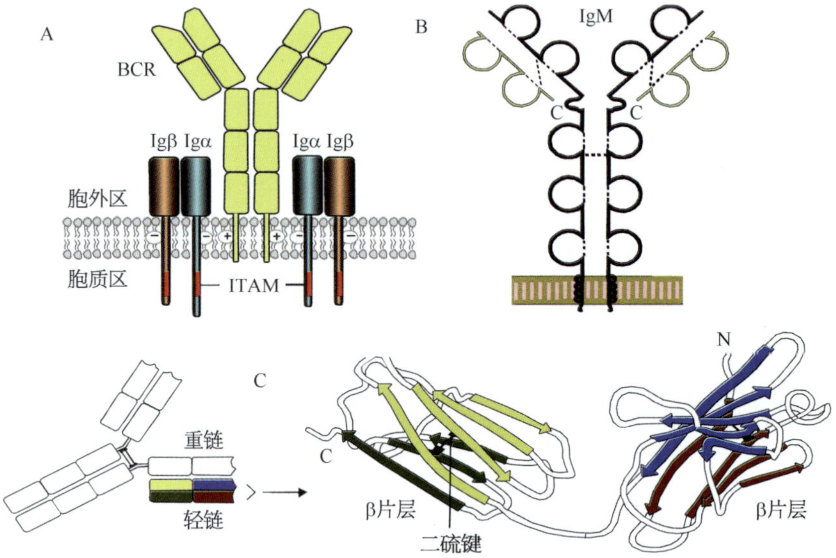

图2-21　BCR的分子结构

A. B细胞膜表面跨膜分子BCR-Igα/Igβ复合结构，其中BCR识别抗原，胞内段带有ITAM的Igα/Igβ负责信号转导；B. BCR主要为膜表面IgM分子，图示其结构域组成；C. BCR（IgM）分子轻链的立体构象

Igα（CD79a）和Igβ（CD79b）以二聚体形式存在。两条肽链可分为胞外区、跨膜区和胞质区。从图2-21可以看出，Igα和Igβ链的胞质区比较长，其中Igα为61个氨基酸残基，Igβ为48个氨基酸残基，各有一个ITAM结构，为信号转导所必需。

2. *BCR*基因（*Ig*基因）　B细胞抗原受体基因也称*Ig*基因，与TCR一样，H链和L链均由V区和C区基因编码。V区基因经历基因重排才具转录、表达功能。在B细胞分化、成熟过程中，H链基因首先重排，并表达H链，然后L链基因开始重排和表达。

（1）基因重排　BCR基因片段的重排，以及其中重组激活基因（RAG-1和RAG-2）的参与机制，与TCR基因片段的重排相似，已如上述。可参见图2-6～2-10，以及图2-20右侧。

（2）等位相斥和同型相斥　等位相斥的原理在*TCR*基因部分已有介绍。*Ig*基因亦然，只有一条同源染色体出现*Ig*基因重排。当第一条染色体上的*Ig*基因重排出错而无法有效重排时，第二条染色体上的*Ig*基因方可进行重排。如此，一个B细胞克隆只能表达一种特异性BCR，分泌一种特异性抗体。

κ轻链是“优先”重排的。重排一旦成功，根据等位相斥原理，另一κ链基因即不再重排，除非第一条κ链基因重排出错。当两条κ链基因均不能成功重排，方轮到λ链基因重排，后者亦有两次机会，此即同型相斥（isotype exclusion）。它解释了为何人体内的κ型Ig远多于λ型Ig，两者比值为65∶35；在小鼠，κ型Ig与λ型Ig之比甚至高达95∶5。迄今，尚未发现κ型Ig与λ型Ig有任何功能上的差异，也无法解释为何人类作为一个高度进化的生物，其Vκ基因重排出错率要远远高于进化层次相对较低的小鼠。

（3）BCR 多样性的产生和 CDR3 的高度变异　　*BCR* 基因多样性的产生及其机制与 TCR 高度相似，在本章第二节已详细介绍，不再重复。另外，BCR 和 Ig 的 CDR3 部分，因为跨越 VJ 和 VDJ 不同的区段，是连接机动性和核苷酸插入的集中部分，因而显示特别高的变异性。这一点，TCR 的 CDR3 也十分突出，已如上述。

（4）体细胞高频突变和受体编辑　　体细胞高频突变在激活诱导的脱氨酶（AID）参与下启动。AID 只诱导性表达于抗原激活的 B 细胞，因而借助此类高频突变获取更多变异性和多样性的机会，仅属 BCR 或 Ig，而非 TCR。作用机制参见第二节。高频突变的直接后果是提高 B 细胞诸多克隆的抗原结合亲和力，涉及抗原选择下的亲和力成熟过程，详述于第十二章。

第五节　淋巴细胞亚群

淋巴细胞行使免疫功能，需要进一步分化成各类亚群。

功能上，淋巴细胞亚群包括效应细胞、调节细胞和记忆细胞。各自可再就表面标志、分泌因子和产生的时相特点，做进一步的区分。

图 2-22 简要地列举了属于 αβ T 淋巴细胞的各种功能性亚群，其中不再包括原淋巴细胞、前淋巴细胞、未成熟淋巴细胞，以及双阴性和双阳性等淋巴细胞亚群。

	效应细胞	调节细胞	记忆细胞
CD4 T	$CD4^+$ Th1 $CD4^+$ Th2 $CD4^+$ Th17 $CD4^+$ Th9 $CD4^+$ Th22 $CD4^+$ Tfh	$CD4^+$ nTreg $CD4^+$ iTreg $CD4^+$ Tr1 $CD4^+$ Th3	$CD4^+$ T_{CM} $CD4^+$ T_{EM} $CD4^+$ T_{RM} $CD4^+$ T_{FHM}
CD8 T	$CD8^+$ CTL $CD8^+$ Tc1 $CD8^+$ Tc2	$CD8^+CD28^-$ Treg $CD8^+Qa\text{-}1^+$ Treg	$CD8^+$ T_{CM} $CD8^+$ T_{EM} $CD8^+$ T_{RM}
DN T		$CD4^-CD8^-$ Treg	

图 2-22　αβ　T 淋巴细胞亚群

一、效应性 T 细胞亚群

1. *αβ T 细胞*　　根据 TCR 类型不同，T 细胞分为 γδ T 细胞（表达 TCR1）和 αβ T 细胞（表达 TCR2）。前面提到，αβ T 细胞是体内最主要的 T 细胞群，占外周血 T 细胞总数的 90%～95%，表达多样性极为丰富的受体库，识别 MHC 分子提呈的抗原肽，属 MHC 约束或限制性 T 细胞。其主要功能是介导细胞免疫、辅助体液免疫和参与免疫调节。

外周血中成熟的 αβ T 细胞分为 CD4 阳性和 CD8 阳性两大亚群。其中 CD4 T 细胞识别 MHCⅡ类分子提呈的抗原肽，受 MHC Ⅱ类分子的约束；CD8 T 细胞识别 MHC Ⅰ类分子提呈的抗原肽，受 MHC Ⅰ类分子的约束（见第十章，第十一章）。

2. *Th1、Th2 和 Th17*　　1986 年起 Mosman 在小鼠，Romagnani 在人体先后发现两个 CD4 Th 细胞亚型：Th1 和 Th2。Th1 细胞主要分泌 IL-2 和 IFN-γ，介导细胞免疫；Th2 细胞主要分泌 IL-4、IL-5 和 IL-13，介导体液免疫。在辅佐细胞（DC、Mφ、嗜碱粒细胞）参与下分别由 IL-12 和 IL-4 诱导产生（图 2-23）。大量研究证实，Th1 和 Th2 细胞为一对重要的效应细胞，同时又相互发挥抑制作用，Th1 细胞分泌的 INF-γ 可抑制 Th2 细胞的分化和功能，Th2 细胞分泌的 IL-4 可抑制 Th1 细胞的分化和功能。近年来进一步确认存在第三个重要的效应性 CD4 T 亚群即 Th17 细胞。该亚群通过产生 IL-17 和 IL-22 等介导炎症反应。

从第一章图 1-17 可见，免疫应答主要由三种类型组成，各自的主导细胞正是 Th1、Th2 和 Th17，并有相应的固有淋巴样细胞 ILC1、ILC2 和 ILC3 参与，以分泌相同或相似的细胞因子分别介导 1 型、2 型和 3 型免疫应答。

3. *Th9、Th22 和 Tfh*　　图 2-22 还提到以分泌 IL-9 为特点的 Th9 亚群和分泌 IL-22 为特点的 Th22 亚群。前者

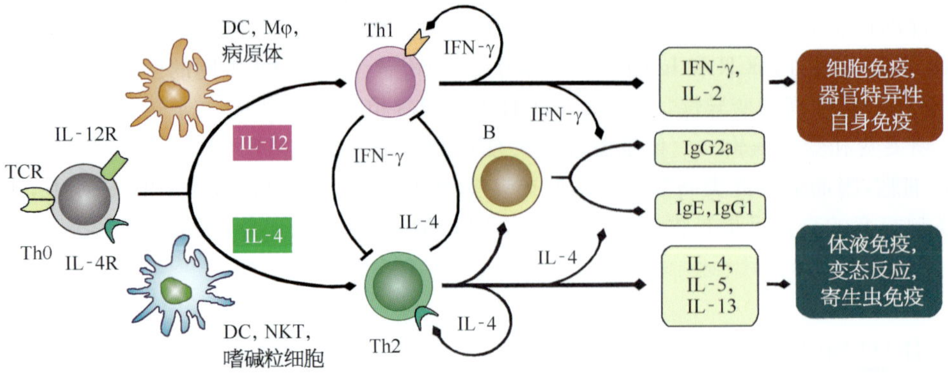

图 2-23 Th1 与 Th2 细胞的分化途径及其功能

主要在 TGF-β 及 IL-4 作用下自 Th2 分化而来，在过敏反应中十分活跃，可参与募集呼吸道中的嗜酸粒细胞、刺激肥大细胞和诱导 IgE 产生，与抗寄生虫感染有关。后者最初分离自炎症性皮肤病患者的皮损部位，也可经 TNF-α 及 IL-6 从 CD4 T 细胞诱导产生，功能是通过分泌 IL-22 和 TNF-α 参与皮肤免疫应答、修复组织和介导相关的自身免疫性疾病。

滤泡协助性 T 细胞(Tfh)自激活的 T 细胞分化而来，因表达高水平趋化因子受体 CXCR5 而得以进入表达其配体 CXCL13 的淋巴滤泡，参与生发中心反应。除了 CXCR5，Tfh 还表达或分泌 ICOS、PD-1、IL-21 和转录因子 Bcl-6。初始 T 细胞分化为 Tfh 需要表达 ICOS-L 的 B 细胞介导。详情可参阅第十二章的图 12-7。Tfh 功能行使中的关键成分是所分泌的 IL-21。该细胞因子参与生发中心的形成、浆细胞的分化和 B 细胞克隆选择等关键性事件，成为生发中心反应的主要介导成分。

4. CTL 和 Tc1/Tc2 细胞　CD8 CTL 指细胞毒性 T 细胞，是免疫应答的主要效应细胞，可特异性杀伤靶细胞，在肿瘤免疫和抗病毒免疫中发挥重要作用。关于 CTL 的分化、成熟及发挥效应功能的特点，在第十一章中有详细介绍，可以参阅。

近年来提出，除了 CTL，CD8 T 细胞亦可有对应于 Th1 和 Th2 的两个亚型——CD8 Tc1 和 CD8 Tc2。它们虽产生一些共同性细胞因子如 GM-CSF 和 TNF，但分泌的特征性细胞因子类似于 Th1 和 Th2。Tc1 为 IL-2、IFN-γ 和 LT(淋巴毒素)；Tc2 为 IL-4、IL-5、IL-6、IL-9 和 IL-10，据称此类 CD8 T 细胞亚群在瘤型麻风的产生和发展中十分活跃。

二、B 细胞功能性亚群

B 细胞也是一异质性群体，一般根据 CD5 分子表达与否，将 B 细胞分为 B1 和 B2 两个亚群，而 B2 细胞中再分成常规的 B 细胞(又称滤泡性 B 细胞，Lo-B)和边缘区 B 细胞(Mz-B)(图 2-24)。

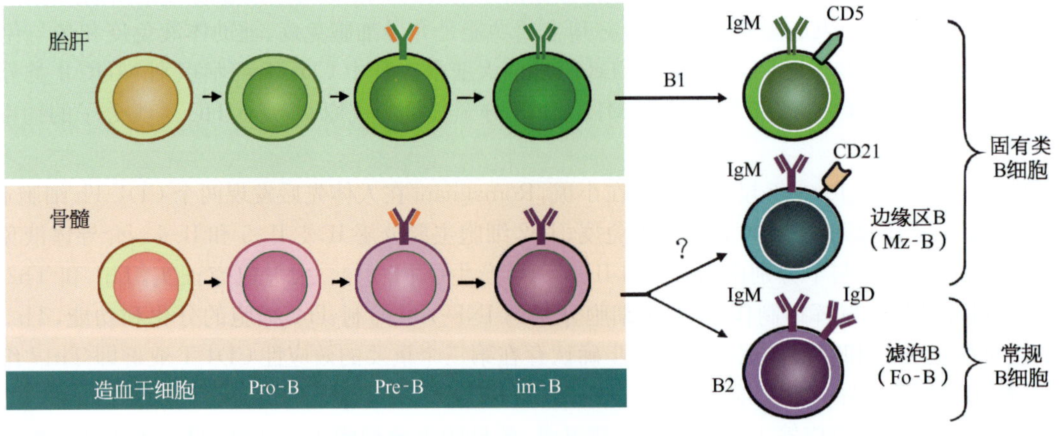

图 2-24 B 细胞亚群的分化

Pro-B：原 B 细胞；Pre-B：前 B 细胞；im-B：未成熟 B 细胞；Fo-B：滤泡 B 细胞(常规循环性 B2 细胞)；Mz-B：边缘区 B 细胞

1．B1 细胞　主要确立于小鼠，来自胎肝，表达 CD5（Ly-1）分子，识别非蛋白质抗原，如脂多糖。B1 细胞可直接介导对 T 细胞非依赖抗原的免疫应答而产生抗体，无需 Th 细胞的辅助。B1 细胞介导的免疫应答特点为：一般不发生体细胞突变，无亲和力成熟，产生低亲和力的 IgM 抗体，不产生记忆细胞。

2．B2 细胞　为 $CD5^-$ B 细胞，作为常规 B 细胞及其介导的体液免疫应答有专章介绍，此处不予展开。

3．Mz-B 细胞　外周淋巴器官脾脏白髓边缘窦中存在另一群成熟的 B 细胞类型，称边缘区 B 细胞（marginal zone B cell，Mz-B）。此类细胞低表达 CD23（低亲和力 IgE 受体），高表达 CD1d 分子（MHC Ⅰ类分子类似物）、补体受体 CR1（CD35）和 CR2（CD21）。与 B1 细胞相似，Mz-B 可产生分泌 IgM 的短寿浆细胞，并对进入血流的微生物抗原起反应，介导对 T 细胞非依赖抗原的免疫应答。Mz-B 和 B1 细胞是体内预存的 IgM 天然抗体的主要来源因而属于下一章介绍的固有样淋巴细胞。表 2-2 比较了三种 B 细胞的特性。

表 2-2　B1、B2 与 Mz-B 细胞亚群特性比较

	出现时间	V 区多样性	主要留居处	复制模式	自发 Ig 产生	抗体类别	糖类抗原应答	蛋白质应答	T 细胞协助	体细胞高频突变	免疫记忆
B1	胎儿	有限	体腔	自身复制	高	IgM≫IgG	+	±	不需	−	−
Fo-B	出生后	多样	外周淋巴器官	自骨髓补充	低	IgG>IgM	±	+	需	++	+
Mz-B	出生后	部分受限	脾脏	长寿	低	IgM>IgG	+	+	有时	?	?

B1：$CD5^+$ B 细胞；Fo-B：滤泡 B 细胞（常规循环 B2 细胞）；Mz-B：边缘区 B 细胞。

三、调节性细胞和记忆性细胞

1．调节性 T 细胞　调节性 T 细胞（regulatory T cell，Treg）具有免疫应答低下和免疫抑制两大特征，可“主动”地抑止效应细胞的活性，发挥免疫负向调节作用。根据来源及作用机制，Treg 分为天然产生的 $CD4^+CD25^+$ Treg（nTreg）和诱导产生的适应性调节 T 细胞（iTreg），以及 CD4 Th3、CD4 Tr1 细胞等（图 2-25）。

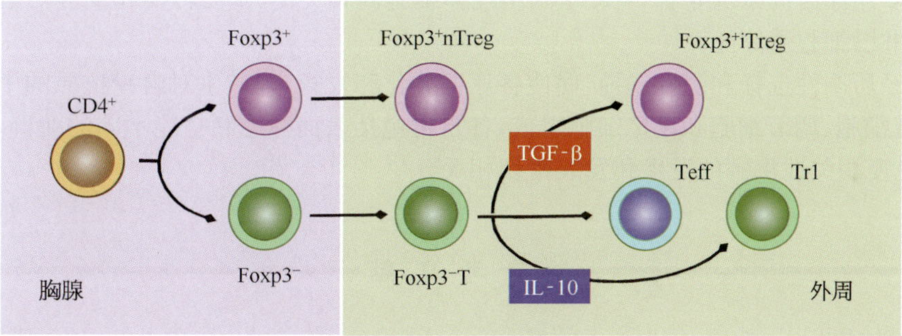

图 2-25　CD4 调节性 T 细胞的分化

$Foxp3^+$ T 调节细胞可以从胸腺直接分化，称为天然调节性 T 细胞（$Foxp3^+$ nTreg），也可在 TGF-β 作用下从 $Foxp3^-$ T 细胞分化，称为诱导性调节 T 细胞（$Foxp3^+$ iTreg）。$Foxp3^-$ T 细胞同时在 IL-10 作用下分化成 $Foxp3^-$ Tr1 调节性 T 细胞和效应性 T 细胞（Teff）

（1）$CD4^+CD25^+Foxp3^+$ Treg　其特征性标志为 Foxp3，称叉头状/翅膀状螺旋转录因子，在调控 $CD4^+CD25^+$ Treg 的发育和功能发挥中起重要作用。$CD4^+CD25^+Foxp3^+$ Treg分两类，一类在胸腺中天然产生，称自然调节 T 细胞（nTreg），主要依赖细胞-细胞间接触发挥作用；另一类经 TGF-β 诱导自 $CD4^+CD25^-Foxp3^-$ T 细胞诱导而来，称 iTreg，主要借助分泌 IL-10 和 TGF-β 发挥抑制作用。nTreg 的分化依赖于 IL-2，而且胸腺中该细胞亚群 TCR 与自身 pMHC 相互作用的亲和力略弱于引发阴性选择的阈值而以阳性选择的机制被保留下来（图 2-5），称为通过胸腺“争生性”选择（agonist selection）保留下来的一个亚群，数量虽少，参与负向调节的意义却不可忽略。

（2）其他调节性 T 细胞

1）$CD4^+Foxp3^-$ 适应性调节性 T 细胞，包括 Tr1、Th3 等，前者分泌细胞因子 IL-10/TGF-β，后者分泌 TGF-β 发挥作用。

2）$CD8^+$ Treg，包括 $CD8^+CD28^-$ Treg 和 $CD8^+Qa\text{-}1^+$ Treg。

3）CD4/CD8 双阴性的 DN Treg。

调节性 T 细胞介导的免疫抑制，在维持自身耐受、自身稳定和免疫应答的反馈性调节中发挥重要作用，并与临床疾病的发生发展密切相关。详情将在免疫调节一章中介绍。

2. 调节性 B 细胞 近年来，首先在小鼠，随后在人体都确定有一群调节性 B 细胞（Breg）。该细胞来自一类称为过渡 2 型边缘区前体（T2-MZP）细胞，特点是表达分化抗原 CD19 和分泌 IL-10 等抑制性细胞因子，因而具有类似 iTreg 和 Tr1 等调节性 T 细胞的功能（详见第十四章）。

3. 记忆性淋巴细胞亚群 记忆性 T 细胞（T_M）由 CD4 T_M 和 CD8 T_M 组成，各自又包括效应性记忆 T 细胞（T_{EM}）、中枢性记忆 T 细胞（T_{CM}）和组织定居性记忆 T 细胞（T_{RM}），如果加上记忆性滤泡树突状 T 细胞（T_{FHM}）可有七个记忆性 T 细胞亚群（图 2-22 右侧）。其中 T_{EM} 承担保护性记忆（protective memory）行使速发性效应功能；T_{CM} 负责反应性记忆（reactive memory），因为该亚群停留在外周淋巴器官的 T 细胞区，需要在抗原再次刺激时重新分化为效应细胞。而 T_{RM} 在成年人中数量居所有记忆性 T 细胞之首，定居于外周非淋巴组织，如肺、肠道和皮肤，属于在应答第一线发挥作用的记忆细胞。

记忆性 B 细胞的形成与 B 细胞启动的生发中心反应有关。生发中心反应包括体细胞高频突变、亲和力成熟和抗原选择等，在产生高亲和力记忆 B 细胞的同时，分化出长寿性浆细胞或其前体细胞，并从脾脏和淋巴结迁移至骨髓，实施全身循环。当再次遇到抗原时，记忆性 B 细胞可再次分化为浆细胞，产生记忆性应答。

有关免疫记忆及记忆性淋巴细胞的分化和作用机制，包括新近确定的 T_{RM} 和 T_{FHM}，可参见第一章和第十一章。

本章提要

免疫细胞的分化涉及淋巴细胞谱系和髓细胞谱系。淋巴细胞谱系产生 γδT 细胞、αβT 细胞、B 细胞、NK 细胞、NKT 细胞、ILC 细胞等。本章主要论述参与适应性免疫的 αβ T 细胞和 B 细胞。

骨髓中的共同淋巴样祖细胞循原淋巴细胞、前淋巴细胞、未成熟淋巴细胞和成熟淋巴细胞途径，分别在胸腺和骨髓中，在不同的转录因子和细胞因子参与下，向 T、B 细胞作程序性分化，顺序表达不同的表面标志和分泌不同的可溶性因子。抗原受体 TCR 和 BCR 的出现，标志着淋巴细胞分化的完成。

TCR 和 BCR 的表达依赖于编码基因 V-J 和 V-D-J 各片段间的重排，并出现片段连接的变异，由此形成受体基因结构的多样性。这一多样性因抗原诱导后 *BCR* 基因出现体细胞高频突变、基因转换和重链 C 区重组而加强。由此形成多样性极为丰富的淋巴细胞受体库。

T、B 细胞发育中经历阳性选择和阴性选择，促使各亚群分化和发育，并产生对自身抗原的中枢耐受。成熟的 αβ T 细胞和 B 细胞，由效应细胞、调节细胞和记忆细胞组成，各自再包括表面标志和功能不同的亚群，以相互合作的方式介导免疫应答，与各种免疫相关性疾病的发生和发展密切相关。

（李伟毅　周光炎）

参考文献

Abbas AK, Lichtman AH, Pillai S. 2015. Cellular and Molecular Immunology, 8th ed. Philadelphia: Elsevier.

Alroqi FJ, Chatila TA. 2016. T regulatory cell biology in health and disease. Curr Allergy Asthma Rep, 16: 27-32.

Delves PJ, Martin SJ, Burton DR, et al. 2011. Roitt's Essential Immunology, 12th ed. Oxford: Wiley-Blackwell.

Geginat J, Paroni M, Maglie S, et al. 2014. Plasticity of human CD4 T cell subsets. Front Immunol, 5: 630-639.

Mathis D, Benoist C. 2009. Aire. Annu Rev Immunol, 27: 287-312.

Maurice C, Bosma A. 2012. Immune regulatory function of B cells. Annu Rev Immunol, 30: 221-241.

Murphy K, Weaver C. 2017. Janeway's Immunobiology. 9th ed. New York: Garland Science.

Warren RL, Freeman JD, Zebf T, et al. 2011. Exhaustive T-cell repertoire sequencing of human peripheral blood samples reveals signature of antigen selection and a directly measured repertoire size of at least 1 million clonotypes. Genome Res, 21: 790-797.

第三章 固有免疫细胞

本章论述除 αβ T 细胞和 B 细胞以外的各种免疫细胞。这些细胞主要参与固有免疫应答，包括单核/巨噬细胞、DC、NK 细胞、粒细胞和肥大细胞。同时也包括与淋巴细胞分化谱系有联系但主要在固有免疫应答中发挥作用的 NKT 细胞、γδ T 细胞、B1 细胞和新近确认的固有淋巴样细胞(ILC)。

固有免疫又称为天然免疫或非特异性免疫，是生物体在种系进化过程中形成的一系列防御机制。参与固有免疫应答的细胞，分布在机体的不同组织器官中，可以迅速对入侵的病原体做出应答，产生非特异性的抗感染免疫效应；亦可以参与清除机体的损伤成分、衰老和发生恶性转化的细胞。不仅如此，一些固有免疫细胞还能通过抗原提呈参与激发适应性免疫应答，成为联系天然防御和特异性免疫的桥梁。

第一节　单核/巨噬细胞

单核/巨噬细胞是机体固有免疫系统中重要的细胞组分，包括血液中的单核细胞(monocyte)和组织中固定或游走的巨噬细胞(macrophage, Mφ)，它们在功能上都具有很强的吞噬作用。早在 1939 年，Ebert 和 Florey 就发现体内单核细胞能从血液迁移至不同组织和器官并发育分化为 Mφ。1969 年，van Furth 和他的同事们进一步提出了单核吞噬细胞系统(mononuclear phagocyte system)的概念。单核吞噬细胞系统连同本章后面将要论及的多形核粒细胞系统(polymorphonuclear granulocyte system)和树突状细胞(主要是未成熟 DC)，是吞噬细胞的三个主要的组成部分。

一、单核/巨噬细胞的来源与分化成熟

单核/巨噬细胞来源于 CD34 阳性造血干细胞(hematopoietic stem cell，HSC)，并与中性粒细胞等源自共同的髓样前体细胞(图 3-1)。研究发现在胎肝和成年人骨髓中，HSC 在多重集落刺激因子、巨噬细胞集落刺激因子等作用下发育成粒细胞-单核细胞前体细胞(granulocyte-monocyte progenitor cell)，这些前体细胞不断增殖分化成为原单核细胞(promonocyte)并进入血流，在外周血中分化成为成熟的单核细胞。人体中单核细胞占外周血白细胞总数的 3%～8%，其中一半左右储存在脾脏的红髓髓索中。成熟的单核细胞在形态上具有异质性，表现为细胞大小不均一，胞质内含有多种颗粒结构以及细胞核形态多样化。单核细胞在血液中一般循环 1 d 左右，随后可以穿过毛细血管内皮细胞壁迁移到全身不同组织，发育成熟成为 Mφ。

在炎症信号的刺激下单核细胞也能从血液中进入受损的组织部位，经过一系列变化而分化成为 Mφ。Mφ 的形态和功能较单核细胞有更大的变化，细胞体积增加 5～10 倍，细胞器数量增加，吞噬功能和分泌细胞因子能力增强。此外，在不同组织中的 Mφ 寿命延长，有些可存活数月至数年。Mφ 在组织中虽有增殖潜能，但很少分裂，主要通过血液中的单核细胞不断迁入得到补充。

成熟的单核/巨噬细胞表达多种表面分子，包括免疫球蛋白 Fc 受体(CD16、CD32、CD64)、补体受体和各种模式识别受体(甘露糖受体、清道夫受体、Toll 样受体)。激活的单核/巨噬细胞表面表达与抗原提呈相关的 MHC Ⅰ、Ⅱ类分子，与趋化黏附相关的趋化因子受体和黏附分子等。此外，它们还能分泌多种细胞因子、小分子炎症介质和补体成分等，参与炎症反应和免疫调节。

二、单核/巨噬细胞的异质性

1. *单核细胞的异质性*　成熟单核/巨噬细胞表达高水平的 CD14 分子(LPS/LBP 复合物受体)和 CD16 分子，根据 CD14 和 CD16 表达强度的不同，可以将人类单核细胞分为 $CD14^{hi}CD16^-$ 和 $CD14^+CD16^+$ 两个亚群。其中 $CD14^{hi}CD16^-$ 亚群被认为是经典的单核细胞，而 $CD14^+CD16^+$ 亚群表达高水平的 CD32 和 MHC Ⅱ类分子，类似于组织中成熟的 Mφ。在小鼠体内，$Ly6C^{hi}$ 单核细胞和 $Ly6C^{low}$ 单核细胞分别与上述两群人类单核细胞对应。

单核细胞表型的异质性还表现在不同趋化因子受体的表达上，如 $CD14^{hi}CD16^-$ 单核细胞表达 CCR1、CCR2、CCR4、CCR7、CXCR1、CXCR2、CXCR4 和 CX3CR1，不表达 CCR5；而 $CD14^+CD16^+$ 单核细胞表达 CCR5，不表达

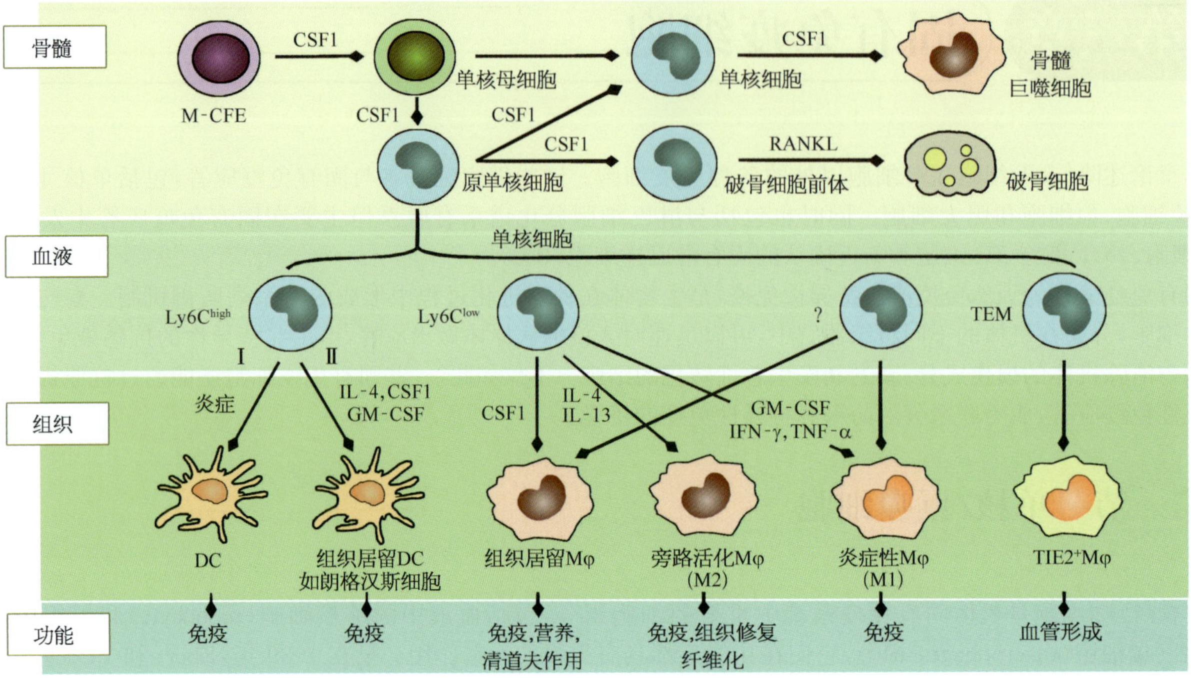

图 3-1 单核/巨噬细胞的发育过程

单核/巨噬细胞系统发育自骨髓,在经历了几种多能前体细胞阶段后,在 CSF1 和 RANKL 的刺激下分别形成骨髓巨噬细胞和破骨细胞。一部分前体细胞进入外周血液循环,形成了单核细胞。根据单核细胞表面标志以及某些标志表达量的不同,其发育结果亦不相同:高表达 Ly6C 的单核细胞可以发育成 DC 或者是组织居留 DC;低表达 Ly6C 的单核细胞在 CSF1 刺激下形成组织居留 Mφ,在寄生虫或者 IL-4、IL-13 的刺激下形成旁路活化性质的 M2 型巨噬细胞,在 GM-CSF、IFN-γ 和 TNF-α 的刺激下形成炎性的 M1 型巨噬细胞;还有另一部分表达 TIE2 标志的单核细胞,最终形成参与血管形成的 $TIE2^{+}$ 巨噬细胞

CCR1、CCR2、CCR4、CCR7、CXCR1 和 CXCR2。体外实验发现单核细胞既可以穿越内皮细胞分化成 Mφ,也可以滞留在内皮基质中分化成 DC。

2. Mφ 的异质性　单核细胞在血流中短暂停留后,进入不同组织器官分化为 Mφ。根据 Mφ 不同的解剖学定位、不同的分化程度,以及外界激活因子的多样性,Mφ 呈现出复杂的异质性与功能的多样性。甚至来源于同一组织的 Mφ 也可能显示功能的不均一性。

根据是否具有运动性,可以将 Mφ 分为定居的巨噬细胞和游走的巨噬细胞两大类。定居在组织中的 Mφ 因其具有组织特异性而被赋予特定的名称,如中枢神经系统中的小胶质细胞(microglial cell)、近血管巨噬细胞(perivascular macrophage)、脑膜巨噬细胞(meningeal macrophage)、脉络丛巨噬细胞(choroid-plexus macrophage),肺脏中的肺泡巨噬细胞(alveolar macrophage),肝脏中的库普弗细胞(Kupffer cell),肾脏中的肾小球系膜细胞(mesangial cell),骨组织中的破骨细胞(osteoclast),结缔组织中的组织细胞(histocyte)等。定居的 Mφ 在胚胎时期就已进入各自特定的组织内,并长期在此存活。还有一类巨噬细胞持续保持运动性,如腹腔 Mφ,脾脏和淋巴结中的游走 Mφ 等,它们以类似于变形虫的方式迁移于组织间。

另外,根据激活方式的不同将 Mφ 分为两类:经典激活的 Mφ(classical activated macrophage, M1 型)及替代激活的 Mφ(alternative activated macrophage, M2 型)。M1 与 M2 型细胞在表面受体表达、细胞因子和趋化因子产生、效应功能发挥、胞内信号转导等多方面,存在显著差异(图 3-2)。

M1 型细胞可被 IFN-γ、LPS、GM-CSF 或 TNF 等细胞因子激活,表现为自身抗原提呈能力上升,补体介导的吞噬活性提高,大量促炎症因子如 TNF-α、IL-1β、IL-6、IL-12、IL-23 和 NO 的释放,以及趋化因子 CXCL9、CXCL10 等的产生。通过释放这些炎性介质,M1 细胞可促进体内非己成分的清除,对预防肿瘤的发生起重要作用。此外 M1 细胞还可作为效应细胞参与 Th1 介导的免疫应答,促进炎症反应,杀伤胞内感染的病原体。

M2 型细胞进一步分为多种亚型,如 IL-4 或 IL-13 诱导的 M2a,免疫复合物及部分 TLR 配体诱导的 M2b,IL-10、糖皮质激素或开环甾体类激素诱导的 M2c。M2a 和 M2b 细胞主要执行免疫调节功能,促进 Th2 介导的免疫应答;M2c 细胞主要功能是抑制免疫反应的发生,在组织重塑过程中发挥重要作用。

Mφ 分化成这两种功能截然不同亚群的机制一直不明确。配对性免疫球蛋白样受体 B 分子(paired Ig-like

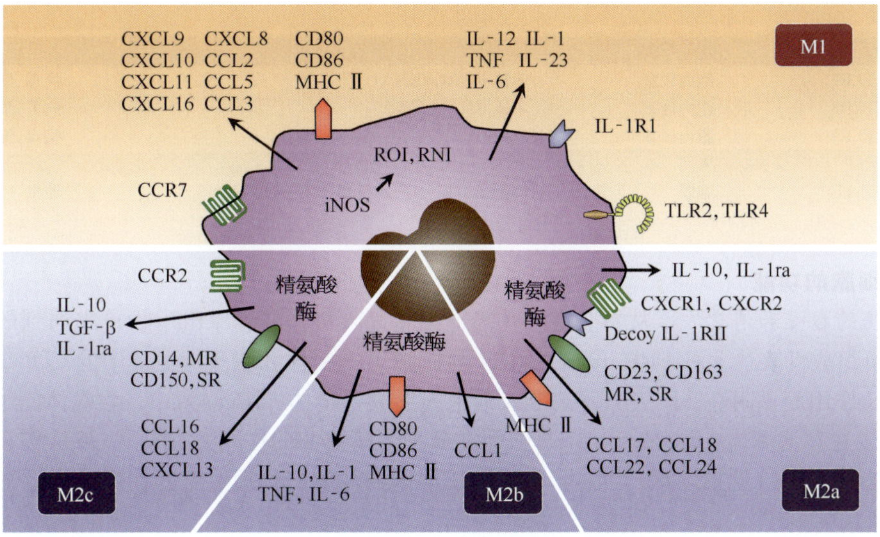

图 3-2 Mφ 的不同极化状态

在 LPS 或微生物代谢产物刺激下，Mφ 极化形成 M1 型(经典活化的 Mφ)，分泌炎性细胞因子。在 IL-4、IL-13 的作用下，Mφ 形成 M2a 型，以分泌 IL-10、IL-1ra、CCL17 等因子为主；在免疫复合物或某些 TLR 激动剂作用下，Mφ 极化形成 M2b 型，以分泌 IL-10、IL-1、TNF、IL-6 等细胞因子为主；在 IL-10 或者糖皮质激素的作用下，Mφ 极化形成 M2c 型，以分泌 IL-10、TGF-β、IL-1ra 等细胞因子为主

receptor B，PIR-B)的表达与否对于 M1 或 M2 的极化可能起重要作用，同时也发现干扰素调节因子 IRF5 在调控 Mφ 向 M1 状态极化发挥关键作用。

三、单核/巨噬细胞的识别模式

单核/巨噬细胞对入侵病原体的识别和清除是固有免疫应答中的重要事件。

Mφ 表达多种模式识别受体(PRR)，配体是一类或一群特定的病原微生物(及其产物)共有的某些高度保守的分子结构，包括脂多糖(LPS)、脂磷壁酸(LTA)、肽聚糖(PGN)、甘露糖、细菌 DNA、双链 RNA 和葡聚糖等，称为病原体相关分子模式(PAMP)。相应的 PRR 与 PAMP 结合后，能够介导快速的免疫生物学反应。单核/巨噬细胞表达的 PRR，包括甘露糖受体(MR)、清道夫受体(SR)、Toll 样受体(TLR)和磷脂酰丝氨酸受体(PSR)等。

Toll 样受体是一类重要的 PRR，因其胞外段与一种果蝇蛋白 Toll 同源而得名。人类 TLR 家族目前确认的有 10 个成员，分属若干亚家族：TLR2 亚家族包括 TLR1、TLR2 和 TLR6；TLR7 亚家族由 TLR7、TLR8 和 TLR9 组成；另外三个亚家族分别是 TLR3、TLR4 和 TLR5；TLR10 的配体未明，TLR11 仅见于小鼠。各亚家族及其成员识别不同的 PAMP 成分(表 3-1)。图 3-3 以 TLR1/TLR2 分子异二聚体结构为例，展示 TLR 分子胞外区富含亮氨酸重复序列(LRR)及胞内的 TIR 结构域(Toll/IL-1 receptor homologous region)。该结构域通常启动由衔接蛋白 MyD88 参与的信号转导，引起促炎症因子编码基因的表达(见第八章)。

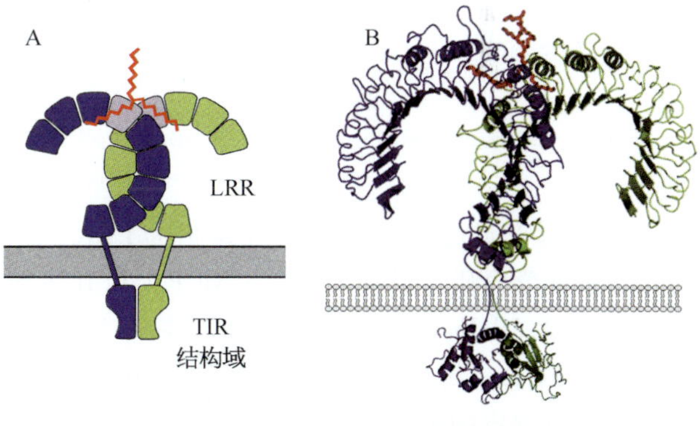

图 3-3 Toll 样受体结构图

A. TLR2(蓝色)和 TLR1(绿色)胞外段富含亮氨酸重复序列(LRR)因结合同一个 PAMP 成员脂蛋白(红色)而形成异二聚体，使胞内 TIR 结构域接近，启动信号转导；B. 左侧示意图的三维结构图

表 3-1 人类 TLR 的分类、定位及识别的 PAMP

亚家族		定位	识别的 PAMP	PAMP 来源
TLR2	TLR1	胞膜	三酰基脂肽(triacyl lipoprotein)	细菌
	TLR2	胞膜	脂蛋白(lipoprotein)	细菌、病毒、寄生虫、自身成分
	TLR6	胞膜	二酰基脂肽(diacylglycerol lipoprotein)	细菌、病毒
TLR3		胞内区室	双链 RNA(dsRNA)	病毒
TLR4		胞膜	脂多糖(lipopolysarccharide，LPS)	细菌、病毒、自身成分
TLR5		胞膜	鞭毛素(flagelin)	细菌

（续表）

亚家族		定位	识别的 PAMP	PAMP 来源
TLR7	TLR7	胞内区室	单链 RNA(ssRNA)	病毒、细菌、自身成分
	TLR8	胞内区室	单链 RNA(ssRNA)	病毒、细菌、自身成分
	TLR9	胞内区室	CpG-DNA	病毒、细菌、原虫、自身成分
TLR10		未明	未明	
TLR11	（小鼠）	胞膜	抑制蛋白样分子(profilin-like molecule)	原虫

四、单核/巨噬细胞的功能

1. 对病原微生物的吞噬和消化　从胃肠道和呼吸道黏膜进入机体的病原微生物首先遇到的免疫细胞，是位于黏膜下组织的 Mφ。Mφ 组成性表达多种 PRR，包括甘露糖受体、清道夫受体和脂多糖受体中的 CD14，以及 Toll 样受体，病原微生物通过与 PRR 作用而黏附在 Mφ 表面并被摄入细胞内形成吞噬体(phagosome)。吞噬体向细胞内部运动，与溶酶体(lysosome)融合形成吞噬溶酶体(phagolysosome)，随即在多种溶酶体酶的作用下，病原体被杀伤和分解，其机制包括氧依赖性途径和氧非依赖性途径(见第八章)。最后，吞噬溶酶体内的分解产物通过胞吐作用被清除至细胞外(图 3-4A)。

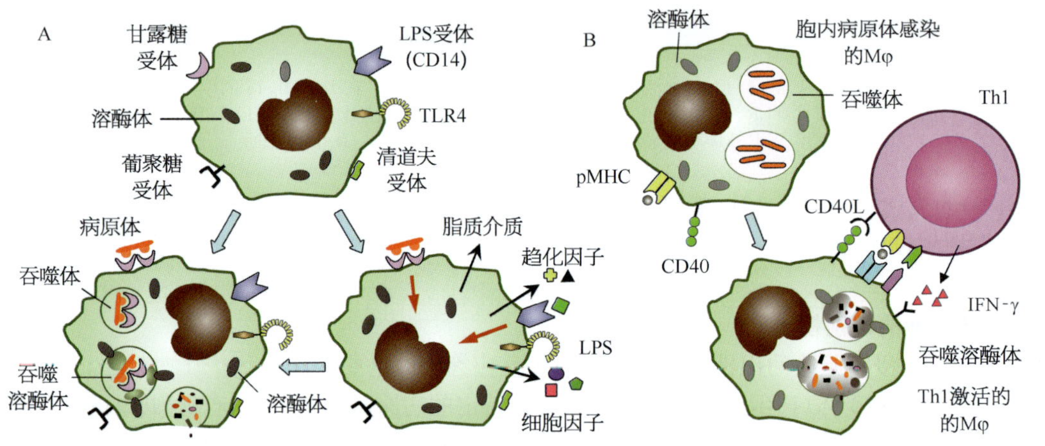

图 3-4　被病原体激活的 Mφ 行使吞噬功能并启动炎症反应

A. 上图：Mφ 表达多种针对 PAMP 的 PRR。左下图：病原体与 PRR 结合后被 Mφ 摄入胞内形成吞噬体，吞噬体与胞质溶酶体融合形成吞噬溶酶体，其中溶酶体酶杀伤和分解病原体后将其排出细胞外。右下图：Mφ 也可同时结合 LPS 与表达 TLR4 而被激活，产生细胞因子、趋化因子和小分子脂质介质，启动炎症反应。B. Mφ 在 Th1 协助下杀灭胞内病原体。Mφ 无法清除进入吞噬体的胞内病原体(右上图)，只有在激活的 Th1 细胞释放 IFN-γ 和表达 CD40 配体后，Mφ 被进一步武装，其杀菌能力提高，形成吞噬溶酶体而杀灭病原体(右图和下图)。注意 Mφ 可为 Th1 的激活提供协助(提供活化的第一和第二信号)

2. 介导和促进炎症反应　Mφ 借助 PRR 识别病原微生物后，同时被激活，进一步产生和分泌多种趋化因子、细胞因子和化学介质，包括MIP-1α/β、MCP-1 和 IL-8 等。其中 TLR 启动的信号转导可使各种基因激活，大量产生促炎症因子如 IL-1β、IL-6 和 TNF-α 等，促进局部及全身性炎症反应。如 IL-1β 能够激活血管内皮细胞和淋巴细胞，加强局部免疫应答；IL-6 可以激活淋巴细胞，促进抗体产生；IL-8 能够趋化和激活中性粒细胞，增加效应细胞功能；TNF-α 可以激活血管内皮细胞，增加血管通透性，导致 IgG、补体和细胞进入组织及淋巴结。此外 Mφ 还能分泌大量炎性介质如白三烯、前列腺素、弹性蛋白酶、溶菌酶、尿激酶等，诱导和加强局部的炎症反应(图 3-4A)。

3. 加工和提呈抗原，参与调控适应性免疫应答　Mφ 是机体内重要的专职抗原提呈细胞。借助于对胞外病原微生物和颗粒性抗原的吞噬和加工，相应的蛋白质抗原与 MHCⅡ类分子形成抗原肽-MHC 复合物(pMHC)，并被提呈于细胞表面，为 CD4 T 细胞活化提供第一信号。同时，Mφ 还表达共刺激分子，与 T 细胞上的配体结合，提供活化第二信号，启动 T 细胞介导的适应性免疫应答。

4. 杀伤和清除胞内病原菌　结核杆菌和麻风杆菌等胞内病原菌，主要生长在 Mφ 的吞噬体内，而免受抗体的作用和 CTL 的杀伤。因而清除此类胞内寄生的病原微生物仍依赖于 Mφ。但是，此类病原菌采用一种逃避 Mφ 杀伤的策略，或者抑制吞噬体和溶酶体融合，因而溶酶体酶无法进入包藏有结核杆菌的吞噬体，或者阻止吞噬溶酶体发生酸化，使溶酶体酶无法激活(见第十六章)，结果应该行使杀菌功能的 Mφ 成了胞内病原菌的“避难所”和“留存库”。为此。Mφ 必须重新激活成为“武装的巨噬细胞”(armed macrophage)。上面提到，Mφ 可提呈抗原而激活 T 细胞，由此产生的 CD4 Th1 效应细胞承担了此项任务。因为 Th1 激活后分泌的两个关键分子 IFN-γ 和 CD40L，可有效地提高

Mφ 的杀菌活性(图 3-4B)。这里,Mφ 与 Th1 之间(因而也是固有免疫和适应性免疫之间)呈现相互合作:一方面,T 细胞的活化依赖 Mφ 等抗原提呈细胞的协助;另一方面,Mφ 能够被武装起来有效地清除胞内病原菌,又取决于 Th1 激活后发挥关键性的辅助作用。

5. 参与抗肿瘤免疫　经 LPS 或 IFN-γ 等因子激活的 Mφ 参与抗肿瘤免疫。有报告称,肿瘤组织中有炎症细胞浸润,包括肿瘤相关巨噬细胞(TAM)、DC、淋巴细胞和肥大细胞等,已提出慢性炎症和肿瘤的发生发展关系密切。研究结果显示,TAM 是肿瘤间质中数量最多的炎症细胞,占全部炎症细胞的 30%～50%,但 TAM 不发挥抗肿瘤作用,反而参与了肿瘤的生长、侵袭和转移,尤其与肿瘤血管和淋巴管的生成密切相关。因此,了解 Mφ 及其亚群在肿瘤进程中的功能状态和动态变化,以及 TAM 与肿瘤细胞间的相互关系,可能有利于寻找新的肿瘤治疗措施。

6. 维持组织微环境稳态　组织定居的巨噬细胞长期存在于特定微环境,对维持组织微环境稳态、促进组织器官生理功能和修复组织损伤等有重要作用。脑小胶质细胞参与突触修剪,形成学习型突触,肺泡巨噬细胞参与清除肺脏表面活性物质,脾脏红髓巨噬细胞吞噬衰老红细胞、维持铁离子循环,脾脏边缘带巨噬细胞捕获循环微粒抗原、维持自我平衡,腹腔巨噬细胞协助 B1 细胞产生 IgA,肠肌层巨噬细胞维持正常肠蠕动,肝脏库普弗细胞参与衰老红细胞和门脉来源微粒清除、胆红素代谢,朗格汉斯细胞(Langerhans cell, LC)参与皮肤耐受和免疫反应等(图 3-5)。

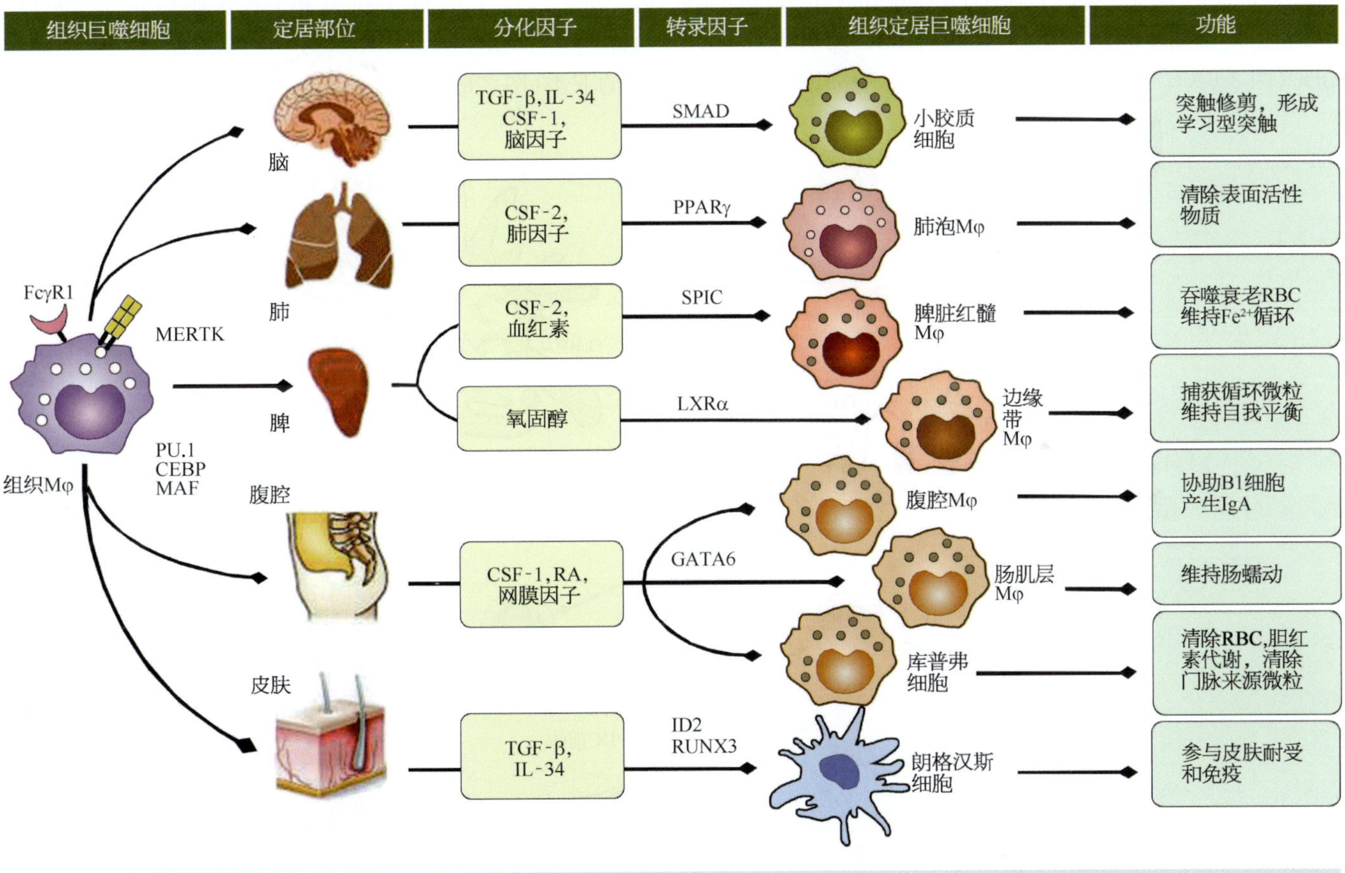

图 3-5　组织定居巨噬细胞的类型与功能

组织定居 Mφ 主要在胚胎阶段发育并定居在特定组织,不同组织微环境中的 TGF-β、CD34、CSF1(M-CSF)和 CSF2(GM-CSF)等细胞因子启动相应转录因子激活,决定 Mφ 的分化。如 TGF-β、CD34 和 CSF1 等通过 SMAD 途径介导小胶质细胞的分化;胚胎时期的肺单核细胞接触 CSF-2 后表达过氧化物酶体增殖活化受体 γ(PPARγ),介导肺泡 Mφ 的分化;血红素和 CSF-2 激活转录因子 SPIC,介导脾脏红髓 Mφ 的分化;肝 X 受体 α(LXRα)介导脾脏边缘带 Mφ 分化;视黄酸(RA)和网膜因子介导腹腔 Mφ 的分化;TGF-β 和 IL-34 介导皮肤朗格汉斯细胞分化。与单核细胞来源的炎症性 Mφ 不同,组织定居单核细胞在各自组织行使独特功能,参与维持局部微环境稳态

第二节　树突状细胞

树突状细胞(dendritic cells, DC)由 2011 年诺贝尔生理学或医学奖获得者 Ralph Steinman 等于 1973 年首次发现,

因其成熟后胞质向外伸展，形成许多类似于神经细胞轴突样或伪足样的膜性突起而得名。这群细胞具有超强激活初始 T 细胞的能力，是功能最强的专职抗原提呈细胞，为适应性免疫应答的启动者。

DC 胞质内无溶酶体和吞噬体等，细胞核形状不规则，其他细胞器亦少见。表面表达能结合病原微生物的 PRR，如 Toll 样受体和甘露糖受体(MR)等，参与抗原的摄取，还组成性地表达 MHCⅠ类和Ⅱ类分子，表达共刺激分子 CD80 和 CD86，表达黏附分子 CD40、CD54(ICAM-1)和 β1 和 β2 整合素等，参与抗原提呈。此外，DC 还有一些相对特异性的标志。例如，人类 DC 表达 CD1a、CD11b、CD11c、CD83 和血液树突状细胞抗原(BDCA2 和 BDCA4)等，小鼠 DC 表达 33D1、CD8αα、CD11b 和 CD205(NLDC-145)等，但尚未发现专一性的 DC 表面标志。

一、DC 的起源、分布与分类

DC 起源于骨髓 $CD34^+$ HSC，正常情况下少量但广泛分布于脑以外的全身多种脏器，如人外周血单个核细胞中约占 1%，小鼠脾细胞中占 0.2%～0.5%。由于 DC 在体内分布广泛，人们发现它们在细胞表型、体内迁移方式、产生细胞因子、免疫功能以及对生存微环境的需求等方面表现出较大差异。

DC 主要分为两大类：一类从骨髓中共同髓样前体细胞(CMP)分化而来，称为髓样 DC(myeliod dendritic cell, MDC)，与单核细胞和粒细胞属同一谱系；另一类从共同淋巴样前体细胞(CLP)分化而来，称为淋巴样 DC(lymophiod dendritic cell, LDC)或浆细胞样 DC(plasmacytoid dendritic cell, pDC)，与 T 细胞、B 细胞和 NK 细胞属同一谱系(图 3-6B)。现倾向于将两类 DC 中的髓样 DC 命名为常规 DC，简称 cDC(conventional DC)，另一类浆细胞样 DC 则简称 pDC(图 3-6A)。而且两类 DC 在淋巴组织和外周组织又有不同的亚类(图 3-6)。

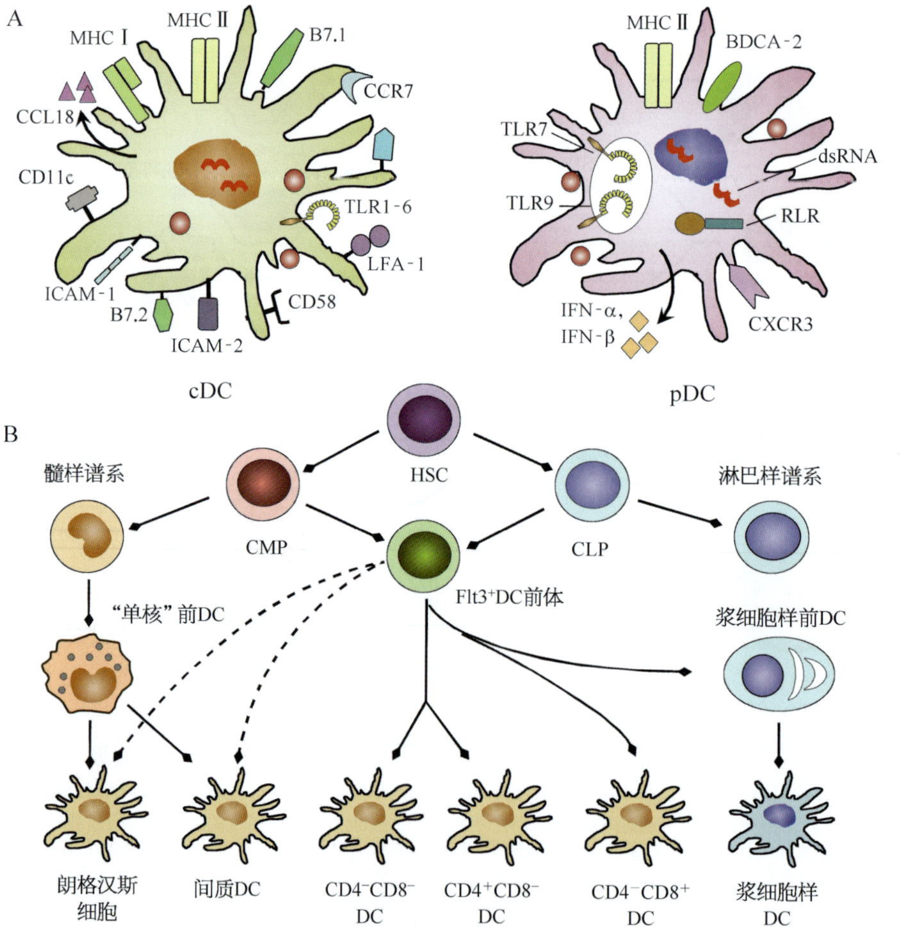

图 3-6 两类树突状细胞的表型特征(A)及其发育分化路径(B)

A. 常规树突状细胞(cDC)和浆细胞样树突状细胞(pDC)的表型特点。成熟的传统 DC(左侧)主要功能是激活初始 T 细胞。该类 DC 有多种亚群，皆能有效地加工和提呈抗原，因为高表达 MHC Ⅱ类分子和协同刺激分子。未成熟的传统 DC 缺少多种表面分子，但表达大量识别 PAMP 的受体，包括大部分 TLR。浆细胞样 DC(右侧)是一类抗病毒的"哨兵"，可借助胞质内 TLR7、TLR9 和 RIG 样受体(RLR)感知病毒 DNA 或 RNA，通过信号转导大量产生抗病毒的Ⅰ型干扰素。BDCA：血液树突状细胞抗原。B. 两类树突状细胞的发育分化途径。由造血干细胞(HSC)分化而来的 CLP(共同淋巴细胞前体)和 CMP(共同髓系细胞前体)可以通过形成 $Flt3^+$ DC 前体，进而分化形成组织中的朗格汉斯细胞和间质 DC，以及血液中的浆细胞样 DC。CMP 还可以发育成髓样 DC

根据所处的组织部位分化程度及功能，可以进一步将 cDC 分为不同的类型(图 3-7)。

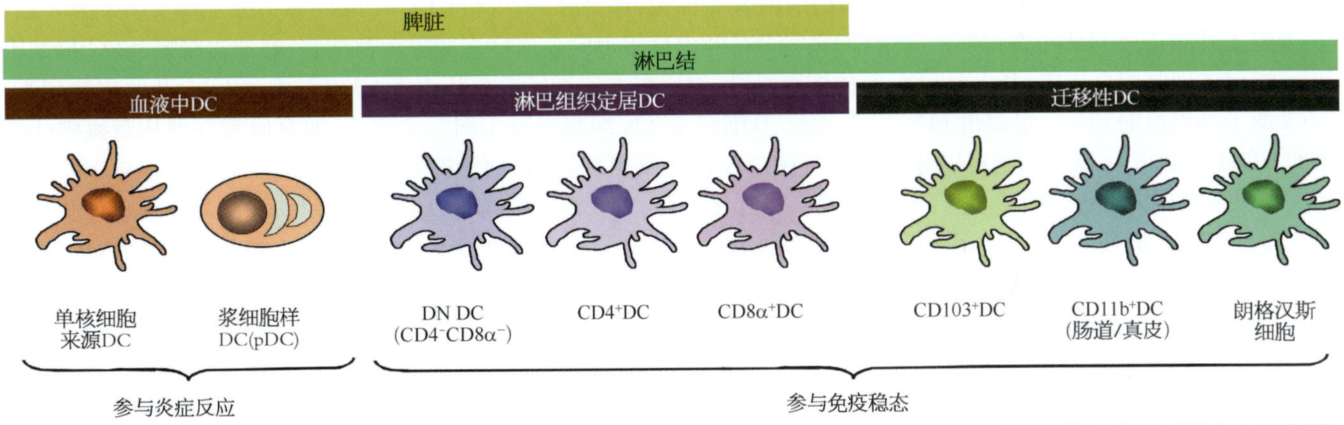

图 3-7 树突状细胞亚类的分布和功能

血液来源的 DC 介导炎症反应包括来自单核细胞的 cDC 和 pDC。淋巴组织定居的 DC 和外周组织迁移性 DC 介导免疫稳态。来自血液的 DC 捕获抗原后进入淋巴结，外周组织迁移的 DC 捕获抗原后最终也进入淋巴结。迁移性 $CD11b^+$ DC 和 $CD103^+$ DC 在获取抗原前通常停留在肠道、肺脏和真皮等外周组织

1）皮肤和胃肠上皮组织中的朗格汉斯细胞(LC)，一类未成熟的 cDC，表面有丰富的 FcRγ、补体受体、MR、TLR 等表达，中等表达 MHC Ⅰ类和Ⅱ类分子，因而具有较强的摄取和加工处理抗原的能力。胞质内含有可以用于鉴定朗格汉斯细胞的 Birbeck 颗粒。

2）心、肺、肝、肾等器官结缔组织中的 DC 称为间质树突状细胞(interstitial DC)。

3）定位于淋巴组织胸腺依赖区(即 T 细胞区)和胸腺髓质区的 DC 称为并指树突状细胞(interdigitating cell，IDC)，其表面缺乏 Ig 受体和 C3 受体，表达高水平 MHC Ⅰ、Ⅱ类分子，是淋巴组织胸腺依赖区的重要 APC，能够有效地将抗原信息传递给 T 细胞，其中少数长寿的 IDC 可能参与 T 细胞免疫记忆的维持。

4）分布于淋巴管淋巴液中的 DC 称为隐蔽细胞(veiled cell)。

需要指出的是，另有一类不属于白细胞，也并非起源于骨髓前体细胞，因而与 cDC 及 pDC 完全不相同的树突状细胞，称为滤泡树突状细胞(follicular dendritic cell，FDC)。FDC 是淋巴结浅皮质区淋巴滤泡内的主要 APC，不表达 MHCⅡ类分子，但高表达 FcR 和补体受体，可以有效地捕捉抗原-抗体复合物和抗原-抗体-补体复合物，并且能将这些复合物长期保留在细胞表面以维持二级滤泡中记忆性 B 细胞的功能。此外 FDC 还能促进 B 细胞亲和力成熟，参与 B 细胞免疫记忆的维持。有关 FDC 及其在 B 细胞应答中的作用，将在第十二章中详述。

二、DC 的分化发育

1. 常规 DC(cDC)的分化发育　分为四个阶段：前体细胞期、未成熟期、迁移期和成熟期。

1）常规 DC 在血液中有两类前体细胞，即 $CD14^+$ $CD11c^+$ $CD1^-$ 单核细胞和 $CD14^-$ $CD11c^+$ $CD1^+$ 细胞，前者在 GM-CSF、IL-4 诱导下分化为 DC，后者在 GM-CSF、IL-4 和 TGF-β 诱导下分化为朗格汉斯细胞。

2）生理条件下体内多数 DC 处于未成熟状态，主要分布于非淋巴组织。这些未成熟 DC(imDC)高表达补体受体、FcR、MR 和 TLR，分泌 TNF-α、IL-1、IL-6 等细胞因子，虽可通过吞噬和巨胞饮作用(macropinocytosis)摄取并加工抗原，但低表达 MHC Ⅱ类分子、共刺激分子和黏附分子，因而加工提呈抗原的能力较弱。

3）imDC 摄取抗原或受到炎性信号刺激(如 LPS、TNF-α)后，从非淋巴组织进入次级淋巴组织，期间存在于淋巴管、肝脏及淋巴组织中的 DC 皆称为迁移期 DC。进入次级淋巴组织如淋巴结后，imDC 逐渐成熟。

4）成熟 DC(mDC)大量表达 MHC Ⅰ类和Ⅱ类分子、共刺激分子、CD54、CD1a 和 CD83，不表达 FcR 和补体受体，主要分泌 IL-12 等细胞因子，具有很强的提呈抗原能力，可激活初始 T 细胞。

DC 在体内迁移至不同部位，与趋化因子受体表达有关，是其分化成熟和实现抗原提呈功能所必需。imDC 表达 CCR1、CCR2、CCR5、CXCR1 和 CXCR2，mDC 表达 CCR7 和 CXCR4，使 imDC 和 mDC 对不同趋化因子的反应各异，并迁移到不同部位。

2. 浆细胞样 DC(pDC)的发育分化　$CD14^-$ $CD11C^-$ CD123(IL-3Rα)$^+$ pDC 前体细胞在 IL-3 的刺激下可以分化成未成熟 pDC，在 IL-3 和CD40L 的共同刺激下则分化为成熟 pDC。此外，这群 pDC 前体细胞还可在病毒刺激下分化成熟并产生大量的Ⅰ型干扰素。

按照其来源，pDC 可有三种分化途径：① 来源于胸腺的 pDC。部分 $CD34^+CD1\alpha^-$ 胸腺细胞可以在基质细胞层分化为 pDC 前体，表达 CD2、CD5 和 CD7 等淋巴细胞表面标记，体外在 IL-3 和 CD40L 的刺激下能上调 CD83 的表达。② 来源于骨髓造血干细胞的 pDC。这些 $CD34^+$ HSC 经由显示不同表面标志的早期祖细胞、晚期祖细胞、pDC 祖细胞和 pDC 前体细胞四个步骤，分化至 pDC 前体细胞阶段，然后在Ⅰ型干扰素并 IL-3 和 CD40L 刺激下，分化为成熟 pDC。③ 来源于外周血的 pDC。已提出 pDC 与 T 细胞、B 细胞及 NK 细胞来源于同一个前体，如有研究发现从脐血中分离出的 $CD34^+CD38^-CD7^+$ 细胞可以分化成 B 细胞、NK 细胞及 pDC 细胞，而不能分化成 cDC。

小鼠中发现多种转录因子参与调控 DC 亚群的分化发育：① 锌指结构转录调节因子 Ikaros 在大多数 cDC 和 pDC 的正常发育中必不可少；② NF-κB(Rel)家族转录因子 Rel B；③ 干扰素调节因子 IRF-2、IRF-4 和 IRF-8(ICSBP)；④ 转录因子 Id2；⑤ ETS 家族中的 PU.1，E2-2 等也参与 DC 的分化。

三、DC 的表面标记

表 3-2 表明，两类 DC 皆组成性表达 MHC Ⅰ、Ⅱ类分子。此外 cDC 表达髓系标志物如 CD11c、CD13、CD33、ILT1 等，极低表达 CD123；而 pDC 高表达 CD4、CD45RA、CD62L、CD123 和 ILT3，几乎不表达 CD11c、CD13、CD33 和 ILT1。cDC 和 pDC 表达类似的黏附分子，如 CD44、CD50(ICAM-3)、CD54(ICAM-1)、CD58(LFA-3)、CD62L 和 β1、β2 整合素，以及皮肤淋巴细胞相关抗原(CLA)。

表 3-2 传统 DC 和浆细胞样 DC 部分表面标志的比较

	MHC	CD 分子		黏附分子		趋化因子受体			Toll 样受体	
	Ⅰ类 Ⅱ类	CD11c CD13 CD33 ILT1	CD123 CD4 CD45RA CD62L ILT3	CD44 CD50 CD54 CD58	CD62L β1 整合素 β2 整合素 CLA	CCR2 CXCR4	CCR3 CCR4 CXCR1 CCR6 CXCR5 CCR1	CCR5 CCR7 CXCR3	TLR1，2，6 TLR3 TLR4 TLR5 TLR8	TLR7 TLR9
cDC	+	+	−	+	+	+	−(±)	−	+	−
pDC	+	−	+	+	+	+	−(±)	+	−	+

cDC 与 pDC 都组成性表达趋化因子受体 CCR2 和 CXCR4，低表达 CCR3、CCR4、CXCR1 和 CXCR2 等，几乎不表达 CCR6 和 CXCR5。cDC 未见有 CCR1 表达而在 pDC 有微弱表达。不同的是，CCR5、CCR7 和 CXCR3 在 pDC 上大量表达，而 cDC 表达这些受体的量极其微弱。此外正常情况下 cDC 几乎都可以对其受体相应的趋化因子发生反应，而 pDC 则不对其受体相应的配体发生反应。CXCR4 的配体 SDF-1 可以激活 ICAM-1 并介导细胞外渗，在 SLE 患者的局部皮损部位观察到血管内皮 ICAM-1 表达上调，说明该机制可能介导自身免疫性疾病中 pDC 从血液向非淋巴组织部位的迁移。

cDC 和 pDC 表达 TLR 分子有明显差异，cDC 表达 TLR1、TLR2、TLR3、TLR4、TLR5、TLR6 和 TLR8，而 pDC 主要表达 TLR7、TLR9，表达极低水平的 TLR1、TLR6 和 TLR10，因而 cDC 和 pDC 接受 PAMP 刺激的种类也不同。cDC 能在脂多糖(LPS)和肽聚糖(PGN)的刺激下产生 IL-12，而 pDC 则通过 TLR7 接受硫咪嘌呤复合物的刺激，通过 TLR9 接受病毒 DNA 或人工合成的寡聚脱氧核苷酸含 CpG 基序的刺激，并能以胞质中的 RIG 样受体(RLR)感受进入胞质中的病毒双链 RNA。最终，pDC 可产生大量的Ⅰ型干扰素(IFN-α 和 IFN-β)以及 IL-6 和 TNF-α。

近年来还发现一些 DC 特异性标志，如属于 C 型凝集素的血液树突状细胞抗原 BDCA-2、BDCA-3 和 BDCA-4。外周血 pDC 上均表达 BDCA-2，但是却不能用作成熟 pDC 分离和鉴定的标记，因为这个分子在 pDC 体外培养成熟的过程中很快丢失。与 BDCA-2 相反，BDCA-4 在 pDC 分化成熟的过程中不会丢失，因此可以用作分离 pDC 的表面标记。此外，外周血中还有一小群 $CD11c^+CD123^-$ DC 表达 BDCA-3。

四、DC 的免疫学功能

DC 最重要的功能是摄取、加工和提呈抗原，诱导机体产生免疫应答。随着体外扩增 DC 的条件日渐成熟，人们对 DC 的功能有了更为广泛和深刻的认识。发现 cDC 和 pDC 各有不同的功能特点(表 3-3)。

1. DC 与抗原提呈　成熟的 cDC 高表达 MHCⅠ类和Ⅱ类分子。通过内源性抗原加工提呈或交叉提呈途径，以抗原肽-Ⅰ类分子的形式激活 CD8 T 细胞，介导抗原特异性细胞毒性效应。成熟的 cDC 还可以通过外源性抗原加工提呈途径，以抗原肽-Ⅱ类分子形式激活 CD4 Th 细胞。两类 T 细胞的激活与 cDC 高表达共刺激分子 B7 密切相关，因为 B7 分子能与 T 细胞表面 CD28 分子结合，为 T 细胞的活化提供第二信号。与此同时，Th 细胞的分化促进了 B 细胞的成熟和抗体的产生，从细胞免疫和体液免疫全面提升机体的抗感染能力(图 3-8)。

表 3-3 cDC 和 pDC 免疫生物学特性的比较

	cDC	pDC
提呈的抗原	可溶性抗原	细胞相关抗原
抗原摄取方式	受体介导的内吞(吞噬)	受体介导的内吞
模式识别受体(PRR)	TLR2、TLR4 等	TLR7、TLR9
激活	早期	晚期
趋化因子	CCL21	CXCL9
表面标志	$CD11c^+$ $CD4^+$ $CD45RO^+$	$CD11c^-$ $CD4^+$ $CD45RA^+$ $CD123^+$
MHC 限制性	Ⅰ/Ⅱ类(胞质自身肽或病毒肽)	Ⅱ类(外来抗原,内吞途径)
荷肽	内质网腔	内吞区室
抗原提呈效率	高	低
MHC 和共刺激分子表达水平	高	低
诱导初始 T 细胞增殖能力	高	低
细胞因子 IL-12 和 IL-6 的产生	量大	量小
极化特点	产生 TNF-α、IL-15 和 IFN-γ, CD8 T 细胞	大量产生Ⅰ型 IFN, CD4 Th 细胞

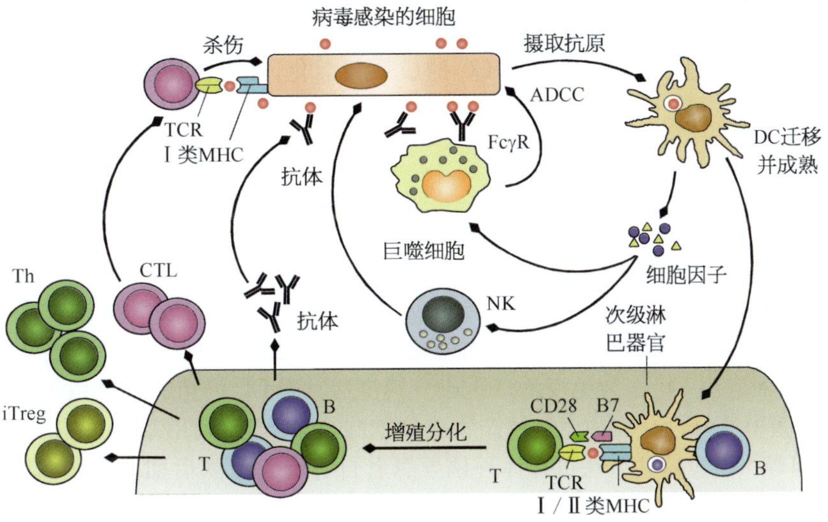

图 3-8 DC 诱导免疫应答

炎症反应诱导 DC 成熟,大量 DC 迁移到引流淋巴结,成熟后表达抗原肽-MHC 复合物和协同刺激分子,激活 T 细胞并使之增殖分化,并与 B 细胞相互作用,触发 Th 细胞、CTL 并产生抗体,启动抗原特异的适应性免疫应答。其中诱导产生 的 Treg 可调节该免疫应答过程。同时,DC 还通过分泌细胞因子,促使巨噬细胞和 NK 细胞的分化,参与炎症反应中对病原体感染细胞的免疫杀伤

相对于 cDC,pDC 的抗原提呈能力较弱。pDC 最初发现时因其具有类似浆细胞形态而得名。同时还发现这群细胞主要聚集在淋巴结的高内皮静脉周围,在病原体容易入侵的部位如黏膜则相对较少,这些现象提示 pDC 主要在监视血流来源的病原体及提呈自身抗原等方面发挥作用。pDC 表达的 TLR7 和 TLR9 可以分别识别 DNA 和 RNA 病毒上的病原体相关分子模式,激活 NF-κB 相关信号途径,并分泌大量Ⅰ型干扰素及 IL-6、IL-8 和 TNF-α 等细胞因子。这些细胞因子可活化 NK 细胞和 Mφ,激活天然免疫和适应性免疫,发挥针对微生物的免疫监视功能。

2. DC 与免疫耐受　DC 在诱导和维持机体免疫耐受中发挥重要作用。其包括两方面:胸腺中 DC 通过清除自身反应性 T 细胞诱导中枢耐受和 DC 通过多种方式诱导外周耐受。

胸腺中的 DC 与双阳性的胸腺细胞相互作用,通过阳性选择保留 MHC 限制性的单阳性 T 细胞。随血液循环进入胸腺的自身抗原,和在 *AIRE* 基因作用下异位表达的自身外周组织抗原(PTA),可经由胸腺 DC,以自身抗原肽-MHCⅠ类复合物或自身抗原肽-MHCⅡ类复合物的形式提呈给 CD8 T 或 CD4 T 细胞,通过阴性选择除去自身反应性的 T 细胞克隆,形成 T 细胞的中枢耐受(见图 2-18)。近来发现,外周血 DC 也可能携带外来抗原进入胸腺,并在胸腺实现对某些外来抗原的中枢耐受作用。

外周免疫耐受通常由不成熟 DC(imDC)介导。在无感染和没有组织损伤的生理状态下,外周组织中的 imDC 可以携带自身抗原进入引流淋巴结,由于 imDC 只表达提呈抗原的 MHC 分子,几乎不表达 T 细胞活化所需的共刺激分子,因而不能激活 T 细胞,反而会诱导 T 细胞无能,引起对自身抗原的耐受。DC 还能诱导产生抗原特异性调节 T 细胞(Treg),抑制自身免疫反应性 T 细胞的增殖,介导对自身抗原的免疫耐受。同时,Treg 也能增加 DC 分泌 IL-10 和 TGF-β 等细胞因子的分泌水平,使共刺激分子表达降低,使其丧失 APC 功能,抑制免疫反应性 T 细胞的活化,起到诱

导外周耐受的作用。

3. DC诱导T细胞的极化　DC除了作为胸腺基质细胞参与T细胞的阳性选择和阴性选择外，还能参与T细胞不同亚群的分化。DC在受到抗原、组织微环境等因素影响时，一部分DC产生高水平IL-12，促进T细胞向Th1亚群增殖分化，而另一部分DC能在分泌IL-4的辅佐细胞参与下，促进Th2亚群的分化。研究表明，IL-3和CD40L活化的pDC也能以一种不依赖IL-4的方式诱导Th2分化，而且pDC被病毒活化后，则能诱导Th1分化，使T细胞产生IFN-γ。

4. DC参与调节B细胞功能　DC除了通过激活Th细胞间接辅助B细胞活化外，还可以分泌可溶性IL-6Rα(gp80)促进记忆性B细胞分化为浆细胞产生IgG。此外，前面提到，淋巴滤泡中不表达MHC Ⅱ类分子的FDC，能吸引和招募B细胞，并借助表达高水平FcR和补体受体，可以有效地捕捉抗原-抗体复合物和抗原-抗体-补体复合物，并将这些复合物长期保留和浓缩在细胞表面从而有效地激活B细胞，并在生发中心促进B细胞发生抗体亲和力成熟，参与记忆B细胞的形成及维持。

5. DC参与固有免疫应答　除了参与适应性免疫应答，DC在固有免疫应答中同样发挥重要的作用。以NK细胞和DC的相互作用为例，体内外实验证明NK细胞和DC的相互作用能产生多种免疫学效应。如NK细胞活化后产生IFN-γ、TNF-α和IL-4等细胞因子，参与诱导DC的成熟与活化，促进NK细胞对自体某些不成熟DC的杀伤作用。

五、DC的临床应用

DC功能具有巨大的可塑性，既可以发挥免疫激活作用，又能够诱导免疫耐受，因此为临床疾病如移植、肿瘤以及自身免疫病等的治疗，提供了新的思路和手段。

在移植免疫中发现，供者来源的imDC倾向于诱导免疫耐受，而mDC倾向于引发免疫排斥。因此可以将移植物中的mDC预先去除，或阻断imDC的成熟进程，诱导同种免疫耐受。此举可以延长同种移植物的存活时间。

在抗肿瘤中，目前多方面应用DC作为免疫治疗手段。其包括发展DC疫苗和开展以DC为基础的基因治疗。制备DC疫苗的肿瘤抗原有蛋白质、抗原肽、肿瘤溶解产物或细胞凋亡小体等，利用基因重组技术做DC修饰的，有肿瘤抗原基因和细胞因子基因等。通过这些方法可在体外诱导患者自身DC，成熟后回输体内，使患者有效地产生肿瘤抗原特异性CTL，直接杀伤肿瘤细胞。现已发现CD对黑色素瘤、前列腺癌、卵巢肿瘤、B细胞淋巴瘤、肾癌等肿瘤有很好的疗效。

在系统性红斑狼疮(SLE)发病机制研究中发现，pDC及其产生的IFN-α发挥重要的作用，因为狼疮患者血清和皮损部位可检测到IFN-α分泌上升，受累器官中大量存在的pDC在自身抗体以及DNA-抗体免疫复合物的刺激下能持续产生IFN-α。因此可以通过抑制pDC产生IFN-α的手段缓解狼疮性疾病。此外，可以利用DC诱导免疫耐受的特点抑制病理性的自身免疫应答。如实验动物中发现，将正常小鼠胰腺引流淋巴液中的DC转输给糖尿病小鼠可以防治其糖尿病的发生，而来自其他部位的DC无此功能。

第三节　NK细胞

1975年，Herberman等首次报道自然杀伤(natural killer, NK)细胞。该类细胞具有淋巴细胞形态，表达多种淋巴细胞标志，并在分化上属于淋巴细胞谱系。但是NK细胞不表达T、B细胞特有的抗原识别受体TCR和BCR，形态上也不同于淋巴细胞，胞质中富含嗜天青颗粒，激活后颗粒明显增多，形态发生改变。其表明这些颗粒与其杀伤活性有关，所以NK细胞又被称为大颗粒淋巴细胞(LGL)。对于称其为自然杀伤细胞，是因为NK细胞无需抗原预先致敏就能破坏靶细胞(如病毒感染的细胞、某些肿瘤细胞和受损伤的细胞)，且其杀伤无MHC限制性，应答速度快，在免疫应答的早期即可发挥作用。

NK细胞是参与固有免疫的重要成员，特别是参与早期防御。但是最近的研究发现，NK细胞也能展示适应性免疫细胞的一些特性，包括被MHC Ⅰ类分子教育和致敏(详后)。

一、NK细胞的表面标志

与淋巴细胞表达TCR/BCR不同，NK细胞表面诸多标志的表达仅具有相对性，即其中多数也可见于其他免疫细胞表面。目前仅将$CD3^{-}CD56^{+}$作为人类NK细胞的专一性表面分子。CD56是一种神经细胞黏附分子(NCAM)(见

第七章)，主要表达在NK细胞和少数T细胞表面。根据CD56的表达密度不同，NK细胞分为$CD56^{bright}$和$CD56^{dim}$两个亚群。由于小鼠NK细胞不表达CD56分子，已提出将自然细胞毒性受体(NCR)成员NKp46用来定义小鼠NK细胞。然而发现一部分细胞毒性T细胞(CTL)也有NKp46表达，并且一部分$CD3^-CD56^+$NK细胞低表达甚至不表达NKp46。因此确认一种可以定义不同种属NK细胞的专一性标志还有待深入探寻。

二、NK细胞的发育

NK细胞主要分布于外周血中，占淋巴细胞总数的5%～15%，在肺脏、肝脏、脾脏、骨髓、淋巴结及胸腺中均有不同程度的分布。作为淋巴细胞谱系，NK细胞主要从造血干细胞$CD34^+$ HSC分化而来。但是与T、B细胞可以通过TCR或BCR的成熟程度来区分发育阶段不同，至今对NK细胞发育的确切部位以及发育过程中各个阶段的标志，还没有取得共识，存在很多争论(图3-9)。

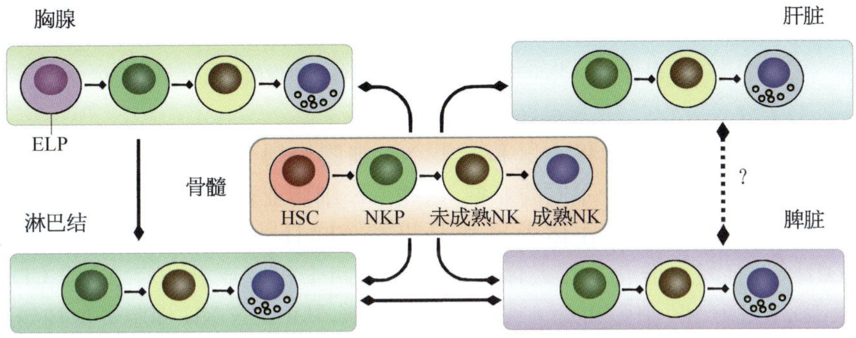

图3-9 NK细胞的发育

NK细胞在不同组织和脏器中的发育大致经历NK细胞前体(NKP)、未成熟NK细胞和成熟NK细胞三个阶段，在骨髓和胸腺中NK细胞前体分别由骨髓造血干细胞(HSC)和胸腺早期淋巴样前体细胞(ELP)分化发育而来。NK细胞前体、未成熟NK细胞和成熟NK细胞也可在不同的组织中迁移循环

NK细胞从HSC发育成熟分为三个阶段，以出现NK前体细胞(NKP)、未成熟NK细胞和形成有功能的成熟NK细胞为标志。整个过程依赖于骨髓基质微环境，因为可以提供NK发育分化必需的多种细胞因子。首先，在早期造血生长因子如FLT-3配基和c-kit配基(即干细胞因子SCF)等的作用下，$CD34^+$ HSC上调IL-2/IL-15Rβ(CD122)的表达，逐渐分化为$CD34^+CD122^+CD56^-$ NKP；这些前体细胞通过CD122分子获得对IL-15的应答能力。在骨髓微环境中IL-15主要由骨髓基质细胞产生，对NK细胞发育成熟起关键作用。

NK细胞还可以从淋巴结和扁桃体等次级淋巴组织(SLT)中发育成熟。其中主要是$CD56^{bright}$NK细胞亚群，而$CD56^{dim}$NK细胞主要存在于骨髓和外周血中。在SLT中含有$CD34^+CD45RA^+α4β7^+$ $c\text{-}kit^+CD2^+CD7^-CD62L^+CD25^+CD10^-$前体细胞，能够发育成为$CD56^{bright}CD16^{dim/-}$ NK细胞。在肠道的黏膜相关淋巴组织中也有$CD34^+CD45RA^+$ NK前体细胞存在，并伴随有大量能够产生IL-15的DC或其他APCs的存在。用抗体阻断CD56分子和成纤维细胞生长因子受体1(FGFR-1)的相互作用，能够明显抑制$CD56^{bright}$NK细胞转化成$CD56^{dim}$NK细胞，说明CD56分子对促进NK细胞的终末分化起到重要作用。除了以上提到的骨髓、淋巴结和小肠等，NK细胞可能还能从肝脏、脾脏和胸腺(胸腺早期淋巴样前体细胞ELP也可分化发育成NK细胞)等环境中发育而来。

三、NK细胞的亚群

(一) 根据表面标志区分的亚群

1) 根据CD56表达密度的不同，NK细胞分成$CD56^{bright}$和$CD56^{dim}$两个亚群(图3-10)。$CD56^{dim}$NK细胞主要存在于外周血，高水平表达CD16、杀伤细胞免疫球蛋白样受体(KIR)和LFA-1等分子，低表达CD94/NKG2A，仅表达不带α链的中亲和力IL-2受体(IL-2Rβγ)，以发挥杀伤功能为主，产生细胞因子的水平较低；而$CD56^{bright}$NK细胞主要在次级淋巴组织中聚集，表达高亲和力IL-2受体(IL-2Rαβγ)，CD94/NKG2A和L选择素(CD62L)，低表达CD16和KIR，活化后以分泌细胞因子如IFN-γ、TNF-β、IL-10、IL-13和GM-CSF等为主要功能，但细胞毒活性低。

2) 此外，根据分泌细胞因子类型的不同，还可以用类似Th1和Th2的分类方法将NK细胞分为NK1和NK2两个亚群：NK1细胞以分泌IFN-γ为主，NK2细胞以分泌IL-5和IL-13为主。

3) 由于小鼠NK细胞没有CD56同源物的表达，因此无法以此对人类和小鼠NK细胞的生物学功能进行比较。

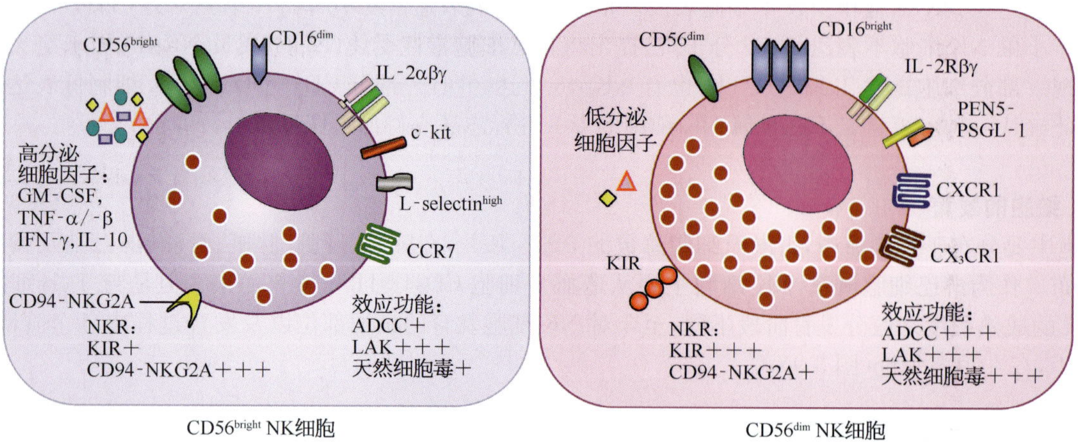

图 3-10 CD56^{bright}和 CD56^{dim}NK 细胞亚群的特征

但是将 CD27 和 CD11b 分子联合起来，可以将小鼠和人类 NK 细胞皆划分为 CD11b^{low}CD27^{low}、CD11b^{low}CD27^{high}、CD11b^{high}CD27^{high}和 CD11b^{high} CD27^{low}四个不同的亚群，这些 NK 细胞亚群处于发育分化的不同阶段，并且表型、功能、组织分布也各具特点。小鼠 NK 细胞在体内可能是沿着 CD11b^{low} CD27^{low}→CD11b^{low} CD27^{high}→CD11b^{high} CD27^{high}→CD11b^{high}CD27^{low}路径发育分化。在人体内同样发现四个相应亚群的存在，即 CD11b^{-} CD27^{-} DN NK、CD27^{+} SP NK、CD11b^{+} CD27^{+} DP NK 细胞和 CD11b^{+} SP NK 细胞，其中 DN NK 细胞类似初始 NK 细胞，有较高分化潜能，几乎缺乏分泌细胞因子及杀伤功能，CD27^{+} SP NK 细胞分泌细胞因子能力很强，CD11b^{+} SP NK 细胞杀伤功能很强(表 3-4)。

表 3-4 根据 CD11b 和 CD27 表达格局不同而划分的人类 NK 细胞亚群

		CD11b^{-} CD27^{-} NK	CD11b^{-} CD27^{+} NK	CD11b^{+} CD27^{+} NK	CD11b^{+} CD27^{-} NK
分布	外周血	+	+/−	+	++++
	脐血	+/−	+/−	++	++++
	蜕膜	++++	+	+	+
功能	分化	++	+/−	+/−	−
	IFN-γ 分泌	+	++	+++	++
	杀伤	−	+	+	+++

（二）不同组织器官中的特定 NK 细胞亚群

环境不同可促使 NK 细胞在不同组织中向不同状态分化；也可能是外周循环的 NK 细胞在趋化因子的作用下迁移至局部组织中而展现出不同的表型。

1）肝脏定居 NK 细胞。肝脏是一种重要的天然免疫优势器官，人肝脏中 NK 细胞比例约占肝脏淋巴细胞的 40%，含有一群 CD56^{bright} EOMES^{+} 的定居 NK 细胞，约占肝脏 NK 细胞比例的 45%，该细胞同时表达 CD69 及 CXCR6，高表达 CCR5 及 NKp46，低表达 CD226 分子，细胞毒功能低下，产生 IFN-γ 能力也较弱。小鼠肝脏定居 NK 细胞约占 NK 细胞比例的 50%，表型为 DX5^{-} CD49a^{+}，其发育分化依赖于 T-bet，不依赖 Eomes，高表达 TRAIL、IFN-γ和 TNF-α，但脱颗粒能力较弱。

2）子宫蜕膜层 CD56^{high}CD16^{-} NK 细胞。怀孕期间，人类子宫蜕膜层出现一种特有的 CD56^{high}CD16^{-} NK 细胞亚群，同时表达 CD9 和 CD103，高表达一种或多种 KIR 分子。尽管在这群细胞上也表达 NKp46、LFA-1、NKG2D、NKp44 等与杀伤相关的分子，但其细胞毒功能明显减弱。蜕膜 NK 细胞在表型及功能方面均不同于其他组织器官的 NK 细胞亚群，可能与孕期子宫局部微环境有关。这群 NK 细胞由外周血 CD56^{hi}CD16^{-} NK 细胞通过趋化因子如 CXCR4 等作用招募至子宫局部；亦可能是在子宫蜕膜局部发育分化而来，因为子宫蜕膜层中存在 CD34^{+} 细胞，该细胞在体外适当的培养条件下能够发育分化为 CD56^{hi}CD16^{-} NK 细胞。

3）黏膜系统 CD56^{+} NKp44^{+} NK 细胞。开放的黏膜环境存在多种抗原刺激，是机体抵御病原微生物入侵的第一道防线。在人和鼠的黏膜系统中存在一群 CD56^{+} NKp44^{+} 的 NK 细胞，该群细胞表达 CCR6、CD96 和 CD103 等多种向黏膜迁移的受体，此外还分泌 CCR6 的配体 CCL20，不仅构成对自身向黏膜迁移的正反馈，也促进了其他免疫细胞向黏膜迁移。CD56^{+} NKp44^{+} NK 细胞以分泌 IL-22 为主要功能，同时还能分泌 IL-26、LIF 等多种黏膜免疫相关细胞因子，但不分泌 IL-17，因此这群细胞被命名为 NK-22。人 NK-22 细胞的标志确定为 $CD56^{+}CD127^{+}ROR\gamma t^{+}$，其表型类似于不成熟 NK 细胞，主要表达 NKp44、NKp30 和 NKp46，低表达颗粒酶 A 和穿孔素，不表达 NKG2D、KIR2DL2-KIR2DL3 和 CD94。

四、NK 细胞的识别机制

NK 细胞作为固有免疫系统中的主要成员，可以直接杀伤肿瘤细胞和病毒感染的细胞，在机体免疫监视和早期抗感染免疫过程中发挥重要作用。由于 NK 细胞不表达抗原特异性识别受体，因而它们对靶细胞的识别与 CTL 识别靶细胞机制不同，呈抗原非特异性。那么 NK 细胞是如何对机体正常细胞维持免疫耐受，又是如何活化并杀伤感染或发生恶性转化的靶细胞的呢？随着研究的深入发现，确认 NK 细胞可以识别和区分“自我”与“非己”，该过程受到多种因素的精确调控。其中涉及“丧失自我”等机制（详见下文）。

（一）NK 细胞受体

NK 细胞的特征之一，是表面表达十分复杂的受体谱，以此识别正常和异常的细胞，并调控其活化、增殖以及功能。根据这些受体的特征及介导的活性，分为抑制性受体、活化性受体、黏附分子受体、细胞因子受体和趋化因子受体，共五类（图 3-11）。其中抑制性和活化性受体在 NK 细胞的激活和小鼠杀伤功能方面起着关键性作用（图 3-12A）。NK 细胞受体还有一个特点，即集中地由两个基因复合体编码，在人体中为位于第 19 号染色体上的白细胞受体复合体（leukocyte receptor complex，LRC）和位于第 12 号染色体上的 NK 细胞受体复合体（NK receptor complex，NKC）（图 3-12B）。

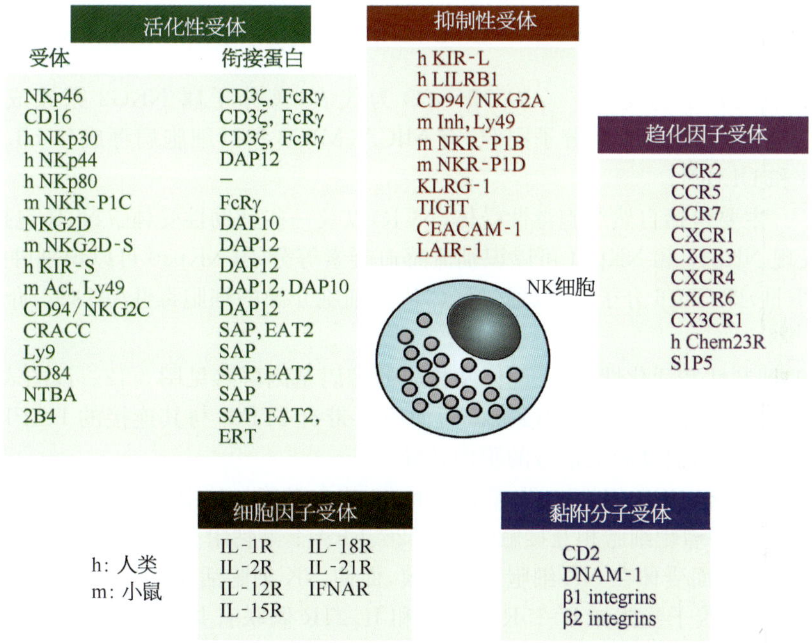

图 3-11　NK 细胞受体

1. 抑制性受体　主要有三类：

（1）杀伤细胞免疫球蛋白样受体（killer cell immunoglobulin-like receptor，KIR）　属免疫球蛋白超家族成员，为Ⅰ型跨膜蛋白。膜外区分别有两个或三个 Ig 样结构域，称为 KIR2D 和 KIR3D。两种分子胞内段因含有免疫受体酪氨酸抑制基序（ITIM）而显得较长并展示抑制活性，分别称为 KIR2DL 和 KIR3DL（L：长型）。

（2）杀伤细胞凝集素样受体（killer lectin-like receptor，KLR）　属 C 型凝集素家族成员，由Ⅱ型膜分子 CD94 分别与Ⅱ型膜分子 NKG2 家族的 NKG2A 和 NKG2B 通过二硫键共价结合组成异二聚体。其中 NKG2A 和 NKG2B 分子胞质区有两个 ITIM，CD94 主要起着分子伴侣的作用，对异二聚体的表达及功能行使必不可少。

（3）免疫球蛋白样转录体（Ig-like transcript，ILT）受体　胞外含有杀伤细胞免疫球蛋白样功能区，胞内段含两个 ITIM。ILT 的成员 ILT2 能够识别 HLA Ⅰ类分子以及 HLA Ⅰ类分子的同源体——UL18，一种巨细胞病毒编码的分子。这可能代表着病毒的一种诱骗机制，因为通过与该抑制受体结合，该病毒可逃脱 NK 细胞介导的攻击和杀伤。这些抑制性受体的共同特点是胞内段均含有 ITIM,可招募蛋白酪氨酸磷酸酶 SHP/SHD-2,传递负性信号,抑制 NK 细胞的杀伤活性。

2. *活化性受体*　　包括自然细胞毒性受体、识别某些诱导表达分子的受体、识别非己抗原分子的受体,以及其他一些辅助性受体。根据其配体的特点,活化性受体也分为三类:

(1) HLA Ⅰ类分子专一性受体　　包括属于 KIR 家族的 KIR2D/KIR3D 和属于 KLR 家族的 CD94/NKG2。这些活化性受体与相应的抑制性受体相互对应(表 3-5),如 KIR 家族中的活化性 KIR2DS 和 KIR3DS(S: 短型)对应于抑制性 KIR2DL 和 KIR3DL(L: 长型);KLR 中的活化性 CD94/NKG2C/E 对应于抑制性 NKG2A(也可从图 3-12A 进行比较)。活化性受体胞质区缺乏 ITIM,但跨膜区具有带正电荷的赖氨酸,能与胞质区含 ITAM 的 DAP-12 分子结合,从而使这些受体获得转导活化信号的功能。其中 CD94/NKG2C 识别 HLA-E 分子,KIR2DS 识别 HLA-C 分子等。

表 3-5　调节 NK 细胞活化的受体家族

受 体 家 族	抑 制 性 受 体	活化性受体*	编 码 基 因
杀伤细胞免疫球蛋白样受体 (killer cell Ig-like receptor, KIR)	KIR-2DL, KIR-3DL	KIR2DS*, KIR3DS*	白细胞受体复合体 (leukocyte receptor complex, LRC)
杀伤细胞凝集素样受体 (killer lectin-like receptor, KLR)	CD94/NKG2A/B	CD94/NKG2C*, NKG2D*	NK 细胞受体复合物 (NK receptor complex, NKC)
免疫球蛋白样转录体受体 (Ig-like transcript, ILT)	ILT2	/	LRC
自然细胞毒性受体及其他 (natural cytotoxicity receptor, NCR)	/	NKp30#, NKp44*, NKp46# FcγRⅢ(CD16)#	LRC(NKp46) LRC

* 需要再连接衔接蛋白 DAP12(携带 ITAM)或 DAP10(携带 YxxM 基序)。#需要再连接辅助分子 CD3ζ-FcγR(携带 ITAM)

(2) 识别 HLA Ⅰ类相关分子的受体　　以 NKG2D 为代表,该分子属 NKG2 家族成员但不与 CD94 结合。NKG2D 识别的配体在结构上与 HLA Ⅰ类分子同源,有 MICA、MICB 和巨细胞病毒成分 UL16 结合蛋白,后者包括 ULBP1、ULBP2、ULBP3 和 ULBP4。

(3) 非 HLA 受体　　主要包括自然细胞毒性受体(NCR)以及一些辅助性受体。NCR 包括三类分子,即 NKp46、NKp44 和 NKp30。已发现 NKp46 和 NKp44 可以识别流感血凝素等分子,NKp30 可以识别肿瘤细胞上表达的 B7-H6 分子。IgG Fc 受体(FcγRⅢ)即 CD16 分子,可以通过抗体依赖细胞介导的细胞毒性(ADCC)介导 NK 细胞对肿瘤和病毒感染靶细胞的杀伤。

人类 NK 细胞主要的抑制性和活化性受体、配体及相应的编码基因群参见图 3-12。该图表明,抑制性受体胞内段皆带有 ITIM(绿色方框表示),活化性受体胞内段被截短而不再带有 ITIM,与其连接的 DAP12 等分子则带有 ITAM(紫红或紫色方框表示),后者参与启动激活信号的胞内转导。

3. *黏附分子受体*　　主要有 CD2、CD226、β1 整合素和 β2 整合素等。其中 NK 细胞可通过 CD226 分子介导对肿瘤细胞的杀伤:当 NK 细胞与肿瘤靶细胞相互接触时,CD226、LFA-1 等黏附分子与肿瘤细胞表达的配体分子相互作用,通过细胞骨架的改变引起表面受体在 NK 细胞表面成簇,促使 NK 细胞活化。

4. *细胞因子受体*　　细胞因子受体如 IL-15R、IL-2R 和 IL-21R 偶联有共同 γ 链(γc),对 NK 细胞发育和发挥效应功能起关键作用。尤其是 IL-15 对 NK 细胞的存活和成熟至关重要,在 *IL2RG* 基因突变的 X 连锁重症联合免疫缺陷(SCID-X1)患者和 IL-15 或 IL-15R 缺陷的小鼠中,都出现明显的 NK 细胞缺失现象(见第二十章)。另外,人类 NK 细胞上的 IL-1R 和小鼠 NK 细胞上 IL-18R 参与启动的信号途径下游的衔接蛋白都是 MyD88,它们对 NK 细胞的成熟起重要作用。

5. *趋化因子受体*　　静息状态的 $CD56^{dim}CD16^{+}$ NK 细胞表达 CXCR1、CXCR2、CXCR3、CXCR4 和 CX3CR1,但是检测不到 CC 趋化因子受体的表达;静息状态的 $CD56^{bright}CD16^{-}$ NK 细胞高表达 CCR5 和 CCR7,低表达 CXCR1、CXCR2 和 CXC3R1。这些受体与对应的趋化因子相互作用,调控 NK 细胞向不同组织中迁移和募集,继而发挥生物学功能。例如,怀孕期间外周血 $CD56^{hi}CD16^{-}$ NK 细胞能在趋化因子 CXCR4 等的招募下迁移至子宫局部;CCL19 和 CCL21 能协同刺激 $CD56^{dim}CD16^{+}$ NK 细胞增殖。

(二) NK 细胞的识别模式

NK 细胞的识别需通过抑制性受体与活化性受体与靶细胞上配体的相互作用,继而整合这些受体传导的不同信号。这说明,抑制性信号与活化性信号之间的平衡决定了 NK 细胞是否对靶细胞进行杀伤。

1. *"丧失自我"识别模式*　　1986 年 Karre 等首次提出"丧失自我"(missing self)模式,认为 NK 细胞主要搜寻和

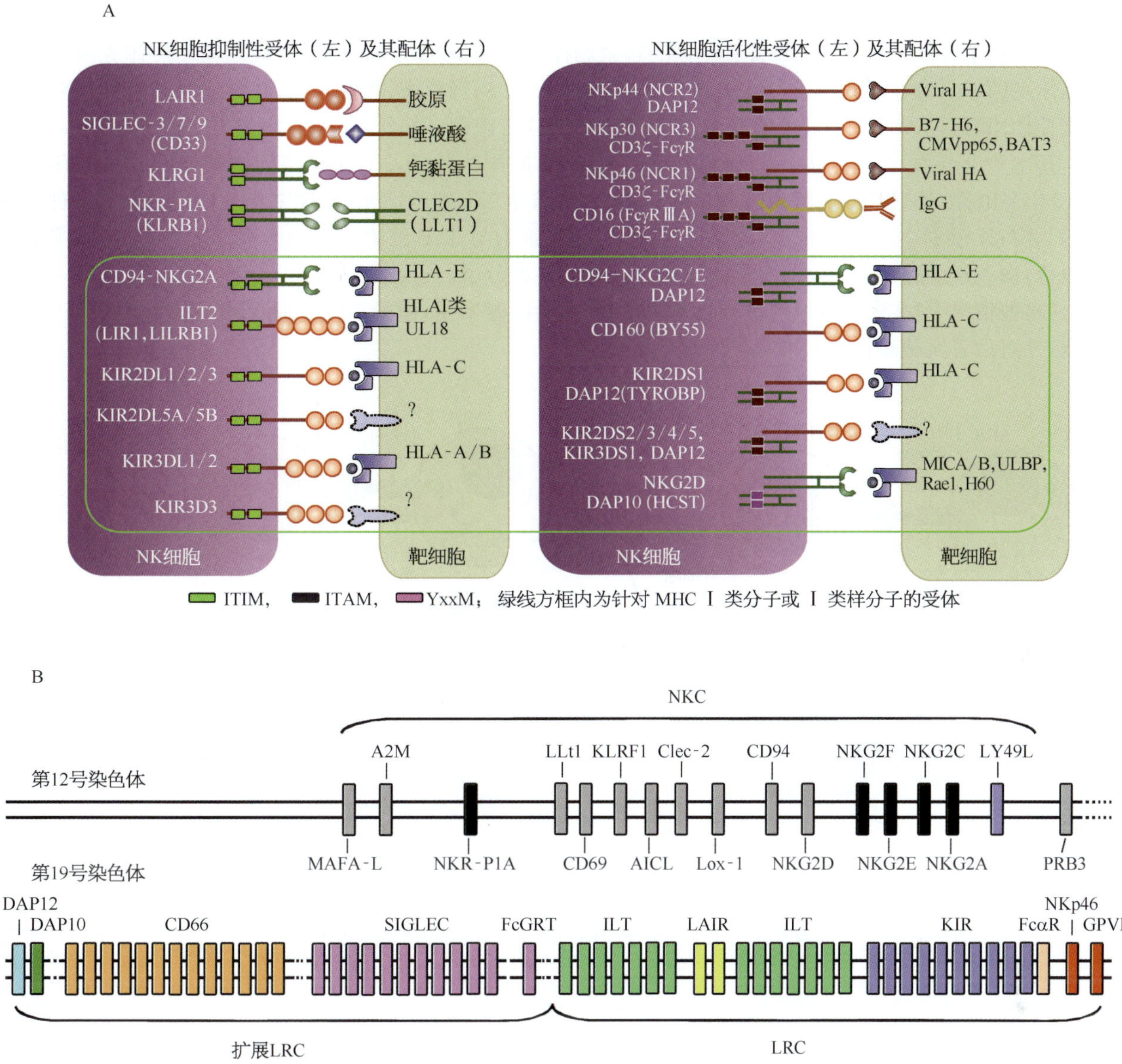

图 3-12　NK 细胞主要抑制性和活化性受体、配体及其编码基因群

A. 人类 NK 细胞抑制性受体包括 KIR 家族、LIR1、NKG2A、NKR-P1A、KLRG1、LAIR3 和 SIGLEC 家族成员。NK 细胞活化性受体十分复杂，包括 KIR 家族、NKG2 家族成员、NKp 家族/SLAM 家族、CD16、CD27 等。其中 NKG2D 专门识别一类与 MHC Ⅰ类结构相关但功能不同的分子，包括 MHC Ⅰ类样 MIC 分子(MICA 和 MICB)和与Ⅰ类分子 α1/α2 结构域同源的 RAET1 蛋白家族成员，如巨细胞病毒成分 UL16 结合蛋白(ULBP)等。B. 编码 NK 细胞受体基因的两个主要家族 NKC 和 LRC 的结构和定位

攻击缺乏“自我”的细胞。此处的自我，主要指与 NK 细胞宿主同源的 MHC Ⅰ类分子。健康状态下，NK 细胞表面抑制性受体与同一个体正常细胞表达的 MHC Ⅰ类分子结合后传导抑制性信号，从而抑制 NK 细胞功能，避免了 NK 细胞对正常细胞的攻击。病理条件下，如被病毒感染的细胞和肿瘤细胞，MHC Ⅰ类分子表达下调或表达异常，抑制性受体不能结合这些细胞表面表达的Ⅰ类分子，无法转导负性调节信号，NK 细胞遂接受活化性信号而被激活，继而对靶细胞行使杀伤效应。此即为“丧失自我”模式。

最近人们又对该模式做了修改：提出 NK 细胞显示杀伤作用，不仅因为靶细胞不表达 MHC Ⅰ类分子(无法启动抑制信号)，也可以因为靶细胞表面能结合活化性受体的配体过度表达(抑制性信号相对弱化)(详下)。这表明，即使抑制性受体结合了靶细胞上的Ⅰ类分子，只要多种活化性受体同时与靶细胞上相应的配体结合，抑制性受体作用不能充分发挥，NK 细胞依然能清除靶细胞。

2. “诱导自我”识别模式　过度表达的配体能够发挥以上作用，取决于 NK 细胞活化性受体的一些特性。现知，NKG2D 是一类最重要的 NK 活化性受体，该受体在识别不同配体(MICA/B、Rae1、H60 和 ULBP 等)时使用一种诱导—适应(induced-fit)机制，这种机制使受体分子可以容忍配体的高度变异性，因而 NKG2D 分子具备结合多种配体的

能力。而且，NKG2D与其配体结合的亲和力高于免疫系统其他任何配体—受体结合的亲和力。

借助系统生物学方法分析NKG2D各种配体的转录调控、翻译折叠和结构功能，发现均需要热休克因子（HSF）的参与。而热休克因子只有在应急诱导（stress-inducible）条件下（如病毒感染、恶性转化、化学刺激和炎性反应等），才能发挥转录调控作用，促进MICA等分子的表达，从而被NKG2D所识别。如此，促成了“诱导自我”（induced self）识别模式的提出。其主要论点为，在应急状态下靶细胞上调NKG2D的配体分子，NKG2D与配体结合后激活带有YxxM基序的DAP10信号通路，通过磷酸肌醇激酶（PI 3K）的激活而诱导NK细胞活化，发挥杀伤功能（见图3-12右侧活化性受体下方的NKG2D受体）。因此，根据“诱导自我”模式，NK细胞与T、B细胞识别的区别在于，T、B细胞识别的是特定的抗原表位，而NK细胞识别的是应急压力诱导下表达的多种分子。

事实上，多数情况下“丧失自我”和“诱导自我”识别模式会同时发生，使得NK细胞能最大程度上区分正常细胞和异常靶细胞，并对后者实施杀伤（图3-13）。

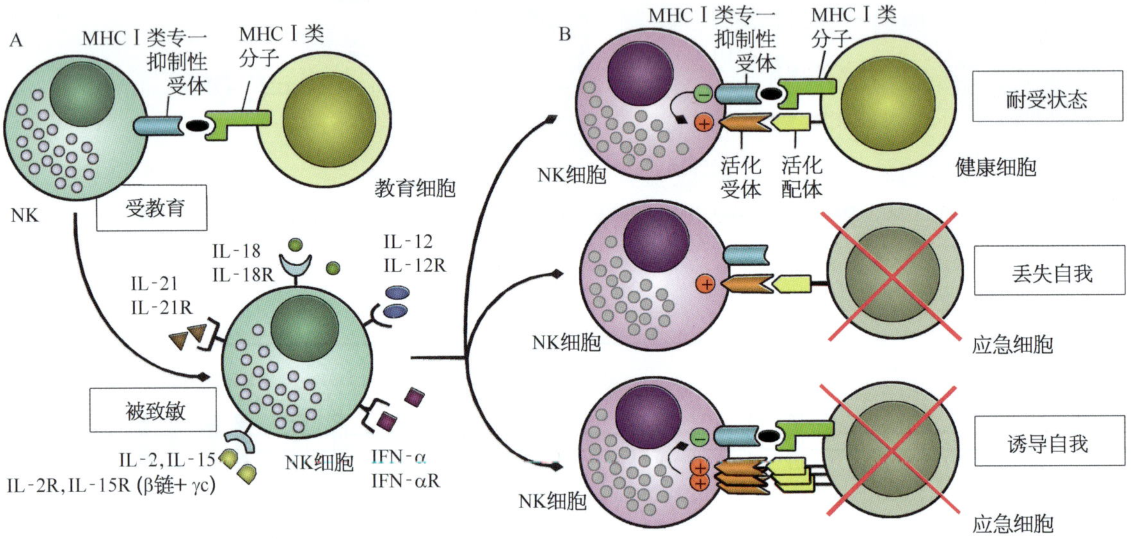

图3-13 NK细胞的“丧失自我”和“诱导自我”识别模式

A. 早期NK细胞与表达MHC Ⅰ类分子的正常细胞（教育细胞）相互作用，获得辨别自身正常细胞的能力（称为受教育），当此NK细胞接受IL-15等多种细胞因子刺激后进一步激活（被致敏）。B. NK细胞活化性受体及抑制性受体间的平衡，决定NK细胞是否激活并对靶细胞实施杀伤。右上：健康细胞Ⅰ类分子与NK细胞抑制性受体结合，产生的抑制信号抑制活化性受体活性，NK细胞不杀伤靶细胞（耐受状态）。右中和右下：受到应急诱导的细胞（肿瘤或病毒感染细胞）Ⅰ类分子表达下调（“丢失自我”识别模式），或活化性配体表达上调（“诱导自我”识别模式），抑制信号不能发挥作用，导致NK细胞对靶细胞的杀伤

（三）NK细胞的致敏和获能

图3-13A表明，NK细胞在履行杀伤因应激压力而发生病理变化的靶细胞之前，还经历过一个受教育（educated）和被致敏（primed）即获能的过程。先是NK以其抑制性受体与“实施教育”的同一个体（因而遗传背景相同）的正常细胞表面的MHC Ⅰ类分子相互识别，使之获得对自身细胞的免疫耐受，然后表达诸多能识别环境中细胞因子的受体，并接受相应细胞因子如IL-12、IL-15、IL-18、IL-21和Ⅰ型干扰素的刺激，而成为能显示功能的致敏NK细胞（primed NK cell）或特许NK细胞（licensed NK cell），当这些细胞与靶细胞相遇，即可通过整合抑制性和活化性的信号，最终确定是否对靶细胞进行杀伤以及进一步产生细胞因子（图3-13A）。

这里，出现了仅在适应性免疫中用于描述T细胞分化和激活的两个术语：教育和致敏。无论是T细胞在胸腺中经历的教育，还是因抗原选择而出现的致敏，皆建立在抗原驱动的淋巴细胞克隆扩增和克隆选择的基础之上。一般认为NK细胞介导的应答不具有克隆扩增的特点，因而NK细胞“受教育”的机制，已成为固有免疫研究的前沿。但致敏和特许NK细胞的形成，多少解释了这些细胞除了杀伤病毒感染细胞和肿瘤细胞之外，为何可以杀伤因移植而进入体内的同种异体细胞。后者也属正常细胞，但表达不同的MHC Ⅰ类分子，此类分子并未用来对NK实施早期的教育而不具有耐受原性。

五、NK细胞的功能

NK细胞接受活化信号被激活后，借助抗体依赖细胞介导的细胞毒作用（ADCC）和分泌细胞因子，行使抗感染和抗肿瘤作用，并发挥免疫调节和调控造血细胞分化等多种生物学功能（图3-14）。

（一）NK 细胞的杀伤功能

1. 杀伤机制　NK 细胞与病毒感染细胞和肿瘤细胞接触后，主要通过以下途径发挥细胞毒性作用：

（1）ADCC 途径　在肿瘤或病毒特异性 IgG 抗体参与条件下，NK 细胞通过表面 IgG Fc 受体（CD16）（图 3-12）与特异性识别靶细胞表面抗原的 IgG 抗体结合后迅速激活，直接杀伤靶细胞。由于 $CD56^{dim}$ NK 细胞高水平的表达 CD16，因而 ADCC 作用多由此类 NK 细胞承担。IL-2 和 IFN-γ 能明显增强 NK 细胞介导的 ADCC 作用。

（2）穿孔素/颗粒酶作用途径　NK 细胞组成性表达穿孔素，在细胞活化后被释放出来并可在靶细胞上形成穿孔素分子聚合而成的"孔道"，使水电解质进入靶细胞导致细胞裂解。颗粒酶即丝氨酸蛋白酶，可通过破坏细胞膜或参与激活胱天蛋白酶级联反应，诱导靶细胞凋亡。

（3）死亡相关受体途径　活化的 NK 细胞可以表达 FasL 或 TNF-α，通过与靶细胞表面的受体 Fas（CD95）或 TNFR-Ⅰ结合后介导靶细胞凋亡。

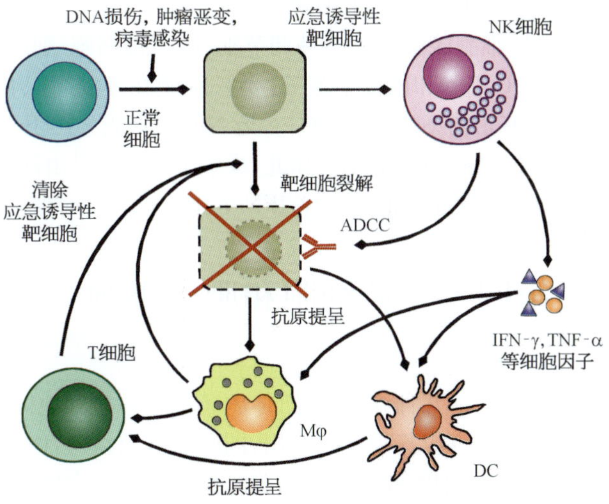

图 3-14　NK 细胞生物学功能

NK 细胞可以识别并以抗体依赖细胞介导细胞毒（ADCC）形式杀伤多种应急诱导的靶细胞（如 DNA 损伤细胞、肿瘤细胞和病毒感染细胞等），NK 细胞还可以促进 DC 成熟和发挥抗原提呈功能，参与激活 T 细胞。另外，NK 细胞可以通过分泌 IFN-γ、TNF-α 或 IL-10 的方式来提高或者降低 Mφ 或 DC 的活性

2. NK 细胞杀伤病毒感染的细胞、胞内寄生菌和真菌　临床研究中发现 NK 细胞杀伤功能降低会直接增加疱疹病毒（单纯疱疹病毒、EB 病毒和人类巨细胞病毒等）的感染概率。例如，在上面提到的 X 连锁重症联合免疫缺陷（SCID-X1）患者中发现，NK 细胞缺陷易于罹患疱疹病毒感染。在 HIV 病毒感染者中也发现 NK 细胞功能异常，晚期患者进一步出现 NK 细胞缺失。

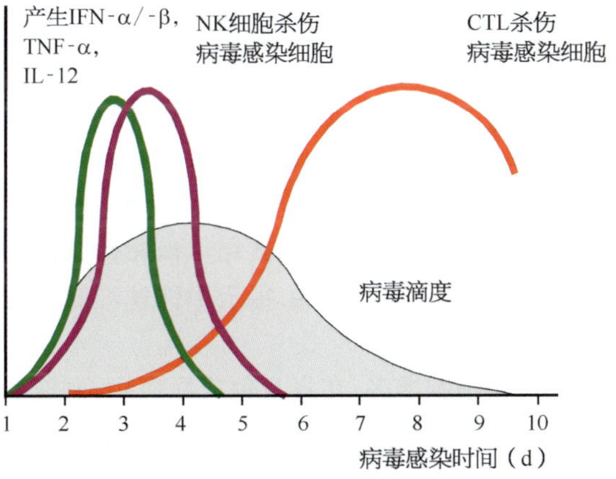

图 3-15　NK 细胞在抗病毒中的作用

小鼠实验表明，病毒感染后体内最早出现的是Ⅰ型干扰素、TNF-α 和 IL-12，以及由 NK 细胞参与的杀伤，然后是病毒特异性细胞毒性 T 细胞（CTL）发挥作用，病毒滴度下降

更多关于 NK 细胞杀伤病毒感染的研究结果主要从体外实验或动物模型中获得。在体外，NK 细胞可杀伤疱疹病毒、牛痘病毒、麻疹病毒、腮腺炎病毒、巨细胞病毒和流感病毒感染的靶细胞。小鼠体内实验表明，NK 细胞在病毒感染后 3 d 被活化并达高峰，而 CTL 的产生要在 10 d 之后，由此可见 NK 细胞可发挥第一道天然防线的作用（图 3-15）。在 Theiler 病毒诱发的脑炎和柯萨奇病毒诱发的心肌炎中，清除 NK 细胞会加速免疫病理损伤的发展，提示 NK 细胞在抗病毒过程中还有调节免疫病理损伤的作用。在 NK 细胞抗病毒反应中 IFN-γ 十分活跃，它既可以活化 NK 细胞清除受感染的细胞防止病毒播散，还可以抑制胞内病毒的繁殖。

NK 细胞还参与清除胞内寄生菌，如分枝杆菌、李斯特菌和利氏曼原虫等。其中 NK 细胞一方面杀伤受感染的 Mφ；另一方面释放细胞因子以活化 Mφ，增强其自身杀伤活性。NK 还可直接杀灭真菌，也可以通过分泌大量 TNF、IFN-γ 和 GM-CSF 活化中性粒细胞继而发挥抗真菌作用。

3. NK 细胞对肿瘤细胞的杀伤　NK 细胞缺陷的 Beige 小鼠易发淋巴瘤，提示 NK 细胞在肿瘤监视中极具重要性。现知 NK 细胞能识别并杀伤许多自发或诱发的肿瘤细胞。小鼠 NK 细胞在体内直接参与了多种移植肿瘤的清除，不管肿瘤细胞是缺失 MHC Ⅰ类分子的表达，还是上调 NKG2D 的配体（H60、Rae1β、Rae1δ、Rae1γ、Mult-1），抑或是表达 CD27 分子的配体 CD70，都能增加 NK 细胞对肿瘤细胞的杀伤敏感性。在一些小鼠荷瘤模型中还发现，NK 细胞在介导肿瘤细胞清除的过程中还能诱导肿瘤特异性 T 细胞应答的发生。另外，NK 细胞还能分泌多种具有抗肿瘤效应的细胞因子，如 IL-2、IL-12、IL-18 和 IL-21 等。

人类 NK 细胞在肿瘤免疫监视中也发挥重要作用，外周血 NK 细胞的活性与成人恶性肿瘤的发生率有关，NK 细胞活性越低，则恶性肿瘤的发生风险越大。NK 细胞的杀瘤功能还可以被多种细胞因子所强化，如 IFN-α/-β、IFN-γ、IL-2 和 IL-12 等。通过操作 NK 细胞，如抑制识别 MHC Ⅰ类分子的特异性受体等来改进肿瘤治疗方案，可能获得更好的治疗效果。

（二）NK细胞的免疫调节功能

NK细胞能够作为一种调节细胞，通过细胞-细胞之间的相互作用和分泌细胞因子来影响其他类型的细胞，如DC、T细胞、B细胞和内皮细胞等。NK细胞在外周组织和SLT中都能与DC相遇并发生相互作用。有两种方式，一是NK细胞能够杀伤不成熟的DC；二是NK细胞能分泌IFN-γ和TNF-α等促进DC成熟，而DC成熟后产生的IL-12又能作用于NK细胞使之活化。如此，成熟DC能提呈由活化NK细胞杀伤靶细胞后释放的抗原，激发更有效的CTL免疫应答。NK细胞还能通过分泌IFN-γ和与CD8 T细胞间的相互接触提高CD8 CTL抗结核作用。

第四节 粒细胞和肥大细胞

除了上述几种细胞外，机体内还存在一些其他固有免疫细胞，它们往往活跃于体内的特定部位，在维持机体稳态，参与固有免疫应答中发挥作用，同时还涉及适应性免疫。本节首先介绍属于多形核粒细胞吞噬系统的粒细胞（中性粒细胞、嗜酸粒细胞和嗜碱粒细胞），然后论及肥大细胞。

一、粒细胞

（一）中性粒细胞

绝大部分粒细胞属于中性粒细胞，占外周血白细胞的50%～70%。中性粒细胞来源于HSC，在骨髓中分化发育后进入血液或组织，未活化的中性粒细胞在血液中的平均寿命为6～7 h。它们的细胞核形态特殊，呈弯曲杆状（马蹄铁形）或分叶状，所以又称为多形核白细胞（PMN）。中性粒细胞胞质中均匀分布着大量的颗粒成分，主要是一些溶酶体颗粒和其他颗粒，前者含有多种酸性水解酶类、过氧化物酶和溶菌酶等，能消化吞噬的细菌和异物，后者是一种分泌颗粒，内含溶菌酶和防御素，具有杀菌作用。成熟中性粒细胞表面表达多种模式识别受体，如捕获LPS的受体CD14、甘露糖受体、清道夫受体、多糖受体、N-甲酰甲硫氨酸受体，以及Fc受体、补体受体等。

中性粒细胞处于机体抵御病原微生物，特别是化脓性细菌入侵的第一线。当感染发生时，中性粒细胞首先到达炎症部位，6 h左右数量可达高峰。中性粒细胞具有很强的吞噬能力，因此和单核吞噬细胞系统一起显示吞噬活性。除了在抗感染中起作用外，中性粒细胞可以通过其Fc受体与靶细胞表面的IgG分子Fc段结合，发挥ADCC作用。还可以通过Fc受体和补体受体吞噬免疫复合物并在这一过程中脱颗粒，释放出一系列溶酶体酶类，造成血管和周围组织的损伤。中性粒细胞也参与了速发型变态反应导致的病理损伤。此外，中性粒细胞还可以通过释放抗炎细胞因子控制过度炎症反应。最近有研究发现，黑色素瘤患者体内的系统性血清淀粉状蛋白（SAA-1）能够诱导中性粒细胞高分泌IL-10从而发挥免疫抑制作用，并增强Ⅰ型NKT细胞（即iNKT细胞，详下）分泌IL-12水平，提示中性粒细胞还有免疫调节功能。

在急性感染、急性大出血、严重的组织损伤及一些恶性肿瘤中会出现中性粒细胞增多；在自身免疫性疾病、血液系统疾病、某些寄生虫病、甲状腺功能亢进等疾病中会出现中性粒细胞减少。因此中性粒细胞的异常变化对于临床疾病的诊断有重要意义。

（二）嗜酸粒细胞

嗜酸粒细胞占白细胞总数的0.5%～5%，来源于骨髓中的HSC，在GM-CSF、IL-2和IL-3的诱导下发育成熟。因其胞质内充满粗大、整齐、均匀、紧密排列的嗜酸性颗粒而得名，这些颗粒中含有酸性磷酸酶类、过氧化物酶、组胺酶等多种酶类成分。

嗜酸粒细胞也具有吞噬能力，胞质内的溶酶体可以对吞噬物进行酶解。嗜酸粒细胞可以对寄生虫如蠕虫、旋毛虫等产生免疫反应，借助于细胞表面的Fc受体和补体受体黏附于寄生虫表面，释放酸性阳离子蛋白、过氧化物酶等杀伤寄生虫。在Ⅰ型超敏反应中，嗜酸粒细胞可以从三个方面抑制嗜碱粒细胞的功能，发挥负调节作用：一是通过产生前列腺素E_1抑制嗜碱粒细胞的脱颗粒过程；二是嗜酸粒细胞可以吞噬嗜碱性颗粒，使其中的生物活性物质不能发挥作用；三是嗜酸粒细胞能释放组胺酶等酶类，灭活嗜碱粒细胞所释放的组胺等物质的活性。嗜酸粒细胞能释放白三烯等炎性介质，在炎症反应中通过分泌IL-1α、IL-6、IL-8、TNF-α、TGF-α和TGF-β等发挥作用。

（三）嗜碱粒细胞

人体内嗜碱粒细胞在白细胞中比例最少，约为1%，起源于HSC，在骨髓内发育成熟后储存于外周血。

嗜碱粒细胞胞质含形状不规则、大小不等的嗜碱颗粒，颗粒内含有组胺、肝素和蛋白水解酶等物质，细胞表面表达高亲和力IgE Fc受体即FcεRⅠ，在IgE抗体作用下发生脱颗粒，因而在Ⅰ型超敏反应中发挥重要作用。嗜碱粒细胞还表达一些补体 C3a、C5a、C567 受体等，参与机体抗寄生虫以及抗肿瘤的免疫应答(图 3-16A)。

近年来还发现，表达 MHC Ⅱ类分子的嗜碱粒细胞可促进 CD4 Th2 介导的Ⅱ型免疫应答。传统概念认为，Th2 亚群的分化依赖于 DC，所需的 IL-4 由其他辅佐细胞提供。现提出，嗜碱粒细胞除了表达 MHC 分子，也表达共刺激分子，加之大量分泌 IL-4，因此可作为抗原提呈细胞直接加工提呈抗原和变应原，激活 Th2 亚群(图 3-16B)。

A

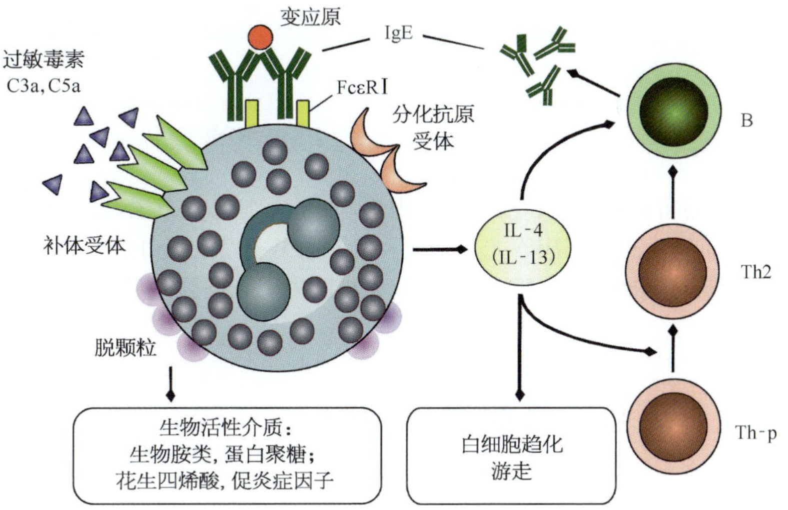

B

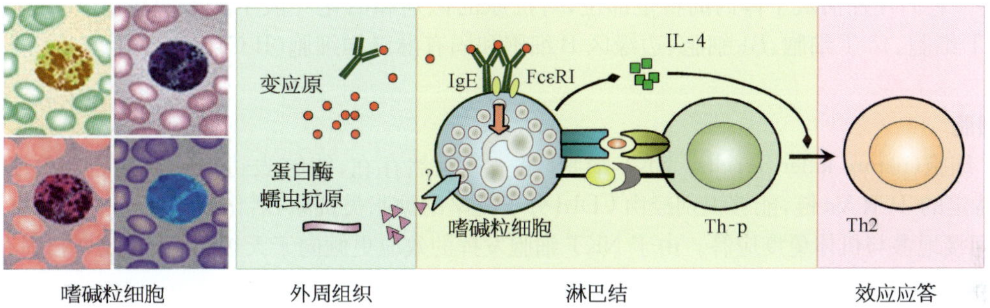

图 3-16　嗜碱粒细胞表型及其在机体免疫应答中的作用

A. 嗜碱粒细胞表型及其在机体免疫应答中的作用。在变应原等激发下，嗜碱粒细胞通过 IgE/FcεRI 复合体激活，借助脱颗粒和释放炎症介质，参与Ⅰ型超敏反应；通过补体受体等参与对寄生虫和肿瘤细胞的杀伤；借助分泌 IL-4 等细胞因子，参与 Th2 细胞介导的免疫应答。B. 嗜碱粒细胞作为抗原提呈细胞参与 Th2 细胞亚群激活的机制，突出了嗜碱粒细胞表达 MHC Ⅱ类分子并分泌 IL-4，可直接激活 Th2 细胞

二、肥大细胞

肥大细胞是一类胞质中携带颗粒的大型细胞，其颗粒可被甲苯胺蓝染色而易于识别。此类细胞主要出现于表皮下血管化的结缔组织，如胃肠道和呼吸道黏膜下组织以及表皮下的真皮部分。肥大细胞虽起源于骨髓 HSC，但其确切的前体细胞是什么，以及与功能相近的嗜酸粒细胞间的关系，仍不明确，尽管有研究称，在炎症和趋化因子的作用下，嗜碱粒细胞可进入结缔组织和黏膜上皮，形成肥大细胞。

肥大细胞表达 IgE 和 IgG 分子的 Fc 受体称 FcεRⅠ和 FcγRⅢ，两类受体与识别特异性抗原的抗体结合后，可脱颗粒并释放脂类炎症介质。其机制类似嗜酸粒细胞脱颗粒(图 3-16A)。表 3-6 进一步表明，肥大细胞活化后释放的分子分两类：预存的颗粒内含物和新合成的细胞因子、趋化因子和脂类介质。

肥大细胞在宿主的免疫防御上至少发挥三项功能：① 因其位于体表层之下，有利于将特异性或非特异性效应成分即时招募于感染因子入侵的部位；② 使抗原沉积部位的淋巴液大量流向局部淋巴结，有利于激活初始淋巴细胞；③ 因其介质释放而引起肌肉收缩，有利于从生理上清除肺脏和肠道中的病原体。另一方面，肥大细胞因表达FcεRⅠ和 FcγRⅢ受体，有利于迅速地对抗原或过敏源起反应，并动员和激活嗜碱粒细胞和嗜酸粒细胞，引发 IgE 介导的免疫应答。这一应答除了介导超敏反应(见第十五章)，并对防御寄生虫感染起着至关重要的作用。

表 3-6 肥大细胞激活后释放的各种分子

来 源	类 别	举 例	生 物 学 效 应
预存的胞质颗粒内含物	酶类	类胰蛋白酶,类糜蛋白酶,组织蛋白酶 G,羧肽酶	重塑结缔组织基质
	毒性介质	组胺,肝素	杀伤寄生虫,增加血管通透性,收缩平滑肌
新合成和新激活的分子	细胞因子	IL-4,IL-13	激发和放大 Th2 型免疫应答
		IL-3,IL-5,GM-CSF	激活嗜酸粒细胞,促其分泌
		TNF-α(部分预存于颗粒中)	促炎症,刺激多种细胞产生 Ck,激活内皮细胞
	趋化因子	CCL3	吸引单核细胞、Mφ 和中性粒细胞
	脂类介质	前列腺素 D2,白三烯 B4	收缩平滑肌,增加血管通透性,刺激黏膜分泌
		血小板激活因子	吸引白细胞,增强脂类介质产生,激活中性粒细胞、嗜酸粒细胞和血小板

这说明,与主要参与循环的嗜碱粒细胞和嗜酸粒细胞不同,肥大细胞分布于结缔组织,其作为固有免疫抗感染成分,重要性不可替代,对参与抗寄生虫免疫应答尤其如此。有一类 W/W^V 突变小鼠,因 *c-kit* 基因突变诱致肥大细胞功能缺陷,清除寄生虫不力,小鼠易于罹患线虫感染,并可造成小肠内肥大细胞大量聚集,出现一类称为肥大细胞储积症(mastocytosis)的症候群。

第五节 参与固有免疫应答的淋巴细胞

淋巴细胞的特征之一,是出现 TCR/BCR 受体基因的重排并产生数量极大的受体库,而每一个淋巴细胞或淋巴细胞克隆仅表达一种独特型的抗原受体。但是也有一些类别的淋巴细胞受体多样性十分有限,仅从少量共同的基因片段经重排而产生。它们往往活跃于体内的特定部位,对抗原的识别和活化一般不涉及克隆选择和克隆扩增。此类淋巴细胞包括 NKT 细胞、γδ T 细胞、B1 细胞、边缘区 B 细胞和固有淋巴样细胞(ILC)。

一、NKT 细胞

自然杀伤 T 细胞(nature killer T cells, NKT 细胞)是一类天然存在,能够表达 NK 细胞表面分子的 T 细胞亚群。NKT 细胞表达特定的 TCR Vα 链,能够识别经由 CD1d 分子提呈的糖脂类抗原,活化后迅速产生大量的 Th1 和 Th2 型细胞因子,直接或间接地参与机体免疫应答。由于 NKT 细胞发挥的效应更倾向于天然免疫,因此划归固有类淋巴细胞。

(一)NKT 细胞的分化发育

人体中 NKT 细胞所占比例非常低,仅占外周血单个核淋巴细胞的 1%左右,并且不同个体间的差异较大。一般认为 NKT 细胞同传统的 T 细胞一样在胸腺中进行发育,由 $CD4^+CD8^+$ 双阳性 T 细胞(DP-T)经 CD1d 分子的选择,逐渐脱离主流分化途径,并获得 NK 细胞表型,最终形成 NKT 细胞,释放到外周血、肝脏和脾脏中。这种发育模式也被称为"主流模式"(图 3-17)。表达 CDld 的胸腺细胞是 NKT 细胞阳性选择过程中至关重要的成分,可能还介导了 NKT 细胞的成熟。有研究认为,一种属于己糖神经酰胺的 iGb3,也能作为一种内源性的 NKT 细胞活化剂,介导胸腺内 NKT 细胞的阳性选择。另外,NKT 细胞还可能通过非胸腺依赖的途径发育分化,称为"特定前体模式",该模式认为体内可能存在与 T 细胞前体不同的 NKT 前体细胞,NKT 细胞可在外周器官(如肝脏)中从该专一性前体细胞独立地分化成熟。但确切的发育途径还不清楚。

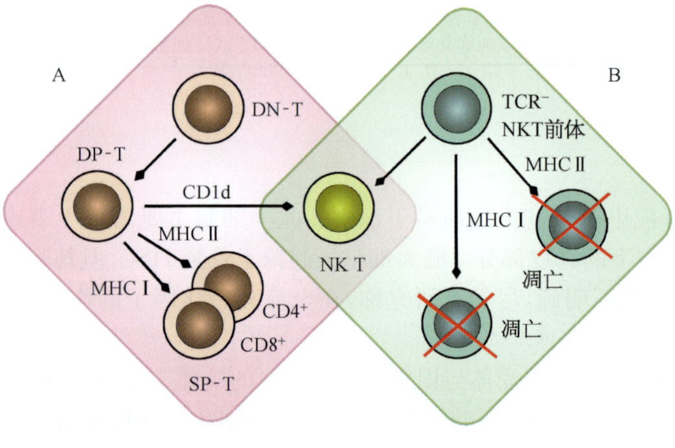

图 3-17 NKT 细胞的发育

A. 主流前体模式:NKT 细胞与传统 T 细胞一样在胸腺中发育,由 $CD4^+CD8^+$ 双阳性(DP)T 细胞经 CD1d 分子的选择,逐渐脱离主流分化途径,获得 NK 细胞表型,最终形成 NKT 细胞,进入外周血、肝脏和脾脏中。B. 特定前体模式:NKT 细胞通过非胸腺依赖的途径发育分化,即从可能存在的 NKT 前体细胞独立地在外周器官(如肝脏)中分化成熟。DN-T:双阴性($CD4^-CD8^-$)T 细胞;SP-T:单阳性($CD4^+$ 或 $CD8^+$)T 细胞

(二)NKT 细胞的分类

NKT 细胞的功能行使具有 CD1d 限制性,即它们仅识别由分化抗原 CD1d 分子提呈的脂类和糖脂类抗原。根据 NKT 细胞 TCR 基因片段取用格局的不同,可以将 CD1d 限制性的 NKT 细胞分为两个亚型:

1. Ⅰ型 NKT 细胞 即经典的 NKT 细胞，其 TCR 受体库基因片段的取用高度受限(指非随机性专门取用特定片段)，人类为 TCR Vα24-Jα18 和 TCR Vβ11，小鼠为 TCR Vα14-Jα18 和 TCR Vβ8.2，Vβ7 或 Vβ2，因此这一类型的 NKT 细胞又被称为恒定链 NKT 细胞(invariant NKT，iNKT)。iNKT 细胞能对 α-半乳糖神经酰胺(α-GalCer)产生应答。

2. Ⅱ型 NKT 细胞 即非经典的 NKT 细胞。它们表达多样的 TCR 受体结构，但是不对 α-Galcer 产生应答。此外还发现一些 NKT 样的淋巴细胞，如表达 MHC Ⅰ类样分子，属受甘露糖受体(MR1)限制的 NKT 样细胞，人类中为 TCR Vα7.2-Jα33 和 TCR Vβ13 或 2，小鼠中为 TCR Vα19-Jα33 和 TCR Vβ8 或 6。还有 CD1a、CD1b 和 CD1c 限制性的 NKT 样细胞，它们表达广泛的 TCR 受体结构以及 NK 细胞和 T 细胞的标志，不对 α-Galcer 产生应答。NKT 及 NKT 样细胞的分类列于表 3-7。

表 3-7 NKT 细胞及 NKT 样细胞的分类及其特性

	CD1d 限制性 Ⅰ型 NKT 细胞	CD1d 限制性 Ⅱ型 NKT 细胞	CD1a 限制性 NKT 样细胞	CD1b 限制性 NKT 样细胞	CD1c 限制性 NKT 样细胞	MR1 限制性 MAIT 细胞*
TCRα 链	Vα14Jα18(m) Vα24Jα18(h)	多样，部分为 Vα3.2，Jα9，Vα9(m)及 γδT	多样，部分属 γδ T 细胞	多样	多样，部分属 γδ T 细胞	Vα19Jα33(m) Vα7.2Jα33(h)
TCRβ 链	Vβ8.2,7.2(m) Vβ11(h)	多样，部分为 Vβ8(m)	多样	多样	多样	Vβ8，Vβ6(m) Vβ13，Vβ2(h)
CD4/CD8	CD4 或 DN(m)	CD4 或 DN(m)	CD4，DN，CD8	CD4，DN，CD8	CD4，DN，CD8	DN(m) DN，CD8α(h)
α-Galcer 反应	有，并包括其他类似物	无	无	无	无	无
其他抗原	iGb3，α/β-葡糖神经酰胺，β-半乳糖神经酰胺，α-半乳糖二酰甘油，α-葡糖糖醛酸神经酰胺，GD3	硫苷脂，溶血硫苷脂，溶血磷脂酰胆碱，PPBF	硫苷脂 双脱羟分枝菌素	硫苷脂，霉菌酸，葡糖单酶菌酸酯，二酰化磺基糖脂，LAM，PIM，GM1	硫苷脂，己糖磷酸类异戊二烯，甘露糖-β1-磷酸霉菌酸苷脂	α-甘露糖神经酰胺，肽

* MAIT：黏膜相关恒定链 T 细胞；MR：甘露糖受体；α-Galcer：半乳糖神经酰胺；iGb3：异红细胞三己糖神经酰胺；LAM：脂阿拉伯甘露聚糖；PIM：磷脂酰肌醇甘露糖苷

(三) NKT 细胞的生物学功能与临床疾病

体内参与循环的 NKT 细胞数量较少，但是它们能发挥多种生物学功能，包括抗感染和维持移植耐受等，而且 NKT 细胞的异常变化与多种疾病如肿瘤、自身免疫性疾病的发生相关。

1. NKT 细胞以多种方式体现其抗肿瘤作用 在 IL-2、IL-12 和 IFN-γ 等细胞因子的参与下，活化的 NKT 细胞显示出和 NK 细胞类似杀伤肿瘤细胞的细胞毒活性。NKT 细胞能直接识别并有效杀伤表达 CD1d 分子的肿瘤细胞，如急性 T 细胞性白血病、单核细胞性白血病和其他血液恶性肿瘤等。此外，NKT 细胞还能通过表达 CD40 与 DC 表面的 CD40L 相互作用，诱导 DC 的成熟和活化，从而激活 CTL 和 NK 细胞，发挥细胞毒作用。

2. NKT 细胞的功能异常与自身免疫病 发现系统性红斑狼疮和糖尿病患者中 NKT 细胞数量和功能显著降低。在这两种疾病的模型鼠中，转输 NKT 细胞都能降低自身免疫病的发病率。与之相对应的是，NKT 细胞缺陷的 $CD1d^{-/-}$ 小鼠可抵抗 ConA 诱导的肝脏损伤，若过继转输正常小鼠 NKT 细胞给 $CD1d^{-/-}$ 小鼠，可以恢复 $CD1d^{-/-}$ 小鼠对 ConA 的敏感性。来自实验性自身反应性脑脊髓膜炎(EAE)的研究也提示，$CD1d^{-/-}$ 小鼠可抵抗 EAE 的发生，说明 NKT 细胞在这些自身免疫病中促进了病情的发生和发展。可见 NKT 细胞同时具有促进和抑制免疫反应的双向调节功能。

3. NKT 细胞参与机体清除病原微生物的免疫应答 在抗原的刺激下 NKT 细胞能迅速分泌大量细胞因子和趋化因子，如 IL-4、IFN-γ、GM-CSF、IL-13、MCP-1α 和 MCP-1β 等，活化和招募其他效应细胞共同清除病原微生物。由于 NKT 细胞产生细胞因子中有 IL-4、IL-10 和 IL-13 等免疫抑制性因子，它们在自体和异体移植中也起到诱导移植耐受作用。

二、γδ T 细胞

根据 TCR 肽链结构的不同，T 细胞分为 $TCR\alpha\beta^+$ T 细胞和 $TCR\gamma\delta^+$ T 细胞两种类型，简称为 αβ T 细胞和 γδ T 细胞。大多数 T 细胞为 αβ T 细胞，参与适应性免疫，其特征已在第二章中详述。在体内，γδ T 细胞(γδ T cell)的比例却不超过 5%。虽然此类细胞数量较少，但是在一些疾病中却发挥重要的作用，如 γδ T 细胞缺陷鼠易被多种病毒和细菌感染，肿瘤的发生率也明显增高。

γδ T 细胞表达 CD2、CD3、CD11a/CD18、CD25 和 CD45 等分化抗原。人和小鼠的 γδ T 细胞还表达 PD-1、CD94/NKG2A 以及 CD94/NKG2D 分子，并且能与各自的配体相互作用。

（一）γδ T 细胞的起源与组织分布

目前认为 γδ T 细胞存在胸腺内和胸腺外两条发育途径，而 αβ T 细胞只能从胸腺中发育分化。体外实验证明，骨髓干细胞在胸腺组织内培养可以诱导分化为 γδ T 细胞，其中 IL-7 是 γδ T 细胞发育的关键细胞因子。由于一些无胸腺动物中也存在 γδ T 细胞，说明 γδ T 细胞也可以在非胸腺环境中发育。基于多种组织中皆存在 γδ T 细胞，也有可能 γδ T 细胞起源于胚胎时期的胸腺，随后扩展到外周组织中发育成熟。

γδ T 细胞分布于皮肤、小肠、肺脏、中枢神经系统和生殖器官等黏膜及皮下组织中，是构成皮肤的表皮内淋巴细胞和黏膜组织的上皮内淋巴细胞（IEL）的组成部分。γδ T 细胞的数量在不同组织中有很大差异，如人小肠 IEL 有 10%～18%的 γδ T 细胞，大肠 IEL 中占 25%～37%，而外周血单个核淋巴细胞中 γδ T 细胞仅有 0.5%～5%。在外周淋巴组织中 γδT 细胞的比例更低，这样的分布方式提示 γδ T 细胞在黏膜免疫中居重要地位。

分布在不同组织中的 γδ T 细胞效应功能并不相同，通常将它们分为两个群体：

1. 全身性 γδ T 细胞　主要出现于淋巴组织，表型多为 $CD4^-CD8^-$ 双阴性。其 TCR 的多样性较丰富。

2. 上皮内 γδ T 细胞　表型多为 $CD8^+$ 单阳性，TCR 多样性高度受限。特别在小鼠皮肤和雌性生殖道中的 γδ T 细胞，几乎为完全均一的群体。其受体多样性的缺失和难以参与再循环，决定了此类 γδ T 细胞主要识别来自其定居地，即受感染上皮细胞的相关病原体成分。上皮内 γδ T 细胞与上皮内淋巴细胞的关系，将在第九章中进一步介绍。

（二）γδ T 细胞的抗原识别

不同黏膜组织中的 γδ T 细胞表达由不同的 γδ 片段组成的 TCR 受体，以识别不同性质的抗原。在同一黏膜组织中的 γδ T 细胞往往表达相同的 TCRγδ，识别相同的抗原。因而，γδ T 细胞不同于 αβ T 细胞，一般缺乏抗原受体多样性，只能识别病原体的共同抗原成分，而且 γδ T 细胞对抗原的识别不具有 MHC 限制性，它们可以通过 TCRγδ 二聚体直接识别其配体，如应激抗原、磷酸化抗原，以及热休克蛋白等同源分子，还可直接识别完整的未被抗原提呈细胞加工的多肽。

（三）γδ T 细胞的生物学功能

1. 抗感染　γδ T 细胞可以快速、直接地在抗病毒过程中发挥作用。当黏膜及皮下组织发生病毒或寄生虫感染时，γδ T 细胞能释放细胞毒性分子如穿孔素和颗粒酶 B 等，表达 Fas/FasL 以及分泌 IFN-γ，对病毒或胞内寄生菌感染的靶细胞进行识别和杀伤。皮肤中的 $V\gamma5^+$ γδ T 细胞还可以通过产生 IL-17，抵御金黄色葡萄球菌的感染。IEL 中的 γδ T 细胞能产生纤维细胞生长因子Ⅶ（KGF Ⅶ），促进多种上皮细胞的生长和分化。

2. 抗肿瘤　从肿瘤浸润细胞中分离出的 γδ T 细胞对自体肿瘤有较强的杀伤活性，并且发现几乎所有的 Vγ9Vδ2 T 细胞都表达一种至数种 KIR 分子，提示它们可能和 NK 细胞一样，也是抗肿瘤的天然效应细胞。

3. 参与自身免疫病　在对自身免疫性疾病的研究中发现，自身反应 γδ T 细胞耐受状态的打破，是引起自身免疫病发病的一个重要环节，如 γδ T 细胞在系统性红斑狼疮患者外周血中显著增高。

4. 免疫调节　γδ T 细胞还可以发挥免疫调节作用。它们能在感染或损伤的局部，产生 IL-2、IL-4、IL-5、IL-6、IL-10、IFN-γ、GM-CSF 和 TNF-α 等多种细胞因子；能够辅助 B 细胞分化，促进黏膜局部特异性抗体的产生；能够活化单核/巨噬细胞等其他免疫细胞，参与免疫应答。

三、固有淋巴样细胞

固有淋巴样细胞（innate lymphoid cell，ILC）是新近发现的一类缺乏抗原特异性受体的淋巴细胞，主要包括 ILC1、ILC2 和 ILC3 三个亚群，广义的 ILC 还包括 NK 细胞和淋巴组织诱导细胞（lymphoid tissue-inducer cell，LT）。其分化谱系与 T、B 淋巴细胞一样，来自共同淋巴样祖细胞（CLP）（见第二章图 2-1），其胸腺中的前体表达特定转录因子称为 DNA 结合抑制蛋白 2（inhibitor of DNA binding 2，ID2）（图 3-18）。骨髓中的 ILC 前体（ILCp）在 IL-7 和 IL-15 作用下分化并迁移至淋巴组织和外周器官，特别是表皮、肝脏、小肠和肺脏。ILC 接受来自肠道、肺脏、皮肤、脂肪组织和淋巴组织等微环境的不同信号后，在相应组织中发挥抗感染等防御功能，包括介导炎症反应、调节组织稳态和修复黏膜损伤等。ILC 的效应作用通过分泌细胞因子以及细胞与细胞直接接触等方式实现，但不发生克隆扩增（图 3-18）。

（一）ILC1

人 ILC1 表达 CD127（IL-7R）和 CD161，鼠 ILC1 表达 CD127、NK1.1、NKp46 和 CD49a，两者均受转录因子 T-bet 调控。组织浸润的单核细胞通过释放 TGF-β、IL-12 和 IL-18 活化 ILC1 细胞。激活的 ILC1 细胞产生 IFN-γ 和TNF-α，清除胞内寄生菌和原虫，并介导炎症反应。

（二）ILC2

人 ILC2 表达 CD127、CRTH2 和 ST2（IL-33R），鼠 ILC2 表达 CD127、CD117（c-kit）和 ST2，人和鼠 ILC2 均受转录因子 GATA3 调控。ILC2 被上皮细胞等产生的细胞因子 IL-33、IL-25 或 TSLP 所活化，不具有细胞毒性，但可以释放

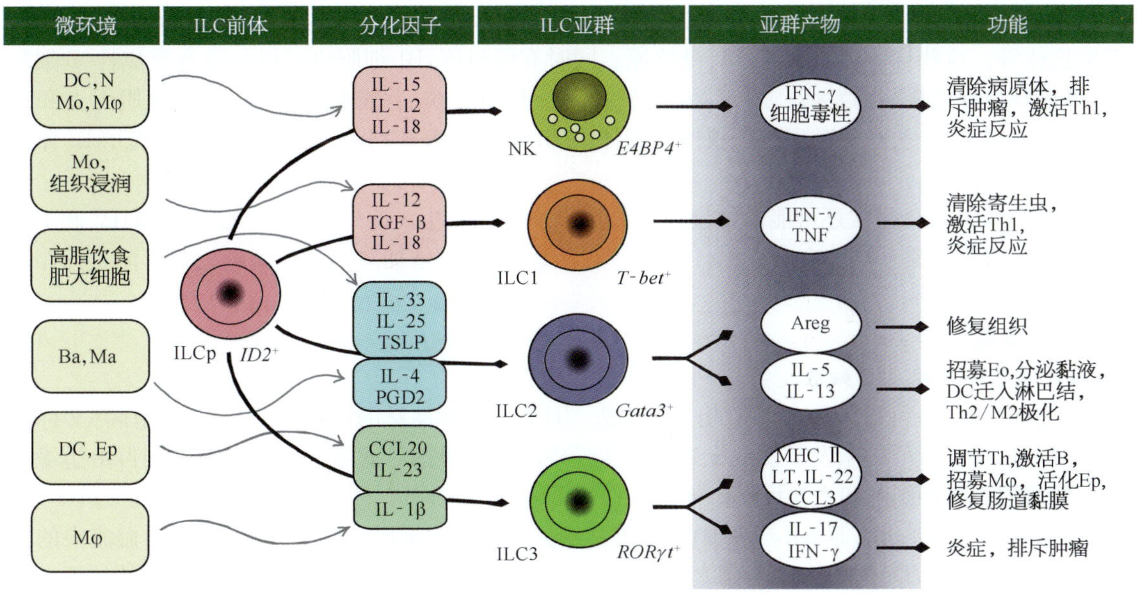

ILCp：固有淋巴样细胞前体；N：中性粒细胞；Mo：单核细胞；Mφ：巨噬细胞；Ba：嗜碱粒细胞；Eo：嗜酸粒细胞；Ma：肥大细胞；Ep：上皮细胞；LT：淋巴毒素；TSLP：胸腺基质淋巴生成素

图 3-18 固有淋巴样细胞亚群的分化、激活和功能

固有淋巴样细胞(ILC)包括ILC1、ILC2和ILC3三个亚群，广义的ILC还包括NK细胞等。ILC前体($ID2^+$ ILCp)接受组织微环境中DC、单核细胞、巨噬细胞和上皮细胞等释放的细胞因子被活化，通过分泌和表达各种效应分子，以及细胞与细胞直接接触等方式，在相应组织中发挥免疫效应功能，包括调节组织稳态、介导炎症反应和修复黏膜损伤等

Th2类细胞因子IL-5、IL-6、IL-9和IL-13。ILC2对蠕虫感染有应答能力，可以修复上皮组织损伤，也介导肺脏免疫病理反应、促进哮喘发生。ILC2还可以极化M2细胞，诱导血管通透性增加和黏液分泌。

（三）ILC3

人和鼠ILC3均表达CD127、CD117和IL-23R，在转录因子RORγt调控下，接受IL-1β和IL-23的刺激而活化，产生IL-17和GM-CSF，参与结肠炎的病理过程。另一类ILC3增加表达NK细胞受体NCR(人为NKp44，鼠为NKp46)，产生IL-22，维持肠道微生态平衡，阻止病原菌的定居。上述两群ILC3分别称为NCR^- ILC3和NCR^+ ILC3。

现认为，ILC1、ILC2和ILC3可分别与效应性T细胞亚群Th1、Th2和Th17协作，通过特定细胞因子的分泌，分别介导1型、2型和3型免疫应答(第一章图1-17)。

四、B1细胞

根据发育来源可以将B细胞分为B1细胞和B2细胞两个亚群，其中B2细胞即为通常所指参与适应性体液免疫应答的B细胞，而B1细胞则是一群功能较为特殊的B细胞，参与固有免疫应答。

（一）B1细胞的发育与表型

B1细胞来自胚胎或出生后早期前体细胞，主要在胎肝和网膜中发育，曾认为它们的发育不依赖于骨髓，现发现有少部分B1细胞在出生前可以在骨髓中经历一个很短的发育过程。此外，还发现成人的骨髓也可以产生B1细胞。B1细胞在胚胎晚期及出生后主要分布于脾脏，成年以后定位于胸膜腔、腹膜腔、肠系膜、大网膜、扁桃体和脾脏边缘带等处，在外周血和淋巴器官中较少见。

B1细胞的表面标志主要为$IgM^{high}IgD^{low}CD23^-CD43^+CD45^{low}$，这些分子表达密度的高低主要以B2细胞为准进行比较。根据CD5分子的表达与否，还可以将B1细胞分为两个亚类：$CD5^+$ B1a和$CD5^-$ B1b细胞。

（二）B1细胞的生物学功能与临床疾病

和经典的B2细胞不同，B1细胞通常不发生体细胞突变，无亲和力成熟，不产生记忆性细胞。

1）B1细胞主要对2型T细胞非依赖性抗原产生应答，还能够识别一些革兰阴性菌的表面抗原成分，因而在抵御微生物感染中十分活跃。B1细胞主要分泌低亲和力的IgM抗体，肠固有层和肠系膜淋巴结的B1细胞在外源性抗原的刺激下也能分泌sIgA，参与构成肠道防御病菌的第一道防线。sIgA可能有助于肠道内共生细菌的维持，对保持内环境的稳定发挥一定的作用。

2）近年有研究称，当自身调节发生紊乱时，B1细胞也会接受T细胞的辅助作用并进入生发中心发生类别转换和体细胞突变，产生高亲和力的 IgG 型自身抗体，如抗单链 DNA 抗体、抗双链 DNA 抗体、抗组蛋白抗体、抗细胞骨架抗体和抗心磷脂抗体等。这些抗体可清除部分自身抗原。同时有资料称，B1 细胞也可以向自身反应性 T 细胞提呈自身抗原，参与多种自身免疫性疾病的发病。例如，在关节炎、强直性脊柱炎、系统性红斑狼疮、重症肌无力和 1 型糖尿病患者中 B1 细胞都有异常性变化；活动期红斑狼疮患者体内 B1 细胞显著升高，而在缓解期下降，提示 B1 细胞的改变与红斑狼疮病情的活动度有关。

3）B1 细胞的增生或分化异常还可能导致慢性 B 细胞白血病的发生。此外，在一些病毒（如 HIV 和 HCV）感染者的外周血中发现 B1 细胞异常升高。有研究称，HCV 感染者 B1 细胞的增加对阻止病情的发展可能发挥作用。

五、边缘区 B 细胞

（一）脾脏边缘区和边缘区 B 细胞

脾脏由富含血供的红髓和充满淋巴细胞的白髓组成。围绕着小叶动脉的白髓再分成 T 细胞区（又称动脉周围淋巴鞘）和 B 细胞区，后者在抗原的激发下发展成为带有生发中心的次级淋巴滤泡。整个白髓外侧再由边缘区包绕。因而边缘区是红髓血流中各种细胞和血源性病原体进入白髓的解剖部位。

边缘区 B 细胞（marginal zone B cell，Mz-B）是脾脏边缘区中主要的淋巴细胞群，能迅速地对血流中的病原体起反应，其表型为 $IgM^{high}IgD^{low}CD21^{high}CD23^{low}CD35^{high}$。和 B1 细胞一样，Mz-B 在 2 型 T 细胞非依赖抗原（TI-2）如 LPS 的刺激下，迅速增殖和分化成为抗体形成细胞，分泌 IgM 抗体。因而 B1 细胞和 Mz-B 细胞被统称为固有类 B 细胞（innate-like B lymphocyte，ILB）。不同的是，B1 细胞参与再循环，而 Mz-B 细胞主要停留在脾脏边缘区。Mz-B 在整个脾脏 B 淋巴细胞群中的比例约为 5%。

（二）边缘区 B 细胞的功能

一是大量产生低亲和力 IgM，构筑机体抗感染的第一道防线，这些 IgM 也是机体预存的天然抗体主要来源。二是捕获和浓缩抗原，并通过产生细胞因子，影响 T 细胞和 DC 的功能。据称，Mz-B 可将免疫复合物转送并使之沉积在生发中心 FDC 的表面，还能向 CD4 T 细胞提呈抗原。另外，其能以 CD1d 分子识别糖脂类抗原的 iNKT 细胞，一旦进入脾脏 B 细胞区和边缘区，可在 Mz-B 的刺激下，产生 IFN-γ 和 IL-4。而 Mz-B 还可以分泌 IL-10，认为和调节性 B 细胞（Breg）的分化和行使功能密切相关。

本 章 提 要

经典的 T、B 细胞之外的各种免疫细胞，主要参与固有免疫应答，称为固有免疫细胞。其主要包括单核/巨噬细胞、树突状细胞、NK 细胞、粒细胞和肥大细胞，以及 NKT、γδ T、ILC、B 和 Mz-B 等固有类淋巴细胞。这些细胞通过各自的方式在机体内发育、分化、成熟，继而在机体的免疫网络中发挥重要作用，不仅参与固有免疫应答，有些还能够通过多种途径刺激机体的适应性免疫应答。越来越多的研究显示，固有免疫细胞在不同疾病的发生发展中发挥重要作用，它们的功能异常可能是某些疾病发生的直接原因，而且同一类固有免疫细胞如 NK 细胞，既能保护机体又可促进疾病的产生。运用固有免疫细胞开展免疫治疗有广阔的应用前景，但仍有许多问题尚需探索和完善。

（魏海明　田志刚）

参 考 文 献

Baumgarth N. 2010. The double life of a B-1 cell: self-reactivity selects for protective effector functions. Nat Rev Immunol, 11: 34-46.

Belz GT, Nutt SL. 2012. Transcriptional programming of the dendritic cell network. Nat Rev Immunol, 12: 101-113.

Caligiuri MA. 2008. Human natural killer cells. Blood, 112: 461-469.

Eberl G, Di Santo James P, Vivier E. 2015. The brave new world of innate lymphoid cells. Nat Immunol, 16: 1-5.

Godfrey DI, Stankovic S, Baxter AG. 2010. Raising the NKT cell family. Nat Immunol, 11: 197-206.

Lanier LL. 2005. NK cell recognition. Annu Rev Immunol, 23: 225-274.

Liu K, Victora GD, Schwickert TA, et al. 2009. In vivo analysis of dendritic cell development and homeostasis. Science, 324: 392-397.

Raulet DH, Guerra N. 2009. Oncogenic stress sensed by the immune system: role of natural killer cell receptors, 9: 568-580.

Vivier E, Tomasello E, Baratin M, et al. 2008. Functions of natural killer cells. Nat Immunol, 9: 503-510.

Wu L, Liu YJ. 2007. Development of dendritic-cell lineages. Immunity, 26: 741-750.

Lavin Y, Mortha A, Rahman A et al. 2015. Regulation of macrophage development and function in peripheral tissues. Nat Rev Immunol, 15: 731-744.

Zouali M, Richard Y. 2011. Marginal zone B-cells, a gate keeper of innate immunity. Front Immunol, 2: 1-10.

第四章　免疫原与免疫球蛋白

免疫原是免疫应答的启动者和参与者。

免疫原包括激活固有免疫应答的固有分子模式和激活适应性免疫应答的抗原。固有分子模式属于病原微生物或自身损伤细胞和组织在进化和应急状态下形成的保守成分，经模式识别受体识别，产生促炎性介质，发挥炎症和组织修复功能。淋巴细胞借助表面的 TCR 和 BCR 识别抗原，显示克隆增殖特性，借助产生的抗体和效应 T 细胞启动适应性免疫应答，并显示记忆功能。

免疫球蛋白即抗体，是由 B 细胞接受抗原刺激分化或浆细胞所产生的效应分子介导体液免疫。抗体具有中和病原微生物及其产物、调理免疫细胞吞噬和激活补体杀伤病原体等重要功能。

第一节　免疫原

一、免疫原的概念

免疫原(immunogen)指能够启动、激发和诱导免疫应答(包括固有免疫和适应性免疫)的物质，由固有分子模式(innate molecular pattern, IMP)和抗原(antigen, Ag)组成。

其中，IMP 是启动和诱导固有免疫应答的物质，包括病原体等共有的保守成分——病原体相关分子模式(pathogen-associated molecular pattern, PAMP)和受损伤的自身细胞和组织释放的成分——损伤相关分子模式(damage-associated molecular pattern, DAMP)。感染早期，位于机体皮肤和黏膜的固有免疫细胞，通过模式识别受体(pattern recognition recepter, PRR)对 IMP 进行泛特异性的识别，介导以炎症效应为主的固有免疫及吞噬杀菌效应，或清除凋亡损伤细胞以维持生理性自稳。IMP 的特点是：① 主要参与固有免疫的启动和诱导；② 通常不限于特定类别的成分或单一分子，而以一类相聚的分子模式发挥作用。

抗原是指经由 T、B 细胞表面的抗原受体(TCR、BCR)识别，能激活 T、B 细胞产生特异性免疫应答，并与应答产物(特异性抗体和淋巴细胞)起反应的物质。理论上，抗原可以是来自外界或者自身产生的某种化学基团。机体免疫细胞识别的大部分抗原是蛋白质，也有多糖和核酸等物质。

固有免疫与适应性应答在本质上并无二致，均涉及受体对免疫启动物质的识别、受体相关信号的转导、效应分子编码基因的转录激活、免疫细胞的活化、效应分子的产生，从而清除入侵病原体等“非己”成分和受损的“自身”成分。两种应答过程均具有三个时相：识别相、激活相和效应相。

二、免疫原的分类

固有免疫识别由 PAMP 和 DAMP 等构成的固有分子模式；适应性免疫识别的免疫原是抗原(图 4-1)。

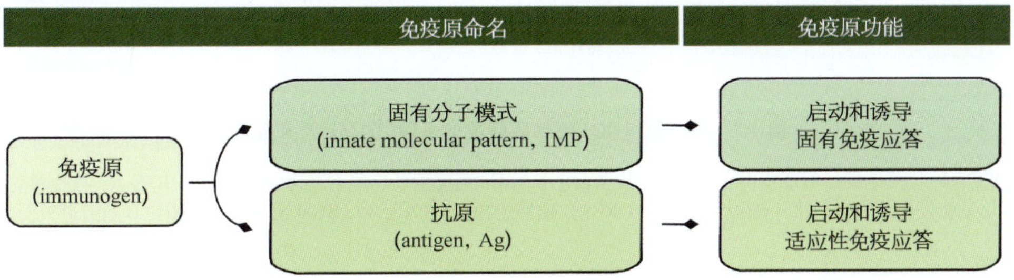

图 4-1　免疫原：固有分子模式与抗原

(一) IMP 的分类

固有分子模式涵盖 PAMP、DAMP 及其他已发现或有待确认的各种模式成分。

1. 病原体相关分子模式　PAMP 来源于病原体保守的共有成分，也称为外源性危险信号。例如，所有细菌的肽聚糖（PGN）、G^- 细菌的脂多糖（LPS）、G^+ 菌的脂磷壁酸（LTA），细菌的脂蛋白（BLP），分枝杆菌、真菌所共有的脂阿拉伯甘露聚糖（LAM），细菌共有的 CpG 修饰 DNA（图 4-2）。PAMP 由位于细胞表面和胞质内的多种模式识别受体（PRR）识别后，激活相应信号通路，刺激促炎症细胞因子的产生，增强 Mφ、DC 的抗原提呈能力。

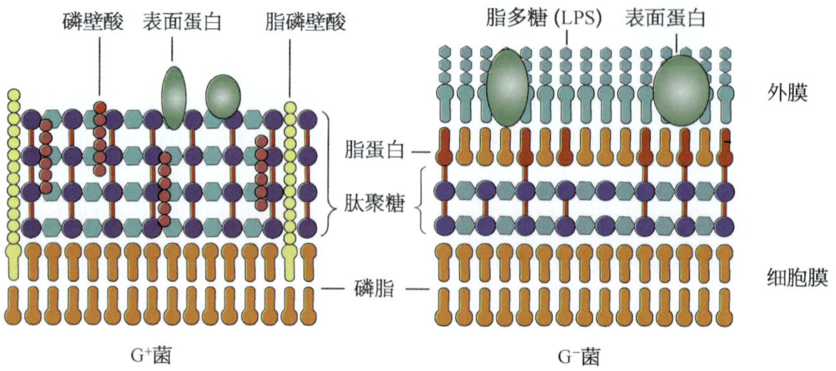

图 4-2　G^+ 和 G^- 细菌细胞壁中的多种 PAMP

肽聚糖（peptidoglycan，PGN），磷壁酸（teichoic acid，TA），脂多糖（lipopolysaccharide，LPS），脂磷壁酸（lipoteichoic acid，LTA）

2. 损伤相关分子模式　损伤相关分子模式（damage-associated molecular pattern，DAMP）来源于受损的自身组织和细胞，也称为内源性危险信号。DAMP 通常由坏死细胞或应激细胞释放，介导非感染状态下的无菌性炎症反应。DAMP 家族成员包括：透明质素（hyaluronan）片段、热休克蛋白（HSP）、S100 家族蛋白、β 淀粉样蛋白（amyloid-β）、尿酸、ATP、核相关蛋白如高迁移率族蛋白 1（HMGB1）以及某些细胞因子如 IL-1α 和 IL-33。新近发现的 DAMP 还有脂类代谢产物氧化低密度脂蛋白（OxLDL）、氧化胆固醇酯（OxCE）和饱和脂肪酸、β 半乳糖苷结合凝集素（galectin）等（图 4-3）。大部分 DAMP 来源于胞内物质，少数来源于胞外成分，如透明质素、硫酸乙酰肝素、胶原相关多肽等。DAMP 的受体多为 PRR 中的 TLR 和 NLR，也有特殊受体如高度糖基化终末产物受体（RAGE）和 C 反应蛋白（CRP）等。

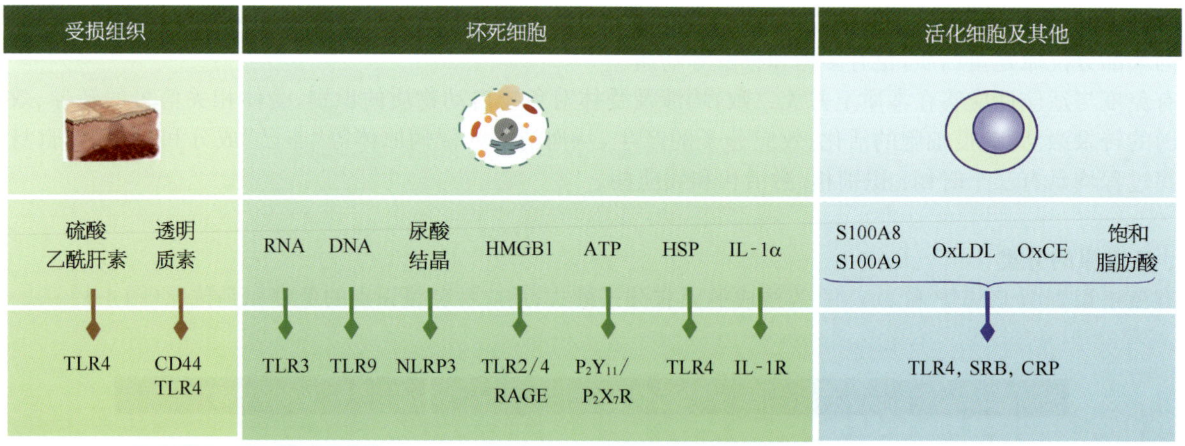

图 4-3　受损组织和坏死细胞释放的多种 DAMP 及其受体

NLRP3：带 PYD 结构域的 NOD 样受体蛋白 3；HMGB1：高迁移率族蛋白 1；RAGE：高度糖基化终末产物受体；P_2Y_{11}/R_2X_7R：嘌呤源受体；HSP：热休克蛋白；OxLDL：氧化低密度脂蛋白；OxCE：氧化胆固醇酯；CRP：C 反应蛋白；S100A8/A9：S100 家族蛋白；SRB：B 型清道夫受体，即 CD36

坏死细胞释放的多种 DAMP 作为一类内源性危险信号，经由固有免疫细胞（Mφ、DC 等）表面的多种 PRR（如 Toll 样受体、NOD 样受体、RIG 样受体）（见第八章）和 RAGE 等受体识别后，激活促炎症细胞因子如 IL-1β、IL-6 和 TNF-α 的表达，介导炎症性应答（图 4-4）。同时促进 DC 的成熟，调控机体的自稳状态。而过度产生的 DAMP 如尿酸单钠盐结晶诱导的炎症反应，往往与一些无菌性炎症疾病如痛风等发病密切相关。

3. 激活 NK 细胞的固有分子模式　与 Mφ 和 DC 相比，激活自然杀伤细胞的 IMP 有其特点。已知 NK 细胞的

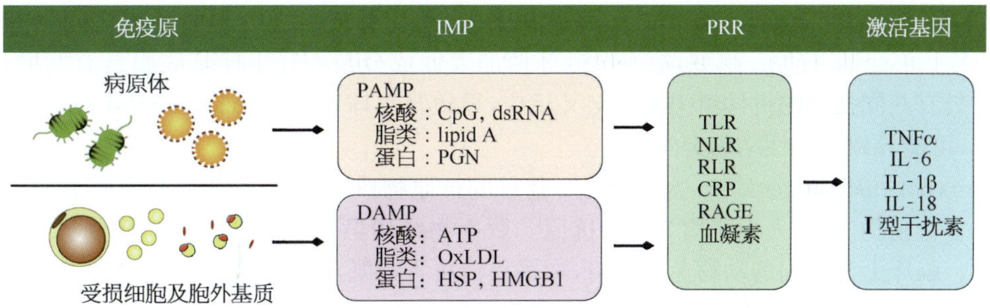

图 4-4　固有分子模式 PAMP 和 DAMP 经由 PRR 介导炎症效应

活化受杀伤细胞抑制性受体(KIR)和杀伤细胞激活性受体(KAR)的双重调控(见第三章)。正常状态下,KIR 识别自身 MHC Ⅰ类分子如 HLA-B、HLA-C 和 HLA-E,NK 细胞处于抑制状态,不能活化;而当自身 MHC Ⅰ类分子下调或表达缺失而构成一种称为丢失自身(missing self)状态时,抑制信号解除,NK 细胞的 KAR 与其相应配体结合,开始传导激活信号使 NK 细胞活化。图 4-5 显示:NK 细胞表面的激活性受体包括 NKG2D、NKP30/44/46、CD94/NKG2C、CD16 等,它们识别的配体分别是:MHC Ⅰ类链相关分子(MICA/MICB)、U16 结合蛋白(ULBP)、B7-H6、血细胞凝集素、HLA-E、抗体 IgG Fc 段。它们都属于激活 NK 细胞的 IMP。NK 细胞受激后通过分泌 IFN-γ、穿孔素、颗粒酶等介导靶细胞杀伤效应。MICA、MICB 和 ULBP 同时也是激活 γδ T 细胞的 IMP。

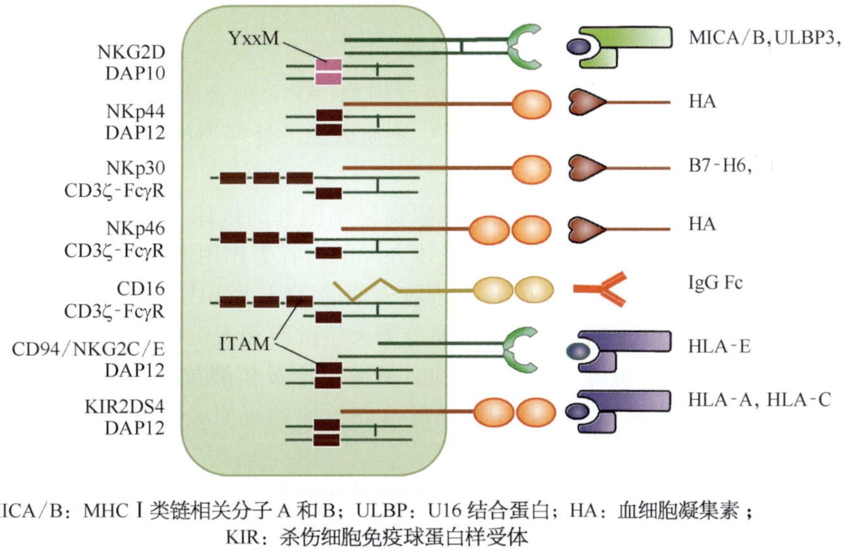

图 4-5　激活 NK 细胞活化性受体的固有分子模式

(本图为第三章图 3-12A 右侧的一部分,可参阅原图)

(二)抗原的分类

参与激活适应性免疫的抗原种类繁多,可根据不同的标准分类。

1. 根据诱生抗体时是否需要 Th 细胞参与分类

(1) T 细胞依赖性抗原(T dependent antigen, TD-Ag)　此类抗原刺激 B 细胞产生抗体时依赖于 T 细胞辅助。绝大多数蛋白质抗原如病原微生物、血清蛋白、肿瘤细胞等均属 TD-Ag。先天性胸腺缺陷和后天性 T 细胞功能缺陷的个体,TD-Ag 诱导产生抗体的能力明显低下。

(2) T 细胞非依赖性抗原(T independent antigen, TI-Ag)　此类抗原刺激 B 细胞产生抗体时无需 T 细胞辅助。TI-Ag 再分为 TI-1 和 TI-2 抗原:前者如细菌脂多糖(LPS),既含有抗原表位,又具有 B 细胞丝裂原性质,可非特异性激活多克隆 B 细胞;TI-2 抗原如肺炎球菌荚膜多糖、聚合鞭毛素等,含多个重复 B 细胞表位,通过交联 BCR,能高效地刺激成熟 B 细胞应答。婴儿和新生动物 B 细胞发育不成熟,故对 TI-1 Ag 应答而对 TI-2 Ag 不应答或低应答。

2. 根据抗原与机体的亲缘关系分类

(1) 异嗜性抗原(heterophilic antigen)　一类存在于人、动物及微生物等不同种属之间的共同抗原。最初由Forssman发现,又名Forssman抗原。例如,溶血性链球菌的表面成分与人肾小球基底膜具有共同抗原,故链球菌感染产生的抗体可与具有共同抗原的机体组织发生交叉反应,导致肾小球肾炎;又如大肠杆菌O_{14}型脂多糖与人结肠黏膜有共同抗原存在,可能导致溃疡性结肠炎的发生。

(2) 异种抗原(xenogenic antigen)　指来自另一物种的抗原物质,如病原微生物及其产物、植物蛋白、治疗用动物抗血清及异种器官移植物等,对人而言均为异种抗原。微生物结构虽然简单,但其化学组成却相当复杂,对于人都有较强的免疫原性。临床上治疗用的动物免疫血清,如马血清抗毒素既含特异性抗毒素抗体以中和毒素,同时又是异种抗原,可刺激机体产生抗马血清抗体,反复使用可导致超敏反应。

(3) 同种异型抗原(allogenic antigen)　指同一种属不同个体间所存在的不同抗原,亦称同种抗原或同种异体抗原。常见的人类同种异型抗原有红细胞血型抗原和组织相容性抗原(HLA)。红细胞血型抗原有四十余种,主要有ABO(A1、A2、B、H抗原)系统和Rh(D、C、E、L、W抗原)系统。HLA是人体最为复杂的同种异型抗原,在人群中具有极为丰富的多态性。

(4) 自身抗原(autoantigen)　正常情况下机体对自身组织细胞不会产生免疫应答,表现为自身耐受。但在感染、外伤、服用某些药物等影响下,使通常与免疫细胞隔离的抗原释放;或使自身组织细胞发生改变,可诱发自身免疫应答。这些改变的自身成分称为自身抗原。

(5) 独特型抗原(idiotypic antigen)　TCR、BCR或抗体IgV区内的互补决定区(CDR),是特异性结合多种不同抗原的部位,其结构对于每种TCR、BCR或抗体分子而言,各不相同,具有独特的氨基酸顺序和空间构型,可作为抗原表位再诱导特异性抗体(即抗抗体)。这些独特的氨基酸序列称为独特型(idiotype, Id)抗原,所诱生的抗体称为抗独特型抗体(AId)(见第十四章)。

3. 根据抗原进入抗原提呈细胞的方式分类

(1) 内源性抗原(endogenous antigen)　指在抗原提呈细胞(APC)内合成的抗原,如病毒感染细胞后产生于胞内的病毒蛋白、肿瘤细胞内产生的肿瘤抗原等,它们在APC胞质内加工处理为抗原肽,与MHC Ⅰ类分子结合成复合物,被表达于CD8 T细胞表面的TCR所识别。

(2) 外源性抗原(exogenous antigen)　指出现于抗原提呈细胞外的抗原,可以是细菌蛋白等外来成分,也可以是细胞产生的自身抗原。外源性抗原通过吞噬、胞饮和受体介导的内吞等作用进入APC,在内体溶酶体中降解为抗原肽后,与MHCⅡ类分子结合为复合物,被表达于CD4 T细胞表面的TCR所识别。

4. 其他分类　根据抗原产生方式的不同,可将抗原分为天然抗原和人工抗原;根据物理性状不同,分为颗粒性抗原和可溶性抗原;根据抗原化学性质,可分为蛋白质抗原、多糖抗原及核酸抗原等;根据抗原的来源和疾病的相关性,又可分为移植抗原、肿瘤抗原、自身抗原等。其中能诱导变态反应的抗原又称为变应原(allergen)或过敏原;可诱导机体产生免疫耐受的抗原又称为耐受原(tolerogen)。

表4-1综合了固有分子模式和抗原主要的免疫生物学特性及异同点。

表4-1　固有分子模式与抗原的免疫学特性

	免疫原	免疫原性	反应原性	识别分子	识别受体	活化的细胞
固有免疫	IMP (PAMP, DAMP)	+	−	模式识别分子 (DAI, HMGB1)	模式识别受体 (TLR, RAGE)	固有免疫细胞 (Mφ、DC)
	HLA Ⅰ类分子				CD94/NKG2A, KIR(抑制)	NK细胞
	MICA/MICB, ULBP				NKG2D,KAR(激活)	NK细胞
适应性免疫	抗原	+	+	抗体	BCR、TCR	T、B细胞
	半抗原	−	+	抗体	BCR、TCR	T、B细胞

注:IMP:固有分子模式;PAMP:病原体相关分子模式;DAMP:损伤相关分子模式;DAI:DNA依赖的干扰素调节因子激活剂(DNA-dependent activator of IFN-regulatory factors);HMGB1:高迁移变族蛋白1;TLR:Toll样受体;RAGE:高度糖基化终末产物受体

第二节　免疫原的基本特性

免疫原作为免疫应答的启动者,具有激活免疫系统发生免疫应答的能力;同时,一部分免疫原还参与了与免疫应答效应物质(如炎症细胞因子、抗体、活化淋巴细胞等)的相互作用。

一、免疫原性

对于免疫原而言,能刺激机体免疫系统产生固有免疫应答(炎症细胞因子效应)或者适应性免疫应答(抗体或活化T、B细胞效应)的性质称为免疫原性(immunogenicity)。IMP和Ag均具有免疫原性。

二、反应原性

免疫原与免疫应答效应物质(炎症细胞因子、抗体或活化的T、B细胞)相结合的能力,称为反应原性(reactionogenicity),又称抗原性(antigenicity)。所有抗原(Ag)具有反应原性;IMP(PAMP、DAMP等)可启动和激活固有免疫应答,但却并不与诱导的炎症细胞因子等效应产物专一性结合,因此,IMP仅有免疫原性,而没有反应原性。

抗原既可诱生特异性免疫应答,又可与应答产物如抗体和活化T细胞特异性结合,因此同时具备免疫原性和反应原性。而一些小分子化合物及药物被称为半抗原(hapten),因为其只有与大分子蛋白质或多聚赖氨酸等载体(carrier)交联或结合后,才可成为抗原,因此仅有反应原性而没有免疫原性(表4-1)。例如,青霉素降解产物青霉烯酸,本身没有免疫原性,但进入人体与组织蛋白结合成为完全抗原,可诱导病理性IgE的产生;青霉烯酸再与特异性IgE的结合与交联,导致Ⅰ型超敏反应的产生。

三、抗原表位

天然生物蛋白质大分子是良好的抗原,其中包含多个可诱导机体产生特异性抗体的化学基团,称为抗原表位。抗原表位是蛋白质大分子抗原诱导特异性免疫应答的最小结构与功能单位。

1. *抗原表位的概念*　　表位(epitope)又称抗原决定簇(antigenic determinant)。它是与T、B细胞抗原受体(TCR、BCR)及抗体特异性结合的基本结构单位,通常由5～15个氨基酸残基组成,也可由多糖残基或核苷酸组成。一个蛋白分子中能与抗体结合的抗原表位的总数称为抗原结合价(antigenic valence)。一个半抗原相当于一个抗原表位,仅能与抗体分子的一个结合部位结合。天然抗原一般是大分子,含多个不同的抗原表位,是多价抗原,可与多个抗体分子结合。

由于大分子抗原蛋白质具有多个表位,因此免疫机体后可产生针对不同表位的多种不同的特异性抗体,即多克隆抗体。抗原反复刺激机体产生免疫应答之所以具有高度的特异性,是携带相应受体的T、B细胞克隆被选择,使得TCR/BCR受体库发生结构性偏移的结果。实际上,实施克隆选择的是该抗原分子中的特定表位。因而抗原表位是决定免疫应答特异性的分子与结构基础。

2. *抗原表位的分类*　　根据抗原表位的氨基酸排列空间结构特点,可分为序列表位(sequential epitope)和构象表位(conformational epitope)。序列表位由连续排列的氨基酸构成,又称为线性表位(linear epitope);构象表位则指不连续排列的若干氨基酸,在空间上彼此接近形成特定构象。T细胞仅识别由APC降解并提呈于表面的与自身MHC分子结合的线性表位,这种表位称为T细胞表位(图4-6A)。T细胞表位分两种,CD8 T细胞识别的表位为8～10个氨基酸残基,一般说来,其中第2、9位氨基酸为结合于MHC分子的锚定残基(anchor residue),中间隆起部分供T细胞识别;CD4 T细胞识别的抗原肽稍长,为12～18个氨基酸残基,也是以中间隆起部分作T细胞表位(表4-2)。B细胞表面抗原受体(BCR)或者B细胞分泌的特异性抗体所识别的表位,既可以是线性表位,也可以是构象表位,通常以构象表位居多。B细胞表位的氨基酸长度变化较大,为5～15个氨基酸残基,B细胞表位多位于抗原表面,不需要APC提呈而直接激活B细胞(图4-6B)。

表4-2　T细胞表位与B细胞表位的特性

	T细胞表位	B细胞表位
识别表位受体	TCR	BCR
MHC分子参与	必需	无需
表位性质	蛋白肽	多肽、多糖、脂多糖、有机化合物
表位或提交表位的肽段大小	由8～10个氨基酸残基(CD8 T细胞)的肽段提交 由12～18个氨基酸残基(CD4 T细胞)的肽段提交	5～15个氨基酸残基,或单糖、核苷酸
表位类型	线性表位	构象表位或线性表位
表位位置	抗原分子任意部位	抗原分子表面

3. *半抗原-载体*　　在天然蛋白抗原中,一般同时存在T细胞和B细胞表位,可同时活化T细胞和B细胞。而一些人工合成的简单半抗原分子,免疫原性很低,只有与蛋白质载体偶联后,才可诱导出抗半抗原抗体。其机制是:B细

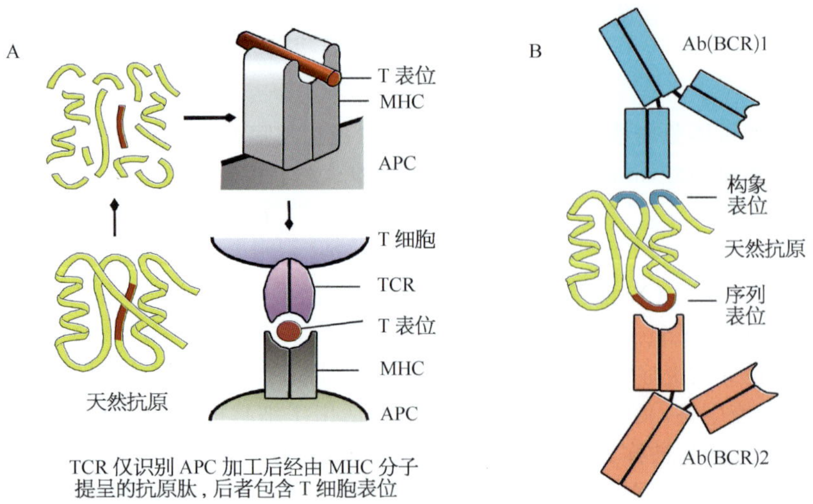

图 4-6　抗体、BCR 和 TCR 对抗原表位的识别

A. TCR 对抗原 T 细胞表位的识别。TCR 识别的表位是经过 APC 降解的序列表位。T 细胞表位通常位于蛋白质抗原内部，蛋白质抗原经 APC 细胞摄取和降解后，抗原表位肽与自身 MHC 分子结合，并被提呈于 APC 表面，T 细胞的 TCR 识别 T 细胞表位肽的同时，必须同时识别 MHC 分子。B. Ab(BCR)对抗原 B 细胞表位的识别。BCR 或者抗体识别的表位有两种类型：序列表位和构象表位。BCR 和抗体直接识别天然状态的 B 细胞表位

胞特异性识别半抗原，初步活化；而蛋白载体中的 T 细胞表位，被 B 细胞或其他 APC 提呈后活化 CD4 T 细胞，这样，通过载体表位把T-B细胞联系起来(T-B 桥联)，让 Th 细胞提供辅助，激活 B 细胞应答(图 4-7)。

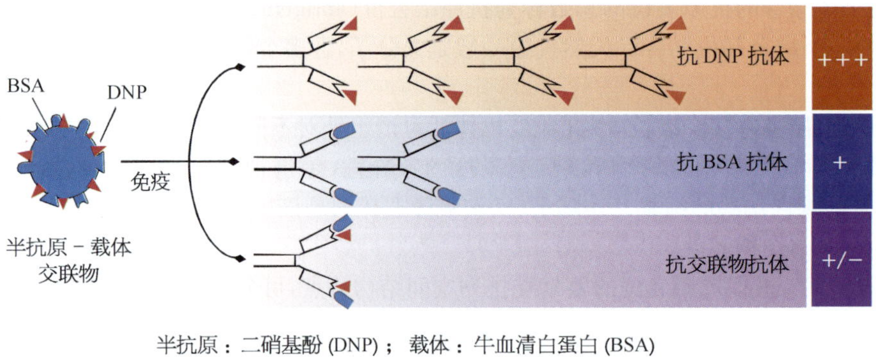

图 4-7　半抗原—载体交联物诱导的抗体应答

半抗原如二硝基酚(DNP)缺乏免疫原性，直接免疫家兔不能产生特异性抗体，将其与具有很强免疫原性的载体蛋白牛血清白蛋白(BSA)交联成为复合物后，免疫原性显著增强。以该交联物免疫家兔后，产生三种特异性不同的抗体，其中绝大多数抗体针对半抗原 DNP，小部分针对载体 BSA 蛋白，很小部分针对交联物

4. *共同抗原表位与交叉反应*　某些抗原分子中含有多种抗原表位，而不同抗原之间可能含有相同或相似的抗原表位，称为共同抗原表位(common epitope)。因此，某些抗原诱导的特异性抗体或活化淋巴细胞，不仅可与自身抗原表位特异性结合，还可与其他抗原中的相同或相似的表位起反应，这一抗体或活化淋巴细胞对具有相同或相似表位的不同抗原的反应，称为交叉反应(cross-reaction)。

第三节　影响免疫原特性的因素

一、决定免疫原免疫原性的因素

(一) 决定 IMP 免疫原性的因素

有关固有免疫免疫原的研究进展较快，许多新的 IMP 被不断发现，目前还无法对所有 IMP 的免疫原性分子及其结构基础进行归纳。

已发现某些核酸类 IMP 的免疫原性的结构基础与核酸长度与化学修饰相关：如病毒 RNA 的免疫原性主要取决于 RNA 的长度以及 5′端的三磷酸修饰特性。短 dsRNA 和 5′磷酸化 ssRNA，如来源于流感病毒、HCV 等的 dsRNA，主要由胞质感受器即属于胞内 PRR 的 RIG 样受体（RLR）识别；而来源于小 RNA 病毒的长 dsRNA 则主要由另一胞质感受器 MDA5 予以识别，然后通过 IPS-1 激活 NF-κB 通路和 IRF-3 通路，引发Ⅰ型干扰素等的分泌（见第八章）。而有些 dsRNA 则由胞质其他感受器 PKR 和胞内区室（如内体）的膜型 PRR（如 TLR3）识别，有些 ssRNA 则由胞内膜型 TLR7 和 TLR8 识别，以交叉但不完全相同的通路诱导炎症细胞因子分泌。DNA 的固有免疫感受器包括膜型 TLR9 和胞质感受器 DAI 和 AIM2 等，但尚未明确对病毒来源 DNA 差异性识别的分子基础。对于自身 dsDNA，发现低甲基化修饰和凋亡（DNA 片段化）与自身 DNA 获得免疫原性密切相关。

（二）决定 Ag 免疫原性的因素

免疫原性主要取决于抗原物质本身的异物性和特殊理化特性，同时取决于抗原进入机体的方式和频率，以及机体本身的生物学特性。

1. 抗原分子的理化性质

（1）异物性　除了自身抗原，抗原一般是非己物质。抗原与机体之间亲缘关系越远，组织结构差异越大，异物性越强，其免疫原性越强。例如，鸡卵蛋白对鸭是弱抗原，对哺乳动物则是强抗原；灵长类（猴或猩猩）组织成分对人是弱抗原，而对啮齿动物则多为强抗原。异物性不仅存在于不同种属之间，如各种病原体、动物蛋白制剂等对人异物性较强，为强抗原；也存在于同种异体之间，如同种异体移植物之间 MHC 差别很大，具有强免疫原性。自身成分如发生改变，也可被机体视为异物；即使自身成分未发生改变，但在胚胎期若未与免疫活性细胞充分接触而未能诱导特异性免疫耐受，也具有免疫原性，如精子、脑组织、眼晶状体蛋白等，这些成分一旦因外伤逸出，与免疫活性细胞接触，即被认为是异物，诱导很强的免疫应答。

（2）化学性质　天然抗原多为大分子有机物。蛋白质一般是良好抗原。糖蛋白、脂蛋白和脂多糖都有免疫原性。脂类和哺乳动物的细胞核成分如 DNA、组蛋白通常没有免疫原性，但组织、免疫细胞和肿瘤在过度活化并凋亡时，其染色质、DNA 和组蛋白发生化学修饰等变化，产生免疫原性，能诱导相应自身抗体的生成。

（3）分子质量大小　分子质量通常需在 10 kDa 以上，且分子质量越大，抗原表位越多，结构越复杂的抗原，免疫原性越强。大于 100 kDa 的抗原为强抗原。

（4）结构的复杂性　分子质量大小并非决定免疫原性的绝对因素。明胶分子质量为 100 kDa，但由直链氨基酸组成，缺乏苯环氨基酸，稳定性差，免疫原性很弱。明胶分子偶联 2%的酪氨酸后，免疫原性大大增强。胰岛素分子质量仅 5.7 kDa，但其序列中含芳香族氨基酸使免疫原性较强。

（5）分子构象　某些抗原分子在天然状态下可诱生特异性抗体，但经变性使构象改变后，却失去了诱生同样抗体的能力。这是由于含有构象表位且发生了构象改变的缘故。因此，抗原分子的空间构象很大程度上影响抗原诱导抗体应答的免疫原性。

抗原表位中所含化学基团的数目、位置和空间构象都影响抗原表位的免疫原性和反应原性。例如，虽然氨苯磺酸、氨苯砷酸和氨苯甲酸在结构上相似，仅一个有机酸基团的差异，但它们可各自诱导特异性抗体，抗氨苯磺酸抗体仅与氨苯磺酸发生强烈结合，对结构相似的氨苯砷酸和氨苯甲酸只起中等和弱反应（表 4-3），表明化学基团的性质决定了抗原表位的特性。表 4-3 同时表明，即使均为氨苯磺酸，抗间位氨苯磺酸抗体只对间位氨苯磺酸产生强反应，对邻位氨苯磺酸和对位氨苯磺酸仅呈弱或无反应，表明了化学基团的空间位置也决定了抗原表位的特性。而且，抗右旋、抗左旋和抗消旋酒石酸抗体仅对相应旋光性的酒石酸起反应，即空间构象也决定抗原表位的特性。

表 4-3　化学基团的性质及位置对抗原表位抗原性的影响

半抗原	氨苯磺酸	氨苯砷酸	氨苯甲酸	间位氨苯磺酸	对位氨苯磺酸	邻位氨苯磺酸
化学结构式	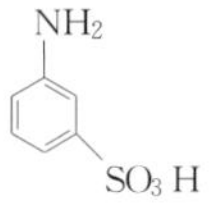	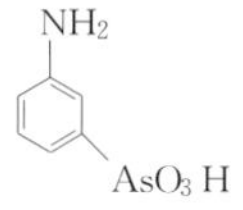	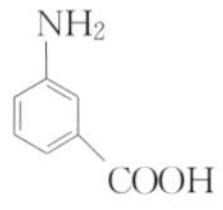	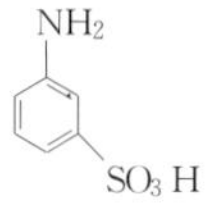	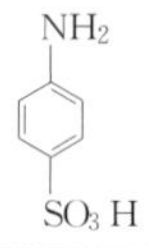	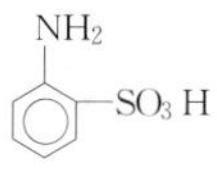
与间位氨苯磺酸抗体的反应强度	+++	+	+/−	+++	+/−	++

（6）易接近性（accessibility）　是指抗原表位被淋巴细胞抗原受体所接近的程度。抗原分子中氨基酸残基所处侧链位置的不同可影响抗原与 BCR 及抗体的结合，从而影响抗原的免疫原性。如图 4-8 所示，氨基酸残基在侧链的位置不同（A 与 B 相比），其免疫原性也不同；B 与 C 相比，因侧链间距不同，改变了 BCR 的可接近性，故免疫原性也不同。

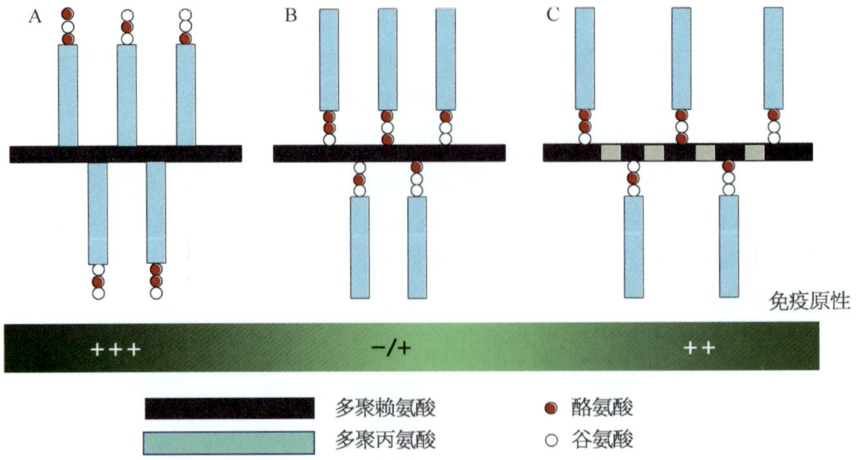

图 4-8 抗原表位的易接近性影响抗原的免疫原性

多聚赖氨酸和多聚丙氨酸结构简单，无免疫原性，可作为支架。A. 当酪氨酸和谷氨酸残基位于侧链的最外侧时，最容易被 TCR、BCR 和抗体所接近，因此该结构蛋白质的免疫原性很强；B. 当它们位于侧链内侧时，由于无法被接近，因此几乎丧失免疫原性；C. 而当侧链的间距增大，位于内侧的酪氨酸和谷氨酸残基又具有了可接近性，因此免疫原性增强

（7）物理状态　一般聚合态蛋白质较其单体有更强的免疫原性；颗粒性抗原的免疫原性强；而可溶性抗原的免疫原性较弱。因此将免疫原性弱的物质吸附于颗粒表面，可增强其免疫原性。

2. 机体的生物学特性

（1）遗传因素　不同遗传背景的小鼠（对应于不同的人类个体）对特定抗原的应答能力不同。对某一抗原呈高反应的小鼠品系对其他抗原可能呈低反应性，而不同品系小鼠对同一抗原的反应性也不同。例如，90%以上的人类强直性脊椎炎患者发现携带 HLA-B27 抗原；多糖抗原对人和小鼠具有免疫原性，对豚鼠则无免疫原性。此提示机体对抗原的应答受遗传（基因）控制。主要组织相容性复合体（MHC）基因多态性是调控抗原特异性免疫应答质和量的关键分子，导致对同一抗原表位的免疫应答与否及应答的程度都不相同。

（2）年龄、性别与健康状态　通常青壮年比幼年和老年机体对抗原的免疫应答强；新生动物或婴儿对细菌多糖类抗原不应答，故易引起细菌感染；雌性比雄性机体抗体产生水平高，但怀孕机体的应答能力受到显著抑制；感染或免疫抑制剂能显著干扰和抑制对抗原的应答。

3. 抗原进入机体的方式和频率　抗原进入机体的量、途径、次数、频率以及免疫佐剂的应用与否与佐剂类型都影响机体对抗原的应答。适中的抗原剂量诱导免疫应答，而太低和太高剂量均可诱导免疫耐受。皮内免疫和肌肉注射方式易诱导免疫应答，皮下免疫次之，而腹腔注射和静脉注射效果差，口服则易诱导耐受。抗原注射间隔时间要适当，过于频繁的免疫，易诱导免疫耐受；佐剂类型显著影响免疫应答格局，弗氏佐剂主要诱导 IgG 类抗体，明矾佐剂易诱导 IgE 类抗体产生。

二、决定免疫原反应原性的因素

免疫原的性质决定了免疫原是否具有反应原性。只有诱导适应性免疫的抗原具有反应原性，包括完整抗原和半抗原；而 IMP 激活固有免疫所激活诱导的炎症细胞因子等效应物质，不具备特异性与 IMP 结合的能力，因此目前看来 IMP 没有反应原性。

第四节　其他重要的免疫细胞激活剂

一、超抗原

普通蛋白质抗原可激活机体总 T 细胞库中百万分之一至万分之一的 T 细胞克隆。然而，某些抗原物质，只需要极低浓度（1～10 ng/ml）即可非特异性激活 2%～20%之多的 T 细胞克隆，产生极强的免疫应答，这类抗原称之为超抗原（superantigen，SAg）。普通蛋白质抗原表位被结合于 MHC 分子的沟槽中，而后与 T 细胞的特异性 TCR 分子相互作用；SAg 与之不同，其一端直接与 TCR 的 Vβ 链 CDR3 外侧区域结合，以完整蛋白的形式激活 T 细胞；另一端和

APC表面的MHCⅡ类分子的抗原结合槽外部结合，因而SAg不涉及与MHC和TCR的识别，不受MHC的限制（图4-9）。SAg所诱导的T细胞应答，其效应不针对超抗原，而是非特异性激活T细胞，分泌大量细胞因子而参与某些病理生理过程。因此，超抗原为一类多克隆激活剂。

SAg主要有外源性超抗原和内源性超抗原两类。前者如金黄色葡萄球菌肠毒素（staphylococcus enterotoxin，SE），包括SEA～SEE；后者如小鼠乳腺肿瘤病毒蛋白，属次要淋巴细胞刺激抗原（minor lymphocyte stimulating antigen，mls），也可刺激T细胞增殖。热休克蛋白（heat shock protein，HSP）和金黄色葡萄球菌蛋白A（staphylococcus protein A，SPA）则分别是刺激TCRγδ⁺T和B细胞的SAg。

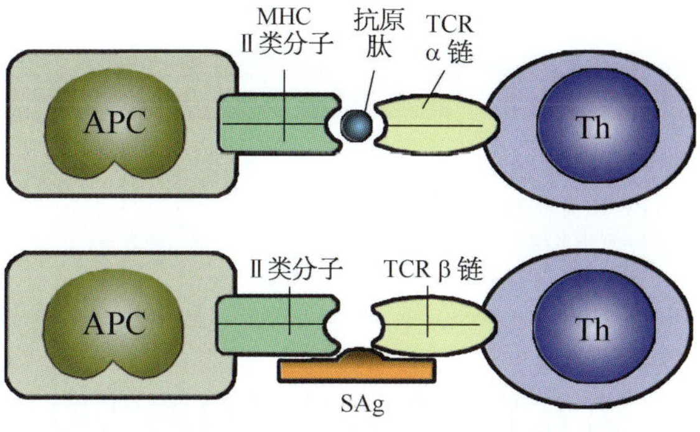

图4-9　超抗原激活T细胞机制示意图

传统的蛋白质抗原在MHC抗原沟槽内被提交，与T细胞TCR的抗原结合槽结合，从而激活特异性T细胞克隆（上图）；超抗原通过与TCR的Vβ链外侧结合，交联TCR与MHCⅡ类分子，从而活化众多的T细胞克隆，而不论TCR的抗原特异性如何（下图）

二、佐剂

预先或与抗原同时注入体内可增强机体对抗原的免疫应答或改变免疫应答类型的非特异性免疫增强性物质，称为佐剂（adjuvant）。佐剂的种类很多。生物性佐剂如卡介苗（BCG）、短小棒状杆菌（CP）、脂多糖（LPS）和细胞因子（如GM-CSF）；无机化合物如氢氧化铝 $Al(OH)_3$；人工合成物如双链多聚肌苷酸：胞苷酸（poly I：C）；有机物如矿物油等。脂质体如免疫刺激复合物（ISCOM）等可与抗原形成油-水复合物提高抗原的缓释作用；模拟细菌来源CpG寡核苷酸的人工合成低甲基化CpG寡核苷酸，可作用于TLR9，增强炎症细胞因子分泌，已被作为良好的Th1型佐剂。弗氏完全佐剂（Freund's complete adjuvant，CFA）含有灭活的结核分枝杆菌（BCG）和矿物油，可增强机体的体液和细胞免疫应答；弗氏不完全佐剂（Freund's incomplete adjuvant，IFA）仅含矿物油成分，可增强机体的抗体应答。CFA和IFA是目前动物实验中最常用的佐剂。而氢氧化铝是安全的人用佐剂。

佐剂作用的主要机制有：① 改变抗原物理性状，帮助抗原缓释，延长抗原在体内潴留时间，如脂质体和矿物油等；② 刺激单核/巨噬细胞系统，增强其对抗原的加工和提呈；③ 刺激淋巴细胞增殖分化，增强和放大免疫应答。

佐剂已广泛应用于多种临床生物制剂，如：① 用于疫苗成分，增强人体及动物抗体水平；② 作为非特异性免疫增强剂，用于抗肿瘤与抗感染的辅助治疗。目前已获批应用于人类疫苗的佐剂包括六种：铝盐（Alum）、MF59™（水包油型乳剂）、MPL®（糖脂）、病毒样颗粒（viral like particle，VLP）、免疫增强的再造流感病毒小体（immunopotentiating reconstituted influenza virosomes，IRIV）和霍乱肠毒素（cholera toxin，CT）。

TLR激动剂属于引起TLR激活的天然配体及人工合成的类似物，正被积极用于候选疫苗的新型佐剂，实验证实TLR激动剂可有效激活DC分泌细胞因子、趋化因子和干扰素，促进DC的抗原处理和提呈，并调节T细胞的激活（表4-4）。

表4-4　TLR的天然配体和激动剂

	天　然　配　体	TLR激动剂/佐剂
TLR1+TLR2	三酰基脂肽 triacyl lipopep	pam3Cys
TLR2+TLR6	三酰基脂肽 diacyl lipopep	MALP-2，Pam2Cys
TLR2	肽聚糖 PGN	BCG，CFA
TLR3	dsRNA	多聚肌苷酸：胞苷酸 poly I：C
TLR4	脂多糖 LPS	MPLA，RC529，MDF-2b，BCG，CFA
TLR5	鞭毛素 flagellin	鞭毛素 flagellin
TLR7/8	ssRNA	Imiquimod，Resiquimod
TLR9	细菌/病毒 DNA	CpG DNA
TLR11	非致病菌，原生动物，抑制蛋白	抑制蛋白 profilin

三、丝裂原

丝裂原（mitogen）亦称有丝分裂原，因可致细胞发生有丝分裂而得名。其与淋巴细胞表面的丝裂原受体结合后，可刺激静止淋巴细胞转化为淋巴母细胞并进行有丝分裂，激活某一类淋巴细胞的全部克隆，因此是一种非特异性的淋巴细胞多克隆激活剂。

T、B细胞表面表达多种丝裂原受体（表4-5），可对相应丝裂原刺激产生强烈增殖反应。

表 4-5 作用于人和小鼠 T、B 细胞的丝裂原

	人		小鼠	
	T 细胞	B 细胞	T 细胞	B 细胞
ConA(刀豆蛋白 A)	+	−	+	−
PHA(植物血凝素)	+	−	+	−
PWM(商陆丝裂原)	+	+	+	−
LPS(脂多糖)	−	−	−	+
SPA(葡萄球菌蛋白 A)	−	+	−	−

第五节 免疫球蛋白的结构及装配

免疫球蛋白(immunoglobulin, Ig)即抗体(antibody, Ab),是 B 细胞被 B 细胞抗原表位特异性刺激后增殖分化为浆细胞所产生的效应免疫分子,介导体液免疫。19 世纪后期,Behring 及其同事 Kitasato 发现白喉或破伤风毒素免疫动物后的血清中含有一种可中和毒素的物质,称之为抗毒素(antitoxin)。随后,人们陆续发现多种可与不同病原体结合并引起凝集、沉淀或中和反应的体液因子,统称为抗体。1939 年,Tiselius 和 Kabat 对血清蛋白进行电泳分离发现,抗体活性存在于从 α 到 γ 球蛋白的广泛电泳区域,但主要存在于 γ 区,故曾片面地认为抗体即是 γ 球蛋白。1972 年国际免疫学会联合会决定,将具有抗体活性或化学结构与抗体相似的球蛋白,统称为免疫球蛋白。因而免疫球蛋白和抗体在结构及功能上相一致。

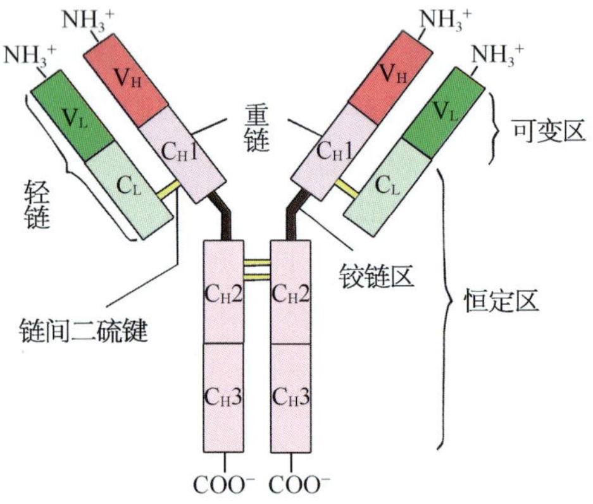

图 4-10 免疫球蛋白的基本结构示意图

典型的免疫球蛋白分子基本结构呈"Y"字形,由两条相同的重链和两条相同的轻链借二硫键连接而成。重链和轻链近氨基端的 1/4 或 1/2 氨基酸序列的变化很大,为可变区;其他部分氨基酸序列则相对恒定,为恒定区;位于 C_H1 与 C_H2 之间、富含脯氨酸的区域为铰链区。V_H 和 V_L 分别代表重链和轻链的可变区,C_H 和 C_L 分别代表重链和轻链的恒定区

免疫球蛋白可分为分泌型 Ig(secreted Ig, SIg)和膜型 Ig(membrane Ig, mIg),前者主要存在于血液及组织液中,发挥抗感染功能;后者是 B 细胞表面的抗原受体(BCR, mIgM)。自然界存在着数量巨大的抗原物质,相应地有巨大数量的含有特异性 BCR 的 B 细胞克隆及其产生的特异性抗体来识别和结合这些抗原。抗体的多样性是抗体发挥功能和在生物医学中广泛应用的基础。

一、免疫球蛋白的结构

天然免疫球蛋白的基本结构是一"Y"型的四肽链(图 4-10),由两条完全相同的重链(heavy chain, H)和两条完全相同的轻链(light chain, L)组成。重链和重链之间、重链和轻链之间以二硫键相连,组装成一个轻、重链配对的对称分子。

(一) 基本结构

1. 重链和轻链　Ig 重链的分子质量为 50～75 kDa,由 450～550 个氨基酸残基组成。重链有 μ、δ、γ、α 和 ε 链 5 种,决定了免疫球蛋白的 5 个类别(class)或同种型(isotype),即 IgM、IgD、IgG、IgA 和 IgE。IgG 还可再分为亚类,如人 γ 链分为 γ1、γ2、γ3 和 γ4;小鼠 γ 链则为 γ1、γ2α、γ2βb 和 γ3。人的 α 链分为 α1 和 α2 两种。因此人类 Ig 的类别和亚类共有 9 种,小鼠有 8 种。

Ig 轻链的分子质量约 25 kDa,含约 210 个氨基酸残基。轻链有两种:kappa(κ)链和 lamda(λ)链,这两种轻链决定了免疫球蛋白的型(type)。一个天然 Ig 分子的两条轻链总是相同的,但在同一个体内可存在分别带有 κ 或 λ 链的抗体分子。不同种属生物体内两型轻链的比例不同,正常人血清 Ig 的 κ∶λ 约为 2∶1,而在小鼠的比例为 20∶1。

Ig 分子的两条重链和两条轻链都可折叠为数个结构域(domain)。每个结构域约含 110 个氨基酸残基,其二级结构是由多肽链折叠形成的两个反向平行的 β 片层(anti-parallel β sheet),可变区结构域的 β 片层结构由 9 股(一层 4 股、另一层 5 股)组成,恒定区结构域则由 7 股(一层 3 股、另一层 4 股)组成。两个 β 片层中心的两个半胱氨酸残基由一条链内二硫键垂直连接,形成一"β 桶状"结构(图 4-11)。

2. V 区和 C 区　重链的 V 区只有一个结构域(V_H),但恒定区有多个结构域,γ、α、δ 链的 C 区各有三个结构域,分别称为 C_H1、C_H2、C_H3;μ 和 ε 链的 C 区有四个结构域,分别为 C_H1、C_H2、C_H3 和 C_H4。轻链 V 区和 C 区各由一个结构域构成,分别为 V_L 和 C_L。

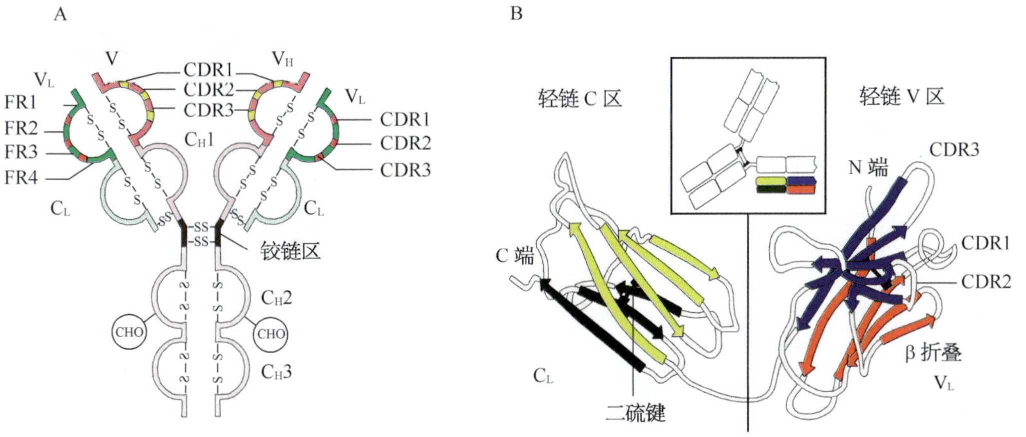

图 4-11　免疫球蛋白结构域示意图

A. 免疫球蛋白由两条重链和两条轻链组成，重链和轻链各自折叠形成的若干结构域，CDR 为互补决定区，是特异性结合抗原表位的区域，FR 为骨架区。B. Ig 二级结构是由几股多肽链折叠而成的两个反向平行的 β 片层，两个 β 片层由一个链内二硫键垂直连接，形成 β 桶状结构。每条重链或轻链的 3 个 CDR 环分别暴露于 Ig 空间结构的表面，以便于与抗原表面特异性结合

同类重链和同型轻链的近 N 端约 110 个氨基酸残基序列的变化很大，称可变区（variable region，V）；其他部分的氨基酸序列相对恒定，称恒定区（constant region，C）。在重链和轻链的 V 区（分别称为 V_H 和 V_L）中，各有 3 个区域的氨基酸组成和排列顺序高度变化，称为高变区（hypervariable region，HVR）或互补决定区（complementarity determining region，CDR），分别为 CDR1、CDR2 和 CDR3。V 区中 CDR 以外区域的氨基酸组成和排列顺序相对不变化，称为骨架区（framework region，FR）。V_H 和 V_L 各有 113 和 107 个氨基酸残基，组成 4 个 FR 和 3 个 CDR。将 V_H 和 V_L 中的各氨基酸残基编号（表 4-6），保守的氨基酸残基都有其固定的编号位置。V_H 和 V_L 的各 3 个 CDR 共同组成 Ig 的抗原结合部位，并决定抗体识别抗原的特异性，亦是独特型表位的组成部分。

表 4-6　Ig 重、轻链可变区氨基酸顺序的编号（根据 Kabat）

V 区	FR1	HV1/CDR1	FR2	HV2/CDR2	FR3	HV3/CDR3	FR4
H	1～30	31～35	36～49	50～65	66～94	95～102	103～113
L	1～23	24～34	35～49	50～56	57～88	89～97	98～107

重链和轻链的 C 区分别称为 C_H 和 C_L，不同型（κ 或 λ）C_L 的长度基本一致，但不同类 Ig C_H 的长度不一，有的含 C_H1～C_H3，有的为 C_H1～C_H4。同一种属生物体内针对不同抗原的同一类别 Ig 的 C 区氨基酸组成和排列顺序比较恒定，其抗原性相同。C 区不结合抗原，但可介导抗体的许多效应功能。例如，激活补体、介导 IgG 穿过胎盘和介导 SIgA 穿过黏膜屏障、结合吞噬细胞表面的 Fc 受体介导调理吞噬作用、结合 NK 细胞表面 Fc 受体介导 ADCC、结合肥大细胞表面 FcεR1 介导 Ⅰ 型超敏反应。

3. 铰链区　在 Ig 分子的两臂和主干之间（C_H1 与 C_H2 之间）有一个可弯曲的富含脯氨酸区域，称为铰链区（hinge region）。Ig 两臂之间的角度可有自 0°到 90°变化，有利于两臂同时结合两个不同的抗原表位。IgD、IgG 和 IgA 有铰链区，而 IgM 和 IgE 没有，提示其弯曲性较弱。各类抗体的铰链区的长度及氨基酸顺序不同；人 IgD 的可伸展距离最大，IgG4 和 IgA 的弯曲度较小。

（二）其他成分

IgM 和 IgA 含有 J 链（joining chain）和分泌片（secretory piece，SP），以形成五聚体和二聚体（图 4-12）。J 链富含半胱氨酸，由浆细胞合成，连接单体 IgA 和 IgM 分别形成二聚体和五聚体。SP 又称分泌成分（secretory component，SC），是多聚免疫球蛋白受体（polyIgR）的胞外段，由黏膜上皮细胞合成和分泌，以非共价形式结合于 IgA 二聚体上，使其通过肠道上皮细胞，成为黏膜表面分泌型 IgA（sIgA）（图 4-12），同时还可保护 SIgA 的铰链区免受蛋白水解酶的降解。

（三）Ig 的水解片段

Ig 分子可被蛋白酶水解为各种片段（图 4-13）。木瓜蛋白酶（papain）在铰链区二硫键连接的两条重链的近 N 端将 Ig 裂解为三个片段：两个完全相同的 Fab 段和一个 Fc 段。Fab 即抗原结合片段（fragment antigen binding），由一条完整的轻链和部分重链（V_H 和 C_H1）组成；Fc 片段即可结晶片段（fragment crystallizable），相当于 IgG 的 C_H2 和 C_H3 功能区。胃蛋白酶（pepsin）在铰链区二硫键连接的两条重链的近 C 端水解 Ig，产生一个大片段 $F(ab')_2$ 和一些小片段 pFc′。

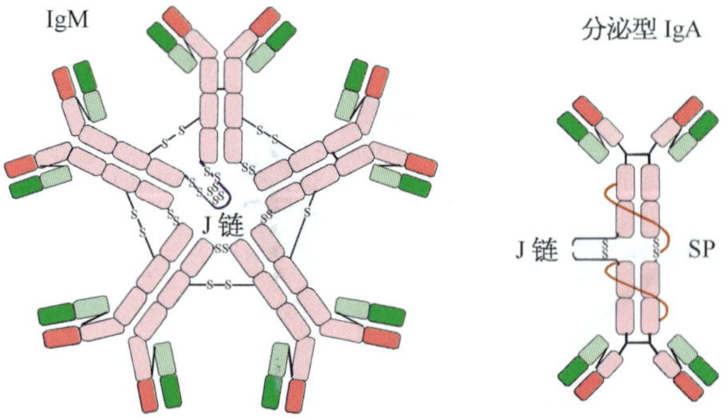

图 4-12 免疫球蛋白的 J 链和分泌片

J 链将单体 IgA 和 IgM 分子连接为二聚体和五聚体。SP 作为 pIgR 的胞外段，与新合成的双体 IgA 结合，辅助其分泌到黏膜表面，并保护 SIgA 铰链区

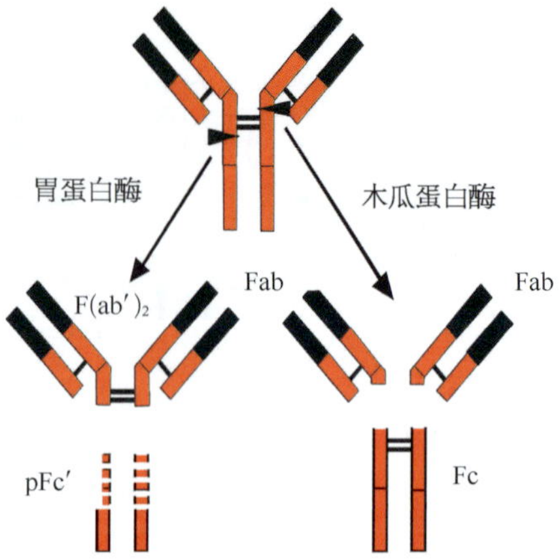

图 4-13 免疫球蛋白的水解片段示意图

胃蛋白酶作用于铰链区二硫键所连接的两条重链近 C 端，将 Ig 水解为一个大片段 $F(ab')_2$ 和多个小片段 pFc′。木瓜蛋白酶作用于铰链区二硫键所连接的两条重链近 N 端，将 Ig 裂解为两个完全相同的 Fab 段和一个 Fc 段

$F(ab')_2$ 与 Fab 不同，是由两个 Fab 及铰链区组成的双价分子，可同时结合两个抗原表位，因而能形成凝集或沉淀反应。pFc′最终被降解。

通过酶解，可获得多种形式的抗体有效成分，并推动 DNA 操作和抗体改型技术发展，根据抗体水解片段的结构和功能关系，产生更多功能性 Ig 改型分子片段如 Fv、V_H 等。

二、免疫球蛋白的装配及分泌

1. *转录及翻译* 所有体细胞均含有 Ig 胚系基因，但只有 B 细胞的 Ig 胚系基因经重排后转录、翻译和表达免疫球蛋白多肽链。B 细胞受抗原刺激后，经信号分子激活相关转录因子，在转录调控元件（如启动子、增强子）和调控因子（如调节蛋白及结合蛋白元件）的作用下，H 链和 L 链基因独自进行转录。但在一对同源染色体上，只有一条染色体上的 Ig 重链或轻链基因得到转录和表达，称为等位相斥（allelic exclusion）。同样，两型轻链中也只有一型轻链基因被转录和表达称为同型相斥（isotype exclusion）。通常，两个等位基因等位相斥的概率是相同的，其是否转录和表达取决于哪个等位基因先重排成功；但是，κ 和 λ 轻链同型排斥的概率不同，在小鼠中 κ ∶ λ 的比率约为 95 ∶ 5，在人约 65 ∶ 35。

在 H 链和 L 链 V 区基因 5′端有 Ig 转录启动子，含 ATGCAAT 保守序列，位于转录起始位点上游的 90～160 bp 处。重排的 J 基因片段和 C 基因片段之间含有 Ig 增强子，重排的 Cα、Cκ、Cλ1 及 Cλ4 基因片段 3′端也有增强子序列，且重排使增强子与启动子序列的距离缩短（在 2 kb 范围内），加强了增强子对启动子的顺式激活作用（*cis*-acting）。在淋巴细胞特异性 DNA 结合蛋白（DBP）如 OTF2A、OTF2B 作用下，增强子可促进 RNA 聚合酶Ⅱ与可变区基因上游 5′端的启动子高保守序列 TATA box 结合，从而启动 Ig 基因的转录，产生初级 mRNA。初级 mRNA 中仍含有内含子等非编码序列，需经 mRNA 5′端加帽、3′端多聚腺苷酸化、甲基化等碱基修饰和 mRNA 拼接（内含子切除）等转录后加工，成熟的 mRNA 从细胞核释放出来，随后在核糖体上进行翻译。N 端的前导肽将合成的多肽链导入糙面内质网中，然后被去除。

2. *装配及胞内运输* 转录后的免疫球蛋白 H 链和 L 链 mRNA 分别在细胞质内糙面内质网的大核糖体（270～300S）和小核糖体（190～200S）上进行蛋白质多肽链的合成，合成后便从糙面内质网贮池中释放出来，并在糙面内质网腔中进行 Ig 四条多肽链的装配。通常，Ig 的装配有两种方式：① H＋H＝H2，L＋L＝L2，H2＋L2＝H2L2；② H＋L＝HL，HL＋HL＝H2L2。但同一型 Ig 只有两者之一种的组装方式。对 μ 链和 L 链的装配而言，主要以 HL＋HL 的方式进行组装。当一个浆细胞同时合成两种 H 链蛋白时，只有相同 H 链才可组装到同一 Ig 分子中，如同时合成 μ 链和 δ 链，只有 μ-μ 或 δ-δ 与两条 L 链组装成为 IgM 和 IgD。多聚体 Ig 的组装是在内质网中由 J 链通过二硫键连接而成，如将 5 个单体 IgM 和 2 个单体 IgA 偶联，形成五聚体 IgM 和二聚体 IgA。

3. *糖基化修饰及分泌* 组装完毕的 H2L2 Ig 多肽链从糙面内质网转运到光面内质网，在内质网腔进行糖基化修饰：Ig 的天冬酰胺残基被附加含甘露糖的寡聚糖，发生 N-糖基化修饰。Ig 随后以膜囊小泡（vesicle）形式转运至高尔基体，在糖基转移酶的催化下，进一步增加其他含半乳糖、岩藻糖等的糖链，并对甘露糖进行修整。糖基化修饰为 Ig 功能成熟所必需，也可使 Ig 更易于与细胞膜结合和向细胞外释放。成熟的 Ig 蛋白随后向细胞膜转运。分泌型 Ig 因缺乏疏水跨膜区而以可溶性分子形式存在于运输小泡中，当小泡与细胞膜发生融合，Ig 蛋白分子通过胞吐作用被释放出浆细胞外，完成抗体的分泌过程。Ig 分子从合成到分泌约需 30 min，一个成熟浆细胞每分钟可分泌 10^5 个 Ig 抗体分子。

4. 多聚体 Ig 的装配及分泌　五聚体 IgM 和二聚体 IgA（SIgA）的装配是在 H 链、L 链的组装过程中，由 J 链通过二硫键将多个同源单体偶联，形成五聚体 IgM 和二聚体 IgA。SIgA 由呼吸道、消化道、生殖道等黏膜组织的固有层浆细胞合成分泌，在通过黏膜上皮细胞向黏膜腔道分泌过程中，SIgA 与黏膜上皮细胞基底面的多聚 Ig 受体（pIgR）的胞外段（即分泌片 Sp）结合，由 pIgR 介导对 SIgA 的内化、转运和向黏膜上皮细胞顶面的分泌，分泌至黏膜腔道中的 SP 从 SIgA 上解离，可再循环反复使用（图 4-14）。

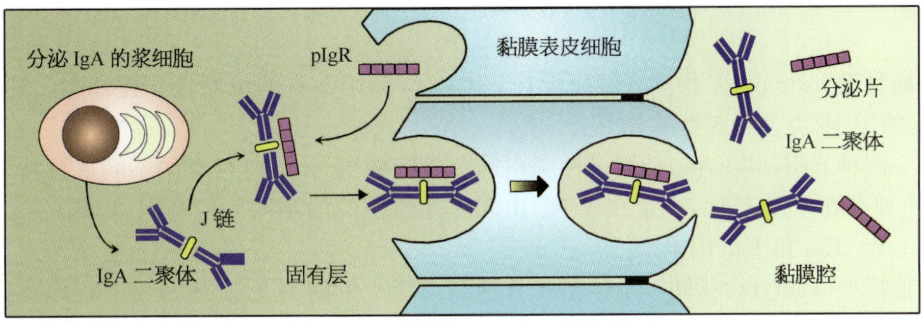

图 4-14　IgA 二聚体的胞吞转运

固有层浆细胞（图右侧）产生 IgA 和 J 链，二者聚合成二聚体而分泌至浆细胞胞外的黏膜表皮细胞固有层，该处与表皮细胞分泌的多聚 Ig 受体（pIgR）即分泌片相结合，在 pIgR 的引导下，通过表皮细胞的内吞和转运，使 IgA 二聚体得以穿越上皮细胞而分泌至黏膜腔，称为胞吞转运（transcytosis）。在黏膜腔中 IgA 二聚体与分泌片解离，行使效应功能

第六节　免疫球蛋白的异质性及功能

天然抗原免疫机体后，针对不同抗原表位通常产生特异性不同（即 V 区不同）的抗体，同时由于重链 C 区的类别转换，产生的抗体的类别可有 1～5 种之多，而抗体轻链的型别也有两种。而且即使是同一抗原表位也可诱生不同类型的免疫球蛋白；同时，不同抗体分子本身的 CDR 区域各不相同，即免疫原性各有差异。因此，抗原免疫机体产生的各种类型的免疫球蛋白（抗体）呈现结构和功能的异质性（heterogeneity）。

一、免疫球蛋白的类型

1. 类及亚类　在同种属的所有个体内，根据免疫球蛋白重链 C 区的氨基酸组成和抗原特异性不同，将免疫球蛋白的重链分为 5 种：γ、α、μ、δ、ε，与此对应的 Ig 分为 IgG、IgA、IgM、IgD、IgE 5 类（class）。在同一类 Ig 中，根据其重链抗原性和二硫键的数目和位置的不同，又可分为亚类（subclass）。IgG 有 IgG1～IgG4 四个亚类；IgA 有 IgA1 和 IgA2 两个亚类；IgM 有 IgM1 和 IgM2 两个亚类；IgD 和 IgE 尚未发现亚类。

2. 型和亚型　在同种属的所有个体内，根据 Ig 轻链 C 区的氨基酸组成和抗原特异性的不同，可将 Ig 的轻链分为 2 型（type）：κ 和 λ，与此对应的 Ig 也分为 κ 和 λ 两型。在同一型 Ig 中，根据其轻链 C 区 N 端氨基酸排列的差异，可分为亚型（subtype），如 λ 链 190 位氨基酸为亮氨酸时称 OZ（+）；为精氨酸时称 OZ（−）。

二、免疫球蛋白的血清型

免疫球蛋白既可与抗原特异性结合，同时其高度变异的 CDR 区域又可作为抗原，在自体内激发特异性免疫应答。免疫球蛋白分子上有三种不同的抗原表位，分别称为同种型、同种异型和独特型（图 4-15），均可诱导特异性抗体（抗抗体），从而表现为不同的血清型。

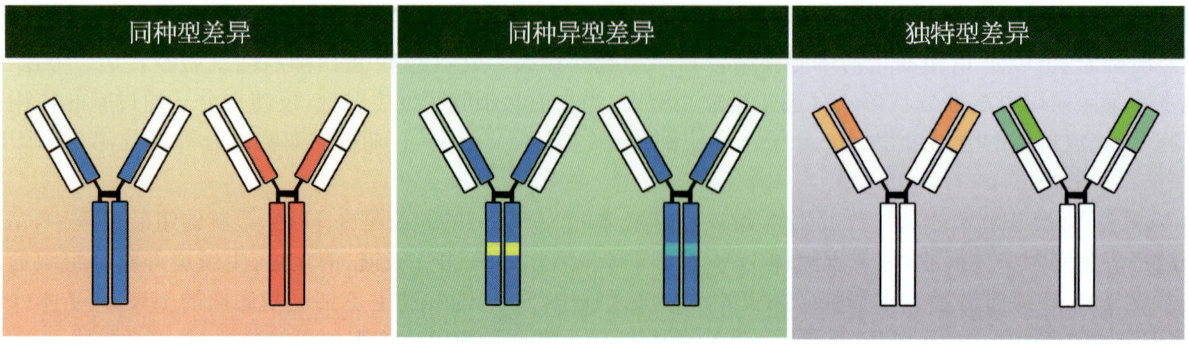

图 4-15 免疫球蛋白的血清型示意图

Ig 有 3 种血清型：同种型，指同一种属所有个体 Ig 分子共有的抗原特异性标志，其表位存在于 Ig C 区；同种异型，指同一种属不同个体间 Ig 分子所具有的不同抗原特异性标志，其表位主要存在于 Ig C 区，少部分存在于 V 区；独特型，指每个 Ig 分子所特有的抗原特异性标志，其表位存在于 V 区的 CDR 区域

1. 同种型　同种型(isotype)是指同一种属所有个体的 Ig 分子共有的抗原特异性标志。其抗原表位存在于 Ig C 区，表现在全部 Ig 的类、亚类、型、亚型的分子上。

2. 同种异型　同种异型(allotype)指同一种属不同个体间的 Ig 分子所具有的不同抗原特异性标志，为遗传性标志。其抗原表位主要存在于 Ig C 区，少量在 V 区，由同一基因座位的不同等位基因以共显性表达，如分属于 IgG、IgA、IgE、κ 链的 Gm、Am、Em 和 Km 因子。

3. 独特型　独特型(idiotype)指同一个体不同 B 细胞克隆产生的 Ig 分子所特有的抗原特异性标志，其表位又称为独特位(idiotope)，主要存在于 V 区，为遗传性标志。一定条件下，独特型在异种、同种异体甚至同一个体内均可刺激产生相应抗体，即抗独特型抗体(AId)。由 Id-AId 组成的独特型网络在免疫调节中起重要作用(见第十四章)。

三、免疫球蛋白的功能及特性

免疫球蛋白(抗体)具有多项生物学功能。

1. 特异性结合抗原　Ig 通过其 V 区 CDR 所组成的抗原结合槽，与相应抗原表位以锁-匙(lock-key)互补关系进行特异性识别与结合。当抗体与病原体表面，或者细菌毒素关键表位相结合，则封闭了病原体或毒素的毒力结构，使病毒丧失感染能力，并使毒素丧失毒力，称为中和作用(neutralization)。中和抗体可有效清除胞外病原体(大部分细菌)和处于裂解复制期的游离病毒，因此是大部分预防性疫苗显示免疫保护机制的关键。血清 IgG 可中和血清游离病原体或毒素；而 SIgA 具有中和黏膜表面游离病原体(如 HIV、结核分枝杆菌)的重要功能。

抗体的单个结合部位与单价抗原(或表位)的结合力，称为亲和力(affinity)，即抗体和抗原的结合和解离处于可逆状态，当两者达到平衡状态时的结合和解离的比率，用亲和常数(affinity constant，Ka)表示。解离率越低，亲和力越高。抗体的亲和力变化一般在 10^5 M^{-1}(低亲和力)和 10^{12} M^{-1}(高亲和力)范围内。当抗体有两个或更多的抗原结合部位(如 IgM)，解离率要小得多。五聚体 IgM 是初次免疫应答的主要抗体，其单个抗原结合部位的结合力很低，但由于有 10 个抗原结合部位，大大提高了其抗原结合能力。这种整个 Ig 分子与抗原之间的总结合力称为亲和力(avidity)。

2. 激活补体作用　IgG1～IgG3 和 IgM 与相应抗原结合后，可因构型改变而使其 CH2/CH3 功能区的补体结合点暴露，从而激活补体经典途径。IgG4、IgA 和 IgE 的凝聚物可激活补体旁路途径。补体激活后可在病原体膜表面形成攻膜复合物(membrane attack complex，MAC)而破坏病原体，这一作用称为补体依赖的细胞毒作用(complement-dependent cytotoxicity，CDC)。激活的各类补体片段如 C3a、C5a 等还可发挥趋化、促炎等作用。

3. 调理作用　IgG 的 V 区与细菌等颗粒性抗原结合后，其 Fc 段可与 Mφ 和中性粒细胞表面相应 IgG Fc 受体(FcγR)结合，从而促进吞噬细胞对细菌等颗粒抗原的吞噬。

4. 介导 ADCC　IgG 的 V 区与肿瘤或病毒感染靶细胞结合后，其 Fc 段可与 NK 细胞、Mφ 表面相应的 IgG Fc 受体结合，增强 NK 和 Mφ 对靶细胞的杀伤，发挥抗体依赖细胞介导的细胞毒作用(antibody dependent cell-mediated cytotoxicity，ADCC)。ADCC 是特异性抗体抗肿瘤的主要机制。目前临床用于治疗非霍奇金淋巴瘤的“明星”单抗 Rituxan(抗 CD20 单抗)，主要依赖于 ADCC 和 CDC 发挥治疗效果。

5. 介导超敏反应　IgE 抗体具有肥大细胞亲嗜性，变应原初次接触机体可诱导产生 IgE，IgE 可通过其 Fc 段与肥大细胞和嗜碱粒细胞的高亲和力受体 FcεRⅠ结合，而使上述细胞致敏。若相同变应原再次进入机体与致敏细胞表面 IgE 特异性结合，即可使之脱颗粒，释放组胺、白三烯等生物活性介质，引起速发型Ⅰ型超敏反应，如青霉素过敏（见第十五章）。

由血小板表面吸附抗原或由可溶性自身抗原诱导产生的 IgG 抗体，当与相应抗原结合后，通过激活补体通路，或通过 Ig Fc 受体调理增强 Mφ 吞噬作用，可介导Ⅱ型和Ⅲ型超敏反应性疾病，如青霉素引起的药物性紫癜和系统性红斑狼疮。

6. 免疫调节作用　免疫球蛋白是重要的免疫调节分子，可通过中和作用减少抗原和毒素对免疫系统的刺激，下调免疫应答；也可通过受体交联、调理吞噬、ADCC 等，激活多种免疫细胞的抗感染功能。抗体与抗原形成的免疫复合物（immunocomplex，IC）具有重要的炎症作用。不仅如此，Ig 的 CDR 可作为独特型抗原，诱导机体产生抗独特型抗体 Ab1，并依次产生 Ab2 和 Ab3 等，形成对整个抗体应答进行调节的网络。不同种属或同一种属不同个体的 Ig 具有同种和同种异型抗原，进入其他个体体内也将产生抗体，并调节免疫应答。

抗体还可通过 FcR 运送到机体的特殊部位。如母体的 IgG 可通过胎盘表达的 FcγR 受体传递给胎儿，赋予胎儿和新生儿免疫力。SIgA 抗体也能通过黏膜上皮的 FcαR 将 IgA 分泌到泪水或乳汁中。

其中由抗体介导的中和作用、补体激活作用、调理作用和介导 ADCC，是通常所指抗体的四项主要功能（图 4-16）。

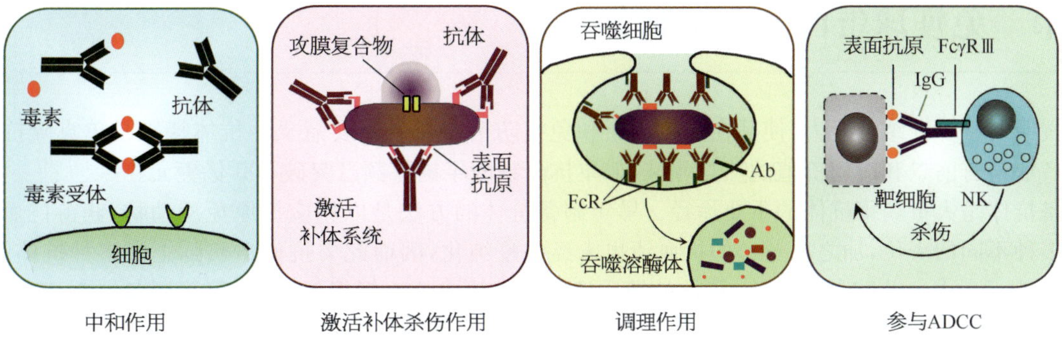

图 4-16　抗体的四项主要功能

免疫球蛋白（抗体）具有多种生物学功能，首先，其可变区可特异性结合病原体或毒素表面的表位，使病原体或毒素失去感染和毒力，称为中和作用。其次，抗体与相应抗原表位结合，可激活补体经典激活途径，从而形成攻膜复合物裂解病原体。再次，抗体与相应病原体结合后，其恒定区 Fc 段通过结合 Fc 受体（FcR）与表达该受体的吞噬细胞结合，发挥调理作用，增强吞噬细胞对病原体的吞噬杀伤作用。如受调理的免疫细胞是 NK 细胞，则可增强 NK 细胞的 ADCC 作用

四、各类免疫球蛋白的生物学特性

1. IgG　是血清和体液中的主要抗体成分，约占血清免疫球蛋白总量的 80%（表 4-7）。IgG 自出生后 3 个月开始合成，3～5 岁接近成人水平，半衰期为 20～23 d，是再次体液免疫应答产生的主要抗体，亲和力高，在体内分布广泛，具有重要的免疫效应。人 IgG 有 4 个亚类。IgG1、IgG3、IgG4 可穿过胎盘屏障，在新生儿抗感染免疫中起重要作用；IgG1、IgG2、IgG4 可以其 Fc 段与葡萄球菌蛋白 A（SPA）结合，借之可纯化抗体，并用于免疫诊断；IgG1、IgG3 可高效地激活补体，并可与 Mφ、NK 细胞等细胞表面的 Fc 受体结合，发挥免疫调理和 ADCC 等作用；不少自身抗体和引起Ⅱ、Ⅲ型超敏反应的抗体也属 IgG。

2. IgM　占血清 Ig 总量的 5%～10%，单体 IgM 以膜结合型（mIgM）表达于 B 细胞表面，是 BCR 的主要构成成分；分泌型 IgM 为五聚体，不能通过血管壁，主要存在于血清中，因含 10 个 Fab 段，具有很强的抗原结合能力；含 5 个 Fc 段，比 IgG 更容易激活补体。IgM 是个体发育中最早合成的抗体，脐带血中 IgM 升高，提示胎儿宫内感染；IgM 也是初次体液免疫应答中最早出现的抗体，血清 IgM 的检出，表明新近感染发生，可用于感染的早期诊断。

3. IgA　分血清型 IgA 和分泌型 IgA（sIgA）。血清型 IgA 为单体，主要存在于血清中，仅占血清 Ig 总量的 10%～15%；分泌型 IgA 为双体，是外分泌液中的主要抗体，存在于乳汁、唾液、泪液和呼吸道、消化道、生殖道黏膜表面，参与局部的黏膜保护。婴儿可从母乳中获得 sIgA，是一种重要的自然被动免疫。

4. IgD　仅占血清 Ig 总量的 0.2%。IgD 的铰链区较长，易被蛋白酶水解，故其半衰期仅 3 d。IgD 分为两型，血清 IgD 的生物学功能尚不清楚；膜结合型 IgD（mIgD）是 BCR 的重要组成成分，为 B 细胞分化发育成熟的标志。未成熟 B 细胞仅表达 mIgM，成熟的初始 B 细胞同时表达 mIgM 和 mIgD，活化的 B 细胞或记忆 B 细胞的 mIgD 逐渐消失。

表 4-7 各类人免疫球蛋白的特性

Ig 类别	IgM	IgD	IgG1	IgG2	IgG3	IgG4	IgA1	IgA2	IgE
分子质量(kDa)	970	184	146	146	165	146	160	160	188
成人血清水平(mg/mL)	1.5	0.04	9	3	1	0.5	2.1	0.5	3×10^{-5}
中和作用	+	−	++	++	++	++	++	++	−
调理作用	+	−	+++	/	++	+	+	+	−
ADCC	−	−	++	−	++	−	−	−	−
激活补体	+++	−	++	+	+++	−	+/−	+	−
结合肥大细胞和嗜碱粒细胞	−	−	−	−	−	−	−	−	+++
通过胎盘	−	−	+++	+	++	+/−	−	−	−
通过上皮	+	−	−	−	−	−	+++*	+++*	−
逸出血管	+/−	−	+++	+++	+++	+++	++	++	+

* 双体分子。

5. IgE 正常人血清中含量最少的免疫球蛋白是 IgE，血清浓度仅为 0.3 μg/ml，主要由黏膜下淋巴组织中的浆细胞分泌。IgE 具有很强的亲细胞性，其 C_H2 和 C_H3 可与肥大细胞、嗜碱粒细胞表面的高亲和力 FcεRⅠ结合，促使这些细胞脱颗粒，释放生物活性介质，引起Ⅰ型超敏反应。此外，IgE 与机体抗寄生虫免疫有关。

第七节 免疫球蛋白的人工制备

抗体对抗原的特异性结合能力，使其在疾病诊断和免疫防治中具有重要意义。抗体特别是单克隆抗体已成为目前生物医药产业最有前景和应用价值的热点领域，如单抗药物的年销售额已突破 500 亿美元。

人工制备抗体是大量获得抗体的重要途径。早年制备抗体的方法是以相应抗原免疫动物，获得抗血清。由于抗原通常含有多种不同的表位，加之所获得的抗血清也未经免疫纯化，因而此类抗血清实际上是多种抗体的混合物，属多克隆抗体(polyclonal antibody, PAb)。抗体的异质性使得有效成分比例很低，同时用于制备抗血清的鼠、兔、羊、马等动物与人种的差异性使得这些抗血清对于人具有很强的免疫原性，多次注射将产生抗针对兔、马血清成分(包括针对抗体同种型)等抗原的抗体(抗抗体)，限制了抗血清的应用。为获得大量的、高特异性的、均质性的抗体，1975 年，Kohler 和 Milstein 在体外将免疫小鼠脾细胞与骨髓瘤细胞融合，建立了大规模制备单克隆抗体(monoclonal antibody, mAb)杂交瘤技术，成为免疫学和生物医学历史上的里程碑(见第 288 页)。但是，由于 mAb 来源于小鼠，作为异源蛋白仍会引起人抗小鼠抗体反应(human anti-mouse antibody response，HAMA)。为使鼠源单克隆抗体逐步实现人源化，应用多种 DNA 操作和基因工程技术，已可能对抗体基因进行拆装和改建，发展出种种适合不同需求的基因工程抗体及其改型抗体(reshaped antibody)。

一、多克隆抗体

多克隆抗体是采用含多种抗原表位的抗原物质，刺激多个 B 细胞克隆所产生的针对多种不同抗原表位的抗体混合物。在体内，多克隆抗体是机体发挥特异性体液免疫效应的重要分子，在中和抗原、免疫调理、介导 CDC、ADCC 中起重要作用。在体外，多克隆抗体主要来源于被免疫动物的血清、恢复期患者血清或免疫接种人群。其特点是来源广泛、制备容易。但由于多克隆抗体是多种不同抗原表位特异性抗体的混合，因此，它不针对某一特定表位，特异性不高，常出现交叉反应；同时也不易大量制备，其应用受到限制。

二、单克隆抗体

单克隆抗体在结构和组成上高度均一，只针对一种抗原表位，抗原特异性及同种型一致，易于体外大量制备和纯化，因此，具有纯度高、特异性强、效价高、少或无血清交叉反应，制备成本低等特性，已广泛应用于疾病诊断、特异性抗原或蛋白的检测和鉴定、疾病的被动免疫治疗和生物导向药物的制备等，成为生物医药行业最具前景和经济价值的技术和领域。

三、基因工程抗体

DNA 操作技术和基因工程技术的发展，使得人们不仅可用杂交瘤技术生产 mAb，也可通过基因工程在动物细胞中人为地表达各类抗体(表 4-8)。最常用的细胞是骨髓瘤细胞(myeloma cell)，结合大规模培养的生物反应器，抗体产量可高达 500 mg/L。细菌系统因其遗传背景清楚、转化效率高、繁殖迅速、培养基便宜，加上微生物发酵技术成熟，已成为生产各种抗体片段的广泛性应用系统。转基因技术的发展使在动植物个体内表达抗体成为可能。例如，转入 Ig 基因组小鼠能产生抗原特异性完整的人源抗体；植物特别是表达植物抗体的可食植物（plantibody 或 phytoantibody）可能是下一代重组 Ig 的重要表达系统。

表 4-8　基因工程抗体的种类及其特性

种　类	基本结构	分子质量(kDa)	鼠源性成分
人-鼠嵌合抗体	鼠源 V 区或 Fab 人源 C 区或 Fc	150	25%～30%
改型抗体	以鼠源 CDRs 替换人源 CDRs 区	150	15%
双特异性抗体	异源性 H_2/L_2	150	—
小分子抗体			
Fab	完整 L 和部分 H	50	15%
Fv	V_H 和 V_L	25	15%
单链抗体	V_H-连接肽-V_L	26	15%
单域抗体	V_H	12.5	7.5%
最小识别单位	单一 CDR	<2	<1.5%

四、嵌合抗体和改型抗体

为克服鼠源抗体的异种抗原性，首先将完整抗体分子中的 C 区置换为人源，而保留轻重链的鼠源 V 区，是为嵌合抗体（chimeric antibody）。整个抗体分子的近 2/3 部分为人源，大大降低了原有单抗中鼠源蛋白的免疫原性。嵌合抗体保留了鼠源单抗的特异性和亲和力，HAMA 反应虽仍然存在，但明显减弱。

改型抗体（reshaped antibody）也称 CDR 移植抗体（CDR grafting antibody），即利用基因工程技术，将决定抗体特异性的鼠单抗的 CDR 序列移植至人源抗体可变区，替代人源 CDR，使人源抗体获得鼠单抗的抗原结合特异性，同时减少其异源性。这样，单抗的人源化比例可提高到 90%左右。然而，抗原虽然主要和抗体的 CDR 相结合，但 CDR 两端的 FR 区也参与 CDR 构象的支撑，影响 CDR 的空间构型。因此这种鼠源 CDR 和人源 FR 相嵌的 V 区，可能改变了单抗原有的 CDR 构型，结合抗原的能力会下降。改进的方法是在人源 FR 区引入鼠源 FR 区的某些关键残基（图 4-17）。但人源化抗体常达不到原有鼠源单抗的亲和力。制备全人源化抗体是终极目标，但在制备技术上仍有待突破。

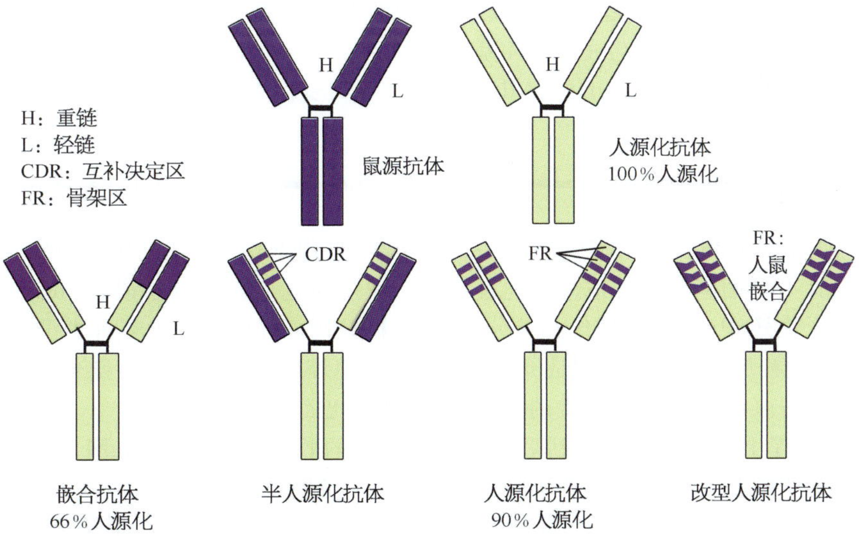

图 4-17　人源化抗体的种类

鼠源抗体对于人具有很强的免疫原性，限制了临床使用；将鼠源抗体可变区以外部分换成人源，为嵌合抗体；仅保留可变区 CDR 区为鼠源氨基酸的抗体为人源化抗体；为改善 CDR 区域的空间构象，将部分人源 FR 区域氨基酸置换为鼠源，可增强抗体亲和力

五、抗体片段及其衍生形式

1. 双特异性抗体　将两套轻链、重链基因导入骨髓瘤细胞中，选择合适的抗体恒定区及 Ig 类型，可获得产量

大、均一性和纯度高的双特异性抗体。另外，以化学交联技术或杂交-杂交瘤技术也可获得双特异性抗体。

2. Fab抗体　重链Fd指Fab中约1/2的H链部分(约含225个氨基酸残基，包括V_H、C_H1和部分铰链区)。Fab抗体是由重链Fd和完整轻链通过二硫键结合而成的异二聚体，仅含一个抗原结合位点。将重链Fd和完整轻链的编码基因连接，融合细菌蛋白信号肽基因后可在大肠杆菌内分泌表达Fab抗体，并有完整的立体折叠和链内、链间二硫键。

3. Fv抗体　分别构建含V_H和V_L基因的载体，共转染细胞，使之分别表达，再组装成功能性Fv抗体；或在载体中的V_H和V_L之间设置终止密码，分别表达两个小分子蛋白片段，再通过非共价键结合而形成Fv抗体。

4. 单链抗体　用适当的寡核苷酸接头(linker)连接轻链和重链可变区基因，使之表达单一的多肽链，称为单链抗体(single chain fragment variable, ScFv)。多肽链能自发折叠成天然构象，保持Fv的特异性和亲和力(图4-18)。

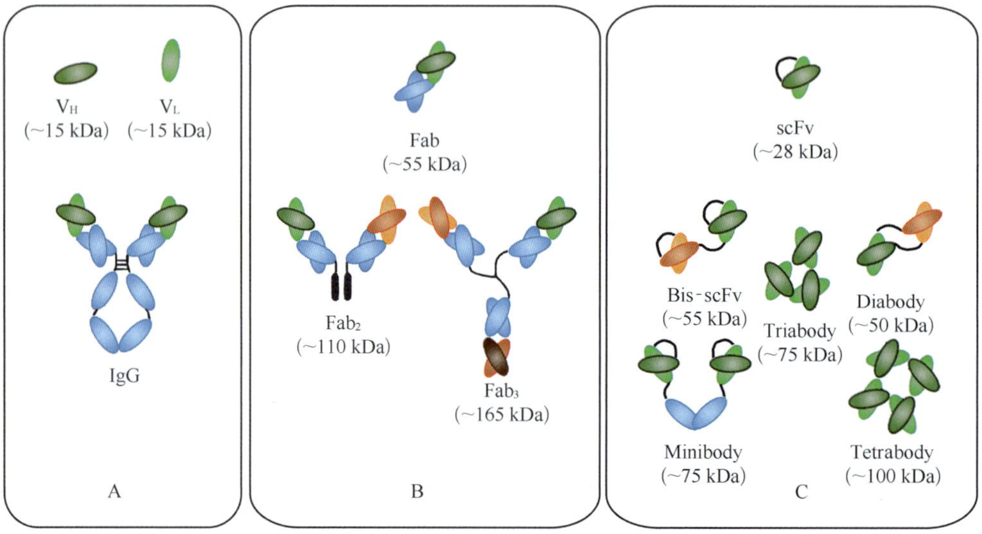

图4-18　抗体活性片段衍生的多种基因工程抗体

根据Fv抗体(V_H,V_L)(A)、Fab抗体(B)和单链抗体(ScFv)(C)分别构建的多种基因工程抗体

5. 单域抗体　将抗体重链V区通过基因工程方法表达，获得仅含V_H片段的抗体。单域抗体(single domain antibody)与抗原结合的能力及其稳定性，与完全抗体基本一致。

6. 最小识别单位(minimal recognition units, MRU)　仅含可变区中单一CDR结构，分子质量仅为完整抗体的1%左右，可结合相应抗原。

本章提要

免疫原是免疫应答的启动者和参与者，能与固有免疫感受器(如PRR)结合，激活固有免疫应答或与淋巴细胞受体(TCR或BCR)结合，激活T、B细胞介导的适应性免疫应答。免疫原包括固有分子模式(IMP)和抗原(Ag)两大类。IMP包括病原体相关分子模式(PAMP)和损伤相关分子模式(DAMP)；抗原则分为多种类型。抗原兼具免疫原性和反应原性，而IMP只显示免疫原性。抗原表位是抗原分子中决定免疫应答特异性的特殊化学基团。另有一类多克隆免疫刺激剂如超抗原和丝裂原，以抗原非特异性的形式大量激活淋巴细胞。

免疫球蛋白又称抗体，是B细胞经抗原激活后由浆细胞分泌的效应分子，分为IgM、IgG、IgA、IgE和IgD五类。免疫球蛋白由两条轻链和两条重链构成，并分为可变区和恒定区。抗体可变区以其互补决定区，特异性地识别和结合抗原表位；恒定区参与行使抗体的生物学功能，包括中和毒素、调理吞噬、激活补体、介导靶细胞杀伤、参与超敏反应等。具有单一抗原表位结合能力的单克隆抗体的研制和相应基因工程抗体技术的发展，是免疫学领域中的创举，具有重要的基础和应用意义。

(熊思东　徐　薇)

参考文献

金伯泉，熊思东. 2008. 医学免疫学第5版. 北京：人民卫生出版社，18-24.

龚非力，熊思东. 2007. 医学免疫学第 2 版. 北京：科学出版社，24-30.
曹雪涛，熊思东. 2015. 医学免疫学. 北京：人民卫生出版社，18-24.
Campbell KS，Hasegawa J. 2013. Natural killer cell biology：an update and future directions. J Allergy Clin Immunol，132：536-544.
Dowling JK，Mansell A. 2016. Toll-like receptors：the swiss army knife of immunity and vaccine development. Clin Transl Immunology，5：e85.
Joyce MG，Sun PD. 2011. The structural basis of ligand recognition by natural killer cell receptors. J Biomed Biotechnol；article ID：203628，1-15.
Murphy K，Travers P，Walport M，et al. 2008. Janeway's Immunobiology，7th ed. New York：Garland Sci，17-18；400-416.
Piccinini AM，Midwood KS. 2010. DAMPening inflammation by modulating TLR signalling. Mediators Inflamm，pii：672395.
Seyda M，Elkhal A，Quante M，et al. 2016. T cells going innate. Trends Immunol，37：546-556.
Vénéreau E，Ceriotti C，Bianchi ME. 2015. DAMPs from cell death to new life. Front Immunol，6：422-329.
Weisser NE，Hall JC. 2009. Applications of single-chain variable fragment antibodies in therapeutics and diagnostics. Biotechnol Adv，27：502-520.

第五章 主要组织相容性复合体

主要组织相容性复合体(major histocompatibility complex, MHC)是由一组高度多态性基因组成的染色体区域。MHC 基因产物能在不同细胞表面表达,通常称之为 MHC 分子或 MHC 抗原,又因这些抗原在器官移植中代表供受者双方的组织相容程度,亦称为移植抗原或组织相容性抗原。脊椎动物中,从鱼到人类都存在结构与功能相似的 MHC 遗传区域,如小鼠的 MHC 是 H-2,猪的 MHC 是 SLA,人的 MHC 是 HLA。

MHC 是现知多态性最为丰富的一个基因系统,拥有极大数量的等位基因,赋予种群巨大潜力以适应多变的内外环境。MHC 分子不但在 T 细胞分化发育中是必需的,而且在适应性免疫应答的启动和调节中发挥重要作用,并参与对固有免疫应答的调节。通俗地说,MHC 的生物学功能与物种的生、老、病、死息息相关,因而是免疫学研究中最为活跃的领域之一,并构成免疫遗传学(immunogenetics)的主要方面。

第一节 小鼠 H-2 系统

H-2 系统的发现与移植物排斥密切相关。美国 Jackson 实验室的 Snell G 等采用皮肤移植和反复回交的经典免疫遗传学技术,确认小鼠体内存在着一个主宰皮肤急性排斥的染色体片段,片段中包含 H-2 基因复合体,并由此构建了遗传背景相同但 H-2 结构不同、具有排斥同种异型抗原功能的同类系小鼠(congenic strain)(第 148 插页插图)。Snell 因此而获得 1980 年诺贝尔生理学或医学奖。由于相继发现小鼠体内决定移植物排斥的基因不止一个,作用有强有弱,遂把作用最强的 H-2 命名为主要组织相容性基因,即 histocompatibility-2。现今,H-2 代表了小鼠的 MHC 复合体。

H-2 复合体位于小鼠第 17 号染色体的一个狭窄区段,由彼此独立又紧密连锁的基因座位组成(图 5-1),长约 1 500 kb,与小鼠短尾畸形基因 T/t 相连锁。H-2 复合体由经典的 *H-2* 和 *Tla*(thymus leukemia antigen)共同组成。按所编码分子的结构与功能的不同,H-2 复合体内基因分为三类。

一、H-2 Ⅰ类基因

Ⅰ类基因编码Ⅰ类分子的重链。轻链为 β_2 微球蛋白(β_2m),编码基因位于第 2 号染色体。重链与 β_2m 以非共价键结合形成异二聚体,表达在细胞膜表面。Ⅰ类基因又可分为经典与非经典两种类型,其多态性、产物分布与功能不同。

(一)经典Ⅰ类基因

经典Ⅰ类基因为 *H-2K*、*H-2D* 和 *H-2L*,分别相当于人类 HLA 的 *A*、*B*、*C* 基因(图 5-1),具有高度多态性。*H-2K* 和*H-2D* 的等位基因数均大于 100 个。等位基因所编码的抗原广泛分布于有核细胞表面,与移植物排斥反应密切有关。

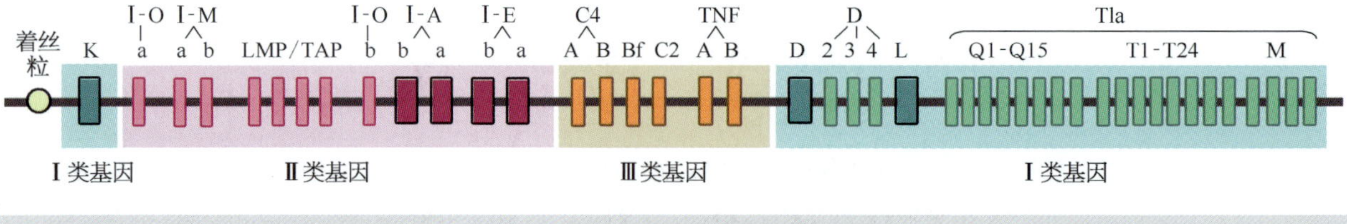

图 5-1 小鼠 MHC 基因(H-2)结构

宽立柱代表经典的Ⅰ类和Ⅱ类基因,窄立柱代表补体基因、非经典的Ⅰ、Ⅱ类基因或假基因。除了小鼠经典的Ⅰ类基因分散在两侧而人类经典的Ⅰ类基因全部集中在远离着丝粒一侧外,*H-2* 的结构和 HLA 十分相似。*H-2* Ⅱ 类基因(红色)位于Ⅰ(immune)区,皆由编码 α 和 β 链的基因 a 和 b 组成,小鼠为 *I-O*、*I-M*、*I-A* 和 *I-E*,对应于人类 HLA Ⅱ类(D 区)的 *DO*、*DM*、*DQ* 和 *DR*(*H-2* 中无 HLA-*DP* 对应物)。*H-2* 和 HLA 皆包括 LMP/TAP 和Ⅲ类补体基因(橙色),且位置相当。注意图中 *H-2* 基因远离着丝粒一侧的 Tla 区包括大量的非经典Ⅰ类基因,部分参与调控固有免疫应答

(二)非经典Ⅰ类基因

非经典Ⅰ类基因是指小鼠的 *H-2Q*、*H-2T* 和 *H-2M* 基因,简称 *H-2* Ⅰb,位于 Tla 区域内,相当于人类 *HLA-E*、*HLA-F* 和 *HLA-G*。与经典Ⅰ类基因不同,非经典Ⅰ类基因不仅等位基因数有限,其编码产物的分布也十分局限。其

编码分子多数在细胞表面表达水平不高，功能尚未完全阐明，但晚近开始有资料显示，和 HLA-Ib 分子一样，H-2Ib 分子在免疫调节，包括对固有免疫的调节中，十分活跃（表 5-1）。

表 5-1　小鼠和人类部分 MHC 非经典Ⅰ类基因（Ⅰb）产物及其功能

MHC 非经典Ⅰ类分子					相应受体或相互作用蛋白			
人 类	小 鼠	表 达	多态性	配体形式	T 受体	NK 受体	其他受体	生物学功能
HLA-C *	/	广泛	丰富	肽	TCR	KIR	/	激活 T 细胞，抑制 NK 细胞
/	*H2-M3*	有限	低	fMet，肽	TCR	/	/	激活带有细菌肽的 CTL
/	*T22*，*T10*	脾细胞	低	无	γδTCR	/	/	激活脾细胞
HLA-E	*Qa-1*	广泛	低	MHC 前导肽	/	NKG2A/C	/	抑制 NK 细胞
HLA-F	/	广泛	低	肽?	/	LILRB1/2	/	未明
HLA-G	/	母胎界面	低	肽	TCR	LILRB1	/	调变母胎间的相互作用
MIC-A/*-B*	/	广泛	中等	无	/	NKG2D	/	参与应急诱导的 NK/CD8T 活化
/	*TL*	小肠上皮	低	无	CD8αα 链	/	/	间接参与 T 细胞活化
/	*M10*	犁骨鼻骨神经元	低	未明	/	/	犁骨鼻骨受体 V_2R	检测信息素

* 属经典Ⅰ类分子。

二、H-2 Ⅱ类基因和Ⅲ类基因

1. 经典Ⅱ类基因　　指编码Ⅱ类分子的Ⅰ(immune)区基因，Ⅰ区内主要含有 I-A 和 I-E 两个亚区。I-A 亚区有编码 I-A 分子的 *Aa* 和 *Ab* 基因。I-E 内有 *Ea* 和 *Eb* 基因。I-A 和 I-E 分子分别由 *I-E* 和 *I-A* 重链基因和轻链基因编码的重、轻链组成。*Aa*、*Ab*、*Ea* 和 *Eb* 基因均具有高度多态性。

2. 非经典Ⅱ类基因　　H-2 Ⅰ区内尚有 *Ma*、*Mb* 和 *Oa*、*Ob* 两组基因，分别编码 I-M 和 I-O 异二聚体分子。这些分子主要在胞质内，不表达在细胞表面。其作用可能是协助抗原肽进入 I-E 和 I-A 分子的抗原结合槽。

3. 与Ⅰ类分子抗原肽加工提呈有关的基因

1) *LMP1* 和 *LMP7* 指低分子量蛋白(low molecular weight protein，LMP)编码基因，其产物的主要功能是将内源性蛋白质抗原切割为适当大小的多肽以便进入Ⅰ类分子的抗原结合槽。

2) *TAP1* 和 *TAP2*。编码产物称为抗原加工相关转运物(transporter associated with antigen processing，TAP)，位于内质网膜，参与将抗原多肽从胞质溶胶转送至内质网。

4. H-2 Ⅲ类基因　　Ⅲ类基因位于 S 区即Ⅲ类基因区内。其主要有补体相关的 *C4A*、*C4B*、*Bf* 和 *C2* 等基因，此外尚有 21-羟化酶有关的 *CYP21A*、*CY21PB* 基因、两个热休克蛋白基因以及两个肿瘤坏死因子编码基因。

三、小鼠的 H-2 同类系和重组系

采用类似于本书第 148 页所示的程序，在同一个近交系小鼠品系中，通过选择不同的亲本品系，可以得到各种 H-2 结构不相同的同类系(congenic strain)，并通过杂交，培育出一些 H-2 个别座位等位基因不同的重组系(combination strain)(第 148 页)。这些特定的小鼠品系曾被广泛用于小鼠 MHC 的功能分析和基因定位，至今仍被用于各种免疫遗传学和疾病关联机制的分析，以及排除 H-2 的干扰，探究次要组织相容性基因的结构和功能(见第十九章)。

第二节　人类主要组织相容性复合体

HLA(human leucocyte antigen)基因系统是人类主要组织相容性复合体。人类第一个 HLA 抗原由法国 Dausset J 在 1958 年从三个多次接受输血患者的血清中检出，当时命名为 MAC，相当于目前正式命名的 HLA-A2 加上 HLA-A28。HLA 基因产物称为 HLA 抗原或白细胞抗原。有关 HLA 的研究工作在临床器官移植配型和国际大协作的推动下，发展十分迅速，涉及的范围已远远超出了移植配型，成为免疫学、遗传学及人类学基础理论研究的一个重要组成部分，并将为许多疾病特别是自身免疫性疾病、肿瘤、感染性疾病的防治与诊断提供帮助。

一、经典的 HLA 复合体结构

经典 HLA 系统是迄今所知人类多态性最丰富的遗传系统，定位于第 6 号染色体短臂 6p21.31 区，长 3 600 kb(图 5-2)。HLA 系统是一个由一系列紧密连锁的基因座位所组成的具有高度多态性的遗传复合体，1999 年已完成经典

HLA 区域的全部序列分析及基因定位。在 3.5 Mb 区域内共确认了 224 个基因座位，其中 128 个为功能性基因，有产物表达。2003 年完成了整个第 6 号染色体短臂的序列分析后提出了扩展的主要组织相容性复合体（xMHC）的新概念，并以此代替了 1999 年确定的 HLA 3.5 Mb 的序列。

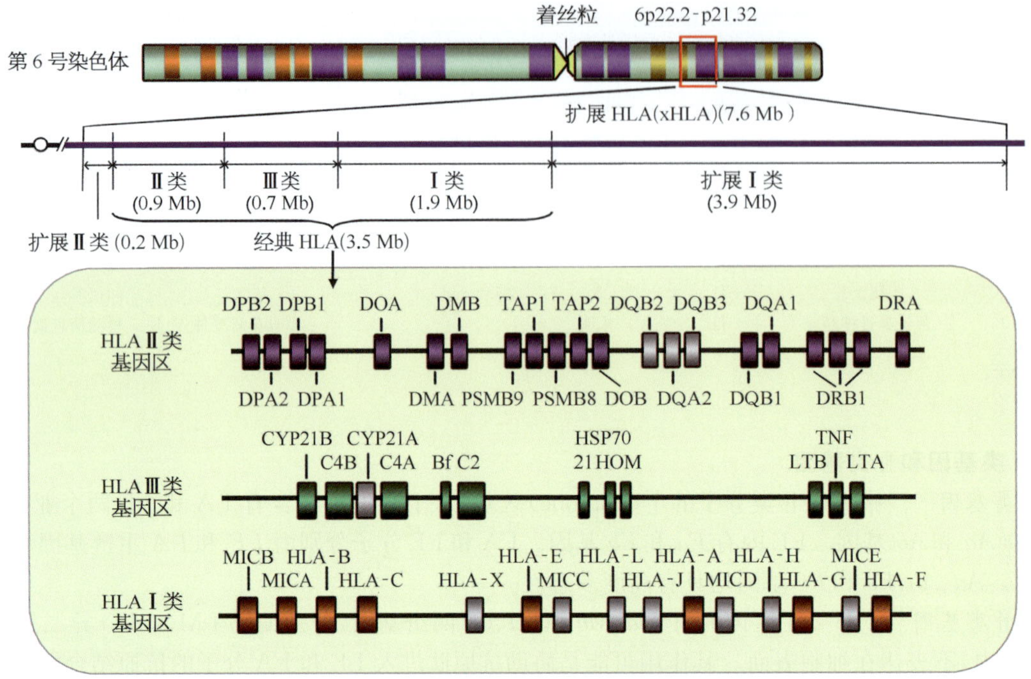

图 5-2　第 6 号染色体短臂 HLA 区主要基因排列图

三类基因中表达者以不同颜色表示，不表达者为灰白色

（一）扩展的主要组织相容性复合体

xMHC 这段染色体区域长度从 HLA Ⅰ类区域最远端的 HCP5P15 算起，最终扩展到 HLAⅡ类区域的接近着丝粒处的 KIFCI，共 7.6 Mb，包括下列 5 个亚区，421 个基因座位（从着丝粒远端算起）。

（1）扩展的Ⅰ类亚区　　长 3.9 Mb；含有 182 个基因座位。

（2）经典的Ⅰ类亚区　　长 1.9 Mb，含有 122 个基因座位。

（3）经典的Ⅲ类亚区　　长 0.7 Mb，含有 62 个基因座位。

（4）经典的Ⅱ类亚区　　长 0.9 Mb，含有 34 个基因座位。

（5）扩展的Ⅱ类亚区　　长 0.2 Mb，含有 21 个基因座位。

所有基因可归纳为四种类型：

（1）表达基因　　此类基因可转录成 mRNA，有一个稳定的开放阅读框（ORF）和蛋白产物。其共 252 个，占 421 个基因的 59.9%。

（2）后选基因　　此类基因可转录成 mRNA，有不明确的 ORF，可有或无编码蛋白质的序列。

（3）非编码基因　　此类基因有 mRNA，无任何 ORF，亦无蛋白产物表达。其共 30 个，占 7.1%。

（4）假基因　　此类基因一般不能转录成 mRNA，可能是一个基因结构片段或是一个交换后和未处理的 cDNA 结构。其共 139 个，占 33.0%。

（二）经典的 *HLA* 基因

本章主要讨论经典的Ⅰ类、Ⅱ类和Ⅲ类区域的基因，即经典 HLA。此类基因所在的区域具有以下几个特点：① 是免疫功能相关基因最集中、最多的一个区域，218 基因中 40% 基因产物均具有免疫功能；② 是基因密度最高的一个区域，平均每 16 kb 就有一个基因；③ 是多态性最丰富的一个区域；④ 是与疾病关联最为密切的一个区域。表 5-2 列出正式命名的 HLA 主要基因及等位基因数。

类似于 H-2，*HLA* 基因根据其编码分子的分布与功能不同也分为三个区，即Ⅰ类基因区、Ⅱ类基因区及Ⅲ类基因区（图 5-3）。

表 5-2　HLA 主要基因及等位基因数（截至 2016 年 6 月）

基因名称	等位基因数	基因名称	等位基因数	基因名称	等位基因数	基因名称	等位基因数
HLA-A	3 492	*HLA-X*	0	*HLA-DQA1*	73	*PSMB9*	—
HLA-B	4 358	*C2*	9	*HLA-DQB1*	940	*PSMB8*	—
HLA-C	3 111	*C4A*	12	*HLA-DQA2*	—	*MICA*	105
HLA-E	21	*C4B*	16	*HLA-DQB2*	—	*MICB*	42
HLA-F	22	*Bf*	20	*HLA-DQB3*	—	*MICC*	—
HLA-G	53	*HLA-DRA*	7	*HLA-DOA*	12	*MICD*	—
HLA-H	12	*HLA-DRB1*	1 929	*HLA-DOB*	13	*MICE*	—
HLA-J	9	*HLA-DRB2*	1	*HLA-DMA*	7	*CYP21A*	—
HLA-K	6	*HLA-DRB3*	121	*HLA-DMB*	13	*CYP21B*	—
HLA-L	5	*HLA-DRB4*	45	*HLA-DPA1*	43	*HSP70-1*	—
HLA-P	5	*HLA-DRB5*	32	*HLA-DPB1*	671	*HSP70-2*	—
HLA-T	0	*HLA-DRB6*	3	*HLA-DPA2*	—	*HSP70-HOM*	—
HLA-U	0	*HLA-DRB7*	2	*HLA-DPB2*	6	*LTB*	—
HLA-V	3	*HLA-DRB8*	1	*TAP1*	12	*TNF*	—
HLA-W	0	*HLA-DRB9*	1	*TAP2*	12	*LTA*	—

1. HLA Ⅰ类基因区　位于复合体的最远端，即从端粒一侧的 HCP5p15 到 MICB 之间，长度为 1.9 Mb，包括 122 个基因座位，其中 41 个为表达基因，12 个为候选基因，3 个为非编码基因及 66 个假基因。根据编码产物分布、功能及多态性不同，又可分为经典Ⅰ类基因和非经典Ⅰ类基因。

（1）经典 HLA Ⅰ类基因　又称 HLA-Ⅰa，指最早发现的 3 个功能基因即 *HLA-A*、*HLA-B* 和 *HLA-C*。HLA-Ia 基因均具有高度多态性，如表 5-2 所示，截至 2016 年 6 月，*HLA-B* 座位被正式命名的等位基因数已达4 358个，是整个 HLA 区域中等位基因数最多的一个座位，亦即多态性最丰富的一个基因座位。每个等位基因均可分别编码 HLA Ⅰ类分子重链（α 链）。其轻链（β 链）为 β_2m。

（2）非经典 HLA Ⅰ类基因　又称 HLA-Ⅰb，包括 *HLA-E*、*HLA-F*、*HLA-G* 3 个座位。因其等位基因数的有限性、编码产物分布的局限性以及功能独特，而有别于经典 *HLA-A*、*HLA-B*、*HLA-C* 基因。其中的 *HLA-E* 基因位于 *HLA-C* 和 *HLA-A* 座位之间，已正式命名有 21 个等位基因。*HLA-F* 基因位于 *HLA-G* 基因外侧。*HLA-G* 基因位于 *HLA-A* 座位远侧，被正式命名的等位基因已有 53 个。

（3）MIC 基因　MIC（MHC class I chain-related）是 1994 年发现的一个基因家族，目前有 5 个成员，分别命名为 *MICA*、*MICB*、*MICC*、*MICD* 和 *MICE*。其中 *MICA* 和 *MICB* 为功能基因，余为假基因。*MICA* 基因定位在 *HLA-B* 基因着丝粒方向 40 kb 处，是 *HLA-B* 基因最近的邻居，且 *MICA* 具有高度多态性，等位基因数达 105 个（表 5-2），与 *HLA-B* 存在连锁不平衡。

HLA Ⅰ类区域内数目最多的是假基因，占半数以上，如 *HLA-L*、*HLA-K*、*HLA-X* 等，其特性未明。

2. HLA Ⅱ类基因区　位于 HLA 复合体的着丝粒端，即从 *DRA* 到 *HLA-DPA3* 的一段区域，长度为 0.9 Mb，包含 34 个基因座位，其中 16 个为表达基因，3 个候选基因，15 个假基因。在 16 个表达基因中除了 *BRD2*（原名 RING3）外均有免疫学功能。Ⅱ类区域内至少含有 DR、DQ、DP、DOA、DOB 和 DM 6 个亚区。

（1）DR 亚区　有 1 个 *DRA* 基因及 9 个 *DRB* 基因。*DRA* 基因几乎不显示多态性，其产物为 DR 分子的 α 链。9 个 *DRB* 基因分别命名为 *DRB1*～*DRB9*。其中 *DRB1*、*DRB3*、*DRB4* 和 *DRB5* 为功能基因。表 5-2 表明，*DRB1* 是Ⅱ类区域中多态性最丰富的座位，等位基因数已达 1 929 个。*DRB1* 基因编码的 DR 分子 β 链与 *DRA* 基因编码的 α 链共同组成 DR 分子，其抗原特异性可由血清学方法检出，命名为 DR1～DR18。*DRB5* 基因、*DRB3* 基因及 *DRB4* 基因编码的 β 链各自与 α 链组成的 DR 分子，分别显示血清学方法检出的抗原特异性 DR51、DR52 和 DR53。因此，*DRB* 基因的数目随每个个体所具有的单体型的不同而不同，可分为 5 个组（图 5-3）。

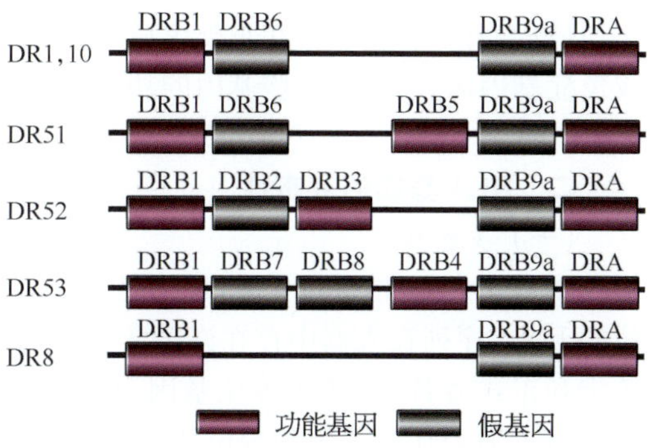

图 5-3　不同单体型中 DR 基因的组合

（2）DQ 亚区　位于 *DRB1* 基因和 *DOB* 基因之间。有 2 个 *DQA* 基因和 3 个 *DQB* 基因。其中 *DQA1* 和 *DQB1* 为功能基因，分别编码 DQ 分子的 DQα 链和 DQβ 链。*DQA2*、*DQB2* 和 *DQB3* 是假基因。和 *DRA* 基因不同，*DQA1* 和 *DQB1* 基因均具有高度多态性。

（3）DP 亚区　位于 DOA 内侧靠近着丝粒方向。有 2 对 *DPA* 和 *DPB* 基因。*DPA1* 和 *DPB1* 为功能基因，分别编码DP分子的α链和β链，*DPA2*和*DPB2*为假基因。

DR、*DQ*、*DP*基因因其编码分子的分布及功能相似且均具有高度多态性，亦被称为经典的HLA Ⅱ类基因。

(4) DM亚区　位于HLA-DOA和LMP2之间，由2个座位即*DMA*和*DMB*组成，分别编码DM分子的α链与β链。*DM*基因具有多态性。DM异二聚体分子主要存在于特定的细胞器称MHCⅡ类区室(MIIC)，在外源性抗原加工提呈中起重要而独特的作用。

(5) TAP和PSMB区域　DMB和DQB2之间有一对抗原加工相关转运物基因*TAP1*/*TAP2*和一对β型蛋白酶体亚单位(proteasome subunit, beta type, PSMB)编码基因*PSMB9*和*PSMB8*(旧称低分子量多肽基因*LMP7*和*LMP2*,小鼠H-2中仍采用此命名)。TAP产物表达于内质网膜，负责抗原肽向内质网腔转运。PSMB基因编码细胞胞质溶胶中蛋白酶体成分。蛋白酶体可使内源性抗原酶解成7～10个氨基酸残基的小肽(见第十章)。

(6) *DOA*和*DOB*基因　分别编码DO分子的α链和β链。DO分子的确切功能尚不清楚，可能对DM功能实施负调节。

3. HLAⅢ类基因区　位于HLA Ⅰ类和Ⅱ类区之间从PPIP9到BTNL2包含有62个基因座位，长度为0.9 Mb。其中58个表达基因，2个假基因，每14 516 bp就有一个基因，因此是整个基因组中基因密度最大的一个区域。除了LOC401250基因外，其余基因均在1999年已发现。此外，在Ⅲ类基因区的表达基因中，有的产物发挥重要作用，如参与细胞转录调节(CREBL1、BTK19、PBX2、RDBP、SKIV2L、BAT1和VARS2)、参与“持家”(DOM3Z、NEV1、AGPAT1、CL1C1和CSNK2B)、生物合成、电子转移，显示水介活性，以及介导蛋白-蛋白间的相互作用。以下是Ⅲ类基因中央区中的主要基因。

(1) 补体基因　补体基因*C2*与*Bf*基因相距极近，中间仅隔421 bp，且二者有相似的内含子-外显子结构，可能是由同一组基因因重复而产生。*C2*与*Bf*均具有多态性。用等电聚焦法至少可检出9个型别的*C2*分子，其中最常见的为*C2C*。*Bf*在电泳中也具有明显的异质性，已发现的型别达20种以上。*C2*与*Bf*表型及其基因频率在人种与地区间的差异十分显著。*C4*基因包括*C4A*和*C4B*，分别编码补体的C4A和C4B蛋白，且两者高度同源(仅在1 101～1 106部位有4个氨基酸残基不同)。*C4*基因有两个特点：第一是*C4*长度可有变异：*C4A*通常为长基因(22 kb)；*C4B*基因则有长(22 kb)和短(16 kb)两种形式。第二是存在高频率的无效基因，常用*Q0*(quantity zero)表示。*C4*基因的表达与否可能与自身免疫性疾病的易感性有关。需要指出的另一点是，不同HLA单体型*C4*基因的数目可有不同，可能是减数分裂中同源染色体之间的不等交换所引起。

(2) 21羟化酶基因　简称*CYP21A*及*CYP21B*，位于*C4A*和*C4B*基因3′端3 kb处，与*C4*基因约有97%同源性。*CYP21B*基因编码肾上腺21羟化酶。约95%先天性肾上腺增生症(congenital adrenal hyperplasia, CAH)的致病原因是*CYB21B*基因缺失、突变或蛋白表达减少。

(3) 热休克蛋白(*HSP*)基因　共3个，位于Ⅲ类区域称*HSPA1L*、*HSPA1A*和*HSPA1B*，分别编码分子质量为70 kDa的热休克蛋白1-like、1A和1B。这些基因的表达在热休克蛋白时上调，并在蛋白的合成、折叠、组成和降解过程中发挥伴侣分子的作用。

(4) *TNF*、*LTA*和*LTB*基因　*TNF*基因的编码产物为TNF-α，由单核细胞和Mφ产生。淋巴毒素*LTA*和*LTB*基因编码的产物为淋巴毒素α及淋巴毒素β，淋巴毒素β由T细胞产生。

最近，有学者建议将在Ⅲ类区域靠近端粒一侧的一些基因包括*TNF*、*LTA*、*LTB*、*SHP*等划归HLA Ⅳ类基因区或炎症基因区，以突出这些基因的功能及其与各种应激、感染及炎症反应的关系。

二、HLA基因的多态性

(一) 多态性

丰富的多态性(polymorphism)是HLA基因系统的一个最重要的特点。表5-2表明，HLA复合体中很多基因座位的DNA序列在人群中存在许多变异体，称为等位基因(allele)。近年来，随着各种分子生物学检测手段的应用，被鉴定和正式命名的HLA等位基因数迅速增加，数量之大，增长之快，已达到十分惊人的地步(图5-4)。例如，截至2016年6月，HLA系统的等位基因数已达15 020。其中，经典的HLA Ⅰ类等位基因数增加最多，以B座位为例，前面提到，其等位基因数已达4 358个(表5-2)，即一个基因座位在群体中的变异体在四千个以上。图5-4等位基因数上升的曲线提示，近年来总数仍会不断增加，但也不可能无止境地上升，而且现在发现的新基因都是频率非常低的等位基因。

数量如此庞大的等位基因，一方面，表明HLA属人类多态性最为丰富的基因系统；另一方面，揭示人群中两个无亲缘关系个体间*HLA*等位基因相同的概率非常低。因为对每一个个体，任何一个HLA座位只能有2个等位基因，

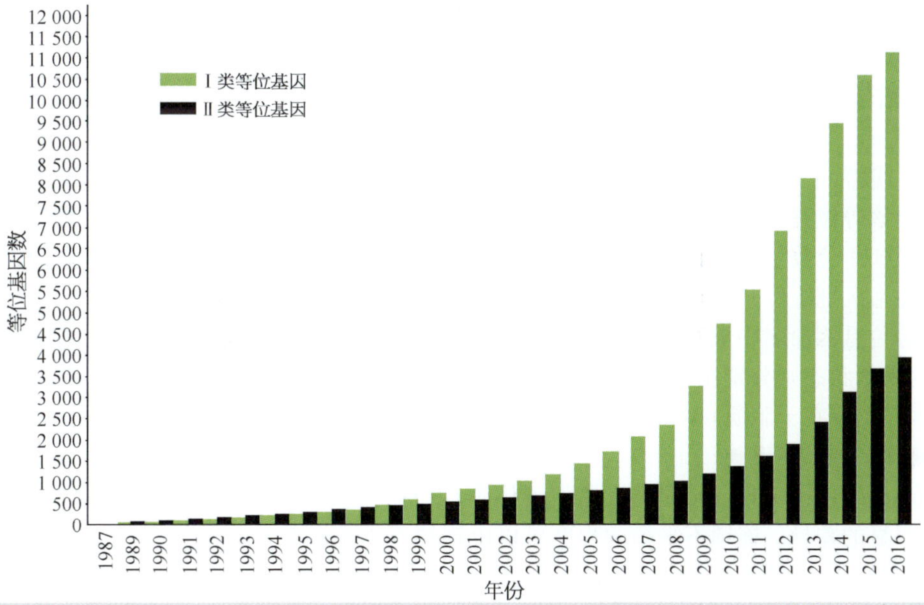

图 5-4 不断被检出并确认的 HLA 等位基因数（引自 Marsh SGE，2016）

资料截至 2016 年 6 月

分别来自父母亲，这些等位基因均能得到充分的表达，称为共显性（co-dominance）。由于人类是随机婚配的杂合群体，从人群整个 *HLA* 等位基因库中获取这两个基因应该是随机的，如以 *HLA-B* 为例，意味着从 4 358 个等位基因中任取两个，两个个体得到完全相同 B 座位等位基因的概率自然很小，如果再加上多个 HLA 座位皆有数量庞大的等位基因，则经过排列组合，两个无亲缘关系个体全部 *HLA* 等位基因（体现在单体型，详下）相同的概率几乎为零。因而，每一个个体所具有的特定 *HLA* 等位基因，可以作为该个体显示个体性（individuality）的标志，类似于生物学上的“身份证”。

应该指出，第二章中提到机体带有不同 TCR 和 BCR 的淋巴细胞克隆数量极大，其多样性可以在细胞克隆水平内形成巨大的储备库（repertoire），有利于个体对多变的内外抗原起反应；而 HLA 系统的多态性则表现在种群内的不同个体之间，某种意义上，也是种群为了应对各种病原体入侵而形成的一个“储备库”。显然，其多样性不在个体内的淋巴细胞克隆水平，而在种群内的个体水平。第十四章将提到，MHC 的多态性，是种群潜在应答能力的一种体现，保证了种群的延续及稳定性。

然而，*HLA* 等位基因频率在种群内的不同人种、不同民族、不同地域存在差异。如 HLA-A2 是世界范围内绝大多数民族常见的抗原，但在巴布亚新几内亚不存在；又如 HLA-A3、HLA-B7、HLA-DR1 是白人中较为常见的白细胞抗原，但在东方人中频率很低；东方人中常见的 HLA-B46、HLA-DR9 在白人中却十分罕见。因此，HLA 系统又成了一个良好的群体标志，对研究人类起源、迁移、混杂及某些疾病的高发有很高的价值。但是，*HLA* 基因的高度多态性及其在不同种族中的差异性分布，也为器官移植寻找合适的供体带来了巨大的免疫遗传学障碍。

（二）HLA 抗原和等位基因命名

HLA 抗原和等位基因因检测方法的不同而有相应的命名系统。

1. *用血清学及细胞学技术检测的抗原特异性* HLA 抗原的检出最初采用 Dausset 倡导的白细胞凝集反应，后由 van Rood 和 Terasaki 等建立了血清学分型技术，即补体依赖的微量淋巴细胞毒试验。其通用的标准方法称为 NIH 二步法。HLA-A、HLA-B、HLA-C 抗原及 HLA-DR、HLA-DQ 抗原用血清学方法分别检出的抗原特异性覆盖面较广，称为宽特异性。

HLA-Dw 与 HLA-DP 特异性可分别通过纯合分型细胞（HTC）及预致敏淋巴细胞（PLT）方法检测。但因分型所需标准细胞来源困难及细胞表面表达抗原的复杂性，细胞学方法已不再用于常规分型。

2. *用分子生物学方法检测的等位基因* 20 世纪 80 年代后期，分子生物学引入 HLA 领域，发展了各种 DNA 分型技术，称为基于 PCR 的 HLA 基因分型（PCR-based HLA genotyping）。常用者有 PCR-RFLP（PCR 扩增产物的限制性片段长度多态性分析）、PCR-SSO（PCR 产物的序列特异寡核苷酸探针杂交）、PCR-SSP（序列特异性引物的 PCR 扩增）和 PCR-SBT（PCR 产物直接测序）等。进行等位基因分型后，发现原先属于同一个血清学特异性的抗原往往可被数个甚至数十个不同的等位基因所编码，表明同一个特异性的 HLA 抗原实际上由多个亚型组成。例如，编码 HLA-

A2 抗原的等位基因已超过 250 个；编码 HLA-B27 的等位基因也至少有 74 个。为此，HLA 命名委员会制定了 HLA 命名原则，2010 年 4 月起采用新的冒号命名法。其要点如下：

1) 对某一个等位基因，先写 HLA，表明该等位基因位于 HLA 区域。

2) HLA 后面接着写出该基因的座位名称，中间用半线连接，如 *HLA-DRB1*。座位名称后加上 * 号。如 *HLA-DRB1* *。

3) * 号后数字一般为 4～6 位，也可多达 8 位，如 *A*02:07*，*A*02:101*，*A*02:97:01*，*A*68:02:01:02*。第 1、2 两位数字是用来指定该等位基因所属的等位基因家族并尽可能对应相应的血清学分型，两位数后用一个冒号，再写出等位基因的名称。第 3、4 位数字是用来区别等位基因编码区的变异，第 5、6 位数字是用来区别同义突变的等位基因，第 7、8 两位数字是用来区别等位基因内含子。

4) 在 *HLA-C* 等位基因命名中删除 *HLA-Cw* 中的 w 符号，但写出 HLA-C 抗原名称时则仍需保留 w 符号。

此外，对基因的表达状态则分别用字母 L、S、C、A、Q 表示。L(low)为细胞表面低表达；S(soluble)为可溶性分子；C(cytosal)表示基因产物存在于胞质；A(aberrant)指异常表达；Q(question)表示有疑问而不能断定。

(三) HLA 系统中的连锁不平衡

连锁不平衡(linkage disequilibrium)是指在某一群体中，不同座位上某两个等位基因出现在同一条单体型上的频率与预期值之间有明显的差异。连锁不平衡的程度可以由连锁不平衡参数△来表示。HLA 系统中经典的Ⅰ类区域座位和Ⅱ类区域座位均存在连锁不平衡，如在白人中，*HLA-A1* 基因频率为 0.275，*HLA-B8* 基因频率为 0.157。*A1* 与 *B8* 在同一条单体型上的预期频率为 0.043(0.275 × 0.157)，但在群体中 *A1-B8* 在同一条单体型上实际频率为 0.098，连锁不平衡参数△为 0.098－0.043＝0.055。Ⅱ类区域中 DQ 亚区与 DR 亚区之间存在强连锁不平衡，特别是 *DRB1*、*DQA1*、*DQB1* 三座位某些等位基因之间往往呈现很强的连锁不平衡，可能反映它们之间缺少交换，或这些特定等位基因的组合经历了特殊条件下的自然选择。连锁不平衡的存在，造成不同人群中，尤其在隔离群体中，出现Ⅰ类座位和Ⅱ类座位不同等位基因的非随机组合，由此构成的单体型被称为祖先单体型(ancestral haplotype)。这些祖先单体型在一定程度上可作为该群体的遗传标志。

连锁不平衡现象在一定程度上减少了群体中 HLA 单体型的多样性，这给器官移植寻找 HLA 相容供体提供了机会，但却给 HLA 与疾病关联研究中寻找原发性关联成分增添一定麻烦，因为所发现的某个 HLA 易感基因，很可能仅是与原发性易感基因处于连锁不平衡中，属于次级关联成分。

第三节 HLA 分子的结构、功能和分布

经典 HLA Ⅰ类分子(HLA-A、HLA-B、HLA-C)和Ⅱ类分子(HLA-DR、HLA-DQ、HLA-DP)以糖蛋白形式表达在细胞膜表面，HLA Ⅲ类分子则以可溶性形式存在于血浆中。非经典 HLA Ⅰ类分子的表达有别于经典Ⅰ类分子。

一、HLA 分子的组织分布

经典的Ⅰ类分子 HLA-A、HLA-B 表达在除绒毛外滋养细胞外的所有有核细胞表面，HLA-C 分子则可表达在包括绒毛外滋养层细胞内的所有有核细胞表面。但不同组织和不同细胞类型的表达水平不同。Ⅰ类分子表达量最高的是淋巴细胞，一个细胞可含 5×10^5 分子，约占膜蛋白的 1%。Mφ、DC 及中性粒细胞也高表达 HLA Ⅰ类分子。相反，肺泡细胞、心肌细胞、肝细胞、成纤维细胞、肌细胞、神经细胞表达低水平Ⅰ类分子。HLA Ⅰ类分子表达尚与细胞发育分化阶段有关，如 B 细胞分化成浆细胞后 HLA 分子不表达；某些分化阶段的精细胞也不表达 HLA Ⅰ类分子。

非经典 HLA Ⅰ类分子在细胞表面的表达则与经典Ⅰa 分子不同，HLA-E 分子在细胞表面表达的特点是其需要与 HLA-G 和 HLA-A、HLA-B、HLA -C 分子来源的先导序列结合。因此，HLA-E 分子的表达与其他Ⅰ类分子，特别是 HLA-G 分子的表达密切相关。HLA-G 分子的表达同样具有局限性，除了能在单核细胞、胸腺表达外，有时也可在肌肉纤维、肝胆管和肾小管内皮细胞上检测到，但主要是表达在浸入母体蜕膜的绒毛外滋养层细胞(EVT)表面。对 HLA-F 是否能在细胞表面表达尚有争论，但近来确认 HLA-F 可表达在妊娠期间的滋养层细胞上。因此，妊娠时滋养层细胞可同时高表达非经典 HLA-E、HLA-F、HLA -G 分子。

经典 HLAⅡ类分子(DR、DQ、DP)的表达则局限在特定细胞群，主要是抗原提呈细胞如 Mφ、DC、成熟 B 细胞。此外激活的 T 细胞及激活的单核细胞也表达经典Ⅱ类分子。中性粒细胞、未致敏的 T 细胞、肝细胞、肾脏细胞、脑细胞及胎儿滋养层细胞等均不表达 HLAⅡ类分子。

二、HLA 分子结构

(一) HLA Ⅰ类分子结构

经典 HLA Ⅰ类分子是由重链(α 链)和轻链(β 链)经非共价键连接成的异二聚体(图 5-5),属免疫球蛋白超家族。α 链由 *HLA-A*、*HLA-B*、*HLA-C* 基因编码,分子质量约为 45 kDa,β 链编码基因位于第 15 号染色体,为 β_2 微球蛋白(β_2m),分子质量约为 12 kDa。细胞膜上 HLA Ⅰ类分子表达需要 α 链和 β 链同时存在。

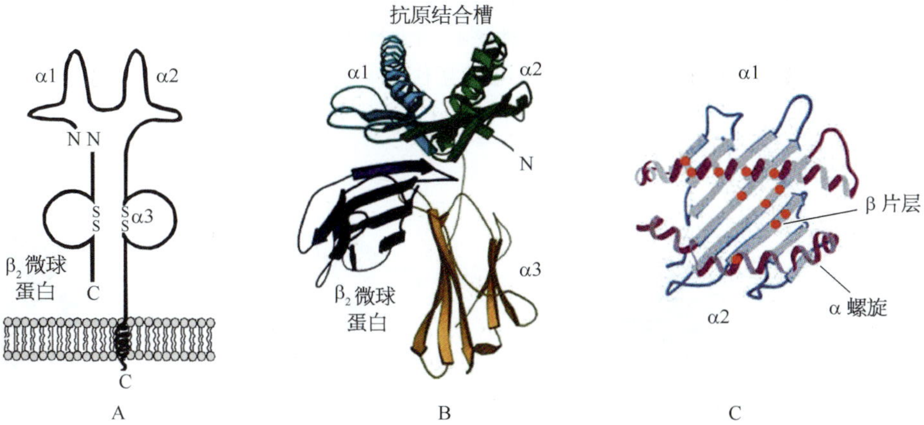

图 5-5 HLA Ⅰ类分子结构

A. 模式图;B. 侧面观;C. 抗原结合槽极面观。红点示 α 螺旋和 β 片层中氨基酸序列变异最大的部位

1. Ⅰ类分子重链的基本结构 α 链由 3 个细胞外结构域(即 α1、α2 和 α3)、跨膜区和胞质区三部分组成。α1、α2 和 α3 结构域分别包含约 90 个氨基酸残基。α3 结构域与免疫球蛋白恒定区结构域同源,在 T 细胞表面是与 CD8 分子相结合的部位。疏水性的穿膜区由 25 个氨基酸残基组成,以 α 螺旋结构穿过类脂双层。亲水性细胞内结构域由 30~40 个氨基酸残基组成并具有数个磷酸化位置。

2. 轻链(β 链) 前面提到,Ⅰ类分子的轻链为 12 kDa 的 β_2m,可溶性蛋白,不通过细胞膜。β_2m 氨基酸序列高度保守,在不同物种之间差别极小,可相互替代。β_2m 的作用主要是稳定Ⅰ类分子并使其能有效地表达于细胞表面。

3. 抗原结合槽 Ⅰ类分子的抗原结合槽由 α 链的 α1 和 α2 结构域组成,每个结构域折叠成 1 个 α 螺旋和 4 条 β 片层。2 个 α 螺旋组成凹槽的壁而 8 条 β 片层构成了凹槽的底。凹槽的两头封闭。进入 HLA Ⅰ类抗原结合槽内的抗原肽有两个基本特点。一是抗原肽一般由 9 个氨基酸残基组成,9 肽与 HLA 分子的结合亲和力要比大于或小于 9 肽的抗原肽高100~1 000 倍;二是抗原肽一般含有一段与某个特定 HLA 分子结合的部位,称为锚着位,位于该部位上的氨基酸则称为锚着残基(anchor residue)。与 HLA Ⅰ类分子相结合的锚着残基从氨基端算起,一般为第 2 和第 9 位。这些锚着残基插入 HLA 分子抗原结合凹槽中的袋(pocket)中,通过氢键与Ⅰ类分子相结合。抗原肽中间部位一般均有一定程度的隆起,可作为 T 细胞表位被 TCR 识别(图 5-6)。

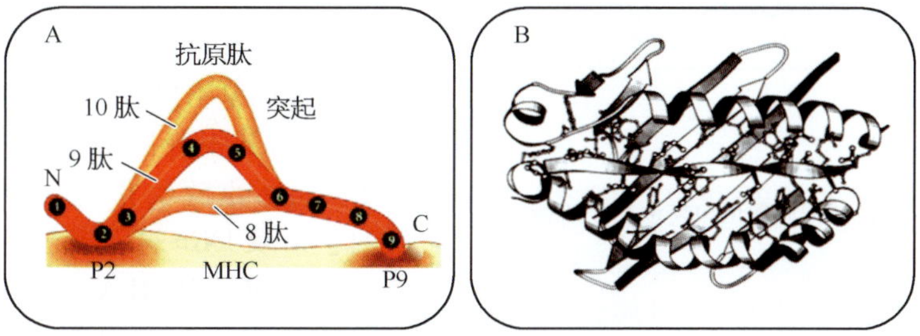

图 5-6 HLA Ⅰ类分子与抗原肽结合构象

A. 不同长度抗原肽在 HLA Ⅰ类分子抗原结合槽中构象不同。此处示 P2 和 P9 为抗原肽与 MHC Ⅰ类分子结合的锚着位。B. MHC 分子抗原结合槽中的抗原肽以其氨基酸侧链与 MHC 分子的侧链相互作用

(二) HLA Ⅱ类分子

Ⅱ类分子是由 α 链和 β 链组成的异二聚体(图 5-7)。α 链分子质量为 33 kDa,β 链分子质量为 28 kDa,α 链和 β 链

以非共价键相互连接。与Ⅰ类分子轻链不同，α链和β链各自均有2个胞外结构域（α1、α2和β1、β2）、跨膜序列和胞内段。α2及β2结构域与Ⅰ类分子的α3结构域相似，能与T细胞表面的CD4受体结合。与Ⅰ类分子不同，Ⅱ类分子的抗原结合槽分别由α链的α1结构域和β链的β1结构域相互结合，各自构成2条α螺旋和8条平行β片层的一半，凹槽形状与Ⅰ类分子凹槽极相似，两者几乎可以重叠。

HLAⅡ类分子和抗原肽的结合有其特点：① 肽长为13～18个氨基酸残基，因为抗原结合槽的两头是开放的；② 抗原肽通常有一段由9个氨基酸残基组成的核心结合序列，直接参与与MHC分子的结合并显示供TCR识别的表位；③ 以氢键与HLAⅡ类分子结合的锚着位较多，包括核心结合序列中间的氨基酸残基（详后）。

Ⅱ类分子结构的另一个重要特点是α/β异二聚体可相互作用再形成一个双二聚体，其中两个抗原结合槽反向相互结合。这种复合分子可能有利于2个TCR/CD3和2个CD4分子发生多聚作用，启动信号传导。图5-7D给出HLA-DRB1分子的双二聚体结构。

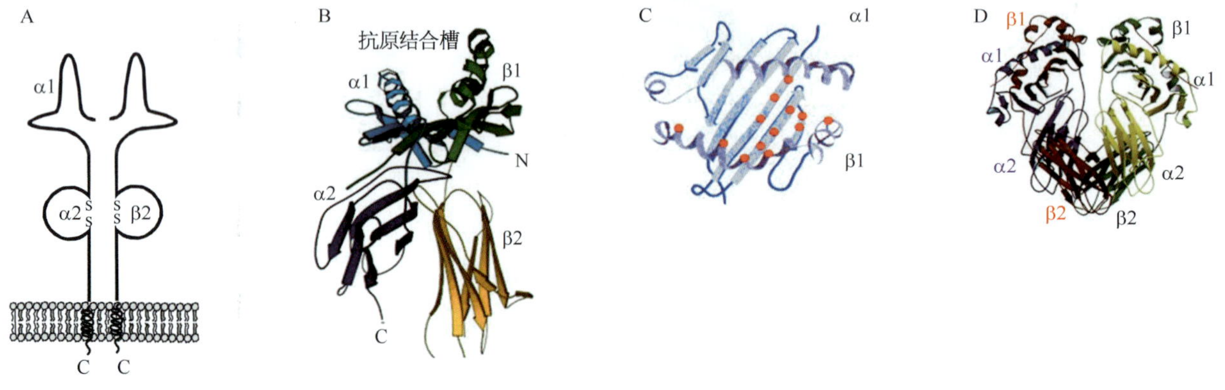

图5-7 HLA Ⅱ类分子结构

A. 模式图；B. 侧面观；C. 抗原结合槽极面观；D. HLA-DR1分子双二聚体（左右两侧各半）

（三）HLAⅡ类分子的顺位互补和反位互补

HLAⅡ类分子中的DRα链、DQα链和DPα链一般均优先与各自相应的DRβ链、DQβ链和DPβ链匹配形成DR、DQ和DP异二聚体分子。但在体内和体外均有证据提示，Ⅱ类分子α链和β链有可能交叉匹配形成杂合Ⅱ类分子。由于编码DQ分子αβ链及DP分子αβ链的*DQA*、*DQB*、*DPA*和*DPB*基因都显示高度多态性，因此，在形成DQ及DP二聚体分子时就有两种可能，一种是顺位互补（*cis*-complementation）即DQ或DP分子的α链和β链是由同一条单体型上的*DQA1*-*DQB1*或*DPA1*-*DPB1*等位基因所编码；另一种是反位互补（*trans*-complementation）即DQ或DP分子的α链和β链是分别来自父亲及母亲的两条单体型上的等位基因编码而成。这种现象不仅使细胞表面表达的HLA分子类型增加，而且与某些自身免疫病的易感性有关（图5-8）。然而Ⅰ类分子重链及Ⅱ类分子中的DRβ1由于与之相匹配的$β_2$m及DRα链无多态性，不存在反位互补现象。

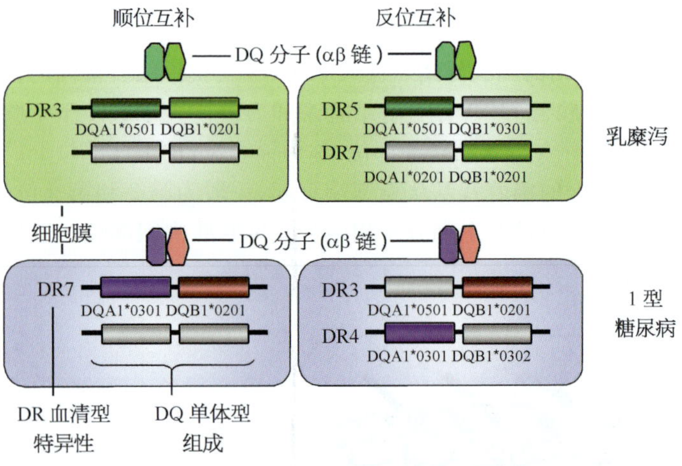

图5-8 编码DQ分子α和β链的基因以顺位和反位互补两种形式决定对疾病的易感性

基因图中深色座位代表参与顺、反位互补的易感基因，因其产物即细胞表面DQ分子结构相同，皆对同一疾病显示易感性。其中标注的DR3、DR4、DR5和DR7不代表单体型上的DR等位基因而是代表该基因产物的特异性，可用血清学技术加以检测。说明显示不同DR特异性的个体对同一种疾病易感性相同，是因为相关的DQ等位基因处于不同互补位，但具有相同的效应

（四）可溶性HLA分子

HLA分子主要以跨膜蛋白的形式表达在细胞表面，但有少量分子则以可溶性HLA（sHLA）形式检出。现知，sHLA Ⅰ类分子在不同情况下以不同浓度存在于血液、汗液、泪液、脑脊液和尿液中；在多种细胞培养上清液也可检测到sHLA Ⅰ类分子的存在。sHLA Ⅰ类分子有三种形式，重链分子质量分别为44 kDa、39 kDa和35～37 kDa。44 kDa的sHLA Ⅰ类分子与膜HLA（mHLA）分子结构相同；39 kDa sHLA分子有胞内段但缺乏跨膜区为分

泌型 HLA Ⅰ类分子，而 35～37 kDa 的分子则缺乏跨膜区也没有胞内段，可能由 mHLA 分子或 44 kDa 的 sHLA 分子经酶切后形成。特别需要提及 HLA-G 的 3 种可溶性分子。由于 *HLA-G* 基因在转录中的差异剪接可产生 7 种 mRNA 变构体：四种膜结合 HLA-G 分子和 3 种可溶性 HLA-G 分子即 G5、G6、G7（图 5-9）。sHLA-G 分子存在于整个妊娠期母胎界面及母体血循环中，可能是一种妊娠期的特异性免疫抑制分子。一些研究已提示，sHLA 分子可通过多种机制发挥免疫调节作用，在感染性疾病、癌症及器官移植排斥反应中，还可作为病理变化的检测指标。

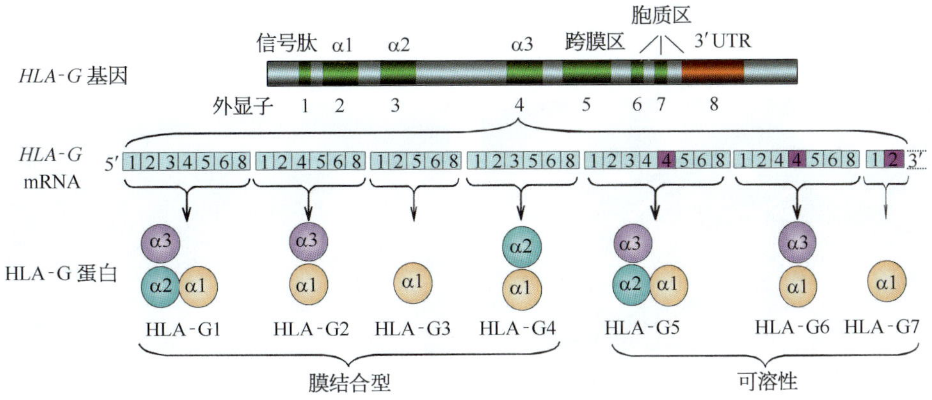

图 5-9 HLA-G 基因结构与表达

HLA-G 基因结构与经典 HLA Ⅰ类基因基本相同，但 HLA-G 分子胞内段较短。HLA-G1 为缺乏外显子 7 的全长 mRNA 转录子；HLA-G2 为缺乏外显子 3，7 的转录子；HLA-G3 为缺乏外显子 3，4，7 的转录子；HLA-G4 为缺乏外显子 4，7 的转录子；可溶性 HLA-G5 是由于内含子 4 中存在终止密码子，HLA-G6 是缺乏外显子 3，7 且内含子 4 中含有终止密码子；HLA-G7 内含子 2 中含有终止密码子。mRNA 中的密码子以紫红色方框表示。UTR：非转录区

三、HLA 分子的功能

（一）作为抗原肽受体结合和提呈抗原

经典 HLA 分子最基本的功能是与内源性抗原肽（Ⅰ类分子）和外源性抗原肽（Ⅱ类分子）结合，以肽-MHC 复合物（pMHC）的形式表达在抗原提呈细胞和靶细胞表面，被 CD4 或 CD8 阳性 T 细胞识别后启动适应性免疫应答（见第十章）。

与 HLA Ⅰ类分子结合的抗原肽为经加工处理过的内源性抗原，包括来自细胞内的自身抗原、肿瘤抗原、病毒抗原等。这些抗原肽一般均含有两个锚着位。一个是羧基末端的锚着位（即 9 肽中的 P9），该位置的氨基酸残基一般为疏水残基如亮氨酸、异亮氨酸；另一个锚着位位于 9 肽氨基端的第二位或第三位（P2、P3）。能与 HLA Ⅱ类分子相结合的抗原肽来自经加工处理的外源性抗原。前面提到，这些抗原肽含有一段核心结合序列，核心序列的氨基端除有一个疏水氨基酸锚着残基外，中间与末端也有 3 个疏水残基。

表 5-3 部分 HLA Ⅰ类分子的肽结合共用基序

等位基因产物	抗原肽在下列 9 个锚着位上的锚着残基								
	1	2	3	4	5	6	7	8	9
HLA-A*01			DE						Y
HLA-A*0201		LM							VL
HLA-A*0301									K
HLA-A*1101		VIFY	MLFYIA				LYIVF		KR
HLA-A*03		LVM	FY			IMFVL	ILMF		KYF
HLA-B*07		P							LF
HLA-B*0801			K						LF
HLA-B*2705		R							LFYRHK
HLA-B*3501		P							YFMU
HLA-B*5301		P							WFL

HLA 分子对抗原肽的识别既有特异性也有混杂性（promiscuous）。特异性指能与Ⅰ类分子结合的抗原肽两端的锚着位，以及能与Ⅱ类分子相结合的 4～5 个位于核心序列中的锚着位，及相应的锚着残基相对恒定。由此，能够与同一类 HLA 分子相结合的抗原肽，其锚着位和锚着残基往往相同或相似，构成该 HLA 分子特有的共用基序（consensus motif）。例如，HLA Ⅰ类分子 A*0201 和 B*0705 抗原结合槽所需的共用基序分别为 x-L/M-x-x-x-x-x-x-L/V 及 x-R-x-x-x-x-x-x-L/F（x 为任意氨基酸），两者的锚着位都在 P2 和 P9（见第十章图 10-4）。现时，一些常见的 HLA 及 H-2 等

位基因分子的共用基序已可查到。表 5-3 列举了一些 HLA Ⅰ类分子的共用基序。可以看出，大部分Ⅰ类基因产物接纳抗原 9 肽时，其锚着位和锚着残基是不一样的，大多数集中在一侧的第二和第三位，另一侧在第九位。

混杂性指 HLA 分子与抗原肽之间的结合并不完全像抗原—抗体结合那样显示高度专一性。因为，同一锚着位要求的锚着残基组成可以是有变化的，凡符合共用基序的抗原肽均可被同一类 HLA 分子所结合。图 5-10 是一个例子，该处同一种小鼠Ⅰ类分子 H-2K^{b}可分别接纳两种抗原肽（9 肽）。再如，外源性抗原加工提呈中结构相同的 Ii 链，几乎能为所有 HLA Ⅱ类分子的抗原结合槽所接纳也是一个例证。这一特性为应用肽疫苗进行免疫治疗提供了便利。

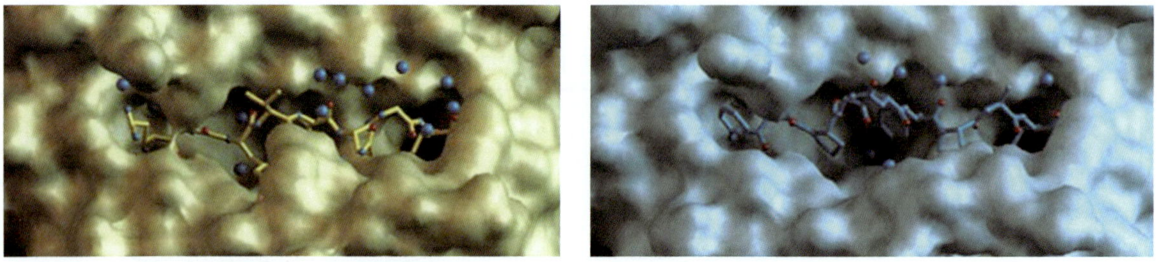

A　　　　B

图 5-10　同一 H-2K^{b}分子可结合两种不同的九肽

A. 囊状胃炎病毒（VSV-8）抗原肽；B. 仙台病毒（SEV-9）核蛋白

（二）参与免疫调节

NK 细胞通过直接的细胞毒作用及分泌细胞因子和趋化因子行使功能。NK 细胞对靶细胞的杀伤无严格的 MHC 限制性，而是以“丧失自我”（missing self）的识别方式杀伤缺乏 MHC Ⅰ类抗原或Ⅰ类抗原发生突变的靶细胞。NK 细胞受体主要包括杀伤细胞免疫球蛋白样受体（KIR）、免疫球蛋白样转录体（ILT）和杀伤细胞凝集素样受体（KLR）（见第三章）。按照受体胞内段长短不同，KIR 分为 L 型和 S 型，L 型 KIR 一般含有两个 ITIM，该 ITIM 在 Src 家族酪氨酸激酶的作用下发生磷酸化，招募 SHP-1 或 SHP-2 等带有 SH2 结构域的蛋白酪氨酸磷酸酶，传递抑制信号，阻抑 NK 细胞的活性（见第十三章）。KIR2DL1-5 和 KIR3DL1-3 均属于这类抑制性受体；S 型 KIR 胞内区无 ITIM 结构，通过其跨膜区带正电荷的精氨酸残基与辅助蛋白 DAP12 偶联，DAP12 蛋白胞内段含有两个 ITAM，磷酸化后传递激活性信号，发挥 NK 细胞功能。KIR2DS1-5 和 KIR3DS1 均属于这类激活性受体。现已明确，各种 KIR 受体的配体是 MHC Ⅰ类分子，也就是说，KIR 受体作用的发挥受 MHC Ⅰ类分子的制约。例如，HLA-Bw4 是 KIR3DL1 的配体，KIR3DL2 的配体是 HLA-A3、HLA-A11；KIR2DL1 和 KIR2DL2/3 的配体分别是 HLA-C1 组（K80）和 HLA-C2（N80）组等。

KIR 系统显示一定的多基因性与多态性，但又与 HLA 基因不同，不同个体的 KIR 基因在数目和类别上可存在差异，在单体型和基因型组合上具有高度的多样性。每个 NK 细胞至少表达一种激活性受体和一种抑制性受体，不同组合的 NK 受体通过识别和结合相应配体，协同调节 NK 细胞的功能。在正常条件下，KIR 抑制性受体通过识别表达在细胞上的 MHCⅠ类分子，使 NK 细胞不能杀伤自身正常细胞，在病毒感染时，激活性受体发挥功能清除感染。

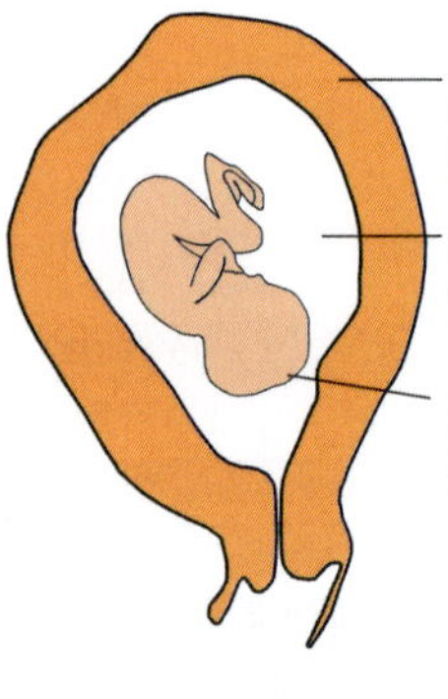

图 5-11　妊娠期 HLA 分子在胎盘、胎儿与子宫上的表达

m：母亲；p：父亲

在母胎免疫耐受中 MHC 分子参与的免疫调节也具有重要的作用。正常妊娠时，具有父源 MHC 分子的胎儿作为“半同种移植物”不被母体排斥，反受到保护并正常发育，直至分娩。相应机制备受关注，但奥秘仍未完全揭开。母胎交界局部存在复杂的免疫应答和免疫调节机制，其中非经典 MHC Ⅰ类分子起着重要的作用。前已提及，非经典 HLA-E、HLA-F、HLA-G 共同高表达在滋养层细胞表面，特别在浸入子宫蜕膜与母体血液接触的绒毛外滋养细胞上，而这些细胞表面不表达经典的 HLA Ⅰ类分子（A、B）及Ⅱ类分子（DR、DQ、DP），却能表达经典 HLA-C（图 5-11）。母胎界面绒毛外滋养层细胞（EVT）HLA 抗原的这种独特分布构成了与母胎免疫的密切关系。从表 5-1 和 5-3 可看出，表达在母胎界面的这种 HLA 分子正是 NK 细胞 KIR 受体的重要配体：HLA-C 分子是抑制性受体 KIR2DL1、

KIR2DL2、KIR2DL3 和活化性受体 KIR2DS1、KIR2DS2、KIR2DS3、KIR2DS5 的配体；HLA-E 分子是 CD94/NKG2A 的配体，而 HLA-G 是 KIR2DL4 的专一性配体。KIR2DL4 不仅在胞内段有一个 ITIM，在跨膜区尚含有一个带正电荷的精氨酸残基，具备激活性受体结构特点，也能传递活化信号。妊娠时，在母体蜕膜中 80%以上的细胞均为子宫 NK 细胞（μNK），其表型为 $CD56^{bright}$ $CD16^{dim}$。μNK 细胞与外周血 NK 细胞一样表达各种 NK 受体包括 KIR，而这些受体的配体正是表达在 EVT 上的 HLA 分子。这些现象表明 HLA 分子在生殖免疫特别是在母胎免疫耐受机制中扮演重要角色。一些研究也已表明 HLA-KIR 组合的多样性可能影响个体、群体与种系的生存状况。

（三）参与 T 细胞发育

经典 HLA Ⅰ类分子及Ⅱ类分子通过胸腺中的阳性选择及阴性选择参与 T 细胞谱发育，已如第二章所述。HLA-G 分子及 MICA 分子均可分别表达在胸腺树突状细胞及胸腺上皮细胞表面，可能也参与 T 细胞受体谱的发育。

（四）参与黏膜免疫

MICA 分子与胃肠上皮细胞 γδ T 细胞可发生相互作用。MICA 和 MICB 分子主要分布在胃肠道上皮细胞及成纤维细胞表面。MICA 和 MICB 分子能与小肠上皮细胞上带有 Vδ1 的 γδ TCR 的 T 细胞相互作用。$V\delta1^+\gamma\delta$ T 细胞在小肠上皮细胞中极为丰富，占 70%～90%。MIC 分子的表达可以通过应急反应而上调，因而 MIC 分子可能在黏膜免疫和保持胃肠上皮的完整性上起重要作用。

（五）其他非免疫学功能

1. *HFE* 基因与遗传性血色素沉着症　遗传性血色素沉着症（heriditary hemochromatosis，HH）因 *HFE* 基因突变所引起。该基因位于 *HLA-A* 基因端粒端约 4 000 kb，它的产物与 HLA Ⅰ类分子相似。遗传性血色素沉着症在白种人中较常见，尤其在北欧群体，发病率可达 1/400～1/200。此病特点是铁在人体各器官中过度地沉积而导致器官损伤和衰竭。*HFE* 基因有两个部位的突变与 HH 病相关联。一个是第 282 位上的半胱氨酸突变成酪氨酸（C282Y），这个突变与 70%～90%的 HH 病相关联；另一个突变是第 63 位的组氨酸变成天冬氨酸（H63D），这个突变与 C282Y 为杂合的 HH 病有关。这个发现有力提示位于第 6 号染色体短臂上的 *HFE* 基因在控制铁的摄取及铁的代谢中起重要作用。

2. MHC 和配偶选择　早在 1976 年 Yamazaki 等就发现小鼠个体特异的气味能影响性伙伴的选择，这一特性与 MHC 关联。在脊椎动物和人的研究中同样发现，MHC 基因参与了配偶的选择。因此，MHC 分子除了在固有免疫和适应性免疫中有重要功能外，对生殖和行为的发生方向也有影响。例如，受过嗅觉能力训练的小鼠能识别 *H-2K* 基因点突变的产物；B_2m（bm）缺失与无缺失的小鼠带有不同的气味；在 H-2K 分子上有 5 个氨基酸不同的 bm1 和 bm3 小鼠不仅结合的多肽不同而且气味类型也不同，并能被未经训练过的小鼠区分。在小鼠和人均已发现一群嗅觉受体（odorant receptors，OR）基因与 MHC 紧密连锁。这些现象均提示，进一步的研究可能会揭示 MHC 分子新的生物学功能。

第四节　HLA 基因表达的调控

HLA 基因编码的 HLA 分子在各种细胞膜上的正常表达，是保证免疫系统识别自身与非己、维持机体内环境稳定的必要条件。HLA 分子在细胞表面的表达受到多种因子在不同水平上的调控，其中以转录水平的调控最为关键。

一、HLA 基因的结构

（一）Ⅰ类基因结构

经典的Ⅰ类基因由 8 个外显子和 7 个内含子组成。位于 5′ 端的第一个外显子编码信号肽，第二、三、四外显子分别编码 α 链胞外段的 α1、α2、α3 结构域，第五外显子编码跨膜区蛋白，第六、七两个外显子编码 α 链的胞内段，第八外显子则编码 3′非翻译区（图 5-12A）。

非经典Ⅰ类基因外显子和内含子结构与经典Ⅰ类基因相似但也有一些特点，如 *HLA-E* 基因结构与 HLA-Ia 相同也由 8 个外显子和 7 个内含子组成，同源性为 50%～90%，但在外显子 7 中有 5 个核苷酸丢失产生终止密码子，使其产物分子质量较 HLA-Ia 为小。*HLA-G* 基因也有 8 个外显子和 7 个内含子组成，8 个外显子分别编码 HLA-G 分子的 α1、α2、α3 结构域、跨膜区、膜内胞质区及 3′端的非翻译区。但其中的第 6 个外显子的第二个密码子是终止密码子，使 *HLA-G* 基因产物胞质部分要比 *HLA-Ia* 基因产物胞质部分短 19 个氨基酸残基，因此，与 β_2m 结合的HLA-G分子的分子质量为 37～39 kDa，而 HLA-Ia 重链的分子质量为 45 kDa。前面提到，*HLA-G* 基因在转录过程中的差异剪接可

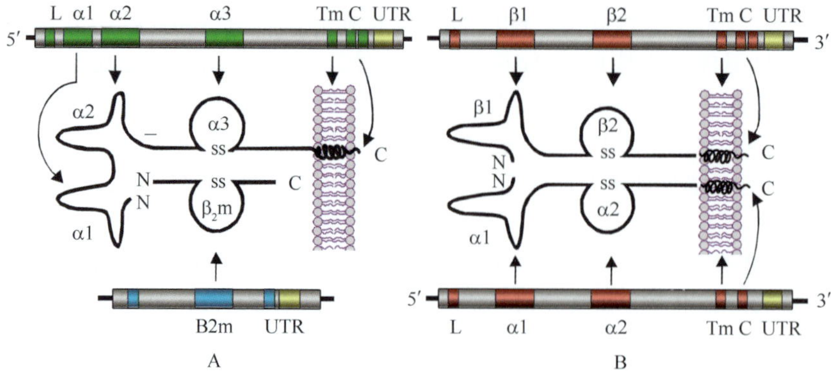

图 5-12 经典 MHC Ⅰ类和Ⅱ类基因外显子与Ⅰ类和Ⅱ类分子结构域的对应关系

A. Ⅰ类基因及Ⅰ类分子；B. Ⅱ类基因及Ⅱ类分子。L：前导区；Tm：跨膜区；C：胞质区；UTR：非翻译区

产生缺乏外显子 7 的 7 种变构体 HLA-G1～HLA-G7。7 种异构体分别编码 4 种膜结合和 3 种可溶性 HLA-G 分子（图 5-10）。

（二）Ⅱ类基因结构

与经典的Ⅰ类基因相似，编码 α 链和 β 链的 *A* 基因和 *B* 基因皆由 6 个外显子和 5 个内含子组成。6 个外显子依序分别编码信号肽、α 链 α1、α2 结构域（或 β 链 β1、β2 结构域）、跨膜序列、胞内段序列和 3′ 端非翻译区（图 5-12B）。

二、HLA 基因转录激活及其调控

经典 HLA Ⅰ类分子在有核细胞表面表达，和Ⅱ类分子在专职抗原提呈细胞表面表达，皆属组成性。原来低表达或不表达 HLA 分子的细胞，可发生诱导性表达，诱导剂包括某些细胞因子或细菌、病毒的刺激。其中最强的诱导剂是 IFN-γ。

Ⅰ类和Ⅱ类分子的表达，依赖于起始编码子 ATG 上游约 250 bp 启动子区域内一系列调节基序（顺式作用元件）及相应转录因子（反式作用蛋白）之间的相互作用。

（一）HLA Ⅱ类基因启动子区结构

启动子区域中除 OCT 和 TATA 元件外，尚有数个Ⅱ类基因相对专一的作用元件（DNA 框）参与转录（图 5-13 上方）：① Y 框：以 ATTGG 序列与 NF-Y 复合型转录因子结合；② X 框：由 X1 和 X2 组成，各自和转录因子 RFX 家族及转录因子 X2BP 结合，其中分子质量为 75 kDa 的 RFX5 在Ⅱ类基因的转录中起重要作用，该因子的缺失可致Ⅱ类基因组成性和诱导性表达失效；③ W/S 框：与其下游的 X1 框有相似的序列，因而也与 RFX 结合。

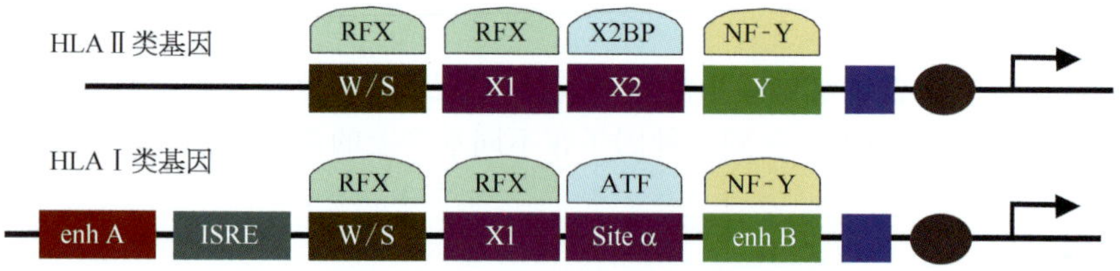

图 5-13 HLA Ⅰ类和Ⅱ类基因启动子区的调节元件及其结合的转录因子

右侧箭头指向的相反方向为 HLA Ⅱ类（上方）和Ⅰ类（下方）基因转录启动子区。带英文字的彩色方框为Ⅱ类和Ⅰ类基因专一性顺式作用元件，其上方为结合各个顺式作用元件的转录因子。中部的四对顺式元件和转录因子在两类基因中高度相似。启动子右侧的蓝色框和黑色框为真核细胞基因共用的顺式作用元件 CCAAT 和 TATA

（二）HLA Ⅰ类基因启动子区结构

从图 5-13 下方可以看出，Ⅰ类和Ⅱ类基因启动子区的结构十分相似。其中的 enh B 和 Site α 框相当于Ⅱ类启动子区中的 Y 和 X2，它们连同 X1 及 W/S 框，结合与Ⅱ类基因相似的转录因子。只是在 W/S 框的上游还有两个顺式作用元件：

1. 增强子 A（enh A）　由两个 NF-κB 结合部位（κB1 和 κB2）组成，结合转录因子 NF-κB/rel 和锌指蛋白。

2. 干扰素激发效应元件(ISRE) 包括 IRF-1、IRF-2、ICSBP 和 ISGF3。IRF 属干扰素调节因子(IRF),IRF-1 发挥上调作用,而 IRF-2 和 ICSBP 行使抑制功能。IFN-γ 和细胞表面的相应受体结合以后,以 Jak/STAT 信号转导途径通过和 ISRE 元件结合调控 *MHC* 基因的表达。

三、HLA 基因表达中的非 DNA 结合蛋白

Ⅱ类反式激活因子(classⅡ *trans*-activator, CIITA)为非 DNA 结合蛋白,在 HLA 基因表达中发挥主导开关的作用。CIITA 分子含有几个在转录激活中起重要作用的结构域(图 5-14)。氨基端为酸性结构域,显示乙酰基转移酶活性,并结合几种参与染色质重塑的协同激活因子如 CBP(CRE-binging protein)和 Bob1;中段为富含脯氨酸和丝/苏氨酸的 P/S/T 结构域;羧基端为结合转录因子 RFX 的部分。对Ⅰ类基因,这部分与 site α 相结合的 ATF/CREB 转录因子结合;对Ⅱ类基因,与 W/S、X1、X2 和 Y 框结合的 RFX-X2BP-NF-Y 复合体结合。

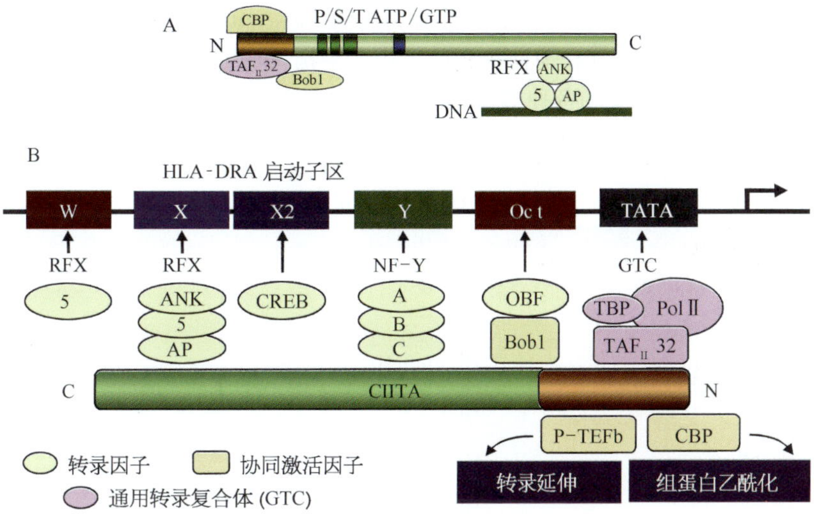

图 5-14 CIITA 对 MHC 基因转录激活的调控

A. CIITA 分子结构。N 端棕色部分显示乙酰基转移酶活性,并与协同激活因子 CBP 和 Bob1 等结合;P/S/T:富含脯氨酸、丝氨酸、苏氨酸结构域;ATP/GTP:ATP/GTP 结合结构域。B. CIITA 分子 C 端与结合于 HLA Ⅱ类基因(此处以 DRA 为例)启动子区顺式作用元件的多组分转录因子结合,N 端与通用转录复合体(GTC)及协同激活因子结合,通过表观遗传学机制(包括组蛋白乙酰化及转录延伸)启动对Ⅱ类基因的转录

CIITA 一旦以羧基端结合 MHC 基因启动子区的转录因子,即通过其氨基端启动对Ⅱ类基因(以及Ⅰ类基因和参与抗原加工提呈的 Ii 链及 *DM* 基因)的表观遗传学(epigenetics)调控。其包括实施对组蛋白乙酰化、DNA 甲基化及染色质重塑,最后通过通用转录复合体的组成成分(如 TAF_{II} 32)开启基因的转录。

CIITA 的结构和功能缺陷将影响 *MHC* 基因特别是Ⅱ类基因的转录,使之不能表达相应产物。有一类称为裸淋巴细胞综合征(BLS)的先天免疫缺陷病,患者 HLA Ⅰ类分子表达良好,CD8 淋巴细胞发育正常,但Ⅱ类分子表达缺陷,仅有少量 CD4 T 细胞发育且不能被抗原激活。BLS 的发生是由于Ⅱ类基因启动子区转录因子和(或)CIITA 编码基因产生了突变。

这表明,从 *CIITA* 基因本身的表达和调控入手,有可能干预 MHCⅡ类基因的激活和表达。采用这一策略,在阻抑移植供者 *MHC* 基因的表达从而诱导移植耐受方面显示了新的前景。

第五节 HLA 和临床医学

HLA 抗原系统不仅因其丰富的多态性可用作为良好的遗传标志,而且 HLA 分子又是重要的效应分子与调节分子,和临床医学关系密切。

一、HLA 分型与器官移植

HLA 分型是确定受检个体 HLA 抗原特异性或等位基因的拥有状态,可用于器官移植中供受对的选择。器官移

植成功的最大障碍是组织不相容性引起的排斥反应。避免或减少急性和慢性排斥的有效措施是选择遗传学上相容的供受对。因此，HLA 分型与交叉配型(cross-matching)对几乎所有器官移植均是必要的。据美国加利福尼亚大学移植中心统计，肾移植 10 年存活期与供受对 HLA 相容性之间关系密切。如果仅以血清学方法对 HLA-A、B、DR 3 个座位抗原进行分型，发现供受者之间 3 个座位 6 个抗原均无错配(mismatch)即完全相同时，10 年存活率为 62%，1 个抗原错配降为 47%，2 个抗原错配为 45%，3 个抗原错配为 40%，6 个抗原全部错配即供受者在所检测的 HLA 抗原上无一相同时十年存活率为 33%。其充分说明了 HLA 配型在器官移植中的重要性。

二、HLA 与疾病关联

连锁(linkage)与关联(association)分析是 HLA 与疾病关联研究最常用的两种方法。连锁分析可依据家系资料对疾病基因进行定位，关联分析则家系及群体资料均可用。关联指的是疾病与不同抗原或等位基因之间的联系，关联程度用相对危险值(relative risk, RR)表示，以此估计带有某一 HLA 等位基因的个体易患某病或不易患某病的机会与不带此等位基因个体之间的差别。因而疾病关联基因被分为易感(susceptibility)或抵抗(resistant)两类，代表了个体易感或抵抗某些疾病的倾向。然而，由于存在前面提到的连锁不平衡，这些基因不一定是直接引起疾病的遗传因素。

与 HLA 关联的疾病虽涉及各个系统和各种器官，但主要是自身免疫病，如 1 型糖尿病、类风湿性关节炎、强直性脊柱炎、乳糜泻等(表 5-4)。感染性疾病如结核、麻风和 HIV/AIDS 也与 HLA 有一定的关联。

表 5-4 与 HLA 关联的疾病(举例)

疾病	MHC 抗原	关联强度*
与 HLA Ⅰ类抗原关联的疾病		
强直性脊柱炎	HLA-B27	+++
Reiter 综合征	HLA-B27	++
牛皮癣	HLA-Cw6	+
Abacavir 药物过敏症	HLA-B*5701	+++
白塞病	HLA-B51	+
Birdshot 视网膜病	HLA-A29	+++
与 HLA Ⅱ类抗原关联的疾病		
发作性睡病	HLA-DQB1*0602	++
1 型糖尿病	HLA-DQ8	++
	HLA-DQ2	+
	HLA-DR2	−
类风湿性关节炎	HLA-DR4	+
乳糜泻	HLA-DQ2	+++
	HLA-DQ8	+
多发性硬化症	HLA-DR2	+

* +++：非常强的关联，临床上可用于诊断；++：强关联，发病机制中可能属原发成分；+：关联明显，发病机制中可能起作用；−：保护性负性关联。

(一) 与 HLA Ⅰ类抗原关联的疾病

主要包括：与 HLA-B27 抗原关联的血清阴性脊柱关节病及急性前葡萄膜炎、与 HLA-B35 关联的亚急性甲状腺炎、与 HLA-B51 关联的白塞病(Behcet's disease)，以及与 HLA-Cw6 关联的寻常性牛皮癣。

血清阴性脊柱关节病(SpA)是一类以骶髂关节、脊柱和周围关节的炎症及类风湿阴性为特征的慢性关节病，包括强直性脊柱炎(ankylosing spondylitis, AS)、Reiter 综合征、反应性关节炎、肠炎性关节炎、银屑病关节炎以及未分化脊椎关节病等。SpA 一类疾病均与 HLA-B27 抗原有强关联，RR 值可达 40～300，尤以强直性脊柱炎最为典型，使 B27 抗原的检查成为 AS 的辅助诊断方法之一。尽管编码 B27 抗原的等位基因已超过 16 个，但仍未发现其中任何一个单独地与 AS 呈现强关联。近年来大量家系调查及基因组扫描工作，特别是双生子患病一致率的研究，强烈提示强直性脊柱炎是一个基因病，遗传因素作用约为 98%，同卵双生患病一致率与异卵双生患病一致率之比为 5.4，提示除 B27 以外尚有 HLA 区域内及 HLA 区域外的其他基因参与。

(二) 与 HLA Ⅱ类抗原关联的疾病

主要有与 DQ6 相关联的发作性睡眠病(narcolepsy)，与 HLA-DR3 关联的突眼性甲状腺肿(Grave's disease)、重症肌无力和艾迪生病(Addison's disease)，与 DR4 关联的类风湿关节炎，与 DQ2 关联的乳糜泻，与 DR2、DQ6 关联的多发性硬化症，以及与 DR-DQ 某些单体型组合关联的 1 型糖尿病。其中 1 型糖尿病与 HLA 关联的研究较为深入与全面。

1 型糖尿病是 T 细胞参与的胰岛 β 细胞被破坏的自身免疫性多基因遗传病。1 型糖尿病发病有明显种族差异；同卵双生子患病一致率为 5%～50%；反映多基因遗传病的家族聚集程度的患者同胞与群体风险比(λs)为 15。这些都说明 1 型糖尿病是一个遗传病。目前已发现的 1 型糖尿病易感基因至少有 15 个，分别命名为 *IDDM1*～*IDDM15*。此外尚有数个未正式命名的后补易感基因。现已证实 *IDDM1* 是 1 型糖尿病关联的主基因。这里所说的 *IDDM1* 并非指单一基因座位，它包含 HLA 区域内一组与 1 型糖尿病关联的连锁座位，主要是 *DRB1*、*DQA1* 和 *DQB1*，组成 IDDM1 的易感或保护效应，并显示强弱的等级之差。这种等级差异在 *DRB1*04* 的等位基因中最为突出，即在 *DRB1* 等位基因中易感性按 0405>0402>0401 排列；保护效应按 0403<0406<0408 排列。此外，尚发现 DRβ 链或 DQβ 链第 57 位氨基酸为天冬氨酸时则具有一定的保护效应如 *DRB1*0602*、*DRB1*0402*、*DRB1*0401*、*DRB1*0301* 等。第 57 位氨基酸为丙氨酸时则所有人种群中均为高度易感，如 *DQB1*0201* 和 DRB1*0302*。事实上，HLA 关联的 1 型糖尿病风险性是由 DR 和 DQ 分子之间复杂的相互作用决定的。一般地说，如果一个个体带有易感基因型，则他的全部或大多数 DR、DQ 分子将会是易感因子；如果一个个体带有一个高度保护的 DR 或 DQ 分子，就足以克服所有易感 DR、DQ 分子的效应。这一现象提示等位基因的保护作用对易感性为显性。

在发作性睡病（NL）与 DQ6 关联性研究中，近年来采用结构生物学等分析手段得到一些有意义的结果。该病与大脑中产生下丘脑分泌素（hypocretin，HCRT）的细胞受损有关。HCRT 又称进食素（oricexin），参与调控食欲和睡眠，缺乏时可使患者短暂地丧失肌张力而猝倒。根据新近北京大学医学部人民医院对上千例 NL 患者做 HLA-DQ 基因分型（728 名健康对照），发现 1 223 例 NL 患者以及其中出现典型猝倒症状的 1 135 例 NL 患者和脑脊液检查中确认 HCRT-1 缺失的 115 例 NL 患者中，DQB1*0602 等位基因阳性率分别高达 94.7%、97.0%和 98.3%。此说明 HLA-DQB1*0602 不仅对 NL 患者为高阳性率，而且伴有猝倒以及相关性神经肽 HCRT 缺失者阳性率更高。英国伦敦大学 Sie boid 等开展的一项研究揭示高度易感的 DQB1*0602 分子和高度抵抗的 DQB1*06011 分子在提交疾病相关抗原肽 HCRT 中的行为不同。图 5-15 表明，组成 DQB1 抗原结合槽 P4 的两个 β 链上的氨基酸残基若为属于 DQB1*0602 的谷氨酸（Gly13β）和亮氨酸（Leu26β），结合槽的"袋口"很大，容得下该抗原肽，可提呈 HCRT。提呈成功，意味着特定 T 细胞克隆被激活和可以引起免疫损伤；若提呈分子变为 DQB1*06011，谷氨酸和亮氨酸易位为丙氨酸（Ala13β）和酪氨酸（Tyr26β），"袋口"收紧，抗原肽进不去。无法提呈，意味着与该疾病无缘。这从抗原提呈分子三维结构及相互作用中揭示疾病关联和抵抗的机制。然而，DQB1*0602 提呈致病性抗原肽 HCRT，其与 T 细胞应答和自身免疫性，以及 NL 发病的关系仍属未明，在积极研究中。

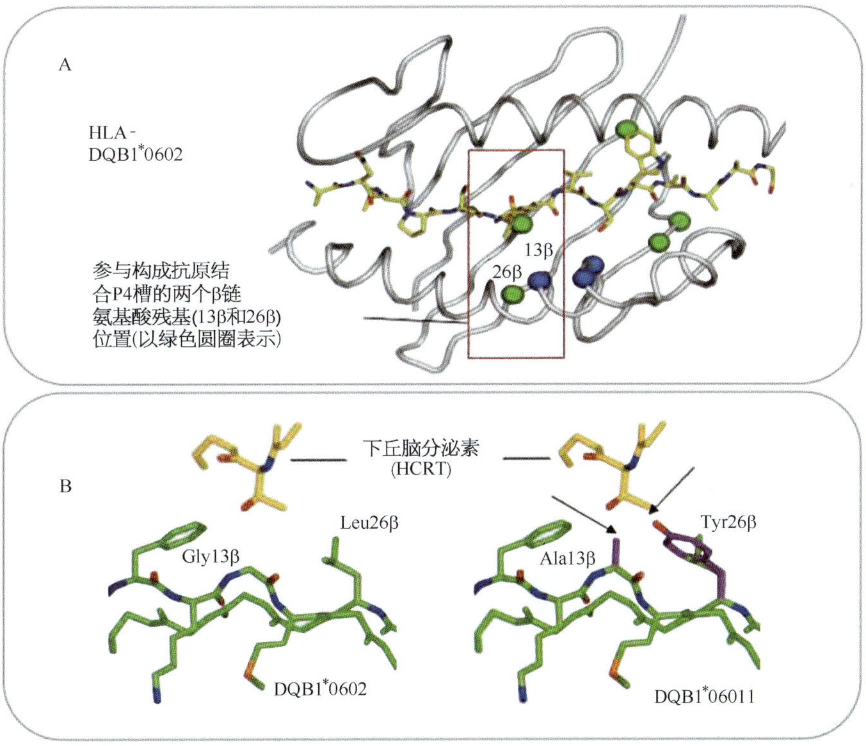

图 5-15　发作性睡眠病与 HLA-DQB1*0602 呈现强关联的结构生物学分析

A. DQB1*0602 分子参与提呈致病性抗原肽段（HCRT）的 P4 槽两个关键性氨基酸组成。B. 易感性（DQB1*0602）和抵抗性（DQB1*06011）两种 *DQ* 等位基因分子 P4 部位 13β 和 26β 氨基酸残基组成不同，造成 DQ 分子抗原结合槽分别呈现"开放"和"关闭"构型，HCRT 分别能进入和不能进入 P4 槽，形成两种 DQ 分子提呈抗原肽格局的差异

HLA 与疾病关联研究虽然已历时数十年，但进展不理想。主要原因有二，一是与 HLA 关联的疾病基本上都是多基因复杂病，环境因素在发病中起了重要作用；二是 HLA 区域各基因单体型组合的种类繁多且处于不同水平的连锁

不平衡状态中。以我国南方人群为例，最简单的二座位单体型频率超过 0.2% 的(如 *A-B*、*A-DRB1* 和 *B-DRB1*)就分别有 95、95 和 136 条，三座位、四座位的单体型就更多了，再加上如果与扩展 HLA 区域内的基因存在连锁不平衡，其复杂性就可想而知了。此外，单体型的组成具有明显的种族特性，不同人种单体型组成均有其特点，如白种人中 *HLA-A*01*、*HLA-B*08*、*DRB1*02* 和 *DQA1*05* 组成的 8.1 单体型，不仅较为常见，而且与 30 多种自身免疫性疾病有不同程度关联，而这 8.1 单体型在中国人群中却甚为少见。

世界范围内人类基因组研究的一个重点就是致病基因或易感基因的定位。例如，HLA 全长测序后发现与牛皮癣发病有关的基因主要集中在包括 S. PG3、SC1 和 OTF3 在内的一个狭窄区域内；位于扩展 HLA Ⅰ类区域内的 *HFE* 基因的突变不仅能引起遗传性血色素沉着症，而且与关节病、多发性硬化症及肝细胞癌有关。此外，为数众多、分布广泛的单核苷酸多态性 SNP 的应用，及 DNA 芯片技术的建立和应用，将有力地推动基因突变的大规模检测并有助于从基因水平确定 HLA 和疾病关联的机制。

本章提要

人类主要组织相容性复合体 HLA 的 224 个基因座位中 128 个为功能性基因，其中 39.8%和免疫功能相关。

HLA Ⅰ类基因区由经典Ⅰ类基因(*HLA-*Ⅰ*a*)即 *A*、*B*、*C* 和非经典Ⅰ类基因(*HLA-*Ⅰ*b*)即 *E*、*F*、*G* 等组成。Ⅱ类基因由经典的 *DR*、*DQ*、*DP* 和参与抗原加工提呈的 *DM*、*TAP* 和 *PSMB* 等基因组成。Ⅲ类基因区包括补体基因 *C2*、*B*、*C4* 及参与炎症反应的基因 *TNF*、*LTA*、*LTB* 和 *HSP*。经典 HLA 基因具有丰富的多态性，等位基因总数已超过一万个。

HLA 分子为跨膜糖蛋白。Ⅰ类分子由重链和 β_2m 组成异二聚体，分布在几乎所有有核细胞表面，主要功能是向 CD8 T 细胞提呈内源性抗原肽。Ⅱ类分子由 A 基因编码的 α 链和 B 基因编码的 β 链组成，主要分布在专职 APC 及激活的 T 细胞表面，功能是提呈外源性抗原肽，激活 CD4 T 细胞。HLA 分子对抗原肽的结合既有特异性也有混杂性。

HLA 基因的表达在转录水平受到精确的调控。启动子区域内的顺式作用元件及转录因子因基因座位和等位基因的差异而发生改变。其中Ⅱ类反式激活因子在 *HLA* 基因的转录激活中起主导作用。

HLA 分型为器官移植前的供受对选择提供有效的手段。HLA 和几乎所有免疫相关性疾病的发生有不同程度的关联，特别是自身免疫性疾病、肿瘤及感染性疾病。有关研究有利于阐明这些疾病的发病机制。

(范丽安)

参考文献

李静，董霄松，闫涵，等. 2014. 发作性睡病患者人类白细胞组织相容性抗原 DQB1*0602 基因阳性率分析. 中华医学杂志，94：763-765.

Browning M，McMichael A. 1996. HLA and MHC：Genes，Molecules and Functions. Oxford：BIOS Sci Pub，23-28.

Donadi EA，Castelli EC，Arnaiz-Villena A. 2011. Implications of the polymorphism of HLA-G on its function，regulation，evolution and disease association. Cell Mol Life Sci，68：369-395.

Holdsworth R，Hurley CK，Marsh SGH，et al. 2009. The HLA dictionary 2008，A summary of HLA-A，-B，-C，-DRB1/3/4/5 and -DQB1 alleles and their association with serologically defined HLA-A，-B，-C，-DR and -DQ antigens. Tissue Antigens，73：95-170.

Horton R，Wilming L，Rand V，et al. 2004. Gene map of the extended human MHC. Nat Rev Genet，5：889-899.

Ishitani A，Sageshima N，Hatake K. 2006. The involvement of HLA-E and F in pregnancy. J Reprod Immunol，69：101-113.

Jones ER，Fugger L，Strominger JL，et al. 2006. MHC class Ⅱ proteins and disease：a structural perspective，Nat Rev Immunol，6：271-282.

Kochan G，Escors D，Breckpot K，et al. 2013. Role of non-classical MHC class I molecules in cancer immunosuppression. Oncoimmunology，2：e2649.

Lin A，Yan WH. 2015. Human leucocyte antigen-G (HLA-G) expression in cancers. Roles in immune evasion，metastasis and target for therapy. Mol Med，21：782-791.

The MHC sequencing consortium. 1999. Complete sequence and gene map of a human major histocompatibility complex. Nature，401：921-923.

Marsh SGE. 2016. Nomenclature for factors of the HLA system. HLA，88：142-151.

Thomas R，Thio CL，Apps R，et al. 2012. A noval variant marking HLA-DP expression levels predicts recovery from hepatitis B virus infection. J Virol，86：6979-6985.

第六章　细胞因子

免疫细胞之间的信息传递方式有两种：通过细胞表面受体和配体的相互作用，以及通过细胞产生的可溶性分子。作用于白细胞间的可溶性分子称为白细胞介素（interleukin，IL）。通常又将其中单核细胞产生的分子称为单核因子（monokine），将淋巴细胞产生的分子称为淋巴因子（lymphokine）。后来发现，这些分子不仅白细胞可产生，而且其他细胞如内皮细胞、成纤维细胞和角质形成细胞都能产生，便将这些分子统称为细胞因子（cytokine，Ck）。因而细胞因子是由细胞产生的小分子可溶性蛋白质，能影响这些细胞及其他细胞的行为和特征。

第一节　细胞因子的特性与分类

一、细胞因子的共同特性

细胞因子多为糖蛋白，分子质量一般为10～25 kDa，有的为8～10 kDa。多数细胞因子以单体形式存在，少数细胞因子以二聚体、三聚体或四聚体形式发挥生物学作用，如IL-5、IL-12、M-CSF、TGF-β等以双体，TNF-α、LT-α以三聚体，IL-16以四聚体形式结合相应受体。

细胞因子主要调节机体的免疫应答、造血功能和炎症反应等，种类虽然很多，但有如下的共同特性。

1）通常以旁分泌（paracrine）或自分泌（autocrine）形式作用于附近的细胞或其他成分，在局部以高浓度短暂地发挥作用。在某些炎症性疾病，部分细胞因子在血中浓度可明显升高，通过内分泌（endocrine）形式，作用于远处的靶器官，引发全身性效应。

2）细胞因子与存在于细胞表面的高亲和力受体相结合后，通过受体介导的信号转导高效能地行使调节和效应功能。一般在pmol/L（10^{-12}mol/L）水平即有明显的生物学作用。

3）一种白细胞介素可由多种不同的细胞在不同条件下产生，如IL-1除单核吞噬细胞系产生外，B细胞、NK细胞、成纤维细胞、内皮细胞、表皮细胞等在某些条件下均可合成和分泌IL-1。

4）一种IL可对多种类型的细胞发挥多效作用，称为多向性（pleiotropism）。例如，IL-4参与IgE的类别转换、参与Th2细胞亚群的分化，同时阻抑Mφ的激活；而同属细胞因子家族的不同成员也可发挥相似或重叠的效应，称为多员性（redundancy），如IL-2、IL-4、IL-5都能参与和促进B细胞的增殖（图6-1）。细胞因子生物学功能的相似性往往与其结构的同源性（如IL-4和IL-13有30%同源性）以及共用受体亚单位有关。

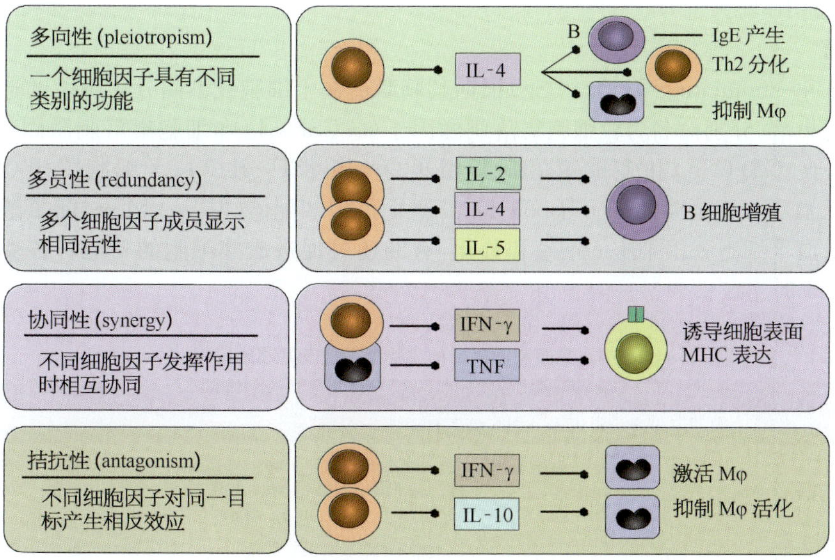

图6-1　细胞因子的一些重要特征

5）细胞因子以网络形式发生相互作用(图 6-2)。① 一种细胞因子可诱导或抑制另一种细胞因子的产生，如 IL-1 和 TGF-β 分别促进或抑制 T 细胞 IL-2 的产生；② 调节同一种细胞因子受体的表达，如高剂量 IL-2 可诱导 NK 细胞表达高亲和力 IL-2 受体；诱导或抑制其他细胞因子受体的表达，如 TGF-β 可降低 T 细胞 IL-2 受体的数量，而 IL-6 和 IFN-γ 可促进 T 细胞 IL-2 受体的表达；③ 一种细胞因子可刺激其他细胞因子的合成和功能发挥；④ 不同细胞因子有相互拮抗作用，可对同一目标产生相反的相应，如 IL-10 和 IFN-γ 对 Mφ 的活化分别起抑制和促进作用(图 6-1)。

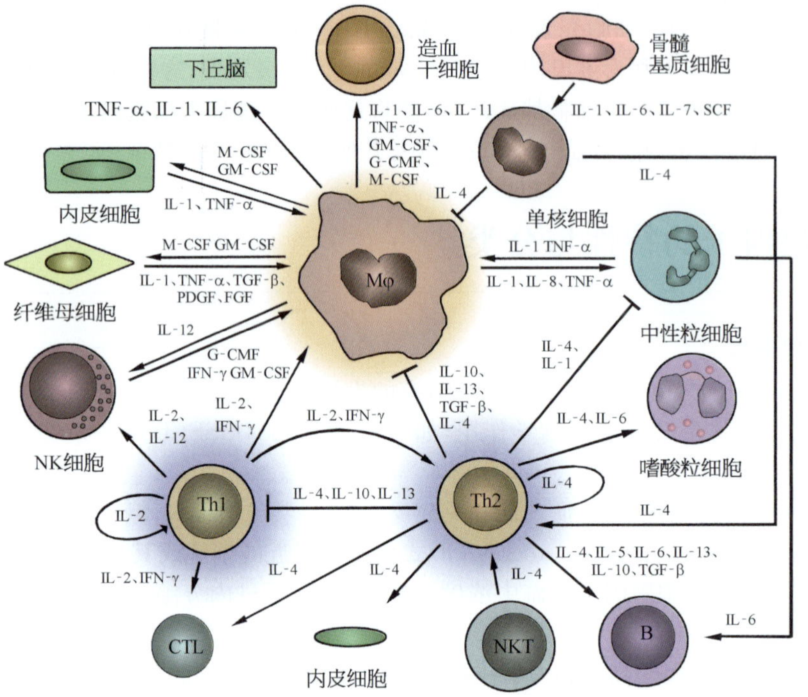

图 6-2 细胞因子以网络形式发挥作用

二、细胞因子的分类

(一) 白细胞介素

白细胞介素(IL)1979 年开始命名，包括淋巴细胞、单核细胞及其他非单个核细胞产生的细胞因子，在细胞间相互作用、免疫调节、造血以及炎症过程中起重要作用。正式命名的 IL，其 cDNA 基因的克隆和表达均已完成和确认。目前报道的 IL 已从 IL-1 到 IL-35。

(二) 集落刺激因子

集落刺激因子(colony-stimulating factor，CSF)根据其刺激造血干细胞或不同分化阶段的造血祖细胞在半固体培养基中形成不同的细胞集落，分别命名为粒细胞集落刺激因子(G-CSF)、巨噬细胞集落刺激因子(M -CSF)、粒细胞—巨噬细胞集落刺激因子(GM-CSF)和多重集落刺激因子(multi-CSF，IL-3)、干细胞因子(SCF)、红细胞生成素(erythropoietin，EPO)、血小板生成素(thrombopoietin，TPO)和 Flt3 配体(Flt3：FMS 样酪氨酸激酶 3)等。CSF 不仅可刺激不同发育阶段造血干细胞和祖细胞的增殖和分化，有的还可促进成熟细胞的功能。各类细胞因子在造血过程中的作用见表 6-1 和图 6-3。

表 6-1 集落刺激因子的生物学功能及其临床应用

名　称	主要产生细胞	诱导细胞增殖分化和发挥集落刺激作用	效应功能	临床应用
IL-3	活化的 T、Ma	多能干细胞，定向祖细胞，髓样，红系，巨核，Mo，DC，N，Eo，Ma	刺激 Mo，Mφ，Eo，Ba，Mo/Mφ，杀伤肿瘤，促进 Eo 发生 ADCC	骨髓发育异常综合征，骨髓衰竭，化疗，自体骨髓移植，Plt 减少
G-CSF	Mo，Mφ，Fb，平滑肌细胞，肝细胞	髓样、N	促进 N 吞噬和 ADCC，趋化 N、Mo	骨髓发育异常综合征，N 减少，自体骨髓移植，化疗后 N 减少，AIDS，再生障碍性贫血

（续表）

名　称	主要产生细胞	诱导细胞增殖分化和发挥集落刺激作用	效应功能	临床应用
M-CSF	Fb，基质细胞，T，En，平滑肌细胞，肝细胞	Mo、Mφ	活化 Mo/Mφ，促进 Mφ 细胞毒和 ADCC	骨髓抑制，骨髓移植后造血重建，化疗、肿瘤，某些真菌感染
GM-CSF	Mφ，活化 T，B，NK，Ma，En，Fb	多能干细胞，髓样前体 Mo，Eo，N，朗格汉斯细胞，红样、巨核细胞	维持 N 和 Eo 存活，促进 N 吞噬和 ADCC，促进 Mo/Mφ 抗原呈递，杀伤和细胞毒	骨髓移植、化疗、放疗引起的血细胞减少，AIDS，再生障碍性贫血，骨髓发育异常综合征，N 减少
SCF	基质细胞，Fb，En，胚胎组织细胞	造血干细胞/祖细胞，胚细胞，Ma，对多谱系的联合刺激	Ma 存活和活化	骨髓衰竭、放疗、化疗
Flt 配体	T，基质细胞	造血祖细胞，前髓细胞，祖 B，祖 T，	诱导 DC 活化	通过诱导 DC，有治疗肿瘤前景
EPO	肾小管周围间质细胞，Kupffer 细胞，骨髓中 Mφ	红系	红细胞生成	肾衰导致的贫血，癌症、AZT 治疗 AIDS 引起的贫血，化疗导致贫血、失血后贫血

T、B、Mo、Mφ 代表 T、B、单核、巨噬细胞；N、Eo 为中性粒细胞、嗜酸粒细胞；Fb、En、DC、Ma、Plt 代表成纤维细胞、内皮细胞、上皮细胞、树突状细胞、肥大细胞和血小板。

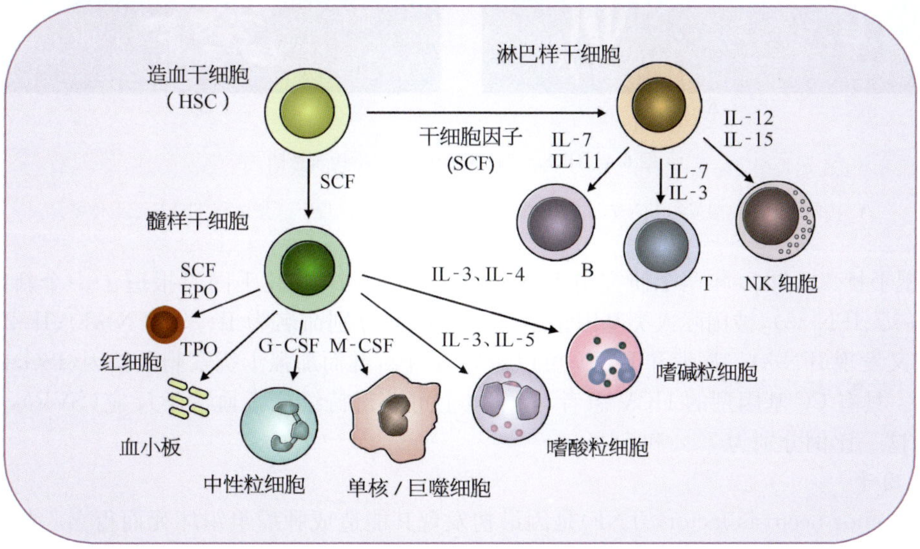

图 6-3　各类细胞因子在造血过程中的作用

（三）干扰素

干扰素（interferon，IFN）最初因发现病毒感染的细胞能产生一种物质可干扰另一种病毒的感染和复制，而将该物质命名为干扰素。根据来源和结构，干扰素分为 IFN-α、IFN-β、IFN-ω、IFN-γ 和 IFN-λ，它们分别主要由白细胞、成纤维细胞和活化 T 细胞所产生。各种不同的 IFN 生物学活性基本相同，具有抗病毒、抗肿瘤和免疫调节等作用（表 6-2）。

表 6-2　人干扰素基因和蛋白的命名

干　扰　素	基　　因	蛋　　白	干　扰　素	基　　因	蛋　　白
IFN-α	*IFNA1*	IFN-α1(D)	IFN-α	*IFNA14*	IFN-α14(H1)
	IFNA2	IFN-α2(A)		*IFNA16*	IFN-α16(WA)
	IFNA4	IFN-α4		*IFNA17*	IFN-α17
	IFNA5	IFN-α5(G)		*IFNA21*	IFN-α21(F)
	IFNA6	IFN-α6(K)		*IFNAP22*	IFN-α22(E)
	IFNA7	IFN-α7(J1)	IFN-β	*IFNB1*	IFN-β
	IFNA8	IFN-α8(B)	IFN-ω	*IFNω1*	IFN-ω
	IFNA10	IFN-α10(L)	IFN-γ	*IFNG*	IFN-γ
	IFNA13	IFN-α13			

α、β干扰素称为Ⅰ型干扰素，是血清学上不同的两组蛋白。

IFN-α包括大约20种结构相关的多肽，每一种多肽由不同的基因编码。也有人根据氨基酸序列的相关性将IFN-α家族分为IFN-α1和IFN-α2/IFN-ω。天然IFN-α常常是这些分子的混合物。IFN-α主要由单核/巨噬细胞产生，又称为白细胞干扰素。IFN-β可从培养的成纤维细胞中提取，原称为成纤维细胞干扰素。

IFN-β的空间结构与IL-4相似。多肽链折叠成5个α螺旋（A～E），α螺旋进一步由二硫键连在一起，5个螺旋间由4个环（AB、BC、CD、DE）连接。IFN-α的一级结构可能与IFN-β相似。

IFN-γ则称为免疫干扰素或Ⅱ型干扰素。IFN-γ分子中的62%区域形成α螺旋，IFN-γ分子是同源二聚体，由2个亚单位结合而成，每个亚单位有6个α螺旋，长度9到21个氨基酸残基不等。螺旋间由短链连接，分子中没有二硫键（图6-4A）。

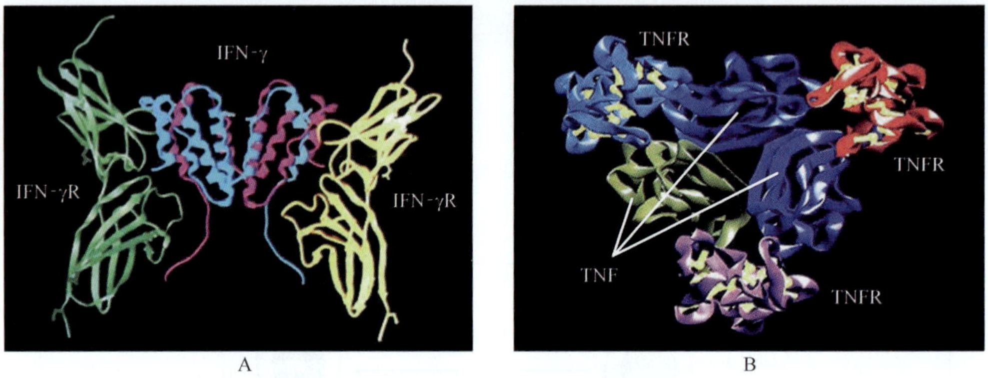

图6-4　IFN、TNF和相应受体结构示意图

A. 由两个亚单位组成的IFN-γ分子分别识别两个IFN-γR；B. TNF三聚体和TNFR三聚体结合

IFN-λ称为Ⅲ型干扰素。2003年两个研究组Kotenko和Sheppard等几乎同时报道了一个新的干扰素家族——IFN-λ（IFN-λ1、IFN-λ2、IFN-λ3），被国际人类基因组组织（HUGO）分别命名为IL-29（IFN-λ1）、IL-28A（IFN-λ2）和IL-28B（IFN-λ3），后来又发现IFN-λ4。病毒和IFN-α可以诱导IFN-λ，继而加强干扰素刺激基因（ISG）的表达。IFN-λ3有不同的等位基因型。具有CC基因型的HCV患者，82%以上可获得持续病毒血清学反应（SVR），而在CT基因型和TT基因型患者中，这一比例分别为75%和58%。

（四）肿瘤坏死因子

肿瘤坏死因子（tumor necrosis factor，TNF）是因最初发现其能造成肿瘤组织坏死而得名。根据其产生来源和结构不同，可分为TNF-α、TNF-β（LT-α）和LT-β三类，TNF-α由单核/巨噬细胞产生，LT-α又名淋巴毒素（lymphotoxin，LT）由活化T细胞产生，LT-β是膜型淋巴毒素。膜型肿瘤坏死因子还包括FasL、CD70L、CD30L、CD40L、4-1BBL、OX-40L和TRAIL（TNF related apoptosis-inducing ligand）；分泌型肿瘤坏死因子包括LT-α。单核/巨噬细胞产生的TNF是非糖基化的跨膜蛋白，分子质量约为25 kDa。膜TNF分子的排列方向和Ⅱ型膜蛋白相同，即氨基端在胞内，跨膜区在氨基端附近，大部分羧基端在胞外。膜TNF是同源三聚体，胞外羧基端两亚单位通过二硫键连接（图6-4B）。每个亚单位的17 kDa片段（包括羧基端）可被金属蛋白酶（metallo-proteinase）酶解后从单核/巨噬细胞膜上脱落下来，形成分子质量为51 kDa的稳定三聚体形式，即分泌型TNF。大多数膜结合型蛋白与其对应的受体（都属于TNF受体家族）结合，可对靶细胞产生类似于细胞因子的激活和抑制效应。LT是21～24 kDa的糖蛋白，和TNF的相似性达30%，并能和TNF竞争性结合细胞表面的同一受体。人类LT含有一个或两个N端连接的寡糖。LT和TNF的三级结构相似，皆属同源三聚体。肿瘤坏死因子除具有杀伤肿瘤细胞外，还有免疫调节，参与发热和炎症的发生。大剂量TNF-α可引起恶病质，因而TNF-α又称恶病质素（cachectin）。

TNF受体（TNF-R）分为Ⅰ型和Ⅱ型两种，分子质量分别为55 kDa和75 kDa，Ⅱ型受体与TNF的亲和力是Ⅰ型受体的10倍。图6-4B显示的是利用X射线晶体衍射的方法得到的TNF-RⅡ与TNF-α复合物的立体结构。

Ⅰ型受体转导的信号与细胞毒性和内毒素休克有关，Ⅱ型受体的信号则促进T细胞增殖。Ⅰ型和Ⅱ型TNF-R是TNF受体超家族（TNFR-SF）的成员之一。该家族还包括Fas、神经生长因子（nerve growth factor，NGF）受体、CD27、CD30和CD40等多种膜分子。该超家族每个成员的胞外区均带有3～5个由40个氨基酸残基组成的重复单位，其中均含有4～6个保守的半胱氨酸残基。TNFR-SF分子转导的信号多与T细胞和B细胞的活化及其功能有关。例如，

CD40 是 B 细胞活化过程中十分重要的分子。Fas 与 T 细胞和 NK 细胞诱导的靶细胞凋亡有关。

（五）转化生长因子 β

转化生长因子 β(transforming growth factor-β，TGF-β)家族由多种细胞产生。该家族成员已有 20 多个，如 TGF-β1、TGF-β2、TGF-β3 及骨形成蛋白(BMP)等。

（六）趋化因子家族

趋化因子(chemokine)家族包括四个亚族：① C-X-C 亚族或 α 亚族，主要趋化中性粒细胞，主要成员有 IL-8、黑素瘤生长活性因子(GRO/MGSA)、血小板碱性蛋白(PBP)、干扰素诱导蛋白 10(IP-10)、基质衍生因子(SDF-1)、血小板因子 4(PF-4)、ENA-78 等；② C-C 亚族或 β 亚族，主要趋化单核细胞。这个亚族的成员包括巨噬细胞炎症蛋白 1α(MIP-1α)、MIP-1β、T 细胞激活性低分泌因子(RANTES)、单核细胞趋化蛋白-1(MCP-1/MCAF)、MCP-2、MCP-3 和 I-309 等；③ $C\text{-}X_3\text{-}C$ 亚族，只有一个成员 Fractalkine；④ XC 亚族，目前发现有淋巴细胞趋化因子(lymphotactin，LTN)和 SCM-1β 两个成员。趋化因子将在本章第四节详细介绍。

（七）其他细胞因子

其他细胞因子有表皮生长因子(EGF)、血小板衍生生长因子(PDGF)、成纤维细胞生长因子(FGF)、肝细胞生长因子(HGF)、胰岛素样生长因子-Ⅰ(IGF-Ⅰ)和 IGF-Ⅱ、白血病抑制因子(LIF)、神经生长因子(NGF)、抑瘤素 M(OSM)、TGF-α、血管内皮细胞生长因子(VEGF)等。

第二节　细胞因子功能

多种细胞均可分泌细胞因子。参与固有免疫应答的细胞和参与获得性免疫应答的细胞是产生细胞因子的主体，它们释放的细胞因子通过和靶细胞上的受体相结合，产生特定的生物学效应，参与细胞免疫、体液免疫、炎症反应、造血调控、细胞增殖分化、损伤修复等重要生理学过程。

一、主要由固有免疫细胞产生的细胞因子

固有免疫细胞包括单核/巨噬细胞、粒细胞、DC 和 NK 细胞等。这些细胞在病原体或者组织损伤的刺激下分泌产生多种细胞因子，具有促进炎症的作用，还能参与对适应性免疫应答的调节。

1. *IL-1 及其受体*　IL-1 分为 IL-1α 和 IL-1β 两种，分别含有 159 和 153 个氨基酸残基。IL-1β 分子结构较为独特，由 12 个 β 片层折叠襻组成四面体样结构。虽然两者的氨基酸序列同源性只有 26%，但其所结合的受体以及所发挥的生物学作用几乎完全相同。它们是固有免疫应答过程中最为重要的调节因子之一。病原体相关分子模式(如 LPS)能够有效地诱导 Mφ 分泌 IL-1，在发生革兰阴性细菌感染时，患者血液中 IL-1 的水平往往有明显的提高(IL-1 与 TNF-α 是主要的急性期反应的介导者)。此外，TNF-α、IFN-γ 及 IL-1(以自分泌的方式发挥作用)能诱导 IL-1 的表达和分泌。IL-1 能够作用于抗原提呈细胞，诱导其上调 MHC Ⅱ类分子、各种黏附分子以及 IFN-γ 受体的表达水平。IL-1 还能够直接作用于 Th 细胞，辅助其活化，在启动适应性免疫应答的过程中发挥重要作用。

Ⅰ型 IL-1 受体(IL-1RⅠ)又称 IL-1 低亲和力受体，能够与 IL-1R 附件蛋白(IL-1RacP)结合形成 IL-1 高亲和力受体，即Ⅱ型 IL-1 受体(IL-1RⅡ)。虽然 IL-1RacP 不与 IL-1 分子直接接触，它能够明显增加 IL-1RⅠ与IL-1 的亲和力，并且参与信号转导。IL-1RⅡ表达于几乎所有有核细胞表面。

2. *IL-6 及其受体*　IL-6 是含有 183 个氨基酸残基的糖蛋白。由于糖基化和磷酸化的程度不同，不同细胞来源的 IL-6 的分子质量为 22～30 kDa。除单核/巨噬细胞外，活化的 T 细胞、B 细胞、上皮细胞、内皮细胞、成纤维细胞等也能产生 IL-6。

IL-6 的生物学功能广泛，可通过旁分泌、自分泌和内分泌三种方式发挥作用。IL-6 诱导 Th 细胞表达 IL-2R，故能够与 IL-1 和 TNF 协同刺激 T 细胞。IL-6 与 IL-1 均在全身性炎症反应过程中扮演重要角色，是肝脏急性期反应(acute phase reaction)的主要诱导因子之一。它还能刺激下丘脑体温中枢、促进 B 细胞增殖与分化、促进造血干细胞再生和血小板产生等。

IL-6 受体(IL-6R)由 α 和 β 两种跨膜蛋白组成。Mφ、肝细胞、静息 T 细胞、活化 B 细胞等均同时表达 IL-6Rα 与 IL-6Rβ 两种多肽链。IL-6Rα 链与 IL-6 的亲和力较低，而且其胞质区很短，没有信号转导功能。IL-6Rα 与 IL-6 分子结合之后再与两条相同的 IL-6Rβ 链(又称 gp130)结合，使得 IL-6Rα 链与 IL-6 之间的亲和力明显增高。IL-6Rα 链是

IL-6R 和 IL-11R 等 5 种不同细胞因子受体所共用的信号转导肽链(详下),这些细胞因子受体被统称为 IL-6 受体超家族。

3. IL-12　激活形式的 IL-12 是 p35 和 p40 两个亚单位通过二硫键连接而成的异二聚体。很多细胞能合成 p35,但只有激活的单核/巨噬细胞才能合成 p40。IL-12 作用的靶细胞主要是 T 细胞和 NK 细胞。生物学功能包括:① 刺激 T 细胞和 NK 细胞分泌 IFN-γ;② 促进 CD4 T 细胞向 Th1 细胞分化,有利于提高吞噬细胞的活性;③ 增强 NK 细胞和 CD8 T 细胞的杀伤功能。可见 IL-12 是连接固有免疫和适应性免疫的一个重要纽带,能有效地提高机体的细胞免疫防御功能。但 IL-12 提供的是分化信号,因而对静止细胞群体不起作用。

4. IL-18　是由 157 个氨基酸残基组成的糖蛋白,分子质量为 20 kDa,属 IL-1 家族成员。肝脏库普弗(Kupffer)细胞和 Mφ 是 IL-18 的主要分泌者。IL-18 能够诱导 T 细胞和 NK 细胞产生 IFN-γ、加强 NK 细胞杀伤活性,促进 Th1 细胞分化等。IL-18 和 IFN-γ 之间有明显的协同作用。IL-12/IL-18 和 IFN-γ 之间通过 Th1 细胞、NK 细胞和 Mφ 形成正反馈活化环路,在细胞免疫应答过程中发挥重要作用。IL-18 受体(IL-18R)由 α 和 β 两条肽链组成。前者又称 IL-1 受体相关蛋白(IL-1 receptor-related protein,IL-1Rrp),与 IL-1RI 高度同源。IL-18Rβ 链参与信号转导。

5. IL-15　是由 114 个氨基酸残基组成的肽链,主要由单核/巨噬细胞和上皮细胞产生。TNF-α 能够诱导成纤维细胞表达膜型 IL-15,可能与 T 细胞在炎症部位的持续活化有关。IL-15 通过与 IL-15Rα、IL-2Rβ 和 IL-2Rγ 链组成的 IL-15R 三链结构(IL-15Rα/IL-2Rβ/IL-2Rγ)发挥作用,因此具有与 IL-2 类似的生物学活性。IL-15 是 NK 细胞发育成熟不可或缺的细胞因子,此外还能够激活成熟的 NK 细胞、B 细胞和某些 αβT 和 γδT 细胞,并在记忆性 T 细胞的长期维持中发挥作用。

二、主要与适应性免疫细胞相关的细胞因子

近年来,随着对 Th 细胞分化及调节功能研究的深入,提出了 Th1、Th2、Treg 和 Th17 的概念,分别与细胞免疫、体液免疫、免疫抑制和炎症反应相关。这些亚群的分化和功能发挥与细胞因子关系密切(图 6-5)。

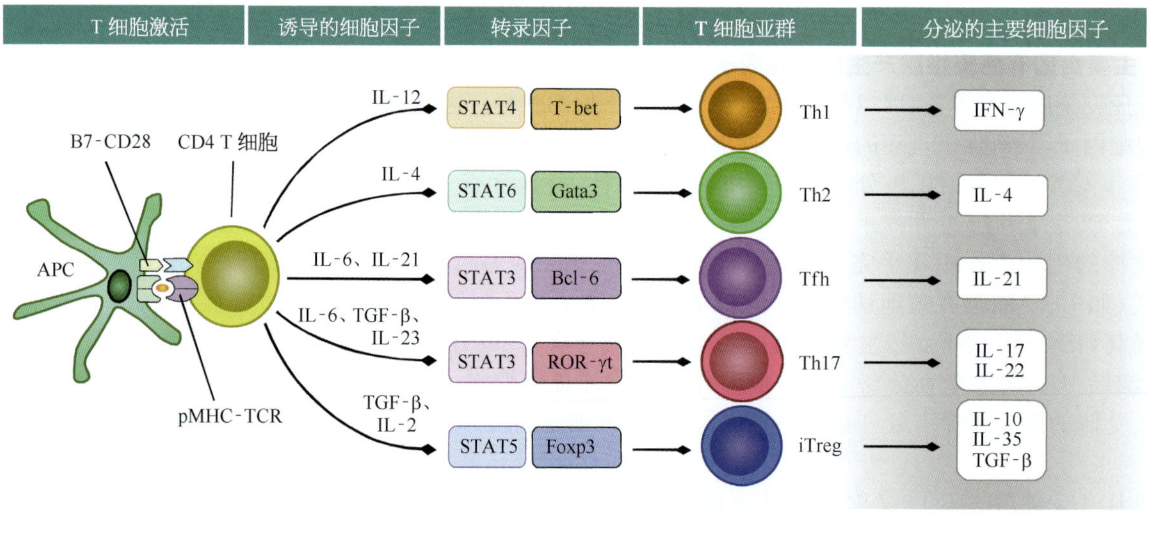

图 6-5　细胞因子参与 CD4 Th 细胞的分化及其功能行使

初始 CD4 T 细胞接受 APC 提交的双重信号后活化,在不同细胞因子的作用下,激活相应的转录因子,完成细胞亚群的分化。各亚群通过分泌特定细胞因子,发挥效应功能和调节作用

图 6-5 右侧列出完成分化的各种 CD4 Th 亚群所分泌的部分关键性细胞因子,下面以此为核心将细胞因子按不同亚群的功能特点进行归类并分述如下(图 6-6)。

(一) Th1 型细胞因子与介导细胞免疫的细胞因子

Th1 细胞是一类辅助性 CD4 T 细胞,抗原和 IL-12 介导 Th1 亚群分化。分化后的 Th1 主要分泌 IFN-γ 和 TNF,同时也分泌和表达 IL-2、IL-2Rα、IL-12Rβ2、IL-18、IL-18BP、IL-18R1、GM-CSF,以及趋化因子受体 CCR5 等。Th1 型细胞因子与 CTL 细胞的增殖、分化和成熟有关,促进细胞介导的免疫应答。

1. IFN-γ　由激活的 CD4 T 细胞、CD8 T 细胞和 NK 细胞产生。这些细胞经抗原刺激后,直接启动 IFN-γ 基因的转录激活。IL-2 和 IL-12 可增强这一转录。IFN-γ 的免疫调节作用与 I 型 IFN 不同,主要表现在以下几个方面。

细胞因子		产生细胞	靶：B细胞	靶：T细胞	靶：巨噬细胞	靶：造血细胞	靶：其他细胞	基因敲除效应
Th1型	IL-2	初始T，Th1 CD8T*	促生长，促J链合成	促生长分化	—	刺激NK生长	—	损伤Treg发育和功能
	IFN-γ	Th1，Tfh，CTL，ILC1	促分化，促IgG2合成^	阻Th2/Th17分化	激活，MHC Ⅰ/Ⅱ↑	激活NK	抗病毒，MHC Ⅰ/Ⅱ↑	对支原体和病毒易感
	TNF-β	Th1，CTL*	抑制	杀伤	激活，诱导NO	激活N	杀Fb，杀Ca细胞	淋巴结和脾发育受阻
Th2型	IL-4	Th2，Tfh	激活，促生长，IgG1/IgE/MHC Ⅰ↑	促生长，促成活	促边缘区Mφ激活	促Ma生长	—	不产生Th2细胞
	IL-5	Th2，ILC2	促分化，IgA合成^	—	—	促Eo生长分化	—	缓解Eo细胞增多症
	IL-13	Th2，ILC2	促IgG1和IgE类别转化	—	促边缘区Mφ激活	—	促杯状细胞产生黏液	损伤蠕虫清除功能
Th17型	IL-17	Th17，ILC3	促IgG2a，IgG2b IgGIgG3^	—	—	招募N	刺激Fb和Ep分泌趋化因子	损伤抗菌性防御
	IL-22	Th17，ILC3	—	—	—	—	刺激黏膜上皮和皮肤产生抗菌肽	损伤抗菌性防御
Treg型	TGF-β	Treg	抑制生长 促IgA类别转换	促Th17/iTreg分化，抑Th1/Th2	抑制激活	激活N	抑制或刺激细胞生长	损伤Treg，产生多器官自身免疫病，约10周致死
	IL-10	Treg，Th1*，Th2*，Th17*，CTL*	MHC Ⅱ↑	抑制Th1	抑制炎症细胞因子释放	协同刺激Ma生长	—	诱发炎症性肠病

图 6-6 T 细胞亚群产生的主要细胞因子：类型和功能

* 部分细胞；^限于小鼠；Fb：成纤维细胞；Ep：上皮细胞；Ma：肥大细胞；N：中性粒细胞；Eo：嗜酸粒细胞；ILC：固有淋巴样细胞；NO：一氧化氮。
图中以色彩突出的内容代表相应细胞因子的主要功能

1）直接诱导和参与呼吸爆发中酶的合成，增强 Mφ 杀伤被吞噬的微生物，上调 Mφ 等表面 IgG 高亲和力激活性受体 FcγR1 的表达。IFN-γ 属于巨噬细胞活化因子（MAF），T 细胞通过 IFN-γ 激活 Mφ，使之杀伤被吞噬的微生物。

2）诱导和增加多种细胞表达 MHC Ⅰ类和Ⅱ类分子，增强免疫应答。

3）促进 T 细胞分化，包括 Th0 向 Th1 分化，以及 CD8 CTL 细胞的成熟。

4）促进 IgG2a 和 IgG3 类别转换而抑制 IgG1 和 IgE 类别转换。IFN-γ 诱导产生的 IgG 亚类能与吞噬细胞和 NK 细胞上 FcγR 结合，并显示很强的补体激活能力。因而 IFN-γ 可促进 Mφ 参与的炎症反应，抑制 IgE 依赖性嗜酸粒细胞的活性。

5）其他功能 IFN-γ 上调 NK 细胞的杀伤作用，效果强于Ⅰ型 IFN；并能激活中性粒细胞，增强它们的呼吸爆发，但效果弱于 TNF 或 LT；IFN-γ 还是血管内皮细胞的激活因子，促进 CD4 T 细胞黏附和形态改变，有利于淋巴细胞穿过血管。

2. IL-2　最早被称为 T 细胞生长因子（TCGF），是引起 T 细胞增殖的主要细胞因子。IL-2 由 CD4 Th1 产生，CD8 T 细胞也产生少量 IL-2。IL-2 既是自分泌生长因子，也是旁分泌生长因子。IL-2 是 T 细胞激活并进入细胞分裂的关键成分，而 T 细胞的活化又制约着整个特异性免疫应答（包括细胞免疫和体液免疫）。因而 IL-2 编码基因的转录激活和信号转导，成了 T 细胞激活中的主要事件，将在第十一章中作为 T 细胞活化的核心内容加以讨论。除了 T 细胞，IL-2 还刺激 NK 细胞的生长和增强它们的杀伤功能，并激发 B 细胞生长及抗体产生，但不引起类别转换。

（二）Th2 型细胞因子与介导体液免疫的细胞因子

抗原和 IL-4 介导 Th2 细胞亚群分化，分化后的 Th2 细胞能分泌 IL-4 和 IL-5 等细胞因子，与 B 细胞增殖、分化、成熟有关，能促进抗体生成，增强抗体介导的体液免疫应答。Th2 细胞分泌和表达的因子或受体还包括 IL-4R、IL-10、IL-13、IL-13Rα1、IL-13Rα2、IL-1RⅠ、IL-1RⅡ，以及趋化因子及其受体 CCR2（MCP-1）、CCR3、CCR4、CCR9、CCL5（RANTES）、CCL7（MCP-3）、CCL-11（eotaxin）和 CCL15（MIP-1d）等。

1. IL-4　其生理功能是调节 IgE 和肥大细胞或嗜酸粒细胞介导的免疫应答。IL-4 主要由 CD4 Th2 产生。激活的肥大细胞、嗜碱粒细胞也能产生 IL-4。第二章还提到，外周血中一种表达 Vγ9Vδ2 TCR 的 γδ T 细胞亚群也可大量分泌 IL-4。IL-4 的生物学功能主要包括：① 诱导 Th2 细胞的生长和分化。② 诱导 B 细胞发生抗体类别转换产生 IgE，但抑制向 IgG2a 和 IgG3 发生类别转换。③ 刺激内皮细胞表达黏附分子 VCAM-1 等，增加淋巴细胞、单核细胞，特别是嗜酸粒细胞与之结合的能力。IL-4 还刺激内皮细胞分泌 CC 家族的趋化因子如 MCP-1，其结果是局部 IL-4 浓度增高，诱导大量单核细胞和嗜酸粒细胞参与炎症反应。④ IL-4 是肥大细胞的生长因子并与 IL-3 协同作用，刺激肥大细胞增殖。

2. IL-5　由 Th2 细胞和激活的肥大细胞产生。其主要功能是刺激嗜酸粒细胞生长和分化，激活成熟嗜酸粒细胞，增强其杀伤寄生虫的能力。IL-4 和 IL-5 的功能相互补充，促进 Th2 细胞介导的过敏反应。和其他细胞因子如 IL-2 和 IL-4 在刺激 B 细胞生长和分化时有协同作用，增强成熟 B 细胞合成 Ig，特别是 IgA。

3. IL-13　也是一种 Th2 型的细胞因子，其基因结构和染色体定位，以及蛋白分子结构特点与 IL-4 家族细胞因子(IL-4、IL-5、GM-CSF 和 IL-3)相关。IL-13 主要由活化 T 细胞产生，具有与 IL-4 类似的生物学活性，能够诱导 B 细胞合成 IgE 和 IgG4。IL-13 受体 α1 链(IL-13Rα1)能够与 IL-13 结合但是没有信号转导能力，与 IL-4Rα 链和 IL-2Rγ 链结合后方能发挥功能。

(三) Treg 相关的细胞因子与介导免疫负调功能的细胞因子

Treg 是 T 细胞的一个重要功能亚群，可介导免疫抑制或免疫无能，分为天然 Treg(nTreg)和诱导性 Treg(iTreg)，前者主要来源于胸腺，可通过细胞直接接触发挥抑制功能，后者是外周 T 细胞经抗原刺激，并在 IL-2 和 TGF-β 等细胞因子刺激下产生，进而通过分泌 TGF-β 和 IL-10 等细胞因子发挥免疫负调功能。

1. TGF-β 家族　有多个成员，但免疫细胞主要产生 TGF-β1。抗原激活的 T 细胞和 LPS 激活的单核/巨噬细胞分泌具有生物学活性的 TGF-β1。TGF-β1 的作用显示多功能性，表现为可抑制很多类型细胞的生长，刺激另一些细胞的生长；而且在不同的培养条件下，对于同一类型细胞，TGF-β1 既能表现抑制作用也能表现刺激作用。TGF-β 能刺激胞外基质蛋白(如胶原)、基质蛋白受体(如整合素)和基质修饰酶(如基质金属蛋白酶)的合成。功能上，TGF-β 还拮抗淋巴细胞反应，抑制淋巴细胞增殖，抑制 CTL 成熟，抑制 Mφ 的激活，抑制促炎症反应性细胞因子的作用，并作为一种信号可关闭免疫应答及炎症反应。因而能产生 TGF-β 的细胞被视为抑制性细胞，除了 iTreg，还包括 Th3 细胞和 Ⅰ 型调节性 T 细胞(Tr1)等。TGF-β 对免疫应答的调节作用见图 6-7。

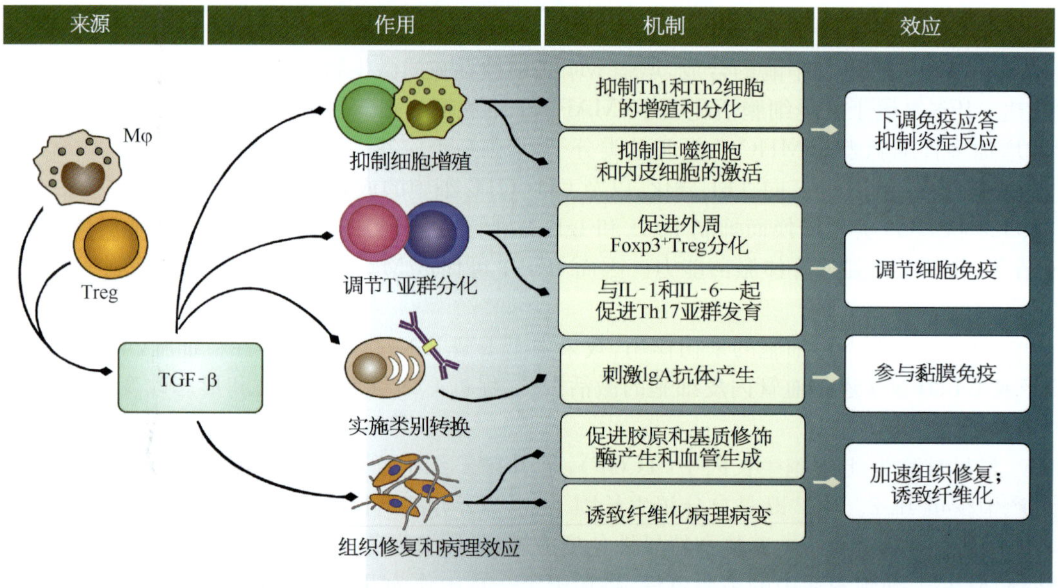

图 6-7　TGF-β 的免疫调节作用

2. IL-10 家族　由 IL-10、IL-19、IL-20、IL-22、IL-24 和 IL-26 组成。其中 IL-22 和 IL-26 定位于第 12 号染色体，其他定位于第 1 号染色体。这些细胞因子尽管与 IL-10 同源，但功能各不相同。

IL-10：一种公认的介导免疫抑制的细胞因子，以同源二聚体形式发挥效应，可抑制 Th1 细胞应答及其细胞因子合成，抑制 Mφ 的抗原提呈功能及其细胞因子合成，促进 B 细胞增殖分化及抗体产生。

IL-19：诱导单核细胞产生 IL-6 和 TNF-α，并可诱导细胞凋亡和单核细胞中的 ROS 产生；与正常对照小鼠相比，在 BALB/CJ 鼠的哮喘模型中 IL-19 高表达，并诱导活化 T 细胞产生 IL-4、IL-5、IL-10 和 IL-13 等 Th2 细胞因子。

IL-20：LPS 可诱导原代培养的神经胶质细胞以及RAW264.7巨噬细胞系表达 IL-20，在大脑的感染中发挥作用；IL-20 可以选择性地促进 CD34 多能祖细胞增殖，而对其他的如红系、巨核细胞系等前体细胞无影响；IL-20 参与上皮分化，与银屑病的发生有关。过表达 IL-20 的转基因鼠在出生时即表现为严重的皮肤异常，有异常的表皮增生等类似于银屑病的特征。IL-20 在新生血管形成中的作用还不清楚，有研究人员认为其可作用于人支气管上皮细胞以及内皮细胞，下调 COX-2 和 PGE2 的产生，抑制血管形成。但也有研究表明 IL-20 可作用于微血管内皮细胞，促进血管形成。

IL-24/mda-7：作用于多种肿瘤细胞，促进肿瘤细胞凋亡，具有抗肿瘤作用。

IL-26/AK155：是由松鼠猴疱疹病毒（HVS）转化的 T 细胞高表达的一种细胞因子，在 γ 疱疹病毒感染以及上皮相关的由病毒诱导的肿瘤发生中发挥重要作用。IL-26 可通过活化 STAT3 诱导 colo-205 结肠癌细胞表达 IL-8、IL-10 和 CD54。

（四）Th17 型细胞因子和介导炎症反应的细胞因子

Th17 细胞是指分泌 IL-17 的 CD4 T 细胞亚群（图 6-5）。它的发育与 Th1 和 Th2 细胞一样，受各种因素的协调控制，IL-6 和 TGF-β 是诱导 Th17 细胞的主要细胞因子并有 IL-23 等的参与，分化后的 Th17 细胞与炎症有着密切联系，通过分泌 IL-17 促进炎症反应，IL-23 可维持 Th17 的存活。

1. IL-17　主要由 Th17、CD4 记忆 T 细胞、单核细胞等分泌的一种促炎性细胞因子，具有强大的招募中性粒细胞、促进多种细胞释放炎性因子、促进细胞增殖及抑制部分肿瘤生长等多种生物学作用。目前发现其与机体多种疾病相关，特别是肺部感染、哮喘、类风湿性关节炎、器官移植、肠道炎症等炎症性疾病关系密切。IL-17 的表达依赖于细胞因子 IL-23 受体介导的信号转导，与 IFN-γ 和 IL-4 的信号转导和转录通路无关，但是这两类细胞因子都在初始 T 细胞中抑制 IL-17 的表达，说明 IL-17 可能在早期 T 细胞引发的相互调控中起主导作用。

2. IL-22　作用于黏膜和皮肤角质细胞，促进 β 防御素等抗菌肽的表达，发挥免疫防御的作用；作用于结肠上皮成纤维细胞，促进 IL-6、IL-8、IL-11、LIF 及基质金属蛋白酶的表达，参与炎性肠炎的发生；活化 STAT3，促进下游的抗凋亡基因和丝裂原基因的表达。

3. IL-23　是新近发现的一种细胞因子，主要来源于活化的单核/巨噬细胞和 B 细胞。它具有多种生物学功能，能促进 T 细胞尤其是 CD4 T 细胞增殖，促进 T 细胞、抗原提呈细胞产生 IFN-γ 与 IL-12，对 DC 的共刺激功能起调节作用，具有抗肿瘤和抗转移活性，而且与自身免疫和炎症反应疾病密切相关。IL-23 和 IL-17 可能是中和或阻止炎症反应的一个有效靶标。

4. 促炎症细胞因子　IL-1、IL-6、TNF-α、IL-18 以及在 Th1 应答中起重要作用的 IFN-γ，共同称为促炎细胞因子（pro-inflammatory cytokine）。Mφ 是炎症反应的主要参与者之一，是促炎细胞因子的分泌者，也是促炎细胞因子的主要靶细胞。此外，它们还分泌具有趋化作用的细胞因子 IL-8 以及 G-CSF、M-CSF 和 GM-CSF 等细胞生长因子。有关促炎症细胞因子的专门介绍，参见第八章。

第三节　细胞因子受体

细胞因子发挥生物学功能需先与靶细胞上专一性受体相结合。细胞因子所能显示的作用范围和生物学效应，取决于细胞表面细胞因子受体的表达和相应细胞的分布。

一、细胞因子受体的结构

（一）细胞因子受体的共同特点

结构上，细胞因子受体由胞外区、跨膜区和胞内区三部分构成。多数受体分子的胞外区含有若干结构域或不同基序组成的重复单位。而且细胞因子受体往往由一条以上的跨膜分子结合起来共同行使功能，其中会有一条多肽链负责与细胞因子结合，称为结合链；其他多肽链用于传递信号，称为转导链。细胞因子受体的 α 链往往是专一性的结合链，而负责信号转导的 β 链，因为结构变化较小，可与不同的 α 链组合。这是一些细胞因子有相似生物学活性的结构基础。

各种细胞因子受体的结构差异很大，根据胞外区的类型将细胞因子受体分为不同的家族（图 6-8）。同一家族成员间氨基酸序列的相似程度为 15%～50%。细胞因子受体的胞外区主要由三种不同类型的结构域组成。① 细胞因子（Ck）型结构域：含有 Cys-x-Trp 基序和另外三个保守的半胱氨酸残基；② Ⅲ型纤连蛋白（FNⅢ）型结构域：含有 Trp-Ser-x-Trp-Ser（WSXWS）的保守序列，是结合配体和信号转导的基础；③ 免疫球蛋白 C2 型样（Ig 样）结构域。每一个结构域大约有 100 个氨基酸残基。Ck 和 FNⅢ结构域与 Ig 样结构域的空间结构相似。

（二）几种重要的细胞因子受体家族

1. 免疫球蛋白受体家族（IgR-F）　其分子的胞外区由免疫球蛋白样结构域或与其他结构域共同组成。前者包括 IL-1R、M-CSFR（图 6-8）、SCFR、IL-16R；后者包括 IL-6Rα 链和 β 链、LIFR 的 α 链和 β 链、IL-3Rα 链、IL-5Rα 链、IL-7Rα 链和 GM-CSFRα 链，每条多肽链含有免疫球蛋白样结构域和 Ck 结构域或 FNⅢ结构域。

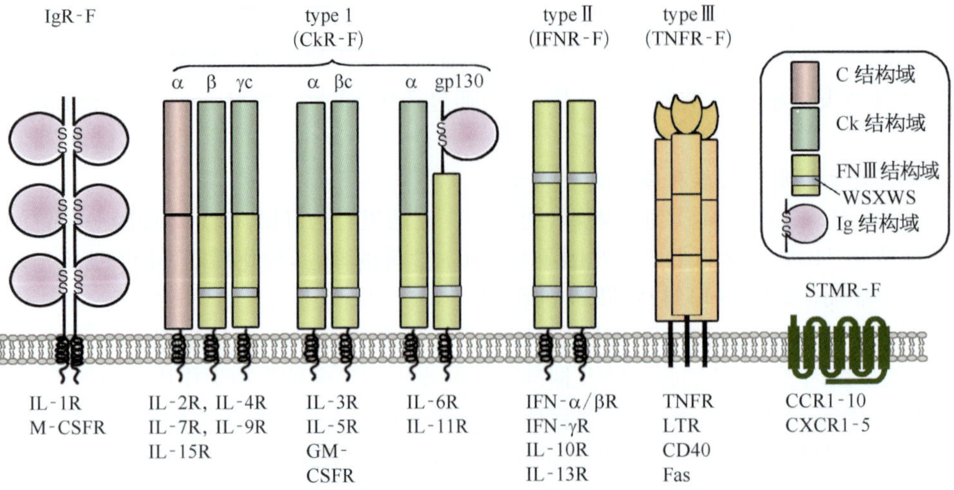

图 6-8 细胞因子受体家族结构图

细胞因子受体主要包括免疫球蛋白受体家族(IgR-F)、Ⅰ型细胞因子受体家族(CkR-F)、Ⅱ型细胞因子受体家族或干扰素受体家族(IFNR-F)、Ⅲ型细胞因子受体家族或肿瘤坏死因子受体家族(TNFR-F)和7次跨膜受体家族(STMR-F)又称G-蛋白偶联受体家族。其中CkR-F家族又因其成员是否共用γc、βc或gp130链而分为3个亚型。在共用γc链的亚型中,IL-2R使用α链而形成三聚体结构。注意构成细胞因子受体胞外部分的Ⅲ型纤连蛋白结构域(FNⅢ)带有保守的WSXWS基序(灰色)

2. *细胞因子受体家族(CkR-F)* 又称Ⅰ型细胞因子受体家族或造血因子受体家族,属于最大的细胞因子受体家族。该家族受体分子的胞外区有Ck结构域、FNⅢ结构域和(或)Ig样结构域。受体包括1～3条糖基化多肽链,分属两种类型:细胞因子专一性结合链即结合链(低亲和力结合)和信号转导链。上面提到,转导链不具细胞因子专一性,能向胞内传递信号,而且,该链和结合链同时出现可构成高亲和力受体,为结合细胞因子所必需。

在这些家族中,几种不同的α链(结合链)可以起用结构相同的信号转导链,称为共用链。表6-3列出了三种共用链,包括共用γ链(γc)、共用β链(βc)(KH93)和共用gp130(图6-8)。以IL-2R为例,这是由三条多肽链结合在一起的复合体,其中IL-2Rα链属低亲和力结合链,由两个补体调节蛋白结构域(CCP)组成,诱导性表达。另外两条为组成性表达的IL-2Rβ和γ链,胞外区各有一个Ck结构域和FNⅢ结构域。三链共同构成高亲和力的IL-2R。IL-4R、IL-7R、IL-9R和IL-15R的γ链结构和功能与之相似。

表 6-3 细胞因子受体家族中不同结合链和信号转导链的组合

结 合 链	信号转导共用链
IL-2R、IL-4R、IL-7R、IL-9R、IL-15R	γ链(γc)
IL-3R、IL-5R、GM-CSFR	β链(βc)
IL-6R、IL-11R、LIFR、OSMR、CNTFR	β链(gp130)

3. *干扰素受体家族(IFNR-F)* 也称Ⅱ型细胞因子受体家族,包括IFN-α/βR、IFN-γR和IL-10R等。该家族受体分子的胞外区含有2～4个FN3结构域(图6-8)。IFN-α/βR能结合IFN-α和IFN-β。该图表明,人类IFN-α/βR是一个二硫键连接的同源二聚体,有生物学活性的IFN-γR至少含有α和β链两条多肽链。

4. *肿瘤坏死因子受体家族(TNFR-F)* 包括TNFR、CD27、CD30、CD40、CD95、OX-40和4-1BB等。TNFR有TNFR-Ⅰ型和TNFR-Ⅱ型。前者也称p55或CD120a,后者也称p75或CD120b。两者都是单链受体,但以三聚体形式与同为三聚体的配体分子(TNF)结合(图6-4B)。单链胞外区有4个富含半胱氨酸的重复亚单位,每个约40个氨基酸残基。TNFR-Ⅱ型有一段富含脯氨酸、丝氨酸、苏氨酸形成的铰链区,也是糖基化位点。两者的序列相似性低于25%,但都能结合TNF和LT。两者的胞内区不相同,显示两者选用不同的信号转导途径。大多数细胞有TNFR-Ⅰ型受体,而仅在造血细胞上有TNFR-Ⅱ。

5. *7次跨膜受体家族(STMR-F)* 为趋化因子CCR1-10和CXCR1-5的受体,如IL-8R和巨噬细胞炎症蛋白-1α链受体(MIP-1αR)等。该受体是单链分子,有短的N端胞外区、长的跨膜区和短的C端胞内区。跨膜区较长且来回7次穿膜,形成3个短的胞外环和3个胞内环(图6-8右下方)。膜内侧受体与GTP结合蛋白相连,能启动信号转导(详后)。

6. *蛋白酪氨酸激酶受体家族(PTKR-F)* 特点是在多肽链的胞内区有酪氨酸蛋白激酶结构域。有一些受体按胞外区分类属于IgR-F,但按胞内区分类属于PTKR-F,如M-CSF、SCFR、VEGFR、FGFR和EGFR,因而图6-8中未专门列出。

二、细胞因子受体介导的信号转导

细胞因子与受体专一性结合后启动胞内的一系列生化反应，将胞外信号向胞内转导，引起细胞的正反应或负反应。不同受体分子通过不同的途径传递信号。

(一) 受体相关性蛋白酪氨酸激酶介导的信号途径

大部分细胞因子受体分子胞内区不带有启动信号转导的蛋白酪氨酸激酶(PTK)结构域，但可通过与其胞内区相连接的 PTK 起作用。CkR-F 和 IFNR-F 的受体分子胞内区都结合有 PTK 中的 Janus 激酶(Janus kinase, JAK)家族成员，包括 JAK1、JAK2、JAK3 和 Tyk2。细胞因子各种受体的亚单位往往连接 JAK 家族中的一个或几个特定成员(表 6-4)，如 G-CSFR 与 JAK2 连接，IL-2Rβ 链与 JAK1、IL-2Rγ 链与 JAK3 连接，IL-10R 的 α 链与 Tyk2 连接。

表 6-4 细胞因子受体信号转导中 JAK 及 STAT 家族成员的分布

Ck 受体	结合的 JAK	激活的 STAT
IL-2R	JAK1, JAK3	STAT5
IL-4R	JAK1, JAK3	STAT6
IL-5R	JAK2	STAT1, STAT3, STAT5
IL-6R	JAK1、JAK2、Tyk2	STAT1, STAT3, STAT5
IL-10R	JAK1、Tyk2	STAT3
IL-12R	JAK2、Tyk2	STAT4
IFN-γR	JAK1、JAK2	STAT1
G-CSFR	JAK2	STAT1, STAT3, STAT5
GM-CSFR	JAK2	STAT3

细胞因子和受体胞外区结合后，受体跨膜分子即发生聚合，造成胞膜内与之相连的 JAK 蛋白酪氨酸激酶相互靠拢，彼此借助相互磷酸化而激活。激活的 JAK 启动多条信号转导途径。最直接也是最重要的一条途径是先使得受体分子胞内区上的酪氨酸残基(Y)发生磷酸化(Y→pY)，磷酸化的酪氨酸(pY)具有与 SH2 结构域结合的能力，可使得带有 SH2 结构域的转录因子 STAT 从胞质中被招募到胞膜内侧，然后 STAT 分子中的酪氨酸从激活的 JAK PTK 获得磷酸根而发生磷酸化。磷酸化的 STAT 形成同源二聚体，转位至核内，与靶基因启动子区相应的顺式元件结合，使基因激活(图 6-9)。显然，根据表 6-4，不同的 CkR 启用不同的 JAK，激活不同的 STAT 家族成员，进而活化不同的细胞因子基因，如 STAT5 活化 IL-2R，STAT6 活化 IL-4R。

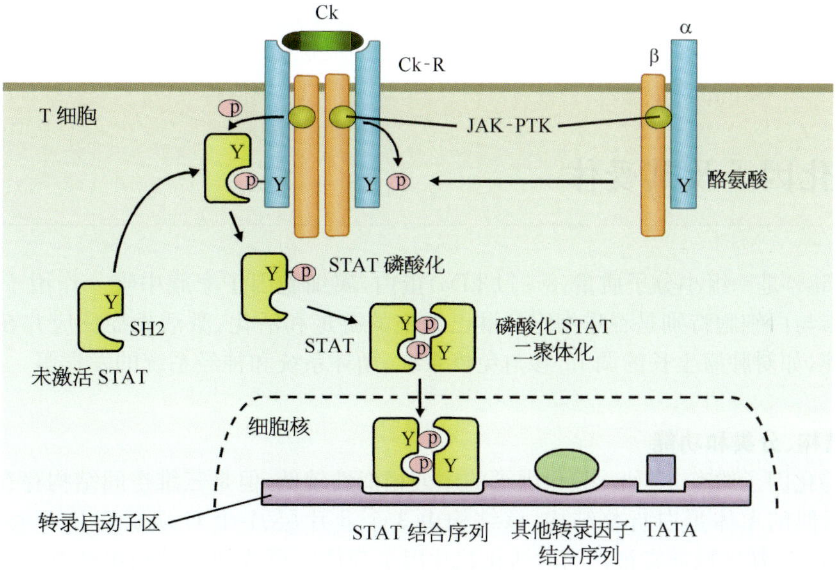

图 6-9 细胞因子受体信号转导的 JAK-STAT 途径

细胞因子受体 β 链(橙色)结合有 JAK 蛋白酪氨酸激酶(JAK-PTK)并负责信号转导。当受体主要是其 α 链与细胞因子接合后，不同 β 链上的 JAK 激酶因聚合发生相互磷酸化而激活，通过释放磷酸根(Ⓟ)使另一条受体链(α 链，蓝色)胞内段上的酪氨酸残基(Y)发生磷酸化成为 p-Y 或 Y-p。结果同时带有酪氨酸残基(Y) 和 SH2 结构域的转录因子 STAT(黄色)被招募到 p-Y 部位，STAT 中的 Y 也从活化的 JAK 获得磷酸根而激活，并形成同源二聚体。后者转位至细胞核，与基因转录启动子区相应的 STAT 结合序列相结合，启动基因转录

（二）细胞因子受体酪氨酸激酶介导的信号途径

一些细胞因子受体如 M-CSFR 和 SCFR 等集落刺激因子受体胞质部分具有显示 PTK 活性的结构域，直接起着受体型 PTK 的作用，可激活多条信号转导途径。这些途径的中下游部分都是共同的，可参见第十一章 T 细胞信号转导内容。其中 PLCγ、Ras 蛋白、PI3K、MAP 等都是重要的信号蛋白或激酶，最终通过转录因子，启动和调控细胞因子基因的表达。

（三）G 蛋白结合受体介导的信号途径

G 蛋白结合受体属于 7 次跨膜受体家族，主要的配体为趋化因子。此类受体与导源三聚体 G 蛋白连接。该三聚体有三个亚单位：α、β 和 γ。α 和 γ 亚单位将 G 蛋白锚着于胞膜上，α 亚单位上有 GDP 和 GTP 结合部位，G 蛋白处于静止状态时，α 与 GDP 结合，激活状态时与 GTP 结合。趋化因子一旦与受体结合（图 6-10 中上），引起受体分子胞内区构象改变，然后 α 亚单位和 β、γ 亚单位二聚体分离，游离的 α 亚单位将 GDP 快速转化为 GTP，α-GTP 复合体与效应分子如酶和膜上离子通道结合，激活效应分子；βγ 二聚体也与其他效应分子结合，发挥效应功能。

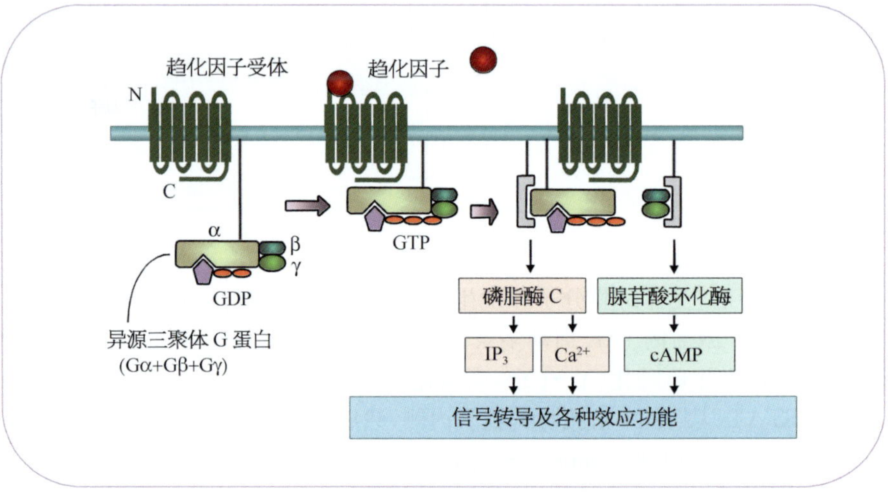

图 6-10 趋化因子受体介导的信号转导

趋化因子受体属 7 次跨膜受体家族（STMR-F），7 个跨膜片段由长短不一的肽链环接，组成氨基端在外羧基端在内的迂回状表面受体。该受体未激活时（左侧），胞内异源三聚体 G 蛋白中的 α 亚单位与 GDP 结合，不显示活性。趋化因子受体与配体趋化因子结合后，GDP 被 GTP 取代（中），G 蛋白分解为由 α 及 βγ 组成的两个亚单位（右侧），它们分别结合胞膜内侧其他蛋白，启动不同的信号转导途径，其中有磷脂酶 C 及 cAMP 的参与

第四节 趋化因子及其受体

趋化因子（chemokine）是一组小分子质量（8～11 kDa）蛋白，属细胞因子家族中唯一作用于 G 蛋白偶联受体超家族的成员。它们直接参与白细胞特别是吞噬细胞和淋巴细胞的游走和活化，激活炎症反应并在其中起核心作用。趋化因子还显示其他功能，如对肿瘤生长的调节，参与免疫系统、循环系统和神经系统的发育等。

一、趋化因子的结构、分类和功能

迄今发现的人的趋化因子约有 50 种。趋化因子的序列相似性较低，但是三维空间结构存在显著的同源性。它们都是单链蛋白，拥有相似的单体蛋白折叠结构，该结构由 3 个 β 片层、1 个 C 端螺旋和 1 个柔性 N 端结构域组成（图 6-11），且其中的柔性 N 端区域通常被认为对活化趋化因子受体不可或缺。结构中拥有 4 个保守的半胱氨酸残基（C）。从 N 端算起，第一、第三个半胱氨酸之间和第二、第四个半胱氨酸之间各形成一个二硫键，这对于形成以上的空间结构至关重要（图 6-11 黄色框）。但也有两个例外：淋巴细胞趋化素（lymphotactin/XCL1）只有两个半胱氨酸（2，4），形成一个二硫键（图 6-11 上方绿色框）；次级淋巴组织趋化因子（SLC/CCL21）则拥有 6 个半胱氨酸，3 个二硫键（图中未画）。趋化因子主要包括两种分类系统。

（一）根据趋化因子结构分类

根据前两个半胱氨酸（第一和第二）在氨基酸序列中的位置，趋化因子分为 4 种类型（图 6-11）。

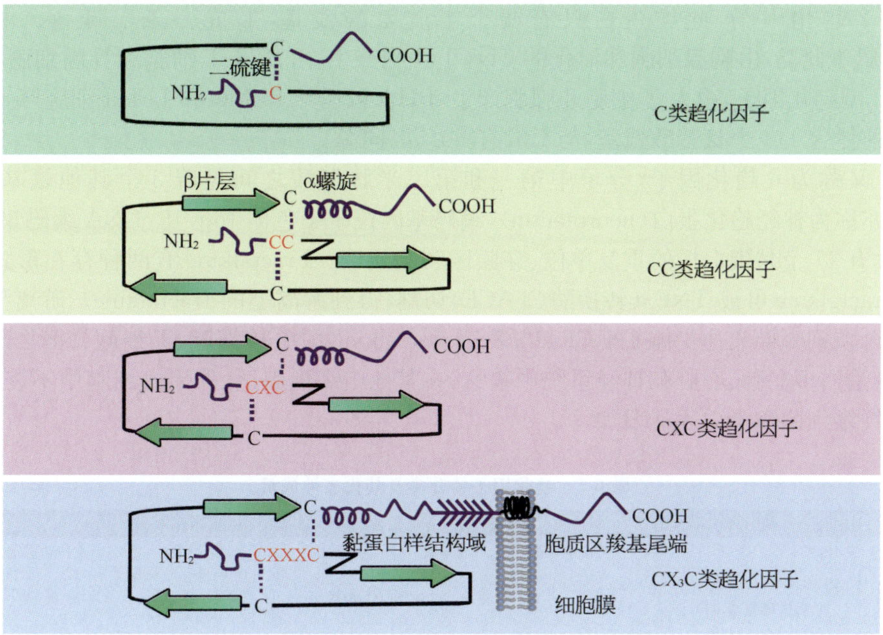

图 6-11 四类趋化因子结构特点

1. CXC 型 又称为 α 趋化因子，特征为第一和第二个半胱氨酸残基之间隔有一个其他氨基酸（以 X 表示）（图 6-11 红色框）。CXC 趋化因子由一黏蛋白茎状结构支持而表达于细胞表面。此类趋化因子的功能主要是促进中性粒细胞的游走和趋化。人的 CXC 趋化因子构成一个亚家族，大多数成员的编码基因位于染色体 4q12～21，一般有 3 个内含子和 4 个外显子。该亚家族根据第一个半胱氨酸残基前有谷氨酸-亮氨酸-精氨酸（ELR^+）和没有这 3 个氨基酸（ELR^-）再分两类，功能上两者分别参与中性粒细胞和淋巴细胞的趋化作用。其中 IL-8 是典型的 CXC 类趋化因子，专门吸引中性粒细胞离开血流而游走到周围组织。IL-8 还能促进血管生成。这一作用估计与 IL-8 的 4～6 位氨基酸残基为 ELR 三联体有关，因为缺乏 ELR 结构的干扰素诱导蛋白（IP-10）和血小板因子 4（PF-4）则具有拮抗血管生成的功能。另外，各种 CXC 成员还可就其来源而加以区分：有的来源于血小板 α 颗粒，如血小板碱性蛋白（PBP）、结缔组织活化肽、β 血栓环蛋白、中性粒细胞活化蛋白 2、血小板因子 4（PF-4）等；有的为非血小板来源，包括上面提到的 IL-8 和 IP-10、干扰素诱导的单核蛋白（MIG）、黑色素生长刺激因子（MGSA/GRO）、上皮细胞来源的中性粒细胞趋化物 78、基质衍生因子 1（SDF-1）和粒细胞趋化因子 2（GCP-2）等（表 5-5）。现发现的 CXC 类趋化因子还包括 B 细胞趋化因子 1（BCA-1、CXCL13）及 CXCL16。BCA-1 可有效地趋化人外周血 B 细胞，对于新鲜分离或 IL-2 刺激后的 T 细胞、单核细胞及中性粒细胞没有作用。CXCL16 的结构很特殊，类似于 CX_3CL1，有穿膜的结构域和胞内部分。CXCL16 在肺、小肠和肾中表达，肝脏中表达较弱。该蛋白介导 T 细胞趋化和黏附，参与风湿性关节炎、肝炎、肺炎及移植耐受等过程。

2. CC 型 又称 β 趋化因子亚家族，结构特征为第一和第二半胱氨酸残基紧密相连。该亚家族的基因大多数位于人染色体 17q11-32 或小鼠第 11 号染色体，含有 2 个内含子和 3 个外显子。CC 趋化因子主要作用于单核细胞和淋巴细胞，这和 CXC 型亚家族成员主要作用于中性粒细胞不同。CC 趋化因子还促进其他类型细胞的游走趋化，如淋巴细胞、DC、NK 细胞、嗜酸粒细胞、嗜碱粒细胞等。该亚家族的代表成员是单核细胞趋化蛋白（MCP-1），功能是使单核细胞离开血流而分化成为分布于组织中的巨噬细胞。其他成员还包括巨噬细胞炎性蛋白（MIP）、T 细胞激活性低分泌因子（RANTES）、6C 蛋白、胸腺活化调节趋化因子（TARC）、胸腺表达趋化因子（TECK）、巨噬细胞来源趋化因子（MDC）、嗜酸粒细胞趋化蛋白、LD78、ACT2 和 I-309 等。

其中有一些趋化因子往往对某些免疫细胞显示较为专一的趋化作用。例如，嗜酸粒细胞趋化蛋白（eotaxin）是过敏性炎症中招募嗜酸粒细胞的一个主要趋化因子。该蛋白在过敏性炎症中发挥重要作用，因为这一趋化因子的表达受过敏因素的调控，还由于嗜酸粒细胞表面大量表达 eotaxin 受体。近年来还发现了对艾滋病毒入侵人体细胞显示抑制作用的趋化蛋白，如上面提到的 MIP-1a、MIP-1b 和 RANTES，它们通过结合特定的 CCR-5 受体发挥作用。另外，还有一些由病毒基因编码的趋化因子，如卡波西肉瘤疱疹病毒（KSHU）基因编码的 3 个趋化因子，其中第二个可拮抗许多趋化因子与受体的结合。这可能是某些病毒逃避宿主免疫细胞攻击的一种机制。

3. C 型　为 γ 趋化因子，此类蛋白只有两个半胱氨酸残基，形成一条二硫键。淋巴细胞趋化因子(lymphotactin，Ltn)属于此类，由胸腺细胞和活化的 CD8 T 细胞产生，可诱导 T 细胞和骨髓细胞趋化，对单核细胞无作用。SCM-1 也是 C 型趋化因子，由人 T 细胞和脾脏产生，PHA 可诱导 PBMC 和 Jarkat 细胞产生 SCM-1。其基因位于人第 1 号染色体，前体含 114 个氨基酸残基，与 Ltn 有 60.5%同源。

4. CX_3C 型　又称为 δ 趋化因子，分子中第一和第二半胱氨酸之间隔着 3 个其他氨基酸。其主要成员为 fractalkine(表 6-5)，亦称为神经趋化蛋白(neurotactin)，编码基因位于染色体 16q，其 cDNA 编码 397 个氨基酸残基，包括信号肽、结构域、含有 17 个黏蛋白样的重复单位、穿膜区和胞质区。Fractalkine 有两种存在形式：膜结合型以及游离型。膜结合型的 fractalkine 可被 TNF-α 转换酶(TACE)切割，得到游离型的 fractalkine。游离型 fractalkine 行使细胞趋化功能，而膜结合型则介导表达受体 CX_3CR1 与表达 fractalkine 的单核细胞、T 细胞、NK 细胞等细胞间的黏附，并传递活化信号。该蛋白多在脾、心脏和神经系统中表达，在其他组织低表达，外周血细胞中不表达。炎症时，小胶质细胞、内皮细胞和成纤维细胞该蛋白表达增加。

表 6-5　趋化因子的分类及其代表性成员

类　型	系统命名	原　名	细胞来源	受　体	趋化对象*	主要作用
CXC	CXCL8	IL-8	Mo, Mφ, Fb, En, Ke	CXCR1,2	N,初始 T	动员激活 N,脱颗粒,血管生成
	CXCL7	PBP, β-TG, NAP-2（血小板碱性蛋白）	Plt	CXCR2	N	激活 N,凝块消融,血管生成
	CXCL1,2,3	GROα, β, γ（黑素瘤生长活性因子）	Mo, Fb, En	CXCR2	N,初始 T, Fb	激活 N,纤维组织形成,血管生成
	CXCL10	IP-10（干扰素诱导蛋白）	Ke, Mo, T, Fb, En	CXCR3	静止 T, NK, Mo	免疫刺激,抗血管生成,提高 Th1 活性
	CXCL12	SDF-1（基质衍生因子）	基质细胞	CXCR4	初始 T,CD34$^+$ 前 B	B 发育,淋巴细胞归巢,抗 HIV-1 感染
	CXC13	BLC-1（B 细胞趋化因子）	基质细胞	CXCR5	B	淋巴细胞归巢
CC	CCL3	MIP-1α（巨噬细胞炎性蛋白）	Mo, T, Ma, Fb	CCR1, 3, 5	Mo, NK, T, DC	抗 HIV1 感染,抗病毒,提高 Th1 活性
	CCL4	MIP-1β	Mo, Mφ, N, En	CCR1, 3, 5	Mo, NK, T, DC	抗 HIV1 感染
	CCL2	MCP-1（单核细胞趋化蛋白）	Mo, Mφ, Fb, Ke	CCR2B	Mo, NK, T, Ba, DC	激活 Mφ,促 Ba 释放组胺,提高 Th2 活性
	CCL5	RANTES（T 细胞激活性低分泌因子）	T, En, Plt	CCR1, 3, 5	Mo, NK, T, Ba, Eo, DC	使 Ba 脱颗粒,激活 T,慢性炎症
	CCL11	Eotaxin（嗜酸细胞趋化因子）	En, Mo, Ep, T	CCR3	Eo, Mo, T	参与变态反应
	CCL18	DC-CK	DC	?	初始 T	激活初始 T
C	XCL1	Lymphotactin（淋巴细胞趋化因子）	T(CD8>CD4)	XCR1	胸腺细胞,DC, NK	淋巴细胞迁移和发育
CX_3C	CX3CL1	Fractalkine	Mo, En,小神经胶质细胞	CX_3CR1	Mo, T	白细胞-内皮细胞黏附,脑部炎症反应

* T、B、Mo、Mφ 代表 T、B、单核、巨噬细胞；N、Eo、Ba 为中性、嗜酸、嗜碱粒细胞；Ke、Fb、En、Ep、DC、Ma、Plt 代表角质形成细胞、成纤维细胞、内皮细胞、上皮细胞、树突状细胞、肥大细胞和血小板。

（二）根据体内趋化因子的表达状况分类

1. 组成性表达的趋化因子　这些趋化因子(图 6-12 左侧以棕色细线方框框出)通过配体—受体配对，通常在白细胞迁移和胚胎发育中起作用。这些趋化因子及其受体发现得较晚，主要是因为他们在体内的表达水平较低，但是它们对于功能性免疫系统的建立又极为重要。例如，其中的基质衍生因子(SDF1)与其受体 CXCR4 一旦单一或共同出现缺陷，都将导致胚胎致死。二级淋巴组织趋化因子(SLC)(CCL21)及其受体 CCR7 的敲除也可引起二级淋巴组织的严重缺陷。而 B 细胞趋化因子 1(BCA-1)及其受体 CXCR5 基因敲除鼠证实，这些趋化因子对脾脏初级小囊组织结构的正确形成至关重要。

2. 诱导性表达的趋化因子　可诱导表达的趋化因子一般发现得较早，因为在相应组织中的表达水平高。例如，巨噬细胞炎性蛋白 1α 和 1β(MIP-1α/CCL3 和 MIP-1β/CCL4)，以及单核细胞趋化蛋白 1(MCP-1/CCL2)，最初即由 LPS 刺激的 Mφ 中分离，干扰素诱导蛋白(IP-10/CXCL10)和 IL-8 则来自活化的单核细胞。诱导性趋化因子皆属 CC 型和 CXC 型，拥有高度保守的半胱氨酸基序(4 个半胱氨酸构成 2 个二硫键)，再加上 T 细胞激活性低分泌因子(RANTES)(CCL5)，这 6 种重要的诱导性趋化因子，通过与相应受体的相互作用参与了大部分的炎症反应。

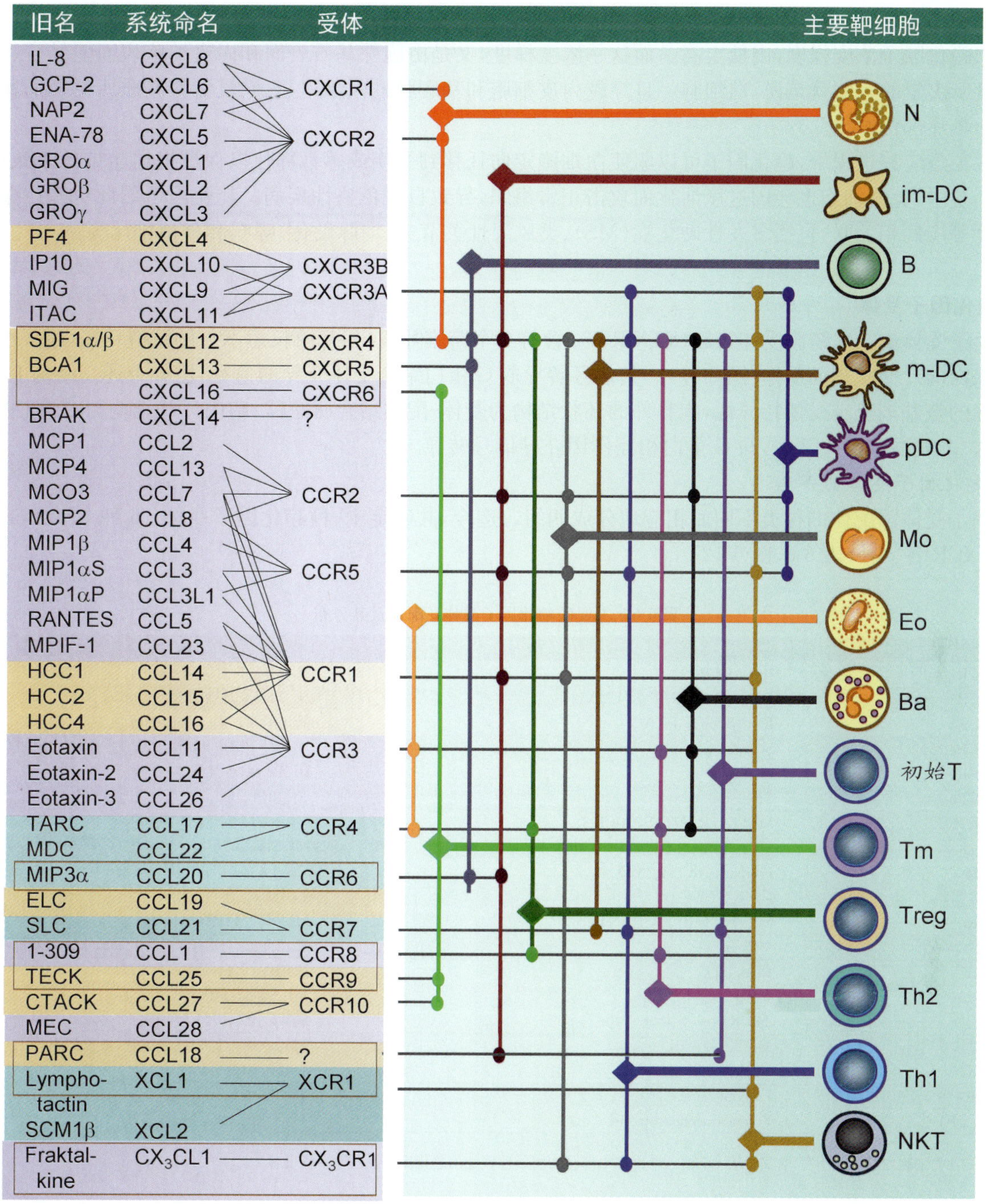

N：中性粒细胞，im-DC：未成熟髓样 DC，m-DC：成熟髓样 DC，pDC：浆细胞样 DC，Mo：单核细胞，
Eo：嗜酸粒细胞，Ba：嗜碱粒细胞，Tm：记忆 T 细胞，Treg：调节 T 细胞

图 6-12　趋化因子及其受体的分类

■ 促炎症类趋化因子；■ 参与内环境稳定的趋化因子；■ 功能混杂性趋化因子。组成性表达的趋化因子大部分与其受体对应，即一种趋化因子专一性结合一种趋化因子受体，图中以棕色方框框出。余多数为诱导性趋化因子，其受体能和多种趋化因子结合。欲了解趋化因子受体与何种靶细胞相连，可循受体右侧黑色横线右行，至彩色小点处转为彩色竖线，至菱形符号出现后，再右转循彩色粗横线至相应免疫细胞

组成性表达的趋化因子绝大部分与其受体一一对应，即一种趋化因子专一性结合一种趋化因子受体；反之亦然，一种趋化因子受体也只结合相对应的一种趋化因子。而诱导性趋化因子的受体则呈现共享性或多员性（redundancy），即一种趋化因子受体可结合多种诱导性趋化因子。这一特点，在图 6-12 中展示得十分清楚。

（三）趋化因子的作用特点

趋化因子对体内各种重要生理功能的实现以及疾病的发生进程不可或缺，如造血作用、淋巴组织发育、炎症反应、白细胞迁移、过敏、伤口修复、新血管生成、癌症发生和肿瘤迁移等。顾名思义，趋化因子的功能主要是趋化各种细胞，使得炎症部位得以招募各种白细胞。其包括两个步骤。首先是把白细胞在血管内皮细胞表面的初始性滚动（rolling）

转换成稳定性结合，并让这些细胞穿越血管内皮细胞层；其次是引导这些细胞向感染部位迁移(migration)，迁移的方向一般是顺趋化因子浓度梯度，由低至高。而这一浓度梯度，又是由胞外基质表面和内皮细胞表面能结合趋化因子的黏蛋白含量所决定的。这就是说，白细胞一旦穿越内皮细胞和基底膜进入组织，它们就沿着基质所结合的递增性趋化因子浓度向炎症部位游走。

在正常免疫应答过程中，趋化因子可以驱使白细胞定向迁移到受伤或感染部位以保护机体防御外来致病物，但是在特定的环境中，免疫细胞也会因过度活化而攻击正常组织，导致自身免疫性疾病。趋化因子因此也和许多自身免疫性和过敏性等疾病相关联，包括多发性硬化症(MS)、类风湿性关节炎、动脉硬化、哮喘和移植排斥等。

二、趋化因子受体

趋化因子受体属 7 次跨膜受体家族(STMR-F)，含有 7 个跨膜片段，相互由长短不一的肽链环接，组成由氨基端在外羧基端在内的迂回状表面受体(图 6-10)。其信号转导取 G 蛋白结合受体介导的途径，已如上述。结构上，趋化因子受体胞外区的氨基端决定受体特异性，胞膜外的环状结构为受体-配体结合所必需；胞内环状结构与 G 蛋白偶联，羧基端含丝氨酸/苏氨酸磷酸化部位，与 G 蛋白相互作用介导信号转导。

(一) 趋化因子受体的分类

趋化因子受体因配体的种类不同而相应地分成四组。迄今，共确定 19 种趋化因子受体：6 种 CXCR，11 种 CCR，CX_3CR 和 XCR 各一种(表 6-6，图 6-12)。

表 6-6 主要的趋化因子受体、配体及其分布

受 体	配 体	组 织 分 布*
CXCR1	IL-8, GCP-2	N, Mo, T
CXCR2	IL-8, GRO, NAP-2, ENA78	N, Mo,黑素瘤细胞,T(NK), Mφ
CXCR3	IP-10, MIG, I-TAC,	活化的 T, N, Eo,血小板
CXCR4	SDF-1	N, M, PBL, HL-60, T, B
CXCR5	BCA-1	B, T, M,神经元
CXCR6	CXCL16	T, NKT, DC
CCR1	MIP-1a, RANTES, MCP-3	M, N, Mφ, T, B, Eo, Ba
CCR2	MCP-1, MCP-2, MCP-3, MCP-4	M, Mφ, T
CCR3	Eotaxin, MCP-4, MEC	Eo, Ea
CCR4	TARC, MDC	T(CD4)
CCR5	MIP-1α, MIP-1β, RANTES	M, Mφ, T(CD4)
CCR6	MIP-3α	脾,淋巴结,阑尾,胎肝,T, M, Mφ, DC
CCR7	ELC, SLC	B(EBV), T(疱疹病毒 6,7)
CCR8	1-309	M, T, N, HL-60
CCR9	TECK	胸腺,小肠,T,上皮细胞
CCR10	MEC, CTACK	睾丸,小肠,T,成纤维细胞,上皮细胞
CCR11	TECK	心,肺,小肠实质细胞
XCR1	Lymphotactin	T, NK
CX_3CR1	Fractalkine/neurotactin	T,活化的 NK, M,神经元

* 所涉及的各类细胞取其英文缩写，含义见表 6-5 注。紫框框出部分为组成性表达的趋化因子及其专一性受体

1. *CXCR 趋化因子受体* CXCR1 主要和 IL-8 结合；CXCR2 可与多种配体结合；CXCR3 表达于激活的 T 细胞；CXCR4 含 352 个氨基酸，编码基因位于人染色体 2q21，主要表达于单核细胞、中性粒细胞、淋巴细胞和激活的 T 细胞，后来发现它是 HIV 感染 T 细胞的一种协同受体。CXCR5 表达于成熟的 B 细胞表面。SCID 鼠由于缺乏成熟的 B 细胞，脾脏内的 CXCR5 的水平大大降低。CXCR6 主要表达于 NKT 细胞和活化的 CD4 T 细胞和 CD8 T 细胞。

2. *CCR 趋化因子受体* *CCR1* 基因位于人染色体 3p21，成熟分子共 355 个氨基酸残基，配体为 MIP-1a 和 RANTES。CCR1 主要表达于单核细胞、中性粒细胞、T 细胞、B 细胞和嗜酸粒细胞，以及肺、肝等组织，类风湿关节炎患者的外周血和关节滑液中也检出 CCR1。CCR2 主要与 MIP-1 和 MIP-3 结合。基因转录时因拼接的不同产生 CCR2A(374 个氨基酸残基)和 CCR2B(360 个氨基酸残基)。CCR2 主要表达于单核细胞和肾、心、骨髓、肺、肝和胰等组织，诱导单核细胞趋化。CCR3 含 355 个氨基酸残基，主要表达于嗜酸粒细胞。RANTES 和 Eotaxin 可结合 CCR3，诱导嗜酸粒细胞趋化。CCR4 含 360 个氨基酸残基，主要表达于嗜酸粒细胞和各种淋巴组织，其配体包括多种趋化因子。表达 CCR4 的 CD4 T 细胞在 LPS 诱导的肝炎中被 TARC 趋化到肝脏中，参与炎症过程。CCR4 还可作为 Th2 型 T 细胞的一种选择性标志。CCR5 是 CC 型趋化因子 RANTES、MIP-1a 和 MIP-1b 的受体，而且也是人类免疫缺陷病毒(HIV-1)感染 CD4 T 细胞的辅助受体。与许多 *CCR* 基因位于人染色体 3p21 不同，*CCR6* 和 *CCR7* 基因分别位于人

染色体 6q 和 17q。CCR6 因 N 端甲硫氨酸进行翻译起始点的不同而分为由 368 或 374 个氨基酸残基组成的两种类型。CCR6 通过其配体 MIP-3α 趋化 DC、T 细胞、Mφ 和单核细胞。CCR7 由 378 氨基酸残基组成，是 ELC 和 SLC 的高亲和力受体。拥有 355 个氨基酸残基的 CCR8 在胸腺和脾脏中表达，外周血中几乎不表达。CCR8 诱导趋化单核细胞和 Th2 淋巴细胞。CCR9 高表达于成熟和未成熟的胸腺细胞，而在脾脏和淋巴结中表达低，显示出它与 T 细胞发育不可分割的联系。人的 CCR10 在睾丸和小肠高表达，鼠的 CCR10 则在小肠、结肠、淋巴结和派氏集合淋巴结高表达，胸腺和脾表达量低。CCR10 不仅参与炎症反应，而且对于皮肤、内皮组织和黏膜系统的生理自体调节意义重大。*CCR11* 基因位于人染色体 3q22，主要表达于心脏、小肠和肺等组织。

3. XCR 趋化因子受体　Lymphotactin 可特异稳定地结合趋化因子受体 XCR1。两者的结合引起的趋化作用可被百日咳毒素所阻断，表明 XCR1 是与 Gα 型 G 蛋白偶联的。XCR1 在胎盘中大量表达，在脾和胸腺中表达较弱。

4. CX_3CR 趋化因子受体　该类趋化因子受体迄今只有 CX_3CR1 一种，它是 Fractalkine（CX_3CL1）的专一性受体。CX_3CR1 基因与 CCR 受体编码基因皆位于人染色体 3p21，产物与 CCR 受体的相似程度最高（30%～42%）。CX_3CR1 还可作为 HIV 的协同受体起作用。

CX_3CR1 主要表达于单核细胞、中性粒细胞、T 细胞和活化的 NK 细胞及中枢神经组织。CX_3CR1 与 Fractalkine 的相互作用参与了神经元细胞和小胶质细胞的胞间联系。研究还发现海马趾神经元表达 CX_3CR1。可溶性 Fractalkine 也可活化受体 CX_3CR1，后者诱导蛋白激酶 Akt 的活化，Akt 活化引起下游 NF-κB 的核转位，启动相应机制，保护海马趾神经元免受 HIV-1 包被蛋白 gp120 诱导的神经毒性的伤害，因而 Fractalkine 又称神经趋化蛋白（neurotactin）。这表明 CX_3CR1 介导了对神经元的营养作用。还有报道称 CX_3CR1 介导肾小球肾炎的炎症过程，抗 CX_3CR1 阻断抗体的使用可以明显降低白细胞的浸润。

（二）趋化因子受体信号传递

趋化因子受体与相应配体结合后引发胞内复杂的信号转导级联反应，可参见前面提到的 G 蛋白结合受体即 7 次跨膜受体信号转导（图 6-10）。该图表明，第一步是受体与趋化因子的结合，引起构象变化导致受体关联的 G 蛋白异三聚体分解为 α 和 βγ 亚基，α 和 βγ 亚基作为第二信使激活随后的一系列效应酶，如磷脂酶 C 和蛋白激酶。磷脂酶 C 可引发磷酸肌醇 C 信号通路和胞内 Ca^{2+} 浓度的增加。这个信号转导级联反应不仅可以调节肌动蛋白依赖的细胞运动和上调黏附蛋白以引起趋化作用的发生，而且可以活化不同效应细胞的其他功能，如细胞呼吸、脱颗粒、噬菌作用和脂类合成的增加。

（三）趋化因子受体、HIV 感染和变态反应

现知人类免疫缺陷病毒（HIV）胞膜上的糖蛋白 gp120 在感染 CD4 T 细胞中起关键作用。gp120 和受体 CD4 分子结合时，必须同时和辅助受体（co-receptor）结合方能进入细胞。此辅助受体中的一种主要类型是此处的趋化因子受体 CCR5，以及上面提到的 CXCR4 及 CX_3CR1。因而有先天性 CCR5 结构缺损的人，对于 HIV-1 感染具有抵抗力。对这些人的淋巴细胞和 Mφ 进行培养，证实这些细胞不受 HIV 感染，且能分泌高水平的 RANTES、MIP-1α 和 MIP-1β。而且，实验证明趋化因子 RANTES、MIP-1α 和 MIP-1β 能竞争性结合 CCR5，起着阻断 HIV-1 感染的作用。现已确认这些对 HIV 有抵抗能力的少数个体是 CCR5 编码基因一种突变等位基因的纯合子，该等位基因在编码区有一个32 bp

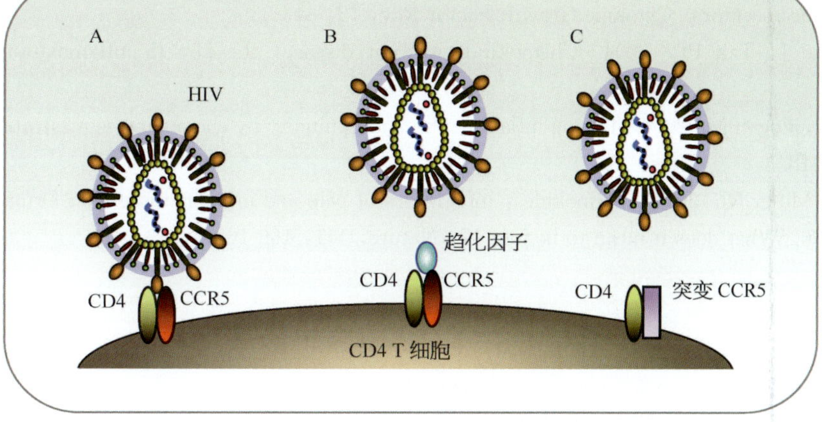

图 6-13　趋化因子受体和 HIV 感染

A. 表达受体 CD4 和 CCR5 的 T 细胞可被 HIV 感染；B. 趋化因子可阻断 HIV 与 CCR5 的结合；C. HIV 不能与突变的 CCR5 结合，不再感染 T 细胞

的缺失，由此表达出一个无功能的CCR5变异体，使得HIV不能有效地利用这一辅助受体，使感染失效。经调查，这一突变的等位基因在白种人中的频率相当高，达到9%，幸运地使一部分突变体纯合者成为艾滋病的抵抗者或部分抵抗者（图6-13）。趋化因子受体参与HIV感染这一事实说明两个问题。一是细胞因子（包括趋化因子）受体能否正常地表达，不是一件可有可无的事，有时甚至可决定一个个体是否会感染致命性的疾病；二是否能有效地和受体结合，是趋化因子发挥作用的关键。

还有一个例子是关于过敏性疾病。近来有资料表明，Th1/Tc1和Th2/Tc2亚群分别表达CXCR3和CCR3/4，因而可吸引不同的趋化因子，前者包括干扰素诱导蛋白（IP-10）、干扰素诱导性T细胞趋化蛋白（ITAC），干扰素诱生单核因子（MIG）；而后者包括嗜酸粒细胞趋化蛋白Eotaxin等。由于细胞因子IL-4促进Th2分化，能促进IgE类别转换，而且IL-4（及IL-13）还可诱导多种细胞包括单核细胞和DC产生趋化因子。结果是，这些趋化因子受体可专一性地吸引表达CCR3和CCR4的Th2/Tc2细胞，以及表达CCR3和IgE受体的嗜碱粒细胞与肥大细胞。这样，细胞因子、趋化蛋白受体、抗体（IgE）和T细胞亚群（Th2）几种参与免疫应答的不同要素，就结合在一起，既涉及固有免疫，又涉及适应性免疫。各要素相互协调互相促进，参与和调节机体的免疫应答，以及启动相应的病理性反应。

本章提要

细胞因子是一类可溶性多肽，由多种细胞产生并能作用于多种不同免疫细胞和造血细胞。细胞因子的作用有多向性和多员性，之间可相互协同或拮抗。细胞因子往往通过细胞因子网络和细胞网络发挥作用。

细胞因子主要包括四个部分：造血因子家族、干扰素家族、趋化因子家族和肿瘤坏死因子家族。功能上分别参与固有免疫（涉及抗病毒因子、炎性因子和调节因子）、适应性免疫和造血细胞的生长分化。趋化因子作为一种小分子质量的细胞因子，在炎症反应中发挥重要作用。

细胞因子选择性地和相应的受体结合，通过共同性转导链传递激活信号。细胞因子受体因结构功能不同而分为免疫球蛋白受体家族、细胞因子受体家族、干扰素受体家族、肿瘤坏死因子受体家族和7次跨膜受体家族等，并启用下列信号转导途径：细胞因子受体的信号途径、酪氨酸蛋白激酶启动的受体信号途径和G蛋白结合的受体信号途径。

趋化因子受体参与HIV对CD4 T细胞的感染。细胞因子治疗可用于抗肿瘤，以及增强免疫缺陷病和病毒感染等患者的免疫功能，并可下调自身免疫反应、移植物排斥反应和过敏反应。

（魏海明　田志刚）

参考文献

金伯泉. 2001. 细胞与分子免疫学. 北京：科学出版社，131-232.

Abbas Ak, LichtmanAH, Pillai S. 2015. Cellular and Molecular Immunology. 8th ed. Philadelphia, Elsevier Saunders.

Banchereu J, Pascual V, O'Garra A. 2012. From IL-2 to IL-37: the expending spectrum of anti-inflammatory cytokines. Nat Immunol, 13: 925-931.

Ge D, Fellay J, Thompson AJ, et al. 2009. Genetic variation in IL28B predicts hepatitis C treatment-induced viral clearance. Nature, 461: 399-401.

Homey B, Muller A, Zlotnik A. 2002. Chemokines: agents for the immunotherapy of cancer? Nat Immunol, 2: 175-184.

Horuk R. 2001. Chemokine receptors. Cytokine Growth Factor Rev, 12: 313-335.

Haringman JJ, Ludikhuize J, Tak PP. 2004. Chemokines in joint disease: the key to inflammation? Ann Rheum Dis, 63: 1186-1194.

Mantovani A, Bonecchi R, Locati M. 2006. Tuning inflammation and immunity by chemokine sequestration: decoys and more. Nat Rev Immunol, 6: 907-918.

White FA, Bhangoo SK, Miller RJ. 2005. Chemokines: integrators of pain and inflammation. Nat Drugdisc, 4: 835-844.

Tato CM, O'Shea JJ. 2006. What does it mean to be just 17? Nature, 441: 166-168.

第七章 白细胞分化抗原和黏附分子

免疫细胞间的相互作用由细胞间的直接接触以及释放细胞因子或其他介质所介导。其相互识别的物质基础是细胞膜分子，包括多种表面抗原、受体等，主要有 T 细胞和 B 细胞抗原受体、MHC 分子、分化抗原、黏附分子、细胞因子受体、免疫球蛋白 Fc 受体、补体受体及其他受体和分子。

白细胞分化抗原是白细胞分化成熟为不同谱系(lineage)后，以及处于不同分化阶段和活化过程中，出现或消失的细胞表面标记。白细胞分化抗原除表达在白细胞外，还表达在不同分化阶段的红系和巨核细胞/血小板谱系，并广泛分布于非造血细胞如血管内皮细胞、成纤维细胞、上皮细胞、神经内分泌细胞等。应用聚类分析，可将来自不同实验室识别同一种分化抗原的单克隆抗体归为一个分化群。分化群简称 CD(cluster of differentiation)，人的 CD 已从 CD1 命名至 CD371，大致划分为 T 细胞、B 细胞、髓样细胞、NK 细胞、血小板、黏附分子、内皮细胞、细胞因子受体、非谱系、碳水化合物、DC、干细胞/祖细胞、基质细胞和红细胞等 14 个组。随着人类功能基因组计划研究的深入以及免疫学同其他学科的交叉，人类白细胞分化抗原(HLDA)的概念逐渐被人类细胞分化分子(HCDM)所替代。

细胞黏附分子(CAM)是指由细胞产生、介导细胞与细胞间或细胞与基质间相互接触和结合的分子。黏附分子大多为糖蛋白，分布于细胞表面。黏附分子以配体-受体相结合的形式发挥作用，导致细胞与细胞间、细胞与基质间或细胞-基质-细胞之间的黏附，参与细胞的信号转导与活化、细胞的伸展和移动、细胞的生长及分化。因而黏附分子在炎症、血栓形成、肿瘤转移、创伤愈合等重要生理和病理过程中发挥重要作用。目前克隆成功的黏附分子基因有几百种，形成一个庞大的黏附分子大家族。黏附分子已被单独列为一组 CD 抗原，其中相当多成员已有 CD 的编号。为了便于叙述，本章仍分别介绍白细胞分化抗原、细胞黏附分子的概念，及某些重要分子的结构和功能。

第一节 白细胞分化抗原和黏附分子的结构

一、整合性膜蛋白的分型

白细胞分化抗原和黏附分子属于整合性膜蛋白(integral membrane protein)。整合性膜蛋白作为内在蛋白(intrinsic protein)可部分或完全穿过细胞膜的磷脂双层，通常只有经去污剂处理才能使其脱离细胞膜。大部分整合性膜蛋白为跨膜蛋白(transmembrane protein)，包括胞外区、跨膜区和胞质区。根据 Singer 分类法，整合性膜蛋白有以下六种类型。

Ⅰ型：1 次跨膜，多肽链的 N 端在胞膜外，C 端在胞内，如免疫球蛋白超家族(IgSF)成员。

Ⅱ型：1 次跨膜，多肽链的 C 端在胞膜外，N 端在胞内，如肿瘤坏死因子超家族成员的分子。

Ⅲ型：一条多肽链多次跨膜，跨膜次数有 2、3、4、5、6 或 7 次等，其中 4 次跨膜超家族(TM4-SF)和 7 次跨膜受体超家族(STM-SF)分子较为常见，如趋化因子受体均属 STM-SF，又称 G 蛋白偶联受体(G protein-coupled receptor，GPCR)。

Ⅳ型：由多个跨膜亚单位组成。

Ⅴ型：多肽链以糖基磷脂酰肌醇(GPI)连接于细胞膜的脂质双层中，如 GPI 连接的 CD16、CD55 和 CD58 等。

Ⅵ型：一条多肽链的一端以 GPI 形式连接于胞质膜，另一端是 1 次或多次跨膜，如膜桥蛋白(ponticulin)。

二、白细胞分化抗原和黏附分子的基本结构

(一) 胞外区结构

白细胞分化抗原和黏附分子胞外区由不同的结构域组成，结构域相同的一类分子构成家族(family)或超家族(superfamily，SF)。

1. *免疫球蛋白结构域和免疫球蛋白超家族* 在白细胞分化抗原中，具有免疫球蛋白超家族(IgSF)结构域的分子约占 1/3。IgSF 结构域由 90～110 个氨基酸残基组成，可分为 V 样、C1 和 C2 样结构域。

2. *Ⅲ型纤连蛋白(fibronectin type Ⅲ，Fn3)结构域* 约由 100 个氨基酸残基组成，β 片层的折叠与 IgSF 和细胞

因子受体结构域相似，但在序列上并无明显同源性。Fn3 通常有一个 WSxWS 基序。

3. 细胞因子受体结构域　由 100 个左右的氨基酸残基组成，常与 Fn3 结构域相连，其 β 折叠同 Fn3 和 IgSF C2 结构域的折叠相似。

4. 整合素家族　整合素(integrin)家族成员是由 α、β 两条链组成的异源二聚体，某些 α 链中有一个插入序列，或称 I 结构域。

5. C 型凝集素结构域　常以二聚体形式(如 CD69、CD72、CD94/NKG2、CD161)或三聚体形式(CD23)存在；在选择素(selectin)分子中，C 型凝集素结构域与 EGF 和 CCP 结构域相连。

6. 补体调节蛋白(complement control protein, CCP)结构域　又称短共有重复序列(short consensus repeat, SCR)，约由 60 个氨基酸残基组成。CCP 结构域数目在不同分子中相差悬殊，如在 L-selectin 分子胞外区中只有 2 个，在 CD35(CR1)中有 30 个。

7. 表皮生长因子(EGF)结构域　约由 40 个氨基酸残基组成，EGF 结构域常与其他结构域相连，如在 selectin 分子中，EGF 结构域是在 C 型凝集素结构域和 CCP 结构域之间。

8. 肿瘤坏死因子超家族(TNFSF)　为Ⅱ型膜分子，TNFSF 结构域约由 40 氨基酸残基组成。胞外区经蛋白酶水解脱落可形成可溶型、具有生物活性的分子，如 TNF、LT 和 FasL。这个超家族大多数成员的分子可形成三聚体，并可同三聚体的相应膜受体结合。

9. 肿瘤坏死因子受体超家族　肿瘤坏死因子受体超家族(TNFRSF)结构域由 40 个左右氨基酸残基组成，富含半胱氨酸。TNFRSF 大多成员胞外区含有 3 或 4 个 TNFRSF 结构域。

10. 富含半胱氨酸或清道夫受体超家族　富含半胱氨酸清道夫受体(SR)结构域，约由 110 个氨基酸残基组成，如 CD36 等。

11. 富含亮氨酸重复序列(LRR)　由 24～29 个氨基酸残基组成，含 LRR 膜分子多见于血小板。此外，Toll 样受体(TLR)胞外区由数量不等的 LRR 结构域组成。

12. 聚糖　已命名的 CD 分子中，至少有 19 种不同的聚糖，在细胞间黏附中发挥重要作用。

（二）跨膜区结构

白细胞分化抗原和黏附分子中以Ⅰ型整合性膜分子居多，Ⅱ型也较为常见，Ⅲ型分子中跨膜次数有 2、3、4、5 和 7 次等。

1. 2 次跨膜分子　CD36 分子的 N 端和 C 端都位于胞质区，均较短，胞外区形成一个环，且高度糖基化。

2. 3 次跨膜分子　成熟的 CD39 分子有 3 个疏水区域，推测是 3 个跨膜区，但其确切的结构尚不清楚。

3. 4 次跨膜分子　组成 4 次跨膜超家族(TM4-SF)，又称 tetraspanins 超家族，TM4 分子的 N 端和 C 端都位于胞质区，胞膜外形成两个环，其中第 2 个环在 TM4-SF 不同分子中长短不一，并有糖基化部位。不同种属间 TM4 分子有较高同源性。TM4 分子(如 CD81)常与其他膜分子形成复合物(详后)，介导多种生物学功能。CD20、FcεRⅠβ 和 HTm4 亦为 TM4 分子，但与 TM4-SF 其他成员在序列上无同源性，它们单独组成了 FcεRⅠβ/CD20 超家族。

4. 5 次跨膜分子　CD47 为 5 次跨膜分子，又称整合素相关蛋白，胞外区 N 端有一个 IgSF V 样结构域。

5. 7 次跨膜分子　7 次跨膜分子组成 7 次跨膜超家族(seven-transmembrane superfamily, STM-SF)，又称 G 蛋白偶联受体(G protein-coupled receptor)超家族。STM-SF 分子的跨膜区序列有很高的保守性，但 N 端、C 端和胞内第三环差别较大。趋化因子受体、C5aR 及 CD97 分子等均属 STM-SF。

6. GPI 连接膜分子　糖基磷脂酰肌醇(GPI)骨架上的乙醇胺通过酰胺键可连接多肽的羧基端，使蛋白分子锚定于细胞膜中。此连接可被磷脂酰肌醇磷脂酶 C(PI-PLC)所切断，使蛋白分子从细胞表面释放出来。一般认为，GPI 连接膜分子要比一般跨膜分子有更大的活动度，可能有利于同配体更快结合，并增强黏附强度。有的 GPI 连接分子是 mRNA 不同剪接后的翻译产物，可同时有跨膜形式的分子，如 CD16、CD58 等。GPI 连接分子的胞外区结构大多为 IgSF。

（三）胞质区结构

多数白细胞分化抗原和黏附分子胞质区参与信号转导，或同某些胞质蛋白和细胞骨架蛋白相连，因此胞质区存在着与此功能相适应的结构域或基序。

1. 蛋白酪氨酸激酶结构域　蛋白酪氨酸激酶(PTK)有非受体型和受体型两类，受体型酪氨酸激酶是某些跨膜分子胞质区固有的结构，当配体与受体结合后，受体发生二聚化或寡聚化，胞质区 PTK 随即活化。含有受体型 PTK 结构域的膜分子多为生长因子受体，如 PDGF 受体、M-CSF 受体和 SCF 受体等。

2. 蛋白酪氨酸磷酸酶(PTP)结构域　约由 250 氨基酸残基组成，CD45 是最早发现有 PTP 的膜分子，胞质区有

2 个 PTP 结构域。

3. 死亡结构域(DD)　约由 80 氨基酸残基组成，介导凋亡信号的传递，存在于 TNFRSF 中某些成员，如 TNFRI、Fas、DR4 和 DR5 等。此外，某些参与信号转导的衔接蛋白(adaptor)也含有 DD，通过 DD 同嗜性结合募集下游信号分子。

4. ITAM/ITIM　它们各自具有特定的氨基酸序列，是免疫受体(immunorecepotor)传递活化性信号或抑制性信号的分子基础(见第十四章)。

第二节　白细胞分化抗原及其功能

一、主要的 CD 分子

CD 分子编号已从 CD1～CD371，分为 14 组，参与功能也十分广泛。本节仅介绍最为常见的与 T 细胞和 B 细胞识别、黏附、活化有关的 CD 分子，以及有 CD 编号的免疫球蛋白 Fc 段受体。

(一) 与 T 细胞识别、黏附、活化有关的 CD 分子

1. CD3　CD3 分子由 γ、δ、ε 和 ζ 等 4 种链或 γ、δ、ε、ζ 和 η 等 5 种链组成，80%～90% αβ T 细胞是以 TCR αβ/CD3γε δε ζζ 形式存在，还有 10%～20%T 细胞则以 TCR αβ/CD3γε δε ζη 形式表达。① CD3γ、δ 和 ε 链均属 IgSF 成员，胞外区有 1 个高度同源的 C2 样结构域。CD3 γ、δ 和 ε 链跨膜区通过带负电的谷氨酸或天冬氨酸与 TCRαβ 或 TCRγδ 链跨膜区带正电赖氨酸或精氨酸形成盐桥，使之稳定形成 TCR/CD3 复合物，胞质区各有 1 个 ITAM(图 7-1)。② CD3 ζ 和 η 链结构相似，与 CD3 γ、δ 和 ε 链无同源性，胞外区通过二硫键组成 ζζ 同源二聚体或 ζη 异源二聚体，跨膜区都有一个带负电的天冬氨酸。ζ 链和 η 链胞质区分别有 3 个和 2 个 ITAM。CD3 分子分布于 T 细胞和胸腺细胞。CD3 ζ 链可表达于部分 NK 细胞。CD3 与 TCR αβ 或 γδ 组成 TCR/CD3 复合体，CD3 ζ 链胞质区磷酸化的 ITAM 可通过和 SH2 结构域结合，招募 ZAP-70 等信号分子，传递 TCR/CD3 途径的信号(见第十一章)。

2. CD4　为单链跨膜糖蛋白，胞外区共有 4 个 IgSF 结构域，其中 D1、D3 为 V 样区，D2、D4 为 C2 样区(图 7-1)。胞质区 3 个丝氨酸残基(Ser408、Ser415 和 Ser431)可能是蛋白激酶 PKC 的底物。CD4 分子胞质区 CXCP 基序是与 PTK $p56^{Lck}$结合的部位。在外周血和外周淋巴器官中，CD4 T 细胞为辅助性 T 细胞，包括 Th1、Th2、Th17 和 Tfh 亚群，以及调节性 T 细胞(Treg)。在胸腺中，CD4 阳性细胞包括 CD4 单阳性细胞(Th)以及 CD4CD8 双阳性的不成熟 T 细胞。此外，CD4 还表达于某些 B 细胞、EBV 转化的 B 细胞、脑细胞等。在人和大鼠 CD4 还表达于单核细胞。CD4 分子是 MHCⅡ类限制性 T 细胞识别抗原的辅助受体(co-receptor)，通过胞膜外第一、第二个结构域与 MHCⅡ类分子的非多态区结合，通过胞质区 CXCP 基序与 $p56^{Lck}$相结合，参与 CD4 T 细胞的活化信号转导。CD4 分子是人类免疫缺陷病毒(HIV)的受体，CD4 胞外区第一个 V 样结构域与 HIV gp120 相结合。CD4 辅助性 T 细胞数量锐减和功能受损，是艾滋病发生免疫缺陷的主要机制。CD4 是 T 细胞上 IL-16 受体，IL-16 可趋化 T 细胞，尤其是 Th1 细胞。

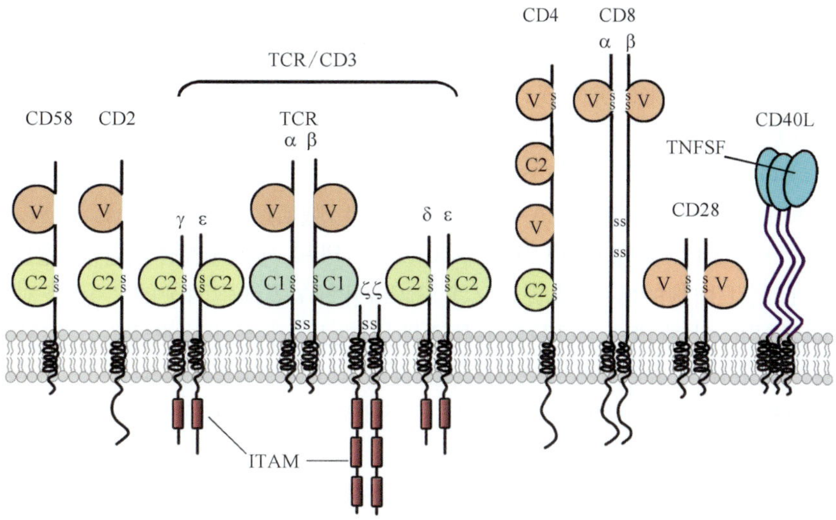

图 7-1　与 T 细胞识别、黏附和活化有关 CD 分子的结构

3. CD8　CD8 分子是由 α、β 链借二硫键连接的异源二聚体。α 链和 β 链胞外区结构均属 IgSF，各有 1 个 V 样区。V 样区与胞膜间是富含脯氨基、丝氨酸和苏氨酸的铰链区或称连接肽（图 7-1）。有的 CD8 分子由 α/α 组成同源二聚体。CD8 分子分布于部分 T 细胞和胸腺细胞。CD8 T 细胞是细胞毒性 T 细胞（CTL）。在胸腺中 CD8 单阳性细胞为成熟 T 细胞亚群，CD4CD8 双阳性细胞是不成熟的 T 细胞。CD8 α/α 形式的分子可表达于 αβ T 和 γδ T 及部分 NK 细胞。通过 mRNA 的不同剪接，血清中存在着可溶型 CD8α 或 β 链（sCD8）。CD8 分子是 MHC Ⅰ类限制性 T 细胞识别抗原的辅助受体，CD8 通过 α 链 V 样区与 MHC Ⅰ类分子重链非多态的 α3 结合，不仅可稳定 CTL 对靶细胞的识别或与 APC 的结合，而且在 CD8 阳性细胞的胸腺选择中也起着重要作用。α 链胞质区 CXCP 与 PTK $p56^{Lck}$ 相连，参与 CD8 T 细胞活化信号传递。

4. CD2　CD2 分子又称淋巴细胞功能相关抗原 2(LFA-2)。CD2 家族还包括 CD48、CD58、2B4、Ly-9 及 CD150 等分子。CD2 分子胞膜外 N 端有 1 个 IgSF V 样区，近膜区有 1 个 C2 样区（图 7-1），胞质区富含碱性氨基酸和脯氨酸。CD2 分子表达于胸腺细胞、T 细胞和 NK 细胞。人 CD2 分子通过其 V 样结构域和配体 CD58（LFA-3）结合。CD2 同配体的相互识别具有进化上的保守性和交叉反应性，如人 CD2 可与羊红细胞 CD58 结合，形成羊红细胞（E）花环。CD2 分子胞质区两个富含脯氨酸的区域是与 Lck 激酶分子 SH3 结构域结合的部位。CD2 与配体结合以及 CD2 分子所介导的信号转导，不仅增强 T 细胞与 APC 或靶细胞之间的黏附，并促进 T 细胞对抗原的识别和激活。CD2 阳性胸腺细胞可与 LFA-3 阳性的胸腺上皮细胞结合，可能为早期胸腺细胞的活化和分化提供信号。

5. CD58　CD58 分子又称淋巴细胞功能相关抗原 3（LFA-3），既是 CD2 的配体又属 CD2 家族成员，其胞外区有 IgSF 的 V 样区和 C2 样区（图 7-1）。CD58 分子有跨膜和 GPI 连接两种形式。其分布较为广泛，包括 T 细胞、B 细胞、单核细胞、DC、中性粒细胞、血小板和红细胞。在非造血细胞中如上皮细胞、内皮细胞、成纤维细胞也表达 CD58。表达 CD58 的 APC 或靶细胞可与表达 CD2 分子 T 细胞相互黏附，有利于 TCR 识别抗原并参与 T 细胞信号的传导。

6. CD40L　即 CD154 分子，属于 TNF 超家族成员，为Ⅱ型膜蛋白。人 CD40L 主要表达在活化的 CD4 T 细胞以及部分 CD8 T 细胞和 γδ T 细胞。此外，CD40L 还表达于活化的嗜碱粒细胞、肥大细胞、NK 细胞、某些单核细胞以及活化 B 细胞。静止淋巴细胞不表达 CD40L。CD40L 往往以三聚体形式结合三聚体的 CD40 分子（TNFR 超家族成员）发挥生物学作用（图 7-1），即传递 B 细胞活化的第二信号（见第十二章）。缺少第二信号，B 细胞不能充分活化，不发生 Ig 类别转化，因而 CD40L 基因突变可引起高 IgM 综合征。

7. CD28　属 CD28 家族成员。CD28 分子由两条多肽链通过二硫键组成同源二聚体，胞外区有 1 个 IgSF 的 V 样区（图 7-1）。在外周血淋巴细胞中，$CD28^+$ 细胞占 54%～86%，包括几乎所有的 $CD4^+$ T 细胞和约 50% 的 $CD8^+$ T 细胞。此外，浆细胞和部分活化 B 细胞也可表达 CD28。CD28 分子的配体是 B7-1（CD80）和 B7-2（CD86）。CD28 分子 V 样区中高度保守的 MYPPPY 基序是与 B7 分子结合的部位。CD28 分子的胞质区带有 ITAM，参与传递 T 细胞活化的第二信号（见第十一章）。

8. CTLA-4　属 CD28 家族成员。CTLA-4 又称 CD152，为同源二聚体，胞外区也有 1 个 IgSF 的 V 样区（图 7-1）。CTLA-4 分子结构保守，人和小鼠的胞质区完全相同。CTLA-4 与 CD28 分子有 31% 同源性。静止 T 细胞不表达 CTLA-4，T 细胞活化后 CTLA-4 呈诱导性表达。V 样区高度保守的 MYPPPY 基序也能与 B7-1/B7-2 结合。已采用 CTLA-4/Ig 融合蛋白来封闭 CD28 与 B7-1 和 B7-2 结合所提供的共刺激信号，阻止 T 细胞活化，临床上已应用于治疗类风湿关节炎（RA）。CTLA-4 正成为某些肿瘤的治疗靶点。

9. CD28 家族其他成员　近年来研究发现，T 细胞除表达 CD28 和 CTLA-4 外，还有多种 CD28 家族新的成员。① 诱导性共刺激分子（ICOS），即 CD278，在氨基酸水平上与 CD28 分子有 39% 同源性，主要表达于 Tfh 和活化 Th2 细胞。ICOS 的配体 ICOS-L 即 B7-H2（CD275）。ICOS 主要调节 Th2 和 Tfh 细胞的功能，促进 B 细胞分化、记忆 B 细胞形成及浆细胞抗体的产生。② PD-1（CD279），与 CTLA-4 有 24% 同源性，胞质区有 1 个 ITIM。PD-1 在 T 细胞呈活化后诱导性表达，其配体为 B7-H1/PD-L1（CD274）和 B7-DC/PD-L2（CD273），PD-1 与相应配体结合后，胞质区 ITIM 中酪氨酸发生磷酸化，募集 SHP-2，从而抑制 T 细胞的增殖，抑制 IL-2、IL-10 和 IFN-γ 等细胞因子的产生，并对 B 细胞的增殖、分化、Ig 分泌及 Ig 类别转换有抑制作用。针对 PD-1 和 PD-L 中和活性抗体已用于某些肿瘤的治疗。③ BTLA（CD272），结构上与 CTLA-4 和 PD-1 相似，胞质区有 2 个 ITIM，主要表达于活化的 Th1 细胞，其配体为 TNF 受体超家族的 HVEM，BLTA 结合 HVEM 后，ITIM 中的酪氨酸发生磷酸化，募集 SHP-1 和 SHP-2，抑制 T 细胞的活化。

（二）与 B 细胞识别、黏附、活化有关的 CD 分子

1. Igα/Igβ　又称 CD79a/CD79b，胞外区结构属 IgSF，分别有 1 个 C2 样区和 V 样结构域，跨膜区皆有 1 个谷氨酸。2 个 CD79a/CD79b 异二聚体与 1 个膜表面免疫球蛋白（mIg）即 BCR 构成 B 细胞抗原识别结构（图 7-2）。CD79a 和 CD79b 跨膜区带负电的谷氨酸或谷氨酰胺与 mIgM 重链跨膜区带正电的氨基酸可形成盐桥，稳定 BCR 复合物。

CD79a 和 CD79b 分子的胞质区均有一个 ITAM，介导由 BCR 途径的信号转导(见第十章)。CD79a/CD79b 表达于除浆细胞外的 B 细胞发育的各个阶段，是 B 细胞特征性标记。

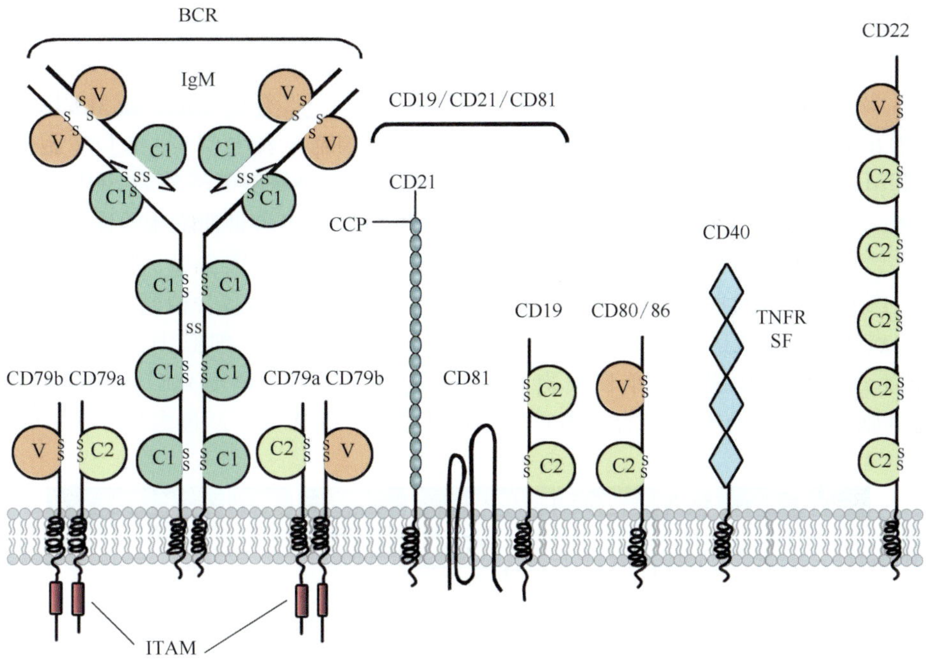

图 7-2 与 B 细胞识别、黏附和活化有关的 CD 分子的结构

2. CD19　　CD19 分子胞外区结构属 IgSF，包括 2 个 C2 样区(图 7-2)，胞质区较长，不同种属间有很高的同源性，含有可发生磷酸化的丝/苏氨酸和酪氨酸残基。CD19 分子分布于除浆细胞外的 B 细胞谱系发育的各个阶段，也是 B 细胞的重要标记。此外 CD19 还表达于生发中心滤泡树突状细胞(FDC)，以及某些急性髓系白血病细胞。CD19 是 CD19/CD21/CD81 信号复合物(signaling complex)中一个重要成分，参与 B 细胞的激活。CD19 正成为 CAR～T 治疗某些肿瘤的重要靶点。

3. CD21　　又称补体受体 2(CR2)。胞外区有 16 个 CCP 结构域和 15 个 CCP 结构域两种形式。胞外区每个 CCP 含 4 个半胱氨酸(Cys)，其中 Cys1-Cys4 和 Cys2-Cys3 间形成两个二硫键，构成 SCR 球状结构(图 7-2)。胞质区具有多个 PKC 和 PTK 磷酸化部位。CD21 分子表达于成熟 B 细胞、滤泡树突状细胞(FDC)，以及咽部和宫颈的上皮细胞，是 B 细胞重要的标记。

CD21 是补体片段 C3d 的受体，结合部位在胞外区第 1、2 个 CCP 结构域。CD21 与抗原-补体复合物上的 C3d 结合，而复合物上的抗原分子则与 BCR 结合，这种交联作用使得 BCR、信号复合体 CD19/CD21/CD81 以及受体相关的 PTK 分子发生聚合，引起 PTK 活化。激活的 PTK 再使 CD19 分子胞质区上的酪氨酸磷酸化，后者进一步结合包括 Src 和 PI3K 等多种激酶，启动 B 细胞活化信号转导中鸟苷酸置换因子(GEF)参与的 MAP 激酶途径(见第十二章)。CD21 还与 CD23 结合，包括膜型的 CD23(FcεRⅡ)和可溶型 CD23(sCD23)，前者对于 IgE 产生具有调节作用，而 sCD23 具有 B 细胞生长因子(BCGF)样作用，可刺激 B 细胞增殖。另外，当病原微生物或蛋白质抗原上覆盖有 C3dg 时，可与淋巴滤泡内 FDC 细胞表面 CD21 结合，可浓缩抗原并持续提供抗原刺激，在诱导免疫记忆中发挥重要作用。

CD21 也是 EB 病毒受体，因此 B 细胞是 EB 病毒易感的靶细胞。EB 病毒与 CD21 结合后通过信号转导及表达病毒编码的反式激活蛋白 EBNA2，激活 CD21 和 CD23 基因，导致 B 细胞持续表达 CD21 和 CD23。CD23 从膜上脱落后形成 sCD23 作为自分泌的 BCGF 与 CD21 结合，使与 CD21 相连的 CD19 分子胞质区酪氨酸发生磷酸化，导致 B 细胞的转化和增殖。这可能是 EB 病毒引起传染性单个核细胞增多症(infectious mononucleosis)的机制。

4. CD81　　CD81 分子又称增殖抗体靶抗原 1(TAPA-1)，属于 4 次跨膜超家族，胞质区 N 端和 C 端均较短(图 7-2)。其分布十分广泛，包括造血细胞中的 B 细胞、T 细胞、Mφ、DC、NK 细胞和嗜酸粒细胞。但中性粒细胞、血小板和红细胞不表达 CD81。CD81 是上述 B 细胞信号复合物的组成成分，但 CD81 胞外区的相应生理性配体还不清楚。CD81 是丙型肝炎病毒(HCV)的受体之一。

5. CD40　　CD40 分子属于 TNFRSF，胞外区有 4 个富含半胱氨酸重复序列(图 7-2)，表达于 APC 细胞，以及某些上皮细胞、内皮细胞、成纤维细胞、淋巴样并指细胞、FDC及活化的单核细胞。浆细胞不表达CD40分子。CD40结合CD40L(CD154),胞质区Thr234是CD40介导信号转导关键的氨基酸残基。CD40-CD40L相互作用是B细胞活化中第二信号的主要来源(见第九章),此外,CD40对于T细胞应答和APC功能的发挥也十分重要。

6. CD22　CD22分子又称BL-CAM和Siglec-2,属于IgSF中唾液酸黏附素家族(sialoadhesin family),该家族各成员均可结合唾液酸。CD22可结合N-连接糖基上的唾液酸糖结合物(sialoglycoconjugate),如CD45RO、CD75等。CD22有CD22α和CD22β两种异型。胞外区由N端1个V样区和6个C2样区组成。膜型CD22表达于大部分成熟的mIgM$^+$、mIgD$^+$静止B细胞,B细胞活化可上调CD22表达,但浆细胞不表达CD22。CD22胞质区有6个酪氨酸残基,其中3个组成ITIM(IxYxxL基序),可结合带有SH2结构域的蛋白酪氨酸磷酸酶如SHP-1,因而CD22是B细胞活化中的抑制性受体。人源化CD22抗体治疗非霍奇金淋巴瘤和SLE已进入Ⅲ期临床验证。

7. B7-1和B7-2　B7-1和B7-2分别称CD80和CD86,属B7家族成员(图7-3)。胞外区结构属IgSF成员,各有1个V样区和C2区,两者在氨基酸水平上有25%同源性。CD80胞质区较短,富含精氨酸,有1个RRES序列,为钙调蛋白依赖的磷酸化位点;CD86胞质区含有3个PKC磷酸化位点。在活化的T细胞、B细胞和单核细胞表达水平明显增加。IL-4和TNF-γ分别上调B细胞和单核细胞CD86表达,IL-10则下调PBMC中树突状细胞CD86的表达。CD80/CD86皆通过其胞外区V样结构域结合受体CD28和CD152(CTLA-4)。功能参见CD28/CD152部分。

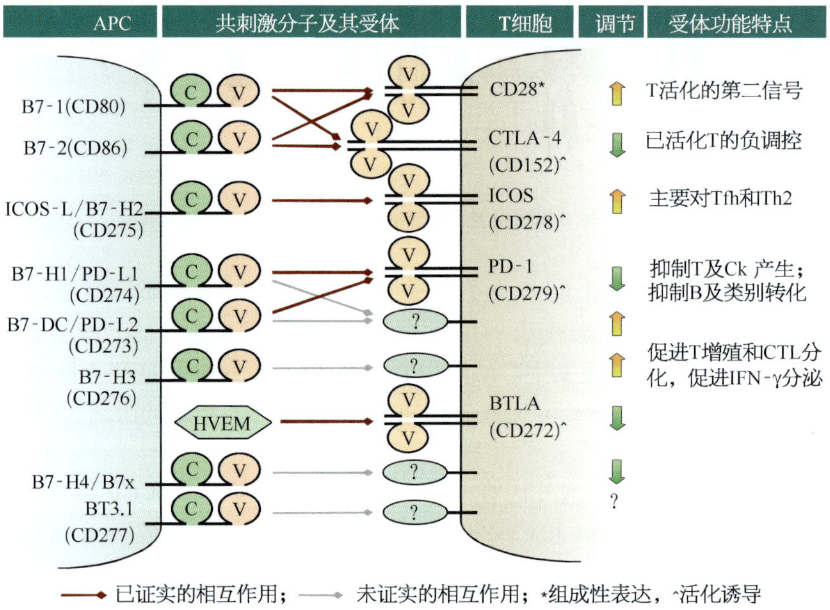

图7-3　共刺激分子相互识别及其免疫调节作用示意图

8. B7家族的其他成员　B细胞和APC细胞上除表达B7-1(CD80)和B7-2(CD86)以外,还有几种B7家族新的成员。① ICOS-L,即B7-H2(CD275),与B7-1和B7-2约有20%同源性。ICOS-L在淋巴滤泡中的B细胞表达水平最高,ICOS-L的受体是表达于T细胞的ICOS。B细胞表面ICOS-L与T细胞表面ICOS结合,在T细胞依赖的B细胞活化中起重要作用。② B7-H4/B7x:与B7家族其他成员有25%左右同源性,组成性表达于B细胞,在某些肿瘤中(如乳腺癌、卵巢癌等)有较高水平的表达。B7-H4/B7x的受体尚不清楚。B7-H4/B7x可抑制T细胞因子的产生,可能参与免疫应答的负调控。

(三)免疫球蛋白Fc段受体

许多细胞表面表达不同类或亚类免疫球蛋白Fc受体,各类或亚类Ig分子Fc段通过与Fc受体结合介导Ig重要的生理功能或参与病理损伤过程。属于CD分子的Fc受体有FcγR、FcαR、FcεR和Fcα/μR。其中FcγR分为FcγRⅠ、FcγRⅡ和FcγRⅢ三种类型,分别为CD64、CD32和CD16;FcαR为CD89;FcεR分为FcεRⅠ和FcεRⅡ两种类型,FcεRⅡ为CD23,FcεRⅠ尚无CD编号;FCA/MR为IgA和IgM的Fc段受体,为CD351。

1. FcγRⅠ　即CD64,属IgSF成员,胞外区有3个C2样结构域(图7-4)。CD64组成性表达于单核细胞、Mφ及DC,IFN-γ可明显上调单核细胞CD64的表达,并可诱导中性粒细胞和嗜酸粒细胞CD64的表达。CD64是高亲和力IgG Fc受体,与人单体IgG1结合力强。CD64可与FcR同源γγ链二聚体相连。CD64可介导ADCC,通过IgG的调理

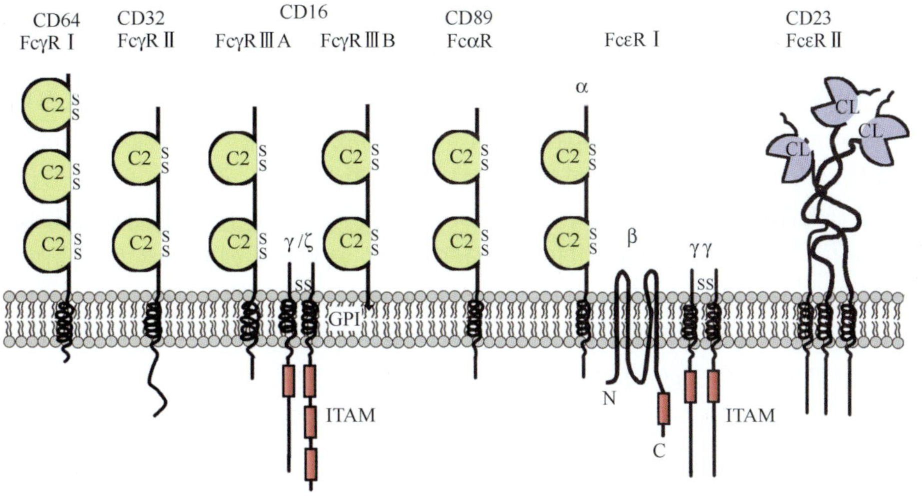

图 7-4 各类 Ig Fc 受体的结构

促进对颗粒性抗原的吞噬作用，增加吞噬细胞释放 IL-1、IL-6 和 TNF-α 等细胞因子。CD64 结合 IgG Fc 段后参与信号的传递，如促进 Hck 和 Lyn 激酶的活性。

2. FcγRⅡ 为 CD32，属 IgSF 成员，有 A、B1、B2、B3 和 C 几种不同异型，胞外区有 2 个 C2 样结构域（图 7-4）。CD32 分布广泛，包括单核细胞、Mφ、朗格汉斯细胞、粒细胞、B 细胞和血小板。CD32 为低亲和力 Fcγ 受体，对人 IgG 亲和力大小依次为 IgG1＞IgG3≫IgG2＞IgG4。IgG 结合 CD32 可介导中性粒细胞和单核细胞的吞噬作用和氧化性爆发（oxidative burst），GM-CSF 可明显上调 CD32 表达，促进中性粒细胞和嗜酸粒细胞的杀伤。B1 和 B2 型的 CD32（称 FcγRⅡ-B1 和 FcγRⅡ-B2）对膜表面 Ig 介导的信号转导则具有抑制作用，因为这些 B1 分子胞质区带有 ITIM，其中的 Tyr24 磷酸化后与 SHP-1 和 SHIP 结合，分别阻遏未致敏 B 细胞/肥大细胞和巨噬细胞/中性粒细胞的活化。

3. FcγRⅢ 即 CD16，存在着跨膜型（FcγRⅢA）和 GPI 连接（FcγRⅢB）型两种形式，胞外区均有 2 个 C2 样结构域（图 7-4）。CD16 在结构上与 CD64、CD32 和 FcεRⅠα 有相似性。人跨膜型 CD16 表达于 NK 细胞、Mφ、DC 和肥大细胞，而 GPI 连接的 CD16 表达于中性粒细胞。血液中可溶型 FcγRⅢ主要来自 GPI 形式的 CD16，CD16 是 IgG Fc 段低亲和力受体，结合人 IgG 不同亚类亲和力依次为 IgG1≫IgG2，IgG3＞IgG4。跨膜型 CD16 与 FcRγ 链或与 CD3ζ 链以非共价键相连。在肥大细胞上 CD16 还与 FcεRIβ 链相连。跨膜型 CD16 可促进吞噬和介导 NK 细胞的杀伤（ADCC）。

4. FcαR 即 CD89 分子，包括 a1、a2 和 a3 等不同的异型，其中 a1 是跨膜形式，胞外区有 2 个 IgSF C2 样结构域（图 7-4）。CD89 分布于外周血和黏膜组织中绝大部分吞噬细胞，某些 T 细胞和 B 细胞亚群也表达 CD89。a1 异型表达于单核细胞和中性粒细胞，a2 异型表达于肺泡巨噬细胞。CD89 可与 IgA1 和 IgA2 Fc 段结合，CD89 为 IgA 中亲和力受体，能结合血清型或分泌型 IgA1 和 IgA2，介导吞噬细胞的吞噬作用、超氧产生、释放炎症介质及发挥 ADCC，上述作用需要 FcRγ 链参与。

5. FcεRⅠ 由 1 条 α 链、1 条 β 链和 γγ 二聚体所组成（αβγ2）。FcεRⅠα 链属 IgSF 成员，胞外区有 2 个 C2 样结构域，跨膜区与 CD16 同源性很高。β 链是 CD20/FcεRⅠβ 家族成员。γ 链则与 FcγRⅢ γ 亚单位完全相同，并与 CD3 ζ 和 η 链结构相似（图 7-4）。FcεRⅠγ 链胞质区含有 ITAM。FcεRⅠ是 IgE 高亲和力受体，相互结合的部位是 FcεRα 第一个 IgSF 结构域与 IgE 重链第三个恒定区 Cε3。FcεRⅠγ 链胞质区可与非受体型酪氨酸激酶相连。当多价变应原与肥大细胞、嗜碱粒细胞膜表面 IgE/FcεRⅠ复合物上的 IgE 结合后，使 FcεRⅠ发生交联，传递信号，介导Ⅰ型超敏反应，引起细胞脱颗粒，释放组胺、白三烯、PAF 等多种介质，分泌促炎因子（见第十五章）。FcεRⅠ中 α 链识别配体，β 链放大信号，γγ 链介导信号的转导。特应性个体单核细胞和朗格汉斯细胞 αγ2 形式的 FcεRⅠ表达水平高于正常人，但其与发病机制的确切关系还不清楚。血小板及嗜酸粒细胞上的 FcεRⅠ可能参与对某些寄生虫的免疫应答。

6. FcεRⅡ 即 CD23，又称 BLAST-2，Ⅱ型膜蛋白，胞外区 C 端含有 1 个 C 型凝集素样结构域，并形成三聚体（图 7-4）。FcεRⅡ（CD23）与 FcεRⅠ无任何同源性。已发现有 FcεRⅡa 和 FcεRⅡb 两种异型。FcεRⅡa 异型仅表达于 B 细胞，而 FcεRⅡb 异型可表达于其他多种细胞。CD23 分子通过蛋白酶水解可形成 37kDa 可溶型 CD23，并可进一步水解为 33kDa、29kDa、25kDa 和 16kDa 等不同大小的片段，所有这些片段均保留了 C 端的外源凝集素“头”样结构域，并具有与 IgE 结合的能力，故称 IgE 结合因子（IgE-binding factor，IgE-BF）。在 B 细胞，CD23 只表达于 $mIgM^+$ $mIgD^+$ 表型的 B 细胞，分化为浆细胞时消失。CD23 是 IgE 低亲和力受体；而可溶型 CD23 分子（sCD23）可促进 IgE 合成，其机制可能是通过与膜型 IgE 或 CD21 结合发挥正调节作用。CD23 还可与 CD21 发生相互作用，这对 B 细胞之间相互黏附，避免生发中心 B 细胞发生凋亡起着重要作用。

7. Fcα/μR（FCA/MR） 新近发现的一种既可结合 IgA 又可结合 IgM 的 Fc 受体，命名为 CD351，人 FCAMR 基因与 pIgR 相邻。成熟 Fcα/μR 为单链跨膜蛋白，胞外区有 3 个结构域，其中第 2 个结构域属 IgSF 结构，可能是与 IgA 和 IgM Fc 段结合的部位，与 pIgR 胞外区第一个结构域有 44％的同源性。Fcα/μR 分布于成熟 B 细胞、记忆 B 细胞以及 T 细胞和单核细胞等，结合 IgA 和 IgM Fc 段后，可参与内吞、介导抗感染免疫。Fcα/μR 可能参与 IgA 肾病的发生。

8. 新生 Fc 受体（FcRn） FcRn 与经典 MHC Ⅰ类分子重链在氨基酸序列有 30％左右同源性，空间结构与 MHC Ⅰ类分子十分相似，并结合 β_2m。FcRn 与 IgG CH2-CH3 结合位点在 α1、α2 结构域的侧面。FcRn 有着独特的免疫学功能：人胎盘合胞体滋养层细胞高表达 FcRn，可介导母体血中 IgG 进入胎儿血循环；通过肠上皮的 FcRn，可将母体初乳中 IgG 转运到新生儿血循环。将人 IgG 通过肠道上皮细胞转运到肠腔结合相应的抗原，然后又将 IgG/抗原复合物通过肠上皮细胞屏障又转运回黏膜固有层，被 DC 所加工，并提呈给局部淋巴样组织中 CD4 T 细胞，表明 IgG 也是黏膜表面重要的免疫分子。

二、CD 分子的免疫功能

CD 分子及其相应的单克隆抗体已作为一种重要的手段和方法，用于基础理论研究，发病机制的探讨，以及临床多种免疫性疾病的诊断、预防和治疗。有关内容已在本章和本书其他章节叙述，此处仅以表 7-1 做一总结和比较。

表 7-1 与免疫功能有关的 CD 分子（举例）

免疫功能	CD 分子
细胞受体	
T 细胞受体（TCR）识别辅助分子	CD3、CD4、CD8
B 细胞受体（BCR）识别辅助分子	CD79a、CD79b
NK 细胞受体	CD94、CD158-CD161、CD96、CD226、CD314（NKG2D）、CD335-CD337（NCR1-NCR3）
补体受体（CR）	CR1-CR4（CD35、CD21、CD11b/CD18、CD11c/CD18）、CD88
IgFc 受体（FcR）	CD64、CD32、CD16、CD89、CD23、CD351
细胞因子受体（CKR）	CD25、CD105、CD110、CD114-CD140、CD181-CDw199、CD210-CDw218、CD261-CD269、CD331-CD334（FGFR1-FGFR4）
转铁蛋白受体（TfR）	CD71
模式识别受体（PRR）	TLR1-TLR11（CD281-CD291）
细胞间、细胞与基质相互识别	
白细胞黏附分子-内皮细胞黏附分子	CD11/CD18-CD54、CD15-CD62E、CD62L-CD34
淋巴细胞归位受体-血管内皮细胞地址素	CD49/CD29-CD106
白细胞黏附分子-细胞外基质	CD49/CD29-细胞外基质、CD169（Siglec-1）
免疫细胞相互识别	CD2-CD58、CD28/CD152-CD80/CD86、CD40-CD40L、CD273（PDL2）/CD279（PD1）、CD274（PDL1）
造血细胞-基质细胞	CD164、CD165
血小板结合细胞外基质	CD36、CD41/CD61（gpⅡbⅢa）、CD51/CD61（αVβ3）
内皮细胞相互结合	CD31、CD112、CD321
神经细胞黏附	CD56（NCAM）、CD171（NCAM-L1）、CDw325（N 钙黏蛋白）
参加免疫细胞信号转导	
参与 T 细胞活化和信号转导	CD3、CD4、CD8、CD28、CD152（CTLA-4）、CD279（PD-1）、CD278（ICOS）
参与 B 细胞活化和信号转导	CD19、CD20、CD21、CD23、CD40、CD79、CD81
参与 NK 细胞活化和信号转导	CD2、CD16、CD94、CD158-CD161
参与髓样细胞活化和信号转导	CD85（ILT/LIR）、CD172、TLR1-TLR11（CD281-CD291）
参与抗原提呈	
提呈脂类抗原	CD1a-d
调节抗原提呈	CD74（Ii/Iγ）、CD205
参与凋亡的信号转导	TNFRⅠ（CD120a）、Fas（CD95）、DR4（CD261）、DR5（CD262）
与细胞膜表面酶有关	
CD10（中性肽链内切酶）、CD13（氨肽酶）、CD26（二肽酰肽酶Ⅳ）、CD38（ADP 核糖基环化酶）、CD39（外腺苷三磷酸双磷酸酶）、CD45（酪氨酸磷酸酶）、CD73（5′核苷酸外切酶）、CD115（蛋白酪氨酸激酶）、CD117（蛋白酪氨酸激酶）、CD148（酪氨酸磷酸酶）、CD157（ADP 核糖基环化酶）、CD249（氨肽酶）	
病毒及原虫受体*	
CD4（HIVR）、CD13（冠状病毒受体）、CD21（EBVR）、CD36（恶性疟原虫抗原受体）、CD49d/CD29 或 CD49d/β7（轮状病毒受体）、CD54（鼻病毒 R，恶性疟原虫抗原受体）、CD49b/CD29（埃可病毒 R）、CD81（HCVR）、CD112（单纯疱疹突变株受体）、CD150（麻疹病毒受体）、CD155（脊髓灰质炎病毒受体）、CD184（HIV 辅受体）、CD193（HIV 辅受体）、CD209（结合 HIVgp120）、CD321（呼肠孤病毒受体）	
肿瘤标志物	
CD10（CALLA）、CD30（Ki-1）、CD33（急性髓样细胞白血病）、CD66（CEA）、CD147、CD155（PVR）、CD168（RHAMM）、CD175s（sialyl-Tn）、CD176（TF）、CD228（黑素转铁蛋白）、CD231（TALLA-1）、CD318（CDCP1）、CD326（EpCAM）	

* 不直接行使和参与免疫功能。

第三节 细胞黏附分子的种类、结构和功能

一、黏附分子的种类和结构

按黏附分子的结构特点可分为：整合素家族、免疫球蛋白超家族、选择素家族、钙黏蛋白家族及黏蛋白样血管地址素等。此外还有一些尚未归类的黏附分子。

(一) 整合素家族

整合素家族(integrin family)的黏附分子都是由 α、β 两条链由非共价键连接组成的异源双体(heterodimer)，α、β 链均为 Ⅰ 型膜蛋白。α 链的分子质量为 150～210 kDa，β 链的分子质量为 90～110 kDa，个别 β 链(如 β4)分子质量为 210 kDa。整合素的基本功能是和细胞外基质相结合，增强细胞间的黏附。

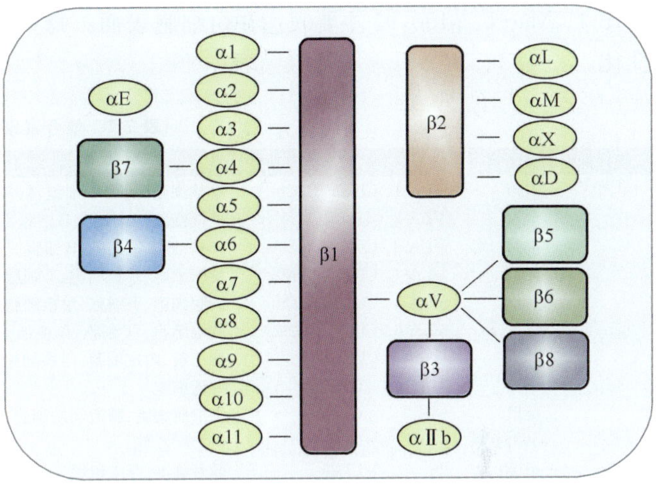

图 7-5 整合素家族的组成

已知整合素家族中至少有 18 种 α 亚单位和 8 种 β 亚单位。多数 α 亚单位只能与 1 种 β 亚单位结合组成异源双体；而大部分 β 亚单位则可以结合数种不同的 α 亚单位。目前按 β 亚单位的不同可将整合素家族分为 8 个不同的组，在同一组中的整合素分子 β 链相同，α 链不同(图 7-5)，共组成了 24 种整合素分子。表 7-2 列举了整合素家族中的 8 个组及其中的主要成员。下面择主要者做简要介绍。

1. 迟现抗原组(β1 组)　β1(CD29)整合素亚单位可与 CD49a～f(α1～α6)、CD51(αV)及 α7～α11 分别组成 VLA1～VLA6，αVβ1(VNR-β1)，α7β1、α8β1、α9β1、α10β1 和 α11β1 整合素分子。由于最早发现的 VLA-1 和 VLA-2 分子是在用同种异体抗原或外源凝集素活化淋巴细胞后数周才出现，因此习惯称为迟现抗原(very late antigen, VLA)。CD29 表达十分广泛，包括所有的白细胞。CD29 在记忆 T 细胞上的表达水平高于未致敏 T 细胞。CD29 胞质区与细胞骨架相互结合导致 T 细胞的活化，并可调节 CD29 的黏附功能。

2. 白细胞黏附受体组(β2 组)　β2 亚单位为 CD18，分子质量为 95 kDa。CD18 可分别与 CD11a～c(αL、αM 和 αX) 亚单位和 αD 亚单位组成不同的整合素二聚体 LFA-1(αLβ2，CD11a/CD18)，Mac-1(αMβ2，CD11b/CD18)，p150-95(αXβ2，CD11c/CD18)和 αDβ2。CD18 表达于所有的白细胞。CD18 胞质区可与多种细胞骨架蛋白相互作用，如 α 辅肌动蛋白和细丝蛋白以及胞质调节分子 cytohesin-1。

其中的淋巴细胞功能相关抗原 1(LFA-1)即 αLβ2(CD11a/CD18)是一种重要的细胞间黏附分子。在炎症过程中 LFA-1 主要通过与 ICAM-1 结合，对白细胞和内皮细胞的黏附起着关键的作用。LFA-1 参与 T 细胞应答，如 CTL 对靶细胞的识别和杀伤、混合淋巴细胞反应、抗原或致裂原诱导的 T 细胞增殖，以及 T-B 细胞的相互作用。LFA-1 还参与 T 细胞依赖的抗体应答。另一个重要的 β2 成员是 Mac-1，即 αMβ2(CD11b/CD18)，又称 CR3。作为补体受体，Mac-1 通过与 iC3b 结合可调理吞噬，在单核细胞和中性粒细胞穿过内皮细胞层迁移到炎症部位时起重要作用。Mac-1 参与 PMA 诱导的中性粒细胞相互黏附以及趋化作用。表 7-2 中列举的第 3 个 β2 成员是 CD11c 与 CD18 组成的 p150，95 二聚体(αXβ2)，又称 CR4。p150，95 在 CTL 杀伤以及中性粒细胞和单核细胞黏附到内皮细胞的过程中起着重要作用，并参与粒细胞的呼吸爆发和 B 细胞的活化。炎症刺激剂可诱导贮存于胞内颗粒中的 p150-95 迅速转移到细胞表面。

3. 血小板糖蛋白组(β3 组)　β3 亚单位为 CD61，分子质量为 105 kDa，表达于血小板、巨核细胞、单核细胞、Mφ 和内皮细胞。CD61 可与 CD41 和 CD51 分别组成血小板糖蛋白 Ⅱ bⅢ a(gp Ⅱ bⅢ a，α Ⅱ bβ3)和 VN 受体(αVβ3)。其中的 gp Ⅱ bⅢ a(CD41/CD61)在血小板受到凝血酶、腺苷二磷酸(ADP)和胶原等刺激活化后，即可与相应配体结合。而 CD51/CD61 是玻连蛋白受体(VNR)，介导血小板黏附于固相化的玻连蛋白。CD51/CD61 和 CD41/CD61 还与称为整合素相关蛋白(integrin-associated protein, IAP)的 CD47 分子相连，CD47 通过抗吞噬信号是肿瘤细胞免疫逃逸的一种新的机制。

4. β7 组　β7 亚单位分子质量为 110 kDa。β7 可与 α4 亚单位(CD49d)组成 α4β7。α4β7 整合素表达于黏膜淋巴

细胞、NK 细胞和嗜酸粒细胞，其配体为 VCAM-1(CD106)和纤连蛋白(FN)。α4β7 结合高内皮微静脉(HEV)黏膜地址素 MAdCAM-1，使淋巴细胞归巢到派尔集合淋巴结和肠道黏膜固有层。β7 与 αE 亚单位(CD103)组成 αEβ7，大量表达于黏膜淋巴细胞，如肠道上皮内淋巴细胞(intraepithelial lymphocyte，IEL)中 95%为 αEβ7 阳性。αEβ7 结合上皮细胞的 E-cadherin，对淋巴细胞归巢并滞留在肠道上皮细胞可能有重要作用。

整合素分子在体内分布很广泛，多数整合素分子可以表达于多种组织细胞。例如，VLA 组的整合素分子在体内广泛分布于各种组织细胞；而多数细胞可同时表达数种不同的整合素分子，但不同类型的细胞表达整合素分子的种类是不同的。某些整合素分子的表达具有明显的细胞类型特异性，如 gpⅡbⅢa(αⅡbβ3)主要表达在巨核细胞和血小板；LAF-1、Mac-1、p150，95 主要表达在白细胞表面。每一种细胞整合素分子的表达可随其分化与生长状态的改变而变化。

表 7-2 整合素家族中的一些主要成员

组别	成员	名称	组织分布	配体
β1	α1β1	VLA-1、CD49a/CD29	单核细胞、活化 T 细胞、软骨细胞、平滑肌细胞、成纤维细胞、内皮细胞	LN、CO
	α2β1	VLA-2、CD49b/CD29	单核细胞、血小板、B 细胞、T 细胞、NK 细胞等	LN、CO、C1q
	α3β1	VLA-3、CD49c/CD29	单核细胞、T 细胞、B 细胞	FN、CO、N
	α4β1	VLA-4、CD49d/CD29	胸腺细胞、单核细胞、T 细胞、B 细胞、NK 等	VCAM-1、FN、MAdCAM-1
	α5β1	VLA-5、CD49e/CD29	胸腺细胞、T 细胞、单核细胞、血小板	FN、L1、OPN
	α6β1	VLA-6、CD49f/CD29	胸腺细胞、T 细胞、单核细胞、血小板	LN、FN
	αVβ1	CD51/CD29	血小板、内皮细胞、巨核细胞	FN、OPN
	α7β1	-/CD29	肿瘤细胞	LN
	α8β1	-/CD29	平滑肌细胞、肺泡间质细胞	FN、OPN、VN、腱生蛋白
	α9β1	-/CD29	PMN、皮肤	ADAM、OPN、FN、VEGF、VCAM-1
	α10β1	-/CD29	软骨细胞、纤维组织	CO
	α11β1	-/CD29	肿瘤细胞	CO
β2	αLβ2	LFA-1、CD11a/CD18	淋巴细胞、单核细胞、Mφ、粒细胞	ICAM-1、-2、-3
	αMβ2	Mac-1、CD11b/CD18	髓样细胞、NK 细胞	iC3b、ICAM-1、Fg
	αXβ2	p150，95、CD11c/CD18	髓样细胞	iC3b、ICAM-1、Fg
	αDβ2	CD11d/CD18	白细胞	ICAM-3
β3	αⅡbβ3	gpⅡbⅢa、CD41/CD61	血小板、单核细胞、Mφ、内皮细胞	Fg、vWF、FN、VN、TSP
	αVβ3	VN 受体、CD51/CD61	内皮细胞、血小板、NK 细胞、Mφ 等	VN、Fg、vWF、LN、TSP、CD31
β4	α6β4	CD49f/CD104	复层表皮细胞	LN
β5	αVβ5	CD51/	肿瘤细胞、成纤维细胞	VN、FN、OPN
β6	αVβ6	CD51/	某些肿瘤细胞系	FN、OPN
β7	α4β7	CD49d	黏膜淋巴细胞、NK 细胞、嗜酸粒细胞	VCAM-1、FN、MAdCAM
	αEβ7	HML-1 抗原	黏膜淋巴细胞	E-cadherin
β8	αVβ8	CD51/	DC、上皮细胞	LAP-TGF-β

* LN：层黏连蛋白；FN：纤连蛋白；CO：胶原；Fg：血纤蛋白原；VN：玻连蛋白；TSP：血小板反应蛋白；OPN：骨桥蛋白。

(二) 免疫球蛋白超家族

许多黏附分子胞外区具有与免疫球蛋白超家族(IgSF)V 样、C1 或 C2 样区相似的折叠结构，其氨基酸组成也有一定的同源性。有关 CD2、CD4、CD8、CD22、CD28 和 CD58 等分子的结构和功能见本章第二节，本节将简要介绍同整合素家族结合的 ICAM、VCAM-1、MAdCAM-1 以及同型黏附的 PECAM-1、NCAM-1 和 NCAM-L1 等分子。

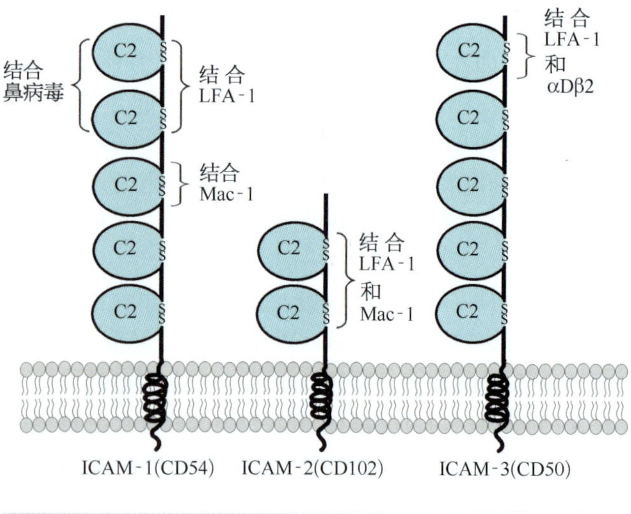

图 7-6 ICAM-1，2，3 分子的结构

1. 细胞间黏附分子 细胞间黏附分子(intercellular adhesion molecule，ICAM)是整合素 β2 组的配体。

(1) ICAM-1(CD54) 分子质量为 85～110 kDa，胞外区有 5 个 IgSF C2 样结构域，在细胞表面可能以二聚体形式存在。ICAM-1 分布十分广泛，包括造血和非造血细胞，活化的 T 细胞、B 细胞、胸腺细胞和 DC 等 ICAM-1 的表达明显上调。炎症介质也能明显上调内皮细胞和其他非造血细胞 ICAM-1 的表达。ICAM-1 和整合素 β2 组的 3 个成员 LFA-1、Mac-1 和 p150，95 结合。内皮细胞上 ICAM-1 参与白细胞穿越毛细血管壁到达炎症部位的过程。ICAM-1 可通过增强 APC 与 T 细胞的相互作用，并作为共刺激分子而参与 T 细胞的活化。此外 ICAM-1 是鼻病毒受体，内皮细胞上的 ICAM-1 是恶性疟原虫感染红细胞的受体。

（2）ICAM-2（CD102）　分子质量为 55～65 kDa，胞外区有 2 个 IgSF C2 样结构域，广泛分布于除中性粒细胞外的所有白细胞，血管内皮细胞和 FDC 组成性表达高水平 ICAM-2。ICAM-2 是 LFA-1 和 Mac-1 的配体，可能在淋巴细胞再循环和炎症发生中发挥作用。

（3）ICAM-3（CD50）　在中性粒细胞上的分子质量为 120～160 kDa，在 T 细胞上的分子质量为 110～130 kDa。胞外区有 5 个 IgSF C2 样结构域。ICAM-3 组成性地高水平表达于白细胞和朗格汉斯细胞。ICAM-3 是 LFA-1（CD11a/CD18）和 DC-SIGN（CD209）的配体。ICAM-3 主要介导白细胞之间以及 T 细胞与 APC 细胞之间的黏附，参与 DC 与 T 细胞相互作用，诱导 T 细胞早期活化、黏附和增殖。

2. α4β1 和 α4β7 识别的 IgSF 分子

（1）VCAM-1（CD106）　VCAM 是血管细胞黏附分子（vascular CAM）的缩写，胞外区有 7 个 IgSF C2 样结构域，主要表达于血管内皮细胞，还表达在滤泡树突状细胞，某些 Mφ、骨髓基质细胞以及多种器官中的非血管内皮细胞。炎症因子和细胞因子如 IL-1β、IL-4、TNF-α 和 IFN-γ 等可上调血管内皮细胞和其他细胞 VCAM-1 表达。VCAM-1 结合整合素 α4β7（表 7-2），参与淋巴细胞、单核细胞、嗜碱粒细胞和嗜酸粒细胞穿出血管壁到达炎症部位的过程，包括淋巴细胞在内皮细胞上最初的滞留和滚动，以及随后的紧密黏附（详后）。非血管内皮细胞表达的 VCAM-1 参与了骨髓基质细胞与造血祖细胞、B 细胞与 DC 的相互作用，T 细胞的共刺激以及胚胎的发育。

（2）MAdCAM-1　MAdCAM-1 是黏膜地址素细胞黏附分子 1（mucosal addressin cell adhesion molecule 1）的缩写。该分子胞外区靠近 N 端有 2 个 IgSF C2 样结构域，在派尔集合淋巴结和肠系膜淋巴结中的 HEV，以及肠黏膜固有层扁壁静脉有高水平的表达。MAdCAM-1 通过胞外区 IgSF C2 样结构域结合 α4β7 和 α4β1，某些 MAdCAM-1 分子通过黏蛋白样区上的唾液酸糖结合物可与 L 选择素（CD62L）结合。MAdCAM 还可同 CD44 分子结合。MAdCAM-1 分子引导未致敏淋巴细胞到达派尔集合淋巴结和肠系膜淋巴结，并参与某些活化和记忆淋巴细胞归巢到肠黏膜固有层。MAdCAM-1 通过与 L 选择素和 α4β7 结合不仅参与淋巴细胞与内皮细胞最初的滚动，而且还参与这些被活化淋巴细胞穿出血管壁前的滞留过程。

3. 同型黏附 IgSF 分子　指 IgSF 中具有同型黏附（homotypic adhesion）或同嗜性相互作用（homophilic interaction）特性的分子。

（1）PECAM-1（CD31）　PECAM-1 是血小板内皮细胞黏附分子-1（platelet endothelial cell adhesion molecule-1）的缩写，胞外区有 6 个 IgSF C2 样结构域，分布于单核细胞、血小板和粒细胞。PECAM-1 表达于约 50% 的外周血淋巴细胞，并高水平表达于内皮细胞，尤在内皮细胞连接处。PECAM 除同型黏附分子外，还可与整合素 αVβ3 结合，参与单核细胞、中性粒细胞、NK 细胞和活化 T 细胞穿出毛细血管壁的过程。

（2）NCAM-1（CD56）　NCAM-1 是神经细胞黏附分子（neural CAM-1）的缩写，分子胞外区有 5 个 IgSF C2 样结构域，近膜区有 2 个Ⅲ型纤连蛋白（Fn3）结构域。NCAM-1 表达于人 NK 细胞和某些 T 细胞，以及神经、肌肉、多种胚胎组织和多种肿瘤细胞。NCAM-1 除同型黏附外，还可与硫酸软骨素蛋白聚糖结合，从而抑制轴突的生长。尽管 NCAM-1 是 NK 细胞的标记，但尚未发现其参与 NK 细胞的功能。

（3）L1CAM（CD171）　L1CAM 又称 NCAML1，作为一种同型黏附分子也可同整合素分子 αvβ3 结合。其胞外区靠近 N 端远膜侧有 6 个 IgSF C2 样结构域。NCAML1 分布于神经元和施万细胞，骨髓中淋巴样和粒细胞前体细胞，胸腺中成熟 T 细胞，脾脏中 B 细胞和 T 细胞，外周血单核细胞、B 细胞和 CD4 T 细胞。

（三）选择素家族

选择素（selectin）为Ⅰ型膜分子，胞外区均由 3 种结构域构成：① 氨基端约 120 个氨基酸残基为钙离子依赖的 C 型外源凝集素样结构域，是 selectin 分子与配体的结合部位；② 表皮生长因子样结构域（EGF-like domain），约含 35 个氨基酸残基，此结构域对维持 selectin 分子的构象是必需的；③ 近膜部分是数个约 60 个氨基酸残基构成的 CCP 结构域，其作用还不甚清楚。选择素家族有 3 个成员：L-selectin、P-selectin 和 E-selectin，L、P 和 E 分别表示 leukocyte、platelet 和 endothelium，是最初发现相应 selectin 分子的 3 种细胞。

1. E-selectin（CD62E）　又称内皮细胞白细胞黏附分子-1（ELAM-1），胞外区由 1 个 C 型凝集素样结构域、1 个 EGF 样结构域和 6 个 CCP 组成，表达于炎症部位的内皮细胞。E-selectin 通过其 C 型凝集素结构域同白细胞糖脂和糖蛋白上的唾液酸化路易糖（s-Le^x），以及唾液酸化的 $Lewis^a$ 和相关的岩藻糖基化的 N-乙酰乳糖胺结合。E-selectin 另一种糖蛋白配体是表达于髓样细胞的 ESL-1 蛋白（E-selectin ligand-1 protein），E-selectin 还结合 CD62P 配体 CD162（PSGL-1），后者表达于淋巴细胞、中性粒细胞和单核细胞。皮肤淋巴细胞相关抗原（cutaneous lymphocyte associated antigen，CLA）归巢受体是慢性炎症皮肤部位表达的 E-selectin 受体。CD62E 主要介导白细胞（中性粒细胞、单核细胞和 CD4 记忆性 T 细胞)在内皮细胞表面最初的滞留和滚动,以及随后迁移到炎症的组织。

2. L-selectin(CD62L) 又称白细胞内皮细胞黏附分子-1(LECAM-1)。L-selectin 胞外区 N 端有 1 个 C 型凝集素样结构域、1 个 EGF-SF 结构域和 2 个 CCP 结构域。CD62L 表达于造血细胞某些分化阶段,包括大多数 B 细胞和未致敏 T 细胞,以及大多数单核细胞、中性粒细胞和嗜酸粒细胞。PMA、细胞因子或趋化因子刺激淋巴细胞和中性粒细胞后,由于蛋白酶的酶解作用使 CD62L 迅速脱落,而使血浆中可有很高水平的可溶型 CD62L。CD62L 通过 N 端 C 型凝集素样结构与唾液酸化路易糖 X(s-Le^x)相关的阴离子寡糖序列结合,也可结合硫酸肝素和硫苷脂。CD62L 与 CD34、GlyCAM-1 和 MAdCAM-1 分子上发生岩藻糖化、唾液酸化和硫酸盐化的碳水化合物结合。CD62L 介导白细胞与内皮细胞最初的滞留和滚动,尤其重要的是,CD62L 对于未致敏淋巴细胞经高内皮微静脉归巢到外周淋巴结和派尔集合淋巴结过程中起着重要作用。CD62L 还介导白细胞迁移到炎症部位,介导中性粒细胞相互之间的作用。相应配体与 CD62L 的结合刺激蛋白酶裂解 CD62L,这可能对于维持较高速度的滚动起着重要作用。GlyCAM-1 是糖基化依赖的细胞黏附分子 1(glycosylation-dependent CAM1),是高度糖基化的、分泌形式的黏蛋白,主要由外周淋巴结和肠系膜淋巴结高内皮微静脉(HEV)以及慢性炎症部位 HEV 样血管内皮细胞所分泌,在血液或乳汁中可测得 GlyCAM-1。

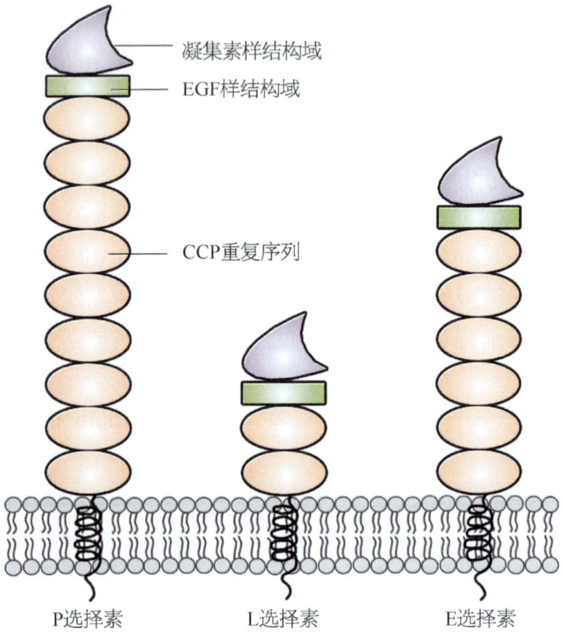

图 7-7 人选择素分子的结构

3. P-selectin(CD62P) 又称 PADGEM、LECAM-3 或颗粒膜蛋白 140(GMP-140)。胞外区 N 端有 1 个 C 型凝集素结构域、1 个 EGF 样结构域和 9 个 CCP 结构域。P-selectin 表达于巨核细胞、活化血小板和活化的内皮细胞。P-selectin 储存于血小板 α 颗粒和内皮细胞 Weibel-Palade 小体中,当凝血酶、组胺、PMA 或过氧化物活化细胞后,P-selectin 从颗粒中迅速与胞膜融合,而表达于细胞膜上,由于膜上的 P-selectin 很快被内化并在溶酶体中降解,所以 P-selectin 的膜表达是瞬时的。P-selectin 分子通过 N 端 C 型凝集素结构域与唾液酸化的路易糖(sLe^x,CD15s)相关的阴离子寡糖序列有低亲和力的结合,还可与肝素硫酸盐和硫苷脂结合。中性粒细胞上 P-selectin 的配体是黏蛋白样细胞表面糖蛋白 CD162(PSGL-1)。P-selectin 介导中性粒细胞在活化内皮细胞上的滚动,尤其在炎症过程的早期(数分钟)甚为重要,在炎症晚期同其他 selectin 协同发挥作用。P-selectin 还参与血小板和某些 T 细胞亚群的沿血管壁的滚动的过程。活化血小板可贴附在淋巴细胞上,通过血小板表面 P-selectin 同内皮细胞外周淋巴结地址素相互作用,从而间接地介导淋巴细胞沿管壁滚动和 T 细胞归巢到 HEV。

(四) 钙黏蛋白超家族

钙黏蛋白(Ca^{2+} dependent cell adhesion molecule)又称 cadherin,指 Ca^{2+} 依赖的细胞黏附分子,是一个拥有 20 多个成员的家族,由两个亚家族组成:① 经典的 cadherin:特点是具有 Ca^{2+} 依赖的同型黏附,介导细胞与细胞之间的黏附作用,胞质区同 α、β 和 γ 连环蛋白(catenin)相连,形成多种蛋白的复合体,是 cadherin 发挥细胞间黏附作用的分子基础。经典 cadherin 不仅为维持实体组织之必须,也是胚胎时期细胞发生重排的重要分子条件。② 非经典的 cadherin:分子胞质区不与连环蛋白相连,主要包括原钙黏蛋白(protocadherin)、钙黏蛋白相关神经受体(CNR)以及桥粒钙黏蛋白(desmosomal cadherin)。此处主要介绍经典 cadherin 亚家族中的 E-cadherin、N-cadherin 和 P-cadherin,E、N 和 P 分别表示上皮、神经和胎盘。

cadherin 为Ⅰ型膜蛋白,由 723~748 个氨基酸残基构成,分子胞外区包含 5 个(EC1~EC5)约由 110 个氨基酸残基组成的重复结构域,含有 2 个 LDR ExxYxL 基序,近膜区 EC5 有 4 个保守的半胱氨酸。EC1-EC3 中 DxNDN 或 DxD 基序是 Ca^{2+} 结合的部位。N 端 113 个氨基酸残基构成 cadherin 分子的配体结合部位,其中 His-Ala-Val(HAV)基序介导同型黏附作用。胞质区较短,且高度保守,并与细胞骨架蛋白包括连环蛋白、皮质肌动蛋白束相连,在发挥 cadherin 细胞黏附中起着重要作用。在细胞表面,cadherin 分子倾向于集中分布于细胞与细胞的连接处。

1. 上皮钙黏蛋白(E-cadherin) 主要分布在非神经上皮组织,通过和 α、β 和 γ 连环蛋白与细胞骨架肌动骨白相连而聚积,这种复合体的形成对于 E-cadherin 调节细胞的黏附作用以及把 E-cadherin 连接到其他内在膜蛋白起着关键作用。E-cadherin 主要参与胚胎发育以及正常组织中上皮细胞层的形成和维持。来自小肠、乳腺和肺上皮细胞

E-cadherin 还同表达于 IEL 上的 αEβ7 整合素分子黏附。

2. 神经钙黏蛋白(N-cadherin)　主要分布于神经组织、晶状体、心肌和骨骼肌，也属同型黏附分子，胞质区与 α、β 和 γ 连环蛋白相连。N-cadherin 主要介导 Ca^{2+} 依赖的神经细胞黏附。

3. 胎盘钙黏蛋白(P-cadherin)　主要分布于人胚胎的某些上皮组织和胎盘。同其他的经典 cadherin 分子相似，胞外区 N 端 HAV 序列介导同型黏附作用。P-cadherin 的功能可能参与胚胎与子宫的结合。

(五) 其他黏附分子

除了整合素、IgSF、选择素和钙黏蛋白等家族外，还有许多尚未归类黏附分子，包括某些血小板糖蛋白以及属于连接(Link)组件结构的 CD44 等，此处主要对 CD44 的结构和功能作一简要介绍。

CD44 又称吞噬细胞糖蛋白 1(phagocytic glycoprotein 1，Pgp-1)、Ⅲ型细胞外基质受体(ECMR Ⅲ)，胞外区靠近 N 端约 100 个氨基酸残基范围内有 6 个半胱氨酸，组成 3 个二硫键，形成一个球形结构，称连接组件(link module)，胞外区的近膜侧是黏蛋白样区。CD44 编码基因转录时可取用不同的外显子，使 mRNA 水平上出现不同的拼接方式，导致成熟的 CD44 分子有几十种变构体，分子质量为 80～250 kDa。人 CD44 基因含有两类外显子：10 个组成性外显子(C1～C10)，转录片段存在于所有 CD44 转录产物中，此类分子称为标准 CD44S 或 CD44H；9 个变异性拼接外显子(V 外显子，V2～V10)，介于第 5 和第 6 个组成性外显子之间。V 外显子可以多种不同的方式进行拼接，从而产生不同大小的转录产物称为 CD44V，如 CD44E(V8～V10)、CD44M(V4～V7)、CD44R(V9)、CD44V6、CD44V7 等。

CD44 分子是一种高度糖基化的蛋白，其组成性外显子和 V 外显子的编码氨基酸序列含有糖基化部位和硫酸软骨素侧链的连接部位。CD44H 广泛分布于造血细胞和非造血细胞，是淋巴样细胞、髓样细胞以及红样细胞上表达的一种最主要 CD44 类型。CD44H 还表达于上皮细胞、内皮细胞、间皮细胞、间质细胞和神经系统。CD44V 则广泛表达于上皮细胞，除了骨髓中的某些浆细胞外，白细胞表达 CD44V 水平较低，淋巴细胞和单核细胞活化后 CD44V 表达增强。

CD44 分子胞外区远膜区的连接组件可结合 ECM 中的透明质酸(HA)及多种 ECM，如胶原(CO)、纤连蛋白(FN)和层粘连蛋白(LN)，以分子上的硫酸软骨素(CS)发挥黏附作用。CD44 分子通过硫酸肝素可同碱性成纤维细胞生长因子(bFGF)、MIP-1β、骨桥蛋白及 MAdCAM-1 结合。胞质区通过同锚蛋白(ankyrin)和 ERM(埃兹蛋白、根蛋白和膜突蛋白)家族成员结合，与细胞骨架肌动蛋白相连。CD44 分子的胞质区还可与 Lck 激酶相连。

功能上 CD44 介导白细胞与内皮细胞、基质细胞和 ECM 的黏附，其机制可能主要是通过与细胞表面和 ECM 上的透明质酸相结合，使活化的和记忆/效应淋巴细胞穿出血管壁到达炎症部位。CD44 作为淋巴细胞上的淋巴细胞归巢受体，能同肠道淋巴组织及黏附血管内皮细胞的地址素 MAdCAM-1 结合，参与多种淋巴细胞的归巢过程。CD44 分子还参与 NK 细胞的活化以及造血细胞的分化。

二、黏附分子表达的调节

细胞因子、炎症介质以及其他因素可以改变细胞黏附分子的表达水平和构象，导致细胞黏附能力的变化。对黏附分子表达的调节主要有构象调节和表达数量调节两种方式。

(一) 黏附分子构象改变影响细胞的黏附作用

改变黏附分子的构象可影响与配体结合的亲和力，从而改变细胞的黏附能力。例如，静止淋巴细胞表达一定水平的 LFA-1 和 ICAM-1，而 NK 细胞和某些 CTL 细胞系表达较高，但它们并不发生凝集作用。淋巴细胞活化引起黏附分子构象变化并在细胞表面重新分布，提高了 LFA-1/ICAM-1 相互作用的亲和力，从而使活化淋巴细胞的黏附能力增强。其中构象变化不仅引起两种分子间亲和力(affinity)改变，由于 LFA-1 二聚体化及其在膜表面成簇排列(clustering)，也导致 LFA-1 和二聚体化的 ICAM-1 之间亲和力(avidity)提高。

Mg^{2+} 和 Ca^{2+} 分别参与了构象和排列的变化。其机制是，在 Mg^{2+} 参与下，整合素 αL(CD11a)亚单位上 Mg^{2+} 依赖的 24 表位(被 24mAb 所识别)表达增加，提高了 LFA-1 的亲和力。而且在 Ca^{2+} 参与下 LFA-1 可发生二聚体化，造成分子在细胞表面成簇分布，提高 LFA-1 同配体结合的亲和力，并引起 αL 亚单位上表达 Ca^{2+} 依赖的 L16 表位(为 L16 mAb 所识别)。

(二) 黏附分子表达数量改变对黏附作用的调节

1. 细胞表面黏附分子表达量的调节　主要有两种方式：① 诱导储存在细胞内的黏附分子转移到细胞表面。其过程发生迅速，只需数秒钟，但维持时间短暂。例如，凝血酶和组胺作用于内皮细胞，可以诱导内皮细胞内 α 颗粒储存的 CD62P 分子迅速转移到细胞表面，然后又很快因内吞而消失；又如 CD11b/CD18、CD11c/CD18 储存在中性粒细胞的胞质颗粒内，在 PMA、TNF、IL-1 刺激后可迅速转移到细胞表面。② 重新合成。这种形式发生过程较为迟缓，

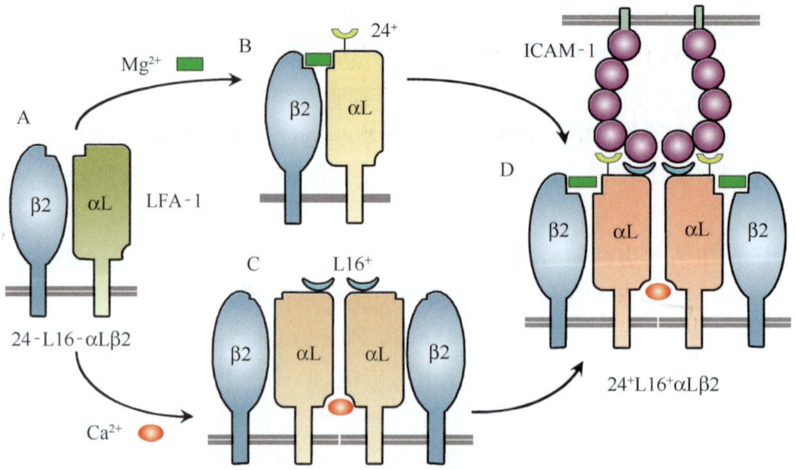

图 7-8 活化淋巴细胞 LFA-1 构象变化与黏附能力的关系

A. 静止状态 LFA-1 不表达 αL 链的 24 和 L16 表位(分别被 24mAb 和 L16mAb 识别);B. 淋巴细胞活化,Mg^{2+}结合 LFA-1αL 亚单位Ⅰ区中金属离子依赖的黏附点,LFA-1 构象变化,表达 24 表位,结合配体的亲和力升高;C. 淋巴细胞活化,Ca^{2+}结合 LFA-1αL 亚单位 EF 样结构,LFA-1 发生二聚体化和成簇分布,表达 L16 表位,结合配体的亲和力升高;D. Mg^{2+}、Ca^{2+}结合 LFA-1αL 亚单位,LFA-1 构象发生变化和二聚体化,表达 24 和 L16 表位,与配体 ICAM-1 同源二聚体结合,亲和力和亲和力都升高

一般需数小时,但维持时间较长。例如,IL-1、TNF-α 作用于血管内皮细胞诱导 E-selectin、VCAM-1 分子的合成与表达,诱导后 4 h 达到高峰,并可维持 24 h 以上。

2. 细胞因子、炎症介质的作用　　细胞因子 IL-1、IL-3、IL-4、IL-8、PAF、GM-CSF、TNF-α、LT-α 和 IFN-γ,以及炎症介质白三烯、组胺和凝血酶等可调节白细胞和血管内皮细胞黏附分子表达的数量。

3. 细胞的生长、发育状态对黏附分子表达的影响　　胚胎发育过程中,组织细胞黏附分子的表达按一定的程序发生改变,使得不同细胞得以按一定的规律组合在一起,形成不同的组织或器官。肿瘤细胞与其起源的正常组织细胞相比,表达的黏附分子可有很大差异,造成某些肿瘤细胞易于发生浸润、转移。此外,处于不同分化和发育状态的淋巴细胞所表达的黏附分子也有明显改变。如与未致敏 T 细胞相比,记忆性 T 细胞表达更多的 CD2、LFA-1、CD44、VLA-4 等黏附分子,而 L-selectin 在未致敏 T 细胞表达水平要明显高于记忆 T 细胞。单核细胞和髓样单核细胞系在成熟过程中 Mac-1 分子表达增加。当血液中单核细胞穿出毛细血管壁进入组织时,整合素 p150,95 表达上调,而 Mac-1 表达下降。

三、黏附分子的功能

由黏附分子和趋化因子/趋化因子受体所组成的“迁徙分子”(trafficking molecule)无论在白细胞的生理性迁移(如淋巴细胞再循环)或病理性浸润(如各种炎症)中都发挥重要作用。

(一) 炎症过程中白细胞与血管内皮细胞的黏附

炎症过程的一个重要特征就是白细胞通过黏附和穿越血管内皮细胞,向炎症部位渗出。其分子基础是白细胞与血管内皮细胞黏附分子的相互作用。不同白细胞的渗出过程或渗出过程的不同阶段所涉及的黏附分子不尽相同。

1. 不同黏附分子在黏附过程不同阶段所起的作用　　在体内,白细胞与血管内皮细胞的黏附作用是在血液流动产生的切力作用下进行的,因此白细胞与血管内皮细胞的黏附作用有其特殊性。其中包括白细胞沿血管壁滚动的最初黏附作用,紧随其后的是紧密黏附和穿越内皮细胞。s-Le^x分子与其配体 E-selectin 的结合,以及 L-选择素对于中性粒细胞与血管内皮细胞的最初黏附发挥重要的作用。在随后发生的加强黏附和穿越血管内皮细胞的过程中,β2 整合素(CD11/CD18)与其配体 ICAM 的相互作用上升到关键地位。此时,已经黏附于血管内皮的中性粒细胞 L-selectin 分子表达水平显著下降,在趋化因子(如膜结合IL-8)的诱导下,CD11/CD18 表达水平则明显上调,并发生构象的变化。事实上,L-selectin 分子表达下降可减少对已黏附中性粒细胞的牵拉作用,有利于 CD11/CD18 介导的中性粒细胞穿越血管内皮细胞。

2. 膜结合细胞因子在白细胞与血管内皮细胞黏附过程中所起作用　　调节上述白细胞黏附分子表达的细胞因子,有血管内皮细胞(En)膜表面结合的 IL-8、GM-CSF、PAF 等对中性粒细胞具有趋化作用的细胞因子。中性粒细胞与血管内皮细胞的黏附是在血管内皮细胞膜结合的细胞因子调节下,多种黏附分子按顺序协调作用的复杂过程(图 7-9)。

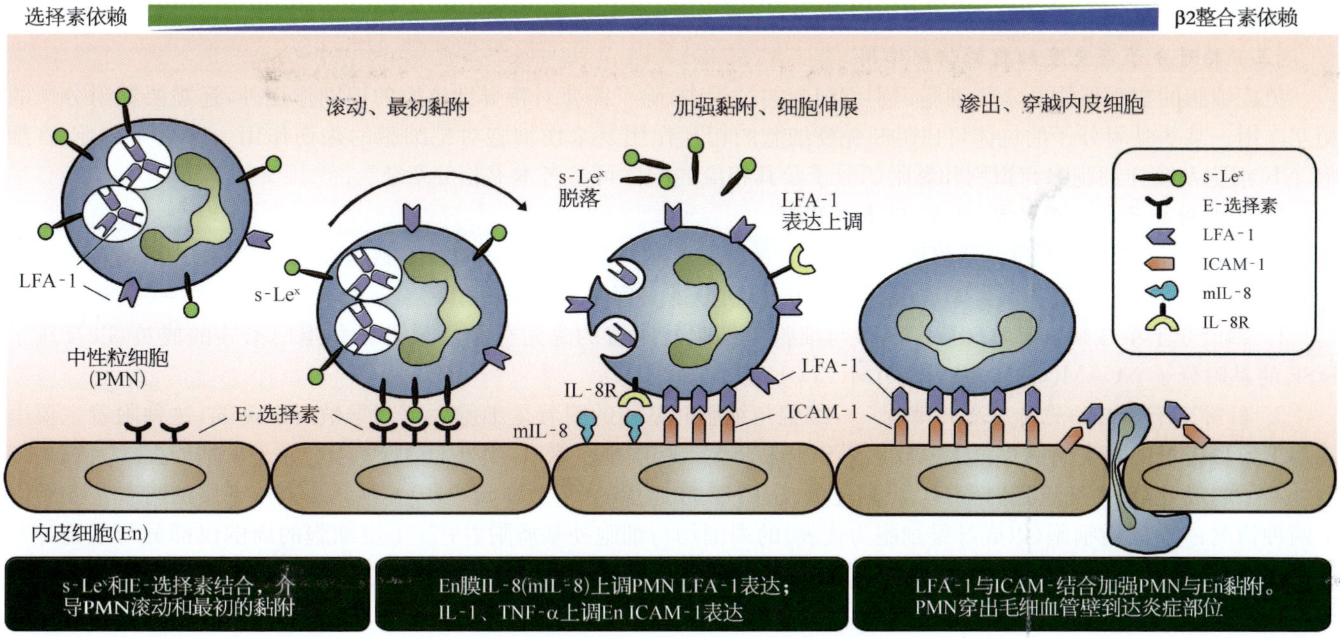

图 7-9　中性粒细胞黏附和穿越血管内皮细胞过程的模式图

黏附分子在白细胞渗出过程中的重要作用在先天性白细胞黏附缺陷症(LAD)发病机制中得到了证实。该病的临床特征是反复发生难以治愈的感染。LAD 可分为 LAD-1 和 LAD-2 两型。LAD-1 型患者由于 CD11/CD18 分子表达缺陷,因此不能与其相应配体 FN 和 iC3b 结合,丧失非特异的调理作用;此外,虽然白细胞可以沿血管壁滚动,由于不能与血管内皮细胞表面黏附分子 ICAM-1 结合,白细胞不能渗出到炎症部位。LAD-2 型患者由岩藻糖化的缺陷,导致白细胞 s-Lewis^x(CD15s)和 CD15 表达缺陷,不能有效地与血管内皮细胞表面 E-selectin 分子结合,白细胞沿血管壁的滚动能力显著低于正常人,同样也不能向炎症部位渗出。

3. 细胞因子在白细胞选择性渗出过程中的作用　　不同炎症反应具有不同类型的炎症细胞浸润,如急性炎症以中性粒细胞渗出和浸润为主,慢性炎症往往以淋巴细胞浸润为主,Ⅰ型超敏反应的变态反应性炎症以嗜碱粒细胞的渗出为主,迟发型超敏反应性炎症则以单核细胞、T 细胞浸润为特征。已有的证据显示,上述现象与黏附分子在不同类型白细胞表达的差异,细胞因子对黏附分子表达的不同调节,以及局部组织产生不同的趋化因子等因素有关。如 IL-4 和 IFN-γ 作用于血管内皮细胞可以选择性地诱导黏附分子 VCAM-1 的表达,而 VCAM-1 的配体 VLA-4 只在淋巴细胞、嗜酸粒细胞、嗜碱粒细胞表达,在中性粒细胞不表达,因此 IL-4 和 IFN-γ 可以选择性地促进除中性粒细胞以外的白细胞的黏附作用。IL-4 和 IFN-γ 是由活化 T 细胞产生的细胞因子,因此 IL-4 和 IFN-γ 可能在免疫介导的炎症性疾病中发挥重要作用。此外,IL-8、GM-CSF 和 PAF 等膜结合因子也可能是导致白细胞选择性渗出的重要因素。

(二) 黏附分子与淋巴细胞的归巢

淋巴细胞在中枢淋巴器官发育成熟后,经血流迁移到外周淋巴器官,并在全身各器官、组织及炎症部位发挥多种生物学功能。淋巴细胞归巢(homing)是淋巴细胞迁移的一种特殊形式,包括:① 淋巴干细胞向中枢淋巴器官的归巢;② 淋巴细胞向外周淋巴器官的归巢;③ 淋巴细胞再循环,即外周淋巴器官的淋巴细胞通过毛细血管后静脉进入淋巴循环以接触外来抗原,然后再回到血循环;④ 淋巴细胞向炎症部位的渗出。淋巴细胞是一个不均一的群体,淋巴细胞归巢过程的一个显著特点是不同群和不同亚群的淋巴细胞,以及静止淋巴细胞、活化淋巴细胞和记忆淋巴细胞在上述迁移过程中各具选择性,即某一特定的淋巴细胞群或亚群定向归巢到相应的组织或器官。淋巴细胞归巢的分子基础是淋巴细胞与各组织、器官血管内皮细胞黏附分子的相互作用。通常将淋巴细胞所表达的黏附分子称为淋巴细胞归巢受体(lymphocyte homing receptor, LHR),而将其对应的血管内皮细胞的黏附分子称为地址素(addressin)。参与不同群或亚群淋巴细胞归巢过程的黏附分子及其表达动态有所不同,决定淋巴细胞归巢的选择性。

一般来说,未致敏的淋巴细胞再循环主要流经淋巴结、派尔集合淋巴结、扁桃体和脾脏等,因为大部分进入机体的抗原存在上述淋巴器官中,淋巴细胞通过再循环可最大限度地接触和识别这些抗原。在 T 细胞或 B 细胞同一淋巴细胞群中,它们的再循环大致是相同的。而记忆淋巴细胞和效应淋巴细胞,除了参与同未致敏淋巴细胞相同的再循环外,还可选择性地到达一些淋巴器官以外的某些发生免疫效应的场所,如肠黏膜固有层、肺间质、发生炎症的皮肤及关节等部位。

（三）黏附分子与免疫细胞的识别作用

免疫细胞的相互作用及杀伤细胞识别靶细胞的过程中，除了需要对特异性抗原的识别作用外，还需要黏附分子的相互作用。某些黏附分子的抗体可以阻断免疫细胞的相互作用及杀伤细胞对靶细胞的杀伤作用。有关T细胞、B细胞、NK细胞及髓样细胞参与识别和黏附的分子及其相应的配体可参考本书相关章节。

（四）黏附分子与细胞发育、分化、附着及移动

在胚胎发育过程中，不同类型的细胞按着既定的规律形成细胞与细胞之间及细胞与细胞外基质的附着，有序地组合在一起构成不同的组织和器官。在这一过程中，黏附分子发挥着重要作用。

1. 黏附分子参与细胞间的附着　参与细胞与细胞间附着的黏附分子主要是钙黏蛋白家族的成员，以及属于IgSF的黏附分子NCAM(CD56)及PECAM(CD31)等。

2. 黏附分子参与细胞与基质的附着　细胞与细胞间基质的附着是细胞生存与增殖所必需的，这种附着主要由表达于各种组织细胞表面的整合素家族黏附分子来介导。除了整合素β2组外，其他整合素分子识别的配体大都是细胞外基质的成分，包括纤连蛋白(FN)、层黏连蛋白(LN)、玻连蛋白(VN)和胶原(CO)等。细胞与基质的附着主要有以下两种情况：① 间质细胞（以成纤维细胞为代表）的周围均与细胞外基质附着；② 上皮细胞的周围仅部分与细胞外基质附着，而细胞侧面则与细胞发生附着，在这种情况下细胞黏附分子的分布存在着极性。细胞癌变过程往往伴随着这种极性的丧失。

3. 黏附分子参与细胞的移动　在细胞发育、分化及创伤修复过程中都需要细胞的移动，E-cadherin、N-cadherin、NCAM、CD31及FN和FN受体是这一过程的重要参与者，而且在细胞移动过程中不同的黏附分子的表达得到精细的调控。

（五）黏附分子与肿瘤

黏附分子与肿瘤的关系主要包括对肿瘤浸润和转移的影响，对杀伤细胞杀伤肿瘤的调节，以及临床上提供肿瘤诊断的辅助手段。

1. 黏附分子与肿瘤的浸润　恶性肿瘤一个重要生物学特征是其对邻近正常组织的浸润及远处转移，目前已知肿瘤的浸润与转移与其黏附分子表达的改变有关。一方面肿瘤细胞某些黏附分子表达的减少可以使细胞间的附着减弱，肿瘤细胞脱离与邻近细胞的附着，这是肿瘤浸润及转移的第一步；另一方面，肿瘤细胞表达的某些黏附分子使已入血的肿瘤细胞得以和血管内皮细胞黏附，造成血行转移。

(1) E-cadherin与肿瘤浸润　包括大肠癌、乳腺癌等在内的多种肿瘤细胞E-cadherin分子表达明显减少或缺失，该分子表达水平降低与肿瘤细胞的恶性程度显著相关。

(2) 整合素家族与肿瘤浸润和转移　该家族黏附分子在肿瘤细胞的表达水平也明显改变，包括表达减少、缺失和表达升高，分布的极性亦可能不同于正常细胞。整合素分子在肿瘤细胞表达变化的不一致性可能与这些分子的不同作用有关。同一种黏附分子可以在转移和附着两个不同的过程中发挥作用，因此整合素分子表达的增加或减少都可能参与肿瘤细胞浸润及转移。

(3) CD44和其他黏附分子对肿瘤转移的影响　肿瘤细胞表达的某些黏附分子可使已进入血流的肿瘤细胞黏附于血管内皮细胞或基质，促进肿瘤细胞形成转移灶。而体内慢性炎症部位往往是肿瘤转移灶的好发部位，可能与炎症产物、细胞因子作用于局部血管内皮细胞促进其黏附分子表达有关。某些CD44V异型与肿瘤转移有一定关系，如在大鼠动物实验中，CD44(V6)表达与肿瘤细胞系获得转移能力有关。人CD44(V3)增加B淋巴瘤细胞的转移能力，CD44(V8～V10)可能赋予消化道癌症转移的活性。

2. 黏附分子对杀伤细胞杀伤肿瘤细胞的影响　杀伤细胞与肿瘤细胞的接触主要由LFA-1/ICAM-1的相互作用来介导。多种肿瘤细胞表达ICAM-1分子，肿瘤细胞ICAM-1分子的表达可能与肿瘤组织内淋巴细胞的浸润有关。细胞因子如IFN-γ、IFN-α、IL-4、TNF-α可促进某些肿瘤细胞ICAM-1分子的表达，从而增加其对杀伤细胞作用的敏感性。毛细胞白血病细胞不表达LFA-1分子，ICAM-1分子表达水平也很低，IFN-α和IL-4可诱导毛细胞白血病细胞表达LFA-1和ICAM-1分子，使其对CTL的杀伤作用更为敏感。肿瘤患者血清中可溶型ICAM-1水平往往高于正常人，可能抑制了NK对肿瘤细胞的杀伤作用。

3. 黏附分子与肿瘤的诊断　正常的肝细胞表达整合素α1β1，而胆管上皮细胞表达整合素α2、α3、α6和β4。由于肝细胞癌不表达β4，而胆管癌细胞不表达α1，因此上述两种整合素分子可以作为区分两型肝癌的标志。结肠癌发展时CD44(V6)表达增加；胰腺癌亦可表达CD44(V5V6)。有些黏附分子可作为肿瘤标志物，如癌胚抗原(CEA/CD66)、CD147、T细胞急性淋巴母细胞白血病相关抗原(TALLA-1/CD231)和上皮细胞黏附分子(EpCAM/

CD326)等。

(六) 黏附分子与血栓形成

血栓形成是一个十分复杂的过程,其影响因素包括血管因素、血流动力学参数、血小板的数量和功能、凝血因子的水平和结构异常,以及纤溶系统等。黏附分子与动脉凝血及静脉凝血的关系和作用机制在本章中不做深入介绍。

四、可溶型黏附分子

白细胞、血管内皮细胞或其他细胞表面的黏附分子可以被内吞进入细胞,也可以脱落下来,进入血液成为可溶型黏附分子(sAM)。此外,某些黏附分子的 mRNA 存在着不同的剪接形式,其中有的 mRNA 翻译后的产物直接分泌进入血液,成为可溶型黏附分子的另一个重要来源。除血清外,某些可溶型黏附分子还可在脑脊液、肺泡灌洗液、尿、滑膜液及腹水中出现,反映了局部黏附分子的表达和代谢状况。在结构上,可溶型黏附分子一般与跨膜型黏附分子胞外区部分相同,仍显示黏附分子的结合活性,因此可作为调节细胞黏附作用的一个途径。在疾病状态下,黏附分子的表达往往增加,可致血清中可溶型黏附分子的水平显著升高,因此检测可溶型黏附分子的水平已成为监测某些疾病状态的手段。

多数黏附分子都有其对应的可溶型黏附分子存在,目前研究较多的可溶型黏附分子有可溶型 E-selectin、P-selectin、L-selectin、VCAM-1、ICAM-1、CD44 和 NCAM 分子等。

本 章 提 要

本章概述了白细胞分化抗原和黏附分子两类重要膜分子的概念、分型和基本结构。在白细胞分化抗原中,以最为常见的参与 T 细胞和 B 细胞识别、黏附、活化有关的 CD 分子及 IgFc 段受体为代表,重点介绍了这些分子的结构、表达、膜相关分子和功能;黏附分子则根据结构特点的不同分类进行介绍,并对黏附分子表达的调节和生理功能进行了概括。此外,适当联系和阐述了这些分子在临床相关疾病的发病机制、诊断、预防和治疗中的意义。

(金伯泉 张 赟)

参 考 文 献

Barklay AN, et al. 1997. The Leukocyte Antigen, Facts Book. 2nd ed. London: Academic Press.

Diaz-Ramos MC, Engel P, Bastos R. 2011. Towards a comprehensive human cell-surface immunome database. Immunol Lett, 134: 183-187.

Engel P, et al. 2015. CD nomenclasture 2015: human leuko cyte differentiation antigen workshops as a driving force in immunology. Journal of Immunotogy, 195: 4555-4563.

Gabius H-J, et al. 2015. The glycobiology of the CD system, a dictionary for translating marker designations into glycan/lectin structure and function. Trends in Biochemical Sciences, 40(7): 360-376.

Luster A, et al. 2005. Immune cell migration in inflammation: present and future therapeutic targets. Nat Immunol, 6: 1182-1190.

New CD Assignments. www. HLDA8. org.

Pigott R, Power C. 1993. The adhesion molecule, Facts Book. 1st ed. London: Academic Press.

Rebecca J, et al. 2005. The B7 family revisited. Annu Rev Immunol, 23: 515-548.

Watts TH. 2005. TNF/TNFR family member in costimulation of T cell responses. Ann. Rev Immunol, 23: 23-68.

Zola H, et al. 2007. Leukocyte and stromal cell molecules: the CD markers. Wiley-liss.

免　疫　学　原　理

第二部分

免疫应答

免疫应答包括识别相、激活相和效应相。

固有免疫应答始于机体对 PAMP 和 DAMP 的识别，通过炎症反应等机制清除病原体和衰变及死亡的自身成分。

适应性免疫应答包括 T、B 细胞对抗原的识别和各自的成熟分化、效应作用和产生免疫记忆。其中涉及两类淋巴细胞与固有免疫细胞间的相互作用，有各种免疫分子的参与。

时空上将免疫应答的强度和类型控制在适度的范围内，既可有效地清除病原体感染，也能避免过激反应可能引发的组织损伤。这是免疫系统的一项重要调控功能，有利于维持机体内环境的稳定。

从诺奖获得者设计的实验体验创新性思维

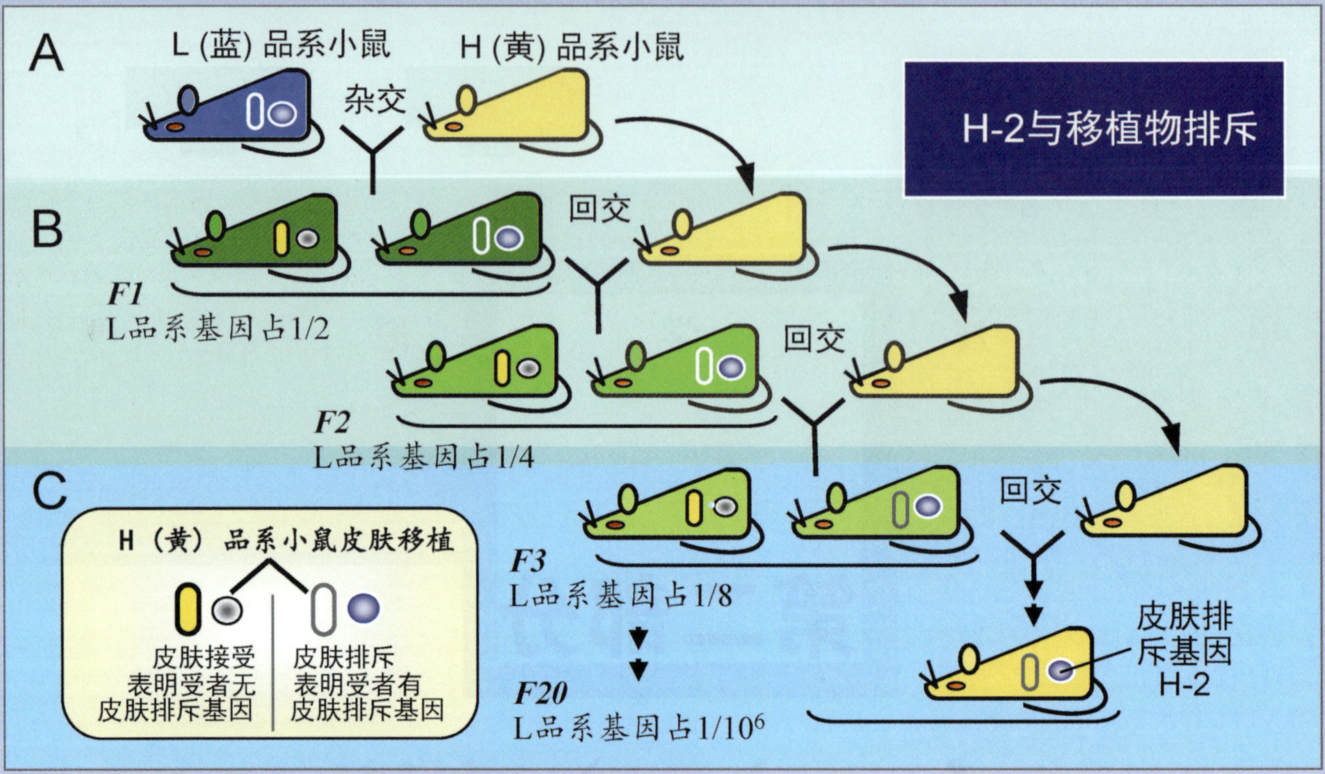

A. L (蓝) 和 H (黄) 代表不同遗传背景的近交系小鼠品系。相互皮肤移植受排斥，因为皆带有排斥异品系移植物的基因。**B**. 杂交子一代 (F1) 所有个体中L品系基因占1/2，其中是否有负责排斥的基因可根据品系H 的皮肤移植物 (黄色)能否在 F1 中存活加以判别。选择皮肤排斥个体(表明带有排斥基因◯)与H亲本回交得F2，此时L品系基因比例降至 1/4，对移植物排斥与否仍有两种类型，选择排斥型个体 (带有基因◯) 再与H亲本回交，得F3。**C**. 如此循环，回交一次，子代中 L品系基因减少一半，直到第 20 代 (F20), L基因比例降至百万分之一 ($1/10^6$)，却仍可从中选择到能排斥黄品系皮肤移植物的个体。表明这些个体并未丢失L品系的 ◯ 基因，然而此时，其整个遗传背景已全部换成“黄色”即H品系。试将最下面一行那只F 20小鼠 (纯黄色却能排斥H品系皮肤因为带有L 品系排斥基因) 和右上角H亲本小鼠 (纯黄色，不带任何L品系基因) 相比较，两者之差，仅在有无一个 (或一组) 负责排斥的基因。前者称为同类系 (congeneic strain)。这是首次通过经典遗传学技术将一个(一组)功能基因从整个遗传背景中分解出来，从体内解析其功能，极大推动了免疫应答的基因调控和器官移植的基础理论研究。

这是诺奖获得者Snell G 20世纪40年代的著名实验，首次把小鼠决定皮肤移植物排斥的基因H-2复合体定位在17染色体并将其命名为MHC。当时基因还是一个看不见和尚未证实的假设，但Snell G运用反复回交和以皮肤排斥为指标进行筛选，把小鼠MHC之外的遗传背景全部换成移植物供者，从功能上证明MHC是移植物排斥的主要决定者，并由此发展出同类系小鼠(下图)，为研究MHC如何调控免疫应答包括移植物排斥，提供了全新的手段。

原型	其他小鼠品系	单体型	K	I-A	I-E	S	D
CBA	AKR, C3H, B10.BR, C57BR	$H\text{-}2^{k}$	*k*	*k*	*k*	*k*	*k*
DBA/2	BALB/c, NZB, SEA, YBR	$H\text{-}2^{d}$	*d*	*d*	*d*	*d*	*d*
B10	C57BL/6, C57L, C3H.SW, LP	$H\text{-}2^{b}$	*b*	*b*	*b*	*b*	*b*
A	A/He, A/Sn, A/Wy, B10.A	$H\text{-}2^{a}$	*k*	*k*	*k*	*d*	*d*
A.SW	B10.5, SJL	$H\text{-}2^{s}$	*s*	*s*	*s*	*s*	*s*
A.TL		$H\text{-}2^{tl}$	*s*	*k*	*k*	*k*	*d*
DBA/1	STOL1, B10.Q, BDP	$H\text{-}2^{q}$	*q*	*q*	*q*	*q*	*q*

带有不同单体型的小鼠H-2同类系和重组系

第八章 固有免疫

固有免疫显示三个特点：① 产生于系统发育和个体发育的早期，启动于宿主抗感染应答的初始阶段；② 以抗原非特异性方式识别和清除各种病原体；③ 出现于所有个体和所有的时间段，在抗原入侵前已经存在。显然，这些特点是与免疫系统执行其最基本的功能即抗感染联系在一起的。

但是，抗感染并不是固有免疫的全部内容。首先，固有免疫除了识别入侵的病原体，还参与区分和清除体内多种“有害的”物质，包括代谢产物、死亡细胞以及发生了变化的自身成分。其次，除了抗感染，机体多种与免疫应答有关的生理和病理过程，也有固有免疫的参与。例如，机体可启动 NK 细胞等天然机制杀伤肿瘤细胞、预成抗体可诱导不同血型红细胞间的凝集反应，以及主要由 Mφ 及 NK 细胞参与的异种移植物延缓性排斥等。自身免疫病中因自身-非己识别混乱引起的无菌性炎症反应也涉及固有免疫。显然，这些常见的免疫应答与感染并无直接联系。

基于感染免疫在本书中已有专章论述，此处侧重固有免疫的免疫生物学特点，及其在免疫应答中的地位和意义。

第一节 诱导固有免疫应答的免疫原

机体免疫应答针对的是各种抗原和免疫原。然而诱导固有免疫的诸多因素，以及应答涉及的各种分子、细胞，以及这些细胞所表达的受体，并不实施克隆性的专一性识别和相互作用。例如，固有免疫不直接诱导抗体的产生，也不以高度特异性的抗原-抗体反应作为应答的组成部分。没有抗体，何来抗原？在这个意义上，把诱导固有免疫的因素以抗原谓之，并不合适（见第三章）。本章将强调免疫原的概念，并以此涵盖固有免疫和适应性免疫中的各种应答。

一、病原体和 PAMP

1. *病原体作为免疫原具有的特点* 病毒、支原体、细菌、真菌、原虫等各种病原微生物和寄生虫对机体的感染，其与宿主的进化距离往往超越一般的种属间（如异种移植），而涉及不同的界和门。进化距离越远，胚系基因共有的成分越少，其免疫原性也就越强。因而进化距离很远的病原微生物一旦感染人体，应答快而强烈。

表 8-1 表明，病原体可以通过多种直接和间接机制损伤组织和引发疾病，因而有针对性地采用不同的抗感染手段，显得十分必要。

表 8-1 病原体引起组织损伤的多种免疫学机制

	直接损伤组织的机制			间接损伤组织的机制		
	产生外毒素	产生内毒素	杀伤细胞	形成免疫复合物	形成抗宿主抗体	损伤感染的细胞
病原体（举例）	金黄色葡萄球菌	大肠杆菌	天花病毒	乙肝病毒	化脓性链球菌	脉络丛脑炎病毒
	霍乱弧菌	嗜血流感菌	流感病毒	疟原虫	肺炎支原体	结核杆菌
疾病（举例）	扁桃体炎	脓毒症	天花	肾脏疾病	风湿热	无菌性脑炎
	猩红热	脑膜炎	流感	肾小球肾炎	溶血性贫血	疱疹性基质结膜炎
	霍乱	伤寒	水痘	梅毒		结核病

但在另一方面，就发展抗感染手段而言，进化距离远的低等生物显示的抗原结构却相对简单，因而固有免疫需要应对的非己成分也较为单一。这可能是高等动物往往启用基本相同的方式应对病原体感染，而较少显示个体差异和抗原特异性的原因。

2. *病原体相关分子模式* 病原体的免疫原，统称为病原体相关分子模式（PAMP）。其以模式（pattern）相称，意味着组成成分相对单一，易于纳入为数不多的结构范畴；还因为这些抗原有其共性，为各种病原体所共有。其实，模式一词还提示另一层含义，即固有免疫识别的病原体结构，往往是病原体赖以生存，因而变化较少的重要部分，如病毒的双链 RNA 和细菌的脂多糖。对此，病原体很难就模式结构产生突变而逃脱固有免疫的作用。正是这样一些重要的微生物组分构成了 PAMP。PAMP 主要包括以下两类。

（1）以糖类和脂类为主的细菌胞壁成分 如脂多糖、甘露糖、类脂、肽聚糖、脂磷壁酸、脂阿拉伯甘露聚糖、脂蛋白和鞭毛素等。其中最为常见且具有代表性的是：革兰阴性菌产生的脂多糖（LPS）、革兰阳性菌产生的脂磷壁酸

(LTA)、分枝杆菌产生的糖脂和酵母菌产生的甘露糖(表 8-2)。

表 8-2 典型的 PAMP 和 DAMP

	类别	举例	隶属微生物
PAMP	核酸	单链 RNA(ssRNA)	病毒
		双链 RNA(dsRNA)	病毒
		胞苷尿苷双核苷酸(CpG)	病毒
	蛋白质	菌毛素(pilin)	细菌
		鞭毛素(flagelin)	细菌
	胞壁脂类	脂多糖(LPS)	革兰阴性菌
		脂磷壁酸(LTA)	革兰阳性菌
	糖	甘露聚糖(mannan)	真菌、细菌
		DC 相关凝集素(dectin)	真菌
DAMP	应急诱导蛋白	热休克蛋白(HSP)	
	结晶	尿酸单钠	
	核蛋白	高速泳动族框蛋白(HMGB1)	

(2) 病毒产物及细菌胞核成分　如非甲基化寡核苷酸 CpG DNA、单链 RNA 和双链 RNA。

需要指出的是,上述 PAMP 可以表达在病原体表面或游离于免疫细胞之外,也可以出现在免疫细胞的胞质溶胶,以及胞质溶胶中各种携带病原体的胞内区室,如内体、吞噬体和吞噬溶酶体。如此,要求固有免疫中能识别 PAMP 的受体,既表达在细胞表面,也存在于胞内区室及胞质溶胶。这一点,与适应性免疫中识别抗原的淋巴细胞受体不同。

3. 脂多糖:PAMP 的一个代表　对脂多糖(LPS)的识别在固有免疫中具有典型意义。首先,脂多糖为革兰阴性菌的胞壁成分(图 8-1),全身感染革兰阴性菌引起脓毒症和脓毒性休克(septive shock),是 LPS 诱致大量分泌细胞因子特别是 TNF-α 所引起,可导致脑、心、肾、肝等要害器官的衰竭,因而 LPS 又称内毒素。其次,LPS 是固有免疫信号转导研究的突破口之一,由此发现了相应的受体 TLR4(详后),及一些当初未知的炎症基因激活和信号转导方式,开拓了固有免疫研究的局面。

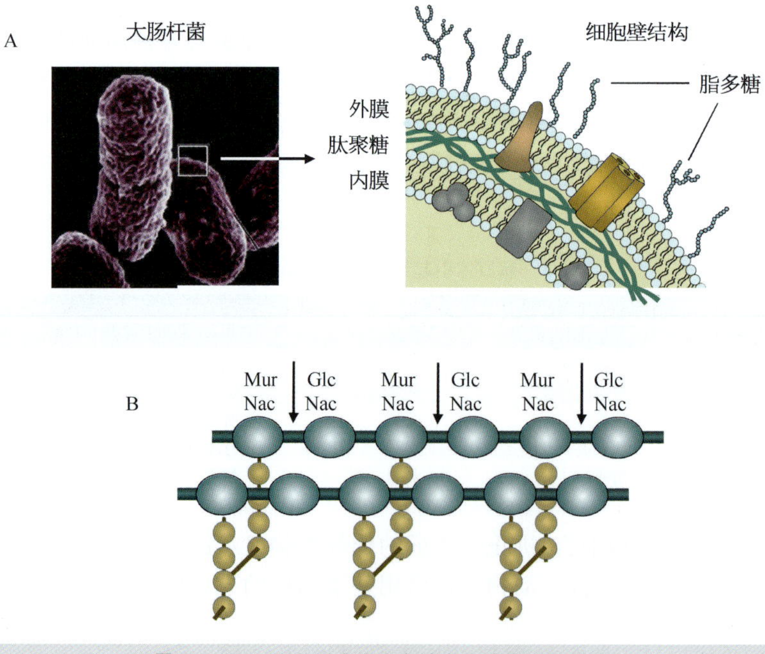

图 8-1　PAMP 主要成分脂多糖和脂磷壁酸的结构

A. 革兰阴性菌大肠杆菌及其胞壁结构。可见脂多糖分子从胞壁外层向外伸展。B. 革兰阳性菌胞壁肽聚糖由三部分组成立体网状结构:乙酰葡糖胺(GlcNac)和乙酰胞壁酸(MurNac)交替出现的骨架、连接 MurNac 的氨基酸侧链,以及连接侧链的甘氨酸交联桥。溶菌酶可在 GlcNac 及 MurNac 之间将骨架切断(箭头),肽聚糖解离

二、细胞损伤产物和 DAMP

启动固有免疫应答的另一类免疫原,称为损伤相关的分子模式(DAMP),亦称为内源性警报素(alarmin)。这是一

类主要由体内受损细胞和死亡细胞产生和释放的内源性分子，属于内源性佐剂物质。

1. DAMP的组成　DAMP分两类，分别来自胞内和胞外。胞内DAMP由应急细胞特别是坏死细胞所释放。因为此类细胞内容物的释放，启用的不是生理性的跨膜分泌机制，而是以一种称为无前导序列分泌蛋白（leaderless secretory protein，LSP）的形式。该类蛋白进入胞外酸性环境中不能维持正确的蛋白质折叠而迅速失活，成为具有促炎活性的免疫原。这些显示佐剂活性的胞内DAMP，包括应急产生的热休克蛋白（HSP）、嘌呤代谢物（尿酸单钠结晶）、高迁移率族蛋白Ⅰ（high-mobility group box 1，HMGB1）和S100蛋白等（表8-2）。另一类DAMP由坏死细胞释放的蛋白酶和水解酶诱导产生，因而也与细胞死亡有关，包括胞外基质的解离片段和受损的基质成分，如透明质酸和硫酸肝素。

细胞损伤可以由感染引起，也可以由各种无菌性因素诱导，如化学毒物、烧伤、创伤及血供不足。但是凋亡细胞并不产生DAMP，倒是一些免疫系统的正常细胞，在受到应激刺激后会释放DAMP，并借助固有免疫诱导炎症反应。

2. 高迁移率族蛋白1：DAMP的一个代表　作为一类主要的DAMP，有关HMGB1的研究十分活跃。生理条件下的HMGB1属胞内DNA结合蛋白，具有稳定核小体结构和调节基因转录的功能，并可通过核孔进入胞质。一旦因细胞坏死而释放至胞外，即发挥促炎症因子的作用。

图8-2显示，由215个氨基酸残基组成的HMGB1分子，其中段B框结构域及该结构域与酸性尾部连接的部分，具有诱导细胞因子的活性，并能与一种称为高度糖基化终末产物受体（RAGE）的成分相结合，引起相关信号的转导，启动炎症反应。

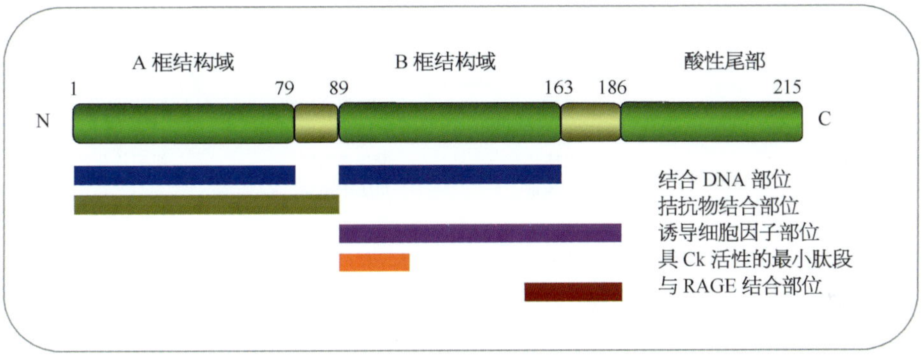

图8-2　DAMP典型分子——高迁移率族蛋白1（HMGB1）的结构功能

RAGE：高度糖基化终末产物受体（receptor for advanced glycation end-products）

第二节　固有免疫应答的防御屏障

机体对进入体内的非己成分和外来病原体的应答，包含循序渐进的三个阶段。首先出现一个快速的应答，由一些现存的效应分子与病原体起反应。然后进入早期诱导性应答阶段，各种参与炎症反应的细胞被激活而行使对感染物的清除。最后，出现由淋巴细胞介导的适应性免疫应答。

图8-3表明，固有免疫覆盖的抗感染过程，其实还包括最左侧有关构筑防御屏障的相关内容。因而自图左至图右，固有免疫包括三个部分：防止病原体入侵；以现存的抗菌成分快速清除病原体；诱导各种炎症细胞启动炎症反应。这三个步骤和时相，构成本章涵盖的主要内容。

本节主要介绍阻止病原体入侵的基本屏障。

病原体入侵机体的主要部位在皮肤和各种黏膜层（胃肠道、呼吸道，眼、鼻、口腔和泌尿生殖道）。表8-3列举了防止病原体入侵的物理屏障和解剖学屏障。这些屏障是机体抗感染的第一道防线，主要由皮肤和黏膜表皮层组成。

皮肤包括表皮和真皮。表皮外层为已死亡的表皮细胞，带有防水的角蛋白。其下方的真皮层由结缔组织组成，带有血管、毛囊、汗腺和皮脂腺，后者分泌油性的皮脂。皮脂含乳酸和脂肪酸，使皮肤表面形成一个pH为3～5的酸性环境，抑制大部分微生物的生长。

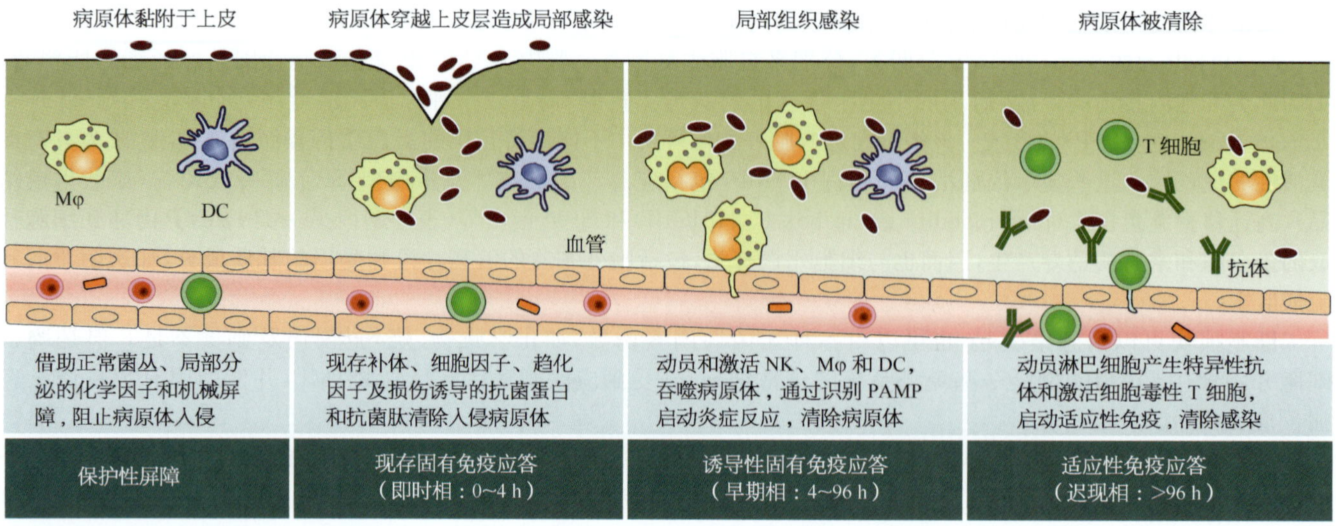

图 8-3 病原体入侵和抗病原体感染的时相区分

表 8-3 阻止病原体越过上皮层和在组织中形成菌落的多种屏障

		皮 肤	肠 道	呼 吸 道	眼/鼻/口腔
基本屏障	表皮层机械防护	+	+	+	+
	表面气流和液流	+	+		
	黏液、分泌物		+	+	+
	纤毛运动			+	+
化学屏障	分泌物	脂肪酸	低 pH，胃蛋白酶	肺表面活化剂	溶菌酶
	抗菌物质	β 防御素	隐窝素	α 防御素	组织素
		片层体	凝集杀菌素	组织杀菌素	β 防御素
		组织杀菌素	组织杀菌素		
微生物屏障	正常菌丛	+	+	+	+

组织杀菌素 cathelicidin；凝集杀菌素 lecticidin；片层体 lamellar body；隐窝素 cryptdin；组织素 histadin；表面活化剂 surfactant

结膜、消化道、呼吸道、生殖道的黏膜表面由黏膜层及下方的结缔组织层构成。黏膜是病原体进入体内的主要部位。其中起屏障作用的成分，一是唾液、眼泪和黏膜分泌物，它们可洗去入侵物，并以其携带的抗菌肽和抗病毒物质如溶菌酶和胃蛋白酶，清除病原体；二是黏膜上皮细胞，这些细胞可分泌黏液和抗菌肽，黏液可阻止病原微生物黏附于表皮细胞和呼吸道。另外，下呼吸道和胃肠道的黏膜还覆盖着纤毛，有清除微生物的作用。最后，非致病性微生物可在黏膜表面上皮细胞层形成菌落，称为微生物区系（microbiota），以其正常菌丛竞争性地使病原体得不到营养或无着生之地。有些正常菌丛还可产生乳酸等抗菌物质，或刺激表皮细胞分泌抗菌肽。

温度（体温和发热）对病原体生长起抑制作用，并增强免疫细胞的效应功能。胃酸可杀死大部分入侵的微生物。

第三节 现存抗菌因子及其介导的固有免疫应答

按照图 8-3 有关固有免疫涉及的内容和时相，本节论述由预存因子介导的即时性固有免疫应答。表 8-3 化学屏障一栏已列举了抗菌物质中的一些成分。

一、抗菌肽和抗菌蛋白

体内存在多种能抑制病原微生物生长的抗菌肽和抗菌蛋白，主要由表皮细胞和吞噬细胞产生，在病原体入侵后启动的快速固有免疫应答中发挥作用。

1. 溶菌酶（lysozyme） 因具有溶菌活性而得名。根据作用对象，分为细菌胞壁溶菌酶和真菌胞壁溶菌酶；根据来源，分为人、动物、植物和微生物溶菌酶。人溶菌酶检出于泪液、唾液、乳汁等，主要由巨噬细胞和小肠肠腺嗜酸细胞即帕内特细胞（Paneth's cell）产生。动物中的溶菌酶以鸡蛋清中含量最高，是溶菌酶的代表。鸡蛋清溶菌酶属于一种稳定的碱性蛋白，由 129 个氨基酸残基组成，分子质量为 14 kDa。

溶菌酶可直接作用于革兰阳性菌胞壁裸露的肽聚糖。肽聚糖由三种成分共同构成立体网状结构，即N乙酰葡糖胺(GlcNac)和N乙酰胞壁酸(MurNac)交替出现的骨架、与乙酰胞壁酸相连的氨基酸侧链，以及连接侧链的甘氨酸交连桥。溶菌酶可以在GlcNac及MurNac之间将骨架切断，使肽聚糖分子解离(图8-1B)，损伤细菌和真菌细胞壁。

2. 防御素　抗菌肽广泛地存在于各种动物，已发现400多种，从白蚁、果蝇、家蚕到人类，甚至植物中也有。人体中的抗菌肽主要为防御素(defensin)。防御素是29～35个氨基酸残基组成的阳离子肽，借助2～3个二硫键形成由α螺旋、β片层和肽环组成的三维立体结构(图8-4A)。人的防御素有α型和β型之分，前者见于上面提到的肠腺嗜酸细胞和中性粒细胞的胞质颗粒；后者存在于上皮及其他组织。人体肠腺嗜酸细胞可产生多至21种不同的抗菌肽，其中组成性表达的α防御素又称隐窝素(cryptdin)，其编码基因主要位于第8号染色体。防御素的杀菌谱很广，包括金黄色葡萄球菌、肺炎球菌、大肠杆菌、铜绿假单胞菌和嗜血流杆菌，而且可在几分钟内见效。防御素还可抑制胞内DNA、RNA和蛋白质合成，激发抗菌酶的产生，并损伤真菌菌体和由脂蛋白包被的病毒如流感病毒和单纯疱疹病毒。

防御素能有效地杀灭细菌是因为其属于两性(amphipathic)分子，即同时具有极性基团(亲水)和非极性基团(疏水)。图8-4B表明，吞噬细胞摄入病原微生物之后，胞内带有防御素的胞质颗粒迅速与胞膜融合，将防御素释放至包绕细菌的胞膜和细菌中间。然后高浓度防御素直接插入细菌胞壁，借助其两性结构域的聚合和孔洞形成能力，使细菌因胞壁损伤而死亡。

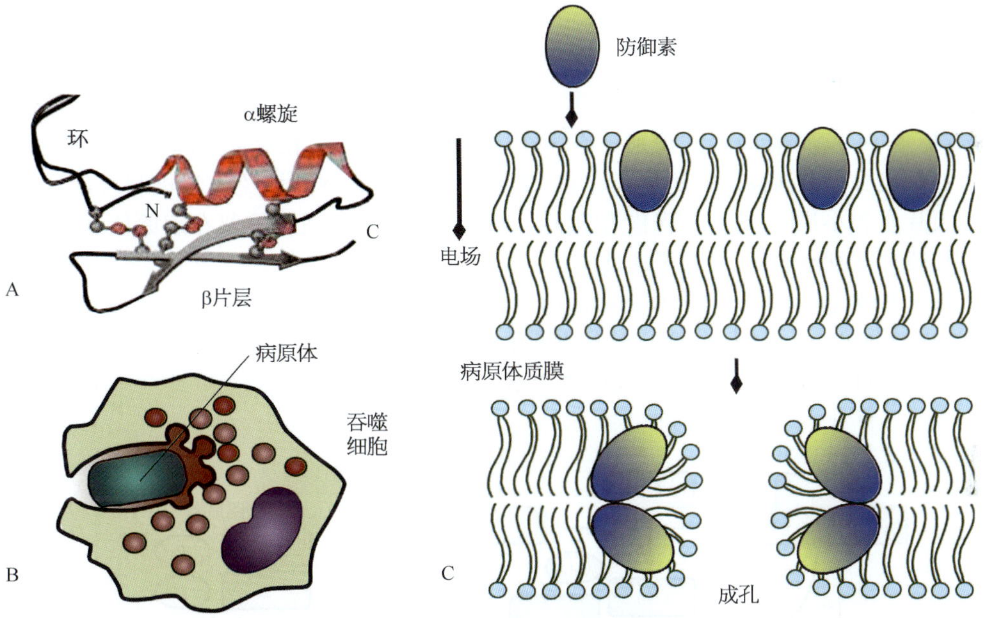

图8-4　防御素结构及其杀菌机制

A. 昆虫防御素结构图。B. 吞噬细胞摄入病原体后，包裹防御素的胞质颗粒与吞噬细胞胞膜融合，高浓度防御素释放到胞外间隙中，直接与病原体接触，并行使效应功能。C. 大部分防御素为两性分子，借助其中带阳电的亲水氨基酸侧链(黄色)和疏水氨基酸侧链(蓝色)，可在细菌壁生物电场作用下进入质膜。防御素在质膜中聚合并发生构象改变，使质膜张力下降，形成孔洞，病原体因质膜受损而裂解

3. 组织杀菌素(cathelicidin)　也是通过两性结构域发挥杀菌作用的抗菌肽，由中性粒细胞、Mφ、表皮角质形成细胞、肺部和小肠上皮细胞产生。中性粒细胞中有一种次级颗粒，储有无活性的组织杀菌素分子。次级颗粒一旦与中性粒细胞的吞噬体相遇，可通过融合而使其中的组织杀菌素进入吞噬体，在弹性蛋白酶(elastase)作用下，借酶解而释放出有活性的两性结构域，采用防御素相似的机制杀伤吞噬体中的细菌。

4. 凝集杀菌素(lecticidin)和RegⅢγ蛋白　属于C型凝集素的一类抗菌肽，其两性分子带有碳水化合物识别结构域(CRD)。此类抗菌肽主要作用于肽聚糖，因而与溶菌酶一样，优先杀伤革兰阳性菌。其中最重要的是RegⅢ家族分子，在小肠肠腔中发挥抗菌作用。小鼠中，该家族的RegⅢγ也是由肠腺嗜酸细胞分泌的。人体中RegⅢα又称胰腺炎相关蛋白(PAP)，三维结构也已阐明，发现可直接在靶目标即细菌胞壁上“打洞”，形成一个个六聚体小孔而置细菌于死地(图8-5)，被形象地称为成孔C型凝集素(pore-forming C-type lectin)。

值得注意的是，上述防御素、组织杀菌素和属于凝集杀菌素的RegⅢ蛋白皆借助于激活两性分子，通过破坏靶目标的胞壁结构而发挥杀菌作用(图8-4C)。然而两性结构域通常以无活性的前肽形式存在，需去除其N端短肽才能激

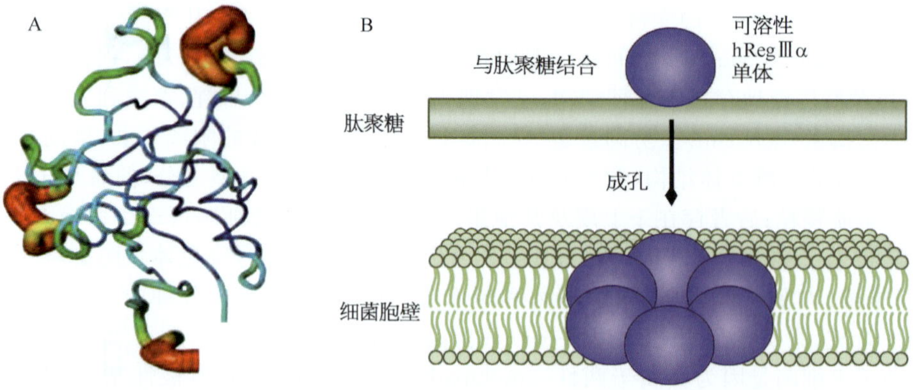

图 8-5 人体 C 型凝集素 hRegⅢa 三维结构(A)及其通过形成六聚体孔洞杀伤革兰阳性菌(B)

活。可见,固有免疫中的抗菌肽或抗菌蛋白发挥作用,往往有一个借助蛋白酶从前体分解而激活的过程。这一特点,在下面论及的补体系统中,更为明显。

二、补体

补体因协助抗体清除病原体而得名,是一组血浆蛋白质,有 20 余种,对热不稳定,可通过 56℃处理 30 min 而失去活性。补体是固有免疫中一类可溶性模式识别分子,可行使多种效应功能,在免疫防御中发挥重要作用。

自然条件下,补体成分以无活性的酶原形式存在,多种特异性和非特异性免疫学机制可使这些无活性的酶原分解,产生有活性的大片段和小片段,这一过程称为激活。所得到的大片段通常停留在病原体和细胞表面,使后者裂解或加速其清除;小片段离开细胞表面,介导炎症反应。

1. 补体级联反应中的前期事件　补体的激活由两组紧密相随的事件或两个阶段组成,并由此形成补体激活的级联反应。两个阶段的分界线是 C3 转化酶的形成和活化。

先论述先期事件涉及的三条途径对 C3 转化酶的激活(图 8-6)。

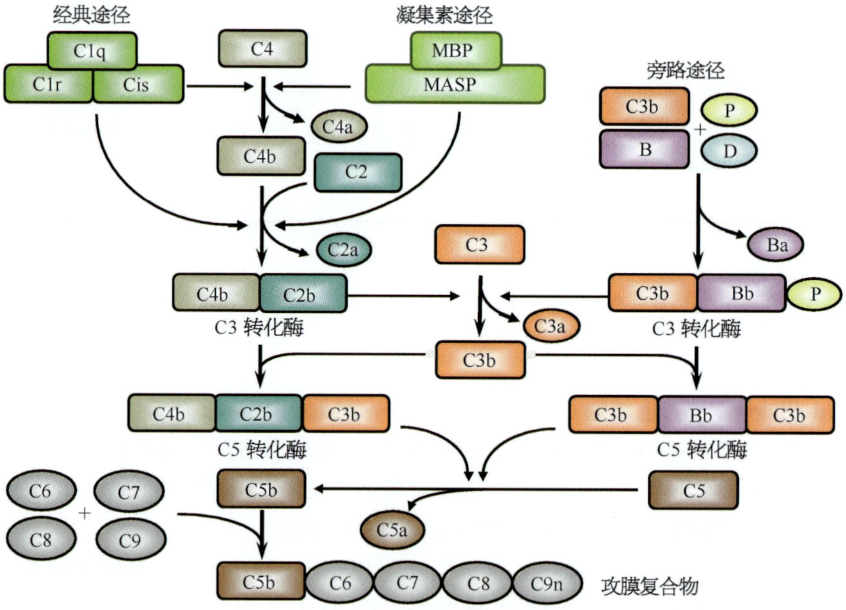

图 8-6 补体激活的三条途径

(1) 经典途径　始于抗体(主要是 IgM 和 IgG)对病原体或细胞表面抗原分子的识别及抗原抗体复合物的形成,以及补体 C1q 分子结合抗体后的激发作用。C1q 和 C1r、C1s 组成 C1 复合物(图 8-6 左上及图 8-7A),C1r 和 C1s 随着 C1q 的活化而依次激活。C1s 活化后专一性地使下列两个补体成分分解:C4 分解成 C4a 和 C4b;C2 分解成 C2a 和 C2b。被激

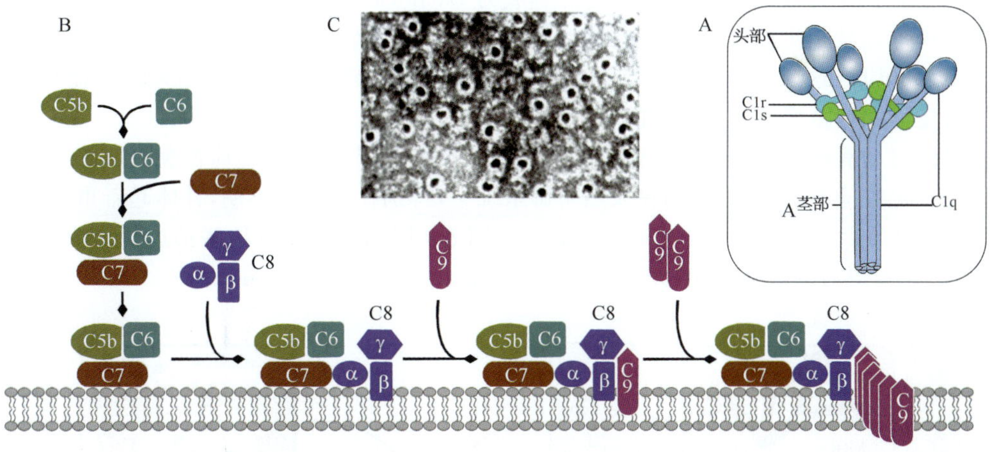

图 8-7 补体 C1 复合体及攻膜复合物形成过程结构示意图

A. 补体 C1 由 C1q、C1r 和 C1s 组成。C1q 为六聚体，每一个亚单位由结合 Ig 分子的球部和茎部组成。C1q 与 Ig Fc 段结合并发生构象改变后，由 C1r 活化 C1s，使之分解成小分子 C1s 片段，进而裂解补体成分 C4 和 C2，启动经典途径。B. 终末成分攻膜复合物形成过程示意图。C. 因大量攻膜复合物形成而出现密集孔洞的靶细胞膜电镜照片，每一孔洞内径为 10 nm

活的两个大片段 C4b 和 C2b 迅速沉积到细胞表面，共同构成经典途径中显示酶解活性的 C3 转化酶即 C4b2b。

（2）凝集素途径　由属于胶原凝集素家族的甘露糖结合凝集素和与之相关的聚糖素启动。

1）甘露糖结合凝集素（mannose-binding lectin，MBL）为一类可溶性模式识别分子，由多个同源三聚体连接而成。三聚体中每一个成分包括一个糖类识别结构域（CRD）、一条与之相接的 α 螺旋，和一条胶原螺旋构成的主茎，后者将各分子汇集成束（图 8-8A）。MBL 专一性识别各种病原体表面的碳水化合物，包括 D 甘露糖、L 岩藻糖和 N 乙酰氨基葡萄糖。涉及的病原体有革兰阳性菌、革兰阴性菌、酵母、寄生虫和病毒。识别时，MBL 以其 CRD 结合糖链端部糖分子第三和第四位羟基（图 8-8B）。当同一三聚体内及相邻三聚体间各个 CRD 的距离保持在 45 Å 时，这一结合往往显示高亲和力（10^{-10} M）。

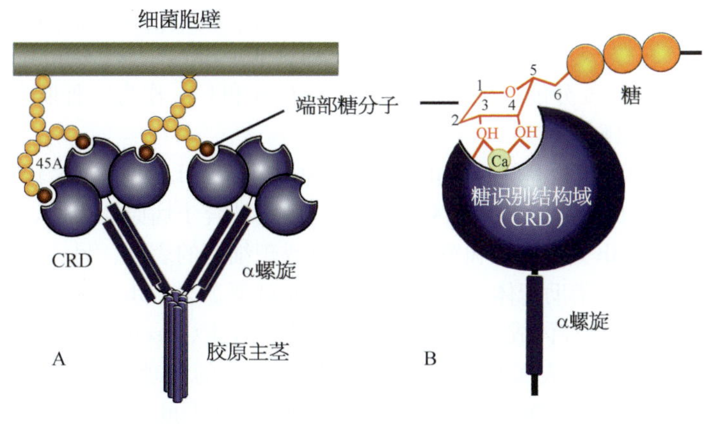

图 8-8 甘露糖结合凝集素的结构及其对细菌胞壁糖类的识别

A. 甘露糖结合凝集素由六个糖识别结构域（CRD）组成，每个结构域与汇集成束的胶原主茎以 α 螺旋相连。CRD 端部识别细菌胞壁伸展出的糖链。注意两个 CRD 识别结构之间需相隔 45 Å。B. 甘露糖结合凝集素 CRD 专一性识别端部糖分子第三位和第四位羟基

MBL 主要合成于肝脏，还可来自小肠。其激活补体的机制是，MBL 识别细菌表面糖链之后，激活 MBL 相关丝氨酸蛋白酶（MASP），后者显示类似 C1s 活性，使补体成分 C4 和 C2 分解，由此产生的两个大片段 C4b 和 C2b 共同构成 C3 转化酶，启动补体级联反应。

2）聚糖素的结构域与胶原凝集素相似，但与 MBL 带有 C 型凝集素结构域不同的是，聚糖素携带胶原样结构域，以血纤蛋白原类型的糖类识别结构，识别多种细菌，并以 MBL 相似的方式激活补体。聚糖素的分子配体为 N 乙酰氨基葡萄糖和革兰阳性菌胞壁成分脂磷壁酸。

（3）旁路途径　上述途径中产生的 C3 转化酶可使 C3 分解为 C3a 和 C3b。沉积于细胞表面的 C3b 与 B 因子结

合,成为易于被血清中D因子分解的状态,B因子遂分解成为Ba和Bb,然后由C3b和Bb构成复合物,成为旁路途径中的C3转化酶C3bBb。需要指出的是,经典途径和旁路途径中的C3转化酶都可使底物C3分子酶解,但两者结构不同,分别为C4b2b和C3bBb。这里,C3b既是C3转化酶分解C3之后出现的产物,又是旁路途径C3转化酶的组成部分,由此形成了经典途径和旁路途径相互影响的一种反馈性放大机制。

显然,经典途径的启动有赖于抗原抗体复合物的出现,因而补体参与了部分适应性免疫应答。但是其他两个途径不涉及抗体,属于固有免疫应答的范畴,表明在天然防御系统中,特别在感染的早期,补体起着重要的作用。

2. 补体级联反应中的后期事件和补体的效应功能　图8-9展示了三条补体激活途径形成C3转化酶并使之激活后,通过形成C5转化酶等后续级联反应,介导下列三项功能。

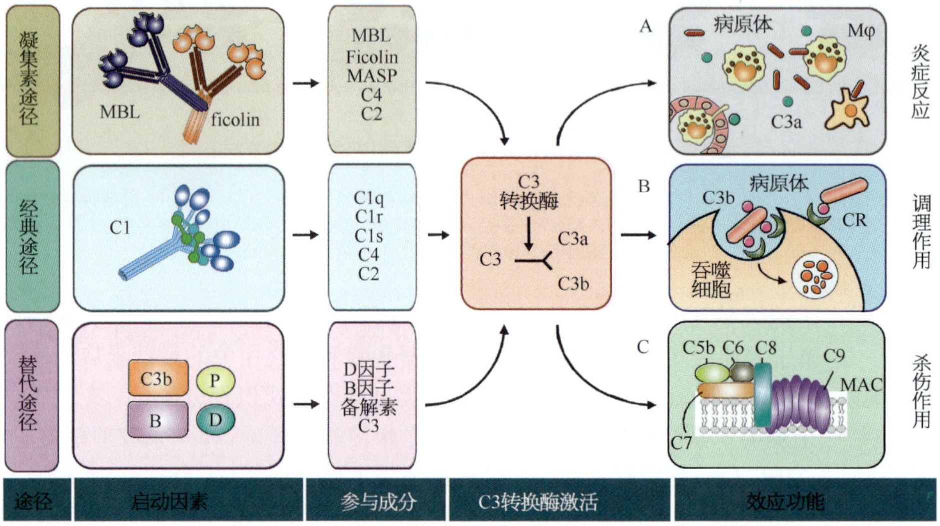

图8-9　补体激活的三条途径及其功能

右侧示补体三项功能:A. 参与炎症反应。C3a和C5a片段(绿色小圈)可将吞噬细胞募集到感染部位,加速吞噬病原体。B. C3b(红色小圈)可附着于病原微生物,通过与吞噬细胞表达的补体受体(CR)结合,促进病原体的吞噬与分解。C. 补体级联反应最后形成包括C5bC6C7C8复合体,再加上多个C9,在病原体膜上构成攻膜复合物(MAC),杀伤病原体。MBL:甘露糖结合凝集素;Ficolin:聚糖素,结构与MBL相似,参与启动凝集素途径

(1) 介导炎症反应　C4、C3、C5分解产生的小片段C4a、C3a和C5a作为一种肽介导物(peptide mediator)参与诱导局部炎症反应,起着招募吞噬细胞的作用。

(2) 调理作用　C3是血浆中浓度最高的补体蛋白,含量为1.2 mg/mL。一个C3转化酶可以分解1 000个C3分子,由此产生大量的C3b。C3b凭借其暴露出来的硫酯键,以共价形式结合于病原体表面,否则C3b将因水解而失活。因而补体激活的一个重要结果,是使C3b大量沉积和覆盖在病原体或靶细胞的表面。另一方面,吞噬细胞一般带有识别病原体表面C3b的受体,有利于这些细胞借助配体-受体的结合,增强对覆盖有C3b分子病原体的吞噬和清除。补体的这一功能称为调理作用。能起调理作用的补体成分(C3b和C4b)称为调理素(opsonin)。

图8-10以C4b黏附于细菌和靶细胞表面的机制,说明C3b和C4b的调理功能。循环性C4分子是一个由α、β、γ多肽链组成的丝氨酸蛋白酶,α链有一个硫酯键,可保护C4免受解离。C4被C1s激活而分解为C4b和C4a两个部分之后,C4b的α链裂解,硫酯键暴露于环境中,其中的亲水基团使得大部分C4b遇到水分子后即被水解(图8-10C左下侧),少部分与病原体表面分子中的羧基和氨基起反应,使C4b附着于病原体的表面(右下侧)。

(3) 杀伤作用　经C3转化酶分解产生的C3b,可继续启动后续的级联反应,即与C4和C2的分解产物C4b2b共同构成C5转化酶,其组成成分是C4b2b3b,或加入另一C3转换酶C3bBb构成另一种形式的C5转换酶C3bBb3b。C5转化酶的功能是将C5分解成C5a和C5b。C5a进入液相,前面提到,可以和C3a、C4a一起介导炎症反应;而结合在细胞表面的C5b,则通过结合C6,活化补体级联反应的其他终末成分C7和C8。这四种补体成分合在一起称为C5b678,再加上12~15个C9分子,共同在病原体或靶细胞表面形成攻膜复合物(MAC)(图8-7B)。这是一个插入靶细胞脂双层膜的中空圆桶状结构,内径为10 nm,可让水和电解质通过却不能让大分子穿行(图8-7C)。因而靶细胞表面大量攻膜复合物的形成,造成水分因渗透压的巨大差异而进入胞内,病原体或靶细胞不堪负担,最终胞膜破裂。这一效应称为细胞裂解(cytolysis)。如果攻膜复合物由经典途径的级联反应所造就,由此引起的细胞死亡,称为补体依赖的细胞毒性(CDC)。因而免疫学上的细胞毒性作用,通常指细胞裂解。

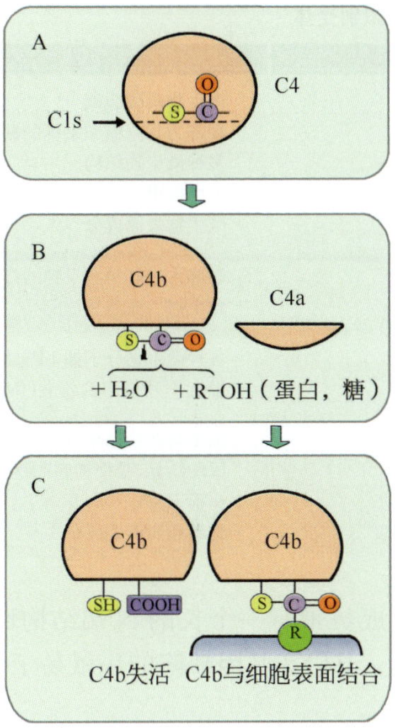

图 8-10　C4b 借助丝氨酸蛋白酶硫酯键与病原体表面结合

A～B：在 C1s 的作用下，C4 分子裂解为 C4b 和 C4a，C4b 中的硫酯键暴露（B 中箭头指处），该键可与水分子起反应使 C4b 失活（C），或者与病原体表面分子羟基和氨基结合，并形成共价连接，使 C4b 附着于病原体表面

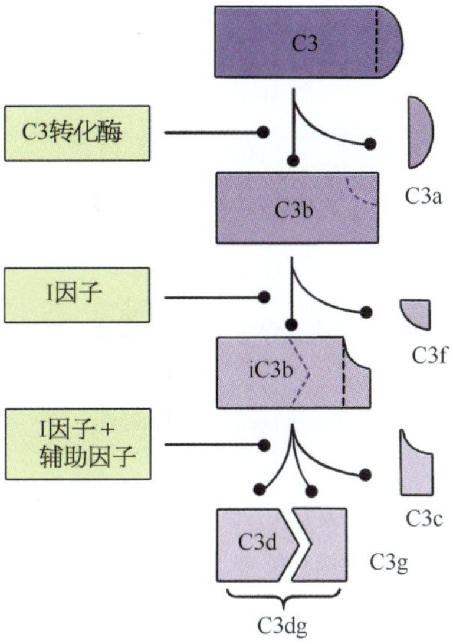

图 8-11　补体成分 C3 的裂解和各种相关分子的产生

3. 补体受体及其生物学功能　　补体系统许多生物学活性是通过表达于各种细胞表面的补体受体而实现的。业已阐明的补体受体，多数针对 C3，其他受体以 C4a 和 C5a 等为配体，参与激发炎症反应和调控补体活性。

表 8-4 列出了 4 种针对 C3 的补体受体，其中涉及 C3 的各种成分。图 8-11 给出了 C3 的解离过程及其产生的片段 iC3b、C3d 和 C3dg 等。这些片段有的可单独与补体受体结合，有的具有与病原体表面黏着的活性。

表 8-4　以 C3 片段为配体的主要补体受体

受　体	CD 命名	结　　构	配　　体	细胞分布	功　　能
CR1	CD35	160～250 kDa 多个 CCPR	C3b>C4b>iC3b MBL	Mo，Mφ，N，B，T， Er，Eo，FDC	吞噬，清除免疫复合物，促进裂解 C3b 和 C4b
CR2	CD21	145 kDa 多个 CCPR	C3d，C3dg>iC3b EBV	B，FDC， 鼻咽上皮细胞	B 细胞辅助受体，EBV 受体，生发中心捕获 Ag
CR3	CD11b/CD18	α 链 165 kDa， β2 链 95 kDa	iC3b，ICAM-1， 微生物	Mo，Mφ，N，NK	吞噬；作为整合素通过 ICAM-1 使白细胞黏附于内皮细胞
CR4	CD11c/CD18	α 链 150 kDa， β2 链 95 kDa	iC3b	Mo，Mφ，N，NK	吞噬，细胞黏附

Mo、Mφ、N、B、T、Er、Eo、FDC、NK 分别指单核细胞、巨噬细胞、中性粒细胞、B 细胞、T 细胞、红细胞、嗜酸粒细胞、滤泡树突状细胞、自然杀伤细胞。CCPR：补体调控蛋白重复序列。ICAM-1：胞间黏附分子 1。EBV：EB 病毒

三、血清游离模式识别受体

能够识别病原体相关分子模式的成分，统称模式识别受体（表 8-5）。其中的血清游离受体又称模式识别分子。由于模式识别不显示适应性免疫应答中严格的抗原特异性，因而机体受病原体感染后产生的一些模式识别分子会存在于血清中，一旦有新的病原体入侵，也能像抗菌分子一样结合病原体，发挥效应功能。在这个意义上，补体即属于一类模式识别分子，因为可借助识别病原体表面的糖类，通过凝集素途径启动补体级联反应。下面先介绍其他一些发挥抗菌作用的模式识别分子，然后在下面几节中，按表 8-5 列出的顺序，介绍其他三类模式识别受体。

1. 五聚体蛋白　　五聚体蛋白（pentraxin）由五个分子相聚合为其特征，结构高度保守，包括短分子和长分子两个家族。

1）短分子家族称为急性相蛋白（acute phase protein），在人和小鼠中分别以 C 反应蛋白（CRP）及血清淀粉样 P 成分（SAP）为代表。这些分子在炎症信号及 IL-6 的激发下由肝脏产生。

表 8-5 固有免疫中的四类模式识别受体

类　别	名　称	分　布	举　例	识别的 PAMP/DAMP
血清游离受体（膜式识别分子）	五聚体蛋白	血浆	C 反应蛋白	微生物磷酸胆碱
	胶原凝集素（collectin）	血浆	MBL	端部为甘露糖和果糖的糖类
		肺泡	SP-A，SP-D	多种微生物结构
	聚糖素（ficolin）	血浆	聚糖素	N 甲酰甲硫氨酸，磷脂壁酸
	补体	血浆	C3	微生物表面成分
膜结合吞噬受体	C 型凝集素受体（CLR）	胞膜	甘露糖受体	端部为甘露糖和果糖的微生物表面糖类
	清道夫受体	胞膜	CD36	微生物二酰基甘油酯
膜结合信号受体	Toll 样受体（TLR）	胞膜，内体膜	TLR1-TLR9	各种微生物分子如 LPS、肽聚糖和病毒核酸
	G 蛋白偶联受体	胞膜	fMLP-R	带有 N 甲酰甲硫氨酸（fMet）的肽段
胞质信号受体	NOD 样受体（NLR）	胞质溶胶	NOD1/2	细菌胞壁肽聚糖、鞭毛素、胞壁酰二肽，LPS，
			NALP 家族	尿酸结晶，受损细胞产物
	RIG 样受体（RLR）	胞质溶胶	RIG-I，MDA-5	病毒 RNA
	DNA 感知蛋白（CDS）	胞质溶胶	STING，AIM2	细菌和病毒 DNA

2）长分子家族以 PTX3 为代表，与短分子家族不同点是该家族成员带有一个长的 N 端结构域。PTX3 在炎症信号激发下由单核巨噬细胞、树突状细胞、成纤维细胞和内皮细胞产生。PTX3 基因缺陷的小鼠易于被真菌和细菌感染，表明这是一种重要的抗菌蛋白。

五聚体蛋白识别 PAMP 成分中的磷酸胆碱，并可结合多种分子如 C1q、成纤维细胞生长因子 2（FGF2）、胞外基质蛋白（TSG-6）等。PTX3 还识别革兰阴性肠道菌表面一种称为 KpOmpA 的外膜蛋白。五聚体另一个重要功能是作为调理素介导 Mφ 对细菌的吞噬。五聚体分子还参与补体激活，促使 C1q 和 C3b 沉积于凋亡细胞表面。

2. 胶原凝集素（collectin）　该家族的甘露糖结合凝集素（MBL）已在补体部分介绍。另一家族成员称为表面活化蛋白（surfactant protein，SP），包括 A（SP-A）和 D（SP-D），显示亲脂性表面活化剂特性，多出现于肺泡，介导肺脏中的固有免疫应答。这两种蛋白可作为调理素与多种微生物结合而有利于肺泡巨噬细胞吞噬。SP-A 和 SP-D 也能直接抑制细菌生长，并激活 Mφ。

3. 聚糖素（ficolin）　其和甘露糖结合凝集素一样，可结合病原微生物表面糖类，介导补体系统中的凝集素途径，在上面补体部分已介绍。

4. 脂多糖识别蛋白　主要包括两种：抗菌/通透性增强蛋白（BPI）和脂多糖结合蛋白（LBP）。BPI 为 55 kDa 的中性粒细胞识别分子，有两个功能不同的结构域，一个识别 LPS 并显示抗菌作用；另一个具有调理活性。BPI 可选择性杀伤革兰阴性菌，在联合防御素及补体攻膜复合物，并有中性粒细胞参与的情况下，其杀伤效力最高。

脂多糖结合蛋白通过识别内毒素 LPS 分子上的生物反应成分类脂 A 而与之构成复合体，增强对 LPS 作用的敏感性，使得低浓度（pico 级以下）的 LPS 也能通过下面将介绍的 TLR4 信号途径，激发效应细胞，清除病原体。

第四节　识别模式分子的吞噬性受体及其介导的固有免疫应答

模式识别受体（PRR）是固有免疫中免疫受体的代表，由胚系基因编码，进化上十分保守。PRR 的作用还有三个特点：普遍表达，引起快速应答，能够识别各种病原体。本节介绍识别膜式分子的膜结合吞噬性受体，并论述吞噬细胞借此启动的吞噬和杀菌作用。

一、吞噬细胞

诱导性固有免疫应答涉及多种免疫细胞的活化和功能行使，包括 Mφ、NK 细胞、DC、粒细胞和固有类淋巴细胞，后者包括 ILC 细胞、B1 细胞、δγ T 细胞和 NKT 细胞等。相关内容已有专章（第三章）介绍，此处不予重复，仅在直接涉及时，做相应的简介。

例如，论及吞噬性受体时，须复述吞噬细胞。免疫系统的吞噬细胞分三类：一是单核/巨噬细胞，包括血液中的单核细胞和组织中的 Mφ。二是粒细胞，包括中性粒细胞、嗜酸粒细胞和嗜碱粒细胞。就吞噬能力和固有免疫应答抗感染能力而言，主要由中性粒细胞即多形核白血病（PMN）发挥作用。三是未成熟的树突状细胞（imDC）。DC 虽能摄取和破坏微生物，但与 Mφ 和中性粒细胞不同，其主要功能不是在防御第一线杀伤病原体。对传统性 cDC 亚群，主要功能是提呈抗原参与适应性免疫；对浆细胞样 pDC 亚群，功能是介导抗病毒，参与固有免疫。

二、吞噬性模式识别受体

吞噬性受体与借助信号转导激活细胞的受体，其功能并不相同，前者通过受体识别和结合 PAMP，将病原体置入胞质囊泡中直接进行消化和清除以控制感染。此类受体主要包括两类。

1. C 型凝集素受体（C-type lectin receptor，CLR） 是一类在 Ca^{2+} 参与下结合微生物表面碳水化合物的吞噬性受体，表达于巨噬细胞、DC 和某些组织细胞，有的以可溶性蛋白形式存在于血液和细胞外液。其保守的糖类识别结构域可识别甘露糖、葡萄糖、N-乙酰氨基葡萄糖和 β 葡聚糖。也有一些 CLR 显示信号功能，诱导针对病原菌的保护性应答。

（1）甘露糖受体（mannose receptor，MR） 属于膜型 CLR，为单链跨膜分子（CD206），与前面提到的甘露糖结合凝集素不是一回事。MR 胞外段包括两部分：一是近膜端 8 个 C 型凝集素结构域的连续排列，负责配体的内吞转运；二是远膜端富含胱氨酸的凝集素结构域，识别硫酸化的糖类偶联物（图 8-12A）。该受体的内源性配体为溶酶体水解酶和髓过氧化物酶，以及病原体表达的富含甘露聚糖的结构。

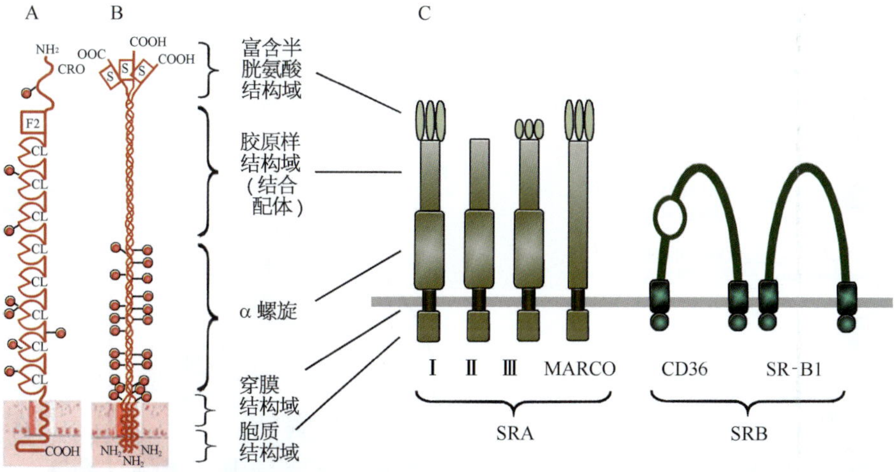

图 8-12 识别 PAMP 的甘露糖受体和清道夫受体

A. 甘露糖受体结构示意图。近膜端 8 个 C 型凝集素结构域连续排列，负责配体的内吞转运；远膜 N 端为富含胱氨酸的凝集素结构域。B. 清道夫受体 A 类中 I 型分子三螺旋聚合体示意图，一旁分别标明五个相关结构域。C. 两种类型清道夫受体结构示意图，最左侧为与 B 相同的 SRA I 型分子，短线示图 B 分子相应结构域的位置

（2）树突状细胞相关凝集素（DC-associated C-type lectin，Dectin） 该类受体主要表达于 DC 细胞、巨噬细胞和中性粒细胞。其中的 Dectin-1 识别真菌细胞壁上的 β 葡聚糖，Dectin-2 主要识别真菌菌丝体寡糖，因而此类受体与抗真菌关系密切。现发现在 DC 中 Dectin 同时参与信号传递，通过产生细胞因子等促进炎症反应和 T 细胞亚群分化，增强适应性免疫应答。

（3）朗格素（langerin）和 DC-SIGN 这两种属于树突状细胞糖类受体的成分已命名为 CD207 和 CD209，各自主要表达于上皮朗格汉斯细胞和 DC。需要注意的是，黏膜组织中 DC 表面的 DC-SIGN 可以与 HIV-1 gp120 胞膜糖蛋白结合，有可能将 HIV 病毒通过淋巴液带至引流淋巴结而促进其感染 CD4 T 细胞。

2. 清道夫受体（scavenger receptor，SR） 此为另一类重要的吞噬性模式识别受体，分为多种类型如 SR-A 和 SR-B，各自又由不同的分子组成（图 8-12，表 8-6）。

表 8-6 清道夫受体的两种主要类别

类 别	名 称	表达细胞和组织	配 体	功 能
SRA	SRA I / II / III	Mφ	LPS，多聚阴离子，LTA，磷脂壁酸，凋亡细胞	参与固有免疫，黏附，摄取修饰过的 LDL
	MARCO	Mφ、脾细胞	细菌组分，乙酰 LDL	参与固有免疫
SRB	CD36	Plt、Mo、Mφ	凋亡细胞，脂蛋白	摄取凋亡细胞，参与脂肪酸转运
	SR-B1/CLA-1	肾上腺、肝、性腺	脂蛋白	胆固醇转运

Mφ、Mo、Plt 分别代表巨噬细胞、单核细胞和血小板。LTA：淋巴毒素 α；LDL：低密度脂蛋白。MARCO：带胶原结构的巨噬细胞受体

SR-A 为三聚体缠绕的糖蛋白跨膜分子，各带有 6 个不同的结构域。其中胶原样结构域可结合修饰过的脂蛋白，并由富含赖氨酸的分子束组成携带正电荷的结合槽，接纳带负电荷的配体，包括多聚核糖核苷酸（如 poly G 和 poly I）、多糖（如 LPS 和脂磷壁酸）和阴离子磷脂（如缩醛磷脂酰丝氨酸），以及氧化型和乙酰化的低密度脂蛋白（oxLDL、acLDL）等。

SR-A 中的Ⅰ型和Ⅱ型分子由同一基因的不同剪接体编码，皆有 1～8 个外显子，但仅有Ⅰ型分子 C 端有一个 110 个氨基酸残基组成的富含半胱氨酸结构域。SR-A 在 Mφ 上的表达受多种细胞因子的调控，其中 TNF-α 和 IFN-γ 发挥下调作用，而 M-CSF 上调。

SR-B 中的一个主要成员为 CD36，分子质量为 88 kDa，表达于血小板、单核/巨噬细胞及内皮细胞。其配体为血小板反应蛋白（thrombospondin）、胶原蛋白、磷脂及氧化型低密度脂蛋白。

从上述有关清道夫受体结构功能的表述中不难看出，这类模式识别受体不仅参与固有免疫，而且活跃于脂蛋白的代谢。

三、胞吞和吞噬

吞噬细胞摄入胞外物质主要取两种形式：胞吞和吞噬。

1. 胞吞　指胞外组织液中的大分子被细胞摄入。其方式又分为胞饮（pinocytosis）和受体介导的胞吞（endocytosis）（图 8-13）。前者直接吞入可溶性大分子；后者选择性地吞入受体与大分子形成的复合物。随后，带有大分子的胞吞小泡相互融合而形成内体（endosome）。内体中的酸性内含物使大分子和受体分子解离，后者可再循环至细胞表面，而带有游离大分子的内体，则和来自高尔基体的初级溶酶体（lysosome）融合，成为次级溶酶体。溶酶体内含有蛋白酶、核酸酶、脂酶和其他水解酶，使进入其中的免疫原大分子分解成为肽、核苷酸和单糖，并排出胞外。

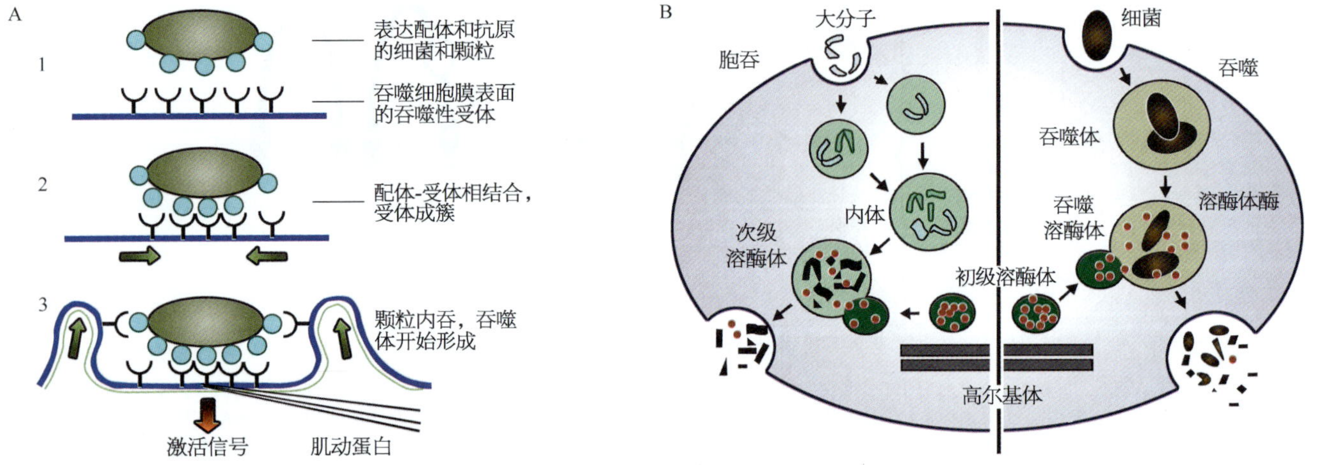

图 8-13　吞噬作用

A. 吞噬细菌和颗粒的起始步骤；B. 巨噬细胞的吞噬作用和胞吞作用

2. 吞噬　指细胞通过胞膜包裹的形式摄入直径大于 0.5 μ 的颗粒。对象主要包括两种：外源性颗粒性抗原（如病原微生物）和因感染和炎症产生的凋亡或坏死细胞。吞噬通常由专职性吞噬细胞承担，主要指中性粒细胞、巨噬细胞和单核细胞，也包括 DC、破骨细胞和嗜酸粒细胞。另有一类非专职吞噬细胞，仅在发育过程或病理条件下行使吞噬功能，如表皮细胞、Sertoli 细胞、成纤维细胞和星状细胞等。其吞噬能力往往较弱。

图 8-13A 展示了吞噬作用的三个起始步骤。① 吞噬细胞表面受体有待与细菌或颗粒表面的抗原或配体结合；② 与配体结合的受体开始聚集；③ 信号开始转导，肌动蛋白和细胞骨架激活，吞噬作用启动，细菌或颗粒摄入有胞膜包裹的吞噬体。其中发挥关键作用的，是吞噬细胞表面表达多种识别病原微生物特定结构即 PAMP 的受体。

表 8-7 进一步将巨噬细胞识别微生物和凋亡细胞的吞噬性受体分为三类。第一类是 C 性凝集素受体（CLR），如上面提到的甘露糖受体（MR）和识别真菌细胞壁成分的 Dectin-1 受体；第二类是清道夫受体（SR），如带胶原结构的

表 8-7　巨噬细胞三类吞噬性受体

受体类型	受体名称
C 型凝集素受体	甘露糖受体
	Dectin-1*
	MICL**
	Siglec-1（CD169）
清道夫受体	SR-A1
	MARCO
	CD36
补体受体和 Fc 受体	CR3/CR4
	FcγRIIA*
	FcγRIIB**

* 受体胞内段带有 ITAM；
** 受体胞内段带有 ITIM

巨噬细胞受体(MARCO)和识别凋亡细胞的 CD36;第三类是补体受体 CR3 和 CR4,以及结合抗体 Fc 段的受体如 FcγRIIB 和 FcγRIIC。前面两类受体的结构已展示于(图 8-12)。病原微生物等颗粒性抗原被这些受体识别后,借助吞噬面进入胞内形成吞噬体(phagosome);然后吞噬体向细胞内部运动,与初级溶酶体融合形成吞噬溶酶体(phagolysosome),大量溶酶体酶得以与吞噬体内的病原微生物接触。下面将提到,吞噬细胞可启用活性氧中间物及活性氮中间物途径杀伤病原体,也可通过此处的溶酶体酶途径对病原体进行消化。最后,细菌分解物通过胞吐(exocytosis)被清除至细胞外(图 8-13B)。

表 8-7 特别指明有些受体分子胞内段带有 ITAM 或 ITIM,说明这些受体也具有信号转导功能,甚至参与正向和负向免疫调节。说明识别模式分子的吞噬性受体和信号受体的区分不是绝对的。

四、吞噬相关的分子结构及吞噬细胞对病原体杀伤的氧依赖途径

1. 甲酰甲硫氨酸与 G 蛋白偶联受体　甲酰甲硫氨酸(N-formylmethionine, fMet)参与细菌蛋白的合成,因而带有 N 甲酰甲硫氨酰残基的短肽,属于 PAMP,可作为配体被 7 次跨膜受体家族即 G 蛋白偶联受体(GPCR)家族成员所识别。只是 fMet 往往以 N 甲酰甲硫氨酸-亮氨酸-苯丙氨酸(fMet-Leu-Phe, fMLF)形式出现,因而其受体也称 fMLF-R,表达于 Mφ 和中性粒细胞。

重要的是,此处的 GPCR 并不具有吞噬活性,而是一类与吞噬相关的信号受体。细胞因子一章中提到,趋化因子启用的受体正是 GPCR,并以此传递活化信号(图 6-10)。吞噬细胞表达的这一类受体在识别 PAMP 后,即被相关的 GPCR(fMLF-R)激活,使得胞内与膜结合的异源三聚体 G 蛋白,从 GDP 结合状态(无活性)转变为与 GTP 结合的状态(有活性),G 蛋白遂分解为由 α 及 γ-β 组成的两个亚单位(图 8-14)。其中的 α 亚单位可借助 PLC-γ 的活化,激活类似于 Ras 的小 G 蛋白 Rac。而 Rac 是构成吞噬溶酶体膜上一种称为 NADPH 氧化酶的关键性启动成分。

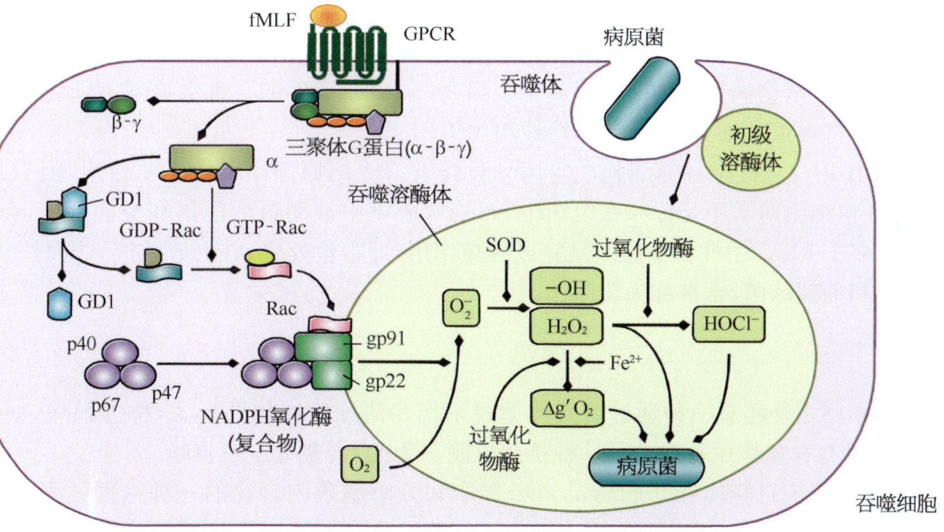

图 8-14　吞噬细胞摄入病原微生物后启动氧依赖性杀菌途径

吞噬细胞表达的 G 蛋白偶联受体(GPCR)一旦与配体即病原体成分 fMLF 结合,胞质中抑制 GDP-Rac 解离的鸟苷酸解离抑制因子(GD1)分解,使 GDP-Rac 分子游离出来,并从无活性状态转为与 GTP 相结合的激活状态,启动由吞噬细胞氧化酶 NADPH 介导的一系列反应。NADPH 由 6 个亚单位组成,3 个亚单位(p40-p67-p47)及 Rac 共同与吞噬溶酶体膜上另外 2 个亚单位(gp91,gp22)结合后,可将进入吞噬溶酶体膜内的氧分子转化为超氧离子(O_2^-),后者在超氧歧化酶(SOD)作用下转化为过氧化氢(H_2O_2)和羟基(-OH)。过氧化氢除了直接杀伤病原体,还可在过氧化物酶及铁离子的作用下再转化为单态氧(′O_2),并进一步产生其他毒性氧化物如次氯酸($HOCl^-$)。所有上述因呼吸爆发而大量产生的活性氧中间物(ROI)皆可对进入吞噬细胞的病原菌发挥杀伤作用

2. NADPH 氧化酶与 Mφ 对摄入病原菌的杀伤　NADPH 称为高铁细胞色素氧化还原酶,由 5 种称为吞噬细胞氧化酶(phox)的成分以及小 G 蛋白 Rac 共同组成。其中的膜型 phox 为分布于 Mφ 的吞噬体和中性粒细胞的次级颗粒(secondary granule)膜上的 gp91 和 gp22,两者构成细胞色素 cyto b558。图 8-14 表明,吞噬细胞在吞噬病原菌,并以其 G 蛋白偶联受体识别 fMLF 之后,Rac 分子被激活,同时,胞质中的 phox p47 因磷酸化而引起胞质中 3 个 phox(p47、p40 和 p67)发生构型改变,并迁移至吞噬溶酶体膜,与转移至该处的 cyto b558 共同组装成包括 6 个亚单位的 NADPH 完整复合物。NADPH 遂开始显示氧化酶活性。

首先,NADPH 使得从胞质进入吞噬溶酶体的氧分子(O_2)转化为超氧离子(O_2^-),然后超氧离子在超氧歧化酶

(SOD)作用下转化为过氧化氢(H_2O_2)和羟基(-OH),过氧化氢除了直接杀伤进入吞噬溶酶菌的病原体,还可在过氧化物酶及铁离子的作用下再转化为单态氧($^1O_2$),进一步产生其他毒性氧化物如 HIO 和次氯酸($HOCl^-$)。这些产物对进入 Mφ 的病原菌显示细胞毒性作用(图 8-14)。

这是一个大量耗氧的过程,专门由 Mφ 借助 NADPH 氧化酶而启动,称为呼吸爆发(respiratory burst)。产生的超氧离子和过氧化氢等称为活性氧中间物(reactive oxygen intermediate, ROI)。显然,在固有免疫中,呼吸爆发是 Mφ 和中性粒细胞清除病原体的重要形式。

Phox 编码基因一旦突变或出现小 G 蛋白 Rac 缺失,可使 NADPH 装配受阻,无法显示氧化酶活性,吞噬细胞功能受损,结果可产生一系列免疫缺陷病,包括慢性肉芽肿病(CGD),患者的抗感染能力明显下降。详情可见第二十章。

3. 吞噬细胞杀伤病原菌的一些特点

(1) 产生多种抗菌物质　吞噬细胞借助呼吸爆发除了产生 ROI,还可在 IFN-γ 的刺激下,高表达诱导性一氧化氮合酶(i-NOS),在四氢生物蝶呤存在条件下,催化 L 精氨酸产生瓜氨酸和一氧化氮(NO),称为活性氮中间物(RNI),发挥杀菌和细胞毒性作用,包括杀伤胞内病原体利什曼原虫。表 8-8 总结了 Mφ 摄入病原体后产生并释放的各种抗菌物质。

表 8-8　Mφ 摄入病原体后产生的抗菌物质

类　别	专 一 性 产 物
致酸作用	低 pH、制菌剂、杀菌剂
毒性氧衍生物	超氧离子、过氧化氢、单态氧、游离羟基、次氯酸
毒性氮衍生物	一氧化氮
抗菌肽	防御素、阳离子蛋白
酶	溶菌酶、酸性水解酶
竞争物	乳铁传递蛋白、B12 结合蛋白

(2) 吞噬细胞产生 ROI 杀伤病原体的同时引起组织损伤　Mφ 产生的各种水解酶、膜损伤肽和活性氧(氮)中间物一旦释放至胞外环境,将对正常细胞产生毒性,造成组织损伤。

(3) 中性粒细胞的作用　此类吞噬细胞在启用呼吸爆发清除病原菌中发挥重要作用,因为其主要功能就是吞噬和杀伤病原菌。中性粒细胞通常不是分布在组织中,而是从血流中被动员后汇集在炎症部位,在一些急性感染时,其数量可迅速增加,远多于 Mφ。中性粒细胞一旦完成吞噬作用,即很快死亡,并形成脓液。因而一些诱致感染的带包囊的胞外菌,如链球菌和葡萄球菌,常被称为化脓菌。

五、自噬和异噬

新近发现,在吞噬作用之外还有一种通过溶酶体途径杀伤和清除病原体的形式,称为异噬(xenophage)。异噬对应于自噬(autophage),是与吞噬作用有关的另一种抗菌机制。为此,需要先了解自噬。

自噬是吞噬细胞借助形成自噬体(autophagosome)摄取和分解胞质内含物的一种生理过程。自噬体的出现与细胞处于饥饿状态或接受细胞信号有关。通常,构成自噬体膜的成分与内体和吞噬体不同,不是来自细胞外膜而是直接由内质网(可能还包括线粒体等)产生,涉及一组称为自噬蛋白或 ATG 蛋白(autophage-related protein)的参与。酵母中已发现 40 种编码 ATG 蛋白的基因,产物中约有 15 种核心成分可同时检出于哺乳动物,足见自噬是一类进化上十分保守的生物学程序。图 8-15 表明,ATG 以组成多种复合体的形式分别在自噬的不同阶段发挥作用。图中列举了四种关键性复合体,分别称为 ULK(unc51-like kinase)复合体、PI3K(磷脂酰肌醇 3 激酶)复合体、Atg16L1 复合体和 LC3-PE 连接体(LC3 又称 Atg8,PE 指磷脂酰乙醇胺),并在图下方给出了各自的组成成分。前两个复合体主要负责自噬膜段(isolation membrane)产生和延伸的诱导,后两者属于泛素样连接系统,则参与自噬体的形成,其中 LC3-PE 可直接进入自嗜体膜内侧,构建自噬溶酶体(autolysosome)而行使功能。

自噬和自噬相关的 ATG 蛋白在调控细胞死亡、细胞增殖、炎症和免疫应答中十分活跃,并与多种疾病(如炎症性肠病)的产生和发展密切相关。例如,第十章将会提到,自噬是抗原交叉提呈的一种重要机制。在固有免疫中,如果自噬参与对病原微生物的清除则特称为异噬,因为异噬属于针对胞外病原体的自噬现象。问题在于,为何进入细胞胞质中的病原体不形成内体或吞噬体,不能通过吞噬溶酶体途径作常规性降解,而需启动自噬和异噬程序?主要有两个原因:一是受到病原体感染的细胞如果不属于吞噬细胞(如黏膜表皮细胞),可能缺少必要的吞噬性受体而难以有效地形成吞噬空泡即内体或吞噬体;二是有些病原微生物发展出一些对抗免疫系统的生存策略,如破坏包被它们的内体膜

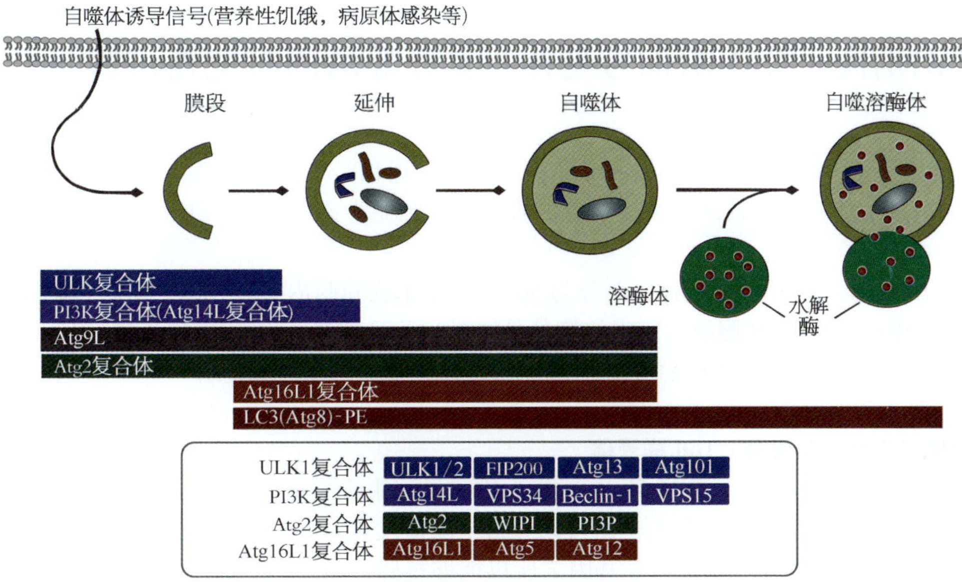

图 8-15 哺乳动物诱导自嗜体形成的 ATG 蛋白及其作用时相

下侧方框内为四种主要 ATG 复合体的组成。有些 ATG 蛋白在酵母和哺乳动物中不同，此处为哺乳动物命名系统

和吞噬体膜，直接从吞噬空泡逃逸，进入胞质溶胶而免遭溶酶体酶的作用。此时，固有免疫应答将不失时机地启动自噬/异噬途径，清扫这些"漏网之鱼"(图 8-16)。

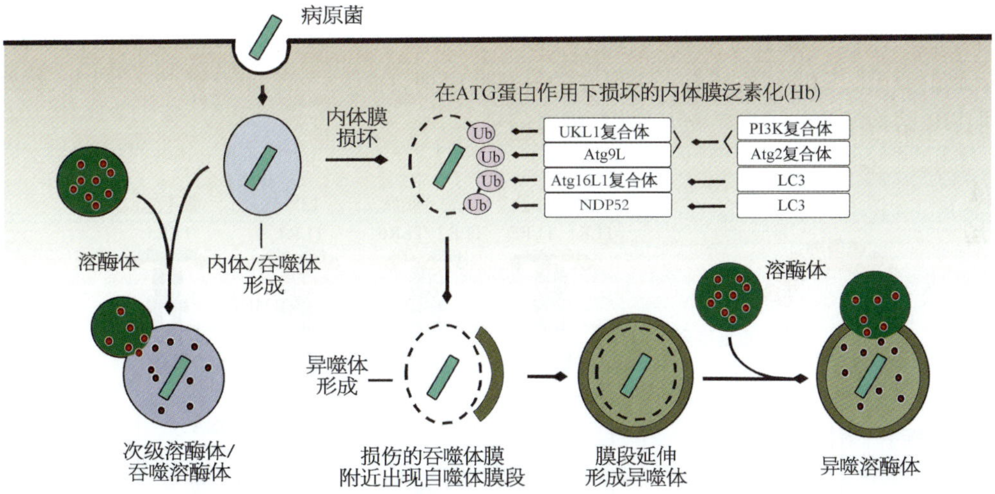

图 8-16 自噬体的抗菌作用——异噬现象

图左侧示常规下吞噬细胞可将病原菌包入内体或吞噬体中，通过与溶酶体融合杀死和分解病原体。当病原体破坏内体膜力图进入胞质溶胶或细胞不能形成有效的内体时，ATG 蛋白可借助破损的内体膜或在菌体周边通过泛素化(ubiquition, Ub)作用形成自噬体膜段，膜段延伸后，形成包裹病原体的异噬体和异噬溶酶体，清除病原菌。注意，自噬溶酶体或异噬溶酶体都是双层膜，不同于左下方吞噬溶酶体的单层结构(来自细胞膜)

其机制为，病原体入侵细胞后如果无法形成内体或形成的内体膜受损，由自噬体蛋白构成的各种复合体，会在破损的内体膜或病原菌的周围使蛋白质底物发生泛素化，产生一种称为自噬体膜段的结构(酵母中称为吞噬前体 phagophore)并发生膜段延伸，形成包裹病原菌的异噬体(xenophagosome)，最后异噬体与溶酶体融合而完成整个杀菌进程。可见泛素化与异噬体的出现关系十分密切。有一类称为 NDP52 和 optineurin 的蛋白成分，因其同时带有结合泛素的结构域和能够与 LC3 发生相互作用的区段，可作为自噬衔接蛋白将 LC3-PE 分子引导至发生泛素化的部位。而自噬衔接蛋白 NDP52 能够发挥作用，还因为它能够结合一种称为 galctin-8 的 β 半乳糖结合凝集素，而内体膜内侧富含此类凝集素成分。所以内体膜一旦受损，NDP52 即被招募到该处，作用于发生泛素化的内体膜，推动形成各种 ATG 复合体以及 LC3-PE 介导的异噬体，最后启动杀菌过程。

第五节 识别模式分子的信号受体及其介导的固有免疫应答

信号受体分子通常具备两项功能：与配体的专一性结合和传递信号。固有免疫中的信号受体亦然，相应信号转导将放大抗病原体感染的效应，使得活跃在炎症反应中的免疫细胞通过基因的转录而激活，产生和分泌多种促炎症和抗病毒可溶性因子。

参与固有免疫应答的模式识别信号受体主要分为两类：一是胞膜和胞内区室（如内体及吞噬溶酶体）膜所表达的信号受体如 Toll 样受体；二是分布在胞质溶胶中的信号受体，如 NOD 样受体及 RIG 样受体（表 8-5）。本节对两类信号受体分段论述。另一类参与吞噬作用的信号受体如 G 蛋白偶联受体已在前面介绍。

一、膜结合的模式识别信号受体：Toll 样受体

1. Toll 样受体及其信号转导　20 世纪 80 年代为描述果蝇中决定胚胎背腹轴线发育的一组基因，首先启用“Toll”一词，该基因突变使果蝇因轴线发育不良而行动异常。随即发现，*Toll* 基因还有另一个重要功能，即与果蝇生成抗菌肽防止真菌感染有关。并由此揭示 *Toll* 基因之所以能够抗感染，在于启动了 NF-κB 相关的信号转导。当初，果蝇中 NF-κB 编码基因是另有名称的，称为 *Dorsal*。Dorsal 指的是背部，与描述背腹轴线发育的 Toll 相关。可见昆虫胚胎发育研究中的术语，已在固有免疫研究的历程中留下印记。

通过数据库搜寻 Toll 同源物，很快在哺乳动物中发现结构相似并参与抗感染的一类跨膜分子家族，成员包括 IL-1R 和 Toll 类似物，后者被命名为 Toll 样受体（Toll-like receptor，TLR）。

2. TLR 结构和分布特点　TLR 胞外结构域由 16～28 个前后相连的片段组成，各片段包括 20～30 个氨基酸残基，带有保守的 LxxLxLxxN 基序（L 亮氨酸，x 任意氨基酸，N 天冬酰胺），称为富含亮氨酸的重复体（leucine-rich repeat，LRR），或亮氨酸重复序列（图 8-17A）。整个胞外结构域弯曲成马鞍状，其中的 LRR 部分构成配体结合区。TLR 跨膜分子胞内段称 Toll/IL-1 受体结构域（TIR），为所有 TLR 及 IL-1R 分子胞内段所特有，此为 IL-1R 和 TLR 共属一个家族的原因。TIR 结构域有三个保守的氨基酸序列，称为 1、2、3 小盒（box）。借此，该结构域可以与胞内其他带有相同 TIR 结构域的分子发生相互作用，传递信号。

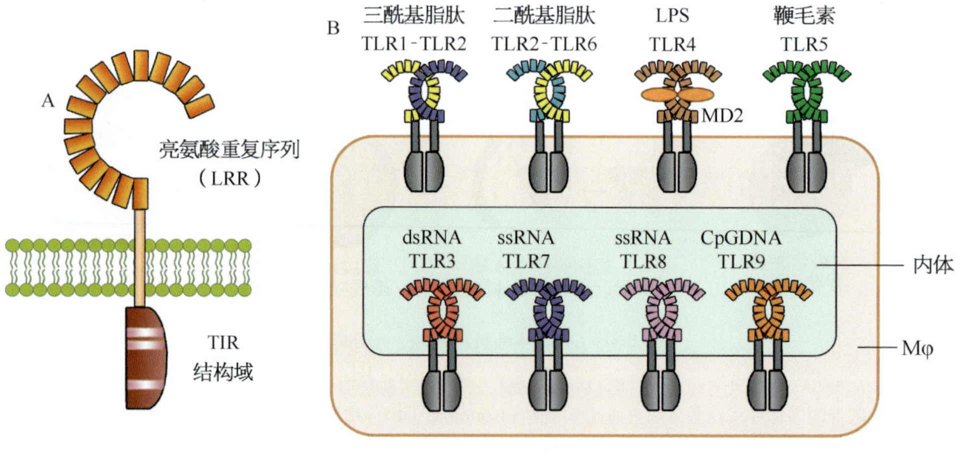

图 8-17　Toll 样受体的基本结构与分类

A. TLR 胞外结构域为马鞍状富含亮氨酸的重复序列，胞内段为 TIR（Toll/IL-1 receptor）结构域，带有三个特征性 box。B. TLR 分两类，一类以异源或同源二聚体形式表达于细胞膜，识别 PAMP 中细菌胞壁成分及相关分子；二类以同源二聚体形式表达于胞内区室（内体）膜，识别 PAMP 中的病毒和细菌 DNA

人和小鼠中已分别报道了 10 种和 13 种 TLR，各自识别 PAMP 的不同组分（表 8-9）。有关 TLR 及其与 PAMP 结合特点的研究揭示两点：第一，所有 TLR 因表达部位不同而分成两类：表达于胞膜的 TLR 和表达于内体和吞噬体膜的 TLR。对此，图 8-17B 和表 8-9 已一一指明。其中出现于胞内区室膜上的一类 TLR，往往识别第二类 PAMP 分子即病毒和细菌胞核成分，如非甲基化 CpG、单链和双链 RNA。第二，TLR 识别 PAMP 后通常以异源或同源二聚体形式存在，因为二聚体可使两个 TLR 胞内 TIR 结构域相互靠近而激活，启动信号转导。相组合的 TLR 往往识别同类

PAMP 配体分子(表 8-9)。

表 8-9 固有免疫中哺乳动物 Toll 样受体的表达和识别特性

	表达部位	细胞分布*	主要配体	配体来源
TLR1-TLR2,TLR2-TLR6	胞膜	Mo, DC, Ma, Eo, Ba	脂蛋白(二酰脂肽和三酰脂肽)	分枝杆菌
			脂磷壁酸	革兰阳性菌
			胞壁 β 葡聚糖	细菌、真菌
			酵母多糖	真菌
TLR3	内体膜	Mφ,DC,肠道 Ep	双链 RNA(dsRNA)	病毒
TLR4(MD-2/CD14)	胞膜	Mφ, DC, Ma, Eo	LPS	革兰阴性菌
			脂磷壁酸	革兰阳性菌
TLR5	胞膜	肠道 Ep	鞭毛素	细菌
TLR7	内体膜	pDC, Mφ, Eo, B	单链 RNA(ssRNA)	病毒
TLR8	内体膜	Mφ, N	单链 RNA(ssRNA)	病毒
TLR9	内体膜	pDC, Eo, B, Ba	带非甲基化 CpG 的 DNA	细菌、疱疹病毒
TLR10(人体)	未明	pDC, Eo, B, Ba	未明	
TLR11(小鼠)	胞膜	Mφ, DC, 肝肾膀胱 Ep	profilin 及相关蛋白	弓形虫、尿路病原菌

* M: 单核细胞;DC: 树突状细胞;Ma: 肥大细胞;Eo: 嗜酸粒细胞;Ba: 嗜碱粒细胞;NK: 自然杀伤细胞;B: B细胞;pDC: 浆细胞样树突状细胞;Ep: 上皮细胞;N: 中性粒细胞

3. *TLR 启动的信号转导* 第一章有关信号转导原理介绍中已指明,参与的分子主要有三类:蛋白激酶、衔接蛋白和转录因子,在固有免疫、适应性免疫以及凋亡信号转导中,三类分子的组成及其发挥作用的顺序不完全相同,但三类分子的结构特点和功能却是相似的。

图 8-18 是一个典型的 TLR 启动的信号途径。该处首先出现的是衔接蛋白,然后是蛋白激酶及转录因子。衔接蛋白髓样分化因子 MyD88 带有与 TLR 分子胞内段相同的 TIR 结构域,可以借助嗜同型相互作用(homotypic interaction)或同型互作与 TLR 相接,启动信号转导。组成 MyD88 的两个结构域中,除了 TIR,第二个称死亡结构域(DD)。带有死亡结构域的信号分子,最早检出于凋亡相关的信号通路,但此处不直接涉及凋亡。该 MyD88 分子一端以其 TIR 连接 TLR,另一端也通过同型互作,以 DD 招募并结合其他带有 DD 结构域的分子,如蛋白激酶 IRAK4(IL-1R-associated kinase 4)和 IRAK1,两者相互组合而活化。然后招募泛素连接酶 TRAF6(TNFR-associated factor 6),后者使蛋白激酶 TAK1(TGF-β-activated kinase 1)和两种 TAK 结合蛋白(TAB1 和 TAB4)形成复合体,TRAF6 则因自身泛素化而降解。

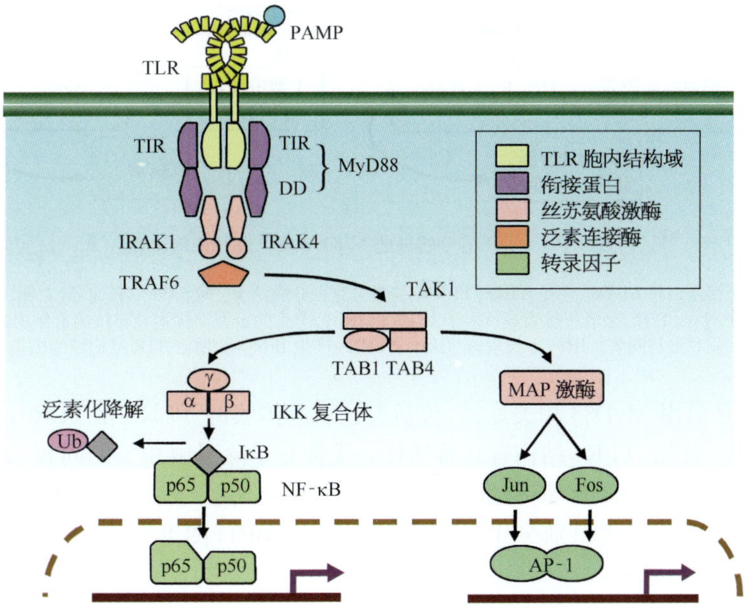

图 8-18 TLR 启动的信号转导

TLR 与 PAMP 结合使两个 TLR 分子胞内结构域 TIR 靠拢而启动信号转导。借助同型互作与同样带有 TIR 结构域的衔接蛋白 MyD88 结合,后者再通过其 DD 结构域招募带有相同 DD 结构域的丝苏氨酸激酶 IRAK4 和 IRAK1,并激活泛素连接酶 TRAF6,后者招募并激活另一丝苏氨酸激酶 TAK1-TAB1-TAB4 复合体。该复合体通过磷酸化启动两条信号转导途径。1. 通过 IKK 复合体使 IκB 磷酸化后作泛素化降解,NF-κB 被释放并转位至胞核,参与 NF-κB 依赖性基因转录;2. 激活 MAP 激酶信号途径,使癌基因产物 Jun 和 Jos 转位至胞核,形成转录因子 AP-1,激活 AP-1 依赖性基因。MyD88:髓样分化因子 88

留下由三个分子组成的丝氨酸苏氨酸蛋白激酶复合物 TAK1-TAB1-TAB4，它们分别通过磷酸化，启动两条信号转导途径。一条为蛋白激酶 IKK(IκB kinase)复合体(包括 IKKγ、α、β)参与的途径，另一条为 MAP 激酶(MAPK)相关途径，最后分别激活转录因子 NF-κB 与 AP-1。转录因子进入细胞核，使得分别依赖这两种转录因子的基因各自发生转录和激活。

其中涉及信号转导中的一些通用步骤，如 NF-κB 的活化与 IκB 泛素化降解，以及 MAPK 激活癌基因产物 c-Fos 和 c-Jun 后，共同转位至胞核再组成转录因子 AP-1 等。可参见图 1-15 及 T 细胞激活章节中的相关介绍(见第十一章)。

4. TLR 信号转导的非 MyD88 途径　应该指出，图 8-18 显示的是一种典型的 TLR 信号途径，但是对 TLR 家族不同成员启动的信号通路，参与的衔接蛋白和蛋白激酶可以不同。其主要分两类，一类为上面提到的衔接蛋白 MyD88 及相关分子；另一类称为 Toll 受体相关性干扰素激活因子(TRIF)及相关的 TRAM 分子(Toll receptor-associated molecule)。MyD88 通过 IKK 和 MAPK 途径活化转录因子 NF-κB 和 AP-1 引起促炎症基因转录已如上述(图 8-18)，同时可参见图 8-19 左侧。TRIF-TRAM 则通过激活干扰素调节因子家族中的 IRF-3 和IRF-7，启动另一条信号通路(也称非 MyD88 途径)。两种 IRF 可直接转位至胞核，激活Ⅰ型干扰素基因，促使 IFN-α 和 IFN-β 表达，发挥抗病毒效应。

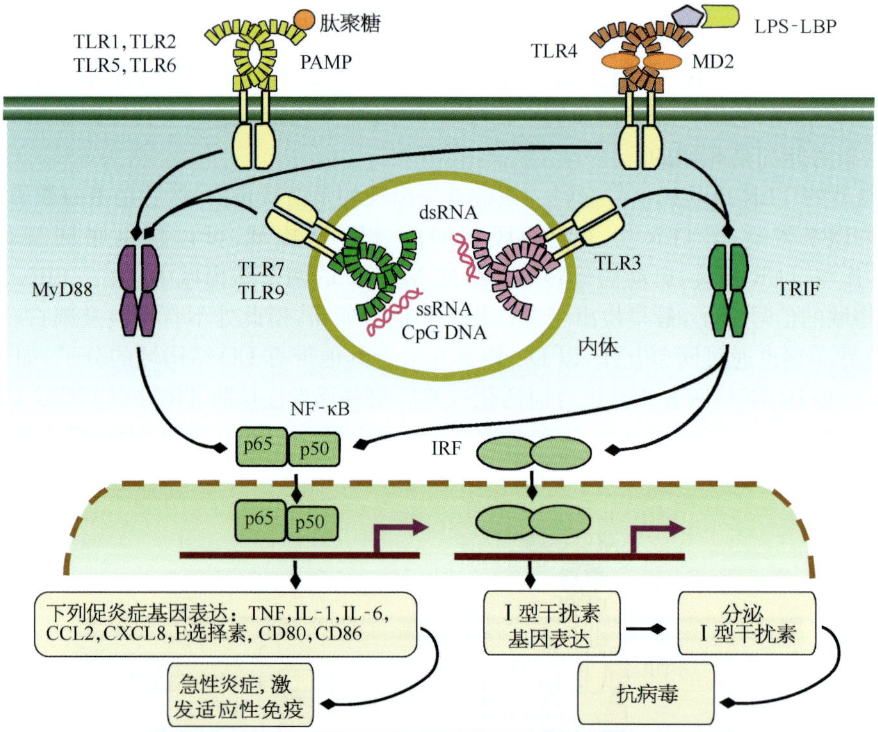

图 8-19　TLR 信号转导的 MyD88 和 TRIF 依赖途径

根据 TLR 胞内 TIR 结构域结合的衔接蛋白是 MyD88 还是 TRIF，TLR 相关信号途径分成两类：MyD88 依赖途径(左侧，细节见图 8-18)激活转录因子NF-κB 和 AP-1，引起促炎症基因表达；TRIF 途径(右侧)激活干扰素调节因子 IRF3 和 IRF7，产生的Ⅰ型干扰素参与抗病毒作用。胞膜和内体膜相关的不同 TLR 分别涉及两种途径，但 TLR4 同时参与两者。IRF：干扰素调节因子；TRIF：产生 IFN-β 和携带 TIR 结构域的衔接蛋白；LBP：LPS 结合蛋白

图 8-19 表明，多数 TLR 启用 MyD88 相关途径，包括表达于内体膜的 TLR7 和 TLR9，少部分依赖 TRIF 途径，如 TLR3。而 TLR4 十分特别。首先，TLR4 结构有其特殊性。受体分子除了由相关的同源二聚体 TLR4-TLR4 组成，并有 MD2 分子的参与，一旁还结合有 CD14 跨膜蛋白(图中未画，但已标注于表 8-9 左中部位)。而且，该受体与配体 LPS 结合，往往通过前面提到的模式识别分子 LPS 结合蛋白(LBP)(图 8-19 右上)。第二，TLR4 同时启用依赖 MyD88 和依赖 TRIF 的两种信号途径。

二、胞质内模式识别信号受体(1)：NOD 样受体

一些病原微生物的生长周期涉及对胞质的感染，如病毒基因往往在胞质溶胶中转录和翻译，并进行病毒颗粒的装配。另外，有些细菌和寄生虫会产生一系列逃逸机制，包括在吞噬体膜上打洞进入胞质溶胶，借此逃避吞噬溶酶体的杀伤。由此在胞质中，会出现病原体及其组分，以及其他因感染和损伤而产生的成分，它们皆需要免疫系统进行感知

和清除。前面介绍了针对胞内自身成分和入侵成分的自噬和异噬，下面介绍机体如何以专门的信号受体识别胞质溶胶 PAMP 和 DAMP。

这些受体分子的特点是全部处在胞质溶胶中，一端识别配体，另一端启动信号转导，发挥效应作用。打破了受体分子以其胞外段识别配体，然后“从胞外向胞内”传递信号的传统概念。

1. NOD 样受体及其亚家族　NOD 样受体(NOD-like receptor，NLR)由三类功能不同的结构域组成(图 8-20)。

1) 位于 C 端的亮氨酸重复序列(LRR)。这是一个与 Toll 样受体胞外段相似的结构域，专司结合配体，包括 PAMP/DAMP 中的相应成分。

2) 分子中段为受体家族各成员共有的特征性结构域，称为核苷酸结合寡聚结构域(NOD)或 NACHT 结构域(NACHT 含义见图 8-20 图注)，功能是促使 NLR 分子相互聚合，改变其构型。

3) N 端效应结构域。现时分五类，并以此将 NOD 样受体分为五个亚家族：带有酸性激活结构域(acidic activation domain，AD)的 NLRA 亚家族、带有杆状病毒凋亡抑制蛋白重复体(baculovirus inhibitor of apoptosis protein repeat，BIR)结构域的 NLRB 亚家族、带有胱天蛋白酶招募结构域(caspase recruitment domain，CARD)的 NLRC 亚家族、带有热蛋白结构域(pyrin domain，PYD)的 NLRP 亚家族和带有其他 NLR 效应结构域(X)的 MLRX 亚家族。五种 N 端结构域分别将 NLR 分子的 NACHT 结构域和下游衔接蛋白和效应分子连接起来，行使效应功能。

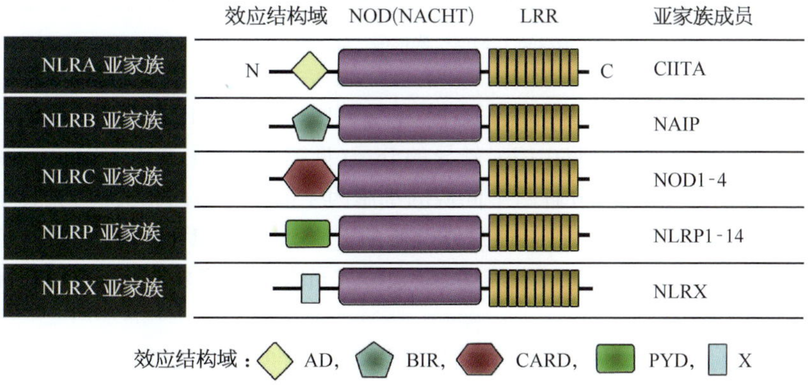

图 8-20　人体 NOD 样受体(NLR)家族分子结构示意图

LRR：亮氨酸重复序列；NACHT：自下列 4 种 NLR 成员的缩写合成：NAIP，CIITA，HETE 和 TP1；AD：酸性激活结构域；BIR：杆状病毒凋亡抑制蛋白结构域；CARD：胱天蛋白酶招募结构域；PYD：热蛋白结构域；X：其他 NLR 效应结构域。CIITA：MHC Ⅱ类反式激活蛋白

2. 典型的 NOD 样受体：NLRC 亚家族和 NLRP 亚家族　图 8-20 表明，人体带有 CARD 效应结构域的 NLRC 亚家族和带有 PYD 效应结构域的 NLRP 亚家族(NLRP 旧称 NALP)，已分别检出 4 个和 14 个成员。其中 NOD1 和 NOD2 是 NLRC 亚家族中研究得最多的两个成员，主要出现于黏膜上皮细胞和 Mφ 的胞质溶胶，识别细菌胞壁成分肽聚糖。其中革兰阴性菌的 γ 谷氨酰二氨基庚二酸(iE-DAP)由 NOD1 识别；同时出现于革兰阴性菌和革兰阳性菌的胞壁酰二肽(muramyl depeptide，MDP)，由 NOD2 识别。

3. NLR 的激活与信号转导　图 8-21 以上面两个亚家族中的代表性分子 NOD2 和 NLRP3 为例，介绍 NLR 相关的信号转导。

病原菌被 Mφ 等吞噬后，首先形成吞噬体，然后与溶酶体融合成为吞噬溶酶体。前面提到，在溶酶体酶的作用下，细菌胞壁成分分解为肽聚糖，后者可再降解成一种具有免疫调变活性的胞壁肽(muropeptide)。其中的胞壁酰二肽(MDP)以一种现时尚不清楚的机制从吞噬溶酶体进入胞质溶胶，通过直接或间接的方式结合 NOD2 分子的 LRR 结构域，使之激活，并启动信号转导(图 8-21 左侧)。

与 TLR 相似，胞质溶胶中的 NOD2 分子与胞壁酰二肽作用后发生构型改变，其效应结构域 CARD 可借助同型互作，募集蛋白丝氨酸/苏氨酸激酶 RIP2，形成一个包括 CARD 和 RIP2 的 NOD 信号小体(signalosome)，称为 RICK。然后，RIP2 激酶通过多聚泛素链平台募集 TAK1 和 IKK 复合体，激活 NF-κB 途径激发促炎症基因的转录表达。

同样，图 8-21 右侧显示，在胞质内 PAMP/DAMP 作用下二聚化的 NLRP3 分子使两个效应结构域 PYD 发生聚合，也借助同型互作，结合并激活同时带有 PYD 和 CARD 结构域的 ASC 复合物，后者再活化 CARD 和胱天蛋白酶 Caspase-1 组成的效应复合物。如此，双份的 NLRP3(LRR＋NACHT＋PYD)、ASC(PYD＋CARD)和效应复合物(CARD＋Caspase-1)共同构成一种称为炎症小体(inflammasome)的结构(图中以红圈圈出)。其主要功能是借助胱天

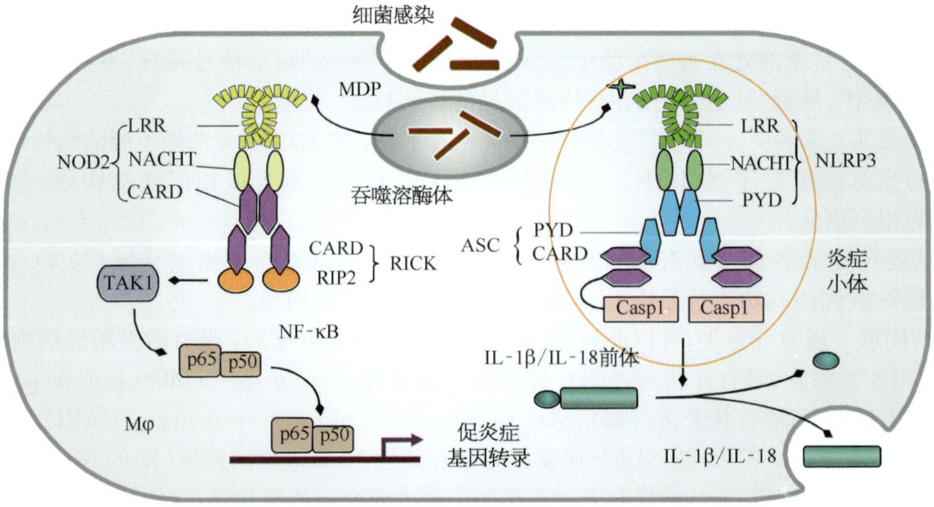

图 8-21　NLR 成员 NOD2 和 NLRP3 介导的信号转导

Casp1：caspase-1 半胱天冬蛋白酶 1；MDP：胞壁酰二肽。余各结构域名称含义见图 8-18 图注

蛋白酶 1 的活化，将无活性的细胞因子 IL-1β 和 IL-18 前体（proIL-1β/proIL-18）剪接成为有活性的 IL-1β 和 IL-18 分子。胱天蛋白酶（caspase）是一组参与细胞凋亡信号转导的分子（见第十三章），但此处的 Caspase-1 并不显示细胞杀伤活性，而是专门履行炎症小体的效应功能，分解两个同源的细胞因子前体。后面将会提到，其中激活的 IL-1β 是重要的促炎症因子。在这个意义上，NLR 和 TLR 一样，通过结合胞质 PAMP/DAMP 等成分而参与启动炎症反应。

4．炎症小体　NOD 样受体的 NLRP 亚家族中，有诸多成员参与构成炎症个体。其中研究得最多的是图 8-21 右侧用红圈圈出的 NLRP3 炎症小体。

从该炎症小体立体构象图（图 8-22）可以看出，其结构看似复杂，其实相对简单，因为组成成分只有三种：NLRP3＋衔接蛋白＋效应分子（各自包括 2～3 个结构域）（参见图下方）。还需要注意的是，该图两边列出了 NLRP3 炎症小体的各种激活因子。右侧（紫色底块）为 PAMP 的各种成分，包括细菌产生的成孔毒素（pore-forming toxin）和离子通道激活剂。值得注意的是左侧绿色底块，集中展示了 DAMP 中能激发此炎症小体的多种成分。例如，细胞摄入或内部产生的结晶颗粒和蛋白聚合体，包括尿酸单钠结晶、焦磷酸钙结晶、石棉、硅胶、疟原虫色素、胆固醇结晶、透明质素和 β 淀粉样蛋白等。提示内源性和外源性的非感染性物质在组织中的沉积同样可以引发无菌性炎症和一些看似与免疫无关的疾病。其中受到关注的除了痛风、软骨钙质沉着症（假痛风）和硅沉着病，还有阿尔茨海默病（涉及 β 淀粉样蛋

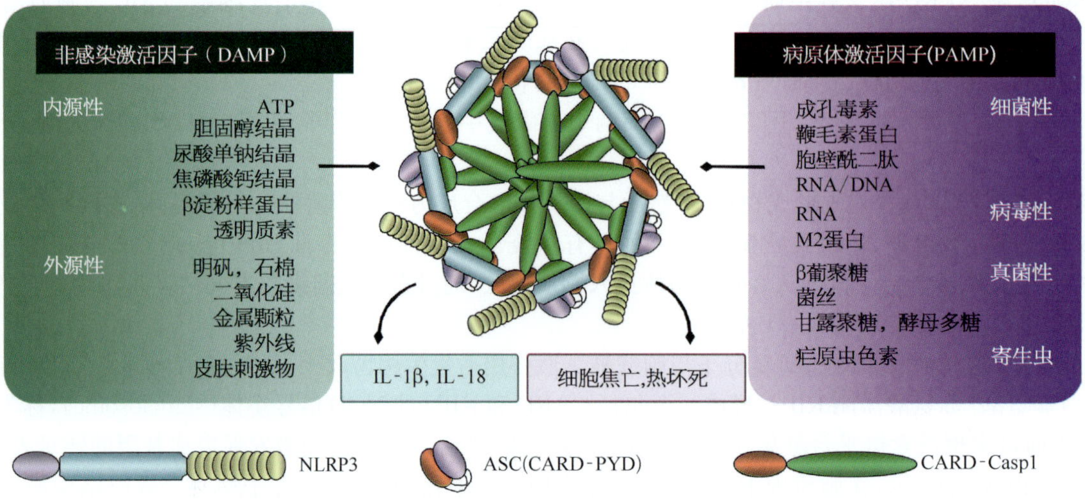

图 8-22　NLRP3 炎症小体的结构、激活因子及其产生的病理性效应

炎症小体的三个组成单位是：NOD 样受体 NLRP3（LRR＋NACHT＋PYD）、衔接蛋白 ASC（PYD＋CARD）和效应分子（CARD＋Caspase 1）。NLRP3 炎症小体由多种因素激活，产生细胞因子 IL-1β 和 IL-18，引起细胞焦亡和热坏死

白)、动脉粥样硬化(涉及胆固醇结晶)和肥胖型代谢综合征(涉及游离脂肪酸和脂质)。其病理效应往往与炎症小体激活产生的 IL-1 等促炎因子有关。如果 IL-1 被证实参与疾病的发病过程,则抗 IL-1 制剂的应用有望开拓新的防治途径。

5. 热蛋白和细胞焦亡　注意 NOD 样受体 NLRP 亚家族中所有分子的 N 端效应结构域是热蛋白(pyrin)。此术语的词根 pyro 来自希腊语,意思是“热”,因为发现一种遗传性发热性疾病源于一个称为 *pyro* 的基因发生突变。因而由热蛋白参与构成的炎症小体及其产生的促炎细胞因子往往与“热”有关。已确认一种与程序性细胞死亡相关的现象称为细胞焦亡(pyroptosis),有胱天蛋白酶 1 的参与,表现为细胞肿胀,质膜完整性受损,释放炎症介质。细胞焦亡在抗感染中有利于杀伤一些进入胞质溶胶的病原微生物和增强炎症小体释放 IL-1。有关焦亡的详情请参阅第十三章。

然而这些潜在性热性因素的存在,一旦因基因突变造成炎症小体激活失控,将导致 IL-1 大量产生,诱致一种称为家族性冷性自身炎症综合征(FCAS)或冷热蛋白(cryopyrin)相关周期综合征(CAPS),患者出现寒冷诱导的周期性发热、荨麻疹、关节疼痛和结膜炎。类似的遗传性疾病还包括 Muckle-Wells 综合征(MWS)和新生儿多系统炎症性疾病(NOMID)。它们属于没有明显触发因素的自发性炎症,不同于自身抗体和自身反应性 T 细胞参与的自身免疫性疾病。有意义的是,CAPS 病患者用 IL-1 拮抗剂治疗有效。

三、胞质内模式识别信号受体(2):RIG 样受体

1. 受体结构　视黄酸诱导基因(retinoic acid inducible gene, RIG)和黑色素瘤分化相关基因(MDAG)产物是胞质溶胶中识别病毒 dsRNA 的感知元件,参与构成 RIG 样受体(RIG-like receptor, RLR)家族。图 8-23 中部和右侧提供了其中两个主要成员 RIG-I 和 MDA-5 的结构。它们由效应结构域 CARD(橙色)和带有 DExD/H 框的 RNA 解旋酶(helicase)结构域(黄绿色)组成。可见 RLR 和前面介绍的 NLR 都带有效应结构域 CARD。

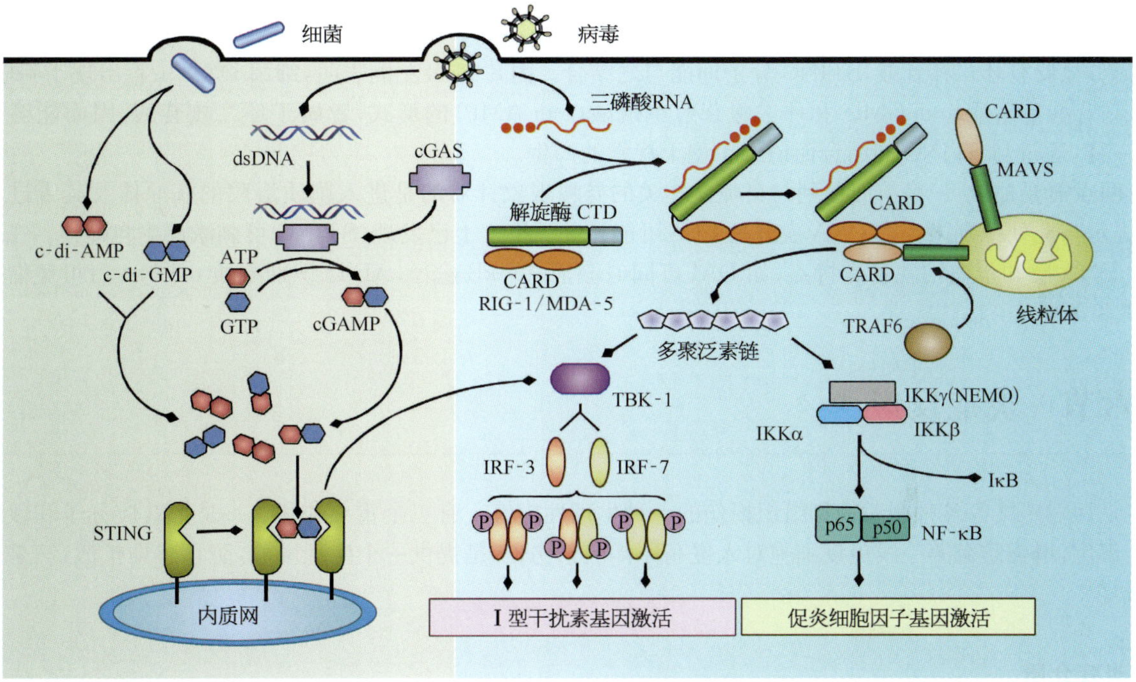

图 8-23　感知胞质溶胶中微生物核酸成分的 RIG 样受体(RLR)(右)、胞质溶胶 DNA 感知蛋白(CDS)(左)及两者启动的信号转导

右侧蓝底色部分示病毒产物三磷酸 RNA 与 RLR 代表性分子 RIG-I/MDA-5 的解旋酶结构域结合而改变构型,能以其 CARD 结构域与线粒体外膜上 MAVS 分子的 CARD 结合,在 E3 泛素连接酶 TRAF6 等参与下形成多聚泛素链,启动 NF-κB 信号途径(右下)并通过 TBK1 激活干扰素调节因子 IRF3 等(中下),促使 I 型干扰素基因转录。左侧土黄底色部分示胞质溶胶中的 cGAS 可识别病毒产生的 dsDNA 并形成环二核苷酸 cGAMP,启动干扰素基因刺激蛋白(STING)介导的信号转导,并激活 TANK 结合激酶 1 (TBK1)* 和 IRF3 而产生 I 型干扰素。图最左侧示病原菌产生的胞质溶胶核酸产物环二腺苷酸单磷酸(c-di-AMP) 和 c-di-GMP 也能结合 STING 蛋白,发挥效应功能。 * TANK: TRAF 家族膜相关 NF-κB 活化蛋白

TLR 部分提到,TLR3、TLR7、TLR8 和 TLR9 作为第二种类型的 TLR,专门识别内体中病毒衍生的核酸分子和细菌胞核成分,它们启动的信号途径最终激活 I 型干扰素。但是,这四种胞内 TLR 主要出现于 DC 中的内体膜等部位,而此处的 RLR 不仅可表达于各种病毒感染的细胞,且能直接识别和感知内体之外,存在于胞质溶胶中的病毒产物和病毒颗粒,其抗病毒意义不可忽视。

2. *RLR的信号转导及抗病毒效应* RLR属于Ⅰ型干扰素诱导蛋白。图8-23右侧展示了RLR的两个典型成员RIG-I和MDA-5参与的信号转导途径。胞质中与RIG-I/MDA-5分子发生相互作用的衔接蛋白，称为线粒体抗病毒信号转导蛋白(MAVS)(又称IPS1、VISA等)，一端也带有CARD结构域，可以采用同型互作与RIG-I/MDA-5分子中的两个CARD结构域相结合。这种结合之所以可能，是因为RIG-I以其解旋酶结构域和C端结构域(CTD)感知并结合了胞质溶胶中病毒产生的三磷酸RNA分子后发生了构型改变。两分子CARD结构域的同型互作使得MAVS蛋白聚合和活化，借助TRAF6形成游离的多聚泛素链(polyubiquitin)，分别激活NF-κB信号途径和TANK结合激酶TBK1，后者使干扰素调节因子基因*IRF*3和*IRF*7激活，产生Ⅰ型干扰素。

现已确认RIG-I参与识别下列RNA病毒：新城疫病毒(NDV)、水泡性口炎病毒(VSV)、仙台病毒(SV)，以及副黏液病毒、流感病毒和日本脑炎病毒。

四、胞质内模式识别信号受体(3)：胞质DNA感知蛋白

与RLR识别病毒RNA不同，此类胞质内信号受体专门识别病毒和细菌DNA，称为胞质DNA感知蛋白(cytosolic DNA sensor，CDS)。CDS具有信号转导功能，因而也是一类受体分子。其中活跃者如干扰素基因刺激蛋白(stimulator of IFN gene，STING)、DNA依赖性干扰素调节因子激活蛋白(DAI)、DNA依赖性RNA聚合酶Ⅲ(Pol Ⅲ)和黑色素瘤缺失因子2(AIM2)。图8-23左侧以STING作为CDS感知蛋白的代表加以说明。STING是内质网上的一种跨膜分子，为无活性的同源二聚体，也不能直接被胞质中的dsDNA分子激活，而是需借助一种称为环GMP-AMP合成酶(cGAS)的成分。从图8-23左上部分可以看出，cGAS在识别并结合胞质溶胶中病毒产生的dsDNA之后，催化合成一种由三磷酸腺苷(ATP)和三磷酸鸟苷(GTP)相结合的cGAMP，后者属于环二核苷酸(cyclic dinuclotides，CDNs)，可与STING结合，使其发生构型改变并转位而成为一个平台分子，参与招募和激活TANK激活激酶1(TBK1)，后者再使干扰素调节因子IRF-3发生磷酸化，入核后促使Ⅰ型干扰素基因表达，产生干扰素。

事实上，只要有环二核苷酸，STING分子即能与之结合。图8-23最左侧表明，细菌DNA一旦出现于胞质溶胶，往往取环二鸟苷酸单磷酸(c-di-GMP)和环二腺苷酸单磷酸(c-di-AMP)的形式，皆属于环二核苷酸，因而能够与前面的cGAMP一样，通过与STING的结合而诱致Ⅰ型干扰素的产生。

另有两点需要提及，一是前面提到与自噬体相关的异噬现象针对的是进入胞质溶胶的病原体及其带进来的外源性物质，提示与此处识别微生物DNA成分的CDS可能相关。事实上已发现，STING可刺激产生自噬体。二是上面提及的多种DNA感知蛋白往往各有特点，如DAI可同时激活NF-κB途径，AIM2识别胞质dsDNA后可凭借炎症小体产生IL-1和IL-18。

第六节 炎症反应

炎症是针对感染等各种刺激物和组织损伤的一种生理性应答。有三个重要作用：一是把效应分子和效应细胞输送到感染部位，增强防御第一线免疫细胞对入侵病原体的杀伤；二是提供一个生理屏障，防止感染扩散；三是加快损伤组织的修复。

一、炎症介质

参与炎症反应的介质主要包括趋化因子、细胞因子、血浆酶介质和脂类炎症介质。

(一) 炎症介质：细胞因子与趋化因子

细胞因子和趋化因子本书已有专章论述，此处仅列举部分具有促炎症活性的细胞因子IL-1、TNF-α和IL-6(表8-10)。这些因子的编码基因主要由巨噬细胞模式识别受体识别PAMP后，通过NF-κB和MAPK途径所激活。它们不仅引起局部炎症反应，并可诱发全身效应，包括脓毒性休克(详后)。

表8-10 激活性Mφ分泌的三种主要促炎症细胞因子及其效应

细胞因子	局部效应	全身效应
IL-1	激活血管内皮细胞和淋巴细胞，加速效应细胞穿越血管壁，引起局部组织损伤	发热，产生IL-6
TNF-α	激活血管内皮细胞，增加血管通透性，促使IgG、补体和细胞进入组织，增加引流淋巴结液量	发热，动员代谢产物，引起休克
IL-6	激活淋巴细胞，增加抗体产量	发热，诱导产生急性相蛋白

1. IL-1　由激活的单核/巨噬细胞、中性粒细胞、表皮细胞和内皮细胞分泌。其中的 IL-1α 和 IL-1β 同源性虽不足 30%，但可与同一细胞表面受体结合，具相同的生物学活性。作为主要的分泌形式，IL-1β 的产生需要两个信号，第一信号来自 TLR/NLR 引起 IL-1β 前体即 pro-IL-1β 的表达，第二信号则来自 NLRP3 炎症小体中 caspase 1 的激活，pro-IL-1β 得以分解为成熟 IL-1β(图 8-21)。前面提到，IL-1R 和 TLR 有着相同的 TIR 胞内结构域。

2. *肿瘤坏死因子*　分为 TNF-α 和 TNF-β，后者又称淋巴毒素，由 Mφ、DC 等细胞在 PAMP/DAMP 刺激下产生，主要介导急性炎症应答。当大量细菌感染时，TNF 可迅速产生，一旦进入血流，会引起致命性的脓毒性休克(详下)。

3. IL-6　同样作为一类引起急性炎症反应的重要细胞因子，IL-6 主要诱导肝脏合成多种炎症介质，激发骨髓中性粒细胞增殖，并能诱导 Th17 亚群的分化。在 PAMP 及细胞因子 TNF 及 IL-1 作用下，IL-6 由单核/巨噬细胞及血管内皮细胞合成。

(二) 炎症介质：血浆酶介质

血浆中有四个酶系统，在组织损伤出现时可被激活而形成相互作用的网络，大量产生炎症介质。

1. *激肽(kinin)系统*　组织损伤可激活血浆酶原 Hageman 因子(又称凝血因子 XII)，引起凝血酶级联反应。首先是激肽释放酶(kallikrein)活化，其次是产生炎症介质舒缓激肽(bradykinin)。这是一类血管活性碱性肽，可增加血管通透性，引起疼痛和平滑肌收缩。舒缓激肽还可裂解 C5，产生的 C5a 使肥大细胞释放炎症介质。

2. *凝血(clotting)系统*　该系统始于血管损伤大量产生的凝血酶，作用于血浆和组织液中的血纤蛋白原，产生血纤蛋白(fibrin)和血纤肽(fibrinopeptide)。这些非水溶性纤维蛋白丝可相互缠绕而形成凝块，防治感染扩散。因而凝血系统在组织损伤后不仅参与止血，还起着防止入侵病原体血行播散的作用。此外，血纤肽还是一种炎症介质，增加血管通透性，增强中性粒细胞的趋化。

3. *纤溶(fibrinolytic)系统*　作用是把纤维蛋白凝块从损伤组织中清除。起关键作用的纤溶酶(plasmin)可使纤维蛋白凝块降解为显示趋化活性的产物，加速中性粒细胞的趋化作用。纤溶酶还有助于激活经典的补体途径。

4. *补体系统*　前面已作介绍。作为炎症介质，补体裂解产物 C3a、C4a 和 C5a 发挥着过敏毒素(anaphylatoxin)的作用，可与组织中肥大细胞表面受体结合使其脱颗粒而释放组胺和其他显示药理学活性的介质，引起平滑肌收缩和血管通透性增加。在 C3a、C5a 和 C5b67 共同作用下，单核细胞和中性粒细胞可黏附于并穿越血管内皮细胞，向组织中补体激活部位迁移，并使得带有抗体及吞噬细胞的液体加速流向病原体入侵部位。

(三) 炎症介质：脂类介质

膜结构的改变可使得一些炎症细胞(Mφ、单核细胞、中性粒细胞和肥大细胞)膜上的磷脂降解为花生四烯酸及血小板溶解激活因子，后者再转化为血小板激活因子(PAF)。PAF 不仅活化血小板，并启动炎症效应，趋化嗜酸粒细胞，使中性粒细胞和嗜酸粒细胞激活和脱颗粒。

花生四烯酸代谢有两条途径。环加氧酶(cyclooxygenase)途径产生前列腺素(PGE)和凝血烷(thromboxane)。其中单核/巨噬细胞产生大量 PGE2 和 PGF2；中性粒细胞产生中等水平 PGE2；肥大细胞产生 PGD2。前列腺素可增加血管通透性，使血管扩张，诱导中性粒细胞趋化。凝血烷引起血小板凝聚和血管收缩。

花生四烯酸代谢的另一个途径为脂加氧酶(lipoxygenase)途径，使肥大细胞产生白三烯。其中三种白三烯成分(LTC4、LTD4 和 LTE4)属过敏性慢反应物质(SRS-A)，介导平滑肌收缩。第四种白三烯成分为 LTB4，是中性粒细胞强有力的趋化因子。

二、炎症反应

炎症反应包括急性和慢性两类。急性过程通常启动迅速，持续时间短，并可引起全身性应答，构成急性相反应。慢性过程见于持续感染性疾病。

(一) 急性炎症性应答

1. *局部急性相反应*　两千多年前人类已经用红、肿、热、痛和功能丧失五个方面来描述局部急性炎症反应。反应通常启动快，发生组织损伤后数分钟内，激肽系统、凝血系统和纤溶系统开始激活，在缓激肽和血纤肽的直接作用下，血管扩张和通透性增加，液体逸出，引起局部红肿和疼痛。此时，在过敏毒素的间接参与下，肥大细胞脱颗粒并释放组胺。组胺是炎症反应的强有力介质，引起血管进一步扩张和平滑肌收缩。同时出现前列腺素水平升高，共同引发急性炎症反应。

发生上述血管性变化后数小时，衬在血管内壁的内皮细胞被激活，表达的黏附分子，特别是其中的选择素和整合素，能改变细胞的黏附特性，引起循环的白细胞黏着于血管壁内侧，使其越过内皮细胞间隙向炎症部位游走，这一过程称为细胞外渗(extravasation)。其包括四个步骤：滚动黏附、紧密黏附、细胞渗出和细胞迁移(图 8-24)。

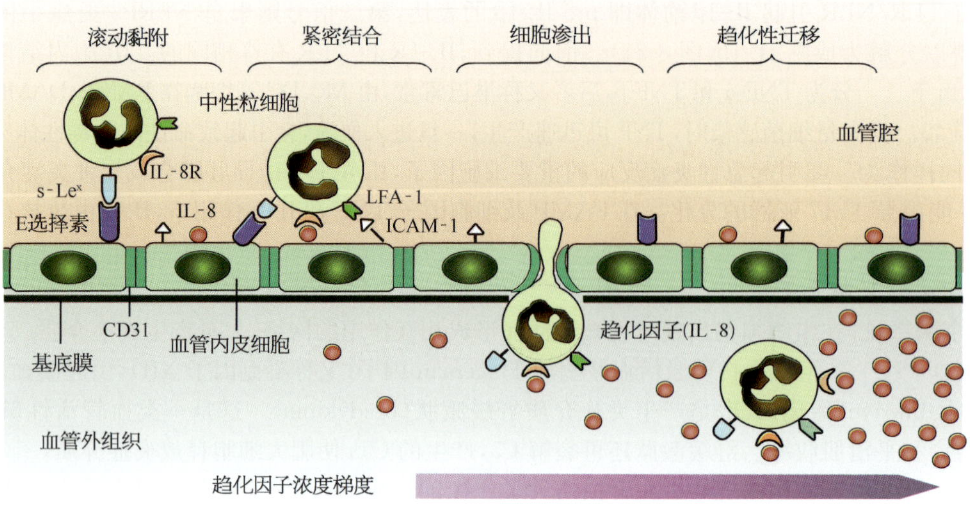

图 8-24 中性粒细胞对血管壁的黏附、外渗及趋化作用

中性粒细胞借助表面唾液酸化路易糖(s-Le^x)糖链与血管内皮细胞表面 E 选择素结合,使其流动速度减慢,然后通过表达的 IL-8 受体及 LFA-1(以及图中未标出的 Mac-1)分子分别结合内皮细胞表面的 IL-8 及 ICAM-1,使中性粒细胞从滚动黏附转为与内皮细胞紧密结合,并经由内皮细胞间的 CD31 分子穿越血管内皮层及其外侧的基底膜,然后顺着 IL-8 等趋化因子的浓度梯度向炎症部位迁移。由巨噬细胞释放的趋化因子及细胞因子在炎症部位浓度最高

参与白细胞迁移、定居和相互作用的黏附分子主要由三个家族组成:选择素、整合素和免疫球蛋白超家族。它们的结构和在白细胞黏附和迁移中的作用,在第六章中已有详述,请参阅。

其中中性粒细胞最早发生黏附,并从血管迁移到组织中。中性粒细胞可吞噬入侵的病原体和释放促炎症介质,包括巨噬细胞炎性蛋白(MIP-1α 和-1β)及多种能够使巨噬细胞迁移到炎症部位的趋化因子。激活的 Mφ 一般在炎症开始后 5～6 h 后抵达炎症部位,参与吞噬病原体和分泌各种参与炎症反应的介质和细胞因子。其中和炎症反应关系最为密切的是表 8-10 展示的 IL-1、IL-6 和 TNF-α。

大量炎症细胞在病原体入侵部位的聚集,有效地吞噬了病原体,然而细胞所释放的炎症介质和具有裂解活性的酶类,也开始损伤正常细胞和组织。而且,短寿的中性粒细胞在完成了一轮吞噬之后即告死亡,形成脓液。

2. 全身急性相反应　感染一旦发生血行播散并出现全身症状,构成全身急性相反应。特点是出现发热。发热并非直接由细菌成分引起,而主要由参与炎症反应的细胞因子如 TNF-α、IL-1 和 IL-6 引起,因而这些因子称为内源性热源。应该说,发热本身并非坏事,因为可抑制病原体增殖,增强对病原体的免疫应答,这也是上述细胞因子参与炎症反应的一个方面。同时机体迅速合成激素如 ACTH 和糖皮质激素,白细胞计数上升,肝脏产生大量急性相蛋白。其中属于五聚体蛋白家族的 C 反应蛋白,水平可增加 1 000 倍以上。这些急性相蛋白又是上述促炎症细胞因子 IL-1、IL-6 和 TNF-α 作用于肝细胞的结果(表 8-11)。TNF-α 还作用于血管内皮细胞,使之分泌各种集落刺激因子如 M-CSF、G-CSF 和 GM-CSF,它们可刺激造血,引起血液白细胞数量升高,促进炎症反应(图 8-25)。促炎症细胞因子能诱导肝细胞产生急性相蛋白,是因为这些细胞因子和肝细胞表面的受体结合之后,激活了共用的转录因子 NF-IL6,后者再激发一个结构与之同源的肝脏专一性转录因子 C/EBP,使各种急性相蛋白编码基因加速激活,其中还可诱导产生白蛋白和甲状腺素运载蛋白(transthyretin)。

前面提到,全身性的革兰阴性菌感染,因 Mφ 大量释放 TNF-α 而出现脓毒症(sepsis),引起血管通透性增加而导致大量血浆外渗,引起脓毒性休克(septic shock),出现弥散性血管内凝血(DIC)和血栓形成,导致全身器官衰竭。

表 8-11 促炎症细胞因子 IL-1、IL-6 和 TNF-α 在急性相反应中对机体抗感染的作用

作用对象	效应	转归
肝脏	产生急性相蛋白	激活补体,行使调理作用
骨髓,内皮细胞	动员中性粒细胞	白细胞增多,促进吞噬
下丘脑	升高体温	降低细菌和病毒的增殖能力,增强特异性应答
脂肪,肌肉	动员能量获取蛋白使体温升高	降低细菌和病毒的增殖能力,增强特异性应答
树突状细胞	TNF-α 激发下迁移至淋巴结并成熟	启动适应性免疫应答

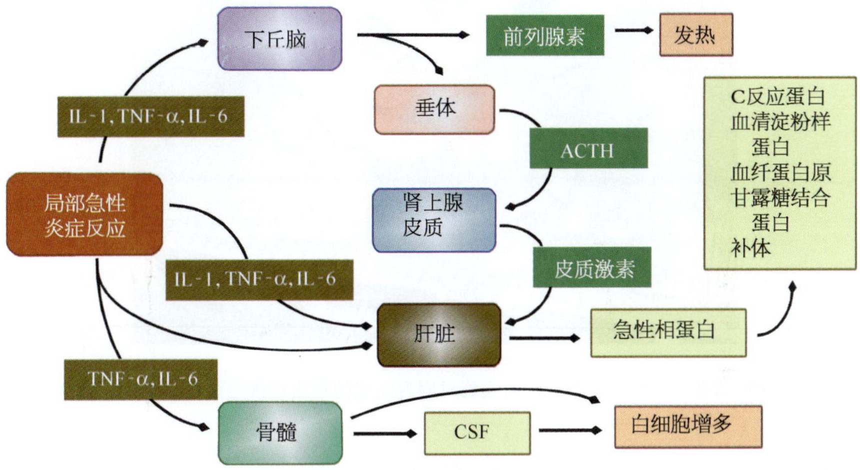

图 8-25　全身急性相反应

CSF：集落刺激因子；ACTH：促肾上腺皮质激素

（二）慢性炎症性应答

慢性炎症的产生缘于抗原的持续存在。例如，有些微生物可以其特殊的胞壁结构逃避吞噬，由此引发慢性炎症和组织损伤。因而自身免疫病中的自身抗原和不断侵犯组织使其结构改变的一些肿瘤，皆可引起慢性炎症。

慢性炎症的重要特点是 Mφ 的积累和激活。这些 Mφ 所释放的细胞因子刺激成纤维细胞增殖和产生胶原，使得慢性炎症部位发生纤维化。慢性炎症还会诱发肉芽肿（granuloma）的产生。肉芽肿是大量激活的淋巴细胞包绕着一群激活的 Mφ，后者往往借助胞间融合在肉芽肿核心部位形成多核巨细胞。肉芽肿的形成使得免疫系统难以有效地清除留存在 Mφ 中的胞内寄生菌如结核杆菌，使疾病迁移不愈（图 6-12）。

第七节　训练性免疫与固有免疫记忆

近来揭示固有免疫通过“训练”，可以展示类似免疫记忆样的增强性应答。其表现为，在机体受到感染或接种疫苗之后，参与固有免疫的各种细胞（如单核细胞、巨噬细胞）可形成一种长时间的功能变化，产生炎症介质和清除感染的能力增强。这是一类独立于淋巴细胞，为固有免疫所特有的记忆现象，称为训练性免疫（trained immunity）。此说明机体在接触病原体及其产物之后，其固有免疫系统所受到的影响可以持续存在，因而在适应性免疫缺如的植物和非脊椎动物中也可检测到“记忆性”增强反应。这是新近确认的固有免疫一个重要特性。

典型的例子是卡介苗（Bacillus Calmette-Guérin，BCG）接种所引发的次级保护效应。BCG 属牛型结核杆菌减毒活菌苗，最早由法国巴斯德研究所的 Calmette A 和 Guérin C（俗称卡、介二氏）采用甘油马铃薯培养基通过 13 年的减毒培养而得。1921 年正式用于人体做结核病预防。接种卡介苗后约 20%的儿童可免受结核菌感染，感染者中 50%可不得结核病，保护期为 10～20 年。有意义的是，在新生儿死亡率很高的发展中国家，廉价的卡介苗注射可同时大幅度降低婴儿因败血症和呼吸道感染引起的死亡。根据 WHO 1990～2015 年的统计，其死亡率的降低幅度达 2/3。这不完全因为抗结核，认为是提高了被接种者的抗病能力，与固有免疫得到增强有关。因为 BCG 接种后会大量产生促炎症细胞因子，而其他病原体的后续刺激，维持了其高水平。换言之，卡介苗接种可作为一种“训练”手段，提高机体免疫力。现认为，这种训练在婴幼儿时期最为有效（图 8-26）。

机制研究揭示，训练性免疫的出现涉及多种抗感染因子编码基因的表观遗传学修饰和固有类细胞的功能性重编程（见第一章）。采用转录组学（transcriptome）和表观基因组学（epigenome）技术开展的一项国际合作研究，跟踪了单核细胞向巨噬细胞分化过程中与训练性固有免疫相关免疫学印记（immunological imprinting）的变化，包括被修饰过的炎症通路、代谢途径和炎症小体的活性，发现该过程中最富动态变化的是组蛋白的乙酰化事件，并存在一些特有的表观遗传学标志和一个由增强子和启动子组成的复杂网络。此说明固有免疫训练的形成有其特定的物质基础，伴随着一系列分子免疫学的变化。

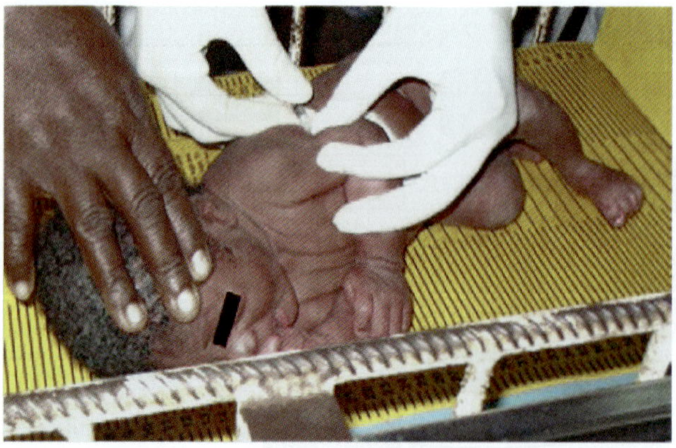

图 8-26 几内亚比绍新生儿接受卡介苗注射实施对固有免疫的首次训练（引自 Aaby P，et al.，2012）

本 章 提 要

固有免疫是免疫应答的重要组成部分。免疫应答的免疫原为病原体相关分子模式（PAMP）和损伤相关分子模式（DAMP）。以抗感染为主要目标的固有免疫应答，由阻止病原体入侵的基本屏障、现存分子介导的快速应答和细胞介导的诱导性应答三部分组成。

识别 PAMP 和 DAMP 的诱导性应答，涉及模式识别分子和模式识别受体。后者包括吞噬性受体（甘露糖受体、清道夫受体、C 型凝集素受体）和位于胞膜和胞质溶胶的信号受体（TLR、NLR、RLR、CDS），分别介导对病原体的吞噬以及通过信号转导激活各种炎症基因，分泌促炎症因子和抗病因子。

固有免疫应答的效应成分包括抗菌肽、防御素、补体以及吞噬细胞分泌的活性氧中间物和活性氮中间物等，由细胞因子、趋化因子、血浆酶介质、脂类炎症介质和各种炎症细胞参与的炎症反应在抗感染中发挥重要作用。在清除病原体的同时，炎症反应也可造成组织损伤。

固有免疫通过“训练”，可以展示免疫记忆样的增强性应答，其中抗感染基因的表观遗传学修饰发挥重要作用。

（周光炎）

参 考 文 献

Aaby P，Benno CS. 2012. Saving lives by training innate immunity with Bacille Calmette-Guérin vaccine. Proc Natl Acad Sci USA，109：17317-17318.

Bauernfeind F，Ablasser A，Bartok E，et al. 2011. Inflammasome：current understanding and open questions. Cell Mol Life Sci，68：765-783.

Crisan TO，Netea MG，Joosten LAB. 2016. Innate immune memory：implications for host responses to damage-associated molecular patterns. Eur J Immunol，46：817-828.

Davis BK，Wen HW，Ting JP-Y. 2011. The inflammasome NLRs in immunity，inflammation，and associated diseases. Annu Rev Immunol，29：707-733.

De Oliveira-Junior EB，Bustamante J，Newburger PE，et al. 2011. The human NADPH oxidase：primary and secondary defects impairing the respiratory burst function and the micribicidal ability of phagocytes. Scand J Immunol，73：420-427.

Gordon S. 2016. Phagocytosis：an immunobiologic process. Immunity，44：463-475.

Mekherjee S，Zheng H，Dereb MG，et al. 2014. Antibacterial membrane attack by a pore-forming intestinal C-type lactin. Nature，505：103-107.

Murphy K. Weaver C. 2017. Janeway's Immunobiology. 9th ed. New York：Garland Sci.

Rock KL，Latz E，Ontiveros F，et al. 2010. The sterile inflammatory response. Annu Rev Immunol，28：321-342.

Saeed S，Quintin J，Kerstens HH. 2014. Epigenetic programming of monocyte-to-macrophage differentiation and trained innate immunity. Science，345：1251086.

Shibutani ST，Saiton T，Nowag H，et al. 2015. Autophagy and autophagy-related proteins in the immune system. Nat Immunol，16：1014-1024.

Takahashi K，Eddie Ip WK，Michelow IC，et al. 2006. The mannose-binding lectin：a prototype pattern recognition molecule. Curr Opin Immunol，18：160-213.

第九章 黏膜免疫与皮肤免疫

机体启动的免疫应答因病原体的特性及入侵部位的不同而呈现差异。直接接触病原体的解剖部位是体表表皮层和体内衬在管状组织（气管、食管、胃肠道、泌尿生殖道等）内膜的上皮层。前者由角质化的表皮细胞所覆盖并参与构成皮肤免疫系统；后者由能够分泌黏液的上皮细胞所覆盖，参与构成黏膜免疫系统（mucosal immune system）。

黏膜免疫系统涵盖了防止病原体入侵的整个机体内在表面，既包括黏膜层和上皮细胞，也包括启动和行使免疫应答的黏膜下固有层中各种散在的免疫细胞和一些器官化的淋巴组织，以及与此相关的多种内分泌腺体：胰腺、眼结膜和泪腺、唾液腺及乳腺。因而黏膜免疫系统亦称黏膜相关淋巴组织（mucosa-associated lymphoid tissue，MALT），其中还细分为鼻相关淋巴组织（NALT）、肠相关淋巴组织（GALT）和支气管相关淋巴组织（BALT）（图 9-1）。本章将先论述黏膜免疫，而且较多地以肠道黏膜免疫系统即 GALT 为例进行介绍，然后论述皮肤免疫。

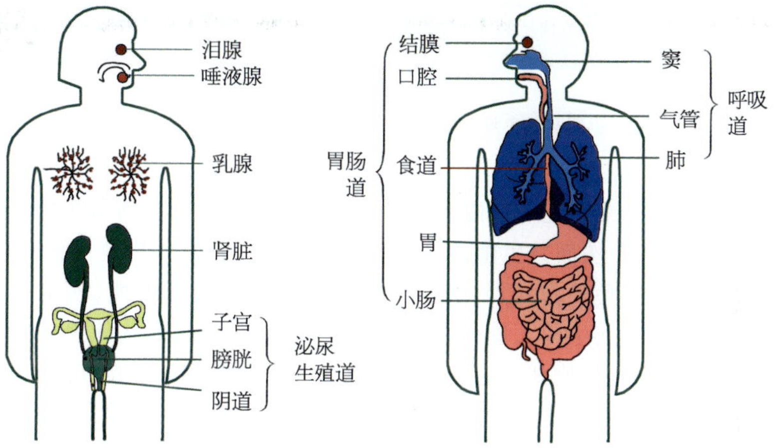

图 9-1 人体黏膜免疫系统的组成

第一节 黏膜免疫系统与免疫应答

一、黏膜免疫系统的结构特点

机体阻止微生物入侵的第一道屏障除了表皮就是黏膜。与皮肤免疫系统由多层表皮细胞组成不同，黏膜（如小肠黏膜）一般由单层上皮细胞组成。上皮下方的结缔组织称为固有层（lamina propria），包含血管、淋巴管和黏膜相关淋巴组织。黏膜上皮，特别是其下的固有层，分布有各种免疫细胞，包括淋巴细胞、DC、Mφ、组织定居记忆 T 细胞、肥大细胞和浆细胞。黏膜组织的固有层还分散着非包囊化但呈现器官化的次级淋巴组织。再下面，则是肠系膜淋巴结，属于针对入侵病原体启动和放大适应性免疫应答的场所（图 9-2）。

需要指出的是，黏膜免疫系统中的免疫细胞往往有一定的特殊性和分布的局限性，它们少见于免疫系统的其他部位。例如，实施抗原转运的 M 细胞，分泌黏液的杯状细胞，产生防御素的肠腺嗜酸细胞，表皮间淋巴细胞，大量产生 IgA 的 B 细胞和浆细胞，以及一些特定的 DC 亚群。

二、黏膜免疫系统的应答特点

从免疫学的视角来看，胃肠道有两个特殊之处：第一，黏膜覆盖面大。据计算，小肠和大肠黏膜（包括黏膜绒毛）总面积超过 200 m^2，相当于一个网球场。第二，肠腔中充满各种微生物，它们随食物的摄取而进入，多数可作为共生菌在黏膜表面持续存在。据估计，哺乳动物肠道中的菌种有 500 种之多，其数量达 10^{14}，十倍于构成机体的细胞数。人体亦然。所以对人，微生物学家给出的戏称是：10%是人，90%是细菌！

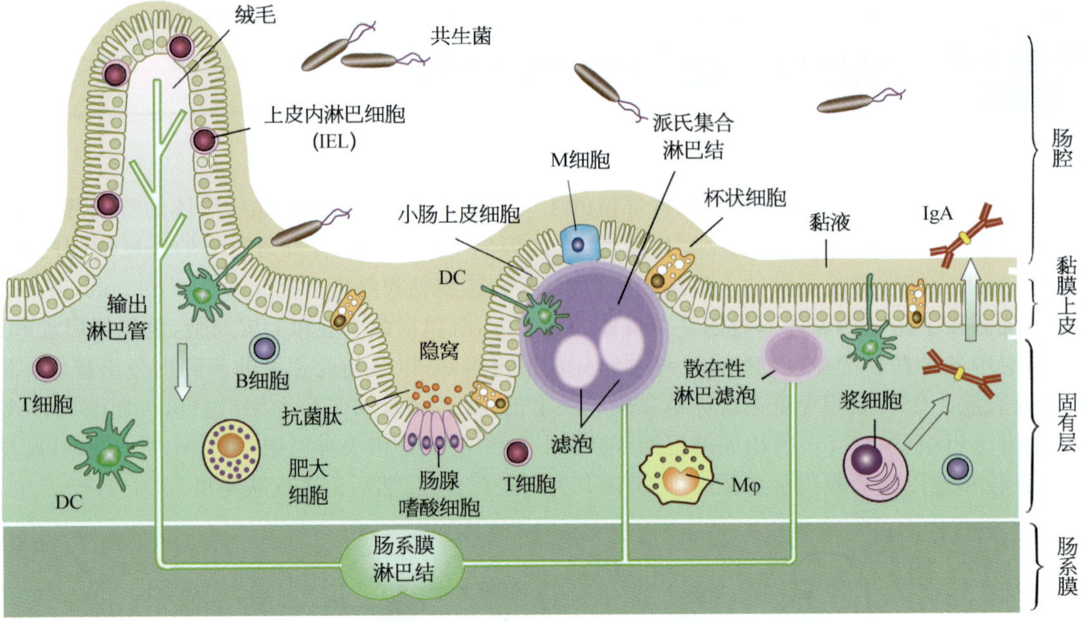

图 9-2 小肠黏膜免疫系统的各种细胞成分和器官化的淋巴组织

说这些共生菌对机体是有益的，主要指它们在黏膜屏障之外所发挥的食物分解等生物学效应，同时指它们能参与防止引起肠道损伤的炎症反应（详后）。然而共生菌体一旦越过屏障进入血循环并进入肠壁，则可能致病，特别对免疫功能低下的个体。在这个意义上，黏膜免疫系统所面对的共生菌，实际上是范围大、浓度高、持续存在的一种潜在危险。这样的“卫士”不好当，因为必须在共生菌大量存在的前提下，识别并清除那些比例较少的病原菌。这样的挑战，迫使免疫系统进化出一种同时涉及固有免疫和适应性免疫的区分性识别策略和效应机制。应该说，其中涉及的原理，仅部分地得到阐明，因而目前尚难以完全阻止和治愈经由黏膜产生的感染甚至是致命性感染，而且，相应的感染机会仍然很高。像全球年死亡率超过百万例的一些疾病，包括急性呼吸道感染、腹泻、结核、艾滋病等，病原体的入侵都通过黏膜。

不仅如此，进入胃肠道的食物蛋白以及留存的共生菌，不可避免地带有许多外来的抗原成分，一旦这些成分诱发免疫应答，同样可以致病。典型例子是，食物中谷朊蛋白（gluten）在易感者体内可诱发乳糜泻、肠道菌丛可引起节段性回肠炎（Crohn's disease），而花粉、尘螨和环境中的过敏源常引发呼吸道过敏性疾病。

因而，黏膜免疫系统同时具有防御病原体入侵、维持对共生菌的耐受和针对各种抗原启动免疫应答等特性。由于功能上的重要性及其与抗原物质接触的广泛性，黏膜免疫构成了机体免疫系统中最为庞大的部分。据估计，健康者体内 3/4 的淋巴细胞和大部分免疫球蛋白皆分布于黏膜免疫系统。表 9-1 是与其他外周淋巴组织（如淋巴结和脾脏）相比，黏膜免疫系统显示的一些特点。

表 9-1 黏膜免疫系统的特点

解剖特征	黏膜上皮和淋巴组织间因相互作用而联系紧密
	由散在的淋巴组织和器官化的结构（如派氏集合淋巴结、分立的淋巴滤泡和扁桃体）共同组成
	启用特化的抗原摄取机制，如出现派氏集合淋巴结和 M 细胞
效应机制	在无感染发生的情况下拥有大量活化的 T 细胞和记忆细胞
	存在非特异性激活的“天然”效应性 T 细胞和记忆性 T 细胞
	大量启用分泌型 IgA 抗体
	涉及各种共生微生物菌丛
免疫调节	可主动下调针对食物和其他共生性抗原的强势免疫应答
	可激活抑制性 Mφ 及诱导耐受的 DC

据研究，在脊椎动物免疫系统进化过程中，肠道是最早分化并显示防御病原体入侵功能的器官化淋巴组织，其出现甚至早于中枢免疫器官胸腺和鸟类的法氏囊（bursa of Fabricius），因为后两者都是从胚胎小肠分化而来的。因而黏膜免疫系统属于最为原始的脊椎动物免疫系统，而外周免疫器官中的脾脏和淋巴结，在系统发育中则出现得较晚。

第二节　黏膜免疫中的固有免疫应答

一、组成肠相关淋巴组织的固有免疫细胞

参与胃肠道相关固有免疫应答的细胞，主要包括两类：一类为胃肠道上皮细胞及其衍生的M细胞、杯状细胞、肠腺嗜酸细胞和上皮内淋巴细胞，其结构和功能各异（图9-2）；另一类为散在性分布于固有层的淋巴细胞、DC、肥大细胞、浆细胞等。这些细胞虽然在整个免疫系统中普遍存在，但在黏膜组织中有其特点。

（一）肠道黏膜上皮细胞及其衍生和相关的特殊细胞类型

1. 上皮细胞　前面提到，覆盖于所有黏膜免疫系统管腔（胃肠道、呼吸道和泌尿生殖道）内壁上的上皮细胞，与皮肤表皮细胞不同，皆为紧密排列的单层。其管腔侧长有绒毛，基底侧连接基底膜和固有层。图9-2表明，淋巴管可深入到绒毛中，而且整个表皮层还包括凹陷的隐窝（crypt）结构和派氏集合淋巴结中呈圆丘状向肠腔一侧隆起的部分。上皮细胞间则由闭锁带（zona occludens 1）、密蛋白（claudin）和带蛋白（cingulin）等组成紧密连接物（tight junction），共同形成黏膜免疫系统最外层的物理性防御屏障。

2. M细胞　又称微皱褶细胞（microfold cell, M cell），一类重要的抗原转运细胞，自肠道上皮细胞前体分化而来。M细胞不分泌消化酶或黏液，无糖蛋白分子（糖萼）包被，且微绒毛短小，生长无序而成为皱褶状（M细胞由此得名），而且胞膜带有很大的膜孔。这些皆有利于肠腔中的微生物和各种物质通过M细胞进入派氏集合淋巴结，启动免疫应答（详见本章适应性免疫部分）。

3. 杯状细胞（goblet cell）　自肠道上皮细胞分化而来，主要产生黏蛋白，参与黏液分泌。

4. 肠腺嗜酸细胞　又称帕内特细胞（Paneth's cell），位于上皮层隐窝部分的底端，是产生和分泌抗菌肽（如防御素）的关键细胞成分。

5. 上皮内淋巴细胞　分布于上皮细胞间的上皮内淋巴细胞（intraepithclial lymphocyte, IEL），是黏膜免疫系统的特征性细胞，与固有层分布的或全身性免疫系统中分布的淋巴细胞亚群有很大的不同。首先，是数量大，在健康小肠中每100个上皮细胞中就有10～15个IEL，考虑到黏膜的巨大表面积，这使IEL成为体内最大的淋巴细胞群之一。其次，IEL与上皮细胞间联系紧密，相互作用广泛。再次，起源于淋巴细胞谱系的小肠IEL具有很高的异质性，其中90%以上是T细胞，大约80%表达CD8分子，具有类似CTL的效应功能。大肠中也存在IEL，但在上皮细胞中的比例较低，为1/50～1/30，而且CD4 T细胞的比例较高。

IEL前体细胞在还未成熟时就离开胸腺，然后在肠道中成熟。在某些小鼠品系中，该过程与肠道上皮细胞表达的非经典MHCⅠ类分子即胸腺白血病抗原（TL）有关。图9-3左侧表明，上皮细胞表面的TL抗原可以直接和表达于IEL上的CD8αα同源二聚体高亲和力结合，促成IEL进入黏膜免疫系统。

表达αβ TCR的CD4阳性或CD8阳性的IEL构成IEL的主要类型。近期研究表明，它们来自胸腺中的$CD4^+$和$CD8\alpha\beta^+$ IEL前体，皆起源于单阳性（SP）胸腺细胞；另一群IEL前体则起源于双阴性（DN）胸腺细胞，分化为$TCR\alpha\beta^+$ IEL和$TCR\gamma\delta^+$ IEL。两群细胞的主要区别是，进入小肠黏膜组织时分别有和没有脂类介质神经鞘氨醇1磷酸（S1P）的参与。还有一群特殊的IEL亚群称为$TCR\gamma\delta^+ CD8\alpha\alpha^+$ IEL，可经由胸腺外途径分化。IEL在固有免疫应答中的功能后述。

6. NK细胞和NKT细胞　图9-3表明，除了典型的IEL，黏膜上皮层还带有同样来源于淋巴细胞谱系的NK（NK IEL）和NKT细胞。NK细胞可以通过其受体NKG2D识别受损伤的小肠上皮细胞所表达的人类非经典MHC分子MICA和MICB。下面将提到，$\gamma\delta^+$ IEL细胞识别的也是MICA和MICB，因而黏膜免疫系统可通过动员NK和$\gamma\delta^+$ IEL细胞清除受到感染和受过损伤的小肠上皮细胞。而且，人类NK细胞激活后还表达杀伤细胞抑制性受体CD94/NKG2A，通过识别受损上皮细胞表达的HLA-E分子发挥调节作用。

黏膜固有免疫中的NKT细胞，其TCRα链编码基因的取用格局是高度受限甚至是固定的，小鼠为Vα14，人类为Vα24，但TCR β链片段的取用出现变异。黏膜免疫中的NKT细胞识别小肠上皮细胞和小肠部位DC表达的CD1d及其提呈的脂类抗原α半乳糖神经酰胺。而且，在细菌感染的情况下，CD1d阳性细胞还可以提呈内源性的神经鞘糖脂等成分并激活NKT细胞，使后者成为对致病性和受感染细胞的首批感知者。NKT细胞被CD1d及其提呈的脂类抗原激发后，分泌多种分属于Th1型和Th2型的细胞因子，因而既能抗感染（显示保护作用）又能进行免疫调节（抗炎症）。

7. 组织定居记忆T细胞　Carbone等于2009年发现一群定居于组织局部的记忆细胞，其功能和表型明显有别于T_{CM}和T_{EM}，称为组织定居记忆T细胞（resident memory T cells T_{RM}）（见第一章）。组织定居记忆T细胞在炎症、

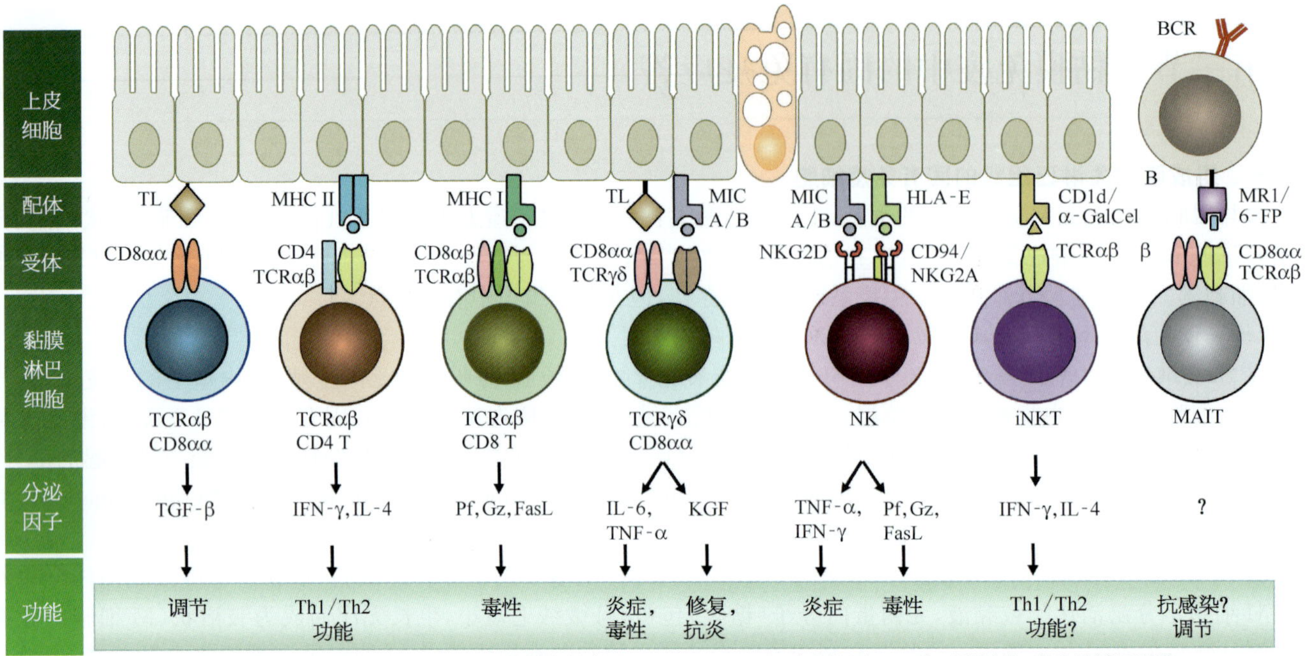

TL: 非经典MHC Ⅰ类分子胸腺白血病抗原; MIC: MHC Ⅰ类链相关分子; CD1d/a-GalCel: 分化抗原CD1d分子提呈的α半乳糖神经酰胺; MR1: MHC相关Ⅰ类分子; 6-FP: 6甲酰蝶呤;MAIT: 黏膜相关恒定链T细胞; Pf: 穿孔素; Gz: 颗粒酶; KGF: 角朊细胞生长因子

图 9-3 黏膜淋巴细胞及其与上皮细胞相互作用的分子机制

图中所示黏膜淋巴细胞主要指位于黏膜上皮细胞间和上皮细胞基底层一侧的 T 淋巴细胞，包括固有类 T 淋巴细胞和 NK 细胞。此类细胞不仅分布部位特殊，而且功能发挥皆受控于上皮细胞表面各类 MHC 分子与其受体分子间的相互作用。有意义的是，除了经典的 MHC Ⅰ类和Ⅱ类分子，上皮细胞还表达范围广泛的各种非经典 MHC 分子，包括 TL、HLA-E、MICA/B、MR1 和进化上与之高度同源的 CD1d 分子，激活多种黏膜淋巴细胞

感染及黏膜屏障保护的快速反应中具有重要作用，尤其是定居的记忆性 CD8 T 细胞。分化抗原 CD69 在淋巴及黏膜组织中的所有记忆 T 细胞都组成性表达，而 CD103 则只在黏膜组织中的定居记忆 CD8 T 细胞上表达。这些细胞主要富集在 αβ T 细胞之间，停留于 IEL 相隔处，通过 CD103 与肠上皮细胞相互作用，并与肠上皮细胞上的黏附分子 E-钙黏蛋白结合，参与促进肠上皮细胞及其他细胞的定位。至于黏膜和表皮层的 T_{RM}细胞在二次感染中如何启动保护性回忆反应，可参见第十一章图 11-19。

（二）分布于固有层中的固有免疫细胞

1. 树突状细胞　黏膜免疫系统中的树突状细胞有多种亚群，主要包括行使传统 DC 功能，激活 T 细胞和诱导适应性免疫应答的亚群；以及介导黏膜耐受的亚群。有关内容将在后面论述。

2. 黏膜相关恒定链 T 细胞　最近发现一群非传统 T 细胞亚群，大量出现于小肠固有层，称为黏膜相关恒定链 T 细胞（mucosal-associated invariant T cell, MAIT）（图 9-3 右侧）。以恒定链相称，是因为 MAIT 细胞表达固定的 TCRα 链 Vα7. 2-Jα33（人）和 Vα19-Jα33（小鼠）片段，β 链为 Vβ2 和 Vβ13。该类细胞可被 B 细胞上非经典 MHC 相关Ⅰ类分子（MR1）提呈的叶酸代谢物如 6-甲酰蝶呤所激活，属于 MR1 限制性 T 细胞。其游走和扩增依赖于微生物的刺激。MAIT 细胞可能参与抗感染参与小肠的免疫监视和免疫自稳，并可借助调节功能抑制自身免疫应答。

二、肠道黏膜相关的固有免疫应答

（一）肠道上皮细胞的免疫屏障功能

肠道中的免疫防护首先是黏膜上皮细胞及其分泌的黏液所提供的物理和化学屏障作用。前面提到，在相邻的上皮细胞间隙中还有一类称为闭锁带和密蛋白的成分，可构成一种紧密连接物，防止直径大于 6～12 Å 的细菌和细菌相关成分 PAMP 越过细胞间隙进入固有层。下面将进一步提到，黏膜上皮细胞可产生抗菌物质，而上皮细胞、DC、巨噬细胞皆可借助模式识别受体（PRR）与 PAMP 的结合，启动炎症反应和抗病毒应答，参与行使防御功能。

（二）肠道上皮细胞分泌的黏液防止微生物接近上皮细胞

上皮细胞分泌的黏液由高度糖基化的黏蛋白组成。黏蛋白带有多种不同的 O-连接性寡糖，包括分泌型糖蛋白和细胞表面糖蛋白两大类。前者包括 MUC2、MUC5 和 MUC6，主要由杯状细胞产生，可形成厚度为 300～700 μm 的水合胶质，阻止微生物接近胃肠道上皮细胞，并作为一种基质，协助展示上皮细胞产生的抗菌物质以及防止从固有层转

运至上皮细胞肠腔一侧的 IgA 抗体分子流失。有些黏蛋白还可以脱离上皮细胞，与致病菌的黏附成分相结合，使致病菌丧失黏附宿主细胞的活性。除了分泌型黏蛋白，胃肠道上皮细胞的腔侧顶端还可被膜结合的黏蛋白所覆盖，如 MUC1、MUC3A/b 等。此类黏蛋白与多种糖脂结合，在上皮细胞表面形成厚度为 30～500 nm 的致密大分子层(厚度因不同部位而异)，称为糖萼或多糖包被(glycocalyx)。该包被可发挥类似分泌型黏蛋白的物理防护作用，防止微生物接近。前面提到，M 蛋白无糖萼包被，利于行使抗原转运功能。

通常，黏蛋白由胃肠道上皮细胞特别是杯状细胞组成性地分泌，并以 6～12 h 的速度更新。黏蛋白的产生还受多种环境因素和免疫信号的促进，包括细胞因子(如 IL-1、IL-4、IL -9、IL -13、TNF 和Ⅰ型干扰素)、中性粒细胞分泌的弹性蛋白酶，以及微生物产生的黏附蛋白等。因而这些因子可增强上皮细胞的屏障功能。

(三) 肠道上皮细胞产生的防御素和细胞因子具有抗菌活性

体内多种细胞可产生防御素。这是一类抗菌多肽，借助将其成分嵌入微生物磷脂外层破坏胞壁完整性而发挥杀菌作用(见第八章)。小肠中大部分防御素属 α 防御素，人体中称 HD5 和 HD6，是上皮细胞微绒毛间隐窝底部肠腺嗜酸细胞组成性分泌的一类无活性的蛋白质前体，而肠腺嗜酸细胞还会产生胰蛋白酶，在其作用下，通过酶解而将该前体转化为有活性的 HD5 和 HD6 肽。β 防御素由结肠隐窝中吸收性上皮细胞组成性地分泌。但这只是其中的一部分，其余的 β 防御素由 IL-1 及入侵细菌诱导产生。另外，中性粒细胞也大量产生 β 防御素，使得该类细胞具有抗菌活性，并使得肠道壁免受感染。上皮细胞一旦因基因缺陷不能产生防御素，可引起局部肠道损伤，出现节段性回肠炎等慢性炎症性疾病。

肠道上皮细胞还产生促炎症细胞因子(IL-1α、IL-1β、IL-15、TNF-α、IL-6)和抗炎症细胞因子(TGF-β、IL-10)。其中包括促炎症因子(IL-1、TNF-α)、促 IEL 活化的因子(IL-5、IL-7、IL-15、干细胞因子 SCF)、调节 B 细胞和抗体产生的因子(TGF-β、IL-5、IL-6、IL-10)和调节屏障功能的因子(IL-10、IL-15、TGF-β)。与此相对应，上皮细胞表达多种细胞因子受体，如 IL-2Rγα、IL-4R、IL-7R、IL-9R 及 TNFR 和 IFN-γR。

(四) 肠道上皮细胞表达的 TLR 和 NLR 显示双重免疫功能

Toll 样受体(TLR)和 NOD 样受体(NLR)是两类重要的模式识别受体(PRR)。TLR 位于细胞表面或胞内吞噬体膜，而 NLR 分布于胞质溶胶，共同借助识别细胞外和进入胞内的病原体成分 PAMP 而启动信号转导，促进炎症反应和抗病毒应答(见第八章)。大部分肠道菌如果只是滞留在上皮外侧，并无致病性，但可表达一些致病菌产生的 PAMP，如脂多糖、肽聚糖、CpG DNA 和鞭毛素。如果由此产生的炎症反应涉及肠道上皮细胞，则相应的屏障功能可能受损，引起细菌入侵和产生病理性的炎症应答。为了限制由 TLR 启动的针对共生菌的损伤性炎症应答，机体启动了一些调控机制。

主要表现是，肠道的不同部位往往表达不同类别的 Toll 样受体(TLR)；而且，肠道 TLR 与 PAMP 结合后，也并非一定产生促炎症因子，有的可分泌提高肠道上皮细胞屏障功能的因子。例如，TLR 信号可增强前面提到的闭锁带的磷酸化并促使其重新组合，增加上皮细胞间紧密连接物的强度。TLR 信号还可以提高肠道上皮细胞的移动能力和增殖能力。例如，识别细菌鞭毛素的 TLR5 仅表达在肠道上皮细胞基底一侧的表面，只有穿越上皮屏障的细菌才能与之反应(图 9-4)。而 NOD 家族受体中的 NAIP 等分子也能识别鞭毛素，条件是该致病菌或其产物开始进入肠道上皮细胞的胞质中，此时，该类受体会启动有力的针对该致病菌的炎症反应。这表明，要在肠道上皮细胞内通过 TLR 相关信号激活相应的炎症应答，其阈值高于其他组织中的上皮细胞及 DC。

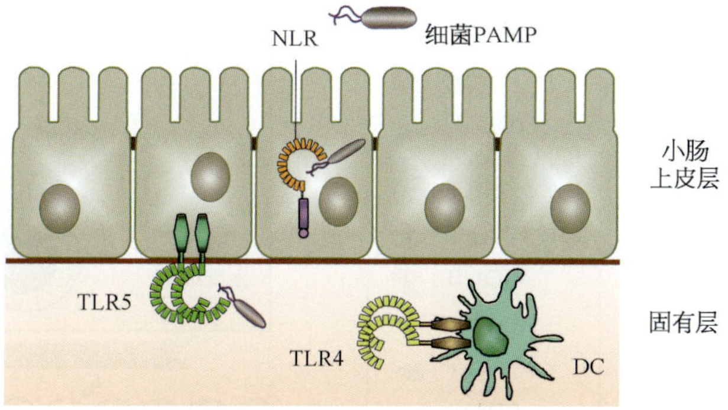

图 9-4 小肠黏膜中固有免疫应答的调控机制

小肠上皮细胞及固有层中 DC 上 PRR 的表达和行使功能，可降低针对肠腔共生微生物的炎症反应。上端：能识别细菌鞭毛的 PRR 仅作为 NLR 表达于胞质中和作为 TLR 表达于小肠上皮细胞基底膜一侧，因而 PRR 对共生微生物的炎症反应只有当微生物进入或穿越上皮细胞后才能产生。右下端：识别 LPS 的 TLR4 在小肠上皮细胞及固有层 DC 上的表达皆下调。而且固有层 DC 中 TLR 信号并不诱导炎症基因的表达，因为其中能下调 TLR 信号转导的胞内调节蛋白可优势表达

如此，在肠道上皮层靠肠腔的一侧，不会针对共生菌产生强有力的炎症反应；一旦微生物越过上皮屏障进入固有层而显示其致病潜能时，增强性的免疫应答立即启动，清除病原菌。这是黏膜固有免疫应答中的一种调节功能。

(五) 固有层中的 DC 和 Mφ 对炎症反应具有抑制作用和免疫调节作用

在局部黏膜环境中，肠道 Mφ 在 TGF-β 的引导下，被赋予一种独特的表型和功能：一方面，它们可以吞噬和杀伤微生物；另一方面，它们又分泌 IL-10 等抗炎症因子，抑制免疫应答。再者，固有层 Mφ 和 DC 能表达识别脂

多糖的 TLR4，其水平往往低于其他组织中的同类细胞，由此下调促炎症基因的表达。促炎症基因表达受抑，还因为固有层 DC 可借助 TLR 信号产生胞内抑制分子 TOLLIP 和 IRAK-M，这对于其他组织中的常规 DC，是不会出现的。

三、IEL 杀伤入侵病毒和修复损伤组织的功能

IEL 因其解剖部位和在肠道黏膜固有免疫应答中的特殊性，此处做专门介绍。

（一）IEL 参与构筑黏膜防御屏障

大量 IEL 的出现，表明肠道黏膜免疫系统中上皮细胞和 IEL 处于密切接触中。各种黏附分子发挥了重要作用，如 IEL 表达 αE:β7 整合素（CD103），而上皮细胞表达能与之发生相互作用的 E-钙黏蛋白。因而肠道上皮细胞能和 IEL 共同形成致密的保护层，构成防御屏障。

IEL 特性之一，是在无病原体感染的情况下也处于活化状态，能借助释放的毒性分子发挥效应作用。只是大部分 CD8 IEL 的 TCR 仅利用有限的 V(D)J 片段，提示它们可能仅对较少类别的抗原进行应答。小肠 IEL 表达趋化因子受体 CCR9 和上面提到的 αE:β7 整合素，而其他归巢于小肠的 T 细胞表达 α4:β7 整合素（详后）。

（二）IEL 对病原体的杀伤功能

1）小鼠中，根据表达何种 CD8 分子，上皮内 CD8 淋巴细胞可以分为两个主要的亚型：a 型和 b 型。a 型 IEL 属常规 T 细胞，表达 αβ TCR 分子和 CD8 αβ 异二聚体（即图 9-3 中的 TCRαβ-CD8 T 细胞），从派氏集合淋巴结中被抗原活化的初始 CD8 T 细胞衍生而来，功能类似于常规 MHC Ⅰ类分子限制性 CTL，可以杀死病毒感染的上皮细胞。它们也分泌 IFN-γ 等细胞因子，参与抗弓形虫等寄生虫的保护性免疫。

2）b 型 CD8 IEL 细胞可以分别表达 CD8αα、CD8αβ 或 γδ TCR 分子。其中表达 αβ TCR 的亚群可以结合一些非常规的配体，包括非经典 MHC Ⅰb 类分子提呈的抗原。值得注意的是，所有 b 型 CD8 IEL 皆表达高水平的 NKG2D 和 TL 抗原，其配体为非经典 MICA/MICB 和 CD8αα。肠道上皮细胞在损伤、应激或 TLR 受激的情况下一旦表达这些非经典的 MHC 分子，IEL 即借助 NKG2D 和 CD8αα 分子识别和杀伤这些损伤的细胞（图 9-5）。然而，IEL 的不当或过度应答能够导致疾病，如上皮内依赖 MIC-A 的 T 细胞行使的细胞毒活性可以导致乳糜泻中的肠损伤。因而生理条件下，b 型 IEL 会有一些与固有免疫细胞相似的性质，包括具有抑制和活化功能的基因作组成性表达。因此，细胞毒性分子、一氧化氮分子、促炎性细胞因子和趋化因子的高水平表达可被组成性表达的信号抑制分子所约束，这些抑制分子包括 TGF-β 和类似于 NK 细胞上的抑制性受体。

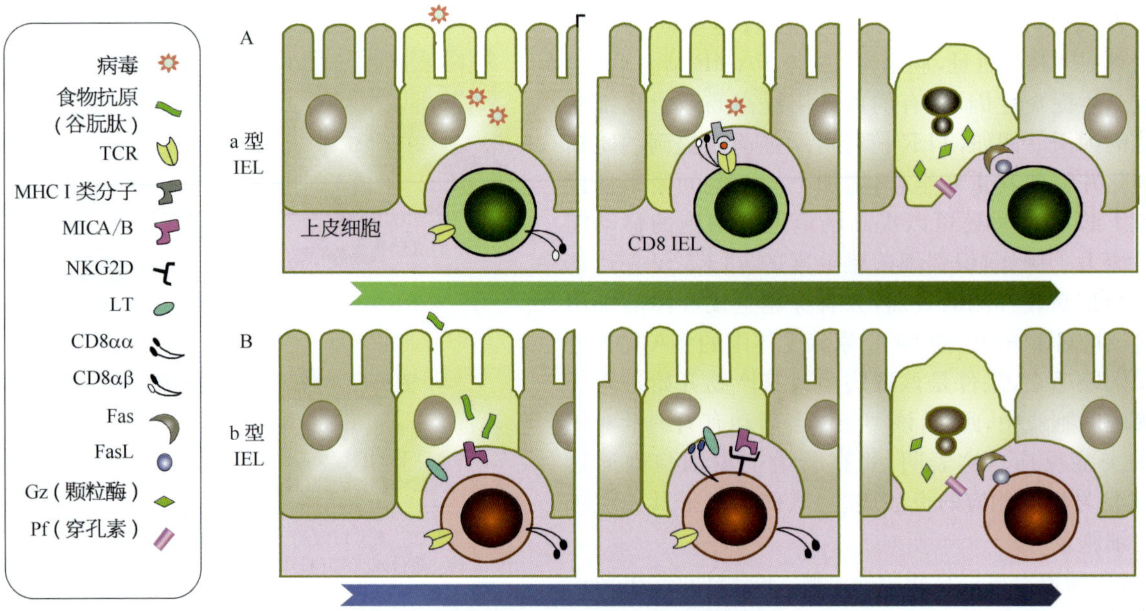

图 9-5　a 型和 b 型黏膜上皮细胞间淋巴细胞（IEL）的主要功能

A. a 型 IEL。左：病毒感染黏膜上皮细胞；中：受感染细胞通过 MHC Ⅰ类分子向 CD8 IEL 展示病毒抗原肽，激活 IEL；右：激活的 IEL 行使典型的 CTL 功能，通过分泌 Pf 和 Gz，以及通过 Fas/FasL 途径杀伤病毒感染的上皮细胞。B. b 型 IEL。左：发生应激改变（感染、损伤、接触毒性肽）的上皮细胞表达非经典 MHC 分子 MICA、MICB 和胸腺白血病抗原（LT）；中：IEL 表达 NKG2D 和 CD8 分子，分别与 MICA/B 以及 LT 结合，IEL 被激活；右：激活的 IEL 杀伤受到应激损伤的上皮细胞，机制同上

3）上皮内淋巴细胞亚群含有很大数量（50%以上）的 γδ T 细胞，称为 γδ IEL。但正常成年小鼠和人肠上皮 γδ T 细胞的比例相对较低，和血液中相似。γδ IEL 显示两个特点，一是抗原识别特异性范围比较窄，即仅能与部分病原体起反应；二是仅识别未经抗原加工（非 TAP 依赖的）的非经典 MHC Ⅰ类分子。例如，人体 γδ IEL 细胞的 γδ *TCR* 仅取用片段 Vδ1，产物识别 MIC-A 和 MIC-B 分子。上皮细胞表面 MIC 分子的表达因细胞处于应激状态（如热休克和微生物感染）而激发，进而激活 γδ IEL。但 MIC 分子并不能提呈抗原肽，而是作为 γδ TCR 配体发挥作用。激活的 γδ IEL 可分泌多种细胞因子如 IL-2、IL-3、IL-6、IFN-γ、TNF-α 和 TGF-β，并具备产生穿孔素、颗粒酶和 Fas 配体的能力，可杀伤应激和受感染的上皮细胞。

（三）IEL 的维稳和保护功能

b 型 CD8 IEL 可通过下列机制参与对黏膜组织损伤的修复：刺激抗菌肽的释放，参与清除炎症源；释放角朊细胞生长因子（KGF）等，促进上皮屏障功能；通过释放 TGF-β 等细胞因子直接抑制炎症及免疫反应。

γδ IEL 也可分泌角朊细胞生长因子，帮助上皮细胞生长和加速炎症反应中受损组织的修复。γδ IEL 还借助分泌 TGF-β 和 IL-10 参与抗炎，参与维持黏膜区域的自身稳定。但大量产生 IL-15 和高表达 MIC 分子将导致 γδ IEL 对上皮细胞的异常激活，破坏上皮层，从而引起乳糜泻等肠道病变。

第三节 黏膜免疫中的适应性免疫应答

与机体其他部位免疫系统相比较，胃肠道适应性免疫也有其特点。第一，由二聚体 IgA 抗体介导的体液免疫为其主要形式。此类应答可使共生菌和病原体不易集落化，并难以穿越黏膜上皮屏障。第二，Th17 细胞在肠道细胞免疫应答中十分活跃。第三，肠道形成了一种持续的免疫抑制机制，防止针对食物抗原和共生菌产生过强的炎症性应答。因而调节性 T 细胞的某些亚群，会在黏膜相关淋巴组织中被大量激活以维持免疫耐受，其数量多于其他免疫器官。一方面杀伤；另一方面耐受，黏膜适应性免疫的这个特点，与前面阐述的有关黏膜固有免疫的双重功能相互呼应。这些特点与胃肠道系统中适应性免疫组织的解剖学构成、抗原获取、淋巴细胞归巢及分化，以及抗体向肠腔转运等一系列特征有关。

一、黏膜免疫系统器官化的淋巴组织

肠道相关的二级淋巴组织包括黏膜相关的器官化淋巴组织和肠系膜淋巴结，两者皆显示外周淋巴器官典型的解剖结构。前者包括派氏集合淋巴结和散在性淋巴滤泡。派氏集合淋巴结（Peyer's patch）位于小肠，是肠道免疫应答极其重要的始发部位；散在性淋巴滤泡位于人体整个肠道和阑尾中。

（一）派氏集合淋巴结与 M 细胞

人类小肠中共有 100～200 个派氏集合淋巴结，大小肉眼可见，因为其淋巴细胞聚集形成圆丘状隆起而伸入肠腔（图 9-2）。圆丘状隆起紧邻上皮之下，富含 DC、T 细胞和 B 细胞。由于具有带生发中心的淋巴滤泡，派氏集合淋巴结含有比外周淋巴组织更多的 B 细胞，而在滤泡之间和紧邻滤泡之下部分为 T 细胞区。派氏集合淋巴结与肠腔间是滤泡相关上皮层，由普通肠上皮细胞及 M 细胞组成。

M 细胞上的糖蛋白（GP2）可以专一性结合细菌 1 型纤毛上的 FimH 蛋白，而且 M 细胞不分泌消化酶或黏液，缺乏糖萼包被，其胞膜带有很大的膜孔，因而比其他肠上皮细胞更易为病原体所接近。M 细胞通过吞噬作用摄取肠腔中的抗原分子和颗粒物质，然后将这些物质以囊泡的形式作胞吞转运（transcytosis）。但与 Mφ 不同，M 细胞不处理摄入的抗原颗粒和分子，只是通过其胞质溶胶，将内吞物转送至基底一侧，交给位于派氏集合淋巴结圆丘状隆起部位中的 DC（图 9-6）。

应该指出，有些微生物正是利用 M 细胞，得以越过黏膜屏障。例如，伤寒沙门菌（*Salmonella typhinurium*）能够与 M 细胞产生的一种凝集素结合而进入细胞，令后者死亡，上皮层遂形成空缺，让更多的细菌得以入侵。

（二）散在性淋巴滤泡

显微镜下可见成千上万的散在性淋巴滤泡分布于整个小肠和大肠。与派氏集合淋巴结相似，也有一层含有 M 细胞的上皮部分层覆盖于此类淋巴组织之上。但是，这些淋巴组织主要含 B 细胞，因受肠道共生微生物的抗原刺激而发育完善。派氏集合淋巴结和散在性淋巴滤泡的产物由淋巴管引流至肠系膜淋巴结（图 9-2）。

（三）肠系膜淋巴结

遍布于肠系膜层中的淋巴结（图 9-2 下方）有 100～150 个之多，主要功能是收集小肠和大肠引流淋巴液中携带的

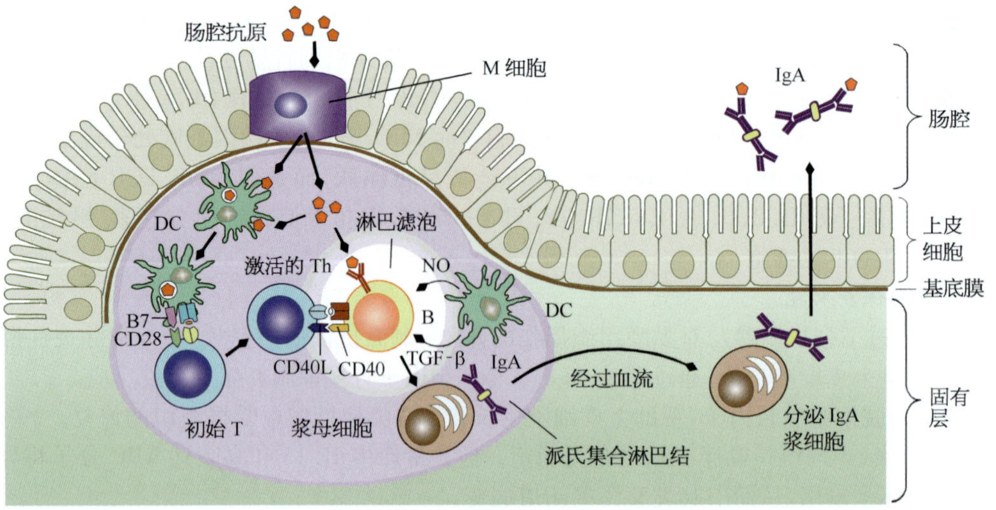

图 9-6　肠道中 IgA 抗体类别转换的 T 细胞依赖机制

派氏集合淋巴结圆丘状隆起部位的 DC 获取由 M 细胞提交的肠腔抗原并迁移至滤泡区近旁后，将抗原提呈给初始 CD4 T 细胞并使之激活和分化成 Th。Th 与借助其 BCR 识别了抗原的 B 细胞发生相互作用，通过 T-B 间 CD40L-CD40 的结合，B 细胞分化成产生 IgA 的浆细胞。该过程受 DC 产生的一氧化氮及 TGF-β 的促进。由此产生的浆细胞经由血循环再归槽至固有层，所分泌的高亲和力 IgA 抗体，经过上皮细胞胞吞转运进入肠腔，与当初致敏的肠腔抗原结合

各种抗原物质和免疫细胞，并启动效应淋巴细胞和调节性淋巴细胞的分化，也包括 B 细胞分化成产生二聚体 IgA 的浆细胞。在上述过程中，各种完成分化的效应细胞将获得特殊的表面标志，使其得以借助血液循环重新归巢到黏膜固有层。有关机制后述。

应该指出，肠系膜淋巴结的上述功能，有一部分是由固有层中的派氏集合淋巴结和散在的淋巴滤泡来完成的，但效应细胞通过固有层微静脉进入血循环并实施归巢，可能更多地依赖肠系膜淋巴结。

二、参与适应性黏膜免疫应答的免疫细胞

在整个肠道组织中除了器官化的淋巴组织，还遍布各种淋巴细胞和其他的免疫细胞，如 DC、Mφ、浆细胞、肥大细胞和嗜酸粒细胞等，虽然中性粒细胞的数量在炎症或感染时增多，但在正常情况下，肠道中中性粒细胞的数量很少。下面着重介绍 T 细胞和 DC 及其在黏膜免疫应答中的特征。

（一）黏膜免疫系统含有大量效应淋巴细胞

黏膜系统，包括固有层以及其中器官化的淋巴组织如派氏集合淋巴结，含有大量初始淋巴细胞和抗原提呈细胞。淋巴细胞数量之多据估计占机体全部淋巴细胞的 30%。派氏集合淋巴结中的淋巴滤泡及生发中心，带有 B 细胞、FDC 和 Mφ。周围由表达 IgM 和 IgD 的初始滤泡 B 细胞所包绕。位于派氏集合淋巴结滤泡和上皮层中间的圆丘状隆起部分，分布有 B 细胞、T 细胞、DC 和 Mφ。而滤泡之间属富含 T 细胞的区域。结构有些像一般的淋巴结，但此处 B∶T 细胞数的比例，是一般淋巴结中 B∶T 细胞比例的五倍。然而，无论是派氏集合淋巴结作为滤泡的聚集体，还是固有层中的散在性淋巴滤泡，并无特殊的胞膜包裹。

黏膜组织中绝大多数散在的淋巴细胞呈活化形态，这些细胞是黏膜免疫系统的效应性 T 细胞和自 B 细胞分化而来的浆细胞。在肠道，这些散在的效应细胞一部分是上面介绍的 IEL，主要位于上皮层。此处着重涉及固有层中介导适应性免疫的淋巴细胞，包括大量的 CD4 T 和 CD8 T 细胞。

（二）黏膜免疫系统中独特的树突状细胞

在免疫系统中，DC 是黏膜组织中启动和参与适应性免疫应答的重要细胞类型。在所有的黏膜组织中 DC 都十分丰富，大量地散在于固有层。比之于其他免疫系统，黏膜免疫系统中的 DC 有其特征，并因所处微环境的不同而改变。

黏膜 DC 对抗原的摄取：DC 在派氏集合淋巴结中主要分布于圆丘状隆起中，通过 M 细胞摄取抗原。大部分派氏集合淋巴结 DC 的表型为 CD11b（αM 整合素）阳性和 CD8α 阴性，表达 CCR6，其配体为滤泡相关上皮细胞表达的 CCL20（MIP-3α）和 CCL9（MIP-3γ）分子，分别结合 DC 上的 CCR6、CCR1 受体。使得负载有抗原的 DC 从派氏集合淋巴结的圆丘状隆起迁移到 T 细胞区，在 T 细胞区接触初始 T 细胞。DC 和活化的 T 细胞进而活化 B 细胞，使之发生抗体类型的转换而分泌 IgA 型抗体（图 9-6）。

然而，在病原体沙门菌感染过程中，会使上皮细胞增加释放 CCL20，从而将 DC 快速募集到派氏集合淋巴结的上

皮层一侧。细菌产物也可以活化 DC 表达共刺激分子，使其能够激活病原体特异性初始 T 细胞分化为效应细胞。在派氏集合淋巴结的 T 细胞区还发现一种表达 CD8α 但不表达 CD11b 和 CCR6 的 DC 亚群，可产生促炎性细胞因子 IL-12。

另一些重要的 DC 分布于派氏集合淋巴结外固有层，借助两种主要机制获取抗原。一是通过其伪足穿过上皮细胞间隙（不损伤细胞间的紧密连接物），直接从肠腔中摄取抗原如细菌，然后返回固有层，参与启动 T 细胞的激活和分化。此类 DC 通常表达 CD11b 和趋化因子受体 CX3CR1。还有一种摄取抗原的方式，涉及表达新生期 Fc 受体（neonatal Fc receptor，FcRn）的上皮细胞。已发现，抗体包被即 IgG 调理过的抗原（例如细菌鞭毛素），可通过 FcRn 以吞噬体的形式越经肠道上皮细胞使 DC 得到抗原（图 9-7）。再者，DC 还可吞噬含有抗原的凋亡上皮细胞而获取抗原。

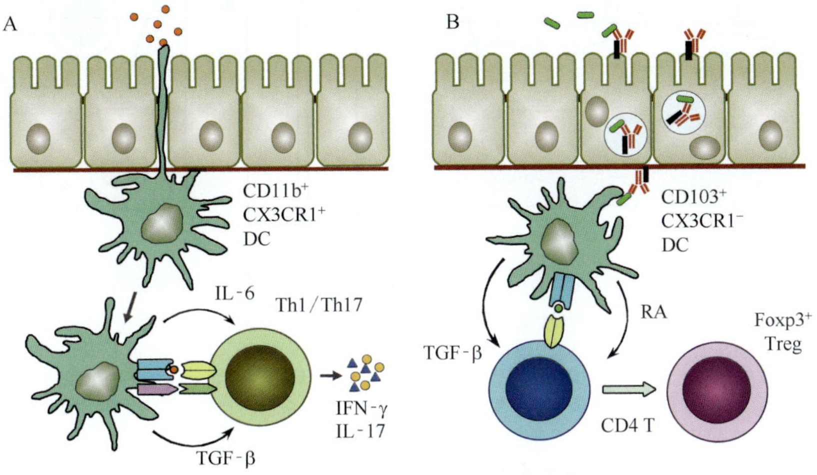

图 9-7 肠道黏膜固有层树突状细胞捕获抗原的两种主要方式

A. 效应性 CD11b⁺CX3CR1⁺DC 将伪足经由上皮细胞间伸展至肠腔，直接从该处获取抗原后，在固有层或迁移至肠系膜淋巴结激活效应 T 细胞 Th1 和 Th17 亚群，介导炎症反应。B. 调节性 CD103⁺CX3CR1⁻DC 借助 FcRn 依赖性胞吞转运，获取经 IgG 调理后穿越上皮细胞的抗原，在固有层或淋巴结中通过抗原提呈激活 CD4 T 细胞，进而借助分泌的 TGF-β 和视黄酸（RA），诱导调节性 T 细胞的分化

其实，采用第二种方式摄取抗原的 DC 属固有层中另一种性质的特殊亚群，其对维持肠道中无害抗原尤其是食物蛋白抗原的耐受有重要作用。这类 DC 表达整合素 αEβ7（CD103），一旦负载抗原，CD103⁺DC 离开黏膜并通过沿肠壁的淋巴管迁移至肠系膜淋巴结的 T 细胞区。在淋巴结中它们与初始 T 细胞相互作用，诱导 T 细胞分化为效应 T 细胞并返回至肠壁。CD103⁺DC 的迁移取决于其表面趋化因子受体 CCR7 的表达，虽然病原体的存在或者其他炎性刺激会增强其表达，但是这种表达是组成性的。据估计在无病原体感染的情况下，每天有 5%～10%的 CD103⁺DC 亚群迁移至肠系膜淋巴结。负载有抗原的 CD103⁺DC 主要通过分泌 TGF-β 和视黄酸（RA），激活初始 T 细胞，使之分化为 Treg，诱导免疫耐受（详下）。

（三）黏膜固有层中 T 细胞的致敏和归巢

固有层 T 细胞绝大多数已被致敏，即已通过 DC 接触过抗原并被活化，而且完成了经由血循环的归巢过程。这些 T 细胞显示效应性 T 细胞或记忆性 T 细胞的表型，如人体中它们表达 CD45RO、肠道归巢标志 CCR9、整合素 α4β7，以及促炎症趋化因子 CCL5（RANTES）的受体。固有层中 CD4 T 细胞与 CD8 T 细胞的比例为 3∶1 或更大，与全身淋巴组织相似。

前面提到，固有层中 T 细胞的这些变化涉及黏膜相关淋巴组织派氏集合淋巴结和肠系膜淋巴结。

图 9-8 表明，携带抗原从固有层进入肠系膜淋巴结的 DC，通过抗原提呈激活 T、B 细胞后，这些淋巴细胞需要通过血液循环返回固有层，在该处与抗原发生应答。为此，离开淋巴结的淋巴细胞皆被打上“印记”，即表达整合素 α4β7 以及趋化因子受体 CCR9。由于肠道固有层中的后毛细血管静脉内皮细胞表达能与 α4β7 相结合的黏膜血管地址素 MadCAM-1，而小肠上皮细胞能表达 CCR9 的配体 CCL25，因而经由血流进入肠道的 T、B 细胞得以重新归巢至小肠黏膜固有层。但此时，归巢的淋巴细胞不再表达整合素 α4β7 而是表达整合素 αEβ7，而上皮细胞能借助表达其受体E-钙黏蛋白而将归巢淋巴细胞“套牢”在固有层，使之履行效应功能。

需要指出的是，这些细胞要归巢到结肠，还需要表达 CCR10，因为结肠上皮细胞表达其配体 CCL28，又称 MEC，即黏膜上皮细胞趋化因子。

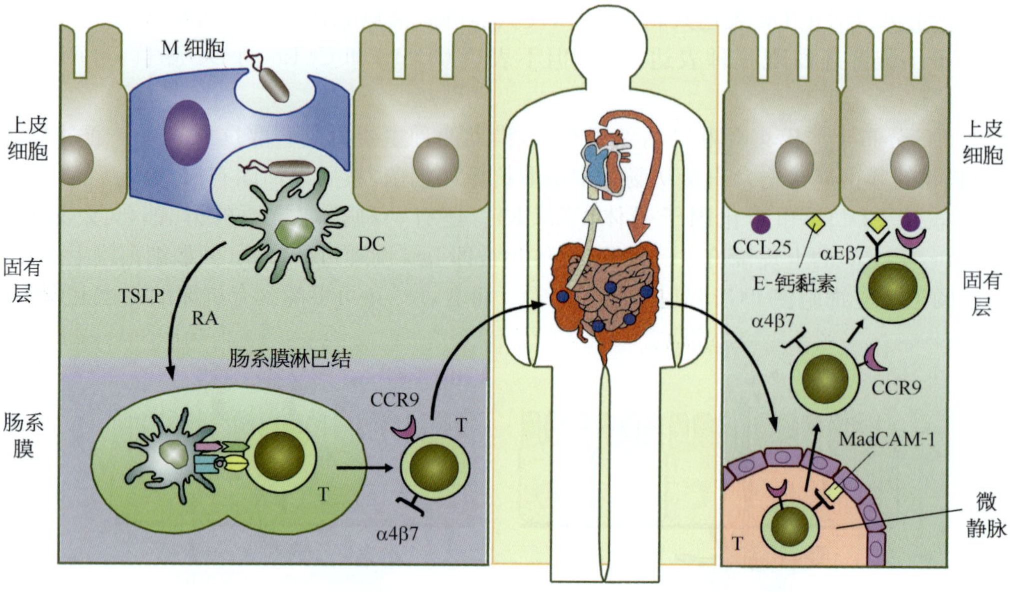

图 9-8 小肠淋巴细胞的激活和归巢

肠系膜淋巴结和派氏集合淋巴结中的 DC，在胸腺基质淋巴生成素(TSLP)和其他因子的作用下表达视黄醇脱氢酶(RALDH)，后者将维生素 A 转化成视黄酸，在视黄酸的作用下，已被抗原活化的效应 T 细胞(及 B 细胞)被激发，诱导性表达趋化因子受体 CCR9 和整合素 α4β7，并进入血循环(中)。由于分布在黏膜固有层中的后毛细血管微静脉的内皮细胞表达 MadCAM-1(α4β7 配体)，使 $CCR9^+α4β7^+$T 细胞停留于该处并穿越微静脉到达固有层(右侧)，并变更其表型为 $CCR9^+αEβ7^+$T。而固有层上皮细胞表达 CCL25(CCR9 配体)和 E-钙黏素(αEβ7 配体)，使效应性淋巴细胞选择性地归巢和停留于黏膜固有层

淋巴细胞在肠系膜淋巴结等次级淋巴组织能够出现归巢标记 α4β7 和 CCR9，是因为淋巴结中的 DC 可分泌视黄酸，而视黄酸的产生是因为 DC 合成的视黄醇脱氢酶(RALDH)能从肠道食物中的维生素 A 合成视黄酸(RA)。需要指出的是，只有肠道中的 DC(以及部分小肠上皮细胞)具有产生 RALDH 的能力，因而，无论是黏膜淋巴细胞能展示归巢标志，还是这些细胞被抗原致敏后能够回归固有层并启动适应性免疫应答，皆有其特定的解剖学和免疫学的制约因素。于是，分布着效应淋巴细胞、DC 和 Mφ 的固有层，成了胃肠道适应性免疫应答发生的场所，因为所有产生于派氏淋巴集结、肠道相关淋巴组织和肠系膜淋巴结的效应性淋巴细胞都会回聚到固有层。正是在固有层，T 细胞与入侵的病原体发生应答，而且 B 细胞分化成产生抗体的浆细胞，诱导体液免疫应答。

三、黏膜免疫中的抗体应答

在健康人肠道黏膜固有层中分布有大量分泌 IgA 的浆细胞(每一米长的肠道估计有一亿个浆细胞)。在无病原体感染的情况下即可产生大量的 IgA，其数量每日达 3～4 g，远远超过其他类别的抗体。因此，IgA 是黏膜免疫系统中的优势性抗体。但是在 IgA 缺乏的情况下，IgM 可以替代 IgA 成为主导性抗体。

(一) 分泌型 IgA 的特征

黏膜产生的 IgA 具有与血液 IgA 不同的特征。血液 IgA 由骨髓中浆细胞产生，主要以单体形式存在(mIgA)，而黏膜免疫系统的 IgA 几乎都是以多聚体形式存在，通常是由 J 链连接形成的二聚体(见第四章)。在人体中，单体形式和二聚体形式的 IgA 均有两种亚型即 IgA1 和 IgA2。在不同组织中 IgA1 与 IgA2 的比例不同。在血液和上呼吸道两者的比例约为 10∶1，在小肠为 3∶2，在结肠为 2∶3。一些常见的呼吸道黏膜病原体(如流感嗜血杆菌)和生殖道黏膜病原体(如淋球菌)产生的蛋白水解酶能够消化 IgA1，而 IgA2 能够抵抗这种消化作用。大肠中产生 IgA2 的浆细胞数量比较多，可能因为这些部位存在的大量共生菌，能够刺激上述细胞产生可溶性因子，促进 IgA 抗体类别转换的进程。

(二) 影响分泌型 IgA 抗体类别转换的因素

前面的图 9-6 展示，人类肠道中这种类别转换仅发生在黏膜淋巴组织，呈 T 细胞依赖性并由 TGF-β 调控。IL-5、IL-6、IL-10 和 IL-21 可以促进 B 细胞向分泌 IgA 的浆细胞分化。然而在小鼠中，相当一部分 IgA 抗体的产生不是通过经典的类别转换机制，也不依赖于 T 细胞，而是依赖于共生微生物成分活化的固有免疫系统，可能是散在性淋巴滤泡中的 B1 细胞与 DC 直接作用的结果。B1 细胞起源于腹腔 B 祖细胞，被微生物成分如 LPS 活化后迁移到肠壁。一旦到达黏膜，活化的 B 细胞在局部微环境各种因素的影响下发生 TGF-β 调控的抗体类别转换(转换成 IgA)。除了 TGF-β,IL-6、视黄酸、TNF 家族成员 B 细胞活化因子(BAFF)及增殖诱导配体(APRIL),均可替代 CD4 T 细胞提供的辅助信号。虽然肠上皮细胞能产生 BAFF 和 APRIL,但它们的主要来源是局部特征性 DC。除了 BAFF 和 APRIL,这些 DC 还产生 NO 和 TNF-α,这些分子也可以促进 TGF-β 相关的信号。

(三) 分泌型 IgA 的转运

上面提到,能够向 IgA 分泌型浆细胞分化的 B 细胞,在活化后也表达黏膜归巢整合素 α4β7、趋化因子受体 CCR9 和 CCR10,并在相应配体作用下向黏膜组织迁移定位。一旦到达黏膜固有层,活化的 B 细胞最终分化为能够合成 IgA 二聚体的浆细胞,并将 IgA 二聚体分泌至上皮下组织。IgA 需要跨过上皮层才能到达肠腔,并与病原体和其他目标抗原发生相互作用。位于肠道隐窝的上皮细胞基底面组成性表达多聚免疫球蛋白受体(pIgR),该受体对 J 链连接的 IgA 二聚体和 IgM 五聚体有高度亲和性,通过胞吞转运,可将这些抗体转运至上皮细胞肠腔面,成为分泌型 IgA(见第四章,图 4-14)。

在一些动物中,分泌型 IgA 还可通过肝胆管途径转运至肠腔。IgA 二聚体不与 pIgR 结合而进入门静脉,引流至肝。到达肝的 IgA 二聚体可以通过肝窦内皮细胞与肝细胞上的 pIgR 结合而被肝细胞摄取。肝细胞通过胞吞转运作用将 IgA 二聚体转运至邻近的胆管。这样,分泌型 IgA 可以通过胆管直接被运送到上段小肠,继而发挥作用。虽然大鼠、兔和鸡可以通过肝胆管途径转运分泌型 IgA,而人和其他灵长类动物肝细胞不表达 pIgR,所以不能通过这种途径转运分泌型 IgA。

(四) 分泌型 IgA 的意义

分泌至肠腔的 IgA 与覆盖上皮表面的黏液结合,可以抑制微生物黏附到上皮细胞,也能够中和微生物产生的毒素或酶。除了在肠腔中发挥作用,IgA 还能够对进入上皮细胞间及固有层的细菌 LPS 和病毒发挥中和作用。IgA-抗原复合物还可通过上述的肝胆管途径排出体外。除了清除抗原,IgA-抗原复合物能够增强 M 细胞对抗原的摄取和胞吞转运作用及促进派氏集合淋巴结中 DC 通过其 FcαR 受体摄取抗原。

分泌型 IgA 不能通过经典途径活化补体,也没有调理素的作用,所以不会引起炎症反应。也就是说,分泌型 IgA 可以阻止微生物渗透到黏膜却不会引起肠道黏膜这些较为脆弱的组织产生炎症损伤,这对于肠道抵御病原体感染非常有利。因此,通过限制对肠腔中微生物向黏膜的渗透及促进肠道黏膜系统中 DC 对抗原的摄取,分泌型 IgA 也在维持个体与肠道共生菌间的共生关系中发挥着重要的作用。

(五) 分泌型 IgM 可以代偿有缺陷的 IgA

选择性 IgA 缺陷是人类常见的免疫缺陷病,每 500～700 个白种人中就有一个人发生选择性 IgA 缺陷(其他人种比较少见)。然而,绝大多数 IgA 缺陷的个体除非同时存在 IgG 缺陷,并不会轻易发生感染,这是因为 IgM 可以成为主导的分泌型抗体而替代 IgA。在 IgA 缺陷的个体肠黏膜中,产生 IgM 的浆细胞数量增多。IgM 的转运类似于 IgA,由 J 链连接成多聚体,与 pIgR 结合而跨越上皮细胞转运至肠腔。用基因敲除小鼠证实了这种转运作用的重要性,因为仅仅 IgA 缺陷小鼠呈正常表型,而 pIgR 基因缺陷的小鼠容易发生黏膜感染。在人类,还未发现 pIgR 缺陷的病例,提示这种缺陷在人类可能是致死性的。

四、黏膜免疫中 T 细胞介导的应答

上皮细胞内淋巴细胞(IEL)由大量 CD8 T 细胞组成并存在相当比例的 γδ T 细胞,然而分布于固有层介导适应性免疫应答的主要是 CD4 T 细胞,其中包括效应性 T 细胞和记忆性 T 细胞。它们经历了激活、循环和归巢等一系列过程。分布于派氏集合淋巴结及散在性淋巴滤泡中的 T 细胞,也是以 CD4 Th 和 CD4 Treg 为主。

(一) 黏膜 DC 与炎症反应

T 细胞应答离不开 DC 的协助。前面提到,黏膜免疫系统中的 DC 种类很多,但功能上主要分为两类,分别称为效应性 DC 和调节性 DC。表 9-2 列举它们的一些主要特征。

表 9-2　黏膜免疫系统中的效应性 DC 和调节性 DC

	表面标志	抗原摄取	激活的 T 亚群*	诱导分子	主要功能
效应性 DC	$CD11b^+$ $CX3CR1^+$	伪足伸至肠腔直接摄取	Th1(IFN-γ);Th17(IL-17, IL-22)	IFN-γ;IL-12	诱导保护性免疫
调节性 DC	$CD103^+$ $CX3CR1^-$	通过 FcRn 摄取 IgG 调理的抗原	$Foxp3^+$ iTreg(IL-10)	TGF-β, NA	抑制对抗原和共生菌的应答

* 括号中为该 T 亚群分泌的特征性细胞因子

表 9-2 表明,效应性 $CD11b^+$ $CX3CR1^+$ DC 与传统的髓系来源 DC 十分相似。前面提到,这是一群分布于派氏集

合淋巴结和黏膜固有层的专职抗原提呈细胞，分别通过 M 细胞和其穿越上皮细胞间的伪足从肠腔获取蛋白质抗原后，进入肠系膜淋巴结，通过抗原加工和提呈，致敏初始 T 细胞。T 细胞再借助血循环返回固有层，启动针对入侵病原体的免疫应答。此类 DC 主要活化产生 IFN-γ 和 IL-17 的效应性 T 细胞亚群。而且，此类 $CX3CR1^+CD103^-$ 的 DC，还能产生 IL-6、IL-23、TNF-α 等细胞因子和 NO，除了促使效应 Th17 细胞分化，还能诱导 B 细胞发生抗体 IgA 类别转换。

然而近期的研究表明，这些 CX3CR1 阳性细胞可能属于其表面 TLR5 受体被病原体成分激发后而分化的一种 DC 亚群，它们不一定迁移到淋巴结，也未必提呈抗原给初始 T 细胞，所以它们可能不是传统的 DC，而是一类巨噬细胞样细胞亚群，其主要功能不是活化初始 T 细胞，而是在炎症反应中产生促炎性介质。前面提到，黏膜免疫系统中的 DC 种类很多，此等与炎症有关但无抗原提呈功能的 CX3CR1 阳性 DC 是否为表 9-2 中效应性 DC 中的另一亚群，已引起广泛兴趣。

有关表 9-2 中的调节性 DC，将在下一节讨论。

（二）Th17 与黏膜免疫屏障

正常的肠道固有层中可以检测到属于 CD4 T 细胞的三个主要功能性亚群：Th1、Th2 和 Th17。其中 Th17 亚群的作用十分引人注意。因为该亚群产生的两种细胞因子 IL-17 和 IL-22，可促进表达这两类细胞因子受体的肠道上皮细胞加速分泌黏液和 β-防御素，具有保护黏膜免受微生物伤害的作用。此提示该亚群对维护黏膜上皮细胞的屏障功能十分重要。然而，Th17 和 Th1 细胞能产生促炎症细胞因子和诱导 CD8 细胞毒性 T 细胞的分化，因而固有层中的此类效应 T 细胞，虽参与清除病原体感染，却是炎症性疾病如乳糜泻和炎症性肠病发生的机制之一。

引人注意的是，黏膜系统中的 Th17 细胞主要分布于结肠和回肠，可能与这些部位有大量特定的微生物聚集有关。例如，梭菌相关性分段丝状菌(SFB)易在该处形成群落，对于 Th17 细胞的分化有作用。又如一些致病性微生物的入侵，可诱导 Th17 持续激活，如鼠类柠檬酸杆菌(*Citrobacter rodentium*)。有意义的是，在肠道中集群生长同属于脆弱拟杆菌(*Bacteriodes fragilis*)的两个菌株，一个表达多糖 A，另一不表达，结果分别激活分泌 IL-10 的 Treg 和分泌 IL-17 的 Th17 效应细胞，作用相反。

（三）肠道蠕虫感染与 Th2 型免疫应答

肠道通常可被各种寄生性蠕虫集群生长。有些可被机体保护性应答迅速清除，但有些引发慢性疾病。寄生虫可存留于小肠和大肠肠腔，也会入侵上皮细胞并在该处集群，有的甚至越过肠道，在其他组织如肝、肺、肌肉中完成其生活周期。蠕虫的长期存在对机体的防御能力起干扰作用，并与宿主竞争养料，并可引起上皮细胞和血管壁的局部损伤。而且，宿主对寄生虫的免疫应答也会给机体造成损伤。

1. 蠕虫感染诱导 Th2 居优势的免疫应答　　肠道蠕虫感染无例外地诱导 Th2 型应答，但由于体内也同时存在 Th1 型应答，此型应答不仅不能清除病原体，反而因诱导炎症反应而损伤黏膜。因而在黏膜免疫应答中，Th2 和 Th1 各自介导的保护性应答和病理性应答是相互对抗的，处于一种动态平衡之中(图 9-9)。

针对寄生虫感染，Th2 细胞产生 IL-3、IL-4、IL-5、IL-9 和 IL-13，诱导分泌高水平 IgE，招募肥大细胞和嗜酸粒细胞至肠壁。其中细胞因子的功能各不相同：① IL-4/IL-13：使 B 细胞发生类别转化，产生 IgE。② IL-13：增强杯状细胞分泌黏液；促使肠道平滑肌收缩；增加上皮细胞的移动和替补。③ IL-5：招募和活化嗜酸粒细胞，后者通过释放毒性分子主要碱性蛋白(MBP)直接杀伤寄生虫；嗜酸粒细胞借助表达的 IgG Fc 受体(FcγR)，通过 ADCC 对覆盖有 IgG 抗体分子的病原体行使细胞毒性。④ IL-3/IL-9：招募和激活一群专业化的肥大细胞，称为黏膜肥大细胞，在清除蠕虫感染中十分活跃。

2. 黏膜肥大细胞　　与其他组织中的肥大细胞不同，黏膜肥大细胞仅表达少量的 IgE 受体，几乎不产生组胺。当抗原与连接有受体(FcεR)的 IgE 分子结合时，可大量产生其他类别的促炎症介质如前列腺素和白三烯，以及一些蛋白酶，包括称为黏膜肥大细胞蛋白酶(MMCP-1)的成分。此酶可分解上皮层与固有层间的基底膜，使肠道黏膜组织发生重塑，并可直接作用于寄生虫。如此，肥大细胞衍生的各种介质能增加血管通透性，有利于招募白细胞，增加肠道蠕动，和刺激杯状细胞分泌黏液。黏膜肥大细胞还产生大量的 TNF-α，有助于杀伤寄生虫和受到感染的上皮细胞。这些都有利于清除蠕虫感染。但 TNF-α 也会诱导炎症反应并损伤肠道。

3. 上皮细胞的替补与抗蠕虫感染　　宿主抗蠕虫感染的另一重要策略，是加速其上皮细胞的变更和替补(turnover)。此举有利于清除已附着于上皮层的寄生虫和减少供寄生虫集群的面积。上皮细胞能被有效地替补，部分缘于隐窝上皮细胞可感知表层受损细胞的丢失而加速分裂，这是黏膜免疫系统为修复损伤的一种补偿性功能。上皮细胞替补的加速，还有助于激发 T 细胞、NK 细胞和 NKT 细胞在感染存在的条件下产生 IL-13，强化 Th2 型免疫应答。

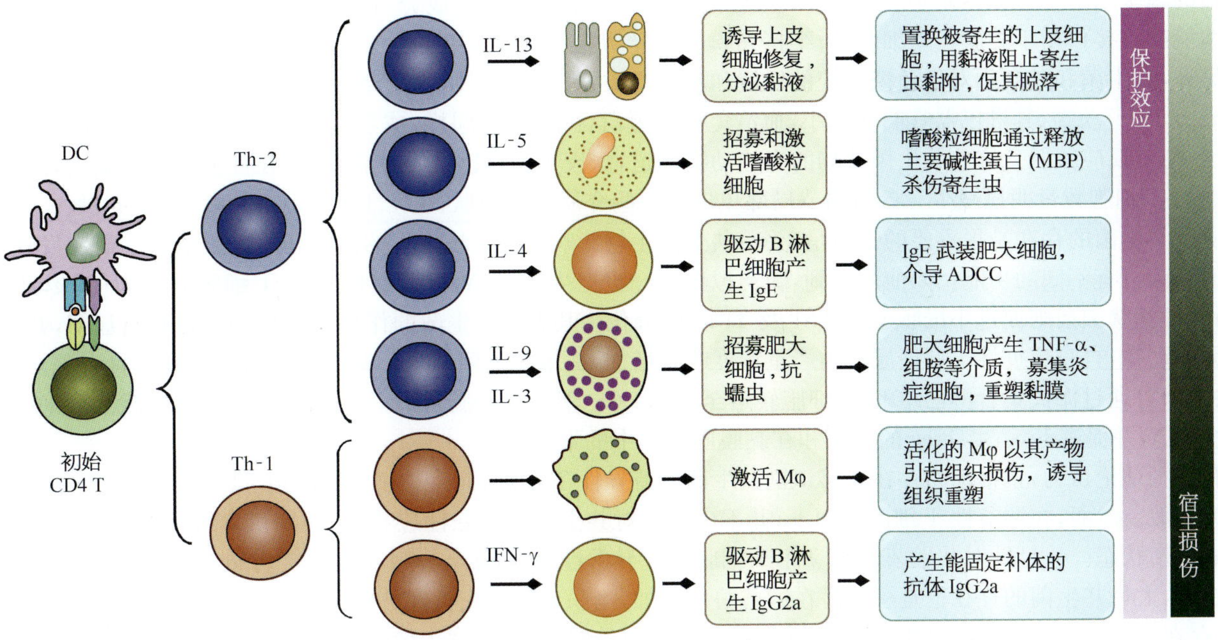

图 9-9 肠道蠕虫诱导的保护性和病理性免疫应答

大部分肠道蠕虫既可启动 CD4 T 细胞介导的保护性应答也可诱导病理性应答。其中 Th2 相关应答有利于清除寄生虫，属保护性应答；当 DC 接触抗原时产生 IL-12，则产生 Th1 型应答。通常两种应答并存，若 Th2 介导的保护性应答不能处于优势地位，Th1 型应答将使感染持续，并造成小肠的慢性病理性损伤

第四节 黏膜免疫中的免疫耐受和免疫调节

黏膜免疫系统的主要功能是抵御各种病原微生物的感染（病毒、细菌和寄生虫），需要宿主能够根据入侵病原体的差异产生不同类别的免疫应答。但是，本章一开始即提到，这种针对病原体的免疫应答和炎症反应，也会对无害和有益的抗原（食物和共生微生物）产生不良效应。因此，黏膜免疫系统面临着一个特殊的任务：协调并维持这两方面的需要。这意味着黏膜免疫系统需要发展特定的免疫耐受机制，全方位地实施有效的免疫调节。

例如，大量效应细胞的出现，往往提示病原体的存在和炎症反应的发生，然而正常肠道固有层出现 Th1、Th2 和 Th17 细胞却不一定代表炎症反应的存在，因为这些细胞在 Treg 所分泌 IL-10 的抑制下往往处于不活跃状态，亦无炎症反应出现。一旦出现病原体感染，此沉静状态即被打破，效应细胞开始大量积聚，从而能够对病原体感染产生适当的保护性免疫应答。

一、黏膜 DC 与免疫耐受

表 9-2 展示的一类表达 CD103 黏附分子的调节性 DC 在黏膜免疫系统诱导免疫耐受中十分活跃。该类 DC 对 TLR 配体等炎症刺激的反应很低，它们主要产生 IL-10 而不是 IL-12 等炎性细胞因子。因此，在无病原体感染的情况下，当 $CD103^{+}$ DC 出现于肠系膜淋巴结时，可以促使抗原特异性 T 细胞分化为 $Foxp3^{+}$ Treg，即产生诱导性 Treg（iTreg）。这个过程也依赖于 DC 分泌视黄酸，并由 TGF-β 辅助（图 9-7）。黏膜固有层中的 Mφ 也组成性产生IL-10，这样可以使 DC 持续处于静息状态并且维持调节性 T 细胞亚群的分化。另外，肠 DC 也产生吲哚胺双加氧酶（IDO），这种酶能催化色氨酸代谢为犬尿氨酸，从而减少环境中的色氨酸。据称，IDO 具有辅助 iTreg 的活性。

二、正常肠道的大量共生菌不引发有害的免疫反应

每个个体的肠道中有超过 500 种的共生菌，其中以结肠和回肠下端的数量最多。尽管这些细菌数量超过 10^{14}，总重量大约有 1 kg，但机体却能与肠道菌群共存，建立良好的共生关系，即在正常情况下，肠道黏膜免疫系统不会针对共生菌产生清除性的免疫反应。

肠道共生菌对维持人体的健康发挥着重要的作用。共生菌能够促进食物如纤维素的代谢；能分解毒素；能产生重

要的辅助因子如维生素 K1 和短链脂肪酸。共生菌通过竞争空间和营养成分可以抑制病原体在肠道的繁殖和入侵。共生菌能够直接作用于黏膜上皮细胞，对维持黏膜的屏障功能有重要作用。

另外，共生菌和其产物对于免疫系统的发展和功能有重要作用。例如，对于没有共生菌的无菌(germ-free)或限菌性(gnotobiotic)动物，其淋巴器官明显减小，血清免疫球蛋白含量很少，同样，成熟 T 细胞特别是 Th1 细胞和 Th17 细胞减少，免疫反应减弱。这些共生菌缺如的实验动物肠道，派氏集合淋巴结发育异常，散在性淋巴滤泡缺失，固有层和上皮中的 T 细胞数量明显减少。参与调节局部免疫的一些介质如抗菌肽、IL-7、IL-25、IL-33 和 TSLP 也缺失。

所以共生菌的存在是很重要的。但是，关于共生微生物影响免疫系统发育的机制还不是很清楚。研究发现，不同类别的细菌可有不同的功能。如前面提到，脆弱拟杆菌一旦产生多糖 A，可以促进 CD4 T 细胞分化为 Treg，产生 IL-10；而分段丝状细菌则促进小鼠肠道中 Th1 及 Th17 的分化。其表明共生菌的作用不仅仅局限在肠道局部，共生菌缺如的无菌动物，自身免疫性 1 型糖尿病的严重程度明显增加，提示共生菌不足与调节性 T 细胞分化不良有关。这是因为，共生菌可通过派氏集合淋巴结的 M 细胞转运至局部 DC。然后这些肠道 DC 进入肠系膜淋巴结，激活 B 细胞，产生特异性 IgA，并促进 $Foxp3^+$ Treg 的分化和在黏膜固有层中的聚集。

有一种理论认为，正常动物存在能够识别共生菌的特异性 T 细胞，而且它们占到肠道 Th1 和 Th17 效应细胞群体中的大多数。然而，在调节性 T 细胞作用下，并不出现针对共生菌的清除性应答，从而使机体维持在一种称为生理性炎症的平衡状态。一旦针对共生菌的效应性 T 细胞反应异常性增强，就会导致炎症性疾病如节段性结肠炎的发生。

然而，大量共生菌的存在也是一种潜在的威胁。例如，当肠道壁的完整性被破坏，共生菌可能大量进入黏膜，入侵血流，存在出现全身性感染的可能。对此，免疫系统的应对策略是，针对共生菌的生理性炎症反应仅限于黏膜局部，而全身性免疫系统并不对共生菌产生耐受，此举可阻止共生菌扩展至全身。

三、黏膜耐受的诱导

肠道中的外源性抗原包括食物和共生菌，在淋巴细胞发育过程中并不出现于胸腺基质细胞，因此机体不会对它们形成中枢耐受，在黏膜局部它们也不引起免疫反应。其原因，如上所述，是因为黏膜免疫系统已发展出区别性的防御手段来区分病原体和无害抗原。

例如，食物蛋白在肠中并不会被完全消化，其中很大一部分可通过免疫相关的形式参与免疫应答或诱导免疫耐受。图 9-10 表明，通过饲喂小鼠外源蛋白如卵白蛋白，可诱导对该蛋白质抗原产生免疫耐受。

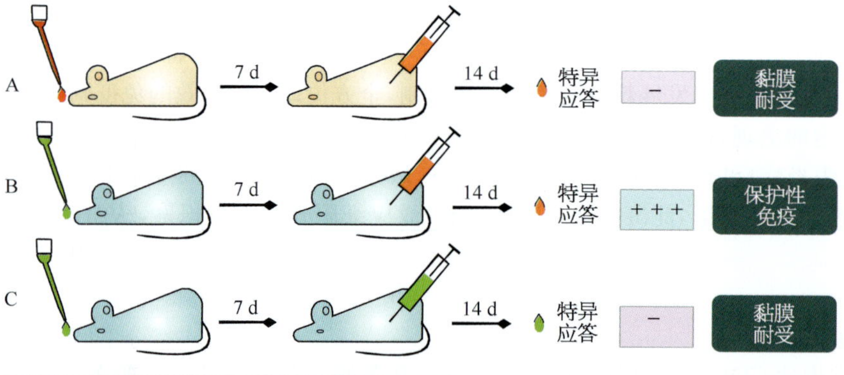

图 9-10 黏膜耐受的诱导

A. 健康小鼠饲以卵清蛋白，7 d 后，用同一抗原加佐剂作皮下免疫，14 d 后测定小鼠针对卵清蛋白的血清抗体和 T 细胞应答水平；B. 同一品系的对照小鼠，喂饲无关蛋白，而 7 d 后注射的卵清蛋白属首次免疫，诱导出的典型保护性免疫针对卵清蛋白；C. B 组小鼠以无关蛋白喂饲后若注射同一无关蛋白，同样可诱导针对该无关蛋白的黏膜耐受

这当然属于一种外周耐受，可以使全身和黏膜免疫系统对某种蛋白质抗原不产生应答。值得注意的是，当这些动物以非黏膜途径如皮肤注射接触相同抗原时，免疫应答会变得迟钝甚至受到抑制。这种全身免疫不应答现象可以长期存在，并且显示抗原特异性，即针对其他抗原的应答并不受影响。蛋白质抗原经过呼吸道进入机体后也会观察到相似的免疫应答抑制现象。而且发现，口服抗原诱导的耐受，主要下调 T 细胞介导的免疫应答。这表明，当人体食用以前未遇到过的蛋白抗原时，全身 T 细胞应答有可能被抑制，然而整个血清抗体应答(如 IgG 的产生)不受影响。由此提出黏膜耐受的概念。

导致口服耐受的机制有多种，如 T 细胞失能(anergy)、抗原特异性 T 细胞的删除，以及各种调节性 T 细胞的诱导，特别是诱导产生能分泌 TGF-β 的 Treg，包括 Th3 细胞。有证据显示，给实验动物饲喂抗原后，可通过派氏集合淋巴结，产生抗原特异性 $Foxp3^{+}$ Treg。前已述及，这是因为食物抗原被固有层产生视黄酸的 $CD103^{+}$ DC 摄取并迁移到肠系膜淋巴结后，诱导产生归巢于固有层的 Treg。问题在于，口服耐受产生的免疫抑制是全身性的，虽说肠系膜淋巴结诱导的 Treg 参与对全身免疫应答的抑制，但可能还有其他的机制在发挥作用。

然而黏膜耐受的诱导却可用于抑制炎症性疾病。实验动物中采用适当的抗原进行口服或鼻内处理，可以抑制甚至治愈 1 型糖尿病、实验性关节炎、实验性脑脊髓炎和其他自身免疫性疾病。虽然在人体中使用黏膜耐受治疗类似疾病的临床实验并不十分成功（可能是因为抑制进行中的炎症应答较为困难），但是在临床上，黏膜耐受仍不失为一个有潜力的诱导抗原特异性耐受的手段。

第五节　黏膜免疫与疾病

一、病原体感染与宿主免疫反应之间的消长决定了感染的结局

许多肠道病原体以 M 细胞和炎症作为入侵手段。脊髓灰质炎病毒、呼吸道肠道病毒和一些反转录病毒通过 M 细胞的胞吞转运作用穿越上皮层，并引发肠道外的感染。HIV 可以利用同样的途径侵入直肠黏膜淋巴组织，并在此部位首先接触并感染 DC。许多引起人体感染的重要肠道细菌也是通过 M 细胞入侵的。这些细菌进入 M 细胞后产生一些蛋白，使得 M 细胞发生骨架蛋白重组从而有利于胞吞转运。M 细胞不是病原体入侵黏膜的唯一途径。一些肠道细菌如艰难梭菌（*Clostridium difficile*）或霍乱弧菌（*Vibrio cholerae*）分泌大量蛋白毒素，使得这些细菌无需入侵上皮即可直接致病。

宿主的炎症反应是病原体入侵的另一种重要方式。许多肠道细菌刺激上皮细胞产生趋化因子如 CCL20，从而募集 DC 进入上皮层。而且，被吞噬细胞摄入的微生物能够被胞内的 NOD 样受体等识别而分别激活 NF-κB 和caspase-1 信号通路。所有这些均可触发炎症级联反应，其中 IL-1β 和 TNF-α 使得上皮细胞间的紧密连接物松散，使得细菌得以越过上皮屏障进入肠道组织，扩大感染。

二、针对共生菌的免疫应答与肠道疾病

前面提到，正常动物存在能对共生菌发生应答的 T 细胞，但它们的活性通常受到制约。如果相应调节机制发生障碍，针对共生菌的无约束免疫应答会导致炎性肠病。这在免疫调节机制缺陷的动物中尤为突出，这些动物的 IL-10 和 TGF-β 分泌异常，或者出现肠壁破坏，从而造成大量共生菌的渗透。在这种情况下，会产生针对共生菌抗原如鞭毛蛋白的全身免疫应答，黏膜中也会产生激烈的炎症性 T 细胞应答，严重损伤肠道。

这个过程有多种因素参与。例如，IL-23 十分活跃，可能与诱导 Th17 效应细胞的分化有关，而 Th17 细胞可以产生 IL-17、IL-21 和 IL-22。在肠道中 IL-23 也可以辅助 Th1 免疫应答。这些实验结果与临床证据相符，都显示了人类 IL-23 受体基因的多态性变化与节段性回肠炎相关（详下）。TNF-α 作为共同的最终媒介也参与了这些过程，表现为抗 TNF-α 的抗体对治疗节段性回肠炎是有效的。另外，对细菌产生不当免疫应答也可能致病。突出例子是幽门螺杆菌（*Helicobacter pylori*，HP）慢性感染导致的胃炎。作为成功的人体寄居者，HP 能诱导慢性炎症反应，产生高水平的细胞因子和趋化因子如 IL-1、IL-6、IL-8、IL-12、IL-23 和 TNF-α。而且这些细胞因子的分泌可被细菌的毒力因子所激发，其中包括细胞毒素相关基因 A（*CagA*）和空泡化细胞毒素（vacuolating cytotoxin A）等。

三、肠道中与免疫应答相关的一些临床疾病

（一）炎症性肠病

炎症性肠病（inflammatory bowel disease）是一类异质性的慢性弥漫性肠道炎症，与针对共生菌的免疫失调相关。炎症性肠病主要包括节段性回肠炎（Crohn's disease）和溃疡性结肠炎（ulcerative colitis）。症状包括腹痛、呕吐、腹泻和消瘦。疾病主要见于遗传易感性个体，涉及多种免疫学异常。

1. 肠道共生菌固有免疫缺陷　包括两种情况，一是防御素等抗菌分子表达缺陷，使共生菌入侵肠道上皮层；二是针对共生菌的固有免疫负向调节不当，表现为属于 NLR 家族的胞质固有免疫感受器 NOD2 编码基因存在多态性，对共生菌的免疫应答出现个体差异。

2. Th17 和 Th1 应答异常　Th17 的分化及维持有赖于 IL-23，患者 IL-23 受体编码基因一旦异常，可提高罹患疾病的风险。而节段性回肠炎中出现的肉芽肿性炎症，系由产生 IFN-γ 的 Th1 细胞所驱动。

3. Treg 功能缺陷　人体中确认，*FOXP3* 基因缺陷使 Treg 发育受阻，会出现一种称为 X-连锁免疫失调性多内分泌性肠病（IPEX），表现为严重的肠道炎症和多组织的自身免疫病。但是否 Treg 的缺陷直接引发炎症性肠炎尚无定论。

4. 自噬相关基因及参与内质网应激性未折叠蛋白质相关基因的调控异常　这些异常引起肠腺嗜酸细胞分泌抗菌分子和防御素的能力受损，诱发炎症性肠病。与节段性回肠炎相关的自噬基因，也可使肠腺嗜酸细胞的自噬（autophagy）功能受损，使肠腔中溶菌酶和防御素的含量下降。现知肠腺嗜酸细胞分泌功能的维持有赖于未折叠蛋白质的相关性应答。

（二）乳糜泻

乳糜泻（celiac disease）为一类炎症性小肠黏膜疾病，由针对食物中谷朊蛋白（gluten）的免疫应答所引起。其表现为小肠绒毛萎缩，吸收不良，营养缺陷和其他肠外表现，包括出现针对谷朊蛋白的 IgA 和 IgG 抗体和出现针对转谷氨酰胺酶（transglutaminase 2A）的 IgA 和 IgG 自身抗体。转谷氨酰胺酶是修饰谷朊蛋白中的麦醇溶蛋白（gliadin）的关键成分，涉及 T 细胞的激活。HLA-DQA1*0501-HLA-DQB1*0301单体型与乳糜泻的关系，已成为免疫遗传学中 HLA 与疾病关联的典型例子（见第五章图 5-8），足见此类肠道疾病的发生与基因的多态性有关。

但麦醇溶蛋白未必是致病的关键成分，因为疾病中引起肠道上皮细胞破坏的是 CD8 CTL 的杀伤作用，但 CTL 并不直接识别麦醇溶蛋白。新近的研究表明，固有免疫相关因素可提高 CTL 的杀伤阈值，因为麦醇溶蛋白既可激发上皮细胞分泌 IL-15 和诱导 CTL 表达活化性受体 NKG2D，也可促使肠道上皮细胞表达 NKG2D 的配体分子即 MIC-A 和 MIC-B，使 CTL 更易于破坏肠道上皮层的结构。

（三）食物过敏

食物蛋白引起的急性炎症反应之所以能够发生，从免疫调节的角度来看，是因为对食物抗原的适应性免疫耐受发生崩溃。已被过敏源致敏的个体，第二次暴露于同一过敏源，会出现局部或全身性的Ⅰ型超敏反应（见第十五章），其中有肥大细胞的参与，而黏膜固有层分布有大量的黏膜肥大细胞。

（四）微生物的持续感染与肿瘤

上面提到，胃肠道 HP 可大量产生细胞因子和趋化因子，诱导慢性感染，产生胃炎。问题还在于，长期感染 HP 还可能引发肿瘤。此类肿瘤是胃肠道固有层淋巴滤泡中的 B 细胞发生恶变所致。这表明，HP 激发的炎症反应激活了 B 细胞中的癌基因，致使出现肿瘤生长。

第六节　皮肤免疫

皮肤作为人体最大的器官，完全暴露于外界环境，与多种微生物和其他环境物质直接接触。除了发挥众所周知的物理屏障功能之外，皮肤也是多种免疫反应发生的部位，具有重要的免疫监视和免疫防御功能。

一、皮肤免疫系统的组成

皮肤主要由表皮和真皮构成。表皮包含多层复层扁平上皮，主要由角质形成细胞组成，阻止外来有害微生物的侵袭。此外，所有的表皮区域也分布着其他免疫细胞，如朗格汉斯细胞。真皮主要由结缔组织和细胞（如细胞外基质和成纤维细胞、血管和淋巴管的内皮细胞）以及皮肤所属的附件结构（如毛囊和汗腺）组成。此外，真皮内含有多种类型的髓系和淋系免疫细胞，主要包括树突状细胞（DC）、巨噬细胞、T 细胞等，有的出生前就定居在真皮内，有的是出生后从外周迁移到真皮内。表皮和真皮中不同类型的免疫细胞和它们的产物构成了皮肤免疫系统（图 9-11），在维持免疫稳态和宿主防御中发挥重要作用。

二、皮肤免疫系统的固有免疫应答

1. 角质形成细胞（keratinocyte，KC）　位于外界环境与机体的交界处，除了发挥屏障功能，阻止外来有害抗原的入侵之外，近年来认为其是一种非专职抗原提呈细胞。角质形成细胞表达多种模式识别受体，识别微生物和其他环境应激因子，产生抗菌肽，如防御素、S100 和 LL-37，直接杀伤清除病原微生物，以及产生多种细胞因子和趋化因子，影响免疫细胞的功能和迁移，从而促进和调节免疫应答。角质形成细胞可产生：① 炎性细胞因子包括 TNF、IL-1、IL-6 和 IL-18，促进皮肤炎症应答；② 调节性细胞因子如 IL-10，调控免疫应答；③趋化因子 CCL17、CCL20 和 CCL27，招募表达 CCR4、CCR6 和 CCR27 的 T 细胞，使之在皮肤聚集，发挥相应的效应功能。角质形成细胞也表达多种细胞因子

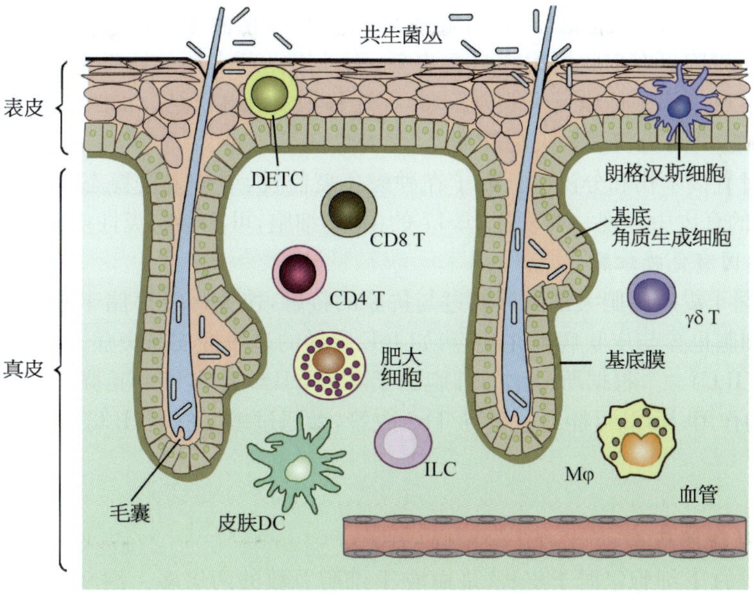

图 9-11 皮肤免疫系统结构及其中的细胞组分

表皮中细胞主要是角质生成细胞、朗格汉斯细胞和树突状表皮 T 细胞(DETC)。其余免疫细胞包括固有淋巴样细胞(ILC)皆分布在真皮层

和趋化因子受体,参与炎症信号转导。其中 NF-κB 和 STAT3 可引起银屑病患者的上皮过度活化。揭示角质形成细胞在皮肤免疫稳态和炎症反应中起重要的调节作用。

2. *树突状细胞* 根据解剖学部位和分布的不同,皮肤树突状细胞(DC)分为位于表皮的朗格汉斯细胞和位于真皮的常规 DC(cDC)。后者根据表面标志的不同分为 $CD11b^+$ cDC 和 $CD11b^-CD103^+$ cDC。关于浆细胞样树突状细胞(pDC),正常皮肤往往缺乏,或数量很少,但是在狼疮皮肤或银屑病皮损中可出现大量从外周循环招募而来的 pDC。皮肤 DC 的功能主要通过提呈抗原和分泌细胞因子,启动或调节针对经皮入侵外来抗原的免疫应答,既有固有免疫应答,也包括 T 细胞应答。然而,还不清楚不同皮肤 DC 亚群参与 T 细胞应答的差异,它们的作用可能随抗原的剂量和类型而有所不同。表 9-3 为小鼠与人的皮肤 DC 分类。

表 9-3 皮肤 DC 亚群

类 型	位 置	主 要 功 能
朗格汉斯细胞(LC)	表皮	在某些感染中提呈抗原;免疫负调节
$CD11b^+$ cDC	真皮	提呈抗原,诱导 Th 细胞分化;分泌细胞因子;免疫负调节
$CD103^+$ cDC	真皮	交叉提呈抗原,启动 Th1 应答
炎症性 DC	炎症部位真皮	分泌炎性介质,如产生 TNF 和 NO
浆细胞样 DC(pDC)	炎症部位真皮	产生 IFNα,在银屑病中识别自身 DNA-LL37 复合物

(1) 表皮 DC 通常指朗格汉斯细胞。其特征性标志为表达 C 型凝集素受体 langerin(CD207)和细胞质中含有大量 Birbeck 颗粒。朗格汉斯细胞来源于卵黄囊和肝脏,出生前就存在于人体表皮组织,出生后保持慢速增殖以维持其在表皮中的数量。朗格汉斯细胞识别抗原后活化,因 CCR7 表达上调而迁移至引流淋巴结的 T 细胞区,并成熟为抗原提呈细胞,参与启动 T 细胞应答。最近的研究揭示朗格汉斯细胞具有免疫调节功能,如在小鼠中下调半抗原诱导的皮肤接触性超敏反应,在人体中促进调节性 T 细胞扩增,提示朗格汉斯细胞在维持组织稳态中发挥作用。

(2) 真皮 cDC 来源于骨髓 DC 前体细胞,主要分为 $CD11b^+$ cDC 和 $CD103^+$ cDC 两个亚群。正常状况下,$CD11b^+$ cDC 是真皮中数量最多的 DC 类型,但与真皮巨噬细胞和炎症状态下迁移到皮肤自单核细胞分化的 $CD11b^+$ DC难以区别。最近的研究表明,真皮 $CD11b^+$ cDC 不表达 CD64,可以作为与其他两类细胞区分的标志。活化的 $CD11b^+$ cDC 迁移到引流淋巴结,诱导 Th 细胞分化。此外,部分 $CD11b^+$ DC 可产生视黄酸,诱导 Treg,负向调节特异性免疫应答。真皮 $CD103^+$ cDC 不表达 CD11b,但表达较低水平的 langerin。在发育上 $CD103^+$ cDC 与次级淋巴组织中的 $CD8\alpha^+$ DC 相关,负责交叉提呈及启动 Th1 应答。研究发现真皮中是 $langerin^+$ $CD103^+$ cDC 而不是朗格汉斯细胞,参与启动针对病毒如疱疹病毒的 T 细胞应答。

3. 巨噬细胞　真皮内的巨噬细胞组成较为复杂，包括来自卵黄囊出生前就定居于皮肤的巨噬细胞，和出生后从外周循环迁移到皮肤组织中的巨噬细胞，后者自髓系单核细胞分化而来。此类巨噬细胞表达高水平的CCR2和Ly6C。在炎症条件下，巨噬细胞可在皮肤组织内自我更新，而外周循环来源的巨噬细胞也可对皮肤定居巨噬细胞进行补充。与真皮cDC相比，巨噬细胞抗原提呈能力较弱，不迁移到引流淋巴结。皮肤巨噬细胞能吞噬和清除经皮入侵的抗原和代谢产生的大分子，并可分泌多种炎症介质，启动炎性应答。

4. γδ T细胞　通过直接杀伤和分泌生长因子在肿瘤免疫监视、维持上皮稳态、创伤修复和皮肤炎症方面起重要作用。最近在人和小鼠的真皮中发现一群表达IL-17的γδ T细胞，可能参与炎性皮肤疾病如银屑病。

5. 其他与皮肤有关的固有免疫细胞

(1) 肥大细胞　定居于皮肤的肥大细胞可通过与抗原的接触，快速释放存储于胞质颗粒中的活性介质，行使免疫效应功能。此外，肥大细胞也参与皮肤病理性反应，如IgE介导的过敏性皮肤炎症。

(2) 固有淋巴样细胞(ILC)　根据所分泌的细胞因子不同，ILC分为三个亚群，均存在于皮肤组织。尚不清楚ILC1在皮肤免疫中所起的作用；ILC2可能通过诱导Th2应答，参与过敏性皮炎；ILC3可能诱导上皮炎症，参与银屑病的发生发展。

三、皮肤免疫系统的T细胞应答

健康人中大约2×10^{10}的T细胞定居于皮肤，是血液T细胞总数的两倍多。约98%的T细胞分布于真皮，2%为表皮内T细胞。表皮内T细胞主要分布在基底层和基底上层，与朗格汉斯细胞紧邻。大部分表皮内T细胞是$CD8^+$ γδ T细胞，抗原受体缺乏多样性。真皮T细胞主要聚集在表皮和真皮交界下面的血管周围，由数量相当的CD4 T和CD8 T细胞组成，表达典型的活化或记忆T细胞的表面标志物。特异性皮肤记忆T细胞表达皮肤归巢分子如CLA(皮下相关抗原)，介导T细胞从真皮微血管中迁移出来。此外，T细胞表达CCR4和CCR10，通过结合CCL7和CCL27，促使T细胞向皮肤迁移。在皮肤引流淋巴结活化过程中，T细胞可诱导性表达皮肤归巢标志即上调上述介导迁移的受体分子。研究发现阳光和维生素D在T细胞向皮肤的迁移中发挥重要的作用，主要通过上调皮肤引流淋巴结中活化T细胞CCR10的表达。目前尚不清楚皮肤T细胞是永久性定居于真皮，还是记忆性T细胞再循环的一部分。

多种炎性皮肤疾病皮损中皆存在三种效应性Th细胞亚群。其中Th1和Th17参与的应答与自身免疫和免疫性皮肤疾病相关，如银屑病；而Th2应答与特应性皮炎相关。皮肤中的Th1和Th17细胞对于抵抗微生物感染非常重要。比如Th1能够有效地杀伤和清除胞内菌感染，而Th17对抵御多种真菌和其他胞外菌起重要作用。Th17细胞的标志性细胞因子IL-17和IL-22能够上调角质形成细胞表达抗菌肽。最近发现一群表达IL-22而不表达IL-17和IFN-γ的新亚群即Th22，是一群具有皮肤归巢能力的循环T细胞，存在于银屑病和特应性皮炎患者的皮损部位。

四、皮肤共生菌对皮肤免疫的调控

皮肤表面有丰富的菌群集落，包括不同种类的细菌和真菌，与皮肤局部的上皮细胞、基质细胞和免疫细胞相互作用，参与构成皮肤稳态。皮肤共生菌通过与病原微生物相互竞争，可影响皮肤的免疫应答，最终启动有效的宿主防御或诱发皮肤病理性炎症。例如，停留于表皮的葡萄球菌有助于形成有效T细胞免疫，清除寄生虫感染。皮肤共生菌组成的改变经常与皮肤炎症相关，但是否具有因果关系还需要进一步的研究。虽然皮肤共生菌对局部免疫应答起重要的调控作用，但是目前的研究表明皮肤免疫系统并不影响皮肤共生菌的形成。

五、炎症性皮肤疾病

多种炎症性皮肤疾病是由免疫反应失调或者不恰当的免疫细胞活化所引起的，主要由皮肤T细胞介导，如银屑病和特应性皮炎。

(1) 银屑病　一种慢性炎症性皮肤疾病，特征性临床表现为出现界限清楚的红斑和鳞屑。目前认为在多种环境因素的刺激下，固有免疫和T细胞免疫应答紊乱导致疾病的发生。在固有免疫应答中，DC是引起银屑病的主要细胞成分，因为吸收UVA的化学补骨脂素联合UVA光疗可减少皮肤中的DC，从而减轻银屑病症状。真皮cDC分泌IL-12和IL-23，可诱导活化的T细胞分泌Th1和Th17相关细胞因子。银屑病患者皮损中存在一种炎性DC，命名为Tip-DC，主要产生诱导性NO合成酶(iNOS)和TNF，参与银屑病的炎症应答。银屑病皮肤具有明显的Ⅰ型干扰素应答的特征。有证据显示当损伤或者感染时，角质形成细胞产生的抗菌肽LL-37能够与宿主的DNA形成复合物，并通过TLR9激活皮肤中的pDC，从而产生大量IFN-α。IFN-α的一个重要效应是激活其他类型的DC，活化的DC向皮肤引流淋巴结迁移，激活 Th 细胞，使之上调表达皮肤归巢分子而迁移到真皮，进一步促进炎症级联反应和持续的角质形成细胞增殖，Th1 和 Th17 在这一阶段发挥重要的作用。针对 T 细胞迁移、针对 Th1 和 Th17 分化的相关细胞因子（IL-12 和 IL-23），以及针对这些 T 细胞产生的效应因子（IL-17、IL-22 和 TNF）的多种治疗策略，已获准用于银屑病的临床实验。

（2）特应性皮炎　一种常见的慢性炎症性皮肤疾病，高发于儿童，特征性临床表现为瘙痒和皮疹。环境中抗原特异性 IgE 和表达 IgE 高亲和力受体（FcεRI）的肥大细胞和嗜碱粒细胞，在特应性皮炎的发病中起重要作用。与银屑病相似，皮肤 DC 在特应性皮炎发病中也起重要作用，但不同的是，特应性皮炎主要由针对外界环境中的过敏源如尘螨等的 Th2 应答介导。过敏源活化的 DC 迁移到皮肤引流淋巴结，激活 Th2，在此过程中，FcεRI 信号和角质形成细胞产生的胸腺基质淋巴细胞生成素（TSLP）皆可影响 DC 的活化。其中遗传背景可能是一个重要因素，使上皮屏障功能易于受损致使宿主对环境抗原更为敏感，而引发特应性皮炎的炎症级联反应。已有实验表明 filaggrin 基因突变可导致皮肤屏障功能受损，提高对特应性皮炎的易感性。

本章提要

黏膜免疫系统庞大而复杂，对于机体的健康起着至为关键的作用。黏膜免疫不仅可以保护重要器官，而且能够调节整个免疫系统阻止疾病的发生。机体的黏膜脆弱易发生感染，受到固有免疫和适应性免疫机制的保护，这与黏膜免疫系统的一系列特点有关：黏膜上皮与淋巴组织的紧密相连；存在分散的淋巴组织和有一定结构的淋巴器官；DC 启用特殊的抗原摄取机制；无感染时存在大量活化性和记忆性淋巴细胞；二聚体 IgA 作为主导的抗体类型发挥作用；对无害抗原如食物和共生菌呈现免疫耐受。黏膜免疫系统针对入侵的病原微生物，是产生保护性免疫还是产生耐受，取决于提呈的抗原和抗原提呈细胞的类别和作用途径。

皮肤组织中表皮角质形成细胞、免疫细胞与皮肤共生菌之间的相互作用，确保形成有效的宿主免疫应答，以抵抗病原微生物感染以及维持或恢复免疫稳态。皮肤免疫应答紊乱能引起多种慢性炎性皮肤病，其免疫机制主要为形成病理性 T 细胞应答，包括直接杀伤或分泌多种细胞因子，持续活化皮肤组织中的其他细胞，导致组织病理损伤。

（张雁云　何　睿）

参考文献

Abbas AK，Lichtman AH，Pillai S. 2015. Cellular and Molecular Immunology. 8th ed. Philadelphia：Elsevier.

Brandtzaeg P. 2009. Induction of secretory immunity and memory at mucosal surfaces. Vaccine，25：5467-5484.

Brandtzaeg P. 2009. Mucosal immunity：induction，dissemination，and effector functions. Scand J Immunol，70：505-515.

Brugman S，Perdijk O，van Neerven RJ，et al. 2015. Mucosal immune development in early life：setting the stage. Arch Immunol Therap Exp，63：251-268.

Fagarasan S，Kawamoto S，Kanagawa O，et al. 2010. Adaptive immune regulation in the gut：T cell-dependent and T cell-independent IgA synthesis. Annu Rev Immunol，28：243-273.

Kayama H，Takeda K. 2012. Regulation of intestinal homeostasis by innate and adaptive immunity. Int Immunol，24：673-680.

Kimura H，Yoshizumi M，Ishii H，et al. 2013. Cytokine production and signaling pathways in respiratory virus infection. Front Microbiol，4：276-281.

Malissen B，Tamoutounour S，Henri S. 2014. The origins and functions of dendritic cells and macrophages in the skin. Nat Rev Immunol，14：417-428.

Murphy K. 2011. Janeway's Immunobiology. 7th ed. New York：Garland Sci，465-503.

Pasparakis M，Haase I，Nestle FO. 2014. Mechanisms regulating skin immunity and inflammation. Nat Rev Immunol，14：289-293.

Sathaliyawala T，Kubota M，Yudanin N，et al. 2013. Distribution and compartmentalization of human circulating and tissue-resident memory T cell subsets. Immunity，38：187-197.

第十章 T 细胞对抗原的识别

从本章起连续三章，将系统阐述适应性免疫应答。适应性免疫应答由淋巴细胞承担，应答过程分为三个阶段：识别、激活和效应。本章首先论述 T 细胞对抗原的识别。

与 B 细胞对抗原的识别不同，T 细胞不能识别完整的天然抗原分子，需要抗原提呈细胞先将抗原降解为肽段，并由 MHC 分子递送到细胞表面才能识别。其中发生一系列重要的免疫生物学现象，包括抗原的加工和提呈、免疫突触的形成，T 细胞和抗原提呈细胞间相互作用，以及抗原肽、MHC 分子及 TCR 分子之间的相互作用等。本章对此逐一加以介绍。

第一节 抗原提呈细胞

抗原提呈细胞（APC）是指具有加工和提呈抗原能力的细胞。所有有核细胞都具有降解胞质内蛋白的能力，而且都表达 MHC Ⅰ类分子，所以，有核细胞一旦表达非己抗原，如受病毒感染或发生癌变时，都能成为 APC，向 T 细胞提呈抗原。但通常把通过 MHC Ⅰ类分子向 CD8 T 细胞即细胞毒性 T 细胞（CTL）提呈抗原的细胞称为靶细胞，因为 CTL 激活后即对其进行杀伤，而只把表达 MHC Ⅱ类分子并能向 CD4 T 细胞提呈抗原的细胞称为 APC。

一、专职抗原提呈细胞

专职抗原提呈细胞为一类特化的细胞，具有摄入、加工、提呈抗原，激活 CD4 Th 细胞，诱导免疫应答的能力。为此，专职 APC 必需表达 MHC Ⅱ类分子和共刺激分子。满足这两个条件的细胞主要有三类，即树突状细胞（DC）、巨噬细胞（Mφ）和 B 细胞。但三者的组织分布、加工提呈的抗原类型、表面分子的表达特点不完全相同（图 10-1）。通常情况下，如不加说明，APC 仅指专职 APC，不包括非专职 APC。

APC	Ag	MHC Ⅱ类分子	共刺激分子	主要功能	激活细胞
DC 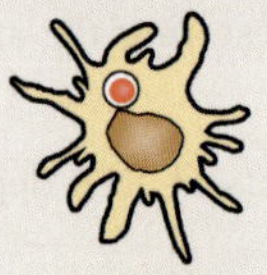	病毒抗原，肿瘤抗原	组成性表达；成熟及 IFNγ 诱导后增强	组成性表达；成熟后和 IFNγ 诱导及 CD40-CD40L 相互作用后增强	启动 T 细胞对蛋白质抗原的应答	初始 T 细胞
Mφ 	颗粒性抗原，胞外细菌	通常低表达或不表达，IFNγ 诱导后表达	诱导性表达，诱导成分为 LPS 和 IFNγ，及 CD40-CD40L 相互作用	参与细胞免疫效应相，增强 T 细胞杀伤和吞噬微生物	效应 T 细胞
B 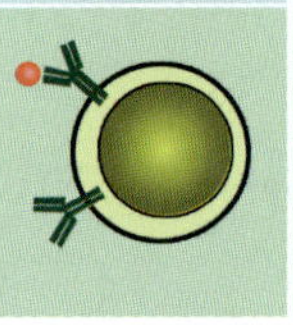	可溶性抗原，细菌毒素	组成性表达；IL-4 诱导后表达增强	因 CD40-CD40L 相互作用及抗原受体交联后，诱导性表达	通过 T-B 相互作用向 CD4 Th 提呈抗原，启动体液免疫应答	效应 T 细胞

图 10-1 三种专职抗原提呈细胞

（一）树突状细胞

DC 首先由 Langerhans 在 1868 年发现于皮肤的表皮层，后以其姓氏称此细胞为朗格汉斯细胞，现知此类细胞属 DC 的一种未成熟的形式。1973 年 Steinman 等在其他组织和器官中发现了 DC。20 世纪 80 年代 Inaba 在体外成功地培养和扩增了小鼠 DC；90 年代初 Caux 和 Banchereau 诱导和扩增出了人 DC。此后引起人们对 DC 的重视和广泛的研究，Steinman 也于 2011 年获诺贝尔生理学或医学奖。

1. cDC 和 pDC　根据来源，DC 主要分为常规树突状细胞（conventional DC，cDC）即髓系来源 DC 和淋巴系来源的浆细胞样 DC（plasmacytoid DC，pDC）。表 10-1 给出两类 DC 有关抗原提呈方面的一些主要区别（见第三章）。

表 10-1　cDC 和 pDC 的主要特点

特　点	传统 DC(cDC)	浆细胞样 DC(pDC)
表面标志	$CD11c^{high}$，$CD11b^{high}$	$CD11c^{low}$，$CD11b^{-}$，$B220^{high}$
用于诱导的生长因子	GM-CSF，Flt3 配体	Flt3 配体
表达的 TLR	TLR2、TLR4、TLR5、TLR8	TLR7、TLR9
产生的主要细胞因子	TNF、IL-6	Ⅰ型 IFN
主要功能	提呈抗原，诱导针对大部分抗原的 T 细胞应答	参与固有免疫，诱导抗病毒 T 细胞应答

表 10-1 表明，虽然 pDC 也有一定的提呈功能，但参与抗原提呈的树突状细胞主要是 cDC。事实上，cDC 包括若干亚群，如淋巴组织中的并指状 DC、非淋巴组织中的朗格汉斯细胞，血液中的隐匿细胞等（见第三章）。DC 行使抗原提呈功能，尚需经过一个成熟的过程。

2. imDC 和 mDC　未成熟 DC（imDC）分布于各种组织中，成熟 DC（mDC）存在于脾脏和淋巴结等二级淋巴器官（表 10-2）。未成熟 DC 能通过巨胞饮和受体介导的内吞作用摄入抗原，但不表达 MHC Ⅱ类分子和共刺激分子。DC 在外周可以通过摄取抗原而激活，也可通过表达的 Toll 样受体（TLR）等被病原体激活，增强 MHC 分子和共刺激分子的表达。在趋化因子和细胞因子作用下，经淋巴管进入引流淋巴结。在此过程中 DC 分化成熟，并发生一系列表型和功能的改变：① 失去主动摄入抗原的能力；② 细胞表面 MHC Ⅱ类和Ⅰ类分子表达水平依次增高；③ 高表达共刺激分子。这样，外周 DC 可将感染部位的抗原运送到淋巴组织，在其中激活 T 细胞。

表 10-2　imDC 和 mDC 主要特性的比较

	主要功能	FcR 和甘露糖受体表达	抗原提呈相关分子 B7，ICAM-1，IL-12 表达	定向迁移所需 CCR7 的表达	MHC Ⅱ类分子	
					半衰期	细胞表面数量
imDC	捕获抗原	++	-或±	-	~10 h	$\sim10^6$
mDC	向 T 细胞提呈抗原	-	++	++	~100 h	$\sim7\times10^6$

需要指出的是，DC（及其他 APC）的成熟是一个不断完善的过程。例如，借助与 T 细胞的相互作用，DC 以其 CD40 与 T 细胞的 CD40L 结合，除了使 T 细胞分泌 IFN-γ 等细胞因子，反过来这些因子也作用于 DC，增强其加工和提呈抗原的能力。

3. DC 捕获和提呈抗原的部位和途径　DC 向 T 细胞提呈抗原的部位，亦即发生 APC-T 相互作用的地方，主要在外周淋巴组织的 T 细胞区。以淋巴结为例，其 T 细胞区微环境表达和产生大量趋化因子 CCL19 和 CCL21，而 imDC 捕获抗原成为活化和成熟的 DC 之后，开始表达这两种趋化因子的受体 CCR7（表 10-2），得以进入并停留在 T 细胞区，与同样表达 CCR7 的初始 T 细胞相互作用而使后者激活。mDC 进入 T 细胞区的途径可以是多样的。参与血循环的 DC，能和 T 细胞一样，因表达 CCR7 而穿越高内皮小静脉（HEV）到达该处。而更多的是，在皮肤和黏膜（胃肠道和呼吸道）捕捉到抗原的 DC，包括朗格汉斯细胞，通过淋巴管进入淋巴结。甚至淋巴液里的游离抗原，也可以通过输入淋巴管和进入淋巴窦，被其中的 DC 所捕获。捕获的抗原既可提交给 B 细胞区的 B 细胞（见第十二章），也可进入 T 细胞区，向 T 细胞作抗原提呈。

4. DC 是启动原发性 T 细胞应答最有效的抗原提呈细胞　DC（cDC）的功能主要是向初始 T 细胞提呈抗原。其抗原提呈能力的专职性及高效性由下列因素决定。① DC 主要分布于微生物和外来抗原进入和停留的地方，如上皮和可形成微生物菌丛的组织；② DC 表达多种能捕获抗原并与之起反应的受体；③ DC 有能力从上皮层和组织迁移到淋巴结 T 细胞区，与搜寻抗原和参与循环的初始 T 细胞相遇；④ 成熟 DC 表达高水平 pMHC 复合物、共刺激分子和细胞因子，有利于活化初始 T 细胞；⑤ 具有交叉提呈的能力，可摄入病毒感染的细胞并激活 CD8 CTL。

（二）巨噬细胞

巨噬细胞（Mφ）属单核吞噬细胞系统，表面表达多种受体而参与固有免疫应答，如 TLR、甘露糖受体、LPS 受体、葡聚糖受体等，它们通过与病原体表面相应配体的结合而促进 Mφ 摄入病原体，而 Mφ 表面的补体受体 CR1 和 Fc 受体则促进 Mφ 摄入经补体和抗体调理过的抗原，使其具有 APC 功能。又由于 Mφ 具有强大的吞噬能力，能够吞噬大的颗粒性抗原，因此在加工和提呈细菌等胞外病原体中起重要作用。静止的 Mφ 只表达少量的 MHC Ⅱ类分子，而且完全不表达共刺激分子。Mφ 在吞噬病原体和接受 TLR 的信号后，或在 CD4 T 细胞分泌的 IFN-γ 和 TNF-β 的作用下，诱导性表达 MHC Ⅱ类分子、共刺激分子（如 CD80 和 CD86）和黏附分子，展示抗原提呈活性（图 10-1）。有两点需要指出，一是参与循环的单核细胞易于抵达各种感染组织和炎症部位，并分化成 Mφ 和吞噬细胞，参与抗微生物感染；二是参与抗原提呈的 Mφ 与 CD4 T 细胞发生相互作用后，T 细胞也可借助分泌的细胞因子进一步"武装"Mφ，提高其杀菌活性。

（三）B 细胞

B 细胞主要分布于外周免疫组织中的淋巴滤泡和生发中心。B 细胞的表型具有以下特点：① 组成性表达 MHC Ⅱ类分子，IL-4 诱导后表达增强；② 抗原受体与抗原交联并由 T 细胞提供协助后，诱导性表达共刺激分子。B 细胞主要向 CD4 Th 细胞提呈可溶性抗原。相关作用将在第十二章中介绍。

可见三种专职抗原提呈细胞的提呈抗原能力可互相补充，使免疫系统能对各种抗原产生有效的免疫应答。

二、非专职抗原提呈细胞

非专职抗原提呈细胞有两个层次的含义。

（一）有核细胞作为 APC 向 CD8 CTL 提呈抗原

有核细胞易于受病毒感染并易于因突变而引发肿瘤。这种情况下新出现的非己成分即病毒抗原和突变蛋白，皆属内源性的胞质溶胶抗原，免疫系统如何识别此类抗原并启动适应性免疫应答，清除受到感染或产生癌变的细胞十分重要。其中 CD8 CTL 的激活和发挥杀伤作用至为关键。下面将要提到，抗原提呈分成内源性抗原和外源性抗原两种不同途径。因所有有核细胞皆表达 MHC Ⅰ类分子，能够对内源性抗原实施加工和提呈，并激活 CD8 CTL。因此，有核细胞都可以作为非专职抗原提呈细胞发挥作用。前面提到，能够激活 CTL 并随后被其特异性杀伤的肿瘤细胞也发挥着非专职抗原提呈细胞的作用。在这个意义上，所有有核细胞都是 APC。这是对非专职抗原提呈细胞的第一层理解。

（二）能够激活 CD4 T 细胞的非专职抗原提呈细胞

除三种专职 APC，在特定条件下，如在细胞因子和病原体激发以及炎症反应持续存在的情况下，只要其他细胞能诱导性地显示专职 APC 具备的两个基本条件，即表达 MHC Ⅱ类分子和共刺激分子，也可行使激活 CD4 T 细胞的功能。这种情况的存在，构成了非专职抗原提呈细胞的第二个层次。例如，血管内皮细胞、皮肤角质形成细胞、胸腺上皮细胞、甲状腺上皮细胞、胰岛 β 细胞、脑小胶质细胞等皆可行使类似专职 APC 的功能。

血管内皮细胞是一个典型的例子。该细胞广泛分布于血管和淋巴组织。在小鼠中，IFN-γ 可诱导此类细胞表达 MHC Ⅱ类分子和共刺激分子；在人类，Ⅱ类分子甚至可呈现组成性表达。因而血管内皮细胞在摄取抗原时，可有效激活黏附于血管内壁的 T 细胞。另外，胸腺上皮细胞也具有组成性表达 MHC 分子的能力，并能向胸腺中 T 细胞提呈抗原肽-MHC 复合体，参与胸腺选择和 T 细胞受体谱的发育。最近还提出，能大量分泌 IL-4 的嗜碱粒细胞能够通过表达 MHC Ⅱ类分子替代 DC 参与提呈抗原，促进 CD4 Th2 细胞的分化（见第三章图 3-16）。

尽管不少类别的细胞均可入选第二层意义上的非专职 APC，但它们往往难以持续表达共刺激分子，因而在 T 细胞介导的免疫应答中作为抗原提呈细胞所发挥的作用，仍十分有限。

第二节　参与抗原提呈的分子及 T-APC 相互作用

抗原提呈细胞对抗原进行加工，使抗原肽与抗原提呈分子结合并递送到细胞表面后，才能够被 T 细胞识别。因而抗原的加工提呈参与了 T 细胞与 APC 的相互作用，这一相互作用涉及各种重要的分子，以及受体与抗原、受体与配体的相互作用。

一、T-APC 相互作用中的免疫分子

（一）抗原提呈分子

1. 经典的 MHC Ⅰ类和Ⅱ类分子　Ⅰ类分子由糖基化的重链（α 链，45 kDa）和非共价结合的 $β_2$ 微球蛋白（$β_2$m，12 kDa）组成。α 链的膜外区肽段折叠形成三个功能区，从 N 端起称为 α1、α2 和 α3；其中 α1 和 α2 区的氨基酸顺序变化较大，共同组成抗原结合槽，并决定着Ⅰ类分子的多态性。$α_3$ 结构域则带有一个与 CD8 分子发生相互作用的部位。$β_2$m 结构与 Ig 恒定区（CH3）有较大同源性，对稳定Ⅰ类分子的构象有一定作用，能促进内质网中新合成的Ⅰ类分子向细胞表面运输，参与 MHC Ⅰ类分子的表达。Ⅱ类分子是由重链（α）和轻链（β）跨膜分子组成的异二聚体，胞外部分各有两个结构域（$α_1$、$α_2$ 和 $β_1$、$β_2$）。由 $α_1$ 和 $β_1$ 共同组成抗原结合槽。其中 $β_2$ 结构域有一个 CD4 的结合部位（图 10-2）。Ⅱ类分子的分布比较局限，主要表达于专职抗原提呈细胞，在某些活化的 T 细胞上也出现Ⅱ类分子。前面提到，一些Ⅱ类分子不表达的

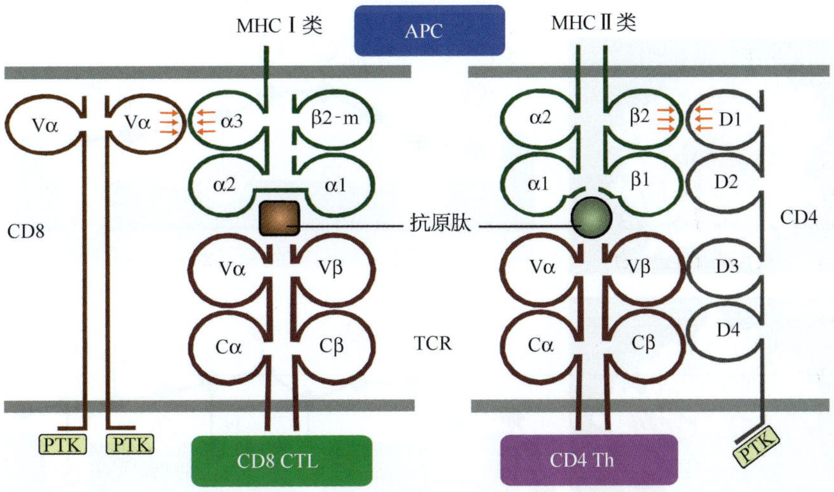

图 10-2 T-APC 相互作用及 T 细胞抗原识别相关的两种基本结构

细胞可诱导性地获得表达，而成为非专职 APC。MHC Ⅰ类和Ⅱ类分子在第五章中有详细描述，此处不予深入。

2. 非经典的 MHC Ⅰ类分子　非经典 MHC Ⅰ类分子(称为 MHC Ⅰb)也具有一定的抗原提呈功能。人体中如 HLA-G、HLA-E 和 MICA 等，进入此类分子抗原结合槽中的抗原肽，主要是一些经典Ⅰ类分子的前导序列。非经典Ⅰ类分子对抗原的提呈，主要活跃于固有免疫，特别是 NK 细胞的激活。和经典的Ⅰ类分子一样，MHC Ⅰb 实施的抗原提呈取内源性抗原加工提呈途径(详下)。

3. CD1 分子　分化抗原 CD1 分子能够提呈脂类抗原，供一些具有特殊表型的 T 细胞亚群识别。在细胞膜上，CD1 也与 β_2m 非共价结合，构成异二聚体。其膜外结构域与 MHC Ⅰ类和Ⅱ类的氨基酸同源性约 30%。提示 CD1 与 MHC Ⅰ类基因起源于同一祖先。但是，把小鼠 CD1d1 分子与Ⅰ类分子 H-2K^{b}的晶体结构进行比较，还是可以看出两者存在重要差别。这一点，将在本章最后一部分介绍。

根据氨基酸同源性，CD1 分子分成两组，组织分布和功能不完全相同。人 CD1a、CD1b 和 CD1c 属于第 1 组，CD1d 属于第 2 组。第 1 组 CD1 高表达于胸腺上皮细胞和各种 APC 表面，如 CD1a 和 CD1c 高表达于朗格汉斯细胞，CD1b 与 CD1c 表达在皮肤、肝、肺和淋巴器官 DC 的表面，而脾脏、血液和扁桃体的 B 细胞中 20%～50%表达 CD1c。GM-CSF 和 IFN-γ 可诱导上述细胞表达 CD1a、CD1b 和 CD1c。在人和小鼠胃肠道上皮、B 细胞及小鼠的造血细胞中存在第 2 组 CD1 分子(人 CD1d，小鼠 CD1d1 和 CD1d2)。

(二) MHC-抗原肽-TCR 三分子复合体

1. 基本结构　由 TCR 分子、抗原肽和 MHC 分子组成的复合物(或三元体)简称 TCR-pMHC，其中 TCR 为受体，pMHC 为配体。TCR-pMHC 是 T 细胞与 APC 相互作用中体现 T 细胞抗原识别特异性最重要的分子结构群(图 10-3)。

经典的 MHC 分子作为抗原提呈成分的结构和特点已如上述。其中的抗原肽，显然已不是游离的完整抗原，而是被 APC 加工后结合有 MHC 分子的抗原片段。这正是下一节将要涉及的抗原加工和提呈。

TCR 是由二硫键连接成的异二聚体。对 α 和 β 链组成的 TCR 分子，各链由 V 区和 C 区组成，共构成四个胞外结构域：Vα、Cα 和 Vβ、Cβ(图 10-2)。

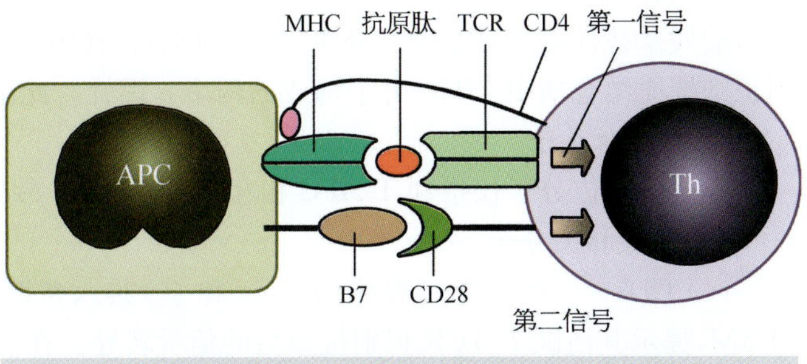

图 10-3 MHC-抗原肽-TCR 复合物示意图

T 与 APC 间的"MHC-抗原肽-TCR"三分子复合体及 B7-CD28 的相互作用为 T 细胞激活提供第一和第二信号

2. 两类 TCR-pMHC 复合体　根据提呈抗原的是Ⅰ类分子还是Ⅱ类分子，TCR-pMHC 分成两类。图 10-2 表明，分别由Ⅰ类分子和Ⅱ类分子提呈的抗原片段不仅结构不同，而且两种提呈分子近膜端结构域所结合的辅佐受体分子也不同，分别为双链 CD8 和单链 CD4 分子，由此造就了不同的抗原提呈格局：Ⅰ类分子提呈内源性抗原供 CD8 CTL 识别；Ⅱ类分子提呈外源性抗原供 CD4 Th 细胞识别。

还有，两类 MHC 分子尽管有着外观上相似的抗原结合槽，但结合抗原肽的格局各异：Ⅰ类分子的结合槽两端封闭，接纳 8～10 肽。Ⅱ类分子的抗原结合槽开放，能容纳 12～18 肽的长链，两端游离(图 10-4)。

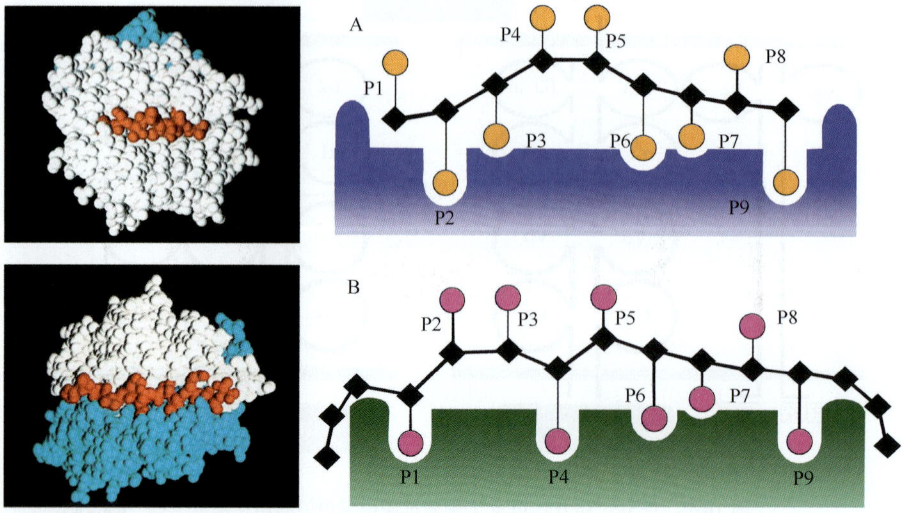

图 10-4 HLA 分子抗原结合槽的立体构型及抗原肽锚着位的分布

A. Ⅰ类分子，抗原结合槽两端封闭，接纳抗原肽长度平均 9 个氨基酸残基；B. Ⅱ类分子，抗原结合槽两端开放，接纳抗原肽长度为 12～18 氨基酸残基。进入Ⅰ类和Ⅱ类分子抗原结合槽的抗原肽，其锚着位(P1～P9 中进入 MHC 分子“小袋”中的位置)的分布不同

3. TCR-pMHC 结构的高度变异性　和下面将要提到的各种辅佐分子不同，TCR-pMHC 中的三个组成成分皆显示高度变异性。第一，抗原的数量极大，进入 MHC 分子抗原结合槽中的抗原肽，不仅可以来自不同的抗原分子，而且可以是同一抗原分子上携带不同表位的肽段，其多样性之大难以估算。

第二，MHC 的变异性来自两个方面：多基因性和多态性。仅以提呈抗原的经典 HLA 分子而言，不仅有Ⅰ类和Ⅱ类之别，Ⅰ类中又分成 HLA-A、HLA-B、HLA-C 不同座位的产物，各自为结构不同的抗原提呈分子。而且，HLA 的多态性极为丰富，有大量的Ⅰ类和Ⅱ类等位基因产物参与抗原的提呈。

第三，TCR 分子的多样性更是以十万至百万计。组成 TCR 的 α 和 β 链，不仅各自结构不同，各链的形成还经历了 V、J 或 V、D、J 众多基因片段的重排和组合(见第二章)。例如，人类 TCR β 链 V 区基因(称为 TCR Vβ 或 TCR BV)共 64 个，分成 26 个家族。

这就是说，在不同时空条件出现的免疫应答中，很难找出两个结构完全相同的 TCR-pMHC 三元体分子。换言之，图 10-3 所给出的只能是一个模式图，代表着一种抽象。强调这一点，有利于讨论抗原肽和 MHC 分子的相互作用以及抗原提呈的意义(详下)，因为抗原肽与 MHC 分子间的相互作用，同时显示着抗原特异性和等位基因产物特异性。

把握这种双重特异性，就容易理解图 10-5 所展示的立体构型。该图表明，体现 TCR α 和 β 链多样性的氨基酸残基序列变异，主要集中在 N 端结构域 Vα 和 Vβ，甚至是 TCR 和 pMHC 直接接触的部位，可形成若干变异性最大亦即氨基酸残基替代最为频繁的互补决定区(CDR)。其中的 CDR3 识别 MHC 抗原结合槽中的抗原肽；CDR1 和 CDR2 分别识别抗原结合槽中 MHC 分子构成的两个 α 螺旋。此谓 T 细胞的双重识别。

(三) 辅佐分子

此处的辅佐分子仅指和 T-APC 相互作用有关，并参与抗原提呈的一些白细胞分化抗原和黏附分子(图 10-6)。

1. TCR 相关分子

(1) CD3　由三个二聚体(γε、δε 和 ζζ)共六条跨膜分子组成。需要强调的是，六条跨膜分子胞内段皆带有 ITAM，提示其活跃于 TCR 识别抗原后的信号转导。在这里，六条 CD3 跨膜分子实际上是和 TCR αβ 异二聚体组成一个复合体(图 10-7)，特征是，两条 ζζ 链以其携带有 6 个 ITAM 的胞内段伸入胞质。因而 TCR-CD3 复合体分工明确：TCR 识别抗原，CD3 分子特别是其中的两条 ζζ 链传递信号。

(2) CD4　系 458 个氨基酸残基组成的单链糖蛋白，胞外区是 4 个 IgV 样功能区，属免疫球蛋白超家族。图 10-2 右侧表明，在 T-APC 相互作用中 CD4 分子发挥辅助受体(coreceptor)的作用。一是借助其远膜端的两个结构域 D1 和 D2 与 MHCⅡ类分子的非多态部分结合以稳定该三元体结构；二是参与信号转导，这是因为，CD4 分子胞内段和 Src 家族的蛋白酪氨酸激酶(PTK)相连，后者在启动 T 细胞抗原识别信号转导中起重要作用。

(3) CD8　人类 CD8 分子由 α、β 两条多肽链组成跨膜糖蛋白，各包括 1 个 IgV 样功能区，分子质量分别为 34 kDa 和 30 kDa。部分 CD8 分子为 α 链组成的同源二聚体。在 T-APC 相互作用中，CD8 分子的功能与 CD4 相似，以

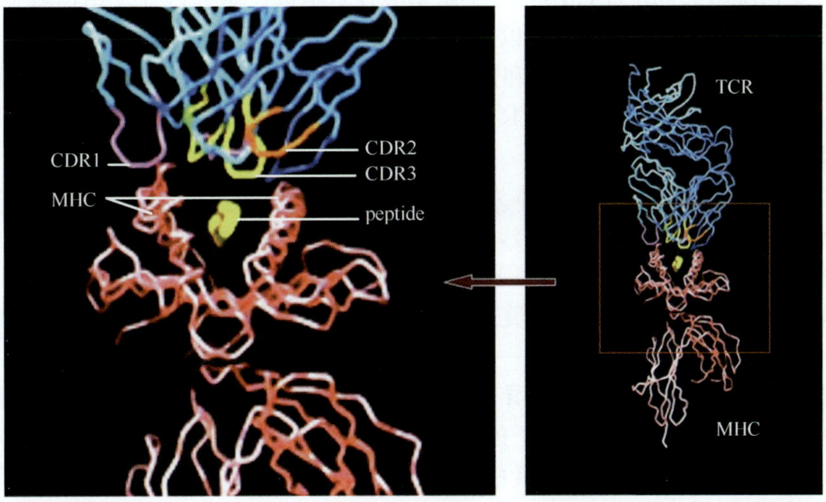

图 10-5 TCR 以其互补决定区识别 pMHC

右侧为完整的 TCR-pMHC 三元体。左侧放大部分可见 TCR 以其 CDR3(黄色)识别位于 MHC 分子抗原结合槽中的抗原肽,以其 CDR1(紫色)和 CDR2(橙色)分别识别 MHC 分子的两个 α 螺旋

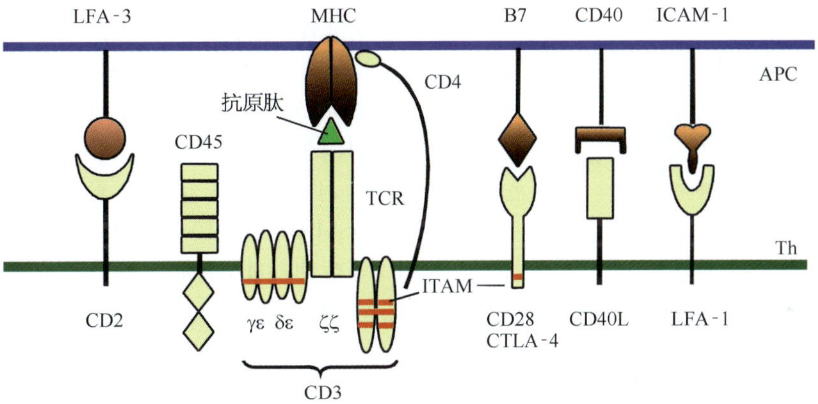

图 10-6 参与 T-APC 相互作用中的各种主要分子

其远膜端结构域 Vα 和 MHC Ⅰ类分子结合。同样,其胞内段带有属于 Src 家族的蛋白酪氨酸激酶(PTK)(图 10-2 左下方),参与信号转导。

2. 其他辅佐分子

(1) CD28　由二硫键连接的同源二聚体,属免疫球蛋白超家族成员,胞外段带一个 IgV 样区,分子质量为 90 kDa。外周血淋巴细胞中 90% 的 CD4 T 细胞和 50%的 CD8 T 细胞表达 CD28 分子。CD28 的天然配体是 B7-1(CD80)和 B7-2(CD86),两者的配接为 T 细胞的活化输送共刺激信号。

(2) CD40L　为 33 kDa 的Ⅱ型跨膜糖蛋白。有多种表达形式,在细胞表面可以形成同源三聚体,也可以形成以全长分子与另两个截短体 p31 和 p18 形成的异源三聚体,在胞质内则以 p18 的同源三聚体存在。CD40L 主要表达于活化的 CD4 T 细胞和部分活化的 CD8 T 细胞。其配体 CD40 分子见于抗原提呈细胞表面。CD40L 与受体 CD40 配接后可双向传递信号,一方面通过 CD40 参与 APC 激活,使其高表达共刺激分子,同时借助 CD40L 作反向信号转导,调节 T 细胞功能。

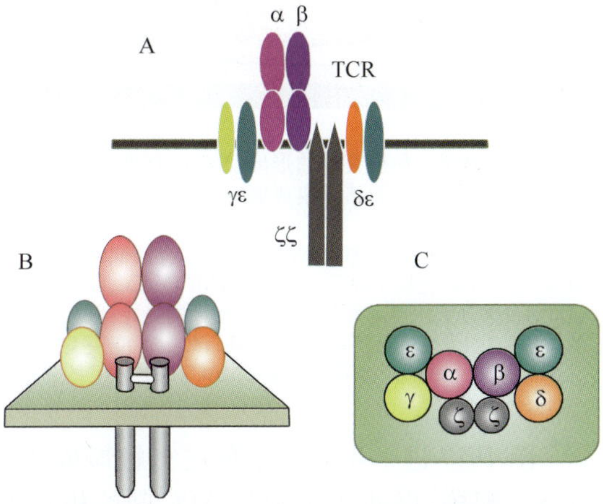

图 10-7 TCR-CD3 复合体的立体构型

A. TCR-CD3 复合体组成;B. 复合体立体构型;C. 复合体极面观

(3) CD45 大分子白细胞共同抗原，由 1 122 个氨基酸残基组成。胞外区 5 个结构域中，除去近膜和远膜端的两个结构域，其余三者在 mRNA 剪接过程中可以部分或全部丢失，形成不同的变构体(isoform)，称为 CD45RA、CD45RB 和 CD45RO，可作为各种功能性、调节性和记忆性 T 细胞的标志。其胞内段由两个串联的具有蛋白酪氨酸磷酸酶(PTP)活性的结构域组成，直接参与启动 TCR 相关的识别信号转导(详见下一章)。因而就 T-APC 的相互作用而言，CD45 是一个重要的辅佐分子。

(4) LFA-1 淋巴细胞功能相关分子，配体为细胞间黏附分子 ICAM-1。LFA-1 参与多种淋巴细胞的归巢过程。在炎症反应中，LFA-1 通过与 ICAM-1 的结合，影响白细胞和内皮细胞的黏附。在 T-APC 的相互作用中，LFA-1/ICAM-1 的配接，参与构成免疫突触(详下)。

(5) CD2 又称 LFA-2，Ig 基因超家族成员。其和配体 LFA-3 结合后，参与 T 细胞的黏附和细胞间的相互作用。

以上辅佐分子发挥作用一般不显示抗原特异性，因而具有多重免疫效应和免疫调节功能。但仅就 T-APC 的相互作用和参与抗原的加工提呈而言，这些分子的主要功能是：① 稳定 TCR-pMHC 三元体结构，拉近 T 细胞和 APC 间的距离，促进其相互作用；② 通过相关蛋白激酶，参与传递抗原识别信号及共刺激信号；③ 参与免疫突触的形成。

二、T-APC 相互作用中的免疫突触

“突触”一词原指神经元之间通过神经递质进行信号交流的一种结构。1994 年 Paul 首先以免疫突触(immunological synapse，IS)描绘 T、B 细胞相互作用时接触面的改变。1999 年 Grakoui 及其同事进一步研究了 T 细胞的活化过程，赋予免疫突触以新的概念。认为 T-APC 之间会形成一个复杂而有序的超分子结构，称为多分子激活聚集体(supra-molecular activation cluster，SMAC)其结构是，中间由包括 TCR-pMHC 的各种信号分子组成，称为中央 SMAC(cSMAC)，四周围绕着整合素家族的黏附分子，称为周边 SMAC(pSMAC)(图 10-8)。表明在 T-APC 相互作用中，TCR-pMHC 等行使功能，不是取单分子或单对分子的形式，而是诸多分子的“集体行动”。

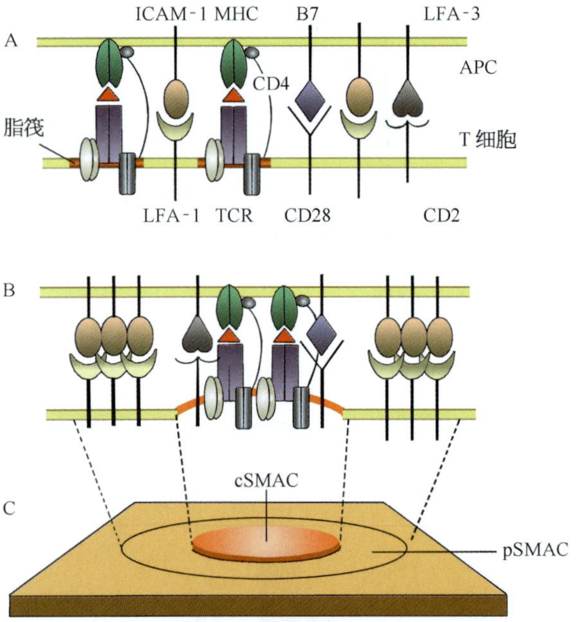

图 10-8 免疫突触的形成使多个 TCR-pMHC 三元体聚集成簇

A. T 细胞和 APC 间的 TCR-pMHC 三元体及其他辅佐分子在胞膜中散在分布；B. 免疫突触形成后 TCR-pMHC-CD3，以及 CD4、CD28、CD2 等受体分子共同聚集于两细胞接触面的特定部位，形成免疫突触，周围为 LFA-1 及其配体 ICAM-1；C. 免疫突触的立体图像，可见多分子激活聚集体 cSMAC 和 pSMAC 的分布

1. 免疫突触的形成和结构 TCR 识别 APC 表面 pMHC 之后，使一些受体及其相连的胞内信号转导分子迅速被动员到T-APC 的接触部位。首先是 TCR 复合体(TCR-CD3)，也包括 CD4(或 CD8)辅助受体、CD28 协同刺激受体，以及与跨膜受体相连的蛋白激酶等，它们从原先浮动于脂膜中的状态进入两细胞接触部分的中间地带成为 cSMAC。而辅佐分子 LFA-1 及其配体 ICAM-1 仍留在周边，发挥促 T-APC 稳定化作用(图 10-8)。其次，胞内段连结有蛋白激酶及信号分子的跨膜受体(如 TCR 复合体及 CD4 辅助受体)，其所在细胞膜部分的脂类成分与其他胞膜部分不同，形成一种称为脂筏(lipid raft)或富含糖脂微结构域(glycolipid-enriched microdomain)的层次，有利于信号的转导。图 10-8B，C 以橙色的胞膜表示该脂筏的位置。从中可见，免疫突触有点像胞膜上凸起的“牛眼”或“山丘”样结构，在“山丘”上种植的“林木”，是组成 cSMAC 的 TCR-pMHC 及其周边的一些跨膜分子。

图 10-9 进一步展示了免疫突触形成所包括的三个阶段。第一阶段：LFA-1 及 CD2 分别与配体 ICAM-1 及 LFA-3 配接，启动 T 细胞与 APC 间的相互作用。LFA-1 在 T 细胞表面聚集成一个广泛的中央区，以此为支点，T 细胞膜在其周围环绕形成环状结构。此时 TCR-pMHC 复合物与上述环状结构位于外周。随着 TCR 被触发及胞质 Ca^{2+} 浓度的升高，肌动蛋白等细胞骨架开始聚合形成树突状网络。这一聚合作用以及 TCR-pMHC 复合物相互结合，扩展了 T 细胞与 APC 间紧密接触的面积。第二阶段：发生在 T 细胞与 APC 接触约 5 min 后，TCR-pMHC 复合物向接触面的中心移动，形成中央束，而 LFA-1-ICAM-1 则重新分布，在外周形成另一环状结构。第

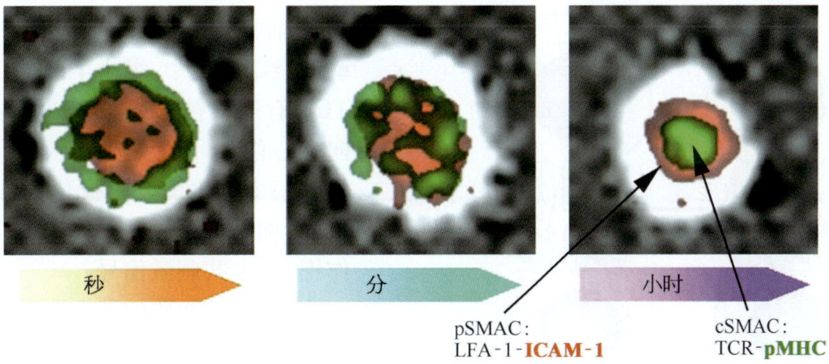

图 10-9 T细胞识别抗原后两类分子在膜表面分布的动态格局

通过对 ICAM-1 分子红染和对 pMHC 分子绿染,观察两类分子分布的荧光图像。可见 TCR-pMHC(绿色)从周边移向中央,而 LFA-1-ICAM-1(红色)向外迁移,最后分布到聚集体外围,构成 pSMAC

三阶段:中央束稳定化。在细胞松弛素 D(cytochalasin D)的作用下,中央束不再移动。这种成熟型免疫突触可持续 1 h 以上。

2. *免疫突触形成中的信号转导及细胞骨架的定向* 以 TCR-pMHC 为主的多种跨膜分子的聚集,依赖于 T 细胞胞膜脂双层结构的有序移动。上面提到,起关键作用的是细胞骨架(cytoskeleton)。细胞骨架由微管、微丝和中间丝组成,是一类高度动态化,可随生理条件改变而不断进行组装和去组装的结构,并受到细胞内外各种因素的调控。由肌动蛋白(actin)组成的微丝(microfilamint),以及调控肌动蛋白与微丝结合的肌球蛋白(myosin),积极参与免疫突触的形成。图 10-10 表明,TCR 识别 MHC 提呈的抗原肽后,借助蛋白酪氨酸激酶 Fyn 和 Lck 等激活另一家族的酪氨酸激酶 ZAP-70,后者通过平台蛋白 LAT 招募 SLP-76 和 NCK 等一系列衔接蛋白,使鸟苷酸置换因子 Vav 磷酸化,首先激活肌动蛋白多聚化调节分子 RhoA(相关信号转导见下一章)。同时 LFA-1 分子胞内段可结合一种称为 Talin 的分子,共同参与肌动蛋白构型的变更。另外,微管组织中心(MTOS)对微管装配的调节,也可改变胞内的细胞网状支架。几方面因素结合,使得 T 细胞表面不同的跨膜分子在免疫突触中,分别被安排在中心部位和外侧,形成 cMASC 和 pSMAC。

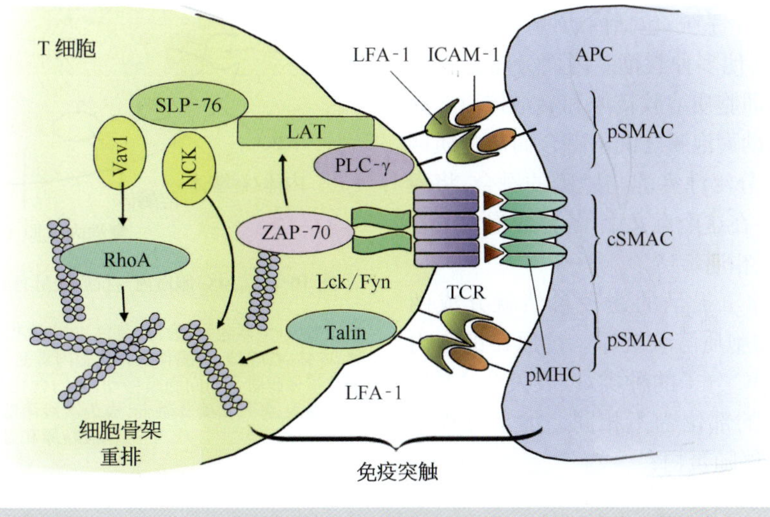

图 10-10 TCR-pMHC 信号转导通过 T 细胞骨架蛋白重排诱导免疫突触形成

TCR 识别 APC 提交的 pMHC 后启动信号转导,借助 Src 家族成员 Lck 和 Fyn 激活酪氨酸蛋白激酶 ZAP-70,后者通过平台蛋白 LAT 募集 SLP-76 和 NCK 等衔接蛋白,使鸟苷酸置换因子 Vav1 磷酸化,引起肌动蛋白多聚化调节分子 RhoA 活化及细胞骨架发生构型改变,形成中央和周边多分子激活聚集体(SMAC),构成 APC-T 细胞间的免疫突触结构

3. *免疫突触形成的意义* 首先,多个 TCR-pMHC 三元体的聚集使得单一受体(TCR)和单一配体(pMHC)间的亲和力有机会转变成一种功能亲和力(functional avidity)(图 10-11)。功能亲和力为相应信号转导提供足够强的动力,促进 T 细胞在抗原识别后行使其生物学功能,包括增殖、细胞因子分泌和对靶细胞的杀伤。涉及的机制包括:

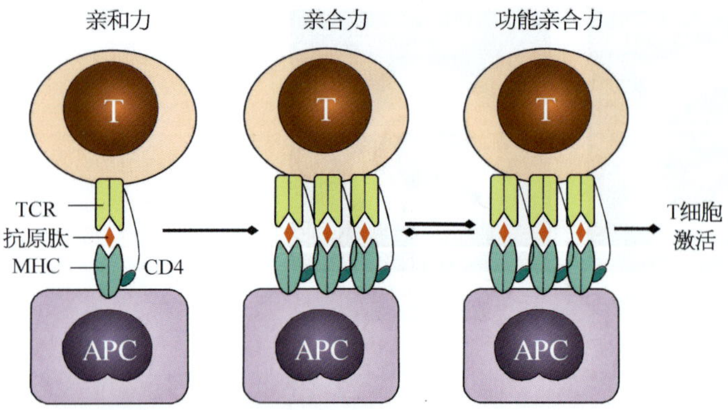

图 10-11 免疫突触使多个 TCR-pMHC 分子间形成功能亲和力引起 T 细胞激活

①稳定的超分子结构使多个 TCR 分子成簇，共同传递 T 细胞活化信号，使 T 细胞完全活化；②在免疫突触的微结构域中，缩小了 T-APC 相互作用的空间，使 TCR 有连续被触发的机会；③MHC-pMHC 复合物向中心移动，可使之浓缩 100 倍左右；④免疫突触提供了一个生化反应的极化界面和分子间相互作用的平台，增强了 T 细胞的抗原识别和 B7-CD28 的相互作用，产生共刺激信号。

其次，三元体的聚合同时使得与之相连的胞内蛋白酪氨酸激酶(PTK)及其他信号分子发生多聚化，有利于 T 细胞抗原识别信号的胞内转导(详见下一章)。因为信号分子一旦聚合成簇，其中的 Src 家族蛋白酪氨酸激酶即有机会发生相互磷酸化，迅速启动 T 细胞活化信号的转导。

第三节 蛋白质抗原加工提呈的两条主要途径

T 细胞能识别 APC 表面由 MHC 分子提呈的抗原肽，依赖于 APC 对蛋白质抗原进行处理和加工，并将抗原肽展示于细胞表面供 TCR 识别，称为抗原提呈。

抗原加工与提呈，分为针对外源性抗原和针对内源性抗原两条途径。需要说明的是，内源性抗原并非自身抗原的同义词，外源性抗原也不等于非己抗原。内源性和外源性抗原的区分是根据它们在进入加工途径前所处的位置，即以位于细胞内还是细胞外来确定。任何抗原，无论是自身的，还是非己的，在胞质内加工都属内源性抗原，因而也称为胞质溶胶抗原；而进入内体和溶酶体囊泡加工的，都属外源性抗原，也称为囊泡抗原(vesicular antigen)。

图 10-12 表明，就抗原提呈而言，涉及两种类型的细胞组分：胞质溶胶(cytosol)和囊泡(vesicle)，之间以膜相隔。囊泡实际上是一个系统，包括内质网、高尔基体、内体、吞噬体、溶酶体和其他多种囊泡。因而分布在这些结构中的抗原也有两类，即胞质溶胶抗原和囊泡抗原。此图还表明，囊泡抗原可借助囊泡膜之间的融合而从内质网移向高尔基体，然后借助分泌性囊泡与胞膜的融合，将囊泡抗原展示于细胞表面。在这个意义上，各种囊泡内含物(甚至胞外成分)可以彼此相通。

如此，蛋白质抗原加工提呈的途径自然就分成两条，各自涉及囊泡抗原和胞质溶胶抗原。抗原在细胞内加工的部位、所结合 MHC 分子的种类，以及发生 MHC 分子接纳抗原肽(荷肽)的部位皆不相同。加工过程中还涉及不相同的酶类和伴随蛋白。

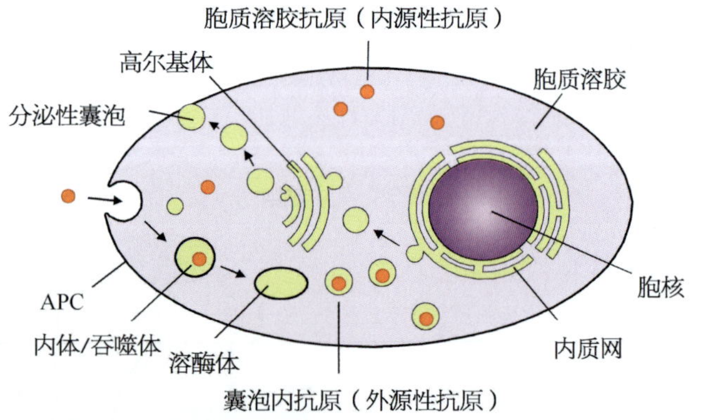

图 10-12 APC 胞质内与抗原提呈有关的两类成分——胞质溶胶和囊泡

胞质溶胶(淡紫色)与囊泡(黄色)间以膜相隔。囊泡系统包括：内质网、高尔基体、内体、吞噬体、溶酶体及其他胞内囊泡。分泌性囊泡自内质网膨出，通过与高尔基体膜融合而向胞膜移动，将内含物释出胞外。胞外物质则由内体或吞噬体摄入，并与溶酶体融合，成为次级溶酶体。因而 APC 提呈的抗原分为胞质溶胶抗原和囊泡内抗原

一、蛋白质抗原加工提呈的 MHCⅡ类分子途径

外源性蛋白质抗原指从胞外进入 APC 的抗原成分，主要包括病原体、病原体产生的毒素和其他非己蛋白。病原体包括细菌、真菌、原虫和肠道寄生虫等，非己蛋白包括细菌外毒素，各种用于免疫治疗的类毒素等。加工和提呈外源性蛋白质抗原的机制涉及 MHCⅡ类分子途径，又称内体溶酶体途径，分为几个阶段(图 10-13)。

1. 外源性抗原的降解　外源性抗原被 APC 摄取后，质膜将抗原包围，在胞质中形成囊泡，对可溶性抗原称为内体(endosome)，对颗粒性抗原称为吞噬体(phagosome)。初形成的内体和吞噬体向胞质深部移动，移动过程中囊泡内环境逐渐酸化(pH 下降)，最终与溶酶体融合成为吞噬溶酶体或次级溶酶体。此时囊泡的酸性环境为各种酶类提供了

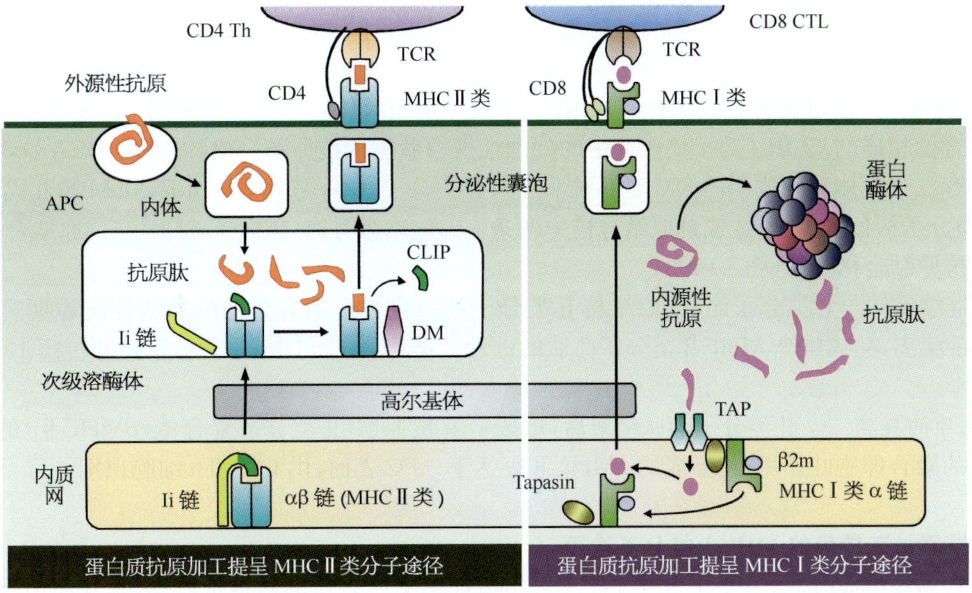

图 10-13 蛋白质抗原加工提呈的两条主要途径

TAP：抗原加工相关转运蛋白；Ii：Ia相关恒宽链；Ts：Tapasin；CLIP：Ⅱ类分子结合的链肽段

适宜的作用条件，如蛋白酶、核酸酶、糖苷酶、脂酶和磷酸酶等，总数多达四十余种。其中在外源性抗原加工中起关键作用的是组织蛋白酶(cathepsin，Cath)如Cath L和Cath S。在这些酶的作用下，外源性抗原被溶酶体蛋白酶降解成肽段，其中一些长度为12～18个氨基酸残基的肽段，可与MHCⅡ类分子结合，并提呈给CD4 T细胞识别。

从功能上说，内体和溶酶体只是抗原加工区室中的一种。抗原加工区室含有丰富的MHCⅡ类分子、HLA-DM分子和外源性抗原及抗原肽。在人体Mφ和B细胞内，又称为MHC Ⅱ类区室(MHC class Ⅱ compartment，MIIC)；在小鼠B细胞中，称为MHCⅡ类分子携带囊泡(MHC class Ⅱ-containing vesicles，CⅡV)。

2. Ⅱ类分子从内质网向内体转运　在内质网腔中，新合成的MHCⅡ类分子的α链和β链经过部分糖基化后，配对折叠形成二聚体，并通过α链和β链中疏水的跨膜段插入内质网膜(图10-13左下)。在这个过程中需要两种非多态性蛋白的参与，称为钙联蛋白(calnexin)和Ia相关恒定链(Ia-associated invariant chain)即Ii链。钙联蛋白(图中未画出)的主要作用是保证α链和β链在装配成MHCⅡ类分子的过程中发生正确的折叠。

Ii链分子(CD74)由四个性质不同的序列组成，与MHCⅡ类分子的抗原提呈功能相关。第一个序列位于第81～104位，可以以不同的亲和力与所有的Ⅱ类分子结合，称为Ⅱ类相关恒定链(class Ⅱ-associated invariant chain，CLIP)(图10-14)；第二个序列位于胞质区的N端，与Ii链引导Ⅱ类分子进入内体相关；第三个序列位于第153～183位，Ii分子通过这一序列形成三聚体；第四个序列由Ii基因的第6个外显子编码，位于第193～256位，能抑制Cath L的功能，促进内体中外源性抗原肽的产生。基于以上的结构基础，当Ⅱ类分子的α链和β链在内质网中装配成Ⅱ类分子后，Ii链通过CLIP与Ⅱ类分子结合，从而阻止了Ⅱ类分子与进入内质网中的其他肽段结合。CLIP之所以能与几乎所有Ⅱ类分子的抗原结合槽结合，是因为其锚着残基的组成是甲硫氨酸和丙氨酸。甲硫氨酸能自由伸曲，而丙氨酸可以使CLIP与Ⅱ类分子抗原结合槽的不良接触减至最低程度。CLIP的这一特点使它既能与特异性各不相同的Ⅱ类分子结合，又能与Ⅱ类分子保持一定程度的亲和力。

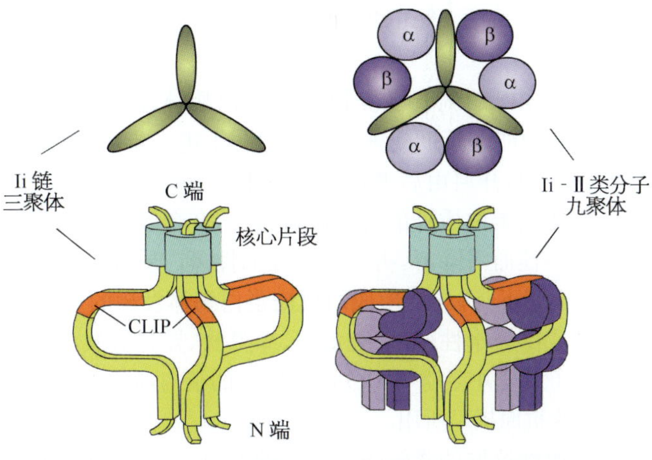

图 10-14 Ii链和MHC Ⅱ类分子的抗原结合槽相结合形成九聚体分子

内质网中Ii链以三聚体形式存在。三聚体中的每一个Ii链分别通过CLIP与一个Ⅱ类分子αβ二聚体结合，形成一个九聚体(Ii3-α3-β3)构型(图10-14)。九聚体在Ii链N端序列的引导下，离开内质网，经高尔基体进入内体。Ii链作为主要的分子伴侣(molecular chaperone)发挥两个作用，即阻止Ⅱ类分子与内质网中内源性抗原肽的结合，和引导Ⅱ类分子进入内体，为Ⅱ类分子在内体中与外源性抗原结合提供保证。

3. Ⅱ类分子荷肽　Ii-Ⅱ类分子九聚体进入内体，在酸性蛋白酶如Cath S的作用下，Ii链逐步降解，最后仅剩与Ⅱ类分子抗原结合槽相连的CLIP。为了使内体中的外源性抗原肽进入抗原结合槽，需借助HLA-DM分子使CLIP与Ⅱ类分子解离。存在于内体溶酶体中的DM是一种非经典Ⅱ类分子，由α链和β链组成。DM与Ⅱ类分子先发生物理性结合，引起Ⅱ类分子构象的改变，造成抗原结合槽中两条α螺旋略微分离，破坏了CLIP与抗原结合槽形成的非共价键，CLIP因而与抗原结合槽分开(图10-13)。

DM分子则继续保持与Ⅱ类分子结合，以维持Ⅱ类分子的稳定性。当有合适的外源性抗原肽进入抗原结合槽，DM再与Ⅱ类分子解离，完成整个MHCⅡ类分子荷肽的进程。据称，一个DM分子每分钟可转换10～12个DRⅡ类分子。

4. 外源性抗原的提呈　Ⅱ类分子荷肽结束后，形成带有抗原肽-Ⅱ类分子复合体(pMHCⅡ)的分泌性囊泡，借助囊泡与细胞膜的融合即胞吐作用，使形成的pMHCⅡ表达于APC表面，供CD4 Th细胞识别。

二、蛋白质抗原加工提呈的MHCⅠ类分子途径

内源性抗原指胞质溶胶抗原，主要在APC内产生，如病毒感染后表达的病毒抗原、因恶变而出现的肿瘤抗原，以及某些自身抗原。另外，有些进入溶酶体的胞外抗原一旦越过溶酶体膜进入胞质溶胶(详见交叉提呈部分)，可转化为内源性抗原。而且，内质网中一些未发生折叠的蛋白质往往也在胞质溶胶中实施降解，形成一种内质网相关降解(ER-associated degradation)的格局。

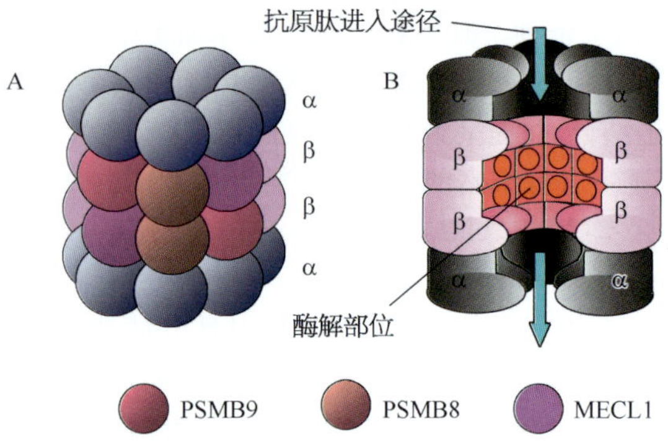

图10-15　免疫蛋白酶体结构

A. 圆筒状的蛋白酶体由四个圆环相叠而成，每个圆环包括7个亚单位。内圈两个β圆环因各自包含PSMB9、PSMB8和MECL1而成为免疫蛋白酶体。B. 免疫蛋白酶体纵切面，可见其酶解部位主要集中在两个β圆环的内侧。PSMB(β型蛋白酶体亚单位)编码基因位于MHC Ⅱ类基因区，但MECL1基因座位在MHC外

与外源性抗原不同，内源性抗原以MHC Ⅰ类分子途径或胞质溶胶途径完成抗原的加工提呈，也包括几个阶段(图10-13右侧)。

1. 内源性抗原肽的加工　胞质溶胶途径对抗原的加工主要通过免疫蛋白酶体(immuno-proteasome)，一种存在于胞质溶胶中的大分子蛋白质水解酶复合体。动物细胞中蛋白酶体由20S的蛋白体和19S调节复合物组成。20S蛋白体的结构像一个中空的圆柱体，包括四个各含七个亚单位的圆环(图10-15)。圆柱体中央贯穿着一个直径为1～2 nm的孔道，两端的两个圆环由α单位组成，中部的两个圆环由β单位组成。两个β环各有三个催化亚单位β1、β2和β5，在IFN-γ诱导下，这三个亚单位可被三个同源亚单位即PSMB9(旧称LMP2)、PSMB8(旧称LMP7)和MECL1所取代，而成为免疫蛋白酶体。PSMB是β型蛋白酶体亚单位(proteasome subunit, beta type)的缩写，编码基因位于MHCⅡ类基因区(见第五章)。换言之，一般的蛋白酶体普遍存在，而免疫蛋白酶体只出现在IFN-γ激发过的细胞。

两个19S的调节复合物又称蛋白酶体激活分子，像两顶帽子盖在蛋白酶体两端，共同组成28S蛋白酶体(图10-16B)，功能是帮助泛素化的蛋白分子进入蛋白酶体的中央孔道。因为调节复合物可与蛋白酶体两侧端部的α亚单位相互作用，开启由后者在蛋白酶体两端形成的封口，让肽段进入和逸出。

人体内蛋白质链的合成以每秒6～8个氨基酸残基加入的高速率进行，易于出错。估计约20%新合成的蛋白质会因折叠不佳而需降解，再加上对陈旧性蛋白质分子的处理，这些都成为组成性构建的蛋白酶体所担负的主要功能。在IFN-γ作用下，诱导性形成的免疫蛋白酶体发挥的作用另有特点，即可改变酶解的特异性，使得被降解的肽段在C端被加工成由疏水性残基(亮氨酸、缬氨酸、异亮氨酸和甲硫氨酸)和碱性残基(赖氨酸和精氨酸)所组成，有利于与MHCⅠ类分子结合并穿越TAP分子(详下)的结构，进入抗原加工的胞质溶胶途径。这里，蛋白酶体的基本细胞学功能已被修饰和改造为抗原提呈所用。

内源性抗原的降解还需泛素的参与。泛素(ubiquitin, Ub)是76个氨基酸残基组成的小分子多肽，可以以共价结合的方式与蛋白质的赖氨酸残基相连。蛋白质一旦接有泛素即发生泛素化(ubiquitinylation)。在ATP的作用下，泛素分子被三种酶依序催化，形成蛋白质与一条泛素聚合链相结合的复合结构，得以进入蛋白酶体，然后降解为肽段(图

10-16A)。此为生物大分子在胞质中降解的泛素-蛋白酶体途径(ubiquitin-proteosome pathway)。泛素化是一个具有普遍意义的生物学现象。例如,本书第一章提到 NF-κB 激活中抑制成分 IκB 的降解,以及免疫调节一章中将提到细胞因子信号转导抑制蛋白(SOCS)对底物的作用,皆涉及这一泛素-蛋白酶体途径。

蛋白质泛素化系统由四个组分构成。一是泛素激活酶 E1,它可利用水解 ATP 释放的能量以其胱氨酸残基上的巯基与泛素 C 端的甘氨酸残基形成高能硫酯键。连接在 E1 上的泛素然后被转移到另一个泛素结合蛋白 E2 上。与此同时,被选中的靶蛋白与第三个组分即靶蛋白泛素连接酶 E3 结合,然后 E2 将与其连接的泛素分子转移到靶蛋白上,并与靶蛋白赖氨酸残基上的氨基形成异肽键(isopeptide bond)。单个连接的泛素分子尚不足以引起底物降解,活细胞中有一系列的泛素残基可加到前一个泛素赖氨酸残基上,形成泛素聚合链(polyUb)(图 10-16A)。

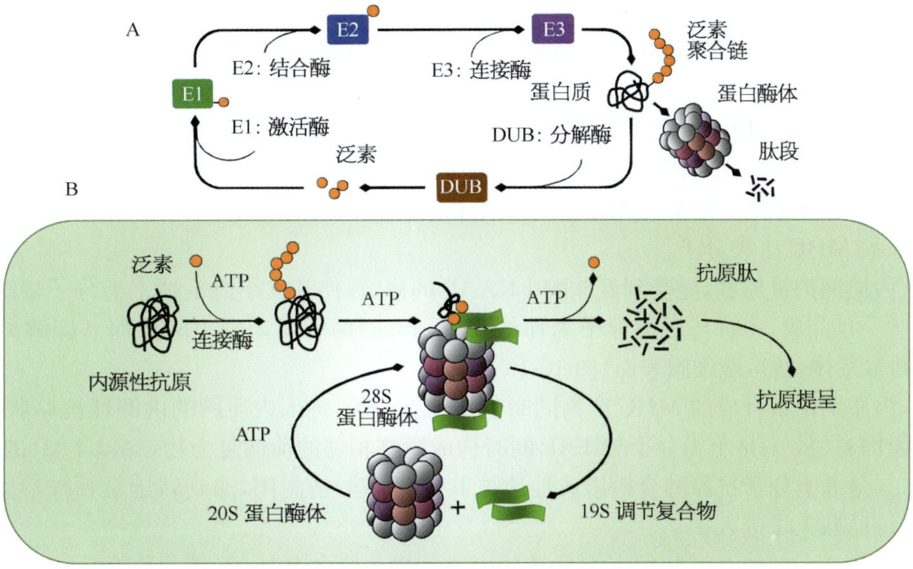

图 10-16　内源性抗原在胞质中通过泛素-蛋白酶体途径降解

A. 泛素-蛋白酶体降解途径;B. 发生泛素化的抗原分子通过调节复合物进入 28S 蛋白酶体后降解成抗原肽。19S 的调节复合物像两顶帽子覆盖在蛋白酶体两端,可结合泛素分子和非折叠的肽链,促使其进入蛋白酶体的酶解孔道

连接到降解蛋白质底物上的泛素聚合链为蛋白酶体调节复合物 PA28 提供识别信号。这指的是,如果第一个泛素分子其 48 位的赖氨酸与下一个泛素分子的 C 端相接,即形成一种称为赖氨酸 48 型泛素链(lysin-48 type of ubiquitin chain)(见第十四章),可专一性地被 PA28 调节复合物识别,蛋白质即靶向性地进入蛋白酶体而被降解。如果在 E3 连接酶作用下产生另一种称为赖氨酸 63 型泛素链,则相应的蛋白质并不发生降解。胞质溶胶中哪种蛋白质被选择性地进行泛素化降解,取决于 E2 和 E3 的特性。

蛋白酶体对内源性抗原肽的降解,涉及两个作用环路。一是泛素与蛋白质底物结合,然后在分解酶 DUB 的作用下重新游离(图 10-16A);二是结合有调节复合物(PA28)的 28S 免疫蛋白酶体,对泛素化抗原肽实施降解后,再回复到 19S 调节复合物及 20S 蛋白酶体,构成第二个环路(图 10-16B)。两者共同作用的结果是,泛素化的内源性抗原进入免疫蛋白酶体的孔道后,在蛋白水解酶的作用下,降解成其 C 端结构有利于Ⅰ类分子提呈的短肽,长度为 5~15 个氨基酸残基。

2. 内源性抗原肽的转运　经蛋白酶体降解产生的内源性抗原肽必须进入内质网才能与Ⅰ类分子结合,这一转运过程依赖抗原加工相关转运蛋白(transporter associated with antigen processing, TAP)。这是一种位于内质网(ER)膜上由两个亚单位 TAP1 和 TAP2 组成的异二聚体跨膜蛋白,属 ABC 蛋白家族(ABC: ATP-binding cassette)。编码基因位于 HLA Ⅱ类基因区中 LMP 编码基因的近旁。每个亚单位反复穿越 ER 膜 6 次。TAP1 和 TAP2 两个穿膜段在 ER 膜上围成一个孔道,内源性抗原肽首先与胞质溶胶一侧 TAP 结合,在 ATP 作用下,孔道的胞质一侧开放,内源性抗原肽穿越孔道进入内质网腔。因为 TAP1 和 TAP2 胞质溶胶一侧近 C 端各有一个 ATP 结合部位,它能催化 ATP 的降解,为 TAP 转运内源性抗原肽提供能量(图 10-17)。

TAP 通常仅选择性转运 8~12 肽,这种长度正是 MHC Ⅰ类分子抗原结合槽所能容纳的最适长度。TAP 对这些肽段末端残基的性质也有一定的要求,即优势选择 C 端为碱性或疏水性残基的肽段,而这些残基也是与Ⅰ类分子结合

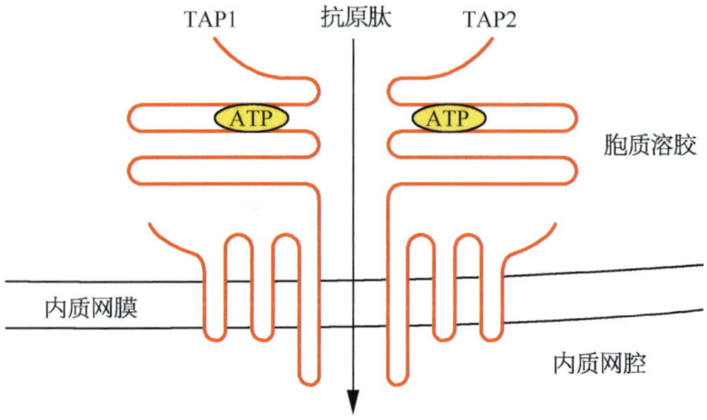

图 10-17 抗原加工相关转运蛋白的结构和抗原肽进入内质网腔

肽的锚着残基，这正是上面所提及免疫蛋白酶体解离后的抗原肽所具有的特征。由此可见，TAP 特别适合于转运能与Ⅰ类分子结合并由蛋白酶体所分解的抗原肽。在大鼠和人类的某些肿瘤细胞株中发现，TAP2 表达缺陷与肿瘤细胞表面 MHC Ⅰ类分子表达减少有关。由此造成肿瘤抗原提呈功能的缺陷，可能是肿瘤逃逸免疫监视的原因之一。

3. *MHC Ⅰ类分子荷肽*　Ⅰ类分子在内质网中的合成和装配，依赖内质网中一个被称为荷肽复合体的结构，其成分包括新合成的Ⅰ类分子二聚体（α 链 +β_2m）、TAP、Tapasin（TAP 相关蛋白）、钙联素（calnexin）和钙网蛋白（calreticulin），以及一种称为 Erp57 的硫醇氧化还原酶。其中，钙联素是一种伴随蛋白，属于内质网内的跨膜蛋白，具有结合 N 端连接的单糖苷聚糖的功能。而在人类细胞中，它能与 MHC Ⅰ类分子的 α 链结合，维持其稳定性。钙网蛋白属高度保守的钙离子结合蛋白，是内质网中的驻留蛋白。它也具有结合 N 端连接的单糖苷聚糖的功能。与钙联素不同的是，钙网蛋白与 MHC Ⅰ类分子异二聚体（MHC-β_2m）发生相互作用。而同时与 TAP 及Ⅰ类分子结合的 Tapasin，参与稳定尚无抗原肽进入的 MHC Ⅰ类分子。

通过 TAP 进入内质网的抗原肽，先受到氨肽酶 ERAAP 的修剪，使其大小适于被Ⅰ类分子接纳，然后进入该分子的抗原结合槽。荷肽一旦完成，一直与Ⅰ类分子为伴的 Tapasin，因两者间亲和力降低而立即解离，荷肽的Ⅰ类分子（pMHCⅠ）即经由高尔基体，转运至细胞表面（图 10-13 右）。

值得注意的是，内质网中新合成的 MHC 产物同时包括Ⅱ类分子，进入内质网的内源性抗原肽为何只结合Ⅰ类而不结合Ⅱ类分子？原因有二：一是Ⅰ类分子与 TAP 同时构成紧密相邻的荷肽复合物，穿越 TAP 的抗原肽首先遇到的是近旁的Ⅰ类分子；二是Ⅱ类分子抗原结合槽组成性地被 Ii 链（CD74）所封闭，非到转运至吞噬溶酶体，此封闭不会解开，因而内质网中的抗原肽无缘进入。

4. *内源性抗原的提呈*　结合了肽的Ⅰ类分子从内质网进入高尔基体，经糖化修饰后，通过分泌性囊泡被转运到细胞表面，供 CD8 CTL 细胞识别。

作为小结，表 10-3 比较了两种抗原加工提呈途径的特点。

表 10-3 蛋白质抗原加工提呈两种主要途径的比较

	MHCⅡ类分子途径	MHCⅠ类分子途径
提呈分子	MHCⅡ类	MHCⅠ类
抗原来源（举例）	内体和溶酶体蛋白 （大部分为外源性，如细菌）	胞质溶胶蛋白质 （大部分为内源性如病毒）
抗原酶解细胞器	内体、溶酶体	蛋白酶体
结合 MHC 分子的部位	特化囊泡如 MIIC/MIIV*	内质网腔
主要伴随蛋白	Ii 链	Tapasin、钙联素、钙网蛋白
抗原提呈细胞	专职 APC	所有有核细胞
激活的 T 亚群	CD4 Th	CD8 CTL

* MIIC：MHC Ⅱ类分子区室；MIIV：MHC Ⅱ类分子携带囊泡

三、抗原加工提呈的非典型途径

MHCⅠ类分子提呈内源性胞质溶胶抗原，MHCⅡ类分子提呈外源性囊泡抗原，称为抗原加工提呈的主要途径或典型途径。非典型途径的存在，使一种抗原可通过多种途径被加工提呈，扩大了免疫应答的范围。除了下面将专门论述的交叉提呈以外，一般非典型途径，仅出现在一些病理性条件下，在免疫耐受、抗胞内菌感染和抗肿瘤免疫中发挥作用。参与非经典途径的 APC 主要是 DC 和 Mφ（图 10-18）。

1. *Ⅰ类分子提呈外源性囊泡抗原*　涉及的机制包括，外源性抗原或抗原肽从溶酶体逸出进入胞质溶胶，启动Ⅰ类分子加工提呈途径。例如，李斯特单胞菌（*Listerio monocytogenes*）的某些致病菌株可分泌一种称为李斯特菌溶素（Listeriolysin）的成分，能够损伤溶酶体膜使细菌从囊泡进入胞质溶胶。于是这些被吞噬的外源性抗原，即以胞质溶胶抗原的形式被Ⅰ类分子提呈。另外，已找到一些专一性改变内体/溶酶体通透性的药物，可人为地诱导外源性抗原进入胞质溶胶，实施对抗原提呈的人为干预。

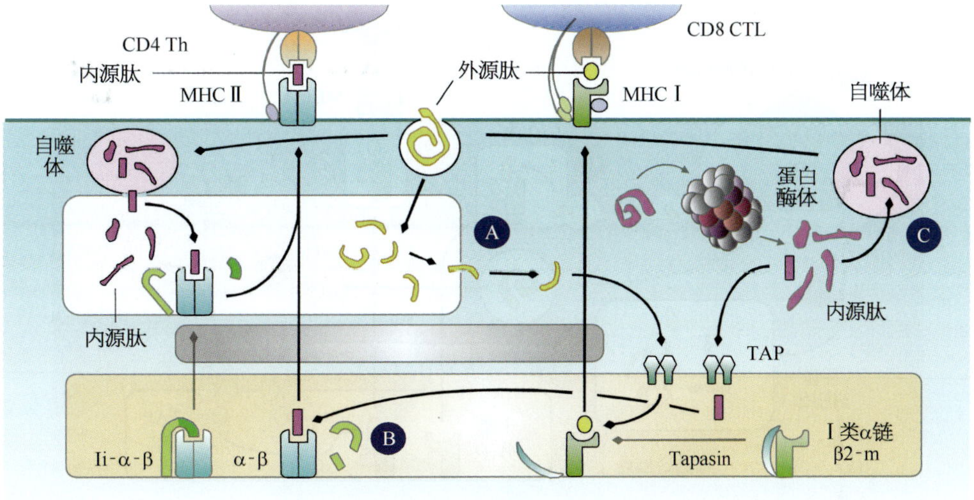

图 10-18　蛋白质抗原加工提呈的非经典途径

A. Ⅰ类分子提呈外源性抗原。进入吞噬溶酶体的外源性抗原被酶解后，越过溶酶体膜进入胞质溶胶，在内质网腔中与Ⅰ类分子结合，提呈给 CD8 CTL。B. Ⅱ类分子提呈内源性抗原。按常规途径进入内质网的内源性抗原肽因 Ii 分子异常不能覆盖Ⅱ类分子抗原结合槽而被Ⅱ类分子提呈给 CD4 Th。C. Ⅱ类分子提呈内源性抗原(抗原自噬)。胞质溶胶抗原进入胞质内特化囊泡(自噬体)并与吞噬溶酶体融合，向 CD4 Th 提呈内源性抗原肽

2. Ⅱ类分子提呈内源性胞质溶胶抗原

(1) 自噬体与抗原提呈　在应激情况下，胞质内出现对胞膜和胞质溶胶成分的自噬现象，产生包含胞内蛋白质抗原的自噬体(autophagosome)。自噬体与内体/溶酶体融合，可使内源性蛋白进入内体，启动外源性抗原加工提呈途径。例如，细胞受病毒感染后，形成的病毒抗原甚至病毒颗粒，除了作为内源性抗原经由Ⅰ类分子提呈激活 CD8 CTL 之外，如果在胞质中形成自噬体，也可以交由Ⅱ类分子提呈，进而激活病毒特异性 CD4 Th 细胞。

(2) Ⅱ类分子在内质网中与胞质溶胶抗原肽结合　内质网中的 Ii 链如果发生突变或因其他原因不能与Ⅱ类分子结合，或与Ⅱ类分子结合的亲和力降低不能覆盖其抗原结合槽，则通过 TAP 进入内质网的内源性抗原肽有可能直接被Ⅱ类分子接纳。有人报道，HLA Ⅱ类分子 DQA1*0501-DQB1*0301 因与 Ii 的亲和力降低而在内质网中早早地“开放”其抗原结合槽，形成与胞质溶胶自身抗原肽结合的异常格局，结果导致自身免疫病。

3. DC 对抗原的交叉提呈　参与内源性抗原提呈途径的 APC，属于普遍表达Ⅰ类分子的有核细胞，包括受到病毒感染的细胞和发生癌变的肿瘤细胞，而且，由此而激活的 CD8 CTL 细胞，可反过来杀伤相应的抗原提呈细胞。因而，就抗病毒和抗肿瘤而言，参与激活 CTL 的非专职 APC，往往等同于 CTL 最终杀伤的靶细胞。

若然，必然得出这样一个结论：所有专职抗原提呈细胞，除非受到病毒感染或发生癌变并准备好成为靶细胞的候选者，无法参与提呈内源性抗原，即不具有激活 CD8 CTL 的能力。显然，这与事实不符。三种专职 APC，特别是其中的 DC，恰恰极少受到病毒的侵袭和发生恶性转化(如 HIV 一般不感染 DC)，但 DC 在提呈外源性抗原诱导 CD4 Th 细胞的同时，也可以有效地激发 CD8 CTL，发挥抗病毒和抗肿瘤作用。

现知，其中发挥作用的是一种树突状细胞相关的非典型抗原提呈机制，称之为抗原的交叉提呈或交叉致敏。有一种 DC 亚群，小鼠中表达 CD8α 链，人体表达血液树突状细胞抗原 3(blood dendritic cell antigen，BDCA)。此亚群可以完整地捕摄病毒感染细胞和肿瘤细胞，并且将后者胞质溶胶中的内源性病毒抗原和肿瘤抗原，转变成吞噬体包裹的外源性抗原，然后在 DC 的吞噬溶酶体中进行抗原酶解。此类 DC 还有一种能力，可以使这种溶酶体中解离的抗原肽(对进行吞噬的 DC，是外源性抗原肽；对被吞噬的病毒感染细胞和肿瘤细胞，是内源性抗原肽)，越过溶酶体膜，释放到 DC 的胞质溶胶中。其中的分子机制尚未完全阐明，但知道这种抗原肽跨越溶酶体膜的行为属该 DC 亚群的生理功能。结果，进入 DC 胞质溶胶的这些新抗原，得以进入常规性Ⅰ类分子抗原提呈途径，最终活化 CD8 CTL 细胞。还有一种可能的机制是，吞噬溶酶体中解离的病毒抗原肽和肿瘤抗原肽不进入 DC 胞质溶胶，而是直接从溶酶体转送到另一个囊泡区室，在该处与带有成熟 MHC Ⅰ类分子的囊泡融合，然后作为 pMHC Ⅰ类复合体展示于 DC 表面，供 CD8 CTL 细胞的 TCR 识别。图 10-19 是以 DC 摄入肿瘤细胞为例，图解交叉提呈涉及的一些机制。

稍加分析不难看出：第一，抗原交叉提呈与上面提到的其他非典型抗原提呈途径的含义和内容不完全一样。此处涉及一种细胞(DC)提呈另一种细胞(病毒感染细胞或肿瘤细胞)的抗原，然后激活针对该抗原的特异性杀伤 T 细胞。第二，虽说交叉提呈涉及由Ⅰ类分子提呈外源性囊泡抗原，但就抗原本质及其来源而言，这些抗原仍属胞质溶

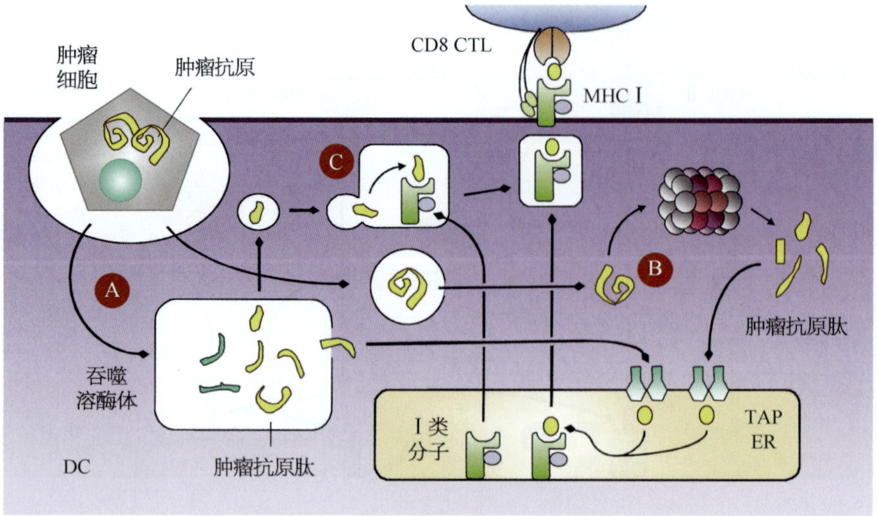

图 10-19 树突状细胞对肿瘤抗原的交叉提呈

A. 树突状细胞摄入表达内源性肿瘤抗原的肿瘤细胞后，吞噬溶酶体中分解肿瘤抗原肽，后者穿越溶酶体膜从胞质溶胶中经过 TAP 进入内质网(ER)，交由Ⅰ类分子提呈。B. 吞噬体中的肿瘤抗原不经分解直接进入胞质溶胶，借助蛋白酶体和经典的内源性抗原加工途径，由内质网Ⅰ类分子提呈。C. 吞噬溶酶体中产生的肿瘤抗原肽借助囊泡与另一收入成熟Ⅰ类分子的囊泡融合，在囊泡中完成Ⅰ类分子荷肽，直接转移至细胞表面。以上三种途径最终皆激活 CD8 CTL 杀伤细胞

胶中的病毒抗原和肿瘤抗原。问题来了，既然其本身就可以通过内源性提呈途径激活 CTL，何须转交 DC，再重新由Ⅰ类分子进行提呈，然后激活 CTL？其实，个中最大的区别是，提呈病毒抗原和肿瘤抗原的 APC 不同。原先是无所不在的有核细胞作为非专职 APC 进行提呈，现在发挥作用的是专职性 APC，即 DC。这不一样。以肿瘤细胞为例，其恶变的特性不能保证确能履行非专职 APC 的抗原提呈功能，即不能保证肿瘤细胞本身有充分的能力激发杀伤性 T 细胞。如果此类肿瘤抗原特异性的 CTL，确能有效地被肿瘤细胞激活，并履行对肿瘤的杀伤，肿瘤何以会长那么大？所以一旦转为由 DC 提呈肿瘤抗原，当无此顾虑。这就是为什么当今频频启用 DC(体内输入或与肿瘤细胞融合)作为肿瘤免疫治疗的重要手段，因可有效地绕开肿瘤细胞本身作为 APC 可能存在的缺陷，大幅增强提呈肿瘤抗原的效力，提高肿瘤特异性抗原的免疫原性。

第四节 MHC、抗原肽和 TCR 分子间的相互作用

T 细胞对抗原的识别，涉及 MHC-抗原肽-TCR 三类分子间的相互作用，因为三类分子都显示高度的变异性，直接制约了适应性免疫的一系列特性，包括应答特异性、MHC 等位基因特异性(因而也就是个体特异性或个体性)、对 TCR 受体库选择的特异性，以及 T 细胞克隆扩增的抗原特异性。这也是 T 细胞抗原识别中必须面对的问题。

一、抗原肽与 MHC 分子相互作用及其分子基础

(一) MHC Ⅰ 和 Ⅱ 类分子抗原结合槽的结构特点

本书第五章以及本章前半部分对此已有详述。现着重比较Ⅰ类和Ⅱ类分子抗原结合槽接纳抗原肽的特点(表 10-4)，请同时参见图 10-2 和图 10-4。

表 10-4 MHC Ⅰ类和Ⅱ类分子抗原结合槽的结构和相应的功能特点

	结构域	组 成	结构特点	肽段来源	肽段长度	荷肽部位
Ⅰ类分子	α1+α2	2 个 α 螺旋+8 个 β 片层	两端封闭	内源性	8～10 a. a.	内质网腔
Ⅱ类分子	α1+β1	2×(1 个 α 螺旋+4 个 β 片层)	两端开放	外源性	13～25 a. a.	溶酶体(MIIC)

Ⅰ类分子 α1 和 α2 结构域各含 4 段 β 片层和一个 α 螺旋，共同组成Ⅰ类分子的抗原结合槽，也是氨基酸(a. a.)组成变异性最大的部分。该槽两端封闭，一般只能容纳 8～10 个氨基酸残基组成的小肽。Ⅱ类分子抗原结合槽由 α1 和 β1 结构域组成，各自包括结构相似的 1 个 α 螺旋及 4 个 β 片层。结合槽两端开放，因而接纳的抗原肽可由 13～18 个氨基酸残基组成，肽段两侧可向外伸展，或在槽中弯曲。

（二）抗原肽的锚着残基和 MHC 分子接纳抗原肽的共用基序

抗原肽一般含有 2 个或 2 个以上与某个特定 MHC 分子结合的部位，称为锚着位，位于该部位上的氨基酸则称为锚着残基（anchor residue）。这些残基插入 MHC 分子抗原结合槽的小袋中，通过氢键与 MHC 分子相结合。抗原肽中间部位一般均有一定程度的隆起，可作为 T 细胞表位供 TCR 识别。

与同一型别 MHC 分子相结合的抗原肽可以不止一种，但其锚着位和锚着残基往往相同或相似。据分析，进入小鼠Ⅰ类分子 H-2K^d等位基因分子凹槽中的 9 肽，均有 2 个相同的锚着位（第二和第九位），而且第二位皆为酪氨酸（Y），是为相同；第九位为缬氨酸（V）、异亮氨酸（I）或亮氨酸（L），同属疏水氨基酸，是为相似。这表明，H-2K^d分子所接纳的抗原肽有一个特征性的共用基序（consensus motif），即 x-Y-x-x-x-x-x-x-V/I/L（式中 Y 和 V/I/L 为进入第二和第九位的锚着残基，而 x 为任意氨基酸）。但是，换一个 H-2 等位基因如 H-2K^b，其表达产物结合的抗原肽变为 8 肽，也有 2 个锚着位，第五位皆为芳香族的酪氨酸（Y）和苯丙氨酸（F），而第八位皆为亮氨酸（L）。因而 H-2K^b分子接纳肽段显示的共用基序是 x-x-x-x-Y/F-x-x-L。这表明，抗原肽进入不同的 MHC Ⅰ类等位基因编码分子的肽结合槽时，锚着位和锚着残基的位置和组成并不相同。

采用 M13 肽展示文库和随机合成肽文库等技术，相继确定了多种 MHC Ⅱ类分子结合抗原肽的基序，发现情况比较复杂。这些进入抗原结合槽中的肽段在某些位置也显示特定锚着残基，但有两个特点，一是锚着位和锚着残基变异较大；二是某些锚着位具有抑制肽结合的特性，相应的氨基酸残基称为抑制性残基。而且，抗原肽与Ⅱ类分子的结合，往往是两类分子氨基酸残基之间的相互吸引和排斥的结果。

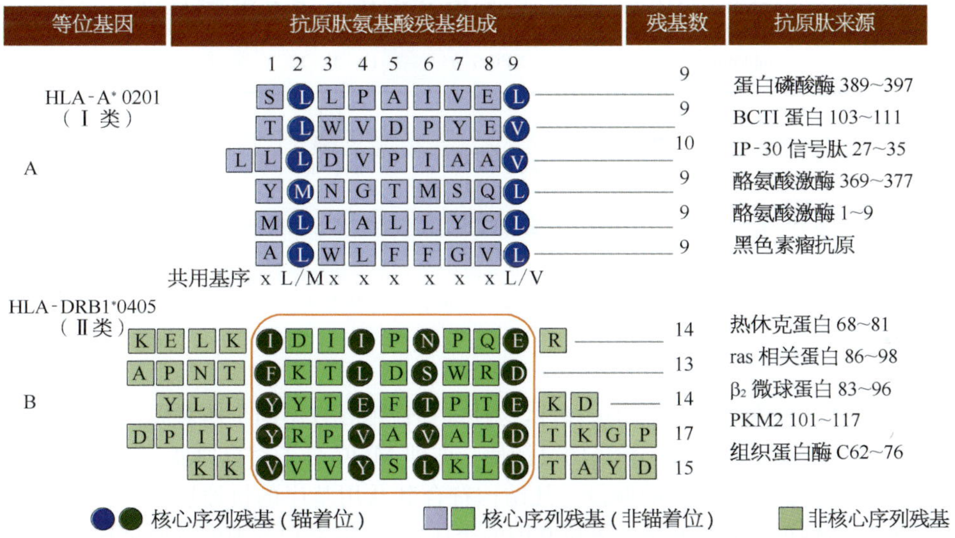

图 10-20　各种天然抗原肽借助特定锚着残基和不同的 HLA 等位基因分子结合

A. Ⅰ类分子 HLA-A*0201 以第二和第九位为锚着位，接纳抗原肽的锚着残基分别为 L/M 和 L/V，因而该Ⅰ类分子的共用基序为 x-L/M-x-x-x-x-x-x-L/V。B. Ⅱ类分子 DRB1*0405 接纳抗原肽的锚着位在 1，4，6，9，锚着残基除了第九位相对单一（E/D），其余多变。红框框出的九个氨基酸残基与Ⅰ类分子结合抗原肽的关键部位相对应，称核心序列

下面再用人类 MHC 与抗原肽的相互作用加以例证。图 10-20 展示了 HLA Ⅰ类分子 HLA-A*0201（蓝色表示）和Ⅱ类分子 HLA-DRB1*0405（绿色表示）结合抗原肽的特点。可见 A*0201 和小鼠 H-2K^d接纳抗原肽的情况十分相似，以第二和第九位为锚着位，锚着残基分别为 L/M 和 L/V，形成共用基序 x-L/M-x-x-x-x-x-x-L/V。图下方 DRB1*0405 分子接纳抗原肽的格局表明，锚着位（以 P 代表）有 4 个：P1、P4、P6 和 P9，锚着残基除了 P9 相对恒定（只有 E 和 D），其余多变，似难得出相应的共用基序。情况和小鼠中的Ⅱ类分子十分相似。需要指出的是，该图下方红圈圈出的部分包括 9 个氨基酸残基，对应于 HLA Ⅰ类分子，为结合抗原肽的关键部位，称为抗原肽与Ⅱ类分子结合的核心序列残基。

（三）抗原肽-MHC 相互作用中等位基因特异性及其意义

上述结果表明，抗原肽和 MHC 分子间是否发生有效的相互作用取决于诸多因素：MHC 等位基因分子抗原结合槽的结构特点、进入该结合槽的抗原肽是否符合其接纳抗原肽的共用基序，以及这些肽可能显示的抑制性残基的部位和类型。MHC 等位基因的差异（多态性）体现在个体之间，因而，针对同一个抗原分子，可能有不同的抗原肽-MHC 相互作用的格局，进而构成不同个体对同一抗原应答格局的差异，甚至决定对同一种病原体引发的疾病是否存在遗传易

感性。

图 10-21 展示了一个很有意义的例子。已知属于小鼠三个品系的三种 H-2 Ⅱ类等位基因分子 I-A^s、I-A^{b}和 I-E^{b}提呈小鼠白血病病毒胞膜蛋白(MuLV env)抗原肽的格局不同，这是因为三者接纳抗原肽的特征性共用基序有别(图中以粗体字母展示)。用各自的共用基序去选择能与其抗原结合槽相结合的抗原肽，出现了不同的结果，即三种Ⅱ类分子选出不同的抗原肽序列：I-A^{b}是 145～158 位肽段、I-A^{s}是 255～269 位肽段、I-E^{b}是 454～469 位肽段。显然，三个肽段经不同等位基因分子结合并提呈后，能被 TCR 所识别的 T 表位，以及由此激活的 T 细胞克隆会有不同。如果三种表位及其激发的 T 克隆抗小鼠白血病病毒的活性不一样，可能造成携有三种等位基因的三个小鼠品系显示差异性的抗该病毒能力。

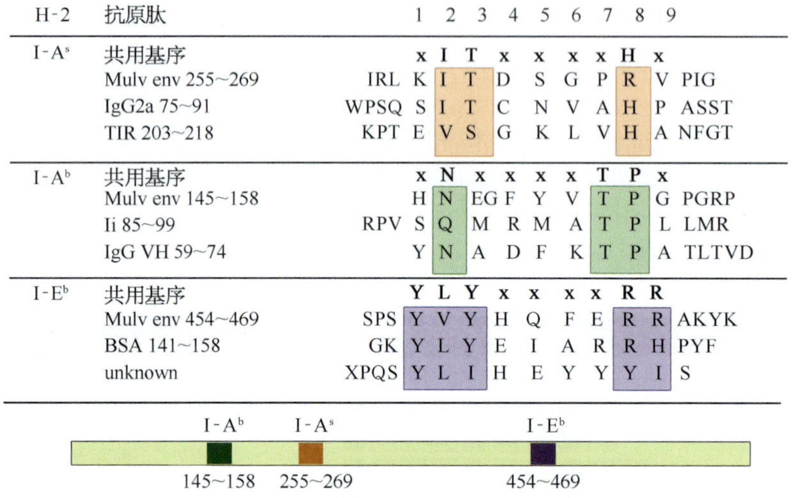

图 10-21　不同 H-2 Ⅱ类分子识别和提呈小鼠白血病病毒胞膜蛋白的不同表位

三种 H-2 Ⅱ类等位基因分子 I-A^s、I-A^b 和 I-E^b 结合抗原肽时启用不同的共用基序，因而分别结合并提呈小鼠白血病病毒胞膜蛋白 MuLV env 同一分子的三个不同抗原肽序列 255～269、145～158 和 454～469

几点小结：

1）MHC 分子接纳与提呈抗原肽有一定的选择性，这种选择性可导致不同个体对同一抗原出现应答强弱的差异。

2）MHC 分子接纳和提呈抗原肽又显示相当的灵活性。亦即 MHC 分子对抗原肽识别的专一性不是非常严格，仅仅体现在可以识别并结合符合其共用基序的肽段。凡结构符合其共用基序的抗原肽，皆可被同一类 MHC 等位基因编码分子所接纳。这种灵活性可导致带有某些等位基因的个体，对一定类别范围的抗原呈现免疫应答。

3）MHC 分子与抗原肽结合的亲和力较低。二者的结合与解离均十分缓慢，一旦结合，可维持数小时甚至数天，这将确保 pMHC 能被 TCR 识别。

二、TCR-pMHC 相互作用及其意义

（一）T 细胞识别抗原中的 MHC 限制性

1974 年，Zinkernagel 和 Doherty 首先证明受牛痘病毒感染的 CBA 品系小鼠(H-2^k)中的 CTL 只能杀伤 H-2 单体型相同的病毒感染靶细胞，而不能杀死同一病毒感染但 MHC 背景为 H-2^{b}的小鼠细胞。这是首次揭示 T 细胞识别细胞表面抗原肽的同时，还须特异性地识别提交抗原肽的 MHC 等位基因分子。以后证实，不仅 CTL 与靶细胞间，而且 Mφ-Th 及 Th-B 间的相互作用也受 MHC 等位基因特异性的约束。这一现象称为 MHC 限制性(MHC restriction)，表明只具备同一 MHC 表型的免疫细胞之间才能发生有效的相互作用。

利用突变品系小鼠，发现在 CTL 与靶细胞相互作用中，靶细胞表面Ⅰ类抗原分子因突变而产生微小变化，便能改变 CTL 对靶细胞的识别和杀伤。例如，H-2K^{bml}突变品系(b 代表单体型，m 表示发生突变)的Ⅰ类分子虽只有个别氨基酸发生替代，受 H-2K^{b}分子约束的抗原特异性 CTL 即不能识别，也丧失裂解病毒感染的 H-2K^{bml}靶细胞的能力。表明 1～3 个氨基酸的变化足以使Ⅰ类抗原失去原有对特异性免疫应答的约束作用。

图 10-22 是对 MHC 限制性原理的简要图解。有几点说明。第一，该图仅展示 TCR-靶细胞相互作用中Ⅰ类分子的限制性，而参与限制 Mφ-Th 及 Th-B 间相互作用的是Ⅱ类分子。第二，MHC 限制性只有在二次免疫应答中才能得

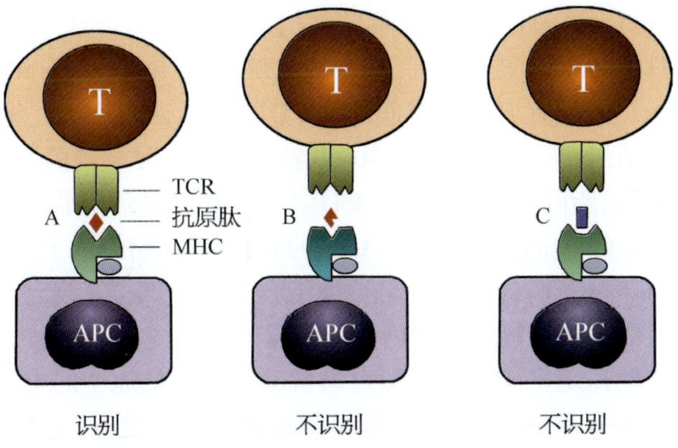

图 10-22　T 细胞识别抗原中的 MHC 限制性

A. APC 提呈的 pMHC 选择出 TCR 能同时识别该抗原肽（菱形）和 MHC 分子的 T 克隆，识别有效。B. MHC 分子一旦改变（青绿色），原 TCR 虽能识别其中的抗原肽，但不能识别新的 MHC 分子，识别无效。C. 原先的 MHC 分子若提呈另一抗原肽（紫色长方形），原 TCR 也不识别

到体现。因为二次遭遇相同抗原时，增强性应答是否出现，取决于提呈该抗原的 MHC 分子和初次应答时的提呈分子是否相同。相同和不同，决定了反应的有和无，这一差别，只出现在二次应答。第三，所有阐述 MHC 限制性的图解中，皆明示抗原肽不变而提呈分子改变的情况下无应答出现。其实进行提呈的 MHC 等位基因分子一旦有变，能进入其抗原结合槽的分子一般不会是原先的肽段，这正是前面Ⅱ类分子识别小鼠白血病病毒胞膜蛋白所遇到的情况。这点，在图 10-22 中已有相应的反映和修正。

（二）应用共用基序寻找抗原 T 表位

本书第五章集中展示了 HLA 与疾病关联的现象，即对疾病的易感性往往受 HLA 等位基因的约束。其中寻找和分析引发疾病的致病性抗原（包括自身抗原）及其关键性表位，对揭示抗原分子与关联性 HLA 等位基因分子间的相互作用至关重要。图 10-23 以 HLA Ⅰ类分子 A*0201 接纳的抗原肽为例加以证明。如果A*0201 等位基因分子接纳 9 肽时的共用基序，在 p2 和 p9 位的锚着残基为脯氨酸（P）和亮氨酸（L），可以用电脑从该抗原分子一级结构中搜寻和合成一组 9 肽分子，特征为 x-P-x-x-x-x-x-x-L。然后剔除其中与 A*0201 分子结合能力不佳的肽段，并用入选的 9 肽去激发 HLA 背景为 A*0201 的 T 细胞。T 细胞一旦增殖，意味着带有该 9 肽的 pMHC 可被 T 细胞的 TCR 所识别，亦即该 pMHC 复合物具有抗原提呈功能，而且，该抗原肽带有特异性的 T 细胞表位。循此思路，可发展抗原特异性的肽疫苗。

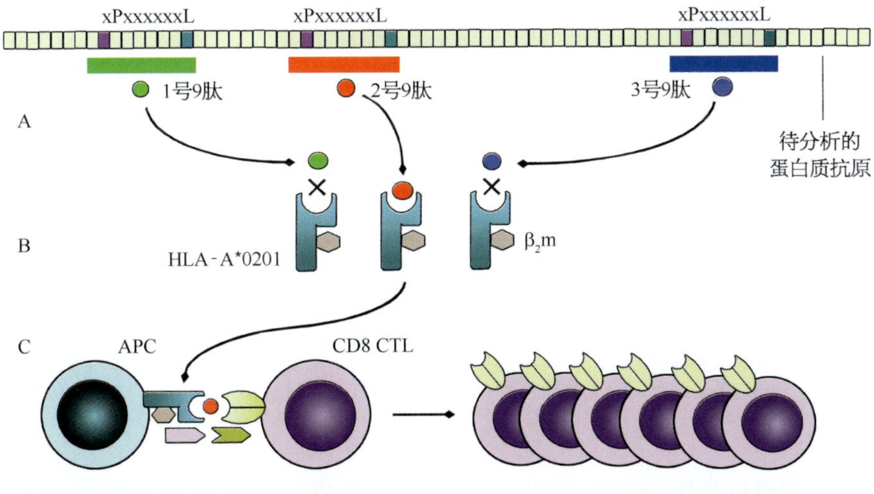

图 10-23　利用共用基序通过肽合成和功能测定确定抗原的功能性表位

A. 从抗原一级序列中寻找符合 HLA-A*0201 共用基序 x-P-x-x-x-x-x-x-L 的三条 9 肽并人工合成（分别以三种颜色表示），作为候选肽段；B. 测定 HLA Ⅰ类分子 0201 与 3 个 9 肽结合能力，选择高亲和力者（2 号，红色）；C. 以表达 HLA-A*0201 的 APC 提呈第 2 个肽段，测定其激活 CD8 CTL 淋巴细胞使之发生克隆扩增的能力，从功能上确认该抗原衍生肽能被相应Ⅰ类分子提呈，并激活特异性 T 细胞。可以此发展抗原特异性和Ⅰ类分子特异性肽疫苗

第五节　非经典 MHC Ⅰ类分子的抗原提呈

有些非经典 MHC 分子也具有抗原提呈功能，但提呈的并非传统的蛋白质抗原。本节主要介绍其中的 CD1 分子和 MR1 分子参与的抗原提呈。

一、CD1 分子的结构和抗原提呈功能

CD1 分子在结构上与 MHC Ⅰ类分子相关，但 CD1 基因位于 MHC 外，无多态性。CD1 作为抗原提呈分子有两个

特点：第一，尽管其亚单位结构及与β_2m结合这一点与Ⅰ类分子相似，但其行为更像MHC Ⅱ类分子；第二，CD1分子具有疏水性渠道，专门结合烃化烷基链（hydrocarbon alkyl chain），因而可以提呈各种糖脂。

人类有五个紧密连锁的CD1基因，四个表达。编码蛋白分成两组，第一组包括CD1a、CD1b和CD1c，而CD1d属于第二组。CD1b和CD1c主要提呈来自分枝杆菌胞壁成分的脂类抗原，包括糖脂和磷脂等，如霉菌酸、葡萄糖单霉菌酸酯、脂阿糖甘露聚糖。CD1d分子则提呈疏水肽，也能提呈某些脂类抗原如酰基鞘氨醇。

CD1b分子存在于APC的酸性内体囊泡中，包括溶酶体和MHC Ⅱ类分子区室（MIIC）。这些区室富含脂类，是CD1分子与外源性脂类抗原结合的理想部位。现已发现，CD1b及其提呈的脂阿糖甘露聚糖均存在于MIIC中，MIIC中的酸性环境促使CD1b分子构象发生变化，疏水性抗原结合槽暴露，有利于与脂类配体结合。另外，MIIC中含有的一些作用广泛的降解酶可裂解某些脂类抗原中的糖链。如此，对于抗原提呈细胞来说，除了由Ⅰ类分子（包括非经典Ⅰ类分子）和Ⅱ类分子提呈抗原肽的途径之外，还可由CD1分子提呈脂类抗原。CD1分子提呈脂类抗原的方式类似内体溶酶体加工外源性抗原（图10-24）。

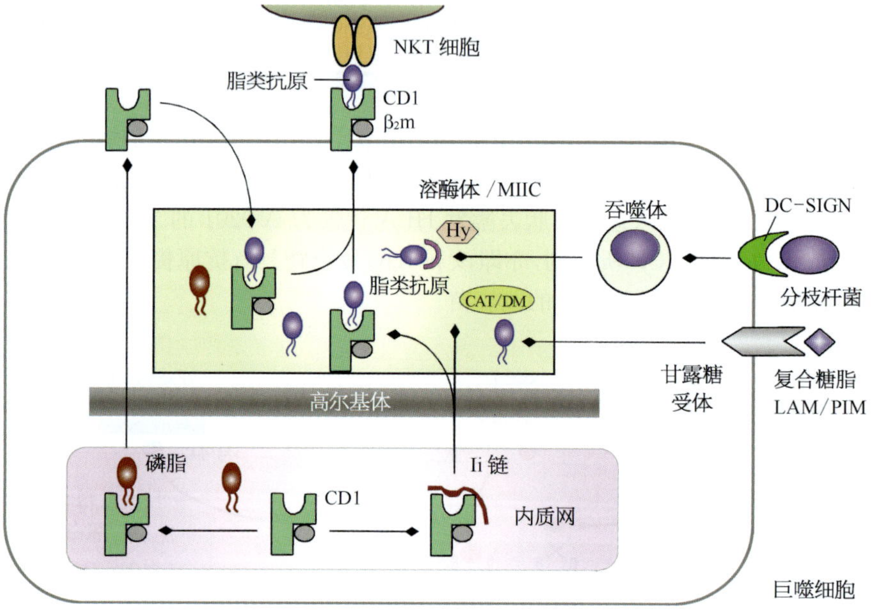

图10-24 CD1分子提呈脂类抗原激活NKT细胞

分枝杆菌通过受体DC-SIGN进入巨噬细胞并形成吞噬体，杆菌胞壁成分在溶酶体水解酶（Hy）的作用下被降解成脂类抗原。同时，复合糖脂LAM/PIM通过甘露糖受体进入Mφ的溶酶体后以相似的方式被降解。CD1分子在内质网中合成，一部分结合磷脂后直接表达于细胞表面，并以再循环的方式重新进入溶酶体，参与提呈脂类抗原。另一些CD1分子与Ii链结合，进入溶酶体后 在蛋白水解酶CAT和DM分子的作用下，Ii链解离，CD1分子进入抗原结合槽，实施脂类抗原提呈。DC-SIGN：DC特异性非整合素受体；LAM：脂阿拉伯甘露聚糖；PIM：磷脂酰肌醇甘露糖苷

图10-24表明，分枝杆菌通过受体DC-SIGN进入DC/Mφ并形成吞噬体，杆菌胞壁成分在溶酶体/MIIC水解酶（Hy）的作用下被降解成脂类抗原。同时，复合糖脂LAM/PIM通过甘露糖受体进入Mφ的溶酶体后以相似的方式被降解，并进入CD1分子的抗原结合槽。CD1分子的抗原结合槽高度疏水，很难容纳蛋白质抗原肽，而是适合于结合双链脂肪酸。所以CD1一旦与脂类分子的脂肪酸相结合，该分子头部的极性基团即亲水性酰基和糖基即暴露于CD1分子抗原结合槽外，或位于抗原结合槽入口处。脂类抗原在CD1分子中的这样一种定位，使得其亲水的头部和CD1α螺旋表面的一些残基一起构成供TCR识别的部位。

CD1分子在内质网中合成，一部分结合磷脂后直接表达于细胞表面，并以再循环的方式重新进入溶酶体，参与对脂类抗原的提呈。内质网中合成的另一些CD1分子可与Ii链结合，通过高尔基体进入溶酶体或晚期内体区室后，在蛋白水解酶CAT和DM分子的作用下，Ii链解离，使CD1分子抗原结合槽暴露，为提呈脂类抗原创造了条件。

二、T细胞对CD1-脂类抗原的识别

1. 人体iNKT细胞直接识别CD1d分子　CD1分子提呈的脂类抗原由两类特定的$CD4^-CD8^-$T细胞识别。一类识别第一组CD1分子（CD1a，CD1b，CD1c）提呈的脂类抗原，其TCR αβ链多样性储备较为丰富；另一类专门识别CD1d分子，称CD1d限制性T细胞，其TCR多样性有限，人体中为Vα24-Jα18，并表达NK受体，因而属于恒定链

NKT 细胞(invariant NKT，iNKT)，即经典的 NKT 细胞。

iNKT 细胞识别 CD1d 后分泌 IL-4，可参与 Th0 向 Th2 的分化，具有免疫调节作用。CD1d 分子的配体称为 α-半乳糖神经酰胺(α-GalCer)，可从海藻中分离。该配体一旦与 CD1d 结合，所形成的结构可被多种 iNKT 细胞所识别。本书第三章提到，iNKT 的结构功能介于固有免疫和适应性免疫之间，就其仅识别微生物的多种糖脂抗原，应归于固有免疫；但其配备有发生重排的 TCR 库，尽管多样性有限，却显示适应性免疫特性。

2. *识别 CD1 分子-脂类抗原复合物的 $CD4^-CD8^-$ T 细胞*　此类 T 细胞最初发现于结核病患者体内，是一类受 CD1b 限制，显示霉菌酸特异性的双阴性 T 细胞。随后从麻风病患者的皮损中也分离到显示脂阿糖甘露聚糖特异性和具有 CD1b 限制性 T 细胞。脂阿糖甘露聚糖是麻风杆菌胞壁中的一种重要成分。在体外，CD1b 限制性 T 细胞对脂阿糖甘露聚糖的识别需要 $CD1b^+$ APC 加工麻风杆菌胞壁成分，这些成分在 APC 内体中酸化，产生脂阿糖甘露聚糖，最后被 CD1b 分子提呈。目前除了脂阿糖甘露聚糖和霉菌酸外，已纯化的分枝杆菌胞壁成分还有磷酸肌醇甘露糖苷和葡萄糖单霉菌酸酯等，皆可由 CD1b 提呈。须指出的是，CD1 限制性 T 细胞识别的部位，是脂类抗原的亲水性头部和 CD1α 螺旋上的氨基酸残基，而不是脂肪链。

3. *MR1 分子提呈叶酸代谢物激活黏膜相关恒定链 T 细胞*　黏膜相关恒定链 T 细胞(mucosal associated invariant T，MAIT)携带两条 CD8α 链，表型为 $TCR\alpha\beta^+CD8\alpha\alpha^+$(见第九章图 9-3 右侧)。与 iNKT 相似，以恒定链相称是因为其 TCR 缺少多样性。人体 MAIT 细胞的 Vα 链和 Vβ 链仅分别取用 Vα7-Jα33 和 Vβ2(或 Vβ13)片段。早期认为此类非经典 T 细胞主要出现在肠道黏膜，现知在人体中广泛存在，如外周血和肝脏等组织中 MAIT 占淋巴细胞总数的 10%。多种微生物包括细菌和酵母可激活 MAIT。重要的是，这种激活与微生物的叶酸代谢密切相关，并有非经典 MHC Ⅰ类分子 MR1 的参与。MR1 称为 MHC 相关蛋白 1(MHC-related protein 1)，编码基因在 MHC 复合体之外，但 MR1 分子与 β2m 结合后，可通过提呈叶酸衍生物 6-甲酰蝶呤(6-FP)参与 MAIT 的激活和发育。现认为，MAIT 细胞经由 MR1 分子提呈病原体的上述代谢成分(属于 PAMP)而激活，再次展示了固有免疫和适应性免疫之间的一种应答类型，因为它和 iNKT 细胞一样，启用的是体细胞基因重排产生的抗原受体，但识别的不是蛋白质而是微生物的 PAMP 结构。

本章提要

T 细胞不识别完整的抗原分子，仅识别经 APC 加工由 MHC 分子递交的抗原肽。

专职 APC 包括 DC、Mφ 和 B 细胞，可有效表达引起 T 细胞活化的 MHC Ⅱ类分子和共刺激分子。

MHC-抗原肽-TCR 三分子组成的复合物(简称 TCR-pMHC)是 T-APC 相互作用中特异性识别抗原的基本结构。这一识别同时依赖一组分化抗原和黏附分子。免疫突触的形成使多个 TCR-pMHC 发生聚集，促进 T 细胞对抗原的识别。

APC 以不同的方式对内源性和外源性蛋白质抗原进行加工，称为Ⅰ类分子途径(胞质溶胶途径)和Ⅱ类分子途径(内体溶酶体途径)，最后形成Ⅰ类分子提呈内源性抗原肽激活 CD8 CTL 和Ⅱ类分子提呈外源性抗原肽激活 CD4 Th 细胞的特定格局。由 DC 启动的抗原交叉提呈，有利于高效活化 CD8 CTL，杀伤病毒感染细胞和肿瘤细胞。

MHC 分子远膜端形成的抗原结合槽，因等位基因编码分子构型的不同而具有多种接纳抗原肽的共用基序，符合共用基序的抗原肽以相应的锚着位和锚着残基进入抗原结合槽，显示抗原肽和 MHC 分子结合的相对专一性。

部分非经典 MHC Ⅰ类分子可参与抗原提呈。CD1d 分子提呈脂类抗原激活恒定链 NKT 细胞(iNKT)；MR1 分子提呈叶酸代谢物激活黏膜相关恒定链 T 细胞(MAIT)。

（张雁云　周光炎）

参考文献

Benvenuti F. 2016. The dendritic cell synapse: a life dedicated to T cell activation. Front Immunol, 7: 70-76.

Birkinshaw RW, Kjer-Nielson L, Eckle SB, et al. 2014. MAITs, MR1 and vitamin B metabolites. Curr Opin Immunol, 26: 7-13.

Gras S, Burrows SR, Turner SJ, et al. 2012. A structural voyage toward an understanding of the MHC-I-restricted immune response: lessons learned and much to be learned. Immunol Rev, 250: 61-81.

Qi Q, Liu Y, Cheng Y, al et. 2014. Diversity and clone selection in the human T-cell repertoire. Proc Nat Acad Sci USA, 111: 13139-13144.

Murphy K, Weaver C. 2017. Janeway's Immunobiology. 9th ed. New York: Galand Sci.

Nikolich-Zugich J，Slifka MK，Messaoudi I. 2004. The many important facets of T-cell repertoire diversity. Nat Rev Immunol，4：123-132.

Parham P. 2005. Putting a face to MHC restriction. J Immunol，174：3-5.

Paul WE. 2008. Fundamental Immunology. 6th ed. Philadelphia.

Rossjohn J，Gras S，Miles JJ，et al. 2015. T cell antigen receptor recognition of antigen-presenting molecules. Ann Rev Immunol，33：169-200.

Rudolph MG，Stanfield RL，Wilson IA. 2006. How TCRs bind MHCs，peptides，and coreceptors. Annu Rev Immunol，24：419-466.

第十一章 T 细胞激活

T 细胞识别抗原之后，出现一系列和激活有关的事件：信号的跨膜传递、胞内的信号转导、转录因子的活化和转位、基因的转录激活、新分子的合成与表达、细胞因子的分泌、进入细胞周期、细胞亚群的分化和免疫记忆的形成等。

初始 T 细胞的激活需要双重信号。通常，T 细胞借助 TCR 识别与 MHC 分子结合的抗原肽(pMHC)之后，通过 TCR-CD3 复合体传递抗原识别信号(第一信号)；以 CD28 为主的 T 细胞表面受体分子，识别相应配体 B7-1 和B7-2，传递共刺激信号(第二信号)。

第一节 T 细胞抗原识别信号的转导

信号转导是免疫细胞激活的重要步骤。通过信号转导，T 细胞对抗原的识别被转换成胞内的生化事件。信号或者进入细胞核，引起基因的转录激活和表达；或者引起胞质成分(如肌动蛋白和细胞骨架蛋白)结构的变异和重排。

一、T 细胞信号转导的原理和一些主要成分

(一) 蛋白激酶和蛋白磷酸酶

信号转导中信号蛋白的磷酸化和脱磷酸化十分重要，分别由蛋白激酶和蛋白磷酸酶促成。第一章中列举了多种参与免疫细胞信号转导的蛋白酪氨酸激酶(PTK)、丝氨酸苏氨酸激酶和类型不同的磷酸酶，它们分别在蛋白质的酪氨酸、丝苏氨酸和肌醇磷脂的肌醇环等处催化磷酸化或脱磷酸化。图 11-1 给出了和 T 细胞激活相关的一些主要激酶家族，以及其中发挥关键作用的结构域。可以看出，有三类激酶十分重要，它们是：与胞膜相连的 Src PTK 家族(其成员包括 Lck、Fyn 等)、游离于胞质中的 Syk PTK 家族(其成员包括 ZAP-70 和 Syk)和参与脂类信号分子代谢的 Tec 激酶家族。所有激酶家族的成员都有一个特征性的激酶结构域，又称激酶活性中心或 SH1 结构域(SH：Src homology)。另外，尚有专门识别磷酸化酪氨酸的 SH2 结构域和专门识别富含脯氨酸肽段的 SH3 结构域。而 Tec 激酶和磷脂酶 C 等共同携带的结构域称为 PH，即血小板白细胞 C 激酶底物(pleckstrin)同源结构域，主要识别三磷酸肌醇等肌醇代谢产物(详后)。

A

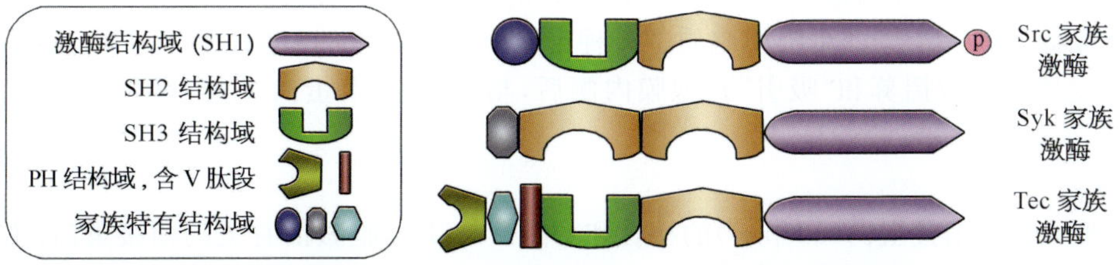

B

结构域	携带蛋白	配体	配体举例
SH2	Src (Lck, Fyn), Syk (ZAP-70) Grb2, STAT, Btk, Itk, Vav, PI3K	磷酸化酪氨酸 (pY)	pYxxL
SH3	Src (Lck, Fyn), Grb2, Btk, Itk, Tec, Gads, Nck, Fyb	含脯氨酸肽段	PxxP
PH	Tec, PLC-γ, Akt, Btk, Itk, Sos	磷脂酰肌醇	PIP_3

图 11-1 淋巴细胞激活中发生相互作用的重要信号蛋白及其与脂类信号分子的关系

A. 三个激酶家族(Src、Syk、Tec)及其结构；B. 组成激酶的三种结构域(SH2、SH3、PH)及其特性

（二）免疫受体酪氨酸激活基序与磷酸化酪氨酸的相互作用

除了蛋白质磷酸化，T细胞信号转导的实施，还需要把各种游离于胞质中的激酶和信号分子招募到胞膜内侧和受体分子近旁，为信号的输送和传递创造条件。其中发挥关键作用的结构，是受体（或受体相关分子）胞内段上特定的免疫受体酪氨酸激活基序（ITAM）、能识别这些基序的SH2结构域和带有SH2结构域的激酶及衔接蛋白。

已知T细胞受体相关分子胞内段上ITAM的组成为：

$$\cdots \boxed{\mathrm{YxxL/I}}\, x_{(6\text{-}9)} \boxed{\mathrm{YxxL/I}} \cdots$$

以方框标出的两个ITAM基本结构（YxxL/I）中，Y为酪氨酸，L/I指亮氨酸或异亮氨酸，之间的x为任意氨基酸。两个基本结构之间，相隔6～9个任意氨基酸残基。

ITAM中的酪氨酸属关键成分，一旦发生磷酸化，意味着Y变成pY（p代表磷酸根或磷酸化），特称为磷酸化酪氨酸，pYxxL或pYxxI即能够和SH2结构域相结合（图11-2A）。因而ITAM借助其中磷酸化的酪氨酸，可募集胞质中各种分子，包括游离的激酶和信号分子，条件是这些因子需带有SH2结构域，统称为SH2携带蛋白（SH2-containing protein，SHC）。

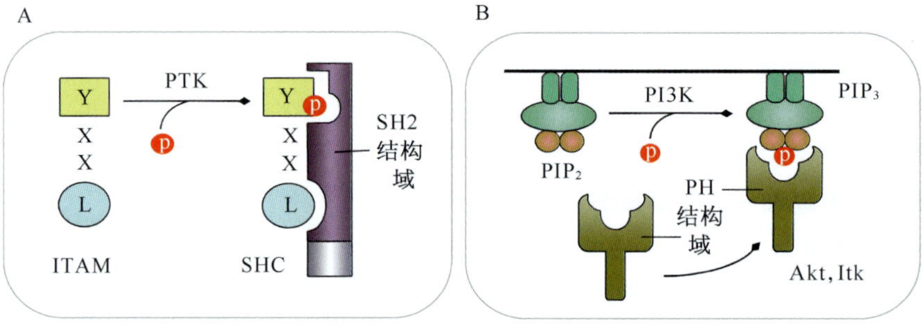

图11-2 T细胞激活中信号蛋白被招募至胞膜内侧的主要机制

A. ITAM（YxxL）中的酪氨酸（Y）可以在蛋白酪氨酸激酶（PTK）的作用下发生磷酸化。磷酸化的酪氨酸（pY）通过与SH2结构域的结合，使SH2携带蛋白（SHC）被募集到带有ITAM基序的跨模分子所在胞膜内侧。B. 胞膜脂质成分二磷酸磷脂酰肌醇（PIP_2）可以在磷酸肌醇3激酶（PI3K）作用下进一步磷酸化成为三磷酸磷脂酰肌醇（PIP_3），招募带有PH结构域的Tec家族激酶Akt和Itk至胞膜内侧。SHC、Akt和Itk各自参与启动T细胞激活的信号转导途径

（三）胞膜脂质分子与PH结构域的相互作用

能将胞质中激酶和信号分子招募到胞膜和受体分子一侧的另一重要途径，依赖于对胞膜脂类结构作磷酸化修饰，如磷脂酰肌醇激酶对胞膜磷脂和磷脂酰肌醇所做的磷酸化修饰。下面将提到，磷脂酰肌醇分子的顶部带有一个肌醇环，其中有三个位置可获得磷酸根而形成多种衍生物。图11-2B表明，在肌醇环第四和第五位已发生磷酸化的二磷酸磷脂酰肌醇（PIP_2），可以在磷酸肌醇3激酶（PI 3K）的作用下，于第三位再添加一个磷酸根而成为三磷酸磷脂酰肌醇（PIP_3）。如此，胞膜PIP_3即可吸引胞质中各种带有PH结构域的激酶（图11-1B），如Tec家族蛋白，PDK、Akt和Itk激酶等，这些激酶被招募和“吸引”到胞膜内侧后，与SH2携带蛋白一样，参与启动T细胞活化相关的信号转导。

（四）衔接蛋白

第一章中已简要介绍了衔接蛋白（adopter）的特性和功能。与T细胞激活有关的衔接蛋白，主要是与胞膜相连的T细胞活化连接蛋白（linker for activation of T cell，LAT）以及分子质量为76 kDa，带SH2结构域的白细胞磷酸化蛋白（SLP-76）。此类衔接蛋白又称平台蛋白（scaffold），因带有数个酪氨酸残基，磷酸化后可招募多种信号蛋白，通过相互作用参与启动信号转导。另一类为游离于胞质中的衔接蛋白，如生长因子受体结合蛋白2（Grb-2），以及介导免疫突触形成的Gads等。

二、信号的跨膜传递和转导通路的启动

（一）免疫突触引起跨膜分子及信号转导成分的多聚化

下面将提到，免疫细胞信号转导的具体途径已研究得相当清楚，但对受体识别胞外抗原后如何启动胞膜内信号转导的确切机制尚不完全明了。很明显，膜表面只有一个识别pMHC的TCR分子是不够的，至少得另有一个并与之形成二聚体，才能发生激酶的相互磷酸化而启动信号转导。曾提出APC提呈一个抗原肽-MHC结构时，旁边会有另一个自身肽-MHC分子出现，由两者构成的二聚体并发生交联时，可以开始发送激活信号（尽管信号很弱）。现知，TCR

相关跨膜分子的交联，可以通过免疫突触来完成。

上一章提到，APC和T细胞间形成的免疫突触，不仅增加TCR与pMHC间的亲和力，并引发胞膜相关分子的一个重要物理变化——多聚作用（multimerization），使参与T细胞激活的各种跨膜分子如TCR/CD3、辅助受体CD4（或CD8）、CD45等相互靠拢成簇（clustering）。同时，多聚作用引起胞膜内受体关联性酪氨酸激酶，主要是Src PTK家族成员的相互靠近，这些成员包括与受体TCR/CD3（主要是CD3ζ链）相连接的$p59^{fyn}$分子（简称Fyn），以及和辅助受体CD4（或CD8）相连接的$p56^{lck}$分子（简称Lck）。它们借助多聚化彼此靠拢后，即发生相互磷酸化或反式磷酸化（*trans*-phosphorylation）（图11-3下方）。胞内Src PTK成功地发生磷酸化，意味着这些激酶开始活化，胞外受体对抗原的识别有效，与信号转导相关的蛋白磷酸化级联反应开始启动。

（二）CD45分子在信号转导启动中的作用

然而，上述过程一般并不产生。图11-3第一行表明，Src分子有两个酪氨酸残基位点，一个位于催化结构域即SH1内394位，是激酶显示活性的关键部位，也是相互磷酸化中Src分子间磷酸根转移的靶目标。另一个酪氨酸残基在Src分子C端505位置，发挥抑制作用。在未激活的T细胞中通常组成性表达一种称为Csk的蛋白酪氨酸激酶，即C端Src激酶（C-terminal Src kinase），专以Y505为靶目标，使其一直处于磷酸化状态（成为pY505）（图11-3）。由此形成Src分子中的SH2结构域和同一个分子C端pY相结合的条件，这一结合使该分子的C端卷曲起来，遮掩了Src分子活性中心即催化结构域上的酪氨酸残基Y394，使之不能发生磷酸化。因而，在未致敏T细胞中，在Csk的参与下，Src PTK是没有活性的。

这时有待分化抗原即跨膜分子CD45发挥作用。CD45分子胞内段有两个相同的结构域，行使蛋白酪氨酸磷酸酶（PTP）的功能。它们可使底物上磷酸化的酪氨酸（pY）脱去磷酸根而变成Y，条件是，CD45需要紧靠其底物。显然，上面提到的多聚作用可使Src和跨膜分子CD45相聚。于是CD45迅速作用于Src家族中Fyn和Lck分子C端的pY505，使其脱磷酸化，Src分子的SH2遂不再作用于脱磷酸化的Y505，"放开"C端意味着PTK的活性中心被暴露，为Fyn和Lck分子有效地发生相互磷酸化创造了条件（图11-3）。

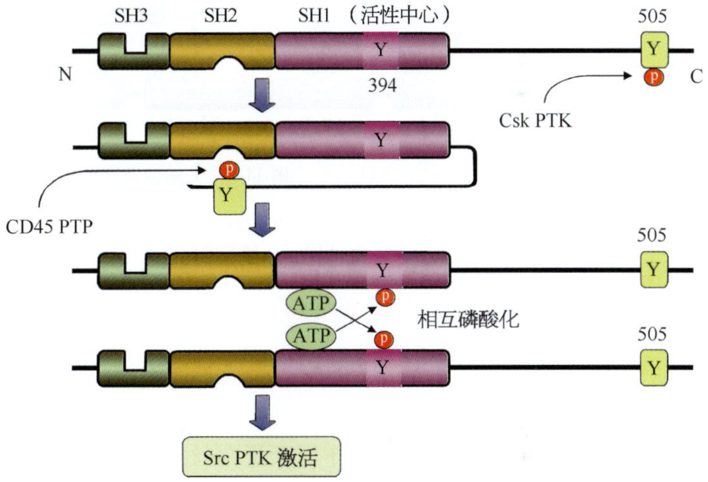

图11-3 蛋白酪氨酸磷酸酶CD45参与Src PTK的激活

组成性表达的Csk PTK使Src分子C端Y505发生磷酸化，pY505和同一分子SH2的结合使C端卷曲，遮盖了Src分子活性中心，因其中Y394不能磷酸化使Src PTK处于无活性状态。CD45 PTP的参与使pY505位置脱磷酸化，并使C端放开，遂引发Src分子间的相互磷酸化

这里，使得Src分子C端酪氨酸残基发生磷酸化和脱磷酸化的Csk激酶和CD45磷酸酶在功能上的对抗和平衡，调节了信号转导中起关键作用的Src PTK活性。换言之，CD45分子以特有的方式解除Src的抑制状态，直接参与T细胞激活信号通路的启动。

（三）T细胞识别信号转导的起始步骤

1. 先审视T细胞激活信号转导示意图（图11-4）左上蓝底色标示的部分

1）抗原作用下信号转导相关分子发生多聚化，PTP CD45解除PTK Src分子C端对激酶活性的抑制作用（图11-4左上端）已如上述。

2）胞内Src分子（Fyn，Lck）间因相互磷酸化而被激活（图左上TCR下方）。

3）激活的Src PTK使CD3分子（主要是CD3ζ链）胞内段上ITAM中的酪氨酸发生磷酸化（以粉色小圈代表磷酸根）；磷酸化的ITAM招募带有两个SH2结构域的Syk PTK家族成员ZAP-70。然后，已活化的Src成员Lck使得邻近CD3ζ链的ZAP-70分子发生磷酸化。

4）蛋白激酶ZAP-70因磷酸化而激活，引起膜结合衔接蛋白LAT上多个酪氨酸残基发生磷酸化。

5）磷酸化的LAT作为平台蛋白（可能还通过另一衔接蛋白SLP-76），把各种带有SH2结构域的信号分子招募至该平台附近，包括衔接蛋白Grb-2、Gads和胞膜内侧的磷脂酶C（PLC-γ）。

2. 再看图11-4右上土黄底色标示的部分

1）PLC-γ的激活依赖于右上端CD28与配体B7配接后提供的协同刺激信号。该信号激活蛋白激酶PI3K，再由PI3K使PIP_2磷酸化为PIP_3。此PI3可招募带有PH结构域的PIP_3依赖性激酶（PDK）。

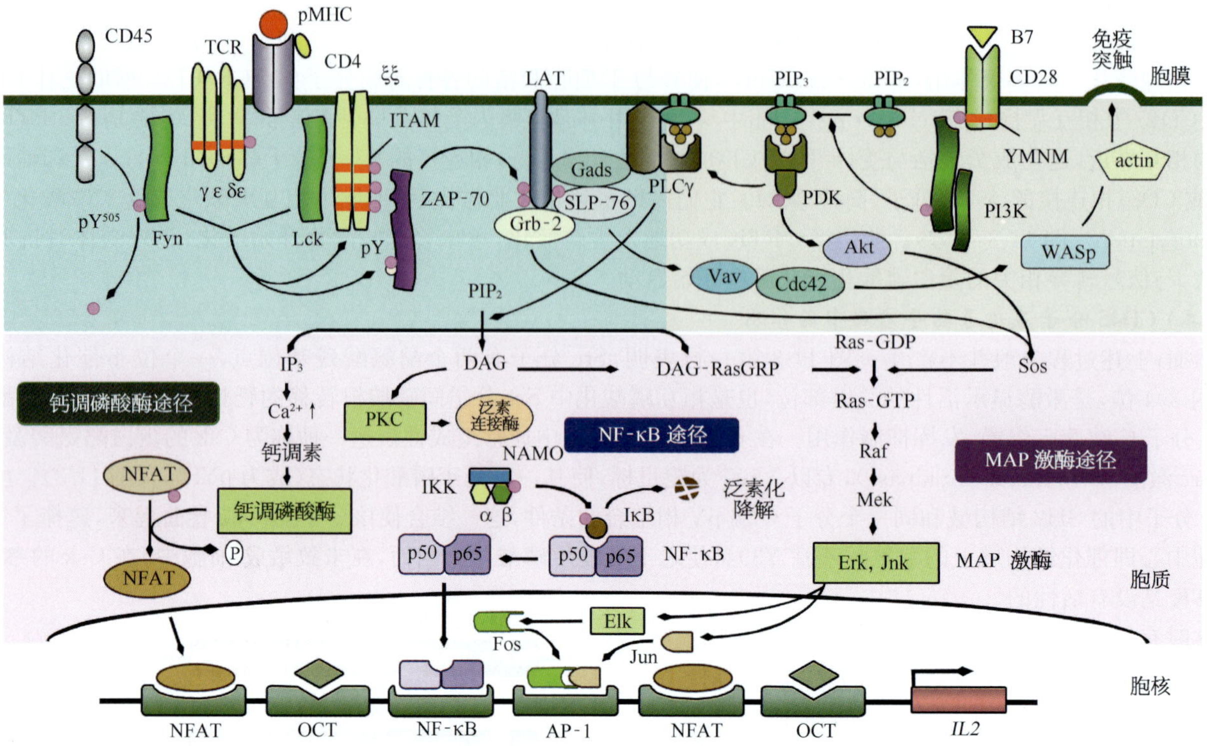

图 11-4 T细胞激活信号转导的启动和主要的信号途径

Fyn/Lck：蛋白酪氨酸激酶 Src 家族成员；LAT/SLP-76/Gads/Grb-2：衔接蛋白；ZAP-70：ζ链相关蛋白；Itk：蛋白酪氨酸激酶 Tec 家族成员；PI3K：磷脂酰肌醇 3 激酶（双链）；Akt：丝氨酸苏氨酸激酶；PIP₂：二磷酸磷脂酰肌醇；PLCγ：磷脂酶 Cγ 链；IP₃：三磷酸肌醇；DAG：二酰甘油；RasGRP：Ras 鸟苷酸释放蛋白；Sos/Vav：鸟苷酸置换因子；PKC：蛋白激酶 C；OCT：胞核内组成性表达的转录因子；PDK：PIP3 依赖性激酶；Cdc42：鸟苷三磷酸酶；WASp：Wiskott-Aldrich 综合征蛋白；actin：肌动蛋白；Elk：转录因子。（注：图中 PIP2、DAG、Ras-GDP 和 Ras-GTP 皆为膜结合分子，此图为阐述和理解的方便，部分画成游离状态）

2）PLC-γ 分子因其 γ 链上的酪氨酸残基被胞膜一侧属于 Tec 家族的 PDK 所磷酸化而被激活，启动三条胞内信号转导途径（详下）。

3）与此同时，活化的 PDK 作用于蛋白丝氨酸/苏氨酸激酶 Akt，参与激活鸟苷酸置换因子 Sos 相关的 MAP 激酶信号途径。

4）被招募于 LAT 平台的 Grb-2 参与激活 Sos。

5）被招募于 LAT 平台的 SLP-76 和 Gads，与招募于 PIP3 的 Vav 和 Cdc42 一起，通过激活 Wiskott-Aldrich 综合征蛋白（WASp）引起胞质中肌动蛋白（actin）多聚化和细胞骨架重排，参与免疫突触的进一步形成。

由此可见，在 T 细胞信号转导起始阶段发挥作用的成分主要有：Src PTK 家族成员 Lck 和 Fyn、CD3 ζ 链、Syk PTK 家族成员 ZAP-70、衔接蛋白 LAT，以及由 CD28 共刺激信号激活的 PI3K、PDK 和磷脂酶 PLC-γ。

三、抗原激活信号胞内转导的主要途径

图 11-4 下方紫红底色部分表明，与胞膜相连的 PLC-γ 被激活后，可将二磷酸肌醇（PIP_2）降解为三磷酸肌醇（IP_3）和二酰甘油（DAG）。IP_3 向胞质扩散，启动钙调磷酸酶参与的信号途径，而 DAG 则启动 NF-κB 和 MAP 激酶参与的另外两条信号途径。

（一）钙调磷酸酶途径

从膜内侧向胞质溶胶中扩散的 IP_3，一方面打开细胞膜上的钙通道使胞外钙离子进入细胞内，同时开启细胞内钙池（内质网），增加 Ca^{2+} 的释放，协同提高胞内游离钙的浓度。胞质内钙离子含量的上升，激活一种称为钙调素（calmodulin）的 Ca^{2+} 结合蛋白，后者可调节其他酶类的活性，并最终导致钙调磷酸酶（calcineurin）的激活。钙调磷酸酶是一种丝氨酸/苏氨酸磷酸酶而不是酪氨酸激酶，其靶分子是已发生磷酸化的丝氨酸或苏氨酸。而天然状态下的转录因子 NFAT 正是处于丝氨酸/苏氨酸磷酸化状态而不显示活性，在钙调磷酸酶的作用下可脱去磷酸根而激活。结果，NFAT 分子从胞质进入胞核，与目标基因（此处以 *IL2* 基因为例）的启动子区相应顺式作用元件即 DNA 框（DNA box）相结合（图 11-4）。

（二）NF-κB 途径

转录因子 NF-κB 因最早发现参与 B 细胞 κ 链基因的转录而得名。NF-κB 属于 p50 和 p65 两个分子组成的异源二聚体，常态下因结合有抑制蛋白 IκB 而无活性。因而 NF-κB 的活化指的是解除 IκB 与它的结合。能担负此职责的成分称为 IKK，即 IκB 激酶，由三个单元即 α、β、γ（γ 又称 NEMO）所组成。展示于图 11-4 中部的信号途径表明，因 PLC-γ 的催化而产生的二酰甘油（DAG），可激活一种重要的丝氨酸/苏氨酸激酶 PKC（PKCθ），PKC 通过泛素连接酶再激活 IKK，IKK 作为激酶可使 IκB 发生磷酸化并通过胞质中的蛋白酶体迅速解体。结果 NF-κB 的抑制被解除，开始转位至胞核。

需要指出的是，NF-κB 介导的信号途径普遍见于各种免疫细胞的激活，包括固有免疫中模式相关受体启动的信号转导。请同时参见第一章图 1-15A。

（三）MAP 激酶相关途径

1. Ras 蛋白与信号转导　原癌基因 *ras* 产物称为 $p21^{ras}$，简称 ras 蛋白，分子质量为 21 kDa。Ras 作为鸟苷酸结合蛋白，属于小 G 蛋白（small GTP-binding protein）家族成员。G 蛋白分两类，除了此处的小 G 蛋白，另一类为异源三聚体 G 蛋白（heterotrimeric G protein），受体为 7 次跨膜型分子，是一个包括 100 多个成员的大家族（见第六章）。但只有小 G 蛋白家族直接参与淋巴细胞抗原识别信号的转导。

Ras 蛋白和鸟苷酸的结合取两种形式：与三磷酸鸟苷（GTP）结合（Ras 处于激活状态）及与二磷酸鸟苷（GDP）结合（Ras 不显示活性）。通常，Ras 处于和 GDP 结合的无活性状态，因而使 Ras-GDP 转变成 Ras-GTP 是信号转导中的一个重要步骤，这依赖于鸟苷酸置换因子（GEF）发挥作用。鸟苷酸释放蛋白（GRP）和 Sos 皆属于 T 细胞中 GEF 家族的成员，可使结合于 Ras 的 GDP 解离而置换上 GTP，令 Ras 蛋白激活（图 11-5）。激活的 Ras 先结合丝氨酸/苏氨酸激酶 Raf（又称 MAPKKK，详下），再由 Raf 顺序使 MAP 激酶家族成员 Erk 和 Jnk 磷酸化。磷酸化的 Jnk 可激活原癌基因 *Jun*，而 Erk 使另一转录因子 Elk 发生磷酸化并转位至胞核，使原癌基因 *Fos* 激活并在核内表达 Fos 蛋白，后者与已经入核的 Jun 共同组成另一个重要的转录因子 AP-1（图 11-4，图 1-15）。因而 AP-1 活化的关键，是鸟苷酸置换因子的活化。现知，经 PLC-γ 而产生的 DAG 可形成 DAG-RasGRP，使鸟苷酸释放蛋白活化，而另一鸟苷酸置换因子 Sos 则通过膜结合的 PIP_3 和丝氨酸/苏氨酸蛋白激酶 Akt 的通路而激活（图 11-4）。结果发生 Ras-GDP 向 Ras-GTP 的转化。

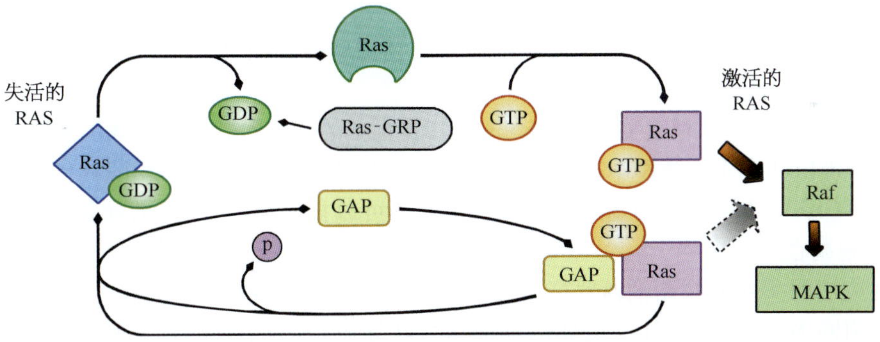

图 11-5　Ras-GRP 和 GAP 对 Ras 蛋白转录活性的激活与调节

GDP：鸟苷二磷酸；GTP：鸟苷三磷酸；Ras：癌基因 Ras 产物；GRP：鸟苷酸释放蛋白（一种鸟苷酸置换因子）；GAP：鸟苷三磷酸酶激活蛋白；Raf：信号转导衔接蛋白；MAPK：丝裂原激活蛋白激酶

图 11-5 表明，Ras-GTP 的活性还受控于另一个调节因子，称为 GTP 酶激活蛋白（GAP）。其功能是使结合于 Ras 蛋白的 GTP 脱去一个磷酸根，让 Ras-GTP 及时地转换成无活性的 Ras-GDP。否则，一直处于活化状态的 Ras-GTP 有可能持续地放送激活信号（图 11-5 右侧虚线粗箭头），使细胞无节制地分裂，引起癌变。

2. MAP 激酶级联反应　MAP 激酶（MAPK）在小 G 蛋白参与的信号转导中十分重要，而 MAPK 的激活又依赖于另一个激酶 MAPKK，即 MAP 激酶的激酶，而且，前面还有一个 MAPKKK（MAP3K）起作用（图 1-15B）。Raf 即属于 MAP 激酶激酶的激酶（MAP3K）。所以 MAPK 激酶的活化经历了以下级联反应：

MAPKKK → MAPKK → MAPK → 转录因子激活

图 11-6 总结了 T 细胞激活信号转导涉及的主要事件。可以将其与图 11-4 相对照，以利于深入理解。

四、T 细胞信号转导抑制剂

几种重要免疫抑制剂的作用机制，皆涉及对 T 细胞活化信号的干扰。

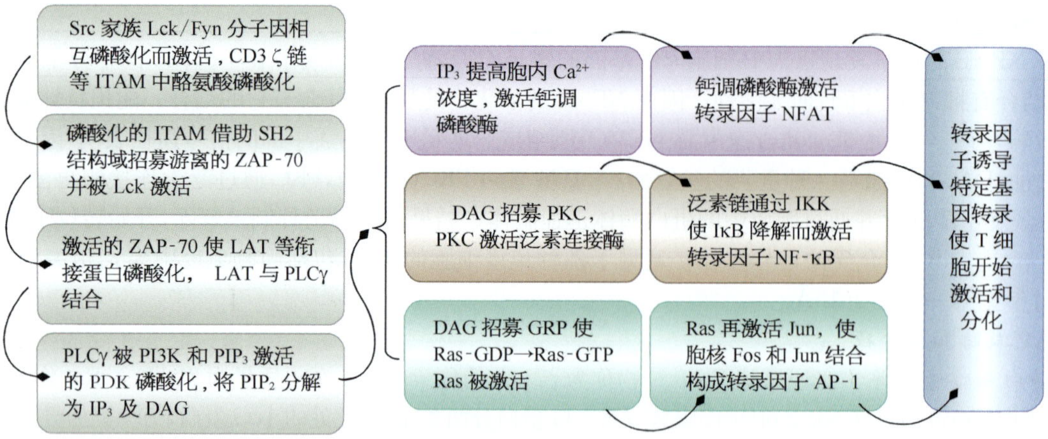

图 11-6　T 细胞抗原识别信号转导及三条下游途径示意图

图中术语的中文含义见图 11-4 图注

T 细胞胞质内有一类专门和抑制剂起作用的蛋白质称为免疫嗜素(immunophilin)，可以和信号转导途径中的一些成分竞争性结合而阻断信号传递。所涉及的三种免疫抑制剂已被应用于抗移植物排斥(表 11-1)。

表 11-1　三种常用的 T 细胞抑制剂对信号转导的阻遏作用

抑制剂	来源	结合的免疫嗜素	竞争的信号蛋白	靶分子
环孢素	土壤真菌(*T. Inflatum*)	嗜环蛋白(cyclophilin)	钙调磷酸酶	转录因子 NFAT
他克莫司(FK506)	丝状菌(*S. tsukabaensis*)	FK 结合蛋白(FKBP)	钙调磷酸酶	转录因子 NFAT
西罗莫司	丝状菌(*S. hygroscopicus*)	西罗莫司结合蛋白	蛋白激酶 mTOR*	PHAS-1

* mTOR：mammalian target of rapamycin，包括 FRAP、RAFT1、RAPT1。

环孢素(cyclosporin A，CsA)是一种自挪威土壤真菌中分离出来的 10 肽，它进入胞质之后和称为嗜环蛋白(CyP)的免疫嗜素结合。CsA-CyP 复合物可以和信号转导途径中的钙调磷酸酶结合，使其不能脱去底物 NFATp 分子上的磷酸根，造成 NFAT 的激活和转位失效(图 11-7A)。

FK506 为一种大环内酯物，药名他克莫司(Tacrolimus)，自日本的一种丝状菌中分离。胞质内与 FK506 相结合的免疫嗜素称为 FK 结合蛋白(FKBP)。FK506-FKBP 复合物起着和 AsA-CyP 复合物相同的作用，即阻遏钙调磷酸酶的功能而抑制信号转导。CsA 和 FK506 除了阻遏 T 细胞激活，还可以抑制 Ca^{2+} 依赖的丝氨酸酯酶(颗粒酶)的分泌和阻断抗原驱动的 T 细胞凋亡。

第三种已获广泛应用的 T 细胞抑制剂西罗莫司(Sirolimus)，也称雷帕霉素(Rapamycin)，来自复活节岛上的另一种丝状菌。西罗莫司阻断 IL-2、IL-4 和 IL-6 受体启动的信号转导通路，而不影响钙调磷酸酶活性。它和相应的免疫

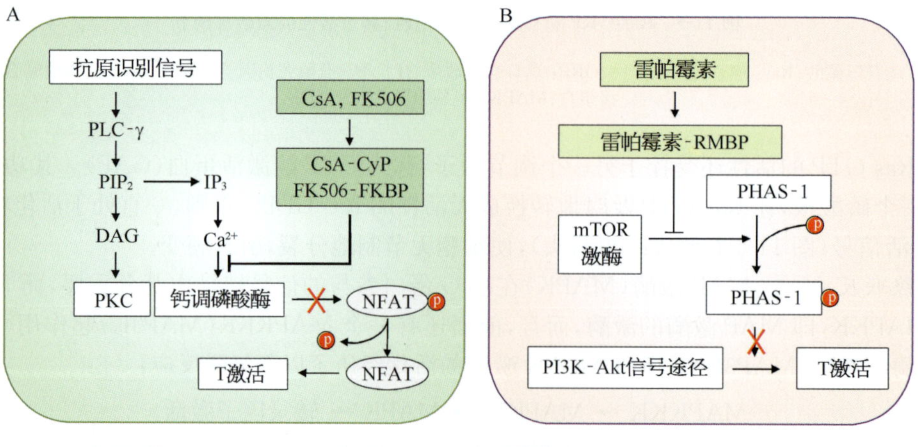

图 11-7　三种 T 细胞抑制剂对 T 细胞相关信号转导的阻断作用

A. CsA 和 FK506 分别与相应的免疫嗜素 CyP 和 FKBP 形成复合物，竞争性结合钙调磷酸酶，使之不能被 Ca^{2+} 激活，造成 NFAT 无法脱磷酸化。B. 雷帕霉素与免疫嗜素 RMBP 结合后，抑制丝氨酸苏氨酸激酶 mTOR 活性，使 PHAS-1 不能发生磷酸化，造成 PI3K 和 Akt 介导的信号通路受阻，干扰 T 细胞活化。mTOR：mammalian target of rapamycin

嗜素构成复合物后，可抑制一种称为 mTOR 的蛋白激酶，使后者不能借助磷酸化使底物 PHAS-1 激活，干扰 PI3K 和 Akt(PKB)参与的信号途径，造成 T 细胞生长停留在 G_1 期，并发生凋亡(图 11-7B)。

第二节 T 细胞激活的其他信号

本章一开始就提到，初始 T 细胞通过“MHC-抗原肽-TCR”三分子复合物得到抗原识别信号(第一信号)之后，需要有共刺激信号(第二信号)方能活化。第二信号可有多方面来源，主要来自 APC 表面的 B7 分子(配体)和 T 细胞表面 CD28 分子(受体)的结合。第二信号不具有抗原特异性，但是没有第二信号，很多基因(如 *IL 2*)不发生转录激活，因而获得了抗原识别信号的 T 细胞不能进入增殖分化阶段，呈现无能状态，甚至发生凋亡。

与 T 细胞相互作用的各种免疫细胞中，只有专职抗原提呈细胞(特别是其中的 DC)可以组成性或诱导性地同步提供第一和第二信号，使 T 细胞激活。T 细胞如果通过 TCR 识别其他细胞(特别是非专职 APC，如上皮细胞)所提供的 pMHC 复合物，往往因第二信号的缺如而进入无能状态，此后，即使再有来自其他专职 APC 提交的第二信号，亦无法诱致 *IL 2* 基因的表达，T 细胞不再激活。

一、CD28 共刺激受体介导的信号转导

1. CD28 和 PI3 激酶　对 T 细胞，第二信号也属于激活信号，因而需要有 ITAM 的参与。已确认出现在 CD28 跨膜分子胞内段的 ITAM，其基序是 YMNM。不管组成如何变化，基序中起关键作用的仍然是酪氨酸(Y)，它的磷酸化除了依赖于 CD28 与 B7 分子的配接，还需要 CD4 和 TCR/CD3 分子相关 Src PTK 的激活，因为激活的 Src 特别是其中的 Lck 激酶，也可使 CD28 分子胞内段 YMNM 中的酪氨酸发生磷酸化。在这个意义上，抗原启动第一信号的出现，也为第二信号的发送创造了条件。这里，被 pYMNM 基序招募的不是 ZAP-70，而是另一类带有 SH2 结构域的磷酸肌醇 3 激酶(PI3K)。

PI3K 在磷酸肌醇(phosphoinositide)的磷酸化和代谢中十分活跃。磷酸肌醇代谢主要涉及磷脂酰肌醇(phosphatidylinositol, PI)，该分子有个肌醇环，环中的第 3、第 4、第 5 位置的羟基可以发生磷酸化。能够使第 3 和第 4 位羟基发生磷酸化的酶，分别称为 PI3 激酶(PI3K)和 PI4 激酶(PI4K)。可见此类激酶催化的底物(使之发生磷酸化)不是蛋白质中的特定氨基酸残基，而是脂类代谢中的肌醇环。

图 11-8A 表明，磷酸肌醇代谢中 PI3K 作用前后出现的二磷酸磷脂酰肌醇(PIP_2)和三磷酸磷脂酰肌醇(PIP_3)十分重要。PIP_3 可借助激酶 PDK，活化磷脂酶 PLC-γ，后者再催化 PIP_2，使之分解为能够启动胞内信号途径的 IP_3 和 DAG。问题是，游离于胞质中的 PI3K 是如何被动员出来并被活化的？这一点很重要，因为涉及整个 T 细胞的激活。其实图 11-4 右上方已清楚地展示，CD28 受体分子胞内段 YMNM 基序中酪氨酸的磷酸化对招募和激活PI3K二聚体分子起了关键作用。

可见，没有 B7 和 CD28 分子的配接和介导的第二信号，整个抗原识别信号的转导无法有效地启动。这从分子水

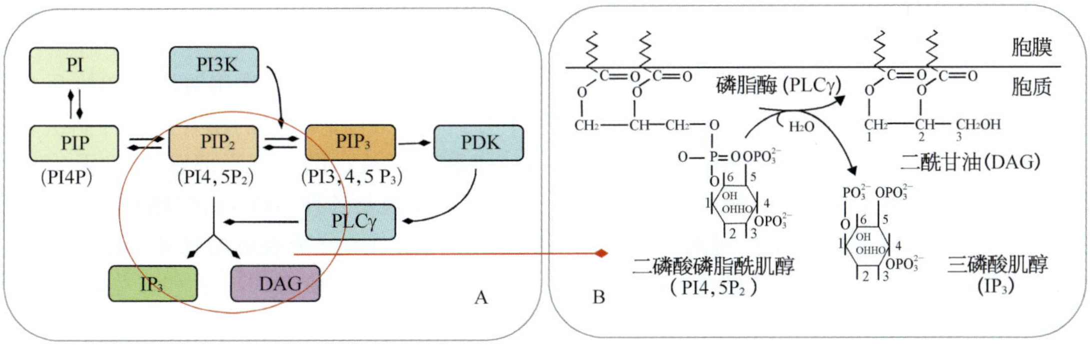

图 11-8　磷酸肌醇代谢及其与 T 细胞抗原激活信号转导的关系

A. 磷酸肌醇环的第 4 位、第 4、5 位，以及第 3、4、5 位可分别磷酸化，成为 PIP、PIP_2 和 PIP_3。(第 3、4 位也可磷酸化成为另一种 PIP_2，右上)。注意 PI 代谢中，PI3 激酶(PI 3K)和磷脂酶 PLCγ 分别激活 PIP_3 和参与启动 PIP_2 分解为三磷酸肌醇(IP_3)及二酰甘油(DAG)。B. 为图 A 中红圈圈出部分的细化，即在 PLC 催化下，PIP_2 分解为 IP_3 及 DAG 的分子反应式。IP_3 和 DAG 分别启动 T 细胞活化的钙调磷酸酶途径和 NF-κB 途径。注意 PIP_2 和 IP_3 分子中展示的六角形肌醇环结构及其中可发生磷酸化的 3、4、5 位置

平说明了 T 细胞活化中协同信号分子及其受体的重要作用。尽管 PI3K 的 p85 链带有 SH3 结构域(图 1-15),可以通过动员富含脯氨酸的衔接蛋白和信号成分发挥作用,但现时普遍认为,对 T 细胞的激活,PI3K 主要参与活化 PIP_3 以及 Tec 家族激酶参与的信号转导。PI3K 活性不佳,可导致 T 细胞进入无能状态,证实了这一点。

2. *共刺激信号促进 IL 2 基因转录的其他机制* 据报道,CD28 启动的第二信号还可在 mRNA 水平发挥作用。胞质中的 IL-2 mRNA 因其 3′ 端非转译区带有不稳定序列而短寿,因而这一细胞因子难以持续性地合成与释放。CD28 传递的信号可使 IL-2 mRNA 趋于稳定。据称,CD28 信号对基因的转录激活和对 mRNA 的致稳作用两个方面加在一起,可使 T 细胞分泌 IL-2 的数量提高 100 倍。

3. *参与 T 细胞激活的其他协同刺激分子* 能为 T 细胞激活提供共刺激信号的成分,除了 B7 与受体 CD28 的配接,还有其他许多共刺激分子及受体。图 11-9 展示了共信号分子两个家族中的若干成员(同时参见第一章表 1-4)。其中引人注意的是,并非所有的受体与配体结合都传递活化信号,有的是抑制信号,取决于受体分子胞内段携带的是免疫受体酪氨酸激活基序(ITAM)还是抑制基序(ITIM)。免疫调节一章将介绍,信号转导中两种类型受体(分别称为共刺激受体和共抑制受体)的作用一正一反,在免疫细胞的活化和功能行使中发挥重要的调变作用。注意到图 11-9 共抑制受体 PD-1 胞内段除了有 ITIM,还带有一类称为免疫受体酪氨酸转换基序(immunoreceptor tyrosine-based switch motif, ITSM)的结构,其组成为 TxYxxV/I(T 为苏氨酸、Y 为酪氨酸、V 为缬氨酸、I 为异亮氨酸、x 为任意氨基酸)。之所以有此称谓,是因为该基序可根据是否存在一种称为 SAP 的衔接蛋白而决定是结合酪氨酸激酶(如 Fyn)还是结合酪氨酸磷酸酶(如 SHP-2),一个激活,一个抑制,作用相反,但主要功能是启动负向调节。带有 ITSM 结构的共刺激(共抑制)受体还有一种称为信号转导淋巴细胞激活分子(signaling lymphocyte activation molecule, SLAM)的 CD2 家族成员,以及另一种称为 2B4 的受体分子。

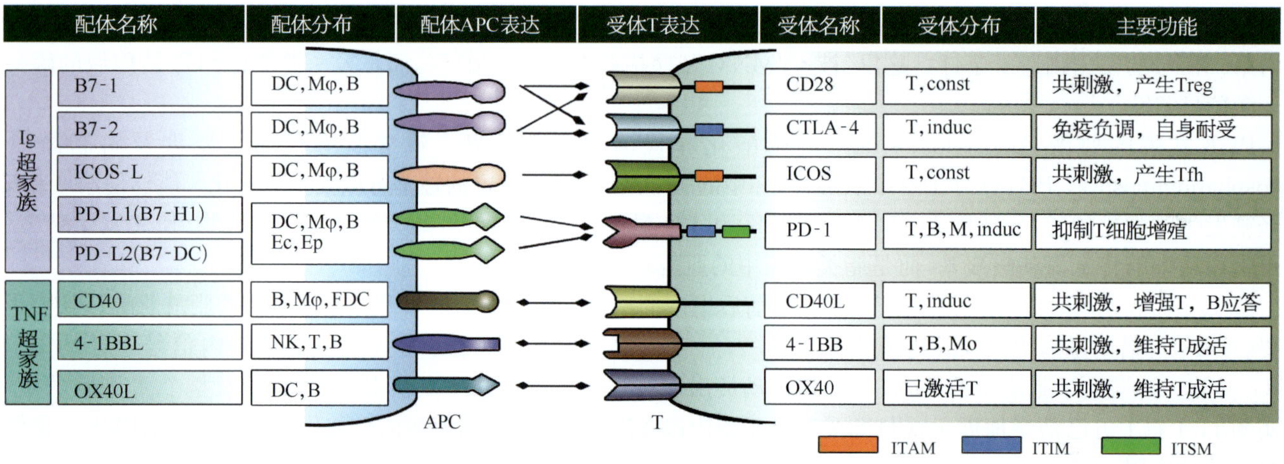

图 11-9 参与 T 细胞激活(抑制)的主要协同刺激分子及其受体

T: T 细胞;B: B 细胞;DC: 树突状细胞;Mφ: 巨噬细胞;M: 髓系细胞;Mo: 单核细胞;FDC: 滤泡树突状细胞;Tfh: 滤泡协助性 T 细胞;Ec: 内皮细胞;Ep: 上皮细胞;const: 组成性表达;induc: 诱导性表达

不是说图 11-9 所有共信号分子的功能和地位是相等的。现认为,CD28-B7 相互作用对激活初始 T 细胞并启动其应答最为重要;ICOS-ICOSL 配接对依赖 Th 细胞的抗体应答十分关键;CTLA-B7 间的结合专门抑制次级淋巴器官中 T 细胞的活化;而 PD1-PDL 间相互作用可阻抑外周组织中效应细胞的激活。图中下半部属于 TNF 家族的共信号分子,受体和配体间的相互作用往往是双向的。如受体 CD40 表达于 B 细胞及各种 APC,而配体 CD40L 出现于 T 细胞,这对分子对两类细胞皆属必需,因为 APC 得到 CD40 受体传入的信号后,B7 分子表达增强并分泌 IL-12,反过来促进 T 细胞的分化。表达于激活 T 细胞的共刺激分子 4-1BB 和 Ox40 对维持 T 细胞的成活和产生有效的应答也十分重要。

二、转录因子的活化和基因的表达

(一) 转录因子的活化和转位

转录因子通过磷酸化或脱磷酸化等作用被活化后,从胞质转位进入细胞核,和基因启动子区相应 DNA 盒结合。图 11-10 总结了与 *IL 2* 基因转录相关的转录因子。其中 NFAT、NF-κB 和 AP-1 的特性和激活特点已在前面介绍。得注意的是，该图最下方列举的另一转录因子为 STAT5。STAT 指信号转导和转录激活蛋白(signal transducer and activator of transcription)，磷酸化后多以同源二聚体的形式进入细胞核，在细胞因子受体启动的信号转导中发挥作用(详后)。

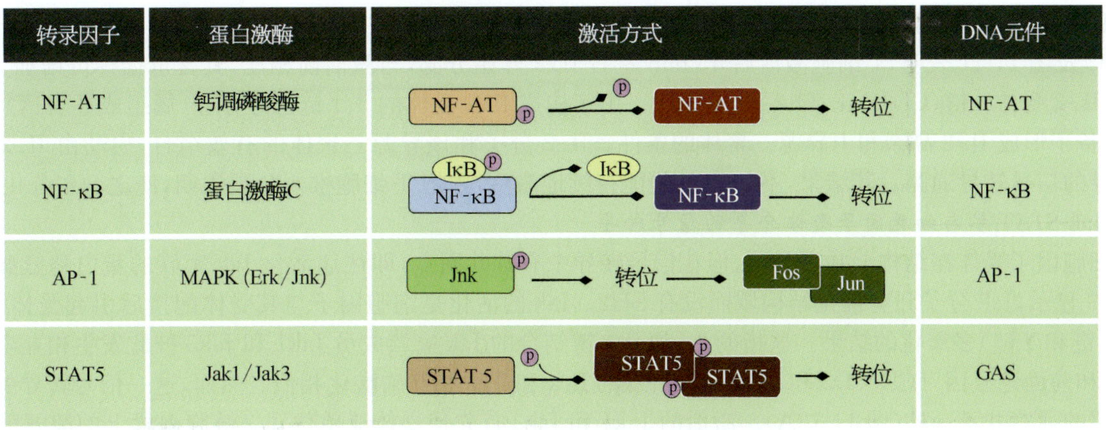

图 11-10 参与 T 细胞信号转导的主要转录因子及其激活

(二) 基因的激活和表达

T 细胞激活中参与表达的基因在 70 种以上。功能分为三类：细胞原癌基因、细胞因子/细胞因子受体基因和其他表面分子基因。根据激活所需的时间或表达的顺序也分为三种：即时基因(细胞接受刺激后 15～30 min 表达)、早基因(0.5～24 h)和晚基因(数天)。

一些代表性的基因及其产物的特性列于表 11-2，并选择性地以图 11-11 表示。

表 11-2 T 细胞激活中被活化的一些代表性基因及其产物

基 因	表 达 时 间	产 物 分 类	产物表达部位
c-fos, *c-jun*, *c-myc*	即时型(15～30 min)	原癌基因产物	细胞核
NFAT, *NF-κB*	即时型(20～30 min)	转录因子	细胞核
IL2	早型(45 min)	细胞因子	胞外分泌
IL3, *IL4*, *IL5*, *IL6*	早型(1～6 h)	细胞因子	胞外分泌
IFNG, *TGF-β*, *GM-CSF*	早型(0.5～20 h)	细胞因子	胞外分泌
IL-2R(*CD25*)	早型(2 h)	细胞因子受体	细胞膜
转铁蛋白受体基因	早型(14 h)	受体	细胞膜
CTLA-4	早型(12 h)	第二信号抑制受体	细胞膜
FasL	?	Fas 配体	细胞膜
CD40L	?	CD40 配体	细胞膜
HLA-DR	晚型(3～5 d)	MHC 分子	细胞膜
VLA-1	晚型(7～14 d)	黏附分子	细胞膜

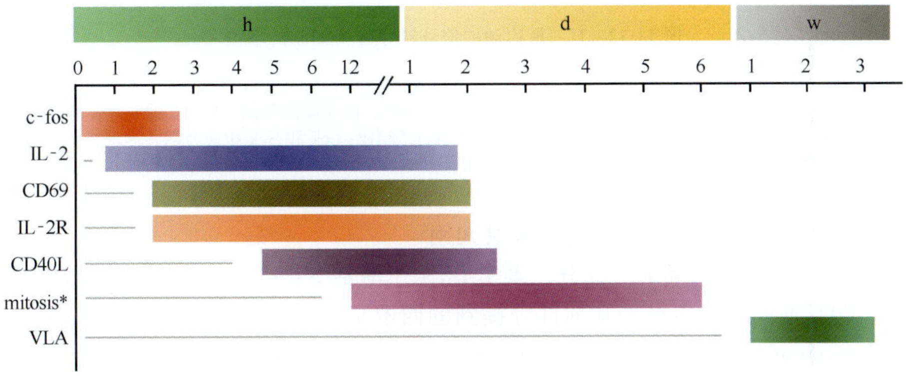

* 启动 T 细胞分裂的基因

图 11-11 T 细胞激活中各种基因以不同的时相转录并表达产物(举例)

稍加注意不难看出，表中属即时基因者，产物皆为转录因子。然而，事先没有转录因子的存在和激活，这些基因如何得到表达？因而在此之前，必然有预存的转录因子先参与基因转录的启动。因而，新转录因子的大量产生，可以看作是基因表达的“第二次浪潮”，并引起早基因和晚基因的相继激活。

三、细胞因子 IL-2 受体启动的信号转导在 T 细胞激活中的作用

表 11-2 及图 11-11 表明，T 细胞激活后 45 min 左右 IL-2 开始分泌，与激活前相比，其含量据称可增加 1 000 倍以上。同时，IL-2 受体 α 链（CD25）于 2 h 后开始表达。由于构成 IL-2 受体的 β、γ 链已经存在（属组成性表达），三条链同时出现，具备了形成 IL-2 高亲和力异源三聚体的条件。IL-2 分子和该异源三聚体的有效结合，启动由 IL-2 受体 β 链和 γ 链介导的信号转导通路。其结果，不仅 T 细胞能持续地激活，并把 T 细胞推入分裂周期，使之增殖分化。

（一）Jak-STAT 参与细胞因子受体介导的信号转导

各种细胞因子受体在结构上并不相同，但在信号转导中有其共同点，即往往活化 Jak 家族的蛋白酪氨酸激酶。第一章图 1-13 显示，Jak 分子只有催化结构域而没有 SH2。Jak 的活化是细胞因子与其受体配接后引起受体亚单位（对 IL-2R 为 β 链和 γ 链）多聚化的结果。这指的是，和 β、γ 链结合的 Jak 家族成员 Jak1 和 Jak3 彼此发生相互磷酸化而激活，其原理和前面论及因 TCR/CD3 和 CD4 交联引发的 Lck 和 Fyn 相互磷酸化相似。然而，这一信号转导的后续途径和前面介绍的通路并不一样（图 11-12A）。激活的 Jak1 和 Jak3 首先使受体亚单位 β、γ 链胞内段上的酪氨酸残基发生磷酸化，其作用类似抗原识别信号转导中激活的 Lck 和 Fyn 使 CD3 ζ 链上的 ITAM 磷酸化。所不同的是，ζ 链上酪氨酸发生磷酸化后招募 ZAP-70 分子，而细胞因子亚单位上磷酸化的酪氨酸所招募的是转录因子 STAT 家族中的 STAT 5，因为 ZAP-70 和 STAT 5 皆带有识别 pY 的 SH2 结构域。STAT5 分子一旦被招募进入 Jak 附近，其中的酪氨酸残基即被磷酸化而被激活。

应该指出，不同细胞因子受体往往启用 Jak 和 STAT 家族中的不同成员（见第六章表 6-4）。对 IL-2R，被激活的是 Jak1 和 Jak3，随之活化 STAT 5。此时，两个磷酸化的 STAT 5 分子借助彼此间 pY 和 SH2 的结合而构成同源二聚体，随后发生转位，进入细胞核，和 IL-2 基因启动子区中的一个称为 GAS 的特定顺式作用元件结合，使 IL-2 基因发生转录。

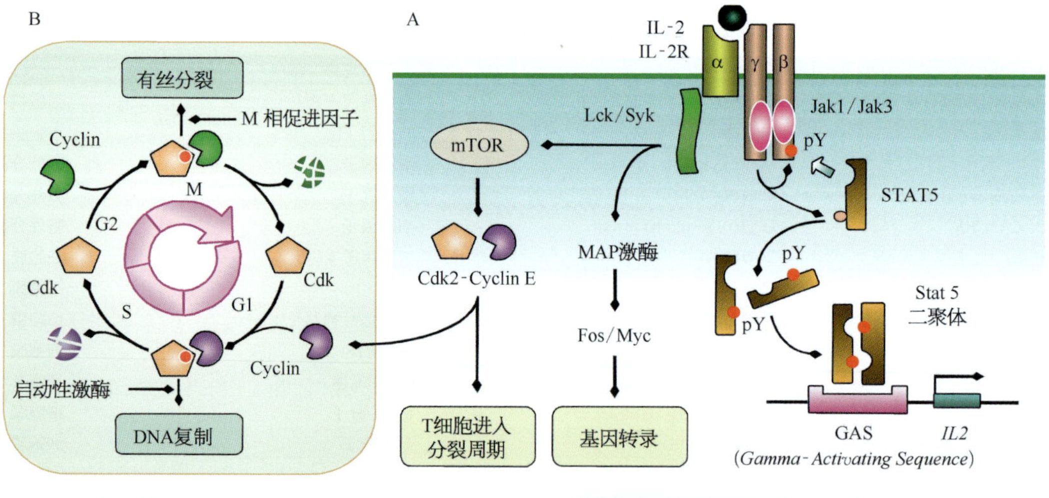

图 11-12 IL-2R 启动的信号转导与 T 细胞的增殖

A. 由三条跨膜分子组成的 IL-2 高亲和力受体与 IL-2 配接后，与之相连的 PTK Jak1 和 Jak3 借助相互磷酸化而激活，首先使 β 链上的酪氨酸发生磷酸化，后者招募带有 SH2 结构域的转录因子 STAT5，该分子上的酪氨酸同时从 Jak 获得磷酸根。两个磷酸化的 STAT5 借助各自的 SH2 形成同源二聚体，进入细胞核与启动子区顺式作用元件 GAS 结合，再次启动 *IL2* 基因转录。B. 与此同时，酪氨酸激酶 Lck 和 Syk 也被激活并启动其他信号转导途径。其中之一是通过蛋白激酶 mTOR 和 PI3K 途径，激活周期素（cyclin）和周期素依赖性激酶（cdk），后两者将 T 细胞推入细胞分裂周期

（二）IL-2R 介导的信号转导把 T 细胞推入有丝分裂周期

上面只是 IL-2 受体介导的信号转导的一部分。事实上，除了激活 STAT5 之外，IL-2R 还通过多种 PTK 参与的通路，激活其他一些激酶，包括前面信号转导抑制剂部分提到的西罗莫司的作用底物 mTOR 激酶。mTOR 参与周期素依赖性激酶 2（cyclin-dependent kinase2，Cdk2）的活化，并激活周期素 E（Cyclin E）。周期素是细胞进入分裂周期并从 G_1 期向 S 期转化的重要调节蛋白。因 IL-2R 信号而活化的 Cdk2-Cyclin E 组合，有利于 T 细胞进入细胞分裂周期（图 11-12B）。据观察，激活的 T 细胞一天可以分裂 2～3 次，产生大量子代细胞。

显然，T 细胞没有进入激活状态，就不会有各种基因的表达，包括 IL-2 和 IL-2Rα 编码基因的表达，因而也无法启

动由细胞因子 IL-2 受体介导的信号转导。换言之，细胞因子 IL-2 一般不会作用于未致敏和未被激活的 CD4 T 细胞，因为这些细胞表面不能有效地构成由 α、β、γ 三链组成的高亲和力 IL-2 受体。

还需要指出的是，IL-2Rα 又称 CD25，曾作为 T 细胞激活的标志，因为 CD4 T 细胞获取第一和第二信号之后，即从 CD4$^+$CD25$^-$ T 细胞转化成 CD4$^+$CD25$^+$ T 细胞。显然，应该把后者与免疫调节一章中的 CD4$^+$CD25$^+$ Treg 相区别。此处的 CD25 为诱导性表达，nTreg 中 CD25 为组成性表达，与抗原激发无关。两类细胞还有其他方面的重要差别，请见第十四章。

第三节　T 细胞功能性亚群的分化

CD4 T 细胞和 CD8 T 细胞的分化在胸腺中已经完成。CD4 T 细胞进入外周免疫器官之后，被抗原肽与Ⅱ类分子形成的复合物所激活，成为辅助性 T 细胞(CD4 Th)；CD8 T 细胞则被抗原肽与Ⅰ类分子复合物激活，成为细胞毒性 T 细胞(CD8 CTL)。此时 T 细胞还需经历进一步成熟和分化成多个亚群，舍此，不能有效地发挥效应作用。

一、CD4 T 细胞亚群

(一) 抗原及细胞因子对 CD4 T 细胞亚群分化的启动作用

1. 多因素制约 CD4 T 亚群的分化　抗原类型、剂量、引入途径均可制约 T 亚群的分化。图 11-13 是一个例子。该处用不同剂量的病毒诱导新生小鼠产生抗病毒免疫应答。如果体内注入低剂量的病毒(0.3 个噬斑形成单位)，可以产生强有力的抗病毒效应，因为可诱导以分泌 IFN-γ 为主的 Th1 型细胞免疫应答。大剂量输入病毒(1 000 个噬斑形成单位)后，主要诱导 Th2 型应答，产生的细胞因子是 IL-4，虽也有抗病毒效果，但不如前者。

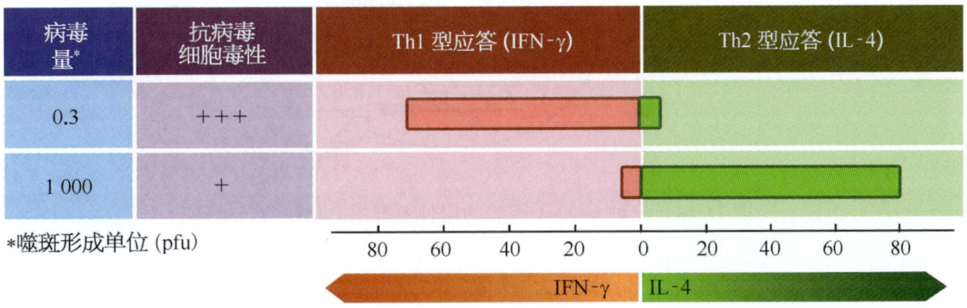

图 11-13　不同剂量抗原诱导产生不同 T 细胞亚群介导的免疫应答

低剂量病毒(0.3 pfu)感染新生小鼠产生分泌 IFN-γ 的 Th1 型应答并起保护作用。大剂量病毒(1 000 pfu)诱导产生分泌 IL-4 的 Th2 亚群

2. 细胞因子在 CD4 T 细胞亚群分化中起关键作用　前面提到，初始 T 细胞接收双重信号进入激活状态，引起基因的转录和活化，并表达各种膜分子和分泌细胞因子。然而，就 CD4 T 细胞而言，此时仍处于一种亚群分化前状态，称为 Th0 或 Th 前体(Th-p)。随后发生 Th0 向 Th1、Th2、Tfh 和 Th17 等亚群的分化，这一过程主要依赖一系列细胞因子。在 T 细胞未曾完成分化之前，这些细胞因子往往由非淋巴细胞提供。例如，参与 Th1 分化的 IL-12 通常由 DC 产生，激活 Th2 的 IL-4 主要由嗜碱粒细胞等分泌，促使 Th17 分化的细胞因子 IL-23 也主要由 DC 产生。可见，参与固有免疫的细胞可为 T 亚群的分化提供协助。

图 11-14 表明，CD4 Th0 向功能性亚群分化，须从两个方面接收信号：一是 TCR，二是细胞因子受体。

1) 参与 Th1 分化的细胞因子受体为 IL-12R，包括两个亚单位 β1 和 β2，其中 β2 的表达至为关键，因其胞内段的 3 个酪氨酸残基发生磷酸化后可传递激活信号。此处参与的激酶 Jak PTK 家族成员为 Jak2 和 Tyk2，活化转录因子 STAT4(见表 6-4)，后者以二聚体形式进入细胞核，首先激活 *IFNG* 基因，产生的 INF-γ 与同一细胞表达的 IFN-γ 受体结合，通过相应 Jak1 和 Jak2 使 STAT1 磷酸化，并引起 Th1 亚群专一性转录因子 T-bet 激活，后者一方面加速 *IFNG* 的激活，另一方面抑制 *IL4* 基因转录，最终完成 Th1 的分化。

2) 如果 IL-4 出现，IL-12Rβ2 亚单位表达受阻，剩下的 β1 不足以和 IL-12 结合而不能启动上述信号转导通路，而转为由 IL-4 借助相应的受体 IL-4R，在 TCR 信号的参与下，启动另一条由 STAT6 参与的通路，首先激活 Th2 亚群专一性转录因子 GATA3，后者不仅参与激活 *IL4* 基因，并阻抑 *IFNG* 的转录，由此引起 Th2 的分化。

3）促炎症细胞因子如 IL-6、IL-1 和 IL-23，以及 TGF-β 等推动 Th17 亚群分化。图 11-14 表明，在 IL-6R 和 TGF-βR 与配体作用并传递信号的条件下，STAT3 及亚群专一性转录因子 RORγt 相继激活，先是启动 *IL21* 基因的转录，并使 *IL4* 和 *IFNG* 两种基因处于失活状态。分泌的细胞因子 IL-21，再以自分泌的形式使 Th17 的活化进一步放大。同时，通过 IL-23 所发挥的作用，最终完成并稳定 Th17 细胞的分化，产生 IL-17 和 IL-22。其中 IL-17 参与炎症反应；IL-22 发挥屏障功能。所以，与 Th1/Th2 的分化不同，就 Th17 发育而言，很难说哪一种细胞因子独立地施加了影响，这也是早期把 IL-1、IL-6、IL-23、TGF-β 都视为 Th17 分化因子的原因。

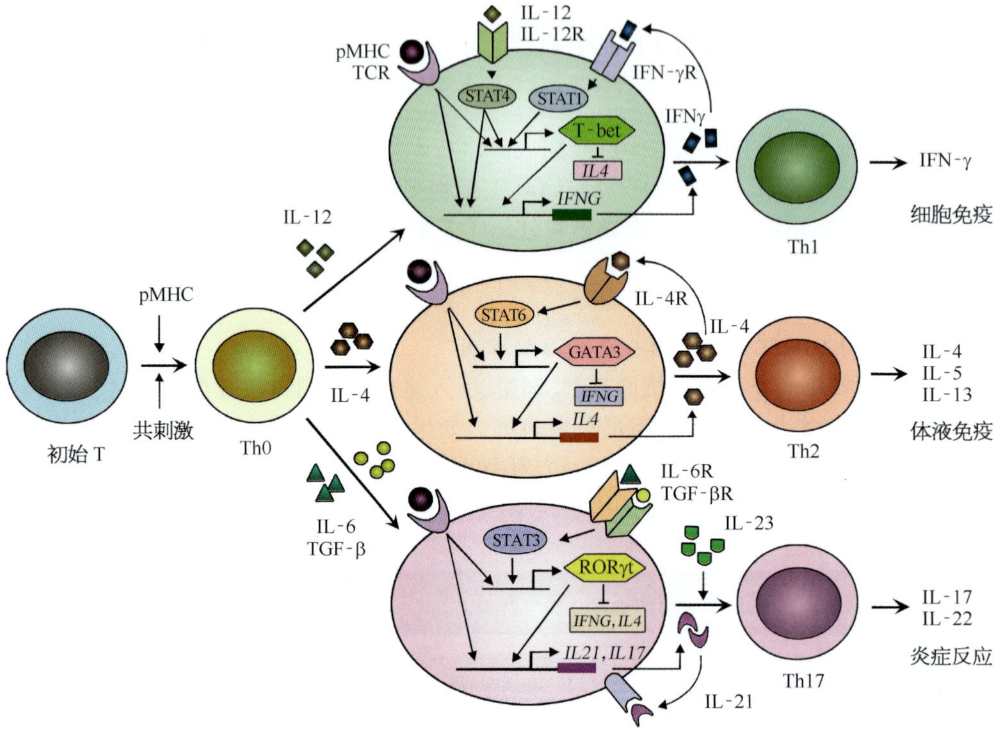

图 11-14　三种 CD4 T 细胞功能性亚群的分化及其特征

初始 T 细胞接受双重信号分化为 Th0 之后，① 在细胞因子 IL-12 的参与下通过 IL-12R 激活转录因子 STAT4，使 IFNG 基因激活，分泌的 IFN-γ 再作用于同一细胞的 IFN-γR，激活转录因子 STAT1，后者引起 Th1 亚群专一性转录因子 T-bet 基因激活，产生的 T-bet 一方面参与 *IFNG* 基因的转录，同时抑制 *IL4* 基因的活化，引起 Th1 亚群分化，通过产生 IFN-γ 等细胞因子介导细胞免疫。② 在 IL-4 的参与下，通过 IL-4R 激活 STAT6，使得 Th2 亚群专一性 GATA3 编码基因激活，胞核表达的 GATA3 在抑制 *IFNG* 转录的同时，激活 *IL-4* 基因，产生的 IL-4 以自分泌形式继续作用于 IL-4R，并使细胞分化成 Th2，通过分泌 IL-4、IL-5 和 IL-13 等细胞因子介导体液免疫。③ 在 IL-6 和 TGF-β 细胞因子的参与下，STAT3 和亚群专一转录因子 RORγt 被激活，一方面抑制 *IFNG* 和 *IL4* 基因转录，同时通过产生 IL-21 及其自分泌作用，并在 IL-23 的作用下，Th17 亚群得以分化，通过分泌 IL-17 和 IL-22 等细胞因子参与炎症反应

（二）亚群专一性转录因子和 CD4 T 亚群分化的表观遗传学因素

在细胞因子受体介导 CD4 T 亚群分化的信号转导中，参与的转录因子有两类，一是 STAT 家族，家族中哪一个成员发挥作用取决于不同细胞因子及与其接合的受体；二是亚群专一性转录因子，Th1 是 T-bet，Th2 是 GATA3，Tfh 是 Bcl-6，Th17 是 RORγt。从图 11-14 可以看出，后一类转录因子发挥作用有三个特点，一是编码基因的激活早于亚群分化相关的“标志性”细胞因子基因，如 T-bet 早于 Th1 中的 *IFNG*，GATA3 早于 Th2 中的 *IL4*；二是此类基因产物的表达并发挥作用，不在胞质和胞外，而是在细胞核；三是最关键的，这些转录因子通过基因启动子区特定部位 DNA 去甲基化、组蛋白乙酰化和染色质重塑（remodeling），以及动员辅助激活蛋白（coactivator）等多种表观遗传学机制，建立转录因子和顺式作用元件（DNA 盒）之间的一种可接近状态，促使染色质构象“开启”，使特定细胞因子基因选择性地进行转录，并启动“反制”机制，使得其他亚群相关细胞因子基因处于关闭和沉默状态。图 11-14 表明，T-bet 和 GATA-3 在各自开启 *IFNG* 和 *IL 4* 基因发生转录激活的同时，分别使 *IL 4* 和 *IFNG* 处于沉默状态。而且，在 Th17 亚群分化中，发现 TGF-β 之所以发挥促进作用，只是因为参与了抑制 *IL 4* 和 *IFNG* 两种基因转录，因而对 Th17 亚群的分化是一种间接的促进。

表 11-3 总结了促使 T 细胞功能性亚群分化的细胞因子、转录因子及这些亚群分泌的细胞因子和常见的功能。其中滤泡协助性 T 细胞（Tfh）亚群的分化及特点将在下一章中介绍。另外还包括两个新近确认的 CD4 T 细胞亚群：Th9 和 Th22。Th9 自 Th2 分化而来，其抗寄生虫感染和参与过敏反应的特性与 Th2 十分相似；Th22 亚群主要分离自

表 11-3 完成分化的 T 细胞功能性亚群

亚 群	诱导 Ck	分泌主要 Ck	转录因子	功 能	相关疾病
CD4 Th1	IL-12,IFN-γ	IFN-γ,TNF-α,IL-2	STAT1/4,T-bet	抗胞内病原体	自身免疫病,慢性感染
CD4 Th2	IL-4	IL-4,IL-5,IL-13	STAT6,Gata3	产生 Ab,抗蠕虫感染	变态反应性疾病
CD4 Tfh	IL-6,IL-21	IL-21	STAT3,Bcl-6	辅助 B 细胞	体液免疫缺陷,过敏疾病
CD4 Th17	TGF-β,IL-6,IL-23	IL-17,IL-22	STAT3,RORγt	抗胞外菌,抗真菌	炎症性疾病
CD4 Th9	TGF-β,IL-4	IL-9	STAT6,PU. 1,Gata-3	抗寄生虫	变态反应性疾病
CD4 Th22	TNF-α,IL-6	IL-22,TNF-α	AHR	组织修复	自身免疫性皮肤病
CD8 CTL	IL-2	IFN-γ,TNF-β,TNF-α	/	抗病毒感染,抗肿瘤	自身免疫病

皮肤炎症性疾病的皮损部位,是一个与皮肤免疫关系密切的 T 细胞亚群。详细情况已在第二章淋巴细胞亚群部分介绍,请参阅。表中最后一行提到的 CD8 CTL 细胞是一群重要的效应细胞,将随后另述。

二、CD4 T 细胞亚群的可塑性

CD4 T 细胞亚群的分化格局不是一成不变的。如果把后面将要提到的调节性 T 细胞算在内,有些亚群之间在特定细胞因子作用下可以发生转化。图 11-15 表明,这种转化主要发生在表达 IL-12Rβ2 受体的三个 T 亚群,其转化顺序是:诱导性调节细胞 (CD4 iTreg)→CD4Th17→CD4Th1 亚群,因而皆有细胞因子 IL-12 的促成,并有其他亚群分化相对专一的细胞因子参与,对 iTreg 是 TGF-β,对 Th17 是 IL-1 和 IL-6。整个亚群转化不涉及 IL-12Rβ2 受体阴性的 CD4 Th2 亚群。这种转化不具有可逆性,因而越是位于图 11-15 右侧的亚群(如 Th1 和 Th2)越是稳定。

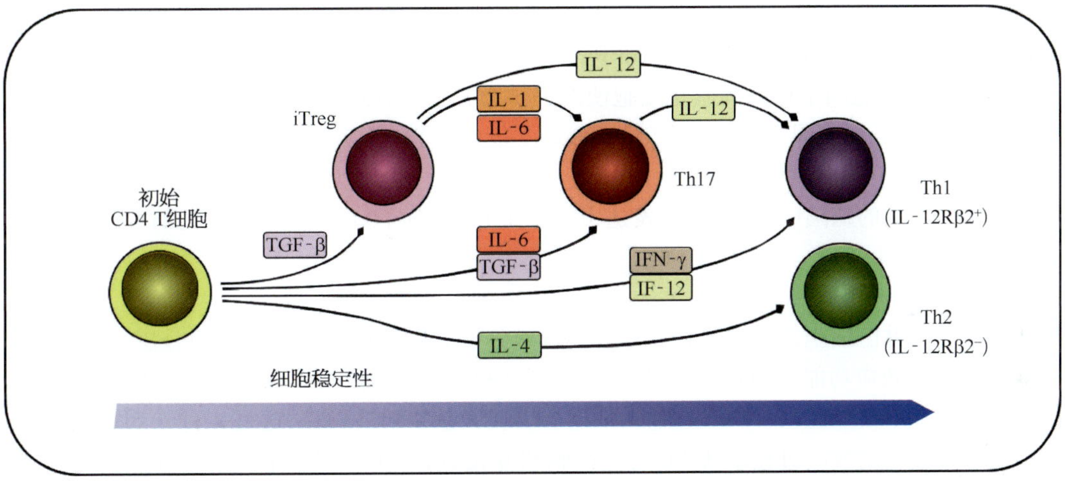

图 11-15 CD4 T 细胞亚群的可塑性

亚群转化认为有利于应对病原微生物(包括胞内寄生菌)为逃逸免疫监视而更换抗原表达(见十六章)的一种策略,因为不同亚群,特别是 Th1 和 Th17 两个涉及炎症反应的亚群,可分泌不同的细胞因子和其他抗菌成分以清除表达不同抗原的病原体。这是一种"你变,我也变"的应对格局。

三、CD8 细胞毒性 T 细胞

(一) CTL 前体细胞的激活分化

表达 CD8 分子的细胞毒性 T 细胞(CD8 CTL)是一类重要的功能性 T 细胞亚群,其成熟和分化由抗原驱动。和初始 CD4 T 细胞一样,CTL 前体(CTL-P,即初始 CD8 T 细胞)的激活和分化,也需要两个信号。第一信号来自 TCR 对 pMHC Ⅰ类复合结构的识别。能够提呈这一复合结构的,主要是非专职抗原提呈细胞,即所有的有核细胞。第二信号的来源可能有两种途径:一是活化 CD4 Th 细胞释放的细胞因子,可作用于非专职抗原提呈细胞,使其表达共刺激分子(如 B7);二是直接由活化的 CD4 Th 细胞提供 IL-2 等细胞因子,后者与 CTL 前体细胞表面的细胞因子受体结合,促进其增殖分化(图 11-16)。

(二) CTL 的免疫生物学特性

1) CTL 前体在抗原激活下发生克隆扩增,因而成熟 CTL 执行对靶细胞的杀伤具有二次应答的特点,即要求靶细胞提供相同的抗原肽和等位特异性相同的 MHC Ⅰ类分子。换言之,CTL 对靶细胞杀伤所显示的抗原特异性,往往要

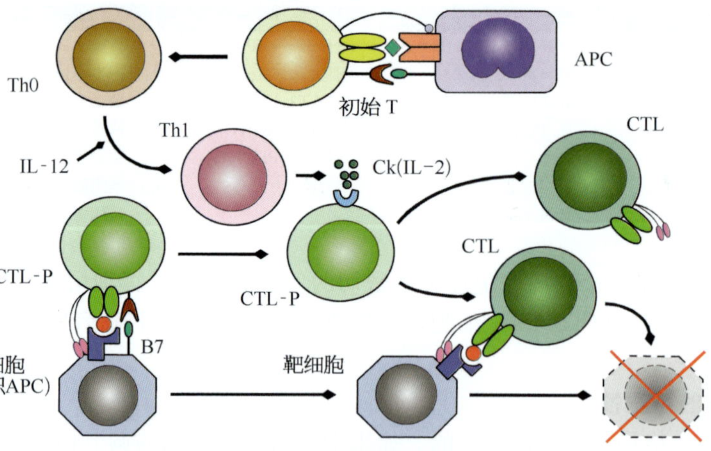

图 11-16 CD8 CTL 的激活、成熟和对靶细胞的特异性杀伤

求激活 CTL 前体的细胞和被 CTL 杀伤的细胞相同。另外,需要注意的是,成熟 CTL 属于已致敏 T 细胞,在二次应答识别靶细胞和行使杀伤功能时,一般不再需要共刺激信号的参与(图 11-16 右下方)。

2) 被 CTL 杀伤的靶细胞,往往来源于感染病毒的上皮细胞或内皮细胞,以及发生癌变的肿瘤细胞。这些细胞同时起着提呈抗原的作用,即向 CTL 前体和成熟 CTL 提交抗原肽和 MHC Ⅰ类分子。这些细胞属于非专职 APC。它们只有经过诱导,才有可能表达 MHC 分子和 B7 分子。诱导者可以是病原体,也可以是细胞因子,如 IFN-γ。因而上面提到 CD4 T 细胞释放的细胞因子可以刺激靶细胞使之提供第二信号,原因即在于此。但是,一旦这些细胞发生病理性变化(如癌变),则不能保证细胞因子诱导的有效性,亦即不能保证它们能够充分地表达 MHC 分子和 B7 分子,并行使 APC 功能。结果,CTL 的分化成熟(以及随后的杀伤)可能受阻。现已查明,肿瘤细胞有可能以此逃脱免疫监视。因为肿瘤细胞抗原提呈功能的缺陷(不表达或弱表达Ⅰ类分子和 B7 分子),会造成肿瘤特异性 CTL 不能有效地分化,而难以行使杀伤功能(见第十八章)。

(三)成熟 CTL 对靶细胞的杀伤

作为一类已被激活的淋巴细胞,成熟 CTL 会有多种表面分子的表达和可溶性因子的分泌。其重要者如 Fas 配体(FasL)和一些能直接发挥效应功能的细胞因子 IFN-γ、TNF-β 和 TNF-α 等(表 11-3)。FasL 的表达和分泌,对 CTL 诱导靶细胞凋亡至关重要。不仅如此,成熟 CTL 胞质中还会出现大量裂解性颗粒,这是一种专职化的溶酶体,内含穿孔素和颗粒酶等。在二次应答的效应过程中,CTL 与靶细胞相互接近,CTL 中的颗粒可聚集到靶细胞一侧。因为 CTL 胞质中的肌动蛋白和细胞骨架在靶细胞接触面发生局部重组,微管组织中心(MTOC)重新定向,使蛋白质的分泌朝向靶细胞。随后,CTL 发生颗粒胞吐(granule exocytosis),以分泌性杀伤的形式释放裂解因子于 CTL 及靶细胞间的空隙中,置靶细胞于死地。详情请见第十三章。值得关注的是,CTL 完成对特定靶细胞的杀伤后,可以立即与之脱离,寻找下一个靶目标实施连续杀伤。除了抗原特异性之外,CTL 功能行使中的杀伤高效性,是其另一个重要特性。

成熟 CTL 也具有分泌细胞因子特别是 IFN-γ 的能力,可同时活化 Mφ 参与免疫杀伤。其中被激活的转录因子主要是 Th1 相关的 T-bet 以及 eomesodermin,一种类似于 T-bet 的转录因子。

第四节 记忆性 T 细胞

免疫记忆状态的建立是适应性免疫应答的重要组成部分,体现在免疫系统对已接触过的抗原产生二次应答。二次应答表明持续存在着一群发生了克隆扩增的抗原特异性淋巴细胞,即记忆细胞。

记忆细胞由记忆性 T 细胞(memory T cell, T_M)和记忆性 B 细胞组成。后者将在下一章讨论。

一、记忆性 T 细胞的产生是一个由抗原启动的程序化过程

淋巴细胞介导的适应性免疫应答,就淋巴细胞的命运而言,经历了抗原特异性克隆的扩殖、收缩和记忆三个时相(图 11-17A 并参见图 1-19)。增殖指淋巴细胞的激活和发生有丝分裂;收缩指行使免疫效应后因效应细胞

的凋亡而使克隆容积减小；记忆指记忆性淋巴细胞的分化和维持。小鼠中的资料显示，机体在病原体抗原激发后第7日，克隆增殖达到高峰，14 d后克隆体积（容量）明显收缩，但可持续维持。其中CD8效应性T细胞的克隆扩增强度明显大于CD4协助性T细胞。增殖、收缩和记忆的演变和交替，不同程度地受程序化的调控，其中的决定因素是抗原刺激的类别、强度和持续时间。

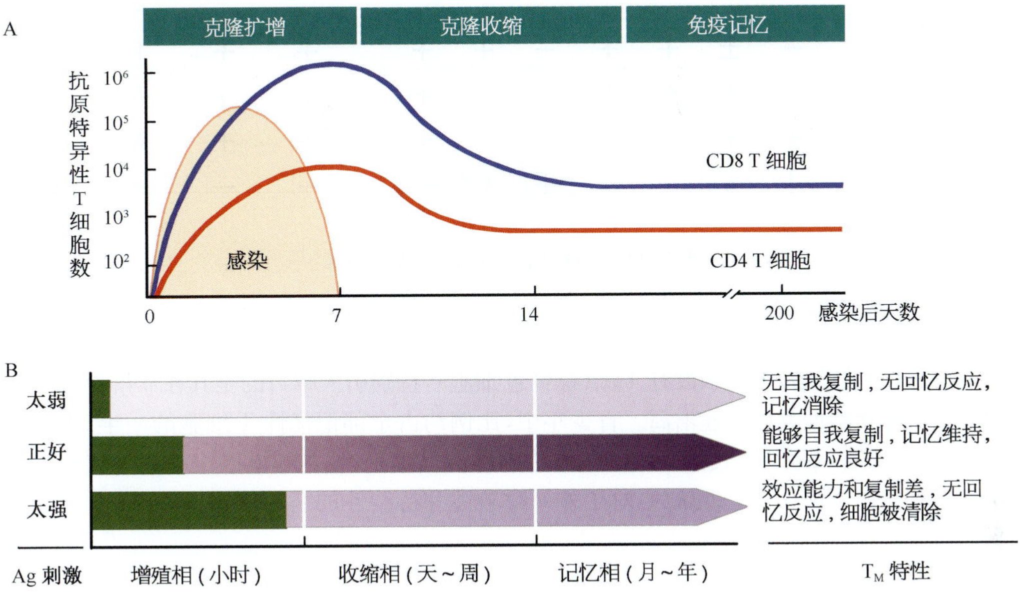

图 11-17 记忆性T细胞发育的三个时相

A. 在病原体抗原的刺激下，参与抗原特异性应答的T细胞经历了克隆扩增、克隆收缩和免疫记忆三个阶段。其中CD8 T细胞的扩增强度大于CD4 T细胞。B. 经历抗原特异性应答三个时相的T细胞是否分化成记忆性T细胞（T_M），依赖于抗原刺激。刺激强度以持续时间表示（左侧绿色部分）。只有最适强度抗原的激发才能产生一群能够自我复制并行使回忆反应的抗原特异性记忆T细胞

通常认为，如果首次抗原刺激在24 h内完成，可使T细胞至少出现7～10轮的有丝分裂而无需抗原持续在场。这是一种抗原刺激后短暂的程序性反应。分化后的CTL再次遭遇表达相同抗原的靶细胞并对其行使杀伤后，会出现激活诱导的细胞死亡（AICD）（见第十四章），造成淋巴细胞克隆容积的大幅度缩减，其中有5%～10%的效应细胞会分化成记忆性T细胞而被保留下来。这即是图11-17B中间一行（深紫色）所展示的情景。刺激太弱，没有足够多的淋巴细胞扩增，难以产生免疫记忆。刺激过强，如慢性感染时病原体的持续或反复刺激，在引发持续性应答的同时，将耗尽记忆细胞，呈现类似克隆清除的效果。因而最适抗原刺激，将使机体得以在抗原二次攻击时，保证呈现记忆T细胞的快速增殖和大量释放细胞因子。

二、记忆性T细胞的异质性及其亚群

第一章提到，免疫记忆性有保护性记忆和反应性记忆之分。对T细胞应答，前者由效应性记忆T细胞（T_{EM}）介导，后者由中枢性记忆T细胞（T_{CM}）介导。T_{CM}参与从血流到次级淋巴器官T细胞区再到淋巴液的循环，不直接发挥效应作用，但可在抗原再次刺激时，重新分化成为效应细胞，参与记忆性应答；T_{EM}的循环途径略长，除了经历淋巴液→次级淋巴器官→血流（图11-18右侧），还要进入外周非淋巴组织，在二次记忆性应答中行使速发性效应功能。重要的是存在第三个亚群即组织定居记忆T细胞（T_{RM}）。它有两个特点，一是不参与血液和淋巴液的再循环而一直停留在非淋巴组织，包括肠道、皮肤、生殖道、脑、肺、肝、肾、胰腺、胸腺等，这是当初研究者从血流和外周淋巴器官（脾脏和淋巴结）中分离T淋巴细胞时，未曾检测到该记忆性T亚群存在的原因。二是活跃在保护性记忆应答的第一线。

图11-18同时展示，三种不同的记忆性T细胞的差异性分布与各自表达不同的表面标志有关。为利于比较，三个亚群差异性表达的表面标志用蓝色方框标出。首先注意到，T_{CM}因表达趋化因子受体CCR7和CD62L而与其他亚群有别。而在T_{EM}和T_{RM}之间，后者因$CD103^+CD69^+CD127^-$的表达格局而与T_{EM}不同。CD103是识别E钙粘蛋白（E-caldherin）的整合素分子αEβ7的α链，主要表达于$CD8^+$ T_{RM}。分化抗原CD69则与鞘氨醇磷酸受体1（S1PR1）及kruppel样因子2（KLF2）共同参与非淋巴组织中细胞因子调控的轴线，可赋予T_{EM}（为$CD69^-$ $KLF2^+$ $SIPR1^+$）和T_{RM}（为$CD69^+$ $KLF2^-$ $SIPR1^-$）分别具有和不具有进入血流和淋巴液参与再循环的能力。

图11-19是人体三类记忆性T细胞在不同年龄以及不同解剖部位的频率分布图并与初始T细胞的频率相比较，除

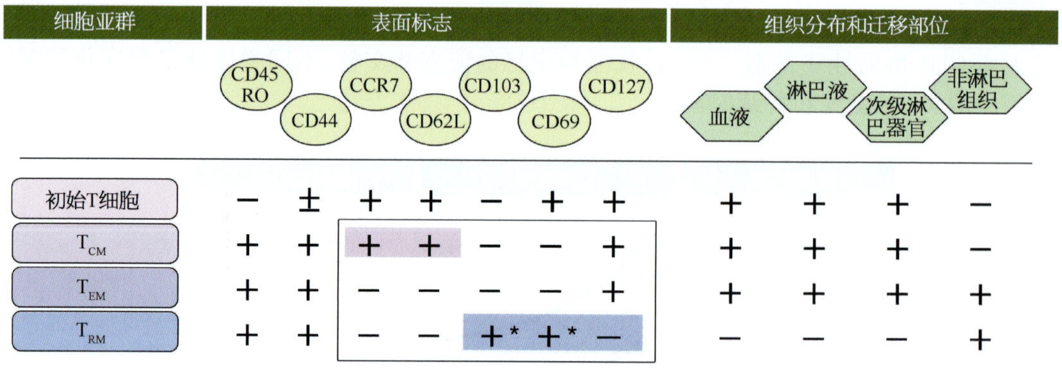

图 11-18 三种记忆性 T 细胞亚群的特征

T_{CM}：中枢记忆 T 细胞；T_{EM}：效应记忆 T 细胞；T_{RM}：组织定居记忆 T 细胞。* 该标志在部分 T_{RM}中为阴性

了揭示次级淋巴器官(脾脏、淋巴结)中几乎没有 T_{RM}(棕红色细胞)，特别引人瞩目的是其在非淋巴组织(此处以皮肤、肠道和肺脏为例)中的比例随年龄增大而迅速增高。青少年中，比例约占全部记忆性 T 细胞的一半；进入中年后则成为多数(约 75%)。这是一类坚守在病原体入侵第一线的抗原特异性淋巴细胞，也是非淋巴组织相关疾病中适应性免疫应答大量涉及的细胞类型，其作用不可小视。现认为，对于外周隐蔽性和持续性的病原体感染，及时由 T_{RM}启动保护性回忆应答十分关键。

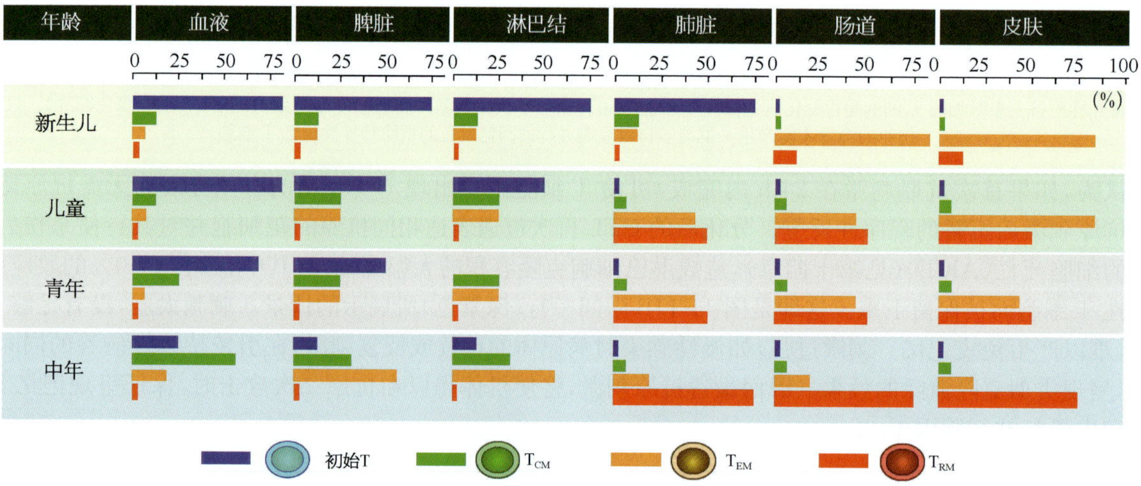

图 11-19 人体针对病原体的各种记忆性 T 细胞亚群的时空分布特点

参与血液循环和进入外周淋巴器官(脾脏和淋巴结)的 T 细胞亚群数量和比例，随着年龄增大，由初始 T 细胞逐渐向效应性记忆 T 细胞(T_{EM})变化。但是在外周非淋巴组织(肺脏、肠道、皮肤)中，到中青年年龄段，初始 T 细胞几乎绝迹，大量存在的是组织定居性记忆细胞 (T_{RM})。这表明 T_{RM}是承担机体免疫防御任务的主要细胞成分

图 11-20 以处于黏膜和皮肤表皮细胞层的组织定居记忆 T 细胞(通常为 $CD8^+$ T_{RM})为例，展示可以用两种方式启动回忆性二次应答。一是识别病原体后直接杀伤受到感染的表皮细胞，清除病原体；二是释放炎症因子(IFN-γ、IL-2 和 TNF)，通过活化 NK 和 DC，增强炎症反应。图中还给出了被入侵病原体活化的 T_{RM}细胞如何动员血循环中的 T_{EM}/T_{CM}共同参与相应的抗原特异性回忆反应。

记忆性 T 细胞多数有 CD4 阳性和 CD8 阳性之分，既指 T_{CM}和 T_{EM}，也包括 T_{RM}。如此，至少存在三类六种表面标志不同的记忆性 T 细胞亚群。其迁移、分布和功能特点往往不同，对于定居在不同组织中的 $CD4^+$ T_{RM}和 $CD8^+$ T_{RM}更是如此。例如，表面标志 CD103 主要表达在 $CD8^+$ T_{RM}而非 $CD4^+$ T_{RM}，说明整个免疫记忆细胞的相互作用相当复杂。

三、记忆性 T 细胞长期维持的机制

患有烈性传染病并最终康复者，保护性免疫的持续时间可达 60～70 年，有的终身免疫。疫苗(如天花疫苗)接种

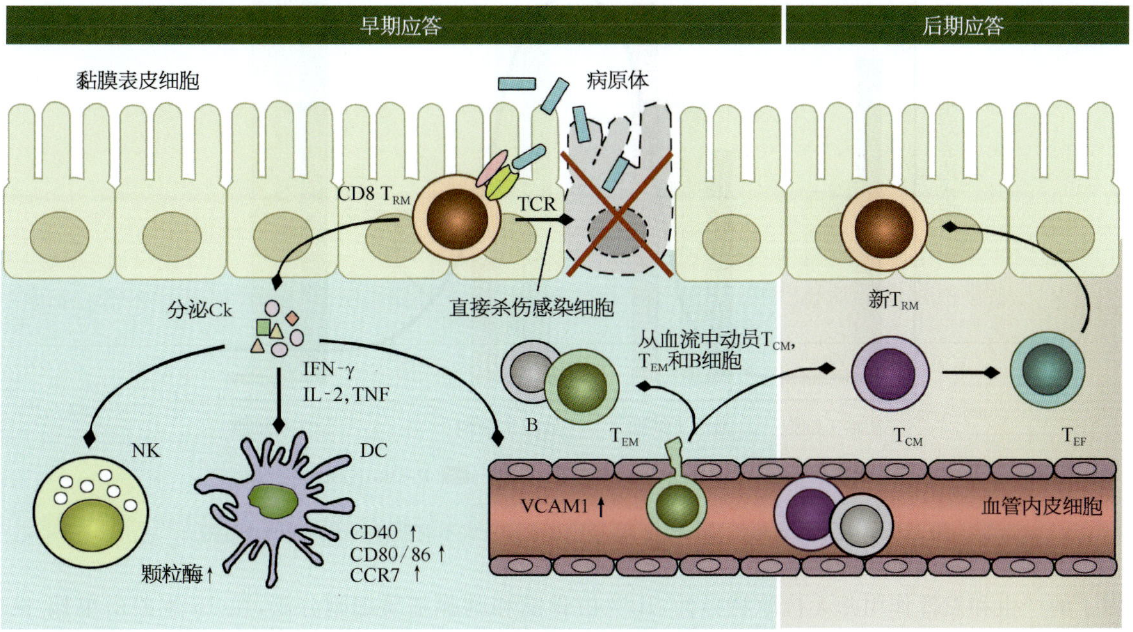

图 11-20 表皮层的 T_{RM} 细胞在二次感染中启动保护性回忆反应

本图以皮肤和黏膜表皮细胞中的 T_{RM} 为例，说明局部组织受病原体二次感染时该类细胞可迅速激活。激活的 T_{RM} 在直接杀伤受感染表皮细胞的同时，分泌炎症性细胞因子，后者使固有层中的 NK 和 DC 活化，促使其产生效应成分，并诱导血管细胞黏附分子 1(VCAM1)的表达，使血流中的 $CD8^+$ T_{EM} 和 T_{CM} 细胞，以及 B 细胞被重新招募至感染部位，改善局部组织的抗菌和抗病毒状态。在后期应答中，被招募的 T_{CM} 可进一步诱导二级效应性 T 细胞（T_{EF}）的产生，后者再重新分化为新的 T_{RM}。另外，被招募的 T_{CM} 也可参与产生新的 T_{RM}(图中未画出)

后，特异性抗体及记忆性细胞的存在，据称也可维持数十年。其前提是，抗原特异性记忆细胞在体内能够长期存在。其“长寿”的原因尚未完全明了，已阐明的机制包括几个方面。

（一）抗凋亡蛋白的表达利于记忆细胞长期存活

记忆性 T 细胞抗凋亡蛋白如 Bcl-2 和 Bcl-XL 表达增强，可以提高线粒体结构的稳定性，阻抑因生存信号不足而诱致的凋亡。此机制可确保抗原清除之后记忆细胞不会因缺少抗原的刺激而很快死亡。

（二）相关抗原的交叉刺激

前面提及，记忆性淋巴细胞克隆的维持，一般不依赖抗原的刺激，而且几乎没有什么刺激物如病原体会数十年地持续存在。然而在覆盖范围十分广大的黏膜组织，加上共生菌的存在，微生物抗原浓度往往很高，有可能对某些病原体特异性的记忆细胞可发挥交叉激活的效应。

（三）特定细胞因子的作用

有报告称，把记忆性淋巴细胞输入不表达 MHC 分子的小鼠品系内，记忆细胞可以像在正常小鼠体内一样长期成活。而且，因抗原激发而产生的记忆细胞，在 TCR 编码基应敲除的小鼠中也能持续发挥作用。说明记忆细胞的维持可能不再需要抗原的持续刺激，因为抗原不可能在不存在 MHC 分子和 TCR 的条件下对 T 细胞施加影响。

现发现，启用共用 γ 链（γc，CD132）作为受体分子的一类细胞因子，在记忆细胞的维持中发挥关键作用。特别是其中的 IL-7 和 IL-15。图 11-21 跟踪了该家族中几种细胞因子受体在初始 T 细胞、活化 T 细胞、效应 T 细胞和记忆 T 细胞表面的表达格局。其揭示两个重要现象：① 抗原刺激下发生的免疫应答强度有一个常态分布曲线，与该曲线相一致的是 IL-2Rα 链（CD25）表达水平的涨落。本章前面提到，CD25 在 T 细胞得到双重信号后出现，是 T 细胞激活的标志。该图表明，随着 T 细胞回落和产生记忆细胞，此标志的表达进入低谷。② 然而 IL-7Rα、IL-15Rα 和 IL-15Rβ（IL-2Rβ）的表达格局完全不同。IL-7Rα（CD127）表达格局从高到低，再从低升高，在记忆细胞中呈持续高表达。而且，IL-15Rα 和 IL-15Rβ 的表达逐渐上升，最后形成记忆细胞 $IL\text{-}7R\alpha^+$ $IL\text{-}15R\alpha^+$ $IL\text{-}15R\beta^+$ 的特殊格局。说明任何时候，只要出现细胞因子 IL-7 和 IL-15，就能够作用于带有相应受体分子的记忆性 T 细胞，诱导其抗凋亡蛋白的表达，并通过胞内信号途径，使记忆细胞通过低水平的增殖，支持相应细胞克隆的长期维持。与之相对应，效应细胞属于不表达 IL-7Rα 的类型，IL-7 对其无作用；而且，在效应性 T 细胞上 IL-15Rα 和 IL-15Rβ 的大量表达对维持免疫记忆并无意义，因为该类细胞一般是短寿的，完成对靶细胞的杀伤后即进入程序性细胞死亡。

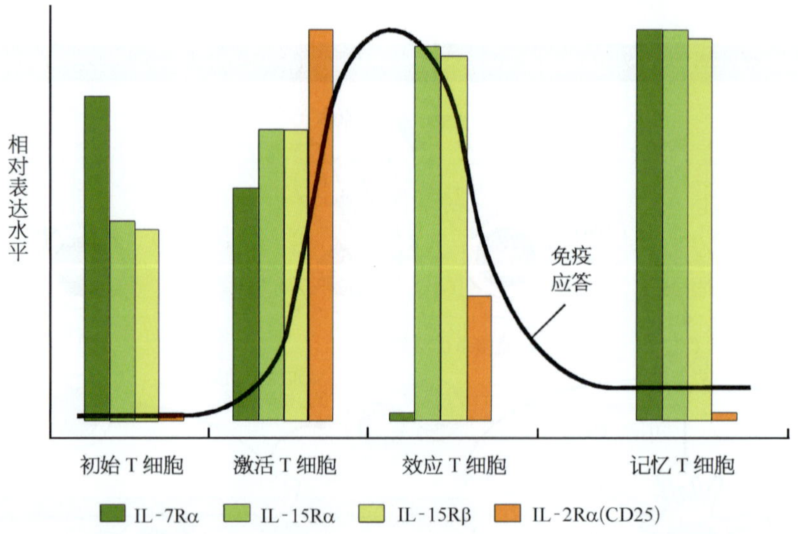

图 11-21 记忆细胞相关 IL-7R 和 IL-15R 在免疫应答不同类型 T 细胞中的表达特点

细胞因子的产生和发挥作用并无抗原特异性，IL-7 由骨髓和胸腺基质细胞分泌，IL-15 主要由单核/巨噬细胞分泌，而且两者还可从多种组织中产生。这多少说明了为何记忆细胞不依赖或少依赖抗原而能够长期存在。这一点对于 $CD8^+$ T_M 尤为重要。

(四) 表观遗传学因素

有证据表明，记忆性 CD4 T 细胞的细胞因子编码基因和记忆性 CD8 T 细胞穿孔素基因的表达有其特点，即周边的染色质往往出现 DNA 甲基化和组蛋白乙酰化等表观遗传学修饰，有利于提高这些基因的转录启动子区 DNA 的可接近状态而促进基因的转录激活。这一点，为高效地对抗原刺激做出快速应答提供了保证。重要的是，记忆细胞呈现的表观遗传学改变可以在细胞世代间(而非个体世代间)传递。换言之，这种改变也可看作是一种“可遗传的”性状，因为可使得该特征在一定的时空范围内得到延续。这一点，与固有免疫记忆(即训练性免疫)中促炎因子基因呈现表观遗传学修饰的情况相类似(图 1-26)。尽管目前尚无表观遗传学修饰造就的抗原记忆性应答可在个体世代间延续的证据，但值得探索和分析。

第五节 超抗原对 T 细胞的激活

超抗原是多种病原微生物如细菌、支原体和病毒的产物。其中外源性超抗原主要来自细菌，常见者为金黄色葡萄球菌肠毒素(staphylococcal enterotoxin, SE)和毒性休克综合征毒素(toxic shock syndrome toxin-1, TSST-1)。病毒性超抗原为内源性，小鼠中较为常见，如小鼠乳腺肿瘤病毒(MMTV)。人体中 T 细胞对狂犬病毒和 EB 病毒的反应认为也由内源性超抗原所引起，但相应成分尚未被确认。

一、超抗原作用的特点及其对 T 细胞的激活

(一) 超抗原与 TCR 和 MHC 分子的结合

蛋白质抗原必须经过加工和提呈才能被 T 细胞识别，然而超抗原在激活 T 细胞之前无须加工和处理，具有两个不同点：一是能激活 T 细胞的超抗原为完整的抗原分子而不是抗原肽；二是超抗原一般不进入 MHC 分子的抗原结合槽。这两点决定了超抗原和 TCR-MHC 发生相互作用时构成的三分子复合体与经典形式的三元体不同，详见图 4-9。该图清楚地表明，超抗原分子位于 TCR 和 MHC 分子的外侧，一端和 TCR β 链相连，另一端和 APC 表面的Ⅱ类分子相连。细菌性超抗原(如 SE、TSST-1)主要和 TCR β 链的第二互补决定区(CDR2)结合，部分结合 CDR1 和 CDR4 两个区段。病毒性超抗原(如 MMLV)主要结合 CDR4。这样，在常规抗原肽识别中占重要地位的 TCR α 链和 β 链的 CDR3，一般不参与超抗原的激活。

(二) 不同的超抗原取用 TCR β 链不同片段

人体 TCR BV 基因(又称 Vβ 基因)共有 64 个片段而分成 22 个结构不同的家族。有意义的是，超抗原往往专一性

地和某些家族的片段结合，即选择性地激活带有这些 TCR β 链片段的 T 细胞，由此构成超抗原对 TCR BV 基因片段取用的非随机性。表 11-4 列举了一些常见的细菌性超抗原对 22 个 TCR β 链家族的识别和取用特点。可以看出，B 型和 C2 型金黄色葡萄球菌肠毒素（SEB 和 SEC-2）取用 6 种不同的 Vβ 片段，其他肠毒素的取用格局则相对集中，如 TSST-1 专门取用 Vβ2；SED 专门取用 Vβ12。

表 11-4 细菌肠毒素超抗原取用人体 TCR β 链的不同片段

超抗原	取用的 TCRβ 链片段	超抗原	取用的 TCRβ 链片段
SEB	3，12，14，15，17，20	SEE	5，6，8，18
SED	12	TSST-1	2
SEC-2	12，13，14，15，17，20	EXFT	2
SEC-3	5，12		

二、超抗原诱发的免疫病理学效应

超抗原作为一种多克隆激活剂，在体内可以刺激 2%～20% 的 T 细胞发生增殖。如此高比例的 T 细胞同步被激活，必在短时间内分泌大量细胞因子，称之为细胞因子风暴（cytokine storm），足可引发强烈的病理性效应。一是全身性毒性反应，包括毒素休克综合征（toxic shock syndrome），类似于是一些产生毒素（超抗原）的细菌感染所引起的临床危象；二是对适应性免疫应答显示抑制作用。其机制是，超抗原刺激大量细胞发生增殖后即迅速出现细胞凋亡，引发全身性的免疫应答水平低下，并使得大量外周 T 细胞丢失。这也在某种程度上说明，能够产生超抗原的病原体为什么具有很强的致病能力。

本章提要

T 细胞激活涉及信号转导、基因激活、进入细胞周期和增殖分化等步骤。包括以下主要事件。

1）三对配体和受体的配接提供三种信号：① pMHC 和 TCR 配接，提供抗原识别信号（第一信号）；② B7 和 CD28 配接，提供激活信号（第二信号）；③ IL-2 和 IL-2R 配接，提供细胞生长信号。

2）经由第一和第二信号而活化的 PLC-γ 启动三条胞内信号转导途径：钙调磷酸酶途径、NF-κB 途径和 MAP 激酶相关途径，通过多种转录因子的激活和转位，使七十余种基因发生转录。然后，IL-2 和 IL-2R 的表达及其相互作用，以相应的信号转导，推动 T 细胞发生抗原特异性克隆扩增。

3）最后出现细胞因子依赖的功能性 T 亚群分化，包括 CD4Th1、CD4Th2、CD4Th17 和 CD8CTL 等，并产生记忆性 T 淋巴细胞。

（周光炎）

参考文献

Abbas AK，Lichtman AH，Pillai S. 2015. Cellular and Molecular Immunology. 8th ed. Philadelphia：Elsevier.

Basu R，Hatton RD，Weaver CT. 2013. The Th17 family：flexibility follows function. Immunol Rev，252：89-103.

Chen L，Flies DB. 2013. Molecular mechanisms of T cell co-stimulation and co-inhibition. Nat Rev Immunol，13：227-242.

Crotty S. 2011. Follicular helper CD4 T cells（TFH）. Annu Rev Immunol，29：621-663.

Farber DL，Yudanin NA，Restifo NP. 2014. Human memory T cells：generation，compartmentalization and homeostasis. Nat Rev Immunol，14：24-35.

Mueller SN，Mackay LK. 2016. Tissue-resident memory T cells：local specialists in immune defense. Nat Rev Immunol，16：79-91.

Murphy K，Weaver C. 2017. Janeway's Immunobiology. 9th ed. New York：Garland Science.

Paul WE，Zhu J. 2010. How are Th2 responses initiated and amplified? Nat Rev Immunol，10：225-235.

Wilson CB，Rowell E，Sekimata M. 2009. Epigenetic control of T-helper-cell differentiation. Nat Rev Immunol，9：91-103.

第十二章 B 细胞激活

介导体液免疫应答的 B 细胞，识别属于 T 细胞依赖性（TD）蛋白质抗原和 T 细胞非依赖性（TI）多糖和脂类抗原，分化为浆细胞后产生抗体。其中蛋白质抗原诱导的 B 细胞应答需要 Th 细胞的协助，并在外周淋巴组织的生发中心发生免疫球蛋白的类别转换和亲和力成熟。记忆性应答由记忆性 B 细胞承担。这是适应性免疫应答中 B 细胞参与的识别相和激活相所涵盖的主要内容。对 TI 抗原诱导的 B 细胞应答将在章末论述。至于体液免疫应答中由抗体介导的效应功能，分别在第四章和下一章中详述。

第一节 B 细胞对抗原的识别

一、初始 B 细胞及其激活途径

从中枢免疫器官进入外周的 B 细胞尚未完全成熟，虽表达高水平的 mIgM 和低水平的 mIgD，但只能存活几天。少部分 B 细胞进入外周免疫器官的淋巴滤泡，成为成熟的 B 细胞，半活期可达 6～8 周，并进入淋巴细胞再循环。

在外周免疫器官中，蛋白质抗原通过与 BCR 的结合向 B 细胞传递抗原识别信号，同时，B 细胞以其专职 APC 功能激活 Th 细胞，借助 T-B 细胞相互作用获取第二信号而激活。激活的 B 细胞以两条不同的途径进行分化：一部分进入髓索下并分化为包含浆细胞的原发灶，产生以 IgM 为主的抗体。这部分 B 细胞大多在两周内凋亡，但可为机体抗感染免疫提供早期防御。另一部分 B 细胞与滤泡协助性 T 细胞（Tfh）一起迁移至初级淋巴滤泡，继续增殖而形成生发中心。在生发中心的微环境中，B 细胞进行克隆扩增，并与 Tfh 和滤泡树突状细胞（FDC）相互作用，经历体细胞高频突变、亲和力成熟、免疫球蛋白类别转换等过程，最终分化为浆细胞及记忆 B 细胞。浆细胞离开生发中心后，一部分分布在脾脏红髓的脾索及淋巴结的髓索；一部分迁移至骨髓，可从骨髓基质细胞获得生存信号，成为长寿的浆细胞。

二、B 细胞对抗原的捕获与识别

（一）淋巴滤泡是 B 细胞居留和识别抗原的部位

外周淋巴组织（脾脏、淋巴结和黏膜淋巴组织）的 B 细胞区，是初始 B 细胞居留和识别抗原的主要部位。以淋巴结为例，B 细胞可以经过两种途径进入 B 细胞区即淋巴滤泡，一是经由输入淋巴管，二是穿越位于淋巴结 T 细胞区的高内皮小静脉（HEV），从血流进入淋巴滤泡。下面将要提到，HEV 的血管内皮细胞，以及 HEV 所在 T 细胞区的基质细胞和 DC 皆可以分泌特定的趋化因子，留存表达 CCR7 的 T 细胞，并与之发生相互作用。但初始 B 细胞通常仅表达低水平的 CCR7，因而从 HEV 进入 T 细胞区后不会在该处停留而是以其表达的趋化因子受体 CXCR5，迅速进入淋巴滤泡。

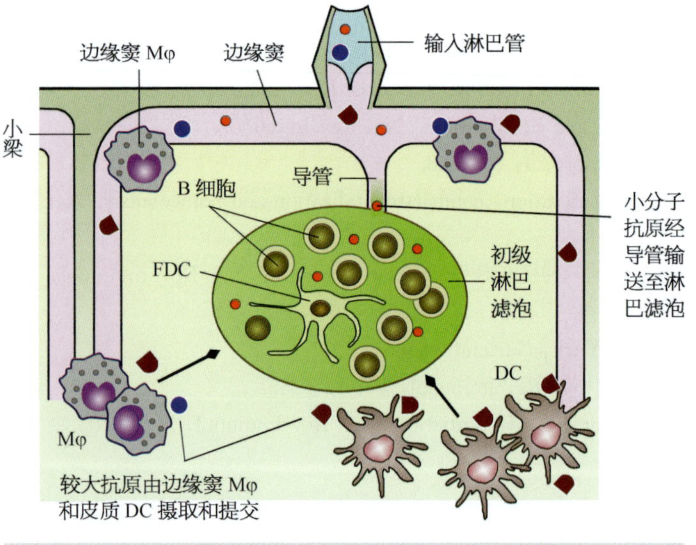

图 12-1 淋巴滤泡 B 细胞接触和捕获外来抗原的方式

大部分输送到滤泡 B 细胞的抗原经输入淋巴管进入淋巴结边缘窦。小分子抗原通过导管直接抵达滤泡。较大抗原被边缘窦 Mφ 摄取和提交，也可抵达皮质树突状细胞，由后者提交到滤泡 B 细胞和 T 细胞区的 T 细胞（未画出）

（二）B 细胞对抗原的捕获

淋巴滤泡中的 B 细胞采用以下几种方式捕获从输入淋巴管进入的抗原（图 12-1）。

1）大部分抗原通过输入淋巴管进入淋巴结的边缘窦（SCS）。其中分子质量小于 70 kDa 的抗原可直接从纤维网状细胞形成的鞘状导管（condult），到达初级淋巴滤泡并提交给 B 细胞。

2）较大的微生物抗原或抗原抗体复合物，由边缘窦巨噬细胞（SCS Mφ）捕获后送至滤泡。

3）更大的抗原从输入淋巴管进入淋巴结后不能被边缘窦巨噬细胞捕获，也无法通过导管，则由皮质区中的DC捕获而转送至淋巴滤泡，供B细胞激活。

4）抗原一旦形成免疫复合物，进入淋巴滤泡后可与滤泡树突状细胞（FDC）表面的补体受体（如CR2）结合，而被提交给B细胞。

以上由辅佐细胞（SCS Mφ、DC、FDC）向B细胞提交抗原的过程，也可以称之为抗原提呈，但这些辅佐细胞不实施对抗原的加工和处理，因而保持了抗原的天然构型。这一点，不同于参与T细胞激活的APC，该处蛋白质抗原经APC摄入并加工成抗原肽后，由MHC分子提交给T细胞。

三、B细胞的抗原识别结构

B细胞抗原受体（BCR）已在第二章中介绍。此处仅从BCR与TCR的比较中，指明其结构特点。

（一）BCR-Igα/Igβ复合物

BCR属膜型免疫球蛋白（mIg）。初始B细胞为mIgM和mIgD，活化和记忆B细胞则仅留mIgM。一个B细胞可表达$10^4 \sim 10^5$个mIg分子。

与T细胞TCR需借助CD3分子形成抗原识别复合结构相似，BCR需与跨膜分子Igα（CD79a）和Igβ（CD79b）以非共价结合形式构成复合体（图12-2右侧），共同完成对抗原的识别及信号转导。Igα和Igβ分子质量分别是33 kDa和37 kDa，以二硫键连接成异源二聚体。Igα和Igβ胞外区有一个Ig样结构域，胞内段带ITAM（图中标为红色）。

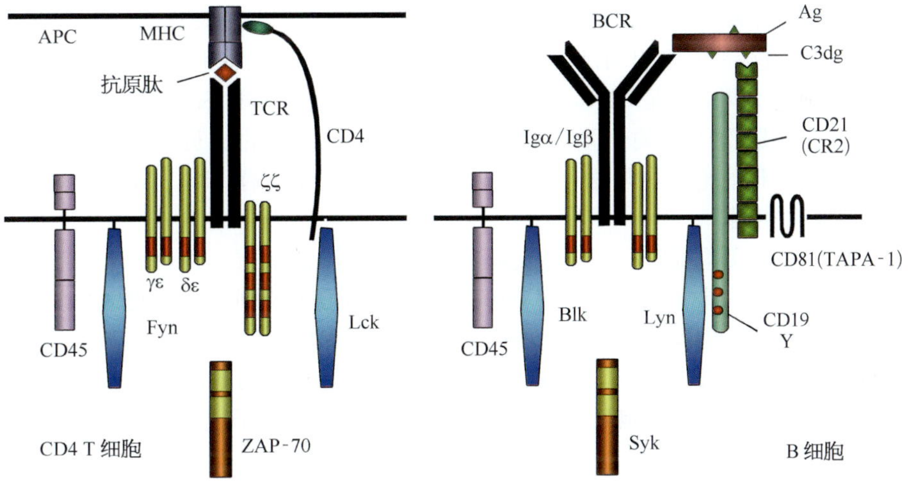

图12-2 B细胞和T细胞抗原识别结构及相关分子的比较

（二）辅助受体

在成熟B细胞表面，CD19、CD21与CD81以非共价键组成B细胞活化的辅助受体复合物（coreceptor complex）。它们所起的作用类似于T细胞表面的辅助受体CD4或CD8（可从图12-2中进行比较）。

1. CD21　又称Ⅱ型补体受体（CR2），为单链Ⅰ型跨膜糖蛋白，分子质量为145 kDa，胞外区由15个同源重复序列（SCR）组成。配体是补体C3的裂解片段C3dg、C3d或iC3b（见第八章图8-11）。CD21主要功能是：① 识别补体：补体片段C3dg往往与抗原分子形成复合结构，该结构的抗原部分被BCR识别，补体成分则被CD21识别，使得有关受体交联成簇，增强B细胞对抗原刺激的敏感性，并共同启动活化信号的胞内转导。② 促进B细胞增殖：CD21的另一配体是CD23（FcεRⅡ），因而可溶性CD23分子也可以作为一种生长因子，刺激B细胞增殖。③ CD21不仅表达于B细胞，也出现在FDC表面，因而生发中心的FDC可借助CD21捕获和固定抗原，并发挥持续刺激B细胞的作用，有利于亲和力成熟和记忆B细胞的生成。④ CD21又是EB病毒受体，该病毒可刺激B细胞发生持续性增殖，称为B细胞转化。

2. CD19　分子质量为90 kDa的糖蛋白，分布在B细胞和FDC。CD19胞质区有6个酪氨酸残基（Y）（图12-2中仅标出3个），是蛋白酪氨酸Src PTK家族成员Lyn等作用的底物，参与启动信号传导。敲除CD19基因小鼠TD抗原应答受损，因无生发中心生成，也无抗体亲和力成熟。

3. CD81　属4次跨膜蛋白超家族（TM4-SF）成员。因抗CD81单抗有显著抑制淋巴细胞增殖作用，又名TAPA-1（target of anti-proliferative antibody）。

（三）其他辅佐分子

（1）CD45　又称白细胞共同抗原（LCA），为单链Ⅰ型跨膜蛋白。其胞内部分的两个结构域属蛋白酪氨酸磷酸酶（PTP）。第十一章已指出，此 PTP 可作用于 Src PTK 分子 C 端调节区 505 位置已发生磷酸化的酪氨酸残基，使之脱磷酸化，解除对 Src 分子的抑制状态，使 PTK 激活。

（2）CD40　TNF 受体超家族成员，胞外区由 4 个富含半胱氨酸的重复序列所组成。该分子与 T 细胞表达的配体 CD40L 配接后，产生 B 细胞活化的第二信号。因而 CD40 分子在 B 细胞对 TD 抗原的应答、外周淋巴组织中生发中心的形成、抗体的类别转换等方面皆发挥重要功能（详后）。

（3）其他表面分子　不直接涉及 B 细胞对抗原的识别，但参与 T-B 间相互作用，或是调控 B 细胞的活性及抗体生成，包括 B7-1（CD80）、B7-2（CD86）、ICOSL（CD275）、FcγRⅡB（CD32）、CD22 与 CD72。详情请见后文。

四、B 细胞抗原识别信号的转导

（一）B 细胞激活信号的跨膜转导

1. 抗原结合导致的受体交联启动信号传导　B 细胞识别抗原后启动信号转导的机制与 T 细胞十分相似。首先，通过受体分子的交联成簇开启信号的跨膜传导。但 T、B 细胞启用的机制略有不同，因为 B 细胞可以识别完整的、具有多个表位的抗原分子，而 T 细胞仅识别经由 MHC 分子提呈的抗原片段。完整的抗原分子本身就可以通过其表位与多个 BCR 分子结合，或如前所述，可以借助抗原-补体复合结构同时结合 BCR 及 CD21 分子（形成 BCR-Ag-C3dg-CD21），使 B 细胞表面多种参与抗原识别和信号转导的跨膜分子发生多聚作用，包括 BCR-Igα/Igβ、辅助受体（CD21、CD19）及 CD45 分子。这一点，和 T 细胞识别抗原时发生 TCR-CD3、辅助受体（CD4/CD8）和 CD45 的多聚作用十分相似。多聚化产生两个结果：一是 CD45 分子胞内段的 PTP 解除 PTK Src 分子 C 端对 PTK 分子活性中心的抑制（见第十一章图 11-3）；二是受体相关性蛋白酪氨酸激酶即 Src 家族的成员彼此成簇而发生相互磷酸化，Src PTK 因而激活。表 12-1 表明，B 细胞中参与这一重要步骤的 Src 家族成员有 Blk、Fyn 和 Lyn，与参与 T 细胞激活的 Src 家族成员有交叉但不完全相同。

有一个简单但很说明问题的实验可以展示受体交联对于 B 细胞激活的重要性（图 12-3）。分别用抗 BCR 抗体的 Fab 片段处理 B 细胞。因为 Fab 是单价，不能交联不同的 BCR 分子，故不能刺激 B 细胞活化。而抗体 $F(ab')_2$ 片段则分别与两个 BCR 分子结合而使之交联，引起 B 细胞的少量激活。如果再进一步用抗 $F(ab')_2$ 抗体（抗抗体），一下结合两个或更多的 $F(ab')_2$，使众多的 BCR 分子发生交联，则 B 细胞可获得很强的激活信号。显然，此例中实施交联的是抗 BCR 抗体及抗抗体，而一般情况下 B 细胞激活时发生的交联，涉及抗原分子或相关复合结构对 BCR 的作用。

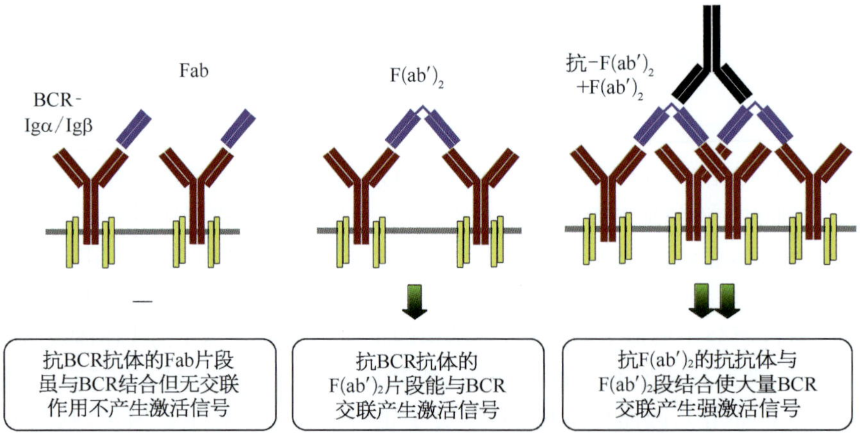

图 12-3　BCR 交联与 B 细胞激活

信号转导的启动也与细胞膜上一种称为脂筏的特化微结构域有关。B 细胞静止时脂筏中 BCR 分子很少，但 B 细胞接触抗原后可大量出现。当 B 细胞表面 BCR 发生交联时，相关跨膜分子往往聚集在脂筏中，并以此募集其他一些与信号转导有关的蛋白激酶和衔接蛋白如 Syk、Btk、Vav、SHIP、PLC-γ、PI3K 和 BLNK 等。因此脂筏结构可接纳各种受体及信号分子，协调它们之间的相互作用，积极参与信号转导。

2. 信号转导的启动　静止状态时，Src 家族的 PTK 如 Fyn、Blk 和 Lyn，通过酰基化与膜脂结合而附着于细胞膜脂筏内侧，因成簇和相互磷酸化而激活后，首先使结合于 BCR 的 Igα/Igβ 分子胞内段上 ITAM 中的酪氨酸残基发生磷酸化，磷酸化的 ITAM 招募各种带有 SH2 结构域的蛋白质分子。首当其冲的是带有两个 SH2 结构域的 Syk PTK 分子。Syk 与 T 细胞中的 ZAP-70 一样，都属胞质中游离的 Syk 家族。Syk 分子一旦被募集到 ITAM 附近，其 SH1 结构域即活性中心的酪氨酸残基可迅速从 Src PTK 获得磷酸根而发生磷酸化(图 12-4)。

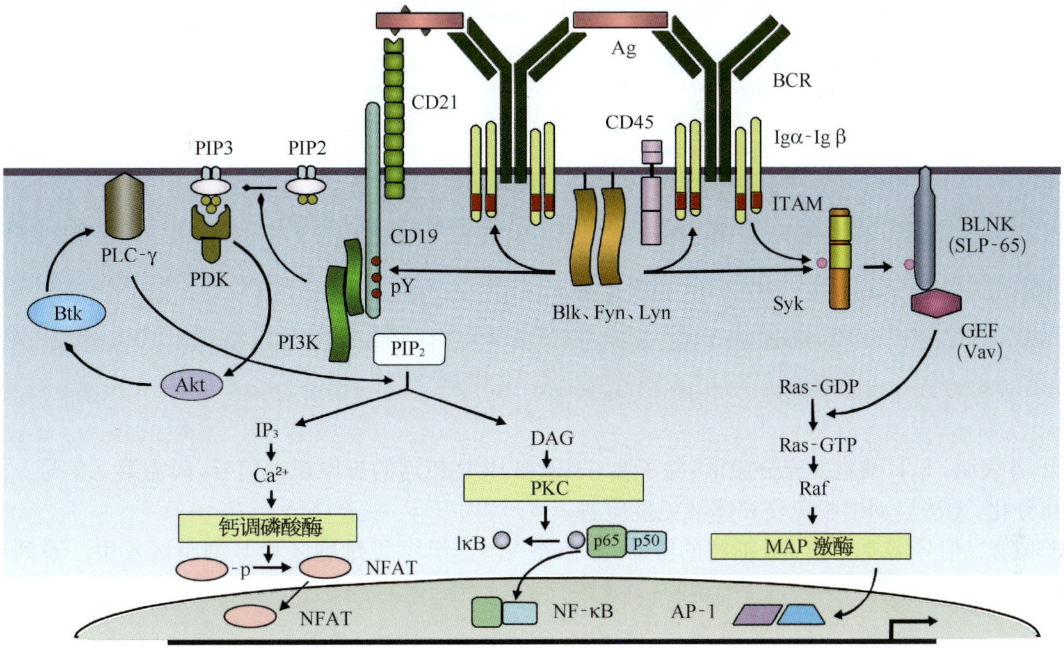

图 12-4 BCR 启动的信号转导

BLNK：B 细胞连接蛋白（平台和衔接蛋白）；GEF：鸟苷酸置换因子；Btk：Bruton 酪氨酸激酶(Tec PTK 家族成员)；Syk：Syk PTK 家族成员；Blk/Fyn/Lyn：Src PTK 家族成员；PDK：PIP3 依赖性激酶；Akt：丝氨酸/苏氨酸激酶

与此同时，通过 BCR-Ag-C3dg-CD21 的作用，出现辅助受体复合物与 BCR 等分子的聚合。在 Src PTK 的作用下，CD19 胞内段的酪氨酸残基同时发生磷酸化。磷酸化的 CD19 除了结合 Src 家族 PTK 中的 Lyn 等增强 BCR 的信号转导，主要通过其 YxxM 基序募集蛋白激酶 PI3K 二聚体。PI3K 可以激活与胞膜结合的 PIP3 分子，以及识别该分子的 PDK(PIP3 依赖性激酶)，后者招募另一丝氨酸/苏氨酸激酶 Akt，活化属于 Tec PTK 家族的 Bruton 酪氨酸激酶(Btk)，最终使信号转导中的重要分子磷脂酶 C(PLC-γ)激活。

(二) B 细胞激活信号的胞内传递

膜结合的平台蛋白是淋巴细胞激活信号胞内传递的一类重要成分，T 细胞中为 LAT，B 细胞中为 B 细胞连接蛋白(BLNK)。前面提到，游离于胞质中的 Syk PTK 被招募并激活后，其作用的靶分子之一，即是含 SH2 结构域的 BLNK(图 12-4 右侧)，并通过 BLNK 吸引和激活其他信号分子。因为该蛋白可在多位点被磷酸化而发挥“吸铁石”的作用。BLNK 招募并激活的分子有上面提到的磷脂酶 C(PLC-γ)和鸟苷酸置换因子(B 细胞中主要为 Vav)。

和 T 细胞激活信号转导一样，B 细胞中 PLC-γ 激活后，也启动三条信号转导途径，分别由 NF-κB、钙调磷酸酶和 MAPK 介导。图 12-4 表明，PLC-γ 因 γ 链的酪氨酸发生了磷酸化而激活，使底物 PIP_2 酶解成两个成分：IP_3 和 DAG，分别介导钙调磷酸酶和蛋白激酶 C(PKC)参与的信号通路，使相应的转录因子 NFAT 及 NF-κB 激活。其中涉及胞质中无活性 NFAT-p 的脱磷酸化，以及 NF-κB 的抑制成分 IκB 因泛素化而降解等机制，细节可参见 T 细胞抗原识别信号转导(第十一章，第一章图 1-15)。其中的二酰甘油(DAG)还参与活化鸟苷酸置换因子，使 Ras 和 Rac 等小 G 蛋白从无活性的 Ras-GDP 转化为有活性的 Ras-GTP，启动 MAP 激酶相关信号通路，借助 MAPK 成员 Erk 和 Jnk 的激活和转位，在胞核中汇集两种信号分子 Fos 和 Jun，共同组成转录因子 AP-1(图 1-15，图 11-4)。鸟苷酸置换因子(GEF)家族成员，T 细胞中主要是 Sos，B 细胞中为 Vav。还有，B 细胞中被激活的小 G 蛋白除了 Ras 可能还包括 Rac，并出现 Rac-GDP →Rac-GTP 的更替。

(三) 转录因子与基因表达的启动

三条途径最终激活各种转录因子，后者发生转位进入细胞核。转录因子具有和基因启动子区域中各种顺式作用元件或 DNA 盒结合的能力，进而使相应的基因发生转录激活并表达产物。表 12-1 以 T、B 细胞激活相比较的方式对此做了一个小结。可以看出，T、B细胞抗原识别信号的转导十分相似，虽然参与的蛋白激酶、信号分子、转录因子，以及被激活的具体基因不完全相同，但往往属同一家族，有高度的可比性（表12-1）。

表12-1 T、B细胞激活信号转导中主要成分的比较

类别	主要成分	T细胞	B细胞
跨膜分子	抗原受体	TCR	BCR
	带有ITAM的辅助分子	CD3 ζ链、γε链、δε链	Igα、Igβ
	辅助受体	CD4/CD8	CD21、CD19、CD81
	蛋白酪氨酸磷酸酶	CD45	CD45
蛋白酪氨酸激酶	受体关联性(Src家族)	Lck、Fyn	Lyn、Fyn、Blk、Lck
	胞质游离性(Syk家族)	ZAP-70	Syk
	胞质游离性(Tec家族)	Itk、Akt	Btk、Atk
衔接蛋白	膜型衔接蛋白(平台蛋白)	LAT、SLP-76	BLNK(SLP-65)
	游离衔接蛋白	Grb2、Gads	Grb2
MAP激酶途径	鸟苷酸置换因子(GEF)	Sos、Vav	Vav、Sos
	小G蛋白	Ras	Ras、Rac
	MAPK	Erk、Jnk	Jnk、p38
第二信号	受体	CD28	CD40
	配体	B7	CD40L

表12-1下方表明，T、B细胞的充分激活，除了由TCR和BCR传递的抗原识别信号，尚需第二信号。舍此，淋巴细胞不能增殖和分化，无法启动细胞免疫和体液免疫应答。

B细胞获取第二信号需要CD4 Th细胞的协助，并在外周淋巴组织T细胞区和B细胞区发生一系列事件，包括生发中心反应。下面逐一介绍。

第二节 T-B细胞相互作用与B细胞的激活

外周淋巴组织淋巴滤泡中初始B细胞对TD抗原的识别，只是抗原诱导体液免疫应答的起始步骤，随后还涉及一系列事件。图12-5在展示这些事件时，分别以A、B、C、D、E等予以标示。在本节及下一节将依此顺序作对等的文字说明和介绍。

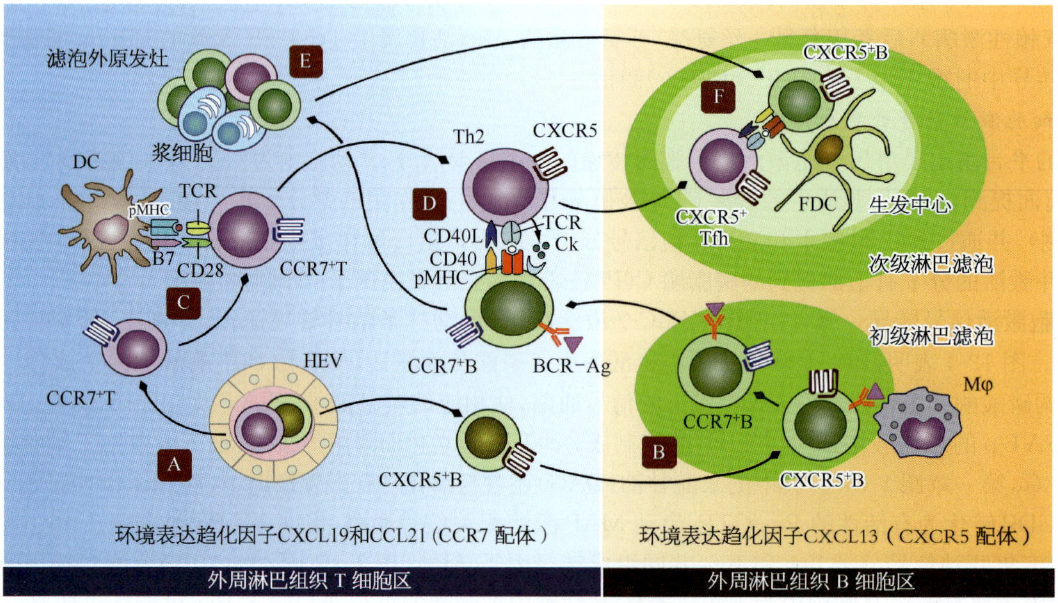

图12-5 外周淋巴组织中TD抗原诱导体液免疫应答顺序发生的事件

A. T、B细胞穿越高内皮小静脉(HEV)从血流进入外周淋巴组织T细胞区；B. CXCR5+B细胞迁移至微环境表达其配体CXCL13的B细胞区，识别抗原后转化为CCR7+B细胞，再回到T细胞区，因该区表达CCR7的配体CXCL19/21；C. 留在T细胞区的CCR7+ T细胞被DC激活，分化为Th2细胞；D. Th2与CCR7+B细胞在T细胞区和B细胞区交界处发生相互作用；E. 相互作用后的B细胞可形成带有短寿浆细胞的滤泡外原发灶；F. 相互作用后的Th2细胞表达CXCR5并分化成Tfh，进入次级淋巴滤泡的生发中心与该处的CXCR5+B细胞和滤泡树突状细胞(FDC)相互作用，启动生发中心反应

一、协助性 T 细胞的参与

B 细胞对蛋白质抗原的应答及抗体的产生需要 T 细胞的协助和参与。即要求 Th 细胞提供 B 细胞激活和分化的第二信号。

（一）T 细胞从血流进入外周淋巴组织的 T 细胞区

T 细胞区中的基质细胞以及 HEV 血管内皮细胞可分泌次级淋巴趋化因子(secondary lymphoid chemokine, SLC)即 CCL21,吸引带有相应受体 CCR7 的 DC 穿越 HEV,DC 进一步产生 SLC 以及另一种同样以 CCR7 为受体的趋化因子即巨噬细胞炎症蛋白(MIP-3β),又称 CCL19,使表达 CCR7 的淋巴细胞穿越 HEV 后停留在 T 细胞区。

B 细胞也可以穿越 HEV,因其也可表达 CCR7,但 B 细胞 CCR7 表达水平较低,因而从 HEV 进入 T 细胞区后不会停留而是迅速进入淋巴滤泡。因为初始 B 细胞高表达另一趋化因子受体 CXCR5,其配体 CXCL13 选择性地表达于淋巴滤泡中的基质细胞和滤泡树突状细胞。

（二）T 细胞区 CD4 Th 细胞的激活与迁移

T 细胞区大量 T 细胞和 DC 的聚集,促进 T-APC 间的相互作用。作为 APC,DC 可从血流中捕获各种蛋白质抗原,但也可作为淋巴结皮质和髓质区中的 DC 捕获抗原而转送至滤泡及进入 T 细胞区,通过相应的抗原加工和提呈,使 CD4 Th 细胞活化,即一方面借助 MHCⅡ类分子提交加工过的外源性抗原肽,另一方面以共刺激分子提交 T 细胞活化的第二信号。此时,激活的 CD4 Th 细胞开始下调 CCR7 的表达并开始表达另一趋化因子受体 CXCR5。CXCR5 的配体为 CXCL13,前面提到,此配体由淋巴滤泡中的 FDC 和滤泡基质细胞所分泌,结果,激活的 Th 细胞开始向淋巴滤泡方向移动。

二、T-B 细胞的相互作用

（一）滤泡 B 细胞重返 T 细胞区

进入淋巴滤泡的 B 细胞可接触抗原,并借助 BCR 获取抗原识别信号,这是本章第一节介绍的内容。借助其受体获得抗原识别信号的 B 细胞,虽未充分激活,但表型发生变化,在表达趋化因子受体 CXCR5 的同时,出现了 CCR7 的增强表达,使得 B 细胞得以寻找 CCR7 配体分子 CCL19 和 CCL21,而再从滤泡向 T 细胞区游走,并通过其新表达的 CD69 分子驻足在该处。因为 CD69 可封闭 B 细胞表面参与细胞迁移的神经鞘氨醇 1-磷酸受体的表达。

如此,T、B 细胞各自因相向迁移而彼此接近,开始相遇,并发生相互作用,地点在 T 细胞区和淋巴滤泡交汇处。这正是图 12-5 中以“D”标示的事件。图中的事件“B”,即 B 细胞在淋巴滤泡中捕获抗原的过程已如前述,不再重复。

（二）B 细胞加工和提呈抗原

T-B 相互作用包括两个方面：B 细胞作为抗原提呈细胞对 Th2 的进一步激活,以及 T 辅助细胞表达 CD40L 和分泌细胞因子,协助 B 细胞进一步活化。

图 12-6 进一步以半抗原-载体蛋白系统说明通过 T-B 相互作用后 B 细胞的激活。该图表明,B 细胞以其 BCR 结合半抗原后,除了传递识别信号(第一信号),还会借助胞吞作用摄入 BCR-Ag 复合物。在抗原加工区室 CⅡV 中,抗原(包括半抗原及与之偶联的载体蛋白)被降解成肽段,然后载体蛋白抗原肽与进入区室的 MHCⅡ类分子结合,表达于

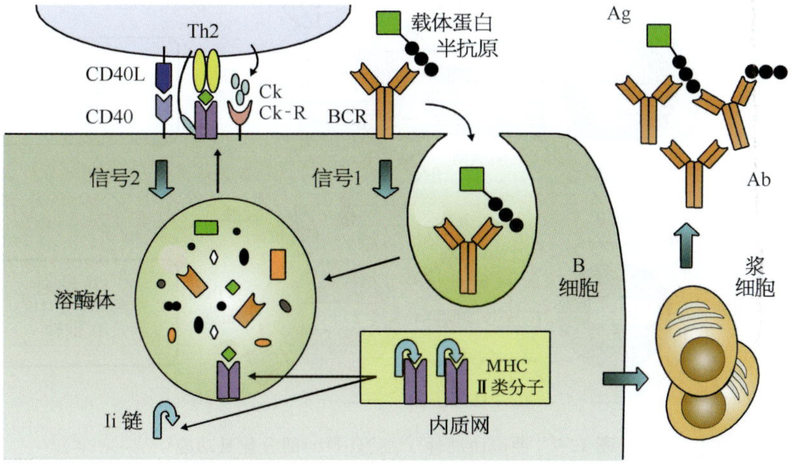

图 12-6　T、B 细胞分别识别载体和半抗原通过相互作用诱导抗体产生

B 细胞表面并提呈给 CD4 T 细胞。需要指出的是，就对 T 细胞作抗原提呈而言，B 细胞与其他 APC 相比，有以下特点：① 对抗原的识别和结合显示特异性。这保证了 B 细胞激活后最终产生的抗体能与相应的抗原发生特异性结合。其他 APC 摄取外源性抗原并无特异性，因为不启用抗原特异的 BCR。② 可提呈低剂量抗原。B 细胞用以激活 T 细胞的抗原浓度仅为 1～100 μg/L，为 Mφ 所需浓度的 10^{-6}～10^{-4}。③ 再次免疫时起重要作用，因为活化或记忆 B 细胞表达高亲和力 BCR，MHC Ⅱ类分子和共刺激分子也诱导性地高表达，故有很强的抗原提呈活性。

（三）T-B 细胞相互激活

参与 T-B 相互作用的 T 细胞，属已被 DC 活化的 CD4 Th2 亚群，而来自淋巴滤泡的 B 细胞也已接触过抗原。这里（图 12-5），T-B 间再次呈现相互活化的免疫生物学现象：① 半抗原与 BCR 结合传递 B 细胞活化的第一信号，同时，B 细胞作为 APC 提呈载体蛋白衍生的抗原肽给 CD4 Th2 细胞；② 活化 B 细胞表达 B7 分子与 T 表面 CD28 结合，成为 T 细胞活化第二信号（图中未画）；③ 活化的 T 细胞表达 CD40L 和分泌 IL-21、IL-6、TGF-β、IFN-γ 和 IL-4 等细胞因子，与 B 细胞表面 CD40 及细胞因子受体结合，构成 B 细胞活化的第二信号（图 12-6）。

（四）T-B 细胞相互作用的抗原特异性

B 细胞活化所需的第一信号具有抗原特异性，第二信号却是非特异的，因而 B 细胞最终分化成浆细胞所产生的抗体，主要针对 BCR 识别的抗原表位，在半抗原-载体蛋白系统中，针对的是半抗原（图 12-6 右侧）。

在电镜下可以看到，T、B 细胞发生相互作用时靠得很近，有利于细胞间多种表面分子（TCR-MHC 分子、CD28-B7、CD40-CD40L 和其他黏附分子）的结合，还有一个重要的作用是促使细胞因子的高效分泌，因为 Th 细胞一旦靠拢 B 细胞并获得激活信号之后，胞质中的细胞骨架蛋白和专司分泌功能的细胞器通过微管组织中心（MTOC）重新排列，集中到 B 细胞一侧，促使细胞因子释放到 Th 细胞和 B 细胞接触点，提高了细胞间信号传递的效率，使 B 细胞更有效地激活。

（五）滤泡协助性 T 细胞的激活

T-B 间的相互作用出现一种双向激活的格局。一是上面提到通过提供第二信号引发 B 细胞的充分激活；二是使 Th 细胞除了行使协助功能，部分还分化成滤泡协助性 T 细胞（follicular helper T cell，Tfh），参与启动发生在淋巴滤泡中的体液免疫应答（图 12-5 中“F”）。

（六）T-B 相互作用的一些特点

1）初次应答时，T 细胞的活化由 DC 辅助，再次应答时则由 B 细胞辅助。不论是何种应答，T、B 细胞之间的相互作用循环发生，效应得到累积和放大，最终使 B 细胞完全激活。

2）B 细胞以其 BCR 识别的抗原表位不同于 B 细胞作为 APC 加工后以 MHC Ⅱ类分子提呈给 CD4 T 细胞的抗原表位。有两种情况：① 它们可以分属于半抗原和蛋白质载体（在图 12-6 中分别画成黑色和绿色）；② 也可为同一蛋白质分子上的不同表位，即 B 表位和 T 表位。

3）T-B 相互作用中，除了 CD28 与 B7、CD40L 与 CD40 之外，还包括 41BB 与 41BBL、ICOS 与 ICOSL（B7-RP）、SAP 与 SLAM 家族（包括 CD84、Ly108、Ly9）、CD30 与 CD30L（CD153）、OX40 与 OX40L、PD-1 与 PD-L1/PD-L2、BTLA 与 HVEM 等（图 12-7）受体与配体间的结合。它们在不同的时相作用于 T 细胞或 B 细胞，从促进或抑制方面精

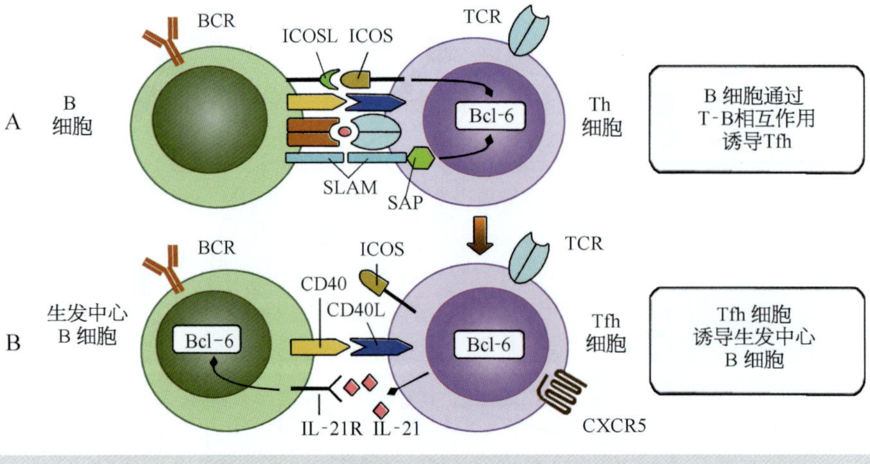

图 12-7 滤泡协助性 T 细胞（Tfh）的分化及功能

A. T-B 相互作用中激活的 B 细胞表达 ICOS 配体引起 ICOS 分子受激，T 细胞中信号分子 SLAM 相关蛋白（SAP）也同步激活，使 Th 细胞分化为 Tfh；B. Tfh 表达 Bcl-6 转录因子，分泌 IL-21 及其他细胞因子，通过生发中心反应，进一步活化 B 细胞

准地控制Tfh和B细胞的活化、迁移和分化。例如，CD40L与CD40、CD30与CD30L(CD153)、OX40与OX40L的作用是双向的，既作用于B细胞也作用于T细胞；PD-1与PD-L1/PD-L2、BTLA与HVEM则对T细胞起抑制作用，避免Tfh的过度增殖。

第三节 B细胞的增殖分化与生发中心的形成

在淋巴滤泡和T细胞区相交处发生T-B相互作用而激活的B细胞，在两个不同的部位发生增殖和分化。一是滤泡外，另一在淋巴滤泡。前者出现较早，后者于数天后产生。

一、滤泡外B细胞灶

因T细胞表达CD40L和分泌细胞因子而被充分激活的B细胞，可在淋巴结髓索部分形成一种由少量细胞聚集而成的结构称为原发灶(primary focus)，或滤泡外灶(extrafollicular focus)，其中含100～200个浆细胞，并有B细胞和Th细胞的参与(见图12-5左上“E”)。该处虽可出现免疫球蛋白的类别转换和亲和力成熟，但其规模和强度远低于生发中心，抗体以IgM为主，而且浆细胞寿命不长(约3d)，不能进入骨髓(表12-2)。其功能，一方面参与速发的固有免疫应答，另一方面有利于形成带有抗原、抗体及补体的免疫复合物，易于被淋巴滤泡中的FDC捕获，使之释放趋化因子，启动生发中心反应。

表12-2 滤泡外和生发中心B细胞应答特性的比较

	滤 泡 外	滤泡和生发中心
发生部位	淋巴结髓索，脾脏T区-红髓界面	次级淋巴滤泡
CD40信号	需要	需要
参与协助的特化T细胞	滤泡外Th细胞	生发中心Tfh细胞
AID表达和类别转换	有	有
体细胞高频突变和亲和力成熟	发生率低	发生率高
完成终末分化的B细胞	短寿浆细胞(成活约3 d)	长寿浆细胞和记忆细胞
浆细胞的命运	大部分停留于产生处，因凋亡而消失	进入骨髓和局部黏膜相关淋巴组织
B细胞转录因子	Blimp-1	Bcl-6

AID：激活诱导的胞苷脱氨酶；Blimp-1：B细胞诱导的成熟蛋白；Bcl-6：B细胞淋巴瘤蛋白；Tfh：滤泡协助性T细胞

二、生发中心中B细胞的增殖和分化

(一) Tfh及其分化

T-B相互作用后，部分激活的协助性T细胞(Th2)会在B细胞的激发下于4～7 d后分化成滤泡辅助性T细胞，表达高水平的趋化因子受体CXCR5而进入淋巴滤泡，成为其中主要的CD4 T细胞类型，并在生发中心反应中发挥作用，这就是图12-5中“F”展示的情况。

驱动CD4 T细胞向Tfh分化的机制尚未完全阐明，已发现若干分子在其中发挥作用。一是刚提到的诱导性共刺激分子ICOS配体。ICOS相当于T-APC相互作用中表达于T细胞表面的CD28分子，其配体表达于B细胞，两者相互作用促使T细胞向Tfh分化。其他分子还包括整合素和另一共刺激分子家族SLAM中的一些成员，以及与这些成员相关的信号分子，如Tfh产生的SLAM信号分子SAP，相关信号转导可激活转录因子Bcl-6，直接参与Tfh细胞的发育(图12-7A)。

除了CXCR5和ICOS，Tfh还产生细胞因子IL-21。IL-21是Tfh亚群特征性的细胞因子，对生发中心的发育和浆细胞的产生至关重要(详后)。Tfh还能分泌IFN-γ和IL-4，参与免疫球蛋白的类别转换，但其水平和含量分别低于Th1和Th2细胞。

(二) B细胞增殖与生发中心形成

1. B细胞的克隆扩增 与Tfh分化并进入淋巴滤泡的同时，会有少量经T-B相互作用而被激活的B细胞返回淋巴滤泡，并在该处迅速地发生克隆扩增而出现一群亮染的细胞，形成生发中心。后面会提到，这些被称为生发中心B细胞(GCB)的成分，能以抗原特异性克隆增殖的形式，在生发中心迅速发生有丝分裂。

2. 生发中心的结构与发育 抗原特异性B细胞是生发中心的主要组成成分，也包括Tfh细胞、FDC细胞及Mφ。在光镜下，由淋巴结的内层向外(图12-8中为从下到上)，生发中心的结构依次为暗区、亮区和边缘区(mantle

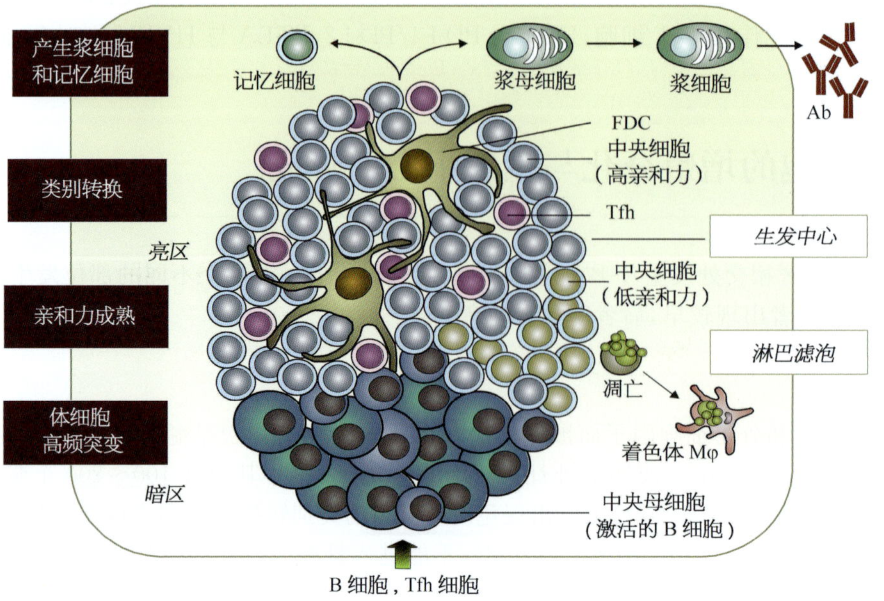

图 12-8 生发中心的形成与生发中心反应

在 T 细胞区借助 T-B 相互作用而充分激活的 B 细胞和 Tfh 细胞进入淋巴滤泡。其中 B 细胞借助中央母细胞迅速增殖，并经过体细胞高频突变产生数量巨大带有各种 BCR 结构的 B 细胞(中央细胞)，通过与 FDC 和 Tfh 相互作用，发生亲和力成熟和类别转换，一部分高亲和力的中央细胞被 FDC 结合的 Ag-Ab 复合物选择出进一步增殖分化成记忆细胞和浆细胞，产生抗体。大部分低亲和力的中央细胞发生凋亡，并被着色体 Mφ 吞噬和清除

zone)(见图 1-5B)。

生发中心的发育和形成经历三个阶段。

(1) 中央母细胞阶段　进入淋巴滤泡的 B 细胞以每 6～8 h 分裂一次的速度，做指数式的克隆扩增。参与这一有丝分裂的 B 淋巴母细胞称为中央母细胞(centroblast)，其 mIg 尤其是 mIgD 的表达降至极低，但表达趋化因子受体 CXCR4。因为细胞密集而有暗区之称，并可推挤周围的小淋巴细胞向周边形成月牙状的边缘区(图 12-8 中未画出)。暗区的基质细胞可表达 CXCR4 的配体 CXCL12(SDF-1)，保证中央母细胞在该处聚集。

(2) 中央细胞阶段　随着时间的推移，中央母细胞的分裂速度降低或停止，形成的子细胞形态较小，再度表达高水平的 mIg，称为中央细胞(centrocyte)。中央细胞因不再表达 CXCR4 而向生发中心外侧区移动形成亮区。经抗原选择而发生受体亲和力成熟(详下)，此区中绝大多数中央细胞易于发生凋亡，并为该区中的巨噬细胞所吞噬，使生发中心最终留下的是高亲和力的少数 B 细胞(中央细胞)克隆。亮区往往也含有较多的 Tfh 细胞和 FDC。需要指出的是，亮区的中央细胞还可以重新表达 CXCR4 而回到暗区，实施所谓循环性返回(详后)。

(3) 记忆性 B 细胞和浆细胞阶段　少数经体细胞突变和抗原选择后免于凋亡的中央细胞，在 FDC 和 Tfh 细胞的协同下分化为记忆性 B 细胞或长寿的浆细胞，离开生发中心进入骨髓并参与外周循环。

3. *影响生发中心形成的因素*　① CXCR5：B 细胞和 Tfh 表达趋化因子受体 CXCR5，缺失 CXCR5 的小鼠，活化的 B 细胞只能停留在 T 细胞区和边缘区，不形成生发中心。② TNF 及 TNF 受体：已知 TNF-α、淋巴毒素 α/β(LT-α/LT-β)及相应的受体 TNFR1 均与淋巴滤泡和生发中心形成有关。因为敲除上述分子编码基因的小鼠，影响滤泡发育和生发中心形成。③ 补体受体 CR1 和 CR2：此类受体表达在 B 细胞和 FDC 上，对长期留存抗原和 B 细胞活化有关。两种补体受体缺失的小鼠，生发中心生成受阻。④ CD40L 及 CD40：CD40L 表达在 Tfh 细胞和 FDC，也参与长期保留抗原和维持 B 细胞的活化状态。相关基因敲除的小鼠，不能诱导生发中心的生成。

4. *生发中心反应的启动*　生发中心发生的各种事件，统称为生发中心反应。其中，滤泡协助性 T 细胞和滤泡 B 细胞的相互作用起着重要的作用。图 12-9 及图 12-5“F”表明，B 细胞除了以其Ⅱ类分子提呈抗原激发 Tfh 细胞外，还通过表达 ICOS 配体向 Tfh 提供共刺激，而后者表达的 CD40L，则与 B 细胞表面的 CD40 配接，上调抗凋亡分子 Bcl-2 和 Bcl-X_L的表达，加强 B 细胞的成活。然后，如前所述，发生两种细胞表面一种称为信号转导淋巴细胞激活分子(SLAM)的相互作用。属于 Ig 超家族的 SLAM 是一个受体家族，成员包括 CD84 和 Ly108 等。它们以“受体-受体”间同型结合(homotypic binding)的方式，通过 SLAM 相关蛋白(SAP)启动胞内信号途径，促使 Tfh 亚群专一性转录因子 Bcl-6 的表达。可见，这里出现的是 Tfh 与 B 细胞间的一种双向“对话”。一方面，B 细胞协助 Tfh 活化，使

其表达多种表面分子，并分泌 IL-4 和 IL-21(以及后来参与类别转换的其他细胞因子)；另一方面，Tfh 分泌的 IL-21 促进生发中心中抗原对 B 细胞的选择，并使活化的 B 细胞分化成浆母细胞。而 B 细胞表面 CD40 与其配体的结合，除了上面提到能增强 B 细胞抗凋亡能力外，对生发中心 B 细胞的扩增、抗体类别转化和亲和力成熟也发挥关键作用，表现之一，是能上调一类称为胞苷脱氨酶(AID)重要分子的表达(详后)。另外，借助于干扰素调节因子 8(IRF-8)的激活，B 细胞也表达 Bcl-6。

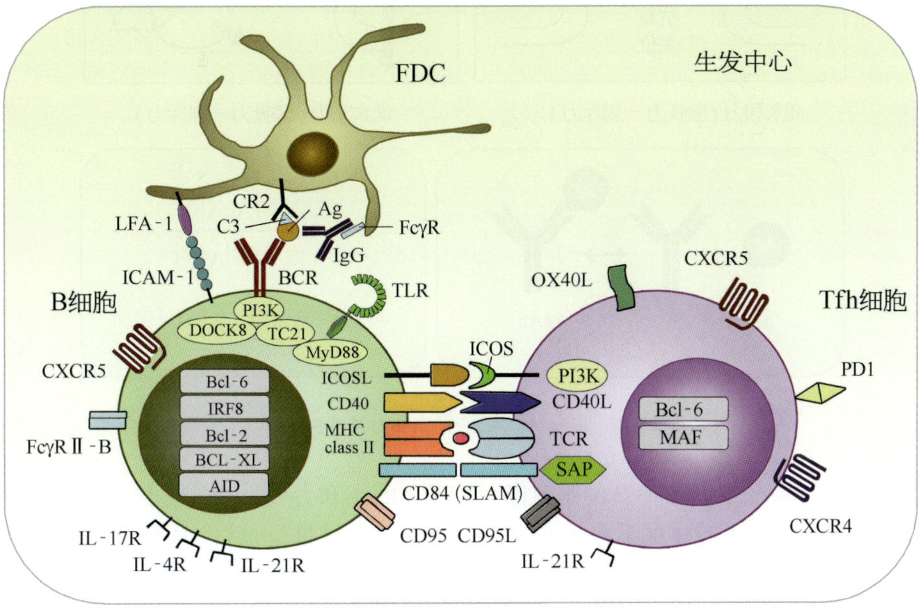

图 12-9　生发中心三类细胞的相互作用

（三）滤泡树突状细胞(FDC)

FDC 是仅出现于淋巴滤泡中的一类树突状细胞。除了有长长的树突状伪足伸展，FDC 与表达 MHCⅡ类分子和在 T 细胞区参与激活初始 T 细胞的 DC(称为并指状树突状细胞)并不相同。首先，FDC 并非来自骨髓前体细胞，亦无吞噬功能，是一种特化的细胞类型；其次，它们主要表达补体受体(CR1、CR2 和 CR3)及 Fc 受体，而不表达 MHCⅡ类分子，功能是以抗原-抗体-补体复合物的形式捕获和留存抗原。诸多 FDC 在生发中心凭借颀长的伪足形成网络。在暗区，FDC 很少；但在亮区，不再分裂的中央细胞会与 FDC 及其形成的伪足相伴，并与 Tfh 细胞密切接触，驱动一系列生发中心反应，包括抗原对 B 细胞(中央细胞)的选择。

图 12-9 表明，FDC 通过补体受体 CR2 结合免疫复合物，使抗原得以作用于 BCR。BCR 识别抗原后，激发由 PI3K 等介导的信号转导，从另一方面为此类表达高亲和力抗原受体的 B 细胞提供存活信号。FDC 与 B 细胞间还存在广泛的 LFA-1 与 ICAM-1 的相互作用，有利于 B 细胞中 AID 编码基因的激活。

第四节　生发中心反应

在滤泡 B 细胞、滤泡协助性 T 细胞和滤泡树突状细胞的共同参与下，发生一系列的生发中心反应(germinal center reaction)。就体液免疫应答的整个过程而言，这属于 B 细胞抗原激活的后续事件。

一、体细胞高频突变与抗体的亲和力成熟

抗体亲和力描述抗原表位与抗体分子抗原结合部位之间的互补情况，体现在两种分子间吸引力与排斥力间的平衡与消长。亲和力可以用抗原-抗体复合物的形成量与游离抗原加游离抗体量的比值作定量评估，即计算两者间的平衡常数(图 12-10)。

亲和力同样用于描述抗原表位与受体分子之间的结合和互补情况。

生发中心微环境中进入中央母细胞阶段的活化 B 细胞，其重链和轻链的 V 区基因发生体细胞高频突变(somatic

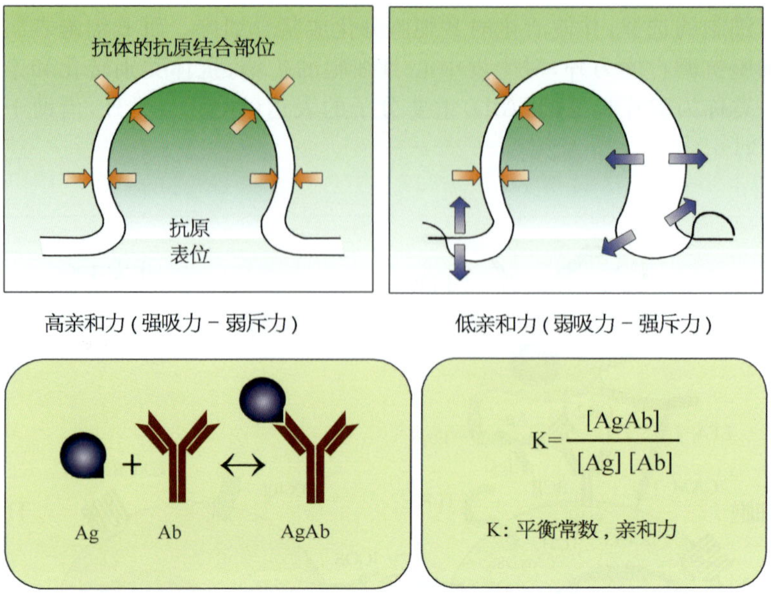

图 12-10 抗原-抗体结合的亲和力及其测定原理

hypermutation，SHM）。突变后产生的各种 B 细胞克隆，其 BCR 的亲和力各不相同。然后在中央细胞阶段，经过 FDC 所捕获抗原的选择，使表达高亲和力受体的 B 细胞免于凋亡。其总体结果是，后代 B 细胞及其分化后由浆细胞产生的抗体对抗原的平均亲和力得到了提升。此现象称为亲和力成熟。

（一）B 细胞高频突变

高频突变的特点是：① 通常出现在生发中心。② 突变大部分发生在重排过的 B 细胞重链和轻链 V 区的互补决定区（CDR），也可发生在 V 区基因旁侧区（图 12-11），一般不发生在 C 区。③ 主要是点突变，偶见基因缺失和重复。④ 突变频率很高，每一次细胞分裂在 1 000 个 bp 中约发生一个点突变（一般自发性突变率是 $10^{-10}\sim10^{-7}$）。Ig 重链和轻链的 V 区 DNA 各由约 360 个 bp 组成，如果每 4 次碱基突变中平均有 3 次可造成编码产物氨基酸序列的改变而成为有效突变，则每代子细胞的 BCR 约可发生 0.5 个 bp 的有效变异。⑤ 抗原致敏时间越长，或致敏次数越多，突变检出率越高（图 12-11）。

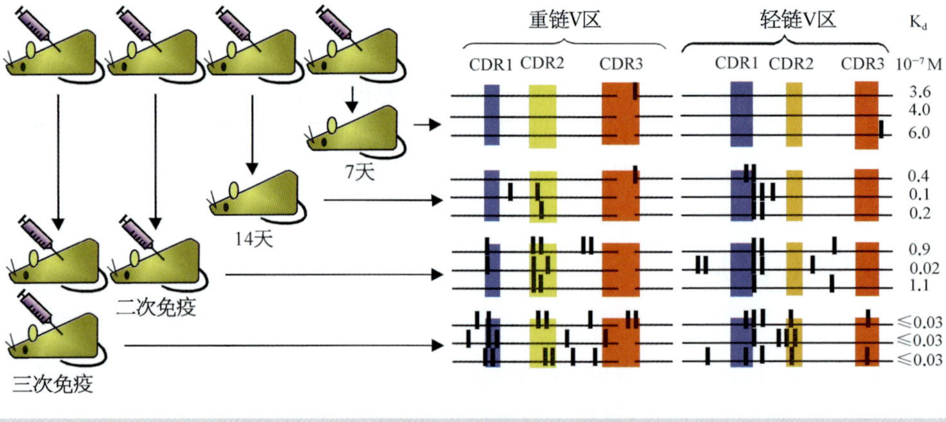

图 12-11 免疫球蛋白 V 区基因的体细胞高频突变

初次抗原注射后随着时间增加以及二次和三次加强免疫，通过突变和选择，重链和轻链 V 区，特别是其互补决定区（CDR），积累了越来越多有利于结合抗原的突变。与此相对应，解离常数（K_d）则从免疫后第 7 天的（3.6～6.0）×10^{-7}变为免疫后的≤0.03×10^{-7}（右侧），表明亲和力迅速提高。每一条横线代表一个 B 细胞克隆的 V 区基因测序结果。发生点突变的部位以纵向黑色短线表示

（二）激活诱导的胞苷脱氨酶与体细胞高频突变

生发中心 *Ig* 基因发生的高频突变和类别转换，均涉及激活诱导胞苷脱氨酶（activation-induced cytidine deaminase，AID）的激活。AID 的功能是与单链 DNA 上的胞嘧啶基团结合，催化嘧啶环的脱氨基作用，使胞嘧啶（C）

转变为尿嘧啶(U)(图 12-12)。随后,尿嘧啶 DNA 糖基化酶(UNG)切除尿嘧啶碱基,在 DNA 上形成一个无碱基位点;而脱嘌呤/脱嘧啶核酸内切酶(APE1)则进一步切除余下的基团,在 DNA 上形成一个单链缺口。在此过程中,主要有两种修复方式可导致突变,即错配修复和碱基切除修复。① 错配修复由错配修复蛋白 MSH2 和 MSH6 识别尿嘧啶,然后招募核酸酶切除尿嘧啶核苷及其前后的几个核苷酸,再由易错(error-prone)的 DNA 聚合酶 Polη 修复这段空缺,它通常会在原 A∶T 处形成突变。② 碱基切除修复是在 UNG 切除尿嘧啶后进行,由 REV1 等 DNA 修复酶在无碱基的位置引入核苷酸,导致原 C∶G 处发生突变。

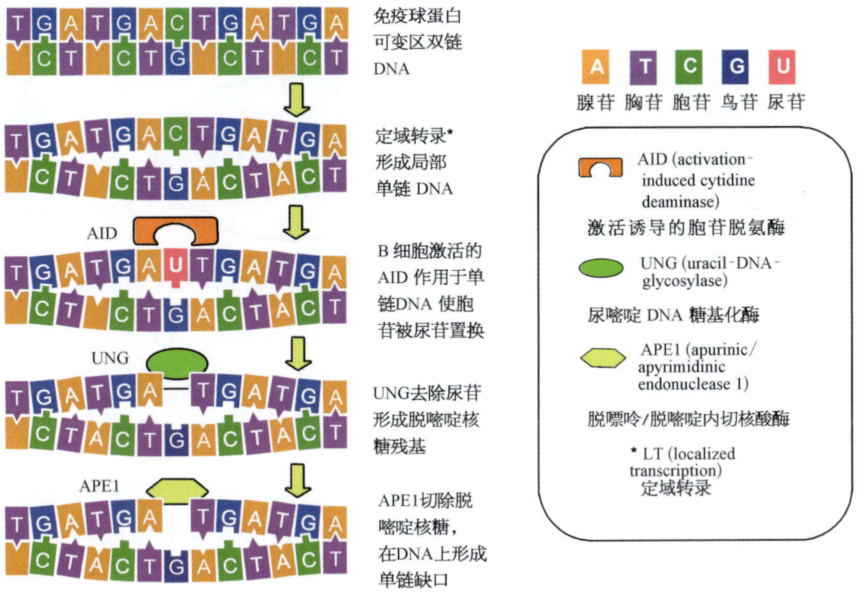

图 12-12　AID 通过单链 DNA 的 C-U 置换启动体细胞高频突变

由于 AID 只作用于单链 DNA,如果有基因正在发生转录,局部 DNA 双链会暂时性地解开而呈单链状态,这说明为什么 AID 只对活跃转录中的基因发挥作用。而且只有 B 细胞激活后,才能通过转录因子 NF-κB、STAT 6、Smad3/4 和 C/EBP,选择性地促使 AID 编码基因表达。该基因的活化与生发中心 Tfh 借助 CD40L-CD40 向 B 细胞传递信号有关。

(三) 抗原的选择

值得注意的是,大量免疫球蛋白 V 区基因的突变发生在生发中心,意味着发生突变的是已被抗原激活并发生克隆扩增的 B 细胞。此突变必然造成来自同一克隆的不同细胞,其识别抗原的 BCR 分子在抗原结合部位出现结构差异,即产生抗原受体结构多样性。然后,出现一个关键性的因素是抗原的选择。图 12-13 表明,抗原对带有结构各异 BCR 的 B 细胞进行选择可造成亲和力的提高。其过程涉及一个称为循环再进入(cyclic reentry)的过程,即亮区中央细胞重新进入暗区。亮区和暗区微环境基质细胞分别表达趋化因子 CXCL13 和 CXCL12,其受体各自为中央细胞表达的 CXCR5 和中央母细胞表达的 CXCR4,所以中央细胞要重新进入暗区,需改变其趋化因子受体的表达而成为 CXCR4 阳性细胞,这正是亮区中央细胞与抗原作用后出现的结果,即中央细胞一旦其 BCR 与抗原结合亲和力足够大而能被抗原激发,即获得再进入暗区的机会。暗区是启动体细胞高频突变的场所,重新进入的中央细胞将因突变而再产生亲和力不同的诸多克隆,而且完成突变后又开始表达 CXCR5,得以再回到亮区,使得原有的抗原有机会再选择出亲和力更高的 B 细胞(中央细胞)克隆。所以,中央细胞以循环再进入的方式到暗区"走一圈",就实施一次"突变-选择"的进程,推出亲和力更高的 B 细胞。如此往复,识别该抗原的 B 细胞,其受体亲和力会越来越高,构成亲和力成熟(affinity maturation)。

这里需要指出几点:

第一,凡是亲和力不佳的中央细胞都将发生凋亡而被 Mφ 吞噬。组织学分析确认,生发中心充满死亡的 B 细胞,以及吞噬了 B 细胞核碎片的 Mφ。后者已有专门名词,被称为着色体巨噬细胞(tingible body macrophage)(图 12-8 右下侧)。

第二,高亲和力 B 细胞得以生存和发生克隆扩增,涉及抗原、FDC 和 Tfh 的共同作用。其包括两个方面:一方面,FDC 通过免疫复合物及表达的黏附分子 VCAM-1 和 ICAM-1 等,为 B 细胞提供有力的 BCR 信号和整合信号,使之免于凋亡;另一方面,高亲和力的 B 细胞克隆通过竞争得以提呈抗原,并获得 Tfh 的辅助。其中 Tfh 与 B 细胞间 CD40L-CD40 的配接,对于高亲和力 B 细胞存活也非常重要,因为可以使抗凋亡基因 Bcl-X_L 和 Bcl-2 的表达增加。

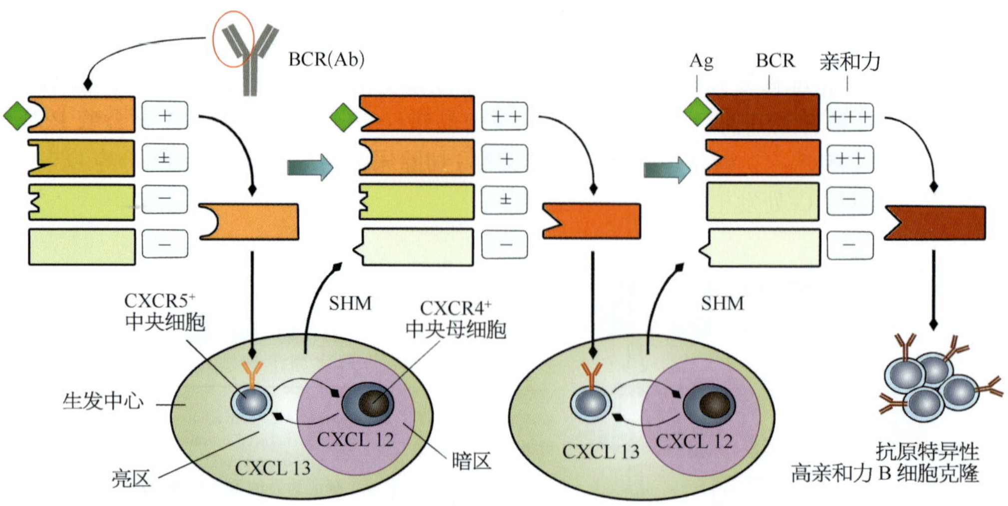

图 12-13 抗体亲和力成熟的循环再进入假说

左上方各种边侧形状不同的方块，代表生发中心因体细胞高频突变(SHM)而产生的各种B细胞(中央细胞)BCR的抗原识别结构不同，各自对抗原(绿色菱形块)显示不同的亲和力(大小以方块左侧+号表示)。抗原选择亲和力较高者(橙色)并使之发生克隆扩增，扩增细胞从原先表达CXCR5变为表达CXCR4，被暗区 CXCR12⁺微环境招募而重新进入暗区成为中央母细胞，并发生新一轮SHM。返回亮区的中央细胞出现亲和力更高的克隆(红色)并被原抗原所优先选择。这一过程的反复出现，最后筛选到亲和力很高的B细胞克隆，完成亲和力成熟

第三，抗原每选择一次，就有大量中、低亲和力的B细胞克隆发生凋亡，因为它们得不到赖以生存的各种抗凋亡信号。所以抗原的选择，除开造就了亲和力成熟，也一次次"纯化"了B细胞的群体结构，造成所有经过淘汰而得以成活的B细胞，其抗原识别结构呈现高度均一的状态。这一点很重要，说明离开同一个次级淋巴滤泡的记忆性B细胞和长寿浆细胞，及它们后来发动的记忆性免疫应答，具有相同的抗原特异性，因为它们来自单克隆或寡克隆的滤泡B细胞。

二、抗体的类别转换

抗体主要履行三项功能：中和作用、调理作用和补体激活作用。不同类别的抗体对此各有侧重。而且，抗体的血清含量、穿越胎盘和向血管外弥散的能力、参与ADCC及诱导超敏反应的能力，也因类别不同而相互有别(见第四章)。显然，只有IgM是不够的，IgG类抗体在显示各种抗体功能，特别是抗细菌感染方面非常重要，并可穿越胎盘；而IgA对黏膜免疫，IgE对抗寄生虫感染实属必须。说明不同类别抗体的出现，对全面展示体液免疫应答意义重大，是免疫球蛋白基因发生类别转换(class switch)或同种型转换(isotype switch)的结果，由此形成了包括IgM、IgG、IgA和IgE在内不同类别的抗体。

(一) 类别转换的特点

类别转换不涉及抗体的抗原结合特异性，即不改变抗体的独特型。在分子水平，类别转换仅涉及免疫球蛋白重链C区基因的重排，通过Cμ转换为Cγ、Cα或Cε而实现抗体类别从IgM改变为IgG、IgA或IgE(基因重排机制参见第二章)。

类别转换主要出现在二次应答之后，由此产生的IgG抗体出现亲和力成熟和含量的上升(图12-14)，表明两种变化基本上是同步的。

(二) 影响类别转换的因素

1. 抗原的性质　可溶性蛋白抗原(TD抗原)主要诱导人和小鼠产生IgG1；多糖类抗原易诱导IgM的产生，某些多糖(TI-2型抗原)对成年人诱导IgG2，对小鼠诱导IgG3；蠕虫类抗原易诱导IgE生成，可能与这些抗原易活化嗜碱粒细胞和NK T细胞并促使其分泌IL-4有关。

2. 免疫途径与免疫佐剂　抗原免疫途径不同，产生的抗体类别也不相同，如口服抗原涉及黏膜免疫，产生IgA为主的抗体；而皮内、皮下免疫则主要产生IgG。用弗氏佐剂进行免疫产生IgG，而用铝佐剂，则易诱导IgE产生。

3. Th细胞　T-B细胞相互作用不仅决定B细胞的激活和对TD抗原的抗体应答，也与抗体的类别转换有关。例如，T细胞CD40L编码基因突变可形成X性联高IgM综合征，患者生发中心的发育严重受阻，亦无法启动抗体的类别转换。IgG类抗体的缺如，使患者抗胞外菌感染的能力明显下降。因为CD40L-CD40的配接可在B细胞中激活NF-κB等转录因子，诱导类别转换。敲除*CD40*/*CD40L*基因的小鼠，也显示类别转换严重受阻，同时伴有亲和力成熟障碍和记忆B细胞生成不良。

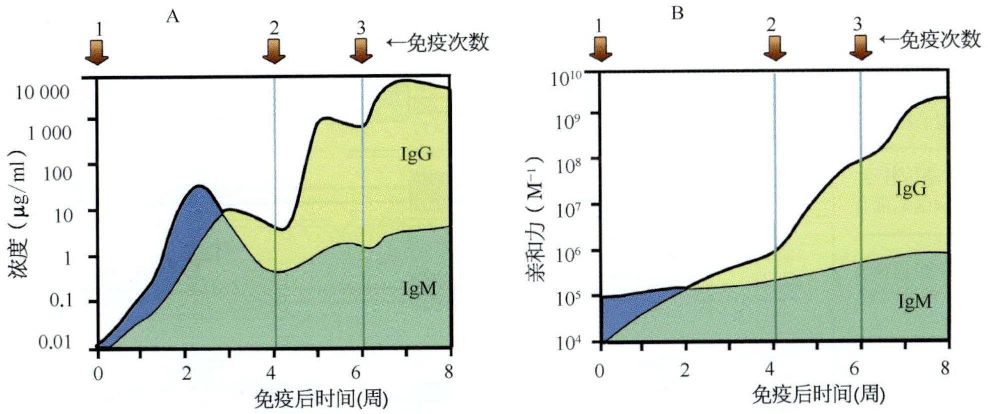

图 12-14　抗体类别转换、亲和力成熟和抗体含量的提高发生在二次免疫应答

A. 类别转换(IgG 的产生)出现在抗原的二次免疫之后，抗体水平(浓度)的上升主要针对 IgG 而非 IgM；B. 亲和力成熟也出现于 IgG 的二次应答，并随免疫次数的增加而增强

（三）细胞因子直接调控抗体类别转换

细胞因子是影响抗体类别转换最直接的因素。表 12-3 显示 IL-4 主要诱导 IgG1 和 IgE；IL-5 增强 IgA 的产生；IFN-γ 诱导 IgG3 和 IgG2a；TGF-β 则主要参与 IgG2a 和 IgA 的分泌。

表 12-3　细胞因子在调控小鼠抗体类别表达中的作用

细胞因子	IgM	IgG3	IgG1	IgG2b	IgG2a	IgE	IgA
IL-4	抑制	抑制	诱导	/	抑制	诱导	/
IL-5	/	/	/	/	/	/	增强
IFN-γ	抑制	诱导	抑制	/	诱导	抑制	/
TGF-β	/	诱导	诱导	/	/	/	诱导

图 12-15 展示了表 12-3 相似的内容，只是强调了不同细胞因子作用下，发生类别转换的抗体分别介导不同的效应功能。

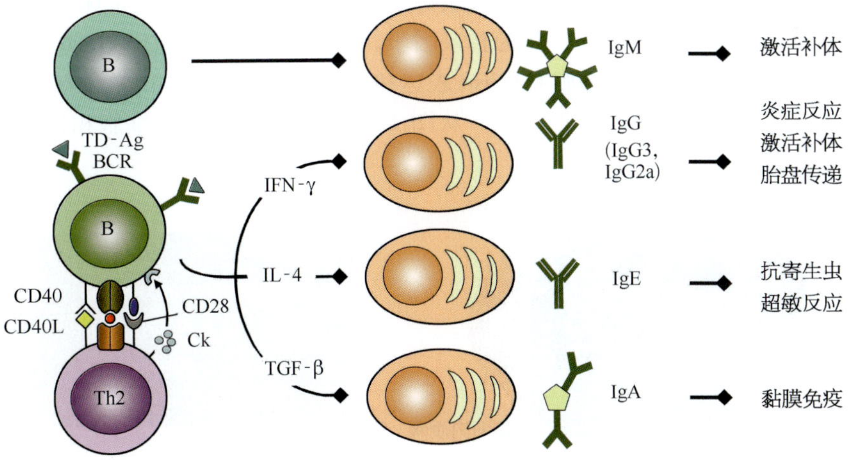

图 12-15　抗体的类别转换与细胞因子

TI 抗原诱导的抗体应答(上方)不发生类别转换，仅产生 IgM。经 Th2 细胞协助，TD 抗原诱导的抗体应答发生类别转换，在 IFN-γ、IL-4 及 TGF-β 等细胞因子参与下，分别产生 IgG、IgE 和 IgA，各自介导不同类型的效应功能

细胞因子参与类别转换的分子机制，涉及不同细胞因子选择性地诱导免疫球蛋白 C 区基因上游(5′端)的转换区(S 区)产生不同的 RNA 转录体。这种转录不导致蛋白产生，但形成的局部单链状态，使得 AID 可以发挥作用(见前述)，从而启动相应 C 区基因片段的重排。图 12-16 显示(举例)，在 IL-4 诱导下，出现 IgM 选择性地向 IgE 类别进行转换。因为 S 区的序列特点使其容易在 AID 作用下使 DNA 的非模板链形成较多单链缺口，在模板链则形成较少量的缺口，进而导致 DNA 双链形成交错断裂(staggered break)。在双链缺口修复器(DSBR machine)作用下，两个 S 区发生连接，在切除两者之间的序列后完成 Cμ 到 Cε 的连接，亦即发生 IgM 到 IgE 的类别转换(图 12-16)。

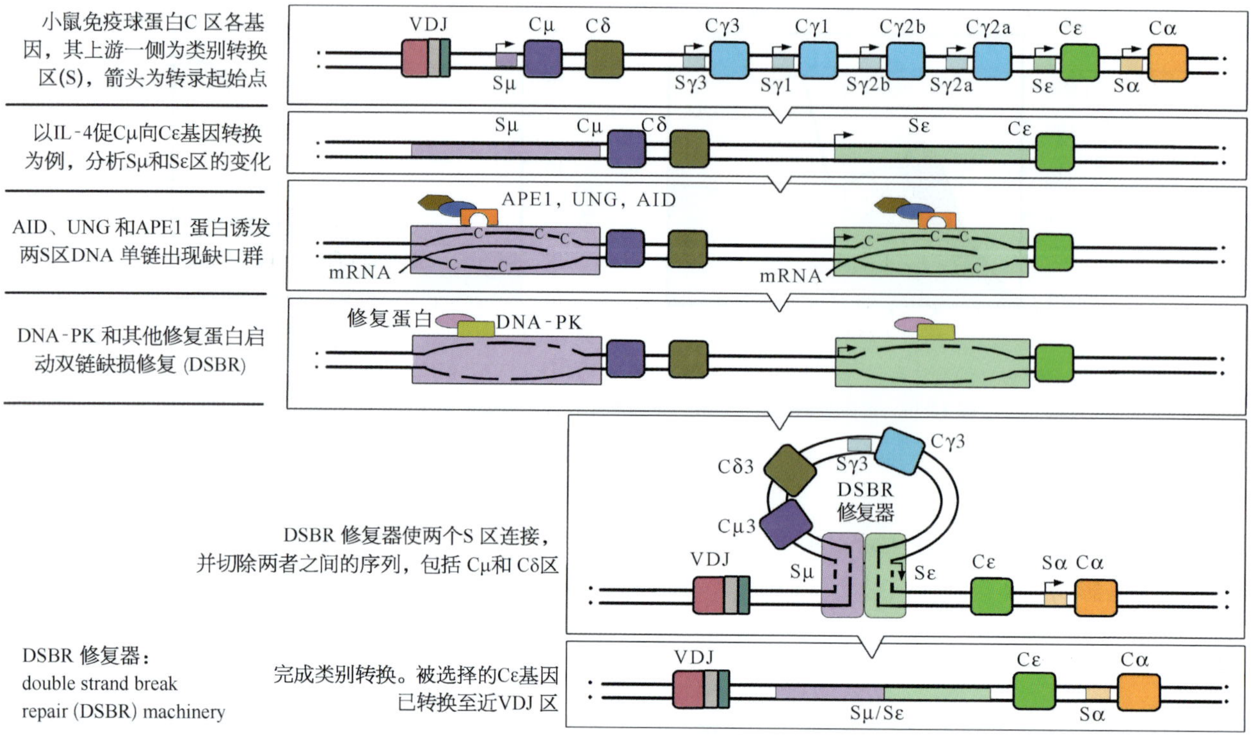

图 12-16 IL-4 作用下 AID 介导类别转换的分子机制

三、浆细胞和记忆性 B 细胞的分化

（一）浆细胞的产生与抗体生成

经历亲和力成熟与类别转换的 B 细胞，最终分化成浆母细胞，后者再演变成分泌抗体的浆细胞。浆细胞的分化由 B 细胞诱导性成熟蛋白（Blimp-1）控制。Blimp-1 作为转录因子，可以关闭与 B 细胞增殖、类别转换和亲和力成熟有关的基因的表达，增加 Ig 合成和分泌，下调 B 细胞 CXCR5 表达和上调 CXCR4 和 α4β1 整合素的表达。这些都促使 B 细胞分化成浆细胞，并离开生发中心而定位于其他组织。从图 12-17 可见，与初始 B 细胞相比，浆细胞的特性已发生很

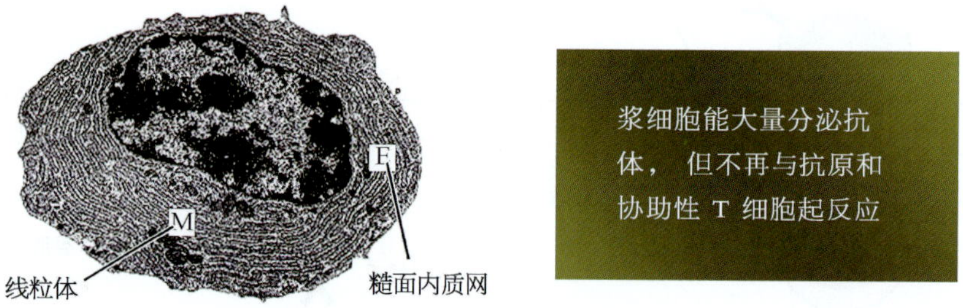

B 细胞与浆细胞特性的比较

	固有的特性			可诱导的特性		
	表面 Ig	MHCⅡ类分子	Ig 分泌	生长	体细胞突变	类别转换
B 细胞	++	+	–	+	+	+
浆细胞	±	–	++	–	–	–

图 12-17 浆细胞的超微结构和特性

注意浆细胞胞质中大量充斥着产生抗体的糙面内质网

大变化；体积增大，胞质与胞核比例增加，浆细胞胞质中除了少量线粒体，几乎全部被合成抗体的糙面内质网所充斥。生动地表明，这是一个活的生产抗体的“工场”。如果这一浆细胞来自生发中心，因为发生过类别转换，可以产生特定类别的抗体，定然不同于淋巴结原发灶中出现的浆细胞，后者主要分泌 IgM。

需要再次强调两点，一是浆细胞分泌的抗体，其抗原特异性与类别转换无关，抗原特异性由抗原选择出的 B 细胞克隆 BCR 识别结构所决定。二是浆细胞分成两类：一类短寿，主要产生于针对 T 细胞非依赖性抗原的应答和出现于滤泡旁的原发灶；另一长寿，指来自生发中心，可进入骨髓，并参与全身循环。

图 12-17 还表明，浆细胞能够高效地分泌抗体，不再与抗原起反应，也失去与 T 细胞发生相互作用的能力，因为浆细胞表面不表达抗原受体及 MHCⅡ类分子。但离开生发中心的浆细胞一旦进入骨髓，因该处存在属于 BAFF 家族的细胞因子，通过与浆细胞膜上的受体 BCMA 作用而使其停留并长期存活，使得骨髓成为抗体产生的主要部位。据估计，健康成体血流中约半数抗体由骨髓中长寿浆细胞产生，并显示抗原特异性。

（二）记忆性 B 细胞

1. 分化及其特点　　第一章中提到，记忆性的体液免疫应答，有保护性记忆和反应性记忆之别，前者直接由留存的抗体或可迅速分泌抗体的浆细胞介导；后者则由记忆性 B 细胞介导。此时，该细胞需二次遭遇抗原，重新增殖和分化为浆细胞并产生抗体。

记忆性 B 细胞（memory B cell，B_M）产生于生发中心。B_M 产生后，部分留在淋巴滤泡，大部分进入血流参与再循环。与记忆性 T 细胞相比，B_M 有其特点：① 初次接触抗原 1 个月后产生（T_M 5 d 后产生），并长期存在；② 诱发的二次应答仍需要已活化的 Th 细胞的协助，通常为记忆性滤泡协助 T 细胞（T_{FHM}）（图 12-18）；③ 和初始 B 细胞一起参与外周循环，可聚集在某些外周免疫器官，如脾脏、淋巴结、派氏集合淋巴结。

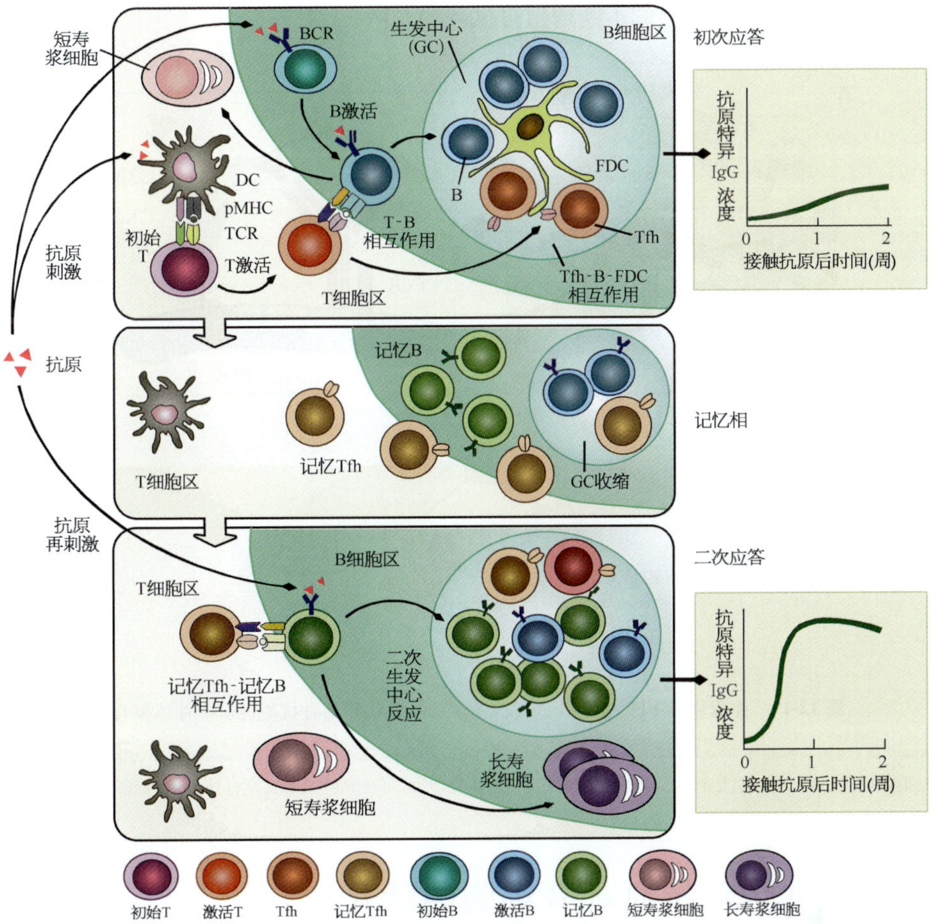

图 12-18　记忆 Tfh 对记忆 B 细胞的激活及二次特异性抗体应答

上图左下侧：初始 T 细胞被 DC 提呈的 pMHC 激活，在外周淋巴器官的 T 细胞区和 B 细胞区（淋巴滤泡）交界处与抗原激活的 B 细胞发生相互作用。之后各自成为生发中心 B 细胞和滤泡协助性 T 细胞（Tfh），并在滤泡树突状细胞（FDC）参与下，完成生发中心反应，以及发生抗体初次应答。中图：随后 T、B 淋巴细胞各自分化成记忆 Tfh 细胞和记忆 B 细胞，应答进入记忆相。下图：当记忆 B 细胞再次被原先致敏的抗原刺激后，通过与记忆 Tfh 细胞（T_{FHM}）相互作用而迅速激活，启动二次生发中心反应，大量产生抗原特异性 IgG 抗体，并促使长寿浆细胞分化，形成增强性二次应答

B_M 的表型和功能与初始 B 细胞有明显的区别(表 12-4)。B_M 长寿,高表达抗凋亡蛋白 Bcl-2,不分裂或分裂非常慢。B_M 不易诱导耐受,因表达发生过类别转换的高亲和力受体,遇到很低浓度的抗原即可被迅速激活,出现再次免疫应答。B_M 产生抗体的速度、性质、数量、亲和力、维持时间等都与初始 B 细胞介导的初次应答有很大的不同。再次应答的这些特点与记忆 T 细胞的存在,以及 FDC 可以快速地结合免疫复合物有一定关系。

表 12-4 初始 B 细胞与记忆 B 细胞的特性比较

	初始 B 细胞	记忆 B 细胞
类别转换	未发生	已发生
补体受体	低表达	高表达
解剖部位	脾	骨髓、淋巴结、脾
生存期	短寿	长寿
再循环	有	有
受体亲和力	低	高(亲和力成熟)
ICAM-1 表达	低	高

2. 长期维持的机制 某些抗原(包括完整的病毒颗粒)可以以免疫复合物的形式在免疫组织的特定部位及淋巴滤泡长期停留。其中起主要作用者为 FDC。前面提到,该类细胞可借助表面的 Fc 受体及补体受体与"抗原-抗体"或"抗原-抗体-补体"复合物结合。在树突部分(细胞伪足),这些复合物形成成串的颗粒状结构,称为免疫复合物覆盖小体(immune complex-coated body, iccosome)。FDC 对这些复合物不做常规的吞噬和分解,而是将它们原封不动地保存在 iccosome 的内侧,并不时地释放。抗原可以以这种形式在外周免疫器官滞留数月甚至数年而不断地刺激记忆性 B 细胞(图 12-19)。另外,机体会经受多种病原体的感染,不能排除这些病原体和当初所遭遇的抗原在结构上具有相似性,通过抗原的交叉反应,为记忆细胞的不断增殖提供新的刺激。

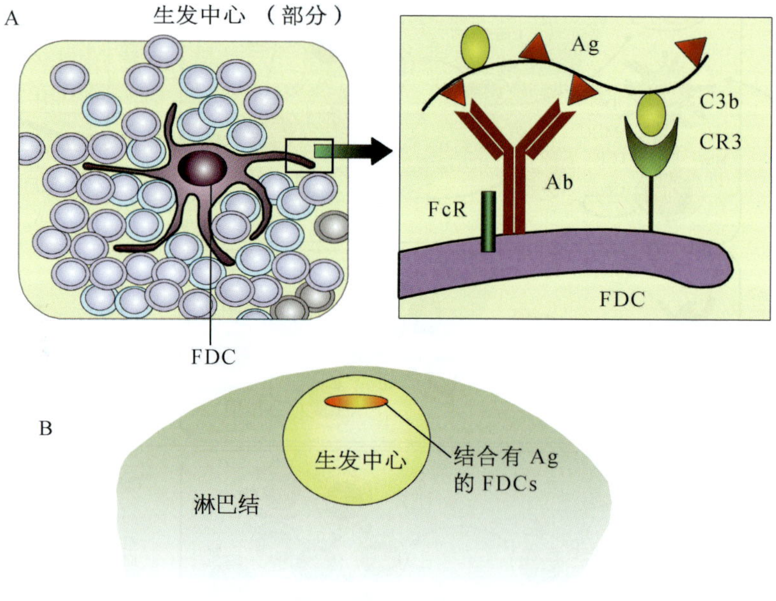

图 12-19 生发中心 FDC 借助 FcR 及 CR3 受体捕获并结合抗原-抗体-补体复合物

A. 生发中心滤泡树突状细胞(FDC)伪足表面表达 Fc 受体(FcR) 及补体受体(CR3),结合抗原-抗体-补体复合物后该部分形成免疫复合物覆盖小体(iccosome),可为附近的 B 细胞(中央细胞)提供抗原。B. 生发中心中 FDC 结合的抗原-抗体复合物,可在淋巴结中长期存留,有助于该抗原特异性记忆细胞的存活和维持

第五节 T 细胞非依赖抗原对 B 细胞的活化

脂多糖及多糖类抗原能诱导无胸腺裸鼠或无 T 细胞动物产生抗体,称为 T 细胞非依赖抗原(TI-Ag)。B 细胞对 TI 抗原的体液免疫应答一般不出现二次回忆性反应,也没有抗体的亲和力成熟和类别转化。这意味着,TI 抗原激发的抗体主要为 IgM。

一、TI 抗原的分类与主要特性

TI 抗原因结构和作用机制不同，分为 1 型和 2 型。其区别在于：① TI-1 抗原主要是细菌细胞壁成分。其中的 LPS 属 B 细胞多克隆激活剂或丝裂原；而 TI-2 抗原为带有多个重复表位的分子，如细菌荚膜多糖和葡聚糖，一般无丝裂原活性；② TI-1 抗原作用于成熟与未成熟 B 细胞，而 TI-2 抗原仅作用于成熟的 B 细胞（表 12-5）。

表 12-5　TD、TI-1 和 TI-2 抗原主要特性的比较

特　性	TD 抗原	TI-1 抗原	TI-2 抗原
无 T 细胞鼠	不应答	应答	不应答
对 T 细胞致敏作用	有	无	无
激活多克隆 B 细胞的能力	无	有	无
类别转换和亲和力成熟	有	无	少数有
记忆 B 细胞	有	无	个别有
重复抗原表位	不需要	不需要	需要
化学性质和类别	蛋白质	脂多糖	多糖、葡聚糖
活化的 B 细胞克隆	B,寡克隆	B1 和 B,多克隆	B1 和 Mz-B,寡克隆

二、B 细胞对 TI 抗原的应答

（一）TI-1 抗原诱导的抗体应答

此类抗原包括细菌多糖、细菌 DNA 和脂多糖（LPS）等，引发的抗体应答可以有两种不同的机制。

1. 对 B 细胞多克隆的非特异性激活　见于 LPS 浓度高时，通过与 B 细胞表面 LPS 受体的结合，激活多个克隆的 B 细胞，产生低亲和力的 IgM 类抗体。此即 LPS 所具有的多克隆激活剂（polyclonal activator）功能，或称 B 细胞丝裂原（B cell mitogen）活性。

2. 对特异性 B 细胞克隆的激活　当 LPS 为低浓度时，其多糖类表位与特定 BCR 结合，丝裂原基团与丝裂原受体结合，也可激活特异性的 B 细胞克隆，但产生的抗体仍为低亲和力的 IgM。

第八章指出，TI-1 抗原中的 LPS 和细菌 DNA 可同时激发 Toll 样受体（TLR）。由于小鼠初始 B 细胞组成性表达大部分 TLR，而人的 B 细胞通过 BCR 得到刺激后，也可表达大部分 TLR。所以 B 细胞同时会得到 BCR 信号，并能借助 TLR 接受 TI-1 型抗原的刺激，产生 IgM 抗体。这在机体抗感染的早期时相是有意义的（图 12-20A）。

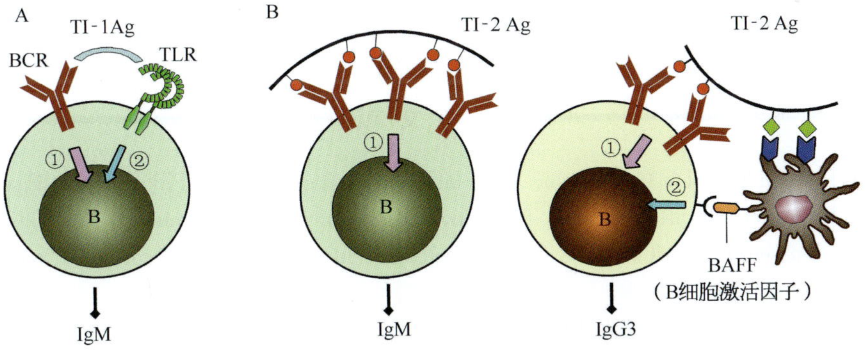

图 12-20　TI 抗原以不同于 TD 抗原的方式激活 B 细胞

A. TI-1 抗原除了发挥 B 细胞多克隆激活剂的作用，还可借助 TLR 协助 B 细胞激活；B. 多价 TI-2 抗原可不需第二信号直接激活 B 细胞产生 IgM 抗体。部分 TI-2 抗原可借助 DC 释放的细胞因子 BAFF，通过其 B 细胞受体为 B 细胞激活提供第二信号，使之发生有限的类别转换，产生 IgG。图中①②代表 B 细胞激活的第一信号和第二信号

（二）TI-2 抗原诱导的抗体应答

细菌荚膜多糖属于 TI-2 抗原，带有大量重复抗原表位，能激活补体旁路途径和凝集素途径，刺激成熟 B1 细胞和边缘区 B 细胞（Mz-B）。B1 细胞在腹膜腔、胸膜腔和肠道固有层等处含量丰富，主要针对体腔中的抗原产生应答；而位于脾脏白髓的边缘区 B 细胞，不进行再循环，侵入血流的病原体被 Mφ 捕捉后，由边缘区 B 细胞对 TI-2 抗原实施快速应答。

TI-2 通过其重复性抗原表位使 BCR 发生交联而直接激活 B 细胞（图 12-20B），其中 B 细胞得到的第一信号实际上也包括了第二信号。合适的 TI-2 抗原的表位密度对 B 细胞活化是重要的。密度过低受体交联不足，不能有效激活 B 细胞；密度过高使受体过度交联，可致 B 细胞无应答或无能。

应该指出，针对 TI 抗原产生抗体无需 T 细胞协助这一点并非绝对，因为还存在一些替代途径。首先，T 细胞的协

助有时可通过其他方式完成，如非T细胞所产生的某些细胞因子也可刺激B细胞发生类别转换，Mφ和DC分泌的BAFF和APRIL即是一例。此BAFF还可通过B细胞表面受体TACI，促使AID合成，继而参与体细胞高频突变和诱导类别转换，产生IgG2(人体)或IgG3(小鼠)(图12-20右侧)。另外，B细胞活化后表达的TLR也有促进作用，而黏膜系统中非淋巴细胞分泌的TGF-β，则促进IgA类别转换而不需T细胞分泌相应细胞因子。其次，T细胞具有高度的异质性，其种类和亚群很多，对B细胞产生抗体会施加不同的影响。例如，裸鼠外周缺乏αβ T细胞但有γδ T细胞，后者能间接辅助B细胞对TI-2抗原发生应答。敲除TCR β链和δ链基因的小鼠对TI-2抗原不产生应答，若给这种小鼠输入少量T细胞，能使其应答回复。NK细胞和NKT细胞分泌的细胞因子，也可以影响抗体类别的转换，而且，如上所述，NKT能以其TCR识别CD1提呈的多糖抗原。这些TI-2型抗原诱导的抗体类别转换，已列入表12-5右侧。

针对TI-2型抗原的应答往往涉及荚膜多糖包被的细菌，如B型嗜血流感菌。此类病原体可躲过吞噬细胞的作用，也能抵抗随后T细胞启动的应答，因荚膜无蛋白质成分，适应性免疫难以发挥作用，然而经诱导产生的大量IgM抗体，一旦迅速覆盖细菌，可促其被吞噬。这说明，针对TI抗原的抗体应答，在抗感染免疫的早期，发挥重要作用。

另外，体内长期存在的IgM天然抗体，如抗人类A、B血型抗体和引起种间移植物超急排斥的抗体，皆由TI抗原诱导。其体内的产生及长期维持，认为与肠道菌丛刺激下，腹腔B-1细胞或脾脏边缘区B细胞的激活和分泌IgM有关。

本章提要

B细胞的激活涉及两类抗原。TI抗原可通过重复表位导致BCR适度交联或通过丝裂原受体与BCR的交联，激活B细胞而不需要T细胞的辅助，主要激发IgM的产生，没有二次应答。

TD抗原及其所结合的补体片段C3dg等，分别与B细胞表面的BCR-Igα/Igβ和辅助受体CD21/CD19/CD81结合，介导抗原识别信号的产生。虽然参与的具体分子有所不同，但信号转导过程与T细胞很相似，也是通过受体交联引起受体相关性Src家族PTK的彼此成簇而互相激活，再通过ITAM招募并激活胞质中游离的Syk家族PTK及衔接蛋白，启动三条信号传导途径：磷脂酰肌醇途径、PI3K介导途径和MAPK相关途径，最终激活转录因子，启动相关基因的表达。

TD抗原激活B细胞还需要Th细胞提供第二信号。B细胞通过BCR识别和摄取抗原后，向Th细胞提呈抗原，Th细胞则通过表达CD40L和分泌细胞因子等，促进B细胞的活化、增殖和分化。

B细胞激活后有两条分化通路，一部分B细胞形成原发灶，直接转化为主要分泌IgM抗体的短寿浆细胞；另一部分在FDC和Tfh细胞等作用下，在生发中心经历抗体亲和力成熟及类别转换等过程，最终分化为记忆B细胞和长寿浆细胞，介导对抗原的二次体液免疫应答和免疫记忆。

（蒋黎华　周光炎）

参考文献

Abbas AK, Lichtman AH, Pillai S. 2014. Cellular and Molecular Immunology. 8th ed. Philadelphia: Elsevier Saunders.

Crotty S. 2014. T follicular helper cell differentiation, function, and roles in disease. Immunity, 41: 529-542.

Gitlin AD, Shulman Z, Nussenzweig MC. 2014. Clonal selection in the germinal center by regulated proliferation and hypermutation. Nature, 509: 637-640.

Hobeika E, Maity PC, Jumaa H. 2016. Control of B cell responsiveness by isotype and structural elements of the antigen receptor. Trends Immunol, 37: 310-320.

Kranich J, Krautler NJ. 2016. How follicular dendritic cells shape the B-cell antigenome. Front Immunol, 7: 225-236.

Kurosaki T, Kometani K, Ise W. 2015. Memory B cells. Nat Rev Immunol, 15: 149-159.

Murphy K, Weaver C. 2011. Janeway's Immunobiology. 9th ed. New York: Garland Sci Pub.

Nutt SL, Hodgkin PD, Tarlinton DM, et al. 2015. The generation of antibody-secreting plasma cells. Nat Rev Immunol, 15: 160-171.

Owen J, Punt J. 2013. Kuby Immunology. 7th ed. Sharon Stranford.

Recaldin T, Fear DJ. 2016. Transcription factors regulating B cell fate in the germinal centre. Clin Exp Immunol, 183: 65-75.

Sage PT, Sharpe AH. 2015. T follicular regulatory cells in the regulation of B cell responses. Trends Immunol, 36: 410-418.

Shulman Z, Gitlin AD, Weinstein JS, et al. 2014. Dynamic signaling by T follicular helper cells during germinal center B cell selection. Science, 345: 1058-1062.

Varshney P1, Yadav V, Saini N. 2016. Lipid rafts in immune signalling: current progress and future perspective. Immunology, 149: 13-24.

Zhang Y, Garcia-Ibanez L, Toellner KM. 2016. Regulation of germinal center B-cell differentiation. Immunol Rev, 270: 8-19.

第十三章　免疫应答的效应机制

免疫应答通过效应机制保护机体免受抗原异物的侵害。其中涉及多种免疫效应分子和效应细胞。在某些情况下免疫效应作用也可导致自身组织的损伤。

第一节　抗体的效应功能

B细胞介导的体液免疫应答，可被TI抗原或TD抗原诱导，但大多数由TD抗原引起。上一章提到，B细胞接受第一和第二信号后，激活分化成为浆细胞，产生以IgG为主的抗体分子。因此，所谓体液免疫效应，主要是指抗体所发挥的效应功能。其目标主要是清除细胞外的病原菌及其产生的毒素等抗原异物。特点是：① 显示抗原特异性；② 浆细胞能够产生数量极其庞大（可达 10^8～10^{10}）的针对抗原决定簇或抗原表位的抗体分子。

一、IgG和IgM介导的效应

（一）对抗原的中和作用

抗体通过Fab段与抗原结合形成抗原抗体复合物，使抗原失去生物学活性或易于被吞噬细胞所吞噬。具有中和作用的抗体主要是血循环中的IgG，作用对象主要包括两类：一类针对细菌外毒素，可通过阻断外毒素与敏感宿主细胞表面的受体结合，或封闭毒素的活性部位，而使其不能发挥毒性作用；另一类针对病毒，可阻止病毒吸附于易感靶细胞，降低病毒的传染性。

（二）免疫调理作用

IgG类抗体与颗粒抗原（如细菌）结合后，其Fc段与吞噬细胞表面的IgG Fc受体（FcγR）结合，促进吞噬细胞对颗粒抗原的吞噬作用。IgG（IgG3、IgG1和IgG2）或IgM类抗体与相应抗原结合后，可激活补体，再与补体活化的裂解片段C3b形成抗原-抗体-C3b复合物。此复合物中的C3b与吞噬细胞表面的C3b受体结合，也可促进吞噬细胞的吞噬作用。

（三）补体依赖的细胞毒作用

补体依赖的细胞毒作用（complement dependent cytotoxicity，CDC）是指抗体（IgG1、IgG2、IgG3或IgM）识别和结合靶细胞表面的抗原后激活补体经典途径，通过补体级联反应形成攻膜复合物（MAC），使该靶细胞迅速裂解（见第八章补体部分）。

（四）抗体依赖细胞介导的细胞毒作用

参与抗体依赖细胞介导的细胞毒作用（antibody dependent cell mediated cytotoxicity，ADCC）的效应细胞，主要是细胞膜上带有IgG Fc段受体（FcγR）的Mφ、NK细胞和中性粒细胞（如NK细胞带有FcγRⅢ，Mφ带有FcγRⅠ）。当IgG的Fab段与靶细胞膜上的抗原发生特异性结合后，其Fc段发生构型改变，可与上述效应细胞表面的FcγR结合，由后者传递激活信号。被这些信号激活的效应细胞释放TNF、IFN-γ等细胞因子，促使其发生颗粒胞吐（详后），而使靶细胞死亡（图13-1）。其中IgG发挥双重功能：一是识别抗原，二是结合Fc受体。由于FcγRⅢ属低亲和力受体，多个识别抗原的IgG分子集合起来，有利于和受体的结合。换言之，血浆中游离的单体IgG分子往往不能有效地激发ADCC，除非靶细胞表面已结合和覆盖有抗体分子。

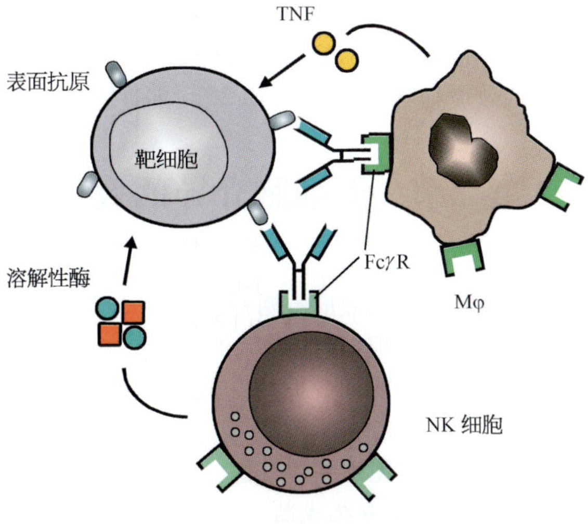

图13-1　抗体依赖细胞介导的细胞毒作用

IgG抗体以抗原识别部位结合靶细胞表面抗原，以Fc段与效应细胞Fc受体结合，使后者激活，释放TNF等效应分子杀伤靶细胞

二、分泌型IgA的局部抗感染作用

胃肠道和呼吸道是微生物侵入的门户，分泌型IgA（sIgA）

抗体在黏膜免疫防御中十分重要。抗原直接刺激可导致局部黏膜处B细胞合成并分泌sIgA。但也有实验证明，抗原刺激某一特定部位黏膜（如胃肠道）后，可在未受抗原刺激的部位（如呼吸道）检出sIgA。这种游走性保护作用，可能是由于免疫细胞在黏膜免疫系统中移动的结果。目前认为，sIgA的主要功能是与异物、抗原和微生物结合，阻断它们与黏膜上皮的黏附。

三、IgE介导的效应机制

肥大细胞和嗜碱粒细胞受刺激后介导的免疫反应依赖于IgE，后者介导免疫系统的一类极其重要的效应机制。肥大细胞和嗜碱粒细胞表面表达IgE高亲和力受体（FcεRⅠ），因而即使没有抗原，这一受体也往往结合有IgE分子，这点和ADCC中的FcγRⅢ不同。抗原一旦出现并和IgE分子结合，可导致IgE及相应FcεRⅠ的聚集，使跨膜的FcεRⅠ分子出现成簇（clustering）现象，由此激活多种蛋白激酶，并通过受体分子胞内段上的ITAM传递活化信号，使肥大细胞和嗜碱粒细胞迅速激活，释放出许多化学介质。这些化学介质可增加血管通透性、引起支气管与血管平滑肌收缩、并引起局部炎症反应。这种反应也被称为速发型超敏反应（图13-2）。在速发型超敏反应中，肥大细胞与嗜碱粒细胞所释放的介质包括趋化因子（吸引中性粒细胞、嗜酸粒细胞至肥大细胞活化部位）、活化剂（包括组胺、血小板活化因子等，引起血管舒张、水肿与组织损伤）；致痉剂（包括组胺、慢反应物质等，引起支气管平滑肌痉挛）。由于这些介质的作用，发生局部组织损伤。

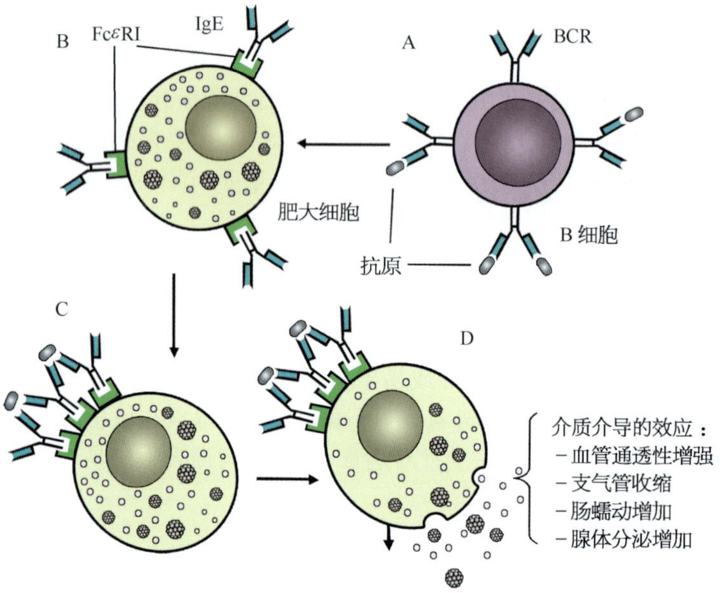

图13-2 IgE介导的免疫效应机制示意图

A. 抗原初次进入机体后导致B细胞合成特异性IgE；B. 所合成分泌的IgE与肥大细胞表面的高亲和力FcεR1受体结合；C. 当再次接触相同抗原时，IgE分子的交联使FcεR1聚合，引起信号转导；D. 信号转导引起介质释放，触发速发型超敏反应

肥大细胞与嗜碱粒细胞所释放的趋化因子可使嗜酸粒细胞趋化至局部，而嗜酸粒细胞所释放的碱性蛋白和嗜酸粒细胞阳离子蛋白对肠蠕虫有毒性，因此，嗜酸粒细胞是介导抗蠕虫感染的主要效应细胞，因为IgE分子也可通过FcεR介导ADCC，行使其效应功能。

FcεR分为FcεRⅠ和FcεRⅡ两类。上面提到，FcεRⅠ为高亲和力受体，由四条链组成，分布于肥大细胞和嗜碱粒细胞表面；FcεRⅡ（CD23）为低亲和力受体，分子质量为45 kDa，为单链跨膜糖蛋白。FcεRⅠ主要参与Ⅰ型变态反应，而FcεRⅡ主要介导IgE依赖的ADCC作用。嗜酸粒细胞的这种活性是在Th2细胞调节下进行的。Th2细胞调节IgE合成，通过分泌IL-5，协同GM-CSF、TNF在ADCC效应中发挥作用，使休止期的嗜酸粒细胞转换成具有介导ADCC功能的效应细胞，并增加抗体产生，促进肥大细胞与嗜碱粒细胞的增殖与分化。

第二节 T细胞介导的效应功能

T细胞介导的效应有两种基本形式：一种为CD8 T细胞即CTL介导的特异性细胞裂解作用；另一种由CD4 T细胞介导的炎症反应，包括由Th1细胞参与以单个核细胞浸润为主的迟发性超敏反应和由Th17诱导释放促炎症因子及动员中性粒细胞而发挥的炎症效应。

一、CTL对靶细胞的杀伤

（一）CTL的分化成熟

CD8 CTL在体内以未活化的前体细胞（CTL-P）形式存在，经抗原激活并在Th协助下分化发育为效应CTL。CTL的活化需要双信号。第一信号来自TCR特异性识别靶细胞膜上MHC Ⅰ类分子-抗原肽复合物，第二信号来自CTL细胞膜表面各种辅佐分子如CD28、CD2、LFA-1和靶细胞表明相应配体分子（如B7）的结合。此外，活化的CD4

Th1 细胞分泌的 IL-2 等细胞因子，也可以作为第二信号参与效应性 CTL 的分化(见第十一章)。在 IL-2 基因敲除小鼠中，由于缺乏 IL-2 的表达，CTL 介导的细胞毒性不能有效地产生证明了这一点。

Th1 协助 CTL 前体细胞(CTL-P)转化为 CTL，有可能发生在淋巴组织如局部淋巴结中。例如，在对病毒感染的初次应答中，未活化 T 细胞只有在局部淋巴结中才能发挥效应作用，因为只有在局部淋巴组织中，Th1 和 CTL-P 可与行使非专职 APC 功能的靶细胞相互作用。这些相互作用包括 APC(和靶细胞)将病毒抗原肽提呈给 CTL-P，以及在 CD4 Th1 细胞参与下局部淋巴组织形成了一个富含细胞因子的微环境，为 CTL-P 活化提供理想的场所。

(二) CTL 杀伤靶细胞的两个阶段

1. 效-靶细胞结合阶段　首先是 CTL 表面的淋巴细胞功能相关抗原 LFA-1 与靶细胞表面的细胞间黏附分子(ICAM-1)结合，使两类细胞相互接近，然后 TCR 识别靶细胞表面的 MHC Ⅰ类分子与抗原肽，通过信号转导等过程，使 CTL 活化并释放细胞介质。该过程历时数分钟，需在 37℃下进行，是一个耗能过程，并依赖 Mg^{2+} 存在。

在抗原介导的 CTL 活化后，LFA-1 通过构象改变而显示高亲和力(见图 7-8)，并能维持 5～10 min，然后又转为低亲和力。随着 LFA-1 与靶细胞膜表面 ICAM-1 亲和力降低，CTL 即与靶细胞分开，再作用于下一个靶细胞。

2. 靶细胞裂解阶段　在此阶段，CTL 造成靶细胞的不可逆损伤，使之发生细胞裂解或凋亡。一般此过程历时约 1 h 或更长时间，是 Ca^{2+} 依赖性的。

(三) CTL 杀伤靶细胞的两种主要机制

其包括裂解(cytolysis)性杀伤和诱导凋亡。前者指 CTL 分泌诸如穿孔素一类的介质损伤靶细胞膜；后者指 CTL 通过表面 FasL 与靶细胞表面的 Fas 结合，或者通过释放颗粒酶 B 至靶细胞后诱导靶细胞凋亡(图 13-3)。

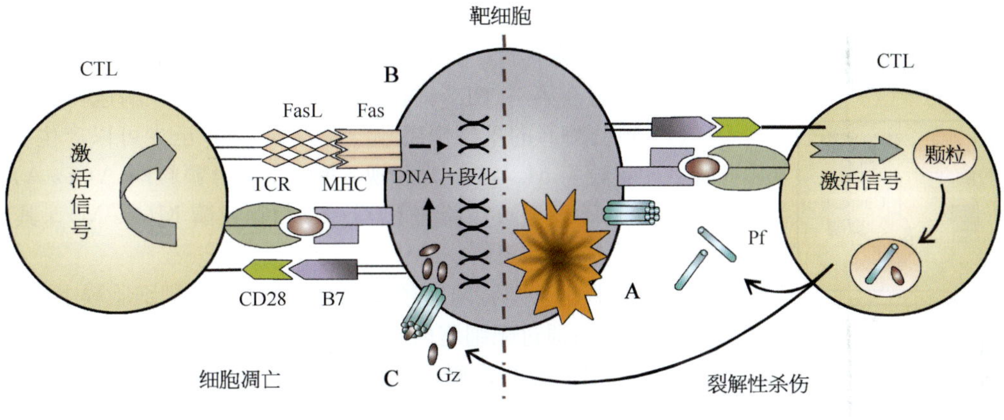

图 13-3　CTL 杀伤靶细胞的两种主要途径

A. 通过分泌穿孔素(Pf)引起细胞裂解性杀伤；B. 通过 Fas-FasL 诱导细胞凋亡；C. 通过分泌颗粒酶(Gz)诱导细胞凋亡

1. 细胞裂解性杀伤　CTL 与靶细胞接触后，可释放一系列颗粒物质，从而导致靶细胞裂解。

(1) 穿孔素　电镜下发现培养的 CTL 克隆在细胞内有电子致密物质。将这些颗粒分离出来后其本身就可介导靶细胞损伤。对这些颗粒进行分析后发现，其中含有高分子质量的糖蛋白，包括各种毒性细胞因子，如 TNF-β、穿孔素(perforin，Pf)及一些蛋白酶如颗粒酶(granzyme，Gz)或片段酶(fragmentin)。这些酶都具有丝氨酸酯酶的活性。未活化的 CTL 前体(CTL-P)通常缺乏胞质颗粒和穿孔素，但被活化后即可产生这些胞质颗粒，并在与靶细胞相接触的部位聚集，通过颗粒胞吐(granule exocytosis)以单体形式分泌于细胞外。进入 CTL 与靶细胞间空隙处的穿孔素单体，可与靶细胞膜相接触，其构型发生改变，两侧区域暴露。穿孔素单体遂插入靶细胞膜中，在 Ca^{2+} 存在下，单体聚集为多聚体，形成许多直径为 5～20 nm 的圆柱形孔(图 13-4)。胞膜内外渗透压的差异，使电解质、水分子经由圆柱形通道进入靶细胞内，导致细胞因胞膜破裂而死亡。此过程与补体激活后通过攻膜复合物裂解靶细胞机制相似。在这一过程中，由于 CTL 本身可表达并释放 A 型硫酸软骨素蛋白聚糖，后者和同源限制因子等保护性调节成分一起发挥作用，可避免穿孔素对 CTL 自身的损伤。

事实上，CTL 所分泌的穿孔素不仅介导靶细胞的裂解，而且颗粒酶可经由穿孔素在靶细胞膜上构筑的圆柱形小孔进入靶细胞，诱导靶细胞的凋亡(详后)。

(2) 丝氨酸酯酶(serine esterase)　活化的 CTL 可释放多种丝氨酸酯酶，如 CTLA-1、CTLA-3 等，它们的作用类似于参与补体激活的酯酶样成分，通过活化穿孔素而增强杀伤靶细胞的效应。

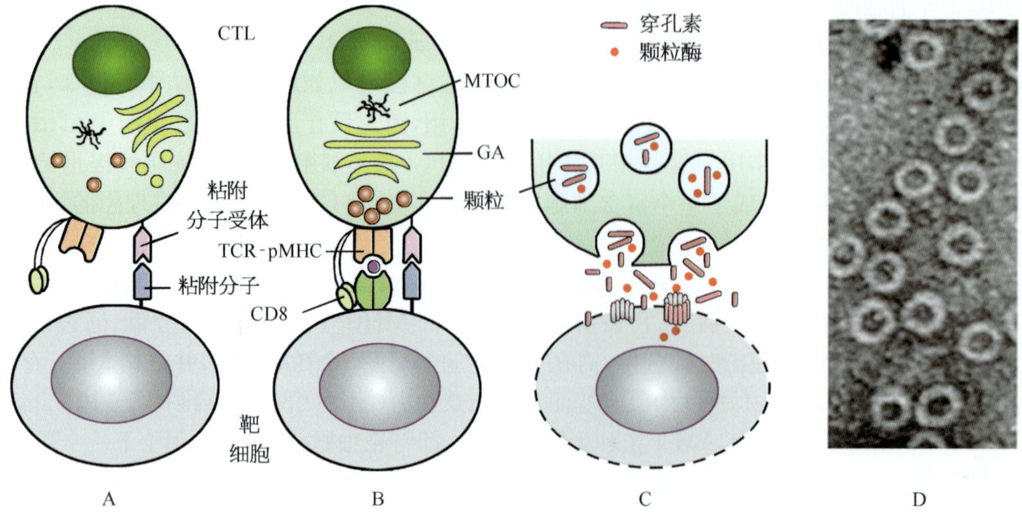

图 13-4 颗粒胞吐作用机制

A. CTL 识别靶细胞表面黏附分子后可相互靠近，但不行使杀伤功能；B. CTL 以 TCR-pMHC 特异性识别靶细胞表面原先进行致敏的抗原(病毒、肿瘤)后，其细胞骨架及胞质成分，包括微管组织中心(MTOC)和高尔基体(GA)重新定向，使胞质颗粒聚集于靶细胞一侧；C. CTL 脱颗粒，将穿孔素及颗粒酶等释放到与靶细胞接触处的胞外空间。穿孔素在靶细胞膜上打洞，部分颗粒酶可穿洞进入靶细胞；D. 穿孔素在靶细胞膜构筑诸多小孔(直径约 16 nm)(电镜照片)，导致靶细胞裂解

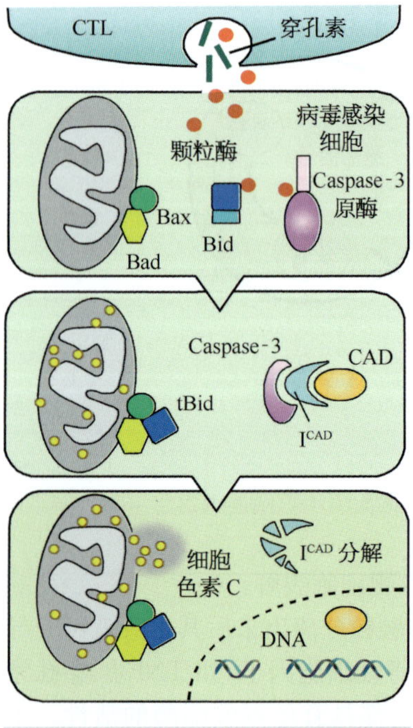

图 13-5 颗粒酶介导的靶细胞杀伤机制

从 CTL 颗粒中释放并进入靶细胞的颗粒酶分别作用于促凋亡分子 Bid 及 Caspase-3。前者被截断成为 tBid，与已附着于线粒体膜的其他促凋亡分子 Bax 和 Bad 结合，使线粒体肿胀，膜通透性增加，释放细胞色素 C，再通过 Apaf-1 激活 Caspase-9(图中未画出)。同时，直接被颗粒酶激活的 Caspase-3 能裂解一类称为 I^{CAD} 的核酸酶抑制剂，使得被 I^{CAD} 抑制的 CAD* 分子激活，发挥核酸酶的作用，引起胞核中 DNA 片段化。两种机制皆导致靶细胞凋亡

* CAD：Caspase-activated DNase

2. 诱导细胞凋亡　　凋亡的诱导，包括 Fas 途径、TNFR 途径和颗粒酶途径。前两者将在第三、四节详述。下面着重论述颗粒酶途径。

(1) 颗粒酶 B 的重要作用　　现发现 CTL 至少可以产生 11 种颗粒酶：颗粒酶 A～颗粒酶 M。在人类发现 5 种，分别为颗粒酶 A(Gz-A)、颗粒酶 B(Gz-B)、颗粒酶 H(Gz-H)、颗粒酶 K(Gz-K)和颗粒酶 M(Gz-M)。其中 Gz-B 诱发细胞凋亡的活力最强。

颗粒酶 B 进入细胞的途径至少有三条：通过靶细胞膜上穿孔素形成的孔道进入(图 13-4)；通过靶细胞内吞而进入，内吞小泡中的颗粒酶能在穿孔素的介导下发挥杀伤靶细胞的作用；通过与靶细胞膜上的颗粒酶 B 受体，即甘露糖-6-磷酸受体结合而进入靶细胞。在颗粒酶进入靶细胞的过程中，穿孔素的作用极其重要，后者不仅提供了颗粒酶进入靶细胞的细胞膜孔道，而且颗粒酶通过内吞形式进入胞内后，从内吞小泡中释放也需要穿孔素的帮助。

(2) 颗粒酶 B 诱发凋亡的四种机制

1) 直接裂解胱天蛋白酶 3 前酶(pro-caspase-3)或间接裂解胱天蛋白酶 8 前酶而启动细胞凋亡(有关胱天蛋白酶及其前酶裂解的内容详后)。Gz-B 可裂解胱天蛋白酶前酶序列中的 Ile/Val-Gly/Met/Glu-X-Asp-X-Gly(X 代表任意氨基酸)，因此具有广泛的胱天蛋白酶活化作用。

2) 通过裂解促凋亡分子 Bid 而引起 Bcl-2 家族分子如 Bax 转位至线粒体，引起细胞色素 c 释放，并通过与胱天蛋白酶 9 及衔接蛋白酶活化因子 1(Apaf-1)的相互作用而诱导凋亡(图 13-5)。颗粒酶的这种作用可被病毒产物 crmA 所抑制。

3) 通过释放线粒体凋亡诱导因子(apoptosis-inducing factor，AIF)，使线粒体失能，继而诱导内源性核酸酶 G(EndoG)活化，引起胱天蛋白酶非依赖途径的细胞凋亡。这种作用不被病毒产物 crmA 所抑制。

4) 在抑制剂 I^{CAD} 的作用下，脱氧核糖核酸酶不会损伤胞核内 DNA。Gz-B 可直接水解 I^{CAD}，由此激活一类称为 caspase 活化的脱氧核糖核酸酶(CAD)(详后)，导致 DNA 损伤和细胞死亡。

在颗粒酶介导的凋亡中，线粒体起关键性作用。因为它可发生一系列的改变，包括中断电传导和能量代谢，从而

产生氧,释放凋亡前蛋白,如细胞色素C49。颗粒酶B除了能活化胱天蛋白酶家族外,还能使胱天蛋白酶非依赖的线粒体瓦解,从而释放细胞色素C50和C51。颗粒酶B依赖的细胞色素C的释放和Bcl-2家族促凋亡成员Bid的活化紧密相关。

(3)其他颗粒酶的效应作用　①Gz-A:在活化的CTL中高表达。其诱导细胞凋亡不依赖于胱天蛋白酶和细胞色素C释放,不受Bcl-2抑制。Gz-A可直接诱致DNA单链断裂,从而使细胞发生凋亡。作用机制包括对核组装蛋白SET、DNA结合蛋白HMG2和DNA碱基切除修复酶ApeI等分子中带有精氨酸或者赖氨酸的部位进行切割,导致这些分子失活。②Gz-H与Gz-B高度同源,并位于同一个基因簇。Gz-H在NK细胞对病原体感染靶细胞的凋亡中发挥重要作用,机制与胰蛋白酶相似。③Gz-K与Gz-A位于同一基因簇,是一种非糖基化的类胰蛋白酶。Gz-K所介导的细胞凋亡与Gz-A类似。④Gz-M属"孤儿"颗粒酶:与其他颗粒酶的氨基酸同源性较低,具有独特的基因定位、酶活性和特定的表达谱,显示胰凝乳蛋白酶样活性。Gz-M与穿孔素一样,在NK细胞中组成性高表达,介导胱天蛋白酶依赖的细胞凋亡。Gz-M进入靶细胞后直接作用于线粒体,导致线粒体肿胀、膜电势下降、活性氧(ROS)产生增加、细胞色素C释放增强,从而促进细胞凋亡。

3. CTL杀伤的特异性与高效性　综上所述,CTL可通过各种机制杀伤靶细胞,且各种机制间相互协作,共同发挥作用。CTL的杀伤作用具有抗原特异性并受MHC Ⅰ类分子的限制,即要求激活(初次致敏)时与履行杀伤(再次致敏)时靶细胞表面的MHC Ⅰ类等位基因产物相同或具有相同的抗原肽结合基序。换言之,从CTL-P到成熟的CTL细胞,后者发挥效应功能时会"记住"当初致敏靶细胞所表达的特异性抗原,那是因为该抗原选择出了高度特异性的CTL克隆,后者以一种类似二次应答的形式专一性杀伤携带该抗原的致敏靶细胞,而一般不会伤及"无辜"。而且,一个CTL可连续杀伤多个靶细胞,具有高效性。这些特点使得CTL介导的杀伤,成为抗肿瘤与抗病毒感染最重要和最有效的免疫学手段。

二、迟发型超敏反应中Th1介导的效应机制

参与迟发型超敏反应(DTH)的效应T细胞,旧称T_{DTH}或T_D,包括Th1、Th2和CTL,其中起作用的主要为Th1细胞。在抗原的激发下,Th1分泌多种细胞因子和可溶性介质,引起DTH。这是以单核/巨噬细胞浸润为主的局部性炎症。前面提到,Th1需识别APC上MHC Ⅱ类分子与抗原肽复合物而活化,并发生特异性克隆扩增。许多APC如Mφ、DC及激活的血管内皮细胞均可参与Th1的活化。一般来说,在致敏阶段,最初活化的为CD4 Th1细胞,但在有些情况下也有CD8 CTL的激活和参与。进入效应相的Th1细胞通过分泌多种细胞因子(如IFN-γ、IL-3、GM-CSF),使Mφ和其他炎症细胞富集与活化。迟发型超敏反应一般在再次接触抗原24 h后发生,48~72 h达到高峰。

活化的Th1细胞除了产生细胞因子,还能分泌趋化因子和细胞毒素。各种趋化因子使血流中的单核细胞黏附于血管内皮细胞,然后从血管内迁移到周围组织。在这一过程中,单核细胞分化为Mφ并被激活。活化的Mφ吞噬与杀伤病原体,并增强MHCⅡ类分子与黏附分子的表达,成为更有效的APC。

三、Th17细胞介导的炎症效应机制

Th17不仅能够产生独特的炎症因子IL-17,而且能够产生IL-6、TNFα、CCL6等细胞因子或者趋化因子,介导炎症效应。其中IL-17发挥极其重要的作用(图13-6)。

IL-17家族由6个成员(IL-17A~IL-17F)组成。IL-17又称IL-17A,是最初被发现的也是研究比较充分的一个成员,可诱导多种细胞分泌促炎症因子和招募中性粒细胞到炎症部位。中性粒细胞释放的多种组织蛋白酶能杀伤入侵的微生物,但也可造成组织病理损伤。IL-17还可以通过促进组织细胞分泌G-CSF而使CD34造血肝细胞增殖并向中性粒细胞分化。其提示IL-17在免疫系统、造血系统和细胞因子网络中发挥重要作用。

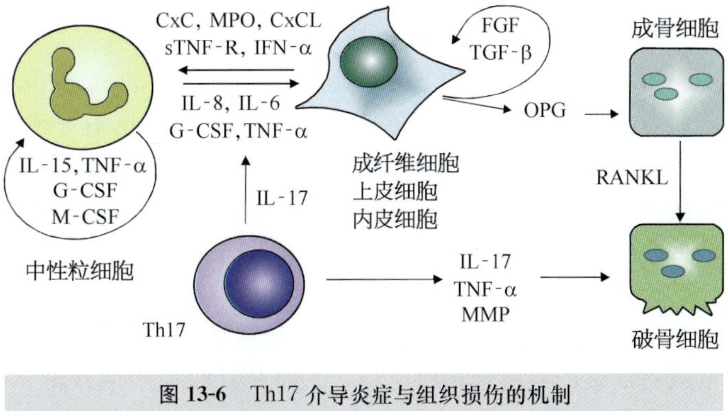

图13-6　Th17介导炎症与组织损伤的机制

Th17分泌IL-17和TNFα等促进内皮细胞和中性粒细胞参与的炎症作用,还可以通过释放MMP等因子参与破骨作用(详见本章第三节)。MPO:髓过氧化物酶;MMP:基质金属蛋白酶;OPG:骨保护素;RANKL:NF-κB受体活化因子

1. 诱导组织细胞释放促炎症因子　IL-17本身就是一种强大的促炎症因子,能够诱导成纤维细胞、角朊细胞、

上皮细胞和内皮细胞等组织细胞释放 IL-6、IL-8、PCE2、金属蛋白酶-1(MMP-1)、MCP-1、TNF-α、G-CSF 等因子,促进炎症反应。

2. *诱导组织细胞表达黏附分子、趋化因子及其受体加强炎症反应* IL-17 能够促进人成纤维细胞表达黏附分子 ICAM-1,促进 T 细胞增殖。IL-17 还能够与 CD40 配体协同作用,促进肾脏上皮细胞产生 IL-6、IL-8、RANTES、MCP-1 等因子而促进肾脏的炎症反应。

3. *招募中性粒细胞* IL-17 通过上调组织细胞表达 CXC 趋化因子,在体内炎症部位引起中性粒细胞的大量聚集。使中性粒细胞蛋白酶(NE)和髓过氧化物酶(MPO)等蛋白水解酶活性增高,导致炎症反应和组织损伤。

4. *参与破骨细胞形成* IL-17 能够上调滑膜成纤维细胞基质金属蛋白酶的表达,促进软骨蛋白多糖及胶原降解,并可增强单核细胞对软骨基质的破坏。IL-17 联合 TNF-α 或 IL-1,增加软骨细胞和成骨细胞 PGE2 的合成,上调 COX-2 的表达而增强局部炎症反应。IL-17 刺激、活化滑膜细胞及 Mφ,刺激破骨细胞分化因子(ODF)的表达,诱导破骨细胞祖细胞向成熟破骨细胞分化,同时 IL-17 可诱导 NF-κB 受体活化因子(RANKL)的表达,破坏 RANKL/骨保护素(OPG)平衡,诱导破骨细胞分化,使破骨增加而成骨减少,造成类风湿关节炎患者关节的进行性破坏。此外,IL-17 还可以刺激 FLS 表达血管内皮细胞生长因子(VEGF),促进滑膜血管翳生成。

第三节 Fas 相关的死亡信号转导与凋亡

Fas(又称 APO-1 或 CD95)是由 325 个氨基酸残基组成的 Ⅰ 型膜蛋白,分子质量 48 kDa,属于 TNF 受体(TNFR)家族。该家族成员的胞外段含有 2~6 个富含半胱氨酸的结构域。Fas 的胞内区有一个约 70 个氨基酸组成的保守区域,为凋亡信号转导所必需,称为死亡结构域(death domain,DD)。Fas 在许多组织表达,尤其是小鼠的胸腺、肝脏、心脏、肺、肾、卵巢等。前面提到,Fas 的配体称 FasL,由 281 个氨基酸残基组成,为Ⅱ型膜蛋白,属于肿瘤坏死因子家族。其 N 端在胞内,包括约 80 个氨基酸残基,胞外段约为 150 个氨基酸残基,其中保守序列达 20%~25%。与 TNF 一样,FasL 也可被膜上的金属蛋白酶加工成可溶性 FasL(sFasL)。人的 sFasL 可以以三聚体的形式存在,并具备 FasL 功能。FasL 主要表达于活化的 T 细胞与 NK 细胞。

Fas 与 FasL 所激发的细胞凋亡参与了几项重要的效应作用,全部和免疫应答有关。① 介导 CTL 和 NK 杀伤病毒感染的靶细胞或肿瘤细胞;② 通过激活诱导的细胞死亡(AICD)调节淋巴细胞介导的特异性免疫应答(见第十四章);③ 诱导免疫豁免(immune privilege)。后者指机体中某些特定部位的基质细胞如眼角膜上皮细胞和睾丸 Sertoli 细胞也能表达和分泌 FasL,结果是,刚进入这些细胞和组织的免疫细胞和炎症细胞,因为尚未激活,无 FasL 分泌却组成性地表达 Fas 分子,成为基质细胞分泌 FasL 作用的靶目标而不能存活,造成这些组织器官可不受免疫系统的攻击。这些作用都涉及 Fas 介导的效应作用。

一、Fas 分子启动的死亡信号转导

Fas 与 FasL 结合后即启动凋亡的信号转导途径。参与这一信号途径上游阶段的主要成分为衔接蛋白 FADD 和 caspase 8。

(一) 带有死亡结构域的 Fas 相关蛋白

带有死亡结构域的 Fas 相关蛋白(Fas-associating protein with death domain)简称 FADD,是分子质量为 23 kDa 的胞质蛋白质。人类 FADD 基因编码区长约 2.6 kb,有 2 个外显子,其间被一长约 2 kb 的内含子分隔。第 1 外显子长 286 bp,编码 N 端诱导细胞凋亡所必需的死亡效应结构域(death effect domain, DED);第 2 外显子长 341 bp,编码死亡结构域(DD)。表明 FADD 蛋白分为两部分,带有 DD 结构域的 C 端,和带有 DED 结构域的 N 端。应该指出,FADD 的 DD 基因不等同于 Fas 以及 TNFR-1(详后)的 DD 编码基因,之间仅有 25%~30%的同源性。

FADD 蛋白一旦以其 C 端 DD 和 Fas 分子的胞质区 DD 结合,即引起 N 端的 DED 与胱天蛋白酶 8 酶原(pro-caspase-8)分子上无活性的酶原结构域因嗜同性互作(homophilic interaction)而相互结合。caspase 8 遂由单链原酶转变成有活性的双链蛋白(详下)。因而 FADD 属于信号转导中的衔接蛋白(adapter)。

(二) caspase 8 及其介导的级联反应

caspase 中的"c"代表半胱氨酸(cysteine),"asp"指天冬氨酸(aspastic acid)。因而 caspase 称为天冬氨酸特异性半胱氨酸蛋白酶,简称胱天蛋白酶,可专一性地在天冬氨酸残基之后切断与另一氨基酸残基的连接使底物解离。目前已发现的胱天蛋白酶(caspase)至少有 12 种(表 13-1)。

表 13-1 胱天蛋白酶家族成员及其功能

命 名	曾 用 名	凋 亡 中 作 用	其 他 功 能
caspase 1	ICE*	激活凋亡，可能参与细菌诱导的细胞死亡	参与炎症反应，分解 pro-IL-1 和 pro-IL-18，使之活化
caspase 2	ICE-1	在 DNA 损伤和其他应激反应中诱导凋亡	
caspase 3	Cpp32，Yama，apopain	caspases 9 的底物	在 B 细胞分化和 DC 成熟中可能有作用
caspase 4	ICErcl-II、TX、ICF-2	与内质网凋亡有关	可被干扰素活化，与细菌诱导细胞死亡有关，与小鼠 caspase 12 同源
caspase 5	ICErel-III、TY	启动凋亡	参与活化人的 caspase 1
caspase 6	Mch 2	可能下调 caspase 3 活性而调节凋亡，可以裂解核纤板	参与 B 细胞活化
caspase 7	Mch 3、ICE-LAP3、CMH-1	裂解特性和功能与 caspase 3 相似	
caspase 8	MACH、FLICE、MCH5	膜受体诱导凋亡启动酶	参与 NF-κB 活化，淋巴细胞发育和分化
caspase 9	ICELAP6、Mch 6	与细胞色素 c 和 APAF1 组成凋亡复合体，裂解 caspase 3，启动凋亡	
caspase 10	Mch 4	与 caspase 8 协同作用，传导凋亡信号，在小鼠中缺乏	
caspase 11	Mch 4	功能不明	存在于小鼠中，与人 caspase 5 同源
caspase 12	Mch 4	功能不明	在人体中具有多态性，可能参与其他炎症性 caspase 的调节

* ICE：IL-1β 转换酶。

caspase 家族一般具有如下特征：① N 端是一个原结构域（prodomain）。② C 端同源区存在半胱氨酸激活部位，结构为 QAC(R/Q)G。③ 通常以酶原的形式存在，分子质量为 29～49 kDa，在受到激活后其内部保守的天冬氨酸残基经水解形成大、小两个单位。例如，对 caspase 1，大单位（p20）的 C 端与小单位（p10）的 N 端相互作用，形成稳定的异二聚体（p20/p10）。然后由两个对称的异二聚体构成具有活性的四聚体 $(p20/p10)_2$（图 13-7）。该分子的活性中心横跨 p10 和 p20 两个亚单位。caspase 8 作为酶原在接受了由 FADD 传导的凋亡信号后，通过原结构域的解离，形成活化的 caspase。而激活的 caspase 又可作用于其自身和其他 caspase 酶原，由此形成由 caspase 介导的信号转导级联反应（caspase cascade）。

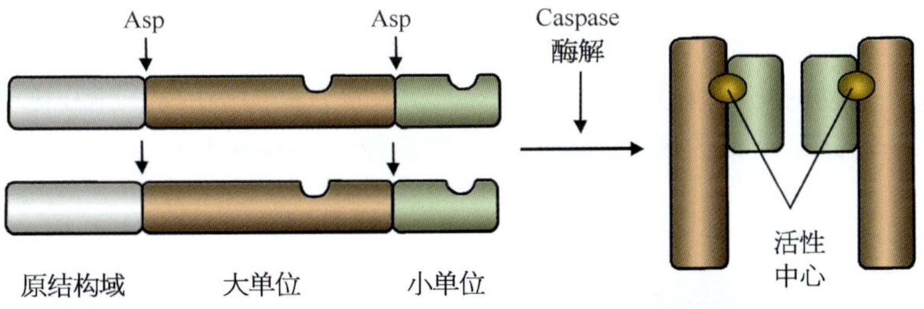

图 13-7 caspase 在 Asp 部位被切断后从酶原转换成活性蛋白酶

表 13-1 表明，caspase 主要行使两类功能：诱导凋亡和参与炎症反应。目前已知 caspase 2、caspase 3、caspase 6、caspase 7、caspase 8、caspase 9 和 caspase 10 参与凋亡信号传导，而 caspase 1 和 caspase 11（可能还有 4 和 5）主要参与细胞因子的激活和炎症反应（见第八章）。而且，参与诱导凋亡的 caspase 分成两大类：启动酶（initiator）和效应酶（effector），它们分别在死亡信号转导的上游和下游发挥作用。经 FADD 激活的 caspase 8 属于启动酶。其他的启动酶还有 caspase 9（参与线粒体介导的凋亡）和 caspase 10（参与颗粒酶诱导的凋亡）。caspase 的活性受 crmA、杆状病毒蛋白 P35、XIAP 蛋白及特异抑制性多肽 DEVD-CHO 等调节。

（三）和凋亡相关的几种主要胱天蛋白酶

1. caspase 1　*caspase 1* 基因位于人类染色体 11q22. 2～22. 3，其产物为 404 个氨基酸组成的酶原（p45），旧称 IL-1β 转换酶（ICE），Fas 和 TNFR1 信号可活化 ICE 酶原。此外，ICE 样蛋白酶还参与其他多种因素诱导的凋亡，如细胞外基质缺失以及化疗药物如顺铂等诱导的凋亡。

近年来确认 caspase-1 积极参与炎症性应答。尤其是 caspase-1 前体作为炎性小体（inflammasome）组成部分，参与启动炎症反应，其中涉及促炎症因子 IL-1β 和 IL-18 从前体分子分解和释放到胞外（图 13-8）。与此同时，Caspase-1 介导的炎症小体激活可导致细胞发生焦亡（详后）。

2. caspase 3　所有 ICE 家族成员中，caspase 3 与源于线虫（*C. elegans*）的死亡调节蛋白 CED-3 同源性最高

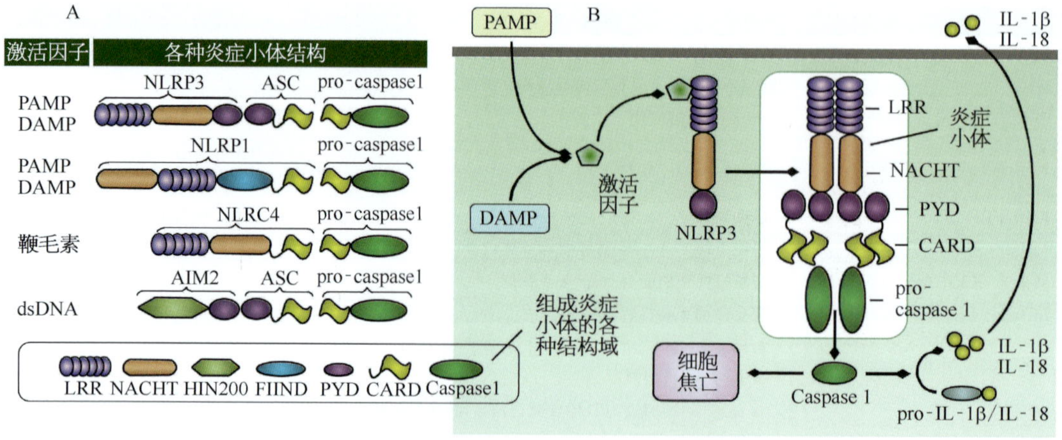

图 13-8 Caspase-1 参与构成各种炎症小体(A)和 NLRP3 炎症小体介导 IL-1β 和 IL-18 从前体释放的机制(B)

左侧四种炎症小体皆带有 Caspase-1 与 CARD 结构域组成的复合体。右侧白色底方框内为双份 NLRP3＋ASC＋pro-caspase1 构成的炎症小体(图中各种炎症小体结构域英文术语的含义请参见图 8-22)

(35%)，它可能是 *CED 3* 基因在哺乳动物细胞中的对应物。caspase 3 是细胞凋亡信号转导中的关键性效应酶，它不仅参与 Fas-FasL 诱导的凋亡途径，而且与 CTL 的颗粒酶 B 介导的靶细胞杀伤有关。caspase 3 酶原有 2 个酶切位点，即 Asp28-Ser29 和 Asp175-Ser176。它必须在 caspase 家族其他成员如 caspase 8 的作用下才能被活化。有活性的 caspase 3 由 p18 和 p12 两个亚基组成。

3. caspase 5　效应酶 caspase 5 包括 418 个氨基酸残基，分子质量为 47 kDa。被活化后产生具有活性的异二聚体，可诱导凋亡。

4. caspase 6　效应酶 *caspase 6* 基因经不同剪接后可编码两种蛋白亚型：caspase 6α，由 293 个氨基酸残基组成，分子质量34 kDa；caspase 6β 由 204 个氨基酸残基组成，分子质量为 23 kDa。caspase 6α 活化后可裂解多聚腺苷酸聚合酶(PARP)诱发凋亡，而 caspase 6β 则与 caspase 6α 结合后抑制其活性。

5. caspase 8　在 Fas 启动的死亡信号传导中，caspase 8 可能为最上游的启动酶，接受来自衔接蛋白 FADD 的凋亡信号并向下传递(图 13-9 左侧)。此为凋亡诱导的外源性途径。caspase 8 在 TNFR 诱导的细胞凋亡信号途径中也发挥重要作用(详后)。

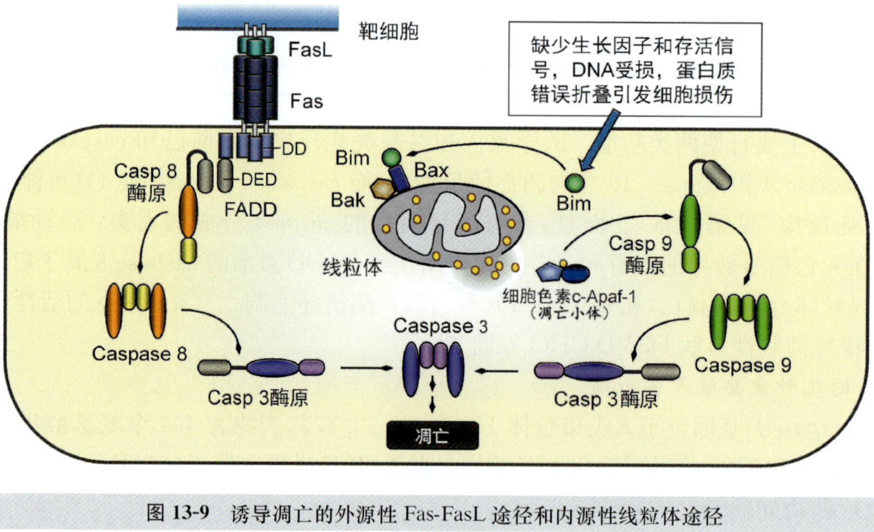

图 13-9 诱导凋亡的外源性 Fas-FasL 途径和内源性线粒体途径

左上由死亡受体 Fas 介导的外源性凋亡途径始于该受体与靶细胞表达的三聚体 FasL 分子的结合及聚合作用，通过 Fas 分子胞内段 DD 结构域招募也带有 DD 结构域的 FADD 分子，使其凭借另一端的 DED 结构域与 Caspase 8 酶原的 DED 结合，引起该凋亡启动酶成二聚体并活化。后者激活效应酶 Caspase 3，通过级联反应引发细胞凋亡。另一条诱导凋亡的内源性线粒体途径由胞质中感知细胞损伤的 Bim 启动，此为单一 BH3 型促凋亡分子，其与线粒体膜上效应蛋白 Bax 和 Bak 结合，使之发生聚合并插入线粒体外膜，增加膜通透性，造成线粒体内容物外溢。其中的细胞色素 c 与胞质中的凋亡蛋白酶激活因子 1(Apaf-1)共同组成凋亡小体，激活另一凋亡启动酶 Caspase 9，也通过 Caspase 3 诱导凋亡

6. caspase 9　caspase 9 参与线粒体启动的凋亡诱导内源性途径。在射线、氧化剂等作用和生长因子及生存信号缺失的情况下，胞质内一类称为“单- BH3”的促凋亡分子（详后）可感知由此引起的细胞损伤。图 13-9 右侧表明此类分子 Bim 与位于线粒体外膜的促凋亡蛋白 Bax 和 Bak 结合后，引起外膜损伤，释放细胞色素 c（Cyto C）等 caspase 激活蛋白。Cyto C 和前面提到的凋亡蛋白酶激活因子（Apaf-1）结合并使之活化，活化的 Apaf-1 再和 caspase 9 酶原结合，使后者显示蛋白酶活性而触发 caspase 级联反应，引发细胞凋亡。

这表明，在生长因子和生存信号缺失的情况下，细胞会因受体“饥饿”而发生凋亡。这也是一种十分重要的反馈调节机制，使得细胞因子依赖性细胞的增殖不至于失控。因而 caspase 9 在免疫调节中也是一个重要的启动酶。

7. caspase 10　近年来发现 Caspase-10 在诱导细胞凋亡中也很重要，如在肿瘤细胞中 Caspase-10 可以直接活化 Caspase3/7 而介导凋亡，并参与 BID 转化为 tBID 而促进线粒体途径凋亡。

线粒体凋亡途径是近年来研究的热点之一。已发现多种凋亡刺激信号能通过 BH3-only（Bcl-2 homology domain 3-only）蛋白引起 Bax 蛋白移位到线粒体外膜，通过多聚化形成膜通道，刺激线粒体释放细胞色素 C（Cyt C）和线粒体相关胱天蛋白酶激活因子（Smac），再由 Cyt C 通过 Apaf-1 因子的多聚化与 Caspase-9 形成凋亡小体，激发下游胱天蛋白酶级联反应而诱发细胞凋亡。近年来发现 Caspase-10 也能促进线粒体凋亡途径而参与疾病发生和肿瘤细胞的自噬。

二、胱天蛋白酶的效应机制

凋亡细胞的特征性表现为：DNA 裂解为 200 bp 左右的片段、染色质浓缩、细胞膜泡化、细胞皱缩，最后形成由细胞膜包裹的凋亡小体，然后，这些凋亡小体被 Mφ 吞噬。这一过程需经历 30～60 min，至少由以下三种机制引起（图 13-10）。

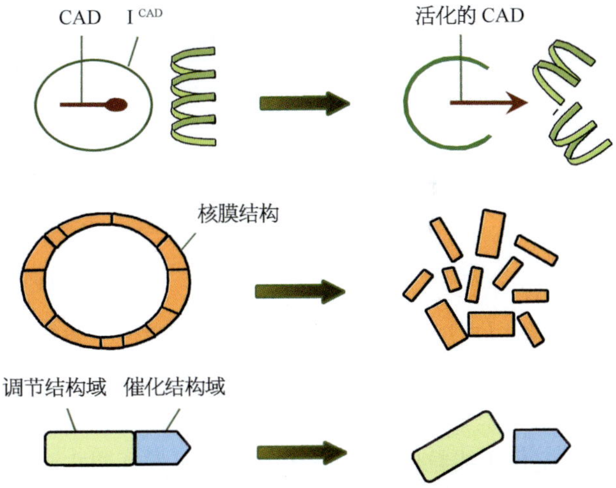

图 13-10　caspase 引起细胞凋亡的效应机制

A. 分解凋亡抑制物 I^{CAD}，使脱氧核糖核酸酶 CAD 激活，引起 DNA 片断化；B. 分解核纤层，破坏核膜结构；C. 切开蛋白质的调节结构域及催化结构域，使蛋白质失活

（一）凋亡抑制物失活

正常活细胞不出现 DNA 断裂，因为可以切断 DNA 的脱氧核糖核酸酶和抑制物结合在一起，而处于无活性状态。如果抑制物被破坏，脱氧核糖核酸酶即被激活，引起 DNA 片段化（fragmentation）。现知 caspase 效应酶可以裂解这种抑制物使核酸酶激活，因而把这种引起 DNA 片段化的效应酶专门称为 caspase 激活的脱氧核糖核酸酶（caspase-activated deoxyribonulease, CAD），而把它的抑制物称为 I^{CAD}。因而，在正常情况下，CAD-I^{CAD} 是一种无活性的形式。I^{CAD} 一旦被 caspase 水介，即赋予 CAD 以核酸酶活性，DNA 片段化随之产生。有意义的是，CAD 只在 I^{CAD} 存在时才能合成并显示活性，提示 CAD-I^{CAD} 以一种共转录方式发挥作用，说明 I^{CAD} 对 CAD 的活化与抑制都是必需的。

（二）破坏细胞结构

caspase 可直接破坏某些细胞结构，如裂解核纤层。核纤层（lamina）是由核纤层蛋白通过聚合作用而头尾相接的多聚体，形成核膜的骨架结构，使染色质得以形成并进行正常的排列。在细胞发生凋亡时，核纤层蛋白作为底物被 caspase 在一个近中部的固定部位所裂解，从而使核纤层蛋白崩解，导致靶细胞发生染色质固缩。

（三）使调节蛋白丧失功能

caspase 可作用于几种与细胞骨架调节有关的酶或蛋白，改变细胞结构。其中包括凝胶原蛋白（gelson）、黏着斑激酶（focal adhesion kinase, FAK）、p21 活化激酶 2（PAK2）等。这些成分的裂解导致其活性下调，如 caspase 可裂解凝胶原蛋白而产生片段，使之不能通过肌动蛋白（actin）纤维来调节细胞骨架。

除此以外，caspase 还能灭活或下调与 DNA 修复有关的酶（如 DNA-PK_{CS}）、mRNA 剪切蛋白（如 U1-70K）和 DNA 交联蛋白（如复制因子 C）。由于 caspase 的作用，这些蛋白功能被抑制，使细胞的增殖与复制受阻，并发生凋亡。

所有这些都表明 caspase 以一种有条不紊的方式对靶细胞进行“破坏”：它们切断细胞与周围的联系、拆散细胞骨架、阻断细胞 DNA 复制和修复、干扰 mRNA 剪切、损伤 DNA 与核膜结构、诱导细胞表达可被吞噬的信号，并进一步使靶细胞降解为凋亡小体。

三、Bcl-2 及其家族分子与细胞凋亡

caspase 引发凋亡的另一个机制，是与 Bcl-2 家族成员相互作用。

Bcl-2(B cell lymphoma/leukemia-2)是1985年研究B细胞淋巴瘤时发现的原癌基因，目前在哺乳动物里至少鉴定了15个*Bcl-2*家族成员。

*Bcl 2*基因家族编码的分子，功能上分为两类：抗凋亡分子(包括Bcl-2、Bcl-X_L、Bcl-w、Mcl-1、A1)和促凋亡分子(包括Bax、Bak、Bcl-Xs、Bad、Bik、Bid)。结构上，大多数Bcl-2家族蛋白C端为跨膜区(TM)，但少数没有，如*Bid*和*Bad*基因，这种差异决定了它们在细胞内的分布。N端则带有不同数量的Bcl-2保守结构域(BH1～BH4)，BH指Bcl-2同源(Bcl-2 homology)(图13-11)。许多Bcl-2家族蛋白如Bcl-2、Bcl-XL和Bax主要定位于线粒体膜内外侧，有的还存在于核膜和内质网。

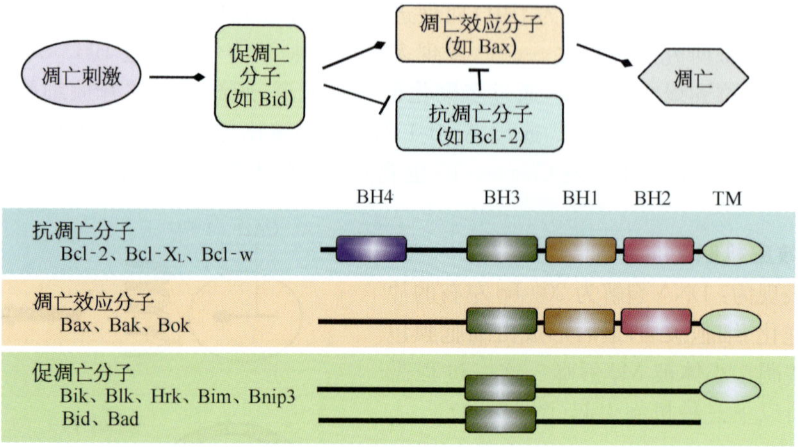

图13-11 Bcl-2家族分子结构示意图

Bcl-2家族分子由1～4个BH(Bcl-2 homology)结构域和1个膜结合区(TM)组成。通常由BH1、BH2和BH3共同构成α螺旋并形成具有功能的二聚体分子。BH4不是形成二聚体所必需的区域，但其缺失可导致功能改变，而具有调节作用。仅带有BH3结构域的促凋亡分子可以与其他带有BH1和BH2的蛋白分子结合(如位于线粒体膜上的凋亡分子Bax)而引发细胞凋亡。上方图示Bcl-2家族中三类分子间相互作用的格局

定位于线粒体的Bcl-2相关蛋白可发挥凋亡调节作用。其机制为：Bcl-2将蛋白激酶Raf-1定位于线位体，Bcl-X_L将缘于线虫死亡调节蛋白Ced-4或同源物定位于细胞质的生物膜上。这样的定位格局能够阻止这些分子(如Raf-1和Ced-4)进入细胞核，诱导凋亡的发生。例如，Bcl-X_L可通过Ced-4结合caspases 8并将其固定于线粒体膜上，使caspases 8不能和细胞膜及胞质中的作用位点结合，丧失诱导细胞凋亡的功能。

图13-9右侧表明，Bim是一种可溶性蛋白分子，属于"单一BH3"促凋亡分子("BH3-only" apoptotic molecule)家族，主要位于细胞质中。当有细胞损伤信号传入细胞时，作为感知分子的Bim可从胞质转移到线粒体膜，一方面与同一家族的Bax和Bak蛋白结合，使线粒体膜的通透性增强，释放细胞色素c而活化caspases 9；另一方面，可与Bcl-2结合，解除其对Bax的抑制(图13-12)，从而启动线粒体途径的细胞凋亡。

另外，Bad和Bax通过与Bcl-2或Bcl-X_L结合形成无功能的异二聚体，可干扰后两者的抗凋亡活性。Bcl-2又能通过Bag-1使Bad发生磷酸化，造成Bad与Bcl-X_L脱离，恢复Bcl-2抑制凋亡的活性。caspase也能通过灭活Bcl-2蛋白和产生促凋亡的片段，诱导凋亡。

四、细胞焦亡与坏死性凋亡

焦亡(pyroptosis)是与凋亡(apoptosis)不同的一种程序性细胞死亡方式。由于其依赖于Caspase-1介导的IL-1β和IL-18释放，也称为Caspase-1依赖性细胞死亡(caspase-1-dependent cell death)，或炎症性细胞死亡(inflammatory cell death)(图13-13)。而细胞凋亡相应地被称为非炎症性细胞死亡(non-inflammatory cell death)。

由于细胞死亡的机制不同，焦亡的形态学特征、发生及调控机制等均不同于凋亡及坏死等其他细胞死亡方式(表13-2)。在炎症小体的作用下，细胞焦亡除了通过Casapase-1使细胞释放IL-1β和IL-18而启动炎症反应，同时也引起胞核DNA片段化。但产生的DNA片段长度并非180 bp或其倍数，因而电泳中不出现梯状化(laddering)。不仅如此，焦亡与凋亡另一个不同点是，发生焦亡的细胞胞膜完整性受到破坏，致使胞内致炎性物质如HMGB1、IL-1α和ATP等释放到胞外(图13-13)。高迁移率族蛋白1(HMGB1)属于一种重要的DAMP，因而细胞焦亡往往与DAMP、炎症小体和多种无菌性炎症的产生有关。

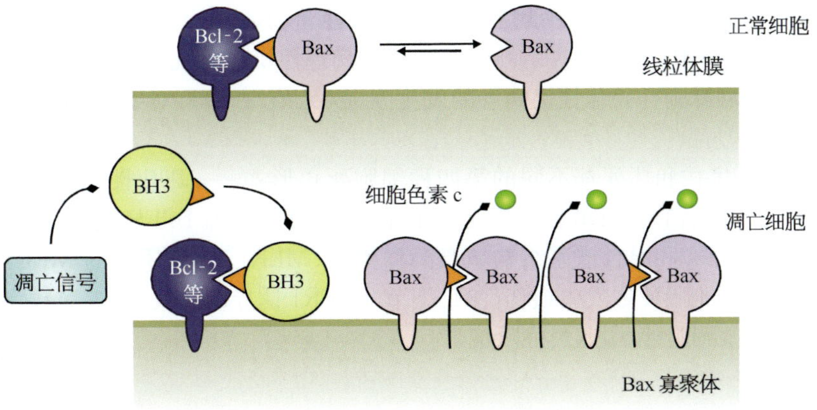

图 13-12　单一 BH3 结构域诱导细胞凋亡机制

位于线粒体膜上的抗凋亡 Bcl-2 分子在没有凋亡信号时与凋亡效应分子 Bax 结合，使后者不改变构型而维持线粒体膜完整性，不引发凋亡。当凋亡信号出现时，带有单一 BH3 结构域的促凋亡分子（如 Bim）被激活，置换出与 Bcl-2 结合的 Bax 效应分子，Bax 遂在线粒体膜上形成寡聚体，导致线粒体膜通透性改变，细胞色素 c 溢出而使胞质内的 caspase 9 活化，诱导细胞凋亡。BH3 也可以以相同的机制结合其他抗凋亡分子如 Bcl-X_L 等诱导凋亡，只是构成寡聚体的不是 Bax 而是 Bak 分子

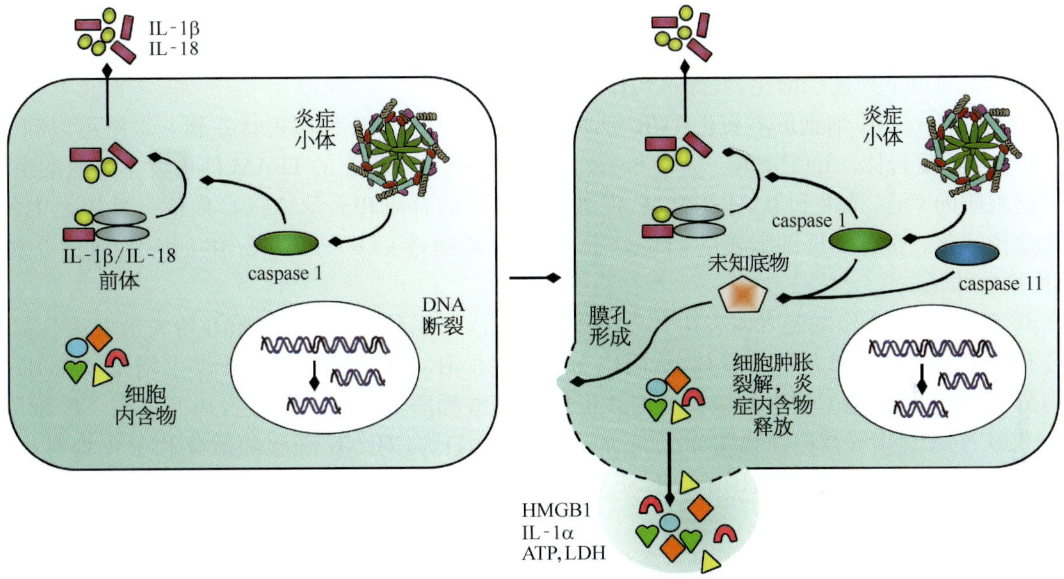

图 13-13　细胞焦亡的发生机制与形态特点

经炎症小体激活的胱天蛋白酶 Caspase-1 将 IL-1β 和 IL-18 从无活性前体转化为有活性的促炎症细胞因子，释放至胞外，并引起胞核中 DNA 断裂。然后（图右侧）caspase-1 在 caspase-11 协助下通过底物的活化引起胞膜损伤，渗透压之差使水进入，细胞发生肿胀裂解后引起胞内致炎内含物释放，进一步激发炎症反应

虽然细胞焦亡参与的炎症反应有利于清除各种细菌和病毒感染，增强宿主防御能力，但是在某些情况下，焦亡产生的促炎症因子和致炎内含物可导致组织病理性损伤。已确认，HIV 病毒感染后 CD4 T 细胞亚群的大量死亡与细胞

表 13-2　四种不同细胞死亡的特点

		凋　亡	焦　亡	坏　死	坏死性凋亡
形　态	细胞肿胀和裂解	−	+	+	+
	膜孔形成	−	+	+	+
	胞膜泡化	+	−	−	−
	DNA 片段化	+*	+	+	−
机　制	Caspase-1 激活	−	+	−	−
	Caspase-3 激活	+	−	−	−
	细胞色素 C 释放	+	−	−	−
结　局	引起炎症	−	+	+	+
	程序性细胞死亡	+	+	−	+

* 形成约 180 bp 的 DNA 片段，电泳中出现梯状结构。

焦亡有关。而且，在炎症小体促使 caspase-1 激活的过程中，涉及热蛋白(pyrin)相关结构域 PYD(图 13-8)，而且此类程序性细胞死亡以 pyro-(火、热、焦)作为词冠，提示涉及某些热性病理性反应，如已发现细胞焦亡参与周期性发热、自身免疫性疾病、神经系统疾病和动脉粥样硬化性疾病等的发生发展(见第八章)。对细胞焦亡的调控已成为当前基础和临床免疫学研究的热点之一。

表 13-2 还列举了与凋亡、焦亡和坏死都不同的第四种细胞死亡形式——坏死性凋亡(necroptosis)。这也是一种程序性细胞死亡，但不依赖胱天蛋白酶，可由肿瘤坏死因子受体(TNFR1)和 Toll 样受体等诱导。参与的关键成分是受体相互作用蛋白激酶(RIPK1/3)和混合谱系结构域激酶样蛋白(MLKL)。胞质中的 MLKL 在 RIPK1/3 作用下发生磷酸化，并集合成簇后插入细胞膜使之发生损伤(参见下节 TNFR1 诱导凋亡及图 13-14)。和细胞焦亡一样，膜损伤使细胞内含物包括 DAMP 释放到胞外，引起炎症反应。

第四节　NK 细胞、细胞因子和巨噬细胞的效应功能

一、NK 细胞的效应机制

NK 细胞表面具有两种截然不同的受体，其中一类与靶细胞表面配体结合后可以激发 NK 细胞产生杀伤作用，称为杀伤细胞活化受体；另一类受体与靶细胞表面相应配体结合后，可抑制 NK 细胞产生杀伤作用，称为杀伤细胞抑制受体。NK 细胞效应作用是两类受体相互作用的结果。两类受体的结构及其特性，可参阅第二章相关部分。

(一) NK 细胞的活化

静止的 NK 细胞通过下列途径活化，发挥杀伤作用。

1. ζ 链活化途径　NK 细胞虽不表达 TCR-CD3 复合物，但部分 NK 细胞表达 ζ 链。ζ 链可以和 NK 细胞表面的 FcγRⅢ(CD16)形成复合体。IgG 分子一旦和 FcγRⅢ结合，ζ 链胞内段上的 ITAM 即可发生酪氨酸磷酸化，通过信号转导通路引起胞质内 Ca^{2+} 浓度和 IP_3 水平升高，促进细胞因子的合成和显示 ADCC 效应。外周血中的 NK 细胞几乎均可通过此途径活化。部分 NK 细胞表达 CD2 分子，还有可能通过 CD2 与 CD58 相互作用，通过 ζ 链发生酪氨酸磷酸化，使 NK 细胞激活。

2. IL-2R 激活途径　NK 细胞表面表达 IL-2Rβγ 链，在 IL-2 的诱导下，NK 细胞开始大量表达 IL-2Rα 链，β、γ 链与 α 链的结合有利于形成高亲和力 IL-2 受体，从而使 NK 细胞在 IL-2 的刺激下进一步发生增殖。在 IL-2 刺激下 NK 细胞表达黏附分子，使 NK 细胞胞质中的颗粒增加并促进丝氨酸酯酶 mRNA 的表达，从而提高 NK 细胞的细胞毒活性。此外，IL-12、IFN-α、TNF-α 及白细胞调节素(leukoregulin，LR)等，对 NK 细胞的活化和分化均有正向调节作用。有人将它们(包括 IL-2)统称为 NK 刺激因子(NKSF)。前列腺素 E1、E2、D2 和肾上腺皮质激素等则对 NK 细胞活性有抑制作用。

3. IL-18 与 NK 细胞的活化　IL-18 是近年发现的一种重要免疫调节因子，与 IL-12 的生物学功能有相近之处，可诱导 NK 细胞分泌 IFN-γ，并具有促进 NK 细胞增殖、活化及 Fas 介导的杀伤功能。目前的研究表明 IL-18 极有可能和 IL-12 共同作用，通过胞内的 ITAM 而达到促进 NK 细胞活化的作用。

(二) NK 细胞杀伤机制

1. 释放杀伤介质杀伤靶细胞

(1) NK 细胞毒因子　NK 细胞可释放可溶性 NK 细胞毒因子(NK cytotoxic factors，NKCF)，与靶细胞表面 NKCF 受体结合，选择性杀伤靶细胞。

(2) TNF　活化的 NK 细胞可释放 TNF-α 和 TNF-β(LT)，通过各种机制杀伤靶细胞。例如，改变靶细胞溶酶体的稳定性，导致各种水解酶外漏；影响细胞膜磷脂代谢；改变靶细胞糖代谢，使组织中 pH 降低。TNF-α 和 FasL 一样，也可激活凋亡信号途径杀伤靶细胞(详下)。

(3) IFN-γ　NK 细胞可以释放 IFN-γ 而起到激活 Mφ、促进 MHC 分子表达和增强 CTL 活性。

2. 颗粒胞吐　这一杀伤机制与 CTL 相似。因为在 NK 细胞的胞质内同样含有大量颗粒，这些颗粒中含有穿孔素与颗粒酶。但与 CTL 不同的是，NK 细胞胞质内持续含有这些颗粒，当 NK 细胞靠近靶细胞时，在与靶细胞相接处释放出穿孔素与颗粒酶。穿孔素在靶细胞膜上成孔并使之裂解；颗粒酶(至少包括 Gz-B、胰酶-2、Gz-A、Gz-H 和 Gz-M)则进入胞质通过裂解甲硫氨酸、亮氨酸等，活化细胞凋亡途径。其中 Gz-M 是 NK 细胞所特有的颗粒酶。此外，NK 细胞产生的许多毒性分子(如 TNF)也与 NK 细胞介导的靶细胞凋亡有关。但与 CTL 不同，多数情况下，NK 细胞对靶细胞的识别不受 MHC 限制，所产生的免疫效应无免疫记忆反应。

3. 诱导凋亡　通过细胞表面的 Fas/FasL 和 TNF/TNFR 途径使靶细胞发生凋亡(详见 CTL 效应机制部分)。

4. ADCC 作用　NK 细胞表达 FcγRⅢ,能与 IgG1、IgG3 的 Fc 段结合,在靶细胞表面抗原特异性 IgG 抗体介导下可杀伤相应靶细胞。IL-2 和 IFN-γ 可明显增强 NK 细胞介导的 ADCC 作用。

二、细胞因子和巨噬细胞的效应作用

(一) 细胞因子的效应功能

细胞因子参与效应细胞的分化成熟,增强效应细胞杀伤中的多种分子的表达。IL-1 能刺激 T、B 细胞的增殖与分化,刺激造血细胞、参与炎症反应。IL-2 促进 T、B 细胞的分化成熟,上调 CTL、NK 细胞等效应细胞表面黏附分子(如 LFA,CTLA 等)的表达,增强 CTL、NK 细胞、Mφ 的杀伤活性。IL-4 诱导 IgE、IgG1 产生;IL-5 诱导 IgA 产生。IL-12 能促进 CTL、NK 细胞的杀伤功能,并诱导细胞免疫。

TNF 作为一类细胞因子,不仅发挥抗病毒、抗肿瘤、控制细胞增殖等效应,尚可通过 TNFR 启动细胞凋亡信号转导,其与 Fas-FasL 介导的途径既有相似性又有不同。图 13-14 表明,TNF-α 与受体(TNFR1)结合后首先借助受体胞内死亡结构域(DD),通过嗜同性互作与同样带有 DD 的 TNF 受体相关蛋白(TRADD)结合,并与受体相互作用激酶(RIPK1)、TNFR 活化因子(TRAF2)及泛素连接酶 c-IAP1/2 组成 TNFR 第Ⅰ信号复合体。该复合体采用类似 TCR/BCR 及 PRR 介导的信号途径激活转录因子 NF-κB 和 Jun/Fos 蛋白(见图 1-15),使得促炎症基因激活。其中去泛素化酶 CYLD 基因的激活促成了第Ⅱ信号复合体的组装,并由此引起 Caspase-8 介导的细胞凋亡。

图 13-14 右侧进一步表明,在抑制蛋白 cFLIP 作用下 Caspase-8 失活,复合体Ⅱa 即转化为不带胱天蛋白酶的复合体Ⅱb。后者又称坏死性凋亡小体(necroptosome),由磷酸化的受体相互作用蛋白激酶 RIPK1 和 RIPK3 两种分子交联而成。RIPK 属于丝氨酸/苏氨酸蛋白激酶,可使得胞质中称为混合谱系结构域激酶样蛋白(MLKL)发生磷酸化并相互聚合,转位至胞膜后直接插入其中,使胞膜完整性遭到破坏,胞质内含内物包括 DAMP 外溢,引发炎症反应。

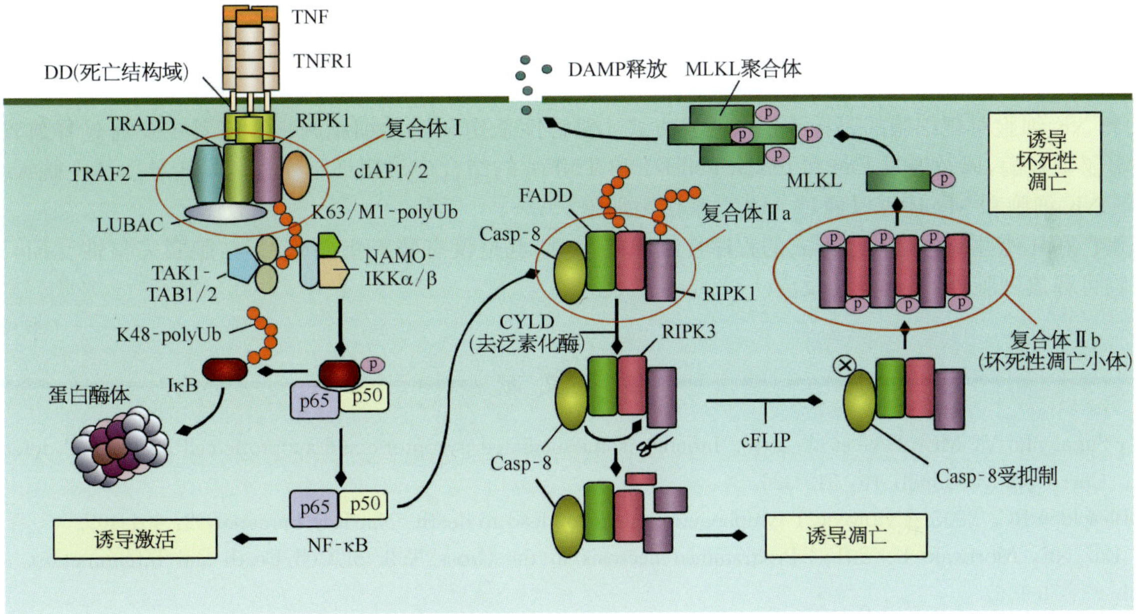

图 13-14　肿瘤坏死因子受体介导的细胞激活、细胞凋亡和坏死性凋亡

图左上方示 TNFR1 与配体 TNFα 配接后,通过其胞质内 DD 三聚体结构域招募并组成由 TRADD、TRAF2、RIPK1、cIAP1/2 和 LUBAC 参与的信号复合体Ⅰ。在 E3 连接酶 cIAP1/2 作用下 RIPK1 发生泛素化,形成 K63 和 M1 泛素键合体构筑的泛素化平台,并通过常规性 TAK1 和 IKK 复合体的磷酸化及 IκB 的泛素化降解,使 NF-κB 激活并引发各种基因的表达(左下),包括去泛素化酶 CYLD 基因的转录激活。在后者的作用下形成由 FADD、RIPK1、RIPK3 和 Casp-8 组成的信号复合体Ⅱa。Casp-8 可对激酶 RIPK1/3 实施剪接并诱导细胞凋亡(中下)。Casp-8 活性一旦在抗凋亡蛋白 cFLIP 作用下受到抑制,复合体Ⅱa 即转化为由 RIPK1 和 RIPK3 组成的复合体Ⅱb,后者发生磷酸化和寡聚化后使得激酶样蛋白 MLKL 激活,磷酸化的 MLKL 聚合体插入胞膜引起胞膜结构损伤,使 DAMP 等胞质内容物向胞外释放,引起细胞坏死性凋亡及炎症反应(中部顶端)。TRADD: 带 DD 结构域的 TNFR 相关蛋白;FADD: 带 DD 结构域的 Fas 相关蛋白;TRAF: TNFR 活化因子;cIAP: 细胞凋亡抑制蛋白;RIPK: 受体相互作用蛋白激酶;Casp-8: 胱天蛋白酶 8;SYLD: 一种肿瘤抑制蛋白;MLKL: 混合谱系结构域激酶样蛋白;cFLIP: 细胞 FLICE 样抑制蛋白

图 13-14 生动地表明,由 TNFR1 启动的信号转导可以参与掌控细胞的"生"(激活)和"死"(凋亡),其中的信号分子和激酶是激活还是抑制,直接由各种信号蛋白的泛素化-去泛素化及磷酸化-脱磷酸化调节。

（二）Mφ的激活与杀伤作用

单核/巨噬细胞系统（MPS）具有重要的生物学作用。不仅参与非特异性免疫防御如在抗感染中行使吞噬功能，而且在特异性免疫应答中作为抗原提呈细胞发挥作用。事实上，Mφ还是一类重要的效应细胞。

1. Mφ的激活　Mφ在某些细胞因子的作用下而活化。其活化的途径主要有：① CD4 Th 细胞释放 IFN-γ 活化 Mφ；② 通过细胞表面 CD40 与 T 细胞表面 CD40L 的相互作用而活化；③ 在小鼠，Mφ还可被 LPS、TNF 及 IL-1 所活化。活化 Mφ的溶酶体形成增加，氧化代谢能力和杀伤靶细胞能力增加。

2. Mφ杀伤靶细胞机制

（1）ADCC 作用　与 NK 细胞一样，Mφ表面也有 Fc 受体（FcγRⅠ），能识别 IgG Fc 段，通过 IgG 实施对靶细胞杀伤。

（2）直接杀伤作用　Mφ可通过释放溶酶体酶、NO、过氧化物酶等物质损伤靶细胞。

（3）释放炎症介质刺激急性炎症反应　Mφ可产生一些炎症介质，如血小板活化因子（PAF）、前列腺素及组织因子。这些因子可活化凝血系统，使局部凝血而造成局部组织缺血，加重组织损伤（见第八章）。

（4）分泌细胞因子参与靶细胞如肿瘤细胞的杀伤与慢性炎症反应　当某些细菌如分枝杆菌感染时，如 Mφ不能立刻将其清除，某些细菌产物如 LSP 就可刺激 Mφ合成细胞因子如 IFN-γ、TNF、IL-1、TGF-β、成纤维细胞生长因子，增强 Mφ的杀伤能力，并且在局部促进血凝，增加局部组织损伤，并可刺激局部血管内皮细胞移行与新血管形成。

本章提要

免疫应答的效应机制指通过效应分子和效应细胞清除病原体和非己成分。

抗体发挥的效应功能包括：IgG 和 IgM 参与的中和作用、调理作用和 CDC、ADCC 等细胞毒性效应；分泌型 IgA 的局部抗感染作用；IgE 介导的超敏反应。

T 细胞介导的效应有两种基本形式：CD8 CTL 介导的特异性细胞裂解作用和 CD4 T 细胞介导的炎症反应。后者又包括 Th1 介导的以单个核细胞浸润为主的迟发性超敏反应，和由 Th17 诱导由促炎症因子及中性粒细胞参与的炎症效应。

CTL 和 NK 细胞对靶细胞的直接杀伤取两种方式：裂解性杀伤和诱导细胞凋亡。前者主要通过释放穿孔素，后者则通过分泌颗粒酶，以及通过 Fas 和 FasL、TNFR1 和 TNF-α 的结合启动靶细胞死亡信号转导。其中胱天蛋白酶起重要作用。NK 细胞和 Mφ还可以通过 ADCC 杀伤靶细胞。

细胞焦亡和坏死性凋亡是其他形式的程序性细胞死亡，特点是没有胱天蛋白酶参与，胞膜完整性受损，因而大量致炎内含物可释放到胞外，引起炎症反应。

（李宁丽）

参考文献

Aachoui Y, Sagulenko V, Miao EA, et al. 2013. Inflammasome-mediated pyroptotic and apoptotic cell death, and defense against infection. Curr Opin Microbiol, 16: 319-326.

Barry M, Bleackley RC. 2002. Cytotoxic T lymphocytes: all roads lead to death. Nat Rev Immunol, 2: 401-409.

Chan FK, Luz NF, Moriwaki K. 2015. Programmed necrosis in the Cross Talk of Cell Death and Inflammation. Annu Rev Immunol, 33: 79-106.

Debra TC, Stanley JK. 1998. Bcl-2 family: Regulators of cell death. Annu Rev Immunol. 17: 395-419.

Faridi U, Dhawan SS, Pal S, et al. 2016. Repurposing L-Menthol for systems medicine and cancer therapeutics? L-Menthol induces apoptosis through caspase 10 and by suppressing HSP90. OMICS, 20: 53-64.

Guo W, Dong A, Pan X, et al, 2016. Role of caspase-10 in the death of acute leukemia cells, Oncol Lel, 12: 1623-1629.

Kupka S, Reichert M, Draber P, et al. 2016. Formation and removal of poly-ubiquitin chains in the regulation of tumor necrosis factor-induced gene activation and cell death. FEBS J, 283: 2626-2639.

Netea MG, van de Veerdonk FL, van der Meer JW, et al. 2015. Inflammasome-independent regulation of IL-1-family cytokines. Annu Rev Immunol, 33: 49-77.

Ott M, et al. 2002. Cytochrome C release from mitochondria proceeds by a two-step process. Proc Natl Acad Sci USA, 99: 1259-1263.

Qi F, Li A, Inagaki Y, et al. 2012. Induction of apoptosis by cinobufacini preparation through mitochondria- and Fas-mediated caspase-dependent pathways in human hepatocellular carcinoma cells. Food Chem Toxicol，50：295-302.

Sallman DA，Cluzeau T，Basiorka AA，et al. 2016. Unraveling the Pathogenesis of MDS：The NLRP3 inflammasome and pyroptosis drive the MDS phenotype. Front Oncol，6：151.

Tschopp J1，Schroder K. 2010. NLRP3 inflammasome activation：The convergence of multiple signaling pathways on ROS production? Nat Rev Immunol，10：210-215.

第十四章 免疫调节

感知自身应答的强度并实施调节，是免疫系统的一个重要功能。这一调节包括正向和负向两个方面。对于大量入侵并能迅速增殖的病原体，机体可以产生强有力的免疫应答，但同时会导致自稳状态的偏移，因而病原体被清除之后，免疫系统需凭借其感知能力，通过反馈调节，恢复内环境稳定(homeostasis)。

免疫调节是由多因素参与的生物学现象。任何一个调节环节的失误，可引起全身或局部免疫应答的异常，出现自身免疫病、过敏、持续感染和肿瘤等疾病。因而免疫应答的调节与临床疾病关系十分密切。

免疫调节(immune regulation)属于免疫系统的正常生理功能，不同于针对应答过程而实施的免疫干预(immune intervention)。后者指出于疾病防治和应用的目的，人为地改变或修正正常或异常的免疫应答格局，也包括改变和修正免疫调节的进程。在这个意义上，免疫调节和免疫干预虽有一定的联系，但一个系自主产生，一个属人为操控，不应等同。本章将着重阐述免疫调节，而在涉及应用时将论及免疫干预。

第一节 基因的转录激活与免疫调节

免疫应答的调节出现在不同的水平和层次。这些层次涉及基因的激活、转录和表达；免疫分子和受体的活化和功能行使；免疫细胞的信号转导、分化和相互作用；局部和整体免疫应答的调节；以及种群应变能力的提升，等。

首先是基因水平的调节。有关研究较多地集中在免疫相关基因的激活和转录表达的调控。侧重下列两个方面。

一、微小 RNA 的负向反馈作用

微小 RNA(microRNA)是由大约 22 个核苷酸组成的非编码单链 RNA，可与特定靶 mRNA 的 3′端非翻译区(3′UTR)结合而抑制蛋白质的表达并促成靶 mRNA 的降解。已发现哺乳动物有上千个微小 RNA，进化上高度保守但大部分功能未明。

已有的研究表明，多种微小 RNA(miR)通过调节信号转导分子的活性，参与免疫细胞的分化发育和功能行使，影响各种免疫学疾病的发生发展。图 14-1 是一个典型的例子。左侧(A)列举了参与调控 TLR 信号转导的四种 miR，它们的产生都与 TLR 及转录因子 NF-κB 及 AP-1 的活化有关。一旦这些微小 RNA 因信号转导被激活，即启动对各种信号分子如 IRAK1/2 和 TRAF6 甚至 NF-κB 本身的抑制。右侧图(B)是其中 miR-146 作用的细化。这里出现一个典型的免疫调控格局。从 B 图左上侧可见，miR-146 能发挥作用是 TLR 启动了信号转导并经由 NF-κB 和 MAP 激酶信号通路而激活的结果。然后反过来，激活的 miR-146 再抑制这一信号途径中的两个关键成分 IRAK1/2 和 ARAF6，阻遏了信号转导，使各种基因(包括促炎症因子编码基因)表达弱化。由于被弱化的基因中也包括发挥抑制作用的 miR-146，这就引发下一轮循环：整个信号传递再次增强。结果是，miR-146 又重新激活，抑制再现。生动地展示了免疫系统可以自我掌控对其应答的反馈性调节。

需要指出的是，无论是 NF-κB 还是 MAP 激酶相关转录因子 AP-1 的激活，不仅源于 TLR(以及 NLR 和 RLR)信号，也见于 TCR/BCR 及细胞因子受体介导的各种信号转导(图 1-15)，因而这些微小 RNA 的反馈性调控具有普遍意义。

二、表观遗传学参数参与的基因转录调节

在基因转录水平，有多种表观遗传学参数的参与。了解得比较多的是基因启动子区 DNA CpG 甲基化和去甲基化对基因的沉默(silencing)和活化进行的调节，以及核小体组蛋白乙酰化对转录因子与 DNA 双链可接近性(决定基因的起始转录)的调节。表观遗传学修饰不改变基因产物的表达和蛋白质合成的特点，但对转录格局的修饰却可在细胞世代间传递，持续影响因基因表达引起的应答变化。这说明了为什么表观遗传学修饰不仅介导免疫细胞的活化和免疫反应，并参与调控免疫记忆。如第一章(见图 1-26)和第八章所介绍的，乙酰化修饰和免疫细胞功能性重编程在固有免疫中可以通过训练展示记忆样的增强性应答。

新近确认一种 10-11 易位酶(ten-eleven transferase，TET)可在胞嘧啶环第 5 位诱导羟甲基化，以此对抗 DNA 甲基化，改变后者诱致的基因沉默状态而参与 Th 细胞亚群的激活并释放细胞因子 IL-2、IL-4 和 IFN-γ。

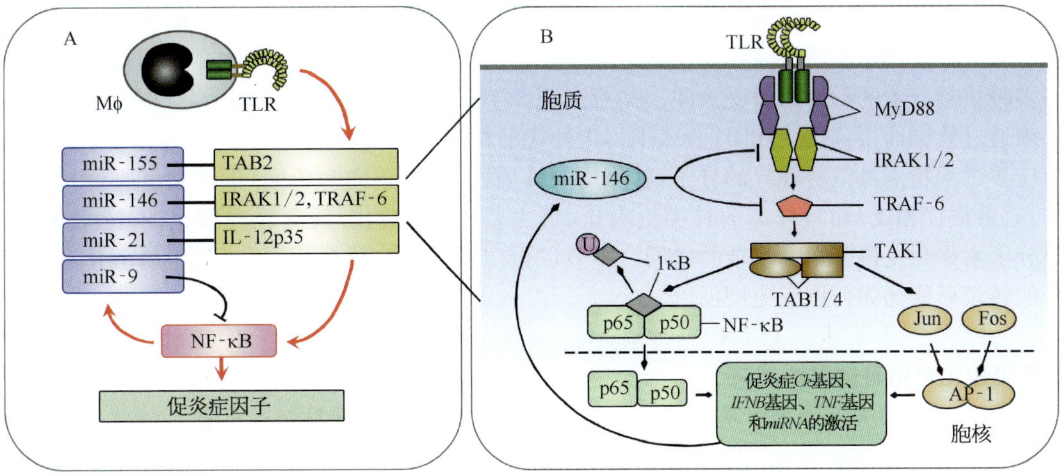

图 14-1　miRNA 的激活及其对 TLR 信号途径的负向调节

A. 四种抑制 TLR 信号成分及阻抑促炎症因子基因转录激活的微小 RNA(miR)。注意其中 miR-9 直接抑制转录因子 NF-κB 的活化；B. 图 A 中 miR-146 的免疫调控机制。左上 miR-146 的产生是 TLR 信号转导后转录因子 NF-κB 和 AP-1 激活的结果，然后再作用于丝氨酸/苏氨酸激酶 IRAK1/2 和泛素连接酶 TRAF6，阻止 NF-κB 和 AP-1 的活化，实施对 TLR 信号转导的反馈性调节

图 14-2 说明 10-11 易位酶的作用部位主要在细胞因子编码基因的启动子区，该处 T 细胞亚群相关基因 *Il2*、*Il4* 和 *Ifng* 呈现广泛甲基化而处于静止状态。TET 出现后可解除各基因多数 CpG 岛已发生的甲基化，打破细胞因子基因的沉默状态，变负调为正调，启动亚群分化和激活。据称 TET 易位酶实施的去甲基化是一个主动性过程，在 T 细胞激活中独立于细胞增殖，并针对特定的细胞因子基因。这是表观遗传学参数直接调控 T 亚群分化的一个实例。

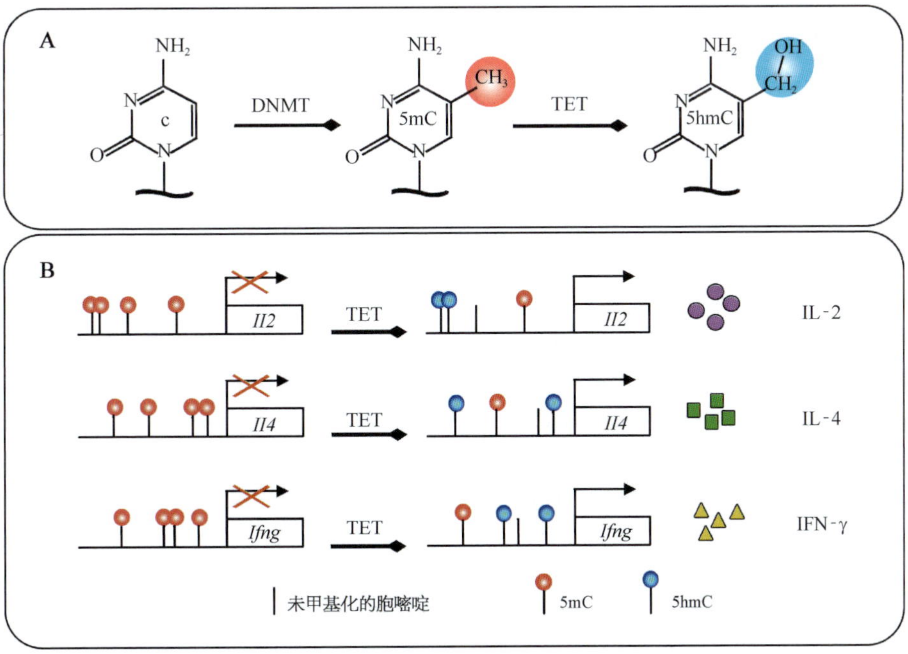

图 14-2　T 细胞激活中 DNA 甲基化和羟甲基化对细胞因子基因表达的调节

A. 胞嘧啶环第 5 位置在甲基转移酶(DNMT)和 10-11 易位酶(TET)作用下分别发生 5-甲基化(5mC)(红圈)和 5-羟甲基化(5hmC)(蓝圈)示意图；B. 在 T 细胞激活过程中，在 TET 酶催化下 T 亚群相关基因因启动子区 CpG 岛的胞嘧啶从甲基化转为羟甲基化(红圈变蓝圈)而激活，分泌细胞因子 IL-2、IL-4 和 IFN-γ (引自 Leeni C, et al., 2015)

第二节　免疫分子的转录后修饰与免疫调节

各种参与免疫细胞发育、分化和凋亡的分子，以及参与免疫应答的分子，如果是蛋白质，可因出现转录后修饰而发

生功能和属性的改变,称为免疫调变(modulation)或调节。转录后修饰包括磷酸化、泛素化、糖基化、乙酰化和SUMO化(小泛素样修饰)等。蛋白质的转录后修饰及其对免疫应答的影响广泛存在,在受体介导的信号转导中因为此类修饰可直接左右多种信号分子的活性而备受关注。其意义还在于,信号转导引起的基因活化和细胞状态的改变,在一定的时空节点必须通过修饰而得到反馈和阻抑,以求得内环境的稳定。

对于参与应答过程特别是信号转导的分子,就作用的性质而言,有正向和负向(即活化和抑制)之别,对其进行相同类型的修饰,效果往往相反;而且修饰的种类更有正、负之差:有磷酸化,就有脱离酸化;有泛素化,也会有去泛素化。如此构成分子水平免疫调节错综复杂的格局。本节以蛋白质的磷酸化和泛素化(及脱磷酸化和去泛素化)为例,简介免疫分子的转录后修饰如何调变免疫反应。

一、蛋白质磷酸化对信号转导的调节

1. *磷酸化和脱磷酸化参与信号的激活与抑制* 图14-3A表明,蛋白质肽链一些氨基酸残基上的氢原子可以被ATP释放的磷酸根取代而发生磷酸化。除了核小体中的组氨酸,此类残基主要有两类:酪氨酸和丝氨酸/苏氨酸(简称丝/苏氨酸)。因而催化磷酸化进程的蛋白激酶可区别为蛋白酪氨酸激酶和蛋白丝氨酸/苏氨酸激酶等;而终止磷酸化(脱磷酸化)的磷酸酶也有蛋白酪氨酸磷酸酶和丝氨酸/苏氨酸磷酸酶之别。

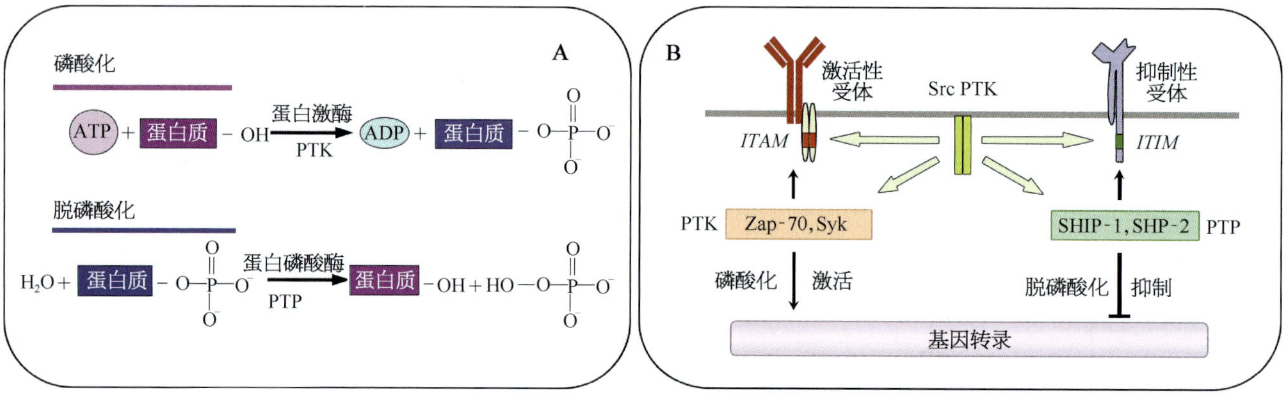

图14-3 蛋白质磷酸化和脱磷酸化

A. 蛋白激酶和蛋白磷酸酶促成的蛋白质磷酸化和脱磷酸化;B. 磷酸化和脱磷酸化各自通过细胞激活性和抑制性受体介导的信号转导分别激活和抑制基因转录

2. *抑制性受体、ITIM、脱磷酸化与反馈调节* 图14-3B表明,免疫细胞活化的信号转导一旦启动,两类不同的受体将先后激活,并各自借助胞内段功能相反的ITAM和ITIM基序,招募酪氨酸激酶(PTK)和酪氨酸磷酸酶(PTP),分别启动和终止信号的转导。如第一章所示,信号转导是一个借助磷酸化等生化事件逐级推助的过程。如果因磷酸化而被修饰的蛋白质属于酶,可使其处于激活状态;如果被修饰的是信号转导中的衔接蛋白和信使分子,可使之参与启动后续的信号转导,形成级联反应。

于是就免疫细胞受体介导的信号转导而言,通常有相辅相成的两条途径及参与组分。然而两条途径及其传递的信号并非同时出现,有先有后。

正向途径:激活性受体-ITAM-PTK-蛋白质磷酸化-活化信号

负向途径:抑制性受体-ITIM-PTP-蛋白质脱磷酸化-抑制信号

3. *共刺激分子受体CD28和CTLA4分别通过开启和关闭活化信号调控免疫应答* 为T细胞激活提供第二信号的激活性受体主要为CD28,胞内段带有结构为YMNM的ITAM(图11-4)。相对应的抑制性受体为CTLA-4。有意义的是,两者的配体都是协同信号分子B7-1和B7-2(表1-4)。免疫系统对此做出的“安排”是:CD28为组成性表达,先发挥作用;CTLA-4的表达一般在T细胞从TCR得到第一信号并从CD28得到第二信号后约24小时,属诱导性表达。由于B7-1/B7-2对CTLA-4的亲和力明显高于对CD28的亲和力,而且,CTLA-4可以交联不止一个B7-1分子而形成一群高亲合力(avidity)的B7-CTLA-4分子簇,所以CTLA-4一旦出现,即无配体再与CD28结合,激活信号即被阻抑(图14-4A)。

这里再次验证了反馈性调节的一个重要原理:没有激活就没有抑制。另外,同样重要的是,这一抑制必定严格地针对已激活的T细胞,即反馈作用所下调的,是已经出现的特异性免疫应答。在这个意义上,CTLA-4介导的反馈调

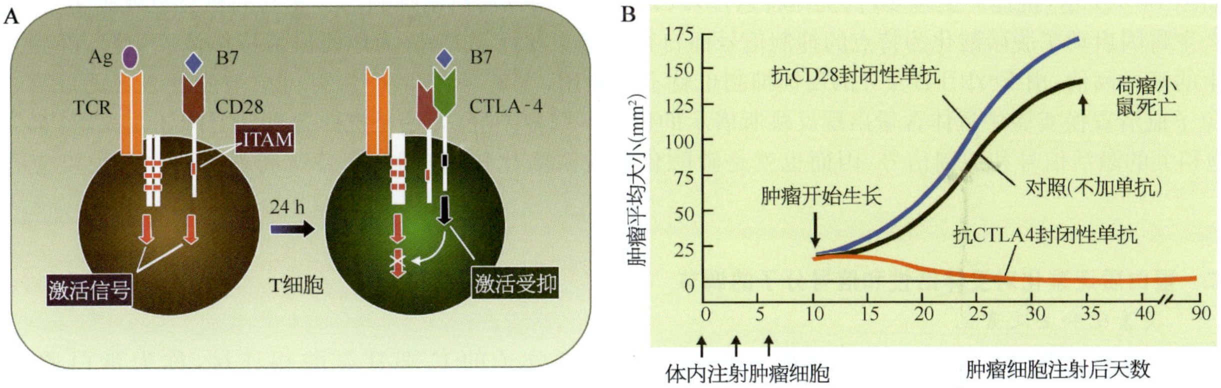

图 14-4　通过共信号受体 CD28/CTLA4 调控 T 细胞信号转导中的磷酸化和脱磷酸化

A. 同一 T 细胞先后表达激活性受体和抑制性受体的调控原理；B. 调控实例。采用封闭性单抗（Fab′）2 阻断受体 CTLA4 的抑制性信号有助于有效地激活 T 细胞，使体内已开始生长的肿瘤消退，小鼠存活 90 d 以上（红色曲线）。用单抗封闭 CD28 分子加剧肿瘤生长，35 d 时荷瘤小鼠死亡。不加单抗的对照组（黑线）小鼠也在 35 d 死亡

节或免疫干预又具有抗原特异性。

事实上，对于“激活-抑制”及“磷酸化-脱磷酸化”可以采用不同的方式实施免疫干预。图 14-4B 是一个有意义的实验。该处针对荷瘤小鼠 T 细胞功能低下，用封闭性抗 CTLA-4 抗体阻抑抑制性受体激活，增强小鼠 T 细胞的抗癌活性。看来效果很好。

4. 抗体应答中脱磷酸化介导的反馈性调节　BCR 分子与 Igα 和 Igβ 构成复合结构后，通过磷酸化传递抗原识别信号。其对立面是 B 细胞表达的抑制性受体 FcγRII-B 等。FcγRII-B 是 Fc 受体家族中为数不多胞内段带有 ITIM 的成员（参见第一章表 1-5）。图 14-5 表明，FcγRII-B 发挥抑制作用需要带有 Fc 段的 IgG 分子与 BCR 交联。此 IgG 是一类抗 BCR 分子的抗体（又称抗抗体即 Ab2），其抗原结合部位识别 BCR 分子，Fc 段则与同一 B 细胞表面的 FcγRII-B 结合，借助后者的 ITIM 介导脱磷酸化终止 B 细胞激活，不再通过浆细胞产生抗体。

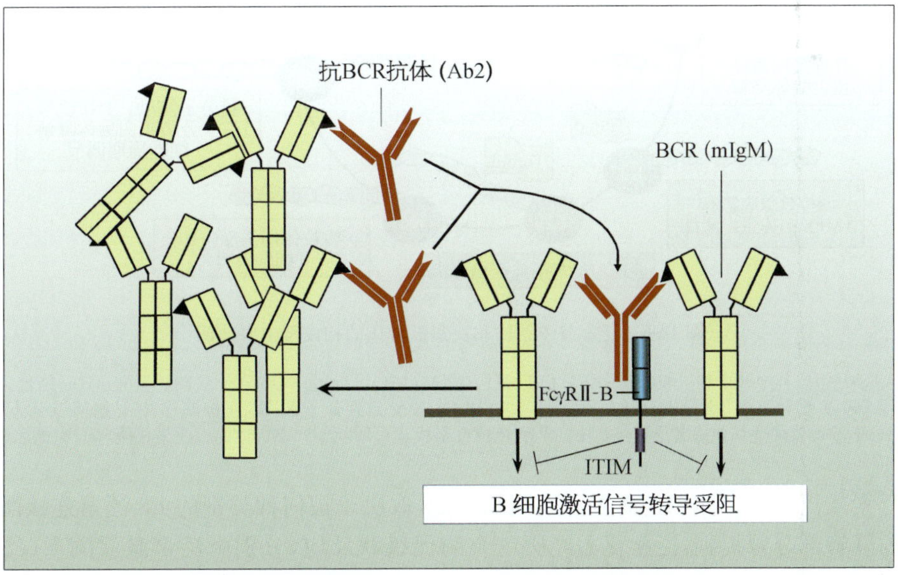

图 14-5　抑制性受体 FcγRII-B 对抗体产生的反馈性调节

大量抗体（可溶性 BCR 分子）出现后诱导产生 IgG 类的抗抗体（Ab2）（红色）。抗抗体的 Fc 段通过 FcγRII-B 的 ITIM 招募酪氨酸磷酸酶启动脱磷酸化（图中未画出），终止 B 细胞激活信号，使抗体产生受阻

将抗 BCR 的抗体称为抗抗体，是因为来自该 B 细胞的浆细胞分泌的游离抗体分子，其抗原特异性与膜型 BCR 相同，因而 BCR 分子可看作为第一抗体。抗抗体形成的条件，通常是 B 细胞充分激活后该 B 细胞克隆大量出现或产生结构均一的 BCR 及相应抗体分子，一旦数量大到越过免疫系统感知的阈值，将被视为一种新出现的、以特定独特型为表位的自身抗原，从而诱导抗抗体的产生。

如图 14-5 所示，抗体产生越多，抗抗体将越多，FcγRII-B 受激发而启动抑制信号转导的机会也就越多。结果，抗体的产生将因启动了脱磷酸化为特点的抑制信号而自行缓解。相反，如果人为地使血清抗体浓度下降，降到无抗抗体产生的某一阈值，由 FcγRII-B 介导的反馈抑制也就不起作用，于是，抗体的产生将再次被激发。这正是第一章图 1-20 兔子血清置换实验中抗体含量出现反跳所展示的情景。归根结底，无论是抗体含量的下降还是反跳，都属于与 B 细胞相关的激活信号和抑制信号（因而也就是磷酸化和脱磷酸化作用）相互交替所展现出的一种免疫应答调控格局。

二、蛋白质泛素化对受体活性和信号分子的调节

（一）泛素化和去泛素化

在泛素酶的作用下，蛋白质的赖氨酸残基可以与泛素分子的 C 端甘氨酸相连接，称为蛋白质泛素化（ubiquitination）。被接上的泛素，可以是 1 或 2 个分子，甚至是整条的泛素链，因为由 76 个氨基酸组成的泛素带有 7 个赖氨酸残基，可分别与另一泛素分子的甘氨酸相连而形成长链，称为泛素键合体（ubiquitin linkage），再加上泛素 N 端第一位置上的甲硫氨酸（M1）也具有和赖氨酸（K）相同的连接功能，总共可形成 8 种键合体：M1、K6、K11、K27、K29、K44、K48 和 K63。图 14-6 表明，8 条泛素键合体各有自己的功能并配备有专一性的去泛素化酶（deubiquitinating enzyme，DUB）。所谓不同的功能，主要指各泛素链可通过靶向作用使蛋白质底物展示不同的活性或进入不同的细胞性程序。其主要分两类，一类是使底物进入某些细胞器（如蛋白酶体）使之降解（如 K48 和 K13）；另一类是对底物进行修饰，参与对细胞功能的调控（如 M1、K63），其中涉及信号转导和 DNA 修复等。

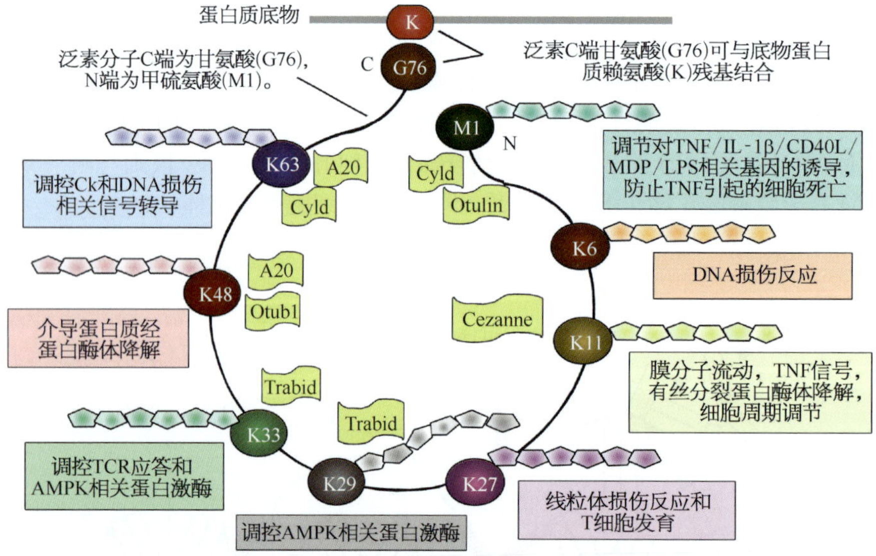

图 14-6 泛素分子结构和泛素键合体的构成及主要功能

泛素分子（Ub）包括 76 个氨基酸残基，其中 6 个赖氨酸（K6～K63）和 1 个甲硫氨酸（M1）可与另一 Ub 分子 C 端甘氨酸（G76）结合，形成多个泛素相连的键合体（ubiquitin linkage）。图示 7 条 K 型和 1 条 M 型键合体的分布和主要功能，以及泛素分子在 E3 连接酶作用下如何以其 C 端 G76 连接底物蛋白质分子上的赖氨酸残基使后者泛素化。中间黄底色框文字代表可清除不同键合体的去泛素化酶（DUB）的名称

蛋白质与何种泛素或泛素键合体相连而展示不同的功能，取决于被何种类别的 E3 泛素连接酶所催化。第十章关于内源性抗原肽胞内降解部分曾提到，泛素化需经历三个酶促级联反应，分别由泛素激活酶 E1、泛素结合酶 E2 和泛素-蛋白连接酶 E3（ubiquitin-protein ligase）催化（见图 10-16）。E3 的作用是用异肽链将底物的甘氨酸和泛素分子的赖氨酸残基相连。据称人类基因组中编码 E3 连接酶的基因超过 700 种，而且与之唱“对台戏”的专一性去泛素化酶也将近 100 种，这是一种显示高度选择性的正向和负向调控途径，构成了蛋白质泛素化十分复杂的网络系统。

（二）泛素化调节与免疫应答

泛素化及去泛素化系统参与调节固有免疫和适应性免疫应答的各个基本方面，包括对免疫细胞发育、分化激活、耐受和死亡的诱导，以及影响自身免疫病、过敏和肿瘤等疾病的病理性进程，因而与临床疾病的关系十分密切。本节先以实例简要列举本书中曾经提到的一些泛素化参与的免疫应答事件，然后再举例了解泛素化/去泛素化如何调控细胞激活。

1. *泛素化参与启动和调节免疫应答* 五个实例（图 14-7）展示泛素化活跃地参与免疫应答的诸多方面。例如

免疫细胞活化信号转导中转录因子 NF-κB 的激活与核转位十分重要（例 2），而该转录因子的激活取决于抑制成分 IκB 能否进入泛素-蛋白酶体系统发生降解，其中 K48 泛素键合体（K48-polyUb）发挥重要作用。值得注意的是，K48 介导的 IκB 降解不仅见于 T、B 和肥大细胞受体启动的激活，也发生于识别 PAMP/DAMP 后由 TLR、NLR 和 RLR 介导的固有免疫应答，以及肿瘤坏死因子受体启动的效应事件。显然，如果 K48 键合体或相关的 E3 转化酶出现缺陷，或者去泛素化酶被过度激活使信号转导出现异常，将搅乱一大批免疫细胞的活化和功能行使。

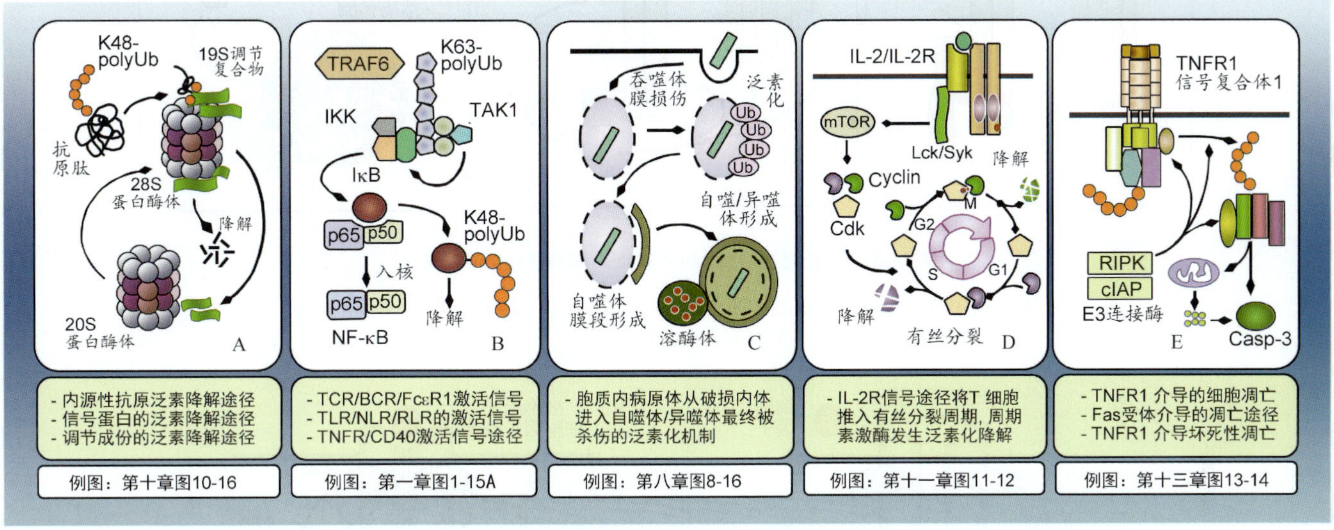

图 14-7　泛素化调控免疫应答的部分实例及其意义

A. 由 K48 键合体（K48-polyUb）介导的内源性抗原肽及各种免疫分子降解的泛素-蛋白酶体途径；B. 信号转导 NF-κB 转录因子激活过程中抑制物 IκB 降解在各种免疫受体介导细胞激活中发挥关键作用；C. 巨噬细胞吞噬体膜损伤可借泛素化重建自噬/异噬体膜段而避免病原体逃逸，构成另一种杀伤病原体的机制；D. 获得增殖信号进入细胞分裂周期的 T 细胞因周期素（cyclin E）和周期素依赖激酶（Cdk2）的有序降解而进入细胞增殖的正向和负向反馈性调控；E. 三聚体 TNFR1 与配体 TNFα 结合后启动的活化信号转导，是否转为构建死亡信号复合体启动胱天蛋白酶参与的凋亡信号转导，直接由泛素连接酶及去泛素化酶调控，由此决定免疫细胞的生存与死亡

2. *泛素化对 T 细胞激活的调节*　Cbl-b 是 700 多种 E3 泛素连接酶中的一种，可以把单一的泛素分子连接到 TCR 信号复合体及一些激酶（PTK）分子的赖氨酸残基上使之发生泛素化。在 Cbl-b 作用的蛋白质底物中包括 CD3 分子特别是 ζ 链，以及被招募至 TCR 附近的酪氨酸激酶 ZAP-70。由于泛素具有靶向引导活性，上述底物一旦发生泛素化就会被"牵着鼻子走"，进入胞质中的特定细胞器，此处为溶酶体。因而本例中泛素化靶向的结果是底物难逃被溶酶体酶降解的厄运（图 14-8）。可见，这些主宰信号转导的底物成分一旦因降解而缺如，T 细胞的激活即无法完成。当然，这只是免疫调节的一个方面，必定还有一些因素与之对抗，否则 T 细胞永远无法激活。对抗因素之一是 CD28 共受体传递的阻抑信号（图中未展示）。这是为什么 T 细胞只有同时得到抗原识别信号（第一信号）和协同刺激信号（第二信号）之后才能活化的机制之一。

3. *泛素化在 SOCS 负向调控细胞因子受体信号转导中作用*　图 14-9A 表明，当细胞因子（Ck）未与受体结合时，受体分子相连的 Jak 激酶和转录因子 STAT 皆处于未激活状态。受体一旦与配体结合（图 14-9B），跨膜分子间的聚合（或成簇）作用使得与之相连的 Jak PTK 彼此靠近，因相互磷酸化而激活。激活的 Jak 一方面使受体分子胞内段上的酪氨酸发生磷酸化，招募带有 SH2 结构域的 STAT 转录因子；另一方面，使得靠近 Jak 激酶的 STAT 得到磷酸根而激活。第十一章中提到，两个活化的 STAT 分子会形成同源二聚体并转位到细胞核中，启动多种基因（图 14-9B 中以 X、Y、Z 表示）发生转录，行使其生物学功能。

重要的是，STAT 同源二聚体的转位，也使得 SOCS 编码基因激活。SOCS 是一个基因家族，其中诸多产物如 SOCS3、SOCS1 和 CIS（分子结构参见图 14-9C）可直接作用于已经激活的 Jak 激酶，或是作用于受体分子胞内段的活性部分，使 STAT 无法被招募。部分原因是前两种 SOCS 蛋白分子的 N 端各有一个激酶抑制区（图 14-9C 中以红色标出），该区与 Jak 结合的亲和力很高。图 14-9C 还显示，这些 SOCS 蛋白同时具有启动胞质蛋白泛素化的能力。其原理是，所有 SOCS 蛋白羧基端皆有一特定结构域称为 SOCS 小盒，能够与延伸蛋白（elongin）BC 和采集蛋白（Cullin 5）形成复合物，此即为上面提到的 E3 泛素连接酶中的一种称为 ECS，该酶专一性地使得 Jak 和受体跨膜分子 gp130 接上 K48 泛素键合体，通过泛素-蛋白酶体系统发生降解（图 14-9D）。

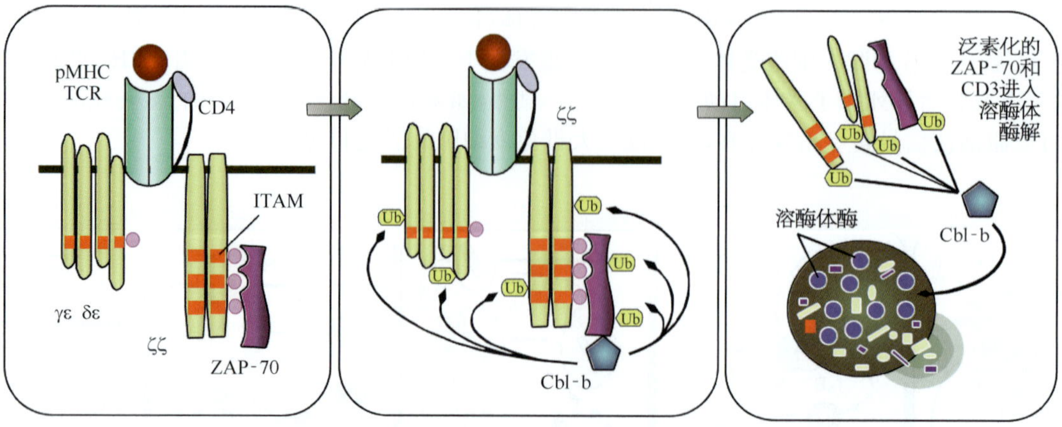

图 14-8 E3 泛素连接酶 Cbl-b 终止 T 细胞活化信号的转导

在 Cbl-b 作用下连接上泛素分子(Ub)的 ZAP-70 和 CD3 分子被靶向进入溶酶体并酶解

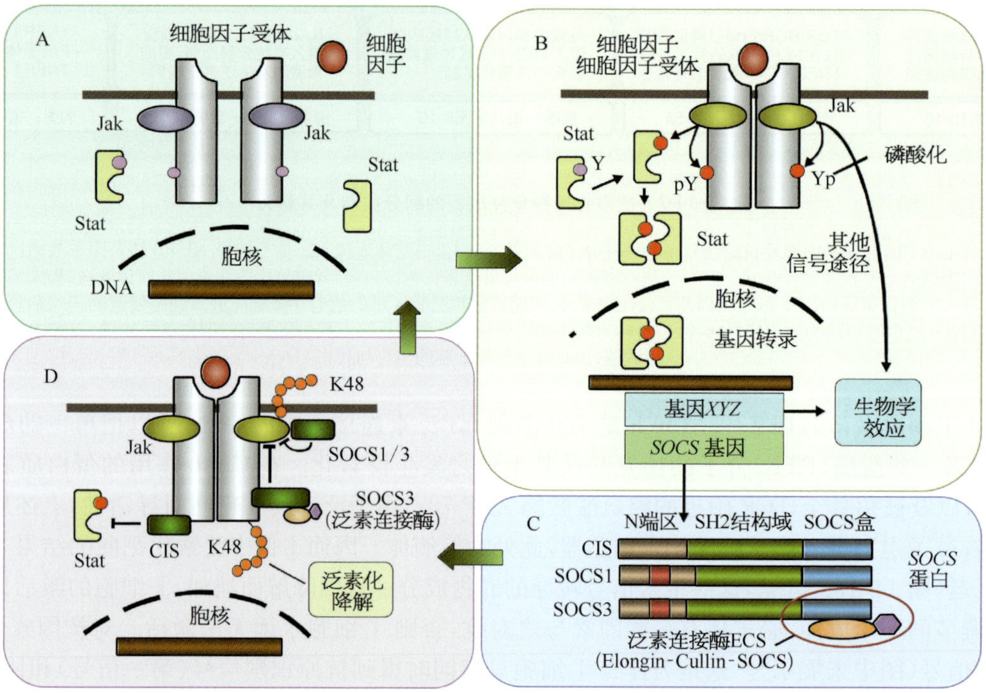

图 14-9 SOCS 蛋白对细胞因子受体信号转导的负向调节及泛素化的参与

A. 细胞因子(Ck)未与受体结合时,Jak PTK 和转录因子 Stat 处于未激活状态。B. Ck 结合受体后,Jak 发生相互磷酸化而激活,使受体胞质部分酪氨酸(Y)残基发生磷酸化(pY)。后者招募 Stat,并由 Jak 使其磷酸化而形成二聚体,在激活多种基因(X, Y, Z)的同时使 SOCS 基因活化。C. 产生的 SOCS 蛋白(仅列出其中的 CIS、SOCS1 和 SOCS3)可结合 Jak,而且 C 端的 SOCS 结构域构成 E3 泛素连接酶 ECS。D. SOCS 蛋白分别与 Jak 及胞质中受体分子活性部位结合发挥抑作用;ECS 则通过泛素化程序引发底物蛋白质降解,强化 SOCS 蛋白的抑制效应

如此,整个由 Jak-STAT 参与的细胞因子信号转导通路可被遏制,细胞因子的功能行使受阻。其实,图 14-9 中 A、B、D 三个部分所展示的三种状态可以构成一个环路,表明细胞因子的激活和抑制是一个不断反复的过程。这也是免疫应答反馈调节的特点之一。

第三节 免疫细胞的相互作用与免疫调节

一、调节性淋巴细胞

完成分化的 T 细胞分成效应性 T 细胞(T_E)、调节性 T 细胞(Treg, T_R)和记忆性 T 细胞(T_M)。Treg 不同于 T_E,

通常不对抗原的刺激直接起反应，而是以效应细胞为作用对象，调控后者介导的免疫应答。在这个意义上，发挥负向调节作用的 Treg 就是抑制性 T 细胞（T_S），在细胞水平的反馈调节中居核心地位。

调节性 T 细胞主要分成两类：自然调节 T 细胞和适应性调节 T 细胞（表 14-1）。

表 14-1 两类主要的调节性 T 细胞

特　点	自然调节 T 细胞	适应性调节 T 细胞
诱导部位	胸腺	外周
抗原特异性	自身抗原（胸腺中）	组织特异性抗原和外来抗原
发挥效应作用的机制	主要依赖细胞接触	主要依赖释放抑制性细胞因子
功能	抑制自身反应性 T 细胞介导的局部应答	抑制自身损伤性炎症反应、阻遏病原体和移植物引起的病理性应答
举例	$CD25^+$ $Foxp3^+$ nTreg	$CD25^+$ $Foxp3^+$ iTreg、Tr1、Th3

（一）自然调节 T 细胞

1. 自然调节 T 细胞在胸腺中产生　自然调节 T 细胞（naturely-occurring regulatory Treg）即 $CD4^+$ $CD25^+$ $Foxp3^+$ nTreg，最早由日本 Sakaguchi 实验室报告。他们发现，小鼠出生后 3～5 d 做胸腺切除可诱致多种自身免疫病，但向此类小鼠输注 $CD4^+$ $CD25^+$ T 细胞后疾病可以被防止（图 14-10A）。此表明被切除的胸腺中，“天然”存在着一类行使负向调节功能的 T 细胞，特点是组成性地高表达 IL-2 受体 α 链即 CD25 分子，以及 CTLA-4、GITR（肿瘤坏死因子超家族成员）、LAG3（淋巴细胞激活基因）和 Nrp1 等分子，可阻遏自身免疫性 $CD4^+$ $CD25^-$ T 效应细胞的增殖活性（图 14-10B）。人体中也已确认 $CD4^+$ $CD25^+$ T 细胞的存在，它们占外周 CD4 T 细胞的 5%～10%，除了阻抑自身免疫病的发生，还参与和调控其他疾病，包括促进肿瘤的发生和诱导移植耐受。

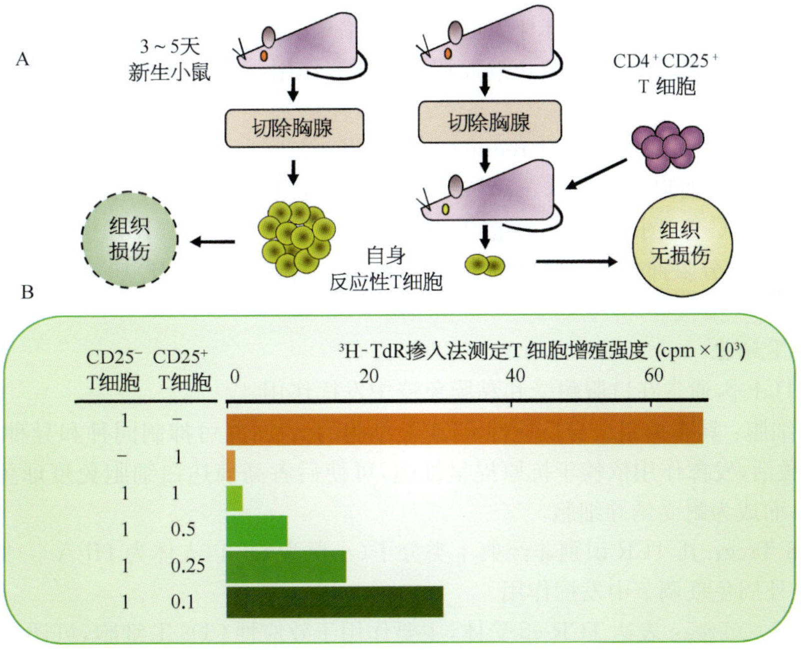

图 14-10 nTreg 通过抑制 $CD4^+$ $CD25^-$ 自身反应性 T 细胞对抗自身免疫病的发生

A. 新生小鼠胸腺切除后出现组织特异性自身免疫病，回输 $CD4^+$ $CD25^+$ T 细胞（nTreg），可使症状消失，说明胸腺切除丢失了一群对抗自身反应性 T 细胞的天然调节性细胞，即 $CD4^+$ $CD25^+$ $Foxp3^+$ T 细胞；B. $CD4^+$ $CD25^+$ T 细胞对 CD3 单抗诱导效应性 $CD25^-$ T 细胞增殖的抑制作用呈剂量依赖性

2. Foxp3 是 nTreg 分化的特征性转录因子　T 细胞激活一章中提到，CD25 分子在 T 细胞获得双重信号后组成性地表达，是 T 细胞活化的标志。因而效应性 $CD4^+$ $CD25^+$ T_E 和调节性 $CD4^+$ $CD25^+$ T_R 的区分一度成为难题。后来发现后者还有一个重要特点，即胞质中 Foxp3 呈阳性表达，因而自然调节 T 细胞的表型特征应该是 $CD4^+$ $CD25^+$ $Foxp3^+$。现已查明，Foxp3（forkhead box P3）不仅作为主要标志，而且参与 Treg 的分化和功能行使，在 nTreg 的分化中发挥专一性转录因子的作用。

（二）诱导性调节 T 细胞

诱导产生的调节性 T 细胞（inducible regulatory T cell，iTreg）又称适应性调节 T 细胞，在外周产生，可以从自然调节性 T 细胞分化而来，也可以来自初始 CD4 T 细胞，往往需有抗原刺激及细胞因子的参与（图 14-11），这一点不同于

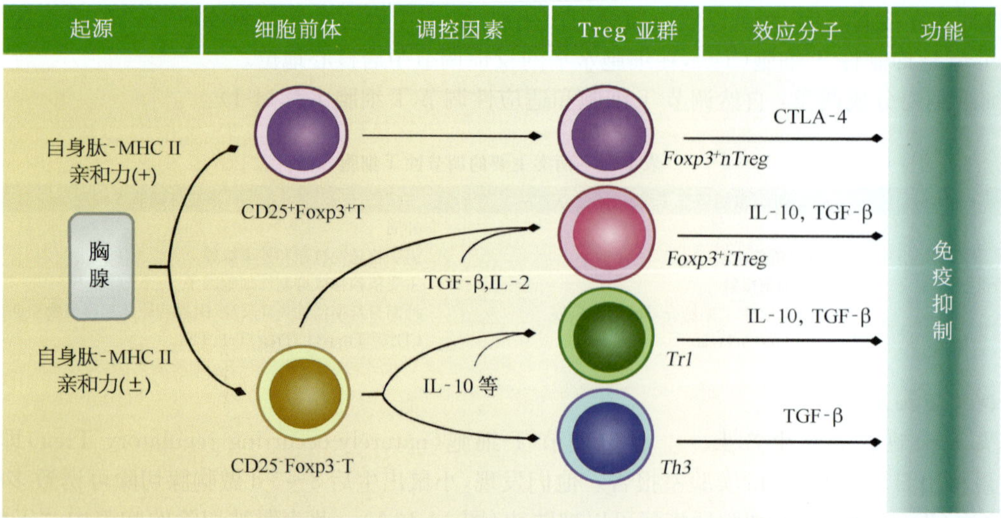

图 14-11 CD4 调节性 T 细胞的分化及功能特点

自然调节 T 细胞(CD25+ Foxp3+ nTreg)直接分化于胸腺,通过细胞间接触以 CTLA-4 等行使抑制功能。诱导性调节 T 细胞(CD25+ Foxp3+ iTreg)在TGF-β及 IL-2 诱导下自 nTreg(图未标出)或 Foxp3− T 细胞产生,借助分泌 IL-10 和 TGF-β 发挥抑制作用。另外两种调节 T 细胞(Tr1 和 Th3)分化自 CD25− Foxp3− T 细胞,其中 Tr1 的产生由多种因素(IL-10, Vit D3, imDC)参与诱导,通过分泌 IL-10 和 TGF-β 发挥作用

nTreg。iTreg 分成两类:Foxp3 阳性者和 Foxp3 阴性者。

1. CD4+CD25+Foxp3+iTreg 除了自身免疫病,多种临床疾病中普遍遇到的调节性 T 细胞往往具有可诱导性,属于 iTreg。其特点是通过分泌 IL-10 和 TGF-β 发挥负向调节作用,一般无须细胞间的密切接触,因而其抑制作用一般不显示抗原特异性。

2. Tr1 又称Ⅰ性调节性 T 细胞(type 1 regulatory T cell),表型为 CD4+CD25−Foxp3−,是一类可调控炎症性自身免疫反应、抑制 Th1 型淋巴细胞增殖及诱导移植耐受的抑制性 T 细胞。Tr1 在外周由多种因子诱导,如 IL-10、TGF-β、维生素 D3 和未成熟 DC 等(图 14-11)。小鼠中的 Tr1 表型为 $CD4^{+}CD45RB^{low}$,抑制对象为自身反应性 $CD4^{+}CD45RB^{high}$ T 细胞。Tr1 可充分阻抑小鼠实验性肠炎发生,而且发挥作用依赖 IL-10 对 IFN-γ 的拮抗,造成自身免疫性 T 细胞活性受抑。

3. 其他诱导性调节 T 细胞

1) Th3:主要产生 TGF-β,通常在口服耐受和黏膜免疫中发挥作用。

2) CD8+CD28− T 细胞:具有抑制自身反应性 CD4 T 细胞的活性,并可抑制同种和异种移植物排斥。该细胞由Ⅰ类分子提呈的抗原肽激活,发挥作用依赖于抗原提呈细胞,可使后者高表达白细胞免疫球蛋白样受体(免疫球蛋白样转录体)ILT3 和 ILT4 而成为耐受诱导细胞。

3) Qa-1 限制性 CD8 Treg:其 TCR 识别非经典Ⅰ类分子(小鼠为 Qa-1,人体为 HLA-G)提呈的自身抗原肽,参与自身免疫病的发生,并在外周免疫调节中发挥作用。

4) 双阴性(CD4−CD8−)Treg:表达 TCR αβ 受体,主要作用于效应性 CD8 T 细胞,可诱导移植耐受和缓解自身免疫病。

(三) 调节性 T 细胞介导免疫抑制的机制

1. 对效应性 T 细胞活性的阻抑 Treg 实施免疫抑制的主要对象是效应 T 细胞,也包括与之相互作用的 APC。对效应 T 细胞的抑制主要表现在阻遏其活化和行使功能两个方面。图 14-12 展示了相关机制。

(1) CTLA-4 与 B7 的竞争性结合 图 14-4A 提到,CD28 及其同源分子 CTLA-4 的配体皆为 B7(B7-1 和 B7-2)但亲和力差别很大,CTLA-4 与 B7 结合的高亲和力使得该受体分子在 T 细胞表面大量表达后即无配体分子与 CD28 结合。与常规 T 细胞不同,在 Treg 中 CTLA-4 属组成性高表达,其与 CD28 的竞争能力使得效应性 T 细胞 CD28 介导的活化信号难以启动。只有第一信号而没有第二信号的 T 细胞会立即进入失能状态。

(2) 诱导效应 T 细胞凋亡和干扰其代谢 类似 CTL 杀伤细胞,Treg 在与效应 T 细胞相互接触的胞间间隙中可分泌颗粒酶 A、颗粒酶 B 和穿孔素,诱致后者裂解和发生凋亡。另外,nTreg 表达高水平 CD25,此为 IL-2R 的 α 链,与 β 及 γ 链结合后形成高亲和力 IL-2 受体。微环境中 IL-2 分子一旦与此受体大量结合,效应 T 细胞表达的 IL-2 受体即缺少配体,时间一长,会出现经由线粒体和胱天蛋白酶 9 参与的死亡信号转导,引发细胞凋亡。在另一方面,Treg 产生

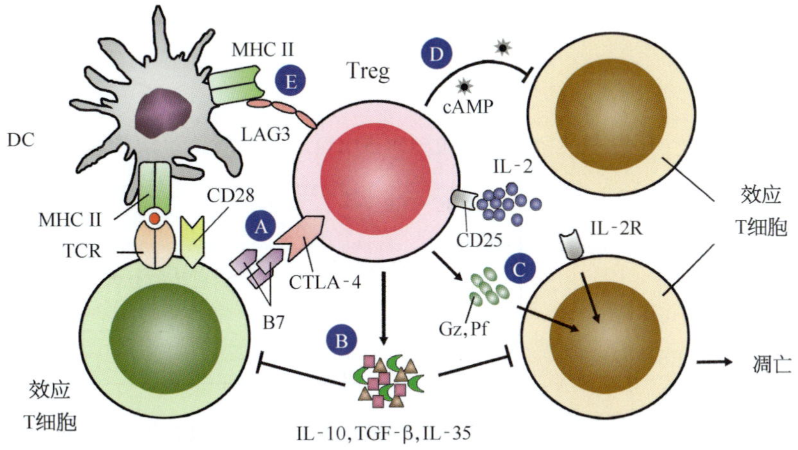

图 14-12　调节性 T 细胞发挥抑制作用的机制

A. Treg 借助高表达 CTLA-4，以及 CTLA-4 与 B7 间结合亲和力高于 CD28 与 B7 间结合亲和力的特点，竞争性结合 B7 分子，使 T 细胞得不到协同刺激信号而不能激活；B. 分泌抑制性细胞因子阻抑 T 细胞增殖；C. 分泌颗粒酶(Gz)和穿孔素(Pf)诱导 T 细胞凋亡；并借助 CD25(IL-2Rα) 大量结合 IL-2，使效应 T 细胞 IL-2R 缺少配体而发生细胞因子受体饥饿，引发其凋亡；D. 通过分泌环腺苷酸(cAMP)等干扰 T 细胞代谢；E. Treg 表达淋巴细胞激活基因，其产物 LAG3 与 MHC Ⅱ类分子高亲和力结合，抑制 DC 活性

的环腺苷酸(cAMP)等成分，也可进一步干扰效应 T 细胞的代谢，降低其活性。

2. *产生抑制性细胞因子*　主要者为 IL-10、TGF-β 和 IL-35。IL-10 是一类强有力的抑制性细胞因子，在对抗炎症反应和 Th1/Th17 介导的免疫应答中作用十分突出。近来发现，IL-10 对 Th2 介导的超敏反应同样有良好的下调作用。

变态反应性疾病的发生涉及 Th2、IL-4 和 IgE 产生以及肥大细胞的激活等。基于 Th1 和 Th2 分泌的细胞因子可相互拮抗(详下)，早期曾尝试以 Th1 阻抑 Th2 亚群主导的变态反应，但效果不佳，因为 Th1 分泌的 IFN-γ 加剧气道炎症。现已提出，可以采用 iTreg、Tr1，特别是其分泌的 IL-10 防治变态反应性疾病和哮喘，因为 IL-10 几乎能下调引发该类疾病的各个环节。

3. *抑制 APC 活性*　Treg 可诱导淋巴细胞激活基因(LAG)的表达，其产物 LAG3(CD223)与 CD4 分子同源，可与未成熟 DC(imDC)表达的 MHC Ⅱ类分子高亲和力结合，诱导 ITIM 及蛋白磷酸酶 SHP1 参与的抑制信号，阻抑 DC 成熟，使其不能发挥抗原提呈作用。

上述有关 Treg 发挥作用的诸多机制中，现时普遍认可的是 Treg 高表达 CTLA-4 及其与 B7 分子的竞争性结合，以及大量分泌抑制性细胞因子。这恰恰涉及调节细胞通过细胞接触和借助可溶性因子发挥作用的两个方面，正是 nTreg 和 iTreg(以及 Tr1 和 Th3)实施免疫调节的主要机制和作用渠道。

(四) 亚群专一性转录因子的区分性激活与 Th1/Th2 在功能上的拮抗

Th1 和 Th2 是与临床疾病关系密切的两个效应性 CD4 T 细胞亚群，这一点，在十一章中已有明确的表述。Th1 主要介导细胞免疫和炎症反应、抗病毒和抗胞内寄生菌感染，参与移植物排斥；Th2 主要涉及 B 细胞增殖、抗体产生、超敏反应和抗寄生虫免疫。两群细胞分泌的细胞因子不同，其中关键性细胞因子，Th1 是 IFN-γ，Th2 是 IL-4。因而 Th1 和 Th2 实际上是诱导 1 型和 2 型免疫应答的淋巴细胞原型(参见第一章图 1-17)。

表 14-2　IL-4 和 IFN-γ 在抗体类别转换中的拮抗作用

加入培养液中的细胞因子	培养液中免疫球蛋白含量	
	IgE	IgG2a
/	−	±
IL-4	+++	±
IFN-γ	±	+++
IL-4+IFN-γ	+	+

IFN-γ 和 IL-4 皆参与免疫球蛋白的类别转换，各自诱导 IgG2a 和 IgE 的产生。从表 14-2 可以看出，如果用 LPS 激发 B 细胞进行实验，单独引入 IFN-γ 或是 IL-4，分别产生大量的 IgG2a 或 IgE。两者同时加入，IgG2a 和 IgE 的生成皆明显下降(从+++→+)，表明两种细胞因子在一起时，类别转换功能不仅没有协同性增强，反而“两败俱伤”，相互抑制。

图 14-13 进一步指明了两点。一是 IFN-γ 与 IL-4 的拮抗缘于两种亚群专一性转录因子 T-bet 和 Gata3 的选择性激活和对细胞因子基因转录的差异性调控；二是展示了 Th1/Th2 在功能上对抗的表观遗传学基础。因为调控点在两个亚群前体细胞的基因转录。

IL-12R/IFNγR→STAT4/STAT1→T-bet→*IFNG*↑→*IL4*↓→Th1

IL-4R→STST6→Gata3→*IL4*↑→*IFNG*↓→Th2

换言之，表 14-2 的结果实际上表明两个效应性 T 亚群在功能上是相互制约的，并提示，Th1 和 Th2 所代表和介导的相关临床疾病，有可能用相互拮抗的细胞因子实施免疫干预。

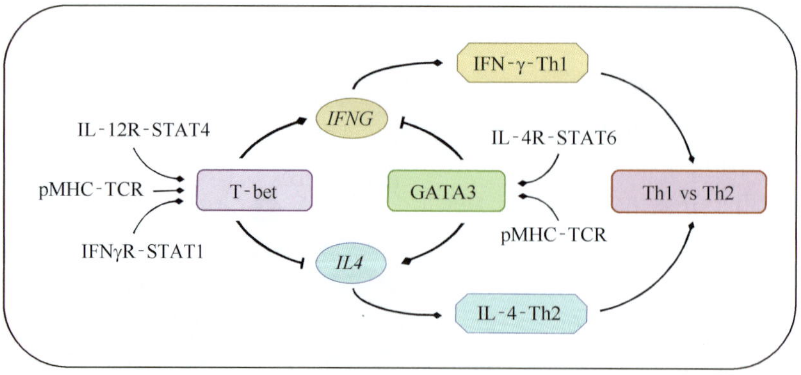

图 14-13　亚群专一性转录因子的激活引起 Th1 和 Th2 的分化并促使活性间相互拮抗

在 pMHC-TCR 信号和不同细胞因子受体及相应转录因子 STAT 的信号作用下(图左侧及右侧偏中部位)，T 细胞胞内 T-bet 和 GATA3 激活，分别诱导细胞因子基因 *IFNG* 和 *IL4* 实施转录或对其实施抑制，引起效应性 T 亚群 Th1 和 Th2 的分化，各自产生功能相拮抗的 IFN-γ 和 IL-4，介导不同类型的免疫应答

（五）其他调节性免疫细胞

1. 调节性 B 细胞(Breg)　　最早在小鼠脾脏中发现一群称为 T2 边缘区前体(T2-marginal zone precursor，T2-MZP)B 细胞，该细胞借助表达的 TLR2、TLR4 和 TLR9 受体接受 PAMP 刺激后分泌 IL-10，并在 $CD4^+CD154^+$ T 细胞的共同激发下，从前体分化为 Breg 亚群。在小鼠和人体中已相继发现多种有调节活性的 Breg 细胞。表 14-3 各列举了小鼠和人体三个 Breg 亚群的表型和细胞因子分泌格局。借助大量产生 IL-10，Breg 可抑制 Th1、Th17 和巨噬细胞的激活，并具有诱导 $CD4^+CD25^-$ T 细胞向 $Foxp3^+$ Treg 和 Tr1 调节细胞分化的能力，而且能对多种病理性免疫应答，包括感染、自身免疫性等疾病(SLE、EAE)和慢性移植物排斥发挥作用。

表 14-3　调节性 B 细胞亚群

	亚　群	表　型	抑　制　机　制
小　鼠	T2-MZP/MZ B	$CD19^+ CD21^{hi} CD23^{hi} CD24^{hi} IgM^{hi} CD1d^{hi}$	IL-10
	B10	$CD19^{hi} CD1d^{hi} CD5^+$	IL-10
	B-1a	$CD5^+$	IL-10
人　类	im B	$D19^+ CD24^{hi} CD38^{hi}$	IL-10，PDL-1
	B10	$CD19^+ CD24^{hi} CD27^+$	IL-10
	GrB^+ B	$CD19^+ CD38^+ CD1d^+ IgM^+ CD147^+$	GrB，IL-10，IDO

imB：未成熟 B 细胞；GrB：颗粒酶 B；PDL-1：Ig 超家族共刺激分子配体 1；IDO：吲哚氨 2,3-双加氧酶。

2. 其他显示抑制活性的免疫细胞

(1) 调节性 DC(DCreg)　　DC 除了提呈抗原还能够诱导免疫耐受。一般说，耐受通常由未成熟 DC(imDC)诱导，因其表达 MHC Ⅱ类分子但不表达或弱表达共刺激分子，使得接受抗原提呈的 T 细胞得不到第二信号而进入无能或耐受状态。然而参与诱导免疫耐受的调节性 DC(又称耐受性 DC)为另一亚群，可分泌细胞因子 IL-10、IL-13 和 TGF-β，表达 PD-L1、PDL-2 和 CD103 等膜分子和精氨酸酶、IDO 等抑制性酶类。DCreg 促进效应性 T 细胞如 Th1 和 Th17 的分化，但抑制 Treg 的激活，并参与自身免疫性疾病的发生和发展。

(2) 恒定链 NKT 细胞(iNKT)和髓样抑制细胞(MDSC)　　两类细胞的表型和功能特点分别在第三章 NKT 部分和第十八章肿瘤逃逸部分介绍。其调节功能的发挥各自依赖于分泌细胞因子(如 IFN-γ)、产生精氨酸酶(ARG)和活性氧中间物(如一氧化氮合酶 NOS)。肿瘤微环境中的 MDSC 可抑制 T 细胞的激活和增殖，有促进肿瘤生长和转移的作用，已成为肿瘤免疫干预的靶标之一。

二、淋巴细胞克隆间的免疫调节

（一）淋巴细胞克隆型与独特型网络

1. 抗体分子的抗原表位和抗独特型抗体　　抗原进入体内，选择出带有特定 BCR 的 B 细胞发生克隆扩增，分化成浆细胞后分泌特异性抗体 (称为 Ab1)，当 Ab1 数量足够多时，又可以作为抗原分子诱发抗抗体(Ab2)的形成。这一点已在前面抗 BCR 抗抗体部分提到。在诱导抗抗体过程中，抗体分子和经典的抗原分子一样，有三种结构可以作为抗原表位：同种型(isotype)、同种异型(allotype)和独特型(idiotype)。前两者分布在重链的恒定区，分别通过种间和种内个体间免疫而得，后者由轻重链的高变区组成，可在个体内部诱导并参与免疫调节。

如果从一个个体血清中分离出一群免疫球蛋白（抗体），应该如何以此为抗原得到抗独特型抗体？

第一章和第三章提到，抗体分子的独特型结构极端多样，因而分离到的一群抗体分子实际上是该个体抗体库（Ab repertoire）或 BCR 库的一个随机样本，是独特型种类多至 1×10^{15} 的各种抗体分子的混合体。对其中每个单一的独特型是不可能产生抗体的。这就是第一章图 1-22 所展示的格局，即带有特定独特型的 B 细胞克隆，其数量往往达不到免疫系统能够感知的阈值。这意味着，无法对整个抗体库即全部独特型产生抗抗体。只有一种情况可以改变这一局面，即由抗原（及其表位）对其中某一独特型进行选择，使携有该独特型 BCR 的 B 细胞持续发生克隆扩增，造成该克隆（因而也就是一群结构均一的 BCR 或抗体分子）在整个 BCR 库中体积和比例明显增大，其数量一旦超越阈值，如该图所示，将被免疫系统所感知，引发抗体的产生。此时，该抗抗体针对的只能是抗体分子上或 BCR 分子上的独特型，而非同种型或同种异型。相应的抗独特型抗体（anti-idiotypic antibody，AId），可显示一般意义上的抗原特异性。

2．独特型网络与抗原内影像　结构上，独特型主要覆盖抗体分子或 BCR 分子的抗原结合部位即互补决定区（CDR），另一些则分布在接近 CDR 的非抗原结合部分。这样，如图 14-14 所示，抗独特型抗体可以有两种，分别针对抗体分子可变区的支架部分（α 型，称 Ab2α）和抗原结合部位（β 型，称 Ab2β）。值得注意的是抗独特型抗体中的 Ab2β，因其结构和抗原表位相似，并能与抗原竞争性地和 Ab1 结合，因而 β 型的抗独特型抗体被称为体内的抗原内影像（internal image）。

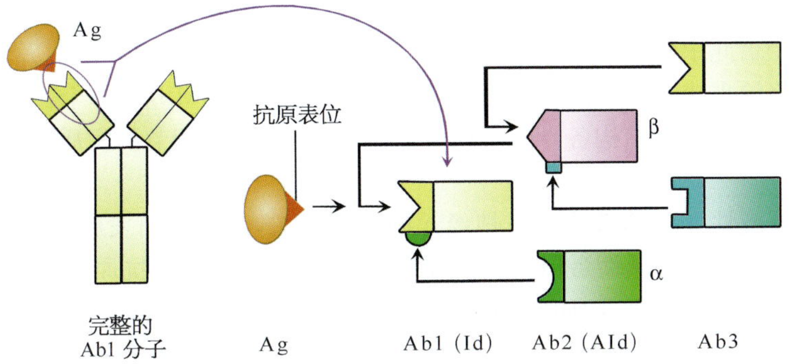

图 14-14　独特型网络及抗原内影像示意图

左侧为完整抗体（Ab1）分子。紫色圈示抗原结合部位放大图。针对抗原表位的抗体为第一抗体（Ab1），其黄色区域为独特型（Id）。针对 Id 可产生两种抗抗体即 Ab2，又称抗独特型抗体（AId）。其中 Ab2α（绿色）针对 Id 的支架部分；Ab2β（粉红色）针对 Id 中的抗原结合部位。因而 Ab2β 和抗原表位的结构相似，称为抗原内影像。针对 Ab2 还可以产生 Ab3。图中只给出识别 Ab2β 的两种 Ab3。此外，还可以有 Ab4 等。由此形成网络

该图表明，抗抗体中的 Ab2α 和 Ab2β 都可作为一种负反馈因素对 Ab1 的分泌起抑制作用。然而，大量抗抗体（Ab2）的产生，又可以诱发出抗抗抗体（Ab3）。显然，部分 Ab3 与 Ab1 结构的相似性又使得 Ab1 和 Ab3 可以携手共同对付 Ab2。如此反复和交错，构成独特型网络。前面提到，这一网络在抗原进入前已经存在，只是针对某一特定抗原的 Ab1 以及随之而产生的 Ab2、Ab3 等，在数量上并未达到能引起应答性连锁反应的阈值。抗原一旦出现，Ab1 的数量上升，突破原有的阈值和平衡，造就了基于独特型网络（idiotypic network）的特异性抗体应答。如果抗原持续存在，网络将维持在一个新的水平和平衡点。

3．独特型网络调控淋巴细胞克隆：BCR 或 TCR 间的相互作用　图 14-14 所展示的独特型网络，是以各种抗体分子间的相互作用进行表述。但该网络真正涉及的，并不是处于游离状态的短寿抗体分子，而是 B 细胞表面 BCR 间的相互作用。其中的关键成分是 B 细胞克隆及其表达的一群结构均一的 BCR 即克隆型（clonotype），以及随后发生的克隆扩增。在这个意义上，独特型网络也适用于 TCR 及 T 细胞克隆间的相互作用。这一点已被实验所证实。这表明，独特型网络实施的免疫调节，事实上并非发生在抗体分子水平，而是出现在带有特定 BCR 或 TCR 的淋巴细胞克隆水平。

（二）以独特型为核心的两种调控格局

1．通过第二抗体增强机体对抗原的特异性应答　图 14-15 表明独特型网络的应用主要包括两方面。A 部分是通过分取抗原内影像（Ab2β）大量诱导 Ab1（或 Ab3），一方面可特异性作用于抗原；另一方面封闭 Ab2，解除其对 Ab1 的阻抑作用。这样，大剂量 Ab2β 引入机体后，有望整体上增强对抗原的特异性应答。

为什么不用纯化的抗原直接在体内大量诱导 Ab1？理论上可以，但有些抗原和病原体成分（如 AIDS 病毒及肿瘤抗原）不适于对健康人进行体内免疫。采用抗原内影像替代抗原，既无毒性，又具有相似的免疫原性，有利于发展高度特异的、安全的免疫干预手段。这也是独特型网络的妙处所在。

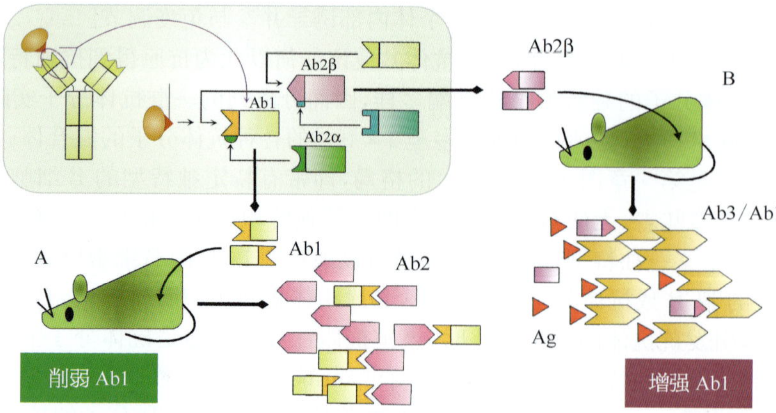

图 14-15 利用独特型网络进行免疫干预的两种主要途径

A. 引入一部分有待清除的 Ab1,在体内大量诱导 Ab2,由 Ab2 发挥负向调节作用,抑制体内原有的 Ab1,削弱机体对抗原的特异性应答;B. 借助抗原内影像 Ab2β 直接制备 Ab1/Ab3,增强机体对抗原的特异性应答

2. 通过第二抗体抑制机体对抗原的特异性应答　第二类调控方式是大量诱导 Ab2,以减弱或去除体内原有的 Ab1 及其介导的抗原特异性应答,主要用于防治自身免疫病。图 14-15B 显示,获取有待清除的 Ab1,体外扩增后大量体内回输,可诱导 Ab2,有望借此中和及消除致病性 Ab1。

下面是应用独特型网络原理成功治疗自身免疫性疾病多发性硬化症(MS)的一个实例。该处参与独特型网络的各个成员,并非抗体分子,而是 TCR 结构各异的不同淋巴细胞克隆,因而调节的实质是对淋巴细胞克隆间的相互作用实施干预。

多发性硬化症与自身反应性 T 细胞攻击包被神经元的髓鞘有关,严重者引发脱髓鞘(demyelization)和神经麻痹等一系列病理变化和临床症状。髓鞘碱性蛋白(MBP)是其中的一种主要自身抗原。如果独特型网络也适用于表达 TCR 的 T 克隆,则对于 MS,自身反应性 T 细胞就相当于 MBP 直接激发的 Ab1。因而按照独特型网络中阻抑 Ab1 的第二种干预策略,为缓解或治疗 MS,原理上可以用 Ab1 诱导 Ab2,亦即用自身反应性 T 细胞诱导针对该类细胞的调节性 T 细胞。

图 14-16 表明,可以采用自身抗原(如 MBP)体外大量扩增自身反应性 T 细胞克隆,经射线照射灭活后作为 T 细胞疫苗(相当于 Ab1)回输给 MS 患者,诱导调节性 T 细胞(相当于 Ab2)。后者的特点是,其 TCR 可特异性识别 T 细胞疫苗所表达的 TCR(图中画成两种 TCR 结构互补)。因而,该调节性 T 细胞一旦产生,首先会作用于引入的自身反应性 T 细胞。但这已无意义,因为作为疫苗的 T 细胞经灭活后并无致病能力,而且短寿。重要的是充满活力的调节性 T 细胞还会借助全身循环,找到体内正在发挥致病作用的效应细胞,即"现行的"自身反应 T 细胞克隆,予以抑制或清除。据称临床采用 T 细胞疫苗输注已取得疗效,自身反应性 T 细胞数量明显下降,临床症状改善。

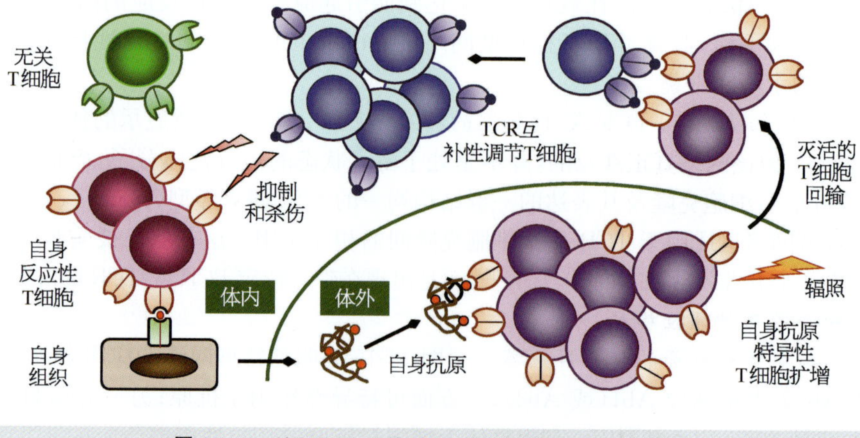

图 14-16 利用 TCR 独特型网络抑制自身反应性 T 细胞

为了体内清除病理性自身反应性 T 细胞(左下紫红色),须分离或人工合成相应自身抗原,在体外诱导和扩增一群表型与自身反应性 T 细胞相同的 T 细胞群,辐照灭活后作为 T 细胞疫苗输入体内,以独特型网络原理,激发一群具 TCR 结构与输入细胞 TCR 互补的调节性 T 细胞(蓝色)。后者可在体内通过循环和游走,主动寻找和清除(灭活和抑制)自身反应性 T 细胞,而不伤及无关 T 细胞(左上)。表明 T 细胞疫苗对靶细胞的清除显示抗原特异性

值得注意的是，这是一个基于独特型网络的高度特异性的免疫干预策略，因为调节性T细胞的克隆特异性，决定了此类细胞只针对能够与特定自身抗原（此例中为MBP）起反应的效应性T细胞而不会伤及“无辜”。与上面提到的自然调节T细胞和适应性调节T细胞都不同，这属于一类抗原特异性调节T细胞。

三、淋巴细胞克隆容积消长的自我调节

（一）激活诱导的细胞死亡对特异性抗原应答的反馈调节

1. Fas与激活诱导的细胞死亡　Fas又称CD95，是由325个氨基酸残基组成的受体分子。三聚体Fas分子与配体FasL结合，可启动死亡信号转导，引起细胞一系列特征性变化，包括DNA片段化、染色质浓缩、胞膜泡化（blebbing）、细胞皱缩和细胞凋亡（见第十三章）。Fas作为一种普遍表达的受体分子，可以出现在包括淋巴细胞在内的多种细胞表面，但FasL的大量表达通常只见于活化的T细胞（特别是活化的CTL）和NK细胞。因而已被激活的CTL，往往能够最有效地以凋亡途径杀伤表达Fas分子的靶细胞。

相伴的问题是，因抗原激活而大量表达FasL的效应性CTL，在分泌FasL杀伤Fas阳性的靶目标之后，对于因抗原激发而同样表达Fas分子的T、B细胞，必然存在自我杀伤的可能性。这一点，图14-17显示得十分清楚。这构成了活化的T、B细胞被清除的一种自杀性程序，称为激活诱导的细胞死亡（activation-induced cell death，AICD）。显然，做出牺牲的不是所有的淋巴细胞，仅仅是被抗原活化并发生克隆扩增的那一小部分。因而AICD属于一类高度特异性的生理性反馈调节，其目标是限制抗原特异淋巴细胞克隆的容量。在这个意义上，淋巴细胞一旦被激活，也就为自身的死亡创造了条件。

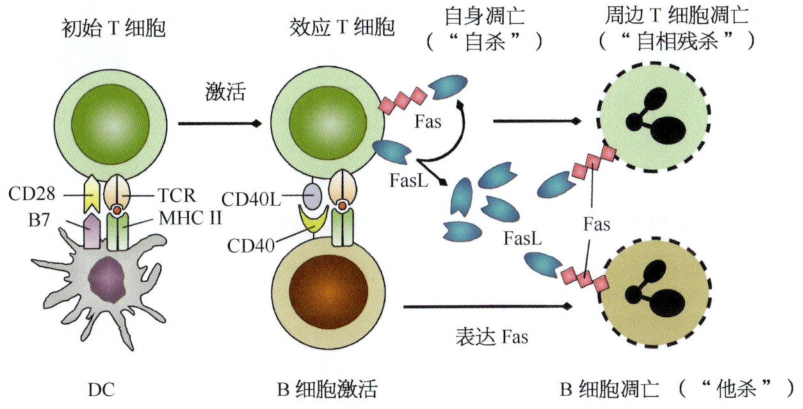

图14-17　AICD引起激活的淋巴细胞发生克隆凋亡

2. 对效应性淋巴细胞“他杀”和“自杀”的调控　这里还有许多问题。第一，AICD必须发生在CTL杀伤靶细胞之后，如果他杀（行使对靶细胞的效应功能）和自杀（通过AICD发生淋巴细胞自身凋亡）的机制相同，什么因素保证了两者的有序进行？第二，抗原特异性记忆细胞通常以一定比例从效应细胞分化而来的，效应细胞全数自杀身亡，记忆细胞那里来？或者说，采用AICD对克隆容量实施反馈调节时，免疫系统如何从时空上掌握其与免疫记忆产生的关系？

两方面的研究为此提供了线索。一是免疫系统对淋巴细胞克隆扩增的整体格局具有程序化调控的特点。前面有关记忆细胞分化的章节曾指出，抗原选择下的淋巴细胞克隆应答，包括了“扩增-收缩-记忆”三个时相，期间出现的激活性细胞、效应性细胞和记忆性细胞的数量、分化程度和相互交替受程序化调控，并由抗原的类型、剂量和持续时间所决定（参见第十一章图11-17）。因而，适当强度抗原刺激下，效应细胞不会遭遇“灭顶之灾”，并有机会分化成记忆细胞。

再者，Fas-FasL介导的死亡信号转导本身，也受到严密调控。由于衔接蛋白FADD和胱天蛋白酶caspase-8参与的死亡信号转导，不仅由Fas-FasL启动，也由TNF-α-TNFR1的配接所引起。相关的信号转导，可以得到三种结果。除了和FasL一样诱导caspase-8依赖的细胞凋亡，尚可以通过NF-κB诱导细胞活化，或者通过抗凋亡蛋白cFLIP形成由受体相互作用蛋白激酶RIPK组成的坏死性凋亡小体而造成细胞胞膜损伤，引起DAMP等炎症介质向胞外释放（见上一章图13-14）。这些看似效应相反的结果（细胞激活，caspase-8依赖性凋亡，坏死性凋亡）受到多种信号蛋白的泛素化和磷酸化的调节，甚至由此决定着细胞的生存（激活）和死亡（凋亡）。

3. AICD的失效引发临床疾病　Fas或FasL基因发生突变后，可因其产物无法相互配接而不能启动死亡信号

转导，AICD 参与的反馈调节即难以奏效。例如，对于不断受到自身抗原刺激的淋巴细胞克隆，反馈调节无效意味着细胞增殖失控，克隆容积难以压缩（图 14-18），会形成一大群病理性自身反应性淋巴细胞，引起淋巴结和脾脏肿大，产生大量自身抗体，呈现 SLE 样的全身性反应。Fas 和 FasL 的突变，分别见于 *lpr* 及 *gld* 突变型小鼠。人类中相应的疾病称自身免疫性淋巴增生综合征（ALPS）（见第二十章）。ALPS 患者也出现淋巴细胞大量扩增、淋巴结和脾脏肿大，并有溶血性贫血和中性粒细胞减少等症状，仔细检查患者的 *Fas* 和 *Fas*L 基因是否有突变，每每获阳性结果，说明抗原特异性淋巴细胞克隆容积调控的失效，同样可以引起疾病。

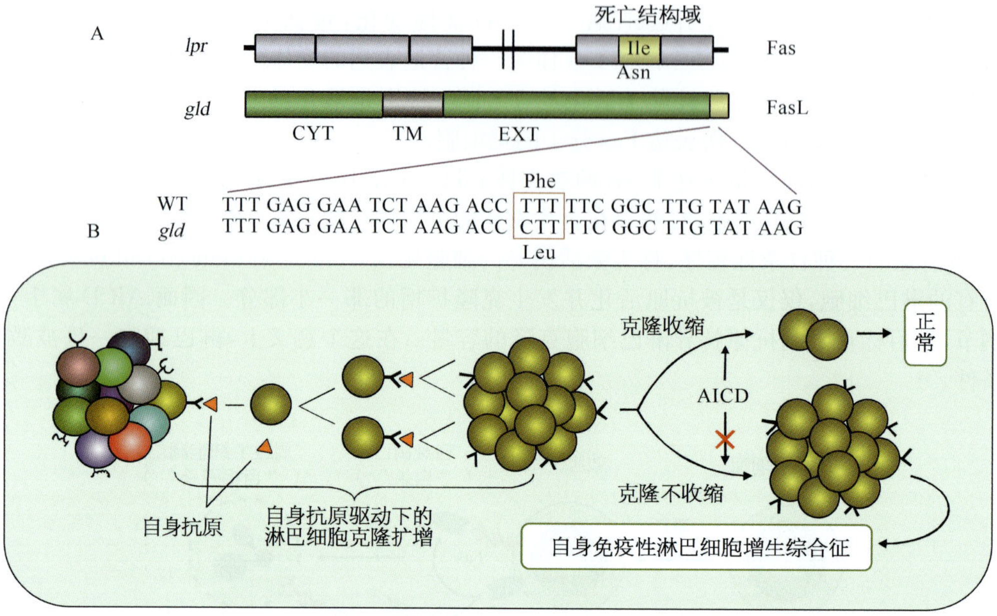

图 14-18　Fas 和 FasL 突变引起自身免疫性淋巴细胞增生综合征

A. 基因突变引起小鼠 Fas 分子死亡结构域的异亮氨酸和 FasL 分子 C 端的苯丙氨酸分别被天门冬氨酸和亮氨酸取代，lpr 和 gld 小鼠中不再出现 Fas 相关的凋亡信号转导，引起 SLE 样自身免疫病。B. 相似机制使识别自身抗原的人淋巴细胞仅发生增殖而不产生 AICD 及克隆收缩，引发自身免疫性淋巴细胞增生综合征。患者淋巴细胞大量扩增、淋巴结和脾脏肿大，并出现溶血性贫血和中性粒细胞减少。红色×符号代表 Fas/FasL 突变使激活诱导的细胞死亡（AICD）机制失效

第四节　整体和群体水平的调节

一、补体效应的调节

补体效应及其调节主要体现在整体水平。

1. 补体调节蛋白　　补体活化途径的有效调控，保证了补体在通过调理作用、炎症反应和启用补体介导的细胞毒性（CDC）清除病原体的同时，不致无节制地大量被消耗，特别是不会引起自身组织和细胞的损伤。表 14-4 列举了多种补体调节因子。综合起来，主要通过以下几种机制实施反馈调节。

表 14-4　一些主要的补体调节因子

调节因子	结构	分布	靶分子	作用机制
CI 抑制物（C1INH）	104 kDa	血浆蛋白，200 μg/mL	C1r，CIs	与靶目标结合使其与 C1q 解离
C4 结合蛋白（C4BP）	570 kDa，多个 CCPR	血浆蛋白，300 μg/mL	C4b	取代 C2b 与 C4b 结合，协助 I 因子裂解 C4b
I 因子	50/80 亚单位组成的二聚体	血浆蛋白，35 μg/mL	C4b，C3b	作为丝氨酸蛋白酶，裂解 C3b 和 C4b
H 因子	150 kDa 多个 CCPR	血浆蛋白，480 μg/mL	C3b	取代 Bb 与 C3b 结合 促进 I 因子对 C4b 的降解
1 型补体受体（CR1）	160～260 kDa 28～35 个 CCPR	血细胞，FDC	C4b，C3b	协助 I 因子，使靶分子降解

（续表）

调节因子	结构	分布	靶分子	作用机制
膜辅蛋白(MCP)	45～70 kDa 4 个 CCPR	白细胞，上皮细胞，内皮细胞	C3b，C4b	促进 I 因子对 C3b 和 C4b 的降解
衰变加速因子(DAF)	70 kDa，GPI 相连 4 个 CCPR	血细胞，上皮细胞，内皮细胞	C4b2b	取代 C2b 与 C4b 结合，取代 Bb 与 C3b 结合
膜裂解抑制物(MIRL)	18～20 kDa	广泛	攻膜复合物	与 C9 结合，干扰复合物形成

CCPR：补体调控蛋白重复序列。

（1）抑制经典途径中 C1 的形成　血清中存在丝氨酸蛋白酶抑制剂 serpin，又称 C1 抑制物（C1INH），其与 C1s 和 C1q 结合后，可使后者难以形成复合物而不能启动补体激活的经典途径。

（2）抑制补体转化酶的形成和促使其解离　DAF（CD55）、C4BP、CR1（CD35）等可竞争性结合 C4b，使 C4b 不能和 C2b 结合，C3 转化酶（C4b2b）形成受阻。而调节因子中的 I 因子，以及对其起促进作用的 H 因子及膜辅蛋白（MCP，CD46），则促使 C3 转化酶中的 C4b 分解为 C4c 和 C4d，或者使 C5 转化酶（C4b2b3b）中的 C3b 分解为 C3c 和 C3dg，其结果，补体级联反应难以持续。

（3）抑制攻膜复合物（MAC）的形成　主要的抑制分子是 HRF 和 MIRL（CD59），机制是阻抑 C5b678 与 C9 结合。

2. 补体调节蛋白作用的同源限制性　补体调节蛋白抑制功能的发挥往往具有同源限制性，即要求被调节的补体成分来自同一物种，否则补体将因得不到反馈调节而持续激活，损伤相应的靶细胞和组织。一个典型的例子见于异种器官移植。图 14-19 展示的是猪-人非协调性器官移植实验。如果将猪器官体外进行人血灌注，猪（受者）血管内流淌的是异种来源（人的）血液。人血中存在大量天然抗体（主要是 IgM），在识别猪血管内皮细胞表达的超急性排斥抗原（HRA）的 α 半乳糖基（αGal）后，迅速激活补体级联反应，产生攻膜复合物，损伤表达 αGal 的猪血管内皮细胞，再加上其他的机制（包括组织因子的激活等），引起血小板聚集和血栓形成，移植物坏死。其发生速度之快，一般在供血开始后 1 h 左右，称为超急性排斥。但这种情况在同种异体器官移植中不会发生，因为移植物血管内皮细胞表达的补体调节蛋白与供者来自同一物种，阻抑了补体的杀伤作用。然而，此处的异种移植表达于血管内皮细胞表面的补体调节蛋白如 DAF 却是猪源性的，无法对人源性补体分子行使抑制作用，即猪的 DAF 不能和人的 C2b 竞争性结合人的 C4b，因而对 C3 转化酶的形成没有阻抑作用。

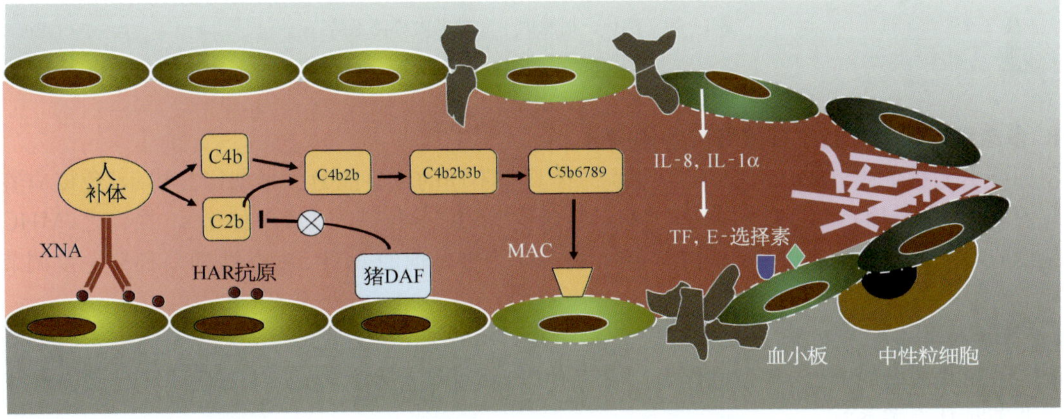

图 14-19　种间补体调节蛋白 DAF 失效引发移植物超急性排斥

人血流流经异种（猪）移植器官血管后，血流中预存的异种天然抗体（XNA）识别表达于猪血管内皮细胞表面超急排斥抗原（HAR），激发补体级联反应。在同种异体移植中，供者器官血管表面表达的是人补体调节蛋白 DAF，可以和 C2b 竞争，并与 C4b 结合，使 C3 转化酶（C4b2b）形成受阻，级联反应终止，补体不对血管内皮细胞造成损伤。而异种移植中，表达于猪器官血管内皮细胞表面的异种 DAF 分子不能与人的 C2b 分子竞争，使 DAF 作为补体调节蛋白的反馈作用无效，攻膜复合物（MAC）迅速形成，引起血管内皮细胞裂解。同时内皮细胞释放细胞因子，使组织因子（TF）和 E 选择素激活，造成血小板大量聚积和血栓形成，引起移植物超急性排斥

如果能在猪的血管内皮细胞表达人的补体调节蛋白如人衰变加速因子（hDAF），即可恢复对补体活性的反馈抑制，挽救这一异种移植器官。通过构建人 DAF 转基因猪，这一设想已获成功。

图 14-19 提供的例子突出地表明，一个补体调节蛋白的失功（此处是 DAF），可以毁掉整个异种器官移植的进程。非特异性免疫反馈性调节的意义和价值，由此可见。

二、免疫-内分泌-神经系统的相互作用和调节

免疫系统行使功能，与其他系统，特别是神经和内分泌系统的关系密切，并相互协调。例如，紧张和精神压力可加速免疫性疾病的进程，内分泌失调也制约着免疫性疾病的发生和发展。针对神经内分泌系统特定成分可产生抗体应答并实施相应的调节，除此而外，相互作用一般以固有免疫为主。

神经递质、内分泌激素、受体以及免疫细胞及免疫分子之间存在千丝万缕的联系，可以构成调节性网络的，主要包括以下方面。

1. *神经内分泌因子影响免疫应答* 免疫细胞带有能接受各种激素信号的受体，皮质类固醇和雄激素等内分泌因子可通过相应受体下调免疫反应；而雌激素、生长激素、甲状腺素、胰岛素等则增强免疫应答。类固醇皮质激素能作为强有力的免疫抑制剂发挥作用，即为一例。

2. *抗体和细胞因子作用于神经内分泌系统* 针对神经递质受体和激素受体的抗体，可以和相应受体的配体发生竞争，并可出现类似抗抗体的结构，以网络形式相互制约(图 14-20A)。

3. 细胞因子如 IL-1、IL-6 和 TNF-α 通过下丘脑-垂体-肾上腺轴线，刺激皮质激素的合成，后者下调 Th1 和巨噬细胞的活性，使细胞因子分泌量下降，反过来导致皮质激素合成减少，解除对免疫细胞的抑制。然后细胞因子分泌又会增加，再促进皮质激素的合成。如此循环，构成网络(图 14-20B)。

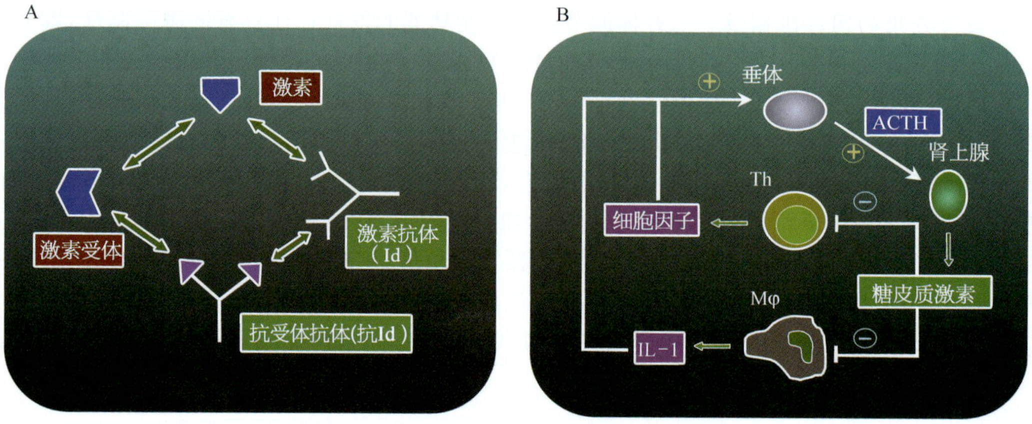

图 14-20 抗体、细胞因子和神经内分泌系统

三、MHC 多态性与最适免疫应答格局的群体调节

哺乳动物种群由大量个体组成，各自对抗原和病原体具有不同的应答能力。早期研究揭示，免疫应答能力的个体差异由免疫应答基因(*Ir* 基因)决定，现知 *Ir* 基因即是特定的 MHC 等位基因（或单体型）。换言之，MHC 等位基因的不同是个体免疫应答能力差异的主要决定因素。由此在群体水平呈现的 MHC 多态性则是种群免疫调节得以进行的条件。

(一) HLA 多态性与选择压力

时至 2016 年，正式命名的 HLA 等位基因数已在万种以上(见第五章)。如此丰富的 MHC 多态性意义何在？与群体水平免疫调节是什么关系？

下面以 HLA 在抗疟疾流行中的作用加以说明。等位基因 HLA-B53 及其产物 B53 抗原在白种人和黄种人中频率很低，不足 1%，但在中非洲高达 28%～40%。原来中非是疟疾持续流行地区，带有 B53 等位基因的黑种人比较不容易患疟疾，因而有更高的机会生存下来。一般说，在进化过程中，不同的人类种群都会有相似的机会因变异而出现新的 HLA 等位基因，如这里的 B53，但对于不是生活在非洲的黄种人群和白种人群，由于没有持续的疟疾流行，突变产生的 B53 基因不显示“优越性”，不会通过自然选择而被保留下来。但在中非的疟疾流行区，B53 的保护作用可引起阳性选择效应，构成选择压力，其结果，B53 的频率会从 1%逐渐上升，直到 28%（冈比亚）和 40%（尼日利亚）。也就是说，自然选择会让群体中有越来越多的人带有“抗疟”的 HLA 等位基因，条件是有疟疾流行。这也是一种调节，表现为通过选择出新的抗疟疾 HLA-B35 等位基因而上调整个种群的抗病(抗疟疾)免疫应答能力。疟疾流行选择出 B53，另一种病原体引发的疾病会选择出另外一个等位基因，这样，在长期的自然选择过程中，针对人类历经的各种各样的病原体攻击，会选择并积累下来越来越多的等位基因，造就了 HLA 的极端多态性。对种群，多态性是一个财富和储

备，就像数量庞大的淋巴细胞克隆，对个体是一个财富和储备一样。

（二）群体水平的免疫调节增强种群的应变能力

BCR/TCR受体库多样性所提供的调节，得益者是整个个体，而不是细胞克隆；相比之下，MHC多态性在群体水平提供的调节，得益者是整个物种，而不是个体。因为MHC多态性所造就的是免疫应答能力各不相同的个体。此一时，这一群个体生存力强；彼一时，那一部分个体适应性好，其总体效应，是赋予物种极大的应变能力，当各种各样病原体来袭时，一个物种不会“全军覆没”。这是自然界长期选择的结果。

自然选择在群体水平参与免疫调节的另一个例子，是人群抗寄生虫免疫能力的增强和特应性个体数量上升的关系。在人类经济和文明有待发展的早期，或是现时经济发展仍属滞后的国家和地区，寄生虫特别是蠕虫的持续感染是一个普遍存在的卫生问题和社会现象。对寄生虫感染，如果有些个体其Th2亚群易于激活，相关IL-4和IgE也易于大量产生，可在抗寄生虫感染上显示优势。自然选择在赋予这些个体抗寄生虫和更强生存力的同时，也选择出了IL-4和其他推动IgE类别转换的基因，以及促使肥大细胞和嗜酸粒细胞参与防止寄生虫感染的遗传因素，使它们的频率上升或更容易被激活，年复一年，造成人群抗寄生虫感染的能力因群体的免疫调节而逐步增强。

但是，随之而来的，是潜伏了另一个危险，即引发Th2和IgE相关的疾病。特别对于发达国家，随着卫生条件的改善，考虑的早已不是寄生虫感染，而是日益增多的哮喘和其他过敏性疾病。在这个层面上，由基因决定的过敏体质和特应性（atopic）儿童的大量涌现，体现了一种“双刃剑”效应（图14-21）。说明为了抗寄生虫感染，由自然选择实施的群体免疫调节，让人类一方面感受了“矫枉过正”式的好处（提高抗寄生虫感染能力），同时也开始为此付出代价（增加过敏性疾病易感性）。

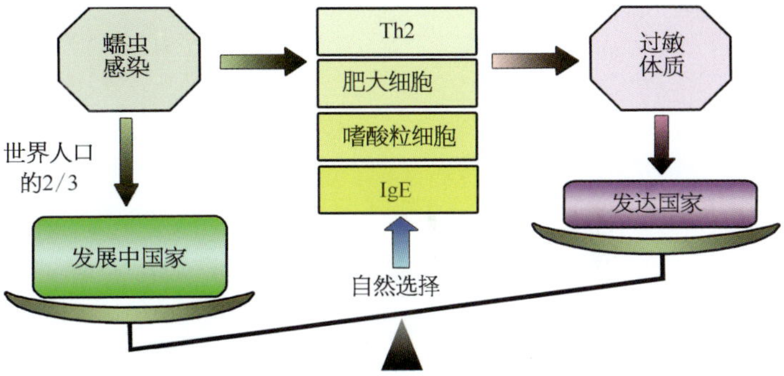

图14-21 Th2系统的双刃剑效应和自然选择

在个体水平，大量病原体入侵而引发的免疫应答，“反应过头”是常见的现象，正因为如此，需要实施反馈调节，以回复机体内环境的稳定。但在群体水平，对“过头”应答做出相应的反馈要困难得多。以Th2主宰的哮喘为例，首先，发展中国家的人口现时仍占全球三分之二以上，人类生存环境中寄生虫仍在猖獗，因而就整个人群而言，针对蠕虫感染需要的正选择压力仍远远超过针对过敏性疾病的负选择压力。换言之，人类面临Th2相关免疫基因频率上升的局面，并未出现根本性改观的条件。其次，即使控制哮喘的负选择作用开始发力，让哮喘易感基因在群体中的频率开始下降，即图14-21中左侧下沉的天平开始上移而趋于平衡，其速度估计会很慢。何时见效，更难预料。因而，如何兼顾由“Th2－IL-4－IgE”主宰的抗寄生虫和致敏这样两种不同的方向，加快群体水平免疫应答反馈调节的速度，或在不同地区采用不同的调节策略，会是一个非常重要然而难度很大的课题。

本章提要

感知免疫应答的强度并实施自我调节，是免疫系统的一个重要功能。

免疫应答一开始启动，就伴随着不同水平的正负反馈调节，从时空上同时保证抗病和维持内环境稳定的需求。这种调节，可以体现在免疫基因的激活和转录水平、免疫分子的表达和功能行使水平、免疫细胞的分化激活和职能履行水平、淋巴细胞克隆相互作用和有序运作水平、个体内不同系统相互协同水平，以及在种群借助自然选择增强应变能力的群体水平。对不同水平调节机制的了解已有长足进步，但还有待深入。

人为地改变或修正特定的免疫应答格局称为免疫干预，包括对正常免疫应答途径和对免疫调节进程实施干预两个方面。免疫干预对疾病防治和免疫学的实际应用具有重要意义。

（周光炎　路丽明）

参考文献

Abbas AK, Lichtman AH, Pillai S. 2015. Cellular and Molecular Immunology. 8th ed. Philadelphia: Elsevier.

Babon JJ. 2008. The SOCS box domain of SOCS3: structure and interaction with the ElonginBC-Cullin5 ubiquitin ligase. J Mol Biol, 381: 928-940.

Behn U. 2007. Idiotypic networks: towards a renaissance? Immunol Rev, 216: 142-152.

Kupka S, Reichert M, Draber P, et al. 2016. Formation and removal of poly-ubiquitin chains in the regulation of tumor necrosis factor-induced gene activation and cell death. FEBS J, 283: 2626-2639.

Leoni C, Vincenzetti L, Emming S, et al. 2015. Epigenetics of T lymphocytes in health and disease. Swiss Med Wkly, 145: w14191.

Mauri C, Menon M. 2015. The expanding family of regulatory B cells. Int Immunol, 27: 479-486.

O'Connell RM, Rao DS, Chaudhuri AA, et al. 2010. Physiological and pathological roles for microRNAs in the immune system. Nat Rev Immunol, 10: 111-122.

Park Y, Jin HS, Aki D, et al. 2014. The ubiquitin system in immune regulation. Adv Immunol, 124: 17-66.

Sakaguchi S, Miyara M, Costantino CM, et al. 2010. $FOXP3^+$ regulatory T cells in the human immune system. Nat Rev Immunol, 10: 490-500.

Zhang J. 2004. T cell vaccination as an immunotherapy for autoimmune diseases. Cell Mol Immunol, 1: 321-327.

第三部分

免疫病理

这一部分不是典型的病理学，而是换一个角度从疾病相关的方面阐述免疫学原理，以强化基本概念并与临床医学衔接，因而也不同于一般意义上的疾病免疫学。

超敏反应、自身免疫病、感染免疫、肿瘤免疫、移植免疫和免疫缺陷病所涉及的免疫细胞及免疫分子各有侧重，并启用各具特点的应答机制，而成为主要的免疫相关性疾病。对相应内容的了解，既有利于掌握这些疾病的发病机制，也有利于对生理和病理条件下免疫应答的特点进行比较，以更为感性地把握免疫学的精髓，并展示临床免疫学的特点。

从诺奖获得者设计的实验体验创新性思维

单抗制备和BCR库

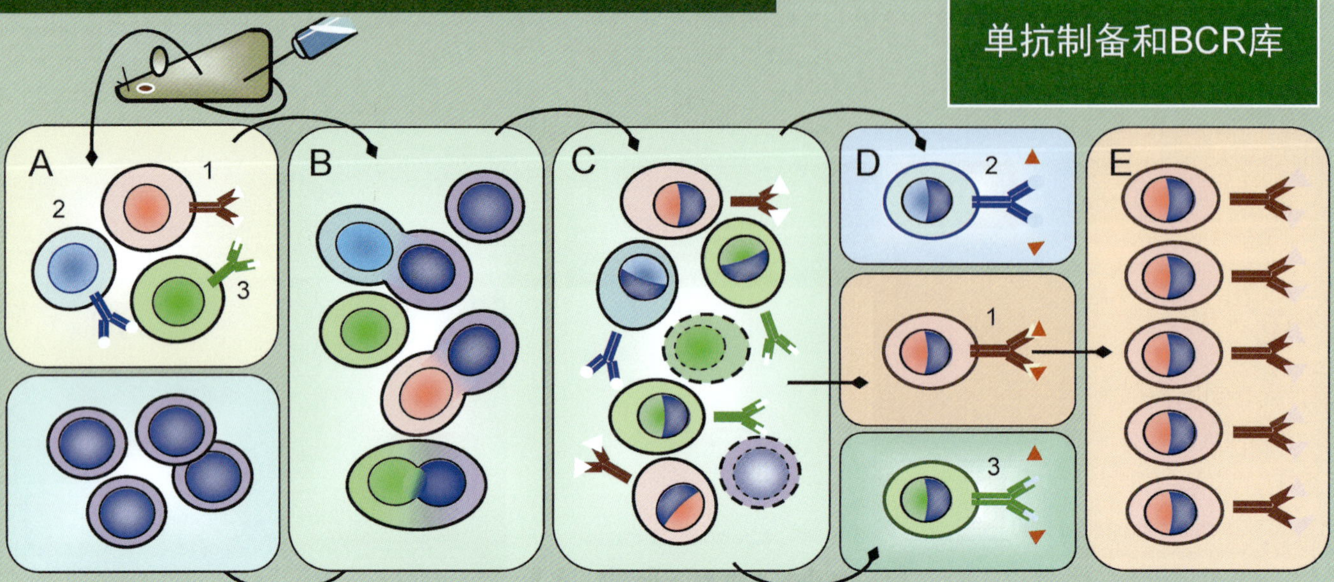

A. 用A 抗原免疫小鼠后分离可针对三个抗原表位产生抗体的脾细胞；下图为不产生抗体的骨髓瘤细胞。

B. 能产生抗体的脾细胞与骨髓瘤细胞混合后，以PEG进行融合，会有一部分细胞融合成功。

C. 在加有HAT的培养基中只有融合细胞生长，使抗体产生细胞获得增殖和生长能力。余未融合的细胞死亡。

D. 将成活细胞稀释至单细胞悬液测上清抗体特异性，选择抗表位1 抗体阳性者育为单一克隆。

E. 将选择出的单克隆细胞（杂交瘤）作克隆扩增，大量获取针对A 抗原表位1 的单克隆抗体。

20世纪70年代诺奖获得者Kohler G和Milstein C首创单克隆抗体 (mAb)的制备 (上图)。其亮点不仅在技术上设计和引入多种制剂赋予抗体形成细胞以无限的生长能力，并在于他们坚信体内存在一个无所不包的淋巴细胞受体库或抗体库 (下图), 可从中获取B细胞克隆，其受体能针对任何特定抗原产生特异性抗体。这个思路与当时免疫学界确认抗原可对淋巴细胞克隆进行选择的理论一脉相承。其意义不仅在于为基础研究提供了分析抗原及其结构的新手段，并开拓了研制各种抗原特异性免疫制剂用于临床诊断和治疗的新天地。

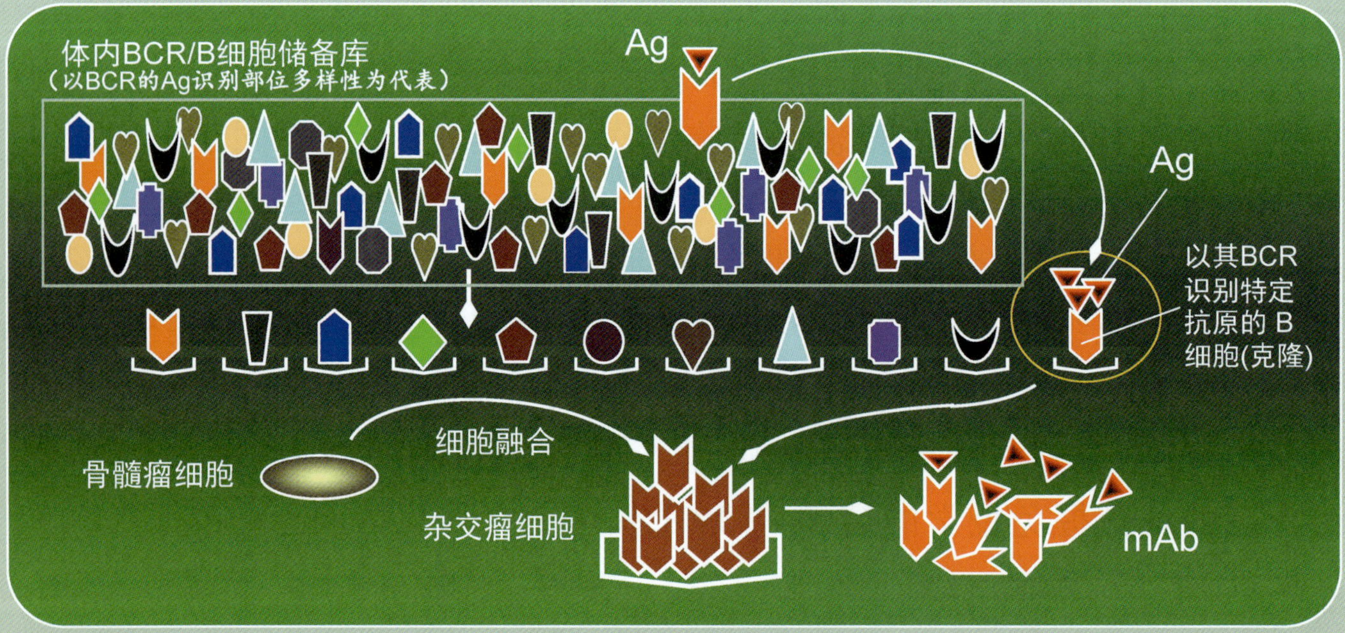

从BCR/B细胞库中获取抗原特异性单抗的原理

第十五章 超敏反应

超敏反应（hypersensitivity）指机体接触抗原并致敏后，再次受到相同抗原刺激时表现出增高的敏感性或增强的反应性，及由此导致的机体功能紊乱。超敏反应往往表现为一组临床表现各异的免疫学疾病。决定此类疾病的临床与病理表现的两个关键因素为：免疫应答类型和激发超敏反应抗原的性质及定位。目前普遍接受的超敏反应分类系统来自 Cooms 和 Gell，将免疫球蛋白介导的超敏反应称为Ⅰ、Ⅱ、Ⅲ型，而将淋巴细胞介导的超敏反应称为Ⅳ型。

在四类超敏反应中（表 15-1），Ⅰ、Ⅱ、Ⅲ型由抗体介导，因而可通过识别的抗原类型和参与的抗体类别加以区分。由 IgE 介导的Ⅰ型超敏反应使肥大细胞活化；而Ⅱ、Ⅲ型超敏反应由 IgG 介导，参与反应的 IgG 亚型及抗原的性质不同，引发的 Fc 受体及补体介导的效应程度也不一致。Ⅱ型超敏反应针对的是细胞表面或者与细胞膜密切结合的抗原成分，而Ⅲ型则是针对可溶性抗原，其组织损伤主要由免疫复合物所导致。Ⅳ型超敏反应由 T 细胞介导，可以分为三类：① 组织损伤由 Th1 细胞激活的 Mφ 炎症反应所引起。② 出现的损伤为 Th2 细胞激活引起嗜酸粒细胞为主的炎症反应。③ 直接由细胞毒性 T 细胞（CTL）造成损伤。

表 15-1　四种类型超敏反应发生机制的比较

超敏反应类型	参与成分	效应细胞和成分	初次介导组分	二次介导组分
Ⅰ型 （速发型）	IgE	肥大细胞 嗜碱粒细胞	血管活性胺	白三烯，PGD2，PAF，细胞因子
Ⅱ型 （抗体介导）	IgG，IgM	FcR^+ 细胞（吞噬细胞，NK 细胞）	补体，攻膜复合物	溶酶体酶，穿孔素
Ⅲ型 （免疫复合物介导）	IgG	FcR^+ 细胞，补体	抗原-抗体 补体复合物	溶酶体酶
Ⅳ型 （T 细胞介导）	Th1，Th2，CTL	Mφ，嗜酸粒细胞，细胞毒性	IFN-γ，IL-4，IL-5，IL-12，Eotaxin，细胞毒素	趋化因子，细胞因子，细胞毒素，炎症介质

CTL：细胞毒性 T 细胞；NK：自然杀伤细胞；PGD2：前列腺素 D2；Eotaxin：嗜酸粒细胞趋化蛋白。

第一节　Ⅰ型超敏反应

Ⅰ型速发型超敏反应（Type I immediate hypersensitivity reaction）又称过敏反应（anaphylaxis），是免疫系统中最为强烈的病理反应之一。其主要特征为机体针对外源性蛋白（抗原）产生 IgE 抗体。这些蛋白一般为普遍存在于周围环境中的成分，如花粉、动物皮屑和尘螨。产生的抗体可以专一性地与肥大细胞和嗜碱粒细胞表面的高亲和力受体结合，当再次接触到相同抗原时，这些细胞迅速活化并释放各种活性介质，从接触抗原到出现临床症状往往只需几秒至几分钟的时间。能够诱导产生特异性 IgE 的抗原，称为特应性抗原（atopic antigen）或变应原（allergen）。变应原通常分子质量较小且多为可溶性，多由呼吸道及消化道黏膜进入机体，其特点是诱发过敏性应答的剂量很小，主要激发 Th2 应答，化学性质比较稳定，因而可通过黏膜分泌的黏液扩散。敏感体质的人群可能具有特定的 MHC Ⅱ类等位基因，能够与变应原紧密结合并将其有效地提呈给辅助性 T 细胞。

引发速发型超敏反应的危险因素涉及遗传（家族史）及个体 IgE 水平。父母亲为特应性体质的儿童更容易发生过敏反应，机体产生的 IgE 水平越高则发生过敏反应的可能性也越大，当然这种相关性不是绝对的。

一、机制

速发型超敏反应的发生包括两个阶段：① 速发相反应：活性介质作用于血管、平滑肌；② 迟发相反应：白细胞的募集及发生炎症（图 15-1）。

1. 速发相反应（immediate reaction）　在速发相的致敏阶段，外源抗原包括变应原或病原体进入机体，被抗原提呈细胞（APC）摄取，在细胞内被降解成肽段，再与 MHCⅡ类分子结合，一起提呈到细胞表面供 T 细胞识别。CD4 T 辅助细胞（Th）可通过表面的抗原受体（TCR），识别与 MHC 分子结合并表达于细胞表面的抗原肽而活化，活化后的 Th

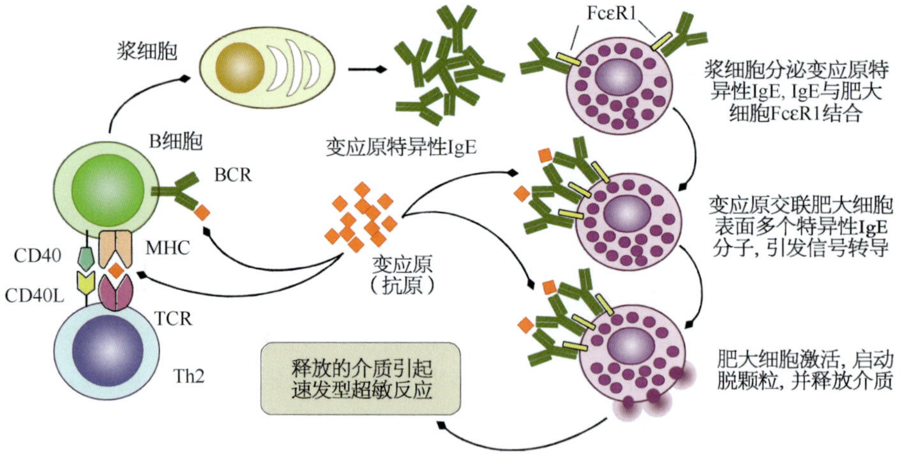

图 15-1 Ⅰ型超敏反应发生机制示意图

初次接触抗原(变应原)→抗原特异性 B 细胞在 Th2 协助下活化→浆细胞产生特异性 IgE 抗体→IgE 与肥大细胞表面 Fc 受体结合致敏肥大细胞→肥大细胞再次接触相同抗原后迅速释放多种介质。介质引发病理性反应，如血管通透性增加、血管扩张、支气管及内脏平滑肌收缩和局部炎症。此类反应可在再次接触相关抗原后数秒内迅速发生

细胞启动抗原特异性细胞和体液免疫应答，促进 B 细胞产生 IgE 类抗体。致敏个体产生的 IgE 分布于全身，在外周组织中通过高亲和力的 IgE 受体与肥大细胞和嗜碱粒细胞结合。

在激发相阶段，相同变应原再次进入机体后，与已经致敏的肥大细胞或嗜碱粒细胞表面 IgE 抗体特异性结合，使得 IgE 分子发生交联，通过 IgE 受体介导的信号转导(详下)，触发致敏靶细胞释放多种介质。这些介质的生物活性主要表现为：促进血管扩张、增加血管通透性、增进平滑肌收缩。由此引发“速发性反应”，使得局部毛细胞血管内血浆渗出并出现水肿，这种轻微的水肿称为荨麻疹，在皮肤上可形成直径为数厘米的区域。随后，疹块边缘的血管扩张、充血，形成特征性的红框，称为风团。20 min 内皮肤出现典型的风团或发生呼吸道支气管痉挛，是临床上Ⅰ型速发型超敏反应的典型表现。这种反应可被多种血液中的生物活性物质所扩大和增强。例如，血小板活化因子(PAF)可促使血小板聚集，从而释放组胺、肝素和血管活性胺等；嗜酸粒细胞趋化因子(ECF-A)和中性粒细胞趋化因子可分别使得嗜酸粒细胞和中性粒细胞向局部趋化，释放多种水解酶引起组织坏死。

2. *迟发相反应*(late phase reaction) 这是在速发型超敏反应后一个比较长的反应过程，在抗原刺激后 2～4 h 发生。其表现为炎性淋巴细胞聚积，如中性粒细胞、嗜酸粒细胞、嗜碱粒细胞和 Th2 细胞。活化的肥大细胞可释放大量组胺促进 Th2 淋巴细胞产生IL-5，分泌多种细胞因子，如 IL-6 和 TNF，其中 TNF 能上调白细胞黏附分子(VCAM-1)的表达，使得中性粒细胞和单核细胞进一步浸润。IgE 与肥大细胞表面的受体结合可以激活转录因子 STAT6，在细胞因子 IL-3、IL-4 及 IL-13 参与下诱导基因表达，其中 IL-4 参与诱导的 MHCⅡ类基因及免疫球蛋白受体基因等的表达在 Th2 的发育中发挥重要作用。Th2 细胞产生的 IL-4 和 IL-5 与迟发相反应关系密切。IL-4 可以促进肥大细胞分化和成熟；IL-4 和 IL-13 协同促使 B 细胞转为浆细胞合成 IgE，并建立免疫记忆；IL-5 在刺激嗜酸粒细胞活化和成熟、延长嗜酸粒细胞生存时间(抗凋亡)方面起着核心作用。嗜酸粒细胞和 Th2 细胞也可表达多种趋化因子受体如 Eotaxin 和 MCP-5，并促进二者向炎症局部募集。此处的迟发相反应不同于由巨噬细胞和 Th1 细胞主导的Ⅳ型迟发型超敏反应。

二、变应原

引发速发型超敏反应的抗原称为变应原，通常是环境中常见的蛋白质或化学物质。特应性体质的人可以长期对变应原呈现易感状态。这些药物或化学物质本身并没有免疫原性，不能激活免疫反应。但却可与组织蛋白结合而获得免疫原性，成为变应原。图 15-2 列出了几种常见的变应原。研究发现它们都具有两个重要的特征：① 皆被患者反复接触。② 不同于病原微生物，变应原通常不能单独刺激机体发生常规免疫应答，因而不能活化 Mφ，无法分泌与 Th1 相关的细胞因子，如 IL-12 和 IL-18。目前尚不清楚为什么有些抗原能够诱导极强的 Th2 型的过敏反应，而有的却不能。大多数变应原诱导超敏反应都需要 T 细胞参与，而且变应原长期或反复的刺激会使得 CD4 T 细胞主要向 Th2 细胞分化。

机体中特异性 IgE 的产生受到多种因素的影响，其中最主要的是与变应原有接触史，因为 IgE 类别转换的发生和肥大细胞的致敏均需要反复接触同一变应原。

变应原的致敏特性与其进入机体的途径也有着密切的关系，因而过敏性的产生，可由吸入变应原、注射某些药物、摄入某些食物、接触某些植物成分、体表真菌抗原及某些昆虫毒液所引起。

图 15-2　通过不同途径进入机体的常见变应原

三、Th2 细胞的活化

在Ⅰ型超敏反应中，CD4 辅助 T 细胞活化对于 IgE 的产生至关重要。首先，变应原通过上皮进入机体后，被抗原提呈细胞之一的 DC 所捕获，转运到引流淋巴结内进行加工，并将形成的肽段提呈到细胞表面供 CD4 T 细胞识别。然后 T 细胞识别抗原，活化并分化为 Th2 细胞。而 Th2 细胞可分泌多种细胞因子，其中 IL-4 能够促进 IgE 抗体的类别转换，IL-5 可以活化嗜酸粒细胞，IL-13 能刺激气道上皮细胞分泌更多的黏液，因此大量黏液的产生亦成为此类反应的特征之一。与正常人相比，特应性体质的人群往往在外周循环中含有更多的变应原特异的 Th2 细胞，并且这类 Th2 细胞产生 IL-4 的能力也要高于正常个体。

四、B 细胞活化及 IgE 转换

类似于其他 T 依赖性抗原，变应原特异的 B 细胞活化也需要 Th2 细胞辅助。在 Th2 细胞表面 CD40 配体及其产生的以 IL-4 为主的细胞因子作用下，B 细胞经历重链类别转换最终产生 IgE 分子。从类别转换到 IgE 的产生需要两个独立的信号，二者均来自 Th2 细胞。一个信号由细胞因子 IL-4 和 IL-13 与 B 细胞表面的相应受体结合后提供，信号经跨膜传递后活化 Janus 家族酪氨酸激酶 Jak1 和 Jak3，最终使得转录因子 STAT6 发生磷酸化。另一信号是共刺激信号，由 T 细胞表面的 CD40 配体与 B 细胞表面的 CD40 分子结合后提供，这种信号对所有抗体的类别转换都是必需的。X 性联高 IgM 综合征患者就是由于 CD40 配体缺失，类别转换受阻，从而不能够生成 IgG、IgA 和 IgE。

五、IgE 与高亲和力 IgE 受体

IgE 主要由鼻咽、扁桃体、支气管、胃肠等处黏膜固有层中的浆细胞产生，这是因为这些部位也是变应原侵入并引起过敏反应的好发部位。IgE 受体（FcεR）有两种类型：一类为高亲和力受体，即 FcεRⅠ（解离常数达 1×10^{-10} M），此类受体与 Fc 结合后的稳定性远高于其他 Fc 受体；另一类为低亲和力受体，称为 FcεRⅡ（也称 CD23），它和 IgE 结合的亲和力比 FcεRⅠ低 100～1 000 倍。研究发现 FcεRⅠ还有两个异构体，分别表达于 IL-4 刺激过的 B 细胞、单核细胞和嗜酸粒细胞表面。

IgE 与其他抗体类别的主要区别在于组织中的分布不同，它往往先通过其高亲和力受体 FcεRⅠ紧密结合到肥大细胞表面，然后可以再识别和结合抗原。当变应原与 IgE 结合后，细胞表面多个 FcεRⅠ受体分子发生交联，导致肥大细胞的活化和生物活性物质的释放，发生Ⅰ型超敏反应。嗜碱粒细胞和活化的嗜酸粒细胞也表达受体 FcεRⅠ，因而也能够结合 IgE 分子并参与引发Ⅰ型超敏反应。因而，免疫应答中有两个主要的因素参与决定 IgE 的产生，一是各种促使 Th0 细胞向 Th2 细胞分化的信号；二是 Th2 细胞产生的细胞因子和共刺激分子的作用，促进 B 细胞发生类别转

换，产生 IgE 分子。

IgE 抗体生物活性极高，与肥大细胞、嗜碱粒细胞等效应细胞表面的高亲和力受体结合后能引起一系列效应。

1. *引起速发相Ⅰ型超敏反应* 变应原通过 IgE 和 IgE 受体（FcεRⅠ）复合物作用于肥大细胞，通过信号转导，使肥大细胞活化，释放组胺、缓激肽等储备的血管活性介质，迅速引起支气管黏膜水肿、黏液分泌增加、平滑肌收缩、气道痉挛，导致哮喘急性发作。

2. *增强变应原摄取与提呈* IgE 还可与 B 细胞和单核细胞表达的低亲和力受体 CD23 即 FcεRⅡ结合。这样的结合有利于 B 细胞等 CD23 阳性细胞对变应原的摄入、处理并提呈给 T 细胞，从而增强机体对变应原的免疫应答。

3. *引起迟发相Ⅰ型超敏反应* IgE 还与气道炎症及气道高反应（AHR）形成有关。IgE 与肥大细胞表面 FcεRⅠ结合，使肥大细胞活化。活化后的肥大细胞通过环氧合酶、脂氧合酶途径合成并释放前列腺素、白三烯、血小板活化因子等炎性介质，诱导气道嗜酸粒细胞等炎性细胞浸润并引起 AHR。

4. *调控 FcεRⅠ与 FcεRⅡ的表达* IgE 是 IgE 受体 FcεRⅠ与 FcεRⅡ的正向调节剂，其机制可能与 IgE 与 FcεRⅡ结合能阻止 FcεRⅡ被金属蛋白酶水解有关。IgE 调控 FcεRⅡ表达，反过来 FcεRⅡ也调节 IgE 合成。B 细胞膜上 FcεRⅡ被 IgE/IgE 免疫复合物或FcεRⅡ抗体封闭后，B 细胞产生 IgE 能力受到抑制，而 FcεRⅡ的蛋白酶水解产物-可溶性 FcεRⅡ（sCD23）则可通过与 B 细胞 CD21 结合，促进 IgE 合成。

FcεRⅠ是一个四聚体分子，由一条 α 链、一条 β 链和两条由二硫键相连的 γ 链组成（图 15-3 左上方）。α 链的胞外区带有两个 Ig 样结构域，形成与 IgE 的结合部位。β 链为一个 4 次跨膜分子，胞内段带有免疫受体酪氨酸激活基序（ITAM）。两个相同的 γ 链之间由二硫键连接，该链与 T 细胞抗原受体复合物的 γ 链有同源性。γ 链的胞内段也含有一个 ITAM，β 链和 γ 链胞内段的 ITAM 发生酪氨酸磷酸化后，即开始参与跨膜受体的信号转导，使得肥大细胞活化。

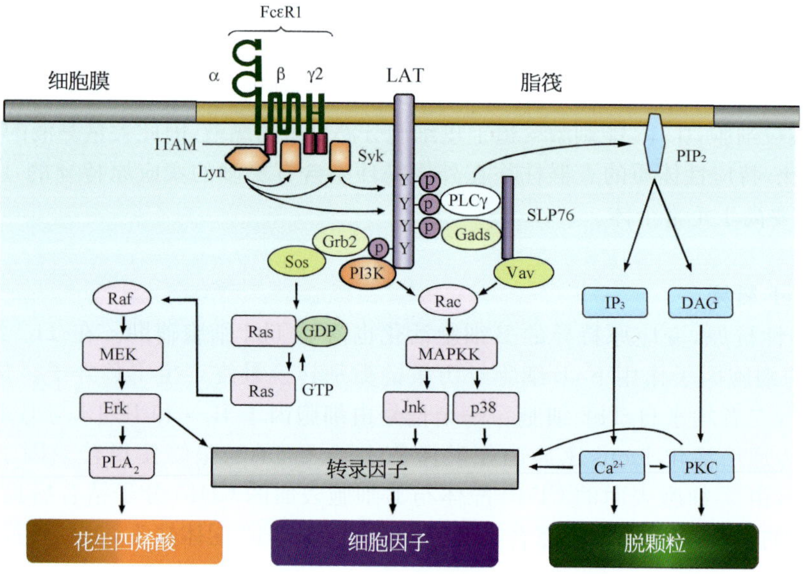

图 15-3 FcεRⅠ启动的信号转导途径及相关分子

IgE 分子结合多价抗原使得与之结合的 FcεRⅠ发生聚集，促使 Src-PTK（Lyn）激活并使受体分子 ITAM 及衔接蛋白 LAT 的酪氨酸（Y）磷酸化，一方面通过 PLCγ 及 PIP_2 启动信号转导的磷脂酰肌醇途径，同时通过衔接蛋白 Grb2、PI3K 激酶和鸟苷酸置换因子 Sos 及 Vav，启动由小 G 蛋白 Ras 及 Rac 开启的 MAPK 相关信号途径。最终多种转录因子和磷脂酶 A（PLA_2）的活化，以及钙离子浓度的升高，引起细胞因子基因的转录、花生四烯酸的合成和肥大细胞脱颗粒

第二节 超敏反应中肥大细胞的作用

一、肥大细胞发育

肥大细胞来源于造血干细胞。但实际上，由骨髓刚进入外周血液循环系统的肥大细胞仍处于未成熟状态，只有当

它们的前体细胞迁移到最终定居的地方，即血管组织或浆膜腔中才能完成分化和成熟。在哺乳类及其他脊椎动物中，肥大细胞广泛分布于整个血管组织，尤其是皮下或皮肤内，以及接近血管、神经、平滑肌、分泌黏液的腺体和发囊部位。肥大细胞主要分布于机体与外界环境相通的地方，如皮肤、气道和消化道，这些部位经常可以接触到病原体、变应原及其他环境中的物质。因此，肥大细胞在体内的分布特点，使得它与DC一起成为造血-免疫系统中首先与环境中变应原、其他抗原以及入侵病原体相互作用的细胞群。

肥大细胞具有较长的生存期，在适当的刺激条件下，可以再次进入细胞周期并增殖。肥大细胞前体也可被大量募集、停留，并在局部成熟，使得肥大细胞群得以扩大。在下列情况下，肥大细胞的数量、局部组织分布及表型特征可发生变化：对各种感染尤其是对寄生虫、蠕虫感染出现应答时；在多种适应性免疫应答特别是慢性应答的过程中；以及发生持续性炎症及组织重建的状态下。

全身或局部组织中的肥大细胞，不论就其生存、增殖，还是主要表型特征的表达，均受到了良好的调控。这些调控包括固有免疫与适应性免疫应答中对各种刺激是否易感、细胞储存和产生分泌性物质的能力以及对特异性刺激发生分泌性应答的力度。影响肥大细胞数量和表型的主要因素，包括c-Kit的配体即干细胞因子(SCF)、肥大细胞主要的生存和发育因子IL-13，以及Th2相关细胞因子IL-4与IL-9。其中还有其他细胞因子、生长因子及趋化因子的参与。

目前认为，肥大细胞驱动的过敏反应，主要是抗原诱导肥大细胞表面FcεRⅠ受体分子的聚集，引发肥大细胞释放炎性介质的结果。因为肥大细胞均含有特定的胞质颗粒，其中储存炎性介质。介质释放到胞外的过程称为脱颗粒(degranulation)。引起脱颗粒的因素有：① 高温、机械损伤、离子辐射造成的物理损伤。② 化学物质作用，如毒素、蛇毒、蛋白酶。③ 内源性介质，包括组织蛋白酶、嗜酸粒细胞和中性粒细胞产生的阳离子蛋白。④ IgE依赖或IgE非依赖的免疫学机制。

特定的变应原决定了IgE聚集过程。在生理状态下，IgE非依赖性途径中也可对肥大细胞活化产生重要影响。其参与成分有：腺苷、补体片段C3a、趋化因子、细胞因子、病原体相关分子模式(PAMP)、神经鞘氨醇1-磷酸(S1P)及干细胞因子。肥大细胞活化释放的炎性介质可参与信号转导级联反应。

二、肥大细胞活化的信号途径

与FcεRⅠ分子结合的IgE在抗原诱导下发生聚集后，首先使FcεRⅠ相关的Src PTK家族成员Lyn等因相互磷酸化而激活，继而通过FcεRⅠ分子β链和γ链上的ITAM的磷酸化，招募游离于胞质中的蛋白酪氨酸磷酸酶Syk使之发生磷酸化，并使得胞膜相关衔接蛋白LAT分子上的酪氨酸残基(Y)磷酸化，启动活化信号的转导。一方面通过LAT招募的磷脂酶C的γ链(PLCγ)及二磷酸磷脂酰肌醇(PIP2)，启动信号转导的磷脂酰肌醇途径；同时通过衔接蛋白Grb2、PI3K和鸟苷酸置换因子Sos及Vav，启动由小G蛋白Ras及Rac开启的MAPK相关信号途径。最终引起多种转录因子和磷脂酶A(PLA_2)的活化，以及钙离子浓度的升高，导致花生四烯酸的合成、细胞因子基因的转录和肥大细胞脱颗粒(图15-3)。

衔接蛋白LAT最早检出于淋巴细胞的信号转导，称T细胞活化连接蛋白(linker for activation of T cell, LAT)，是一个双重酰基化的膜结合分子，胞内段具有多个酪氨酸残基。当通过FcεRⅠ及Src-PTK诱导发生磷酸化修饰后，LAT形成一种分子复合物，该复合物需要具有活性的Syk激酶使得其中至少四个酪氨酸残基发生磷酸化，这对其结合PLCγ1/2、衔接蛋白Grb2或Gads(Grb2-like adapter downstream of Shc)是必不可少的。另外，SLP-76也是LAT所组建复合物的一种重要的衔接蛋白。

图15-3右下侧表明，促使肥大细胞脱颗粒有两个至关重要的事件：一是胞质内Ca^{2+}浓度的升高，另一是蛋白激酶C(PKC)的激活。在PLCγ和PKC激活且Ca^{2+}大量动员后，肥大细胞发生脱颗粒。而MAPK途径的激活，则产生花生四烯酸类，包括白三烯C4、前列腺素D2(PGD2)和各种细胞因子。

三、肥大细胞产生的两类炎性(过敏)介质

1. 预先合成的介质　它们通常储存在分泌性颗粒中，细胞活化后可随颗粒排至胞外。其包括生物活性胺(主要是组胺)、蛋白聚糖(肝素、硫酸软骨素)及一系列中性蛋白酶。释放的组胺通过组织细胞表面的H1、H2和H3受体发挥功能，维持时间不长，在胞外可被迅速降解。蛋白聚糖有两个功能：运送组胺及基本的蛋白组分到分泌性颗粒中；对人体肥大细胞而言，则可调节一种称为类胰蛋白酶的稳定性。

类胰蛋白酶(tryptase)是专一性存在于肥大细胞的中性蛋白酶，占肥大细胞中蛋白酶含量的25%，由4个非共价结合的亚单位组成四聚体。四个亚单位有共同的抗原性，各有一个活性中心，可与肝素及其他糖蛋白结合，故在生理

缓冲液或人类血浆中长时间保持活性。游离的类胰蛋白酶在生理条件下很不稳定，迅速转化为无活性物质。类胰蛋白酶与胰蛋白酶相似，属丝氨酸蛋白酶家族，其基因位于染色体16p13.3。类胰蛋白酶分为4类，即α(Ⅰ、Ⅱ)、β(Ⅰ、Ⅱ、Ⅲ)、γ(Ⅰ、Ⅱ)或称跨膜类胰蛋白酶(TMTσ)和δ(Ⅰ、Ⅱ)。健康人及系统性肥大细胞增多症患者血清中的类胰蛋白酶主要为αⅡ。αⅡ类胰蛋白酶以无活性的酶原形式存在于肥大细胞中，并由静止的肥大细胞自发分泌到胞外而流入外周血中。βⅡ类胰蛋白酶以活性状态储存于肥大细胞中，当系统性过敏反应发生时，随肥大细胞脱颗粒释放入血。

人类肥大细胞至少分为两种，T(类胰蛋白酶)肥大细胞和TC(类胰蛋白酶/类糜蛋白酶)肥大细胞。T肥大细胞多存在于肺(尤其是肺叶)及肠黏膜，每个T肥大细胞含类胰蛋白酶10 pg，TC肥大细胞多存在于皮肤及肠黏膜下层，每个TC肥大细胞含类胰蛋白酶35 pg，类糜蛋白酶4.5 pg。类胰蛋白酶的功能尚不十分明确，在过敏性反应或哮喘患者的肺泡液中可检测到类胰蛋白酶活性的再增高，这说明它与支气管哮喘的密切关系；类胰蛋白酶还可通过刺激上皮细胞释放IL-8，后者对中性炎性细胞向肥大细胞激活部位迁徙有重要意义。由被激活的肥大细胞释放的类胰蛋白酶还可以刺激邻近的肥大细胞释放介质，从而起到放大炎性效应的作用。

2. *新合成的介质* 是指静息期的肥大细胞中不存在的，只有在IgE介导的细胞活化后才开始合成的介质。其包括脂类的花生四烯酸代谢产物，主要是白三烯C4、白三烯B4(LTC4)、前列腺素D2和多种细胞因子。白三烯(leukotriene，LT)是花生四烯酸经5-脂加氧酶(5-lipoxygenase，5-LO)途径代谢的一系列产物，在支气管哮喘发病和气道重构过程中是重要炎症介质。LTC4引起支气管平滑肌收缩比组胺强约6 000倍，并且作用时间长，哮喘患者比健康志愿者吸入LT后的反应要强烈得多。LT能促进黏液分泌，增加白细胞向血管内皮细胞的黏附，刺激它们脱颗粒。此外LT还具有促进气管平滑肌增生。促进血管内皮细胞、成纤维细胞等增殖的作用。临床上，阻断LT的作用，可有效地控制呼吸道炎症及早期防止气道重构(airway remodeling)。在肥大细胞和巨噬细胞的胞质中有一类特定的细胞器称为脂质体，是花生四烯酸代谢并储存代谢产物的场所。在人类中，激活的肥大细胞可分泌细胞因子TNF-α、IL-4、IL-5、IL-6、IL-8和IL-13(图15-4)。

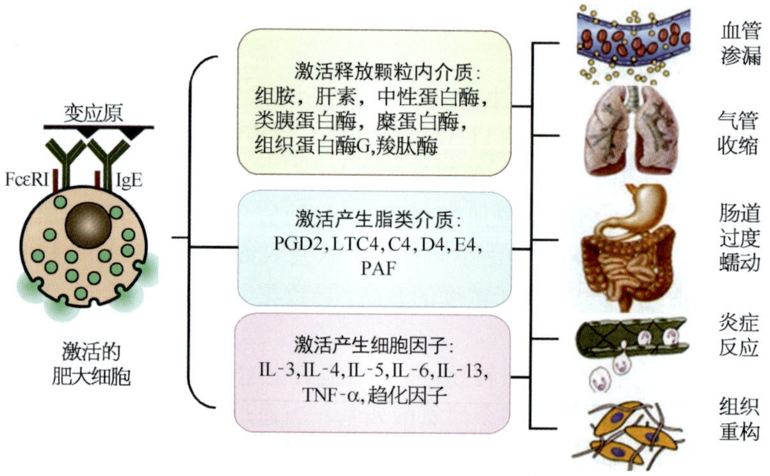

图15-4 速发型超敏反应中激活肥大细胞释放的介质及其生物学功能

肥大细胞介质包括预先形成并储存于颗粒中的生物活性胺和酶类，以及细胞活化后新生成的多种脂类介质及细胞因子。图中右侧列出了各组介质的生物学作用。PGD2：前列腺素D2；LTC4：白三烯C4；PAF：血小板活化因子

3. *FcγRⅠ的作用* 一般情况下，只有当其表面的FcεRⅠ发生抗原依赖的聚集后，肥大细胞才能借助相应信号转导释放促炎性介质。但有些时候，其他受体包括IgG高亲和力受体(FcγRⅠ，CD64)、c-Kit、补体C3a受体及腺苷受体，也同样可以诱发或增强肥大细胞的活化。IgG受体(FcγR)的作用具有双重性，可以促进也可以抑制肥大细胞的活化。有关应答具有物种专一性，并依赖于肥大细胞的表型特征。人类CD34阳性肥大细胞在IFN-γ作用下FcγRⅠ表达上调，FcγRⅡ维持原来的表达水平，而FcγRⅢ则不表达。人类肥大细胞表面FcγRⅠ分子的聚合进而引起介质的释放方式，类似于FcεRⅠ聚集后的效应。FcγRⅠ是唯一能与IgG呈高亲和力结合的受体(Ka：10^{-8} to 10^{-9} M)，它以一条α链和两条γ链(αγ2)复合物形式表达于多种细胞的表面，如单核细胞、Mφ、中性粒细胞、DC和嗜酸粒细胞。其α链胞外部分有三个Ig样结构域，信号则由γ链传入胞内。

第三节 调节性T细胞和Th17细胞在过敏性疾病中的作用

CD4阳性的T辅助细胞(Th)根据它们分泌的细胞因子和功能,可被分为Th1、Th2、调节性T细胞和Th17细胞等亚群。Th2型细胞在过敏性疾病的发生、发展和维持中发挥着重要的作用。近年来研究认为,调节性T细胞(Treg)也参与了对哮喘和过敏免疫治疗的调节。其实在功能上,“调节性T细胞”代表了所有能够负向调节免疫应答的细胞,而“抑制性T细胞”一词也许更能代表这类细胞的特点。

一、两类调节性T细胞

自然调节性T细胞(nTreg)来源于胸腺,表型为$CD4^{+}CD25^{+}$。这类自然发生的调节T细胞存在于外周血液循环及淋巴组织中,在人类占CD4 T细胞的5%~10%和骨髓细胞的20%左右。nTreg表达正常的αβ T细胞受体谱(TCR repertoire),可被抗CD3单抗活化,并可选择性地高表达DNA转录因子Forkhead家族成员Foxp3。*Foxp3*基因敲除小鼠的研究表明,Foxp3是nTreg发育和功能行使的主要调节成分。

另一类调节细胞是诱导性调节T细胞(inducible regulatory T cell, iTreg)又称抗原特异性调节T细胞,它是在外周耐受性树突状细胞提呈的抗原作用下诱导初始T细胞产生。iTreg能够分泌抑制性细胞因子,如IL-10和TGF-β,发挥负向调节免疫应答和抗炎性病理反应的作用。

其他还有经诱导产生,专门分泌IL-10的Treg和专门分泌TGF-β的Treg,各自称为Ⅰ型调节T细胞(Tr1)和Th3细胞(见第十四章)。

二、调节性T细胞与过敏性疾病

1. Treg与支气管哮喘　多种Treg都能够抑制Th1和Th2介导的适应性免疫应答,其中nTreg和iTreg两类细胞发挥主导作用,它们依赖细胞间的接触,或直接作用于靶细胞或通过细胞因子介导。近来的研究发现,两者在阻止人类过敏性疾病中都发挥着重要的作用。证据之一,见于一种*Foxp3*基因突变引起的X连锁免疫失调内分泌肠病综合征(IPEX)。患者出现各种过敏症状,如重度湿疹、血清IgE水平升高、嗜酸粒细胞增多和食物过敏。人为诱导小鼠*Foxp3*突变和功能缺失,也可导致小鼠Treg的缺失,呈现气道变应性炎症以及IgE水平增高。

2. Treg对支气管哮喘中Th细胞的作用　与正常对照人群相比,特应性或过敏性疾病患者外周血单个核白细胞(PBMC)在变应原的刺激下增殖旺盛,并且产生较多Th2类细胞因子。人外周血$CD4^{+}CD25^{+}$Treg可以抑制过敏源诱导的$CD4^{+}CD25^{-}$T细胞的增殖和Th1、Th2反应。正常人的PBMC在剔除$CD25^{+}$T细胞后,对变应原的应答反应明显增强。此说明正常个体体内活化的Treg抑制了对变应原的应答反应。另外,Tr1细胞也可通过分泌IL-10抑制过敏性疾病中的多种细胞。研究发现非特应性个体体内Tr1的数量明显多于过敏性疾病患者,而且IL-10水平与疾病严重程度成反比。这些分泌IL-10的T细胞能特异性地抑制过敏源活化的分泌IL-4的T细胞,抗体阻断IL-10和TGF-β后这种抑制消失,并且这种分泌IL-10的细胞有的表达CD25分子,可能属于iTreg。

3. Treg对支气管哮喘中Ig的调节　哮喘患者IgE升高,IgE/IgG4比例明显增加,其中涉及B细胞的抗体产生及其类别转换。小鼠$CD4^{+}CD25^{+}CD69^{-}$Treg能对T细胞依赖性B细胞的抗体产生进行负向调节。在过敏源特异性免疫治疗(SIT)早期阶段,IgE和IgG4血清含量都增加,但抗原特异性IgG4的增加更为显著,致使IgE与IgG4的比例降低了90%以上。SIT中发现IL-10分泌显著增加,而IL-10对IgE的分泌有显著的抑制作用,对IgG4增加有促进作用。

4. Treg在支气管哮喘气道重构中的作用　气道重构在哮喘中可能是反复气道损伤后过度修复的结果,其过程包括多种基质蛋白在网状基底膜和支气管黏膜沉积增加,气道平滑肌和杯状细胞增生及新生血管的形成。在气道重构过程中,Treg产生的TGF-β是一个关键因子,它是纤维原细胞和肌纤维原细胞功能的调节剂,并控制了多个细胞外基质蛋白的产生,包括胶原蛋白、蛋白聚糖和黏蛋白。抗TGF-β抗体治疗能显著降低环支气管细胞外基质沉着,气道平滑肌增生和黏液的产生。

三、Th17细胞的分化和调节

Th17细胞由初始T细胞在外源性抗原刺激下通过转录因子STAT3激活该亚群特异性转录因子孤儿核受体(RORγt)分化而来,在诱导过程中,有细胞因子IL-6和TGF-β的参与。这一分化过程在细胞和分子水平都受到精细的调节。Th17 细胞的存活和增殖需要 IL-7、IL-23、TGF-β 的支持，同时受 IFN-γ 和 IL-4 的负调控。Th17 细胞通过关键转录因子 RORγt 和 RORα，分泌高水平 IL-17A 和 IL-17F，以及 IL-21、IL-22、和 TNF-α 等细胞因子（图 15-5）。

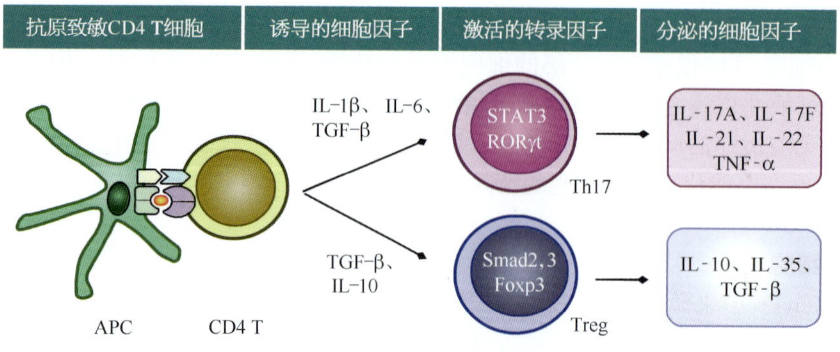

图 15-5 Treg 和 Th17 细胞亚群的分化和特点

在免疫应答过程中，CD4 T 细胞活化、增殖，最终分化为 Th1、Th2、Treg 和 Th17 亚群，参与并调控炎症反应（见第十一章）。Th17 细胞亚群的发现，弥补了传统上 Th1/Th2 介导效应机制理论的不足。Th1 和 Th2 亚群间相互调控，Th1 和 Th2 对 Th17 的调控，以及 Treg 对 Th17 的调控等，使免疫应答的效应和抑制处于一种精细而复杂的动态平衡中。其中，Th17 和 Treg 虽同属于 CD4 T 细胞，但其功能和生物学作用相反。在疾病的发展中，Th17 细胞较多地发挥炎症启动细胞的作用，而 Treg 主要是减轻 Th17 诱发的炎症反应，两者相互拮抗，从而维持机体免疫状态的相对稳定。

四、Th17 细胞与过敏性疾病

Th17 细胞能分泌致炎细胞因子 IL-17。人类 *IL17* 基因位于染色体 2q31，产物是一个由二硫键连接的同源二聚体组成的糖蛋白，在蛋白的 C 端区域有 5 个空间上保守的半胱氨酸，形成 IL-17 家族典型的半胱氨酸结节的结构。人与小鼠的 IL-17 具有很高的同源性（63%），目前已发现的 IL-17 家族有 6 个成员，从 IL-17A 到 IL-17F，其中对 IL-17A 和 IL-17F 的研究比较深入。IL-17A 的分泌需要转录因子 RORγt 和 RORα 的联合诱导，而 IL-17F 的分泌只需 RORγt。IL-17A 和 IL-17F 具有很高的同源性，它们在体内外都能产生强大的致炎效应。IL-17 与其受体 IL-17R 结合，通过下游的 TRAF6 引发信号转导，激活 NF-κB、MAPK、ERK1、ERK2、JNK、p38 等信号分子，发挥一系列生物学功能。

IL-17 是一种促炎症因子，促进释放其他细胞因子来放大炎症反应。IL-17 具有募集中性粒细胞功能，参与中性粒细胞的增殖、分化，抑制其凋亡，并增加中性粒细胞蛋白水解酶的活性，在炎症早期发挥重要的免疫防御功能。此外，IL-17 还可刺激上皮细胞、内皮细胞、成纤维细胞分泌多种炎症相关因子，包括 IL-6、IL-8、G-CSF 和 PGE2 等；上调其他炎症因子（如 IL-1β、TNF-α 等）和趋化因子（IL-8、MCP-1）编码基因的表达，促进局部炎症，介导中性粒细胞、单核细胞向炎症部位聚集。

约有 50%的哮喘属于非嗜酸粒细胞性哮喘（non-eosinophilic asthma，NEA）。在此类哮喘中，呼吸道炎症并非由 IgE 和嗜酸粒细胞主导，而是中性粒细胞明显增加，其增加程度与哮喘的严重程度相关。研究显示，IL-17A 和 IL-17F 的水平在此类哮喘中明显增高，它们参与激发和募集中性粒细胞产生的炎症因子。动物实验已证实在此类呼吸道超敏反应中，Th17 细胞与 Th2 细胞一起能促进中性粒细胞性炎症。

第四节 Ⅰ型超敏反应性疾病

一、Ⅰ型超敏反应性疾病的特征

Ⅰ型超敏反应介导的急性炎症反应（表 15-2），先出现局部血管扩张和液体渗出，随后是粒细胞在炎症部位浸润。在有些情况下，这种炎症反应是机体的一种自我保护机制，但如果特应性抗原进入眼睛和鼻腔而引发炎性，就会出现眼睑和鼻腔通道红肿、流眼泪和鼻涕、打喷嚏等症状，呈现枯草热的典型症状。如果特应性抗原进入了肺部，不仅会出现支气管肿胀、黏液分泌增多，而且气管管壁肌肉也会收缩，使得管腔变窄，呼吸困难，出现急性哮喘症状。再假如被昆虫叮咬或在临床治疗过程中特应性抗原被注射入皮下，局部会出现称为“风团”的严重反应。其表现为因血清渗入组织引起的肿胀、局部血管扩张引起的皮肤红疹。如特应性抗原进入血液，与循环中的嗜碱粒细胞、组织中的肥大细胞结合，使得这两种细胞释放活性物质，就会引起荨麻疹，其主要症状是发痒。如果抗原通过消化道进入机体引发过敏反应的话，则其主要症状是肠道痉挛、呕吐反应。在局部肥大细胞的作用下，消化道黏膜的通透性增强，此时多数抗原可以进入血循环中，同样可以引发荨麻疹。不论特应性抗原是通过注射还是其他途径进入机体，只要最终到达血液，就可能引起过敏性反应，严重情况下会出现明显且较长时间的血压下降，伴有呼吸困难，如果不及时注射肾上腺素，患者有可能死亡，这是摄入某些食物或者注射了容易引起过敏的药物如青霉素后常见的一种现象(图 15-6)。

表 15-2 由 IgE 介导的常见过敏性疾病

症　状	常见变应原	侵入途径	反　应
全身性过敏反应	药物、血清、毒素、花生	血管(直接注入或迅速吸收)	水肿、血管通透性增加、气管阻塞、循环性虚脱致死
风团	昆虫叮咬、过敏试验	皮下	局部充血、血管通透性增加
过敏性鼻炎(枯草热)	花粉(豚草、梯牧草、桦木)、尘螨排泄物	吸入	鼻黏膜水肿、鼻黏膜刺激
支气管哮喘	花粉、尘螨排泄物	吸入	支气管收缩、黏液分泌增多、气道炎症
食物过敏	蟹类、牛奶、鸡蛋、鱼类、小麦	口服	呕吐、腹泻、瘙痒、荨麻疹、过敏

Ⅰ型超敏反应的另一个特征是，一旦局部发生了针对变应原的过敏反应，就会以类似于正反馈的方式吸引更多的粒细胞、淋巴细胞和 Mφ 至炎性部位。如果变应原一直存在，反复的刺激就会使得这种反应过程变得很长，持续 1～2 d，出现迟发相反应。在一些哮喘人群中，反复的哮喘发作使得气道对组胺收缩作用的敏感性增加，但如果几周内不再接触相关变应原，再次接触时所引发的哮喘发作程度就会有所减轻，说明变应原的反复刺激能够增加哮喘发作的严重程度。

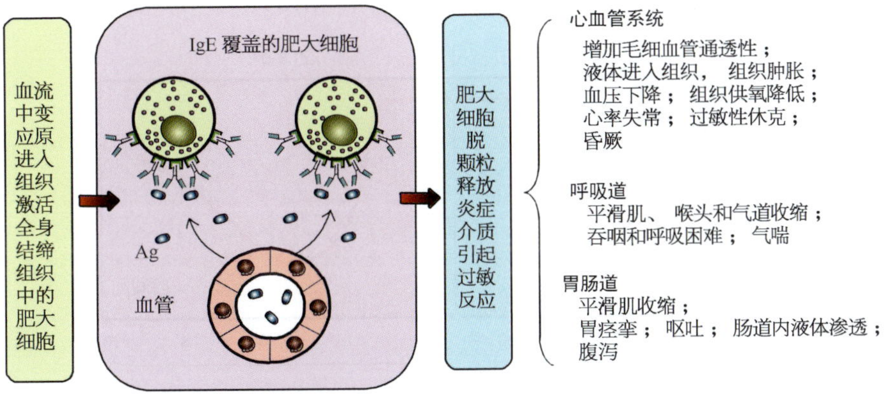

图 15-6 变应原进入血流活化全身肥大细胞引起全身性过敏反应

血流中变应原进入组织激活全身结缔组织中的肥大细胞，使后者脱颗粒并释放炎症介质

二、全身性过敏反应

根据美国国立变态反应与传染病研究所(NIAID)的联合工作小组和食品过敏及变态反应联盟(FAAN)的定义，过敏性反应是由 IgE 介导的机体的一种反应状态(表 15-3)。该反应是一种严重的，甚至可以致命的全身性免疫应答反应，可于接触变应原后极短的时间内发生。其临床症状主要发生在皮肤和消化道。

表 15-3 过敏性反应的临床诊断标准

符合以下 3 个标准中的一个即有可能是过敏性反应
1) 发病急(数分钟到数小时)，有皮肤、黏膜，或两者同时受累(如全身荨麻疹、瘙痒或潮红、唇-舌-悬雍垂肿大)，并至少具备下列条件之一 a. 出现呼吸代偿性症状(如呼吸困难、气喘性支气管痉挛、最大呼气流量下降) b. 血压下降或出现终末器官失功综合征
2) 患者暴露于可能的过敏源后很快地(数分钟到数小时)出现两个或两个以上下列症状 a. 皮肤-黏膜组织受累(全身荨麻疹、瘙痒或潮红、唇-舌-悬雍垂肿大) b. 呼吸代偿性症状 c. 血压下降或相关症状 d. 持续的肠胃道症状(如痉挛性腹痛、呕吐)
3) 患者暴露于已知的过敏源后很快地(数分钟到数小时)出现血压下降 a. 婴儿与儿童：收缩压降低或收缩压下降 30%以上 b. 成人：收缩压低于 90 mm 汞柱或收缩压从该个体基线下降 30%以上

研究发现，引起过敏性反应的主要是食物，其次是昆虫毒素、药物、橡胶、体育运动。容易引起过敏的食物，有花生、树种、鱼类、蟹类、牛奶、鸡蛋和含亚硫酸氢盐的食物等。药物有抗生素、阿司匹林、非类固醇类抗炎药物，全身麻醉药、鸦片、胰岛素、鱼精蛋白、链激酶、血制品、放射增敏剂（radiocontrast media）、钆和抗胸腺细胞球蛋白。昆虫的叮咬也能引起过敏反应，如小黄蜂、黄蜂、火蚁和蜜蜂（图 15-2）。

肥大细胞及嗜碱粒细胞结合了抗原特异性 IgE 即处于致敏状态，如前所述，当再次接触到相同抗原时就会出现 IgE 分子的交联，引起两种类型细胞的脱颗粒反应。通过脱颗粒反应，肥大细胞和嗜碱粒细胞内预先合成的活性物质如组胺、类胰蛋白酶等得以释放，同时在细胞膜上花生四烯酸代谢合成新的介质，如前列腺素、白三烯等。这些介质与相应受体结合后，就能引起过敏反应的各种症状，如黏液分泌、瘙痒、血管通透性增加、平滑肌收缩等。类过敏反应虽然也是由上述化学介质引起，但并不是由 IgE 分子所介导，而是通过其他途径导致肥大细胞的脱颗粒反应，但目前对此所知尚少，如阿司匹林和其他非甾体类药物（NSAID）因其具有抑制环氧化酶活性，可能会引起类过敏反应；放射显影试剂为高渗液体，在敏感人群可引起肥大细胞和嗜碱粒细胞直接脱颗粒而发生类过敏反应。

三、哮喘

哮喘是一种人类认识较早的疾病，发病机制涉及气道高反应性：当接触特异性抗原或非特异性物质如甲基胆碱或组胺时，会出现较强的支气管痉挛反应。哮喘的诊断依据主要是：有反复喘息、气急、胸闷或咳嗽的病史；做气管功能试验时出现可逆性气流受限，发作时甲基胆碱激发试验显示气管呈高反应性。对于一个已处于致敏状态的哮喘患者，如应用抗原气雾剂激发，则可诱导两种类型的气道反应：一是速发相反应，在激发后 15～30s 出现急性支气管痉挛，一段时间后缓解；另一种是迟发相反应，反应在激发后 4～6 h，症状保持的时间较长（图 15-7）。

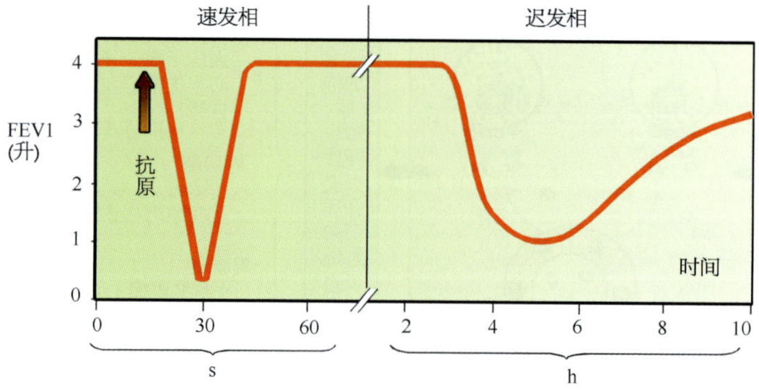

图 15-7 吸入性抗原引起的过敏反应发生过程

FEV1：第一秒用力呼气量

如图 15-8 所示，哮喘发作过程可包括两个时相，早期的速发反应主要为 IgE 介导的肥大细胞和（或）嗜碱粒细胞脱颗粒反应，同时释放白三烯、组胺、前列腺素、类胰蛋白酶、细胞因子等。哮喘又可表现为一种慢性的气管炎性病变，在

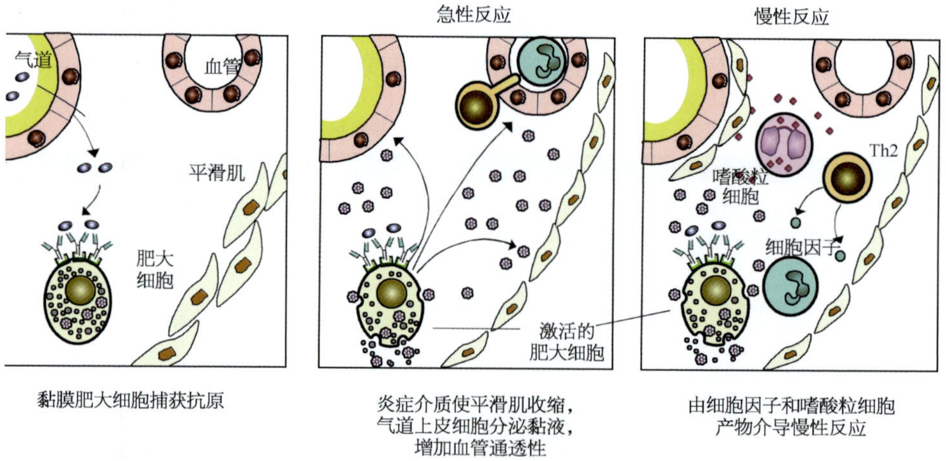

图 15-8 过敏性哮喘引发急性反应和 Th2 介导的气道慢性炎症反应

哮喘患者的气管中能观察到 T 细胞参与调节的炎性反应，促使嗜酸粒细胞、Mφ 和淋巴细胞等浸润。气管炎症可以导致气管壁增厚、气管周围纤维组织增生、慢性黏液栓形成、肌细胞增生和新生血管形成等气管物理结构上的变化。

四、速发型超敏反应与遗传

速发型超敏反应的发生与遗传有着密切的关系：一是哮喘的发生具有家族聚集性特点，阳性哮喘家族史是该病发生的一个高危因素；二是同卵双生双胞胎共同发生哮喘的比率高于异卵双生双胞胎。有人筛查研究了南大西洋火山岛（Tristan da Cunha）上的一个由 290 个纯系个体组成、具有高哮喘发生率（约 30%）人群的基因组，发现第 11 号染色体上表皮特异性转录因子 2（ETS-2）和 ETS-3 编码基因与哮喘的发生密切相关。对英国和美国的 460 个白种人家系的基因组大规模扫描，确定了第 20 号染色体上的 *ADAM-33* 基因与哮喘的关系。ADAM-33 属于金属蛋白水解酶的一种，其活性部位发挥作用依赖于锌原子，主要在肺成纤维细胞和支气管平滑肌细胞表达。细胞因子 IL-3、IL-4、IL-5、IL-9、IL-13 和 IL-14 的受体基因群都位于第 5 号染色体上，其附近也可能存在未知的哮喘易感基因。通过对 200 个荷兰哮喘家系进行遗传相关分析和原位克隆技术研究，发现了第 5 号染色体的钙黏蛋白（cadherin）超家族成员原钙黏蛋白（protocadherin-1，PCDH1）基因与气道高反应性相关。PCDH1 是钙调蛋白家族中的一员，主要在肺组织中表达，尤其是支气管上皮细胞。染色体 2q33 上某些 SNP 位点与荷兰哮喘人群的总血浆 IgE 水平和 BHR 间存在明显的关联性。

第五节　Ⅱ型和Ⅲ型超敏反应

一、Ⅱ型超敏反应

Ⅱ型超敏反应也称细胞毒性超敏反应，指当抗体与细胞或组织表面的特异性抗原结合，通过活化补体系统或其他机制引起靶细胞的损伤。Ⅰ型超敏反应涉及抗原与已存在于细胞表面的 IgE 结合，而Ⅱ型超敏反应则是血循环中游离抗体与细胞表面抗原的结合。Ⅱ型反应很少与外源性抗原有关，通常是由于产生了针对自身成分的自身抗体或涉及与自身抗原有交叉反应的微生物抗原。

1. *发病机制*　有三种可能的机制参与了Ⅱ型超敏反应的发生。

首先，机体产生了针对自身蛋白的 IgG 和 IgM 类自身抗体，自身抗体与细胞表面抗原结合后活化了补体系统，最后形成攻膜复合物，导致靶细胞破坏。另外，借助 Fc 受体和补体受体，吞噬细胞也可吞噬和破坏靶细胞。这正是自身免疫性溶血性贫血和自身免疫血小板减少性紫癜的主要发病机制。输血反应所致的溶血也属同样的机制。

其次，由于抗体在组织沉积，可募集中性粒细胞和 Mφ 至局部，因为后者表达的 Fc 受体和补体受体与抗体结合，导致细胞活化，释放生物活性物质引起组织损伤。抗体介导的肾小球肾炎等疾病的发生就是这样的机制。另外，尚有许多自身免疫性疾病包括肺肾综合征（Goodpasture syndrome）中都有这样的病理改变。

再次，针对正常细胞表面受体或其他成分的抗体，一旦与之结合，就会影响这些受体和成分发挥正常生理功能，引起的疾病不一定造成组织损伤。代表性的疾病包括突眼性甲状腺肿（Graves 病）和重症肌无力。

2. *Ⅱ型超敏反应举例*　最具代表性的Ⅱ型超敏反应是针对红细胞和血小板的反应。迄今，已鉴定出的人类血型系统不下 29 种，至少包含了 600 多种红细胞抗原，每个血型系统均至少包括两个或两个以上的表型。ABO 血型系统是第一个被描述的红细胞血型系统，由 Landsteiner 于 1901 年提出，分为四型：A、B、AB 和 O 型。机体可以识别携带有同种异型血型抗原的红细胞，并产生相应的抗体。但在有些情况下，即使没有外来红细胞致敏，也会产生针对这些血型抗原的抗体。如果此时输入该同种异型的红细胞，就会引起红细胞被破坏，出现输血反应的症状。

ABO 血型不相容性是一个典型的Ⅱ型反应（图 15-9），如果受者体内存在针对所输入的红细胞表面成分的抗体（无论是自

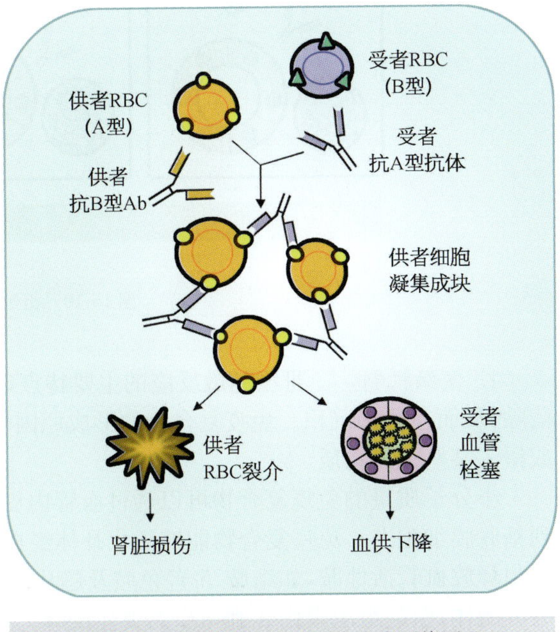

图 15-9　患者血循环中同时存在血型抗原及相应抗体时发生输血反应

输入的红细胞在血管内凝集（成团）继而发生溶血（红细胞裂解）

然产生或先期输血所产生），这些 IgG 或 IgM 类抗体就会通过 Fc 受体或补体经典途径导致红细胞裂。图中显示的是 IgG 分子引发补体介导的红细胞裂解过程，引起发热、血管内阻塞、腰部疼痛和血尿。溶血产生的游离血红蛋白通过肾脏可能形成血红蛋白尿，也可以转化成有毒的胆红素。

Rh 血型系统是其他常见血型系统中最重要的一个。Landsteiner 和 Weiner 于 1940 年发现，兔和豚鼠针对恒河猴红细胞的抗体，不仅能够使恒河猴红细胞凝集，还能与约 85%的人类红细胞凝集。其表明这些人含有与恒河猴红细胞相同的抗原，称为红细胞 Rh 抗原。新生儿溶血病（Rhesus disease）患儿母体内出现的这类 IgG 抗体可通过胎盘进入胎儿体内，再借助抗体介导的细胞毒作用破坏胎儿红细胞，引起溶血。条件是母体为 Rh 阴性，如此才能被 Rh 阳性的胎儿致敏并产生抗 Rh 抗体（初次怀孕），而新生儿溶血通常发生在再次怀孕。Rh 抗原通过与红细胞膜蛋白结合而定位于细胞表面，这种膜蛋白的功能尚不清楚，其丰度中等表达，分子质量约 30 kDa。Rh 抗原有多种，与临床关系最密切的为 C、D 和 E 三型，其中又以 D 型的抗原性最强，对临床也最为重要，最容易引起新生儿溶血性疾病。

抗体介导的红细胞破坏（溶血性贫血）或血小板破坏（血小板减少症）还与一些药物的应用有关。在临床治疗过程中，如果产生了针对药物的 IgG 抗体，当药物再次进入体内并与细胞结合后，该细胞就成为抗药物抗体作用的靶细胞，激活补体系统而引起溶血。这些药物包括：青霉素、奎尼丁、甲基多巴等。抗药物抗体的产生仅发生于一些易感个体，其具体机制仍不是很清楚。

二、Ⅲ型超敏反应

Ⅲ型超敏反应或免疫复合物型超敏反应，是抗原抗体复合物沉积于组织内，通过激活补体而引起的细胞组织损伤（图 15-10）。免疫复合物的局部沉积，一方面取决于抗原在组织中的分布，同时也与循环免疫复合物在某些部位容易滞留有关。大的复合物可被肝、脾和骨髓中 Mφ 捕获并清除，小的复合物存在于血循环中，但不会沉积，只有大小合适的复合物才能在局部滞留并活化补体系统，主要好发生在血管、肾脏、肺部、皮肤和关节等处。

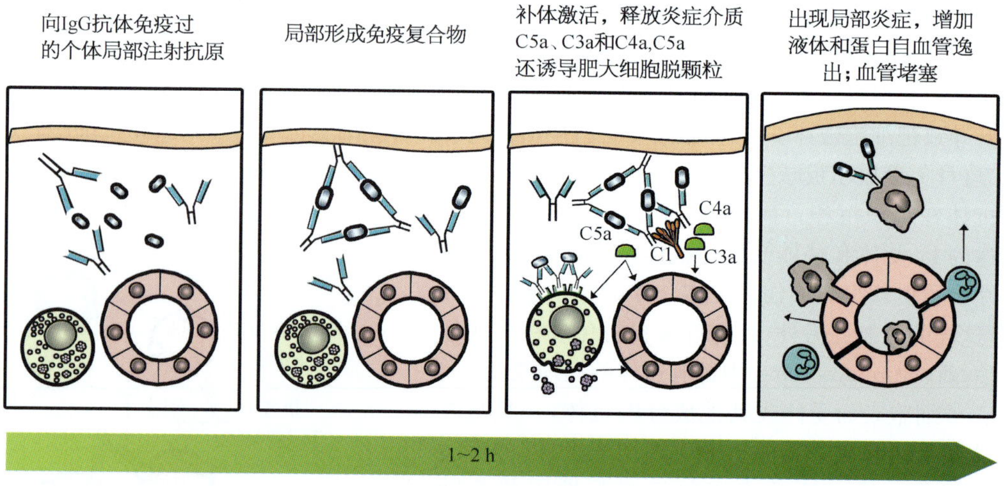

图 15-10 组织局部免疫复合物沉积引起Ⅲ型超敏反应

1. 发病机制　Ⅲ型超敏反应的主要特点，是形成了大量游离于全身的抗原-抗体复合物，不能被肝和脾脏及时清除，从而在局部沉积。免疫复合物的形成原因分为四类：轻度的持续感染、被动或长期免疫、自身免疫性疾病、吸入或摄入某些抗原物质。

小分子质量的免疫复合物可以透过血管内皮细胞间隙，达到毛细血管末梢，主要是皮肤、关节和肾脏局部，并结合到基底膜细胞上。免疫复合物能够活化补体经典途径，该过程中释放的补体成分 C3a、C5a 可刺激肥大细胞和嗜碱粒细胞释放血管活性胺，如组胺、5-羟色胺及趋化因子等，引起局部炎症反应。此外，C5a 还可募集中性粒细胞至局部，释放溶酶体，引起组织损伤和进一步的炎症反应。免疫复合物还可借助 Fc 受体直接作用于嗜碱粒细胞和血小板，促进二者释放血管活性胺，导致血管通透性增高，加重复合物在血管壁上的沉积。

免疫复合物的沉积可以发生局部也可以在全身，局部Ⅲ型超敏反应通常发生于抗原进入机体的位置，如昆虫叮咬处和注射部位，免疫复合物常在此聚集，4～8 h 发生超敏反应，导致局部组织发生炎症、损伤甚至坏死。相反，全身性

Ⅲ型超敏反应则是复合物存在于血液循环中,在适当的部位沉积后引起炎性损伤,如在肾脏中引起肾小球肾炎;关节中引起关节炎;血管中引起血管炎(图 15-11)。

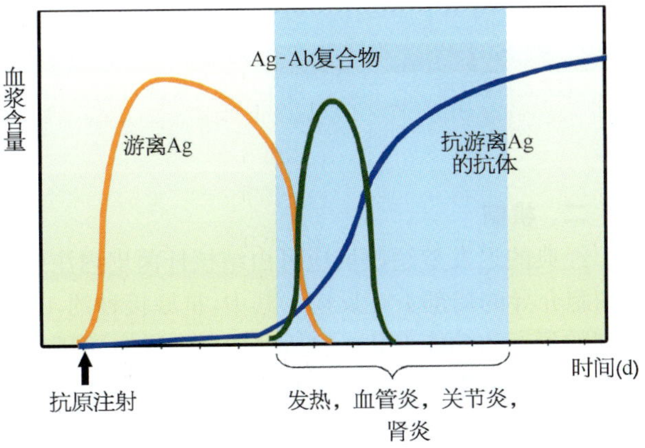

图 15-11 免疫复合物的形成与组织损伤

血流中变应原进入组织激活全身结缔组织中的肥大细胞,使后者脱颗粒并释放炎症介质

2. *Ⅲ型超敏反应举例* 最早被认识到的Ⅲ型超敏反应性疾病是血清病(serum sickness),常见于用动物血清主要是马血清治疗白喉和破伤风过程中。在发明抗生素之前,常通过免疫马来制造抗血清,用于治疗肺炎球菌性肺炎,马血清中存在的特异性抗肺炎球菌抗体能够清除感染。直到现在仍沿用这种方法来生产抗蛇毒的中和性抗血清,用于治疗被毒蛇咬伤的患者。

当今引起血清病的最主要因素是抗生素(主要是青霉素)。在初次接触到抗原(青霉素)后的 7～10 d 即可发生血清病,但此后这种病理反应不会再进一步地发展,但是可以保持 3 周。如再次接触相同抗原,则可迅速发生血清病(1～4 d),并且只要很少量的抗原就会引起严重的超敏反应。除了抗生素,其他能引起血清病的药物还有:治疗抑郁症的氟西汀(fluoxetine),巴比妥(barbiturates),某些利尿剂,治疗甲亢的丙基硫尿嘧啶(propylthiouracil),治疗癫痫的乙内酰脲(hydantoins),以及流感疫苗和蛇毒血清。

血清病的临床表现主要为注射部位发红、发痒。其他症状包括:寒战、发热、关节炎,有时还会发生肾小球肾炎。皮疹以风疹为主,提示肥大细胞脱颗粒释放的组胺在其中发挥着作用。

典型的实验性免疫复合物介导的血管炎称为阿瑟斯反应(Arthus reaction),致敏个体体内存在 IgG 类抗体,可随血液循环分布至全身,如将抗原注射入皮肤,就可以在皮肤局部与抗体结合形成免疫复合物。复合物通过 Fc 受体与肥大细胞及其他种类的淋巴细胞结合,导致这些细胞的活化并引起局部炎症反应,使得血管通透性增强,促使液体及更多的白细胞尤其是中性粒细胞从血管中进入局部。复合物还可以活化补体,释放促炎成分 C5a,C5a 能够与白细胞表面 C5a 受体结合,使得这些细胞活化并趋化至炎症部位(图 15-10)。

吸入肺部的抗原也可引发Ⅲ型超敏反应,如吸入霉烂的干草粉尘引起的农民肺(farmer's lung),又如一些原生动物(原虫)通常不致病,但一旦生长在空调部件中并因空调使用而扩散,吸入肺部后就可以引起一类称为空调热的疾病。原因是处于这种空调环境中的人被原虫抗原致敏,血循环中产生 IgG 类抗体。吸入抗原就会在肺局部引起Ⅲ型超敏反应,出现胸闷、发热等症状,症状一般在 1～2 d 缓解,但是如果再次接触此类抗原则病情又会复发。类似情况出现在一些以农业为主的国家,工人要处理大量的棉花、甘蔗和咖啡的废料,生长在这些废料中的真菌往往成为致敏原,吸入后引起超敏反应。

Ⅱ型和Ⅲ型超敏反应中均有免疫球蛋白 IgG 和 IgM 的参与,但是它们所结合的抗原定位不同,前者限于特定的细胞或组织,而后者结合的是血清中可溶性抗原成分。这两种超敏反应可能都参与了肾小肾球肾炎的发病过程。自然发生或实验诱导的肾小球肾炎可有多种发病形式,但其始动因素皆归结为肾脏组织内相关免疫复合物的沉积。沉积的抗原抗体复合物通过多种方式引发肾小球炎症,如抗体介导补体依赖的细胞毒性(ADCC)、Fc 受体活化局部淋巴细胞,或者通过激活补体系统。

循环免疫复合物中的抗体或冷球蛋白也可沉积到肾小球内引发Ⅲ型超敏反应,而一些疾病如亚急性细菌性心内膜炎、狼疮性肾炎和乙型肝炎相关的冷球蛋白血症也会引起循环免疫复合物在肾小球中的沉积。

第六节 Ⅳ型超敏反应

一、T 细胞介导的超敏反应

与其他几型由抗体介导的超敏反应不同,Ⅳ型超敏反应或迟发型超敏反应(DTH)由抗原特异性 T 细胞所介导,且反应发生较迟,至少需要 12 h。因为类超敏反应需经过效应分子的合成,进程较为缓慢。该反应首先由 CD4 辅助 T 细胞启动,但是直接的组织损伤则是由 CD8 CTL 所介导。这是机体免疫系统对胞内病原体(特别是结核杆菌),还有其他多种感染如病毒、真菌、原生动物和寄生虫等产生的应答。由化学物质引起的接触性皮炎及部分移植物排斥反应也归于这一类反应(表 15-4)。

表 15-4 常见Ⅳ型超敏反应举例

综合征	抗原	疾病特征
迟发型超敏反应	蛋白：昆虫毒素、细菌蛋白(结核菌素、麻风菌素)	局部皮肤红肿：红斑、硬化、细胞浸润和皮炎
接触性超敏反应	半抗原：pentadecacatechol(毒性)；小金属离子：镍、铬酸盐	局部皮肤反应：红斑、细胞浸润和接触性皮炎

二、机制

经典的迟发型超敏反应可由结核杆菌皮内注射而诱发。如果宿主曾经接触过结核杆菌，24～72 h 会出现一个由 T 细胞介导的局部炎症反应。其中，抗原接种约 4 h 之后，中性粒细胞在注射部位开始聚积，血管内皮细胞也显示出一系列的形态和功能变化：包括生物合成增加、细胞器形成加速、血浆大分子渗漏，以及血纤蛋白原(fibrinogen)从血液渗漏进入周围组织。纤维沉积和部分 T 细胞及单核细胞聚积，使注射部位的血管外组织形成肿胀和硬结，此为 DTH 的一个特征。人体中硬结出现于 48～72 h。

除了 CD8 CTL，抗原刺激后的 CD4 Th1 也积极参与迟发型超敏反应。局部组织中的抗原可被抗原提呈细胞加工并由 MHCⅡ类分子提呈，激活的抗原特异性 Th1 细胞随后释放趋化因子和细胞因子，招募 Mφ 到抗原出现的部位。T 细胞产生的 TNF-α 和 TNF-β 则作用于局部血管，并通过释放 IL-3 和 GM-CSF 刺激产生 Mφ。最后，Th1 连同一起释放的 IFN-γ、TNF-α 和激活的 Mφ，再通过 Fas 配体的表达等机制，杀伤感染有胞内病原菌的 Mφ 和其他敏感细胞(图 15-12)。

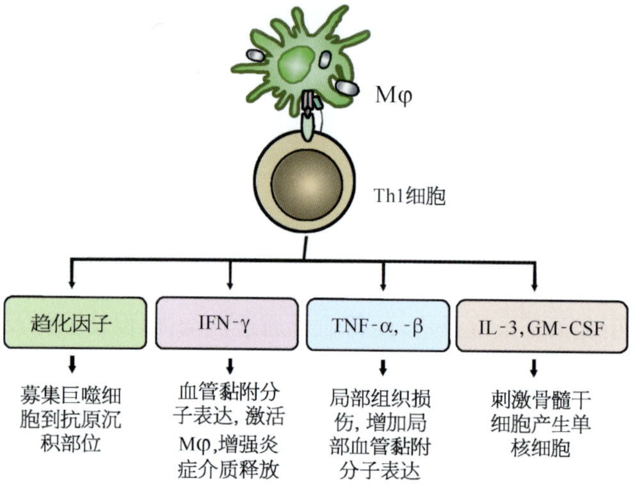

图 15-12 抗原应答中 Th1 细胞产生的细胞因子引起Ⅳ型超敏反应

皮肤接触性超敏反应所出现的应答格局与此高度相似。因抗原加工途径的不同，CD4 T 细胞或 CD8 T 细胞皆可参与。典型抗原为高反应性的小分子，后者可与自身抗原反应并形成蛋白-半抗原复合物即半抗原-肽复合物，并通过结合 MHC 分子而被 T 细胞作为外来抗原所识别。

接触型超敏反应主要分两个时相：致敏相和发生相(图 15-13)。致敏相中，表皮中的朗格汉斯细胞和角质形成细胞起着关键的作用。皮肤朗格汉斯细胞摄取和加工抗原，迁移至局部淋巴结后激活 Th1 细胞，最终产生记忆细胞，后者定居于真皮内。

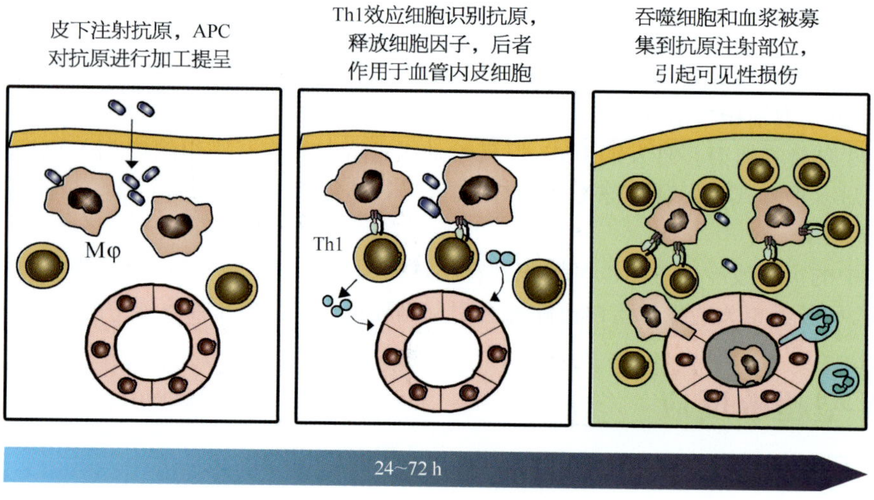

图 15-13 Ⅳ型超敏反应的阶段和时间

在发生相，抗原提呈细胞再次接触致敏化学物质或者蛋白质抗原后，向真皮中的记忆性 T 细胞进行提呈，使得 T 细胞释放相关的细胞因子 IFN-γ 和 IL-17，并激发真皮中的角质形成细胞产生 IL-1、IL-6、TNF-α 和 GM-CSF 等细胞因子，以及 IL-8、干扰素诱导蛋白(IP-9 和 IP-10)、MIG 等 CXC 家族趋化因子。这些细胞因子和趋化因子通过吸引 CD4

T 细胞和单核细胞向损伤部位迁移、诱导 Mφ 成熟和吸引更多的 T 细胞等方式增强炎症应答。

身体中的很多部分都可发生Ⅳ型超敏反应。常见的有：出现特异性皮炎的皮肤、结核病患者的肺部、过敏性肺炎、Wegener 肉芽肿、1 型糖尿病的胰腺及发生甲状腺炎的甲状腺。

三、Ⅳ型超敏反应疾病举例

图 15-12 表明，组织损伤主要是由激活的 Mφ 引起。损伤部位的血管内皮细胞在细胞因子的刺激下上调表面黏附分子的表达水平。迟发型超敏反应中出现的纤维化往往是 Mφ 分泌细胞因子和生长因子的结果。

1 型糖尿病(IDDM)是多种器官特异性自身免疫病的典型，由自身反应性 T 细胞诱导的 DTH 反应所引起。胰腺朗格汉斯岛周围出现淋巴细胞和 Mφ 的病理性浸润以致朗格汉斯岛中产生胰岛素的 β 细胞受损，引起胰岛素产生不足。引起 β 细胞受损的机制包括，CD4 Th1 细胞与胰岛抗原起反应后激发了迟发型超敏反应、CTL 介导的胰岛细胞裂解、局部产生的细胞因子损伤胰岛细胞、自身抗体对胰岛细胞的作用。

本 章 提 要

超敏反应是机体再次受到相同抗原(特应性抗原或变应原)刺激表现出的机体免疫应答功能紊乱。免疫应答类型和激发超敏反应抗原的性质和定位是引起其中组织损伤的关键因素。

超敏反应可分为四种类型。其中Ⅰ、Ⅱ、Ⅲ型由抗体介导而Ⅳ型超敏反应由 T 细胞介导。Ⅰ型即速发型超敏反应主要在抗原提呈细胞、T 细胞、B 细胞的参与下，由 IgE 和 IgE 受体所介导，通过胞质内 Ca^{2+} 浓度的升高，蛋白激酶 C 的激活使肥大细胞活化并释放各种活性炎性介质，如生物活性胺、中性蛋白酶、白三烯，和多种细胞因子等，引起疾病和机体功能紊乱，如枯草热、荨麻疹、食物过敏和急性哮喘。速发型超敏反应的发生与遗传有着密切的关系。Ⅱ型超敏反应针对的是细胞表面或者与细胞膜密切结合的抗原成分，也称为细胞毒性超敏反应。机体产生了针对自身蛋白的 IgG 和 IgM 类自身抗体并与细胞表面抗原结合后，活化补体系统或其以他机制引起靶细胞的损伤，如自身免疫性溶血性贫血、自身免疫血小板减少性紫癜和突眼性甲状腺肿等。而Ⅲ型超敏反应则是游离可溶性抗原-抗体复合物沉积于局部组织后，通过激活补体而引起的细胞及组织损伤。迟发性Ⅳ型超敏反应由 T 细胞介导，经历效应分子的合成，进程较为缓慢。此型分为三类，由 Th1 细胞激活的 Mφ 致炎性反应所引起的组织损伤；Th2 细胞激活引起嗜酸粒细胞为主的炎性反应所引起的损伤；细胞毒性 T 细胞造成的损伤。临床上典型的病例是特异性皮炎、结核病、1 型糖尿病等。

(李立新)

参 考 文 献

Boyce JA, Assa'ad A, Burks AW, et al. 2010. Guidelines for the diagnosis and management of food allergy in the United States: Summary of the NIAID-sponsored Expert Panel Report. J Allergy Clin Immunol. 126: 1105-1118.

Galli SJ, Tsai M. 2012. IgE and mast cells in allergic disease. Nat Med, 18: 693-704.

Holgate ST. 2012. Innate and adaptive immune responses in asthma. Nat Med, 18: 673-683.

Janeway Jr CA, Travers P, Walport M. 2012. Immunobiology. 8th Edition. New York: Garland Science.

Lambrecht BN, Hammad H. 2015. The immunology of asthma. Nat Immunol, 16: 45-56.

Newcomb DC, Peebles RS. 2013. Th17-mediated inflammation in asthma. Curr Opin Immunol, 25: 755-760.

Robinson DS. 2010. The role of the T cell in asthma. J Allergy Clin Immunol, 126: 1081-1091.

Simons FE, Ardusso LR, Bilò MB, et al. 2011. World allergy organization guidelines for the assessment and management of anaphylaxis. World Allergy Organ J, 4: 13-37.

Suzuki R, Scheffel J, Rivera J. 2015. New insights on the signaling and function of the high-affinity receptor for IgE. Curr Top Microbiol Immunol, 388: 63-90.

Wernersson S, Pejler G. 2014. Mast cell secretory granules: armed for battle. Nat Rev Immunol, 14: 478-494.

第十六章 抗感染免疫

机体免疫三大功能之一的抗感染免疫(免疫防御)是免疫系统识别和清除病原体的一系列生理性、病理性免疫应答的总和。病原体在入侵机体形成感染的同时,也被机体免疫系统所识别,依次诱导固有免疫和适应性免疫。固有免疫通过泛特异性识别病原体共有成分,启动分泌炎症性细胞因子,增强吞噬细胞功能;而适应性免疫通过特异性识别病原体抗原表位,通过抗体和效应 T 细胞清除病原体。固有免疫与适应性免疫对于抗感染均必不可少,而病原体在长期进化过程中也发展了多种免疫逃逸机制,形成慢性感染。

第一节 概述

病原体入侵机体并在机体内复制而产生感染。病原体作为非己抗原,其展示的危险信号可迅速被机体免疫系统所感知,诱导抗感染免疫应答。同一个体针对不同类型病原体的免疫应答各异,而不同种属及个体对相同病原体的易感性、应答类型及效应也不尽相同,导致个体间千差万别的抗感染免疫结局。

一、病原体的分类

引起感染的病原体,主要分为寄生虫和微生物两大类。

1. *寄生虫* 寄生虫体型通常较微生物大,肉眼可见,主要分原虫和蠕虫。原虫为单细胞真核动物,能引起感染性疾病的有锥虫、内阿米巴、疟原虫和弓形虫等。其中,疟原虫感染引起的疟疾迄今仍是全球尚未有效控制的重要感染性疾病。蠕虫为多细胞无脊椎动物,引起感染性疾病的有吸虫、绦虫和线虫等。

2. *微生物* 根据大小、结构、组成等不同,微生物主要分病毒、细菌和真菌三类。病毒为非细胞型微生物,无自主复制能力,依赖宿主细胞进行繁殖。其包括通常概念的病毒和类病毒及朊病毒(prion)等亚病毒。病毒由结构蛋白质包裹 DNA 或 RNA 基因组形成病毒颗粒。当前全球危害最为严重的感染性疾病如 AIDS 和慢性乙肝分别由 HIV 和 HBV 病毒慢性感染所导致。类病毒则仅含单链环状 RNA 分子,不编码蛋白质,主要感染植物,引起马铃薯、柑橘等植物病害。朊病毒为一类特殊的感染微生物,其组成只有蛋白质,没有核酸,其感染机制尚未完全明晰,导致慢性进行性中枢神经系统海绵样病变疾病,如人类克鲁病(Kuru)、克雅病(CJD)和动物的羊瘙痒症(scrapie)、疯牛病等。

细菌为原核细胞型微生物,具有环状裸 DNA、不完整细胞器和细胞壁结构。细菌是常见的感染性病原体,引起人类及动物多种常见感染性疾病。细菌主要分为胞内感染菌和胞外感染菌,两者的感染机制截然不同。结核分枝杆菌感染导致的肺结核是全球最为严重的感染性疾病之一。

真菌为真核细胞型微生物,有典型的细胞核和完整的细胞器,分为单细胞真菌和多细胞真菌(霉菌)。卡氏肺孢(囊)菌(*Pneumocystis carinii*)是 AIDS 患者常见并发肺炎感染的病原体。

支原体、衣原体、立克次体、螺旋体和放线菌为其他几种致感染微生物,其中梅毒螺旋体感染导致的梅毒是近年发病不断攀升的感染性疾病。

二、抗感染免疫的类型

抗感染免疫是机体免疫系统识别和清除病原体免疫应答的总和。根据抗感染免疫发生的先后及机制的不同,分为固有免疫和适应性免疫。适应性免疫应答按效应机制的不同,再分为体液免疫、细胞免疫和黏膜免疫(图 16-1)。

1. *固有免疫* 分为即刻早期免疫(0~4 h)和早期免疫(4~96 h)。在感染 4 h 内,皮肤黏膜屏障、吞噬细胞和体液溶菌酶等分子对病原体的直接降解构成了即刻应答。在随后的 4~96 h 中,Mφ 等通过模式识别受体(PRR)识别病原体的共有成分即 PAMP,激活信号转导,活化一系列参与固有免疫应答的基因,分泌多种促炎症因子如 IFN-α/β、TNF 等,直接抑制病毒等病原体,增强 NK 细胞、γδ T 细胞等的非特异性杀伤功能(见第八章)。这些变化同时为诱导适应性免疫作了准备。

2. *适应性免疫* 图 16-1A 表明,病原体的彻底清除,主要由感染后期的适应性免疫执行。固有免疫细胞中的 APC 提呈抗原,迁移至引流淋巴结,经 TCR、BCR 识别后活化 T、B 细胞,使分化为各种效应性 CD4 T 细胞(Th1、Th2、

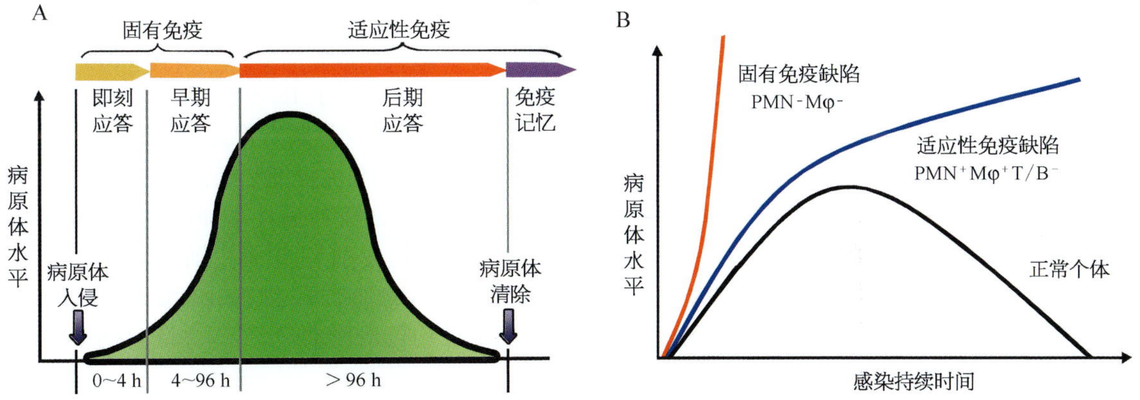

图 16-1　抗感染免疫应答的时相

A. 免疫应答按照发生时相分为固有免疫和适应性免疫。感染出现 0～4 h,机体已存在的溶菌酶、抗菌肽和吞噬细胞等发挥即刻抗感染功能;4～96 h,固有免疫细胞通过 PRR 识别病原体 PAMP,分泌抗感染效应分子和炎性细胞因子,同时 DC 等进行抗原提呈直接启动随后的适应性免疫。适应性免疫由 B 细胞和 T 细胞介导,是清除感染的决定性力量。其中记忆细胞的产生可长期维持对病原体的记忆性应答。B. 当适应性免疫如 T 细胞缺陷时可导致慢性感染;而当缺陷涉及固有免疫分子或细胞如中性粒细胞和巨噬细胞时,机体可因病原体急剧感染而死亡

Th17)、CD8 CTL 和浆细胞,执行特异性细胞免疫和体液免疫功能,清除病原体,终止感染。适应性免疫具有特异性和记忆性,可防御相同病原体的再感染。适应性免疫如 T 或 B 细胞的缺如,可导致持续性感染发生;而固有免疫机制的缺如,则使早期感染无法得以控制而产生致死性严重后果(图 16-1B)。

三、抗感染免疫的结局

感染与免疫是入侵病原体与机体免疫系统的一种相互作用和抗衡。人类免疫系统通过抗原受体 TCR/BCR 的多样性,可识别广泛的病原体及其相关抗原,并通过各种效应机制实施对病原体的清除。然而,病原体在长期进化过程中发展了多种免疫逃逸机制,特别是病毒和胞内菌,可诱导机体免疫耐受而引起慢性感染性疾病;而机体也因易感性的不同和免疫状态及应答类型的差异,对同一病原体,可呈现不同的抗感染应答结局。

第二节　抗感染固有免疫

固有免疫作为抗感染免疫的第一道防线,发挥重要作用。近年随着对固有免疫识别受体及识别机制的不断发现,对抗感染免疫的组成、分子识别和效应机制有了许多新的认识。

一、抗感染固有免疫的主要组成

有关内容在第三章和第八章已做介绍,此节侧重功能性方面。

1. *皮肤黏膜和屏障*　机体完整的皮肤和黏膜组成抵御病原体入侵的第一道防线。除物理屏障作用外,皮肤与黏膜的附属腺体分泌的不饱和脂肪酸、溶菌酶、防御素和胃酸等,具有杀菌抑菌作用。消化道正常菌群竞争性抑制病原菌对肠道上皮细胞的吸附和定植,如大肠杆菌分泌大肠菌素(colicin)抑制病原性肠道杆菌定植肠道,抑制胃肠道感染。因而不适当地大量和长期应用广谱抗生素,可破坏消化道正常菌群,导致耐药性金黄色葡萄球菌和白色念珠菌大量生长,引发葡萄球菌性肠炎和白色念珠菌性肠炎。

2. *固有免疫分子*　体液中天然预存有许多具有抗感染效应的蛋白和分子,如补体、防御素、细胞因子等。补体经激活后发挥重要的抗病原体作用。感染早期,特异性抗体生成之前,细菌成分与补体成分 C3 或甘露糖结合凝集素(MBL)结合可激活补体旁路途径或 MBL 途径发挥溶菌效应。补体的若干活性片段如 C3a、C5a 具有趋化活性和促炎活性,C3b 具调理吞噬活性。C 反应蛋白(CRP)参与固有免疫的识别和激活补体途径。

防御素是重要的广谱性杀细菌、真菌、有包膜病毒的活性多肽。人类有 α-防御素和 β-防御素。中性粒细胞产生的 β-防御素可抑制 HIV 病毒复制,还可刺激细菌产生自溶酶、产生致炎和趋化作用。

病原体感染诱导免疫细胞和组织细胞分泌多种细胞因子,具有重要抗感染功能和免疫调节功能。干扰素(IFN)是重要的抗病毒固有免疫分子。Ⅰ型干扰素(IFN-α 和 IFN-β)由 Mφ 等分泌,作用于邻近细胞,激活细胞合成 RNaseL 和

蛋白激酶PKR，抑制病毒转录和复制，从而发挥早期抗病毒功能；此外还可上调宿主细胞MHCⅠ类分子表达，促进抗原提呈。IFN-γ(Ⅱ型干扰素)由活化T细胞产生，可激活Mφ和NK细胞发挥抗肿瘤效应。IFN-γ在早期抗A型流感病毒免疫中发挥关键作用。感染局部的Mφ及成纤维细胞等可分泌大量趋化因子IL-8和MCP-1，招募多种免疫细胞到达局部发挥抗感染免疫。炎症细胞因子如TNF-α、IL-1和IL-6是"内源性致热原"，促进体温升高，抑制细菌繁殖。TNF-α激活血管内皮细胞，提高血管通透性，在局部感染时可促进抗体、补体和免疫细胞经血管向感染部位聚集，控制感染范围；但在病原体全身感染时，大量TNF-α导致全身性小血管扩张和血管通透性增加，可致弥散性血管内凝血(DIC)，引起多器官衰竭而死亡。IL-12能激活NK细胞，IL-1可激活血管内皮细胞，增强白细胞黏附性。

3. 参与固有免疫的细胞　参与固有免疫的细胞包括吞噬细胞、NK细胞、γδT细胞、B1细胞、NKT细胞、肥大细胞、DC等。吞噬细胞包括单核/巨噬细胞和中性粒细胞，在感染发生后均可快速动员，是吞噬清除病原体的重要效应细胞，而NK细胞是重要的抗病毒效应细胞。

感染1～2 h，在细菌LPS和炎性因子TNF等作用下，血管内皮细胞表达E-选择素，吞噬细胞表达相应配体借此与血管内皮细胞黏附并滚动。感染6～12 h后，吞噬细胞借表面LFA-1等与血管内皮细胞ICAM-1等作用发生牢固黏附，最终穿越血管到达组织间隙，并借趋化因子受体向感染灶定向移动。而吞噬细胞一方面可借多种模式识别受体(PRR)识别病原体相关分子模式(PAMP)而活化，另一方面，可直接以受体介导方式对病原体实施胞吞，形成吞噬溶酶体，再通过各种杀菌途径清除病原体。

NK细胞是重要的抗病毒和胞内菌效应细胞，通过穿孔素-颗粒酶机制和ADCC发挥细胞毒作用。NK活化后分泌IFN-γ，可促进Mφ分泌IL-12和TNF-α，而后二者协同促进NK细胞分泌更多IFN-γ，上调抗病毒功能。

γδT细胞主要位于黏膜和表皮，识别分枝杆菌等的热休克蛋白(HSP)、脂类抗原，参与黏膜免疫。胸腹腔和肠壁固有层的B1细胞识别LPS和荚膜聚糖，产生IgM为主的低亲和力抗体。NKT细胞定居于肝脏和骨髓，识别CD1提呈的脂类和糖脂类抗原，发挥杀伤和调节功能。肥大细胞位于浆膜层或血管内皮细胞之下，邻近血管、神经和腺体，易遭遇入侵的病原体。其吞噬作用弱，在LPS等作用下，可释放胞内活性介质，发挥趋化、激活补体和致炎效应。

二、抗感染固有免疫的分子识别

固有免疫细胞中，Mφ和DC在感染早期即可通过PRR识别来自病原体的危险信号即PAMP，感知微生物感染的存在，从而及时启动吞噬作用和PRR介导的信号通路，加速炎症细胞因子的分泌。PRR对PAMP识别的泛特异性是固有免疫识别的分子基础。常规PRR包括膜型PRR和胞质型PRR。不同PRR介导对不同病原体成分的分子识别。

(一) 不同PRR对不同病原体成分的识别

1. TLR对细菌和病毒成分的识别　膜型PRR主要指Toll样受体(TLR)。人表达TLR1～TLR10，小鼠则表达TLR1～TLR7，TLR9和TLR11～TLR13。其中，TLR1、TLR2、TLR4、TLR5、TLR6、TLR10、TLR11～12表达于细胞膜上，主要介导胞外PAMP识别；而TLR3、TLR7、TLR8、TLR9、TLR13则表达于胞质内体膜上，识别胞质PAMP。

图16-2表明，TLR1与TLR2异二聚体识别细菌三酰基脂蛋白(triacyl lipopeptide)；TLR2以凝集素dectin-1为共

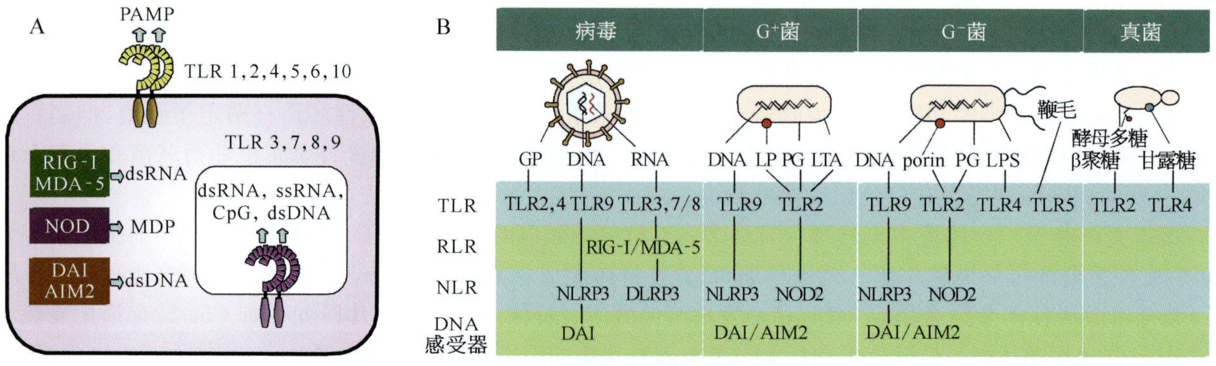

图16-2　固有免疫受体PRR对PAMP的识别

A. 固有免疫PRR受体主要包括位于胞膜的TLR和位于胞质的游离PRR如RIG-I，MDA5，NOD等。其中，TLR1，TLR2，TLR4，TLR5，TLR6，TLR10位于细胞膜表面，TLR3，TLR7，TLR8，TLR9位于胞质内体膜表面。B. 不同PRR分别识别不同病原体来源的PAMP。TLR：Toll样受体；RLR：RIG样受体；NLR：NOD样受体；MDP：胞壁酰二肽；GP：糖蛋白；LP：脂蛋白；porin：膜孔蛋白

受体，识别 G^+ 菌的肽聚糖和脂磷壁酸（LTA）、细菌脂蛋白、分枝杆菌的脂阿拉伯甘露糖（LAM）、酵母多糖等；TLR3 识别病毒 dsRNA 和 ssRNA；TLR4 以 MD2、CD14 和 LBP 为共受体或辅助蛋白，识别多种细菌成分如 LPS、甘露糖、糖肌醇磷脂及病毒包膜糖蛋白等；TLR7/8 识别 ssRNA；TLR5 识别细菌鞭毛蛋白；TLR6/2 识别乙酰脂蛋白、脂磷壁酸；TLR7 和 TLR8 识别病毒 ssRNA；TLR7 还识别 B 组链球菌来源 RNA；TLR9 识别细菌、病毒 DNA 来源的非甲基化 CpG 序列及自身 DNA；TLR10 与 TLR1 类似，与 TLR2 联合识别细菌来源的三酰基脂蛋白；TLR11 和 TLR12 识别弓形虫来源的 profilin 样蛋白；TLR13 识别细菌核糖体 23s rRNA。所有 TLR 中，TLR1、TLR2、TLR4、TLR5、TLR6、TLR7、TLR9 优先识别细菌来源 PAMP；而 TLR3、TLR7、TLR8 则负责识别病毒来源核酸，TLR2/4 也参与对病毒包膜蛋白和原虫来源的糖脂成分的识别。真菌的主要成分 β-葡聚糖和葡萄糖醛酸木糖甘露聚糖（GXM）主要由 TLR2 和 TLR4 识别。

2. *RLR 对病毒核酸的识别* 胞质型 PRR 包括 RIG 样受体（RLR）、NOD 样受体（NLR）和胞质 DNA 感受器 AIM 和 DAI 等，其中 RLR 主要负责识别病毒 RNA，如 RIG-I 识别短 dsRNA 和 5′磷酸化 RNA，MDA5 识别长 dsRNA，并激活下游通路产生Ⅰ型干扰素。其中，MDA5 对于抗副黏病毒和流感病毒感染免疫至关重要，而 RIG-I 则对小 RNA 病毒等的抗感染免疫十分关键。

作为 IFN 诱导基因的 dsRNA，其激活的蛋白激酶受体（PKR）也是胞质病毒 RNA 感受器，通过识别 dsRNA 和 5′磷酸化 RNA 激活后，灭活真核生物复制延长因子 eIF2a，从而抑制病毒复制。

3. *NLR 对细菌成分的识别及炎症小体形成* NLR 主要负责识别胞质病原体来源的小分子及其他危险信号，包括 NOD1/2、NLRP1/3 和 NLRC4 等多种蛋白感受器。NOD1 和 NOD2 负责识别细菌来源的胞壁酰二肽（MDP）和肽聚糖等成分，通过 NF-κB 通路激活炎症反应。NOD1 变异体与 IgE 介导的Ⅰ型超敏反应如哮喘发病相关；而 NOD2 变异体则与慢性炎症性疾病如克隆病发病相关。

NLRP3、NLRP1、NLRC4 则识别病毒来源的单链 RNA（ssRNA）与 ATP 等的复合物及细菌、真菌等成分，通过 PYD 结构域与炎症小体衔接蛋白 ASC 的 PYD 相互作用而结合；ASC 再通过其含有的 CARD 结构域与同样含有 CARD 结构域的 caspase-1 前酶分子结合，由此 NLRP3 与 ASC 和 caspase-1 酶原形成一个被称为炎症小体（inflammasome）的复合物，产生激活的 caspase-1，后者对 IL-1β 和 IL-18 蛋白前体进行剪切，从而表达有活性的炎症细胞因子 IL-1β 和 IL-18（见第八章）。NLR 介导的炎症小体激活在多种炎症性疾病中发挥关键作用。

4. *DNA 感受器对病毒核酸的识别* 胞质中还有至少两类 DNA 感受器，AIM2 和 DAI，它们负责识别病原体来源 DNA 以及自身凋亡细胞来源的 dsDNA，在抗感染免疫和自身免疫应答中均发挥重要的作用，如 DAI 识别病毒来源 dsDNA 或者李斯特单胞菌 DNA 后，通过 TBK1-IRF3/7 通路激活，可诱导不依赖 TLR9 的Ⅰ型干扰素的分泌。AIM2 识别 DNA 病毒如痘病毒、小鼠巨细胞病毒 MCMV 和野兔热病杆菌后，介导炎症细胞因子的分泌，参与炎症小体形成，促使分泌 IL-1β。

（二）固有免疫的抗感染效应

Mφ 和 DC 等固有免疫细胞，通过表达于胞膜的 TLR 对细菌来源 PAMP 的识别，诱导炎症细胞因子和趋化因子的分泌，进一步招募其他多种免疫细胞到达感染部位，发挥控制局部感染作用。而表达于内体膜上的 TLR 和胞质中的 RLR，识别病毒核酸成分，从而诱导炎症细胞因子和Ⅰ型干扰素的分泌。Ⅰ型干扰素通过与邻近细胞表面相应受体的作用，激活多种干扰素激活基因（ISG）的转录。例如，通过合成 2′,5′-寡腺苷酸合成酶（OAS）、腺嘌呤三核苷酸，激活核酸内切酶 RNAseL，降解病毒 mRNA，抑制病毒转录；还可合成蛋白激酶 PKR，通过磷酸化而灭活蛋白翻译起始因子 eIF-2，抑制病毒 mRNA 的翻译。由此，Ⅰ型干扰素使感染和未感染细胞处于“抗病毒状态”（图 16-3）。同时，Ⅰ型干扰素还可诱导感染细胞凋亡，上调 MHCⅠ类分子表达，增强 NK 细胞的天然杀伤活性，综合发挥抗病毒感染效应。这是Ⅰ型干扰素早期抗病毒感染的重要机制。

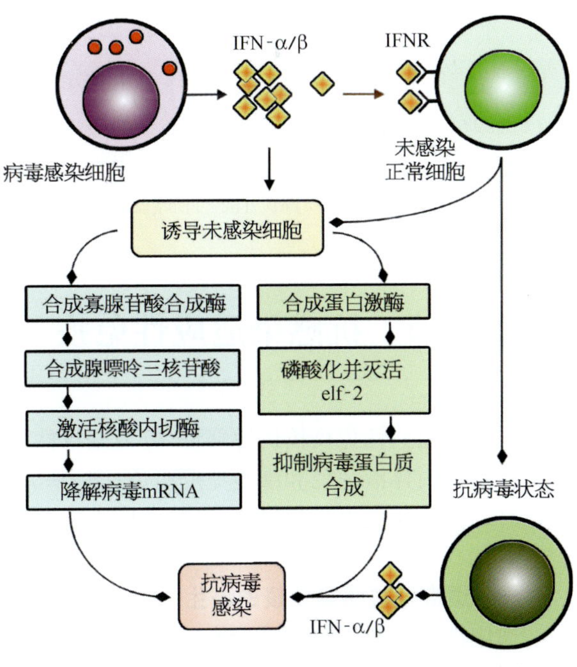

图 16-3 Ⅰ型干扰素的抗病毒机制

病毒感染的细胞可产生Ⅰ型干扰素，通过与正常细胞表面相应受体的作用，激活多种干扰素激活基因（ISG）的表达。其包括① 合成 2′,5′-寡腺苷酸合成酶（OAS）、腺嘌呤三核苷酸，激活 RNaseL，通过降解病毒 mRNA 抑制病毒转录。② 合成蛋白激酶 PKR，通过磷酸化灭活蛋白翻译起始因子 eIF-2，抑制病毒 mRNA 的翻译。如此，Ⅰ型干扰素可使未感染细胞处于“抗病毒状态”，参与抗病毒感染

三、抗感染固有免疫的意义

固有免疫不仅在感染早期发挥控制病原体感染和播散的重要作用，同时对适应性免疫有重要的启动和调节意义。

1. 抗感染免疫的第一道防线　固有免疫通过其屏障、分子抑菌、吞噬病原体、炎症细胞因子分泌等效应，在感染早期和局部有效控制病原体数量和规模，避免全身传播，是为关键的抗感染的第一道防线。其功能缺如可因早期病原体急剧感染而导致死亡。

2. 提呈病原体抗原启动适应性免疫应答　Mφ和DC作为APC，可吞噬病原体并将其降解为抗原肽；同时上调其细胞表面MHC分子和共刺激分子表达，提供了T细胞激活所需的MHC-抗原肽信号和共刺激信号，促进适应性免疫。

3. 调节适应性抗感染免疫　Mφ通过PRR识别PAMP后启动的信号转导，产生不同类型的细胞因子，直接影响适应性免疫中的Th1、Th2、Th17等亚群的分化。例如，病毒感染激活NK细胞分泌IFN-γ，IFN-γ激活Mφ分泌IL-12，IL-12和IFN-γ促进Th0分化为Th1，促进细胞免疫应答，有效清除病毒感染。而细菌或病毒导致的慢性感染则可能通过诱导Mφ、DC表面抑制性的共刺激分子如PD-1等表达，或通过IL-10，及嗜碱粒细胞分泌的IL-4，促进Treg或者Th2分化，导致对病原体的免疫耐受。病原微生物激活Mφ等分泌IL-6、TGF-β、IL-23等细胞因子，则促进Th17应答，导致过度免疫炎症效应，致组织损伤。因此，固有免疫的类型和强度直接影响了适应性免疫的启动以及类型，从而影响了抗感染免疫应答的结局（图16-4）。

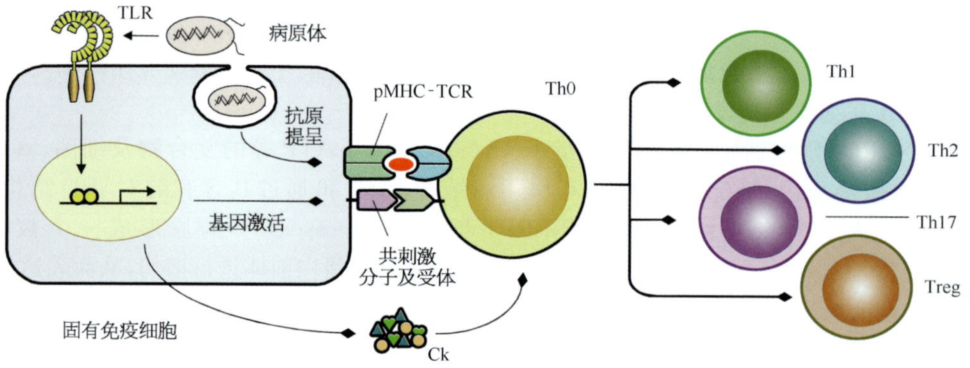

图16-4　抗感染固有免疫对于适应性免疫应答的启动和调节

固有免疫细胞（如Mφ和DC）通过吞噬病原体，将其降解为抗原肽，形成肽-MHC复合物（pMHC），提呈于细胞表面，为T细胞激活提供第一信号。同时，固有免疫细胞通过PRR识别病原体来源PAMP后，启动相应信号转导，激活各种基因，上调共刺激分子（如B7和CD40）的表达，提供T细胞激活的第二信号。激活的基因还包括分泌抗感染效应分子（Ⅰ型干扰素）和促炎症因子（如IL-6、IL-12）。其中不同细胞因子组合（包括参与固有免疫的嗜碱粒细胞分泌IL-4），对CD4 T细胞分化为不同的亚群（Th1、Th2、Th17、Treg）十分关键，从而调节了适应性免疫应答的类型。而Th又决定对TD抗原的抗体应答及CD8 CTL细胞的效应，反过来影响抗感染的结局

第三节　抗感染适应性免疫

抗感染适应性免疫按诱导部位，分为全身性免疫（systemic immunity）和黏膜免疫（mucosal immunity）。全身性抗感染免疫则由体液免疫和细胞免疫组成（图16-5），因效应细胞和效应分子等随血液和淋巴液可输送至全身，涉及各组织器官。黏膜免疫由黏膜局部诱导，效应也主要发生于黏膜局部。

一、适应性抗感染免疫的诱生

适应性抗感染免疫的诱生缘于抗原（病原体）的激发，涉及APC抗原提呈和CD4 Th的激活。APC提呈pMHC活化CD4 Th细胞后，由进一步分化的Th亚群分泌表达多种细胞因子和趋化因子，行使效应功能。同时，Th通过表面共刺激分子和分泌的不同细胞因子，一方面辅助B细胞识别抗原后分泌抗体和发生类别转换，另一方面指导CD8 CTL激活和行使功能。

二、抗感染体液免疫及其效应机制

三种B细胞亚群参与抗感染体液免疫。其中，B1细胞负责对TI-Ag即细菌LPS、鞭毛蛋白、荚膜聚糖的应答，其

多个 BCR 被荚膜聚糖的重复线性表位所交联，无需 Th 辅助产生 IgM 类抗体。脾脏内边缘 B 细胞（MzB）负责对血清来源病原体抗原产生 IgM 抗体应答，并有提呈功能。滤泡内的 B 细胞（即通常意义的 B 细胞）在 Th2 辅助下，对大部分病原体抗原（属 TD-Ag）发生应答，产生以 IgG 为主的抗体。sIgA 的分泌不同于此，在黏膜免疫诱导部位，淋巴结诱生的浆细胞通过血循环到达消化道、呼吸道、生殖道等黏膜免疫效应部位，分泌 sIgA 至黏膜表面（见第九章）。

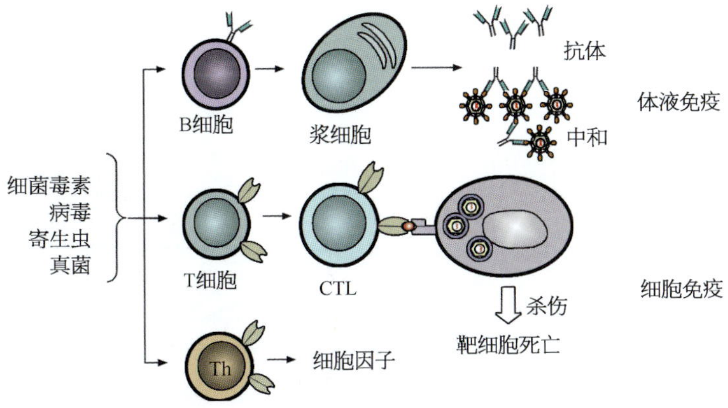

图 16-5 抗感染适应性免疫应答

病原体感染宿主诱导的适应性抗感染免疫，包括体液免疫和细胞免疫以及黏膜免疫。其中，B 细胞通过 BCR 特异性识别病原体抗原表位，分化为浆细胞，进而分泌特异性抗体中和病原体，或激活补体裂解病原体；T 细胞通过 TCR 特异性识别病原表位，分别分化为 CD4 Th 细胞和 CD8 CTL 细胞，后者特异性杀伤病原体感染细胞。而 Th 同时辅助 B 细胞应答和 CD8 T 细胞应答，发挥中心调控作用

体液免疫通过特异性抗体发挥抗感染作用。抗体可中和细菌毒素、封闭病原体，阻止其入侵宿主细胞；激活补体杀伤病原体，增强 Mφ 及 NK 细胞吞噬病原体；介导 NK 细胞的 ADCC 对病原体的细胞毒活性；IgG 经 FcγR 穿越母胎界面，赋予胎儿及 3 个月内新生儿抗感染免疫力；黏膜局部 sIgA 对于黏膜病原体行使中和作用。

不同类别抗体具有抗不同病原体的作用。例如，IgM 和 IgG 对于金黄色葡萄球菌和肺炎链球菌的清除均十分关键；而对流感病毒、脊髓灰质炎病毒、霍乱弧菌和白喉棒状杆菌而言，IgG 和 sIgA 作用最为显著；清除真菌和原虫不仅依赖 IgG，还依赖 CD4 T 细胞应答；而清除血吸虫，则需要 IgE 和 CD4 T 细胞应答的诱导；对于结核分枝杆菌，目前认为血清抗体无中和作用，Th1 和 CTL 的诱导最具保护作用，肺支气管 sIgA 也可能参与免疫保护。

三、抗感染细胞免疫应答及其效应机制

抗感染细胞免疫由 CD4 Th、CD8 CTL 和 Mφ 等介导。感染局部病原体经 APC 提呈后，经淋巴循环到达引流淋巴结，首先激活 CD4 Th0，Th0 在不同细胞因子作用下分化为 Th1、Th2、Th9、Th17、Tfh 和 Treg 等不同亚群，分别产生 IL-2、IFN-γ、IL-4、IL-9、IL-17、IL-21、IL-10 和 TGF-β 等多种细胞因子。Th 除了参与诱导效应性 CD8 CTL 分化和发挥对病原体的杀伤作用，亦具有效应功能：Th1 通过分泌 IL-2 和 IFN-γ 激活 Mφ 和中性粒细胞，分泌趋化因子 MCP-1 招募 Mφ，促进对胞内菌如结核杆菌的吞噬杀伤；也可诱导 DTH 造成结核慢性肉芽肿等病理损伤。Th2 通过分泌 IL-4 和 IL-5 激活 B 细胞分化为浆细胞，产生抗体和类别转换，并激活嗜酸粒细胞介导抗寄生虫免疫。Th9 由 Th2 分化，分泌 IL-9，在 Th2 介导的炎症损伤如哮喘中发挥促炎作用。Th17 分泌 IL-17，参与多发性硬化和类风湿关节炎等自身免疫性疾病中的炎症反应。Treg 则通过分泌 IL-10 和 TGF-β，对感染诱导的正向炎症 T 细胞应答实施负向调控，在慢性感染中发挥免疫抑制作用。

四、抗感染黏膜免疫应答及其机制

局部黏膜免疫由黏膜相关淋巴样组织（MALT）如鼻相关淋巴组织（NALT）、支气管相关淋巴组织（BALT）、肠道相关淋巴组织（GALT）等诱导，对于清除黏膜感染病原体至为关键。

黏膜免疫涉及诱导部位和效应部位。T、B 细胞在诱导部位激活，通过淋巴管运输到其他黏膜表面，发挥效应功能。因此由呼吸道病原体诱导产生的特异性 sIgA 抗体，不仅存在于呼吸道黏膜，还可在生殖道检测到，形成“共同黏膜免疫系统”。这一特性使黏膜疫苗的研制富有前景，如滴鼻疫苗有望在生殖道诱导 sIgA 分泌，预防病原体的生殖道感染。

黏膜免疫的诱导同样需要 APC 提呈。肠道派氏集合淋巴结中，黏膜上皮细胞层下方依次为固有层、黏膜下层和肌肉层，固有层和黏膜下层分布有淋巴滤泡。肠道黏膜上皮细胞之中规律性地分布有 M 细胞，它可吞噬和转运病原体抗原。M 细胞下方常集结有 Mφ、DC、初始 T、B 细胞（图 16-6）。病原体经肠道感染时，有多种方式进行抗原提呈：① M 细胞吞噬处理病原体，而后转运至下方的 DC，由 DC 进行抗原提呈；② 部分 DC 也将其树突触角延伸至黏膜上皮细胞之间，直接获取病原体抗原；③ Fc 受体（FcRn）可介导 IgG-抗原复合物在黏膜上皮细胞作双向转运，将抗原运输至基底面的 DC，由 DC 获取抗原；④ 部分黏膜上皮细胞被感染后发生凋亡，释放病原体抗原，由 DC 提呈。激活的 T、B 细胞再移行至黏膜免疫效应部位，分泌 sIgA，发挥 T 细胞效应。

黏膜免疫的效应机制中，分泌型 IgA（sIgA）发挥重要作用。二聚体 sIgA 由浆细胞分泌后，在通过黏膜上皮细胞的过程中，由多聚免疫球蛋白受体（pIgR）即分泌片（SP）结合 IgA，向肠腔方向运输，最后释放至肠道中，而 pIgR 可循环

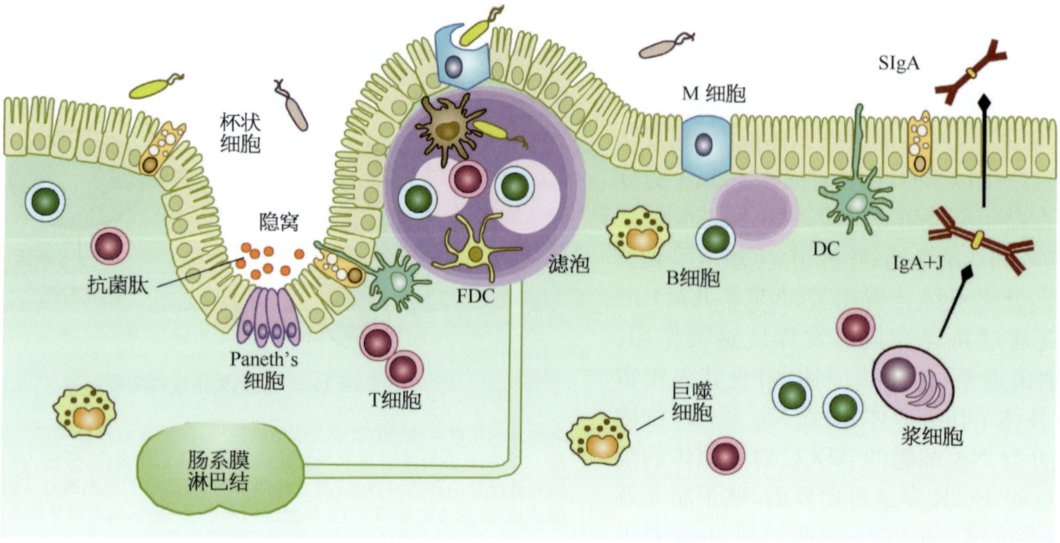

图 16-6 抗感染黏膜免疫

抗感染黏膜免疫对于清除经黏膜感染的病原体非常关键。黏膜免疫诱导部位的 APC 提呈抗原给初始 T、B 细胞，激活的 T、B 细胞经淋巴管、淋巴结运输至黏膜免疫效应部位，主要通过分泌二聚体 sIgA 发挥黏膜免疫效应功能

使用(见第四章图 4-14)。sIgM 为五聚体，可代偿 sIgA 的功能。sIgA 是自然状态下日分泌量最高的抗体，达 30～100 mg/kg，保护面积庞大的黏膜表面，有效中和阻断黏膜感染病原体，使不能跨过黏膜。黏膜效应 T 细胞也具有杀伤作用。

五、抗感染免疫的记忆反应

免疫记忆的分子基础是初次免疫诱导的具有抗原特异性的记忆 T、B 细胞的维持与再次激活。记忆性 T、B 细胞由于带有抗原特异性的高亲和力 TCR/BCR，再次接触相同抗原时，诱导免疫应答比初次更加快速、强烈和持久。

初次体液免疫应答的特点是抗体诱导潜伏期长(数天至 2 周)，抗体效价和亲和力低，早期为 IgM 类抗体，随后为 IgG 类，抗体分泌持续时间短。再次应答潜伏期短(1～2 d 甚至数小时)；抗体效价为初次的数倍至数十倍；主要由高亲和力的 IgG 类组成；维持时间长久。由于记忆 T 细胞表面 CD2、LFA、ICAM 等黏附分子和 CD25、MHC 等分子表达增加，细胞间黏附能力增强，信号转导和效应分子产生加速，强化了二次免疫应答。

第四节 胞内病原体的抗感染免疫

病毒和胞内菌必须进入宿主细胞内部，完成其自身复制、装配和后代病原体的释放。因此病毒和胞内菌的感染涉及病毒与细胞受体、细胞内各细胞器的相互作用。而抗病毒及抗胞内菌感染免疫的关键在于诱导特异性细胞免疫。

一、抗胞内病毒感染免疫

病毒是严格的胞内感染病原体，必须利用宿主细胞提供的原料和合成酶来复制自己。病毒通过宿主细胞表面的病毒受体感染细胞，如 HIV-1 与 T 细胞表面 CD4 分子以及趋化因子受体(CXCR4、CCR5)结合后入侵宿主细胞。病毒复制后以细胞裂解方式或芽生方式释放子代病毒，分别称为裂解型病毒和非裂解型病毒。不同病毒诱导的抗感染免疫不尽相同。

1. 抗病毒固有免疫　NK 细胞和 Mφ 具有重要的抗病毒功能。Mφ 经固有免疫信号通路激活后分泌的 Ⅰ 型干扰素(IFN-α/β)具有关键的抗病毒复制作用，同时能增强 NK 细胞的杀伤能力。

2. 抗病毒适应性免疫　病毒特异性抗体具有中和胞外游离病毒作用。抗体结合病毒后，还可促进 Mφ 对病毒的调理吞噬，激活补体后也可裂解病毒，因此在感染早期和对裂解型病毒具有重要作用。黏膜 sIgA 抗体对经消化道、呼吸道、生殖道入侵的黏膜感染病毒具有中和作用。对于已建立感染的病毒以及非裂解型病毒，CTL 发挥最为关键保护作用。CTL 可特异性杀伤病毒感染靶细胞，使病毒失去复制环境而死亡。CTL 主要为 CD8 T 细胞，也包括一小部分 CD4 T 细胞。CTL 通过穿孔素-颗粒酶途径、FasL-Fas 途径诱导感染细胞凋亡；同时通过分泌 IFN-γ、TNF-α 等细胞因子发挥抗病毒作用(图 16-7)。重要的抗病毒体液和细胞免疫机制如表 16-1 所示。

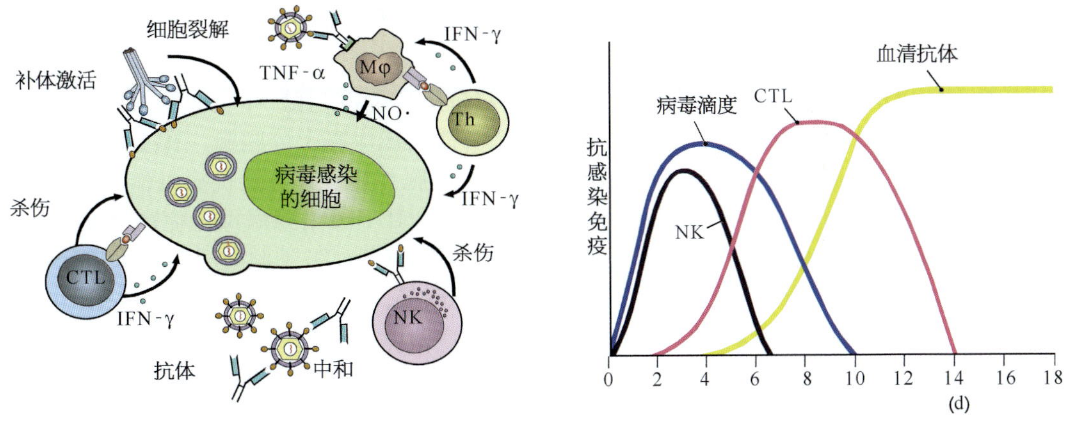

图 16-7 抗病毒感染免疫

病毒是严格的胞内感染病原体。清除病毒感染依赖于固有免疫、适应性免疫的全面诱导。但在其中，NK 细胞的抗病毒固有免疫和 CTL 的抗病毒适应性免疫是较为关键的两类抗感染免疫作用。仅当病毒特异性 CTL 被诱导并达到峰值，病毒滴度才会降至最低，即实现对病毒感染的清除

表 16-1 抗病毒适应性体液和细胞免疫机制

应答类型	效应分子或细胞	机制
体液免疫	抗体(特别是 sIgA)	中和和阻断病毒吸附细胞，抑制感染发生
	IgG、IgM、IgA	阻断病毒包膜与细胞膜融合
	IgG、IgM	调理并增强 Mφ 吞噬
	IgM	凝集病毒颗粒
	IgG、IgM	激活补体溶解病毒，C3b 调理和促进吞噬
细胞免疫	Th1/CTL 分泌 IFN-γ	直接抗病毒、激活 NK 细胞、Mφ
	CTL	杀伤病毒感染细胞
	NK 细胞、Mφ	通过 ADCC 杀伤病毒感染细胞

3. 抗 HBV 感染免疫　人类乙型肝炎病毒(HBV)感染是世界范围的公共卫生问题。由于宿主 MHC 等位基因易感性的不同以及其他关键基因的突变或多态性的存在，中国有约 1.2 亿的无症状携带者，在免疫力降低情况下容易转化为 HBV 慢性感染患者。HBV 慢性感染可持续数十年，患者肝组织反复损伤，进行性发展为肝硬化和肝癌。HBV 属嗜肝 DNA 病毒科不完全双链 DNA 病毒，编码表面抗原(HBsAg)、核心抗原(HBcAg)和 HBeAg。HBV 慢性感染是一个极为复杂的过程，是机体抗感染免疫应答能力低于 HBV 免疫逃逸及诱导宿主发生免疫耐受的能力，造成抗感染不力的结果。

(1) 抗 HBV 固有免疫　固有免疫对于早期控制病毒非常关键，其中，Ⅰ型干扰素的分泌、NK 细胞和 NKT 细胞的杀伤、DC 的成熟与激活，对于控制 HBV 初期感染和诱导抗 HBV 适应性免疫均十分重要。

1) Ⅰ型干扰素抗 HBV 作用：Ⅰ型干扰素不仅可抑制 HBV 转录复制，还可激活 NK 细胞功能，促进 DC 成熟和 CTL 活化，诱导一系列干扰素激活基因(ISG)的转录，发挥抗 HBV 作用。新近研究发现：IFN-α/β 在肝细胞中诱导三结构域蛋白(TREM22)分子上调表达，而 TREM22 通过抑制核心抗原启动子区域转录活性，可特异性抑制 HBV 转录和复制功能，是为Ⅰ型干扰素抗 HBV 的一种新机制。

2) NK 细胞的抗 HBV 作用：肝脏具有丰富的 NK 细胞，占肝内淋巴细胞的 40%～60%，是抗感染固有免疫细胞的主体。对于急性自限性 HBV 感染患者，感染 1～6 周内 NK 细胞与 NKT 细胞($CD69^+NKG2D^+$)的激活、增殖和杀伤，与 HBV DNA 拷贝数、HBsAg 的降低、抗 HBsAg 抗体的生成相关。在活动性慢性乙肝患者中，激活态 NK 细胞在肝脏富集，其杀伤功能过强，IFN-γ 分泌功能减弱，反而导致肝组织损伤。

然而，处于免疫耐受状态的慢性 HBV 感染患者中，HBV 可启用一种类似"隐匿病毒"(stealth virus)的机制，在肝内复制过程中逃逸固有免疫识别，使固有免疫应答几乎无法发挥作用。其包括：极低的 IFN-α 水平，ISG 转录缺如，极低的 IFN-λ 和 IL-15 水平使 NK 细胞无法激活，或使 IL-10 水平不断升高，令 NK 细胞活性在病毒复制阶段不断降低。

3) HBV 的固有免疫识别：现有证据表明 TLR4 和 TLR9 在 HBV 感染的肝细胞内表达增高，并与 HBV 复制水平

相关，但具体识别机制不详。而在 HBeAg 阳性慢性乙肝患者中，发现 TLR2 表达和 TNF-α 分泌下调；而 HBeAg 转阴则与 TLR2 上调表达相关。

(2) 抗 HBV 适应性免疫

1) HBV 特异性抗体应答：抗 HBV 包膜高效价抗体的产生可中和血清游离病毒，使其吸附、感染肝细胞的能力丧失，因此感染过 HBV 并恢复的个体可很快清除再次感染的病毒。但是，特异性抗体的产生依赖于 Th 的诱导，如果中和抗体出现很晚，很难在感染早期提供免疫保护。

2) HBV 特异性 CD4 Th 细胞应答：CD4 Th1 应答的诱导对抗 HBV 免疫保护十分重要。在急性感染患者中，可检测到活跃的、抗原特异性 CD4 Th 细胞应答；而在慢性乙肝患者体内该应答十分微弱。在 HBV 复制高峰期时去除 CD4 Th 细胞对于病毒清除和肝脏炎症都没有影响，提示 CD4 Th 细胞并非发挥直接抗病毒作用，而是通过诱导和激活 CTL 杀伤效应和 B 细胞产生抗体，参与控制 HBV 感染。但是，在 HBV 感染到病毒血症高峰期之间的 CD4 Th 细胞有效激活，对于后续 CD8 T 细胞的激活和维持都是必需的，因此早期 CD4 Th 细胞激活决定了清除病毒的效率。低剂量的 HBV 感染不易在早期激活 CD4 T 细胞，反而易于导致免疫耐受。

3) HBV 特异性 CD8 CTL 应答：CD8 CTL 的杀伤作用，是彻底清除 HBV 并导致肝炎损伤的主要因素。在急性自限性乙肝患者体内，可检测到强烈的、多特异性的 CD8 T 细胞的激活；而在慢性乙肝患者体内，CD8 T 细胞应答不仅微弱，且抗原谱狭窄，使其不仅无法清除肝脏 HBV，反而导致肝炎及损伤。肝脏内 HBV 的清除与肝炎症状的出现，都由肝内富集的 CD8 CTL 所介导。但是，CTL 的功能特点比数量更为重要，因为 CTL 在有效地清除 HBV 同时，并不一定伴随大量肝细胞的损伤。1999 年 Chisari 等提出，激活的 CTL 可通过分泌 IFN-α 和 TNF-α 作用于肝细胞，以非溶细胞性(non-cytopathic pathway)途径，以蛋白酶体和蛋白激酶依赖的方式抑制肝细胞内 HBV 核衣壳的装配，以 SSB/La 依赖方式抑制病毒 RNA，而不杀伤肝细胞；同时，IFN-α 和 TNF-α 可进一步激活 CD8 T 细胞和肝脏库普弗细胞，加速对 HBV 的清除(图 16-8)。肝脏 HBV 的早期清除与分泌 IFN-γ 的 CD8 CTL 在肝脏富集相关，且主要以非溶细胞机制发挥作用，并清除 HBV 转录中间体 cccDNA；而 CTL 对晚期 HBV 的清除，则需运用溶细胞(细胞裂解)和非溶细胞两种机制，同时介导肝脏损伤。

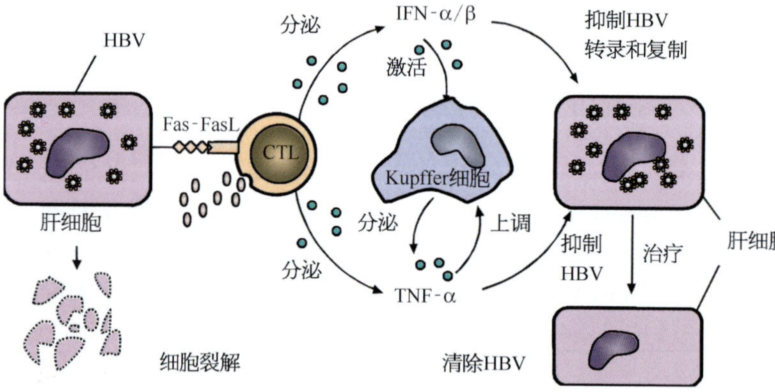

图 16-8 抗感染细胞免疫通过细胞因子分泌途径治疗 HBV 感染

HBV 特异性 CTL 除杀伤肝细胞清除 HBV 以外，更主要应用细胞因子介导的非细胞毒效应清除肝细胞内 HBV 病毒，达到治疗作用。CTL 通过分泌 IFN-γ 和 TNF-α 等有效抑制肝细胞中 HBV 基因表达和复制，而并不杀伤这些肝细胞。IFN-γ 可激活肝巨噬细胞分泌更多 TNF-α。TNF-α 在转录后水平上加速胞质病毒 mRNA 降解

(3) HBV 慢性感染的结局与病理损伤机制　慢性乙肝的发展过程是 HBV 逃逸抗感染免疫及诱导宿主免疫系统发生免疫耐受的综合结果。典型的 HBV 慢性感染随时间进展可划分为四个阶段：免疫耐受阶段、免疫应答阶段、HBeAg 转阴后非活动性携带阶段和再次急性发作阶段(图 16-9)。在免疫耐受阶段，HBV 高水平复制，HBsAg 水平高，却无抗 HBsAg 抗体产生，免疫应答水平低下，无肝损伤，肝内谷丙转氨酶(ALT)水平低；当机体免疫系统激活诱导抗 HBV 免疫而进入免疫应答阶段后，HBV DNA 和 HBsAg 水平高，出现抗 HBsAg 抗体和 CTL，肝损伤严重，肝内 ALT 水平高，出现急性肝炎症状，即进入活动期；一段时间后，HBV 与宿主又恢复相持状态，进入非活动期；在此阶段，一部分慢性乙肝患者出现抗 HBeAg 抗体，HBeAg 逐渐消失，进入第三个阶段(非活动性携带阶段)。在此阶段，HBV DNA 水平和 HBsAg 水平低，肝损伤小，疾病情况转好的概率增加，每年约有 1%的 HBeAg 转阴患者彻底清除 HBV 而恢复健康。但很多情况下，由于 HBV 发生前 C 区启动子基因突变，导致 HBeAg 的不表达，因此转阴现象并非对病毒

的有效清除，而是病毒逃逸免疫攻击的假象。在这一部分患者中，又有一部分会发生急性爆发性肝炎，进入第四阶段。此时 CTL 激活，肝损伤严重，肝内 ALT 水平高，而 HBV 未能被有效清除。经过这四个阶段的 HBV 慢性感染和反复发作，患者肝组织经历慢性损伤，容易发生纤维硬化和功能丧失，并倾向发生肝癌。由于个体免疫应答的差异及 HBV 逃逸抗感染免疫策略的差异，并非每个慢性乙肝患者都经历这四个感染阶段，少部分患者在 HBeAg 转阴后发生好转，也有患者在好转后再次爆发肝炎使肝组织情况恶化。

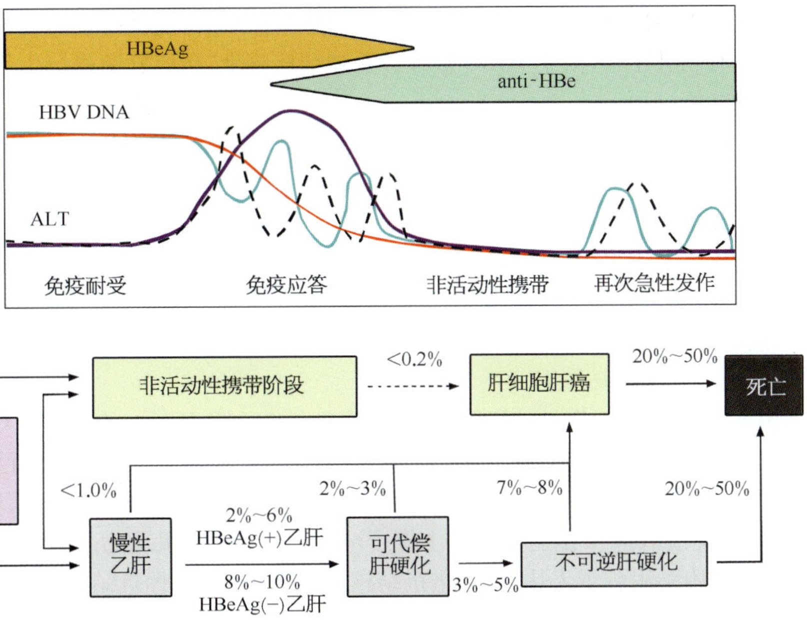

图 16-9 HBV 逃逸抗感染免疫的过程和结局

HBV 慢性感染可持续数十年，经历经典的 4 个阶段：免疫耐受阶段、免疫应答阶段、HBeAg 转阴后非活动性携带阶段、再次急性发作阶段。最后导致肝纤维硬化和肝癌并死亡。HBeAg 转阴患者更易发生肝硬化是由于转阴患者通常经历长期慢性乙肝过程，年龄较大，肝损伤程度较高。此外，HBV 复制水平持续居高的患者也容易发生肝硬化。而与肝癌发生密切正相关的因素除 HBV 慢性感染外，还有 HBV C 基因型、HBV 核心 C 抗原启动子突变(HBeAg 转阴)、HBV DNA 复制水平高以及合并 HCV 感染等

低效的 HBV 特异性免疫应答，导致 HBV 的持续存在和肝脏的慢性低水平损伤，从而导致慢性乙肝和肝脏进行性炎症损伤，甚至肝癌发生。而免疫应答低效性的根本原因，与 HBV 诱导机体的特异性免疫耐受相关。此外，肝细胞分泌的趋化因子 CXCL9、CXCL10 等介导的大量非特异性免疫细胞如 Mφ 的肝脏浸润与炎症效应，以及 Mφ 分泌金属蛋白酶介导更多的非特异性免疫细胞如 NK 细胞、NKT 细胞、T 细胞富集肝脏，发挥非特异杀伤作用，也是导致慢性肝炎损伤的主要机制。其中，NK 细胞通过死亡配体 TRAIL(TNF-related apoptosis-inducing ligand)所诱导的肝细胞凋亡以及 IL-12、IL-15、IL-18 诱导的 NK 细胞脱颗粒与杀伤活性增强，是慢性肝细胞损伤的非特异性机制之一。HBV 特异性抗体形成的免疫复合物可沉积于血管和基底膜，导致Ⅲ型超敏反应和血管炎发生。目前对于 HBV 慢性感染及炎症损伤机制仍在研究中，尚无十分有效的治疗手段问世。

二、抗胞内细菌感染免疫

胞内菌分兼性胞内菌和专性胞内菌。前者在体内细胞内寄居繁殖，亦可在体外无细胞环境中生存和繁殖。专性胞内菌则不论在体内或体外必须在细胞内生存和繁殖。感染致病的主要兼性胞内菌有结核分枝杆菌、麻风杆菌、伤寒杆菌、副伤寒杆菌、布鲁杆菌、肺炎军团菌、产单核细胞李斯特菌等，它们多寄居在单核/巨噬细胞中。麻风杆菌寄居细胞的范围较广，包括神经鞘细胞；产单核细胞李斯特菌常感染肝细胞；结核杆菌在体外可感染多种哺乳动物细胞，但在体内只寄居在 Mφ 内。专性胞内菌有引起斑疹伤寒、恙虫病的立克次体，Q 热的柯克斯体，沙眼、性病淋巴肉芽肿的衣原体等。它们主要寄居在宿主内皮细胞、上皮细胞内，有时亦可在单核/巨噬细胞内出现。

1. *抗胞内菌固有免疫* 胞内菌多寄生于 Mφ 内，具有逃逸杀伤的能力。例如，结核分枝杆菌可抑制 Mφ 内吞噬小体和溶酶体的融合，导致 Mφ 无法清除胞内感染的结核分枝杆菌，反而形成以炎症损伤为主的慢性肉芽肿组织，结核菌隐匿其中逃避免疫识别与免疫攻击。然而 Mφ 经 Th1 细胞分泌的 IFN-γ 活化后，可启动杀菌功能，同时分泌 IL-12，激活 NK 细胞。NK 细胞也可有效杀伤和控制胞内菌感染，具有重要的早期抗胞内菌功能；而且活化的 NK 细胞可

产生 IFN-γ,可进一步激活 Mφ 的杀菌功能。

2. 抗胞内菌适应性免疫　特异性抗体不能进入细胞中和胞内菌,清除胞内菌的保护性免疫主要依赖于细胞免疫。其中 CD4 Th1 分泌的 IFN-γ 和 TNF-α 可活化 Mφ 杀菌功能,是清除胞内菌如结核分枝杆菌或产单核细胞李斯特菌的关键机制。CD8 CTL 可杀伤被感染细胞,使胞内菌释放,再由抗体等调理后由 Mφ 吞噬清除。

结核分枝杆菌慢性感染中,Th1 激活并浸润至肺部感染的 Mφ 周围,诱导迟发型超敏(DTH)反应,使炎症反应局限化,并控制病菌扩散。但 Th1 应答的不足、特异性低和炎症的过度出现,可形成慢性肉芽肿,造成组织坏死和纤维化。

3. 抗结核杆菌感染免疫　结核病在 20 世纪是最严重的感染性疾病,随链霉素的发现及卡介苗(BCG)的全球应用,结核一度被有效控制。然而近年来,由于 AIDS 患者合并肺结核感染、结核杆菌耐抗生素菌株的出现、传统 BCG 疫苗的失效,使得结核病死灰复燃。

(1) 抗结核固有免疫　结核杆菌经呼吸道感染,被肺泡巨噬细胞吞噬进入吞噬体,结核杆菌抑制其与溶酶体融合、抑制 Mφ 凋亡、破坏超氧离子杀菌介质等机制,逃避 Mφ 杀菌而藏匿于 Mφ 中,导致潜伏感染。

1) 抗结核分枝杆菌的固有免疫:γδT 细胞是感染早期分泌 IFN-γ 的主要细胞,并通过识别糖脂抗原,在感染局部杀伤结核分枝杆菌,是抗结核感染的第一道防线。

中性粒细胞是活动性肺结核患者肺泡灌洗液和痰液中最丰富的免疫细胞,其在感染早期可直接吞噬清除结核杆菌,并分泌髓过氧化酶、抗菌肽等杀灭结核杆菌,还可调控带有结核杆菌的巨噬细胞使之发生凋亡而促进杀菌。因此在抗结核感染早期中性粒细胞发挥重要作用。

肺局部的 NKT 细胞通过识别 CD1 提呈的脂类抗原,在感染早期介导 IFN-γ 的分泌和对 CD1 阳性靶细胞的杀伤。

TNF-α 在抗结核免疫中发挥关键调控作用。TNF-α 促进感染的吞噬细胞凋亡,从而促进隐匿的结核分枝杆菌被 APC 处理和提呈,激活特异性 T 细胞应答。在小鼠结核模型中给予 TNF 阻断剂或者可溶性 TNF 受体(sTNFR),可抑制 Th1 细胞分泌 IFN-α 并促进效应 T 细胞凋亡和上调 Treg,从而可使小鼠更为易感。不仅如此,TNF-α 还通过促进趋化因子释放、上调免疫细胞黏附分子表达等,促进抗结核 T 细胞应答,发挥抗结核保护作用。

IFN-γ 是募集、激活 Mφ 杀菌功能的关键细胞因子,IFN-γ 的缺失或不足不仅抑制 Mφ 激活,还诱导大量粒细胞在感染局部的聚集,并通过上调感染局部 IL-23 分泌,促进 Th17 分化和 IL-17 分泌,促进肺组织炎症损伤。

2) 对结核分枝杆菌的识别与效应:Mφ 识别结核分枝杆菌的 PRR 包括:TLR2、TLR4、TLR9、C 型凝集素受体、NOD 样受体(NLR),通过激活相应信号通路发挥多重抗感染效应。例如,TLR2 识别结核分枝杆菌的细胞壁成分如脂阿拉伯甘露糖(LAM)、脂甘露糖(LM)和磷脂酰肌醇甘露糖(PIM)后,激活 MyD88 通路,诱导多种效应分子表达,如 25-羟基维生素 D3 羟化酶(Cyp27b1)和维生素 D3 受体(VDR),参与活性维生素 D3 产生,后者介导抗菌肽(cathelicidin)的合成与直接杀菌;TLR2 还激活肺上皮细胞分泌抗菌肽-β 防御素;TLR 同时激活肺泡和支气管上皮细胞及 Mφ 产生分泌性白细胞蛋白酶抑制分子(SLP I),破坏结核杆菌细胞壁;另一早期分泌物载脂蛋白 Lcn2(lipocalin 2)被肺泡上皮细胞内吞后,与负责结核杆菌铁摄入的疏水蛋白(sideropore)结合,从而阻断铁摄入,抑制上皮细胞内结核菌生长(图 16-10)。TLR2、TLR4、TLR9 各自发挥一定抗感染作用,而 $MyD88^{-/-}$ 小鼠则对结核杆菌感染高度易感。胞质内 NOD2 受体可识别羟乙酰化的结核细胞壁成分胞壁酰二肽(MDP),激活细胞因子的分泌。NLR 家族中的 NLRP3,通过识别结核抗原参与炎症小体和 IL-1β、IL-18 的分泌。C 型凝集素受体不仅介导 Mφ 对结核杆菌的吞噬,还介导炎症细胞因子分泌,如 dectin-1 介导 IL-12、IL-6 和 TNF-α 的分泌。

3) Mφ 自噬机制:自噬(autophagy)是生理情况下细胞的一种自稳机制,通过增强吞噬体的成熟,在抗吞噬细胞胞内病原体感染免疫中发挥作用。对于小鼠巨噬细胞,首先经由 IFN-γ 和 LPS-TLR4 通路诱导磷酸酶 IRG47(immunity-related p47 ganosine triphosphatases)的表达,诱导自噬体和自噬溶酶体生成,p62 蛋白则通过结合泛素化蛋白修饰的结核蛋白,促进其在自噬溶酶体内的降解。

(2) 抗结核适应性免疫　T 细胞应答被认为是抗胞内菌感染的主要保护性应答。肺泡 DC 获取并提呈结核抗原后,迁移至引流淋巴结,诱导 T 细胞应答。其中,CD4 Th1 细胞分泌 IFN-γ,可有效激活 Mφ 杀菌;CD8 T 细胞可分泌 IFN-γ 和 TNF-α 激活 Mφ,同时通过穿孔素、颗粒酶途径和 Fas 途径诱导被感染 Mφ 的凋亡,从而释放结核抗原。

如何采用新型策略,促进结核抗原从吞噬体释放进入 MHC Ⅰ类分子提呈,激活 CD8 CTL 应答,或者促进感染 Mφ 的凋亡,释放结核抗原,被 DC 摄入后通过“交叉提呈”机制进入 MHC Ⅰ类和 MHC Ⅱ类分子以及 CD1 提呈途径,诱导全面的 CD4 T 和 CD8 CTL 应答,是清除结核杆菌感染的关键。

然而在结核分枝杆菌感染过程中,特异性 T 细胞应答的诱导十分迟缓,APC 在感染 7～10 d 后才进入引流淋巴结(dLN),激活的效应 T 细胞在感染后 14 d 才可检测到,而回到感染肺局部的效应 T 细胞 21 d 才可检测到,这一迟缓导致肺内结核分枝杆菌在感染 21d 内大量增殖。其原因与结核抗原的胞内隐匿性、APC 向 dLN 迁移的迟缓性相关。此

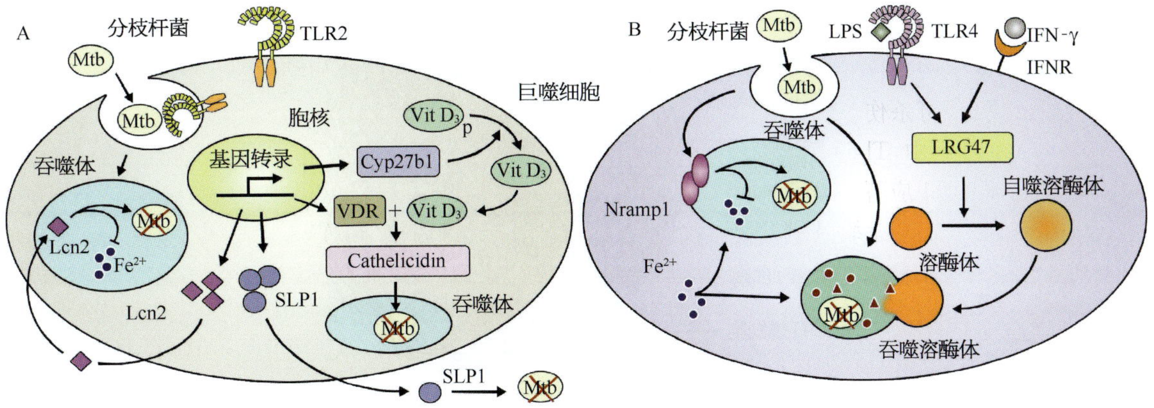

Mtb：结核分枝杆菌；Cyp27b1：25-羟基维生素 D3 羟化酶；VDR：维生素 D3 受体；Cathelicidin：组织蛋白酶抑制素；SLP1：分泌性白细胞蛋白酶抑制分子；Lcn2：载脂蛋白 2；Nramp1：巨噬细胞天然拮抗蛋白；LRG47：免疫相关鸟苷三磷酸酶

图 16-10　固有免疫抗结核分枝杆菌的效应机制

A. TLR2 等介导的信号转导激活效应分子 Cyp27b1 和 VDR 编码基因，产物 Cyp27b1 参与 it D3 的产生，后者与受体 VDR 结合后，介导抗菌肽 cathelicidin 的合成并杀伤吞噬体中的结核分枝杆菌；同时激活和分泌的 SLP I 和 Lcn2 也显示杀菌作用，前者破坏结核杆菌细胞壁；后者被内吞进入吞噬体后，可屏蔽铁（Fe^{2+}）的摄入，抑制结核杆菌生长。B. 巨噬细胞同时通过吞噬和自噬作用清除结核杆菌。在吞噬过程中表达于吞噬体膜表面的巨噬细胞天然拮抗蛋白（Nramp1）可屏蔽铁离子的摄入而发挥杀菌作用；在自噬通路中，LPS 与 IFN-γ 通过相应受体共同诱导磷酸酶 LRG47 的表达，促进自噬体及自噬溶酶体的转化，两者融合形成吞噬溶酶体，在 Fe^{2+} 的参与下，发挥杀菌效应

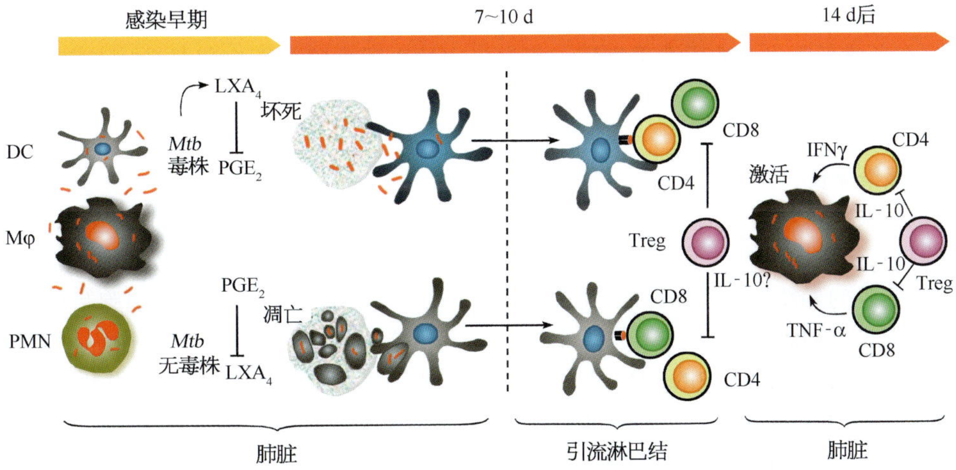

图 16-11　抗结核分枝杆菌 T 细胞免疫应答

结核杆菌感染早期，肺脏巨噬细胞通过两种方式进行抗原提呈：结核杆菌毒株通过脂氧素（LXA_4）的生成，抑制线粒体内膜保护剂前列腺素 E2（PGE2）的产生，从而促进感染 Mφ 的坏死性死亡。而无毒株则通过促进 PGE2 生成方式，促进被感染的 Mφ 凋亡。APC 在感染后 7～10 d 到达引流淋巴结（dLN），坏死 Mφ 释放的结核抗原和凋亡小体释放出的结核杆菌抗原，通过 APC 抗原提呈分别激活 CD4 Th1 和 CD8 CTL，而效应 T 细胞在感染后 14 d 再回到肺脏，通过分泌 IFN-γ 和 TNF-α 激活 Mφ，使其杀伤胞内寄生的结核杆菌。在 dLN 中同时诱导了 Treg，通过分泌 IL-10 等机制抑制 T 细胞的激活。与常规抗感染免疫相比，结核感染过程中，APC 到达 dLN，以及 T 细胞应答诱导的迟缓性，导致结核分枝杆菌在肺内大量增殖

外，发现 Treg 在活动性结核患者的肺感染局部和外周血显著升高，并与肺脏结核菌载量呈正相关，提示其免疫抑制作用；但 Treg 也参与调控肉芽肿组织巨噬细胞过度炎症和组织损伤。Th17 的上调则与肺局部肉芽肿炎症损伤相关。结核分枝杆菌感染后诱导的 Th1/Th17 应答平衡性，决定了抗感染免疫和炎症损伤的平衡（图 16-11）。

肉芽肿（granuloma）是结核分枝杆菌局部感染而招募多种免疫细胞清除感染所形成的炎症组织。其中心为感染了结核分枝杆菌的 Mφ，外围为 CD4 T、CD8 T、γδT、CD1 限制性 T 细胞和中性粒细胞，最外围为成纤维细胞（图 16-12）。肉芽肿组织限制了结核杆菌感染范围，并有助于清除细菌。但也可包裹结核杆菌使之持续休眠数年而呈潜伏状态，此时，CD4 T 表面表达的 PD-1 分子限制了 T 细胞的病理损伤作用，同时分泌的 IFN-γ 也抑制 IL-17 的大量产生，不出现组织损伤。这一机体和病原体之间的免疫平衡状态可由于营养不良、免疫抑制、HIV 合并感染和类固醇药物使用等因素而被打破，从而出现结核杆菌再激活和结核病的复发。此时，微环境中 IL-12 和 IL-27 水平增高，CD4 T 表面 PD-1 表达下调，炎症细胞因子分泌能力显著增强，Th1/Th17/Treg 亚群比例失调，IL-23 水平增高，Th17 和 IL-17 水平上调，大量中性粒细胞募集，皆可导致组织细胞损伤并出现干酪样坏死，结核菌被释放并发生播散，患者可出现活动性肺结核症状。

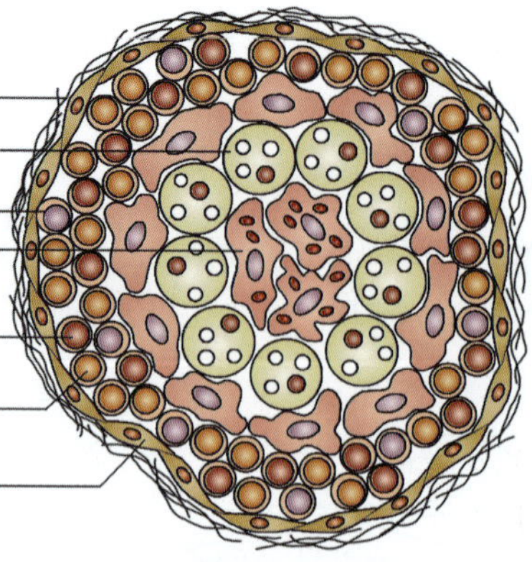

图 16-12　结核肉芽肿病理组织结构

肉芽肿是结核分枝杆菌感染肺泡巨噬细胞后招募多种免疫细胞清除感染所形成的肺部炎症组织。其中心为感染了结核分枝杆菌的巨噬细胞，外围为泡沫化巨噬细胞、CD4 T、CD8 T、γδT、CD1 限制性 T 细胞和中性粒细胞，最外围为成纤维细胞。肉芽肿结构有助于限制感染扩散、清除细菌，但也导致了结核杆菌的休眠、逃逸免疫识别和造成潜伏感染。营养不良、HIV 合并感染等因素诱导的结核杆菌再次激活，可能诱导过度炎症反应，组织损伤，导致肺部干酪样坏死和空洞形成

第五节　胞外病原体的抗感染免疫

人类致病细菌大多为胞外菌，它们寄居在宿主细胞外的组织间隙和血液、淋巴液、组织液等体液中。真菌是常见的胞外感染病原体，在免疫低下患者造成严重疾病。寄生虫中的血吸虫感染至今仍是我国长江流域严重的血吸虫病的致病原。

一、抗胞外细菌感染免疫

致病性胞外细菌主要有革兰阳性的葡萄球菌、链球菌、志贺菌、霍乱弧菌、致病性大肠杆菌和革兰阴性的脑膜炎球菌、淋球菌、白喉杆菌、破伤风梭菌等。胞外菌致病机制主要通过分泌外毒素和细菌死亡时释放的胞壁内毒素致病。细菌代谢中分泌至菌体外的毒性蛋白为外毒素，其毒性强，可致死。白喉毒素抑制宿主细胞蛋白质合成；破伤风梭菌外毒素可阻断神经元间正常抑制性神经冲动传递；霍乱弧菌肠毒素可激活肠黏膜腺苷环化酶，增高细胞内 cAMP 水平导致肠道功能紊乱。革兰阴性菌胞壁中的 LPS 是内毒素，其主要毒性组分是脂质 A，导致发热、激活补体、激肽和凝血系统导致休克、DIC 等。外毒素的免疫原性强，可诱导中和抗体产生；而内毒素免疫原性较弱。

1. *抗胞外细菌固有免疫*　少量、毒力低的胞外菌，可很快被中性粒细胞、单核细胞和组织巨噬细胞吞噬清除。抗体尚未诱生的感染早期，革兰阳性菌的胞壁肽聚糖或革兰阴性菌的 LPS 均可通过替代途径激活补体，降解细菌；表达甘露糖受体的细菌还能同血清中的 MBP 结合，通过 MBL 途径激活补体杀菌。激活过程产生的 C3b 能调理增强吞噬杀菌效应，C5a、C3a 等参与炎症反应中对免疫细胞的招募和活化。LPS 能刺激 Mφ、血管内皮细胞等产生 TNF-α、IL-1、IL-6 及趋化因子，趋化炎性细胞到达感染部位清除细菌，诱发局部急性炎症。细胞因子也引起发热和刺激急性期蛋白的合成。IL-12 可促进 Th1 细胞、CTL 及 NK 细胞的活化。

2. *抗胞外细菌适应性免疫*　体液免疫是对抗胞外菌的主要保护性特异免疫应答。胞外菌的胞壁组分、荚膜等多糖是 TI-Ag，能直接刺激 B1 细胞产生特异性 IgM。胞外菌多数蛋白抗原是 TD-Ag，需 APC 和 Th2 辅助，首先形成 IgM 类抗体，后以 IgG 为主，并有 IgA 或 IgE 参与。

特异性抗体可直接中和细菌外毒素；IgM 和 IgG 抗体结合细菌后可激活补体系统，形成攻膜复合物破坏菌体；激活补体产生的 C3b 和 iC3b 可与 Mφ 上的补体受体 CR1 和 CR3 结合而促进调理吞噬；IgG 可通过与中性粒细胞、单核细胞、Mφ 上的 FcγR 结合调理细菌，促进吞噬；sIgA 存在于各种分泌液中，可有效中和、阻断病原菌的黏膜定植。对于以分泌外毒素为主要致病因素的胞外菌，诱导特异性抗外毒素抗体可发挥免疫保护作用；而对于革兰阴性菌，主要靠抗菌体蛋白的抗体发挥免疫保护。

参与抗胞外菌免疫的 T 细胞主要是 CD4 T 细胞，具有辅助 B 细胞产生特异性抗体的活性；还可分泌细胞因子引起局部炎症，促进 Mφ 的吞噬和杀伤，招募活化中性粒细胞等。

3. *抗胞外细菌感染的结局*　成功的 Th2 型抗感染免疫使机体迅速清除胞外菌恢复健康。但有些胞外菌与人

体组织抗原存在交叉反应，诱导的抗体可能因交叉反应而致病，如溶血性链球菌感染后可导致风湿热和肾小球肾炎。风湿热发生于某些血清型的乙型溶血性链球菌咽部感染后数周，抗菌胞壁 M 蛋白抗体与患者心肌肌纤维膜的肌质球蛋白有交叉反应，引发Ⅱ型超敏反应而致病。乙型溶血性链球菌抗原与其抗体形成的免疫复合物沉积于患者肾小球基底膜引发Ⅲ型超敏反应导致肾炎。葡萄球菌的肠毒素、链球菌的致热外毒素等超抗原，能激活具有相同 Vβ TCR 的 CD4 T 细胞。少量超抗原可激活适量 T 细胞应答清除细菌；而大量超抗原激活大量 T 细胞分泌过多细胞因子，可导致细菌 LPS 样败血症性休克。

二、抗真菌感染免疫

近年来，真菌感染的发病率和病死率有所上升，原因与滥用广谱抗生素引起菌群失调和病原体感染或应用药物等导致的免疫功能低下有关。其中，二相性(dimorphic)真菌如荚膜组织胞质菌、皮炎芽生菌、粗球孢子菌等，在泥土等环境中呈丝状菌，有孢子和菌丝；当感染免疫功能低下个体后变为酵母而致病。而条件致病性真菌如念珠菌、曲霉、新生隐球菌等，对于健康个体通常不致病，艾滋病患者、糖尿病及放化疗患者由于免疫力低下容易导致条件致病真菌感染。

1. *抗真菌固有免疫*　完整皮肤分泌的脂肪酸有杀真菌作用。中性粒细胞是最有效的杀真菌细胞，可激活呼吸爆发形成 H_2O_2、HClO 等活性氧中间物(ROI)，或分泌防御素等杀死白念珠菌和烟曲霉菌。中性粒细胞缺失患者常见播散性念珠菌病和侵袭性烟曲霉病。Mφ 在抗真菌感染中的作用次于中性粒细胞。NK 细胞可抑制新生隐球菌和巴西副球孢子菌生长；但 NK 细胞对荚膜组织胞质菌感染无效。真菌组分是补体替代途径的强激活剂，但真菌能抵抗 MAC 的细胞裂解作用；而补体活化过程中产生的 C5a、C3a，可招引炎性细胞至感染部位。

2. *抗真菌适应性免疫*　细胞免疫对于抗真菌感染最为关键，其中 Th1 应答发挥免疫保护，而 Th2 应答可造成组织损害。新生隐球菌常定植在免疫低下患者的肺和脑，需激活 T 细胞应答予以消灭。白色念珠菌感染常始于黏膜表面，细胞免疫可阻止其扩散至组织内。抗真菌特异性抗体对于抗真菌作用不大。

三、抗寄生虫感染免疫

多数寄生虫主要在胞外生存，夹杂有较复杂的中间宿主(蝇、蜱、螺)生活史。通过中间宿主叮咬感染人类可导致疟疾、锥虫病；人与中间宿主处于同一环境中也可导致感染，如接触有感染钉螺的疫水可染上日本血吸虫病。

1. *抗寄生虫固有免疫*　由于寄生虫与人类宿主在进化过程中长期适应，原虫和蠕虫进入血流或组织后常能对抗宿主的免疫防御而在其中生长繁殖。在人类宿主中，寄生虫通过失去与补体结合的表面分子或获得宿主调节蛋白如 DAF，可抵抗补体的破坏。Mφ 能吞噬原虫，但原虫多数抵抗 Mφ 杀伤而在细胞内繁殖。蠕虫表面结构常能抵抗中性粒细胞和 Mφ 的杀伤作用。

2. *抗寄生虫适应性免疫*　不同的原虫和蠕虫在结构、生化特性、生活史和致病机制上差异很大，因而其特异性免疫应答不尽一致。一般而言，蠕虫寄生在细胞外组织中，抗体应答对于抗蠕虫免疫更为重要。原虫生存在宿主细胞内，抗原虫保护性免疫机制与抗胞内细菌和病毒免疫类似，因而 Th1 应答对抗 Mφ 内感染原虫免疫极为重要。在利什曼原虫小鼠模型中，不易感小鼠品系激活 CD4 Th1 细胞应答，产生 IFN-γ 并活化 Mφ，可有效清除胞内利什曼原虫。易感小鼠品系经感染诱导 Th2 细胞应答，分泌 IL-4 促进抗体生成，但无保护作用，动物最终死亡。CTL 应答有利于清除在宿主细胞内繁殖并裂解细胞的原虫。以疟原虫为例，现认为 CD8 CTL 在疟原虫感染的红细胞外期起重要作用。CTL 可直接裂解子孢子感染的肝细胞，或分泌 IFN-γ 和活化肝细胞使产生 NO 等间接杀伤原虫。IL-12 能增强抗疟原虫免疫。IgE 和嗜酸粒细胞介导 ADCC 作用发挥抗蠕虫免疫。IgE 结合蠕虫，经 FcεR 结合并激活嗜酸粒细胞，后者脱颗粒释放主要碱性蛋白(MBP)杀死蠕虫。这种 ADCC 对成虫作用不显著，对在宿主体内发育中的幼虫阶段如血吸虫童虫、丝虫微丝蚴、旋毛虫早期幼虫等作用显著。蠕虫激活 CD4 Th2 细胞分泌 IL-4 和 IL-5，IL-4 诱生 IgE，IL-5 促进嗜酸粒细胞的发育和活化。

3. *抗寄生虫感染免疫的结局*　特异性免疫应答可彻底清除寄生虫感染，亦可造成宿主损伤。日本血吸虫的虫卵沉积于宿主肝脏，刺激 CD4 T 细胞活化 Mφ 导致 DTH，肉芽肿形成，以及后期的肝脏严重纤维化，产生肝脏静脉回流障碍、门静脉高压和肝硬化。丝虫寄生在淋巴管内，引起慢性细胞免疫应答，形成纤维化，导致淋巴管栓塞引起的腿部橡皮肿等。血吸虫和疟原虫等寄生虫慢性感染常伴有特异性抗原抗体复合物形成，并沉积于血管或肾小球基底膜，发展成血管炎或肾小球肾炎等Ⅲ型超敏反应疾病。疟原虫和非洲锥虫病还能产生与宿主多种组织起反应的自身抗体。

综上所述，应对胞内病原体、胞外病原体，以及其他病原体如真菌、原虫、蠕虫等，机体通过诱导不尽相同的抗感染体液免疫和细胞免疫予以清除，其中，不同类别的抗体(主要是 IgM、IgG 和 IgA)、CD4 T 和 CD8 T 可针对不同病原体分别发挥不同的保护作用(图 16-13)。

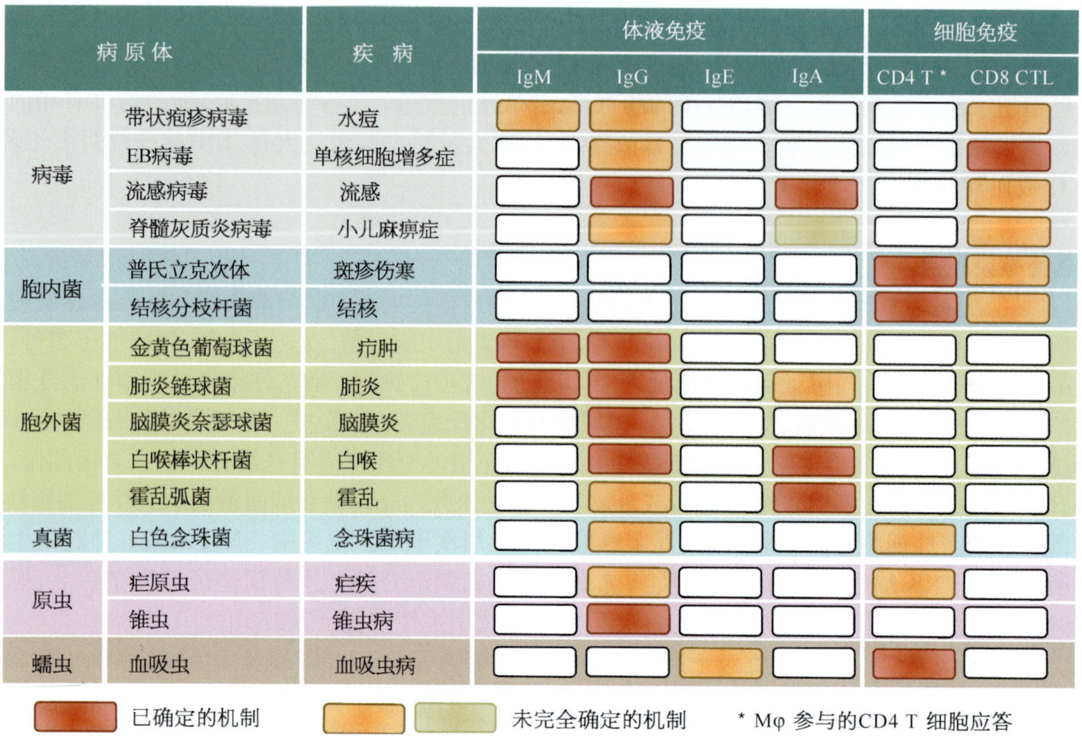

图 16-13　抵御不同病原体感染的免疫效应机制

第六节　病原体逃逸抗感染免疫的机制

病原体在长期进化过程中发展了各种逃逸机体免疫防御的策略。病原体感染机体引起疾病是病原体和机体相互作用的结果，因而病原体逃逸抗感染免疫的机制也涉及病原体和机体两方面因素。

一、病原体因素

不同类型的病原体利用其本身的因素逃逸机体的抗感染免疫机制不尽相同，但主要可归纳于隐匿、诱变和抑制。隐匿是指病原体通过感染免疫细胞本身或寄生于免疫反应不易到达之处，而逃逸免疫攻击；诱变是指病原体通过改变自身的抗原特性，逃逸业已出现的免疫应答；抑制是指病原体通过其结构和非结构产物，拮抗、阻断和抑制机体的免疫应答。

（一）病毒

病毒可编码多种蛋白从不同水平干扰宿主的抗感染机制（图 16-14）。如：

1. 抗原变异　流感病毒的包膜蛋白血凝素和神经氨酸酶属于主要抗原和中和抗原，但经常发生突变，逃逸已建立的抗体中和和阻断作用，造成多次世界范围的流感大流行和连续不断的地区性小流行。小幅度的抗原变异称为抗原漂移（antigenic drift），大幅度的抗原变异称为抗原转换（antigenic shift）。HIV 病毒的包膜蛋白亦高度变异，其突变速度要比流感病毒快 65 倍左右。HBV 基因组发生若干位点如前 C 区的突变，使抗原特性改变，逃避抗感染免疫的攻击。

2. 抑制被感染细胞的凋亡　被感染细胞的自发凋亡也是固有免疫防御的策略之一。许多痘病毒编码丝氨酸蛋白酶抑制剂（serpin），可抑制胱天蛋白酶激活，从而抑制凋亡。而 SV40、腺病毒、HBV 等表达的大 T 抗原、E1B-55K、pX 基因产物，可结合 p53 并抑制其功能，抑制宿主细胞凋亡。而疱疹病毒则编码 Bcl-2 类似物，抑制凋亡。

3. 阻断补体激活途径　痘病毒产生能与 C4b 结合的蛋白，阻抑补体激活经典途径。单纯疱疹病毒的一种糖蛋白，与 C3b 结合后可同时抑制补体激活的经典和替代途径。

4. 抑制 NK 细胞的抗病毒杀伤功能　已知 NK 细胞是固有免疫抗病毒感染的第一道防线，而 HIV 可抗 NK 细

病毒的策略	作用机制	效 应	病毒举例
抗原变异	通过突变改变主要抗原结构，如病毒包膜蛋白	使已有的抗病毒抗体不能识别新的病毒抗原，逃逸机体抗病毒作用	流感病毒 HIV病毒
抑制凋亡	病毒产生凋亡抑制剂，抑制胱天蛋白酶和p53等活性	阻抑被感染细胞的自发凋亡，有利于病毒生存	痘病毒，SV40，腺病毒，HBV
抑制炎症反应	产生趋化因子受体类似物，如β型趋化因子受体	使表达类似分子的受感染细胞免受趋化因子的作用	巨细胞病毒
	产生分泌型细胞因子受体，如 IL-1R和TNFR的类似物	抑制细胞因子与宿主细胞上受体的相互作用，中和Ck 抗病毒活性	痘病毒 兔黏液瘤病毒
	抑制黏附分子如LFA-3和ICAM-1表达	阻止淋巴细胞黏附于受感染细胞	EB病毒
	产生类似TLR的截短序列防止NF-κB激活	封阻由IL-1或病原体诱生的炎症反应	痘病毒
	产生C4b/C3b结合蛋白及补体调节蛋白	结合补体和抑制补体介导的细胞毒性效应	单纯疱疹病毒
干扰抗原加工提呈	抑制MHC Ⅰ类分子的转录和表达，降解Ⅰ类分子	使CTL不能识别和杀伤受到感染的细胞	腺病毒，HIV，单纯疱疹病毒
	抑制TAP介导的抗原肽转运	使抗原肽不能与Ⅰ类分子结合	巨细胞病毒
抑制宿主免疫应答	病毒产生IL-10类似物BCRF-1，具有抑制活性	抑制Th1功能，减少IFN-γ、TNF-α和IL-2产生	EB病毒

图 16-14 病毒逃逸机体免疫防御的机制

胞杀伤。正常细胞表达的 HLA-C 和 HLA-E 等Ⅰ类分子与 NK 细胞的抑制受体结合可阻止杀伤，而 HIV 选择性下调Ⅰ类分子表达，不仅逃避 NK 细胞的天然杀伤，同时逃避特异性 CTL 的细胞毒性作用。CMV 也有抑制 NK 细胞杀伤功能。

5. 编码细胞因子和趋化因子类似物以干扰其功能　如 EB 病毒产生 IL-10 的类似物 BCRF-1，抑制 Th1 细胞产生 IL-2、TNF-α 和 IFN-γ。EB 病毒、HSV、腺病毒、HBV 分别编码Ⅰ型 IFN 的类似物 EBNA-2、γ 134. 5、E1A、末端蛋白，阻断或下调 IFN 的抗病毒功能。已知 PKR 通路参与 IFN 合成、对于清除病毒感染十分重要，许多病毒如 EB、HSV、HCV、HIV 均可编码 PKR 的抑制剂、竞争结合物或裂解酶，抑制该通路对病毒的清除。多种痘病毒编码针对 IFN-γ、IFN-α/β、IL-1、IL-6、IL-8、TNF 的分泌型受体，从而中和上述细胞因子的抗病毒及免疫调节活性。许多 γ/β 疱疹病毒分泌细胞因子或趋化因子的类似物——病毒因子（virokine），如 HHV-8 和 EB 病毒分别产生 IL-6 和 IL-10 的类似物，均促进 B 细胞增殖和应答，扩大感染宿主细胞数目，同时抑制 CTL 的分化。

6. 干扰抗原多肽的Ⅰ类提呈途径、抑制 CTL 诱生　腺病毒、HIV 等分别合成 E1A、Tat 蛋白，抑制 MHCⅠ类分子转录；HCMV 则编码 US2/US11、UL18 蛋白，分别降解 MHCⅠ类分子和竞争结合 β_2 微球蛋白。腺病毒和 HSV、HCMV 还编码病毒蛋白阻断 TAP 通道蛋白，使 MHC Ⅰ类抗原提呈途径受阻，无法有效诱导抗病毒 CTL 应答。

各种病毒往往综合应用多种机制逃逸并破坏免疫系统。在 HIV 感染中，HIV 糖蛋白 gp120 与 CD4 分子结合并封闭 CD4 分子功能。HIV 的 Tat 蛋白可促进 FasL 的表达，抑制 Bcl-2 的表达，从而促进 CD4 T 细胞凋亡。HIV 的 Vpr 和 gp160 也可诱导 CD4 T 细胞和 CD8 T 细胞凋亡。在 HBV 慢性感染过程中，HBV 可改变 CTL 应答和 APC 的抗原提呈功能，来逃避免疫攻击。慢性乙肝患者往往逃逸固有免疫识别，并出现 HBcAg/HBeAg 特异性 CD4 T 细胞以及 HBcAg 特异性 CTL 数量下调或消失。此外，抗 HBV 次要抗原的 CD8 CTL 虽然存在，但其 TCR 结构发生改变，不能有效识别相应表位。此外，慢性乙肝患者中，抗 HBsAg 特异性抗体应答下调、M-DC 不能成熟、单核细胞激活受抑、肝内浸润大量 HBV 非特异性 T 细胞、Th 应答倾向 Th2 型而难以诱导 CTL，这些皆不利于清除 HBV 感染细胞。

（二）细菌

细菌抗原表位的变构可逃避抗感染免疫的攻击。肺炎链球菌至少有 80 种以上的血清型，不同血清型细菌可致反复感染。结核分枝杆菌则通过不断的抗原突变，使免疫应答持续低下甚至发生耐受，形成慢性肺结核。细菌还可分泌多种蛋白，干扰和拮抗抗感染免疫。机制包括：干扰补体系统、分解抗体、抗吞噬、介导黏附或侵入宿主细胞、干扰抗原加工提呈、干扰宿主细胞因子、诱导宿主细胞凋亡等。肺炎链球菌的荚膜聚糖和金黄色葡萄球菌分泌凝固酶形成的纤维素外壳,均可有效遮蔽自身抗原表位及 PAMP,躲避吞噬。明尼苏达沙门菌通过分泌膜孔蛋白(porin),可竞争结合补体成分 C1q,阻断补体经典途径的激活。大肠杆菌的 traT 蛋白、奈瑟淋球菌的 porin PI、沙门菌的补体杀伤蛋白(p17)皆可抑制补体攻膜复合体的形成。奈瑟淋球菌、脑膜炎奈瑟球菌和流感嗜血杆菌等能分泌蛋白酶,在 IgA 的铰链区切断 IgA,逃避其补体激活作用,而 IgA Fab 片段仍可结合细菌并屏蔽细菌表位,使无法被识别。

细菌编码蛋白利用或干扰免疫活性分子,反而增强细菌的感染,称为免疫增强作用。例如,百日咳杆菌的丝状血凝素(FHA)蛋白,通过其含有的 Arg-Gly-Asp(RGD)基序,与中性粒细胞和支气管上皮细胞表面的整合素分子 CR3 结合,并上调表达 CR3,可促进细菌黏附于宿主细胞。未经调理的脑膜炎奈瑟球菌和淋球菌可通过外膜上的不透光蛋白(opacity protein, Opas)与白细胞表面 CD66 结合,介导内化与感染。细菌可产生一类能与细菌特异性结合却无中和作用的无效抗体,阻断其他中和抗体对细菌的中和作用和激活补体的杀菌作用。

胞外菌可通过形成胞壁外特殊结构荚膜逃逸免疫攻击。荚膜有抵抗吞噬作用;肺炎链球菌荚膜含有的唾液酸可抑制补体替代途径。链球菌的 M 蛋白和伤寒杆菌的 Vi 抗原可抵抗吞噬;金黄色葡萄球菌分泌的凝固酶,可使宿主血浆中的纤维蛋白原转变为固态纤维蛋白,包绕在菌体周围,抵抗吞噬。粗球孢子菌胞外糖蛋白层可阻碍中性粒细胞的接触;念珠菌的甘露聚糖有抑制中性粒细胞髓过氧化物酶的作用;胞外菌菌毛发生突变,可抵御特异性抗体的攻击,如淋球菌菌毛的高频变异,逃避特异性抗体的攻击。流感嗜血杆菌的糖基合成酶通过突变,使免疫识别受阻,可逃避特异性抗体的攻击。

胞内菌可隐匿于胞内呈休眠状态,逃避细胞免疫和体液免疫的攻击。结核分枝杆菌、单核细胞增多性李斯特菌、嗜肺军团菌等隐匿于 Mφ 内可长期存活。溶酶体中含有多种杀菌和降解物质,产单核细胞李斯特菌产生李斯特菌溶素(listeriolysin),破坏吞噬体膜并逸入胞质中,逃避溶酶体杀伤。结核杆菌、伤寒杆菌等可阻碍吞噬体与溶酶体的融合,使细菌免于降解。结核分枝杆菌通过其脂阿拉伯甘露糖(LAM)和 PI3P 磷酸酶(SapM),抑制 PI3P 生成和膜定位,从而抑制吞噬小体的成熟,逃避被降解。不仅如此,结核分枝杆菌通过产生尿素酶(UreC),抑制吞噬小体的酸化,从而抑制吞噬小体与溶酶体融合(图 16-15)。结核分枝杆菌还可抑制结核抗原从吞噬体的释放,抑制 Ⅰ 类分子提呈抗原和 CD8 T 细胞激活;分泌超氧歧化酶(SOD)等基因产物,干扰 Mφ 凋亡和抗原释放。

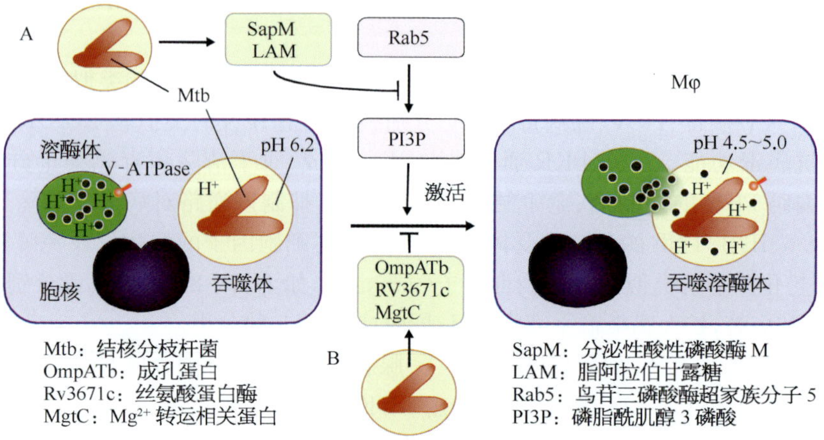

图 16-15 结核分枝杆菌抑制吞噬作用

A. Mtb 通过分泌 SapM 和 LAM,抑制正常吞噬细胞杀菌过程中 Rab5 在早期吞噬体膜上的定位和其后 PI3P 的生成,阻止吞噬体成熟及其与溶酶体的融合;B. Mtb 通过分泌 OmpATb、Rv3671c、MgtC 和尿素酶等分子,抑制溶酶体膜 V-ATPase 酶的活性,干扰吞噬体 (pH 6.2) 与溶酶体的融合,并抵抗溶酶体酸化 (pH 4.5)。上述两种途径皆导致 Mtb 不会被吞噬溶酶体中溶酶体酶及各种效应分子降解,使结核分枝杆菌得以隐匿于吞噬细胞内

立克次体也可产生磷脂酶降解吞噬体膜而进入胞质。肺炎军团菌通过与细胞 CR1/CR3 结合感染细胞,不引起呼吸爆发和活性氧中间物(ROI)产生。有些胞内菌能产生超氧歧化酶(SOD)和过氧化氢酶,可分别降解 O_2^- 和 H_2O_2。过氧化氢酶能间接抑制活性氮中间物(RNI)的产生。产单核细胞李斯特菌通过特殊运动机制还可在细胞与细胞间直接扩散,逃避免疫识别和攻击;麻风杆菌入侵神经鞘细胞,产单核细胞李斯特菌入侵肝细胞,皆可逃避免疫识别。

(三) 寄生虫

寄生虫逃逸免疫识别和清除的方式很多。

1. 寄生于胞内　疟原虫、弓形虫等在宿主细胞内长期隐蔽和繁殖;如内阿米巴形成抗免疫物质的包囊,使免疫系统忽视病原体的存在。

2. *模拟宿主免疫系统* 曼氏血吸虫经皮肤进入肺时，将宿主的ABO血型糖脂组分和MHC分子等包装在其外层，使宿主不对其产生抗感染免疫。

3. *抗原变异* 生活史不同期的虫体表面抗原各异，如疟原虫子孢子期与裂殖子期的抗原不同，可逃避单一抗感染免疫。布氏锥虫和东非锥虫的表面糖蛋白基因数量多达1 000种以上，导致抗原的高度变异。组织内阿米巴、血吸虫幼虫和锥虫等还可失去其原有表面抗原，逃避免疫攻击。

4. *抑制抗感染免疫* 肺内血吸虫和枯氏锥虫皆能合成和表达DAF样糖蛋白，抑制补体活化；利什曼原虫前鞭毛体破坏补体MAC，逃避溶菌作用；刚地弓形虫抑制吞噬体与溶酶体的融合；枯氏锥虫溶解吞噬体膜逸入胞质，逃避巨噬细胞的杀灭作用。某些蠕虫分泌胞外酶，降解结合在虫体膜表面的抗体，使抗体中和及调理功能失效。

5. *抑制宿主免疫细胞功能* 血吸虫尾蚴钻入人皮肤后，在移行至皮肤引流淋巴结过程中，通过多种机制抑制或改变人体皮肤内免疫细胞、APC的性质和功能：如尾蚴激活皮肤角质形成细胞等细胞分泌IL-10抑制Th1功能，并通过IL-10和PGD2抑制皮肤内朗格汉斯细胞的移动。尾蚴及童虫的分泌排泄物可抑制淋巴细胞增殖，诱导肥大细胞脱颗粒，释放IL-4和组胺。曼氏血吸虫尾蚴排泄物中的曼氏血吸虫凋亡因子（SMAF），可通过FasL-Fas途径诱导CD4 T细胞凋亡。尾蚴0～3 h排泄分泌物可通过上调MHC Ⅱ类、CD40、CD86分子表达激活骨髓来源DC，诱导促炎因子IL-6、IL-12p40的分泌；该DC可激活CD4 T细胞分泌大量IL-4、IL-5和IL-10，激活Th2免疫，使不能彻底清除血吸虫。尾蚴排泄分泌物的糖链也通过与APC表面的DC-SIGN或甘露糖受体（MR）结合，激活DC分泌IL-10和IL-1ra来抑制Th1细胞的分化。血吸虫虫卵可抑制DC激活。

二、宿主因素

1. *宿主遗传背景决定了对病原体的易感性* 宿主免疫相关基因尤其是MHC基因多态性，在很大程度上决定了对许多病原体感染的易感性，如SARS易感及疾病严重患者可能携带HLA-B 4601和HLA-B 0703单体型。中国人HLA-DRB1*12、HLA-DRB*110等为乙肝慢性感染易感基因；DRB1*0401及DRB1*0402则为慢性丙肝的易感基因。此外，介导病原体感染的关键受体或配体基因也决定了对某病原体的易感性。例如，对于嗜单核细胞HIV感染，CCR5是重要的感染共受体，发现高加索人种比黑色人种不易感染主要由于有较高的CCR5自然突变率（9%），使HIV不能成功实施感染。

其他基因的单体型也决定了对某病原体慢性感染的易感性。中国人如携带α雌激素受体（ESR1）基因座位29T/T纯合单体型，则患乙肝慢性感染概率将大为增高。CTLA4启动子-318碱基多态性及CCR5δ32皆与慢性乙肝易感相关。维生素D受体VDR Apa1a/a和TNF-β A/A单体型与慢性乙肝肝损伤程度相关。结核易感方面，C57BL/6（B6）小鼠对结核毒株H37Rv株不易感，与抗结核位点（tuberculosis resistance locus-4，Trl-4）密切相关。此外，有报道称，*TNF*基因多态性与疟原虫感染、巨噬细胞阳离子转运蛋白NRAM P-1多态性与结核感染、MBP多态性与脑膜炎球菌感染分别有关。

2. *宿主免疫力高低决定了病原体感染的严重程度和抗感染免疫能否成功* 宿主免疫力低下是导致病原体逃逸抗感染免疫的重要原因之一。先天性免疫缺陷患者因T、B、吞噬细胞功能缺陷，易反复发生机会性病毒及胞内菌、胞外菌感染，并发生DiGeorge综合征、性联无丙种球蛋白血症、慢性肉芽肿病。

后天病原体感染导致获得性免疫缺陷疾病，如HIV入侵破坏CD4 T细胞，导致口腔和肺部反复感染白色念珠菌、卡氏肺孢菌、结核杆菌，肠道感染细菌或隐孢子虫，皮肤感染单纯疱疹病毒并诱发肿瘤，最后导致死亡。

3. *病原体诱导宿主免疫耐受* 已证实HBV慢性感染可诱导宿主的HBV特异性免疫耐受，使宿主对HBV呈现特异性的免疫无应答状态。

三、病原体逃逸抗感染免疫的后果

细菌藏匿于细胞内部，保持低复制状态，使机体免疫机制无法识别和攻击，导致长期潜伏感染。一旦宿主免疫功能低下时，则可造成感染的急性发作，如潜伏结核的活动性发作。

病毒通过多种机制逃逸宿主抗感染免疫后，也以极低剂量的方式潜伏于感染细胞内部，可维持低水平复制，而不导致宿主产生症状，这一慢性感染策略保证了病毒在宿主体内的长期存活。宿主免疫功能低下时，病毒复制加剧，大量裂解损伤宿主细胞，导致病毒性疾病的急性发作。潜伏期和急性发作期可反复交替，使染疾病迁延不愈，导致宿主细胞坏死、组织变性与功能丧失，最终死亡。

慢性乙肝是病毒慢性感染逃逸抗感染免疫的典型疾病，已如前述(图 16-9)。

本章提要

抗感染免疫是机体抵御病原体感染的免疫应答，包括固有免疫和适应性免疫；后者又分体液免疫、细胞免疫和黏膜免疫。固有免疫是抗感染免疫的第一道防线，固有免疫细胞与分子不仅在感染早期迅速泛特异性地启动固有免疫识别，激活炎症细胞因子分泌，清除病原体并通过提呈病原体抗原，启动适应性抗感染免疫应答。病原体的彻底清除依赖于适应性免疫的诱导和效应，其中抗体中和游离病原体，CTL 特异性杀伤病原体感染细胞，而 Th 细胞则发挥中心调控作用和效应功能。黏膜免疫对于中和黏膜感染病原体、控制播散具有重要意义。

抗感染免疫机制因病原体的胞外、胞内寄生性质而显著不同。胞外病原体的清除主要依赖于抗体应答及其调理吞噬作用；而胞内病原体则必须由特异性 T 细胞予以杀伤。适当的免疫应答类型(Th1/Th2/Th17 等)由早期固有免疫所决定。抗感染免疫的结局取决于病原体毒力和机体免疫力的力量抗衡：入侵病原体适量、毒力低，则固有免疫可早期控制感染；若感染形成，则固有免疫与适应性免疫彼此协作，在数周和数月内，通过体液免疫、细胞免疫、黏膜免疫效应彻底清除病原体；若病原体毒力强、机体免疫力不足，则可能发生持续性感染；病原体低剂量持续存在，诱导免疫耐受，可导致疾病反复发作；机体免疫应答特异性降低、效应降低或效应类型紊乱，可导致组织炎性损伤。阐明不同病原体的感染机制和抗感染免疫保护机制，是有效控制感染，防治感染性疾病的前提。

(熊思东　徐　薇)

参考文献

Das A, Maini MK. 2010. Innate and adaptive immune responses in hepatitis B virus infection. Dig Dis, 28: 126-132.

Gao B, Duan Z, Xiong S. 2009. TRIM22 inhibits the activity of hepatitis B virus (HBV) core promoter, which is dependent on nuclear-located RING domain. Hepatology, 50: 424-433.

Gordon S. 2016. Phagocytosis: An immunobiologic process. Immunity, 44: 463-475.

Harris J, Keane J. 2010. How tumour necrosis factor blockers interfere with tuberculosis immunity. Clin Exp Immunol, 161: 1-9.

Iwasaki A, Medzhitov R. 2015. Control of adaptive immunity by the innate immune system. Nat mmunol, 16: 343-353.

Kumar H, Kawai T, Akira S. 2011. Pathogen recognition by the innate immune system. Int Rev Immunol, 30: 16-34.

Liuzzi AR, McLaren JE, Price DA, et al. 2015. Early innate responses to pathogens: pattern recognition by unconventional human T-cells. Curr Opin Immunol, 36: 31-37.

Mogensen TH. 2009. Pathogen recognition and inflammatory signaling in innate immune defenses. Clin Microbiol Rev, 22: 240-273.

Saiga H, Shimada Y, Takeda K. 2011. Innate immune effectors in mycobacterial infection. Clin Dev Immunol, 2011: 347594.

Sia JK, Georgieva M, Rengarajan J. 2015. Innate immune defenses in human tuberculosis: an overview of the interactions between Mycobacterium tuberculosis and innate immune cells. J Immunol Res, 2015: 747543.

Zhang Z, Zhang S, Zou Z, et al. 2011. Hypercytolytic activity of hepatic natural killer cells correlates with liver injury in chronic hepatitis B patients. Hepatology, 53: 73-85.

第十七章　免疫耐受和自身免疫

免疫耐受(immunologic tolerance)是免疫系统对某些抗原的特异性无反应状态，其诱导形成和维持机制是免疫学研究的核心问题。免疫耐受的主体对象是自身抗原，即所谓的自身免疫耐受(self-tolerance)。自身免疫耐受状态被打破意味着发生自身免疫反应甚至是自身免疫病(autoimmune disease)。免疫耐受理论解释免疫系统为什么能够区分"自我"和"非我"，对侵入机体的外来抗原或者微生物能够发起强有效的应答而对自身抗原却特异性耐受等核心问题，也为理解自身免疫病的发生机制奠定基础。本章中我们简要解释免疫耐受的概念及其形成机制，并在此基础上介绍自身免疫现象和自身免疫病。

第一节　免疫耐受

一、天然免疫耐受与获得性免疫耐受

自身免疫耐受特指健康个体的免疫系统对自身抗原处于无反应状态，又称天然免疫耐受(natural tolerance)。天然免疫耐受的形成机制研究奠定了免疫学的基本理论和知识框架。美国学者 Owen R 于 1945 年报道了异卵双生胎牛共用胎盘的现象，该双胞胎牛犊体内存在两种不同血型的红细胞，它们不仅不产生针对对方红细胞的抗体，而且两者之间可互相植皮(但不能接受其他牛来源的植皮)。这一现象说明，胚胎期进入机体的外来抗原可以在宿主体内诱导长期的特异性免疫耐受状态。英国学者 Medawar P 在 1953 年通过实验证明，将 C57BL 品系小鼠淋巴细胞种入 A 品系新生小鼠体内，待 A 系小鼠长大后为其移植来自 C57BL 和 CAB 小鼠的皮肤，来自 C57BL 小鼠的皮肤被接受而来自 CAB 小鼠皮肤则被排斥。由此进一步证明，在免疫系统尚未发育成熟的时期(如胚胎期和初生期)静脉注射外来抗原或者同种异型血细胞能够诱导终身耐受。

免疫系统不仅能够对自身抗原形成天然耐受状态，对很多外来抗原(尤其是体表及黏膜表面经常接触的外来抗原)亦能逐渐适应，与之和平共处，并最终建立起特异性无反应状态，即为获得性免疫耐受(acquired tolerance)。例如，空气中的大量花粉会随呼吸进入呼吸系统，数不胜数的食物抗原会进入消化道，但绝大多数人对这类抗原都处于免疫忽视(耐受)状态，一旦这种耐受被打破，就会出现过敏反应甚至是较为严重的过敏性疾病。

二、免疫耐受的形成机制

免疫耐受的形成分为两个阶段，即中枢免疫耐受(central tolerance)和外周免疫耐受(peripheral tolerance)。天然免疫耐受的建立通过中枢和外周两条途径，而获得性免疫耐受的建立和维持主要依靠外周机制。

1. *中枢免疫耐受*　现代免疫学基本理论认为，每个 T 细胞和 B 细胞克隆表达抗原识别受体(TCR 和 BCR)的过程具有完全的独立性和随机性。*TCR* 基因和 *Ig* 基因的重排过程并不排除产生对自身抗原特异性受体的可能性，在中枢免疫器官(胸腺和骨髓)中新生成的 T 细胞和 B 细胞克隆中必定有相当部分表达自身抗原特异性受体。因此，对此类具有自身免疫潜能细胞在其发育成熟的最初阶段进行清除就成了实现自身免疫耐受的关键步骤。大量的科学实验结果表明，若中枢免疫器官中未成熟淋巴细胞通过其识别受体与自身抗原以较高的亲和力结合，它们将被诱导凋亡，此即克隆清除(clonal deletion)或者阴性选择(negative selection)。T 和 B 淋巴细胞在中枢和外周对抗原的特异性识别引起截然不同的结果，前者造成克隆清除，而后者则导致克隆选择(clonal selection)和活化，成为适应性免疫应答的启动步骤。这就是 Burnet M 克隆选择学说的核心内容。

2. *外周免疫耐受*　虽然发生于骨髓和胸腺中的克隆清除能够淘汰大多数对自身抗原特异的 T 和 B 淋巴细胞，然而许多自身抗原在骨髓或者胸腺中鲜有表达，故不能诱导未成熟淋巴细胞的删除。一部分表达自身抗原特异性受体的 T 和 B 淋巴细胞会在中枢免疫器官中发育成熟后进入外周。外周免疫耐受会继续完成中枢机制未完成的工作，限制这类细胞的活化，避免自身免疫应答的发生。

如果 TCR 在没有 B7 共刺激分子参与时与细胞表面的抗原肽- MHC 结合，其所转导的信号不仅不能使 T 细胞活化，反而会使其进入免疫无能(anergy)状态。免疫无能 T 细胞的 TCR、CD4/CD8 表达水平下调，几乎没有产生 IL-2 的能力，丧失了对抗原进行识别和应答的能力，且寿命仅为几天。除了树突细胞、巨噬细胞和活化 B 细胞之外，体内绝大

多数组织细胞不表达 B7 分子，只能扮演“免疫无能诱导者”，而不是“T 细胞激活者”的角色。

骨髓中成熟的 B 细胞首先进入脾脏，并且在那里经历进一步的阴性选择，自身反应性 B 细胞与自身抗原结合后被诱导进入免疫无能状态甚至被清除。此外，CD4 T 辅助细胞（Th）是帮助 B 细胞产生抗体的必要条件，因此它们在维持 B 细胞自身免疫耐受中也发挥重要作用。Th 细胞帮助 B 细胞活化的前提条件是其 TCR 识别 B 细胞所递呈的抗原肽- MHC-Ⅱ。B 细胞只能通过其 BCR 与抗原的特异结合来捕获抗原，因此自身反应性 B 细胞所呈递的外源性抗原只能是自身抗原。也就是说，自身抗原特异性 B 细胞只能得到自身反应性 Th 细胞的辅助。由于大多数自身抗原特异性 T 细胞已经被清除或者无能化，自身反应性 B 细胞很难得到 Th 细胞的辅助（图 17-1）。

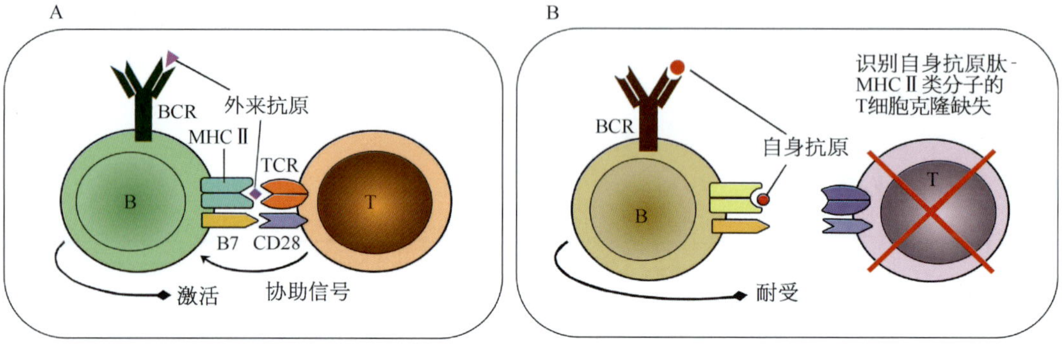

图 17-1 T 细胞控制下的 B 细胞耐受

A. B 细胞识别外来抗原后可向 CD4 T 细胞提呈外来抗原肽-MHC Ⅱ类分子及共刺激信号使 T 激活，后者再为 B 细胞活化提供协助信号使 B 激活。B. 对表达自身抗原肽-MHC Ⅱ类分子的 B 细胞，因能够识别自身抗原的 T 细胞克隆已被清除或失活，B 细胞得不到来自 T 细胞的协助信号而进入耐受状态

3. 调节 T 细胞与自身免疫耐受　免疫系统通过多条渠道的正、负反馈调节将免疫应答控制在适当强度之内，避免自身免疫损伤，维持内环境稳定。其中与自身免疫耐受密切相关的是调节性 T 细胞（T regulatory cell，Treg）。20 世纪 80 年代的研究结果显示，在正常人和小鼠体内 CD4 T 细胞中有 3%～5%持续高表达 CD25 分子（IL-2 受体 α 链）成为 $CD4^+CD25^+$ T 细胞。这一 T 细胞亚群具有免疫调节功能，被称为天然 Treg。小鼠出生 3～5 d 切除胸腺导致其成年后出现各种自身免疫病的症状，外周缺乏具有调节功能的 T 细胞，而回输健康小鼠来源的 $CD4^+CD25^+$ T 细胞使其病症得以控制（图 17-2）。这些结果证明天然 Treg 具有主动维持固有免疫耐受的关键作用，是外周免疫耐受的重要一环。

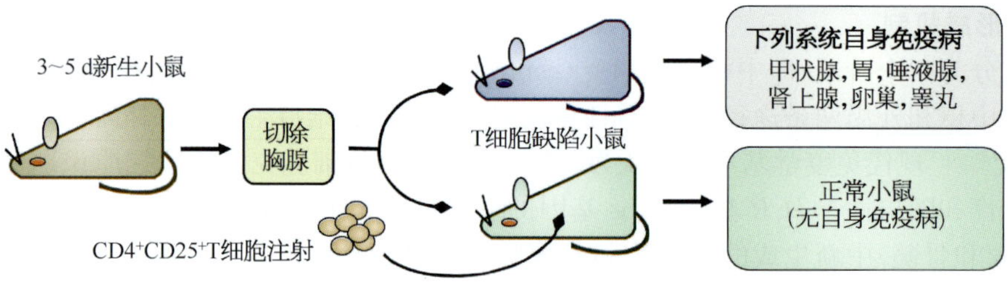

图 17-2 Treg 维持自身免疫耐受的实验证据

新生小鼠胸腺含 $CD4^+CD25^+$ nTreg，胸腺切除后的 T 细胞缺陷小鼠易罹患自身免疫病，如及时注射正常小鼠 $CD4^+CD25^+$ T 细胞，则缺陷小鼠恢复正常。此揭示 nTreg 与自身免疫病发生的关系

此后的大量工作进一步查明了这群细胞的特点及在免疫稳态和自身免疫耐受中的重要功能。这些细胞发育成熟于胸腺，组成性表达 CD25、Foxp3、CTLA-4 和 GITR，主要靠细胞接触形式发挥免疫抑制作用。除了胸腺来源的自然 Treg（nTreg）之外，尚有一类由外周 $CD4^+CD25^-Foxp3^-$ T 细胞前体发育而来的诱导型 Treg（iTreg），其 Foxp3 表达并不稳定。目前认为 Treg 可通过抑制性细胞因子、细胞间接触依赖性抑制、对靶细胞的直接杀伤作用、竞争性耗竭 IL-2 等机制介导外周耐受（参见图 14-2）。Treg 能够对几乎所有种类的免疫细胞发挥抑制作用，*Foxp3* 基因突变导致的原发性免疫缺陷病（IPEX）的主要表现为 Treg 缺失及针对多个器官和系统的自身免疫性疾病。

第二节　自身免疫病的概念与分类

现代免疫学中自身免疫(autoimmunity)的概念泛指免疫系统产生针对宿主自身抗原的自身抗体和致敏淋巴细胞的现象。它既可能是病理性的，也可能是生理性的。一般情况下，自身免疫应答是自限性的，属生理性自身免疫。例如，正常人血清中存在多种天然自身抗体，如针对肌动蛋白、肌凝蛋白、角蛋白、胶原蛋白、球蛋白、DNA 等的 IgM 型抗体，其主要功能是维持机体生理自稳，清除体内衰老、凋亡或畸变的自身细胞成分，并调节免疫应答的平衡，在维护机体生理状态、防御感染和监视肿瘤等方面有重要意义。但是，当免疫系统对自身抗原的应答强度超越了免疫调控的限制，造成自身组织或者器官的炎症性损伤并影响其生理功能，导致自身免疫病。

一、自身免疫病的概念

研究自身免疫病的历史几乎与现代免疫学的发展同步。20 世纪初著名德国病理学家 Ehrlich P 根据动物对异种动物红细胞产生抗体的实验结果，推断在正常情况下机体免疫系统不会产生自身抗体(即无自身免疫发生)。他进一步假设："一旦出现自身抗体，将对机体造成可怕的疾病"，并首先提出"令人生畏的自身毒性"(horror autotoxicus)一词。在 20 世纪初，Chauffard 和 Vincent 报道了第 1 例自身免疫性溶血性贫血，Fiessinger 发现了慢性活动性肝炎患者体内存在抗肝细胞抗体。最近 50 年来，随着对自身免疫病研究的深入，发现许多以前认为原因不明的疾病都与自身免疫有关。自身免疫病的总发病率占到世界人口的 6%左右。

1. 定义　确定自身免疫病的首要条件，是疾病具有自身免疫性。由于自身免疫现象可见于多种生理及病例状态(自身抗体也可在创伤或感染患者体内发现)，在确定诊断前必须明确该自身免疫反应的病理特征。

将一种不明原因的疾病定义为自身免疫病至少应满足如下几项条件：

1) 证实患者体内存在自身抗体或自身反应性 T 细胞。

2) 发现被病理性自身抗体或者 T 细胞所识别的靶抗原和自身抗体或淋巴细胞浸润组织的病理学证据。

3) 用该自身抗原免疫动物能够诱发类似的自身免疫反应以及相关疾病。

4) 在动物实验中可复制出相似的病理模型，并能通过病理动物的血清或淋巴细胞使疾病被动转移。如果将自身抗体转移到实验动物可以诱发出相同的疾病，则可以明确该自身抗体具有致病性(图 17-3)。

5) 病情程度及转归与自身免疫应答强度密切相关，并可被免疫抑制剂抑制。

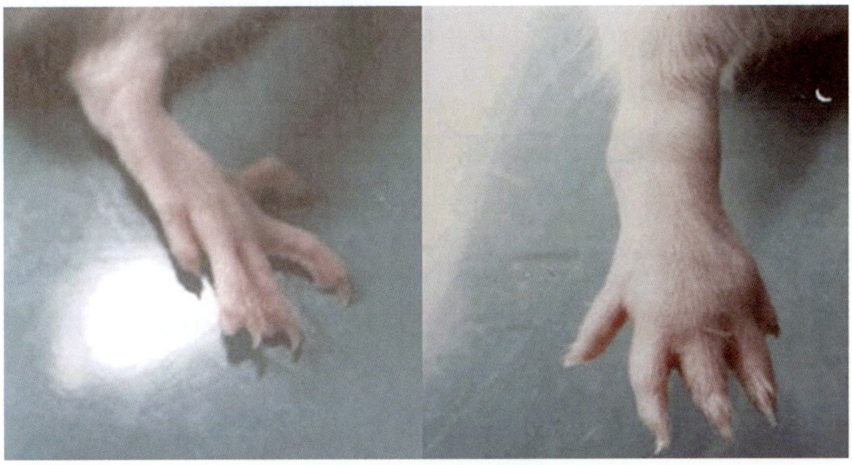

图 17-3　类风湿关节炎的大鼠关节模型

右图为经胶原蛋白免疫成功诱导关节炎的 Lewis 大鼠足、踝部关节，左图为对照

2. 特点

1) 表现形式复杂多样，分属于不同系统和组织，如系统性红斑狼疮、类风湿性关节炎、风湿热、1 型糖尿病、重症肌无力等。

2) 患者血液中可测得高效价自身抗体或(和)自身组织成分起反应的致敏 T、B 细胞。

3）女性较男性发病为多。

4）老年人中自身免疫病较为普遍，但自身免疫病多初发于育龄阶段。

5）除一些病因明了的继发性自身免疫性疾病可随原发疾病的治愈而消退外，多数原因尚不明的自身免疫病常呈反复发作和慢性迁延趋势，严重影响患者的工作能力和生活质量。

6）疾病的发生有一定的遗传倾向。

7）有各种不同的诱因，如微生物感染或受精神因素影响等。

二、自身免疫病的分类

按照累及的器官和范围，自身免疫病一般分为两类：器官特异性自身免疫病（organ-specific autoimmune disease）和系统性自身免疫病（systemic autoimmune disease）。相应地，这两类疾病所对应的自身抗体也分别为器官特异性和系统性的抗体。例如，突眼性甲状腺肿（Graves 病）为器官特异性自身免疫病，特异性抗体为甲状腺刺激激素受体的抗体；而系统性红斑狼疮（SLE）为全身性自身免疫病，抗体针对的抗原为人体中广泛存在的物质，包括染色质、双链DNA、组蛋白和RNA等。

表 17-1 常见自身免疫性疾病及分类

系统性自身免疫病	
类风湿关节炎	干燥综合征
系统性红斑狼疮	强直性脊柱炎
硬皮病	抗磷脂综合征
类风湿关节炎	韦格纳肉芽肿病
器官特异性自身免疫病	
血液系统	神经系统
溶血性贫血	多发性硬化
恶性贫血	重症肌无力
自身免疫性血小板减少	吉兰-巴雷综合征
消化道	肾脏
炎症性肠病	IgA 肾病
自身免疫性肝病	原发肾病综合征
内分泌腺	皮肤
1 型糖尿病	银屑病
Graves 病	寻常型天疱疮
桥本甲状腺炎	白癜风

表 17-1 列举了一些典型的系统性自身免疫病以及器官特异性自身免疫病，亦可按照受累系统对自身免疫病进行分类（表 17-2）。值得注意的是，自身免疫病的分类并非绝对。有些自身免疫病只影响一个或者少数几个器官（如桥本甲状腺炎），病理损伤局限在相应靶组织。多数自身免疫病介于两个极端之间，以某个器官为主，同时不同程度地影响其他器官，如原发性胆汁性硬化症，病变主要表现为小胆管炎性细胞浸润，但血清中抗体主要针对线粒体，并非肝脏特异。有些则为非器官特异的，影响全身几乎所有的组织和器官，病变和抗体均十分广泛（如 SLE）。此外，同一名自身免疫病患者可能同时患有某一谱区中的几个疾病，如慢性甲状腺炎患者较同龄同性随机人群中恶性贫血的发病率明显增高（10% 对 0.2%）。与此同时，恶性贫血者中自身免疫性甲状腺炎发病率亦高于期望值。自身免疫病患者血清抗体谱的交叠现象更为明显，如 30% 自身免疫性甲状腺病患者血清中可查出抗胃壁细胞抗体，而高至 50% 恶性贫血患者中可查得抗甲状腺抗体。这些抗体并非交叉反应抗体，甲状腺特异抗体并不与胃组织起反应，反之亦然。

表 17-2 自身免疫病按照受累系统的分类

受累系统	自身免疫病举例
结缔组织疾病	类风湿性关节炎、系统性红斑狼疮、皮肌炎、硬皮病
神经肌肉疾病	多发性硬化症、重症肌无力、脱髓鞘疾病
内分泌性疾病	原发性肾上腺皮质萎缩、慢性甲状腺炎、青少年型糖尿病
消化系统疾病	慢性非特异性溃疡性结肠炎、慢性活动性肝炎、恶性贫血、萎缩性胃炎
泌尿系统疾病	自身免疫性肾小球肾炎、肺肾出血综合征
血液系统疾病	自身免疫性溶血性贫血、特发性血小板减少性紫癜、特发性血小板减少症

第三节 自身抗体、自身反应性 T 细胞与自身免疫病

一、自身抗体与自身免疫病

1. 天然自身抗体　用荧光标记的自身抗原研究健康人外周循环中的 B 细胞，发现许多 B 细胞表达对自身抗原特异的 BCR。相应地，健康人和动物血清中含有多种自身抗原特异性天然自身抗体（natural autoantibodies），多为 IgM 类，偶见 IgG 和 IgA 类，其识别对象主要为细胞内的抗原，如肌动蛋白、肌凝蛋白、角蛋白、DNA、细胞色素 c、胶原、髓鞘碱性蛋白和 IgG 等。它们与自身抗原的亲和力相对较低但具有广泛的交叉反应性（cross reactivity）。有假说认为天然自身抗体是由胃肠道内的常住菌丛诱导产生的。然而新生儿脐带血中自身抗体浓度也很高，出生几天后才下降为

“正常水平”。此外，无菌环境下培养的小鼠血清中也存在天然自身抗体。另一种假说认为它们来自死亡的自身反应性 B1 细胞。CD5+B1 细胞占人胎儿 B 细胞总数的 40%～60%，占成人淋巴结 B 细胞的2%～3%。这群 B 细胞能分泌 IgM 类天然自身抗体，亦参与某些自身免疫反应。

2. 病理性自身抗体　　天然自身抗体与病理性自身抗体无论是在产生机制和功能上均有所不同。前者具有一定的生理功能，而病理性自身抗体则引起自身免疫病，多为 IgG，特异性强，与自身抗原结合的亲和力高。表 17-3 列举了一些常见的人类病理性自身抗体的靶抗原及其所引起的自身免疫性疾病。

表 17-3　自身免疫病与自身抗原举例

疾病名称	自身抗原
慢性甲状腺炎	甲状腺球蛋白
甲状腺毒症	甲状腺细胞表面 TSH 受体
原发性肾上腺皮质萎缩	肾上腺细胞胞质(17α/21-hydroxylase)
部分男性不育	精子
青少年型胰岛素依赖型糖尿病	胰岛细胞胞质及胞膜胰岛素、GAD 及 ICA512
1 型糖尿病	胰岛素受体
重症肌无力症	乙酰胆碱受体
多发性硬化症	神经末梢钙(Ca^{2+})通道，脑
肺肾综合征	肺、肾小球基底膜Ⅳ型胶原
自身溶血性贫血	红细胞膜蛋白
特发性血小板紫癜	血小板膜蛋白(如 gpⅡb/Ⅲa)
原发性胆汁硬化	线粒体(焦葡萄酸盐脱氢酶)
溃疡性结肠炎	直肠“脂蛋白”，直肠上皮细胞表面蛋白
干燥综合征	SS-A(Ro)，SS-B(La)导管/线粒体/细胞核/甲状腺
类风湿关节炎	IgG
系统性红斑狼疮	DNA、核蛋白、血液有形成分的抗原、凝血因子、IgG

病理性自身抗体的产生多是针对自身抗原产生免疫应答的结果，其与自身抗原的亲和力高。值得一提的是，病理性自身抗体的产生离不开自身抗原特异性辅助 T 细胞的帮助。例如，系统性红斑狼疮是以抗核抗体为主要标志、抗体介导的自身免疫病，但是自身抗原特异性 T 细胞在其发病过程中扮演十分重要的角色。

3. 病理性自身抗体造成机体组织病理损伤的机制

(1) 抗体介导的细胞毒作用　　自身抗体(主要是 IgG 类)与细胞膜表面自身抗原相结合，触发免疫细胞(如 Mφ、中性粒细胞、NK 细胞)对组织细胞的杀伤作用。

(2) 抗体刺激靶细胞　　某些甲状腺功能亢进症患者血清中的长效甲状腺刺激素(LATS)就是一种抗甲状腺组织抗原的 IgG 型抗体。某些激素受体的抗体可通过刺激或抑制细胞功能干扰受体信号。例如，在 Graves 病中，LATS 可作为抗体连接到甲状腺刺激激素(TSH)受体上，竞争性抑制 TSH 功能，并通过负反馈调节导致甲状腺分泌 TSH 过量。同样，胰岛素受体抗体也可通过阻断受体造成胰岛素抵抗型糖尿病。

(3) 抗体中和作用　　抗体与体内有重要生理活性的抗原物质或受体结合，使其灭活和丧失功能，从而出现相应病症。临床已经证实的有：抗血凝物质抗体使抗凝物质失活；重症肌无力症患者出现的抗乙酰胆碱受体抗体；青年型糖尿病抗胰岛素受体的抗体使相应细胞受体的生物效应丧失。抗磷脂综合征中的抗磷脂抗体可结合磷脂 β_2 糖蛋白 I 复合物，引起栓塞、反复流产等临床表现。在寻常型天疱疮中，自身抗体结合到表皮细胞桥粒部分，并通过刺激表皮蛋白酶产生破坏细胞-细胞连接而发挥病理效应，导致水疱形成。韦格纳肉芽肿病患者血清中可检出 IgG 型抗中性粒细胞胞质抗体(c-ANCA)，为细胞内 29 kDa 的丝氨酸蛋白酶 3 的抗体，可使已致敏的中性粒细胞活化和降解。

(4) 与抗原形成免疫复合物后的损伤作用　　自身抗体与游离抗原结合形成免疫复合物，在一定条件下可沉积于全身或局部血管壁基底膜或滑液囊、组织间隙。免疫复合物在局部激活补体，引起局部炎症反应。

(5) 通过补体系统活化炎症连锁反应，干扰可溶性分子或免疫细胞的生理功能　　例如，在自身免疫性溶血性贫血中，免疫球蛋白结合于红细胞膜表面而导致红细胞被吞噬、裂解。肺出血-肾炎综合征(Goodpasture syndrome)是一种以肺出血及肾小球肾炎为特征的疾病，主要是由于自身抗体结合了基底膜Ⅳ型胶原的 α_3 链，而导致补体、中性粒细胞在局部的聚集、活化。

二、自身反应性 T 细胞与自身免疫病

用自身抗原(如神经髓鞘碱性蛋白 MBP)在体外刺激健康人或者动物外周血淋巴细胞，能够激活、扩增自身抗原特异性 T 细胞克隆，说明一些自身抗原特异性 T 细胞长期潜伏在健康个体体内，而且激活这些自身反应性 T 细胞并

不需要很苛刻的条件。自身反应性T细胞的活化是自身免疫病产生的必要条件，但并非充分条件。自身反应性T和B细胞在体内受到一系列负调机制的控制，自身免疫应答的持续发展并最终导致组织损伤有赖于多个因素的参与。

许多实验证据表明致敏T细胞直接参与自身免疫病的发病过程（表17-4），组织局部T细胞浸润是自身免疫病的典型病理特征之一。多种器官特异性自身免疫病都是由T细胞介导的，如1型糖尿病、自身免疫性甲状腺炎、多发性硬化症等。用MBP免疫动物可以诱导与人神经系统类似的中枢神经系统损伤，即EAE模型。这一模型中的主要致病成分是抗原特异性CD4 T细胞。即使对抗体介导的自身免疫病，B细胞的活化也依赖于自身反应性CD4 Th细胞的辅助。过继转移患病动物的T细胞可以转移疾病。除此之外，在相应动物模型中去除或阻断自身致敏T细胞可消除或减轻病症。从早期活动期典型胰岛炎症病变局部可检出大量CD4 T、CD8 T细胞浸润，存活胰岛细胞表面常异常表达MHC Ⅱ类分子，局部尚有大量巨噬细胞浸润，推测这些变化都后继于局部T细胞释放的各种淋巴因子的作用。类风湿性关节炎者炎症滑膜局部的浸润细胞中除了激活的B细胞、浆细胞外，尚有CD4 T细胞。慢性甲状腺炎患者、甲状腺功能亢进患者、多发性硬化症患者脑脊液及血液中、重症肌无力患者血液中、牛皮癣皮损局部等均能查见自身抗原特异性的T细胞。自身致敏Th淋细胞作为效应细胞可识别带有相应自身抗原的靶细胞，它们被激活后可释放具有不同效应功能的淋巴因子，辅助体液免疫（抗体生成）或介导细胞免疫应答。CD8 T细胞则识别、杀伤和裂解带有相应MHC Ⅰ类抗原-特异抗原肽复合物的靶细胞。

表17-4 抗原特异性T细胞参与自身免疫病的证据

疾病	T细胞克隆/系所针对的特异抗原	病损局部或血液取自		在动物模型中转移疾病的能力
		患者	动物模型	
实验变态反应性脑脊髓炎	髓鞘碱性蛋白	否	是	是
实验变态反应性神经炎	外周神经髓鞘P2蛋白	否	是	是
重症肌无力症	乙酰胆碱受体	是	是	是
某些甲状腺功能亢进、自身免疫性甲状腺炎	甲状腺滤泡，上皮细胞	是	是	是
病毒性心肌炎	病毒（如柯萨奇）	否	是*	是

* CD8 T细胞克隆；表中所列的其他T细胞克隆均属CD4阳性

T细胞被活化后经数轮扩增后可分化为效应细胞，产生IFN-γ，加速巨噬细胞活化并介导细胞免疫（Th1）；或产生IL-4等细胞因子，介导和调节体液免疫反应（Th2）。很多自身免疫性疾病，如类风湿关节炎（RA）、MS、1型糖尿病和克罗恩病均存在Th1/Th2失衡，并通过Th1细胞免疫反应造成组织损伤。此外，Th1细胞产生的细胞因子对某些自身免疫病的发病有重要作用。细胞因子产生过多可产生炎症，如导致RA的关节损害、硬皮病的皮肤增厚。已经证明，RA是一种主要由T细胞介导的自身免疫性疾病。T细胞受体与HLAⅡ类抗原HLA-DR4/DR1提呈的抗原肽或超抗原结合，激活自身反应性T细胞，导致细胞因子、趋化因子、氧自由基及白三烯等炎症介质的释放，进而引起血管炎、滑膜增生、软骨及骨破坏等RA的特征性病理变化。Th17是近年来确认的另一类效应性CD4 T细胞亚群，产生IL-17、IL-6和TNF-α等细胞因子，参与炎症反应。一些过去认为主要由Th1介导的自身免疫病，如MS，实际上更多地由Th17所参与。

第四节 自身免疫病的相关因素

自身免疫病的发生是多种因素综合作用的结果，包括宿主的免疫功能状态（免疫细胞的发育和成熟以及自身免疫耐受的维持）、机体内环境（神经内分泌系统的调节与波动、自身抗原的改变）、外界环境（病原体的侵袭、物理或者化学损伤及其他影响机体功能状态的环境因素）等。在这一过程中，自身抗原特异性T和（或）B细胞的激活与扩增是自身免疫病形成的关键步骤。该过程可能需要一个较长的时间，并经历以下3个阶段：① 自身抗原特异性T和（或）B细胞的活化（自身免疫耐受被打破）；② 自身反应性T或者B细胞的克隆扩增（进行性自身免疫应答）；③ 自身反应负反馈抑制和调节环节失效；④ 自身反应T细胞或者自身抗体造成局部组织损伤（免疫病理损伤）。本节讨论导致自身免疫发生的一些影响因素。

一、免疫学因素

1. *自身免疫应答靶抗原的"暴露"或者形成* 隐蔽抗原的释放和自身抗原的改变均可打破免疫耐受，引起自身免疫应答。某些组织如脑和眼前房等位于解剖学上的特殊位置，不与免疫系统接触。但当创伤或炎症损伤使这些自身抗原暴露于淋巴组织，则可在局部诱导相应的T细胞活化，造成局部组织损伤，如交感性眼炎就是自身抗原暴露诱发自身免疫病的典型例子。

某些理化或生物学因素，如射线、药物、微生物感染等使组织抗原发生改变，自身抗原性质的改变可诱导自身应答，导致自身免疫病（详下）。此外，某些微生物产物或药物与自身组织具有共同的半抗原决定簇，可通过交叉反应诱导自身反应性B细胞活化，破坏免疫耐受，造成自身免疫损伤（详下）。

2. *微生物感染激活自身反应性淋巴细胞* 微生物中的某些蛋白质成分或糖链结构可作为抗原或超抗原可诱导自身免疫反应，导致自身免疫病的发生。其可能的机制包括：

1）某些病毒对自身组织的加工修饰及淋巴细胞的转化修饰作用。

2）病毒或细菌多肽抗原及免疫复合物在病变组织中的聚集。

3）外源性抗原多肽通过分子模拟及“激发-链式反应”机制引起的自身免疫损伤。

4）非特异性多克隆T细胞的激活导致发病。细菌内毒素可产生佐剂效应，打破自身耐受。另外，炎症或药物也可修饰抗原蛋白，导致与自体蛋白的交叉免疫反应。

5）某些微生物产物还可通过交叉反应造成自身免疫损伤。如果微生物抗原与人体自身抗原的部分氨基酸序列或者某些局部构象相似（或者相同），针对该表位的淋巴细胞由于微生物感染而被激活之后就有可能识别相应的自身抗原，引起交叉反应，产生自身抗体或者致敏淋巴细胞。被激活的T、B细胞在自身抗原（交叉抗原）的持续刺激下得以不断扩增并且攻击表达该抗原的自身组织。例如，A族链球菌感染诱导的M蛋白抗体与心肌肌球蛋白、层黏素及其他基质蛋白有明显的交叉反应，可能是诱发风湿性心脏病（rheumatic myocarditis）的主要原因。许多与类风湿关节炎发病有关的细菌或病毒（如结核分枝杆菌、大肠杆菌、EB病毒）的蛋白中含有共同表位QK/RRAA。当上述细菌或病毒蛋白进入机体后，其QK/RRAA多肽片段可诱导特异性抗体的产生，该抗体既可与外源性抗原多肽形成免疫复合物，又可与自体Ⅱ型胶原蛋白、软骨糖蛋白及A型滑膜细胞等组织的QK/RRAA蛋白结合，引起一系列自身免疫反应。微生物蛋白与宿主组织之间的分子模拟还可见于1型糖尿病和系统性硬化等多种自身免疫病中。实际上病毒或细菌蛋白与人体蛋白质分子的某些氨基酸序列类似甚至完全相同的例子举不胜举，表17-5罗列了一些具有相同序列的微生物肽段与人体蛋白片段。

表17-5 生物和人相似蛋白质分子片段

蛋白质大分子	氨基酸片段	氨基酸序列
巨大细胞病毒 IE2	79～88	PDPLGRPDED
HLA-DR	60～69	VTELGRPDAE
脊髓灰质炎病毒 VP2	70～79	STTKESRGTT
乙酰胆碱受体	176～185	TVIKESRGTK
乳头状瘤病毒 E2	76～85	SLHLESLKDS
胰岛素受体	66～75	VYGLESLKDL
腺病毒 E1B	384～395	LRRGMFRPSQCN
α-麦胶蛋白	206～217	LGQGSFRPSQQN
HIV-P24	160～167	GVETTTPS
人 IgG 恒定区	466～473	GVETTTPS
麻疹病毒 P3	13～20	LECIRALK
促肾上腺皮质激素	18～25	LECIRACK
麻疹病毒 P3	31～39	EISDNLGQE
髓鞘碱性蛋白	61～69	EISFKLGQE
肺炎杆菌定氮酶	186～194	SRQTDREDE
HLA-B27	70～78	KAQTDREDL

图17-4中的转基因动物实验为自身抗原特异性T细胞被微生物感染活化并引起自身免疫病提供了更为直接的证据。科学家们将淋巴脉络丛脑膜炎病毒（LCMV）的外膜糖蛋白（gp）基因克隆于胰岛素基因启动子的下游，并用其制备转基因小鼠。因为转入基因只在小鼠的胰岛β细胞中表达，其产物不能在胸腺内诱导胸腺细胞的克隆清除。成年转基因小鼠的外周T细胞能够在体外识别LCMV-gp，然而它们却能够在体内与胰岛β细胞和平共处。但是，如果转基因小鼠受到LCMV感染，LCMV-gp特异性细胞被激活，它们很快造成胰岛β细胞损伤，导致糖尿病。Ohashi等制备了表达针对LCMV-gp的TCR α/β链的转基因小鼠。两种转基因小鼠杂交的子一代小鼠除了在胰岛β细胞中表达LCMV-gp之外，其体内绝大多数CD8 T细胞还表达转入的TCR基因。虽然这些转基因T细胞能够在体外杀伤LCMV感染的靶细胞，子一代鼠直到成年期仍安然无恙。可是一旦受到LCMV的感染，转基因T细胞便失去了原有的“驯服”，导致小鼠罹患严重的糖尿病。

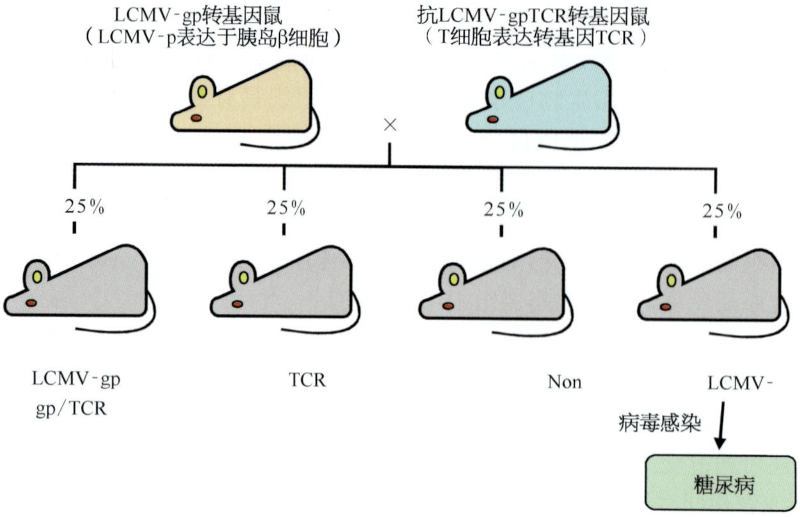

图 17-4 病毒感染激活自身反应性 T 细胞

3. T-B 细胞之间的旁路活化　与 Mφ 和 DC 不同，B 细胞只有利用其 BCR 才能捕捉外源性抗原。换言之，B 细胞有效处理与提呈的抗原只能是它们 BCR 所特异识别的对象。Th 细胞帮助 B 细胞的前提条件之一就是通过 TCR 识别 B 细胞所提呈的 MHC Ⅱ类分子-抗原肽复合物。因此，相互帮助的 T-B 细胞之间的纽带是它们共同识别的抗原（虽然所识别的表位不同）。通常情况下宿主体内对自身抗原特异的 T 细胞，或者已经在胸腺中被清除，或者已处于活性封闭即无能（anergic）状态，自身抗原特异性 B 细胞往往因为得不到 Th 的帮助而无所作为。

有些情况下 T 和 B 细胞之间可能发生“旁路激活”的现象。此时相互帮助的 T-B 细胞并不识别同一抗原。图 17-5 列举了 T-B 细胞旁路激活的两种可能情况：① 来自细菌或病毒的超抗原（SAg）能同时与 B 细胞表面的 MHC Ⅱ类分子及 TCR Vβ 链结合；② B 细胞表面的 MHC Ⅱ类分子被化学物质、药物、金属离子或者某些氨基酸修饰，此时被修饰的 MHC 分子被 T 细胞当作新的（外来）抗原进行识别。在上述情况下，Th-B 细胞之间的相互协作与 BCR 的抗原特异性无关，增加了自身抗原特异性 B 细胞被活化的机会。骨髓移植后发生的移植物抗宿主反应常伴有严重的自身免疫现象，患者体内产生大量的各种自身抗体，其原因就是供者 Th 细胞识别受者 B 细胞 HLA-DR 分子后将其激活的结果。虽然这是一个极端的特例，但为 T-B 细胞旁路激活引起自身抗体产生的假说提供了有力的间接证据。

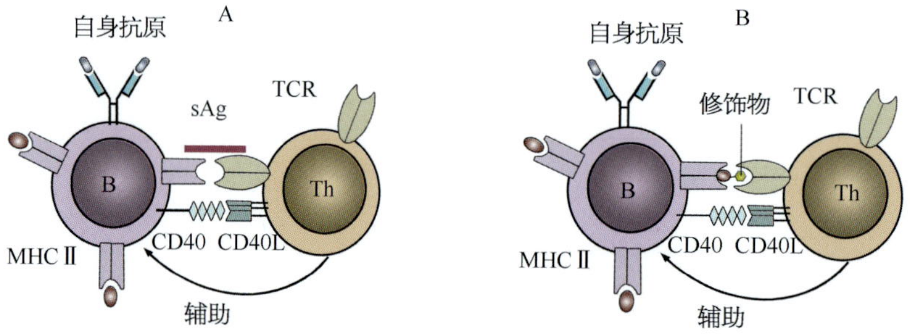

图 17-5 T-B 细胞旁路激活的两种可能途径

A. 超抗原能同时与 B 细胞表面的 MHC Ⅱ类分子及 T 细胞表面 TCRβ 链结合（Th-B）；B. 有机或无机化学物质能够“修饰” MHC 分子使其获得新的抗原性

4. 多克隆淋巴细胞的非特异性活化　淋巴细胞增殖周期调控过程中任何环节上的差错都可能引起多克隆淋巴细胞的无序活化。造成多克隆淋巴细胞非特异性活化的原因分为“内因”和“外因”两种。内因是淋巴细胞自身的扩增控制机制（如凋亡）紊乱，而外因则是各种淋巴细胞活化物质的作用。Strasser 等将凋亡抑制基因 *Bcl-2* 导入小鼠 *Ig* 基因启动子下游并制成转基因小鼠。转基因小鼠体内的 B 细胞过度增殖，血清中 IgA 和 IgG 水平明显升高，同时伴有抗核抗体和免疫复合物性肾炎的表现。MRL-*lpr*/*lpr* 小鼠是 SLE 动物模型之一。由于 *Fas* 基因的突变，该小鼠 Fas 蛋白的胞质区没有信号转导功能，故不能诱导 T 细胞的凋亡。小鼠体内的 T 细胞显著增生，血清中含有多种高滴度自身抗体。

非特异性免疫细胞激活剂的使用是诱发自身免疫性疾病一个“外因”途径。例如，IL-2 是 T 细胞生长因子，肿瘤患者长期使用IL-2之后常并发自身免疫反应。在动物模型中发现，微生物的某些产物可非特异地刺激免疫系统无选择性地大量活化辅助性T细胞和B细胞。来自细菌或病毒的超抗原也能非特异地激活多克隆T细胞。给小鼠反复静脉注射B细胞丝裂原细菌脂多糖(LPS)，能够非特异地活化B细胞，打破免疫耐受，同时导致高水平自身抗体的产生。

5. 中枢耐受不全及免疫调节紊乱　在健康个体中，高度自身反应性B和T细胞会通过中枢免疫耐受或者外周免疫耐受而被清除或失能。中枢及外周耐受机制的异常均可导致自身免疫病的发生。某些基因突变可破坏中枢免疫耐受，引发自身免疫性疾病。例如，自身免疫调节因子(autoimmune regulator, AIRE)是主要在免疫相关组织和器官中高表达的一种蛋白。*AIRE*基因的突变可导致自身免疫性多腺体综合征Ⅰ(autoimmune polyglandular syndrome type Ⅰ, APS Ⅰ)。一方面，胸腺髓质上皮细胞中的AIRE可以控制上皮细胞表面自身抗原的表达，在*AIRE*基因突变的情况下，某些自身抗原表达下调或缺失，从而导致针对自身抗原的自身反应性细胞在胸腺中不能被阴性选择有效剔除。同时，次级淋巴组织中AIRE缺陷也影响了一群表达AIRE的CD45阴性细胞对于外周自身反应性细胞的进一步剔除。另一方面，胸腺中AIRE的缺陷抑制了胸腺天然调节T细胞(nTreg)的发育。结果自身反应性细胞产生针对自身抗原的免疫应答，分泌细胞因子及其抗体，对机体产生直接的损伤，从而诱发自身免疫性疾病。图17-6阐述了*AIRE*突变引起自身免疫性疾病的潜在机制。研究结果进一步显示，*AIRE*基因位于人的第21号染色体上，编码一个富含脯氨酸的545个氨基酸残基的蛋白，是一种具有转录活化潜能的DNA结合蛋白。迄今，患者中发现了超过60个不同的*AIRE*基因突变体，遍布*AIRE*基因的整个编码区。

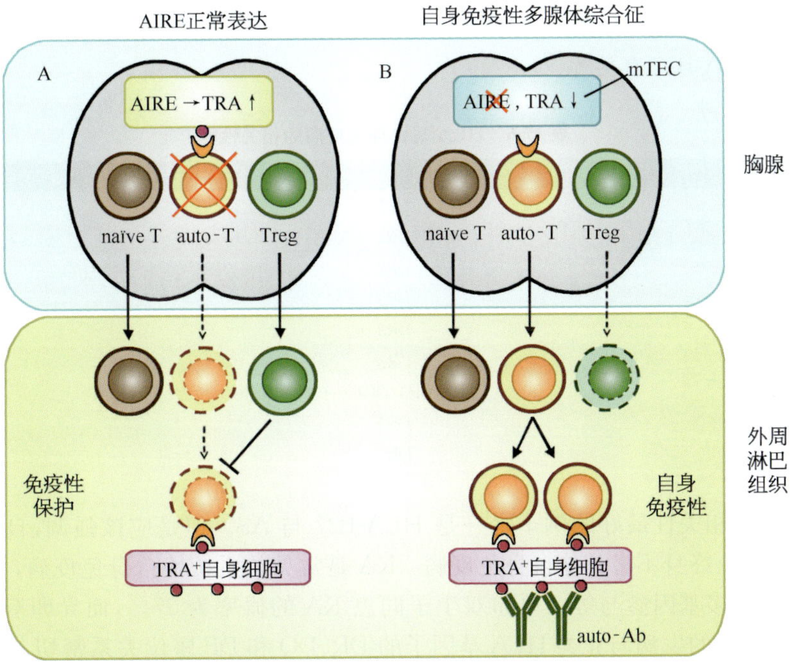

图17-6　AIRE缺陷引起自身免疫性疾病的潜在机制

A. 正常表达于髓质胸腺上皮细胞(mTEC)的自身免疫调节基因(AIRE)，诱导组织限制性抗原(TRA)在mTEC"异位表达"，借助阴性选择清除能识别TRA的自身反应性T细胞克隆(auto-T)，即使有auto-T未被清除进入外周，也被充分激活的Treg所抑制，机体受到保护，不产生自身免疫病；B. AIRE基因突变，TRA表达下调，auto-T不能被阴性选择去除而大量激活并进入外周，直接或通过自身抗体(auto-Ab)作用于表达自身抗原的细胞和组织，引发自身免疫性多腺体综合征(APS-Ⅰ)等自身免疫病。此时，Treg的激活受阻，也不能发挥对auto-T的抑制作用。Naïve T：初始T细胞

细胞因子是免疫细胞之间传递信息、相互帮助和相互制约的介质分子，如Th2细胞产生的IL-4、TGF-β及IL-10能抑制Th1细胞的成熟，Th1细胞产生的IFN-γ对Th2细胞有抑制作用。两类细胞因子综合作用的结果决定了免疫反应的取向。

二、内分泌因素和环境因素

1. 内分泌因素　大量实验证据表明免疫系统受神经系统和内分泌系统的调节。自身免疫病的发生往往与内分泌功能紊乱密切相关。例如，某些自身免疫病有较强的性别倾向，大多与雌激素的水平有关。育龄期女性SLE的发病率明显高于同龄男性及老年女性，类风湿关节炎患者体内雄激素及其代谢产物水平明显降低等。体外实验中，雌激素可使T细胞和NK细胞的功能显著降低，并可直接活化B细胞，导致自身抗体分泌增多。雌激素、孕激素、雄激素或其代谢产

物可通过各自的结合蛋白、受体或介导蛋白对自身免疫病的发生和演变产生影响。此外，在某些自身免疫病中泌乳素、肾上腺皮质激素的水平明显升高或降低，并与病情的活动性关系密切。

2. 环境因素　寒冷、潮湿、日晒、疲劳、吸烟及精神刺激均可能与自身免疫病的发生有关。例如，在系统性红斑狼疮(SLE)中，如果皮肤暴露于紫外线，可使其胸腺嘧啶二聚体增加，使 DNA 具有更强的致病性；并可诱导 Ro、La 和 U1RNP 抗原转移到角质细胞的表面，与致敏的 T 细胞或抗体结合形成狼疮样皮肤损害。紫外线还可促进角质细胞产生 IL-1、IL-3、IL-6、TNF-α 等细胞因子，诱发免疫反应。

三、遗传因素

自身免疫病属于“复合遗传病”，其最终形成是宿主疾病易感基因(susceptibility gene)与环境因素相互作用的结果。自身免疫病患者的直系亲属患同一种疾病的概率即同病率(concordance rate)为 5%～10%，同卵双生双胞胎的同病率更高(15%～50%)，如 1 型糖尿病、RA、MS 和 SLE 患者的纯合子双胞胎中，15%～30%的人也发病，而杂合子双胞胎的发病率小于 5%。但应该指出的是，携带一个或数个易感基因的个体未必就一定会发病，因为自身免疫病的诱发还包括环境因素，如饮食习惯、药物、紫外线照射、微生物感染等，因而发病有一定的偶然性。

1. 与自身免疫病相关的 MHC 基因　可以说 HLA 基因是决定自身免疫病易感性的主要基因，多数自身免疫病与一种或数种 HLA 等位基因相关。与同种族健康人群相比，如果自身免疫病患者携带某种 HLA 等位基因的百分率较之非患者明显增高(或者降低)，就认为该基因与所研究的自身免疫病有正(或负)相关(表 17-6)。如 RA、药物性狼疮、天疱疮、IgA 肾病及青年型糖尿病大多与 HLA-DR1/DR4 有关，而强直性脊柱炎(AS)、Reiter 综合征、银屑病关节炎及肠病性关节炎则与 HLA-B27 有关等。

表 17-6　HLA 与自身免疫病的相关性

疾　病	相关 HLA 基因	危险系数
强直性脊柱炎	B27	87.4
Goodpaster 综合征	DR2	15.9
多发性硬化症	DR2	4.8
Graves 病	DR3	3.7
重症肌无力	DR3	2.5
系统性红斑狼疮	DR3	5.8
1 型糖尿病	DR3/DR4	～25
类风湿关节炎	DR4	4.2
桥本甲状腺炎	DR5	3.2

HLA 基因与自身免疫病相关性最好的例子之一是 HLA-B27 与 AS。但是应该强调，自身免疫病不是简单遗传病，HLA-B27 阳性者 98%以上终身不患其他自身免疫病。RA 是常见的系统性自身免疫病，具有复合遗传病的特征，如不完全外显率、遗传变异及多基因参与等。单卵双生子同患 RA 的概率为 27%，而异卵双生子同患 RA 的概率为 13%，均远高于普通人群。RA 的发病与Ⅱ类 HLA 基因子的 DR、DQ 和 DP 座位关系密切。例如，患者多携带 HLA-DR1*0401、*0404 等亚型，其第 70～74 位氨基酸为一段共同序列：谷氨酰胺-赖氨酸/精氨酸-精氨酸-丙氨酸-丙氨酸(QK/RRAA)，称为 RA 共同表位(shared epitope，SE)(图 17-7，表 17-7)，与 RA 的发生密切相关。

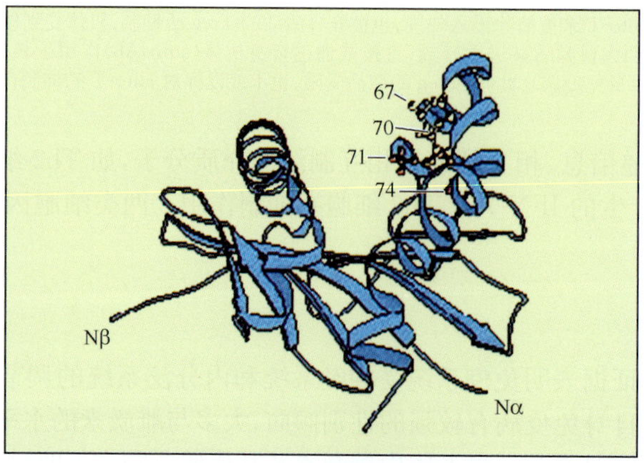

图 17-7　类风湿关节炎的共同表位

表 17-7　HLA-DR1 亚型和 RA 共同表位(SE)及类风湿关节炎的关系

HLA-DR（血清和细胞分型）	HLA-DR1（基因分型）	β 链第 3 高变区氨基酸序列(70～74 位)	与 RA 的关系
DR4/Dw4	0401	QKRAA	+
DR4/Dw14	0404	QRRAA	+
DR4/Dw15	0405	QRRAA	+
DR1	0101	QRRAA	+
DRw10	1001	RRRAA	+
Dw16	1402	QRRAA	+
DR4/Dw10	0402	DERAA	—
DR4/Dw13	0403	DERAA	—

2. *自身免疫病的其他易感基因*　除 HLA 基因之外，尚有多个自身免疫病易感基因，如补体(C1、C4 或 C4)的遗传性纯合子缺陷与发展为 SLE 相关。调节细胞凋亡的基因编码蛋白的异常，包括 Fas(CD95)和 Fas 配体(CD95 配体)也与自身免疫病相关。与 TNF-α 或 IL-10 等细胞因子表达水平相关的基因，可影响自身免疫病的易感性。此外，不同种族也可能具有不同的自身免疫病的易感基因亚型。

基因组扫描(genome scan)技术已经被应用于多种复杂遗传病相关基因的定位研究。对 1 型糖尿病(IDDM)、AS、RA 以及 SLE 等患者的研究已经发现了几十个自身免疫病易感基因的座位。关于动物自身免疫病模型的易感基因研究证明小鼠与人的自身免疫病易感基因之间有诸多相似之处。除了经典的 MHC 以外，与自身免疫病相关的基因至少还包括某些补体基因、某些 TCR 多态性基因、某些细胞因子基因亚型、Fc 受体基因以及与凋亡相关基因等。综合近几年来的研究结果可以得出如下结论：

1）任何一种自身免疫病的易感性都受多个基因的影响。

2）有些基因与多种自身免疫病易感性有关。

3）人类自身免疫病易感基因分布于第 3、7、11、12、16、19 号等不同染色体上，至少包括 18 个基因群。

4）自身免疫病易感基因与非免疫系统复杂遗传病的易感性基因之间在分布上没有相关性。

5）不同种属哺乳动物的自身免疫病易感基因之间有诸多相似之处。

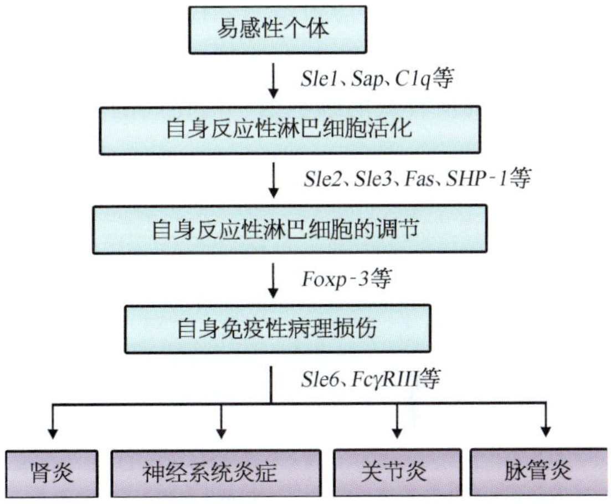

图 17-8　SLE 易感基因影响自身免疫病的可能机制

自身免疫病易感基因可能在三个层次上影响自身免疫病的形成。第一，自身抗原特异性淋巴细胞的活化(如某些 *MHC* 和 *TCR* 基因)；第二，活化细胞的调节和抑制(如某些 Fas 亚型基因)；第三，靶器官定位和疾病的严重程度(如 Fc 受体和某些 *MHC* 基因)

多个易感性基因在宿主体内的组合才使自身免疫病的发生成为可能。如图 17-8 所示，与自身免疫病相关的基因可能在三个不同的层次上影响宿主的自身免疫病的发生。第一，使自身抗原特异性淋巴细胞更容易地被活化；与特异性免疫识别有关的因素(如 MHC 分子和 TCR 等)可能与此有关。第二，减弱免疫系统的自我调节和抑制能力。例如，人群中大约 10%个体表达抗核抗体，但他们终生不发病，说明免疫系统一般情况下具有有效的调控机制。调节性 T 细胞在这一调节机制中发挥关键作用。第三，靶器官定位和免疫损伤的严重程度。Fc 受体的不同亚型与自身免应答造成组织损伤部位直接相关，HLA-DR4 分子的不同亚型往往与自身免疫病的发展以及严重性相关。

第五节　自身免疫应答导致病理损伤的机制及常见自身免疫病

一、自身免疫应答造成病理损伤的机制

如上所述，自身免疫反应可由抗体或者 T 细胞介导(表 17-8)。针对受体分子的自身抗体包括阻断性抗体和激发性抗体。针对其他自身抗原的自身抗体则可以通过 ADCC 或者免疫复合物的形式导致组织损伤。

如果机体对本应耐受的环境抗原(如花粉和食物蛋白)发生正性应答，称为超敏反应。自身免疫反应的本质是机体对本应耐受的自身抗原发生了正性应答，也可理解为是免疫系统对自身抗原的一种超敏反应。在发生超敏反应时，患者的病症可以通过避免与变应原的接触而得到缓解。而自身抗原引起的“超敏”反应则不然，由于自身抗原的持续存在，自身免疫反应一旦被启动便难以终止，可能导致慢性进行性组织损伤。自身免疫反应所造成病理损伤的机制与

表 17-8 自身免疫性疾病的组织损伤机制

机制	靶部位	疾病
抗体阻断或失活相应受体	乙酰胆碱受体	重症肌无力
	磷酸酯-β2-糖蛋白Ⅰ复合物	抗磷脂综合征
	胰岛素受体	胰岛素抵抗综合征
	内因子	恶性贫血
抗体刺激相应受体	TSH 受体(LATS)	Graves' 病
	蛋白酶-3(ANCA)	韦格纳肉芽肿病
	表皮钙连素、Desmoglein3	寻常型天疱疮
补体活化	Ⅳ型胶原的 α 链	肺出血-肾炎综合征
免疫复合物形成	双链 DNA 等	系统性红斑狼疮
调理作用	血小板 GpIIbIIIa	免疫性血小板减少性紫癜
	Rh 抗原，I 抗原等	溶血性贫血
抗体依赖性细胞毒作用	甲状腺过氧(化)物酶	桥本甲状腺炎
	甲状腺球蛋白	
T 细胞产生细胞因子		类风湿关节炎
		多发性硬化
		1 型糖尿病
细胞毒效应		1 型糖尿病

TSH：甲状腺刺激激素；LATS：长活性甲状腺刺激因子；ANCA：抗中性粒细胞胞质抗体。

超敏反应的病理机制可以类比(表 17-9)。例如，自身抗体与可溶性自身抗原形成的免疫复合物沉积于组织或者器官中，通过活化补体造成组织的炎症性损伤(Ⅲ型超敏反应)。针对细胞膜表面抗原的自身抗体可以通过激活补体直接导致组织细胞的坏死(Ⅱ型超敏反应)或者生理功能的紊乱(Ⅱ型超敏反应的变异型)；自身反应性 Th1 细胞浸润局部组织通过其所释放的细胞因子活化周围的 Mφ，加强炎症反应(Ⅳ型超敏反应)。

表 17-9 自身免疫应答产物造成病理损伤的机制

自身免疫病	自身免疫应答产物	超敏反应类型	病损特征
肺出血-肾炎综合征	抗肾小球、肺泡基底膜Ⅳ胶原抗体	Ⅱ	肾小球肾炎，伴蛋白尿、肺出血
溶血性贫血	抗红细胞膜蛋白抗体	Ⅱ	溶血
自身免疫性血小板减少性紫癜	抗血小板膜蛋白抗体，如 gpⅡb/Ⅲa 抗体	Ⅱ	血小板破坏，减少
重症肌无力	抗神经肌接头处乙酰胆碱受体的抗体和自身致敏淋巴细胞	Ⅱ，Ⅳ	乙酰胆碱受体破坏，神经冲动传递低下，肌无力
类风湿性关节炎	抗 IgG 抗体(类风湿因子)抗 HSP 致敏淋巴细胞?	Ⅱ，Ⅳ(?)	关节炎症
系统性红斑狼疮	抗 DNA、核蛋白、各种血细胞膜抗原等抗体	Ⅱ，Ⅲ	血细胞减数，多部位(肾、关节、血管)炎症
多发性硬化症	抗髓鞘碱性蛋白之自身致敏 T 细胞	Ⅳ	脑脊髓炎症
自身免疫性甲状腺炎	抗甲状腺滤泡上皮细胞之致敏 T 细胞	Ⅳ	甲状腺炎
甲状腺功能亢进	抗 TSH 受体抗体	其他	甲状腺细胞分泌甲状腺素增加

二、常见自身免疫病举例

已经发现的人类自身免疫病共有近百种，某些器官特异性自身免疫病具有重叠倾向，如自身免疫性甲状腺炎患者易合并恶性贫血。同时，患有器官特异性自身免疫病的患者还易于发展多系统自身免疫症状。例如，大约 50% 的恶性贫血患者可出现与甲状腺组织无交叉反应的抗体，而重症肌无力患者可出现抗核抗体、抗甲状腺抗体、类风湿因子、抗淋巴细胞抗体和多克隆高球蛋白血症。下面所举的几例是比较常见而且研究较为深入的自身免疫病及其动物模型，大部分列入图 17-9。

1. 桥本甲状腺炎　又称慢性淋巴细胞性甲状腺炎，是典型的器官特异性自身免疫病之一。该病是原发性甲状腺功能减退最常见原因，好发于中年女性，患者女/男比例为 8∶1。其为多基因遗传，环境因素如感染和高碘饮食可诱导发病。其发病机制为以自身甲状腺组织为抗原的自身免疫性慢性甲状腺炎，甲状腺广泛淋巴细胞浸润伴有腺泡细胞的损伤。随着甲状腺组织逐步被破坏，甲状腺可逐步缩小。许多患者伴有其他自身免疫病，包括恶性贫血、RA、SLE、干燥综合征及其他自身免疫内分泌病如 Addison 病、甲状旁腺功能减退、1 型糖尿病等。组织学研究发现甲状腺广泛淋巴细胞浸润伴有淋巴滤泡，及腺泡细胞的损伤。常见症状为无痛性甲状腺肿和甲状腺功能减退。患者血清中甲状腺过氧化酶抗体、甲状腺球蛋白抗体及抗微粒体抗体滴度增高。

早期实验室检查可见正常 T3、T4 和甲状腺过氧化酶抗体滴度增高，部分患者血清中有甲状腺球蛋白抗体及抗微粒体抗体(TMA、抗 TOP 抗体)。甲状腺放射性碘吸取可以增高，多半是因为甲状腺碘有机化障碍伴甲状腺持续吸

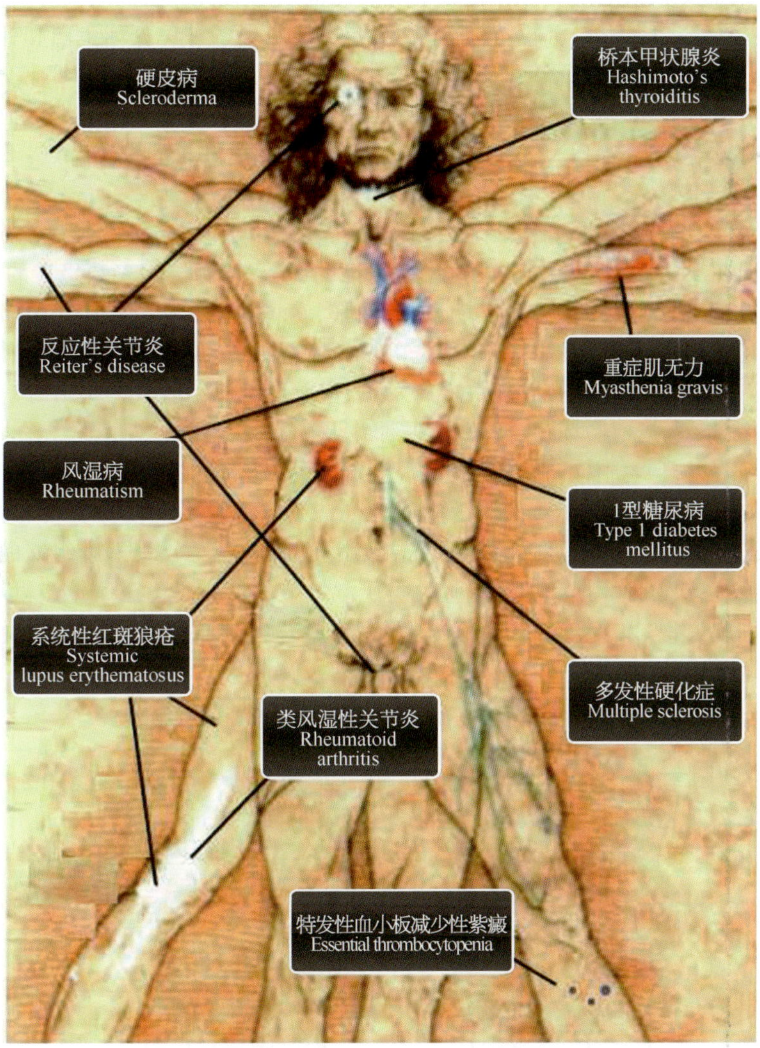

图 17-9　人体常见的一些自身免疫性疾病

根据达·芬奇(Leonardo da Vinci)1490 年所作维特鲁威人(Vitruvian)改画(改自 Sci American, 1985)

碘。疾病后期发展成甲状腺功能减退伴有 T4 降低,甲状腺放射性碘吸取降低和 TSH 增高。

2. 胰岛素依赖性糖尿病(IDDM)　又称 1 型糖尿病,是自身免疫反应损伤胰岛 β 细胞的结果,自身免疫细胞识别的靶抗原包括胰岛素、谷氨酸脱羧酶和胰岛 β 细胞膜蛋白等。患者胰岛内有大量淋巴细胞浸润,胰岛 β 细胞表面表达 HLA Ⅱ类分子。患者体内可测到抗胰岛素和抗胰岛 β 细胞的自身抗体。

NOD 小鼠是 1 型糖尿病的动物模型,生后 3～6 周之后血清中便可测到抗胰岛 β 细胞抗体,随着年龄的增长,抗体滴度逐渐升高。至 15 周时,90%的胰岛 β 细胞已被破坏,80%的雌性和 20%的雄性小鼠发生糖尿病。用病鼠的 T 细胞过继转移可以诱导健康幼鼠提前发病。

3. 系统性红斑狼疮(SLE)　被称为自身免疫病的原型,一类以慢性免疫性炎症为突出表现的全身性自身免疫病,也是典型的抗体介导的自身免疫病,好发于生育年龄女性,临床表现复杂多样,可累及多个系统。患者在活动期的主要临床表现为:原因不明的反复发热;反复发作的非致畸性关节炎;面部"蝴蝶样"皮疹;肾脏疾病或持续不明原因的蛋白尿;血小板减少性紫癜或溶血性贫血等。临床上的继发性肾病 50%与 SLE 有关,重型 SLE 患者约 10%发展为尿毒症。

SLE 的血液检查异常主要体现在抗核抗体(ANA)及抗原-抗体复合物。ANA 包括一系列针对细胞核中抗原成分的自身抗体。其中,抗 dsDNA 抗体和抗 Sm 抗体对 SLE 的诊断特异性最高。其他相关抗核抗体还包括抗核糖体 P 蛋白抗体、抗单链 DNA、抗组蛋白、抗 U_1 RNP、抗 SSA 和抗 SSB 等。此外,还可能出现与抗磷脂抗体综合征有关的抗磷脂抗体、与溶血性贫血有关的抗红细胞抗体、与血小板减少有关的抗血小板抗体、与神经精神症状有关的抗神经元抗体等。免疫病理学检查包括皮肤狼疮带试验和肾脏免疫荧光检查。皮肤狼疮带试验可见表真皮交界处有免疫球蛋白(IgG、IgM、IgA 等)和补体(C3c、C1q 等)沉积,肾脏免疫荧光往往呈现多种免疫球蛋白和补体成分沉积。

NZB 小鼠与 NZW 小鼠的子一代(NZBXNZW)F1 小鼠的自身免疫现象与人 SLE 十分相似。雌鼠的发病率为 80%,而雄鼠为 20%。血清中有高水平的抗核抗体和抗 dsDNA 抗体并伴有自身免疫性贫血现象,晚期出现肾小球肾炎。MRL-*lpr*/*lpr* 和 BXSB 小鼠与(NZBXNZW)F1 鼠略有不同,但都有 SLE 的主要特点:B 细胞增生,高免疫球蛋白血症,各种自身抗体和肾小球肾炎等。

4. *类风湿关节炎(RA)*　以慢性进行性关节滑膜以及关节软骨坏损为特征的炎症性疾病,几乎影响全世界各类人口的 1%。发病年龄一般在 40～50 岁,女性的发病率是男性的 3～4 倍。绝大多数患者的血液中都有高水平的类风湿因子(RF)(针对自身 IgG 的 IgM 抗体)。患病早期,关节肿胀、疼痛并伴有功能障碍。最典型的关节表现为晨僵、对称性小关节疼痛、肿胀及压痛,在易受摩擦的骨突起部位可见类风湿结节,最终发展为关节破坏和畸形,常见关节畸形为"钮孔花"畸形、"天鹅颈"畸形和尺侧偏向畸形,可伴有发热、贫血及淋巴结肿大等关节外表现,重症类风湿关节炎常伴发血管炎,出现紫癜、网状青斑、指(趾)坏疽、梗死、皮肤溃疡及内脏受累等。

RA 患者血清中可出现多种自身抗体。除传统的类风湿因子外,还有抗核周因子、抗角蛋白抗体、抗瓜氨酸多肽抗体、Ⅱ型胶原抗体及抗 RA33/36 抗体等。RA 的显著病理特点是关节滑膜炎症使其变得肥厚、皱褶,滑膜的血管增生和多种炎性细胞浸润,形成血管翳(pannus),后者进一步导致滑膜、软骨乃至软骨下骨组织的破坏(图 17-10)。重症者晚期的慢性进行性炎症导致关节软骨坏损和关节畸形。类风湿结节的形成是由于摩擦或微小创伤引起免疫复合物形成、补体激活、Mφ 和淋巴细胞聚积,以及炎性介质释放,最终形成以炎细胞及纤维组织为主的结节。

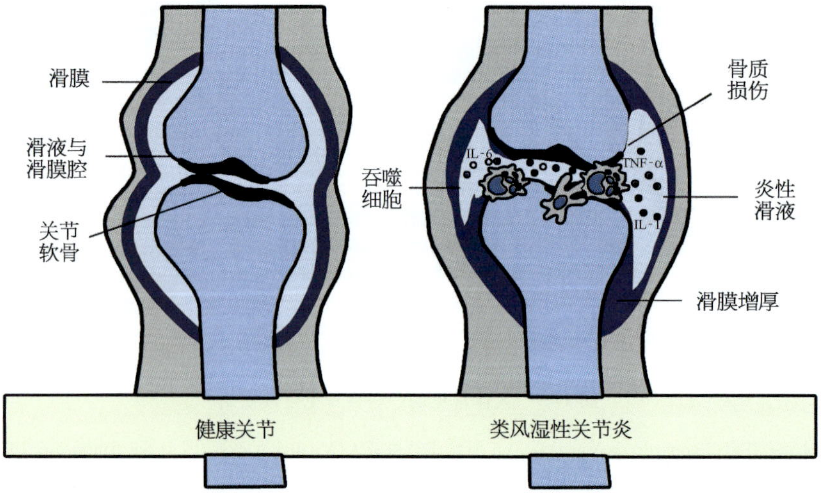

图 17-10　RA 患者受损关节的病理表现

关节滑膜炎性增生、变厚,并有淋巴细胞浸润,累及关节软骨

用加热变性的胶原蛋白免疫小鼠或者大鼠能够诱导其慢性关节炎,即为胶原诱导的关节炎(collagen-induced arthritis,CIA)。主要特征为增生性滑膜炎,并可波及关节软骨,甚至造成关节强直以至完全失去功能。胶原蛋白特异性细胞和体液免疫应答均可测得。用完全弗氏佐剂(CFA)皮下免疫某些品系的大鼠可诱导起全身关节的炎症性病变。其特征与人的 RA 非常类似,包括关节滑膜的中性粒细胞和单核细胞浸润,关节软骨的损伤造成关节变形以至完全失去功能。

5. *多发性硬化症(MS)*　是慢性进行性中枢神经系统脱髓鞘疾病。随着病程的进展,发作的间隔越来越短,每次发作持续时间越来越长,最终可导致全身瘫痪和多数中枢神经功能的丧失。患者的中枢神经组织布满脱髓鞘而形成的白斑(sclerosis)。白斑中含有 Mφ、T 细胞和 B 细胞。组织病理学表现为中枢神经系统白质内有播散的脱髓鞘斑块,伴少突胶质细胞的破坏和血管周围的炎症,髓磷脂的脂质与蛋白质的化学成分都有改变。大部分病例中脑脊液琼脂凝胶电泳出现 IgG 寡克隆带。临床特征是缓解和复发交替的中枢神经系统功能障碍的多样化表现。身体温度的升高(如炎热的气候、洗热水浴、发热)可使症状和体征加重。

小鼠、大鼠、豚鼠实验性变态反应性脑脊髓炎(EAE)是迄今最好的 T 细胞介导的器官特异性自身免疫病模型,所针对的自身抗原分子已明确为髓鞘碱性蛋白(MBP)等分子。用大脑匀浆或者 MBP 配以佐剂免疫猴、某些品系的大鼠或小鼠能引发广泛性脑脊髓炎，其主要症状与人的 MS 相似。将患 EAE 大鼠的 T 细胞过继转移给健康的同系动物也可引发同样的病症，而血清则无此作用。用致 EAE 的 T 细胞克隆或其 TCR 抗原肽免疫大鼠或小鼠，可以得到明显的预防和治疗 EAE 的作用。

第六节　自身免疫病的治疗

不同自身免疫病的临床表现千差万别，但由于其发病的免疫机制相似，治疗原则也有一些共性。治疗自身免疫病的最佳方案当然是帮助机体恢复应有的自身免疫耐受状态，但是恢复（诱导）免疫耐受的方法尚不成熟，因而自身免疫病的治疗也缺乏理想的手段。目前常用的治疗方案除控制发病诱因之外，主要采用免疫抑制剂阻止病理性自身免疫应答。经过半个多世纪的发展，现在对自身免疫病已从单纯的对症治疗发展为通过多元化治疗改变病程，从而使临床疗效明显提高。通过调节免疫应答的各个环节以阻断疾病进程来进行治疗的方案已进入临床研究。

一、糖皮质激素

现行治疗方案主要着眼于控制患者的炎症反应，比较常用的有非甾体抗炎药（NSAID），该药具有止疼消炎作用。糖皮质激素（简称激素）是最强的抗炎药物，也是治疗自身免疫病的常用药。激素对免疫应答的多个环节均有抑制作用，尤以对细胞免疫。大剂量时也能够明显抑制体液免疫，使抗体生成减少；超大剂量则可有直接的淋巴细胞溶解作用。

二、免疫抑制剂

免疫抑制剂是一类通过抑制细胞及体液免疫反应，而使组织损伤得以减轻的化学或生物类物质。自身免疫病治疗中经常使用的免疫抑制剂包括甲氨蝶呤、硫唑嘌呤、霉酚酸酯、环孢素 A（cyclosporin A）、来氟米特及 FK506 等。这些免疫抑制剂的作用机制各不相同，不良反应亦不尽一致。环孢素 A 是目前一种广为推荐的免疫抑制剂，能有效地抑制 T 细胞 *IL-2* 基因的转录，从而阻断 IL-2 合成和分泌，环孢素 A 是一种兼有抗有丝分裂和抗炎效应的免疫抑制剂。已证实它对眼色素层炎、早期 1 型糖尿病、肾病综合征、牛皮癣等有较好的疗效。FK506 是继环孢素 A 后发现的另一种真菌代谢物。FK506 应用剂量较低，故其副反应较小。

三、免疫净化

免疫净化（immunologic purging）疗法经过近 50 年的发展历程，主要包括血浆置换、双重滤过血浆净化、冷却滤过法、免疫吸附血浆净化和细胞净化等技术。免疫净化可去除血循环中异常的抗体、循环免疫复合物、补体、炎症介质等病理成分，或淋巴细胞、中性粒细胞等免疫细胞，主要适应证为经内科治疗无效及血液中有高滴度自身抗体的多种难治性自身免疫病。

四、免疫生物制剂

随着人们对自身免疫病病理机制认识的加深以及生物技术的不断发展，近年来生物制剂作为针对免疫病理过程的靶向治疗手段在自身免疫病的治疗上取得飞速发展。

自身免疫病生物治疗方案中最为成熟的当属针对细胞因子的免疫治疗。这种治疗包括两大类：一是利用单克隆抗体或重组的细胞因子受体抑制炎性细胞因子（如 IL-1、TNF-α、IL-2）的活性；二是利用具有抗炎作用的细胞因子（如 IL-4、IL-10）治疗自身免疫病。二者均能延缓类风湿关节炎病变的进展，而无严重毒副反应发生。

本 章 提 要

自身免疫耐受是指免疫系统对宿主自身抗原的特异性无反应状态，通过中枢免疫耐受和外周免疫耐受机制实现，并借助于调节性 T 细胞加以维持。然而免疫系统对自身抗原的耐受不是绝对的，生理性自身免疫是一种普遍现象，且具有自限性并执行一定的生理功能，包括清除衰老或畸变的自身细胞，并调节免疫应答的平衡等。当自身抗体和（或）自身反应性 T 细胞攻击自身抗原，并造成组织和细胞的病理改变和功能障碍时，则形成自身免疫病。按照累及器官的范围，自身免疫病分为器官特异性自身免疫病和系统性自身免疫病。有些自身免疫病只影响个别器官或者组织，而有些自身免疫病则涉及全身多个器官，其发病机制涉及Ⅱ、Ⅲ、Ⅳ型超敏反应。

自身抗原特异性淋巴细胞被激活的几种主要途径包括：① 微生物感染激活交叉反应细胞；② T-B 细胞之间的旁路活化；③ 多克隆淋巴细胞的非特异性活化等。自身反应性 T 细胞被激活后在自身抗原的刺激下不断扩增，直至造成宿主的器官或者组织的炎症损伤。

自身免疫病的发生与特定遗传背景有关，加上感染、内分泌异常和环境等诱因使得自身免疫耐受被打破。除了某些 *HLA* 基因之外，目前已经发现多种其他遗传因素与自身免疫病易感性有关。

自身免疫病的治疗除控制发病诱因外，主要采用免疫抑制和调节药物阻断病理性自身免疫应答或重建免疫。

（高晓明）

参考文献

高晓明. 2006. 免疫学教程. 北京：高等教育出版社.

高晓明. 2011. 医学免疫学. 第 2 版. 北京：高等教育出版社.

Abramson J，Husebye ES. 2016. Autoimmune regulator and self-tolerance — molecular and clinical aspects. Immunol Rev，271：127-140.

Akirav EM，Ruddle NH，Herold KC. 2011. The role of Aire in human autoimmune disease. Nat Rev Endocrinol，7：25-33.

Delves PJ，Martin SJ，Burton DR，et al. 2011. Roitt's Essential Immunology. 12th ed. Oxford：Wiley-Blackwell.

Goldman L. 2004. Cecil Textbook of Medicine. 22nd ed. Philadelphia：WB Saunders Company.

Kato H，Fujita T. 2015. RIG-I-like receptors and autoimmune diseases. Curr Opin Immunol，37：40-45.

第十八章　肿瘤免疫

肿瘤是一群失去正常生长调控机制，发生恶性转化和异常增殖的自身细胞。肿瘤免疫学（tumor immunology）是研究肿瘤细胞的免疫原性，机体对肿瘤的免疫应答和效应机制，机体的免疫功能与肿瘤发生、发展的相互关系，以及肿瘤的免疫诊断和免疫防治的科学。

第一节　肿瘤抗原

肿瘤抗原是细胞恶性转化过程中新出现和高表达的蛋白和多肽分子的总称。按肿瘤抗原与肿瘤的关系，肿瘤抗原分为肿瘤特异性抗原（tumor-specific antigens，TSA）和肿瘤相关抗原（tumor-associated antigens，TAA）两大类（表 18-1）。TSA 指肿瘤细胞所特有的，不存在于正常组织细胞上的抗原。TSA 可在近交系小鼠通过肿瘤移植排斥反应实验而证实，又称为肿瘤特异移植抗原（tumor-specific transplantation antigens，TSTA）或肿瘤排斥抗原（tumor rejection antigens，TRA）。TAA 是指并非肿瘤细胞所特有，也可存在于正常组织细胞特别是胚胎组织上的抗原。因而在肿瘤细胞和正常组织之间，TAA 只显示量的变化。

表 18-1　肿瘤抗原分类

类　别	抗原的来源或特性
肿瘤特异抗原	化学和物理致癌因素诱发肿瘤表达的蛋白 病毒诱发肿瘤表达的蛋白 癌基因和突变型抑癌基因编码的异常蛋白 静止基因激活后表达的蛋白
肿瘤相关抗原	胚胎性蛋白 分化蛋白 高表达的癌基因编码蛋白 过量或异常表达的糖脂和糖蛋白

一、肿瘤特异性抗原

（一）化学和物理致癌因素诱发的肿瘤抗原

化学致癌剂（如甲基胆蒽、氨基偶氮染料和二乙基亚硝胺等）或物理因素（如紫外线和 X 射线等）均可造成正常基因突变或使潜伏的致癌病毒激活，在实验动物中诱发肿瘤。这类肿瘤抗原显示下列特点：① 突变或激活的基因所表达的编码蛋白，可以是整合到细胞膜双层类脂中的糖蛋白，但大多数为细胞内蛋白，它们在胞质内经处理后成为抗原肽，由 MHC Ⅰ类分子提呈于细胞膜表面，被 CD8 T 细胞所识别，激发特异性 CTL 反应，一般难以诱导 B 细胞产生抗体；② 常表现出明显的个体特异性，即同一化学致癌剂或物理致癌因素在不同宿主体内，甚至在同一宿主的不同部位所诱发的肿瘤都具有互不相同的免疫原性。

（二）病毒诱发的肿瘤抗原

大量的动物实验和对人类肿瘤的研究证明病毒可诱发肿瘤。例如，属于 DNA 肿瘤病毒的 EB 病毒与 Burkitt 淋巴瘤和鼻咽癌的发生有关；人乳头状病毒（HPV）与人宫颈癌有关；多瘤病毒（PV）、猿猴 40 病毒（SV40）和腺病毒（Ad）可诱发实验动物多种肿瘤。而属于 RNA 肿瘤病毒或反转录病毒的人类 T 细胞淋巴性病毒 I（HTLV-1）与成人 T 细胞淋巴瘤和白血病有关。在上述一系列病毒诱发的肿瘤细胞中分别可以从细胞核、胞质和膜表面检测出病毒相关肿瘤转化基因或病毒癌基因（v-oncogenes）以及相应的编码蛋白。已发现某些编码蛋白经胞质溶胶途径被加工处理成抗原肽，通过 MHC Ⅰ类分子提呈于细胞膜表面，被 T 细胞所识别，激发特异性 CTL 反应。病毒致癌和机体存在对病毒肿瘤抗原的免疫应答，已在实验性动物中用人工重组的病毒抗原诱导出肿瘤而加以证实。病毒诱发的肿瘤抗原与理化致癌因素诱发的肿瘤抗原特征有所不同，具有以下特点：① 病毒主要通过其 DNA 或 RNA 整合到宿主细胞 DNA 中使细胞发生恶性转化并表达肿瘤抗原，理化因素主要是直接作用于细胞染色体 DNA，使其发生突变，造成恶性转化的肿瘤表达突变基因产物；② 由同一病毒诱发的肿瘤，不论其动物种属及组织来源如何，均表达相同的肿瘤抗原。因此，当小鼠接种某一病毒诱发的肿瘤死细胞后，就能排斥所有由该病毒诱发的肿瘤（表 18-2）。同样，将免疫小鼠的淋巴细胞移至同品系（同基因）的另一个小鼠体内，后者可排斥任何一种由该病毒诱发的肿瘤。

（三）癌基因和突变型抑癌基因表达的肿瘤抗原

在不同致癌因素和特定条件下，原癌基因可被激活，抑癌基因可发生突变，由此出现的异常表达产物可导致正常细胞癌变。现已发现人类肿瘤中存在着癌基因或突变型抑癌基因，并检测到相应的编码蛋白。这类蛋白在胞内经处理分解为不同小肽，通过 MHC Ⅰ类分子提呈可作为肿瘤特异性抗原肽被 T 细胞所识别，激活 CTL 反应。

表 18-2 甲基胆蒽(MCA)和多瘤病毒(PV)肿瘤的免疫学特异性

初次接种的死肿瘤细胞来源	再次接种的活肿瘤细胞来源	肿瘤生长
化学致癌剂诱发的肿瘤		
MCA 诱发的肉瘤 A	MCA 诱发的肉瘤 A	−
MCA 诱发的肉瘤 A	MCA 诱发的肉瘤 B	+
病毒诱发的肿瘤		
PV 诱发的肉瘤 A	PV 诱发的肉瘤 A	−
PV 诱发的肉瘤 A	PV 诱发的肉瘤 B	−
PV 诱发的肉瘤 A	SV40 诱发的肉瘤 C	+

1. 癌基因编码蛋白　如突变的 *ras* 基因编码一种 189 个氨基酸残基的蛋白质，分子质量为 21 kDa，故称为 $P21^{ras}$或 P21。人类许多肿瘤中存在着突变的 *ras* 基因，错义突变常发生在第 12、13 和 16 密码子，其编码蛋白显示肿瘤抗原性，与恶性肿瘤的发展有密切关系，并显示明显的 CTL 杀伤靶向性。

2. 突变的抑癌基因编码蛋白　如抑癌基因 *p53* 编码一种含有 393 个氨基酸残基的蛋白质，分子质量为 53 kDa，故称为 P53，在人类许多肿瘤中均能检测到 *p53* 基因的多种突变及其产物，这类异常的 P53 蛋白不仅被机体 T 细胞所识别，也可激活 B 细胞产生 IgG 抗体。根据突变的 P53 蛋白序列合成不同肽分子，可诱导出识别野生型和突变型 P53 蛋白的 CTL 克隆，特异性裂解相应靶细胞。

3. 染色体易位产生的融合蛋白　机体中某些染色体易位形成新的癌基因(图 18-1)。一个典型例子是第 9 号染色体上原癌基因 *c-abl*(*ABL*)的一部分易位到第 22 号染色体上的断点集中区 *bcr*(*BCR*)，与 *bcr* 的一部分形成两种新的融合基因 *BCR-ABL*，分别在 ALL 中编码 185 kDa 融合蛋白(P185)和在 CML 中编码210 kDa的融合蛋白(P210)。该蛋白由于融合点上出现新的氨基酸顺序，形成新的空间构象，仅在恶性细胞中表达，并与细胞的恶性转化密切相关，是 T 细胞识别的特异性肿瘤抗原。已证实，P210 中某些多肽经 MHC Ⅱ类分子提呈后，被 CD4 T 细胞所识别；某些多肽经Ⅰ类分子 HLA-A3 提呈于肿瘤细胞表面，被 CD8 T 细胞所识别。人工合成的这类融合蛋白能激发机体的免疫应答。

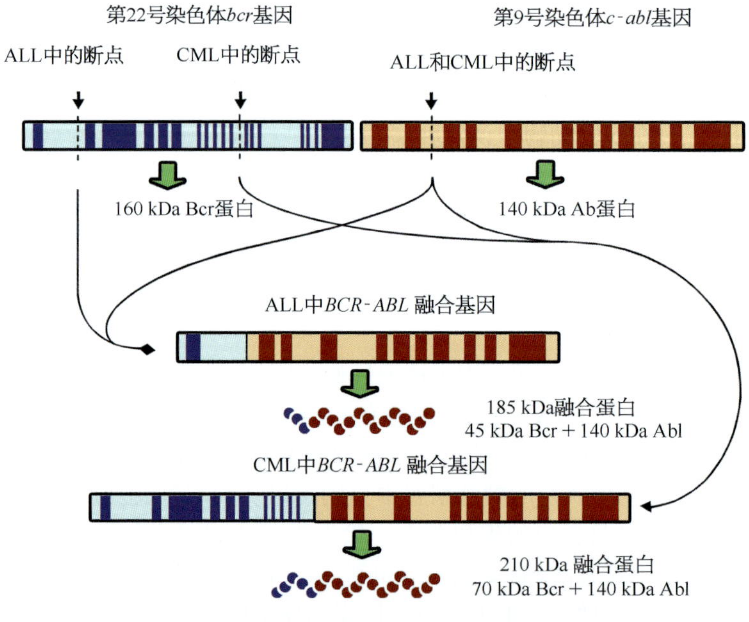

图 18-1 染色体易位产生新的癌基因和融合蛋白

两种白血病(ALL 和 CML)第 9 号染色体与第 22 号染色体之间发生易位产生两种不同的融合基因和蛋白

(四) 正常静止基因表达的肿瘤抗原

肿瘤细胞中某些被 T 细胞所识别的抗原往往由正常状态下的静止基因(silent genes)所表达，除人的正常睾丸细胞外，这些基因一般只在恶性细胞中被激活而呈高表达，其编码蛋白可被机体免疫细胞所识别，因此又称为肿瘤-睾丸抗原(cancer-testis Ag)，即 CT 抗原。

从人黑色素瘤、肺癌和乳腺癌等肿瘤中已发现多种这类基因，其中 *MAGE* 称为黑色素瘤抗原编码基因(melanoma antigen-encoding gene)，后来又命名了 BAGE 和 GAGE 等，它们都是拥有多个成员的基因家族。已知 *MAGE* 家族至少有 14 个成员（*MAGE-1*～*MAGE-14*），它们之间的同源性达 80%～90%。MAGE 家族成员在不同肿瘤中有不同程度的表达，多个成员也可在同一肿瘤中表达。此外，同一肿瘤中可测出多种静止基因的表达（表 18-3），所以又称为肿瘤特异性共同抗原（tumor-specific shared antigens）。

表 18-3　不同肿瘤中 MAGE、BAGE 和 GAGE 基因产物的表达

	阳性百分率（%）						
	MAGE-1-4	MAGE-1	MAGE-2	MAGE-3	MAGE-4	BAGE	GAGE
黑色素瘤	75	36		64	23	22	35
头颈部癌	68	25	29	48	50	8	28
肺癌	53	36	33	31	36	7	30
膀胱癌	42	19	29	33	31	14	12
乳腺癌	26	19	18	11	11	10	13
肉瘤	50	10	11	19	22	8	30
前列腺癌	20	15	15	15	15	0	15
结直肠癌	25	0	9	16	16	0	0
肾癌	0	0	0	0	0	0	0

这类基因的编码蛋白经胞质溶胶途径处理成小肽，通过 MHC Ⅰ类分子提呈于肿瘤细胞表面，被 CD8 T 细胞所识别。目前研究较清楚的包括为：首先，MAGE-1 蛋白中的一段 9 肽可被 HLA-A1 提呈，另一段 9 肽则被 HLA-Cw*1601 分子所提呈（图 18-2）；其次，MAGE-3 蛋白中的 9 肽（EVDPIGHLY）及 MAGE-6 蛋白中的 9 肽（EVDPIGHVY）亦可被 HLA-A1 所提呈。再次，BAGE 蛋白中的 9 肽（AARAVFLAL）和 GAGE 蛋白中的 8 肽（YRPRPRRY）分别被 HLA-Cw*1601 所提呈。由于这类基因的编码蛋白以及被 MHC Ⅰ类分子所提呈的抗原肽仅在肿瘤细胞中出现，能激发机体产生免疫应答，这些肽经人工合成并经相应 HLA Ⅰ类分子提呈后，能诱导荷瘤动物产生抗肿瘤免疫应答，已尝试作为疫苗用于肿瘤治疗。

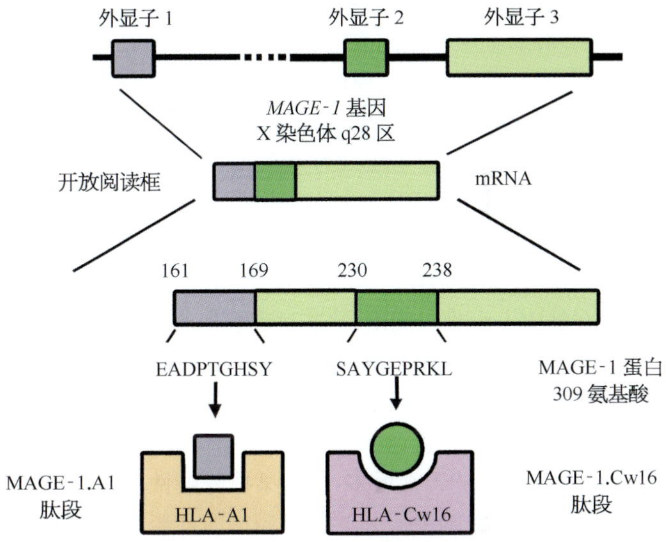

图 18-2　MAGE-1 基因、编码蛋白和抗原肽

MAGE-1 基因定位于 X 染色体 q28 区，mRNA 转录表达的 MAGE-1 蛋白为 309 氨基酸，由 HLA-A1 和 HLA-Cw16 提呈的抗原肽为位于 161～169 和 230～238 区域中的氨基酸序列

二、肿瘤相关抗原

（一）胚胎抗原

胚胎抗原（fetal antigen）在正常情况下仅出现在胚胎组织中，胎儿出生后逐渐减少或消失。当细胞发生恶性转化时相应编码基因可被激活呈异常表达，产物出现在细胞质、膜表面或分泌在血流中，其含量与细胞的恶性程度往往呈正相关。此类抗原一般难以激发机体产生抗体，已发现某些抗原可经胞质溶胶途径处理成抗原肽由 MHC Ⅰ类分子提呈于细胞膜表面，被 T 细胞识别。由于机体中某些组织炎症时也可引起这类抗原在血清中含量轻度增高，造成针对胚胎抗原的异种抗体在识别肿瘤细胞的同时，也与某些正常细胞或其分泌性糖蛋白发生轻度的交叉反应，因而胚胎抗原属于肿瘤相关抗原。目前在人类肿瘤中已发现多种胚胎性抗原，如甲胎蛋白（alpha-fetoprotein，AFP）和癌胚抗原（carcinoembryonic antigen，CEA）。它们已作为一类肿瘤标志物，应用常规免疫学技术如 ELISA 等，定量检测患者血清中的表达，其含量的变化可作为肿瘤诊断、复发和预后判断的辅助性指标。

（二）分化抗原

分化抗原是细胞在分化成熟不同阶段出现的抗原，不同来源、不同分化阶段的细胞可表达不同的分化抗原。利用人黑色素瘤特异性 CTL 克隆已鉴定出多种黑色素细胞分化抗原，这些抗原在多种黑色素瘤细胞呈异常表达，但在正常黑色素细胞仅呈轻微表达。现已发现的 Pmel17/gp100、酪氨酸激酶和 Melan-A^{MART-1} 等分化抗原在黑色素瘤细胞中呈高表达，而且不同患者的黑色素瘤的分化抗原的结构高度同源，即很少显示个体差异。其机制可能涉及黑色素瘤细胞在生长发育特定阶段异常基因的激活，或因调节基因发生突变，引起编码蛋白异常表达和细胞恶性转化。这些异常表达的分化抗原可经胞内途径处理成为抗原肽，通过 MHC Ⅰ类分子提呈于细胞表面，被 CD8 T 细胞所识别（表 18-4）。某些分化抗原（如酪氨酸激酶）也可通过 MHC Ⅱ类分子提呈于细胞表面，被 CD4 T 细胞所识别，并激活 B 细胞产生相应的抗体。

表 18-4 黑色素瘤特异性 CTL 识别的黑色素细胞分化抗原相关肽

分化抗原	抗原肽结构	肽位置	提呈分子
酪氨酸激酶	MLLAVLYCL	1～9	HLA-A2
	YMNGTMSQV	369～377	HLA-A2
	AFLPWHRLF(L)	—	HLA-A24
	SEIWRDIDF	192～200	HLA-B44
Pmel 17/gp100	KTWGQYWQV	154～162	HLA-A2
	ITDQVQGSV	209～217	HLA-A2
	YLEPGPVTA	280～288	HLA-A2
	LLGDTATLRL	457～466	HLA-A2
	VLYRYGSFSV	476～485	HLA-A2
Melan-A^{MART-1}	(E)AAGIGILTV	26(7)～35	HLA-A2
	ILTVILGVL	32～40	HLA-A2
gp75^{TRP1}	—	—	HLA-A31

（三）癌基因高表达的抗原

某些肿瘤细胞癌基因表达产物与原癌基因表达产物之间不一定存在质的变化而仅有量的差别。现已知，这些过度表达的肿瘤抗原中某些抗原肽经 MHCⅠ类分子提呈于细胞表面可被机体 CD8 T 细胞所识别，同时在患者体内可测出相应的抗体。例如，HER-2/neu 为一种原癌基因编码的受体样跨膜蛋白，与上皮生长因子受体有高度的同源性，具有激活酪氨酸激酶的作用，分子质量为 185 kDa 左右，故称为 P185。在人类乳腺癌和卵巢癌等肿瘤中 HER-2/neu 编码基因被异常激活造成其产物 P185 的过度表达，导致细胞恶性生长。P185 已作为肿瘤的恶性程度、复发和预后判断指标。同时，发现依据 MHCⅠ类分子提呈的肿瘤抗原肽序列而设计并人工合成的肽段，能诱导受 MHC 约束的 CTL 扩增，可应用于肿瘤的过继性免疫治疗。另外，在人乳腺癌、肺癌和卵巢癌等多种肿瘤中检测出抑癌基因高表达产物 P53 蛋白和相应抗体，而在健康人中难以测出，这些过度表达的 P53 蛋白和抗体也已作为肿瘤诊断的手段之一。

（四）过量或异常表达的糖脂和糖蛋白抗原

在人类肿瘤和实验性肿瘤中，某些肿瘤细胞膜结构改变，表达过量或结构异常的糖脂和糖蛋白，其中包括神经节苷脂、血型抗原和黏蛋白（mucin）等。结构改变主要表现为核心蛋白和脂类表面糖基成分的变化、O 糖苷键连接的碳水化合物分子侧链异常增多，以及某些隐蔽性多肽和脂类的暴露。现认为这些结构的异常有助于肿瘤的侵袭和转移。例如，检测到人类脑肿瘤和黑色素瘤中的神经节苷脂 GM_2 和 GD_2、卵巢癌中的 CA-125、CA-129 等糖蛋白以及乳腺癌中的 MUC-1 呈现异常表达，这类异常的糖脂和糖蛋白可诱发 B 细胞产生抗体和激发 CTL 反应。应用相应单抗检测其含量，可为肿瘤诊断和预后判断提供参考。

第二节 抗肿瘤免疫的效应机制

机体免疫系统识别肿瘤细胞表面表达的肿瘤抗原产生免疫应答，引起效应细胞的激活和释放一系列效应分子，攻击和清除肿瘤细胞、抑制肿瘤生长。这一应答能否有效地产生，取决于肿瘤细胞抗原性的强弱和宿主的免疫功能是否健全。

抗肿瘤免疫效应机制包括特异性和非特异性两方面。前者包括体液免疫和细胞免疫，其中细胞免疫发挥着抗肿瘤的主导作用，并与体液免疫相互调节，协同杀伤肿瘤细胞（图 18-3）。后者包括 γδ T 细胞、Mφ、NK 细胞、中性粒细胞和多种细胞因子的参与。本节将 γδ T 细胞、Mφ 和 NK 细胞发挥的抗肿瘤效应列入细胞免疫部分一并讨论。

一、体液免疫效应机制

（一）CDC 和 ADCC

补体介导的细胞裂解（CDC）和抗体依赖细胞介导的细胞毒作用（ADCC）所涉及的机制参见第十三章。抗肿瘤免疫中参与 CDC 的抗体主要为 IgM 和某些 IgG 亚类（IgG1 和 IgG3）。抗体特异性结合肿瘤细胞表面抗原后，抗体变构并暴露补体结合部位，活化补体级联反应导致肿瘤细胞裂解。不同的肿瘤细胞对 CDC 敏感性不同，白血病细胞较敏感，而大多数实体瘤如黑色素瘤、肉瘤等均不敏感；CDC 主要杀伤分散状态的悬浮肿瘤细胞或少量经体液转移的实体瘤细胞，对防止肿瘤转移起一定作用。

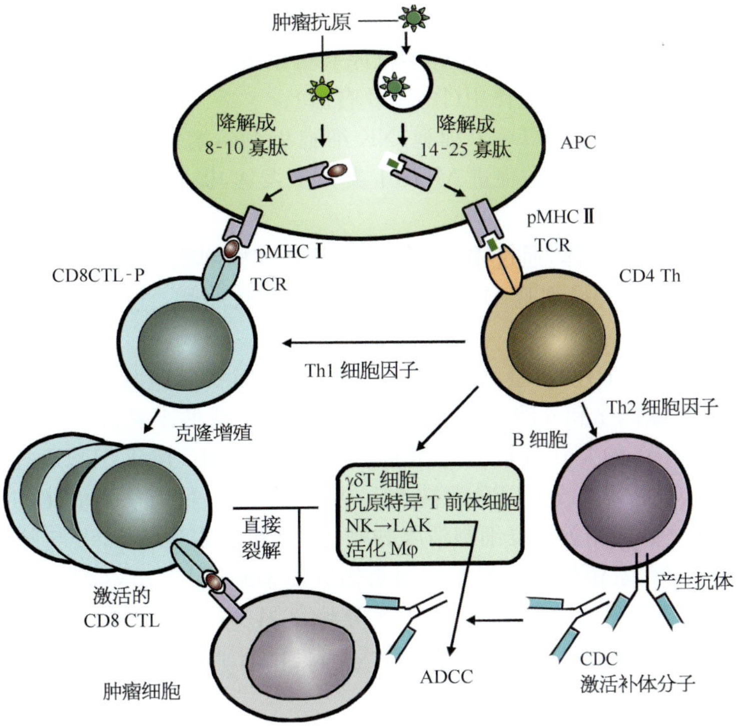

图 18-3　特异性抗肿瘤免疫效应机制

机体细胞免疫和体液免疫对肿瘤抗原识别、激活和发挥效应功能示意图

通过 ADCC 杀伤肿瘤的抗体主要为 IgG，抗体的 Fab 段特异结合肿瘤细胞表面抗原，而 Fc 段与 Mφ、NK 细胞和中性粒细胞等 Fc 受体结合，刺激这些细胞释放多种效应分子（如 TNF 等）杀伤肿瘤细胞。在实验中发现，ADCC 对肿瘤细胞的杀伤仅需较少的抗体分子，其效应强于 CDC。制备这类抗体进行被动免疫可阻止肿瘤的生长，因此 ADCC 在抗肿瘤中起重要作用。

（二）抗体的其他效应功能

1. 调理作用　　体内吞噬细胞可通过表面 Fc 受体增强吞噬结合了抗体的肿瘤细胞，具有这种调理作用的抗体主要为 IgG。肿瘤细胞进入吞噬细胞胞质吞噬体内，在溶酶体酶作用下被溶解和破坏。血清中被激活的补体成分 C3b 和 C5a 通过和吞噬细胞表面 CR1 的结合，也可提高吞噬细胞的活性，增强对肿瘤细胞的作用。

2. 抗体抑制肿瘤细胞增殖和转移作用　　某些肿瘤抗原是与肿瘤细胞的恶性转化、增殖和转移密切相关的蛋白质，抗体与肿瘤抗原结合后，发挥阻遏作用。例如，某些肿瘤细胞中 HER-2/neu 基因激活异常表达 P185，应用抗 P185 抗体与膜表面 P185 结合，可阻断其生物学活性，抑制肿瘤细胞的增殖。抗体还可封闭某些肿瘤细胞转铁蛋白受体，抑制肿瘤生长。此外，抗体与肿瘤细胞膜抗原结合后，干扰肿瘤细胞黏附特性，阻止其克隆形成和与血管内皮细胞的黏附，这对于防止肿瘤转移具有重要意义。

二、细胞免疫效应机制

（一）T 细胞

机体 T 细胞参与的免疫应答在杀伤肿瘤细胞、控制肿瘤生长中起重要作用。T 细胞的两个主要亚群分别表达 CD4 和 CD8 分子，在抗原识别中，分别受不同的 MHC 分子约束：CD4 T 细胞主要识别 MHC Ⅱ类分子提呈的外源性抗原肽；而 CD8 T 细胞（CTL）主要识别 MHC Ⅰ类分子提呈的内源性抗原肽。

1. CD8 CTL 的效应功能

（1）高度的特异性　　这指的是，CTL 前体（CTL-P）被激活并分化为成熟的效应细胞 CTL 后，只能识别由特定 MHC Ⅰ类分子提呈的抗原肽（p-MHC Ⅰ）并杀伤相应的肿瘤细胞（图 18-3 左侧）。而且，CTL 完成了对一个肿瘤细胞的杀伤后，可立即作用于下一个表达相同 p-MHC Ⅰ结构的靶目标。

（2）CTL 杀伤肿瘤细胞的机制　　CTL 抗肿瘤作用机制主要通过分泌型杀伤和非分泌型杀伤（诱导凋亡）。前者指 CTL 通过颗粒胞吐释放效应分子如穿孔素、粒酶和释放淋巴毒素、TNF 等致使肿瘤细胞裂解和凋亡；后者指通过 CTL 表面 FasL 分子结合肿瘤细胞表面 Fas 分子，启动肿瘤细胞的死亡信号转导途径加以杀伤。有关机制参见第十三章。

2. CD4 T 细胞的效应功能　前面提到，有些肿瘤抗原肽可以被 MHCⅡ类分子提呈并激活 CD4 T 细胞。一般认为，此类细胞主要通过下列几方面发挥效应作用(图 18-3 右侧)：

1) 释放多种细胞因子如 IL-2 等，激活 CD8 T 细胞、NK 细胞和 Mφ，增强效应细胞杀伤能力。

2) 释放 IFN-γ、TNF 等作用于肿瘤细胞，促进 MHCⅠ类分子表达，提高靶细胞对 CTL 的敏感性；TNF 还有直接破坏肿瘤细胞的功能。

3) 促进 B 细胞增殖、分化和产生抗体，通过体液免疫途径杀伤肿瘤细胞。

4) 少数 CD4 T 细胞可识别某些肿瘤细胞 MHCⅡ类分子提呈的抗原肽，直接杀伤肿瘤细胞。

(二) γδ T 细胞

T 细胞根据其表面抗原受体(TCR)的类型，可分为 αβ T 细胞和 γδ T 细胞两类。αβ T 细胞即通常所指的 T 细胞。对 γδ T 细胞(γδ T cell)，根据其编码 γ 和 δ 链的基因片段不同，主要分成两个亚群：表达 TCR 可变区 Vγ9 和 Vδ2 片段的 Vγ9Vδ2T 细胞，以及表达 Vδ1 的 Vδ1 片段的 T 细胞。在各种肿瘤中，γδ T 细胞通过 TCR 识别 CD1 分子提呈的脂类抗原或通过受体 NKG2D 识别 MIC 或 ULBP 而被激活(见第三章)。目前认为活化的 γδ T 细胞抗肿瘤作用机制涉及以下几方面：① 释放 IFN-γ 激活相关免疫细胞清除肿瘤；② 通过其表达的 FasL 与肿瘤细胞表面的 Fas 相互结合而诱导肿瘤细胞凋亡；③ 启动穿孔素依赖的细胞毒作用杀伤肿瘤细胞；④ Vγ9Vδ2T 细胞可通过分泌 TNF-α 来增强其抗肿瘤效应；⑤ 分泌 MIP-1α、MIP-1β、RANTES 和 IL-8 等趋化因子，来趋化淋巴细胞、抗原提呈细胞和中性粒细胞，增强免疫效应作用，并进一步诱导上皮细胞和基质细胞释放趋化因子，从而形成一个白细胞不断被募集的微环境。

(三) NK 细胞

这类细胞在抗肿瘤天然免疫和特异性免疫应答中发挥重要的效应作用。人类的 NK 细胞表达 CD16 和 CD56 分子，能够作为效应细胞杀伤各种肿瘤细胞和病毒感染细胞，也可裂解同种异体细胞，而不需要预先致敏。NK 细胞的识别和杀伤主要通过膜表面两种受体，即激活性受体和抑制性受体之间的作用和平衡(见第三章)。NK 细胞的激活和靶细胞表达 MHC Ⅰ类分子密切相关，因为Ⅰ类分子是 NK 细胞抑制性受体 KIR 的配体，两者相互作用产生的抑制性信号可抑制 NK 细胞激活。由于肿瘤细胞 MHCⅠ类分子表达低下或异常，难以激发抑制信号，导致 NK 细胞激活，发挥杀伤效应(图 18-4)。经转基因技术使这类细胞恢复 MHCⅠ类分子的正常表达，可抵抗 NK 细胞的杀伤作用。

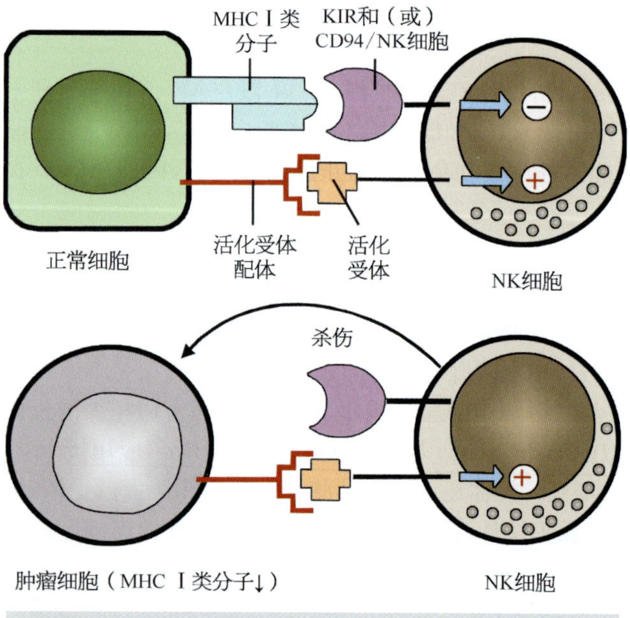

图 18-4　NK 细胞因肿瘤细胞异常低表达Ⅰ类分子而显示杀伤作用

MHC Ⅰ类分子是 KIR 配体，两者结合产生抑制性信号，可抑制 NK 细胞激活。当肿瘤细胞Ⅰ类分子表达下降或缺陷，缺乏抑制信号，导致 NK 细胞激活，发挥杀伤效应

某些细胞因子如 IFN-γ、TNF 和 IL-2 等可有效地促进 NK 细胞低亲和力 Fc 受体(FcγRⅢ)的表达，增强其 ADCC 作用。在高浓度 IL-2 作用下，NK 细胞可转化成为 LAK 细胞(详后)，大大增强其非特异性抗肿瘤作用，用于被动免疫治疗。NK 细胞具有广谱的抗肿瘤作用，不显示肿瘤杀伤特异性和 MHC 约束性，在机体 T、B 细胞功能低下时，NK 细胞的作用尤为重要。NK 细胞激活后可发生颗粒胞吐并表达 FasL 分子，因而也可以发挥类似 CTL 的效应机制杀伤肿瘤细胞，并通过 ADCC 释放可溶性介质和某些细胞因子发挥细胞毒性作用。

(四) 巨噬细胞

Mφ 也是参与杀伤肿瘤的效应细胞。实验动物和临床病理活检发现，肿瘤灶中浸润性 Mφ 的数量与肿瘤转移呈负相关；在荷瘤动物模型中，应用卡介苗或短小棒状杆菌等激活 Mφ，可抑制肿瘤细胞生长。Mφ 杀伤肿瘤机制可能为：① 通过其表达 Fcγ 受体(高亲和力的 FcγRⅠ和 FcγRⅢ)发挥 ADCC 作用；② 分泌 TNF 等细胞因子直接进行杀伤；③ 吞噬肿瘤细胞，通过胞内产生自由氧基和溶酶体中多种酶释放，破坏肿瘤细胞，并加工提呈肿瘤抗原，启动特异性免疫。此外，激活的 Mφ 可通过释放细胞因子(如 IL-1)刺激 T 细胞增殖分化，增强 NK 细胞活性，杀伤肿瘤细胞。

第三节 肿瘤的免疫监视及免疫逃逸

一、机体的免疫监视功能

免疫监视概念早在1909年由Ehrlich最先提出，认为机体中经常会出现的肿瘤细胞可被免疫系统所识别，作为异物而加以清除。50年后，Thomas通过对机体细胞免疫进化机制的研究，提出了肿瘤细胞抗原表达低下或机体细胞免疫功能受损是发生肿瘤的重要因素。随后，Burnet丰富了这一观点，创立了免疫监视理论（immune surveillence theory），认为机体的免疫系统可以发挥监视作用，识别并消灭任何表达新抗原的“非己”成分（non-self）或突变细胞，以保持机体内环境的稳定。当机体免疫监视功能低下，无法有效清除“非己”成分或突变细胞时，就可能发生肿瘤。许多研究结果支持了这一理论，如器官移植中，药物抑制机体排斥反应而造成免疫功能低下，可使肿瘤的发生率增高。CD4 T细胞缺陷的AIDS患者易患肉瘤和淋巴瘤。另外，被肿瘤抗原致敏的T细胞具有特异性杀伤靶细胞功能、某些肿瘤在体内可自行消退，以及原发性肿瘤切除后，转移瘤的消失，都间接支持了机体免疫监视功能的存在。但这一理论还存在着局限性，还难以解释某些肿瘤发生、发展与机体免疫系统的相互关系，仍有许多问题有待于进一步研究和解决。

2002年，Dunn和Schreiber等在免疫监视理论的基础上提出了肿瘤免疫编辑（immunoediting）学说。该学说将肿瘤与机体免疫系统相互作用的过程分为三个阶段：清除期（elimination）、平衡期（equilibrium）和逃逸期（escape）。清除期即传统意义上的免疫监视过程；平衡期是指清除期未被完全破坏的肿瘤细胞潜伏在体内，并与免疫系统相互作用处于相持状态的阶段；逃逸期指肿瘤在与免疫系统的相互作用中，经历了免疫系统的重塑（sculpt），使肿瘤细胞可以通过修饰自身表面抗原以及改变肿瘤组织周围微环境，如分泌大量免疫抑制因子、招募免疫抑制细胞等，达到下调免疫活性细胞功能，从而逃避了免疫系统对肿瘤细胞的识别和攻击，并进行性生长的阶段。免疫编辑学说首次提出免疫系统在与肿瘤细胞的相互作用过程中发挥了双重作用：免疫系统一方面具有监视、清除肿瘤的能力；另一方面，免疫系统参与肿瘤组织周围微环境形成，促进弱免疫原性肿瘤细胞的发生与发展。

二、肿瘤的免疫逃逸机制

虽然机体的免疫系统能对肿瘤细胞产生免疫应答，并消除肿瘤，但是仍有一定比例的原发性肿瘤在宿主体内生长，并易于转移和复发。某些肿瘤能逃避机体免疫系统的攻击，这就是所谓的肿瘤免疫逃逸（immunological escape）。下列因素可能与肿瘤逃逸免疫监视有关。

（一）肿瘤细胞免疫原性低下

肿瘤细胞抗原表达显示异质性和遗传不稳定性。例如，肿瘤抗原编码基因往往发生突变或丢失，导致不能有效地表达与正常细胞有质或量差别的抗原；某些肿瘤细胞表达的抗原即使正常细胞不存在，由于其免疫原性极弱，而无法诱导特异性的免疫应答；或者某些弱抗原反复刺激宿主免疫系统，使之产生免疫耐受。而且肿瘤细胞往往比正常细胞表达更多的黏蛋白和多糖分子，造成肿瘤抗原被多糖（glycocalyx）所覆盖成为隐蔽性抗原；有些肿瘤细胞可分泌刺激因子活化宿主凝血系统，造成肿瘤细胞外形成纤维蛋白外壳（fibrin cocoon），隔离了肿瘤抗原。宿主对某些肿瘤抗原的免疫应答可导致肿瘤细胞表面抗原减弱或丢失，被称为抗原调变（antigenic modulation）。这些都会使免疫活性细胞无法有效地识别肿瘤抗原，从而使肿瘤细胞逃避机体免疫攻击。除此之外，下列重要因素直接影响肿瘤细胞免疫原性。

1. MHC Ⅰ类分子减少或缺乏　实验发现，用抗MHC Ⅰ类分子单抗可阻断CTL对肿瘤细胞的攻击；各种组织类型的肿瘤中MHC Ⅰ类分子表达减少或缺乏，可造成肿瘤在宿主体内持续性生长、转移性增强和预后不良（表18-5）。已知人类肿瘤细胞中MHC Ⅰ类分子表型改变至少有下列四种形式：① 全部丢失，包括HLA-A、B、C；② HLA一条单体型丢失，即HLA-A、B、C三位点等位基因均丢失一半；③ 某一个位点丢失；④ 某一个等位基因丢失。

表18-5　肿瘤细胞MHC Ⅰ类分子表达异常与肿瘤生物学特征改变

	肿瘤类型	MHC Ⅰ类分子表达改变	生物学特性
小鼠	AKR小鼠白血病	H-2K不表达	致瘤性增强
	D122 Lewis肺癌	H-2K/H-2D比例降低	转移性增强
	MCA诱导的T10肉瘤	H-2K减少，H-2D增加	转移性增强
	SV40诱导的小鼠细胞	H-2K不表达	致瘤性增强
	2型疱疹病毒感染细胞	Ⅰ类分子减少	抵抗CTL裂解作用

（续表）

	肿瘤类型	MHC Ⅰ类分子表达改变	生物学特性
人	Burkitt 淋巴瘤	Ⅰ类分子不表达	抵抗 CTL 裂解作用
	小细胞肺癌	Ⅰ类分子缺乏	致瘤性增强，早期转移
	神经母细胞瘤	Ⅰ类分子缺乏	N-*myc* 表达增高
	黏液性结肠癌	Ⅰ类分子表达减少	预后不良
	黑色素瘤	Ⅰ类分子表达减少	侵犯性增高

2．抗原加工处理缺陷　PSMB(旧称 LMP，见第十章)和 TAP 是肿瘤抗原加工过程中的重要成分，肿瘤细胞遗传的不稳定可造成 *LMP* 和 *TAP* 基因突变和丢失。某些病毒产物(HSV-ICP47)在胞内抑制 LMP 活性，干扰 TAP 蛋白功能，从而阻止抗原肽形成和其转运进入内质网，影响 MHC Ⅰ 类分子和抗原肽的结合及其在肿瘤细胞膜上的表达(图 18-5)。已发现在体外培养的某些人体肿瘤细胞系中 PSMB9 和 PSMB8L(旧称 LMP-2 和 LMP-7)以及 TAP1、ATP2 在 mRNA 和蛋白水平上均有不同程度下降(表 18-6)。同样对手术切除的黑色素瘤、乳腺癌和宫颈癌的标本进行测定，也显示有不同程度的 TAP 蛋白和 MHC Ⅰ 类分子的丢失。在恶性转移性肿瘤中，TAP 蛋白和 MHC Ⅰ 类分子丢失频率比原发性肿瘤明显升高。应用 *TAP* 基因转染至其缺陷的肿瘤细胞或 INF-γ 诱导肿瘤细胞 TAP 蛋白表达，可恢复或促进 MHC Ⅰ 类分子提呈的抗原肽在肿瘤细胞表达，增强 CTL 杀伤靶细胞的敏感性。

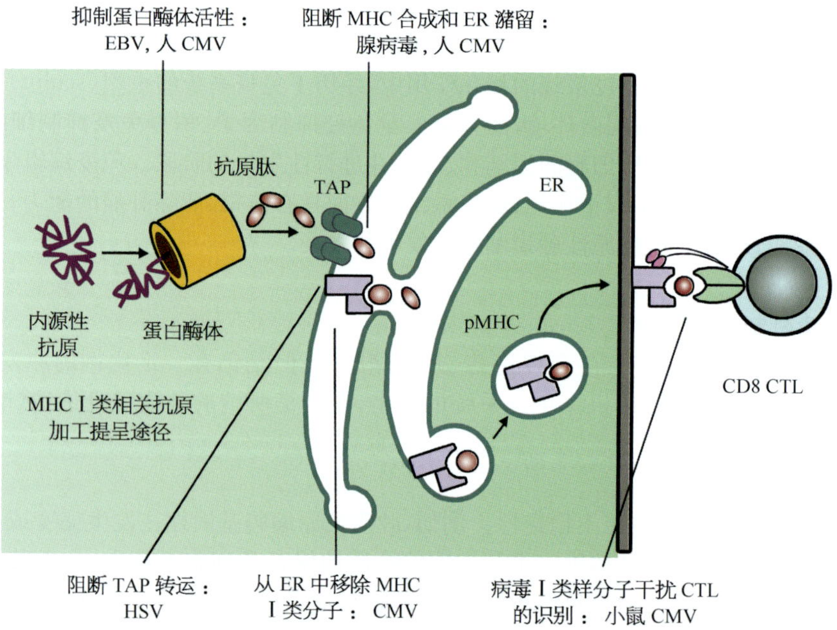

图 18-5　肿瘤细胞的抗原加工处理缺陷

某些病毒在肿瘤细胞内可抑制蛋白酶体活性，阻断 TAP 转运，干扰 MHC 分子合成及其与抗原肽的结合等，从而影响 MHC 分子-抗原肽复合物在肿瘤细胞膜上的表达和 CD8 CTL 对肿瘤细胞的识别

表 18-6　不同组织来源的人肿瘤细胞系中 TAP 和 LMP mRNA 或蛋白含量低下者频率

肿瘤细胞	PSMB9	PSMB8	TAP1	TAP2
小细胞性肺癌*	3/3	3/3	3/3	3/3
Burkitt's 淋巴瘤#	1/4	0/4	—	—
肝细胞癌*	—	—	2/7	1/7
黑色素瘤*,#	—	—	—	2/5
前列腺癌*	—	—	—	2/5
肾细胞*	12/12	12/12	12/12	12/12

* Northern blot 分析和 RT-PCR 检测；# Western blot 分析。

3．缺乏共刺激信号　T 细胞激活除了需要通过 TCR 识别 p-MHC 产生第一信号外，还需共刺激信号。许多肿瘤细胞往往缺乏 B7 分子或其他黏附分子，无法为 T 细胞激活提供共刺激信号即第二信号。如某些淋巴瘤细胞表面不表达或低表达黏附分子 ICAM-1 或 LFA-1，导致刺激自体和同种异体 T 细胞应答能力降低，在无足量的 APC 存在下，人黑色素瘤细胞多次刺激 T 细胞反而造成 T 细胞无能(anergy),因为此时瘤细胞和 APC 皆不能提供足够强的共刺激信号。而通过转基因技术,将 B7 基因转染黑色素瘤细胞,发现由此产生的 B7 阳性瘤细胞,即具有直接激活 CTL 的能力,产生抗肿瘤免疫应答(图 18-6)。

（二）免疫增强

在实验中发现,给荷瘤动物输入抗肿瘤免疫血清可促进肿瘤细胞的生长,称之为免疫增强(immunological enhancement)。因而此处增强一词是指削弱机体的抗肿瘤能力,从而有利于肿瘤细胞逃避效应细胞的识别和攻击。现认为,免疫增强是由于血清中存在封闭因子,后者遮盖了肿瘤细胞表面的抗原决定簇。封闭因子的种类主要有三种:① 封闭性抗体,封闭肿瘤细胞表面抗原决定簇;② 抗原抗体复合物,也能封闭肿瘤抗原;③ 可溶性肿瘤抗原,可竞争性结合效应细胞表面的抗原受体,封阻抗体介导的反应。肿瘤的免疫增强不仅与封闭因子有关,也可能涉及某些淋巴细胞。例如,发现某些致敏淋巴细胞过继性注入带瘤宿主,对肿瘤细胞的生长出现刺激而非抑制。这些淋巴细胞有可能属于抑制性细胞(详后)。

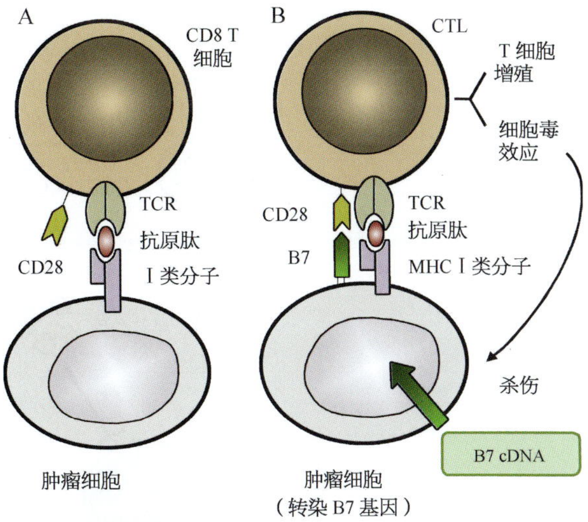

图 18-6　B7 基因转染肿瘤细胞为 CTL 活化提供共刺激信号

A. 肿瘤细胞缺乏 B7 分子,不能有效激活 T 细胞;B. 转染 B7 基因的肿瘤细胞表达 B7 分子后可激活 CTL 显示对肿瘤细胞的细胞毒活性

（三）效应 T 细胞功能异常

T 细胞通过 TCR 识别 p-MHC,启动下游的信号转导系统,激发 T 细胞的增殖分化,产生特异性免疫应答。参与 T 细胞信号转导的成分,主要包括 TCR ζ 链、Src 家族 PTK(Lck 和 Fyn)、Syk 家族 PTK(ZAP-70)。近来发现,肿瘤患者瘤灶和外周血中的肿瘤浸润淋巴细胞(TIL)以及荷瘤动物脾脏中的 T 细胞信号转导分子发生表型改变或表达水平下降,直接引起 T 细胞成熟障碍和免疫功能低下,使肿瘤抗原特异性 T 细胞激活受阻,IL-2 受体和 IL-2 表达明显下降,而且,有缺陷的 T 细胞极易受到破坏,最终造成机体细胞免疫和体液免疫无法发挥有效抗肿瘤作用(表 18-7)。估计 TIL 的这些功能变化与肿瘤微环境密切相关。

表 18-7　肿瘤微环境中 T 细胞信号转导缺陷涉及的分子

肿瘤类型	信号缺陷
鼠结肠癌、肾癌	脾 T 细胞中 ζ 链、Lck 和 Fyn 水平降低
人肾细胞癌	TIL 中 ζ 链和 Lck 水平降低
人结肠癌	TIL 和 NK 细胞中 ζ 链水平降低
鼠纤维肉瘤	脾 T 细胞中 ζ 链、Lck 和 Fyn 水平降低
人肾癌、肝癌、结肠癌	PBL 中 ζ 链水平降低
鼠肾细胞癌	脾 T 细胞中转录因子 NF-κB 水平降低和异常
人肾细胞癌	TIL 和外周淋巴细胞中 NF-κB 的 DNA 结合活性异常
鼠纤维肉瘤	TCR 相关的 PTK 活性降低且不能与 ZAP-70 结合

（四）肿瘤微环境中的免疫抑制相关细胞和分子

1. 免疫抑制相关细胞

(1) 髓样抑制性细胞　髓样抑制性细胞(myeloid-derived suppressor cell, MDSC)最初发现于 20 世纪 80 年代。在荷瘤小鼠的骨髓、血液、淋巴器官和肿瘤浸润部位发现有大量表面标志为 CD11b 和 Gr-1 的髓样细胞。据多数文献报道人体中这些细胞为 $CD34^+CD33^+CD13^+$,表达未成熟标志 CD31,而不出现成熟细胞标志及 MHC Ⅱ类分子,并且与髓样前体细胞一样,能在琼脂上形成克隆。实验表明,将肿瘤细胞接种至小鼠体内或致癌基因转基因小鼠体内,MDSC 都急剧增加,这两种荷瘤小鼠脾脏中 MDSC 的比例甚至近 50%。切除原发肿瘤后,脾脏中 MDSC 水平下降,缺陷的 T 细胞功能也得以恢复。高水平的 MDSC 已广泛见于各种小鼠肿瘤,其数量的增加与肿瘤的发生、发展和转移并行,具有很强的免疫抑制作用,已被作为肿瘤发展的一个间接指标。

肿瘤发展过程中可释放出大量的细胞因子、生长因子和趋化因子,如 VEGF、IL-6、GM-CSF、IL-10 和 TGF-β,这些生物活性因子除了介导肿瘤免疫逃逸和肿瘤转移,并可诱导此类抑制性 MDSC 的趋化和产生(图 18-7)。

目前认为:① MDSC 可通过直接或间接作用抑制 DC 的分化、发育和成熟,诱导其耐受,抑制 DC 的抗原提呈功能;② MDSC 可抑制 CD8 T 细胞产生 IFN-γ,这种抑制作用依赖其表面的 MHC Ⅰ类分子的表达,和细胞-细胞间的直

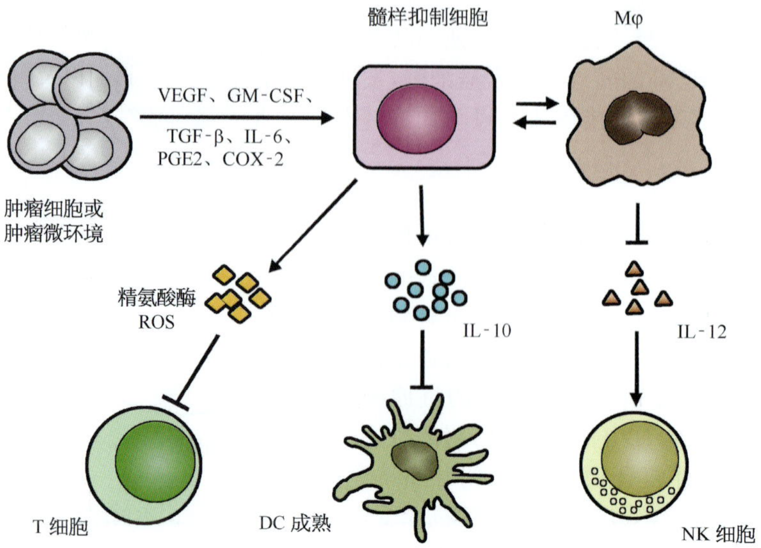

图 18-7 髓样抑制性细胞发挥免疫抑制作用的可能机制

在肿瘤微环境中 VEGF 等因子诱导作用下，髓样抑制细胞(MDSC)通过分泌精氨酸酶、ROS 和 IL-10，下调效应 T 细胞的杀伤活性，抑制 DC 细胞成熟。IL-10 也可抑制 Mφ 分泌 IL-12，从而降低 NK 细胞的活性

接接触；③ 体内实验表明 MDSC 可造成抗原特异性 T 细胞无能(或耐受)，因为 MDSC 虽有能力摄取并加工提呈可溶性蛋白供 T 细胞识别，但不能提供共刺激信号；④ MDSC 可以通过细胞间相互作用促进 T 细胞凋亡，抑制 T 细胞增殖活化；⑤ MDSC 通过产生各种活性物质，间接抑制 T 细胞活化增殖。这些物质包括 TGF-β、精氨酸酶(arginase, ARG)和一氧化氮合酶(nitric oxide synthese, NOS)等。

(2) 肿瘤相关巨噬细胞　外周血中的单核细胞，在肿瘤微环境中的肿瘤细胞和基质细胞(内皮细胞、成纤维细胞等)所分泌的趋化因子 CCL2 和多种诱导因子的作用下，被募集进入肿瘤组织。这类功能类似 M2 型巨噬细胞被称为肿瘤相关巨噬细胞(tumor associated macrophage, TAM)。目前认为 TAM 能参与肿瘤的发生发展、侵袭转移、血管生成和免疫逃避等。① 促进肿瘤生长：TAM 可分泌多种细胞因子包括 EGF、EFGR、PDGF、TGF-β1 和 bFGF 等有利于肿瘤细胞生长。② 免疫抑制作用：TAM 通过分泌高水平的 IL-10、TGF-β、prostaglandin E(PGE)抑制 T 细胞的激活和增殖，下调 NK 细胞和淋巴因子激活的免疫细胞的杀伤活性，还可通过分泌趋化因子如 CCL2、CCL17 等，募集 Treg、Th2 等 T 细胞亚群，这些亚群可分泌 IL-4、IL-10 和 IL-13，进一步促进趋化因子的分泌。③ 利于血管生成：在肿瘤微环境中，被肿瘤驯化了的 TAM 常常分布在肿瘤的缺氧部位或者是无血管处，然后通过自分泌和旁分泌因子来发挥其促进肿瘤血管生成的作用。TAM 浸润的数量与肿瘤微血管密度(MVD)、VEGF 的表达呈正相关。而且 TAM 还能分泌多种细胞因子，包括碱性成纤维生长因子(bFGF)、PDGF、TGF-β、血管生成素(ANG1/2)、IL-1、IL-8 等，促进内皮细胞的增殖和迁移、基质重新编辑、血管成熟等过程。④ 增强肿瘤侵袭与转移：在肿瘤微环境中 TAM 通过分泌蛋白酶，如丝氨酸蛋白酶、MMP、组织蛋白酶、MMP-9 等，作用于细胞之间的连接，损伤组织结构细胞、破坏基底膜，从而促进肿瘤的侵袭和转移。

(3) 调节性 T 细胞　机体中另一种具有重要抑制功能的细胞亚群是调节性 T 细胞(Treg)。与 MDSC 不同，Treg 起源于淋巴样干细胞。Treg 也是一群异质性细胞，由多种亚类组成。目前最常用的分类方法是根据其来源不同将 Treg 分为自然 Treg(nTreg)和诱导性 Treg(iTreg)。前者由胸腺发育而成，主要通过细胞接触方式发挥抑制作用；后者一般在外周经抗原激发而产生，主要通过分泌抑制性细胞因子如 IL-10 和 TGF-β 发挥抑制作用(见第十四章)。

据报道，$CD4^+CD25^+$Treg 的数量在各种肿瘤，如胃癌、食管癌、肺癌、肝癌、胰腺癌、乳腺癌等患者的外周血淋巴细胞和肿瘤浸润淋巴细胞中的比例均呈升高趋势。Sasada 等发现，胃癌患者外周血存在较高水平的 $CD4^+CD25^+$Treg，其中有腹膜转移者此 Treg 比例最高。而且，$CD4^+CD25^+$Treg 的数量与肿瘤预后负相关。Kawaida 等在胃癌患者肿瘤引流淋巴结中也发现，$CD4^+CD25^+$Treg 比例增高明显，而且随病程进展，$CD4^+CD25^+$Treg 比例增高，引流淋巴结区域也在扩大。Curiel 等在 104 例卵巢癌患者中发现，在肿瘤晚期阶段，体内的 Treg 主要聚积在肿瘤部位和腹水中，而很少停留于肿瘤引流淋巴结。在小鼠中去除 $CD25^+$T 细胞能促进对肿瘤的排斥。以上结果均提示 Treg 可能与肿瘤的发生发展有关。关于 Treg 数量增加的原因，认为与肿瘤细胞和微环境中巨噬细胞分泌趋化因子 CCL22 有关，后者通过与 Treg 表面 CCR4 作用将 Treg 募集至肿瘤部位。除此之外，肿瘤微环境中的其他因子也参与诱导 Treg，如 TGF-β、环氧合酶 2(cyclooxygenase2，COX-2)和前列腺素(PGE2)。用 COX-2 抑制剂以及特异性抗体阻断 PGE2 受体均可减少 Treg 内 Foxp3 的表达并抑制其功能(图 18-8)。

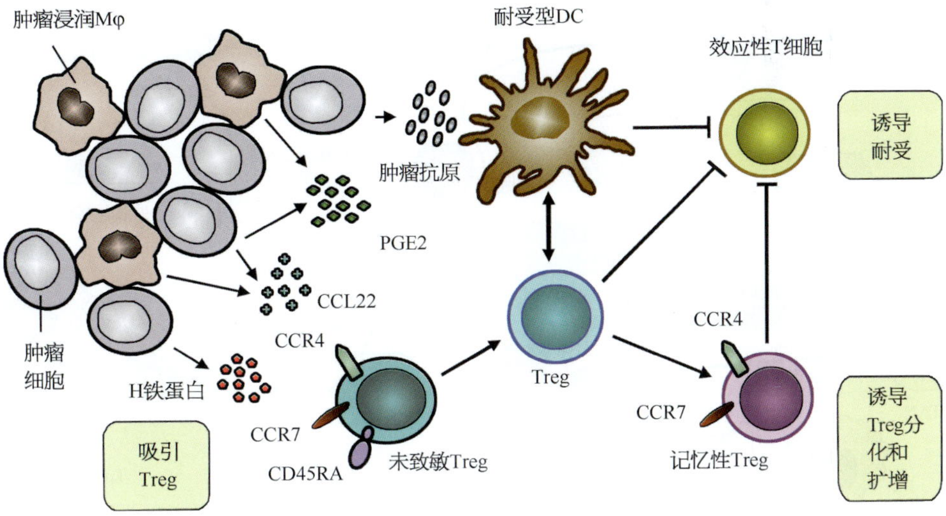

图 18-8　Treg 的诱导和免疫抑制作用

肿瘤细胞以及肿瘤浸润的 Mφ 分泌 CCL22 及 H 铁蛋白，招募初始的 $CCR4^+$ Treg 在肿瘤部位积聚，Treg 与耐受性 DC 相互作用下，抑制效应 T 细胞的功能

肿瘤局部 Treg 的大量聚集抑制了肿瘤特异性 T 细胞的免疫效应功能，肿瘤得以持续生长。Treg 发挥抑制作用的具体机制可能包括：① 诱导 APC 表达共信号分子 B7-H4：B7-H4 可与 T 细胞表面相应受体结合抑制其增殖。② 诱导 APC 高表达吲哚氨 2,3-双加氧酶(indoleamine 2,3 dioxygenase，IDO)：IDO 降解色氨酸，导致 T 细胞生长中蛋白质合成受阻，从而影响其增殖。③ 释放穿孔素和颗粒酶：直接杀伤效应性 T 细胞和 APC。④ 分泌 IL-10 和 TGF-β：阻抑 APC 和 T 细胞表面 MHC、CD80 和 CD86 等分子的表达，以及 IL-12 的分泌。⑤ 竞争性结合 IL-2：Treg 组成性表达 IL-2 的受体 α 链即 CD25，其与 IL-2 的亲和力明显高于未被激活的效应性 $CD4^+CD25^-$ T 细胞，从而影响 $CD4^+CD25^-$ T 细胞的增殖，及其对肿瘤的效应功能。

(4) 肿瘤微环境中基质细胞　其在炎症因子的影响和免疫抑制相关细胞(MDSC、TAM 和 Treg 等)释放效应分子的作用下，表达大量的膜表面分子和分泌可溶性蛋白直接抑制 CD4 T 和 CD8 T 细胞的活性。图 18-9 表明，① 血管内皮细胞(blood endothelial cells，BEC)可借助表达 PD-L1、CD95L(FasL)和分泌 IDO、PGE2、TGF-β 和 IL-6 等，抑制并诱导 T 细胞凋亡。所分泌的可溶性 CD137(sCD137)可竞争抑制免疫细胞膜表面 CD137 介导的共刺激信号。② 淋巴内皮细胞(lymphatic epithelial cell，LEC)虽与 BEC 一样也能通过表达 MHC Ⅰ类分子交叉提呈肿瘤抗原，但这一作用不是激发免疫应答而是诱导免疫耐受。③ 外膜细胞(pericyte)可通过分泌 IL-6、NO、TGF-β 和 PGE2 发挥免疫抑制作用。④ 间质干细胞(mesemchymal stem cells，MSC)可分泌肝细胞生长因子(hepatocyte growth factor，HGF)、NO、IDO、TGF-β 和 PGE2，不仅抑制 Th1 细胞的分化和行使效应功能，而且分泌的 IL-10 和 TGF-β 可直接干扰 DC 成熟和 T 细胞的激活。⑤ 肿瘤相关成纤维细胞(cancer-associated fibroblast，CAF)可分泌 TGF-β 和胸腺基质淋巴生成素(thymic stromal lymphopoietin，TSLP)抑制 T 细胞和促进 T 细胞偏移 Th2 型，也可分泌炎症性细胞因子，包括 CXCL8、IL-4 和 IL-6，促进 M2 巨噬细胞产生，抑制 T 细胞活化。而且肿瘤微环境中的基质细胞和免疫相关抑制细胞间存在相互作用(图 18-9 左侧)，如 M2 可分泌表皮生长因子(EGF)、纤维母细胞生长因子(FCF)等促进 CAF 生长和活化，有利于细胞外间质产生。TAM、MDSC、肿瘤相关中性粒细胞(tumor associated neutrophils，TAN)和肥大细胞在细胞外基质中释放基质金属蛋白酶 9(MMP9)和细胞分裂因子，诱导 BEC 生长和血管生成。某些免疫相关抑制细胞也可分泌可溶性介质，如 COX-2、FGF2、血小板生长因子 β(PDGF-β)和血管内皮生长因子(VEGF)直接促进 BEC 的生长和淋巴管生成。

2. 肿瘤微环境中存在多种蛋白酶　肿瘤微环境中不同细胞分泌多种蛋白酶，其中与肿瘤免疫抑制有关的有吲哚胺 2,3 双加氧酶(IDO)、精氨酸酶(ARG)、一氧化氮合酶(NOS)和环氧合酶(COX)四种，它们通过调节体内氨基酸

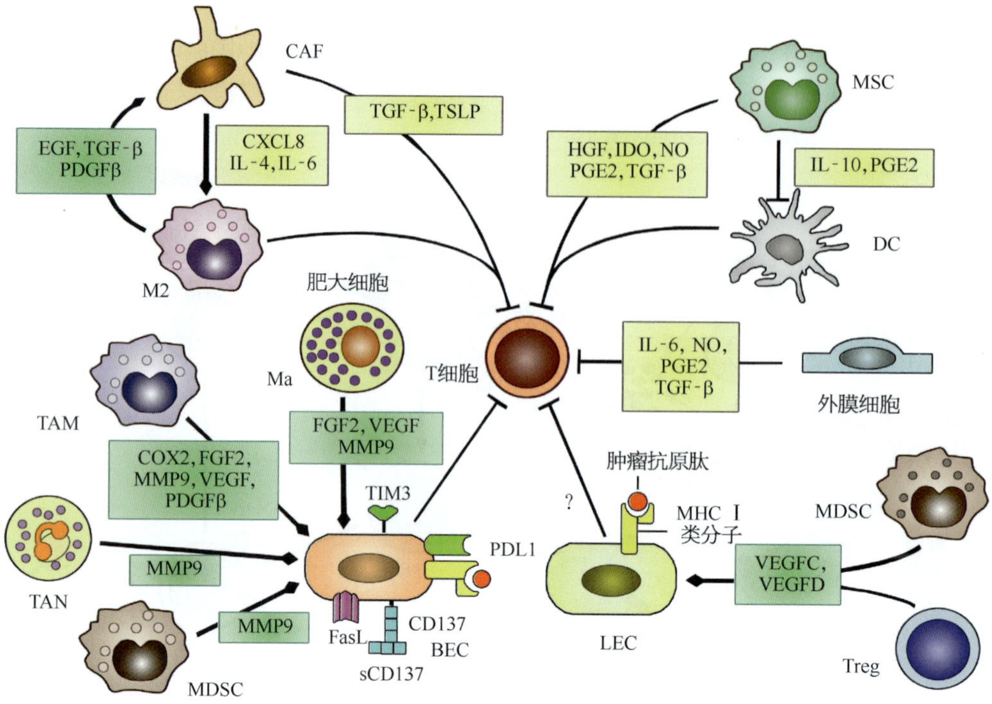

图 18-9　肿瘤微环境中多种基质细胞成分参与对 T 细胞活性的抑制

BEC：血管内皮细胞；CAF：肿瘤相关成纤维细胞；LEC：淋巴内皮细胞；M2：M2 巨噬细胞；Ma：肥大细胞；MDSC：髓样抑制细胞；MSC：间质干细胞；TAM：肿瘤相关巨噬细胞；TAN：肿瘤相关中性粒细胞。MMP9：基质金属蛋白酶 9；VEGF：血管内皮生长因子。PDGF-β：血小板衍生因子-β。TSLP：胸腺基质淋巴生成素。黄底色方框中的因子直接抑制 T 细胞和 DC；绿框中的因子作用于基质细胞，发挥间接抑制作用

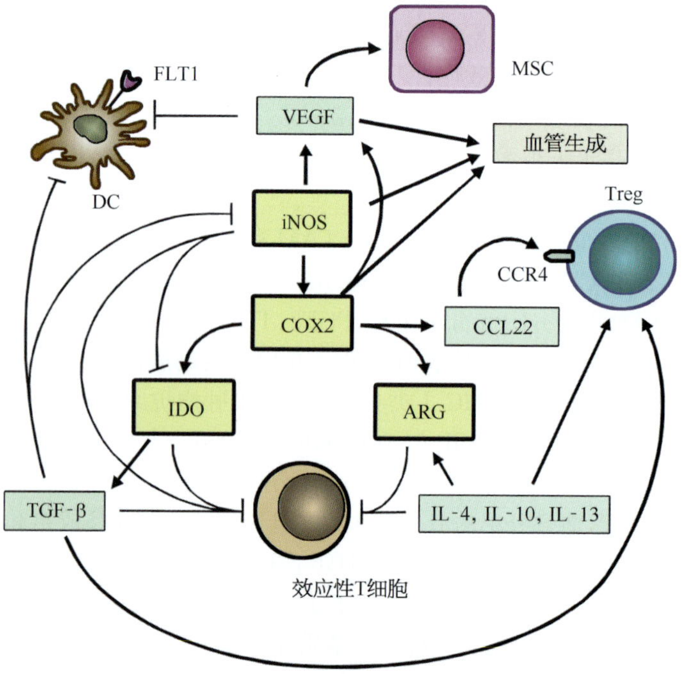

图 18-10　肿瘤微环境中与免疫抑制有关的蛋白酶及其作用

COX-2 在调控其他免疫抑制分子表达方面居于核心地位，包括 ARG、IDO、VEGF 及 CCL22。同时 IL-4、IL-10 和 IL-13 也可调节 ARG 的表达，诱导 Treg 产生。另外，iNOS 亦可调控 VEGF、IDO 及 COX-2 的表达。多种蛋白酶和相关分子相互作用，构成一个复杂网络，共同行使抑制效应 T 细胞功能。MSC：髓性抑制细胞；IDO：吲哚胺 2,3 双加氧酶；ARG：精氨酸酶；COX-2：环氧合酶 2；iNOS：一氧化氮合酶；VEGF：血管表皮生长因子；FLT1(VEGFR1)表皮生长因子受体 1

或脂类的代谢发挥免疫抑制功能(图 18-10)。L-精氨酸是 NOS 的作用底物，NOS 能催化 L-精氨酸产生 NO 和 L-瓜氨酸。NOS2 及其产物 NO 可以阻断 IL-2 的信号转导途径，从而抑制 T 细胞增殖活化。ARG1 和 NOS 可协同作用导致过氧化亚硝酸盐 $ONOO^-$ 的产生，抑制 T 细胞功能。COX-2 过表达可刺激血管生成因子如 VEGF 和 bFGF 分泌，促进血管形成；COX-2 过表达能够增加 Bcl-2 蛋白表达，抑制肿瘤细胞凋亡；COX-2 能促进 Th2 型免疫应答；增强 $CD4^+CD25^+$Treg 的抑制功能，并诱导 $CD4^+CD25^-$ T细胞产生转录因子 Foxp3。ARG 是 L-精氨酸代谢通路中的关键酶之一，能催化 L-精氨酸转化成 L-鸟氨酸，从而降低 L-精氨酸的水平，而 L-精氨酸缺乏可下调 T 细胞 CD3 ζ 链的表达；L-鸟氨酸是体内多胺生物合成的关键成分，而多胺是重要的内源性肿瘤刺激因子，在肿瘤细胞转化和肿瘤增殖中发挥重要作用。

3. *肿瘤细胞分泌免疫抑制因子*　除此以外，肿瘤细胞还可分泌多种免疫抑制因子和表达某些蛋白分子，下调免疫效应细胞的活性，保护肿瘤细胞免受特异性 CTL 的杀伤。例如，肿瘤细胞分泌的 TGF-β、IL-10 和血管表皮生长因子(VEGF)，具有负调节机体对肿瘤的免疫应答和促进肿瘤生长的作用。TNF 是效应细胞分泌的杀伤肿瘤细胞的重要细胞因子，某些肿瘤细胞表达可溶性 TNF-α 结合蛋白(sTNFα-BP)，

通过与 TNF-α 结合，阻止其与肿瘤细胞的 TNF-α 受体结合，抑制对肿瘤细胞的杀伤作用。

近年来发现，某些肿瘤细胞表面 Fas 表达明显低下，而且，这些肿瘤细胞呈现 FasL 高表达，其结果，进入肿瘤组织周围的免疫细胞，因其表达 Fas 分子，通过肿瘤细胞分泌 FasL 并与 Fas 结合，使得免疫细胞的凋亡信号途径被激活，导致免疫细胞反过来被肿瘤细胞所破坏；而且某些肿瘤细胞表面表达非经典 MHC Ⅰ类分子（HLA-G），抑制免疫活性细胞发挥效应功能。可见某些肿瘤细胞也可通过营造局部免疫豁免（immune privilege）来逃脱免疫监视。

第四节 肿瘤的免疫治疗

肿瘤免疫治疗是应用免疫学原理和方法，提高肿瘤细胞的免疫原性和对效应细胞杀伤的敏感性，激发和增强机体抗肿瘤免疫应答，并应用免疫细胞和效应分子输注至宿主体内，协同机体免疫系统杀伤肿瘤，抑制肿瘤生长。

免疫治疗分为主动免疫疗法和被动免疫疗法两大类（表 18-8）。前者着重激发机体抗肿瘤免疫应答能力；后者向宿主转移有抗肿瘤活性的治疗因子或细胞，抑制肿瘤生长。基因治疗被视为一种攻克肿瘤的有希望的疗法。近年来，对于肿瘤微环境与肿瘤发生发展的相互关系越来越受到重视，包括如何应用化学制剂和特异性抗体靶向分子治疗，以增强免疫细胞效应功能、下调免疫相关抑制细胞的作用以及清除肿瘤微环境中的免疫抑制效应分子和干扰血管生成等。其中如何协同联合应用多种方法以增强抗肿瘤效果，已开展探索并用于临床。

表 18-8 免疫疗法的分类及常用的治疗因子和细胞

分 类		用于治疗的因子和细胞
主动免疫疗法	特异性	减毒或灭活的瘤苗、基因修饰的瘤苗、肿瘤抗原肽疫苗
	非特异性	CpG ODN、卡介苗、左旋咪唑、IFN、IL-2
被动免疫疗法	特异性	单克隆抗体、抗体偶联物、肿瘤浸润淋巴细胞、CAR-T
	非特异性	TNF-α、LAK 细胞

一、肿瘤的主动免疫治疗

（一）非特异性主动免疫疗法

1. 非特异性刺激因子 应用具有免疫调节作用的刺激因子通过非特异性地激发机体的免疫系统，增强抗肿瘤免疫应答能力，而达到杀伤肿瘤细胞的目的。目前常用的非特异性刺激因子有卡介苗（BCG）、CpG 寡聚脱氧核苷酸（ODN）（图 18-11）、短小棒状杆菌（PV）和左旋咪唑（Levamisole，LMS）等。在临床研究中发现，这类刺激因子结合其他抗肿瘤疗法，具有促进固有免疫和特异性免疫、增强被动免疫疗效、提高杀伤肿瘤细胞作用。

2. 细胞因子 具有广泛的生物学作用，参与调节体内许多生理和病理过程的发生和发展（见第六章）。有的细胞因子具有间接和直接的杀伤肿瘤细胞能力。目前在抗肿瘤免疫治疗中常用的细胞因子有 IL-2、IL-4、IL-12、INF-γ 和 TNF 等，主要通过下列机制发挥其杀瘤和抑瘤效应：① 上调免疫细胞表面分子和受体的表达和分泌；② 增强机体的免疫监视功能，促进 T 细胞的增殖分化和 CTL 的成熟，刺激 B 细胞产生抗体，提高 NK 细胞活性，激发巨噬细胞等产生抗肿瘤免疫应答；③ 促进免疫效应细胞释放淋巴毒素和效应分子杀伤肿瘤；④ 促进肿瘤细胞表达 MHC 分子，增强肿瘤细胞的免疫原性和对效应细胞的敏感性；⑤ 某些细胞因子具有直接破坏肿瘤细胞和促使其发生凋亡的作用，如 TNF。目前已报道的临床抗肿瘤取得疗效的一些细胞因子有：治疗 T 细胞淋巴瘤的重组 IL-2/白喉毒素片段（商品名 Ontak）；治疗黑色素细胞瘤和肾细胞瘤的重组 IL-2（商品名 Proleukin）；治疗多种白血病、黑色素细胞瘤和肾细胞瘤的重组干扰素（商品名 Intron 和 Roferon）。

（二）特异性主动免疫疗法

1. 肿瘤疫苗 包括灭活的自体肿瘤细胞、提取的肿瘤抗原和人工合成的肿瘤抗原肽，以及 DNA 疫苗，通过给患者免疫接种，激发患者自身对肿瘤细胞的特异性免疫应答，清除肿瘤而不损伤周围正常细胞。肿瘤疫苗还可诱发免疫记忆细胞，产生长期的免疫效应，防止肿瘤的转移和复发。这是一种理想的特异性主动免疫治疗手段（图 18-12）。

（1）处理的瘤细胞作为疫苗 应用化学、物理和生物学等方法（如加热、冻融、放射线照射、神经氨酸酶处理等）制备灭活的瘤细胞和细胞滤液、膜粗提品等，使成为丧失致癌作用，保留抗原性的瘤苗，或制备肿瘤细胞/DC 融合细胞，以非特异性刺激因子作为佐剂，联合注射于患者体内进行主动免疫治疗。在对黑色素瘤、肾癌和结肠癌的主动免疫治疗中已取得一定效果，但对多数肿瘤患者疗效并不明显。

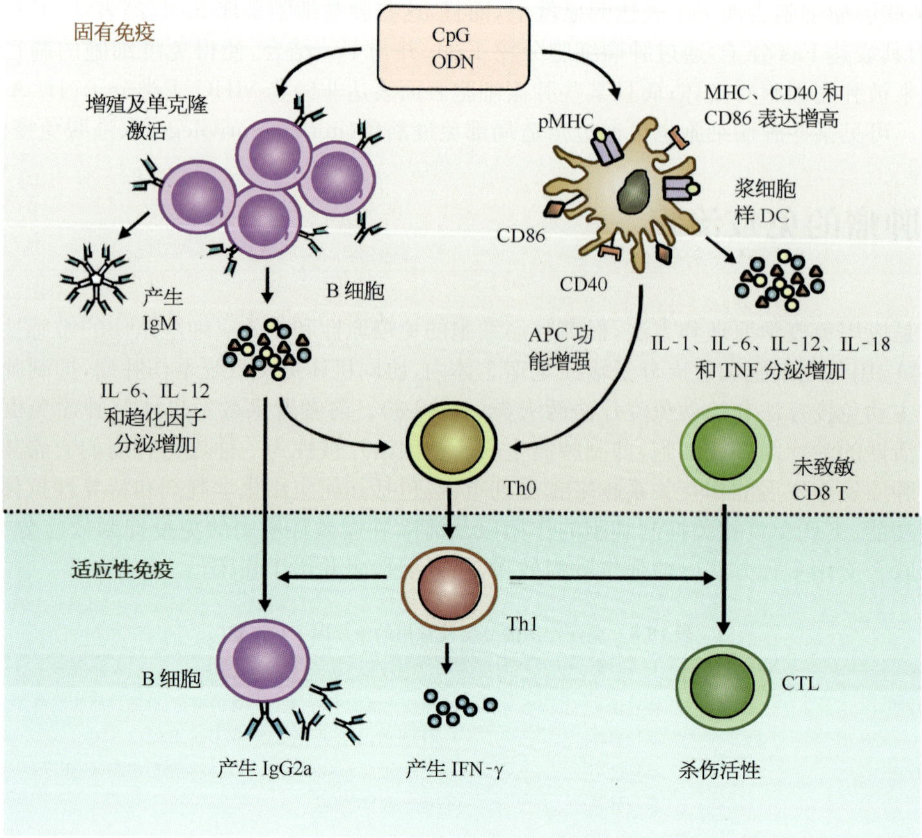

图 18-11 CpG ODN 诱导固有免疫和适应性免疫应答

CpG ODN 直接激活 B 细胞产生抗体，并通过刺激和活化浆细胞样 DC，诱导其分泌 Th1 型细胞因子和促炎性细胞因子，促进 T 细胞活化，发挥效应功能

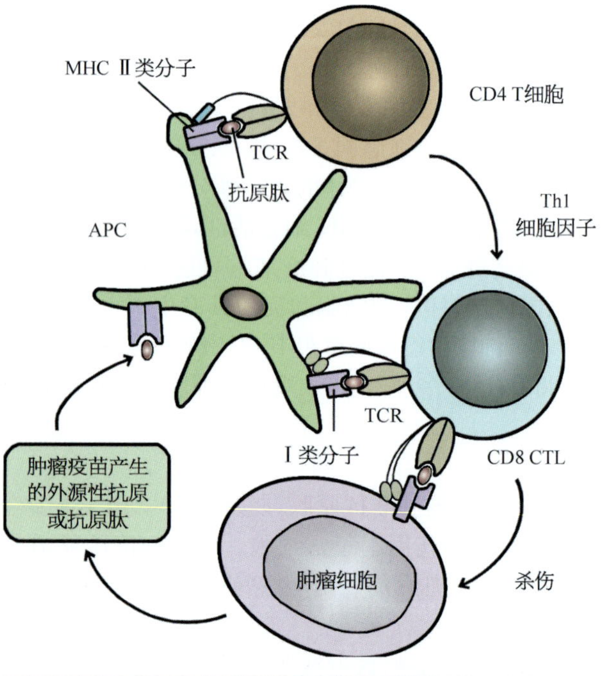

图 18-12 肿瘤疫苗激活 T 细胞作用机制

肿瘤细胞表达的肿瘤抗原经 APC 加工处理，通过 MHC Ⅰ类和Ⅱ类分子提呈至细胞表面，分别激活 CD4 T 和 CD8 T 细胞，发挥杀伤肿瘤细胞的作用

（2）肿瘤抗原（肽）和人工合成肽抗原作为疫苗　通过免疫、生化技术分离纯化瘤细胞膜中的抗原（肽）成分，或依据肽序列人工合成肽抗原，结合特定的 MHC Ⅰ类分子作为疫苗。此类疫苗可通过体外激发肿瘤特异性 CTL 后作过继性免疫治疗，也可直接用于体内进行主动免疫治疗。肿瘤肽疫苗在消除人类肿瘤的转移灶和预防肿瘤复发方面，目前已取得了一定疗效（图 18-13）。

（3）癌基因产物作为抗原制备肽疫苗　癌基因编码蛋白也是一类肿瘤抗原，不论是癌基因过量表达的产物或是突变产物，皆能以抗原肽的形式经 MHC Ⅰ类分子提呈后被 T 细胞所识别，激发 CTL 反应。对确定的癌基因产物，还可根据蛋白质一级结构，以 MHC 特定分子的共用基序（consensus motif）（见第十章）选择出特定的肿瘤抗原肽，这些抗原肽和 MHC 分子复合物在体外具有激发特异性 CTL 发生克隆扩增的活性，表明它们具有诱导特异性抗肿瘤免疫应答的能力。由于人类的 MHC 即 HLA 具有极为丰富的多态性，加之不同的肿瘤其癌基因谱的差异甚大，单纯使用某一 HLA 分子结合的肿瘤抗原肽作为疫苗，根据 MHC 约束性原理，使用上必然有局限性甚至是盲目性。因此，近年来已应用基因工程技术，通过构建编码多种肿瘤抗原肽的小基因（minigene），通过载体表达，可产生互不干扰的多表位重组体，或通过转染不同细胞，包括肿瘤细胞、DC等，以激发相对应的CTL克隆，进行过继性免疫治疗。另一方式是依据多个抗原肽序列合成对应的DNA片段，筛选出编码多表位的DNA疫苗进行免疫接种，可望产生广谱的肿瘤预防和治疗效果。

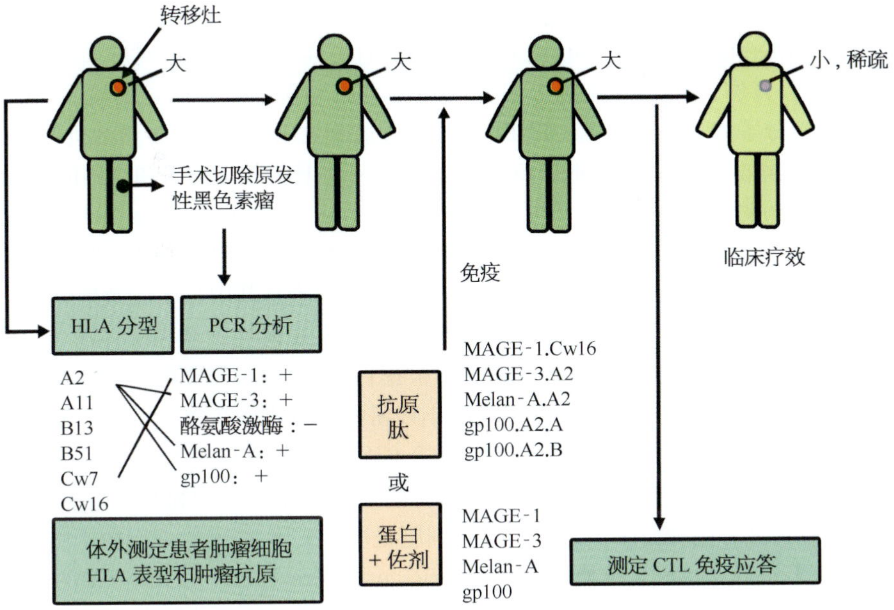

图18-13 肿瘤抗原(肽)用于机体特异性抗肿瘤免疫治疗

体外测定黑色素瘤患者HLA表型和肿瘤细胞表达的抗原特征，以肿瘤抗原(肽)结合相应HLA分子或蛋白佐剂制备疫苗，观察肿瘤治疗疗效和测定CTL对肿瘤细胞的杀伤效应

2. *抗独特型抗体作为疫苗* 根据独特型-抗独特型网络的原理，以人的抗肿瘤抗原抗体(Ab1)免疫动物，抗体的独特型决定簇可作为抗原表位刺激动物机体产生抗独特型抗体(Ab2)，其中的Ab2β结构上和肿瘤抗原相似，有可能作为肿瘤抗原的内影像进行免疫接种(参见第十四章)。机体由此产生抗Ab2的抗体(Ab3)，会具有特异性识别肿瘤抗原的能力，或介导体内的效应细胞杀伤靶细胞。然而，肿瘤的抗独特型抗体疫苗是否有效，关键仍在于抗原内影像所模拟的肿瘤抗原本身是否具有足够强的免疫原性，或抗原内影像是否模拟到了关键性的抗原优势表位。但对大多数肿瘤，抗独特型抗体要真正成为有效的特异性治疗手段，还需要作大量的探索。

3. *DC治疗性疫苗* DC是专职抗原提呈细胞，负责对抗原进行加工处理后提呈给T细胞，诱导T细胞的活化和增殖，激发有效的免疫应答。目前基于DC的治疗性肿瘤疫苗主要分为两种，一是DC体外分离培养、扩增鉴定后，荷载特定抗原回输到患者体内；二是诱导DC在体内增殖、成熟，有效摄取特定肿瘤抗原进行提呈并激活T细胞。二者的共同目的都是最大程度活化肿瘤抗原特异性CD4 T和CD8 T细胞，发挥抗肿瘤效应。目前认为，单纯DC疫苗虽有疗效但仍须改进，需要寻找更为合适的肿瘤抗原和更为有效促进DC增殖活化的方法或者与其他方法联合使用，以保证促进DC的抗肿瘤效应，同时注意检测负向调节方面的变化。

二、肿瘤的被动免疫治疗

(一) 过继性免疫疗法

过继性免疫疗法(adoptive immunotherapy)是把具有抗肿瘤活性的免疫血清或免疫细胞转输到免疫功能低下的肿瘤患者，在体内发挥抗肿瘤作用，以此达到治疗肿瘤的目的。

1. *淋巴因子激活的杀伤细胞* 小鼠脾脏细胞或人外周血淋巴细胞在体外培养中，经高浓度的细胞因子(主要为IL-2)诱导后发生扩增，产生一类能非特异性地杀伤自身和异体肿瘤细胞的效应细胞，称为淋巴因子激活的杀伤细胞(lymphokine activated killer cell，LAK细胞)。LAK细胞是一群异质性的细胞群，主要来源于外周血淋巴细胞，其表型既可是CD3阳性细胞，也可是CD3阴性细胞，往往具有NK细胞样标记(表达CD16和CD56)，其杀伤肿瘤细胞不需要抗原致敏，亦无MHC约束性。故认为LAK细胞的前体细胞是NK，但与NK细胞不同的是其生长和效应功能依赖于IL-2。临床实验证明，单独应用LAK细胞治疗肿瘤效果不佳，而与大剂量IL-2联合应用，可有效地维持LAK细胞活性，增强机体的免疫功能，对黑色素瘤、肾癌、结肠癌和淋巴瘤等具有一定疗效。但是大剂量 IL-2 可引起血管通透性增高，导致液体滞留和间质水肿。

2. *肿瘤浸润性淋巴细胞* 浸润于实体瘤内和周围淋巴结中，往往已被肿瘤抗原致敏而具有特异性抗肿瘤作用的一类细胞，被称为肿瘤浸润淋巴细胞（tumor-infiltration lymphocytes，TIL）。TIL 一般是从外科手术切除的瘤块和淋巴结中分离取得，也可从患者的胸、腹腔渗出液中获得。TIL 是一群异质性细胞，主要由 T 细胞组成，其次是 NK 细胞和 B 细胞，大多数表达 IL-2R、HLA-DR 和黏附分子。TIL 比 LAK 细胞具有更佳的增殖活性，对肿瘤细胞的杀伤特异性强、效率高。目前在抗肝癌、黑色素瘤、肾癌、卵巢癌和肺癌等研究中发现，TIL 对肿瘤细胞的杀伤机制，除了有特异性的裂解作用外，主要依赖其释放的效应分子如 IL-2、穿孔素、TNF 等，并通过这些效应分子进一步激活机体免疫功能发挥抗肿瘤作用。据估计，小鼠中 TIL 的杀瘤效力比 LAK 细胞强 50～100 倍，是一种具有较大潜力和应用前景的肿瘤治疗手段。

3. *细胞因子诱导的杀伤细胞* 细胞因子诱导的杀伤细胞（cytokine-induced killer cell，CIK）是外周血或脐血单个核细胞在体外经多种细胞因子刺激后获得的一群具有肿瘤杀伤活性的异质性细胞群，兼具有 T 淋巴细胞强大的抗瘤活性和 NK 细胞的非 MHC 限制性杀瘤优点，$CD3^+CD56^+$ 双阳性细胞是其中主要的效应细胞。

近年来人们已用 CIK 对多种肿瘤进行了体外杀伤实验包括血液系统恶性肿瘤和实体瘤（乳癌、结肠癌、肾细胞癌、肺癌、胰腺癌等）以及在 SCID 鼠动物模型进行的体内试验。根据目前的文献，CIK 细胞在白血病免疫治疗方面应具有更大的潜能：① CIK 细胞的输注可以在成功化疗后清除微小残留病灶以巩固免疫治疗；② 来自患者的自体培养 CIK 细胞可以治疗不适于化疗的患者或耐化疗药物的肿瘤患者；③ CIK 细胞将在同种异体骨髓移植中发挥最大潜能。因为在急性粒细胞白血病患者的同种异体骨髓移植中，CIK 细胞能诱导移植物抗白血病效应而不产生移植物抗宿主病或使其受抑制。获得足够数量具有高肿瘤杀伤活性的效应细胞是决定 CIK 细胞能否应用于临床的关键。

4. *嵌合抗原受体修饰 T 细胞* 嵌合抗原受体（chimeric antigen receptor，CAR）修饰的 T 细胞（CAR-T）属于过继性细胞免疫治疗的一种类型。自 1998 年 Gross 等首次报道将 CAR 的结构成功转入 T 细胞并发挥特异性杀伤功能以来，美国 Kochenderfer 实验室 2010 年构建了 CD19-CAR-T 细胞，一名难治复发淋巴瘤患者在接受治疗后病情获得明显缓解。随后 CAR-T 细胞应用于白血病患者及多种肿瘤治疗。

CAR 是利用基因工程技术将能够特异性识别并结合肿瘤抗原的抗体与 T 细胞的活化基序形成嵌合体，即将抗体对肿瘤抗原的高亲和性与 T 淋巴细胞的杀伤机制相结合，以有效杀伤肿瘤细胞。图 18-14 左侧表明，CAR 受体胞外部分是识别肿瘤抗原的抗体重链和轻链可变区（V_H+V_L），胞内是参与 T 细胞活化的两种信号结构域：激活性信号分子（如 CD3ζ 或者 FcεR1γ）和共刺激分子（如 CD28 或者 4-1BB），分别提供 T 细胞激活的第 1 和第 2 信号。图右侧为上述成功地用于淋巴瘤治疗的 CD19-CAR-T 组成。由于恶变的 B 淋巴细胞大量表达 CD19 分子，以此作为肿瘤抗原制备高度特异性单抗，再分离和构建包括轻链和重链可变区的单链抗体基因（scFv）作为受体的第一部分（scFv 含义见第四章）。第二和第三部分分别为共刺激分子 4-1BB 和参与构成 TCR 复合结构的 CD3 分子 ζ 链编码基因（各自带有 1 个和 3 个 ITAM，见第十一章），将三部分连在一起用逆转录病毒组装和转染到杀伤性 T 细胞中。这是一个成功应用的

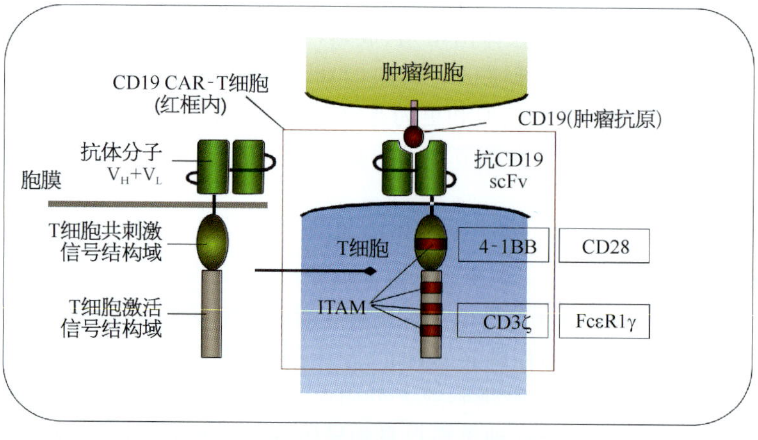

图 18-14 嵌合抗原受体构建原理及成功用于白血病治疗的 CD19-CAR-T 结构示意

带有嵌合抗原受体的 T 细胞（CAR-T），其胞外段为识别肿瘤抗原的单抗轻重链可变区（VH＋VL），胞内段通常带有两个可激活 T 细胞的信号结构域。一是传递 TCR 识别信号的 CD3ζ 链（灰色）（提供第一信号）；二是发挥共刺激作用的分子受体胞内段（草绿色）（提供第二信号）。右侧图是成功应用于白血病治疗的 CD19-CAR-T 细胞。其 CAR 受体三个部分的组成分别是：专一性识别 B 细胞白血病抗原 CD19 的单链抗体（scFv）、CD3ζ 链、共刺激受体胞内段 4-1BB。后两者一共带有 4 个免疫受体酪氨酸激活基序（ITAM），直接参与 T 细胞激活

典型案例，而 CAR-T 的构建和应用正经历不断改进和完善的过程，包括对三个组成部分做不同的选择和组合。据称已发展出第四代 CAR，增加了特定细胞因子（目前主要是 IL-12）的杀伤而被称为 TRUCK（T-cells redirected for universal cytokine killing），有助于招募并活化更多的免疫细胞而促进免疫反应，增强抗肿瘤效应。

CAR-T 细胞治疗的优点是，能特异性识别肿瘤抗原并具有高效杀伤性，且不显示 MHC 限制性，可绕过抗原提呈细胞的作用而不受这些因素引起免疫逃逸的影响。另外，CAR-T 细胞在体外能够迅速扩增到治疗所需细胞数量；在体内也可维持治疗剂量，保证治疗效果，并能够产生肿瘤抗原特异的记忆 T 细胞。CAR-T 除可以识别蛋白类抗原外，还可以识别糖类以及糖脂类抗原，因而扩大了靶点的选择范围。

目前 CAR-T 主要应用于血液肿瘤，对实体瘤由于缺乏特异性的 TAA 靶点，加上微环境的抑制作用、肿瘤体积影响，以及 T 细胞难以趋化等因素，往往导致疗效欠佳。CAR-T 细胞治疗肿瘤的应用风险主要包括：① 脱靶效应，即单抗针对的抗原缺少肿瘤特异性，造成表达同类抗原的正常组织受累。② CAR-T 细胞杀伤肿瘤细胞时大量细胞因子（如 IFN-γ、IFN-α、TNF-α、IL-1、IL-6 和 IL-12）进入血液循环，形成细胞因子释放综合征（cytokine release syndrome，CRS），可引起急性呼吸窘迫综合征（ARDS）和多器官衰竭（MODS）。③ 插入 T 细胞中的外源 DNA 片段有致瘤风险。

（二）抗体导向疗法

目前利用杂交瘤技术制备的多种针对肿瘤抗原的单抗，在体外具有介导免疫细胞杀伤肿瘤细胞能力。然而大量临床实验结果表明，这种从动物体内制备的异种单抗如果单独使用，对肿瘤细胞的体内杀伤作用有限。其原因在于：① 异种抗体与人补体成分结合能力低；② 抗体借助 ADCC 发挥效应作用，但肿瘤微环境中免疫细胞表面 Fc 受体亲和力弱；③ 转移的抗体在血循环中半衰期短；④ 宿主易针对异种抗体产生抗抗体，称为宿主抗鼠源抗体反应（host anti-mouse antibody，HAMA），阻碍其发挥作用。因此，在肿瘤免疫治疗中，正在寻找各种对策解决上述问题。例如，采用基因工程技术制备人源化抗体、嵌合抗体（鼠源性 Fab 段和人源性 Fc 段），克服抗体异源性，增强抗体与免疫活性细胞结合能力，达到有效杀伤肿瘤目的。目前人源化抗体已广泛应用于临床肿瘤治疗，主要是抑制肿瘤生长（如抗 EGFR 和抗 VEGF 抗体）、增强免疫效应细胞杀伤功能（如抗 CTLA-4 和 PD-LI 抗体）和干预肿瘤微环境等的靶向分子治疗（图 18-15），其次，根据抗体特异性识别肿瘤抗原的特点，制备多种免疫偶联物（immunoconjugates）和双特异性抗体，达到高效、低毒杀伤肿瘤。

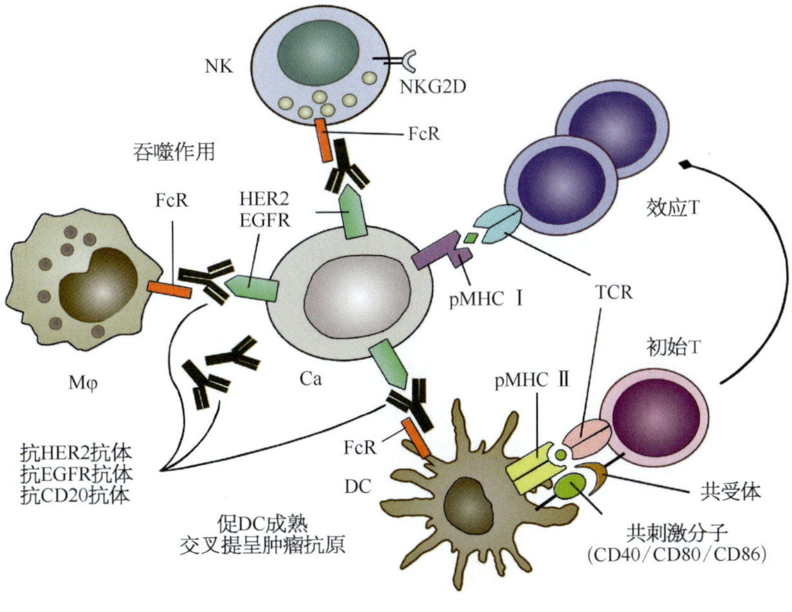

图 18-15 人源化抗体的抗肿瘤效应

应用抗 HER2/EGFR 或抗 CD20 等人源化抗体，可增强 NK 和 Mφ 活性，抑制肿瘤生长；也可通过促进 DC 成熟和抗原交叉提呈等机制，激活 T 细胞，促使其分化为效应 T 细胞，并阻断免疫抑制相关细胞的效应作用，增强 T 细胞抗肿瘤效果。人源化抗体的应用可避免宿主抗鼠源抗体反应，并有利于活化人体免疫活性细胞

1. 抗体偶联物　抗体通过化学修饰与效应分子偶联，即以抗体为载体，以效应分子为弹头，这些偶联物既有特异性识别肿瘤抗原的能力，也保留了效应分子杀伤肿瘤细胞的毒性，注射于肿瘤患者体内，可定向地浓聚到肿瘤部位，选择性杀伤肿瘤细胞。目前常用的抗体仍以鼠源性单抗为多，效应分子主要选用毒蛋白单链、放射性同位素和抗癌药

物等(图18-16A)。抗体偶联物在荷瘤动物中显示明显的抗肿瘤效果,可减轻效应分子的毒副反应,延长动物生存期。在人类肿瘤治疗中,对白血病和淋巴瘤有一定疗效,但因涉及 HAMA 反应,影响治疗效果。

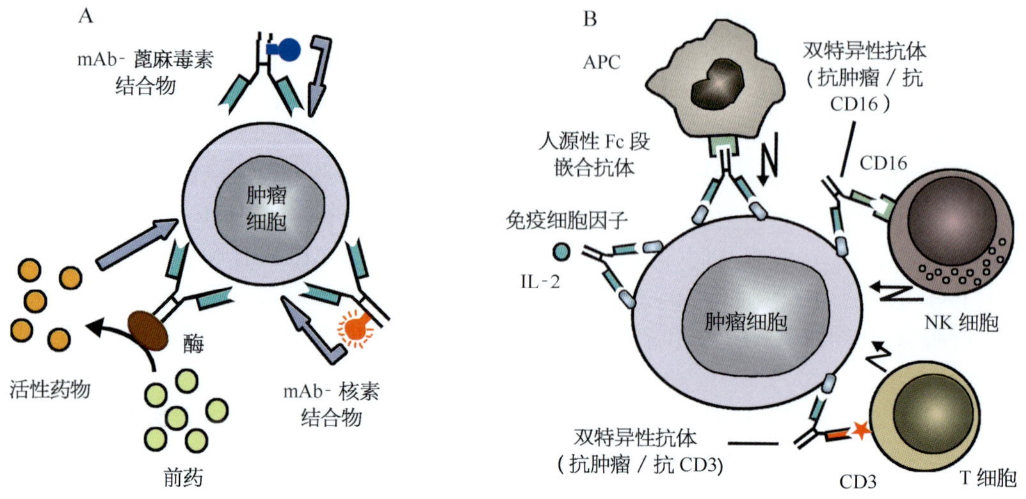

图 18-16 抗体偶联物和双特异性的抗肿瘤作用机制

A. 制备抗肿瘤的抗体与效应分子(毒蛋白、化疗药物或放射性同位素)偶联物,利用抗体特异性识别肿瘤抗原作用,使效应分子有效地到达肿瘤部位,选择性杀伤肿瘤细胞;B. 双特异性抗体中包含着两种不同识别特异性抗原的 Fab 段,通过特异结合肿瘤抗原同时结合不同效应细胞和分子,达到有效杀伤肿瘤的作用

2. *双特异性抗体* 双特异性抗体(bispecific antibody)是一类具有双功能的抗体杂交分子,两价抗体中的 Fab 段具有不同特异性,能与不同的配体结合。抗肿瘤和抗免疫活性细胞 CD16 或 CD3 的双特异性抗体,不仅具有激活 NK 细胞或 T 细胞的作用,而且可以通过抗肿瘤的 Fab 段特异性结合肿瘤细胞发挥作用,提高局部 NK 细胞或 T 细胞浓度,增强效应分子杀伤肿瘤能力。也可通过抗体与某些细胞因子融合制备免疫细胞因子(immunocytokine),加强肿瘤细胞附近细胞因子浓度,激发机体免疫功能,有效地杀伤肿瘤,减少毒副反应。另外,也可以应用人源性抗肿瘤单抗或人源性 Fc 段和鼠源性 Fab 段的嵌和性抗体,克服鼠源性抗体免疫原性,增强抗体介导细胞毒作用,达到杀伤肿瘤作用(图 18-16B)。

三、肿瘤的基因治疗

(一) 原理

基因治疗是应用理化方法或病毒介导的 DNA 转移技术,以功能正常的基因置换或增补缺陷基因,或将新的基因转移至靶细胞内使其安全、有效地发挥作用,达到治疗目的。基因转移主要有两种方式,一种是离体法,即在体外将目的基因导入细胞内,再将修饰过的细胞回输患者体内,使外源性基因在体内表达;另一种是体内法,即将目的基因直接导入或通过病毒作为载体导入体内组织器官,使其进入靶细胞并充分表达,发挥作用。肿瘤基因治疗中常用的靶细胞有肿瘤细胞、TIL、成纤维细胞和骨髓干细胞等。而目的基因的导入,根据作用机制分为四类:① 引入抑癌基因和抗体基因,阻止癌基因表达;② 导入酶基因和耐药基因,提高抗肿瘤药物的疗效;③ 导入信号缺陷的血管上皮生长因子受体基因,抑制肿瘤旁血管生成;④ 导入某些细胞因子基因、膜表面分子和抗原识别基因等,增强肿瘤细胞的免疫原性,激发机体免疫功能,产生抗肿瘤免疫应答。

(二) 途径和机制

1. *抑制癌基因表达*

1) 向癌细胞导入反义 *ras* 或 *myc* 等基因,用反义核苷酸序列特异互补结合癌基因 DNA 和 mRNA,阻止其转录、翻译和表达(图 18-17A)。

2) 向癌细胞导入抑癌基因如 *p53* 和 *RB* 等,利用其产物抑制癌基因表达,使丧失致癌性,诱导癌细胞凋亡。

3) 向癌细胞导入抗生长因子、抗癌基因产物的抗体编码基因,阻止相应的因子和蛋白在癌细胞膜上表达,抑制其恶性生长(图 18-17B)。

4) 向癌细胞导入 RNA 干扰基因。双链 RNA(dsRNA)分子在一种具有类似 RNaseⅢ活性的内切核酸酶的作用下,将 dsRNA 切割产生含 21～25 个核苷酸的小双链 RNA 片段(small interfering RNA, siRNA)。siRNA 与蛋白因子

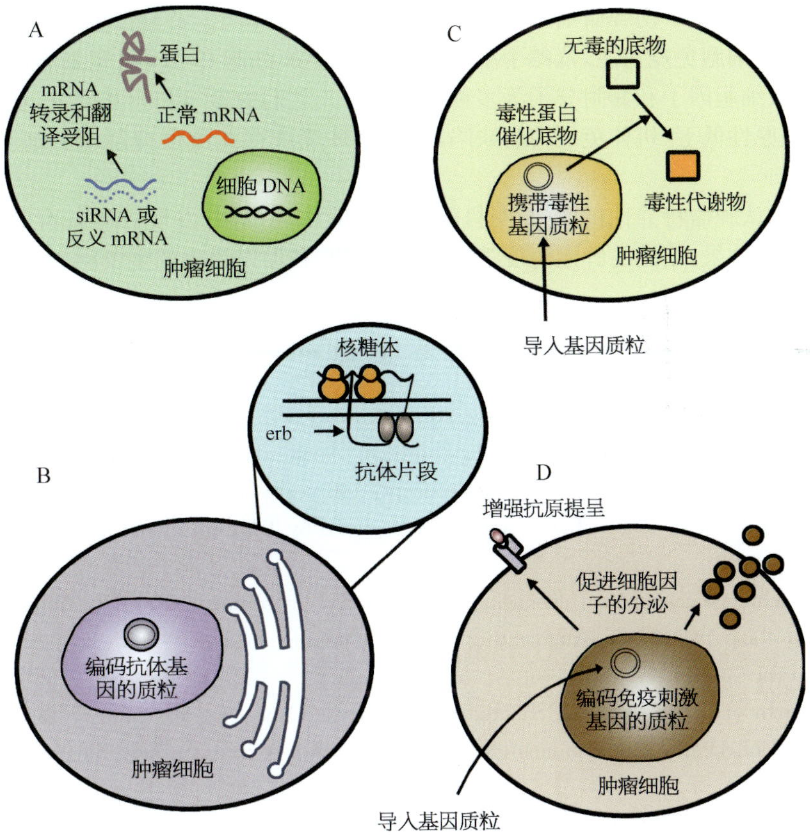

图 18-17 肿瘤基因治疗的四种主要途径

A. 导入 siRNA 或反义 mRNA 基因干扰或阻止癌基因转录和 mRNA 的翻译;B. 导入抗体基因阻止癌基因生长因子表达;C. 导入前药转换酶增强抗癌药物的活性;D. 导入免疫刺激因子基因,促进细胞因子表达和分泌

形成蛋白/RNA 复合物,然后 siRNA 双链结构解旋,对靶 mRNA 识别并对其进行切割。RNA 干扰(RNAi)的作用是在 mRNA 水平关闭相应序列基因的表达或使其沉默的过程,即转录后基因沉默作用(post-transeriptional gene silencing, PTGS)。根据上述原理,针对肿瘤细胞靶基因,应用 RNAi 通过转录后水平降解肿瘤 mRNA,达到抑制其恶性生长。

2. *增强抗肿瘤药物的活性*

1) 向肿瘤局部注射前药转换酶基因,如单纯性疱疹病毒胸腺嘧啶激酶(*HSV-tk*)基因。HSV-tk 能使非毒性核苷酸类似物 ganciclovir 转变成毒性的三磷酸形式,从而杀伤癌细胞。*HSV-tk* 基因只能整合至分裂相癌细胞的染色体,不整合至正常细胞,而哺乳动物细胞内源性 tk 酶对 ganciclovir 不敏感,因此该抗肿瘤作用具有有效性和安全性(图 18-17C)。

2) 向癌细胞导入药物敏感基因如 CD 基因,提高前药 5-FC 的敏感性,增强杀瘤效果。

3) 将多药耐受基因如 MDR-1 等导入造血干细胞,使机体在抗肿瘤化疗中受到保护,从而提高患者对大剂量药物的耐药性,减少毒副反应和并发症。

3. *抑制肿瘤局部血管生成* 向肿瘤局部导入信号缺陷的血管上皮生长因子(VEGF)受体基因,其产物仍能结合肿瘤细胞分泌的血管上皮生长因子,但却阻止局部的血管形成,使肿瘤缺乏血供而生长受抑。

4. *增强肿瘤细胞免疫原性,激发机体抗肿瘤免疫应答*

1) 向癌细胞导入 MHC Ⅰ类、TAP 和 B7 等基因,促进肿瘤抗原表达,增强肿瘤细胞的免疫原性,激活 CTL 而杀伤靶细胞。

2) 向癌细胞或 TIL 导入细胞因子如 IL-2、INF-γ 等基因,使细胞大量分泌细胞因子,激活肿瘤局部免疫活性细胞,促进 T、B 细胞的分化、增殖,提高机体抗肿瘤能力(图 18-17D)。

本 章 提 要

肿瘤细胞表达肿瘤抗原是诱发有效肿瘤免疫应答的关键。肿瘤抗原需由 MHC 分子提呈,并被 T 细胞所识别。

机体通过肿瘤抗原激活 CTL 直接杀伤肿瘤细胞，或激活 B 细胞分泌抗体产生特异性免疫应答。

机体抗肿瘤免疫应答以细胞免疫为主，依赖于激活的 T 细胞、NK 细胞和 Mφ 对靶细胞的直接杀伤并释放效应分子，同时也涉及抗体、补体、细胞因子和黏附分子等多种免疫分子。它们的参与和相互调节，在机体对肿瘤的杀伤中起重要作用。肿瘤细胞免疫原性低下、机体免疫功能缺陷，以及微环境中存在免疫抑制相关细胞和分子，是肿瘤逃避免疫监视的主要因素。

寻找肿瘤抗原基因、确认肿瘤特异性抗原、阐明机体抗肿瘤的作用机制、发展和制备有效、广谱的肿瘤疫苗、提高肿瘤免疫治疗和基因治疗的效果，是当前肿瘤免疫学迫切需要研究和加以解决的主要问题。

（葛海良）

参考文献

Murphy K. 2012. Janeway's Immunobiology. 8th ed. New York: Garland Sci.

Abbas, AK, et al. 2015. Cellular and molecular immunology. 8th ed. Amsterdam: Elsevier.

Strebhardt K, Ullrich A. 2008. Paul Ehrlich's magic bullet concept: 100 years of progress. Nat Rev (cancer), 8: 473-480.

Coulie PG, Eynde BJ, Bruggen P, et al. 2014. Tumor antigens recognized by T lymphocytes: at the core of cancer immunotherapy. Nat Rev (cancer), 14: 135-146.

Ohta A. 2016. A metabolic immune checkpoint: adenosine in tumor microenvironment. Front Immunol, 7: 1-11.

Héninger E, Krueger TEG, Lang JM. 2015. Augmenting antitumor immune responses with epigenetic modifying agents. Front Immunol (tumor immunity), 6: 1-14.

Hui LL, ChenY. 2015. Tumor microenvironment: Sanctuary of the devil. Cancer Letters, 368: 7-13.

Topalian SL, Drake CG, Pardoll DM. 2015. Immune checkpoint blockade: A common denominator approach to cancer therapy. Cancer Cell, 27: 450-461.

Zhan H, Ye ZL, Yuan ZG, et al. 2016. New strategies for the treatment of solid tumors with CAR-T cells. Int J Biol Sci, 12: 718-729.

Weiner GJ. 2015. Building better monoclonal antibody-based therapeutics. Nat Rev (cancer), 15: 361-370.

Sharma P, Allison JP. 2015. Immune checkpoint targeting in cancer therapy: toward combination strategies with curative potential. Cell, 161: 205-214.

Chakravarti D, Wong WW. 2015. Synthetic biology in cell-based cancer immunotherapy. Trends Biotechnol, 33: 449-461.

第十九章 移植免疫

应用自体或异体的正常细胞、组织、器官置换发生病变或功能缺损的细胞、组织、器官，以维持和重建机体生理功能，称为细胞移植、组织移植或器官移植。移植术后，受者免疫系统可识别移植物抗原并产生应答，移植物中免疫细胞也可识别受者组织抗原并产生应答，此为移植排斥反应。

根据移植物的来源及其遗传背景不同，可将移植分为四类：① 自体移植(autologous transplantation)指移植物取自受者自身，不会发生排斥反应；② 同系移植(syngeneic transplantation)指遗传基因完全相同(isogeneic)或基本近似(syngeneic)个体间的移植，如单卵孪生间的移植，或同一近交系动物(inbred animal)间的移植，一般不发生排斥反应；③ 同种(异体)移植(allogeneic transplantation)指同种内遗传基因不同的个体间移植，临床移植多属此类型，一般均发生排斥反应；④ 异种移植(xenogeneic transplantation 或 xenotransplantation)指不同种属个体间的移植，由于异种动物间遗传背景差异甚大，尤其在非协调性(discordant)动物种属间，受者体内可能存在抗异种供者组织细胞组分的天然抗体，移植后可能发生严重的排斥反应。

第一节 同种异体器官移植排斥的机制

同种异体器官移植一般均会发生排斥反应，本质上乃受者对移植物抗原的免疫应答(图 19-1)。

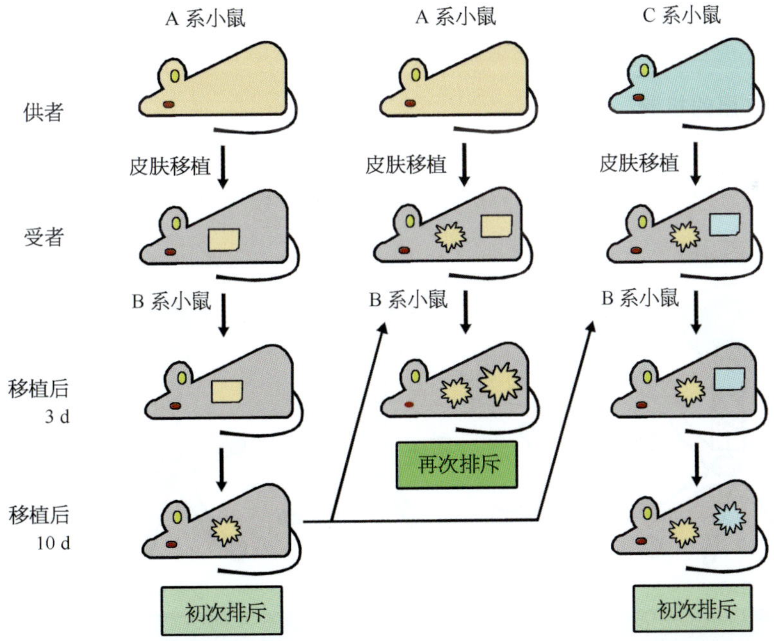

图 19-1　近交系小鼠皮肤移植实验

将 A 系小鼠皮片移植给 B 系小鼠，7～10 d 后皮片移植物被排斥，称为初次排斥；若将已发生初次排斥的 B 系小鼠作为受者再次接受 A 系小鼠皮片，则 3～4 d 后会发生迅速而强烈的排斥反应，此为再次排斥；若已发生初次排斥反应的受者接受 C 系小鼠皮肤移植，则遵循初次排斥规律

一、引发同种异体移植排斥反应的抗原

同一种属不同个体间，凡由等位基因差异而形成的多态性产物，即为同种异型抗原，均有可能作为组织相容性抗原而介导排斥反应。哺乳动物体内有 40 多个基因座位编码组织相容性抗原。

(一) 主要组织相容性抗原

主要组织相容性抗原(MHC 抗原)，即人 HLA 抗原(见第五章)是介导急性排斥反应的主要抗原。

（二）次要组织相容性抗原

机体组织细胞表面表达某些可激发程度较轻、较缓慢排斥反应的抗原，即次要组织相容性抗原（minor histocompatibility antigen，mH），其由某些具有多态性的基因编码，可被 MHC 分子提呈。

1. 性别相关的 mH 抗原　雄性供者移植物可被同系雌性受者排斥，而雌性供者移植物则可被同系雄性受者所接受。由于同系两性遗传背景的唯一差别是雄性携带 Y 染色体，提示 Y 染色体某些基因的编码产物也属组织相容性抗原（如表达于精子、表皮细胞及脑细胞表面的 H-Y 抗原）。

2. 常染色体编码的 mH 抗原　如人 HA-1～HA-5 抗原等，可表达于机体所有组织细胞，或仅表达于造血细胞和白血病细胞。

mH 抗原诱导同种异型排斥反应的特点为：① mH 抗原以 MHC 限制性方式被 CTL 和 Th 细胞识别；② 不同类型 mH 抗原可被不同型别 HLA 分子提呈；③ 不同 mH 抗原分子结构不同，其与特定 MHC 分子结合的亲和力亦各异，故在不同供、受者间进行移植，参与排斥反应的和占优势的 mH 抗原种类可能不同；④ 供-受者间单个 mH 抗原不相同，一般引起缓慢的排斥反应；多个 mH 抗原不相符，可引起类似于 MHC 不相符所致的快速排斥反应。

在 HLA 全相同的供-受者间进行移植所发生的排斥反应（尤其是 GVHR），主要由 mH 抗原所致。

（三）其他参与排斥反应的抗原

1. 人 ABO 血型抗原　ABO 血型抗原不仅分布于红细胞表面，也表达于肝、肾等组织细胞和血管内皮细胞表面。受者血清中血型抗体可与供者移植物血管内皮细胞表面 ABO 抗原结合，通过激活补体而引起血管内皮细胞损伤和血管内凝血，导致超急性排斥反应。

2. 组织特异性抗原　指特异性表达于某一器官、组织或细胞表面的抗原。同种异体间不同组织器官移植后发生排斥反应的强度各异，由强到弱依次为皮肤＞肾＞心＞胰＞肝，其机制之一可能是表达免疫原性不同的组织特异性抗原。例如：① 血管内皮细胞（VEC）专一性表达 VEC 抗原，其编码基因与 MHC 紧密连锁，可诱导受者产生强的细胞免疫应答，从而在急性和慢性排斥反应中起关键作用；② SK 抗原属皮肤蛋白多肽抗原，同种个体间无差异性，但可与 MHC 分子结合为复合物，皮肤移植后供者 SK-MHC 复合物可通过直接提呈方式被受者免疫细胞识别，导致排斥反应。

二、T 细胞识别同种抗原的机制

同种反应性 T 细胞是参与同种异体移植物排斥的关键效应细胞。

目前认为，受者 T 细胞可通过直接识别、间接识别和半直接途径识别同种异型抗原（图 19-2）。

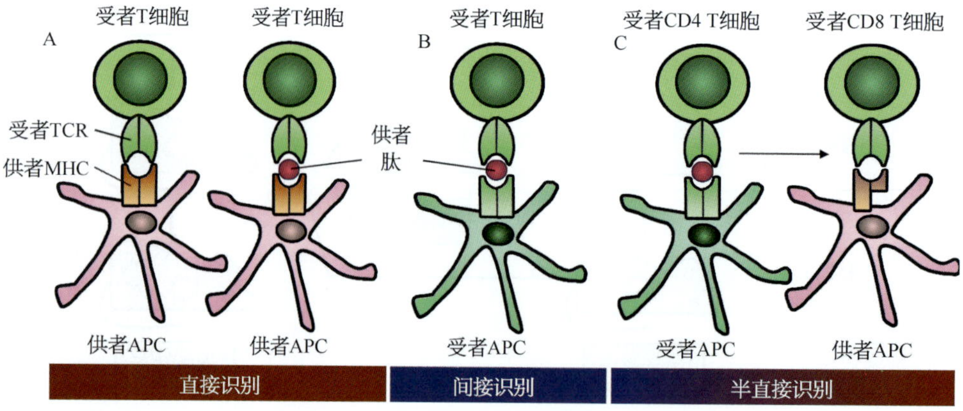

图 19-2　受者 T 细胞识别同种异型抗原的三种途径

A. 直接识别：受者同种反应性 T 细胞的 TCR 直接识别供者 APC 所提呈的供者 MHC 分子或外源肽-供者 MHC 复合物；B. 间接识别：受者同种反应性 T 细胞的 TCR 识别经受者 APC 加工处理的供者 MHC 抗原肽；C. 半直接识别：受者同种反应性 CD8 T 细胞循直接途径识别供者 APC 所提呈的同种 MHC Ⅰ类分子；受者同种反应性 CD4 T 细胞循间接途径识别经受者 APC 加工、处理和提呈的同种异型 MHC 分子，并协助 CD8 T 细胞分化

（一）直接识别

1. 定义和特点　直接识别（direct recognition）指供者 APC 可将其表面 MHC 分子或抗原肽-MHC 分子复合物（pMHC）直接提呈给受者同种反应性 T 细胞（alloreactive T cell），供其识别并产生应答，而无须经受者 APC 处理（图 19-2A）。直接识别的基本过程是：移植物中残留有白细胞（即过客白细胞，passenger leukocyte），包括成熟的 DC 和 Mφ 等抗原提呈细胞（APC），移植物血管与受者血管接通后，受者 T 细胞可进入移植物中，供者过客白细胞也可进入

受者淋巴组织。由此，供者 APC 通过与受者 T 细胞直接接触而将同种异体抗原提呈给后者，是为直接识别。

直接识别所致排斥反应有两个特点：① 速度快，因为无须经历抗原摄取、处理和加工；② 强度大，因为每一个体中，具有同种抗原反应性的 T 细胞克隆占 T 细胞库总数的 1/100～1/10，而针对一般异源性抗原的 T 细胞克隆仅占总数的 1/100 000～1/10 000。

直接识别在早期急性排斥反应中起重要作用。由于移植物内 APC 数量有限，进入受者血循环后即分散于全身，且随时间推移而逐步消失，故直接识别在急性排斥中晚期或慢性排斥中无重要意义。

2. 机制　按照 MHC 限制性理论（见第十章图 10-22），若供者 APC 与受者 T 细胞间 MHC 型别不同，二者不能发生相互作用，即直接识别机制与经典理论相悖。现代免疫学对此提出了新的观点：

（1）TCR　乃识别抗原肽和 MHC 分子的复合结构（pMHC）：TCR 与 pMHC 的结合界面由 TCR 的互补决定区（CDR）、MHC 分子抗原结合槽的 α 螺旋及抗原肽组成。其中，TCR 的 CDR3 识别抗原肽；CDR1 和 CDR2 主要识别 MHC 分子 α 螺旋的保守序列。已发现，TCR 识别 pMHC 具有交叉反应性，其分子结构基础为：① TCR 具有简并性（degeneracy），即同一 TCR 分子可识别不同 pMHC；② CDR3 具有包容性（flexibility），可通过构型改变而识别不同 pMHC。就直接识别而言，受者同种反应性 T 细胞 TCR 可识别单一的供者 MHC 分子，也可识别 pMHC（外来抗原肽-供者 MHC 或供者自身肽-供者 MHC）。换言之，供者 APC 表面可表达多种含供者 MHC 分子的复合结构，它们均可被受者同种反应性 T 细胞交叉识别（图 19-3）。

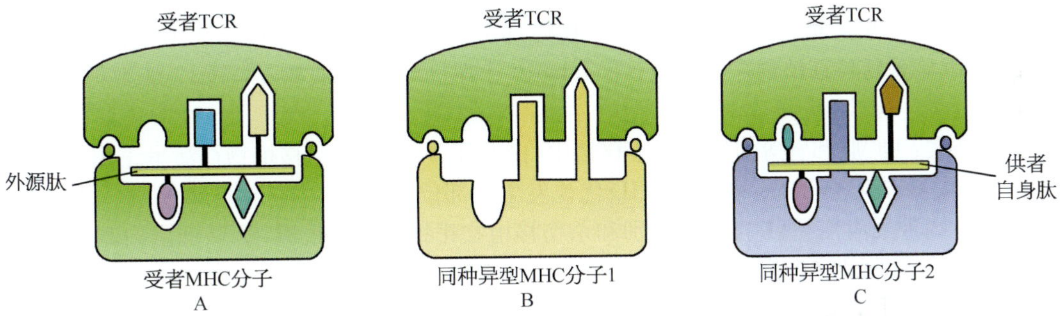

图 19-3　受者同种反应性 T 细胞交叉识别 pMHC

具有相同或相似复合结构的不同抗原肽-MHC 分子可被同一受者 TCR 所识别：A. 正常免疫应答过程中，受者 TCR 特异性识别外来抗原肽-自身 MHC 分子所形成的复合结构；B. 同种异体移植时，受者同一 TCR 可识别单一（空载）的供者 MHC 分子；C. 同种异体移植时，受者同一 TCR 可识别供者自身肽-供者 MHC 分子复合物

同种反应性 T 细胞也可直接识别为结合抗原肽的供者 MHC 分子（图 19-3B），此现象称 MHC 分子优势结合（MHC-dominant binding）。其机制是：虽然供者 MHC 分子与受者 TCR 缺乏严格的构象互补性，即结合的亲和力低，但由于其高表达于供者 APC（及移植物组织细胞）表面，仍可激活多个受者 T 细胞克隆。如前所述，机体接受同种异型抗原刺激而活化的 T 细胞克隆数，远高于受一般抗原刺激而活化的 T 细胞克隆数。其原因是，具有直接识别能力的同种反应性 T 细胞并非单一克隆，它们实际上是受者体内识别外源性抗原、同时又可交叉识别同种抗原的一群多克隆 T 细胞。

（2）记忆 T 细胞是参与交叉反应的主要效应细胞　已证实，参与直接识别，且具有交叉反应性的受者 T 细胞克隆中，既包括初始 T 细胞，也包括体内预存的某些记忆 T 细胞克隆。后者的来源是，移植术前受者已接触过多种抗原刺激（如隐性或显性微生物感染等），导致识别外源抗原肽-受者自身 MHC 分子复合物的 T 细胞克隆致敏，并形成记忆 T 细胞。移植术后，上述记忆 T 细胞可通过交叉识别机制而识别移植物细胞表面的某种供者自身肽-供者 MHC 分子复合物，并被激活。

个体生存环境不同，所接触的外源性抗原各异，其体内参与直接识别的记忆 T 细胞克隆数量、亚群和功能（如与同种抗原肽的亲和力等）亦各异，由此导致移植术后不同的转归。

（二）间接识别

间接识别（indirect recognition）指供者移植物脱落细胞或其 MHC 抗原经受者 APC 加工和处理后，以供者抗原肽-受者 MHC 分子复合物的形式提呈给受者 T 细胞，使之活化（图 19-3B）。在急性排斥反应早期，间接识别与直接识别机制协同发挥作用；在急性排斥反应中晚期和慢性排斥反应中，间接识别机制起更为重要的作用。

（三）半直接识别

近年发现，受者同种反应性 CD8 T 细胞还可通过半直接识别（semi-direct recognition）途径而被激活（图 19-2C）。

其机制为：① 受者 CD8 T 细胞循直接途径识别供者 APC 所提呈的供者 MHC Ⅰ类分子；② 受者同种反应性 CD4 T 细胞循间接途径识别经受者 APC 加工和提呈的供者抗原肽-受者 MHC 分子复合物；③ 经间接识别途径被激活的受者 CD4 T 细胞辅助受者 CD8 T 细胞激活。

三、移植排斥反应的效应机制

（一）急性排斥反应的细胞免疫效应机制

多种 T 细胞功能亚群参与移植排斥反应，其作用及机制各异。

1. 记忆性 T 细胞　来源为：① 移植术前曾接受同种抗原刺激，如怀孕、输血、同种移植等；② 受者针对微生物（尤其是病毒）感染而产生的特异性 Tm 细胞，与同种抗原具有交叉反应性。

同种反应性 T_M 细胞活化和增殖的机制为：① 旁观者增殖（bystander proliferation）：指不通过 TCR 信号而由细胞因子直接刺激 T_M 细胞活化和增殖；② 稳态增殖（homeostatic proliferation）：指移植术前大量清除受者体内非特异性 T 细胞可诱发淋巴细胞减少症，从而诱导反馈性 T 细胞增殖，以维持淋巴细胞数目稳态。

2. CD4 Th1 细胞　Th1 细胞是介导急性排斥反应的主要效应细胞：① 通过直接识别而活化的为多克隆 Th1 细胞，参与早期急性移植排斥反应；② 通过间接识别而活化的属寡克隆 Th，参与中晚期急性移植排斥反应。Th1 细胞介导排斥反应的机制为：分泌 IFN-γ 等细胞因子；激活 Mφ；介导迟发型超敏反应；上调专职 APC 表达 MHCⅡ分子。

3. CD4 Th17 细胞　相关实验依据为：① 移植物局部 IL-17 水平上升，且与急性排斥程度呈正相关；② 阻断 IL-17 或 Th17 细胞，可显著延长移植物存活时间；③ T-bet$^{-/-}$小鼠 Th1 细胞缺如，其 Th17 细胞仍可诱导同种反应性炎症。

4. Treg　已证实：肺、肝和肾等实质性器官移植中，血循环 Treg 数量与移植物存活呈正相关；造血干细胞移植中，由于肠黏膜 Treg 数量较少，成为急、慢性 GVHD 优先发生的部位。

5. CD8 CTL　同种反应性 CTL 可直接识别和杀伤移植物靶细胞。已报道，β2 微球蛋白基因缺陷的宿主，由于 CTL 不能识别同种抗原，导致其丧失排斥同种移植物的能力。

（二）同种移植急性排斥反应的体液免疫效应机制

受者体内可产生抗同种异型抗原的抗体，包括群体反应性抗体（panel reactive antibody，PRA）和供者特异性抗体（donor specific antibody，DSA）。这些抗体可通过与同种移植物细胞表面相应抗原结合而激活补体，介导 CDC 效应，从而在排斥反应中发挥重要作用。

1. 抗同种抗原的抗体种类及其来源　① 抗同种 HLA（Ⅰ类和Ⅱ类）抗体，见于怀孕、输血或移植等情况；② 抗 ABO 血型抗原（表达于红细胞和血管内皮细胞等表面）的天然抗体；③ 针对次要组织相容性抗原的抗体，如移植受者体内可检出抗 MHCⅠ类链相关抗原 A（MICA）的抗体；④ 抗自身抗原抗体，如针对血管平滑肌细胞表面血管紧张素Ⅱ受体-1 的自身抗体、抗波形蛋白或肌球蛋白抗体等；⑤ 移植物内皮细胞损伤可暴露某些隐蔽的自身抗原，受者体内 IgM 类天然抗体可识别之。

2. 抗体介导的补体依赖性损伤　该效应参与急性和超急性排斥反应发病，机制为：补体激活所致组织损伤和坏死，及补体激活所形成的裂解片段的效应。后者包括：① C3a、C5a 可募集吞噬细胞，加重移植物血管内皮细胞损伤；可介导 Mφ 释放前列腺素 E_2，导致血管痉挛；可介导肥大细胞释放组胺，引起组织水肿；可激活移植物内皮细胞并改变细胞支架，促进炎症因子释放。② C4d可与Ⅳ型胶原等共价结合，促使组织内抗体沉积和补体激活。③ 可溶性 C5b～C9 可促进 CCL2、CXCL8 等炎症因子合成和分泌。④ C5a 和可溶性 C5b～C9 可促进内皮细胞合成组织因子，介导血栓性微血管病。⑤ 攻膜复合物可诱导内皮细胞增殖。

3. 抗体介导的补体非依赖性损伤作用　抗 MHCⅠ类分子抗体可以补体非依赖方式介导动脉内膜增生，其机制为：促进微血管内皮细胞增殖，提高酪氨酸激酶和 NF-κB 水平；刺激人内皮细胞表达 FGF 受体，促进磷酸化及细胞增殖；激活内皮细胞，使其表达 CCL2、CXCL1。

（三）参与同种移植急性排斥反应损伤机制的其他细胞与组织成分

1. 血管内皮细胞　EC 是免疫损伤靶目标：受损的 EC 可导致凝血功能和血管功能异常（微血管内凝血、微血栓形成等），加重移植物的组织损伤。

EC 可组成性表达 HLA Ⅰ/Ⅱ类分子及多种共刺激分子（但不表达 CD80、CD86），故可直接激活同种反应性 Tm 细胞而介导排斥反应。

此外，EC 还可通过其他机制参与移植排斥反应：① 促进单核细胞分化发育为 DC；② 摄取、处理、加工同种抗原，并（“交叉”）提呈给受者 CD8 T 细胞；③ 激活同种反应性 CD4 Tm 细胞，使之分泌 IFN-γ。

2. 过客白细胞　移植物所含大量过客白细胞（passenger leukocyte，如 DC、Mφ、淋巴细胞等）一方面可进入受者体内并迁移至次级淋巴器官，介导强的同种抗原特异性应答；另一方面，过客白细胞也可迁移至受者胸腺，通过阴性选择而导致受者同种反应性 T 细胞凋亡，诱导同种移植耐受。

3. 上皮细胞　其是移植排斥反应的靶细胞，也可通过产生多种趋化因子而诱导活化的 T 细胞和 Mφ 向移植物局部聚集，参与排斥反应发生。

4. 细胞外基质　细胞外基质（extracellular matrix，ECM）在淋巴细胞活化、迁移和炎症反应中发挥“空间路标”的作用：① 移植术后，内皮细胞、肝窦内皮细胞型 FN 表达上调，介导早期 T 细胞浸润；② FN、LN 在组织间隙和血管周沉积，促使单个核细胞浸润；③ 心脏移植物中 FN 表达上调，参与诱导淋巴细胞凋亡。

（四）参与移植排斥反应的非特异性效应机制

非特异性效应机制是 T 细胞介导的供者抗原特异性应答的前提（图 19-4）。

诸多因素可启动移植物非特异性损伤。例如：① 外科手术所致机械性损伤；② 移植物被摘取→植入受者体内过程中缺血和缺氧所致组织损伤；③ 移植物恢复血循环所致的缺血-再灌注损伤。上述作用的综合效应是诱导细胞应激，继发炎性“瀑布式”反应，导致移植物组织细胞发生炎症、损伤和死亡。

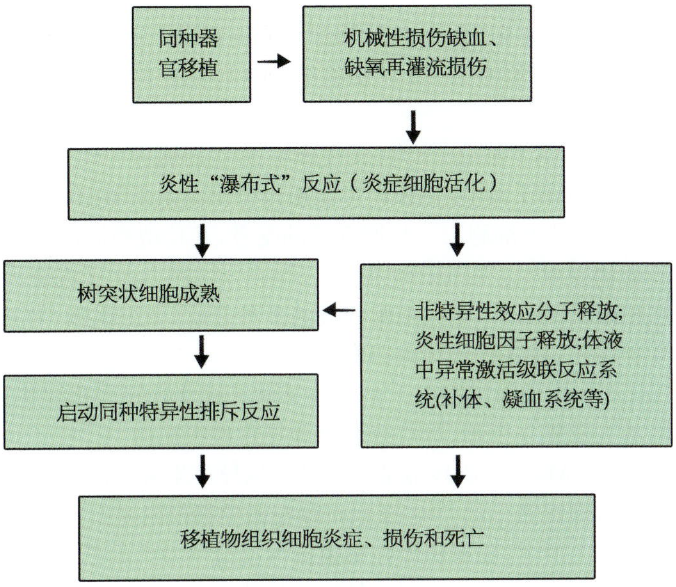

图 19-4　参与移植排斥反应的非特异性效应机制

1. 参与同种排斥反应的非特异性效应分子

（1）损伤相关模式分子（DAMP）　坏死细胞可释放某些非特异性效应分子，如热休克蛋白（HSP）、高迁移率族蛋白（HMGB1）等。它们与相应配体结合而发挥作用：促进 DC/Mφ 成熟活化；促进炎性介质产生；诱导血管内皮细胞活化；增强移植组织细胞对缺血/再灌注损伤的敏感性等。

（2）促炎介质

1）炎性细胞因子：同种移植术后，由于缺血-再灌注损伤等导致细胞应激反应，可瞬间产生大量氧自由基，促进 TNF-α、IL-1、IL-6 等炎性细胞因子释放，活化血管内皮细胞，继而上调 ICAM-1、VCAM-1 等黏附分子表达，并介导单个核细胞浸润移植物。

2）趋化因子：参与同种移植排斥反应的机制为：① 细胞应激早期，活化的内皮细胞或组织细胞释放以 CXC 亚族为主的趋化因子对中性粒细胞有较强趋化活性，使之募集至移植物局部；② 随后，激活的内皮细胞、成纤维细胞和单核细胞等产生 CC 亚族趋化因子，诱导单核细胞浸润移植物，参与局部炎症反应和组织损伤；③ 组织局部产生的趋化因子可介导未成熟 DC 向炎症部位迁移和逐渐成熟，并介导成熟 DC 归巢至次级淋巴组织；④ CXC 亚族趋化因子具有强烈的 Th1 细胞（表达 CXCR3）趋化活性，使之募集至移植物局部并介导组织损伤。

3）脂类炎症介质：包括参与花生四烯酸代谢的环氧化酶 2（COX2）和代谢产物（如前列腺素、白三烯），以及血小板活化因子（PAF）等，主要由组织损伤后的内皮细胞和巨噬细胞、DC 等产生，参与炎症反应和介导移植物组织损伤。

4）自由基：包括氧自由基和 NO，由缺血-再灌注损伤的组织细胞或炎症细胞产生，可导致细胞代谢障碍，并损伤细胞膜结构等。

（3）级联反应系统的异常激活　体液中存在的补体、凝血、纤溶、激肽等级联反应系统通过相互影响和相互激活，参与移植排斥反应的效应机制。

1）补体系统：缺血-再灌注损伤或移植术并发细菌感染，可导致急性相蛋白（如 C 反应蛋白和 MBL）、氧自由基等产生，通过激活补体而损伤移植物组织或介导移植物局部炎症。

2）凝血系统：移植术中受损的组织细胞可释放组织因子（TF），并激活凝血酶。上述因子均为重要的炎症因子，可直接或间接参与移植物损伤的效应机制。近年发现，移植物血管内皮细胞表达一种新的凝血酶原酶，即血纤蛋白原样蛋白 2（fibrinogen-like protein 2，Fgl2），可将凝血酶原裂解为有活性的凝血酶，导致微血管高凝状态、微血栓形成、微循环障碍，加重移植物血管内皮损伤。

2. 参与同种排斥反应的固有免疫效应细胞

(1) DC　包括若干功能亚群，可分别参与移植排斥反应或诱导移植耐受。

1) 髓样 DC：又称传统 DC(cDC)，未成熟时，不表达共刺激分子。其诱导外周耐受的机制为：① 通过 Fas/FasL 途径诱导活化 T 细胞凋亡；② 释放具有免疫负调节作用的活性分子，如 NO、血氧合酶 1(HO-1)、吲哚胺 2,3 双氧合酶(IDO)等；③ 释放 IL-10、TGF-β，诱导调节性 T 细胞分化。

2) 浆细胞样 DC(pDC)：可诱导 Treg，并分泌 IDO，从而参与移植耐受。

(2) NK 细胞　活化的 T 细胞产生的某些趋化因子可募集 NK 细胞并使之激活，参与早期急性排斥反应。NK 与移植物 EC 相互作用而释放 IFN-γ，使之高表达 MHC Ⅰ/Ⅱ类分子，并增强 EC 对同种反应性 T 细胞杀伤效应的敏感性。

NK 细胞杀伤同种移植物细胞的机制为：① 受者 NK 细胞表面的 KIR 识别移植物细胞表面的同种异型 MHC 分子，使 NK 细胞激活；② 移植物组织细胞表面 MICA 和 MICB 表达增多，二者均为 NKG2D(属 KLR)的配体，导致 NK 细胞活化。

(3) NKT 细胞　可通过分泌 IL-4 而促进 Th2 细胞应答，并抑制 Th1 细胞分化和功能，从而诱导移植耐受。另外，Ⅰ型 NKT 细胞(iNKT)可能通过分泌高水平 IL-10 而诱导移植耐受。

(4) 肥大细胞　长期存活的受者，其移植物局部出现肥大细胞浸润，并伴随 Treg 数目增加，若肥大细胞缺陷，则不能诱导耐受。可能的机制为：Treg 分泌的 IL-9 促进肥大细胞生长和趋化，后者通过所释放的细胞因子而参与诱导移植耐受。另外，肥大细胞释放的多种介质(如组织胺、TGF-β、蛋白酶等)，可激活成纤维细胞，促进胶原蛋白产生，诱导纤维化，最终导致移植器官失功。

(5) 中性粒细胞　是参与早期炎症反应的重要细胞组分。其聚集于发生缺血-再灌注损伤的移植物局部，通过释放大量氧自由基、蛋白溶解酶等导致组织损伤。

(6) Mφ　微环境某些因子可诱导产生旁路活化巨噬细胞(alternatively activated macrophage，AAMφ)(M2)，后者通过抑制活化的 Th1 细胞而参与诱导移植耐受。

综上所述，固有免疫在移植排斥反应中发挥损伤和保护的双重作用，探讨固有免疫细胞异质性及其调控移植排斥的作用机制，对深入阐明移植排斥规律及探索新的防治策略具有重要意义。

第二节　移植排斥反应的类型

一、宿主抗移植物反应

宿主抗移植物反应(host versus graft reaction，HVGR)乃宿主免疫系统对移植物发动攻击，导致移植物被排斥。根据排斥反应发生的时间、强度、机制和病理表现，可分为超急性排斥、急性排斥和慢性排斥三类。

(一) 超急性排斥反应

超急性排斥反应(hyperacute rejection，HAR)指移植术后数分钟至 24 h 发生的排斥反应，可见于反复输血、多次妊娠、长期血液透析或再次移植的个体。该反应是由于受者体内预先存在抗供者组织抗原(ABO 血型抗原、血小板抗原、HLA 抗原及 VEC 抗原等)的抗体，后者与移植物相应抗原结合，通过激活补体而导致毛细血管和小血管内皮细胞损伤、纤维蛋白沉积和大量血小板聚集，并形成血栓，使移植器官发生不可逆性缺血、变性和坏死。此外，供者器官灌流不畅或缺血时间过长等也可导致超急性排斥反应发生。

(二) 加速性急性排斥反应

加速性急性排斥反应(accelerated acute rejection，AAR)为发生于术后 3～5 d，剧烈而不可逆性的排斥反应。其病程进展快，并伴移植器官功能迅速丧失。病理学形态改变以小血管炎症和血管壁纤维素样坏死为主，实质有出血或梗死。

一般认为，AAR 属一种较典型的体液免疫应答，常发生于移植术前曾多次输血或输过血制品者，或已接受过一次或多次器官移植的受者。AAR 发生机制可能为：受者体内已预存低浓度(往往难以检出)的抗供者 HLA 或内皮细胞的抗体，后者通过补体依赖的细胞毒、ADCC 作用等损伤移植物组织细胞。

临床上 AAR 并不少见，但由于对其认识不足，常被归于急性排斥反应。AAR 本质上类似于超急性排斥反应，但其免疫攻击的强度较弱，起病时间较迟，病程进展较缓，是介于超急性排斥反应与急性排斥反应之间的一种排斥反应。AAR 临床表现为术后移植肾功能立即恢复，但术后 2～5 d 突然出现移植物功能迅速丧失，且抗排斥治疗往往难以逆转。

（三）急性排斥反应

急性排斥反应(acute rejection，AR)是同种异型器官移植中最常见的一类排斥反应，一般在移植术后2周左右开始出现。病理学检查可见移植物组织出现大量淋巴细胞浸润。急性排斥反应发生率极高，临床表现取决于供-受者间组织相容性程度、术后免疫抑制方案以及诱发因素(如感染等)。

细胞免疫应答在急性排斥反应中发挥主要作用，其机制为：CD4 Th1介导迟发型超敏反应；CD8 CTL和CD4 CTL直接杀伤移植物细胞；激活的Mφ和NK细胞介导组织损伤。

（四）慢性排斥反应

慢性排斥反应(chronic rejection，CR)发生于移植后数周、数月、甚至数年。其病理学特征是：内皮细胞受损，血管增生性损伤或纤维化，造成正常器官组织结构破坏或消失，功能进行性减退或丧失，亦称慢性移植物失功(chronic allograft dysfunction，CAD)；血管平滑肌细胞增生，导致移植物血管破坏。慢性排斥反应机制迄今尚未被完全阐明，可能涉及免疫和非免疫机制。

1. 参与慢性排斥反应的危险因素

(1) 非免疫学因素　包括供者器官存在功能性损害(如脂肪肝)或来自高龄供者；术后出现脂代谢紊乱，高血脂引发移植物动脉内膜增生；受者高血压和高血糖控制不佳，降低移植肾远期存活率；药物毒性。特别应予关注的是移植物缺血-再灌注损伤和巨细胞病毒(CMV)感染。

缺血时间延长影响移植器官远期功能的机制可能为：上调移植物表达MHCⅡ类分子、细胞因子、黏附分子、共刺激因子等，并导致移植物局部微环境紊乱，从而加剧机体炎症反应。

CMV感染导致CR的机制可能为：① 引发局部组织损伤和修复、炎性细胞浸润并产生细胞因子，影响机体免疫状态；② 因CMV感染而减少免疫抑制剂用量；③ CMV感染的细胞可表达与HLA-A、HLA-B相似的糖蛋白(属病毒蛋白)；④ 破坏移植肾血管内皮细胞，产生类似动脉粥样硬化的病变。

(2) 免疫学因素　是介导CR发生的主要因素(见下述)。

2. 适应性免疫介导的慢性排斥反应

(1) CD4 T细胞持续性活化　CR过程中，受者CD4 T细胞通过间接识别VEC表面MHC抗原而被激活，引发Th1和巨噬细胞介导的迟发型超敏反应性炎症。另外，Th2/Tfh辅助B细胞产生抗体，通过激活补体和ADCC作用，损伤移植器官的血管内皮细胞。

(2) 急性排斥反应反复发作　急性排斥反应引起移植物血管内皮细胞持续性轻微损伤，并持续分泌多种生长因子，继而导致血管平滑肌细胞增生、动脉硬化、血管壁炎性细胞浸润等病理改变。

(3) Th17细胞介导慢性炎症　Th17细胞主要通过分泌IL-17、IL-21介导移植物炎症、微血管病变及纤维化，从而参与慢性排斥。长期应用CsA等免疫抑制剂，可使Th1细胞分泌IL-2功能受抑制，并减弱对Th17细胞分化的抑制，使后者成为参与排斥反应复发及慢性排斥反应的主要效应细胞。

(4) 抗同种异体抗体　群体反应性抗体(PRA)升高是移植后AR及CR发生的高危因素。此外，移植物诱生的抗同种异体抗体也与CR发生密切相关，其机制为：补体激活及相关裂解片段可导致内皮细胞损伤及坏死，并介导动脉及基底膜改变，造成移植物永久性的不可逆结构损害(图19-5)。

如前所述，抗体也可通过补体非依赖性途径导致动脉内膜增生，参与慢性排斥反应发生。

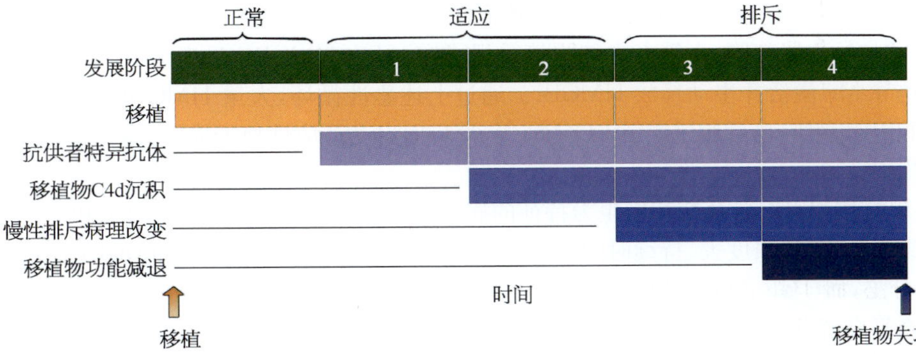

图19-5　抗体介导慢性排斥反应的发展四阶段

（5）移植物组织“异化”为淋巴组织　长期存活的移植物可通过形成淋巴样组织而变成新的淋巴样器官。实验表明，发生 CR 的移植肾比正常肾脏淋巴管密度增加 50 倍，并形成由 T、B、DC 和浆细胞组成的结节样浸润，且浸润细胞可表达 CCR7，而淋巴样内皮细胞表达其配体 CCL21。由此，移植物本身即成为发生免疫应答的场所，也成为长寿浆细胞居留的场所。

3．固有免疫与慢性排斥反应　已证明，持续发生并进行性加重的固有免疫和适应性免疫效应可导致移植物局部非可控性炎症，从而介导 CR。以 HMGB1/TGF-β 反应环参与移植物血管病变（cardiac allograft vasculopathy，CAV）（慢性心脏移植排斥反应的主要病理改变）的发生、发展为例：

（1）HMGB1/TGF-β 相互作用及其机制　HMGB1 是重要的 DAMP，在介导移植物损伤中发挥关键作用；TGF-β 是参与移植物组织过度修复的关键因子，可通过启动 Smad3 信号途径而诱导平滑肌细胞、成纤维细胞、内皮细胞增殖，并促进Ⅰ型胶原、Ⅲ型胶原等多种细胞外基质合成及分泌，从而参与和促进移植物组织慢性修复。

HMGB1 和 TGF-β 间存在复杂的相互作用：① HMGB1 通过启动 RAGE 相关的信号通路促进 TGF-β 释放；② HMGB1诱导某些整合素家族分子表达，促进 TGF-β 转化为活性形式；③ TGF-β 刺激多种细胞（如内皮细胞、平滑肌细胞、成纤维细胞等）产生反应性氧中介物（ROS），进而主动释放 HMGB1；④ TGF-β 诱导 Mφ 核内 HMGB1 转位至胞质，并促进 HMGB1 合成和主动分泌。

（2）HMGB1/TGF-β 反应环参与 CAV 的作用及其机制（图 19-6）

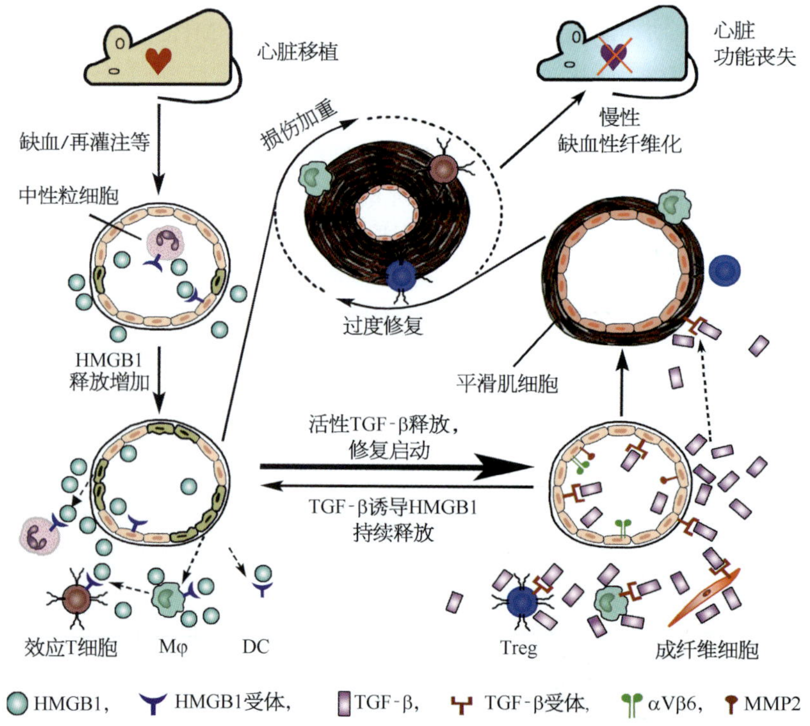

图 19-6　HMGB1/TGF-β 反应环参与 CAV 发生的机制

1）以移植物组织损伤为主的病变早期：HMGB1 致损伤效应发挥关键作用，其机制为：非免疫因素（机械性损伤、缺血再灌注等）导致移植物心肌细胞、血管内皮细胞等受损，被动释放 HMGB1，后者通过与固有免疫细胞（Mφ 等）表面相应受体结合而诱导 Mφ 激活并主动释放 HMGB1。通过上述恶性循环，大量 HMGB1 被释放至胞外，不仅直接介导移植物炎症反应和组织损伤，也可通过激活 DC/Mφ 等 APC 而启动适应性免疫应答，增强移植物血管内皮细胞和平滑肌细胞的特异性损伤。

2）以移植物组织损伤和组织修复交替发生为特征的病变进展期：HMGB1 等炎症因子和适应性免疫应答共同介导急性排斥反应的组织损伤，其强度大、持续时间长、反复发作。同时，释放至胞外的 HMGB1 还可通过不同机制持续诱导 TGF-β 合成和分泌，而 TGF-β 也可诱导多种靶细胞释放 HMGB1（见上述），形成 HMGB1/TGF-β 环路，导致移植物组织损伤和组织修复交替发生。

3）CAV 形成期：由于急性排斥反应反复发作，或持续存在低水平排斥反应，HMGB1 和 TGF-β 合成及功能不断相互促进，形成恶性循环。非可控性炎症使得移植物组织损伤不断加重，同时损伤组织的修复效应逐渐积累，发展为过度修复，导致动脉内膜增厚、管腔狭窄、供血不足，心脏移植物发生慢性缺血性纤维化，直至功能丧失。

二、移植物抗宿主反应

移植物抗宿主反应(graft versus host reaction, GVHR)是移植物中抗原特异性淋巴细胞识别宿主组织抗原所致的排斥反应，其发生依赖于下列条件：① 受者与供者间 HLA 型别不符；② 移植物中含有足够数量免疫细胞，尤其是成熟的 T 细胞；③ 移植受者处于免疫无能或免疫功能极度低下的状态(被诱导免疫抑制或有免疫缺陷)。GVHR 主要见于骨髓移植后。此外，胸腺、脾脏(这些器官均富含淋巴细胞)移植以及新生儿接受大量输血时也可能发生。

(一) GVHR 发病机制

1. 诱导 GVHR 发生的抗原　GVHR 及其严重程度与供、受者间 HLA 型别配合程度密切相关。此外，次要组织相容性抗原(尤其是 HA-1)不符也与 GVHR 显著相关。近年报道，HLA-C 和 HLA-DQB1 等位基因产物参与 GVHR 发生，并将其视为判断供、受者间 HLA 是否相配的指标之一。

2. GVHR 的损伤机制　骨髓移植物内成熟 T 细胞被宿主的异型组织相容性抗原激活，增殖分化为效应 T 细胞，对宿主组织器官发动攻击。近年报道，细胞因子网络失衡可能是造成 GVHR 组织损伤的重要原因。其机制为：① 对骨髓移植物预处理所致毒性作用、感染、受者原发疾病等，可导致细胞因子分泌失调；② 骨髓移植物中同种反应性 T 细胞被激活，分泌细胞因子并表达细胞因子受体，形成正反馈调节环路。过量产生的细胞因子(尤其是 IL-2、TNF-α、IFN-γ 等)，其本身即具有强细胞毒性，有的还可激活 NK 细胞和 CTL 等效应细胞，使之发挥对靶细胞的细胞毒作用。

(二) 移植物抗白血病反应(graft versus leukemia reaction, GVLR)

白血病患者进行异基因骨髓移植(BMT)所面临的严重问题是白血病复发。已报道，同卵孪生同胞间进行骨髓移植(主要和次要组织相容性抗原全相合)，GVHR 得以避免，但白血病复发率高达 46%；自体骨髓移植患者白血病复发率也很高；而 HLA 全相合的同种异体 BMT，白血病复发率明显降低。

上述临床现象提示：次要组织相容性差异在诱导 GVHR 的同时，可能也有助于引发 GVLR，即骨髓移植物内供者免疫细胞向残留的白血病细胞发动攻击，从而防止白血病复发。一定意义上，GVLR 可被视为一种特殊类型的 GVHR，但二者并不必然平行发生。

刺激 GVLR 产生的白血病抗原主要是：① 广泛分布的 mH 抗原(HA-3、HA-4、HA-6、H-Y 等)；② 相对特异性的血细胞抗原，如 HA-1、HA-2、CD45(淋巴细胞或髓细胞系)、CD19(淋巴细胞)等；③ 白血病特异性抗原，如 BCR-ABLp210、P190(慢性髓细胞性白血病)、PML/RARA(急性髓细胞性白血病)、突变的 Ras 蛋白(髓性白血病)等；④ 某些白血病患者高表达的正常蛋白。

对骨髓移植受者进行术后供者淋巴细胞输注(donor lymphocyte infusion, DLI)，可能诱导受者产生 GVLR，其机制为：① 白血病细胞和正常细胞表型不同，BMT 患者接受 DLI 治疗，体内可出现特异性识别白血病细胞的 T 细胞克隆，发挥特异性杀伤效应；② DLI 可诱导 Treg，抑制 GVHD 发生；③ 激活的供者淋巴细胞产生 IFN-γ 等细胞因子，可诱导白血病细胞高表达 Fas 而发生凋亡。

三、排斥反应的特殊情况

机体某些解剖部位易于接受同种乃至异种组织器官移植，而不发生或仅发生轻微排斥反应。这些部位称为免疫赦免区，包括角膜、眼前房、软骨、脑、胎盘滋养层、某些内分泌腺等。存在免疫赦免区的机制可能为：① 赦免区组织(如角膜)缺少输入血管和淋巴管，故血循环中的淋巴细胞难以到达赦免区局部，亦不能接触移植物抗原，从而不易发生免疫排斥反应；② 体内存在特殊的屏障，如血-脑屏障能阻止抗体和免疫活性细胞进入脑组织与之接触，故脑内组织移植易于成功；③ 某些组织(如软骨组织)免疫原性较弱，一般不易引起排斥反应；④ 赦免区组织细胞高表达 FasL，同种移植后即使受者免疫细胞(指 T 细胞)突破组织结构屏障而进入赦免区，使识别同种异体组织抗原的特异性 T 细胞被激活，但由于激活的 T 细胞高表达 Fas，可通过 Fas/FasL 途径而引发凋亡，导致免疫耐受。

第三节　移植排斥反应防治原理

器官移植术成败在很大程度上取决于移植排斥反应的防治，其主要原理是：严格选择供者、抑制受者免疫应答、诱导移植耐受，以及加强移植后的免疫监测等。

一、供者的选择

1. *红细胞血型检测* 人红细胞血型抗原属重要的组织相容性抗原，供者ABO血型抗原须与受者相同，或至少符合输血原则。

2. *受者血清中细胞毒性预存HLA抗体测定* 取供者淋巴细胞和受者血清做交叉细胞毒试验，可检出受者血清中是否含有针对供者淋巴细胞的预存细胞毒抗体，以防止超急性排斥反应发生。

3. *HLA配型* HLA型别匹配程度是决定供受者间组织相容性的关键因素。回顾性分析还显示：供、受者HLA错配中，某些错配明显影响存活率，而某些错配并无明显作用甚或有益。据此，已提出"有益错配、中性错配和有害错配"假说。另外，肾移植领域应用HLA氨基酸残基配型，亦称HLA交叉反应组配型（HLA-cross reactive group matching，CRGM），可提高相配率并减缓排斥反应。

不同HLA基因座位产物对移植排斥的影响各异：HLA-DR对肾移植排斥最为重要，其次为HLA-B和HLA-A；HLAⅡ类基因型别相符对防止慢性排斥尤为重要；等等。

不同的器官移植排斥反应与HLA配合程度的相关性各异：实质脏器移植中，过路细胞是介导HVGR发生的主要因素，由于其数量相对较少，即使HLA型别不相配，HVGR仍易被免疫抑制剂所控制；肝脏移植物中过路细胞主要为未成熟DC，可诱导移植耐受，故排斥反应较弱；骨髓移植物含大量免疫细胞，所致GVHR特别强烈，且不易被免疫抑制剂所控制，对HLA配型要求特别高。

4. *交叉配型* 目前的HLA分型技术尚难以检出某些同种抗原的差异，故有必要进行交叉配型，这在骨髓移植中尤为重要。交叉配型的方法为：将供者和受者淋巴细胞互为反应细胞，即做两组单向混合淋巴细胞培养，两组中任一组反应过强，均提示供者选择不当。

5. *次要组织相容性抗原型别鉴定* 骨髓移植中，应适当考虑mH抗原适配。例如，雌性供者（性染色体为XX）造血干细胞可能对雄性受者（性染色体为XY）组织抗原产生排斥。

二、移植物和受者的预处理

实质脏器移植时，尽可能清除移植物中过路细胞有助于减轻或防止HVGD发生。同种骨髓移植中，清除骨髓移植物中T细胞有助于减缓GVHR，但也可能减弱GVLR效应，导致白血病复发。

实质脏器移植中，供、受者间ABO血型不符可能导致强的移植排斥反应。特定情况下，为逾越ABO屏障而进行实质脏器移植，可采取如下预处理方案：术前给受者输注供者特异性血小板；采用抗CD20单克隆抗体清除B细胞；借助血浆置换术或蛋白A柱吸附去除受者体内天然抗A或抗B凝集素；采用静脉用丙种球蛋白（IVIG）；受者脾切除；免疫抑制疗法等。

三、抑制受者的免疫应答

合理应用免疫抑制疗法是临床防治器官移植排斥反应的常规策略。

1. *免疫抑制药物的应用*

（1）化学类免疫抑制药 糖皮质激素、环孢素A（cyclosporin A，CsA）、他克莫司（Tacrolimus，FK506）、西罗莫斯（Sirolimus）、环磷酰胺、硫唑嘌呤等是目前临床上最广泛应用的免疫抑制药。糖皮质激素具有抗炎作用，可抑制活化Mφ，降低MHC分子表达，逆转IFN-γ对Mφ和移植组织的作用。CsA是土壤微生物产生的真菌性大环内酯，可直接或间接抑制Th细胞产生细胞因子（尤其是IL-2），并抑制活化的T细胞表达IL-2受体。FK506和西罗莫司均属大环内酯类，FK506的作用机制类似CsA，西罗莫司可干扰IL-2的胞内信号转导及淋巴细胞活化。硫唑嘌呤是抗增殖药物，可插入分化细胞的DNA，阻止淋巴细胞增殖。

（2）生物制剂 包括抗淋巴细胞球蛋白（ALG）、抗胸腺细胞球蛋白（ATG）、抗CD3/CD4/CD8单抗、抗TCR单抗、抗黏附分子和细胞因子抗体等。这些抗体通过与相应膜抗原结合，借助补体依赖的细胞毒作用，分别清除体内T细胞或胸腺细胞。某些细胞因子与毒素组成的融合蛋白、某些黏附分子与Ig组成的融合蛋白（如CTLA4-Ig）等也具有抗排斥作用。抗CD25单克隆抗体能拮抗IL-2与其受体IL-2R结合，选择性作用于活化T细胞，目前已较多地用于临床急性排斥的防治。

（3）中草药类免疫抑制剂 国内文献报道，雷公藤、冬虫夏草等可用于治疗移植排斥反应。最近发现，落新妇苷（中药组分）可有效抑制活化T细胞，具有抗排斥反应的应用前景。

2. *清除预存抗体* 术前血浆置换清除受者体内预存的特异性抗体，可防止超急性排斥反应。

3. *其他免疫抑制方法* 临床应用脾切除、放射照射移植物或受者淋巴结、血浆置换、血浆淋巴细胞置换等技术防治排斥反应，均取得一定疗效。骨髓移植中，为使受者完全丧失对骨髓移植物的免疫应答能力，术前常使用大剂量放射线照射或化学药物，以摧毁患者的造血组织。

四、移植后的免疫监测

移植后的免疫监测有助于排斥反应的早期诊断和鉴别诊断，以及时采取相应防治措施。目前已建立多种免疫监测技术，但均存在特异性不强、灵敏度不高等问题，须结合多项指标及临床表现进行综合分析。常用检测指标包括：① 淋巴细胞亚群百分比和功能测定；② 免疫分子水平测定(如血清中细胞因子、抗体、补体、可溶性 HLA 分子水平，细胞表面黏附分子、细胞因子受体表达水平等)；ImmunKnow 检测 CD4 T 细胞 ATP 活性。

第四节 诱导同种移植耐受的基本策略

临床上常规使用的各种免疫抑制药均有毒副反应，故诱导受者产生针对移植物的免疫耐受是彻底克服移植排斥反应的理想策略。本节简介实验研究中诱导同种移植耐受(allogeneic grafting tolerance)(或延长移植物存活)的主要策略及其原理。

一、基于建立嵌合体诱导移植耐受

1992 年，Starzl 发现，某些肝、肾移植长期存活的受者，其皮肤、淋巴结、胸腺等组织可检出供者来源的遗传物质和白细胞。取这些受者淋巴细胞与相应供者淋巴细胞在体外进行混合淋巴细胞培养，均无反应，提示受者已对供者组织抗原产生耐受。由于此种嵌合仅借助 PCR 或其他高灵敏技术方可被检出，故 Starzl 称之为微嵌合状态(microchimerism)。

Starzl 提出“双向移植排斥模式”(two-way paradigm)解释微嵌合现象(图 19-7)：① 移植早期，移植物中过路细胞通过受者血循环而进入外周淋巴器官，激活受者同种反应性 T 细胞，介导 HVGR；② 进入移植物的供者 T 细胞可被受者 DC 所提呈的同种抗原激活，介导 GVHR；③ 在持续应用强效免疫抑制药情况下，HVGR 和 GVHR 均被抑制，受者体内同时存在不完全的双向排斥，最终达到无反应的平衡状态，形成供、受者白细胞共存的微嵌合体。长期存在的微嵌合状态可能导致对移植器官的耐受。据此，目前已建立不同类型的嵌合体动物模型。

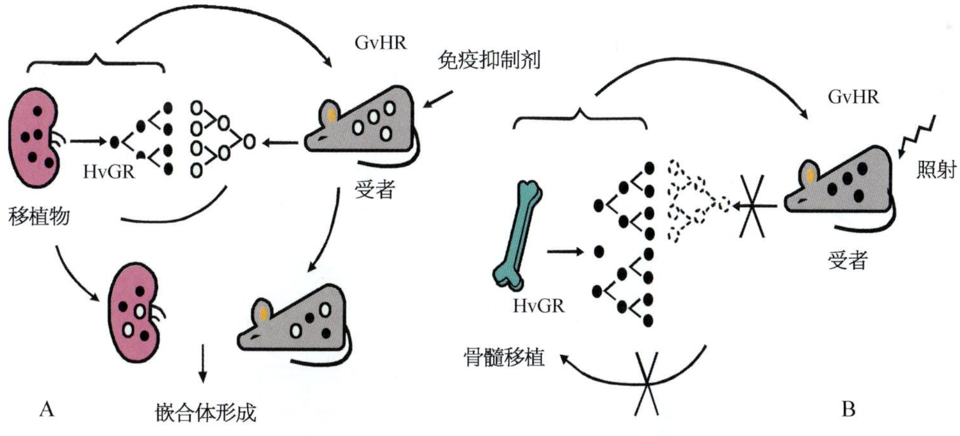

图 19-7 嵌合体形成示意图

A. 实体器官移植中形成的微嵌合体：肾移植后，移植物中过客白细胞进入受者体内并与受者 T 细胞相遇 → 在有效免疫抑制剂作用下，受者体内的 HVGR 和 GVHR 均被抑制 → 供者免疫细胞与受者免疫系统共存 → 受者对供者组织抗原产生耐受；B. 骨髓移植中形成的完全造血嵌合体
●供者免疫(骨髓)细胞；○受者免疫细胞

1. 完全造血嵌合体 指受者血细胞完全来源于供者的嵌合体。其原理为：致死量照射的小鼠在成功接受异基因造血干细胞(HSC)移植后，受者血细胞(包括淋巴细胞)逐渐由供者 HSC 来源的血细胞所取代。完全造血嵌合体小鼠可接受供者(同一品系)任何组织器官移植而不发生排斥反应。

2. 混合造血嵌合体 指受者血细胞由受者和供者血细胞共同组成的嵌合体。其原理为：对致死量照射的小鼠植入去除 T 细胞的异基因和同基因 HSC(后者取自同品系动物或自身)，该动物也可接受供者(同一品系)组织移植物而不发生排斥，其优点是：① 无须彻底摧毁受者造血系统，不良反应较轻；② 嵌合后可诱导针对供、受者双方的双重耐受；③ 降低 GVHD 发生率；④ 减轻清髓药物毒副反应；⑤ 诱导移植耐受的效率类似于完全造血嵌合体。

上述在移植受者体内建立的异基因骨髓嵌合体，亦称中枢嵌合体。该策略诱导移植耐受的机制是：供者与受者双方的 HSC 共存于受者体内，经胸腺（和骨髓）选择，共同组成受者的免疫系统，使受者将供者组织抗原视为自身成分，从而可接受同种异体组织器官移植而不发生排斥。由于供者干细胞可不断被更新，故这种嵌合体乃永久性。无疑，建立这种稳定的异基因 HSC 嵌合体可能是诱导移植耐受的理想途径。

通过大剂量照射全身淋巴组织而诱导嵌合，可对机体造成严重损伤。目前多采用混合造血嵌合策略，其程序为：首先应用抗 CD4 和 CD8 单抗清除受者体内成熟的外周 T 细胞；然后小剂量胸腺照射，以清除胸腺内残存的同种反应性 T 细胞；最后输注标准剂量 HSC。也有文献报道，输注高剂量供者 HSC 联合低剂量免疫抑制剂和共刺激信号阻断剂，可提高致耐疗效并降低毒副反应。

二、基于主动免疫诱导同种移植耐受

1. T 细胞（疫苗）接种（T cell vaccination）　按照抗体独特型网络理论（见第十四章），T 细胞克隆可通过其 TCR 独特型表位（idiotopic epitope）而相互形成"抑制-活化"调节网络，在维持自身耐受中发挥作用。体外应用供者抗原刺激受者同种反应性 T 细胞使之扩增，继而借助照射使之灭活，将其作为疫苗接种受者，有望在体内借助 TCR 网络而诱导移植耐受。其机制为：① 降低受者同种反应性 T 细胞应答；② 促进受者 B 细胞产生抗 T 细胞疫苗的抗体；③ 在受者体内诱生针对同种反应性 TCR 独特型的 T 细胞。

2. 移植术前给受者输入供者移植抗原　移植前接受供者抗原，可在某些受者中延长移植物存活，而不引发超急性排斥反应。抗原进入受者的途径十分重要。动物实验中，移植前一周静脉输入供者全血可导致移植物长期存活；皮下注射同样剂量供者全血，则引起超急性排斥反应。

多中心临床资料证实，供者特异性输血（donor specific transfusion，DST）可诱导耐受并提高移植成功率，其机制可能为：① 促进 Th2 细胞活化，抑制 Th1 细胞分化和功能；② 诱导受者产生抗供者同种组织抗原的特异性封闭抗体；③ 刺激机体产生针对同种反应性 TCR 的抗独特型抗体；④ 异体淋巴细胞发挥 GVHR 样效应，杀伤受者同种反应性 T 细胞；⑤ 受者 T 细胞识别供者抗原，诱导同种反应性 T 细胞耐受。动物实验也证实，向受者胸腺注射供者脾细胞，可诱导针对同种抗原的耐受。

三、基于阻断同种反应性 T 细胞应答诱导移植耐受

1. 阻断 T 细胞激活的第一信号

（1）阻断 TCR 识别同种抗原肽　间接识别中，同种 MHC 分子结合的关键性优势肽段，可与受者体内同种反应性 T 细胞 TCR 高亲和力结合，从而在 T 细胞活化中发挥重要作用。据此可设计相关干预策略：① 用人工合成肽（模拟供者 MHC-优势肽）封闭受者同种反应性 T 细胞 TCR，阻断第一信号（图 19-8）；② 用人工合成 mHA（如 HA-1 多

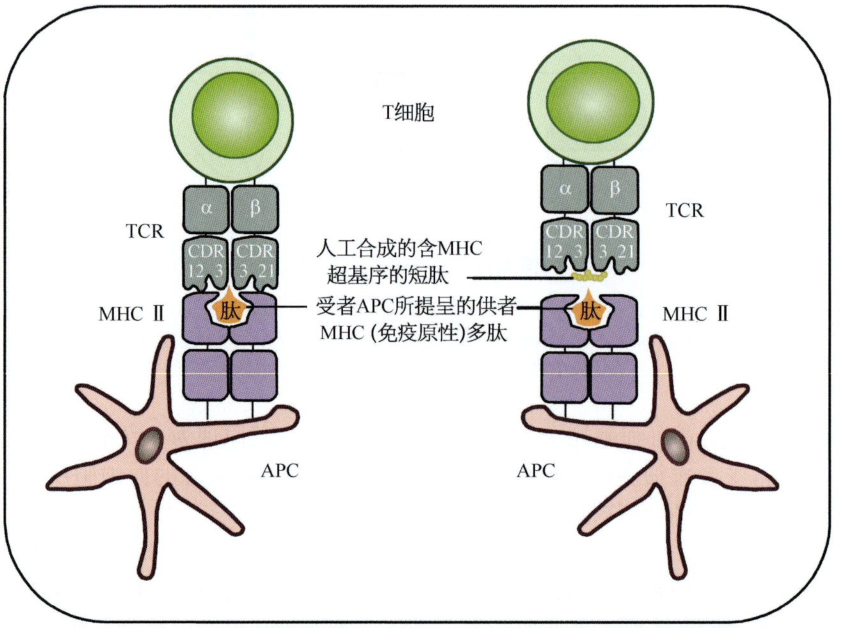

图 19-8　人工合成的 MHC 抗原多肽阻断 TCR 对同种异体抗原的特异性识别

肽)预处理 HSC,封闭 HA-1 阴性供者体内特异性 TCR,诱导针对受者 HA-1 抗原的耐受,防治异基因 HSCT 所致 GVHD;③ 应用针对同种反应性 T 细胞 TCR 的单抗或抗 TCR 独特型抗体,封闭或清除同种反应性 T 细胞,建立同种移植耐受。

(2) 阻断 CD4/CD8(辅助受体)信号　T 细胞表面 CD4 或 CD8 分子为 T 细胞激活的辅助受体(co-receptor)(见第十章),二者可分别与 APC(或靶细胞)表面 MHC Ⅱ类和Ⅰ类分子非多态样区域结合,增强 TCR 与特异性 pMHC 的亲和力及 T 细胞对抗原刺激的敏感性。应用抗 CD4 和抗 CD8 阻断性抗体封闭 CD4 和 CD8 分子,可抑制其作用,从而诱导移植耐受。

2. 阻断 T 细胞激活的第二信号(共刺激信号)

(1) 阻断共刺激信号通路　干扰同种反应性 T 细胞或 APC 表面某些黏附分子(或其配体)表达,或应用抗黏附分子抗体和可溶性配体封闭相应黏附分子,可阻断受者同种反应性 T 细胞的共刺激信号,诱导相应 T 细胞失能(anergy)并建立移植耐受。例如,应用 CTLA4-Ig 融合蛋白可有效阻断 CD28-B7 信号通路,抑制同种反应性 T 细胞应答(图 19-9)。

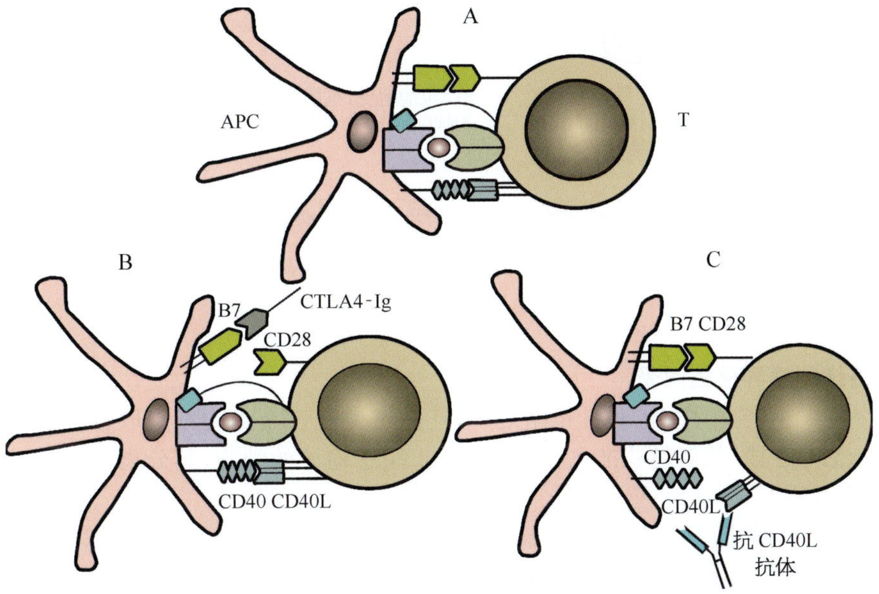

图 19-9　CTLA4-Ig 融合蛋白和抗 CD40L 单抗阻断共刺激通路

A. 正常应答;B. CTLA4-Ig 融合蛋白阻断共刺激信号;C. 抗 CD40L 抗体阻断共刺激信号

为更有效地阻断共刺激信号通路并诱导移植耐受,已采取如下策略:① CTLA4-Ig 联合抗 CD40L 抗体;② 联合给予 CTLA4-Ig 和 BTLA;③ 借助定点突变进行氨基酸位点替换,提高 CTLA4-Ig 与 CD86 结合的亲和力;④ 干预 ICOS 信号途径联合抗 CD40L 抗体,同时进行供者特异性输血。

(2) 增强共抑制信号　T 细胞表面表达一类共抑制分子(co-inhibitory molecule),它们与 APC(或靶细胞)表面相应配体结合可启动抑制信号,对 T 细胞激活发挥负调节作用。通过向移植物组织细胞转染共抑制分子基因,可抑制同种移植排斥反应并延长移植物存活时间。

四、基于调控免疫细胞分化及功能状态诱导移植耐受

1. 定向调控 Th 细胞亚群分化(诱导免疫偏离)　T 细胞在不同微环境中可分化为不同功能亚群。例如,在 IL-12 作用下,Th0 分化为 Th1;在 IL-4 作用下,Th0 分化为 Th2。Th1 细胞是参与排斥反应的重要效应细胞,而 Th2 细胞可拮抗 Th1 细胞和 CTL 功能。因此,阻断 Th1 细胞及其所分泌细胞因子,或增强 Th2 细胞及其所分泌细胞因子,有利于建立移植耐受。

2. 阻断效应细胞向移植物局部浸润　通过阻断免疫细胞浸润和归巢,可延长移植物存活。例如:① *CCR7* 基因敲除可阻断 DC 和初始 T 细胞向外周淋巴组织归巢,抑制同种抗原特异性免疫应答的启动;② 抑制某些趋化因子及其受体表达,可干扰 T 细胞、DC 向移植物局部募集;③ 阻断趋化因子及其受体通路并联合应用 CsA,可显示更佳的抗排斥效应。

3. 应用非细胞毒性抗 CD4 单抗　其诱导移植耐受的机制可能是：① 调节 Th1/Th2 细胞平衡，促使 Th2 型细胞因子产生，影响 Th1 细胞分化和功能；② 诱导 T 细胞失能；③ 参与 Fas/FasL 介导的细胞凋亡。已发现，小鼠抗 CD4 单抗所诱导的移植耐受也具有"传染性"，即耐受的 T 细胞可将其耐受性传递给初始 T 细胞，从而维持长久的外周耐受(图 19-10)。

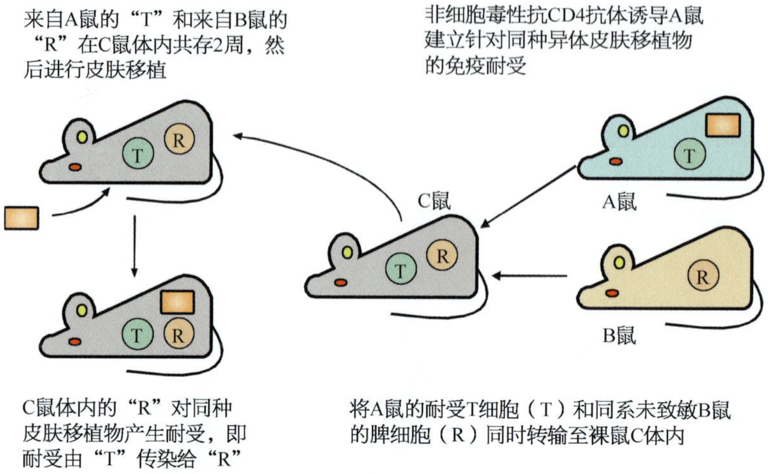

图 19-10　非细胞毒性抗 CD4 抗体诱导传染性耐受

T：对同种移植抗原产生耐受的免疫细胞；R：未被同种移植抗原致敏的脾细胞

五、过继输注免疫细胞诱导移植耐受

细胞过继输注被视为诱导移植耐受的最佳策略之一，其优点为：① 转输的细胞取自同一器官移植供者，来源可靠；② 细胞输注属临床治疗手段，相对易获准在临床应用；③ 用于输注的细胞，其分离、扩增和体外修饰技术均较成熟；④ 副反应较低，安全性高。

1. 过继输注 Treg　同种反应性 Treg 可抑制同种移植排斥反应，诱导移植物长期耐受。其机制为：① Treg 抑制同种反应性 CD8 CTL 细胞毒作用；② Treg 直接或间接下调 DC 表达共刺激分子，抑制同种反应性 T 细胞激活和增殖，并诱导其失能或凋亡。对已产生移植耐受的小鼠，采集其 Treg 并过继输入未出现耐受的同系动物体内，可使后者对同一供者产生移植耐受。

2. 过继输注 DC　DC 的显著特征是其表型与功能具有可塑性，不同成熟状态或不同亚群的 DC，其功能各异，既可作为 APC 提呈抗原而启动 T 细胞应答，也可参与耐受的建立和维持。目前已鉴定出某些可诱导免疫耐受的 DC 亚群：① 耐受性 DC，包括表达 IDO 的 DC、高表达 ILT4 受体的 DC 及未成熟 pDC 等；② 调节性 DC(DCreg)，其表型为 $CD11c^{low}CD45RB^{high}$。

体外应用某些抑制性细胞因子和(或)给予免疫抑制剂，可诱生耐受性 DC。某些免疫抑制剂(如西罗莫司、LF15-0195 等)发挥抗排斥反应效应的机制之一，是诱生耐受性 DC 和 Treg。据此，过继输注(经体外修饰的)DC 成为诱导移植耐受的重要策略。已证实：输注耐受性 DC(并联合其他抗排斥策略)可延迟排斥反应发生并延长移植物存活。其机制可能为：促进 IL-10 产生、抑制 IL-12 分泌、诱生 Treg、上调共抑制分子表达等。另外，输注负载供者同种抗原的受者未成熟 DC，可能显示更强的抗排斥效应。

3. 过继输注凋亡细胞　细胞凋亡在诱导与维持免疫耐受中发挥重要作用。近期发现，细胞凋亡与同种移植耐受密切相关：① 给小鼠移植模型输注供者的凋亡白细胞，可明显下调供者体内同种反应性 T 细胞应答，并延长植物存活时间；② 生理稳态下，未成熟 DC 在次级淋巴组织免疫耐受微环境下(存在高水平 IL-10 和 TGF-β)，可加工、处理供者凋亡细胞来源的同种抗原，并诱导受者同种反应性 T 细胞耐受；③ 输注供者来源的凋亡细胞，可通过 T 细胞克隆清除和失能、诱生 Treg、调控 Th1 细胞/Th2 细胞失衡等机制，抑制移植排斥反应或诱导移植耐受。

六、基于抑制炎症反应诱导移植耐受

体内存在某些具有免疫负调节作用的非特异性效应分子，它们可抑制炎症反应或免疫细胞功能，从而发挥抗排斥效应，并参与移植耐受的建立。

1. 吲哚胺2,3-双加氧酶(IDO) 是参与色氨酸沿犬尿酸途径分解代谢的限速酶，其免疫负调节效应的机制为：① 色氨酸是体内含量最低的必需氨基酸，IDO可导致色氨酸耗竭，从而抑制T细胞增殖；② IDO催化色氨酸代谢所产生的中间产物具有细胞毒性，可抑制T细胞增殖。

小鼠和人胚胎组织细胞（主要是合体滋养层）、小鼠 $CD8\alpha^{+}CD11c^{+}DC$ 和 Mφ 等均可组成性表达 IDO。近期报道，Treg组成性表达CTLA4，可通过与DC表面B7结合而上调IDO表达。炎症或感染过程中，LPS、IFN-γ等均可明显促进IDO表达，导致细胞微环境中色氨酸耗竭，使细胞处于“色氨酸饥饿”状态，从而抑制T细胞应答。

2. 血红素加氧酶1(HO-1) HO是参与血红素代谢的重要限速酶，可将血红素分解为一氧化碳(CO)、胆绿素和铁离子。HO-1存在于单核细胞胞质微粒体及肝脏、脾脏巨噬细胞和骨髓细胞内，在发热、休克或氧化应激状态下呈高表达。HO-1(主要通过其分解血红素所产生的CO)具有明显抗炎效应，从而对组织细胞发挥保护作用。已发现，转染HO-1腺病毒表达载体可显著降低白细胞浸润和血管平滑肌细胞增殖，并减缓缺血-再灌注损伤，从而有效抑制排斥反应发生。

第五节 移植相关的免疫学问题

一、异种移植的实验研究

临床同种器官移植的主要障碍之一是移植物来源严重不足，异种器官移植由此受到关注。

1. 异种移植供者动物的选择 理论上，选择与人亲缘关系最近的其他灵长目动物作为移植物来源，乃最理想的方案。但存在诸多问题。例如，灵长目动物数量稀少、饲养与繁殖不易、价格昂贵、其脏器（与成年人相比）体积偏小、存在反转录病毒感染的危险、可能引发伦理学争论等等。因此，一般均不考虑将非人灵长类动物作为异种移植物的来源。

猪由于数量众多，饲养与繁殖方便，其脏器（尤其是心脏）的主要解剖学和生理学指标与人类接近，且一般不致引起伦理学方面的争议，现已被公认是为人类提供异种移植物的最理想动物种属。

2. 异种移植排斥机制 异种移植排斥反应比同种移植更为强烈，其机制也远为复杂。

(1) 超急性排斥反应(HAR) 灵长目动物血清中存在针对猪血管内皮细胞表面α-半乳糖抗原(Galα1-3Gal)的天然抗体。因此，异种器官移植后可出现由天然抗体所介导、补体依赖的细胞毒效应，引起移植物血管内皮细胞裂解、血栓形成及炎症反应，导致超急性排斥反应。

此外，供者（猪）组织细胞表面补体调节蛋白（如同源限制因子）与受者（人）补体成分不协同，不能高效抑制人补体激活及其细胞裂解作用，这也是发生异种移植超急性排斥反应的原因之一。

(2) 急性血管性排斥反应(acute vascular rejection, AVR) 又称延缓性异种移植物排斥反应(DXR)，发生于异种移植物再灌注后24 h内，并在数天至数周内逐渐损害移植物。此型排斥反应的发生机制尚有争议：① 在预先清除受者体内天然抗体的情况下，移植术前受者体内仅含较低水平天然抗体，故DXR与天然抗体无关；② 异种抗原可刺激受者产生诱生抗体，继而导致补体依赖的细胞毒作用，表现为迟发型异种移植排斥反应。DXR的病理特点是移植物血管内皮细胞严重受损并伴弥散性血管内凝血(DIC)，显微镜下可见内皮损伤和血管内血栓形成。

(3) 急性及慢性异种排斥反应 主要由T细胞介导。由于异种供、受者间MHC分子差异较大，且异种间细胞因子及其受体不匹配，难以通过直接识别途径激发免疫应答。因此，异种排斥反应主要通过间接识别途径而发生，其反应强烈，且不易被免疫抑制剂所抑制。

3. 异种移植排斥的防治策略 超急性排斥反应是异种移植的严重障碍，其防治策略为：

(1) 清除受者体内天然抗体 受者体内天然抗体主要是IgM类，少量为IgG和IgA类。动物实验已证明，通过亲和层析技术或应用抗μ链单抗，可清除人血清内抗半乳糖天然抗体，从而可阶段性克服异种移植超急性排斥反应。

(2) 清除供者移植物组织器官的半乳糖抗原 ① 应用纯化的α乳糖酶预处理异种移植物，清除其组织细胞表面半乳糖抗原；② 借助反义技术抑制异种移植物细胞表达α半乳糖；③ 敲除猪的半乳糖转移酶基因，使之不表达可与人天然抗体结合的α半乳糖；④ 借助转基因技术，使猪细胞高表达岩藻糖转移酶，以拮抗α1,3-半乳糖基转移酶活性，减少Galα1-3Gal表达。

(3) 阻断受者补体激活途径 ① 将人补体调节蛋白(DAF、MCP、CD59等)基因导入猪受精卵，培育其组织器官表达相应蛋白产物的转基因猪，从而阻断补体活化；② 给予外源性C1抑制剂(C1INH)、可溶性补体受体1(sCR1)

或眼镜蛇毒因子(CVF)等,抑制补体活性。

在克服超急性排斥反应后,异种移植尚须防治急性血管性排斥反应和以T细胞效应为主的急、慢性排斥反应,其策略类似于同种移植(见上述),但难度更大。

4. 异种移植存在的问题　目前,异种移植仍存在许多尚待逾越的障碍,例如:① 异种移植排斥对免疫抑制药物不敏感;② 畜类微生物感染对人类的潜在威胁;③ 异种器官与人类宿主的生理学不相容性;④ 异种移植研究的动物模型尚待完善等。

异种移植为开拓移植脏器来源提供了一种现实的可能性,但同时也面临诸多挑战。一般认为,异种移植的研究有必要进一步深入,但其临床应用尚有待时日。

二、母胎耐受

母胎耐受及其机制,是长期困惑免疫学家的难题。例如:① 同种异基因组织器官移植必然会发生排斥反应,人是二倍体动物,胎儿携带父方MHC单体型,但胎儿作为特殊的同种移植物,却得以在母体内长期存活,直至安全分娩;② 母体确实可产生针对父源HLA抗原的免疫应答,如多次妊娠的母体内可检出抗父亲同种异型HLA的抗体,早期用于HLA血清学分型的抗体即来源于此。

近年来,已提出若干学说解释母胎耐受现象。

1. 胎盘的屏蔽作用

(1) 胎盘的解剖学屏蔽作用　胎盘(属胎儿组织)可屏蔽母体T细胞识别胎儿组织,其机制为:① 位于母胎界面的胎儿滋养层细胞不表达经典HLA Ⅰ类和Ⅱ类分子,使其得以避免被母体T细胞识别和攻击;② 滋养层细胞可表达某些非经典HLA Ⅰ类分子(如HLA-G、HLA-E),通过与NK细胞表面抑制性受体(KIR)结合而抑制NK细胞对胎儿组织的杀伤作用。

(2) 胎盘的主动屏蔽机制　滋养层细胞高表达IDO,后者可分解母胎界面的色氨酸,从而抑制T细胞活化。已发现,抑制妊娠小鼠产生IDO,可导致同种异基因胎鼠被快速排斥,但对同基因胎鼠无影响。因此,正常母体T细胞即使识别胎儿组织所表达(来自父方)的同种异体HLA分子,但由于色氨酸被IDO所耗竭,使T细胞应答和激活被抑制。

2. 胎盘局部的免疫抑制状态

(1) 补体激活受阻　滋养层细胞和子宫蜕膜可高表达补体C3和C4的抑制分子Crry,从而阻断母体内抗同种抗原抗体循经典途径激活补体。

(2) 母胎界面细胞因子分泌格局　子宫上皮细胞和滋养层细胞可分泌TGF-β、IL-4和IL-10等,从而抑制Th1细胞应答。动物实验证实,给予外源性Th1型细胞因子可引发类似人自发流产的反应。

本 章 提 要

受者同种反应性T细胞可通过直接、间接或半直接途径识别同种MHC抗原。直接识别乃供者APC表面MHC分子或pMHC被直接提呈给受者同种反应性T细胞,其机制是TCR分子的兼并性和包容性,以及记忆T细胞交叉识别同种抗原。

T细胞介导的细胞免疫应答在移植排斥反应中发挥关键作用,体液免疫参与排斥反应的作用也逐渐受到重视。另外,固有免疫乃同种抗原特异性应答的前提。已证实:多种非特异性效应分子和固有免疫细胞在排斥反应发生、发展中发挥重要作用。

移植排斥反应包括宿主抗移植物反应和移植物抗宿主反应两大类。抗排斥反应基本原则为:选择组织配型相符的供者;对移植物和受者进行预处理;抑制受者免疫应答;术后动态免疫监测。

诱导同种移植耐受是改善移植术预后的关键,具体原理为:建立嵌合体;阻断针对移植物(或宿主)的特异性免疫应答;阻断共刺激信号;抑制非特异性炎症应答;主动免疫;过继输注Treg和基因修饰的DC;定向调控Th细胞亚群分化;阻断效应细胞向移植物局部浸润;等等。

(陈　钢　龚非力)

参 考 文 献

Afzali B, Lombardi G, Lechler LI. 2008. Pathways of major histocompatibility complex allorecognition. Curr Opin Organ Transpl, 13: 438-444.

Böhmig GA, Farkas AM, Eskandary F, et al. 2015. Strategies to overcome the ABO barrier in kidney transplantation. Nat Rev Nephrol, 11: 732-747.

Braza F, Brouard S, Chadban S, et al. 2016. Role of TLRs and DAMPs in allograft inflammation and transplant outcomes. Nat Rev Nephrol, 12: 281-290.

Colf LA, Bankovich AJ, Hanick NA, et al. 2007. How a single T cell receptor recognizes both self and foreign MHC. Cell, 129: 135-146.

Colvin RB, Smith RN. 2005. Antibody-mediated organ-allograft rejection. Nat Rev Immunol, 5: 807-822.

Duan L, Wang CY, Chen J, et al. 2011. High-mobility group box 1 promotes early acute allograft rejection by enhancing IL-6-dependent Th17 alloreactive response. Lab Invest, 91: 43-53.

Sacks SH, Zhou W. 2012. The role of complement in the early immune response to transplantation. Nat Rev Immunol, 25: 431-442.

Sood P, Hariharan S. 2014. Transplantation: rituximab induction for prevention of HLA-antibody rebound. Nat Rev Nephrol, 10: 682-683.

Wood KJ, Sakaguchi S. 2003. Regulatory T cells in transplantation tolerance. Nat Rev Immunol, 3: 199-210.

Yao S, Zhu Y, Chen L. 2013. Advances in targeting cell surface signalling molecules for immune modulation. Nat Rev Drug Discov, 12: 130-146.

Yuan X, Paez-Cortez J, Schmitt-Knosalla I, et al. 2008. A novel role of CD4 Th17 cells in mediating cardiac allograft rejection and vasculopathy. J Exp Med, 205: 3133-3144.

Zhang Q, Reed EF. 2016. The importance of non-HLA antibodies in transplantation. Nat Rev Nephrol, 12: 484-495.

Zou H, Yang Y, Gao M, et al. 2014. HMGB1 is involved in chronic rejection of cardiac allograft via promoting inflammatory-like mDCs. Am J Transplant, 14: 1765-1777.

第二十章 免疫缺陷病

免疫系统一个或多个成分出现缺陷，引起免疫缺陷病。免疫缺陷病有原发和继发之分。原发性免疫缺陷病主要因参与和调控免疫应答的基因发生突变，使免疫系统发育和功能受损所致。因为涉及的基因很多，其临床表现各不相同，常见者为反复感染，也会出现过敏、淋巴细胞异常增生和自身免疫病等。继发性免疫缺陷病缘于免疫系统后天受到损伤，通常由疾病、环境因素或治疗的副反应所引起。最引人注目的继发性免疫缺陷病是人类免疫缺陷病毒感染产生的艾滋病。

本章分两部分：上篇论述原发性免疫缺陷病；下篇介绍继发性免疫缺陷病，主要是艾滋病。

上篇 原发性免疫缺陷病

第一节 概述

原发性免疫缺陷病（primary immunodeficiency disease，PID）是一类免疫系统各组分功能缺失或异常而引起的遗传背景高度异质性疾病。PID 涉及免疫器官（如胸腺）、免疫细胞（如中性粒细胞、巨噬细胞、树突状细胞、NK 细胞、T 细胞及 B 细胞），以及相关细胞激活或抑制信号转导通路上诸多分子的功能改变和紊乱，从而导致机体易出现反复或严重感染，同时过敏、自身免疫性疾病、肿瘤等疾病的发生率显著增加。

自从 1952 年 Bruton 发现第一例先天性无丙种球蛋白血症病例后，随着分子生物学和临床检验技术的发展，目前已发现 280 余种原发性免疫缺陷病，与 260 余种基因缺陷相关。种类繁多的原发性免疫缺陷病在遗传背景、免疫学特征及临床表现上呈现出多样性和复杂性，从而促使人们对疾病进行分类，以增进对疾病的认识，并建立和完善诊断标准，提高诊疗水平和改善患者的生活质量。自 1971 年起，国际免疫学会联合会（IUIS）中的原发性免疫缺陷病专家委员会每两年召开一次会议，讨论新发现疾病的特点及分类。2015 年会议将原发性免疫缺陷病分成九大类，分别为：联合免疫缺陷、抗体缺陷为主的疾病、已明确的免疫缺陷综合征、免疫失调性疾病、吞噬细胞数量或功能缺陷、固有免疫缺陷、自身炎症性疾病、补体缺陷，以及原发性免疫缺陷病的拟表型。原发性免疫缺陷病的分类及常见类型详见表 20-1。

表 20-1 原发性免疫缺陷病分类和常见类型

疾病分类	相关致病基因和发病机制
1. 联合免疫缺陷	
重症联合免疫缺陷（SCID）	IL-2 受体共有 γ 链缺陷、JAK3 激酶缺陷、IL-7 受体 α 链缺陷、CD45 缺陷、CD3δ/CD3ε/CD3ζ 缺陷、Coronin-1A 缺陷、DNA 重组缺陷（RAG1/2 缺陷、Artemis 缺陷、DNA PKcs 缺陷、Cernunnos 缺陷、DNA 连接酶Ⅳ缺陷）、网状发育不良（AK2 缺陷）、ADA 缺陷
与重症联合免疫缺陷相比较轻的联合免疫缺陷	
Omenn 综合征	通常 RAG1/2，也有 Artemis、IL-7Rα、RMRP、ADA、DNA 连接酶Ⅳ，IL2RG、AK2 基因发生突变，或与 DiGeorge 综合征相关；部分病例基因突变未明
MHC 类分子缺陷	MHCⅠ类分子缺陷（*TAP1*、*TAP2*、*TAPBP* 和 *B2M* 基因缺陷）、MHCⅡ类分子缺陷（*CⅡTA*、*RFXANK*、*RFX5* 和 *RFXAP* 基因缺陷）
X-连锁高 IgM 血症	*CD40L* 基因缺陷
ZAP70 缺陷	ZAP-70 信号转导通路缺陷
DOCK8 缺陷	*DOCK8* 基因缺陷
其他	*DOCK2*、*CD40*、*ICOS*、*CD3G*、*CD8α*、*ITK*、*MAGT1*、*RHOH*、*STK4*、*TRAC*、*LCK*、*MALT1*、*CARD11*、*BCL10*、*IL-21*、*IL-21R*、*OX40*、*IKBKB*、*LRBA*、*CD27*、*MAP3K14*、*CTPS1* 基因缺陷
2. 已明确的免疫缺陷综合征	
先天性血小板减少症	WAS 综合征（*WAS* 基因缺陷）、WIP 缺陷（*WIPF1* 基因缺陷）
DNA 修复缺陷（除 1 之外的）	共济失调毛细血管扩张综合征（*ATM* 基因缺陷）、Nijmegen 断裂综合征（*NBS1* 基因缺陷）、Bloom 综合征（*BLM* 基因缺陷）、免疫缺陷伴着丝粒不稳定及面容畸形（ICF1：*DNMT3B* 基因缺陷；ICF2：*ZBTB24* 基因缺陷）、PMS2 缺陷（由于错配修复功能缺陷导致的类别转换重组缺陷）、RNF168 缺陷、MCM4 缺陷
胸腺缺陷伴有先天畸形	Digeorge 综合征（*TBX1* 基因缺陷）、CHARGE 综合征（CHD7、SEMA3E 缺陷）、*FOXN1* 基因缺陷

（续表）

疾　病　分　类	相关致病基因和发病机制
免疫-骨发育不良	软骨毛发发育不良（*RMRP* 基因缺陷）、Schimke 综合征（*SMARCAL1* 基因缺陷）
高 IgE 综合征（HIES）	*STAT3*、*SPINK5*、*PGM3* 基因缺陷
先天性角化不良（DKC）	XL-DKC（*DKC1* 基因缺陷）、AR-DKC（*NHP2*、*NOP10*、*RTEL1*、*DLRE1B*、*PARN* 基因缺陷）、AD-DKC（*TERC*、*TERT*、*TINF2* 基因缺陷）、AD/AR-DKC（*TPP1* 基因缺陷）
维生素 B_{12} 和叶酸代谢缺陷	*TCN2*、*SLC46A1*、*MTHFD* 基因缺陷
无汗性外胚层发育不良伴免疫缺陷	*IKBKG*、*IKBA* 基因缺陷
钙通道缺陷	ORAI-I 缺陷、STIM1 缺陷
其他缺陷	肝静脉闭塞伴免疫缺陷（*SP110* 基因缺陷）、FILS 综合征（*POLE1* 基因缺陷）、免疫缺陷伴有多发肠道闭锁（*TTC7A* 突变）、Vici 综合征（*EPG5* 基因缺陷）、PNP 缺陷、HOIL1 缺陷、HOIP 缺陷（*RNF31* 基因缺陷）、Hennekam 淋巴管扩张综合征（*CCBE1* 基因缺陷）、STAT5b 缺陷
3. 抗体缺陷为主的免疫缺陷病	
血清 Ig 所有同种型降低伴 B 细胞数减少（或缺乏）	BTK 缺陷、μ 重链缺陷、λ5 缺陷、Igα 缺陷、Igβ 缺陷、BLNK 缺陷、PI3 激酶缺陷、E47 转录因子缺陷、胸腺瘤伴免疫缺陷（致病基因未知）
至少两种血清球蛋白降低，B 细胞数正常（或降低）	CVID（致病基因未知）、*CD19*、*CD81*、*CD20*、*CD21*、*TNFRSF13B*、*TNFRSF13C*、*TWEAK*、*NFKB2*、*MOGS*、*TRNT1*、*TTC37* 基因缺陷
血清 IgG、IgA 降低，IgM 正常（或升高），B 细胞数正常	*AICDA*、*UNG*、*INO80*、*MSH6* 基因缺陷
同种型或轻链缺陷伴 B 细胞数正常	*PIK3CD*、*PIK3R1* 基因缺陷，Ig 重链突变或缺失（染色体 14q32 缺失），κ 链缺陷（κ 链恒定基因突变），独立的 IgG 亚型缺陷、IgA 缺陷伴 IgG 亚型缺陷、特异性抗体缺陷伴 Ig 和 B 细胞计数正常、婴儿暂时性低丙种球蛋白血症（致病基因未知），*CARD11* 基因缺陷
4. 免疫失调性疾病	
家族性噬血淋巴组织细胞增多（FHL）综合征	FHL2-5：*PRF*、*UNC13D*、*STX11*、*STXBP2* 基因缺陷，XLP1-2：*SH2D1A*、*XIP* 基因缺陷，*LYST*、*RAB27A*、*AP3B1*、*PLDN* 基因缺陷
调节性 T 细胞相关的基因缺陷	*FOXP3* 基因缺陷、CD25、CTLA4 缺陷、STAT3 功能获得型突变
自身免疫综合征不伴淋巴组织增殖	*AIRE*、*ITCH*、*TPP2* 基因缺陷
自身免疫性淋巴细胞增生综合征	Fas、FasL、Caspase 10、Caspase 8、FADD、PRKCδ 缺陷
免疫失调伴结肠炎	IL-10、IL-10Rα、IL-10Rβ 缺陷、NFAT5 单倍体不足
干扰素相关的疾病 Ⅰ 型（Aicardi-Goutieres 综合征，AGS）	AGS1-6：*TREX1*、*RNASEH2B*、*RNASEH2C*、*RNASEH2A*、*SAMHD1*、*ADAR1* 基因缺陷，脊椎发育不良伴免疫缺陷（*ACP5* 基因缺陷），STING 相关血管病，ADA 缺陷
5. 先天性吞噬细胞数目、功能缺陷	
先天性严重中性粒细胞减少症（SCN）	ELA2 缺陷（SCN1）（*ELANE* 基因缺陷，*ELANE*：编码中性粒细胞弹性蛋白酶） GFI1 缺陷（SCN2）（*CFI1* 基因缺陷，*CFI1*：抑制弹性蛋白酶基因转录） Kostmann 病（SCN3）（*HAX1* 基因缺陷，*HAX1*：参与中性粒细胞凋亡） 周期性中性粒细胞减少症（*ELANE* 基因缺陷，*ELANE*：编码中性粒细胞弹性蛋白酶） X 连锁中性粒细胞减少症/骨髓发育不良（*WAS* 基因缺陷，影响肌动蛋白细胞骨架）
白细胞迁移运动功能障碍（LAD）	LAD1［*ITGB2* 基因缺陷，*ITGB2*：编码整合素 β2（CD18）］ LAD2（*FUCT1* 基因缺陷，*FUCT1*：编码 GDP-岩藻糖运载体） LAD3（*KINDLIN3* 基因缺陷，影响整合素 β1-3 活化缺陷） Shwachman-Diamond 综合征（*SBDS* 基因缺陷）
呼吸爆发缺陷	*CYBB*、*CYBA*、*NCF1*、*NCF2* 和 *NCF4* 基因缺陷
其他缺陷	GATA2 缺陷、肺泡蛋白沉积症（*CSF2RA* 基因缺陷）
6. 固有免疫缺陷	
孟德尔分枝杆菌易感性疾病（MSMD）	IL-12 和 IL-23 受体 β1 链、IL-12p40、IFN-γ 受体 1、IFN-γ 受体 2、STAT1、巨噬细胞 gp91 缺陷，IRF8 缺陷（AD 型），Tyk2、ISG15、RORc 缺陷（*RORC* 基因缺陷）
疣状表皮发育不良	*TMC6*、*TMC8* 基因缺陷，WHIM（疣、低丙种球蛋白血症、感染、先天性骨髓粒细胞缺乏症）综合征（*CXCR4* 获得性功能性突变，为 CXCL12 的受体）
严重病毒感染	STAT1、STAT2、IRF7、CD16 缺陷
单纯疱疹性脑炎	TLR3、UNC93B1、TRAF3、TRIF 缺陷、TBK1 缺陷
侵袭性真菌病	CARD9 缺陷
慢性皮肤黏膜念珠菌病	IL-17RA、IL-17RC、IL-17F、STAT1 功能获得型突变，ACT1 缺陷
TLR 信号通路缺陷	*IRAK4* 基因突变，为 TLR 信号转导通路的组分、MyD88 缺陷：影响 TLR 及 IL-1R 介导的信号转导通路
先天性无脾 ICA	*RPSA* 基因缺陷
锥虫病	*APOL-I* 基因缺陷
7. 自身炎症性疾病	
炎症小体缺陷	家族性地中海热（*MEFV* 基因缺陷）、高 IgD 综合征（*MVK* 基因缺陷）、Muckle-Wells 综合征（*CIAS1* 基因突变）、家族性冷自身炎症综合征（*NLRP3*、*NLRP12* 基因突变）、先天性多系统炎症性疾病（NOMID）或慢性婴儿神经性皮肤和关节综合征（CINCA）（*NLRP3* 基因缺陷）、NLRC-MAS（巨噬细胞激活综合征）、家族性冷自身炎症综合征 4（*NLRC4* 基因缺陷）、PLAID（PLCγ2 相关抗体缺陷和免疫失调）、家族性冷自身炎症综合征 3（*PLCG2* 基因缺陷）、APLAID（自身炎症性疾病和 PLCγ2 相关抗体缺陷和免疫失调）（*PLCG2* 基因缺陷：c. 2120C>A）
非炎症小体相关缺陷	*TNFRSF1A*、*PSTPIP1* 基因缺陷
8. 补体缺陷	
补体组成成分缺陷	*CAQA*、*CAQB*、*CAQC*、*C1R*、*C1S*、*C4A*、*C4B*、*C2*、*C3*、*C5*、*C6*、*C7*、*C8A*、*C8G*、*C8B*、*C9*、*MASP2*、*FCN3* 基因缺陷

（续表）

疾病分类	相关致病基因和发病机制
补体调节缺陷	*SERPING1*、*CFB*、*CFD*、*CFP*、*CFI*、*CFH*、*CFHR1-5*、*THBD*、*ITGAM*、*CD46*、*CD59* 基因缺陷
9. 原发性免疫缺陷病的拟表型	
与体细胞突变相关	*TNFRSF6*、*KRAS*、*NRAS*、*NLRP3* 基因体细胞突变
与自身抗体生成相关	*AIRE* 基因生殖细胞突变；IFN-γ、IL-6、GM-CSF、C1 抑制剂、补体因子自身抗体

原发性免疫缺陷病源于自然发生的基因突变，导致机体产生各不相同的临床症状，被称为“大自然的实验（natural experiment）”，为人们认识和掌握免疫系统的组分、功能及其可能的调控，提供了新的切入点。例如，通过对重症联合免疫缺陷病的研究，人们逐渐认识了 CD45 分子在淋巴细胞激活中的作用（详见第二节）。

另一方面，原发性免疫缺陷病也构成了一类十分严重的临床疾病类群，给患者、家庭和社会带来了巨大的损失。各国收集到的数据显示，原发性免疫缺陷病的发病率，因不同地区而异，为 2.17/10 万～10.06/10 万。我国香港地区公布的发病率约 1/8 000，但我国内地尚未建立起全国范围内的患者登记，发病率未知。上海交通大学医学院某附属医院于 2004 年～2015 年共诊断 PID 患 750 余例，如果按照 1/10 000 的发病率估计，在我国每年出生 2 500 万个新生儿中，应有 2 500 例 PID 患儿，远高于实践中诊断出的患者数。因此可见，尚有大量 PID 患者未被及时识别、诊断和治疗，也反映了目前人们对原发性免疫缺陷病的认识还远远不足。应该指出，强化相关研究，增进对免疫系统各组分功能的认识，是提高 PID 诊疗水平的根本措施。

第二节 联合免疫缺陷病

联合免疫缺陷系指同时累及机体细胞免疫和体液免疫的原发性免疫缺陷病，诊断要点是婴儿早期出现致死性严重感染。

一、重症联合免疫缺陷

重症联合免疫缺陷（severe combined immunodeficiency disease, SCID）是最重要的一类联合免疫缺陷病。患儿多在出生后 1 个月内发病，常见症状为慢性或迁延性腹泻（多因轮状病毒或肠道细菌感染）、肺炎（机会性感染所致的卡氏肺囊虫肺炎多见）、皮肤或口腔黏膜白色念珠菌感染。病毒感染也多见，包括巨细胞病毒、EB 病毒、腺病毒、呼吸道合胞病毒、肠道病毒和疱疹病毒等。同时患儿还表现出严重的生长发育迟滞。另外 SCID 患儿的感染多是严重且致死的，如果不及时接受造血干细胞移植，多在 1 岁内死亡。

患儿淋巴细胞绝对计数显著减少，在出生后即可查出。在离体实验中，患儿的淋巴细胞在接受抗原、丝裂原或异种细胞刺激后，不具增殖能力。患儿胸腺萎缩，常常低于 1 g，但当在胸腺中移入正常干细胞后，胸腺环境可以支持淋巴细胞的分化成熟。其他淋巴器官（如淋巴结和扁桃体）也呈现缺如或极度发育不良。

（一）常见突变类型的分子基础

1. 细胞因子受体共同 γ 链缺陷　细胞因子受体共同 γ 链缺陷所致 SCID，又称 X-连锁重症联合免疫缺陷（X-linked severe combined immunodeficiency，X-SCID，或 SCIDX1），约占全部 SCID 患者的 46%，是最常见的类型。X-SCID 是细胞因子 IL-2、IL-4、IL-7、IL-9、IL-15 及 IL-21 受体共同 γ 链（γc）的编码基因发生突变，导致上述六种细胞因子不能通过其受体介导的信号转导发挥作用。图 20-1 表明，这些细胞因子主要作用于 T 和 NK 细胞，因而造成的免疫学变化为：外周血 T 细胞和 NK 细胞的比例和绝对数下降和功能异常，呈现 $T^-B^+NK^-$ 的表型。其中 B 细胞比例虽属正常甚至上升，但功能严重受损，因无 T 细胞的协助，无法进行抗体类别转换，IgG、IgA、IgE 抗体含量均低下甚至缺如。

2. Jak3 缺陷　Jak3 蛋白是目前发现的唯一和 IL-2 受体共同 γ 链相连的下游信号转导分子（图 20-1），编码基因位于常染色体 19p13.1。因此 Jak3 蛋白缺陷虽为常染色体隐性遗传性疾病，但导致的重症联合免疫缺陷与上述 X-SCID 相类似，也表现为 $T^-B^+NK^-$ 的表型，B 细胞数目及比例正常或升高，但无法进行类别转换。

3. IL-7 受体 α 链缺陷　IL-7 受体 α 链编码基因位于常染色体 5p13，其突变可导致 T 细胞成熟障碍。但是 IL-7/IL-7Rα 信号通路在人体 B 细胞和 NK 细胞发育过程中不起主要作用，因此机体 B 细胞和 NK 细胞的数目正常，表现为 $T^-B^+NK^+$ 的表型。

4. 腺苷脱氨酶缺陷　腺苷脱氨酶（adenosine deaminase, ADA）缺陷最早由 Giblett 及其研究小组于 1972 年发现，占常染色体隐性遗传性 SCID 的 40%，约占全部 SCID 的 17%。ADA 是一种氨基水解酶，参与嘌呤代谢途径，催化

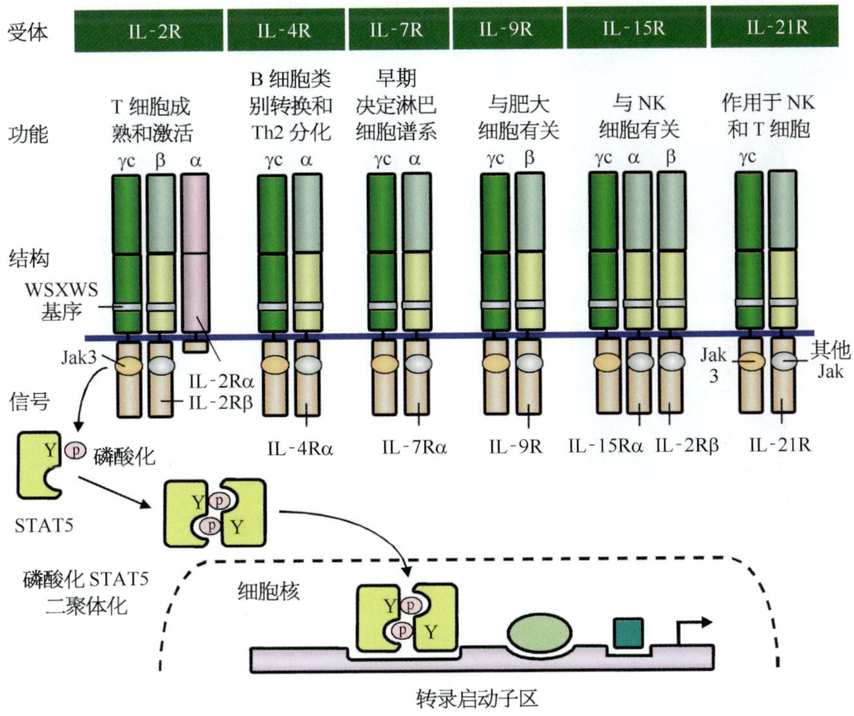

图 20-1 带有共同γ链(γc)的细胞因子受体及其相关的Jak-STAT信号转导途径

腺嘌呤核苷脱氨基变成次黄嘌呤核苷，次黄嘌呤核苷在嘌呤核苷磷酸化酶(PNP)的作用下转化为次黄嘌呤，次黄嘌呤在次黄嘌呤鸟嘌呤磷酸核糖转化酶(HGPRT)作用下转化为一磷酸次黄嘌呤核苷或尿酸而排泄。腺苷脱氨酶缺陷时，可导致中间代谢产物腺苷、2′-脱氧腺苷、2′-O-甲基腺苷在体内积累，引起淋巴细胞凋亡，从而影响T细胞的功能。

腺苷脱氨酶缺陷所致的SCID有一些独特的表现：在X线检查中，常见多重骨骼异常；外周血淋巴细胞绝对计数平均低于500/μl；B细胞、T细胞、NK细胞计数均显著下降，表型为$T^- B^- NK^-$。残留ADA的活性与其临床症状的严重程度及有害中间代谢产物的浓度成反比。在此可以看出，单个基因的改变是如何同时影响B细胞、T细胞和NK细胞的功能。该病为明确的单基因遗传病，也是最早接受基因治疗的病种。

5. 重组酶激活基因缺陷　重组酶(recombinase)激活基因*RAG-1*和*RAG-2*定位于11p13，为淋巴系统专一性基因。其产物重组酶直接参与TCR和BCR的基因重排，是淋巴细胞受体和抗体多样性产生的关键成分(见第二章)。*RAG*基因突变导致T细胞和B细胞不能成熟，成为$T^- B^- NK^+$的表型。此类疾病占全部SCID患者的3%左右。

*RAG-1*和*RAG-2*基因如果发生部分突变，相关联的是VDJ重组的不完全缺陷，形成Omenn综合征。特征性表现为红皮症、皮肤脱屑、腹泻、肝脾肿大、嗜酸粒细胞增多和IgE浓度显著增高，但其他类型抗体IgG、IgA、IgM的浓度水平极低，循环血中B细胞缺如，淋巴结缺少生发中心。丝裂原或抗体诱发的T细胞增殖反应严重受损。

6. CD3缺陷　CD3分子由γ、δ、ε和ζ链构成，任何一条链的改变均可导致SCID，其发病占全部SCID患者的1%左右。CD3分子参与前TCR和TCR的组成，对TCR的重组和信号转导有重要作用，参与胸腺T细胞的生成和成熟T细胞的激活。CD3分子缺陷所致的SCID患者T细胞计数减少，B细胞计数正常或升高，NK细胞计数正常，表现为$T^- B^+ NK^+$的表型。淋巴细胞对丝裂原刺激无反应。不同于其他类型的SCID，CD3δ缺陷所致的SCID患者胸腺大小大致正常，组织切片示存在着中等数量的T细胞前体，但胸腺无典型的皮质和髓质的区分。此表明CD3δ可能在T细胞发育中起作用。

7. CD45缺陷　淋巴细胞表面分子CD45缺陷于1997年首次报道，其编码基因位于1q31～32，为常染色体隐性遗传。CD45是白细胞共同抗原，也属于造血干细胞专一性蛋白酪氨酸磷酸酶(PTP)，可通过对Src激酶家族分子C端酪氨酸脱磷酸化而上调Src激酶的活性，参与启动BCR和TCR介导的信号转导(见第十一章)。同时CD45又具有Jak酪氨酸磷酸酶活性，可使目前已知的所有Jak家族成员去磷酸化，抑制该激酶活性，发挥细胞因子受体信号转导途径的负向调节剂功能。

(二) 泡泡男孩和SCID新生儿筛查

"泡泡男孩"(bubble boy)可能是最为人知的SCID患者。1971年，一位SCID患儿的母亲再次产下一名男孩大卫(David Vetter)。大卫有50%的可能性仍为SCID患者，于是医生对他密切监视，出生以后被放置在一个特殊的塑料罩

图 20-2 因罹患 SCID 而在无菌罩内生活的"泡泡男孩"大卫

中，进入的空气和物品均经过过滤和消毒。后确认大卫为 SCID 患者，适应性免疫系统功能全部缺失。因一时找不到匹配的骨髓进行移植，大卫一直居住在"泡泡"中，不和外界接触(图 20-2)。直至 1983 年底，大卫接受其姐姐的骨髓。但移植后不久就因供者骨髓中潜伏的 EB 病毒感染并发 Burkitt 肿瘤，治疗无效而于次年 2 月离开人世。

2010 年 1 月，美国新生儿及儿童遗传病顾问委员会一致投票通过，决定对美国所有的新生儿开展 SCID 筛查。这是世界范围内首个做新生儿筛查的遗传性免疫疾病。随后，其他各国如欧洲、加拿大等地区和国家也陆续开展了 SCID 的新生儿筛查工作。该举措对疾病的流行病学评估、疫苗接种，以及疾病的早期诊断，具有重要的意义。

二、X-连锁高 IgM 血症

该病于 1961 年首次报道。患者多于 1～2 岁发病，以反复细菌感染为主，血清 IgG、IgA 降低，伴 IgM 升高或正常为主要特征。该病也会表现出细胞免疫缺陷，以卡氏肺囊虫肺病和隐孢子虫导致的腹泻等机会病原体感染较多见。此外，约 50%的患者会出现中性粒细胞减少，表现为反复的口腔溃疡；也常伴有自身免疫性溶血、炎症性肠病、血清阴性关节炎等自身免疫性疾病；肝脏、胰腺、胆道系统及淋巴系统肿瘤的发生率显著增加。

该病是由 *CD40L* 基因突变所致。该基因定位于 Xq26.3-Xq27.1，其编码蛋白为 CD40L(也称 gp39、CD154、TNFSF5 或 TRAP)，是一种Ⅱ型整合跨膜糖蛋白，属于 TNF 超家族，主要在活化的 CD4 T 细胞表面表达。CD40L 的受体为分化抗原 CD40，属于 TNFR 超家族，主要表达于抗原提呈细胞，如 B 细胞、树突状细胞、单核/巨噬细胞，以及血管内皮细胞表面。CD40L 以三聚体的形式和 CD40 相结合，介导 T 细胞和 B 细胞之间的相互作用。CD40L-CD40 提供的共刺激信号参与抗原诱导的 B 细胞应答，包括促进 B 细胞活化、增殖，产生抗体及类别转换，诱导记忆 B 细胞的形成。CD40L 缺陷的患者，生发中心形成受阻(图 20-3)，出现抗体类别转换障碍，即 IgM 难以转换成 IgG、IgA、IgE 等类型。高 IgM 血症同时影响 CD4 T 细胞和树突状细胞及巨噬细胞的相互作用，也使细胞免疫受损。因此目前将 X-连锁高 IgM 血症归于联合免疫缺陷病类型。

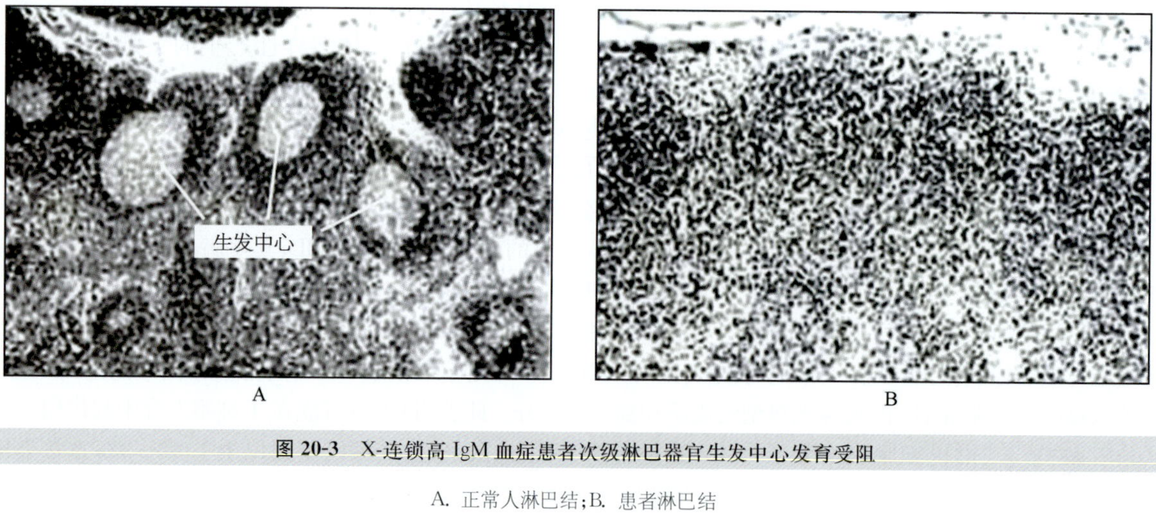

图 20-3 X-连锁高 IgM 血症患者次级淋巴器官生发中心发育受阻

A. 正常人淋巴结；B. 患者淋巴结

第三节 抗体缺陷为主的免疫缺陷病

根据不同国家和地区的报道，以抗体缺陷为主的免疫缺陷病占原发性免疫缺陷病的 30%～77%，为最常见的免疫缺陷病类型。不同于联合免疫缺陷病患儿发病较早，抗体缺陷为主的免疫缺陷病患儿一般在7～9个月龄后才发病，在此之前母体来源的抗体浓度处于较高的水平，为患儿提供了体液免疫保护，患儿多表现正常。抗体缺陷为主的免疫缺陷病患儿易感染带有荚膜的化脓性细菌。例如肺炎链球菌和流感嗜血杆菌，不易感染真菌和病毒，但是X-连锁无丙种球蛋白血症除外，该病患儿易感染肠道病毒，并且易患肠道病毒性脑脊髓炎。自身免疫性疾病和肿瘤的发生率较其他类型的原发性免疫缺陷病患儿为高。患儿一般较少出现生长发育受阻，如果可以按时足量使用静脉注射用丙种球蛋白，尤其在发生重症感染损伤器官功能前开始使用，多数患儿可有较高的生活质量。

一、X-连锁无丙种球蛋白血症

X-连锁无丙种球蛋白血症（X-linked agammaglobulinemia，XLA）为最早发现的原发性免疫缺陷病，是由Bruton于1952年首次报道，属B细胞系发育障碍所引起的原发性免疫缺陷病，是原发性B细胞缺陷的典型代表。患儿均为男性，3～18个月龄时开始出现反复的细菌感染，为其最主要的临床症状。鼻窦-呼吸道为最常见的感染部位，皮肤化脓性感染、结膜炎、肺炎、腹泻、关节炎、骨髓炎等感染也较常见。患儿细胞免疫存在，故一般不易感染真菌、病毒和结核分枝杆菌，但该病患儿口服脊髓灰质炎疫苗后易发生肢体瘫痪，同时患儿也易感染肝炎病毒及肠道病毒。实验室检查示：B细胞缺失，外周血中CD19阳性B细胞比例低于2%，血清免疫球蛋白IgG水平低于2 g/L；淋巴组织内缺少浆细胞和生发中心；T细胞计数正常，对丝裂原的刺激反应也正常；骨髓中原B细胞（pro-B cell）的数目正常甚至略有增加。

该病由*BTK*基因突变所致。基因位于Xq21.3-22，其编码蛋白为胞质内Bruton酪氨酸激酶，属Src激酶家族。抗原和BCR结合后，激活Src家族激酶成员，将Igα和Igβ链胞内段ITAM上的相关酪氨酸磷酸化，以招募胞质内非受体型酪氨酸激酶（如Syk）和衔接蛋白；同时BTK蛋白通过两步，分别将自身两个位置上的酪氨酸Y551和Y223磷酸化，以招募衔接蛋白BLNK和磷脂酶C的γ链（PLC-γ2）至细胞膜，而上述已发生磷酸化的Syk激酶再使BLNK和PLC发生磷酸化从而被激活。PLC-γ2活化后，水解PIP_2产生第二信使三磷酸肌醇（IP_3）和二酰甘油（DAG），并分别导致胞内钙离子释放及激活蛋白激酶PKC。

其实，XLA的产生，是因为BTk不仅参与成熟B细胞抗原识别信号的转导，在前B细胞信号转导中也起关键作用。因此*BTK*基因一旦发生突变，由μ链、替代轻链λ5和VpreB三种分子组成的前B细胞受体（pre-BCR）启动的信号转导，很早就出现障碍，B细胞发育即停滞在前B细胞阶段（图20-4）。无成熟B细胞的分化，也就没有抗体的合成，这是形成无丙种球蛋白血症的主要原因。

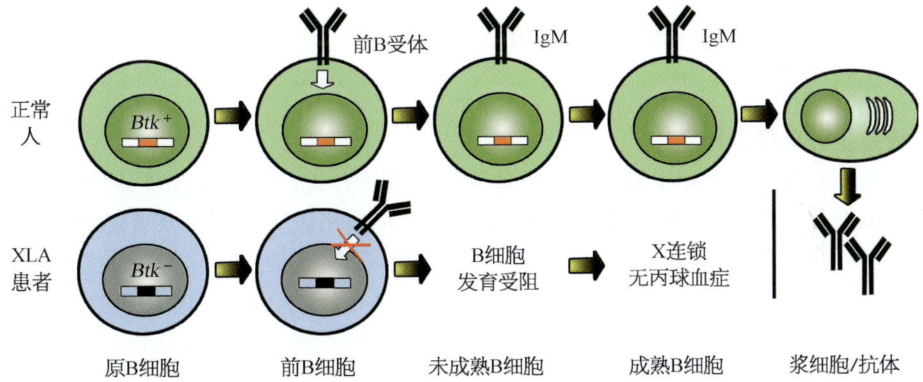

图20-4 *BTK*基因突变造成前BCR信号转导及后续B细胞发育受阻

X染色体上*BTk*基因突变，由前B细胞表面前B受体启动的激活信号转导受阻，后续的B细胞发育中断，无成熟B细胞而不能分化为浆细胞，无抗体（丙球）产生

二、常染色体隐性遗传性无丙种球蛋白血症

*BTK*基因和无丙种球蛋白血症关系的建立，极大地增进了人们对疾病的认识。但是自20世纪70年代起，人们陆续发现一些临床表现与XLA相类似的女性患儿，约占到了无丙种球蛋白血症患者的5%～10%。这些患者发病年龄较早，有低丙种球蛋白血症，B细胞缺如，但并未发生*BTK*基因突变。提示先天性无丙种球蛋白血症患儿中可能还存在常染色体隐性遗传方式。

1996年，Yel等研究了两个近亲婚配且同时包含男性和女性无丙种球蛋白血症患者的家系。该研究在已有的连锁分析工作基础上，使用免疫球蛋白 μ 链恒定区相关片段做探针，采用 Southern 印迹方法，发现两个家系患者中免疫球蛋白 μ 重链基因 *IGHM* 区域 75 kb 片段的缺失，是导致无丙种球蛋白血症的原因。此外，还发现 Igα(CD79A)、Igβ(CD79B)、前 B 细胞轻链的替代链 λ5(IgLL-1)、BLNK、PI3 激酶(PI3KRI)、E4T 转录因子(TCF3)蛋白等编码基因缺陷，也会表现出无丙种球蛋白血症，临床表现与 μ 重链缺陷相似。这表明，因 pre-BCR 链编码基因缺陷而不能启动信号转导，和信号转导途径中蛋白激酶 Btk 出问题的后果，是相似的。

这也表明，在 B 细胞发育的复杂而精密的调控过程中，对不同类型无丙种球蛋白血症患者的深入分析，将有助于人们认识 B 细胞的整个发育和调控过程。

三、非 X-连锁高 IgM 血症

前文已述，*CD40L* 基因突变导致的 X-连锁高 IgM 血症，主要表现出抗体类别转换的异常和机会感染的增加，分类上属于联合免疫缺陷。但是“高 IgM 血症”应该是一类异质性疾病的总称，因为随着分子生物技术的发展，人们不断发现新的与高 IgM 血症相关的基因及其产物异常。其中有些属于非 *CD40L* 基因突变所致的高 IgM 血症，仅涉及 B 细胞抗体类别转换和体细胞高频突变的过程，往往单纯表现为抗体缺陷，细胞免疫功能未见明显异常。涉及的基因为下列成分编码：激活诱导的胞苷脱氨酶(activation-induced cytidine deaminase，AID)、尿嘧啶 DNA 糖基酶(uracil-DNA glycosylase，UNG)、染色质重塑复合物组分 IND80 和 DNA 错配修复基因 MSH6。其中的 AID 在抗体形成细胞的高频突变中起关键作用，是抗体多样性形成及抗体亲和力成熟的分子基础(见第二章，第十二章)。图 20-5 表明，因 *AID* 基因突变和因 *CD40L* 基因突变引起的高 IgM 血症机制不同，后者可通过体外引入激发性抗 CD40 单抗(替代 CD40L)CD40 和 IL-4 而部分得到纠正，但对 AID 缺陷，此举无效。这些基因异常均以常染色体隐性遗传为特征，扰乱 B 细胞类别转换、亲和力成熟和生发中心的形成，导致的高 IgM 血症均属于“抗体缺陷为主的疾病”范畴。

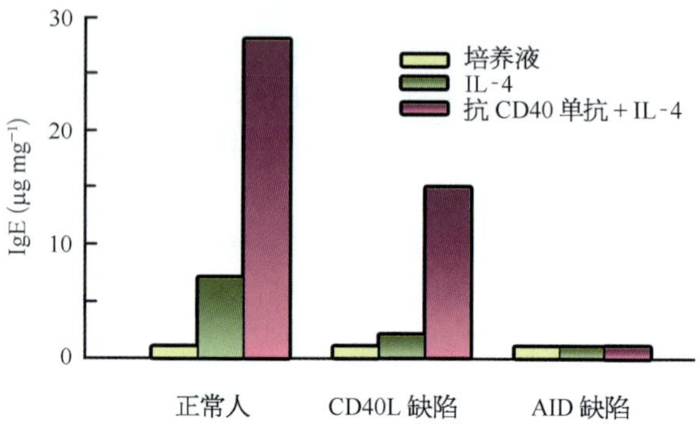

图 20-5 正常人、CD40L 缺陷者和 AID 缺陷者抗体类别转换能力的比较

以体外 PNMC IgE 产生为指标观察 B 细胞类别转化能力。发现用抗 CD40 单抗加 IL-4，在一定程度上可补偿因 T 细胞 CD40L 突变所致的 B 细胞激活第二信号的缺如，重启其类别转换的能力，但对 AID 缺陷者，此举无补偿作用

第四节 已明确的免疫缺陷综合征

一、湿疹-血小板减少伴免疫缺陷

此类疾病目前发现有 X 连锁遗传和常染色体隐性遗传两种遗传方式。其中 X 连锁遗传性缺陷又称为 WAS 综合征(Wiskott-Aldrich Syndrome)，因编码 WAS 蛋白的基因 *WASP* 突变所致。患儿主要表现为湿疹、血小板减少和免疫缺陷三联征。1937 年，一位德国儿科医生 Alfred Wiskott 首次描述了该病症。1954 年，一位美国医生 Robert Aldrich 又收治了一例表现为“贫血、便血、鹅口疮”的该病患儿，并对其家庭 6 代成员包括 16 位男性患者进行了家系分析，结果确定了该病是一种 X 连锁隐性遗传性疾病。之后，该病的其他特征不断被人们所认识，包括体液免疫、细胞免疫和固有免疫的受损，其并发自身免疫性疾病和肿瘤的概率较高，出现细胞凋亡异常和细胞移动功能受损等。1994 年明确了该病致病基因，使人们对疾病的发病机制及临床特点有了进一步的了解。

患儿最早出现症状的时间多为生后 6 个月内，约 80%的患儿出现出血症状，表现为皮肤的紫癜和瘀斑、咯血、消化道或颅内出血属较严重的情况；特应性皮炎(即湿疹)也是较常见的症状，约见于 80%的患者。在重症患儿中，多表现为难治性湿疹，持续至成年，且易加重皮肤机会性感染。该病血小板数目显著减少，且多数患儿血小板体积也减小，平均血小板体积(MPV)在 3.8～5.0 fl，低于正常人群的 7.1～10.5 fl。行脾切术后患者血小板计数可显著上升(但仍低于正常水平)，提示网状内皮系统对血小板的破坏可能是患者外周血中血小板减少的一个原因。另外患儿来源的血小板表面过量表达磷脂酰丝氨酸，可能也是加速血小板被吞噬的因素之一。约 40%的患儿可并发自身免疫性疾病，最常见的为自身溶血性贫血、血管炎、肾脏疾病、过敏性紫癜和炎症性肠病。约 13%的患者会发生肿瘤，最常见的类型为淋巴瘤，且多为 EBV 病毒阳性的 B 细胞性淋巴瘤。

患儿血清 IgM 浓度下降，IgG 浓度正常，IgA 或 IgE 浓度多升高。外周血淋巴细胞数目在出生时多正常或略下降，

至 6 岁左右出现淋巴细胞计数显著减少。淋巴细胞形态和功能也出现异常。在扫描电镜下，患者来源的 T 细胞表面微绒毛（microvilli）明显减少，细胞表面较正常细胞光滑，反映了细胞内细胞骨架功能存在缺陷。

分子机制：*WASP* 基因编码蛋白（WASP）专一性表达于造血干细胞胞质内，参与细胞骨架重组相关的信号转导。自然状态下，WASP 蛋白以其 C 端的 VCA 区和蛋白核心疏水区相结合，形成“发夹状”的分子结构而使该蛋白处于“自我抑制”状态。在细胞活化信号作用下，与 GDP 结合的 cdc42 分子可因鸟苷酸置换因子 Vav 的作用而转化为与 GTP 结合的活性状态，此 GTP-cdc42 以更高的亲和力结合至核心区的 GTP 酶结合结构域（GBD）后，可解脱 VCA 与核心区的结合，自我抑制被解除，释放出游离的 C 端 VCA 结构域，后者和肌动蛋白相关蛋白（actin-related proteins，Arp）复合物 Arp2/Arp3 相结合并使其活化，从而启动肌动蛋白的聚合过程（图 20-6）。WAS 综合征患者因 *WASP* 基因突变，GTP-cdc42 往往无法与 VCA 竞争，自我抑制状态难以解除，WASP 不能发挥其正常功能。

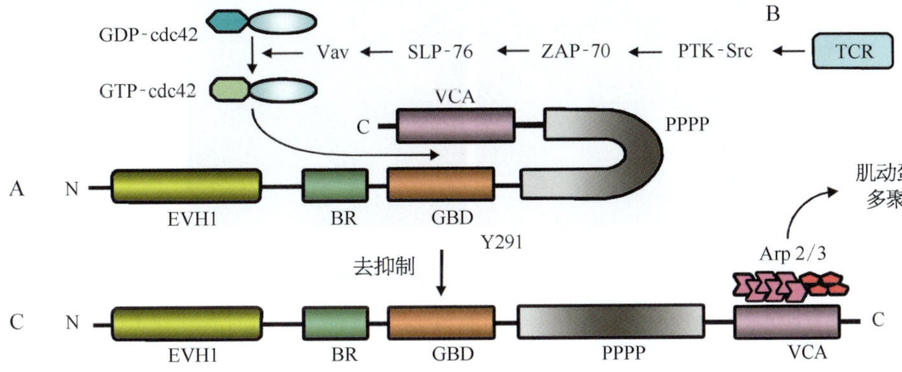

图 20-6 WASP 蛋白结构及其脱抑制示意图

A. WASP 分子因 C 端结构域 VCA 与中间结构域 GBD 结合使分子呈现发夹结构而不显示活性。B. 在 TCR 启动的信号作用下，通过 Src 家族 PTK 活化和蛋白酪氨酸激酶 ZAP-70 的磷酸化，并借助衔接蛋白 SLP-76 和鸟苷酸置换因子 Vav 的激活，使鸟苷酸结合蛋白 cdc42 从无活性状态（与 GDP 结合）转化为激活状态（与 GTP 结合）。激活的 GTP-cdc42 与 GBD 结构域亲和力高，置换出原先结合的 VCA，使发夹结构松开，解除了天然 WASP 的“自我抑制”状态。C. 脱抑制的 WASP 通过放开的 VCA 结构域，与肌动蛋白相关分子复合物 Arp2/3 结合，启动肌动蛋白的多聚化，参与细胞的生理作用。WAS 患者 GBD 基因发生突变，其产物不能与 GTP-cdc42 结合，发夹结构放不开，WASP 分子一直处于无活性状态而引发疾病。EVH1：Ena/VASP 同源区 1；BR：基础区；GBD：GTP 酶（如 GTP-cdc42）结合区；PPPP：脯氨酸富含区；VCA：verpolin/cofilin 同源酸性区

应该指出，解除 WASP 自我抑制状态的机制，还包括非 cdc42 介导的途径。如鸟苷酸置换因子 Vav 激活的信号通路中有 Src 家族蛋白酪氨酸激酶的磷酸化，该家族有一个成员为 Fyn 激酶，可直接使 WASP 分子 291 位上的酪氨酸（Y291）发生磷酸化而使抑制解除。另外，Src 酪氨酸激酶分子的 SH3 结构域（见第十一章图 11-1）专门招募富含脯氨酸的蛋白，因而可直接作用于 WASP 分子的 PPPP 结构域。而磷脂酶 C（PLC）γ 链介导的信号途径产生的二磷酸磷脂酰肌醇（PIP_2），则可作用于 WASP 分子的基础区段（BR）。这些，都与 WASP 的活化有关。现知，WASP 蛋白还通过上述 TCR 介导的胞内信号转导，影响细胞的形态、黏附和迁移，参与趋化作用和内吞作用，加速细胞凋亡，从而影响患儿体内的细胞免疫、体液免疫和固有免疫。*WASP* 基因突变，除了可以导致典型的 WAS 综合征的三联征外，WASP 蛋白的部分缺失还会导致症状较轻的 X-连锁血小板减少症（XLT）、间断性血小板减少及 X-连锁中性粒细胞减少症（XLN）。

由 *WASP* 基因决定的肌动蛋白和细胞骨架的发育和运作一旦出现缺陷，免疫细胞一系列重要的生物学特性将会丧失或受到影响，如膜表面的成帽（capping）、免疫突触（immunological synapse）的形成，以及细胞表面微绒毛的产生等。图 20-7 是一项有关 WASP 功能测定的实验研究，揭示敲除 *WASP* 基因，细胞即丧失成帽功能。可见 WAS 蛋白在免疫反应中是一个不可或缺的重要成分。

此外，由 WASP 相互作用蛋白（WIP）缺陷所致的常染色体隐性遗传疾病亦可有类似 WAS 表型。患儿循环 T 细胞和 B 细胞数目下降，血清 IgG 浓度下降，IgE 增高，临床表现为反复感染、湿疹、血小板减少等症状。

二、共济失调-毛细血管扩张综合征

共济失调-毛细血管扩张综合征（Ataxia telangiectasia，A-T）是一组多系统受累的常染色体隐性遗传性疾病，最早由 Syllaba 和 Henner 于 1926 年描述，1995 年致病基因 *ATM*（A-T mutated）得到克隆后，A-T 逐渐成为人们理解 DNA 损伤修复机制和肿瘤发生机制的模式疾病。

该病主要临床表现为神经退行性病变，以小脑共济失调为最常见的首发症状，多在患儿 1 岁左右开始学步时被家

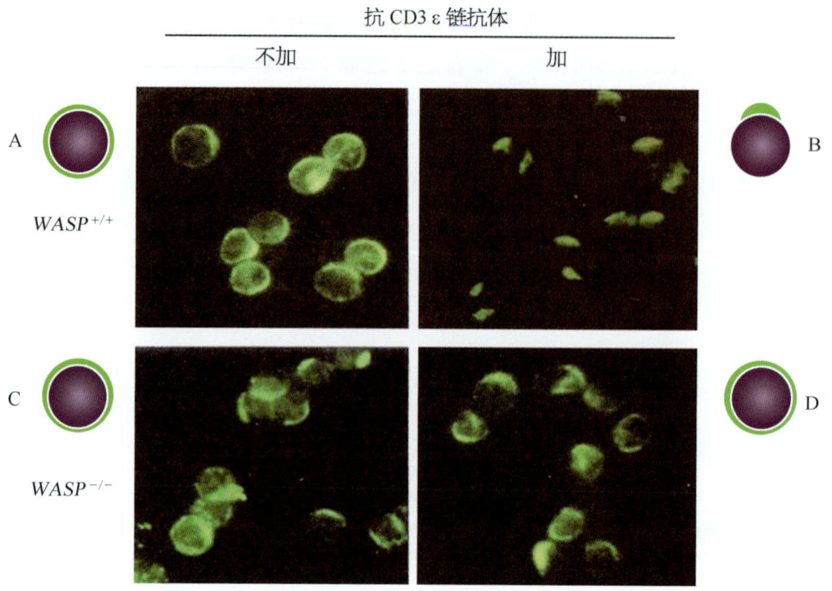

图 20-7 *WASP* 基因敲除小鼠 T 细胞“成帽”功能受阻

用绿色荧光染料对 CD3 分子染色，可见正常小鼠（*WASP*$^{+/+}$）和基因敲除小鼠（*WASP*$^{-/-}$）T 细胞表面 CD3 分子均呈现包绕细胞的分布（A、C）。加入抗 CD3ε 链抗体后，正常小鼠 T 表面 CD3 分子因抗体交联而聚集于细胞一端形成帽状结构称为“成帽”（capping）（B），但 *WASP*$^{-/-}$ 小鼠 T 细胞无成帽能力（D），其 CD3 分子的分布格局与未经抗体交联时相似（C），表明基因敲除小鼠引起 CD3 分子聚集的肌动蛋白和细胞骨架生成异常

长注意，至 10 岁时患儿多不能行走，需借助轮椅。共济失调先影响下肢运动，后逐渐影响患儿言语，表现为构音障碍，言语不清。毛细血管扩张为另一常见症状，多在患儿 2～8 岁开始出现，常见于眼球巩膜、面部蝶形区及耳部发际线处的皮肤。约 80％的患儿会出现反复感染，多在 3 岁后出现症状，常表现为中耳-鼻窦-呼吸道感染，多为细菌和病毒感染，似乎不易感染真菌和原虫。A-T 患者对放射线及可以产生活性氧自由基的物质敏感。同时 A-T 患儿易并发淋巴系统增殖性恶性肿瘤。超过 95％的患儿体内可以检测到升高的甲胎蛋白（AFP）。

该病体液免疫特点为：70％的患儿出现 IgA 缺失，IgE 浓度下降也较常见，IgG 多为正常，但可伴有 IgG2 亚类的缺失；约 70％的患儿血清中存在低分子质量 IgM，对细菌和病毒抗原的抗体反应明显下降。细胞免疫特点为：胸腺发育不良，大体解剖时不易发现胸腺，仅能在镜下看到分散的胸腺内皮组织。外周血总 T 细胞及 CD4 T 细胞计数均减少，γδ T 细胞比例增多。

分子机制：该病的致病基因 *ATM* 定位于染色体 11q23，其编码蛋白 ATM 是一种丝氨酸/苏氨酸蛋白激酶，属磷脂酰肌醇 3 激酶（PI3K）相关蛋白激酶家族。当细胞处于放射线照射或 DNA 出现断裂时，ATM 蛋白激酶活性迅速上升。ATM 和 p53 蛋白被认为是维持基因组完整性的两种重要蛋白，这两种蛋白的缺失，会导致基因组 DNA 的不稳定，出现缺失、转位和重复，易引起肿瘤的发生，并广泛的临床症状。

此外，人们还发现了一些和 DNA 损伤修复缺陷有关的疾病。例如：① Nijmegen 断裂综合征，除了和 A-T 相似的临床症状外，部分患者可伴有小头畸形和生长发育迟滞，是由 MRN 复合物中的 *NBS1* 基因突变所引起。② RNF168缺陷，表现为轻度共济失调，矮小，智力正常但学习困难，轻度小头畸形，对放射线敏感，是由于 DNA 双链断裂修复相关的 RNF168 基因突变引起的。这些疾病都为我们认识细胞周期及 DNA 损伤修复机制提供了很好的疾病模型。

三、高 IgE 综合征

高 IgE 综合征（hyper IgE syndrome，HIES）也称 Job 综合征，是一种比较少见的原发性免疫缺陷病，1966 年由 Davis 等第一次报道。目前，共发现 3 个基因突变可导致该病，分为常染色体显性遗传（AD）和常染色体隐性遗传（AR）两种。前者由编码转录因子 STAT3 的基因突变引起，占高 IgE 综合征患者总数的绝大部分；后者由编码葡萄糖磷酸变位酶 3（phosphoglucomutase 3，PGM3）和丝氨酸肽酶抑制剂 Kazal 5 型（serine peptidase inhibitor，Kazal type 5，SPINK5）基因突变引起。不同分子缺陷所导致的 HIES 临床表现稍有不同，反复的湿疹、皮肤和肺部感染为其共同临床表现。实验室检查可见血清 IgE 显著增高，并常伴有嗜酸粒细胞增多（表 20-2）。

表 20-2　高 IgE 综合征分类及特征

疾病类型	致病基因	免疫学变化			相关特征
		T	B	Ig	
AD-HIES（Job 综合征）	*STAT3*	正常，Th17 降低	正常	IgE 升高	金黄色葡萄球菌所致的反复皮肤疖和肺炎，肺膨出，湿疹，黏膜念珠菌病，特殊面容（皮肤增厚，宽鼻尖），乳牙脱落延迟，关节过度伸展，骨质疏松，易骨折，脊柱侧凸，动脉瘤
AR-HIES	*SPINK5*	正常	降低	IgA、IgE 升高	先天性鱼鳞病，竹样头发，易过敏，细菌感染
	PGM3	CD8T、CD4T 细胞降低	降低，记忆 B 细胞降低	正常或 IgE 升高，嗜酸粒细胞增多	严重过敏，自身免疫性疾病，反复细菌、病毒感染，认知异常

T：循环 T 细胞；B：循环 B 细胞；Ig：血清免疫球蛋白。

（一）AD HIES(Job 综合征)

由 *Stat3* 基因突变所致。STAT3 是一种转录因子，参与细胞因子受体 IL-6R、IL-10R、IL-22R、IL-23R 及 IL-27R 介导的信号转导（图 20-8）。

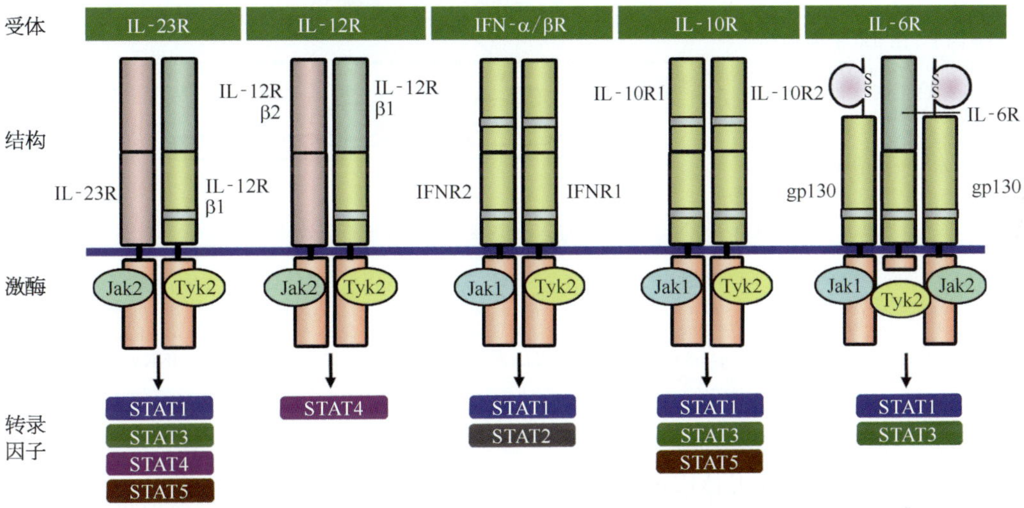

图 20-8　转录因子 STAT3 参与多种细胞因子受体介导的信号转导

（二）AR HIES

最新的研究表明，PGM3 基因编码的 PGM3 蛋白可催化 N-乙酰氨基葡萄糖-6-磷酸（GlcNAc-6-P）向 N-乙酰氨基葡萄糖-1-磷酸（GlcNAc-1-P）转化，在尿苷二磷酸-N-乙酰氨基葡萄糖（UDP-GlcNAc）的合成中至关重要。UDP-GlcNAc 是糖胺多糖、蛋白多糖、脂多糖等的 N-乙酰氨基葡萄糖残基供体，因此对多种蛋白产生影响。PGM3 基因突变患儿表现为 IgE 水平升高、严重过敏、自身免疫性疾病、反复感染等症状，被归为高 IgE 综合征。此外，SPINK5 基因突变可导致丝氨酸肽酶抑制物（LEKTI）表达缺失，引起高 IgE 综合征

四、X 连锁隐性无汗性外胚层发育不良伴免疫缺陷

X 连锁隐性无汗性外胚层发育不良伴免疫缺陷（Anhidrotic ectodermal dysplasia with immunodeficiency，EDA-ID）是一种少见的发育缺陷综合征，患者表现为皮肤干燥、无汗腺或汗腺减少、毛发稀少、圆锥形切牙、严重时可出现骨硬化症和淋巴水肿。该病患者易发生化脓性细菌感染，包括肺炎链球菌、金黄色葡萄球菌、假单胞菌类和流感嗜血杆菌，同时结核分枝杆菌感染也较常见。实验室检查：患者对多糖抗原刺激抗体反应缺陷，血清 IgG 浓度多降低，IgM 浓度降低或升高。对该病的认识较晚，1999 年才将其作为独立的原发性免疫缺陷病被 WHO 确认。

X 连锁隐性无汗性外胚层发育不良伴免疫缺陷是由 NF-κB 关键调变因子（nuclear factor-κB essential modulator，NEMO）编码基因突变所致。该基因位于 Xq28 染色体，参与转录因子 NF-κB 介导的信号转导。在静息情况下，胞质内的 NF-κB 与其抑制蛋白 IκB 家族成员（IκBα、IκBβ、IκBε）相结合，以无活性的状态存在。在各种上游信号刺激后，IκB 蛋白内的两个保守的丝氨酸残基可在 IκB 激酶 IKK 复合体作用下发生磷酸化，进而发生泛素化降解。IκBs 降解后解除了对 NF-κB 二聚体的抑制，该二聚体进入细胞核，与转录启动子区相应 DNA 元件结合，参与启动基因转录。NF-κB

参与的信号转导通路在免疫应答和炎症反应中极为重要，各种抗原、病原体成分（PAMP）和肿瘤坏死因子等多种信号刺激均可活化该途径（见第一章 1-15A）。IKK 复合体属丝氨酸/苏氨酸蛋白激酶，至少由两个催化亚基（IKKα 和 IKKβ）和一个调节亚基 IKKγ 组成，IKKγ 即为 NEMO（图 20-9）。

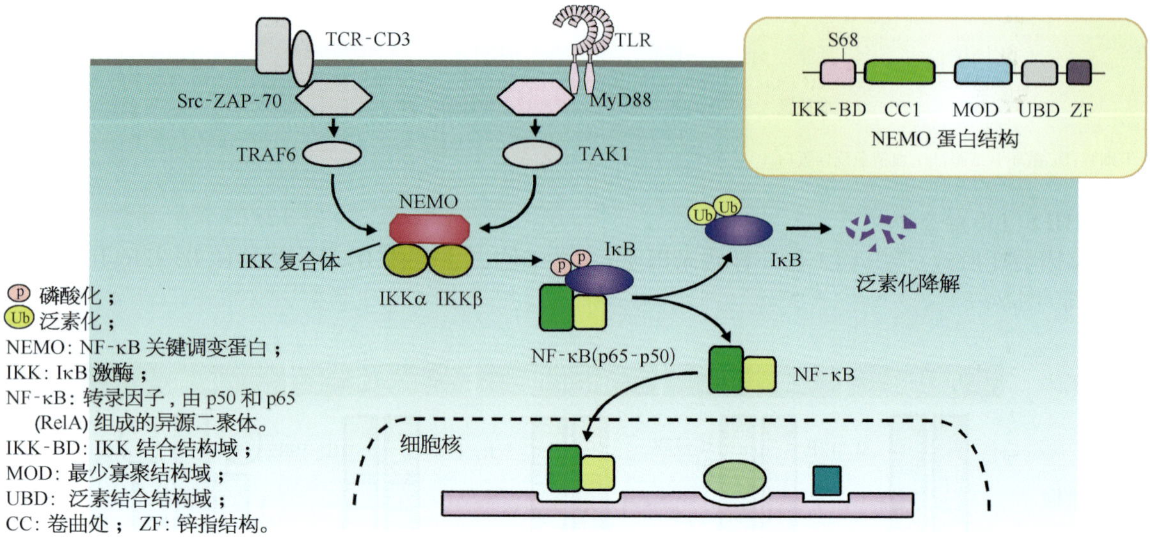

图 20-9 NEMO 蛋白与 NF-κB 参与的免疫细胞信号转导

免疫细胞受体 TCR 和 TLR 启动的信号转导涉及 NF-κB 相关的信号途径。NF-κB 通常与抑制因子 IκB 结合而不显示活性，在泛素连接酶 TRAF-6 和 TAK1 等作用下，激酶 IKK 复合体先被激活，使得 IκB 分子因磷酸化而与 NF-κB 分离，并发生泛素化降解。去抑制的 NF-κB（由 p65 和 p50 组成）遂转位至胞核，与靶基因启动子区相应的顺式作用元件结合，在其他转录因子的共同参与下，启动基因转录。值得注意的是，IKK 复合体中，IKKα/β 属丝氨酸苏氨酸蛋白激酶，IKKγ 为调节成分，特称 NEMO。NEMO 可凭借其 N 端 68 位丝氨酸（S68）及泛素结合结构域（UBD）（右上小图）调控 IKKα/β 活性，一旦 NEMO 基因发生突变，由 NF-κB 参与的信号途径将不能启动，多种基因的转录激活受阻

NEMO 编码基因突变后 IKK 活性丧失，IκB 不能发生磷酸化和泛素化，NF-κB 及相关信号通路激活受阻，从而表现出多样的临床症状。而且 NF-κB 途径还可影响破骨细胞的分化和功能。NF-κB 受体激活蛋白（receptor activator of NF-κB，RANK）缺陷的小鼠因破骨细胞分化不良，表现出严重的骨硬化症。由此可以推测，重症患者表现出的骨硬化症可能和 RANK 信号转导缺陷相关。G^- 菌胞壁成分脂多糖（LPS）是 PAMP 的重要成员，可通过其受体 TLR4 启动 NF-κB 参与的信号途径，促进各种促炎症因子基因的表达。因此一些患者 *NEMO* 和 *RANK* 基因突变，IL-1β、IL-18、TNF-α 等促炎症因子的产生严重受阻，水平极低的炎症反应使患者易于罹患感染和卡氏肺囊虫肺炎（PCP），甚至易受 G^+ 菌的感染。

第五节 固有免疫缺陷

固有免疫可通过屏障作用和炎症反应发挥功能。本节主要介绍两类与固有免疫有关的缺陷，分别属于吞噬细胞数量和功能缺陷，易于罹患分枝杆菌及沙门菌感染。

一、慢性肉芽肿病

属于吞噬细胞缺陷的慢性肉芽肿病（chronic granulomatous disease，CGD）于 1954 年被描述。由于患儿体内的高铁细胞色素氧化还原酶（NADPH）（即还原型辅酶Ⅱ）功能缺陷，导致吞噬细胞内“呼吸爆发”过程障碍，从而易反复发生严重的真菌和细菌感染。该病多在 1 岁内出现症状，表现为肺炎、化脓性淋巴结炎、皮肤及皮下脓肿、肝脏脓肿、骨髓炎和败血症等。脓肿为该病的一个典型表现。主要致病菌为金黄色葡萄球菌、洋葱伯克霍尔德菌、黏质沙雷菌、沙门菌、诺卡菌和曲霉菌等，另外结核分枝杆菌也是常见的病原菌。有研究表明，慢性肉芽肿患者发生严重感染的频率为每 3～4 年一次。另一个典型特征为慢性炎症性肉芽肿形成，同时易并发炎症性肠病等自身免疫性疾病。消化系统及泌尿生殖系统的梗阻也是较常见的并发症。慢性肉芽肿病为认识吞噬细胞内氧代谢途径和细胞内杀菌过程提供了切入点。

发病机制：正常情况下，NADPH 催化电子从 NADPH 转移到氧分子，形成超氧负离子：

$$NADPH + 2O_2 \xrightarrow{NADPH\ 氧化酶} NADP^+ + 2\cdot O_2^- + H^+$$

并进一步产生过氧化氢、游离羟基、单态氧、次氯酸等活性氧中间产物，这些活性氧中间产物有很强的氧化和细胞毒性作用，在吞噬细胞（包括中性粒细胞、单核细胞、巨噬细胞和嗜酸粒细胞）内可有效地杀伤病原体（见第八章图 8-14）。慢性肉芽肿病患者体内 NADPH 功能缺陷，吞噬细胞不能通过这一呼吸爆发过程清除病原菌，使病原菌长期停留在吞噬细胞中，激活周边 T 细胞介导的免疫反应，形成肉芽肿。

图 20-10 表明，NADPH 共包含 6 个部分，即与细胞膜相连的 $gp91^{phox}$ 和 $gp22^{phox}$ 亚基（这两者组成细胞色素 b_{558}）。Phox 为 *pha*gocyte *ox*idase 的缩写，指吞噬细胞内氧化酶。胞质内的亚基为 $p47^{phox}$、$p67^{phox}$ 和 $p40^{phox}$，另外还包括 G 蛋白（Rac1 或 Rac2）。其中 $gp91^{phox}$ 亚基内含有黄素腺嘌呤二核苷酸（FAD）及 2 个血红素分子，为电子传递的关键部分。目前发现的慢性肉芽肿病共有 5 种亚型，分别由 *CYBB*、*CYBA*、*NCF1*、*NCF2* 和 *NCF4* 基因突变所致，依次编码上面五种亚基。其中编码 gp91phox 的 *CYBB* 基因位于 Xp21.1，该突变类型患者表现为 X 连锁隐性遗传方式，约占全部 CGD 患者的 65%。其余四种基因突变表现为常染色体隐性遗传方式。p47phox 的突变约占全部患者的 25%。近来，人们还发现了 NADPH 氧化酶激活成分 Rac2 的缺失，也会导致慢性肉芽肿样病。此外，由于 G6PD 酶的缺乏，导致 NADPH 氧化酶的底物 NADPH 缺失，也表现出类似慢性肉芽肿疾病的症状，但临床症状较轻微。

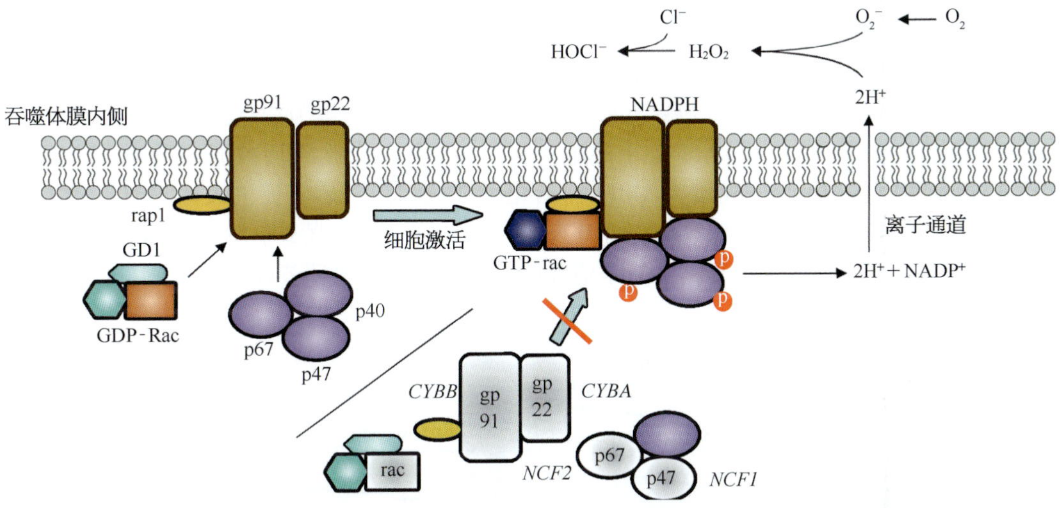

图 20-10 NADPH 结构及致病性基因突变示意图

上图中偏右位置的 NADPH 由五种称为吞噬细胞氧化酶（phox）的成分以及 GTP-Rac 酶共同组成。膜型 phox 即 gp91 和 gp22 构成细胞色素 Cyto b558。细胞激活后，胞质 phox p47 发生 PKC 介导的磷酸化，引起胞质三种 phox 构型改变并转位至细胞膜，连同去抑制的 GTP-Rac，与 Cyto b558 共同装配成完整的 NADPH 复合物。该复合物随即分解为 $NADP^+$ 和 $2H^+$，后者经由离子通道穿越细胞膜，在氧分子的参与下，促成过氧化氢（H_2O_2）和次氯酸（$HOCl^-$）在内的多种活性氧中间物的产生，杀伤进入吞噬细胞的病原体。现知突变基因 *CYBB*、*CYBA*、*NCF1*、*NCF2* 可分别引起 gp91、gp22、p47 和 p67 分子结构异常（图中下部），Rac 基因也可缺失，使 NADPH 复合物装配及后续的活性氧中间物产生受阻，引发疾病。GDI：鸟苷酸解离抑制因子

化学发光试验即四唑氮蓝还原试验（NBT 还原试验）及氧化酶活性测定，可作为慢性肉芽肿病的特异性检测方法。对于 NBT 试验，正常细胞呼吸爆发所产生的超氧负离子可使可溶性黄色的 NBT 氧化为一种深蓝色不溶的颗粒甲臜（formazan），而 CGD 患者的中性粒细胞因为缺乏超氧离子，NBT 不能转化为深蓝色的甲臜，故 NBT 试验阴性。此外，也可使用流式细胞仪，以双氢罗丹明 123 作为探针，直接测定氧化酶活化后的产物浓度，从而检测氧化酶的活性。双氢罗丹明 123 是一种可以穿越细胞膜的荧光染料，可选择性着染活细胞的线粒体，一旦被过氧化氢或超氧负离子氧化成罗丹明 123 后，会产生明亮的蓝色荧光。实验时，外周血样品经裂解和重悬后，获取白细胞部分，依次加入标准化的过氧化氢酶、双氢罗丹明探针，并用佛波醇乙酯（PMA）刺激，使用流式细胞仪测定吞噬细胞亚群上荧光强度的变化（图 20-11）。

治疗方面，一项多国多中心安慰剂对照的临床实验结果显示，γ 干扰素的使用使患者感染的次数和严重程度都有明显下降。目前在美国 γ 干扰素已被 FDA 批准作为慢性肉芽肿病的治疗药物。联用抗生素、抗真菌药及 γ 干扰素，患儿的生活质量显著提高。但该病的根治仍然需要采取造血干细胞移植。

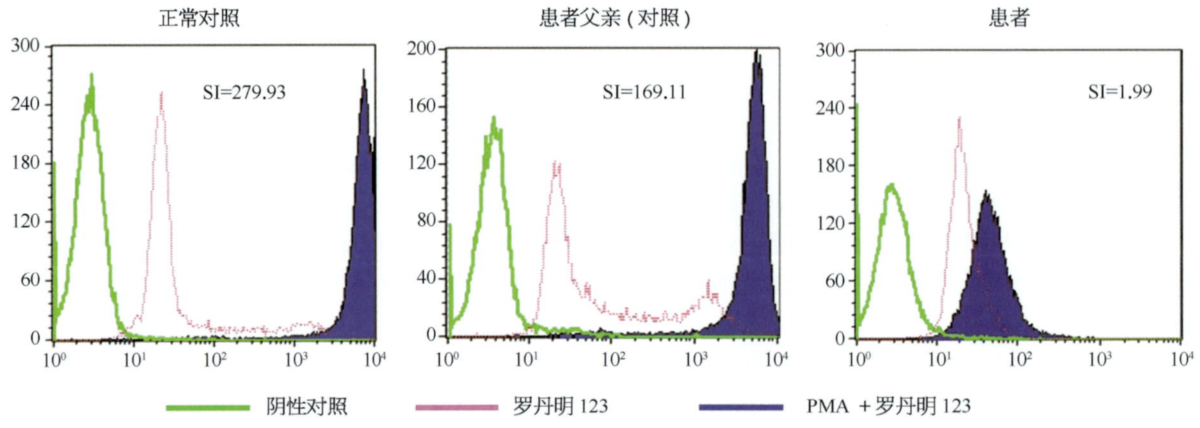

图 20-11 慢性肉芽肿病患者粒细胞“呼吸爆发”试验的流式细胞仪检测示意图

正常对照患者父亲及患者的粒细胞，单纯用染料罗丹明 123 染色(粉红曲线)并不显示明显差异，但一旦受到佛波醇乙酯(PMA)刺激，三者的呼吸爆发功能经罗丹明 123 染色后，可见右侧坐标图中患者深蓝色峰的位置左移，表明呼吸爆发的能力明显降低。与未加用 PMA 的对照(粉红曲线)相比，其刺激指数(SI)仅为 1.99，远低于两名对照者的刺激指数 279.93 和 169.11。此揭示患者粒细胞杀菌功能明显下降

二、孟德尔式易感分枝杆菌疾病

孟德尔式易感分枝杆菌疾病(Mendelian susceptibility to mycobacterial diseases，MSMD)又称为与 IL-12/IL-23-IFN-γ 轴线(axis)异常性原发免疫缺陷病，是一组以易受分枝杆菌属和沙门菌属感染为特点的临床综合征。该综合征是由于 IL-12/IL-23-IFN-γ 轴系各组分缺陷，引起 Mφ 及 T 细胞对胞内病原体的杀伤作用减弱或消失。已知 Mφ 和 DC 通过 Toll 样受体(TLR)识别病原体相关分子模式(PAMP)而活化并释放 IL-12，后者促进表达 IL-12R 的 T 细胞和 NK 细胞合成和分泌 IFN-γ；然后 IFN-γ 与巨噬细胞膜上的 IFN-γR 结合，进一步增强 Mφ 对病原体的杀伤、抗原提呈和激活特异性免疫应答的能力，由此形成的反馈环路可能是清除胞内病原体的重要环节(图 20-12)。这一过程出现的异常可导致机体易发生分枝杆菌及沙门菌感染。

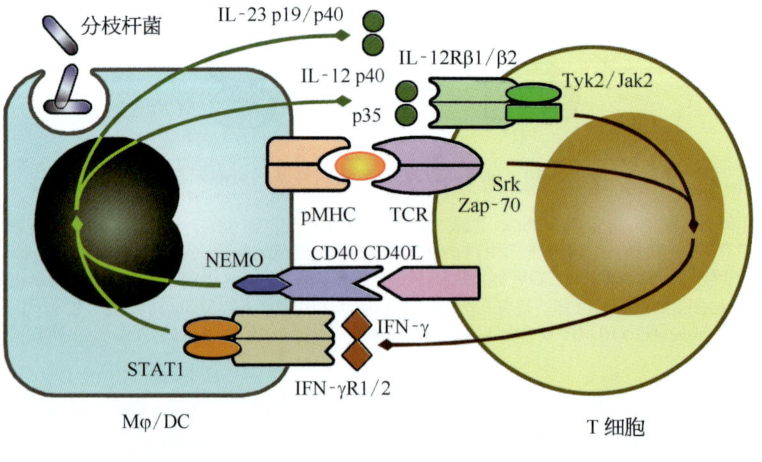

图 20-12 IL-12/IL-23 — IFN-γ 轴线示意图

感染分枝杆菌的 Mφ/DC 细胞通过 pMHC-TCR 及 IL-12/IL-23-IL-12R，以及相应的蛋白激酶 Sky/Zap-70 及 Tyk2/Jak2，传递 T 细胞激活信号(图中上方从左向右)。活化的 T 细胞表达 CD40L 并分泌 IFN-γ，通过相应受体 CD40 及 IFN-γR，以及相连的 NF-κB 关键调变因子 (NEMO) 和 STAT1，再作用于 Mφ/DC 细胞(图中下方从右向左)，形成两类细胞间相互作用的反馈环路。其中各成分的异常，会导致易受分枝杆菌和沙门菌感染，称为 IL-12/IL-23—IFN-γ 轴线相关性疾病

目前已明确 6 种蛋白的编码基因与 MSMD 发病有关，分别是 *IFNGR1*、*IFNGR2*、*IL12RB1*、*IL12B*、*STAT1*、*CYBB*(巨噬细胞 gpq1 缺陷)、*IRF8*、*TYK2*、*ISG15* 和 *RORC* 基因(详后)，其染色体定位、编码蛋白和遗传方式如表 20-3 所示。其中，*IFNGR1*、*IFNGR2* 和 *STAT1* 基因缺陷造成细胞对 IFN-γ 的反应受损，而 *IL12B* 和 *IL12RB1* 缺陷则造成 IL-12 和 IL-23 依赖的 IFN-γ 产生受损。完全性 *IFNGR1* 和 *IFNGR2* 缺陷可导致患者早期即发生严重的分枝杆菌感染，而部分 *IFNGR1* 和 *IFNGR2* 缺陷、*STAT1* 缺陷，以及 *IL12B* 和 *IL12RB1* 缺陷则发病稍晚，并且预后较好。

表 20-3 不同基因突变所致 MSMD 的异质性

基因	编码蛋白	遗传方式	受累细胞	受累功能	相关特征
IFNGR1	IFN-γR1	AR	M+L	IFN-γ 结合和信号转导	易感染分枝杆菌和沙门菌
IFNGR2	IFN-γR2	AR	M+L	IFN-γ 信号转导	易感染分枝杆菌和沙门菌
IL12RB1	IL-12Rβ1	AR/AD	L+NK	IFN-γ 分泌	易感染分枝杆菌和沙门菌
IL12B	IL-12p40	AR	M	IFN-γ 分泌	易感染分枝杆菌和沙门菌
STAT1	STAT1	AD	M+L	IFN-γ 信号转导	易感染分枝杆菌和沙门菌
CYBB	巨噬细胞 gp91 缺陷	XL	M	杀伤性(O_2^- 产生缺陷)	易感染分枝杆菌
IRF8	IRF8	AD	MDC	MDC 分化	易感染分枝杆菌
TYK2	Tyk2	AR	正常,多种细胞因子信号缺陷	正常	易感染分枝杆菌和沙门菌,易感真菌和病毒,IgE↑
ISG15	ISG15	AR	M+N+L	IFN-γ 分泌	易感染分枝杆菌,脑部钙化
RORC	RORc	AR	L+NK	RORγT 蛋白功能缺陷,IFNγ 产生缺陷,IL-17A/F-,T 细胞缺陷	易感染分枝杆菌和念珠菌

注:AR,常染色体隐性遗传;AD,常染色体显性遗传;XL,X 性染色体连锁遗传。L:淋巴细胞;M:单核/巨噬细胞;NK:自然杀伤细胞;MDC:髓样树突状细胞。

第六节 自身免疫性淋巴组织增生综合征

正常情况下,机体在受到外来抗原刺激(如感染)时,淋巴细胞被激活并开始增殖和分化,同时自身表达 Fas 分子;当外来抗原被清除后,大量被激活的淋巴细胞可通过 CD95(即 Fas 分子)与其配体 CD95L(即 FasL)结合,通过胱天蛋白酶(caspase)系统,启动细胞内死亡信号的转导,导致细胞凋亡。这是机体针对抗原特异性淋巴细胞克隆扩增的一种重要的反馈调节机制(见第十四章)。另外,TNF-α 也可以以三聚体形式,通过相应的受体即 TNFR,启动 caspase 介导的凋亡信号转导,引发凋亡(见第十三章)。无论是 Fas 及 FasL,或是 TNF 及 TNFR 介导的细胞凋亡,因遗传性缺陷而不能正常发生时,大量活化的淋巴细胞克隆特别是由自身抗原激发的淋巴细胞克隆就会持续存在,这些淋巴细胞及其分泌的细胞因子会危害机体,出现自身免疫现象(见第十四章图 14-18)。相关疾病称为自身免疫性淋巴组织增生综合征(autoimmune lymphoproliferative syndrome, ALPS)。

目前,已发现六种基因突变可导致 ALPS:*TNFRSF6*、*TNFSF6*、*CASP10*、*CASP8*、*FADD* 和 *PRKCD*,分别编码 Fas、FasL、caspase 10、caspase 8、FADD 和 PRKC delta 蛋白。其中前两种突变类型比较常见。编码 Fas 的 *TNFRSF6* 基因定位于染色体 10q24,含有 9 个外显子。外显子 1～2 编码引导 Fas 蛋白到细胞表面的信号序列,外显子 3～5 编码成熟型 Fas 蛋白中富含半胱氨酸的胞外段,外显子 6 编码 Fas 蛋白贯穿细胞膜的膜内段,外显子 7～9 编码 Fas 蛋白的胞内段,其中外显子 9 编码死亡结构域。编码 Fas 蛋白死亡结构域、胞体段及胞外段的基因突变均可产生突变型 Fas 链,导致 Fas-FasL 诱导的凋亡途径发生障碍,大量活化的淋巴细胞不能进入凋亡程序,产生淋巴细胞增生性疾病。

遗传学分析表明,大多数 ALPS 家系呈常染色体显性遗传,也有少数病例呈常染色体隐性遗传。已发现 *TNFRSF6* 基因存在 60 种以上的突变,包括编码区或剪接位点内的替换、插入、小片段缺失等多种类型。大多数突变集中在编码死亡结构域的外显子 9。

第七节 原发性免疫缺陷病的治疗

对原发性免疫缺陷病患者,治疗的核心是改善患者的生活质量。具体的治疗目标包括:使患者能参加工作、学习、家庭及社会活动;减少感染的次数及严重程度;减少治疗带来的副反应;使患者对自身状态及治疗过程感觉良好。目前常用的方法有抗生素、干扰素、胸腺肽、静脉注射免疫球蛋白(IVIG)及造血干细胞移植。其中,造血干细胞移植是目前已知的可以根治疾病的方法。另外,目前原发性免疫缺陷病大多数的致病基因已经明确,并且多为单基因遗传病,因此基因治疗仍然是广大患者的希望。最早接受基因治疗的疾病为 *ADA* 缺陷所致的重症联合免疫缺陷病。

回顾性分析结果显示,接受造血干细胞移植(HSCT)的主要疾病类型包括 SCID、WAS、X-HIGM、HLH、CHS、CGD 等(表 20-4)。

表 20-4 HSCT 治疗原发性免疫缺陷病

T、B 细胞功能缺陷	T、B 细胞缺陷	T 细胞功能失调，易患 HLH	粒细胞缺乏或功能失调
SCID	WAS	家族性(穿孔素、MUNC 等缺陷)	严重先天性中性粒细胞减少
	HIGM	Chediak-Higashi 综合征	白细胞黏附分子缺陷
		Griscelli 综合征	慢性肉芽肿病
		XLP	

杜克大学对 132 名曾接受造血干细胞移植的 SCID 患者进行回顾性分析，发现其中 117 名接受 HLA 半相合骨髓移植和 15 名接受 HLA 全相合骨髓移植(均为去除 T 细胞的骨髓移植)患者中，102 名患者(77%)存活，平均随访时间 5 年。影响生存率的因素有种族、性别和接受移植的年龄。3.5 个月龄前接受移植，存活率 97%，远高于迟于此年龄接受移植的患者(仅 70%的存活率)。并且 40/117 名接受去除 T 细胞的 HLA 半相合移植患者和 6/15 名接受去除 T 细胞的 HLA 全相合移植患者出现了 GVHD，但是多数症状较轻，仅为 1°或 2°，无需特殊治疗。

下篇 继发性免疫缺陷病

免疫缺陷可继发于多种疾病，也可因其他生理和病理因素使机体免疫系统受损而产生。

多种病原体感染可影响机体免疫功能。人类免疫缺陷病病毒引起的获得性免疫缺陷综合征是最典型的例子。恶性肿瘤、慢性消耗性疾病、营养不良、代谢紊乱、烧伤、外科手术皆可损伤免疫系统。电离辐射、化工产品、免疫抑制剂、多种药物更可引起免疫功能下降。老年人免疫功能改变，多少也是一类生理性的免疫功能不足。因而，较之原发性免疫缺陷，继发性免疫缺陷更为普遍。但这类缺陷，通常为暂时性的，病因消除后，大部分能逐渐恢复，然而严重者，如大剂量的电离辐射和获得性免疫缺陷综合征，却可造成严重后果。

本篇继发性免疫缺陷病部分，主要论述获得性免疫缺陷综合征，即艾滋病(AIDS)。

第一节 人类免疫缺陷病毒

一、艾滋病的流行

艾滋病因感染人免疫缺陷病毒(HIV)引起。HIV 至少包括两种相关的型别：HIV-1 和 HIV-2，大部分 AIDS 患者由其中毒力较强的 HIV-1 所引起，因而本节中提到的 HIV 皆属 HIV-1。

自 1981 年以来，HIV 在世界广泛传播。其传播途径主要为黏膜传播，其次为血液和母婴传播。据联合国艾滋病规划署统计，截至 2012 年年底，全球约有 3 000 万人死于艾滋病，3 530 万为 HIV 患者。2012 年新发 HIV 患者为 230 万，160 万人死于艾滋病。影响最严重的地区是非洲，共有 2 350 万人感染 HIV。因此，HIV 流行已严重影响全球的政治、经济和公共卫生健康。

二、HIV 的结构和分型

HIV-1 属逆转录病毒科慢病毒属。形态学上，HIV-1 为包膜病毒，直径 100～120 μm，成熟的病毒含有锥形核心(图 20-13)。

HIV-1 分为四型：M 型、N 型、O 型和 P 型(图 20-14)。其中 95%以上的病毒株属 M 型，M 型有 9 个亚型(A、B、C、D、F、G、H、J、K)和 15 个重组体(CRF)。O 型病毒株是从喀麦隆、加蓬、赤道几内亚的患者中分离出来的，其基因序列与 M 型病毒有 65%的一致性。N 型的病毒株是从 6 位喀麦隆患者中分离出来的，与 M、O 型无血清交叉反应。M 型亚型之间核心蛋白(gag)序列有 15%～20%不同，包膜蛋白(env)序列有 20%～30%不同。各亚型内核心蛋白序列有 3%～10%不同，包膜蛋白序列有 12%不同。同一患者包膜蛋白序列的多样性可高达 10%。从地理位置上说，非洲拥有 M 型的所有亚型；欧洲和北美 B 亚型最普遍。在中国，最常见的是 B 亚型、A/E 和 B/C 重组体。不同 HIV-1 亚型与血清学抗原分型没有必然的联系。

HIV 多样性产生的机制为：① 逆转录过程中病毒 DNA 合成的错误率高(3×10^{-5}突变/核苷酸/复制周期)；② 逆转录过程中的高重组率；③ 高水平的病毒复制(10^9颗粒/d；150～300 复制周期/年)。据估计，感染个体的病

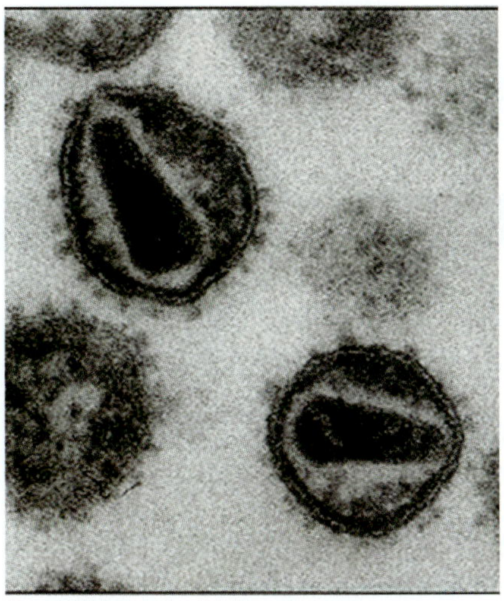

A

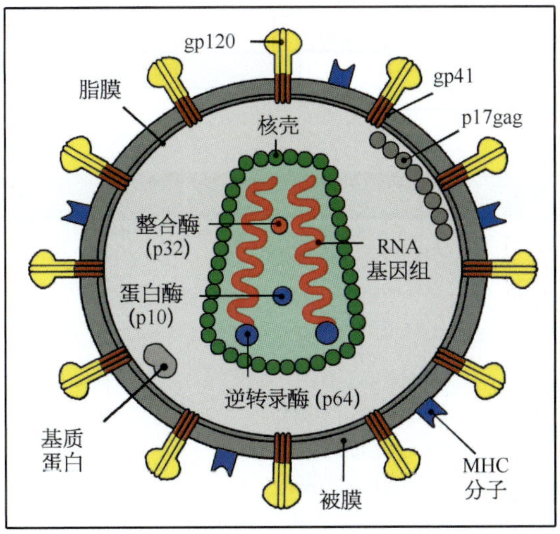

B

图 20-13　电子显微镜下的 HIV-1 病毒颗粒(A)和结构示意图(B)

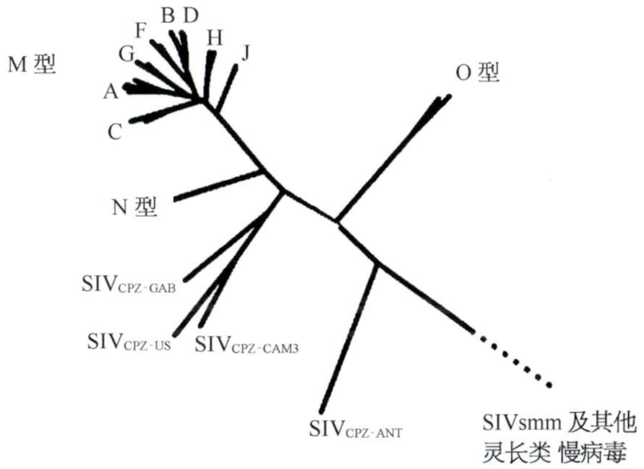

图 20-14　根据包膜蛋白序列构建的 HIV-1 型和亚型以及 SIV 型和亚型的分类系统树

毒多样性平均每年增加 1%。

继 HIV 被发现后，在人与非人灵长类中又发现了其他免疫缺陷慢病毒。通过序列比对和基因组的分析，HIV-1 与 SIVcpz(从黑猩猩分离到的 SIV)为同源；HIV-2 与 SIVsmm(从 feral sooty mangebey 猴分离到的 SIV)为同源。目前认为，HIV-1、HIV-2 分别是由 SIVcpz 和 SIVsmm 通过跨种传播而来的(图 20-14 中 SIVsmm 列入其他灵长类慢病毒)。

三、HIV-1 基因组

HIV-1 基因组分成顺式调控 RNA 的序列和编码蛋白 RNA 的序列。顺式调控 RNA 序列包括 5′端 330 核苷酸的非编码区，中间聚嘌呤区(central polypyrine track)和近 U3 端聚嘌呤区。5′端非编码区含多种顺式调控元件，这些元件调控病毒的逆转录、转录延长、病毒 RNA 剪接、病毒基因组二聚体化、全长病毒 RNA 组装等。中间聚嘌呤区和近 U3 端聚嘌呤区与正链病毒 DNA 的合成有关。另有四个 RNA 茎环构成病毒核心衣壳化信号，为病毒内核组装所必需。

HIV-1 基因组中编码蛋白的 RNA 序列产生三个结构蛋白或酶(gag、pol、env)和六个辅助蛋白(vif、vpr、vpu、nef、tat 和 rev)(图 20-15)。在转录和翻译的过程中，所有的结构蛋白或酶都先合成含有多个蛋白的前体，然后，这些前体蛋白经病毒或细胞蛋白酶剪切成为成熟的蛋白并组装成病毒颗粒。例如，核心蛋白前体 Pr55gag 被病毒蛋白酶剪切成细胞基质蛋白(MA)、衣壳蛋白(CA)、核衣壳蛋白(NC)和 p6 蛋白。核心蛋白与聚合酶的前体 Pr160gag-pol 被病毒蛋白酶剪切成蛋白酶、逆转录酶和整合酶。包膜蛋白前体 gp160 被细胞蛋白酶剪切成 gp120 表面糖蛋白和 gp41 跨膜糖蛋白。六个辅助蛋白其中的 tat 和 rev 调控病毒的转录和复制，其他四个蛋白参与病毒组装以及病毒在体内的复制等功能。

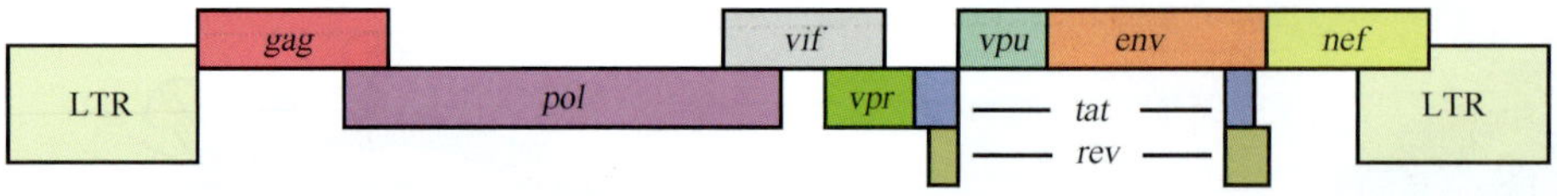

基因		产物及功能
gag	类别特异性抗原基因	核心蛋白和基质蛋白
pol	聚合酶基因	逆转录酶，蛋白酶，整合酶
env	被膜编码基因	gp120 和 gp41，分别结合 CD4/CCR5 和促病毒与细胞融合内化
vif	病毒感染力基因	作用于病毒颗粒感染力， 促其复制
vdr	病毒 R 蛋白基因	转送 DNA 至胞核；增强病毒产生；阻断细胞周期
tat	反式激活因子基因	转录上调蛋白
rev	病毒表达调节基因	使未剪接和部分剪接的病毒 **RNA** 出胞核
vpu	病毒 U 蛋白基因	促进 CD4 胞内降解，增强病毒自胞膜释放
nef	负向调节因子基因	加强病毒体内外复制，下调 CD4 和 MHC Ⅰ、Ⅱ 类分子表达

图 20-15 HIV-1 前病毒基因组、编码的病毒蛋白及其功能

图上方为 HIV-1 基因组，两侧为长末端重复序列(LTR)，参与病毒整合及病毒基因组转录。下方表格基因组编码产物中，gag、pol 和 env 蛋白属主要者，与病毒 RNA 一起表达于成熟病毒颗粒。其余基因、表达产物及功能列于表中，其中编码 tat、rev 和 nef 等蛋白的 mRNA，需经过转录体剪接

第二节 HIV-1 的感染和致病

一、HIV 对细胞的感染

HIV 可感染 CD4 T 细胞、Mφ、DC 及小神经胶质细胞。HIV 感染细胞始于病毒吸附易感细胞以及病毒包膜蛋白与 CD4 受体和趋化因子受体(CXCR4 或 CCR5)的相互作用(图 20-16)。在中性 pH 条件下，病毒包膜与细胞膜发生融合，使部分脱壳病毒颗粒进入细胞质。在细胞质中，病毒 RNA 被逆转录成双链 DNA 并形成整合前复合物。整合前复合物然后通过核膜的核孔被转运到细胞核。在细胞核中，病毒整合酶将双链 DNA 整合到宿主染色体 DNA 中。这种整合到宿主染色体中的病毒 DNA 称为前病毒(provirus)。前病毒依赖宿主的 RNA 聚合酶转录成病毒 RNA，然后病毒 RNA 从细胞核转运到细胞质中。信使 RNA 在细胞质中翻译成病毒蛋白。核心蛋白前体 Pr55gag 和核心蛋白与聚合酶的前体 Pr160gag-pol 以及病毒 RNA 基因组一起组装并被转运到细胞膜。同时包膜蛋白前体 gp160 被细胞蛋白酶剪切成 gp120 表面糖蛋白和 gp41 跨膜糖蛋白后以三聚体的形式表达在细胞膜表面。组装成的核心蛋白前体和核心蛋白与聚合酶的前体以及病毒 RNA 基因组与 gp120 表面糖蛋白和 gp41 跨膜糖蛋白进一步组装成不成熟的病毒颗粒。通过“出芽”方式从细胞表面释放出来。不成熟的病毒颗粒经病毒蛋白酶水解形成成熟的有感染活性的病毒颗粒(图 20-16)。

二、HIV 致病机制

通过病毒包膜蛋白与细胞受体相互作用，HIV 可以直接感染并杀伤参与免疫反应的关键细胞。因此，其主要临床表现为严重的免疫缺陷。然而，不同患者病程长短差异很大。有些仅过 6 个月就从急性感染发展成艾滋病。而另一些，未经药物治疗，感染后 25 年 CD4 T 细胞还在正常范围，也没有免疫缺陷症状。对大多数未经药物治疗的患者，大约 10 年才从急性期发展成艾滋病。越来越多的证据表明，这些病程的差异与急性感染期对病毒的控制程度以及宿主遗传背景有关。

急性感染期的病毒控制以及机体的反应如何影响临床病程？最近的研究发现：HIV 经黏膜组织感染的最初 10 d 内，血液中检测不到病毒 RNA。这段时间称为隐蔽期(eclipse phase)。隐蔽期后，病毒数量呈对数增殖，感染后 21～28 d 达到峰值。在此阶段 CD4 T 细胞被大量消耗，尤其在肠道组织。在淋巴组织，病毒不仅能持续增殖而且可以以前病毒的形式，整合到宿主细胞的染色体 DNA 中。此时，因免疫系统开始受损而产生不良临床副反应。曾采用 SIV 感染恒河猴的模型进行研究，发现 SIV 感染后的隐蔽期仅 3～4 d，随后感染部位淋巴组织中，病毒数量呈对数增加，感染

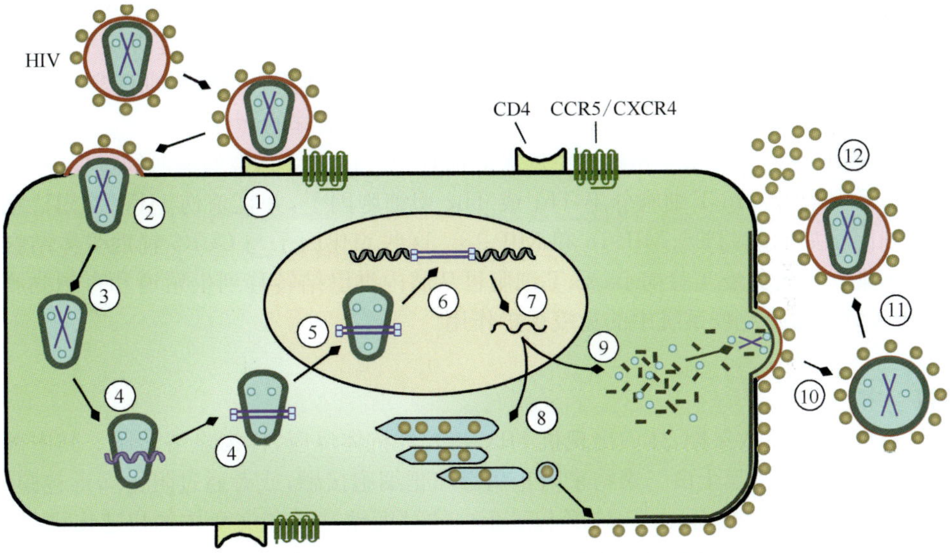

图 20-16 HIV 感染细胞过程

① 附着和融合；② 入胞；③ 脱壳；④ 逆转录成原病毒 cDNA；⑤ 整合前复合物穿越核膜孔；⑥ 整合；⑦ 可变剪接和 RNA 转录；⑧ 包膜蛋白合成和转运；⑨ 病毒核心蛋白和聚合酶合成与组装；⑩ 不成熟病毒颗粒的装配和释放；⑪ 病毒颗粒成熟；⑫ 包膜蛋白释放。注意 HIV 入胞是借助细胞表面的受体 CD4 分子和辅助受体 CCR5 及 CXCR4

后 10～14 d 达到峰值，然后逐渐下降。在 SIV 急性感染期间，肠道淋巴组织大量受累，30%～60%被感染的肠道中 CD4 T 细胞有病毒复制。由此，在随后的长期慢性感染期，机体只能用严重缺陷的 CD4 T 细胞来抵御 HIV 以及外来病原体感染。

在急性感染期间，被感染的静止性记忆 CD4 T 细胞中会产生有复制能力的 HIV 前病毒库。这前病毒库的建立与患者在急性感染期间是否进行抗 HIV 治疗无关。由于潜伏的前病毒没有活跃的病毒 RNA 转录和病毒蛋白和酶的产生。因此，被感染的静止性记忆 CD4 T 细胞不仅对药物不敏感，而且也不被特异的免疫细胞识别。另外，静止性记忆 CD4 T 细胞在体内有很长的半衰期。由此，即使在长期高效抗 HIV 治疗情况下，前病毒库仍会长期存留。

第三节　宿主抗 HIV 免疫应答

一、固有免疫

对 HIV-1 感染的免疫应答包括固有免疫、适应性免疫和宿主产生的病毒限制性因子。固有免疫是对病原体感染的第一道防线。固有免疫细胞包括 DC、NK 细胞和 γδ T 细胞。这些细胞在感染初期主要发挥效应细胞作用，之后则以辅佐细胞的身份对适应性免疫应答实施调节。多数情况下，这些细胞能有效地限制病原体的复制和扩散，从而为适应性免疫细胞产生有效的抗原特异性免疫反应争取足够的时间。由于许多固有免疫细胞也是 HIV 感染的靶细胞，所以它们在 HIV 感染中所发挥的作用，不同于其未受感染的部分，由这些固有免疫细胞介导的应答要复杂得多。

1. DC　　在 HIV-1 急性感染期，DC 特别是在血液中的浆细胞样 DC(pDC) 急剧减少。这可能是因为出现了激活诱导的细胞死亡，或者激活的细胞已从血液转移到淋巴结。确实发现，在 HIV 急性感染期，淋巴结中的 DC 数量有所增加。但这些细胞不能被充分激活，IL-12 的产生也有缺陷。同样，病毒包膜蛋白可与 pDC 表面的 CD4 受体结合，诱导病毒颗粒内吞，或通过病毒 RNA 与 pDC 胞质内体膜 TLR7 受体结合，诱导 pDC 产生大量的 IFN-α，从而加强了适应性免疫反应。但 pDC 的过度激活也会诱导产生炎症因子如 IL-6、IL-12 和 TNF-α，这些因子与 IFN-α 一起又进一步活化免疫系统，从而导致 HIV-1 急性感染期中 B 细胞和 T 细胞发生激活诱导的细胞死亡(AICD)。这些炎症因子也诱导了 TNF 相关凋亡诱导配体(TRAIL)和 FAS 配体(CD95)的表达。通过这些配体表达来杀死“旁观”细胞，导致免疫抑制。HIV-1 感染还会诱导 pDC 产生吲哚胺 2,3-二氧酶，后者又使 CD4 T 细胞分化为调节性 T 细胞。调节性 T 细胞反过来会抑制 HIV-1 特异性免疫反应。

2. NK 细胞　　其抗病毒功能，包括抗体依赖细胞介导的细胞毒性(ADCC)、抗体依赖细胞介导的病毒抑制(ADCVI)，以及分泌细胞因子和趋化因子。在 HIV 急性感染期，NK 细胞被活化，迅速增殖，杀伤力增强，可控制 HIV

复制，并与 DC 一起调节 T 细胞反应。在急性感染期，如果患者表达 HLA-Bw4 分子且第 80 位氨基酸是异亮氨酸的话，则表达 KIR3DS1 和 KIR3DL1 的 NK 细胞，就会被诱导增殖，导致病毒载量降低，延缓疾病进展。然而，HIV 却可通过感染细胞来降低上述 NK 细胞配体的表达，逃逸 NK 细胞的抗 HIV 作用。这些发现证实了 NK 细胞对 HIV 感染的控制作用。目前认为高滴度病毒血症前，NK 细胞不影响病毒逃逸突变株的筛选。

3. γδ T 细胞　此类细胞与固有免疫和黏膜免疫保护都有关。在 SIV 感染的恒河猴过程中，γδ T 细胞被激活并对病毒感染发挥一定的保护作用。γδ T 细胞分泌 Th1 或 Th2 型细胞因子，并且杀伤 HIV 或 SIV 感染的细胞。γδ T 细胞还分泌抗病毒抑制因子如 RANTES、MIP-1α 和 MIP-1β。这些趋化因子与 CCR5 辅助受体结合从而下调辅助受体的表达和阻断 SIV 感染。靶向免疫实验揭示，γδ T 细胞可从髂内淋巴结转移到生殖道和直肠黏膜组织。这一现象解释 γδ T 细胞在这些区域性黏膜免疫系统中的免疫保护作用。

二、适应性免疫

1. 抗体产生　HIV 感染后数星期，体内出现抗 HIV 特异性抗体反应，称为血清转阳。其中部分抗体为中和抗体。这些抗体通过直接识别病毒包膜蛋白三聚物来阻止病毒和靶细胞接触，或者通过阻止病毒包膜与细胞膜的融合，使病毒不能进入细胞(图 20-17A)。然而，由于 HIV 包膜蛋白的过度糖基化和突变体的快速出现，使得中和抗体对控制血浆中病毒载量的作用有限。因为出现的中和抗体反应足以加速体内病毒进化，产生能逃逸这些抗体作用的突变株。当然，针对这些突变株，机体又会产生新一轮的中和抗体，而此类抗体会再诱导产生下一轮的逃逸突变株。这属于多次反复的共进化过程。近来研究证明，HIV 感染的前三年，抗体反应与突变体病毒的共进化，使近 20% 感染者血清中可以检测到广谱的中和抗体活性。显然，这些广谱中和抗体并不能中和将要产生的逃逸突变体。可见，患者体内抗体反应的推进，似乎总是比逃逸突变体的进化慢一步。

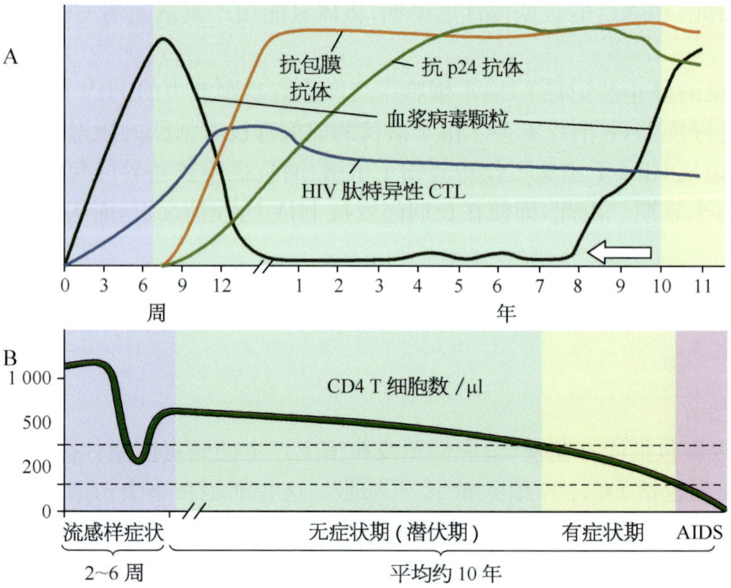

图 20-17　HIV 感染的典型进程及其诱导的适应性免疫应答

A. HIV 诱导的免疫应答。感染后 2～3 周出现 CD8 CTL 应答，9～12 周呈现高峰。体液免疫应答的高峰约出现在第 12 周，包括抗包膜抗体和抗核心蛋白 p24 抗体。B. HIV 感染后 CD4 T 细胞数量变化。降至 500/μl 后进入有症状期，可并发机会性感染；低于 200/μl 后，成为 AIDS 患者。注意在无症状期有一个血浆 HIV 持续低水平阶段(A 图右下箭头指处)，称为 HIV 含量稳定值，但高低因患者不同而异

2. CD8 T 细胞　HIV 急性感染期前几周内，每毫升病毒载量从 10^6～10^7 RNA 拷贝(峰值)降到 10^3～10^5 RNA 拷贝(设定值)。与之同时，抗 HIV 特异性 CD8 CTL 细胞被诱导出来(图 20-17A)。这一现象说明抗 HIV 特异的 CD8 T 细胞具有抗病毒作用。SIV 感染的动物模型也支持这一结论。在 SIV 感染动物中，当用抗 CD8 单克隆抗体将 CD8 T 细胞去除后，病毒载量就急剧增加。然而，随着 CD8 T 细胞的再次出现，病毒载量又逐步减少。同样，HIV 急性感染期中用抗 CD8 的单克隆抗体将 CD8 T 细胞去除后，在峰值上的病毒载量就不下降。由此证明，在体内 CD8 T 细胞对病毒有持续的抑制作用。但是由于这些细胞不能识别携带 HIV 前病毒库的细胞，抗 HIV 特异的 CD8 T 细胞仍不能够将病毒完全清除。

在不同的感染患者中，抗 HIV 特异性 CD8 T 细胞反应的强度和广度有很大差异。小部分患者体内可以检测到针对 9 种 HIV 病毒蛋白的特异性 CD8 T 细胞反应。在大部分被感染的患者中，HIV 特异性 CD8 T 细胞反应平均为针对 12 种病毒肽段。在慢性感染期，高达 25%以上的 CD8 T 细胞为抗 HIV 特异性 CD8 T 细胞。然而这些 CD8 T 细胞反应的广度及覆盖面，与控制病毒血症并没有直接关系。但有一个例外，即抗 HIV gag 特异性的 CD8 T 细胞反应与病毒载量呈负相关。此外，某些 HLA-B 座位等位基因对调节病毒载量起重要的作用(见下文)。最后，研究发现当病毒载量达到稳定值(steady state)时，抗 HIV 特异性 CD8 T 细胞往往仅识别少数几个抗原表位。但随着感染持续，抗 HIV 特异性 CD8 T 细胞所识别的抗原表位会越来越多。

CD8 T 细胞抗 HIV-1 的效果往往取决于抗 HIV-1 辅助性 CD4 T 细胞的存在。在广度和强度上，抗 HIV-1 辅助性 CD4 T 细胞反应往往低于 CD8 T 细胞反应，而且集中针对 HIV-1 gag 蛋白，其原因目前还不清楚。

最近研究表明，在慢性感染期持续的抗原刺激会导致免疫细胞发生功能耗竭。其主要表现为细胞功能失调、效应功能低下以及复制能力降低。这一现象与一些免疫负调控分子例如 PD-1、LAG-3、Tim-3 和 CTLA-4 在效应 T 细胞上的表达增高有关。体外实验发现，阻断 PD-1 和 Tim-3 可以使 HIV 特异 T 细胞功能得以恢复。由此提示，对这些负调控因子进行操作，有可能用于 HIV 的免疫治疗。

3. 宿主限制因子　已发现的人类和其他哺乳动物的宿主限制性因子包括 APOBEC3G、TRIM5a、Tetherin 和 SAMHD1。APOBEC3G 是胞嘧啶脱氨基酶，对反转录有抑制作用并在 HIV 基因组中引入 G 对 A 的核苷酸置换，由此影响病毒复制。TRIM5a 蛋白是恒河猴细胞抑制 HIV 病毒感染的重要限制性因子，它在细胞质中能与病毒衣壳蛋白结合使之快速脱壳。Tetherin 通过与病毒颗粒在细胞表面的结合来抑制病毒的释放。SAMHD1 是一种与 Aicardi-Goutières 综合征有关的蛋白。它使人树突状细胞和巨噬细胞难以被 HIV 感染。其机制还不清楚，可能与 SAMHD1 的磷酸水解活性有关。然而，从急性感染期的高滴度病毒血症来看，这些宿主限制性因子无法限制病毒的传播。其原因是 HIV 和其他灵长类慢病毒皆具有拮抗这些宿主限制因子的辅助蛋白，例如 vif、vpr、vpu 和 vpx，这些辅助蛋白可借助泛素化蛋白酶体将这些限制因子降解。

对人类来说，HIV 是一类新的病原体，因此，宿主遗传背景会对 HIV 感染有明显的影响。例如，含有 32 个碱基配对缺失的 *CCR5* 纯合子几乎不被 HIV 感染。HLA-B 座位等位基因 B*5701、B*5703、B*5801、B27 和 B51 阳性者易于控制病毒载量，延缓病程，有一定的抗 HIV 感染的保护性效应。其部分原因是这些等位基因能很好地向 T 细胞提呈保守的 gag 蛋白抗原表位。另外，前面提到，如果患者 HLA-Bw4 分子的第 80 位氨基酸是异亮氨酸的话，表达 KIR3DS1 和 KIR3DL1 的 NK 细胞就容易被激活，增强其对病毒的杀伤。反之，HLA-B35 纯合子会使病程加快。但其机制还不清楚。

第四节　HIV 感染与艾滋病

一、HIV 感染临床症状

感染 HIV 后病程分为三期：急性期、慢性期和免疫缺陷期。在不同患者中病毒和宿主因素可以影响每个时期的长短。

HIV 感染两周后，50%～70%患者产生非典型的流感样临床症状，包括发烧、咽炎、头痛、关节痛、肌肉酸痛、体重下降，以及脸部、躯干的非瘙痒性斑丘疹和淋巴结肿。大多数患者，这些症状在 3～4 周内会消失。如果症状持续 8～12 周，并且 CD4 T 细胞数量明显减少和血浆 HIV-1 RNA 水平升高，预示疾病进展可能加快。前面提到，症状出现 1 周后血浆中 HIV RNA 水平达到峰值 10^6～10^7 拷贝/毫升，随后降到稳定值 10^3～10^5 拷贝/mL。研究发现稳定值的病毒载量与疾病的进展成正相关。

急性期后是慢性期。在慢性期，病毒持续复制，CD4 T 细胞以平均 30～60 个细胞/mm^3/年的速度在减少。尽管慢性期的平均年限是 10 年，仍有小部分患者(<1%)在 1～2 年内即进展到免疫缺陷期。在慢性期，患者会出现劳累、淋巴结病、皮肤病和神经病等症状。

CD4 细胞数量大于 500 个/mm^3 时，机会性感染和恶性肿瘤出现的概率很小；但是当 CD4 数量低于 500 个细胞/mm^3 时，概率就会大大增加(图 20-17B)。机会性感染包括口腔念珠菌病、肺炎球菌感染、肺结核、单纯疱疹再活化、水痘带状疱疹等。如果 CD4 T 细胞数量降到 200 个细胞/mm^3 时，卡氏肺囊虫肺炎、霉菌性食管炎、播散性组织胞质菌病及其他全身性霉菌感染、弓形体原虫脑病、隐球菌性脑膜炎出现的概率大大增加。一旦 CD4 T 细胞数量降到 50 个细胞/mm^3 时，那些只有在严重细胞免疫缺陷才出现的机会性感染，如弥漫性的分枝杆菌感染、隐孢子虫病和微孢子虫病、由JC病毒所引起的进行性多灶性白质脑病就大大增加。艾滋病有关的恶性肿瘤大多数是由潜伏的病毒感染所引起的，包括人类疱疹病毒-8引起的特发性出血性肉瘤、埃-巴二氏病毒所引起的淋巴瘤以及人乳头瘤病毒引起的宫颈癌和肛门癌。

二、艾滋病的治疗

目前，五种类型二十多种抗逆转录病毒药物已被美国FDA批准。这五类药物是核苷/核苷酸逆转录酶抑制剂(NRTI)、无核苷酸逆转录酶抑制剂(NNRTI)、蛋白酶抑制剂、整合酶抑制剂和病毒与细胞融合的抑制剂。在20世纪90年代中期开始，不同种类药物的联合治疗(通常所说的鸡尾酒疗法)有效地降低了病毒载量以及艾滋病的死亡率。但由于病毒的潜伏能力，当前的联合治疗尚不能完全清除病毒和治愈HIV感染，患者需要终身服药。

联合治疗14 d内血浆HIV RNA水平很快地降低。大多数患者的血浆HIV RNA可在16～24周内降至低于50拷贝/毫升。如未能获得这预期的下降程度，一方面可能是患者没有坚持服药，另一方面也可能是耐药株的出现。最初血浆病毒的迅速降低反映了被感染和活化CD4 T细胞的快速衰减和死亡。相反，被感染的静止性记忆CD4 T细胞的衰减是非常缓慢的。

大多数患者随着血浆内HIV RNA迅速减少，CD4 T细胞迅速恢复。治疗的前4周，CD4 T细胞数平均以50～100个细胞/mm^3的速率增加。随后，CD4 T细胞数量的增加逐渐减缓(图20-17B)。一开始，大部分增加的CD4 T细胞是从淋巴组织转移到外周血的记忆性CD4 T细胞。随后逐步增加的CD4 T细胞是新产生的CD4 T细胞。一般在治疗后的1年，CD4 T细胞总数平均增加175个细胞/mm^3。

联合治疗不仅抑制病毒产生，降低免疫激活程度，也使病原体特异性免疫系统得以重建。例如，在治疗后的12～48周，可以检测到对白色念珠菌和CMV抗原特异的免疫细胞的增殖反应。相比之下，对HIV抗原特异的免疫细胞的增殖反应却不明显。在联合治疗下所产生的免疫重建的同时，有1/3患者可伴随出现机会性感染所引起的病理性炎症反应(即免疫重建炎症综合征)。

联合治疗可以产生不同程度的毒性。例如，贫血、中性粒细胞减少症、周围神经病变、胰腺炎、超敏反应、乳酸性酸中毒、色素沉积和周边的皮下脂肪萎缩等，这些病变都在不同程度上与NRTI治疗有关。就NNRTI而言，皮疹、肝脏毒性、高致敏性肝炎和中枢神经系统的副反应是很常见的。而胃肠不适、肝毒性和高脂血症是蛋白酶抑制剂的最常见的副反应。

三、HIV疫苗开发

在确认HIV和SIV是人和猴艾滋病的病原体后，感染SIV或SHIV嵌合体恒河猴模型被相继开发，用以检验疫苗的免疫原性和保护性。到目前为止，有三十多个单独或联合的候选HIV疫苗已经进入人体试验。在感染SIV或SHIV恒河猴模型中，这些疫苗的原型都有一定的免疫原性和保护性。其中包括复制性的和非复制性的病毒载体、DNA质粒、与不同佐剂混合的蛋白和多肽。其中，与铝佐剂混合的重组二价gp120疫苗(Vax003和Vax004)；含三价疫苗的非复制性5型腺病毒载体(Step and Phambili)以及金丝雀痘病毒载体(ALVAC-HIV vCP1521)加上与铝佐剂混合的重组二价gp120疫苗(RV144)已经结束临床Ⅱb或Ⅲ期的有效性评估。其中RV144实验表明金丝雀痘病毒载体加上与铝佐剂混合的重组二价gp120疫苗可降低31%的HIV感染率，但对病毒的载量没有显著影响。接下来，相关实验显示起保护作用的是与抗V1/V2区的IgG抗体有关。虽然该疫苗的有效性被认为是有限的和短暂的，但毕竟是HIV疫苗第一次在临床上显示效果。此外，在灵长类动物的实验中发现，用恒河猴CMV载体表达多种SIV抗原免疫恒河猴，然后用SIV攻毒，虽然100%的猴子仍然被SIV感染，但是，免疫所激发的非常广谱的T细胞反应将50%的猴子体内病毒清除掉。因此，目前的共识是，有效的HIV疫苗应该能诱发出协调的B细胞、CD8 T细胞和CD4 T细胞反应。为此，用激发固有免疫的佐剂或载体来提高适应性免疫的质和量是非常重要的。另外，由于HIV-1感染会迅速破坏免疫细胞，所以HIV疫苗诱导的免疫反应必须在这些细胞被破坏前。最后，由于HIV病毒的基因多样性和可变性，设计通用的候选疫苗的可能性不大，很可能需要对不同地区HIV的流行株进行分析从而设计出有针对性的疫苗。

本章提要

原发性免疫缺陷病是一类免疫系统各组分功能缺失或异常而引起的遗传背景高度异质性疾病，机体易出现反复或严重感染，同时过敏、自身免疫疾病、肿瘤等免疫系统相关性疾病的发生率显著增加。目前原发性免疫缺陷病分成八大类，分别为：联合免疫缺陷、抗体缺陷为主的疾病、已明确的免疫缺陷综合征、免疫失调性疾病、吞噬细胞数量或功能缺陷、固有免疫缺陷、自身炎症性疾病及补体缺陷。不同类型疾病的致病基因、发病机制及临床表现各有特点。

对原发性免疫缺陷病患者，治疗的核心是改善患者的生活质量。目前常用的治疗方法有抗生素、干扰素、胸腺肽、静脉注射免疫球蛋白(IVIG)和造血干细胞移植等。其中，造血干细胞移植是目前已知的可以根治疾病的方法。

引起获得性免疫缺陷综合征(AIDS)的人类免疫缺陷病毒 HIV-1 及其分子病毒学、流行病学和生命周期的研究已十分充分，有关该病毒在宿主细胞内寄生和复制的机制，及宿主细胞如何限制其感染方面的突破，推动了对宿主与病原体相互作用的了解。虽然联合治疗可有效地抑制 HIV-1 复制，并将其感染转为可操作的慢性感染，但控制 AIDS 的流行仍然是困难的，为此，必须开发出完全治愈 HIV-1 感染的新疗法和研制出有效的 HIV-1 疫苗。

（陈同辛　周保罗）

参考文献

Chen XF, Wang WF, Zhang YD, et al. 2016. Clinical characteristics and genetic profiles of 174 patients with X-linked agammaglobulinemia: Report from Shanghai, China (2000-2015). Medicine, 95(32): e4544.

Massaad MJ, Ramesh N, Geha RS. 2013. Wiskott-Aldrich syndrome: a comprehensive review. Annals New York Acad Sci, 1285: 26-43.

Ochs HD, Smith E, Puck JM. 2007. Primary Immunodeficiency Diseases: A Molecular and Genetic Approach. 2nd ed. London: Oxford Univ Press.

Picard C, Al-Herz W, Bousfiha A, et al. 2015. Primary immunodeficiency diseases: an update on the classification from the International Union of Immunological Societies Expert Committee for Primary Immunodeficiency 2015. J Clin Immunol, 35: 696-726.

Reust CE. 2013. Evaluation of primary immunodeficiency disease in children. Am Fam Physician, 87: 773-778.

Worth AJJ, Booth C, Veys P. 2013. Stem cell transplantation for primary immune deficiency. Curr Opin Hematol, 20: 501-508.

Yao CM, Han XH, Zhang YD, et al. 2013. Clinical characteristics and genetic profiles of 44 patients with severe combined immunodeficiency (SCID): report from Shanghai, China (2004-2011). J Clin Immunol, 33: 526-539.

Barouch DH, Picker LJ. 2014. Novel vaccine vectors for HIV-1. Nat Rev Microbiol, 12: 765-771.

Burton DR, Mascola JR. 2015. Antibody responses to envelope glycoproteins in HIV-1 infection. Nat Immunol, 16: 571-576.

Desrosiers RC. 1990. The simian immunodeficiency viruses. Annu Rev Immunol, 8: 557-578.

Knipe DM, Howley PM. 2007. Fields' Virology. 5th ed.

Haase AT. 2011. Early events in sexual transmission of HIV and SIV and opportunities for interventions. Annu Rev Med, 62: 127-139.

Lu L, Jia M, Ma Y, et al. 2008. The changing face of HIV in China. Nature, 455: 609-611.

McElrath MJ, Haynes BF. 2010. Induction of immunity to human immunodeficiency virus type-1 by vaccination. Cell, 33: 542-554.

McMichael AJ, Borrow P, Tomaras GD, et al. 2010. The immune response during acute HIV-1 infection: clues for vaccine development. Nat Rev Immunol, 10: 11-23.

UNAIDS Global HIV Epidemiology Report 2009.

索 引

H

J

K

L

M

N

Z